KB149976

주요저서 [출간예정도서포함]

POTENTIALITY
PASSION
PROFESSION **SEMOOLICENCE**

도서출판 세무라이선스는
고객의 *needs*를 현실적 수준을 넘어 미래의 도전과제로 삼는
최고의 교육이념과 서비스로 고객 여러분을 위한 평생교육시대를 열어가겠습니다.
더불어, 시간적으로 경제적으로 고민하고 노력하는 전국의 모든 수험생들에게
자격증 취득의 단순한 지름길이 아닌 가장 효율적인 가치의 제공을 위해
최선을 다하고 있습니다.

3P
FINAL
3P
3P

우리가 꿈 꿀수 있는 가장 먼 세상으로 나아가자!
그 출발점을 세무라이선스 파이널로 시작하자. 반드시 이룰 것이다.
지름길을 찾지말자!
간절함과 열정으로 최선을 다해 묵묵히 달려가자.
그 종착점엔 지금의 내가 아닌
또 다른 내가 기다리고 있을 것이다.

교재 및 수험상담문의

T.031.973.5660

· 별도로 개정판을 출간하지 않을 시 개정사항을 추록으로 대체합니다.
· 도서출간 이후에 발견되는 오류 및 정오표
개정세법해설, 기출문제해설, 기타 수험정보는 세무라이선스 홈페이지에서 확인할 수 있습니다.

www.semoolicence.com

▶ 본 도서의 수험 적용 기간 안내

회계관리1급 자격시험 6회중 개정 미반영 상태로 출제되는 2회시험 [3월] 까지 적용됩니다.
자세한 사항은 주관처[삼일회계법인] 홈페이지에서 확인바랍니다.

- **POTENTIALITY**
- **PASSION**
- **PROFESSION**

3P는 여러분의 무한한 잠재적 능력과 반드시
성취하겠다는 열정을 토대로 전문가의 길로 나아가는
세무라이선스 파이널시리즈의 학습정신입니다.
세무라이선스는 여러분의 무한한 잠재력과 열정을 믿습니다.
수험생 여러분의 합격을 응원합니다.

Online-Lecture Edu-Partner

수강신청방법

세무라이선스 홈페이지 접속 ▶ 하단 협력사 사이트를 선택 ▶ 회원가입 ▶ 강경석세무사 저자직강 동영상강의 신청.

- 협력사는 세무라이선스 홈페이지에서 확인 및 링크하실 수 있습니다.
- 협력사별 동영상강의 서비스는 협력사의 서비스 환경에 따라 다소 차이가 있을수
있습니다.

강경석 세무사 [저자직강]

동영상강의 소개

[회계관리1급 백점이론특강 I 기출문제특강]

종강시 이어지는 기립박수의 이유를 확인하라 ~!!

강의특징

▶ 빠짐없는 내용과 해설로 재무·세무의 방대한 내용을 수험용으로 단권화한 교재 저자의 직강
▶ 개념부터 실전능력까지 단 한 강좌로 끝내는 단기합격의 최적강의
▶ 회계관리1급의 이론적 내용을 한 페이지에 한 논제로 진행하는 혁신적인 수업방식
▶ 강사의 수업중 이루어지는 완벽한 판서정리가 수업중 100%서브노트화가 되어지는 강의
▶ 시험에 빈출되는 이론과 반드시 알아야할 핵심이론을 "MVP"로 짚어주어 학습의 중심이론이흔들리지 안토록 이끌어 주는 강의
▶ 회계관리1급 시험에서 시간이 당락을 좌우하는 만큼 "고속철풀이법"을 통해 계산형문제를 빨리 풀 수 있는 방법을 제시한 강의
▶ 회계관리1급 강의 표준을 제시

수강후기

on**님**

작년12월 중순부터 강경석세무사님 강의를 수강하였습니다. 회계의 "ㅎ"자도 모르는 비전공자였고, 학업 내내 어려움이 잦았습니다. 중간 한달 간은 슬럼프가 찾아와 거의 포기 상태였습니다. 하지만 강경석 세무사님을 믿고 끝까지 완강하였습니다. 그 결과 많은 시험범위를 콤펙트 있게 정리할 수 있었고, 시험 당일 미소가 떠나질 않았습니다. 시험지를 받고 한번 훑어 보았는데 그때 부터 알았습니다. 이건 무조건 합격한다.

Kan*님**

회계에 대해 사전지식이 전무한 상태에서 인강을 듣게 되었습니다. 친구의 추천으로 우연히 듣게 되었는데 정말 잘한 선택이라는 생각이 듭니다. 우선 첫번째 장점은 강의가 콤펙트합니다.
강경석 세무사님이 첫시간부터 강조하시는 것처럼 강의와 교재 모두 시험에 불필요한 부분은 걷어내고 정말 필요한 부분만 담았습니다. 단기간 에 합격을 원하시는 분들께 정말 추천드리고 싶습니다.
두번째 장점은 세무사님의 강의력이 매우 뛰어나십니다.
회계적 지식이 전무한 저도 이해할 수 있도록 쉽고 정확하게 설명해주십니다.
시험을 독학하시려는 분들께 정말 추천드립니다.
저또한 회계적 지식은 전무하지만 학원을 다닐 돈과 시간이 부족했기에 인강을 선택하게 되었는데 정말 잘한 선택이라는 생각이 듭니다.

꼬리달린파도님

전산세무나 전산회계같은 실기 위주의 자격증도 많지만 그래도 이론이 튼튼해야 실기가 싶지않을까 싶어서 세무회계3급 세무회계2급도 합격했 지만 세무보다는 회계가 튼튼해야 좀 더 넓은 방향으로 갈 수 있다는 판단이 들어서 독학으로 기업회계3급을 두개 틀리고 모두 맞았는데 기업회계 2급을 공부하자니 조금만 더하면 1급이 될 것 같아서 준비하던 중 원가회계는 너무나도 낯선 과목이고 또 책으로 봐도 모르겠고 강의를 들어도 모르 겠고 또 강의하시는 분도 강의 중에 헤매시는 것도 보이고 기업회계2급 강좌는 있으나 1급 강좌는 없고 그래서 재경관리사 도전할 마음도 있어서 우연치 않게 강경석 세무사님 강의를 들었는데 너무 통쾌하고 시원해서 어렵게 느껴지던 원가회계가 그래도 한번은 다시 도전할 수 있는 과목이 되었습니다. 감사합니다. 강경석 세무사님
아직은 조금더 노력을 해야되겠지만 그래도 어떻게 어떤 식으로 어떤 방법으로 접근을 해야되는지 알게되서 너무나도 기쁩니다. 강의 중에 말씀 해주셨던 마부작침 잘 새겨듣겠습니다. 저도 나중에 세무사님처럼 공부하는 학우들을 돕고싶습니다.
항상 건강조심하시고 늘 좋은일 가득하길 빕니다.
정말 감사합니다. 세무사님

wkd**님**

회계학과를 전공하고 3년간 일반 중소기업에서 근무했습니다.
하지만 회계를 전공했다고 말하기도 부끄러울만큼 기초적인 베이스가 안았고, 공부를 햐야겠다는 생각이 들어서 과감하게 퇴사하고 재경관리사 인터넷강의를 신청했습니다. 어떻게 보면 중간부터 공부한다는 느낌이 들긴했지만, 뭐라도 머리에 집어넣자 하고는 열심히 들었던것 같아요. 선 생님이 시험에 나오는 부분을 정확하게 찝어주시기도 하셨지만, 무엇보다 교재 구성이 너무 마음에 들었습니다. 딱 주제에 관한 내용이 한 페이 지로 올킬!! 전 그래서 주제순서 쭉 외우고 그 페이지 분량을 외우는 형식으로 진행했던것 같아요. 설명도 너무 어렵게 있어 보이는 식으로 해 주시지 않고 초보자도 쉽게 알아들을 수 있도록 정말 수험자를 배려해서 말하시게 느껴졌어요. 정말 감사하고 이번에 선생님덕분에 재경관리 사 한번에 붙게되었네요. 앞에서도 말했다싶이 저는 노베이스나 다름없었습니다. 그래서 늘 선생님이 말씀하시는 맨땅에 헤딩하듯 그냥 선생님 이 외우라는건 무식하게 다 외웠던것 같습니다. 다 외우고 책을 2번, 3번 다시보니 이해가 되기 시작했고 자신감이 붙어서 문제푸는데도 무리없 이 잘 진행이 되었습니다. 하루에 11시간~13시간 사이로 공부했었고 2달정도 걸렸습니다. 물론 베테랑분들은 한달동안 5시간정도만 하셔도 붙 으시더라구요 ㅎㅎ 근데 저는 모르는걸 부끄러워하고 숨기는게 더 부끄럽다 생각했고 제 수준에 맞춰 더 열심히 열정을 갈아넣었습니다. 그 결과 응시 한번에 붙었고 이젠 더 나은 제 미래를 위해 당당하게 다른 자격증을 공부하려구요! 이젠 기업회계에 도전하려합니다. 최종목표는 기업회 계1급, 세무회계1급 전부 취득! 기업회계도 강경석세무사님의 강의를 들을까합니다. ㅎㅎ 늘 지칠때쯤 강의에서 선생님이 좋은 말씀해주신거 포 스트잇에 적어가며 책상에 붙여두고 이약물고 했네요. ㅎㅎ 마부작침! 도끼를 갈아 바늘을 만든다. 선생님이 해주신 좋은 사자성어~평생 마음속 에 담고 바늘을 만드는 날까지 열심히 가르침 받겠습니다.
2달간 감사했습니다~!

▶ 전체 수강후기중 대표적인 수강후기를 발췌하였습니다.
▶ 그 외 수강후기는 세무라이선스 홈페이지나 협력사 사이트에서 보실수 있습니다.

FINAL

FINAL' 회계관리1급 한권으로끝장은 재무회계, 세무회계의 전과목에 대한 백점이론특강과 기출문제특강을 단권화하여 초단기 합격비법을 제시하였으며, 일타 강사 강경석 세무사의 저자직강 동영상강의 서비스를 통한 상세한 설명과 추가적 TIP으로 학습 효과의 극대화를 꾀한 고득점 단기합격 기본서이자 합격필독서이다.

삼일회계법인주관 국가공인 자격시험

회계관리1급·한권으로끝장

고득점 단기합격 기본서 [이론과기출]

- ■ 백점이론특강   [이론뽀개기]
- ■ 기출문제특강   [기출뽀개기]
- ■ 최신기출특강   [신유형뽀개기]
- □ 실전기출모의고사   [주관처공개 기출문제]

SEMOOLICENCE

3P

FINAL

POTENTIALITY
PASSION
PROFESSION

3P는 여러분의 무한한 잠재적 능력과 반드시 성취하겠다는 열정을 토대로 전문가의 길로 나아가는 세무라이선스 파이널시리즈의 학습 정신입니다.

수험생 여러분의 합격을 응원합니다.

>>> 머리말

> 본서는 2020년 개정세법과 현행 회계기준 내용을 담고 있습니다.

강경석세무사 『FINAL』 시리즈

- ☐ FINAL '회계관리1급 → [한권으로끝장 : 이론·기출통합서]
- ☐ FINAL '재경관리사 → [한권으로끝장 : 이론뽀개기]
- ☐ FINAL '재경관리사 → [기출문제특강 : 기출뽀개기]
- ☐ FINAL 'IFRS관리사 → [이론과기출 : 이론·기출통합서]

본서는 국가공인 회계관리1급 자격시험에 대비하여 방대한 내용의 이론을 단기합격을 위해 정리하고 합격의 필수과정인 기출문제를 저자만의 노하우로 해설한, 이론과 기출 통합수험서이다. 또한, 전 과목에 대한 기출문제를 현행 세법과 현행 회계기준에 부합하도록 저자가 이를 임의변경, 문제추가, 보완을 통해 집필한 최종 마무리 최적서이다.

✏️ 본서의 특징

1. 국내최초 이론/기출의 단권화를 통한 '한권으로끝장' 초단기 합격비법을 제시하였다.

방대한 내용을 단권화하여 100% 단기합격이 가능하도록 집필한 국내최초 이론/기출 단권화 수험서로, 일체의 관련서적의 탐독으로 인한 시간낭비 전혀 없이 한권으로 100% 합격이 가능하도록 집필된 회계관리1급 자격시험 고득점 스피드패스 최적서이다.

2. 기본서 전혀 없이도 100% 합격이 가능하도록 '백점이론특강'에 완벽이론을 담아냈다.

항상 현장과 동영상강의를 통해 많은 수험생을 접하면서 느끼는 점은 학습해야 될 분량이 방대하다 보니 이를 수험용으로 100% 합격가능하도록 정리를 못해 허둥대는 수험생이 대부분이라는 점이었다. 따라서, 수험과 무관한 내용을 배제시키고 오로지 100% 합격을 위해 필요한 내용을 담은 이론을 장황하지 않으면서 깔끔하게, 콤팩트하면서 빠짐없게 심혈을 기울여 집필하였다.

즉, 기존 서적들이 단순히 회계기준과 세법의 규정내용을 그대로 교재에 옮겨 놓음으로써 수험생 입장에서 도무지 정리할 수 없었던 문제점을 말끔히 해결하였다. 1개월 정도의 투자로 100% 합격을 이루어 낼수 있을 것으로 확신하며 단기간에 최대의 효과를 가져올 수 있을 것으로 또한 확신한다.

3. 국내최초 이론 논제를 한 페이지에 담기도록 집필하여 수험서의 혁명을 이루었다.

한 논제에 대하여 여러 페이지에 걸쳐 이어지다보면 공부하는 순간에는 별 문제가 없으나 뒤돌아서면 도통 정리가 되지 않는 문제점을 해결코자 모든 논제는 한 페이지에 도표형식으로 담아냈으며 내용 자체가 하나의 사진처럼 영상이 되어 정리될 수 있도록 하였다. 이러한 편집체계는 저자의 모든 책에 일관되게 적용되고 있으며, 국내에서 출간되고 있는 책 중에 유일한 독특하고, 창의적인 편집체계로서 이러한 방법은 기존 책들의 서술형 내용처리 체계와는 다른 파워풀한 시험 적응력을 가져오는 것을 계속 경험하고 있다.

4. 적중률 100% '빈출적중문제'를 통해 막판뒤집기 스피드패스 비법을 제시하였다.

현행 회계관리1급 시험에서 가장 빈번하게 반복 출제가 이루어지고 있는 문제를 엄선하여 각 주제별로 정리함으로써 완벽한 선택과 집중이 가능하도록 하였다. 이를 통해 해당 이론이 어떻게 실전에서 문제화되어 등장하는 지를 확인할 수 있도록 하였다. 따라서, 기본이론을 어느 정도 대략적으로 나마 이미 습득했지만 시간이 촉박한 수험생이나, 전체 기출문제 풀이가 부담스런 수험생에게 단기간에 파워풀한 효과를 가져다 줄 것으로 확신한다.

5. 복원한 기출문제를 보완하여 노하우를 담은 완벽한 해설과 함께 제시하였다.

현행 개정세법과 현행 회계기준에 부합하도록 변경, 보완하여 저자만의 노하우를 담은 완벽한 해설과 함께 '복원기출문제'에 SET별로 제시하였으며, 개정세법에 의해 문제 자체가 성립되지 않는 경우는 새롭게 문제를 구성하여 제시하였고, 일부 미복원된 문제의 경우는 시험난이도가 유지되도록 문제를 추가하여 구성하였다. 한편, 호불호가 갈릴수는 있겠으나 해설이 분리됨으로 인한 학습상의 불편을 해소하기 위해 본서 전체에 걸쳐 해설을 문제와 함께 제시하고 정답은 분리하여 제시하였다.

6. 신유형의 기출문제를 모두 제시하여 어떤 출제유형에도 대비할 수 있도록 하였다.

현행 회계관리1급 시험은 문제은행식 출제가 이루어지고 있는 바, 100% 동일한 문제가 계속적으로 반복 출제되고 있다. 따라서, 모든 기출문제를 검토하는 것은 시간낭비에 불과하므로, 별도로 신유형 기출문제만을 '신유형기출뽀개기'에 빠짐없이 모두 제시함으로써 시간낭비 전혀 없이 모든 기출문제를 섭렵할수 있도록 집필하였다.

7. 실전기출모의고사를 합본부록에 제시하였다.

시험 주관처에서 최근 공개한 문제(2016년/2017년/2018년/2019년 공개분)를 현행 세법과 회계기준에 부합하도록 일부 문제를 변경 및 보완하여 완벽한 해설과 함께 실전기출모의고사로 제시하였다.

8. 실전에서 계산형 문제를 빨리풀수 있는 비법인 일명 '고속철풀이법'을 제시하였다.

기본이론 접근시 체화된 강학상의 회계처리 방식에 의할 경우 한정된 시간 내에 효율적으로 계산형 문제를 풀기란 불가능하므로 저자의 노하우로 개발한 빨리풀수 있는 방법을 '고속철'로 표기하여 모두 제시하였다. 실전에서 놀라운 효과를 발휘되는 방법이므로 반드시 숙지하기 바란다.

체계적으로 집필된 본서를 찬찬히 학습하다보면 어느 순간 자신도 모르게 자격증 취득에 한걸음 다가섰음을 느낄수 있을 것으로 확신하며, 바라건데 본 교재가 최고의 회계전문가로 성장하는데 밑거름이 되고 수험생의 합격을 이끄는 반려자가 되길 기원한다. 또한 최선은 다했으나 혹시 미처 파악하지 못한 오류는 없는지에 대한 두려움과 아쉬움이 남는 것이 사실이나, 독자제위의 질책과 서평을 겸허히 수용하여 부족한 부분은 계속해서 보완해 나갈 것을 약속한다.

끝으로 본 교재의 출간을 위해 물심양면 지원을 아끼지 않은 세무라이선스 임원진과 고통스런 편집 작업에 고생하신 세무라이선스 편집부에 감사를 드리며, '고통은 순간이고 그 순간은 추억이 된다'라며 더 격렬하게 하얗게 불태울 수 있도록 항상 옆에서 격려해준 사랑하는 아내 경화에게 감사를 전한다.

■▪ 저자의 Advice

수험생들의 가장 큰 공부에 있어 오류는 저자의 경험에 비추어 볼 때 단권화에 실패하는 것이 아닌가 싶습니다. 시험 하루전 과연 하루만에 정리할 수 있을 정도로 단권화를 행하고 있는지 항상 반추하며 수험공부에 임해야한다고 생각하며, 모든 내용을 모두 소화시키고 말겠다는 학습자세는 그리 좋은 방향이 아닌 듯 싶습니다(100점을 맞아야 합격하는 시험이 아님). 어떤 식으로든 정리가 되어야하며 그것도 시험 하루전 2~3시간 만에 1독이 가능하도록 본서와 같이 포맷화하여 수없이 반복하는 것이 합격하는 최선의 지름길임을 명심하시길 당부드립니다. 모든 수험생의 합격을 기원합니다.

세무사 강경석

>>> 한눈에 보는 전체목차

머리말__3

제1편. 백점이론특강 [사전학습]

제1장 ○ 백점이론 재무회계

제2장 ♀ 백점이론 세무회계

제2편. 기출문제특강 [실전연습]

제1장 복원기출문제연습

제2장 신유형기출뽀개기

합본부록

◉ 별첨 : 연습용 답안지(OMR)

CAM Exam
Intermediate Level

고득점
단기합격
기본서

회계관리1급 한권으로끝장
[이론과기출]

제1편	백점이론특강 [사전학습]	백점이론 재무회계
		백점이론 세무회계
제2편	기출문제특강 [실전연습]	복원기출문제 SET❶-SET❿
		신유형기출뽀개기 ❶-❸
합본부록	기출문제오답노트	전과목
	실전기출모의고사	주관처공개 4개년 4회분

SEMOOLICENCE

제1편. 백점이론특강

2020-2021
FINAL
회계관리1급 한권으로끝장

Cam Exam intermediate level

제1장

[백점이론] 재무회계

사전학습.

▶ **백점이론 재무회계**

현행 회계기준을 반영한 재무회계 전반의
내용을 64논제로 정리하였으며, 이론 학습
후 최근 출제경향을 분석한 빈출적중 문제
를 통해 이론의 실전 적용 모습을 바로 확인
하여 이해할 수 있게 하였습니다.

SEMOOLICENCE

백점이론 제1강 ▶ 재무회계 기초베이스

회계의 정의	회계의 정의	• 회계정보이용자가 합리적인 판단이나 의사결정을 할 수 있도록, 기업실체에 관한 유용한 경제적정보를 식별·측정·전달하는 과정
	회계정보이용자 (이해관계자)	• 종업원, 투자자(주주, 채권자), 경영자, 정부와 유관기관, 고객, 일반대중 등

회계의 분류	재무회계	• 투자자나 채권자 등 기업의 외부이해관계자에게 회계정보를 제공하기 위한 회계 • 기업회계기준의 적용을 받음
	관리회계 (원가관리회계)	• 경영자등 기업의 내부이해관계자에게 의사결정에 필요한 정보를 제공하기 위한 회계 • 기업회계기준의 적용을 받지 않음
	세무회계	• 과세소득을 산정하기 위한 회계 • 세법의 적용을 받음

구 분	재무회계	관리회계
목 적	• 외부보고(회계정보 제공)	• 내부보고(의사결정정보 제공)
회계정보이용자	• 주주, 채권자 등 외부이해관계자	• 경영자 등 내부이해관계자
보고서류	• 기업회계기준에 의한 재무제표	• 이용목적에 따라 작성된 보고서
작성기준	• 기업회계기준 ➡일정양식이 있으며, 법적강제력 있음	• 일정한 기준이 없음 ➡일정양식이 없으며, 법적강제력 없음
정보의 성격	• 과거지향적	• 미래지향적

(재무회계 관리회계)

재무보고	재무제표 범위	• 재무상태표(F/P), 손익계산서(I/S), 현금흐름표, 자본변동표, 주석 주의 기본재무제표에 포함되지 않는 것 ① 이익잉여금처분계산서(결손금처리계산서) ② 합계잔액시산표 ③ 제조원가명세서 ④ 주기
	재무제표 작성책임	• 경영자 ➡ 주의 재무담당자(X), 대주주(X)
	재무보고 목적	• 투자 및 신용의사결정에 유용한 정보의 제공 • 미래현금흐름 예측에 유용한 정보의 제공 • 재무상태, 경영성과, 현금흐름, 자본변동에 관한 정보의 제공 • 경영자의 수탁책임 평가에 유용한 정보의 제공

국제회계기준 특징	원칙중심	• 기본원칙과 방법론만 제시 ➡회계처리, 양식, 계정과목을 정형화하지 않고 다양성과 재량을 부여 주의 규칙중심 아님.
	연결재무제표중심	• 연결재무제표를 기본재무제표로 제시 주의 개별재무제표 중심이 아님.
	공시강화	• 주석을 통한 많은 공시항목을 요구함.
	공정가치확대	• 원칙적으로 자산·부채의 공정가치 측정을 요구
	협업제정	• 독자적이 아닌 각국의 협업을 통해 제정

FINAL 객관식뽀개기 　　　　**빈출적중문제**

1. 다음 중 회계의 일반적 개념에 대한 설명으로 가장 올바르지 않은 것은?
　　　　　　　　　　　　　　　　　　[기출문제]

① 재무회계의 주된 목적은 외부정보이용자의 경제적 의사결정에 유용한 정보를 제공하는 것이다.

② 관리회계의 주된 목적은 기업 내부의 경영자가 관리적 의사결정을 하는데 유용한 정보를 제공하는 것이다.

③ 재무보고를 위한 핵심적인 수단은 재무제표이며, 재무제표의 범위에는 재무상태표, 손익계산서, 현금흐름표, 자본변동표 뿐만 아니라 주석이 포함된다.

④ 재무정보를 제공하기 위한 수단인 재무제표는 독립된 외부감사인에게 작성 책임이 있다.

 내비게이션

• 재무제표의 작성책임은 경영자에게 있다.
→ ∴외부감사인이나 재무담당자, 대주주 등에게 작성책임이 있는 것이 아니다.

2. 변부장, 이차장, 양과장, 최사원은 회계교육 시간에 각자 학습한 내용을 발표하고 있다. 회계의 일반적 개념에 대해 가장 잘못 이해하고 있는 사람은 누구인가?
　　　　　　　　　　　　　　　　　　[기출문제]

> 김강사 : 지금까지 회계에 관한 일반적인 내용에 대해서 공부하였습니다. 그럼 학습한 내용에 대하여 복습하는 차원에서 서로 발표해봅시다.
> 변부장 : 재무회계의 주된 목적은 외부정보이용자의 경제적 의사결정에 유용한 정보를 제공하는 것입니다.
> 이차장 : 관리회계의 주된 목적은 기업내부의 경영자가 관리적 의사결정을 하는데 유용한 정보를 제공하는 것입니다.
> 양과장 : 재무정보를 제공하기 위한 수단인 재무제표는 경영자에게 작성책임이 있습니다.
> 최사원 : 기업실체가 제공하는 재무정보의 이용자는 투자자, 채권자, 그리고 기타 정보이용자 등이 있으며 재무제표는 주석을 포함하지 않습니다.

① 변부장　　　　② 이차장
③ 양과장　　　　④ 최사원

 내비게이션

• 재무제표에는 주석이 포함된다.

3. 다음 중 재무제표 구성항목에 포함되지 않는 것은?
　　　　　　　　　　　　　　　　　　[적중예상]

① 재무상태표
② 포괄손익계산서
③ 자본변동표
④ 이익잉여금처분계산서

 내비게이션

• 다음은 재무제표의 범위에 포함되지 않는다.
　– 이익잉여금처분계산서(결손금처리계산서)
　– 합계잔액시산표
　– 제조원가명세서
　– 주기

백점이론 제2강 ▸ 회계정보의 질적특성

이해가능성	내용	• 정보이용자들이 쉽게 이해할 수 있도록 재무제표가 작성, 제공되어져야 한다는 속성 ➡ 재무정보가 유용하기 위한 전제조건임.		
목적적합성	내용	• 미래예측, 기대치를 확인·수정하게 함으로써 의사결정내용에 차이를 발생시키는 것		
	하부속성	예측가치	• 미래예측능력 제고로 의사결정에 영향을 미칠 수 있는 질적특성	
		피드백가치	• 과거기대치를 확인·수정함으로써 의사결정에 영향을 미칠 수 있는 질적특성	
		적시성	• 정보가 의사결정에 영향을 미칠 수 있는 능력을 상실하기 전에 필요한 정보가 적시에 제공되어져야 한다는 것 주의 적시성있는 정보가 반드시 목적적합성을 갖는 것은 아니지만, 적시성없는 정보는 목적적합성을 상실함.	
신뢰성	내용	• 오류, 편견으로부터 벗어나 충실하게 나타낼 수 있어야 한다는 속성		
	하부속성	표현의충실성	• 특정정보는 그 정보가 나타내고자 하거나 나타낼 것으로 기대되는 거래나 사건을 있는 그대로 표현해야 한다는 것	
		중립성	• 미리 의도된 결과·성과의 유도목적으로 특정정보를 선택적으로 표시함으로써 의사결정에 영향을 미치지 말아야 한다는 것	
		검증가능성	• 동일 경제적사건에 동일측정방법을 적용할 경우 다수의 서로 다른 측정자들이 유사한 결론에 도달할 수 있어야 한다는 것(=객관성) 주의 검증가능성이 표현의 충실성을 보장하지는 않음. →즉, 검증가능성이 높다하여 충실한 것은 아님.	
		목적적합성과 신뢰성의 상충관계 ❖역사적원가(시가) 자산평가　　　: 목적적합성 ↓(↑)　신뢰성 ↑(↓) ❖진행기준(완성기준) 수익인식　　: 목적적합성 ↑(↓)　신뢰성 ↓(↑) ❖반기·중간재무제표(연차재무제표) : 목적적합성 ↑(↓)　신뢰성 ↓(↑) ❖발생주의(현금주의)　　　　　　: 목적적합성 ↑(↓)　신뢰성 ↓(↑) ❖지분법(원가법) 투자주식평가　　: 목적적합성 ↑(↓)　신뢰성 ↓(↑)		
	주의 회계정보의 가장 중요한 질적특성은 목적적합성과 신뢰성임.			
비교가능성	통일성	• 동일업종에서 동일회계처리방법선택으로 인한 기업간 비교가능성		
	계속성 (=일관성)	• 동일기업내에서 동일회계처리방법의 계속적용으로 인한 기간별 비교가능성		
중요성	내용	• 생략, 잘못 기재되어 이를 기초로 한 의사결정에 영향을 미친다면 중요한 정보임. • 중요성은 특정정보에 대한 인식이나 보고의 출발점을 제시한다고 할 수 있음. 　➡ 예 소모품을 자산처리치 않고 비용처리 • 중요성은 회계항목이 정보로 제공되기 위한 최소한의 요건임.		

주의 중요성은 금액의 크기뿐만 아니라 해당과목의 성격에 의해서도 결정됨.

보론 포괄적 제약요인 : '효익 > 비용'

FINAL 객관식뽀개기 　　　　　　　　**빈출적중문제**

1. 다음 중 회계정보가 갖추어야 할 질적특성에 대한 설명으로 적절하지 못한 것은? 　　　　[기출문제]

　① 회계정보가 갖추어야 할 가장 중요한 질적특성은 비용과 효익 그리고 중요성이다.
　② 회계정보가 목적적합성을 가지기 위해서는 예측가치와 피드백가치를 가져야 한다.
　③ 회계정보는 기간별 비교가 가능해야 하고 기업실체간의 비교가능성이 있어야 한다.
　④ 상충되는 질적특성간의 선택은 재무보고의 목적을 최대한 달성할 수 있는 방향으로 이루어져야 한다.

 내비게이션
•회계정보의 가장 중요한 질적특성은 목적적합성과 신뢰성이다.

2. 아래 준하와 형돈이의 대화내용을 읽고, 마지막 문장의 빈칸에 들어갈 회계정보의 질적특성으로 가장 올바른 것은? 　　　　[기출문제]

> 준하 : 오늘 신문에 '영업이익 산출기준 제각각 K-IFRS 보고서 바로보기'라는 기사가 있던데 혹시 알아?
> 형돈 : 응. 올 K-IFRS 1분기 사업보고서에 S전자는 예전처럼 외환 관련 손익을 영업이익에서 뺀 반면에, L전자는 '기타영업수익'으로 분류해 포함시켰더군.
> 준하 : 산출기준의 차이를 모르는 정보이용자들에게는 혼란을 줄 가능성도 있겠는걸.
> 형돈 : 그렇다면 이러한 영업이익 산출기준의 차이는 정보의 기업실체간 (　　　)을 훼손하는 것 아닌가?

　① 비교가능성　　　　② 중요성
　③ 중립성　　　　　　④ 목적적합성

 내비게이션
•비교가능성이란 유사한 거래나 사건의 재무적 영향을 측정·보고함에 있어서 영업 및 재무활동의 특성이 훼손되지 않는 범위 내에서 기간별로 일관된 회계처리방법을 사용하여야 하며 기업실체간에도 동일한 회계처리방법을 사용하는 것이 바람직하다는 것이다.

3. 일반적으로 복사용지 등 사무용 소모품을 구입하는 경우 구입시점에서 사무용품비로 비용처리하는 이유는 무엇인가? 　　　　[기출문제]

　① 적시성　② 중요성　③ 예측가치　④ 목적적합

 내비게이션
•중요성은 특정정보에 대한 인식이나 보고의 출발점을 제시하므로 소액의 소모품 구입비는 중요성 관점에서 일반적으로 비용처리한다.

4. 회계정보의 질적특성에 관한 설명으로 가장 올바르지 않은 것은? 　　　　[기출문제]

　① 회계정보의 질적특성이란 회계정보가 유용하기 위해 갖추어야할 주요 속성을 말한다.
　② 주요 질적특성으로는 비교가능성과 중요성이 있다.
　③ 회계정보의 질적특성은 서로 상충될 수 있다.
　④ 포괄적인 제약조건으로 정보 특성에 따른 효익이 관련 비용보다 커야한다.

 내비게이션
•비교가능성과 중요성(X) → 목적적합성과 신뢰성(O)

5. 다음 중 회계의 개념체계에서 말하는 중요성에 관한 설명으로 가장 올바르지 않은 것은? 　　　　[기출문제]

　① 특정정보가 정보이용자의 의사결정에 영향을 미칠수 있다면 그 정보는 중요한 정보이다.
　② 금액이 높은 정보는 정보이용자의 의사결정에 유의적인 영향을 미치므로 중요한 정보이다.
　③ 신뢰성을 갖기 위해서는 회계정보의 선택이나 표시에 편의 없이 중립적이어야 한다.
　④ 회계정보의 성격 자체만으로도 중요한 정보가 될 수 있다.

 내비게이션
•중요성은 금액의 크기뿐만 아니라 해당 과목의 성격에 의해서도 결정된다. 따라서, 금액이 낮은 정보도 그 성격에 따라 중요한 정보가 된다.

6. (주)파이널은 일반기업회계기준에 의하여 재무상태표상 토지를 취득원가로 계상하고 있다. 그러나 이 토지를 처분하거나 임대하기 위한 목적으로는 공정가치나 순실현가능가치로 표시하는 것이 더 적절하다고 볼 수 있다. 이처럼 토지를 공정가치나 순실현가능가치로 표시하자는 주장은 회계정보의 질적 특성 중 어떠한 특성을 강조한 주장인가? 　　　　[적중예상]

　① 비교가능성　　　　② 검증가능성
　③ 목적적합성　　　　④ 중립성

 내비게이션
•시가(공정가치)는 목적적합성, 역사적원가(취득원가)는 신뢰성을 제고시킨다.

백점이론 제3강 ⊂ 재무제표 일반사항

회계공준 (=기본가정)	기업실체의 공준	• 특정기업실체를 그 소유주나 다른 기업실체와는 독립적으로 존재하는 특정회계단위로 간주하고 그 경제활동에 대한 재무정보를 측정, 보고하는 것 **주의** 기업을 소유주와 동일실체로 간주하는 것이 아니며, 법적실체와도 구별됨.
	계속기업의 공준	• 예측가능한 미래기간에 걸쳐 영업활동을 계속하리라는 가정 **주의** 개발비는 미래경제적효익의 유무로 자산인식여부를 가리므로 계속기업이 보장되지 않는다면 자산으로 계상 불가함. **파생된 회계개념 사례** 기간개념, 역사적원가주의, 유동성배열원칙, 감가상각비 • 재무제표가 계속기업의 기준하에 작성되지 않는 경우에는 그 사실과 함께 작성된 기준 및 그 기업을 계속기업으로 보지 않는 이유를 공시해야 함. • 계속기업으로서의 존속능력에 유의적 의문이 제기될 수 있는 사건·상황과 관련된 중요한 불확실성을 알게 된 경우, 경영진은 그러한 불확실성을 공시해야 함.
	회계기간의 공준 (기간별보고)	• 기업실체의 존속기간을 일정기간단위로 인위적으로 분할하여 각 기간별로 재무정보를 보고하는 것(예 미지급비용, 선급비용, 충당부채설정등에 대한 수정분개)
	주의 '화폐측정의 공준'은 현행 회계공준(기본가정)에 포함되지 않음.	

거래인식	발생주의	• 거래는 결정적 사건이 발생된 시점에 인식해야 한다는 것 **비교** 현금주의 　거래의 발생과 무관하게 현금수취시점에서 거래를 인식하는 것 ➡예　　　　　발생주의　　　　　　　　　현금주의 20x1년 : (차)미수이자 50 (대)이자수익 50　　　－ 회계처리 없음 － 20x2년 : (차)현　금 50 (대)미수이자 50　(차)현　금 50 (대)이자수익 50
	수익·비용 대응원칙	• 발생수익과 그 수익창출위해 지출된 비용을 서로 대응시켜야 한다는 원칙 ➡ 예 감가상각, 충당부채, 수익적·자본적지출의 구분, 차입원가의 자본화

재무제표 구성	재무상태표	• 일정시점(결산일 현재)의 재무상태(자산, 부채, 자본)를 표시하는 정태적보고서를 말함.
	손익계산서	• 일정기간(결산일 현재)의 경영성과(수익, 비용, 이익)를 표시하는 동태적보고서를 말함.
	현금흐름표	• 현금의 유입과 유출내용을 활동별로 적정하게 표시하는 보고서 <table><tr><td>영업활동현금흐름</td><td>• 매출, 매입 등</td></tr><tr><td>투자활동현금흐름</td><td>• 토지 건물 등 자산의 취득과 처분 등</td></tr><tr><td>재무활동현금흐름</td><td>• 부채의 차입, 부채의 상환, 주식의 발행 등</td></tr></table>
	자본변동표	• 자본금, 자본잉여금, 자본조정, 기타포괄손익누계액, 이익잉여금의 변동에 대한 포괄적인 정보를 제공하는 보고서(즉, 항목별로 기초잔액, 변동사항, 기말잔액을 표시함.) **주의** 기초잔액, 기말잔액만 표시하는 것이 아님.
	주석	• 재무제표를 이해하는데 필요한 추가적인 정보를 본문과 별도로 별지에 작성
	주의 이익잉여금처분계산서는 재무제표에 포함되지 않으나, 상법 등 관련 법규에서 이익잉여금처분계산서의 작성을 요구하는 경우 주석으로 공시함.	

재무제표 한계	화폐측정정보(양적정보) 제공	• 질적정보를 제공하지 못함.
	과거발생 거래·사건의 정보 제공	• 미래정보를 제공하는데 한계가 있음.
	추정에 의한 측정정보 제공 (예내용연수, 대손추정률, 충당부채)	• 잘못된 추정이 가능함.
	특정기업실체 정보만 제공	• 산업·경제전반에 관한 정보를 제공하지 못함.

FINAL 객관식뽀개기 ◁───▷ 빈출적중문제

1. 다음 중 재무제표의 기본가정에 해당하지 않는 것은?

[기출문제]

① 기업을 소유주와는 독립적으로 존재하는 회계단위로 간주하는 기업실체의 가정
② 기업의 경영활동을 청산하지 않고 장기간 존속한다는 계속기업의 가정
③ 기업실체의 존속기간을 일정한 기간단위로 분할하여 재무제표를 식별하는 기간별보고 가정
④ 미래 추정치나 실적 등에 대해 최대한 낙관적으로 판단하는 낙관주의의 가정

 내비게이션

• 기본가정(회계공준)
  ㉠ 기업실체(economic entity)
  ㉡ 계속기업(going concern)
  ㉢ 기간별보고(periodicity)

2. 다음 중 일반기업회계기준에 따른 수익·비용인식에 적용되는 원칙으로 올바르게 짝지은 것은?

[기출문제]

ㄱ. 현금주의	ㄴ. 수익·비용대응
ㄷ. 순액주의	ㄹ. 발생주의

① ㄱ, ㄴ
② ㄴ, ㄹ
③ ㄴ, ㄷ
④ ㄷ, ㄹ

 내비게이션

• 발생주의와 수익·비용대응의 원칙에 따라 인식한다.

3. 다음 중 현금흐름표에 관한 설명 중 가장 올바르지 않은 것은?

[기출문제]

① 현금흐름표는 기업실체의 현금흐름을 영업,투자,재무 활동으로 구분하여 보고하는 재무제표이다.
② 무형자산의 취득 및 처분과 관련된 현금흐름은 재무 활동으로 인한 현금흐름으로 분류한다.
③ 유형자산의 취득 및 처분과 관련된 현금흐름은 투자 활동으로 인한 현금흐름으로 분류한다.
④ 제품의 생산 및 판매와 관련된 현금흐름은 영업활동 으로 인한 현금흐름으로 분류한다.

내비게이션

• 자산의 취득 및 처분과 관련된 현금흐름은 투자활동으로 인한 현금 흐름으로 분류한다.

4. 다음 중 재무제표 정보의 특성과 한계에 관한 설명으로 가장 올바르지 않은 것은?

[기출문제]

① 재무제표는 화폐단위로 측정된 정보를 주로 제공 한다.
② 재무제표는 대부분 과거에 발생한 정보를 나타낸다.
③ 재무제표는 추정이 엄격히 금지된다.
④ 재무제표는 특정 기업실체에 관한 정보를 제공한다.

내비게이션

• 재무제표는 내용연수, 대손추정률, 충당부채와 같이 추정에 의한 측정치를 포함하고 있다.

5. 다음 내용은 경제신문에 실린 기사의 일부분이다.

> B회계법인은 자금난으로 인하여 부도처리된 Y사의 자산, 부채를 실사한 결과 순자산 장부금액 중 총 7 조원이 과대계상되었다고 발표하였다. 이에 대하여 Y사의 회계감사를 담당하였던 C회계법인은 자산, 부채의 실사결과에 대하여 항의하였다. B회계법인이 실사 시에 전제한 가정은 자신들이 회계감사 시에 전제한 가정과는 다른 것이므로 이를 회계이론적인 입장에서 인정할 수 없다는 것이다. 예를 들어 무형 자산으로 계상되어 있는 개발비의 장부금액 200억 원에 대해서도 B회계법인은 자산, 부채의 실사 시에 이를 전혀 자산으로 인정하지 않았다는 것이다.

B회계법인과 C회계법인 사이에서 벌어지고 있는 논쟁 은 재무제표의 기본가정과 관련되어 있다. 다음의 재무 제표에 대한 기본가정 중 C회계법인이 회계감사시 설정 한 기본가정과 자산의 측정속성을 가장 올바르게 짝지은 것은 무엇인가?

[기출문제]

① 청산기업가정, 현행원가
② 계속기업가정, 역사적원가
③ 계속기업가정, 현행원가
④ 청산기업가정, 역사적원가

내비게이션

• 개발비는 미래경제적효익의 유무로 자산인식여부를 가리므로 계속 기업이 보장되지 않는다면 자산으로 계상 불가하며, 개발비는 취득 원가(역사적원가)로 측정한다.

제1편 백점이론특강 | 제2편 기출문제특강 | SET1 | SET2 | SET3 | SET4 | SET5 | SET6 | SET7 | SET8 | SET9 | SET10 | 신유형 | 기출문제오답노트 | 실전기출모의고사

백점이론 제4강 ⊂ 재무제표의 기본요소

의의	재무상태표에서 재무상태의 측정과 직접 관련된 요소	• 자산, 부채, 자본
	손익계산서에서 성과의 측정과 직접 관련된 요소	• 수익, 비용
	현금흐름표의 기본요소	• 영업활동, 투자활동, 재무활동현금흐름
	자본변동표의 기본요소	• 소유주의 투자, 소유주에 대한 분배

자산	정의	• 과거의 거래나 사건의 결과로서 현재 기업실체에 의해 지배되고 미래경제적효익을 창출할 것으로 기대되는 자원
	경제적효익	• 직·간접적으로 미래현금흐름 창출에 기여하는 잠재력을 말함. • 자산이 갖는 미래경제적효익은 다양한 형태로 유입될 수 있음. 　➡예 판매·생산에 사용, 다른 자산과 교환, 부채상환에 사용, 소유주에의 배분
	지배	• 자산의 존재를 판단하기 위해 물리적 형태가 필수적인 것은 아님. ➡예 특허권 • 소유권(법률적권리)이 자산의 존재를 판단하기 위해 필수적인 것은 아님.
	과거사건의 결과	• 지출발생과 자산취득은 밀접한 관련이 있으나, 반드시 일치하는 것은 아님. 　주의 관련지출이 없어도 자산의 정의 충족시는 인식대상이 됨. ➡예 증여받은 재화

부채	정의	• 과거의 거래나 사건의 결과로 현재 기업실체가 부담하고 있고 미래에 자원의 유출 또는 사용이 예상되는 의무
	현재의무	• 보증기간 후 제품하자수리방침을 정한 경우 판매제품관련 지출예상액은 부채임. • 현재의무와 미래약속은 구별되어야 함. 　➡예 미래 특정자산을 취득하겠다는 경영진 의사결정은 현재의무가 발생치 않음.
	자원의 유출	• 현재의무 이행은 다양한 방법으로 이행됨. 　➡예 현금지급, 다른 자산의 이전, 용역제공, 다른 의무로 대체, 부채의 자본전환)됨 　주의 의무는 채권자의 권리포기·상실 등에 의해서도 소멸됨. ➡예 채무면제이익
	과거사건의 결과	• 부채는 과거의 거래나 그 밖의 사건에서 발생함.
	주의 충당부채 : 현재의무를 수반하며 나머지 정의 충족시는 금액을 추정해야 하더라도 부채임.	

자본	정의	• 기업의 자산에서 모든 부채를 차감한 후의 잔여지분 　➡F/P에 표시되는 자본의 금액은 자산과 부채금액의 측정에 따라 결정되며, 자본은 개별적으로 측정되는 것이 아님. • 자본 = 순자산 = 소유주청구권 = 잔여지분 = 자기자본
	주의 자본은 주식의 시가총액을 의미하는 것이 아님.	

수익	정의	• 기업실체의 경영활동과 관련된 재화의 판매 또는 용역의 제공 등에 대한 대가로 발생하는 자산의 유입 또는 부채의 감소

비용	정의	• 기업실체의 경영활동과 관련된 재화의 판매 또는 용역의 제공 등에 따라 발생하는 자산의 유출이나 사용 또는 부채의 증가

FINAL 객관식뽀개기　　　　빈출적중문제

1. 다음 중 재무상태표의 구성요소인 자산과 부채에 관한 설명으로 가장 올바르지 않은 것은?　[기출문제]

① 자산은 항상 부채와 자본의 합과 일치한다.
② 부채는 기업실체가 현재 시점에서 부담하는 경제적 의무이다.
③ 자산은 반드시 물리적 형태를 갖고 있어야 한다.
④ 미래의 일정 시점에서 자산을 취득한다는 결정이나 단순한 약정은 부채가 아니다.

낵비게이션

• 특허권과 같은 무형자산의 경우와 같이 자산의 존재를 판단키 위해 물리적 형태가 필수적인 것은 아니다.

2. 다음 중 자산에 관한 설명으로 가장 올바르지 않은 것은?　[기출문제]

① 자산은 과거의 거래나 사건의 결과로서 현재 기업실체에 의해 지배되고 미래에 경제적 효익을 창출할 것으로 기대되는 자원이다.
② 자산은 재화 및 용역의 생산에 이용되거나 다른 자산과의 교환 또는 부채의 상환에 사용되며 소유주에 관한 분배에 이용될 수 있다.
③ 일반적으로 물리적 형태를 가지고 있지만 물리적 형태가 자산의 본질적인 특성은 아니다.
④ 현금유출과 자산의 취득은 밀접하게 관련되어 있기 때문에 현금유출 금액과 자산취득 금액은 반드시 일치한다.

낵비게이션

• 일반적으로 현금유출과 자산의 취득은 밀접하게 관련되어 있으나 양자가 반드시 일치하는 것은 아니다.
　→ 즉, 관련 지출이 없어도 자산의 정의를 충족하는 경우에는 인식 대상이 된다. (예) 증여받은 재화)

3. 다음 중 재무상태표의 기본요소 중 자산에 대한 설명으로 가장 올바르지 않은 것은?　[기출문제]

① 자산의 취득은 일반적으로 현금유출과 관련이 있으나 반드시 현금유출이 동반되는 것은 아니다.
② 자산에 대한 법적소유권이 있어야 자산성이 인정된다.
③ 자산은 미래에 경제적 효익을 창출할 수 있어야 한다.
④ 물리적 형태가 없더라도 자산이 될 수 있다.

낵비게이션

• 소유권(법률적 권리)이 자산의 존재를 판단하기 위해 필수적인 것은 아니다. (예) 금융리스자산)
　→ ①의 예로는 수증자산(증여받은 자산), ④의 예로는 무형자산을 들 수 있다.

4. 다음은 재무제표의 구성요소인 자산, 부채 및 자본에 대한 설명들이다. 틀린 것은 어느 것인가?　[적중예상]

① 재무상태표에 표시되는 자본 총액은 자산에서 부채를 차감한 금액으로서 기업의 주식시가총액과 동일하다.
② 자산은 과거 거래나 사건의 결과로 현재 기업실체에 의해 지배되고 미래에 경제적 효익을 창출할 것으로 기대되는 자원으로 정의된다.
③ 부채는 과거의 거래나 사건의 결과로 현재 기업실체가 부담하고 있고 미래 자원의 유출 또는 사용이 예상되는 의무이다.
④ 자본은 기업실체의 자산에 대한 소유주의 잔여청구권이다.

낵비게이션

• 자본과 주식시가총액은 일치하는 개념 자체가 아니다.

제1편 백점이론특강
제2편 기출문제특강
SET1
SET2
SET3
SET4
SET5
SET6
SET7
SET8
SET9
SET10
신유형
기출문제오답노트
실전기출모의고사

백점이론 제5강 — 재무제표요소의 인식과 측정

개요	인식	• 재무제표 요소의 정의에 부합하고 인식기준을 충족하는 항목을 재무제표에 반영하는 과정을 말하며, 다음 기준을 모두 충족한다면 재무제표에 인식되어야 함. ① 미래경제적효익이 기업에 유입되거나 기업으로부터 유출될 가능성이 매우 높다. ② 원가 또는 가치를 신뢰성 있게 측정할 수 있다.
	측정	• 재무제표에 인식되고 평가되어야 할 재무제표 요소의 화폐금액을 결정하는 과정이며, 측정은 특정 측정기준의 선택과정을 포함함.
인식요건	자산	• 미래경제적효익이 기업에 유입될 가능성이 매우 높고 금액을 신뢰성 있게 측정할 수 있다면 재무상태표에 자산으로 인식함. ▪주의 지출이 발생하였으나 관련된 미래경제적효익이 기업에 유입될 가능성이 낮다면 재무상태표에 자산으로 인식하지 아니하며, 대신에 그러한 지출은 손익계산서에 비용으로 인식함.
	부채	• 현재의무를 미래에 이행할 때 경제적효익의 유출 가능성이 매우 높고 금액을 신뢰성 있게 측정할 수 있다면 재무상태표에 부채로 인식함. ▪주의 미이행된 계약상의 의무(예 주문 후 아직 인도되지 않은 재고자산에 대한 부채)는 재무상태표에 부채로 인식하지 아니함.
	수익	• 수익은 경제적 효익이 유입됨으로써 자산이 증가하거나 부채가 감소하고 그 금액을 신뢰성 있게 측정할 수 있을 때 손익계산서에 인식함. ➡ 이는 실제로 수익의 인식이 자산의 증가나 부채의 감소에 대한 인식과 동시에 이루어짐을 의미함. 예 재화나 용역의 매출에 따라 자산의 순증가가 인식되며 미지급채무의 면제에 따라 부채의 감소가 인식됨.
	비용	• 비용은 경제적 효익이 사용 또는 유출됨으로써 자산이 감소하거나 부채가 증가하고 그 금액을 신뢰성 있게 측정할 수 있을 때 손익계산서에 인식함. ➡ 이는 실제로 비용의 인식이 부채의 증가나 자산의 감소에 대한 인식과 동시에 이루어짐을 의미함. 예 종업원급여의 발생에 따라 부채의 증가가 인식되며 설비의 감가상각에 따라 자산의 감소가 인식됨.
측정기준	역사적원가 — 자산	• 취득 당시에 지급한 현금 등의 공정가치로 기록
	역사적원가 — 부채	• 부채부담 대가로 수취한 금액으로 기록
	공정가치	• 독립된 당사자간의 교환가치 • 시장가격이 존재한다면 시장가격 비교 현행유출가치 : 처분시 유입될 금액 / 현행대체원가 : 구입시 유출될 금액
	기업특유가치 — 자산	• 자산사용에 따라 기업실체의 입장에서 인식되는 현재의 가치(예 자산손상)
	기업특유가치 — 부채	• 기업실체가 그 의무를 이행하는데 예상되는 자원 유출의 현재가치
	상각후금액	• 유효이자율을 이용해 자산·부채에 대한 현재의 금액으로 측정한 가치
	순실현가능가치 (이행금액)	• 추정판매가격에서 완성시까지 추가적원가와 판매비용추정액을 차감한 금액

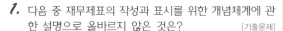

FINAL 객관식뽀개기 빈출적중문제

1. 다음 중 재무제표의 작성과 표시를 위한 개념체계에 관한 설명으로 올바르지 않은 것은? [기출문제]

① 비용은 과거의 거래나 사건의 결과로 현재 기업실체가 부담하고 있고 미래 자원의 유출 또는 사용이 예상되는 의무이다.
② 지출이 발생하였으나 당해 회계기간 후에는 관련된 경제적 효익이 기업에 유입될 가능성이 높지 않다고 판단되는 경우에는 재무상태표에 자산으로 인식하지 아니한다.
③ 자본은 기업실체의 자산에 대한 소유주의 잔여청구권이다.
④ 재무제표는 일반적으로 기업이 계속기업이며 예상가능한 기간 동안 영업을 계속할 것이라는 가정 하에 작성된다.

 냅비게이션

• 비용(X) → 부채(O)

2. 재무상태의 측정에 가장 관련이 되는 요소에 대한 설명으로 가장 옳은 것은? [적중예상]

① 재무상태 측정에 가장 관련이 되는 요소는 수익, 비용, 이익이다.
② 부채는 과거의 거래나 사건의 결과로 현재 기업실체에 의해 지배되고 미래경제적효익을 창출할 것으로 기대되는 자원이다.
③ 자산은 과거의 거래나 사건의 결과로 현재 기업실체가 부담하고 있고 미래에 자원의 유출 또는 사용이 예상되는 의무이다.
④ 자본은 기업의 자산에서 부채를 차감한 후의 잔여지분이다.

 냅비게이션

• ① 재무상태 측정에 직접 관련이 되는 요소는 자산, 부채, 자본이며, 성과의 측정과 직접 관련이 되는 요소는 수익과 비용이다.
② 부채가 아니라 자산의 정의에 대한 설명이다.
③ 자산이 아니라 부채의 정의에 대한 설명이다.

백점이론 제6강 ▶ 중간재무제표

용어정의	중간기간	• 1회계연도보다 짧은 회계기간을 말함.
	누적중간기간	• 회계연도개시일부터 당해 중간기간종료일까지의 기간을 말함. **예시** 중간기간이 2분기(4.1~6.30)일 경우 누적중간기간은 1.1~6.30임.

종류	❖ 재무상태표(F/P), 손익계산서(I/S), 현금흐름표, 자본변동표, 주석 ❖

작성	작성원칙	• 중간재무제표는 연차재무제표와 동일한 양식으로 작성함을 원칙으로 함.
	일괄표시	• 정보이용자를 오도하지 않는 범위내에서 일정 계정과목은 요약·일괄표시 할 수 있음.
	최종중간기간	• 최종 중간기간의 재무제표는 별도로 작성하지 아니할 수 있음.

대상기간 · 비교형식	재무상태표	• 중간보고기간말과 직전 연차보고기간말을 비교하는 형식으로 작성 **주의** 직전 중간보고기간말을 비교하는 형식으로 작성하는 게 아님.
	손익계산서	• 중간기간과 누적중간기간을 직전회계연도의 동일기간과 비교하는 형식으로 작성
	현금흐름표 자본변동표	• 누적중간기간을 직전회계연도의 동일기간과 비교하는 형식으로 작성 **주의** 중간기간을 직전회계연도의 동일기간과 비교형식으로 작성하는 게 아님.

사례 대상기간과 비교형식 ◀

❀ 20x2년 3분기(7.1부터 9.30까지) 중간재무제표를 작성한다고 가정함.

풀이

	중간재무제표	비교표시
재무상태표	중간기간말(20x2.9.30) 표시	직전 연차보고기간말(20x1.12.31) 표시
손익계산서	① 중간기간(20x2.7.1~9.30) 표시 ② 누적중간기간(20x2.1.1~9.30) 표시	① 직전 동일기간(20x1.7.1~9.30) 표시 ② 직전 동일기간(20x1.1.1~9.30) 표시
현금흐름표 자동변동표	누적중간기간(20x2.1.1~9.30) 표시	직전 동일기간(20x1.1.1~9.30) 표시

인식 · 측정	원칙	• 중간재무제표의 작성을 위한 측정은 누적중간기간을 기준으로 함. • 손익항목의 각 중간기간별 금액의 합계는 연간금액과 일치해야 함. • 당해 중간기간에 대한 재무제표는 당해 누적중간기간의 재무제표에서 직전 누적중간기간의 재무제표를 차감하여 산출함.
	계절적수익	• 계절적, 주기적, 일시적으로 발생하는 수익이라도 전액 발생한 중간기간에 인식함.

보론 중소기업 회계처리특례 〈적용제외 : 상장법인, 금융회사〉

단기용역(예약)매출	• 완성기준 가능 ➡ **주의** 장기용역매출 : 여전히 진행기준
장기할부매출(부동산포함)	• 할부매출(부동산 처분이익)에 회수기일도래기준 가능
법인세기간배분	• 이연법인세자산(부채)을 계상치 않고 법인세법 등에 따라 실제 납부해야 할 금액을 법인세비용(과목 '법인세등')으로 나타낼 수 있음.
장기성 채권·채무	• 현재가치가 아닌 명목가액으로 평가가능
내용연수와 잔존가액	• 법인세법등의 법령규정에 따라 결정가능.
시장성없는 지분증권평가	• 취득원가로 평가가능. ➡ **주의** 단, 여전히 손상차손규정은 적용함.
지분법적용	• 지분법 생략가능.(단, 연결범위에 해당하는 종속회사에 대해서는 적용)
주식기준보상거래	• 행사·발행되기 전까지는 별도 회계처리 생략가능
파생상품평가	• 정형화된 시장에서 거래되지 않아 시가가 없는 경우 계약시점 후 평가회계처리 생략가능

FINAL 객관식뽀개기 **빈출적중문제**

1. 다음 중 중간재무제표의 작성과 관련한 설명으로 옳은 것은? [기출문제]

① 중간기간이라 함은 3개월 또는 6개월만을 말한다.
② 현금흐름표는 중간재무제표에 포함되나 주석은 포함되지 않는다.
③ 현금흐름표 및 자본변동표는 중간기간을 직전 회계연도의 동일기간과 비교하는 형식으로 작성한다.
④ 손익계산서는 중간기간과 누적중간기간을 직전 회계연도의 동일기간과 비교하는 형식으로 작성한다.

 내비게이션

• ① 3개월 또는 6개월만(×) → 1회계연도보다 짧은 회계기간(O)
  ② 주석 포함
  ③ 현금흐름표 및 자본변동표는 누적중간기간을 직전 회계연도의 동일기간과 비교하는 형식으로 작성한다.

2. 다음 중 중간재무제표에 관한 설명으로 가장 올바르지 않은 것은? [기출문제]

① 중간재무제표는 연차재무제표와 동일한 계정과목을 사용하여야 하고, 어떠한 경우에도 계정과목을 요약 표시할 수 없다.
② 중간손익계산서는 당 회계연도 중간기간과 누적중간기간을 직전 회계연도의 동일한 기간과 비교하는 형식으로 작성한다.
③ 중간재무제표는 회계정보의 적시성 제고를 위한 수단이다.
④ 중간재무제표는 재무상태표, 손익계산서, 현금흐름표, 자본변동표 및 주석을 포함하며 연차재무제표와 동일한 양식(대상기간과 비교형식은 제외)으로 작성함을 원칙으로 한다.

 내비게이션

• 중간재무제표는 연차재무제표와 동일한 양식으로 작성함을 원칙으로 하되, 정보이용자를 오도하지 않는 범 위내에서 일정 계정과목은 요약·일괄표시 할 수 있다.

3. (주)A는 외국계 자회사로서 12월 말 결산법인이다. 당 법인이 3분기 중간재무제표를 작성하려고 한다. 다음 중 중간재무제표에 대한 설명으로 가장 올바르지 않은 것은? [기출문제]

① 재무상태표는 당 회계연도 9월 30일 현재를 기준으로 작성하고 직전 회계연도 12월 31일 현재의 재무상태표와 비교표시한다.
② 손익계산서는 당 회계연도 7월 1일부터 9월 30일까지의 중간기간과 1월 1일부터 9월 30일까지의 누적중간기간을 대상으로 작성하고 직전 회계연도의 동일기간을 대상으로 작성한 손익계산서와 비교표시한다.
③ 현금흐름표는 당 회계연도 7월 1일부터 9월 30일까지의 중간기간과 1월 1일부터 9월 30일까지의 누적중간기간을 대상으로 작성하고 직전 회계연도의 동일기간을 대상으로 작성한 현금흐름표와 비교표시한다.
④ 자본변동표는 당 회계연도 1월 1일부터 9월 30일까지의 누적중간기간을 대상으로 작성하고 직전 회계연도의 동일기간을 대상으로 작성한 자본변동표와 비교표시한다.

 내비게이션

• 현금흐름표는 당 회계연도 1월 1일부터 9월 30일까지의 누적중간기간을 대상으로 작성하고 직전 회계연도의 동일기간(1월 1일부터 9월 30일)을 대상으로 작성한 현금흐름표와 비교표시한다.

4. 다음 중 중소기업 회계처리 특례에 대한 설명으로 가장 올바르지 않은 것은? [기출문제]

① 법인세비용은 법인세법 등의 법령에 의하여 납부하여야 할 금액으로 할 수 있다.
② 장기연불조건의 매매거래 및 장기금전대차거래 등에서 발생하는 채권·채무는 명목금액을 재무상태표 금액으로 할 수 있다.
③ 시장성이 없는 지분증권은 취득원가로 평가할 수 있다.
④ 정형화된 시장에서 거래되는 파생상품에 대해서도 계약시점 이후 평가에 관한 회계처리를 하지 않을 수 있다.

 내비게이션

• 정형화된 시장에서 거래되는 파생상품에(X)
  → 정형화된 시장에서 거래되지 않아 시가가 없는 파생상품(O)

제1편 백점이론특강 | 제2편 기출문제특강 | SET1 | SET2 | SET3 | SET4 | SET5 | SET6 | SET7 | SET8 | SET9 | SET10 | 신유형 | 기출문제오답노트 | 실전기출모의고사

백점이론 제7강 — 재무상태표

기본사항	정의	• 일정시점(결산일 현재)의 재무상태(자산, 부채, 자본)를 표시하는 재무제표를 말함.
	목적	• 기업의 유동성, 재무적 탄력성, 수익성과 위험을 평가하는 유용한 정보의 제공
	양식	<table><tr><td rowspan="2">자산총액</td><td>부채총액(=타인자본)</td></tr><tr><td>자본총액(=자기자본)</td></tr></table> • 재무상태표등식 : 자산총액＝부채총액＋자본총액
작성기준	총액표시	• 자산과 부채는 원칙적으로 상계표시 불가 **예시** **당좌예금과 당좌차월** 　상계한 순액으로 표시하는 것이 아니라, 각각 당좌예금과 단기차입금으로 하여 총액으로 표시함.
	유동성배열법	• 자산·부채는 유동성(=현금화가능성)이 큰 항목부터 배열하는 것을 원칙으로 함. ➡ ∴배열순서 : 현금 → 당좌 → 재고 → 투자 → 유형 → 무형 → 기타비유동 **주의** 손익계산서상 수익·비용은 유동성배열과 무관함.
	구분표시강제	• 자산 : 유동자산, 비유동자산 • 부채 : 유동부채, 비유동부채 • 자본 : 자본금, 자본잉여금, 자본조정, 기타포괄손익누계액, 이익잉여금
	1년기준	<table><tr><td>유동자산</td><td>• 1년 이내에 현금화 가능한 자산을 유동자산으로 분류함. ➡당좌자산, 재고자산</td></tr><tr><td>비유동자산</td><td>• 1년 이후에 현금화 가능한 자산을 비유동자산으로 분류함. ➡유형자산, 무형자산, 투자자산, 기타비유동자산</td></tr></table>**주의** **정상영업주기내에 판매·사용되는 재고자산과 회수되는 매출채권** 　보고기간종료일로부터 1년이내에 실현되지 않더라도 유동자산으로 분류함. <table><tr><td>유동부채</td><td>• 1년 이내에 상환해야 할 부채를 유동부채로 분류함. ➡매입채무, 미지급금, 단기차입금, 유동성장기부채, 미지급비용, 선수금</td></tr><tr><td>비유동부채</td><td>• 1년 이후에 상환해야 할 부채를 비유동부채로 분류함. ➡ 사채, 장기차입금, 장기매입채무, 임대보증금, 퇴직급여충당부채</td></tr></table>**주의** **정상영업주기내에 소멸할 것으로 예상되는 매입채무와 미지급비용** 　보고기간종료일로부터 1년 이내에 결제되지 않더라도 유동부채로 분류함.
	잉여금의 구분	• 자본잉여금(자본거래)와 이익잉여금(손익거래)은 혼동표시 불가함.
	통합표시가능	• 단기금융상품,단기매매증권,단기대여금,장기투자증권(1년내실현분) ➡단기투자자산 • 상품, 제품, 반제품, 재공품, 원재료, 저장품 ➡ 재고자산 • 매도가능증권, 만기보유증권 ➡장기투자증권 • 건물, 구축물, 기계장치 등 감가상각자산 ➡설비자산 • 주식할인발행차금, 감자차손, 자기주식처분손실 등 ➡ 기타자본조정 • 대손충당금, 감가상각누계액, 사채발행차금 등 ➡ 자산, 부채의 순액
	미결산항목등 표시금지	• 가지급금, 가수금등의 항목은 그 내용을 나타내는 적절한 과목으로 표시해야 함. • 비망계정은 재무상태표의 자산, 부채항목으로 표시불가

FINAL 객관식뽀개기 ─ 빈출적중문제

1. 다음 중 재무상태표의 작성기준에 대한 올바른 설명으로 보기 어려운 것은? [기출문제]

① 재무상태표상 자산의 유동계정과 비유동계정은 일반적으로 1년 기준으로 구분한다.
② 재고자산·매출채권 및 매입채무 등 운전자본과 관련된 항목들에 대하여는 1년을 초과하더라도 정상적인 영업주기내에 실현 혹은 결제되리라 예상되는 부분에 대해서는 유동항목으로 분류한다.
③ 동일 거래처에 대한 채권과 채무가 동시에 존재하는 경우에는 이를 상계하여 표시한다.
④ 재무상태표상 부채도 유동성을 기준으로 구분하여 기재한다.

• 자산과 부채는 원칙적으로 상계표시가 불가하다.

2. 다음은 유동자산에 속하는 계정들의 잔액이다. 재무상태표에 당좌자산으로 계상될 금액은 얼마인가? [기출문제]

대여금	40,000원	매출채권	400,000원
선급비용	600,000원	선급금	50,000원
저장품	65,000원		

① 1,000,000원
② 1,040,000원
③ 1,090,000원
④ 1,155,000원

• 40,000+400,000+600,000+50,000=1,090,000
* 저장품은 재고자산이다.

3. 다음 중 재무상태표와 손익계산서 작성의 일반원칙에 관한 설명으로 가장 올바르지 않은 것은? [기출문제]

① 재무상태표상 유동자산과 비유동자산은 보고기간종료일로부터 1년 또는 정상영업주기 기준으로 구분한다.
② 손익계산서상 수익과 비용은 순액으로 기재함을 원칙으로 한다.
③ 영업부서 직원에 관한 급여는 손익계산서상 판매비와 관리비로 분류한다.
④ 자본거래에서 발생한 자본잉여금과 손익거래에서 발생한 이익잉여금은 혼동하여 표시하여서는 안된다.

• 총액 기재가 원칙이다. (후술하는 '손익계산서 기초이론' 참조)

4. 다음 중 재무상태표에 관한 설명으로 가장 올바르지 않은 것은? [기출문제]

① 재무상태표는 기업의 보고기간종료일 현재 경제적 자원과 그 자원에 대한 채권자와 주주의 청구권을 표시하는 정태적 보고서이다.
② 재무상태표는 기업의 유동성과 재무건전성을 파악하는데 유용한 정보를 제공한다.
③ 자산과 부채는 반드시 1년을 기준으로 구분하여 유동성배열법에 의해 기재한다.
④ 재무상태표는 화폐단위로 측정된 정보를 주로 제공한다.

• 재무상태표상 유동과 비유동은 보고기간 종료일로부터 1년 또는 정상영업주기 기준으로 구분한다.

5. 다음 중 유동부채로 분류하기 가장 어려운 항목은? [기출문제]

① 사채
② 미지급금
③ 유동성장기차입금
④ 부가세예수금

• 비유동부채 : 사채, 장기차입금, 장기매입채무, 임대보증금, 퇴직급여충당부채 등

6. 다음 중 자산에 관한 설명으로 가장 올바르지 않은 것은? [기출문제]

① 자산은 과거의 거래나 사건의 결과로서 현재 기업실체에 의해 지배되고 미래에 경제적효익을 창출할 것으로 기대되는 자원이다.
② 일반적으로 현금유출과 자산의 취득은 밀접하게 관련되어 있으나 양자가 반드시 일치하는 것은 아니다.
③ 자산은 1년을 기준으로 하여 유동자산 또는 비유동자산으로 구분하는 것을 원칙으로 하고 있다.
④ 보고기간 종료일로부터 1년을 초과하여 판매되거나 회수되는 재고자산과 매출채권은 비유동자산으로 계상하여야 한다.

• 정상영업주기내에 판매·사용되는 재고자산과 회수되는 매출채권은 보고기간종료일로부터 1년 이내에 실현되지 않더라도 유동자산으로 분류한다.

제1편 백점이론특강

제2편 기출문제특강

SET1
SET2
SET3
SET4
SET5
SET6
SET7
SET8
SET9
SET10

신유형

기출문제요답노트

실전기출모의고사

백점이론 제8강 ⊂ 재무상태표 세부고찰

채권·채무		영업활동관련○	영업활동관련X
	채 권	• 외상매출금, 받을어음 → '매출채권'으로 외부공시 ➡예 재고자산을 외상매출	• 미수금 ➡예 토지를 외상으로 매각
	채 무	• 외상매입금, 지급어음 → '매입채무'로 외부공시 ➡예 재고자산을 외상매입	• 미지급금 ➡예 토지를 외상으로 구입

선수금 · 선급금		매출자				매입자			
	계약금수령(지급)	(차) 현금	10	(대) 선수금	10	(차) 선급금	10	(대) 현금	10
	잔금수령(지급)	(차) 현금 　　선수금	20 10	(대) 매출	30	(차) 상품	30	(대) 현금 　　선급금	20 10

예수금				
	급여지급시	(차) 급여　　　　　　　　　　　　100	(대) 예수금(갑근세+4대보험근로자분) 　　 현 금(차인지급액)	10 90
	납부시	(차) 예수금　　　　　　　　　　　 10 　　 세금과공과(국민연금회사분)　 2 　　 복리후생비(건강보험회사분)　 2 　　 보험료(고용·산재보험회사분)　1	(대) 현 금	15

유동성대체				
	장기차입금 차입시	(차) 현 　　金　　×××	(대) 장기차입금	×××
	만기가 1년 이내 도래시	(차) 장기차입금　　×××	(대) 유동성장기부채('유동부채')	×××
	만기를 1년 이후로 연장시	(차) 유동성장기부채　×××	(대) 장기차입금	×××

보충 유동자산으로 분류하는 유가증권
 ① 지분증권(주식) 중 1년 이내에 처분할 것이 거의 확실한 매도가능증권
 ② 채무증권(채권) 중 1년 이내에 만기가 도래하는 매도가능증권
 ③ 채무증권(채권) 중 1년 이내에 만기가 도래하는 만기보유증권

부가세정리 회계처리					
	매출시	(차) 외상매출금	110,000	(대) 매 출 　　부가세예수금	100,000 10,000
	매입시	(차) 상 품 　　부가세대급금	80,000 8,000	(대) 외상매입금	88,000
	예정신고기간(3.31회계처리)	(차) 부가세예수금	10,000	(대) 부가세대급금 　　미지급세금	8,000 2,000
	납부시(4.25회계처리)	(차) 미지급세금	2,000	(대) 현 금	2,000

참고 환급의 경우 회계처리

3.31회계처리	(차) 부가세예수금 　　미수금	1,000 200	(대) 부가세대급금	1,200
환급시 회계처리	(차) 현금	200	(대) 미수금	200

선납세금				
	중간예납·원천징수세액	(차) 선납세금	100,000	(대) 현 金	100,000
	결산시	(차) 법인세등	100,000	(대) 선납세금	100,000

FINAL 객관식뽀개기 ◖ **빈출적중문제**

1. (주)삼일은 유형자산으로 분류하여 보유하던 기계장치를 3,000,000원에 외상으로 처분하였다. 기계장치의 취득원가는 4,000,000원이고, 처분일 현재 기계장치에 대한 감가상각누계액은 2,800,000원이다. 다음 중 기계장치의 처분과 관련하여 (주)삼일이 해야 할 회계처리로 가장 올바른 것은? [기출문제]

① (차) 미수금　　　　　　　　3,000,000원
　　　감가상각누계액　　　2,800,000원
　　(대) 기계장치　　　　　　4,000,000원
　　　　유형자산처분이익　　1,800,000원
② (차) 매출채권　　　　　　　3,000,000원
　　　감가상각누계액　　　2,600,000원
　　(대) 기계장치　　　　　　4,000,000원
　　　　유형자산처분이익　　1,600,000원
③ (차) 미수금　　　　　　　　3,000,000원
　　(대) 기계장치　　　　　　1,200,000원
　　　　유형자산처분이익　　1,800,000원
④ (차) 매출채권　　　　　　　3,000,000원
　　(대) 기계장치　　　　　　1,200,000원
　　　　유형자산처분이익　　1,800,000원

📻 **낸비게이션**
• 영업활동과 관련없는 외상처분액은 미수금으로 계상하며, 기계장치의 장부금액과의 차액에 대해 처분손익을 인식한다.

2. 제과업을 영위하는 (주)삼일은 원재료인 밀가루의 안정적인 확보를 위해 총매입대금 2,000,000원 중 일부인 1,000,000원을 20x2년 12월 20일 (주)삼이에 선지급하였다. 실제 원재료 입고일이 20x3년 1월 10일이라면 20x2년 12월 20일에 (주)삼일이 수행해야 할 회계처리로 가장 올바른 것은? [기출문제]

① (차) 선급비용　1,000,000　(대) 현금　1,000,000
② (차) 선급금　　1,000,000　(대) 현금　1,000,000
③ (차) 매출원가　1,000,000　(대) 현금　1,000,000
④ (차) 원재료　　2,000,000　(대) 현금　2,000,000

📻 **낸비게이션**
• 재고자산 구입관련 계약금 지급액은 선급금으로 처리한다.

3. 다음 중 유동부채에 대한 설명으로 올바르지 않은 것은? [기출문제]

① 선수금은 수주공사, 주문품 및 기타 일반적 상거래에서 발생한 선수액을 말한다.

② 예수금은 일반적 상거래 이외에서 발생한 일시적 제예수액을 말한다.
③ 선수수익은 영업외수익에 관한 선수금액으로 선수이자 등이 있다.
④ 유동성장기부채는 비유동부채로 분류한다.

📻 **낸비게이션**
• 유동성장기부채는 유동부채이다.

4. 다음은 (주)삼일의 결산 조정전 가수금과 가지급금 계정내역과 이에 대한 김대리와 박부장의 대화내용이다 (ㄱ)과 (ㄴ)에 들어가야 할 계정과목으로 가장 옳은 것은? [기출문제]

가지급금	가수금
5/15 출장비　300,000 12/15 (주)용산 5,000,000 12/30 가불금 1,000,000	12/8 김삼일 20,000,000

박부장 : 김대리 결산이 얼마남지 않았는데 가지급금과 가수금이 있군. 빨리 정리해야 하지 않겠나?
김대리 : 5월 출장에는 정이사님의 출장 관련 발생 내용인데 모두 교통비 였습니다.
박부장 : 그럼 그건 여비교통비로 판매비와관리비의 여비교통비로 처리하면 되겠군. 다른 것들은 뭔가?
김대리 : 12월 8일 은행 입금건은 아마 서울백화점 외상매출대금이 회수된 것으로 보입니다. 거기 사장님 성함이 김삼일씨로... 12월 15일 용산 가지급금은 이번 보안시스템의 계약금입니다. 12월 30일 가불금은 신대리가 급하게 돈이 필요하다고 해서 급여를 가불처리한 것입니다. 신대리의 1월 급여에서 공제할 예정입니다.
박부장 : 서울 백화점 담당자에게 전화해서 정확한 내용을 파악한 후 매출채권과 상계처리하고 보안시스템 관련 계약금은 (ㄱ)으로 처리하는게 적절하겠군.
가불금은 (ㄴ)으로 처리하게.
김대리 : 알겠습니다. 부장님

	(ㄱ)	(ㄴ)		(ㄱ)	(ㄴ)
①	선급금	미지급급여	②	보증금	단기대여금
③	선급금	단기대여금	④	유형자산	단기차입금

📻 **낸비게이션**
• 선지급한 계약금은 선급금으로 처리하며, 종업원 가불금은 단기대여금으로 처리한다.

백점이론 제9강 ▸ 현금예금의 공시

현금 및 현금성자산	**현금**	통화	• 지폐, 주화(외국통화 포함)
		통화대용증권	• 타인발행 당좌수표·가계수표·자기앞수표·송금수표, 우편환증서, 송금환, 만기도래공사채이자지급표, 대체저금환급증서, 지점전도금, 배당금지급통지표, 일람출급어음, 만기도래어음, 국세환급통지서
		요구불예금	• 당좌예금, 보통예금
	현금성자산		• 큰 거래비용없이 현금전환이 용이하고 이자율변동에 따른 가치변동위험이 경미한 유가증권 및 단기금융상품으로서 취득당시로부터 만기(상환일)가 3개월 이내인 것. ━주의 보고기간종료일로부터 3개월 이내가 아님. 사례 ① 취득당시 만기가 3개월 이내에 도래하는 채권 ② 취득당시 상환일까지의 기간이 3개월 이내인 상환우선주 ③ 3개월 이내 환매조건 환매채와 계약기간 3개월 이하 초단기수익증권

단기금융상품 (유동자산)

❖기한이 보고기간종료일로부터 1년 이내에 도래하는 현금성자산이 아닌 다음의 것.

• 정기예금, 정기적금

• 사용이 제한된 예금(양건예금) ➡사용·제한내역을 주석으로 기재함.

• 기타 정형화된 상품 ➡예 양도성예금증서(CD), 어음관리계좌(CMA), 기업어음(CP)

비교 위 단기금융상품으로 만기가 1년 이후에 도래하는 것 : 장기금융상품(투자자산)
→ 한편, 만기가 1년 이내 도래한 장기금융상품은 무조건 유동자산(단기금융상품)으로 분류함

주의사항	가불금, 차용증서	• 결산일부터 회수시점까지 1년을 기준으로 단기(장기)대여금으로 분류. ━주의 종업원 선급급여는 선급비용이 아니라 단기대여금 처리함.
	수입인지 · 우표	• 다음 중 어느 하나로 회계처리함. ① 소모품(자산) 처리 후 사용분을 소모품비(비용)로 처리 ② 소모품비(비용) 처리 후 미사용분을 소모품(자산)으로 처리 ③ 미래용역을 제공받기 위한 경우는 선지급한 선급비용 처리
	선일자수표 약속어음	• 선일자수표는 수표에 기재된 발행일자보다 그 이전에 실제 발행된 수표임. • 모두 어음상의 매출채권(또는 미수금)으로 처리함.
	당좌차월	• 당좌예금잔액이 (-)인 경우임(은행측에서는 당좌대월). → 단기차입금 처리함. ━주의 총액주의의 예외로서 당좌예금과 상계하여 보고하는 것이 아님. 예 당좌예금 500, 당좌차월 -200일 때 →현금및현금성자산 300(X) / 현금및현금성자산 500, 단기차입금 200(O)

소액현금제도 (전도금제도)

❖당좌예금을 인출하여 소액경비 지급 후, 지출에 대한 부족분을 정액 또는 부정액으로 보충하는 제도

▸사례   소액현금 회계처리

◉ 당좌예금인출하여 지점송금 ₩1,000	(차) 소액현금	1,000	(대) 당좌예금	1,000
◉ 지출증빙보고 ₩900 & 현금잔액 ₩60	(차) 여비교통비 현금과부족	900 40	(대) 소액현금	940
◉ 소액현금보충 ₩940(정액자금전도제)	(차) 소액현금	940	(대) 당좌예금	940
◉ 결산시까지 원인불명액 ₩40	(차) 잡손실	40	(대) 현금과부족	40

FINAL 객관식뽀개기 빈출적중문제

1. 다음 중 재무상태표상 현금및현금성자산에 관한 설명으로 가장 올바르지 않은 것은? [기출문제]

① 현금및현금성자산은 통화 및 타인발행수표 등 통화대용증권과 당좌예금·보통예금 및 현금성자산을 말한다.

② 현금에는 지폐, 주화 이외에도 타인발행당좌수표, 자기앞수표, 우편환과 같이 일반 지급수단으로 쓰이는 대용증권이 포함된다.

③ 차용증서, 수입인지, 엽서, 우표, 부도수표, 부도어음 등은 현금및현금성자산으로 분류되지 않는다.

④ 현금성자산은 단기적 운용을 목적으로 한 유동성이 높은 유가증권으로서 보고기간종료일 현재 3개월 이내에 만기가 도래하는 것을 말한다.

낵바게이션

• 보고기간종료일 현재(X) → 취득일 현재(O)

2. 다음은 (주)삼일의 20x2년 회계연도(1.1~12.31)의 자료이다. 기말 재무상태표에 보고될 현금 및 현금성자산과 단기금융상품의 금액은 각각 얼마인가? [기출문제]

당좌예금	70,000원
타인발행수표	100,000원
보통예금	10,000원
환매채(60일 환매조건)	5,000원
자기앞수표	35,000원
만기도래국공채이자표	5,000원
정기예금(*)	50,000원
(*)계약일 : 20x2.7.1. 만기일 : 20x3.6.30	

	현금및현금성자산	단기금융상품
①	105,000원	70,000원
②	105,000원	160,000원
③	225,000원	50,000원
④	225,000원	75,000원

낵바게이션

• 현금및현금성자산 : 70,000(당좌예금)+100,000(타인발행수표)+10,000(보통예금)+5,000(환매채)+35,000(자기앞수표)+5,000(만기도래국공채이자표)=225,000
• 단기금융상품 : 50,000(정기예금)

3. 도매업을 영위하고 있는 ㈜삼일이 보유중인 장기금융상품의 회계처리에 관한 설명으로 가장 올바르지 않은 것은? [기출문제]

① 만기가 1년 이내에 도래하는 경우 유동자산으로 계정대체하여야 한다.

② 기존에 장기금융상품으로 분류되었고 사용이 제한된 금융상품이라면 보고기간종료일 현재 만기가 1년 이내에 도래한다고 하더라도 유동자산으로 재분류하지 않는다.

③ 금융상품과 관련된 이자수익은 발생주의에 따라 인식한다.

④ 사용이 제한되어 있는 경우 그 내용을 주석에 공시한다.

낵바게이션

• 만기가 1년 이내에 도래하는 장기금융상품은 무조건 유동자산(단기금융상품)으로 분류한다.

4. 다음 중 재무상태표 표시방법에 대한 설명으로 가장 올바르지 않은 것은? [기출문제]

① 매입채무는 사업목적 영업활동에서 발생하는 미지급금으로 유동부채로 분류한다.

② 당좌차월은 금융기관과 사전약정에 따라 당좌예금 잔액을 초과하여 지급하는 금액으로 1년 이내 실현될 것으로 보아 유동자산으로 분류한다.

③ 단기매매증권은 보고기간종료일로부터 1년 이내에 매각될 것으로 예상되므로 유동자산으로 분류한다.

④ 3년 만기 회사채로서 보고기간종료일 현재 만기가 9개월 남은 유동성장기부채는 유동성대체를 통해 유동부채로 분류한다.

낵바게이션

• 유동자산(X) → 유동부채(O)

백점이론 제10강 ⊂⊃ 은행계정조정표

의의	은행계정조정표	• 회사측 당좌예금잔액과 은행측 잔액이 일치하지 않는 경우 그 불일치원인을 파악하여 조정하는 내부관리(내부통제)용 서식을 말함.

조정방법

양방조정법

은행계정조정표

조정전회사측잔액 (당좌예금출납장)	×××	≠	조정전은행측잔액 (당좌거래원장)	×××
받을어음추심	가 산		은행미기입예금	가 산
입금액 중 부도수표	차 감		기발행미인출수표	차 감
은행수수료	차 감		은행측 기장오류	(±)
회사미통지예금	가 산			
기발행미인도수표	가 산			
회사측 기장오류	(±)			
조정후회사측잔액	×××	=	조정후은행측잔액	×××

일방조정법

• 한쪽에서 다른 한쪽으로의 조정
은행차감항목은 회사(+)로, 은행가산항목은 회사(-)로 반대처리

조정전회사잔액(+) or (-) = 조정전은행잔액(+) or (-)
　　　수정사항　　　　　　　　　　　수정사항
　　　　　　　　　↑
　　　　　　이항시 부호반대!

▶주의 회사측 조정사항에 대해서만 기말수정분개함.
　예 회사미통지예금(매출채권이 입금되었으나 회사는 아직 이를 통보받지 못함)
　→〈수정분개〉(차) 당좌예금 xxx　(대) 매출채권 xxx

▶사례 **은행계정조정**

❂ (주)피부암통키의 기말 회사당좌예금은 ₩54,600, 은행잔액은 ₩86,000, 불일치원인은 다음과 같다.

(1) 부도수표	판매대금회수하여 입금한 당좌수표 ₩7,200의 부도사실을 회사는 모르고 있음
(2) 기발행미인출수표	거래처에 발행한 수표 ₩26,0000이 기말 현재 은행에 지급제시되지 않음
(3) 회사측 기장오류	당좌예금에서 차감한 지급어음 ₩12,200을 회사가 ₩21,200으로 차감함
(4) 은행측 기장오류	타회사예입액 ₩3,600을 은행이 (주)피부암통키의 계좌에 입금기록함

풀이

	회사측	은행측
조정 전 금액	54,600	86,000
(1) 부도수표	(7,200)	–
(2) 기발행미인출수표	–	(26,000)
(3) 회사측 기장오류	9,000	–
(4) 은행측 기장오류	–	(3,600)
조정 후 금액	56,400	56,400

FINAL 객관식뽀개기 ──◁ 　　　　빈출적중문제

1. 다음 중 은행계정조정표에 관한 설명으로 가장 올바르지 않은 것은?
[기출문제]

① 회사 정책상 당좌예금잔액과 은행측의 회사 당좌계좌 잔액이 일치하지 않는 경우 은행계정조정표를 작성하여 차이를 조정한다.
② 기발행미지급수표가 있는 경우 은행잔액에서 차감한다.
③ 은행 추심수수료는 회사잔액에서 차감한다.
④ 부도어음 및 부도수표는 은행잔액에서 차감한다.

 내비게이션

• 부도어음 및 부도수표는 은행이 아니라 회사잔액에서 조정한다.

2. ㈜삼일은 ㈜용산은행으로부터 당좌예금잔액증명서를 징수한 결과 20x1년말 현재 당좌예금 잔액은 9,000,000원이었으나, 결산 전 회사 장부상의 당좌예금 잔액은 8,900,000원이었다. 경리과장은 회사와 은행의 회계처리에 다음과 같은 차이가 있음을 발견하였다. 이 경우 결산 후 20x1년말 현재의 정확한 당좌예금 잔액은 얼마인가?
[기출문제]

> ㄱ. 회사가 거래처에 20x1년 12월 30일에 발행하고 장부에 기록한 수표 300,000원이 당기 말 현재 아직 인출되지 않았다.
> ㄴ. 회사가 600,000원의 수표를 발행하면서 당좌예금 장부에는 900,000원으로 반영하였다.
> ㄷ. 당좌거래명세서상의 거래내용 중 부도어음 500,000원은 아직 회사의 장부에 반영되지 않았다.

① 8,500,000원　　　　② 8,700,000원
③ 9,400,000원　　　　④ 9,600,000원

 내비게이션

• ㄱ : 기발행미인출수표 →은행잔액에서 300,000원 차감
　ㄴ : 회사측 기장오류 →회사잔액에 300,000원 가산
　ㄷ : 부도어음 →회사잔액에서 500,000원 차감
• 정확한 당좌예금 잔액 : 8,900,000+300,000-500,000=8,700,000
• 분석내용

회사측		은행측	
수정전금액	8,900,000	수정전금액	9,000,000
기장오류	300,000	기발행미인출수표	(300,000)
부도어음	(500,000)		–
수정후금액	8,700,000		8,700,000

3. ㈜삼일의 20x2년 12월 31일 현재 당좌예금 장부상 잔액은 3,500,000원이고, 은행의 ㈜삼일에 대한 당좌원장상 잔액은 3,570,000원이다. 다음 자료를 이용하여 20x2년말 현재의 정확한 당좌예금 잔액을 구하면 얼마인가?
[기출문제]

> ㄱ. 12월 31일 현재 기발행 미결제수표는 500,000원이다.
> ㄴ. 부도수표 100,000원은 아직 회사의 장부에 반영되지 않았다.
> ㄷ. 은행 측 미기입예금은 150,000원이다.
> ㄹ. 회사가 200,000원의 수표를 발행하면서 당좌예금 장부에는 20,000원으로 기장 처리했다.

① 3,070,000원　　　　② 3,220,000원
③ 3,320,000원　　　　④ 3,400,000원

 내비게이션

• 3,500,000-100,000(부도수표)-180,000(기장오류)=3,220,000

4. 다음은 은행계정조정표를 작성하는 데 필요한 자료이다. 은행측의 조정전 예금잔액은 얼마인가?　[적중예상]

> ㄱ. 회사측 장부의 예금잔액　　　　12,500
> ㄴ. 기발행 미인출수표　　　　　　　3,000
> ㄷ. 어음추심을 위한 수수료 미기입(회사)　700
> ㄹ. 당좌차월이자 미기입(회사)　　　500

① 15,300원　　　　② 14,300원
③ 10,700원　　　　④ 12,500원

 내비게이션

• ㄴ : 기발행미인출수표 →은행잔액에서 3,000원 차감
　ㄷ : 은행수수료 미기입→회사잔액에 700원 차감
　ㄹ : 은행이자 미기입→회사잔액에서 500원 차감
• 조정전 회사잔액(12,500)-700-500=조정전 은행잔액-3,000
　→∴조정전 은행잔액=14,300

백점이론 제11강 ➡ 매출채권 양도(할인)

외상매출금 담보제공	의의	• 외상매출금을 담보로 금융기관으로부터 대출을 받는 것. ➡ 담보제공 사실은 주석공시		
	회계처리	• (차) 현금　　　　　　　　xxx　　　　　(대) 단기차입금　　　　　xxx		

	의의	• 어음상의 채권(받을어음)이 아닌 외상매출금을 금융회사에 양도하는 것을 말함.		
외상매출금 양도 (팩토링)	거래구분	• 다음요건 모두 충족시는 매각거래('처분손실인식')로, 이외의 경우에는 금융자산을 담보로 한 차입거래('이자비용인식')로 봄. ➡ 차입거래 해당시는 담보제공자산으로 별도 표시하며, 매각·차입거래 모두 주석공시함.		
		권리행사불가 | • 양도인은 양도자산에 대한 권리를 행사할 수 없어야 함.		
		처분권리소유 | • 양수인은 양수한 금융자산을 처분할 자유로운 권리를 갖고 있어야 함.		
		통제권행사불가 | • 양도인은 양도 후에 효율적인 통제권을 행사할 수 없어야 함.		
		<mark>주의</mark> 매각·차입거래의 구분기준 　– 권리와 의무의 실질적 이전여부(O) 　– 상환청구권(환매위험) 유무여부(X)		
	매각거래 회계처리	양도시점	(차) 현금　　　　　　　xxx　　　　(대) 외상매출금　　　xxx 　　　미수금*⁾　　　　　xxx 　　　매출채권처분손실　xxx *⁾미래 발생할 매출할인등에 대비해 수령액 중 일부를 매수인에게 남겨두는 계정	
		회수시점	(차) 현금　　　　　　　xxx　　　　(대) 미수금　　　　　xxx	
	차입거래 회계처리	양도시점	(차) 현금　　　　　　　　xxx　　　　(대) 단기차입금　　　xxx 　　　미수금　　　　　　xxx 　　　이자비용　　　　　xxx (차) 양도외상매출금　　xxx　　　　(대) 외상매출금　　　xxx	
		회수시점	(차) 현금　　　　　　　　xxx　　　　(대) 미수금　　　　　xxx (차) 단기차입금　　　　xxx　　　　(대) 양도외상매출금　xxx	

	의의	• 만기일 전에 금융기관이나 제3자에게 배서양도하고 자금을 조달하는 것을 말함.		
받을어음 할인	거래구분	• 위 '외상매출금 양도'와 동일		

▼ **사례** 　어음할인 회계처리

☼ 액면 ₩100,000, 만기 6개월짜리 무이자부어음을 2개월 보유 후 은행에서 12%로 할인받다.

풀이

• 현금수령액 : 만기금액(100,000) − 할인료(100,000 × 12% × 4/12=4,000) = 96,000

매각거래인 경우	차입거래인 경우
(차) 현금　　　　96,000　(대) 받을어음　　100,000 　　 매출채권처분손실 4,000	(차) 현금　　　　96,000　(대) 단기차입금　100,000 　　 이자비용　　4,000 (차) 양도받을어음100,000　(대) 받을어음　　100,000

받을어음 배서양도	의의	• 상품매입대금이나 외상매입금을 지급하기 위해 받을어음을 타인에게 양도하는 것	
	회계처리	• (차) 외상매입금(부채의 감소) xxx　　　　(대) 받을어음(자산의 감소)　　xxx	

FINAL 객관식뽀개기　　　　　빈출적중문제

1. ㈜삼일은 ㈜용산에 대한 외상매출금 5,000,000원을 담보로 하여 용산은행으로부터 3,000,000원을 차입하였다. 이 거래에 대해 ㈜삼일이 수행하여야 할 회계처리로 가장 올바른 것은?　　　　[기출문제]

① (차) 외상매출금　　　　5,000,000원
　　(대) 차입금　　　　　5,000,000원
② (차) 현금　　　　　　 3,000,000원
　　(대) 차입금　　　　　3,000,000원
③ (차) 현금　　　　　　 3,000,000원
　　(대) 외상매출금　　　3,000,000원
④ (차) 외상매출금　　　　5,000,000원
　　(대) 현금　　　　　　5,000,000원

💡 내비게이션

•(단기)차입금 처리하고 담보제공 사실은 주석으로 공시한다.

2. 다음 중 매출채권의 양도 및 할인시 매각거래로 볼수 있는 요건으로 가장 올바르지 않은 것은?　　[기출문제]

① 양도인은 양도후 당해 자산에 대한 권리를 행사할 수 없어야 한다.
② 양수인은 양수후 상환청구권을 행사할 수 없어야 한다.
③ 양수인은 양수한 자산을 처분할 자유로운 권리를 갖고 있어야 한다.
④ 양도인은 양도후 효율적인 통제권을 행사할 수 없어야 한다.

💡 내비게이션

•①,③,④의 요건을 모두 충족시는 매각거래로 본다.
→ 즉, 매각·차입거래의 구분기준은 권리와 의무의 실질적 이전여부이며, 상환청구권(환매위험) 유무는 불문한다.

3. 다음 중 매출채권 등의 양도 및 할인에 관한 설명으로 가장 올바르지 않은 것은?　　　　[기출문제]

① 매출채권 등을 양도하는 경우 당해 채권에 관한 권리와 의무가 양도인과 분리되어 실질적으로 양수인에게 이전되는 경우에는 매각거래로 본다.
② 매출채권의 양도 후 양도인이 부담해야 할 환매위험은 양도 여부의 판단기준에 영향을 미치지 않는다.
③ 어음상의 매출채권을 금융기관 등에 할인하는 경우에는 일반적으로 상환청구권이 존재하므로 항상 차입거래로 처리한다.
④ 매출채권을 담보로 제공하고 자금을 융통하는 경우에는 새로운 차입금을 계상하고 매출채권은 제거하지 않는다.

💡 내비게이션

•매출채권 양도와 동일하게 당해 채권에 대한 권리와 의무가 양도인과 분리되어 실질적으로 이전되는 경우에는 동 금액을 매출채권에서 직접 차감한다.

4. 다음 중 매출채권 등의 양도 및 할인에 관한 설명으로 가장 올바르지 않은 것은?　　　　[기출문제]

① 외상매출금의 양도가 양도요건을 만족하지 못하여 차입거래에 해당하는 경우 차입액을 장기차입금으로 처리해야 하며 주석으로 그 내역을 기재하여야 한다.
② 외상매출금의 양도란 외상매출금을 회수기일 전에 금융기관 등에 매각하고 자금을 조달하는 것으로 그 경제적 실질에 따라 매각거래와 차입거래로 구분할 수 있다.
③ 매출채권을 담보로 제공하고 자금을 융통하는 경우 해당 매출채권이 담보로 제공되었음을 공시하여야 한다.
④ 매출채권 등을 양도하는 경우 당해 채권에 대한 권리와 의무가 양도인과 분리되어 실질적으로 이전되는 경우에는 동 금액을 매출채권에서 직접 차감한다.

💡 내비게이션

•차입거래에 해당하는 경우 차입액을 단기차입금으로 처리한다.
(차) 현금　　　　　XXX　　(대) 단기차입금　　　XXX
　　이자비용　　　XXX
(차) 양도외상매출금 XXX　　(대) 외상매출금　　　XXX

백점이론 제12강 ● 매출채권의 평가

개요	의의	• 채권(매출채권, 미수금 등)은 회수불능위험(대손가능성)이 존재함. • 따라서 회수불확실한 금융자산('유가증권' 제외)은 합리적·객관적인 기준에 따라 대손예상액을 추산하여 당기비용과 채권의 평가계정인 대손충당금을 설정해야 함. •주의 대손충당금은 평가계정이며, 유동부채가 아님.
	장·단점	• 장점 매출채권 등을 순실현가치로 계상 • 단점 합리적 수익·비용대응이 이루어지지 않음. ➡ ∵외상매출액이 아닌 매출채권에 기초하여 대손충당금 설정

평가	최초설정 기말	• 대손추산액을 대손상각비를 계산하고 대손충당금을 설정 (차) 대손상각비 ××× (대) 대손충당금 ××× **재무상태표** 매출채권 xxx 대손충당금 (xxx)
	기중대손시	• 대손충당금과 상계 후 부족시 대손상각비를 인식 (차) 대손충당금 ××× (대) 매출채권 ××× 대손상각비 ×××
	대손처리한 채권을 회수시	• (차) 현 금 ××× (대) 대손충당금 ×××
	기말대손추정액	• 채권잔액비례법, 연령분석법 등으로 추산
	기말대손충당금설정액	• 설정액 = 기말대손추정액 − 기설정대손충당금잔액 (차) 대손상각비 ××× (대) 대손충당금 ×××
	기말대손충당금환입액	• 환입액 = 기설정대손충당금잔액 − 기말대손추정액 (차) 대손충당금 ××× (대) 대손충당금환입 ×××
	특 징	• 기말대손충당금이 먼저 결정되고 대손상각비는 사후결정됨.
	분석Trick	**대손충당금** 대손발생(대손확정)[1] xxx │ 기초대손충당금 xxx 대손충당금환입 xxx │ 대손채권회수 xxx 기말대손충당금 xxx │ 대손상각비[2] xxx [1] 기중발생한 대손총액 [2] 기중발생대손 중 대손상각비처리액과 기말설정 대손상각비의 합계

예시 20x1 기초대손충당금 1,000, 기말 매출채권 20,000(추정대손율 2%) 〈즉, 대손추정액=400〉

2/1	대손발생 400	(차) 대손충당금	400	(대) 매출채권	400
8/1	대손발생 1,100	(차) 대손충당금 대손상각비	600 500	(대) 매출채권	1,100
9/1	대손처리채권 중 회수 300	(차) 현 금	300	(대) 대손충당금	300
12/31	기말 설정분개	(차) 대손상각비	100	(대) 대손충당금	100

→if, 기말대손추산액이 100인 경우 : (차) 대손충당금 200 (대) 대손충당금환입 200

계정과목	매출채권관련	• 판관비 처리함 : 계정과목은 '대손상각비'
	비매출채권관련	• 영업외비용 처리함 : 계정과목은 '기타의 대손상각비'

•주의 대손충당금환입액은 채권종류에 관계없이 판관비의 부(−)로 처리함.

FINAL 객관식뽀개기

빈출적중문제

1. 다음 중 대손충당금에 대한 설명으로 가장 옳지 않은 것은? [기출문제]

① 매출채권에 대한 대손이 확정되는 경우 당해 매출채권의 발생연도에 관계없이 대손충당금과 우선 상계하고 잔액이 부족한 경우 대손상각비로 처리한다.
② 대여금에 대한 대손상각비는 판매비와관리비로 분류하고, 대손충당금환입액은 영업외수익으로 분류한다.
③ 대손충당금의 설정시에는 수정 전 장부금액과 대손추산액과의 차액만을 회계처리하는 보충법에 따른다.
④ 대손 처리된 채권이 추후 회수되는 경우에는 동 회수금액만큼 대손충당금의 장부금액을 회복시킨다.

 댄비게이션

• 대여금에 대한 대손상각비는 영업외비용으로 분류하며, 대손충당금환입액은 판관비의 부(−)로 표시한다.

2. 다음은 (주)삼일의 매출채권 및 대손충당금에 관한 자료이다.

ㄱ. 당기말 매출채권 잔액	10,000,000원
ㄴ. 전기말 대손충당금 잔액	220,000원
ㄷ. 당기말 대손충당금 잔액	170,000원

(주)삼일은 당기 손익계산서에 300,000원의 대손상각비를 계상하고 있다. 당기 중 대손충당금환입은 발생하지 않은 것으로 가정할 경우 (주)삼일의 당기 매출채권에 대한 대손발생액은 얼마인가? [기출문제]

① 200,000원   ② 260,000원
③ 350,000원   ④ 400,000원

댄비게이션

• 고속철 대손발생액 계산

대손발생	?	기초대충	220,000
환입	0	회수	0
기말대충	170,000	대손상각비	300,000

→ 대손발생액=350,000

3. ㈜삼일의 20x2년 1월 1일 시점에 대손충당금 기초잔액은 200,000원 이며, 20x2년 중 매출채권 및 대손상각비와 관련하여 발생한 거래는 다음과 같다.

| ㄱ. 3월 9일 : 매출채권 120,000원이 회수가 불가능하여 대손처리하였다. |
| ㄴ. 7월 5일 : 20x1년에 대손 처리한 매출채권 중 80,000원이 회수되었다. |
| ㄷ. 20x2년 말 매출채권 잔액은 8,500,000원이다. |

㈜삼일은 매출채권 기말잔액의 3%를 대손충당금으로 설정한다고 가정 할 때 상기의 대손처리, 상각채권 회수 및 대손충당금 설정과 관련된 회계처리가 20x2년 당기순이익에 미치는 영향은 얼마인가? [기출문제]

① 95,000원 감소   ② 145,000원 감소
③ 195,000원 감소   ④ 255,000원 감소

 댄비게이션

• 대손상각비만큼 당기순이익이 감소한다.

대손발생	120,000	기초대충	200,000
환입	0	회수	80,000
기말대충	255,000*)	대손상각비	?

*) 8,500,000x3%=255,000
→ 대손상각비=95,000

4. 다음은 기말 매출채권잔액의 기대손실률만큼 대손충당금을 설정하는 (주)삼일의 매출채권 및 대손충당금과 관련된 자료이다.

ㄱ. 20x1년말 대손충당금 잔액	20,000,000원
ㄴ. 20x2년 중 대손확정액	7,000,000원
ㄷ. 20x2년 손익계산서상 대손상각비	15,000,000원
ㄹ. 20x2년말 매출채권 잔액	14억원

20x2년말 회사가 매출채권 잔액에 적용한 기대손실률은 얼마인가? [기출문제]

① 0.5%   ② 1%
③ 1.5%   ④ 2%

댄비게이션

• 20×2년 중 대손확정시
  (차)대손충당금 7,000,000   (대)매출채권 7,000,000
• 20×2년 결산시
  (차)대손상각비 15,000,000   (대)대손충당금 15,0000,000
→ 대손충당금 기말잔액 :
  (20,000,000−7,000,000)+15,000,000=28,000,000
∴ 1,400,000,000 × x=28,000,000 에서, x=2%

백점이론 제13강 ── 대손회계의 적용

사례   매출채권잔액비례법

채권잔액
비례법

❂ (주)니콜키크드만의 20x1년말 매출채권잔액은 ₩25,200,000, 대손충당금은 ₩504,000이다. 20x2년 중 다음과 같은 상황이 발생하였다.

(1) 매출채권 중 ₩548,000이 회수불능으로 판명되었다.
(2) 당해연도 이전에 상각된 매출채권이 현금으로 회수되었는데 금액은 ₩360,000이다.
(3) 20x2년도말 매출채권 ₩23,000,000 중 ₩257,000이 회수불능으로 판명되었다.

매출채권잔액의 2.5%를 대손예상액으로 추정한다. 20x2년도 기말에 계상할 대손상각비를 구하시오.

① 분개접근법 : 기말계상 대손상각비=465,575

기중대손발생시	(차) 대손충당금 대손상각비	504,000 44,000	(대) 매출채권	548,000
회수시	(차) 현 금	360,000	(대) 대손충당금	360,000
기말 대손발생시	(차) 대손충당금	257,000	(대) 매출채권	257,000
기말설정시	(차) 대손상각비1)	465,575	(대) 대손충당금	465,575

1) $(23,000,000-257,000) \times 2.5\% - 103,000 = 465,575$

② 분석Trick 접근법 : 기말계상 대손상각비(X)=465,575

	대손충당금		
대손발생	548,000+257,000=805,000	기초대손충당금	504,000
대손충당금환입	0	대손채권회수	360,000
기말대손충당금	(23,000,000-257,000)×2.5%=568,575	대손상각비	44,000+X

사례   연령분석법

연령분석법

❂ 기초대손충당금은 ₩1,000, 기중 ₩1,500의 외상매출금이 회수불가능하다고 판명되었고, 전기에 대손처리한 외상매출금 ₩200이 회수되었다. 기말수정분개 전 외상매출금 잔액은 ₩25,000이며, 이에 대한 자료는 다음과 같다. 연령분석법에 의한 손익계산서에 계상할 대손상각비를 구하시오.

연 령	금 액	추정대손율	대손예상액
16일 미만	₩15,000	5%	₩750
16일~30일	₩9,000	15%	₩1,350
180일 초과	₩1,000	100%	₩1,000

기중	(차) 대손충당금 1,000 대손상각비 500	(대) 매출채권 1,500	• 대손분개
	(차) 현 금 200	(대) 대손충당금 200	• 회수분개
기말	(차) 대손충당금 200 대손상각비 800	(대) 매출채권 1,000	• 대손율100% 채권의 대손분개 →우선적으로 대손처리해야함에 주의!
	(차) 대손상각비 2,100	(대) 대손충당금 2,100	• 기말설정분개(750+1,350=2,100)

➡ ∴손익계산서에 계상할 대손상각비=500+800+2,100=3,400

FINAL 객관식뽀개기 **빈출적중문제**

1. 전기에 회수불능으로 인하여 대손처리한 매출채권을 당기에 현금회수한 경우 회수일에 회계처리가 재무제표에 미치는 영향은? [기출문제]

	대손충당금	대손상각비
①	증가	감소
②	증가	변동없음
③	변동없음	감소
④	변동없음	증가

• 회계처리 : (차) 현금 xxx (대) 대손충당금 xxx
  →∴대손충당금은 증가하나, 대손상각비는 변동이 없다.

2. 외상매출금의 대손을 연령분석법으로 추정한다. 20X1년말 재무상태표상 대손충당금은? [기출문제]

기간	금액	대손추정율
60일 이하	10,000,000원	5%
60일 이상	5,000,000원	20%

① 300,000원 ② 500,000원
③ 1,000,000원 ④ 1,500,000원

• (10,000,000×5%) + (5,000,000×20%) = 1,500,000

3. 다음은 매출채권과 관련된 일반기업회계기준의 내용이다. 틀린 것은? [적중예상]

① 대손충당금은 재무상태표상 유동부채항목에 표시한다.
② 채권에 대한 대손이 확정되는 경우 당해 채권의 발생연도에 관계없이 대손충당금과 우선 상계하고 잔액이 부족한 경우 대손상각비로 처리한다.
③ 대손충당금의 설정시에는 회수불능추정액과 대손충당금잔액의 차액을 회계처리하는 충당금설정법에 따른다.
④ 매출채권에서 발생한 대손상각비는 판매비와관리비로 분류하고, 대손충당금환입액은 채권 종류에 관계없이 어느 경우에나 판매비와관리비의 부(−)로 처리한다.

• 대손충당금은 채권에 대한 차감적 평가계정으로 표시한다.

4. 매출시 전액 신용판매를 하고 있는 ㈜삼일의 매출채권 관련자료는 다음과 같다.

구분	20x1년말	20x2년말
매출채권 조회금액	800,000원	400,000원
대손충당금	120,000원	20,000원
매출액	2,000,000원	1,500,000원
대손상각비	150,000원	50,000원

실무자가 보고한 20x2년 매출채권 회수액은 1,200,000원이었다. 실무자의 부정행위를 의심하고 있는 회사는 20x2년말 매출채권 잔액이 있는 모든 거래처에 조회를 실시하였으며 그 결과 매출채권 잔액은 상기 자료와 같았다. 20x2년 중 실무자가 매출채권을 회수하여 부정한 용도로 사용하였을 것 같은 금액으로 가장 타당한 것은? [기출문제]

① 200,000원 ② 250,000원
③ 300,000원 ④ 550,000원

• 대손발생액 계산(대손충당금 계정흐름)

대손발생	?	기초대충	120,000
기말대충	20,000	대손상각비	50,000

  → 대손발생액=150,000
• 20x2년말 매출채권 계산(매출채권 계정흐름)

기초매출채권	800,000	회수	1,200,000
		대손발생	150,000
외상매출	1,500,000	기말매출채권	?

  → 기말매출채권=950,000
• 횡령액 : 950,000(기말매출채권)−400,000(매출채권 조회금액)=550,000
  → 즉, 실무자가 보고한 회수액이 1,200,000원이 맞다면 기말매출채권 잔액은 950,000원이 되어야 한다. 그러나 실제 400,000원에 불과하므로 차액 550,000원을 실무자가 부정한 용도로 횡령했음을 알 수 있으며 실제 회수액은 1,750,000원이라는 것도 추정할 수 있다.

Answer 1. ② 2. ④ 3. ① 4. ④

백점이론 제14강 ─● 이연·발생계정

이연계정

❖이연계정은 미리받은 수익과 미리지급한 비용으로 당기의 수익과 비용이 아님.

-주의 선수수익(선급비용)이 과대계상되면 당기순이익이 과소계상(과대계상)됨.

선수수익

예시	20x1.7.1일에 1년분 임대료 1,200,000원 받음.			
20x1. 7.1	(차) 현 금	1,200,000	(대) 임대수익	1,200,000
결산수정분개	(차) 임대수익	600,000	(대) 선수임대료	600,000
장부마감	(차) 임대수익	600,000	(대) 집합손익	600,000

선급비용

예시	20x1.7.1일에 1년분 임차료 1,200,000원 지급함.			
20x1. 7.1	(차) 임 차 료	1,200,000	(대) 현 금	1,200,000
결산수정분개	(차) 선급임차료	600,000	(대) 임 차 료	600,000
장부마감	(차) 집합손익	600,000	(대) 임 차 료	600,000

발생계정

❖발생계정은 아직 못 받은 수익과 아직 지급치 않은 비용으로 당기의 수익과 비용임.('발생주의')

-주의 미수수익(미지급비용)이 과대계상되면 당기순이익이 과대계상(과소계상)됨.

미수수익

예시	20x1.7.1~20x2.6.30까지 1년분 임대료를 20x2.6.30에 ₩1,200,000 받음.			
기중회계처리	- 분개없음 -			
결산수정분개	(차) 미수임대료	600,000	(대) 임대수익	600,000
장부마감	(차) 임대수익	600,000	(대) 집합손익	600,000

미지급비용

예시	20x1.7.1~20x2.6.30까지 1년분 임차료를 20x2.6.30에 ₩1,200,000 지급함.			
기중회계처리	- 분개없음 -			
결산수정분개	(차) 임 차 료	600,000	(대) 미지급임차료	600,000
장부마감	(차) 집합손익	600,000	(대) 임 차 료	600,000

▼사례 이연·발생계정과 당기순이익 계산

❂ 결산수정 전 당기순이익이 ₩950,000이었다. 기말 정리사항이 다음과 같을 때 정확한 당기순이익을 구하시오.

선급보험료	₩50,000	미지급이자	₩15,000
선수임대료	₩33,000	미수임대료	₩40,000

풀이

구분	기중회사처리						이익조정
선급보험료	기중 : (차) 보험료	50,000	(대) 현금	50,000			∴가산 50,000
	수정 : (차) 선급보험료	50,000	(대) 보험료	50,000			
미지급이자	기중 : - 분개없음 -						∴차감 15,000
	수정 : (차) 이자비용	15,000	(대) 미지급이자	15,000			
선수임대료	기중 : (차) 현금	33,000	(대) 임대수익	33,000			∴차감 33,000
	수정 : (차) 임대수익	33,000	(대) 선수임대료	33,000			
미수임대료	기중 : - 분개없음 -						∴가산 40,000
	수정 : (차) 미수임대료	40,000	(대) 임대수익	40,000			

➡ ∴정확한 당기순이익=950,000+50,000-15,000-33,000+40,000=992,000

FINAL 객관식뽀개기

빈출적중문제

1. ㈜삼일은 20x1년 7월 1일에 용산은행으로부터 10,000,000원을 차입하였다. 연 이자율 8%, 20x2년 6월 30일 원리금 일시상환조건인 경우 20x1년 12월 31일의 회계처리로 가장 옳은 것은? [기출문제]

① (차) 이자비용 　800,000원
　 (대) 현금 　800,000원
② (차) 이자비용 　400,000원
　 (대) 미지급이자 　400,000원
③ (차) 단기차입금 　400,000원
　 (대) 현금 　400,000원
④ (차) 이자비용 　400,000원
　 (대) 단기차입금 　400,000원

• 기간경과분 이자비용(미지급이자) : 10,000,000×8%×6/12=400,000

2. ㈜삼일의 20x1년도 기말 수정분개 전 법인세비용차감전순이익은 400,000원이다. 회사 담당자는 결산 수정분개시 발생주의에 의해 미수이자 6,000원, 미지급급여 75,000원, 미지급이자 16,000원을 추가로 계상하였다. ㈜삼일의 20x1년도 결산 수정분개 반영 후의 법인세비용 차감전순이익은 얼마인가? [기출문제]

① 315,000원　　② 335,000원
③ 453,000원　　④ 497,000원

• 400,000+6,000-75,000-16,000=315,000

3. (주)파이널의 회계담당자가 결산시 미수 임대료 4,000,000원을 다음과 같이 판매비와 관리비로 잘못 회계처리 하였다. 이러한 회계처리 오류가 손익계산서상 당기순이익에 미치는 영향에 대해 올바르게 나타내고 있는 것은? [적중예상]

(차) 임차료 4,000,000 　(대) 미지급비용 4,000,000

① 4,000,000원 과소계상　② 4,000,000원 과대계상
③ 8,000,000원 과소계상　④ 8,000,000원 과대계상

• 올바른 회계처리
(차) 미수수익 4,000,000 　(대) 임대수익 4,000,000
→∴임차료 4,000,000 비용 과대계상분과 임대수익 누락분 4,000,000을 포함하여 당기순이익이 8,000,000과소계상

4. (주)삼일의 결산수정전 당기순이익이 1,000,000원이었다. 결산정리사항이 다음과 같을 때 (주)삼일의 정확한 당기순이익은 얼마인가? [기출문제]

ㄱ. 미지급급여	40,000원
ㄴ. 미수수수료	20,000원
ㄷ. 선급(미경과)보험료	100,000원
ㄹ. 선수이자	40,000원

① 850,000원　　② 910,000원
③ 980,000원　　④ 1,040,000원

• (차) 급여 40,000　(대) 미지급급여 40,000
→당기순이익에서 차감
(차) 미수수수료 20,000　(대) 수수료수익 20,000
→당기순이익에 가산
(차) 선급보험료 100,000　(대) 보험료 100,000
→당기순이익에 가산
(차) 이자수익 40,000　(대) 선수이자 40,000
→당기순이익에서 차감
∴ 1,000,000-40,000+20,000+100,000-40,000=1,040,000

5. 다음 중 빈칸의 내용으로 가장 적합한 것은? [적중예상]

• 선급비용이 (ㄱ)되어 있다면 당기순이익은 과대계상된다.
• 미수수익이 (ㄴ)되어 있다면 당기순이익은 과대계상된다.

	ㄱ	ㄴ
①	과대계상	과소계상
②	과소계상	과소계상
③	과소계상	과대계상
④	과대계상	과대계상

• 수정분개시에 선급비용이 과대계상되면 비용 차감액이 커서 순이익이 과대계상된다.
• 수정분개시에 미수수익이 과대계상되면 수익 계상액이 커서 순이익이 과대계상된다.

Answer　1.②　2.①　3.③　4.④　5.④

백점이론 제15강 ➡ 재고자산 취득원가

정의와 적용범위	정의	• 재고자산은 판매를 위해 보유하거나 생산과정에 있는 자산 및 생산·서비스 제공과정에 투입될 원재료나 소모품형태로 존재하는 자산임. ➡ 비교 사용목적보유 : 유형자산 ➡ ∴다음의 경우도 재고자산으로 분류됨. ① 증권회사 보유주식 ② 부동산투자회사(부동산매매업자)가 보유하는 토지
	적용범위	**외부매입후 재판매목적보유** : • 상품, 미착상품, 적송품, 토지, 기타자산
		판매목적제조 : • 원재료, 재공품, 반제품(판매가능한 재공품), 제품(부산물 포함) • 생산에 투입될 부분품, 소모품, 소모공구기구, 비품 등의 저장품

취득원가	정의	• 취득에 직접 관련되고, 정상적으로 발생되는 기타원가를 말함. ➡ 즉, 취득원가=매입원가(제조원가)+매입부대원가(매입운임, 하역 · 보험료, 환급불가관세)
	비용처리	❖재고자산 원가에 불포함하며 발생기간의 비용인식하는 원가의 예는 다음과 같음. ① 제조원가 중 비정상적으로 낭비된 부분 ② 추가생산단계 투입 전에 보관이 필요한 경우 외의 보관비용 ③ 현재장소에 현재상태로 이르게 하는데 기여하지 않은 관리간접원가 ④ 판매원가(판매수수료, 판매시 운송비, 판매까지 보관료 등) ⑤ 서비스기업의 서비스제공과 직접 관련 없는 판매관리업무 인력의 노무원가 등
	일괄구입	• 성격이 상이한 재고자산을 일괄구입시는 공정가치비율에 따라 배분함.
	매입할인등	• 매입할인·매입에누리·매입환출은 매입원가에서 차감(리베이트 항목도 차감함)
	매입운임	**선적지인도기준** : • 매입자부담 — 매입자의 재고자산 취득원가에 가산 **도착지인도기준** : • 판매자부담 — 판매자의 판매비(매출운임)로 계상
	미착상품	**선적지인도기준** / 매입자 : • 당기매입 O, 기말재고 O 판매자 : • 당기매출 O, 기말재고 X **도착지인도기준** / 매입자 : • 당기매입 X, 기말재고 X 판매자 : • 당기매출 X, 기말재고 O

매출원가 산정방법	방법1 (3분법)	• 매입시 매입계정을 사용하며, 결산시 일괄하여 매출원가분개함.
		결산시 : (차) 매출원가 ××× (대) 상품(기초) ××× 매출원가 ××× 매 입 ××× 상품(기말) ××× 매출원가 ×××
	방법2 (2분법)	• 매입시 상품계정을 사용하며, 결산시 일괄하여 매출원가분개함.
		결산시 : (차) 매출원가 ××× (대) 상품(기초+매입) ××× 상품(기말) ××× 매출원가 ×××
	매출원가	**매출원가** : 기초재고+순매입액－기말재고 ➡손익계산서상 매입액(=순매입액)=총매입－매입할인·에누리·환출 ➡손익계산서상 매출액(=순매출액)=총매출－매출할인·에누리·환입 ➡손익계산서상 매출총이익=순매출액－(기초재고+순매입액－기말재고)

FINAL 객관식뽀개기 — 빈출적중문제

1. 운동화 도매업을 영위하는 (주)삼일은 20x1년 3월에 제조회사로부터 운동화를 단위당 3,000(단위당 운송비 50원 포함)원에 100켤레를 매입하였으며 취득과정에서 환급불가능한 관세가 단위당 100원씩 발생하였다. 구입한 운동화는 (주)삼일이 임차하여 사용하고 있는 창고로 바로 배송되었다. (주)삼일은 창고 임차료로 월 150,000원을 지급하고 있으며 (주)삼일의 구매팀에 대한 월 급여는 월 100,000원이다. 20x1년 3월에 구매한 운동화 100켤레에 대한 재고자산의 취득원가는 얼마인가? [기출문제]

① 200,000원 ② 215,000원
③ 310,000원 ④ 415,000원

 낸비게이션

•100켤레x(3,000+100)=310,000
*매입부대원가(매입시 운송비와 환급불가 관세)는 취득원가로 처리하며, 판매시까지 보관료와 급여는 판관비로 비용처리한다.

2. (주)삼일의 매입과 관련된 다음 사항을 반영하기 전 20x1년 12월 31일의 매입채무 계정잔액은 750,000원이다. 다음 자료를 반영한 후 (주)삼일의 매입채무 금액은 얼마인가? [기출문제]

• 20x1.12.31 현재 대금을 지급하지 않고 운송 중인 매입상품
  ㄱ. 상품A
    선적일 – 20x1.12.23(FOB 선적지 인도기준)
    도착일 – 20x2.1.5
    가 격 – 250,000원
  ㄴ. 상품 B
    선적일 – 20x1.12.23(FOB 도착지 인도기준)
    도착일 – 20x2.1.5
    가 격 – 75,000원

① 425,000원 ② 500,000원
③ 1,000,000원 ④ 1,075,000원

 낸비게이션

•선적지인도기준에서는 소유권이 이전되는 선적시점에 매입채무를 계상하는 회계처리를 하여야 한다.
  →∴수정후 매입채무 : 750,000+250,000(선적지 인도기준)=1,000,000

3. 다음 중 재고자산에 관한 설명으로 가장 올바르지 않은 것은? [기출문제]

① 주요 제품 이외에서 발생하는 부산물은 재고자산에 포함되지 않는다.
② 생산과정에 투입될 원재료도 재고자산에 포함된다.
③ 재공품은 제품을 생산하기 위해 가공과정에 있는 것을 말한다.
④ 제품이란 판매를 목적으로 제조한 생산품을 말한다.

 낸비게이션

•부산물(부산품)은 주산물(주산품)과 함께 생산되는 제품으로서 주산물에 비하여 판매가치가 상대적으로 낮은 제품을 말한다. 따라서, 재고자산에 포함된다.

4. 다음 중 재고자산의 취득원가에 대한 설명으로 가장 올바르지 않은 것은? [기출문제]

① (주)삼일은 상품을 수입하면서 수입관세와 매입운임을 상품 취득원가에 가산하였다.
② (주)삼일은 상품 취득시 받은 할인금액과 리베이트 금액을 상품 취득원가에 가산하였다.
③ (주)삼일은 제품 제조시 발생한 공장 건물의 감가상각비를 합리적인 기준에 따라 제품 제조원가에 배부하였다.
④ (주)삼일은 제조과정 중에 비정상적으로 낭비된 부분을 발생기간의 비용으로 인식하였다.

 낸비게이션

•매입할인과 리베이트항목은 매입원가(취득원가)에서 차감한다.

5. 매입에누리를 영업외수익으로 회계처리한 경우 나타나는 현상으로 틀린 것은? [적중예상]

① 매출총이익이 과소계상된다.
② 영업이익이 과소계상된다.
③ 법인세차감전이익이 과소계상된다.
④ 매출원가가 과대계상된다.

 낸비게이션

•당기매입과대 → 매출원가과대 → 매출총이익과소 → 영업이익과소 → 법인세차감전이익에 미치는 영향은 없다.

백점이론 제16강 ⊂⊃ 재고자산원가의 구성

포함항목 결정	적송품	• 수탁자가 위탁품을 판매한 날 수익인식. ➡ ∴판매되기 전까지는 창고에 없어도 위탁자의 기말재고에 포함. **주의** 적송운임 : 적송품원가에 가산.
	시송품	• 매입자가 매입의사표시를 한 날 수익인식. ➡ ∴매입의사표시 없는 시송품은 창고에 없을지라도 기말재고에 포함.
	저당상품	• 자금을 차입하고 그 담보로 제공된 저당상품을 말함. ➡ ∴소유권 이전되기 전까지는 담보제공자의 재고자산에 포함. **참고** 재구매조건부판매상품 　실질상 담보에 의한 자금차입거래이므로 재고자산에 포함.
	반품률 높은 재고자산	• 반품률추정 가능시 ➡ 일단 판매로 보아 반품률을 적절히 반영하여 판매자 재고자산에서 제외. • 반품률 추정 불가능시 ➡ 인수수락·반품기간종료시점이 될 때까지는 판매자 재고자산에 포함.
	할부판매상품	• 대금회수여부에 관계없이 판매시 재고자산에서 제외.
	장기연불조건 매입상품	• 명목금액과 현재가치의 차이가 유의적인 경우에는 현재가치로 평가함. (차) 상품(현재가치)　　　xxx　　　　(대) 장기매입채무　　　xxx 　　현재가치할인차금　　xxx
	건설자금이자	• 장기재고자산의 매입 등을 위해 차입한 차입금의 이자를 취득원가에 가산가능. **기준** 건설자금이자 : 자본화(자산화)와 비용처리 중 선택
원가흐름	원가흐름가정 (단가결정방법)	• 개별법 : 매입상품 각각에 가격표(꼬리표)를 붙여 매출상품의 매출원가를 산정. • 가중평균법(총평균법, 이동평균법) : 평균단가로 매출원가를 산정. • 선입선출법(FIFO : First In First Out) : 먼저 매입된 상품이 먼저 매출됐다고 가정. • 후입선출법(LIFO : Last In First Out) : 최근 매입된 상품이 먼저 매출됐다고 가정. • 표준원가법 : 사전 설정된 표준원가로 매출원가를 산정 • 소매재고법 : 기말재고판매가에 원가율을 곱하여 기말재고원가 산정. **기준** 위 이외의 방법은 인정하지 않음. **참고** 단위원가 결정방법 적용 　① 성격·용도 면에서 유사한 재고자산 : 동일한 단가결정방법을 적용해야 함. 　② 성격·용도 면에서 차이 있는 재고자산 : 다른 단가결정방법 적용가능함.
	수량결정방법	❖ [계속기록법] – 입·출고 모두 그때 그때 기록 　기초재고수량＋당기매입수량－판매수량＝기말재고수량 　➡ ∴감모손실만큼 기말재고수량과대 ❖ [실지재고법] – 입고만 기록하며, 기말에 창고수량을 조사 　기초재고수량＋당기매입수량－기말재고수량(실사)＝판매수량 　➡ ∴감모손실만큼 판매수량과대 ❖ [혼합법] 　기초재고수량＋당기매입수량＝판매수량＋기말재고수량(실사)＋감모수량

FINAL 객관식뽀개기　빈출적중문제

1. ㈜삼일의 기말 재고자산은 10,000,000원이며, 이는 실지재고조사법을 적용하여 회계감사시 수량과 금액을 확인한 것이다. 회계감사 도중 감사인은 다음 사항을 추가로 알게 되었다.

> ㄱ. 20x1년 8월 3일에 단위당 원가 650,000원의 신제품을 고객 10명에게 전달하고 사용해본 후 6개월 안에 구입여부를 통보해 줄 것을 요청하였다. 20x1년 말 현재 4명으로부터 구입하겠다는 의사를 전달받았고, 나머지 6명으로부터는 아무런 연락을 받지 못했다.
>
> ㄴ. 20x1년 12월 1일 미국의 A사에 1,000,000원의 원재료를 주문하였다. 주문한 상품은 동년 12월 30일에 선적되어 20x2년 1월 3일에 ㈜삼일에 인도되었다. A사의 상품에 대한 주문 조건은 선적지인도조건이다.
>
> ㄷ. ㈜삼일은 20x1년 12월 27일에 원가 1,500,000원의 상품을 판매하였다. 그러나 고객이 20x2년 2월 8일에 동 상품을 인도받기를 요청하여 창고 한쪽에 별도로 보관하고 있다. (동 상품의 원가는 위 실지 기말 재고자산 10,000,000원에 포함되지 않았다.)

위의 내용을 반영하면 ㈜삼일이 20x1년 기말 재무상태표에 인식할 재고자산 금액은 얼마인가? [기출문제]

① 11,000,000원
② 11,500,000원
③ 13,500,000원
④ 14,900,000원

 낵비궤의섭

• 창고에 없더라도 시송품 중 구입의사표시가 없는 제품과 선적지인도조건의 원재료는 기말재고에 포함시키는 조정을 하여야 하며, 판매된 상품은 이미 실지 기말재고에 제외되어 적정하므로 조정할 필요가 없다.
→ ∴10,000,000+650,000×6명+1,000,000=14,900,000

2. 다음 중 기말재고자산에 포함될 항목으로 가장 올바르지 않은 것은? [기출문제]

① 시용판매를 위하여 고객에게 제공된 상품 중 매입의사가 표시되지 않은 부분
② 위탁판매목적으로 반출된 상품 중 수탁자가 현재 보관중인 부분
③ 장기할부조건으로 판매한 상품
④ 선적지인도조건으로 매입한 운송중인 상품

 낵비궤의섭

• 장기할부조건으로 판매한 상품은 인도시점이 수익인식시점이므로 기말재고에 포함되지 않는다.

3. 다음은 20x1년 ㈜삼일의 회계자료 중 일부이다. ㈜삼일의 20x1년 매출원가는 얼마인가? [기출문제]

	본점창고	적송품
기초재고	120,000원	25,000원
매입액	480,000원	70,000원
매입운임	20,000원	–
적송품운임[*]	–	5,000원
기말재고	125,000원	20,000원

[*] 비정상적으로 발생한 감모손실은 없는 것으로 가정한다.

① 516,000원
② 536,000원
③ 575,000원
④ 614,000원

 낵비궤의섭

• (120,000+25,000)+(480,000+20,000+70,000+5,000)−(125,000+20,000)=575,000

4. 다음은 20x1년 1월 1일부터 12월 31일까지 (주)삼일의 재고자산과 관련된 자료를 요약한 것이다. (주)삼일의 20x1년 손익계산서에 계상될 매출원가는 얼마인가? [기출문제]

항목	금액 (취득원가기준)	비고
기초재고자산	100,000원	–
당기매입액	500,000원	–
기말재고자산 실사액	80,000원	창고보관분
장기할부판매	40,000원	할부금은 매년말 20,000원씩 2년간 회수
반품가능판매	30,000원	반품액의 합리적인 측정 불가

① 200,000원
② 480,000원
③ 490,000원
④ 520,000원

 낵비궤의섭

• 기말재고 : 80,000+30,000=110,000
• 매출원가 : 100,000+500,000−110,000=490,000
*장기할부판매는 인도시점이 수익인식시점이므로 기말재고가 적정하게 계상되어 있으나, 반품가능판매로서 반품액의 합리적인 측정이 불가한 경우는 반품기간 종료시점등이 수익인식시점이므로 기말재고에 포함되어야 한다.

제1편 백점이론특강 / 제2편 기출문제특강 / SET1 / SET2 / SET3 / SET4 / SET5 / SET6 / SET7 / SET8 / SET9 / SET10 / 신유형 / 기출문제오답노트 / 실전기출모의고사

백점이론 제17강 ▸ 재고자산원가의 배분 ❶

구 분	매입수량	매출수량	단 가	매입액
기초재고(1/1)	200개		@5	₩1,000
매 입(3/4)	300개		@6	₩1,800
매 출(4/5)		300개	@?	
매 입(7/7)	500개		@8	₩4,000
매 출(9/8)		400개	@?	
기말재고(12/31)	300개			합계 : ₩6,800

공통사례

개별법

개요	• 재고자산에 가격표를 붙여 기말재고와 매출원가를 계산하는 방법. • 상호 교환될 수 없는 재고항목이나 특정 프로젝트별로 생산되는 제품 등에 사용. 　예) 특수기계를 주문 생산하는 경우 　➡ ∴상호 교환가능한 대량의 동질적인 제품에 대해서 적용하는 것은 적절하지 않음.
장점	• 실제원가가 실제수익에 대응되므로 수익·비용대응원칙에 가장 충실함. • 고가소량인 재고자산에 쉽게 적용할수 있음.
단점	• 재고자산의 종류와 수량이 많은 경우에는 실무상 적용하기 어려움. • 판매된 재고자산의 원가를 경영자가 임의로 결정하여 당기손익을 조작할 수 있음.

가중평균법

• 공통사례에의 적용(실지재고조사법≠계속기록법)

❖ [총평균법(실지재고조사법)]

매출원가	700개 × @6.8[1) = 4,760
기말재고	6,800 − 4,760 = 2,040

[1)] 단위당원가＝6,800 ÷ 1,000개＝@6.8

❖ [이동평균법(계속기록법)]

매출원가	4/5매출분 : 300개 × @5.6[2) = 1,680 9/8매출분 : 400개 × @7.3[3) = 2,920
기말재고	6,800 − (1,680 + 2,920) = 2,200

[2)] 단위당원가＝2,800 ÷ 500개＝@5.6
[3)] 단위당원가＝(200개 × @5.6＋500개 × @8) ÷ 700개＝@7.3

•주의 ∴이동평균법은 총평균법에 비해 현행원가의 변동을 더 단가에 민감하게 반영함.

선입선출법 (FIFO)

개요	• 먼저 취득한 자산이 먼저 판매된 것으로 가정하여 기말재고와 매출원가를 계산하는 방법.
장점	• 일반적으로 물량흐름과 일치함. • 재무상태표의 재고자산을 현행원가의 근사치로 평가가능.
단점	• 수익·비용의 대응이 부적절. ➡ ∵현행수익에 과거비용을 대응 • 물가상승시 이익이 크게 표시되어 현금유출이 많아짐. ➡ ∴실물자본유지곤란

• 공통사례에의 적용(실지재고조사법＝계속기록법)

매출원가	200개 × @5＋300개 × @6＋200개 × @8＝4,400
기말재고	6,800 − 4,400 ＝2,400

FINAL 객관식뽀개기 ─── **빈출적중문제**

1. 다음은 (주)삼일의 재고수불부이다. (주)삼일의 재고자산을 총평균법(회계기간 단위로 평균단가를 산출하는 방법)으로 평가하는 경우 기말재고자산 금액은 얼마인가? [기출문제]

구분	수량	단가	금액
전기이월	3,000개	2,000원	6,000,000원
1/20 구입	2,000개	2,500원	5,000,000원
6/15 판매	2,500개		
8/14 구입	2,000개	2,600원	5,600,000원
10/1 판매	3,500개		
12/4 구입	1,000개	3,000개	3,000,000원
기말	2,000개		

① 4,900,000원
② 5,200,000원
③ 5,700,000원
④ 6,000,000원

 낸비게이션

• 평균단가
$$\frac{6,000,000+5,000,000+5,600,000+3,000,000}{3,000개+2,000개+2,000개+1,000개}=2,450$$
• 기말재고
2,000개×2,450=4,900,000

2. ㈜삼일의 20x2년 중 재고자산의 거래내역은 다음과 같다. 다음 자료를 바탕으로 선입선출법하에서의 매출원가를 구하면 얼마인가(단, 회사는 실지재고조사법에 의하여 수량을 기록한다)? [기출문제]

구분	단위	단위원가	총원가
기초재고(1/1)	1,100개	80원	88,000원
당기매입(3/15)	200개	110원	22,000원
당기매입(5/16)	1,200개	100원	120,000원
당기판매가능한 수량	2,500개		230,000원
당기매출(8/22)	800개		
당기매출(9/18)	1,000개		
당기판매수량	1,800개		
기말재고(12/31)	700개		

① 147,000원
② 150,000원
③ 157,000원
④ 160,000원

 낸비게이션

• 88,000+22,000+500개×100=160,000

3. 다음은 20x1년초에 설립된 (주)삼일의 20x1년도 매출에 관련한 자료이다. 원재료에 대해 선입선출법으로 평가하고 있다. (주)삼일의 20x1년말 현재 원재료 재고액(재고자산)과 공사에 투입된 재료비(원재료투입액)는 얼마인가? [기출문제]

```
ㄱ. 당기 매출 인식액 : 150,000원
ㄴ. 당기 현금 회수액 : 30,000원
ㄷ. 당기 투입원가자료
 - 원재료
   당기매입자료
   10월 5일 : 150원x100개=15,000원
   11월 10일 : 200원x200개=40,000원
   기말원재료 실사 결과 50개의 기말 원재료 재고
   가 남아 있음.
   (당기 중 재고자산에 대한 감모손실은 발생하지
   아니함.)
 - 노무비와 기타경비
   당기 노무비와 기타경비는 합하여 50,000원이 발
   생함.
```

	원재료재고액	재료비
①	5,000원	50,000원
②	10,000원	45,000원
③	20,000원	35,000원
④	30,000원	25,000원

 낸비게이션

• 원재료 재고액 : 50개×200=10,000
• 재료비 : (15,000+40,000)−10,000=45,000

4. 총평균법과 재고자산 장부기록법의 적용가능성을 바르게 표시한 것은? [적중예상]

	실사법	계속기록법
①	가능	가능
②	가능	불가능
③	불가능	가능
④	불가능	불가능

 낸비게이션

• 총평균법=실사법
• 이동평균법=계속기록법

Answer 1. ① 2. ④ 3. ② 4. ②

제1편 백점이론특강 | 제2편 기출문제특강 | SET1 | SET2 | SET3 | SET4 | SET5 | SET6 | SET7 | SET8 | SET9 | SET10 | 신유형 | 기출문제오답노트 | 실전기출모의고사

백점이론 제18강 ⊂ **재고자산원가의 배분 ❷**

후입선출법 (LIFO)	**개요**	• 가장 최근에(나중에) 매입된 상품이 먼저 판매된 것으로 가정하여 기말재고와 매출원가를 계산하는 방법으로 후입선출법을 사용한 경우는 다음을 주석기재함. – 후입선출법에 의한 재무상태표가액과, 선입선출법 또는 평균법에 저가법을 적용하여 계산한 재고자산평가액과의 차이와 그 내용
	장점	• 현행수익에 현행원가를 대응시킴.(수익·비용대응의 원칙에 부합). • 물가상승시 법인세 이연효과가 있음. ＿전제조건＿ 물가상승시 '기말수량 > 기초수량'일 것. → 즉, 낮은 이익계상→ 낮은 법인세 •주의 언젠가는 낮은 단가가 팔려나가 높은 이익을 계상하고 높은 법인세를 부담하므로 이연효과이지 절감효과가 아님
	단점	• 일반적인 물량흐름과 불일치함. • 기말재고가 과거가격으로 표시되어 재무분석이 왜곡됨. • 비자발적인 청산문제가 발생함.(=LIFO청산). ＿전제조건＿ 물가상승(인플레이션)시 '기말수량 < 기초수량'일 것.(즉, 기준재고층의 침식) → 오래된 재고가 매출원가로 계상되어 이익과대 → 과다법인세와 배당을 부담하여 흑자 도산하는 기현상발생 〈해결방법〉 재고자산구입(∴불필요한 재고구매유발의 문제점 있음)

•주의 후입선출법(기말재고↓)은 선입선출법(기말재고↑)에 비해 저가법 평가의 필요성이 적음.

• 공통사례에의 적용(실지재고조사법≠계속기록법)

❖ [실지재고조사법]

매출원가	500개 × @8+200개 × @6 = 5,200
기말재고	6,800 − 5,200 = 1,600

❖ [계속기록법]

매출원가	300개 × @6+400개 × @8 = 5,000
기말재고	6,800 − 5,000 = 1,800

표준원가법	• 표준원가는 실제원가와 유사한 경우에 편의상 사용할 수 있으며, 표준원가는 정기적으로 검토하여 필요한 경우 현재 상황에 맞게 조정하여야 함.

상대적크기	**법인세가 없을 때**	• 기말재고·당기순이익 : FIFO 〉 이동평균법 ≧ 총평균법 〉 LIFO • 매출원가　　　　　 : FIFO 〈 이동평균법 ≦ 총평균법 〈 LIFO • 현금흐름(보유현금) : 각 방법 동일 ➡∴세금유출이 모두 없음. • 재고자산평가충당금 : FIFO 〉 이동평균법 ≧ 총평균법 〉 LIFO 　(＝기말재고 − 시가)
	법인세가 있을 때	• 법인세액　　　　　 : FIFO 〉 평균법 〉 LIFO • 현금흐름(보유현금) : FIFO 〈 평균법 〈 LIFO ➡∴FIFO의 세금유출이 가장 큼.

•주의 물가하락(디플레이션)시에는 'FIFO당기순이익 < LIFO당기순이익'이 됨.

FINAL 객관식뽀개기 — 빈출적중문제

1. 다음 중 재고자산에 관한 설명으로 가장 옳은 것은?

[기출문제]

① 건설회사에서 판매목적의 미분양아파트는 재고자산이다.
② 재고자산의 수량결정방법 중 계속기록법이 실지재고조사법보다 우월한 방법으로 널리 사용된다.
③ 후입선출법은 기말재고액을 가장 최근의 매입원가로 평가하는 방법이다.
④ 재고자산을 저가법으로 평가하는 경우 상품 및 재공품의 시가는 현행대체원가이다.

내비게이션

• ② 계속기록법[기초재고수량+당기매입수량−판매수량=기말재고수량]은 감모손실이 기말재고수량에 포함되어 이익이 과대계상될 소지가 있다는 단점이 있으며, 실지재고조사법[기초재고수량+당기매입수량−기말재고수량(실사)=판매수량]은 감모손실이 판매수량에 포함되어 재고부족의 원인을 판명할 수 없어 관리통제를 할 수 없다는 단점이 있다. 따라서, 양 방법을 병행하여 사용하는 것이 바람직하며 우월성 여부는 따질 수 없다.
• ③ 후입선출법은 나중에 매입된 것이 먼저 판매되었다고 가정하므로 기말재고는 오래된 재고액으로 평가된다.
• ④ 일반적인 재고자산의 시가는 순실현가능가치로 한다. 다만, 생산에 투입될 원재료의 시가는 현행대체원가로 한다.

2. 당기 중에 물가가 계속 상승하고 기말재고수량이 기초재고수량 이상이라고 가정할 때, 재고자산 원가흐름에 대한 가정별로 해당 항목의 금액크기를 비교한 것으로서 가장 옳지 않은 것은?

[기출문제]

① 기말재고자산 : 선입선출법<평균법<후입선출법
② 매출원가 : 선입선출법<평균법<후입선출법
③ 당기순이익 : 선입선출법>평균법>후입선출법
④ 법인세비용 : 선입선출법>평균법>후입선출법

내비게이션

• 기말재고자산 : 선입선출법>평균법>후입선출법

3. 물가가 상승하는 경우에 순이익을 적게 표시하고 법인세의 이연효과를 가져오게 하는 재고자산의 평가방법은 어느 것인가?

[적중예상]

① 개별법
② 선입선출법
③ 후입선출법
④ 이동평균법

내비게이션

• 후입선출법에서는 매출원가가 높게 평가되므로 순이익이 낮게 계상되어 낮은 법인세가 가능하므로 법인세 이연효과가 나타난다.

4. 후입선출법의 원가흐름가정에 대한 설명 중 틀린 것은?

[적중예상]

① 계속기록법에 의한 후입선출법과 실사법에 의한 후입선출법에 의한 기말재고는 항상 같게 산정된다.
② 물가상승시 인플레이션으로 인한 이익계상을 억제하는 효과가 있다.
③ 후입선출법은 선입선출법에 비해 저가법을 적용하여 재고자산을 평가해야 할 필요성이 상대적으로 적다.
④ 조업중단 등의 사유로 기말재고가 기초재고보다 부족해지면 순이익이 과대계상될 수 있다.

내비게이션

• ① 선입선출법의 경우에 일치한다.
• ② 매출원가가 높게 평가되므로 순이익이 낮아 법인세 이연효과가 있다.
• ③ 후입선출법은 기말재고가 낮게 평가되므로 시가가 하락해도 시가보다 낮을 가능성이 높으므로 저가법을 적용하여재고자산을 평가해야 할 필요성이 상대적으로 적다.
• ④ 낮은 금액의 오래된 기초재고가 매출원가로 계상되어 이익이 과대해질 수 있는 LIFO청산이 나타날 수 있다.

5. 재고자산 원가흐름에 대한 가정 중에서 최근의 시가와 가장 유사한 평가액을 표시하는 방법을 바르게 표시한 것은?

[적중예상]

	매출원가	기말재고
①	후입선출법	선입선출법
②	후입선출법	후입선출법
③	선입선출법	선입선출법
④	선입선출법	후입선출법

내비게이션

• 최근 매입분이 매출원가로 계상되는 방법 : 후입선출법
• 최근 매입분이 기말재고로 계상되는 방법 : 선입선출법

백점이론 제19강 재고자산원가의 추정(소매재고법)

의의	개요		• 판매가격기준으로 평가한 기말재고금액에 구입원가, 판매가격 및 판매가격변동액에 근거하여 산정한 원가율을 적용하여 기말재고자산의 원가를 결정하는 방법
	업종	원칙	• 많은 종류의 상품을 취급하여 실제원가에 기초한 원가결정방법의 사용이 곤란한 유통업종에서만 사용할 수 있음.
		예외	• 유통업 이외업종이 사용하는 경우에는 다른 방법을 적용하는 것보다 합리적이라는 정당한 이유와 소매재고법의 원가율추정이 합리적이라는 근거를 주석기재하여야 함.
	적용		• 소매재고법은 이익률이 유사한 동질적인 상품군별로 적용함. •주의 ∴이익률이 서로 다른 상품군을 통합하여 평균원가율을 계산해서는 아니 됨.

계산절차	1단계 : 기말재고매가계산	• 기초재고매가＋당기매입매가＋(순인상 − 순인하) − 매출액 •주의 이하 어떤 원가흐름을 가정하더라도 동일함.
	2단계 : 원가율계산	• 이하 참조!
	3단계 : 기말재고원가계산	• 기말재고매가 × 원가율
	4단계 : 매출원가계산	• 기초재고원가＋당기매입원가 − 기말재고원가

구 분	원 가 율	비 고
평균원가소매재고법	$\dfrac{원가 : 기초＋당기매입}{매가 : 기초＋당기매입＋순인상 − 순인하}$	• 당기매입과 기초 모두 기말재고를 구성한다고 봄.
선입선출소매재고법	$\dfrac{원가 : 당기매입}{매가 : 당기매입＋순인상 − 순인하}$	• 기말재고는 모두 당기매입분으로 구성된다고 가정
후입선출소매재고법	① 기초(매가) < 기말(매가) 일 때 기말(원가) = 기초(원가)＋당기증가분(매가) × FIFO원가율 ② 기초(매가)＞기말(매가)일 때 기말(원가) = 기말(매가) × $\dfrac{기초(원가)}{기초(매가)}$	• 기말재고는 기초로만 구성될 수도 있고 기초와 당기매입으로 구성될 수도 있음.
저가기준소매재고법	원가율산정시 순인하액을 제외시켜 계산	• 저가기준선입선출소매재고법에서는 기초와 순인하액을 제외함.

▼ 사례 소매재고법

❂ 이마트(할인매장)의 재고자산 자료이다. 선입선출소매재고법에 의한 기말재고자산금액을 구하라.

	기초재고	당기매입	인상액	인상취소액	인하액	인하취소액	매출액
원가	₩60,000	₩500,000	−	−	−	−	−
매가	₩100,000	₩750,000	₩45,000	₩5,000	₩20,000	₩10,000	₩770,000

✎ 풀이

• 기말재고(매가) = $100,000 + 750,000 + [(45,000 − 5,000) − (20,000 − 10,000)] − 770,000 = 110,000$
• 원가율 = $\dfrac{500,000}{750,000+(45,000-5,000)-(20,000-10,000)} = 64.1\%$
• 기말재고(원가) = $110,000 × 64.1\% = 70,510$ → 매출원가 = $60,000 + 500,000 − 70,510 = 489,490$

FINAL 객관식뽀개기

빈출적중문제

1. (주)삼일의 회계자료가 다음과 같은 경우 평균원가소매재고법에 따라 기말재고자산 금액을 구하면 얼마인가?

[기출문제]

	원가	매가
기초재고자산	600,000원	800,000원
당기매입	2,000,000원	2,400,000원
합계	2,600,000원	3,200,000원
당기매출		2,600,000원
기말재고자산		600,000원

① 487,500원
② 521,400원
③ 521,400원
④ 600,800원

 백빈계이션

• 기말재고(매가) : 800,000+2,400,000−2,600,000=600,000
• 원가율 : $\dfrac{600,000+2,000,000}{800,000+2,400,000}$=81.25%
• 기말재고(원가) : 600,000×81.25%=487,500

2. 실제원가에 기초한 원가결정방법의 사용이 곤란한 대규모 유통업체의 기말재고금액을 파악하기 위한 방법은?

[적중예상]

① 선입선출법
② 평균법
③ 개별법
④ 소매재고법

 백빈계이션

• 소매재고법은 판매가기준으로 평가한 기말재고금액에 구입원가, 판매가 및 판매가변동액에 근거하여 산정한 원가율을 적용하여 기말재고자산의 원가를 결정하는 방법으로 실제원가 아닌 추정에 의한 원가결정방법이므로 원칙적으로 많은 종류의 상품을 취급하여 실제원가에 기초한 원가결정방법의 사용이 곤란한 유통업종에서만 사용할 수 있다.

백점이론 제20강 ⊂⊃ **재고자산원가의 추정(매출총이익률법)**

매출 총이익률법	**개요**		• 회계기준상으로 인정된 방법은 아니지만, 실무적으로 매출총이익률을 사용하여 재고자산금액을 추정하는 방법으로 천재, 지변, 도난, 화재 등으로 인한 재고손실액을 계산하기 위해 주로 사용됨.
	산식적용	매출총이익률이 주어질 때	• 매출총이익률 $= \dfrac{\text{매출총이익}}{\text{매출액}}$ $= \dfrac{\text{매출액}-\text{매출원가}}{\text{매출액}}$ $= 1 - \dfrac{\text{매출원가}}{\text{매출액}}$ ➡ ∴매출원가 $=$ 매출액 $\times (1-$매출총이익률$)$
		원가가산이익률(=원가대비매출총이익률)이 주어질 때	• 매출원가 $+$ 매출원가 $\times$ 원가가산이익률 $=$ 매출액 ➡ 원가가산이익률 $= \dfrac{\text{매출총이익}}{\text{매출원가}}$ ➡ ∴매출원가 $= \dfrac{\text{매출액}}{1 + \text{원가가산이익률}}$
	계산절차	매출원가계산	• 매출원가 $=$ 매출액 $\times (1-$매출총이익률$)$ • 매출원가 $= \dfrac{\text{매출액}}{1 + \text{원가가산이익률}}$ ➡ ∴기말재고 $=($기초 $+$ 당기매입$) -$ 매출원가
		화재손실액계산	• 화재손실액 $=$ 기말재고 $-$ 화재 후 파손품평가액

▶ *사례* **천재, 지변 재고자산손실액 계산**

✿ (주)피박은 전자제품유통을 주업으로 하고 있는 회사로 20x1년 9월 22일 태풍으로 인하여 상품을 보관중인 창고가 피해를 입게 되었다. 재해로 인하여 보유중인 모든 전자제품이 피해를 입었으며, 동 전자제품을 모두 처분하는 경우 처분가치는 ₩220,000이다.
피해일 현재, 일본으로부터 목적지(도착지) 인도조건으로 매입 중인 운송상품 ₩270,000이 있다.
(주)피박의 재고자산과 관련된 자료들은 다음과 같으며, 회사의 매출총이익률이 35%라고 할 경우 (주)피박이 태풍으로 인하여 피해를 입은 금액을 추정하면 얼마인지 계산하시오.

(1) 계정과목잔액	20x1년 1월 1일	20x1년 9월 22일
상품	150,000원	?
(2) 20x1년 1월 1일부터 20x1년 9월 22일까지 발생한 거래		
매출액 : 8,630,000원		
매입액 : 6,980,000원		

▶ *풀이*
• 매출원가 : $8,630,000 \times (1-35\%) = 5,609,500$
• 기말재고 : $150,000 + 6,980,000 - 5,609,500 = 1,520,500$
• 태풍피해금액(재고자산손실액) : $1,520,500 - 220,000 = 1,300,500$

FINAL 객관식뽀개기 ▶ 빈출적중문제

1. (주)삼일은 20x1년 12월에 재고창고에 화재가 발생하였다. 화재로 인하여 소실된 것으로 추정되는 재고자산 금액은 얼마인가? [기출문제]

ㄱ. 기초재고자산	100,000
ㄴ. 당기매입액	2,000,000
ㄷ. 매출액	2,300,000
ㄹ. 매출총이익률	30%
ㅁ. 20x1년말 실사에 의해 확인된 재고자산 145,000

① 345,000원 ② 400,000원
③ 423,000원 ④ 460,000원

 내비게이션

- 매출원가 : 2,300,000x(1-30%)=1,610,000
- 기말재고(장부) : 100,000+2,000,000-1,610,000=490,000
- ∴화재소실액 : 490,000-145,000=345,000

2. 다음은 (주)삼일의 20x1년도 재고상품 관련 자료이다. 매출은 원가의 30% 이익을 가산하여 인식할 경우 (주)삼일의 20x1년도 매출총이익은 얼마인가? [기출문제]

기초상품재고액	5,000,000원
당기상품매입액	62,000,000원
기말상품실사액	7,000,000원

① 9,300,000원 ② 12,400,000원
③ 18,000,000원 ④ 18,600,000원

 내비게이션

- 매출원가 : 5,000,000+62,000,000-7,000,000=60,000,000
- 60,000,000=매출액÷(1+30%)에서, 매출액=78,000,000
- ∴78,000,000-60,000,000=18,000,000

3. 기말재고액은 기초재고액의 80%일때, 아래 자료를 이용하여 기말재고액을 계산하면 얼마인가? [적중예상]

매출액	3,000,000원
매출총이익률	30%
당기매입액	1,500,000

① 2,000,000원 ② 2,400,000원
③ 2,600,000원 ④ 3,000,000원

 내비게이션

- 기초재고 : 기초재고+1,500,000-기초재고x80%=3,000,000x(1-30%)
  →기초재고=3,000,000
- 기말재고 : 3,000,000x80%=2,400,000

4. (주)삼일은 최근 퇴사한 직원의 재고자산 횡령액을 조사하려고 한다. 다음 자료에 의할 때, 횡령한 재고자산의 원가를 구하면 얼마인가? [기출문제]

ㄱ. 회사의 당기 기초재고액	700,000원
ㄴ. 당기 중 매입액	3,000,000원
ㄷ. 당기 중 매출액	3,400,000원
ㄹ. 당기말 실사한 재고자산	150,000원
ㅁ. 회사의 매출총이익률	25%

① 700,000원 ② 780,000원
③ 800,000원 ④ 1,000,000원

내비게이션

- 매출원가 : 3,400,000x(1-25%)=2,550,000
- 기말재고 : 700,000+3,000,000-기말재고=2,550,000
  →기말재고=1,150,000
- 횡령액 : 1,150,000-150,000=1,000,000

5. 20x1년 10월 15일 (주)삼일에 화재가 발생하여 상품이 소실되었다. 상품 재고에 관한 자료는 아래와 같다. (주)삼일은 매입원가에 20%의 이익을 가산한 금액으로 상품을 판매한다면 화재로 인하여 입은 상품피해액은 얼마인가(단, 화재를 면한 상품의 처분가치는 10,000원이다.)? [기출문제]

매출액(20x1.1.1~20x1.10.15)	120,000원
기초상품재고액(20x1.1.1)	30,000원
매입액(20x1.1.1~20x1.10.15)	110,000원

① 20,000원 ② 30,000원
③ 40,000원 ④ 44,000원

내비게이션

- 매출원가 : $\frac{120,000}{1+20\%}=100,000$
- 기말재고 : 30,000+110,000-100,000=40,000
- 화재로 인하여 입은 상품피해액 : 40,000-10,000=30,000

백점이론 제21강 ━ 재고자산감모와 저가법

개요	기말재고장부원가 (장부수량×단위당원가)	기말재고실제원가 (실제수량×단위당원가)	기말재고시가 (실제수량×단위당시가)

감모손실 ───── 정상감모(매출원가) / 비정상감모(영업외비용)

평가손실 ───── 매출원가

감모손실	정상적감모손실	• 감모손실 중 원가성이 있는 부분
	비정상적감모손실	• 감모손실 중 원가성이 없는 부분 (차) 매출원가(정상감모)　　　　xxx　　　　(대) 재고자산　　　　xxx 　　　재고자산감모손실(비정상감모) xxx

평가손실	저가법	• 시가하락시 평가손실은 인식하나, 평가이익은 인식치 않는 방법('보수주의') • 항목별 또는 유사항목을 통합하여 저가법 적용함. ➡주의 총액기준은 적용불가!
	적용시가		일반적인 경우	• 순실현가능가치(추정판매가-추정비용)
생산에 투입될 원재료	• 현행대체원가(현행시장에서 구입시의 가격)	 ➡주의 원재료를 투입하여 완성할 제품의 시가가 원가보다 높을 때는 원재료에 대하여 저가법을 적용하지 아니함.
	회계처리	**시가하락시** (차) 평가손실(매출원가) (대) 평가충당금(재고자산차감) **시가회복시** • 최초장부가(=감모반영장부가)을 초과치 않는 범위내에서 환입함. 참고 환입액=Min[시가, 최초장부가]−현재장부가 →예 현재장부가 80(취득원가 130, 감모손실 30, 평가손실 20) 　① 90으로 시가회복시 : 환입액=Min[90, 100]−80=10 　② 110으로 시가회복시 : 환입액=Min[110, 100]−80=20 • (차) 평가충당금　　　　(대) 평가손실환입(매출원가)
	표시방법	**재무상태표** • 재고자산(상품)=기말재고실제원가 **손익계산서** • 매출원가=기초재고+당기매입-기말상품(기말재고실제원가)-매출이외의 　상품감소액(비정상감모+타계정대체)+재고자산평가손실 • 영업외비용=재고자산감모손실(비정상감모)

📙 사례　감모손실과 평가손실 회계처리

✪ 기초상품은 ₩600,000, 당기매입은 ₩2,800,000, 장부상 기말상품은 2,000개(단가 @400), 실제 기말상품 1,800개(단가 순실현가능가치 @360)이다.

풀이

매출원가 산정분개	(차) 매출원가	600,000	(대) 상품(기초)	600,000
	(차) 매출원가	2,800,000	(대) 매입	2,800,000
	(차) 상품(기말)	800,000[1]	(대) 매출원가	800,000
감모손실	(차) 재고자산감모손실(매출원가)	80,000[2]	(대) 상품	80,000
평가손실	(차) 재고자산평가손실(매출원가)	72,000[3]	(대) 재고자산평가충당금	72,000

[1] 2,000개 × @400=800,000　　[2] (2,000개−1,800개) × @400=80,000　　[3] 1,800개 × (@400−@360)=72,000

FINAL 객관식뽀개기 — 빈출적중문제

1. ㈜삼일은 단일종류의 상품을 판매하고 있다. 기말상품의 장부상 수량은 500개이고 취득원가는 단위당 200원이다. 기말 재고실사시 실제 수량은 450개이고 재고자산의 시가는 180원이다. 저가법 평가를 할 경우 재고자산 감모손실 금액은 얼마인가? [기출문제]

① 2,000원　② 9,000원
③ 10,000원　④ 12,000원

 내비게이션

장부수량x원가	실제수량x원가	실제수량x시가
500개x200=100,000	450개x200=90,000	450개x180=81,000

감모손실 10,000　평가손실 9,000

2. 재고자산에 대하여 가장 올바르지 않은 것은? [기출문제]

① 저가법 적용시 상품과 제품은 순실현가능가치를 시가로 한다.
② 재고자산의 시가가 취득원가보다 큰 경우 재고자산평가이익을 인식한다.
③ 재고자산감모손실 중 정상적으로 발생한 감모손실은 매출원가에 가산하고 비정상적으로 발생한 감모손실은 영업외비용으로 분류한다.
④ 저가법 적용시 원칙적으로 항목별기준을 적용한다.

 내비게이션

• 저가법에 의한 평가손실만 인식할 수 있다.

3. 다음 중 가장 올바르지 않은 것은? [기출문제]

① 일반기업이 보유하고 있는 건물 등은 유형자산으로 분류되나, 건설회사에서 판매목적으로 보유하고 있는 미분양아파트는 재고자산에 포함된다.
② 재고자산에는 생산과정이나 서비스를 제공하는데 투입될 원재료와 부분품, 소모품, 비품 및 수선용 부분품 등의 저장품이 포함된다.
③ 선적지 인도기준으로 상품을 판매한 경우 선적한 시점이후에는 구매자의 재고자산에 포함된다.
④ 보유중인 재고자산을 공정가치로 평가하여 취득원가와 공정가치의 차이를 평가이익으로 계상한다.

내비게이션

• 재고자산은 공정가치법이 아니라 저가법에 의하여 평가한다.

4. (주)삼일이 종목별로 재고자산에 대하여 저가법을 적용할 경우 재고자산평가손실로 인식하여야할 금액은 얼마인가? [기출문제]

상품종류	취득원가	순실현가능가치
A	20,000원	25,000원
B	10,000원	8,000원
C	30,000원	26,000원
D	40,000원	42,000원
합계	100,000원	101,000원

① 4,000원　② 5,000원
③ 6,000원　④ 8,000원

내비게이션

• 재고자산평가손실 계산

상품종류	취득원가	순실현가능가치	재고자산평가손실
A	20,000	25,000	–
B	10,000	8,000	2,000
C	30,000	26,000	4,000
D	40,000	42,000	–

5. 다음 자료에 의하여 결산조정 후 매출원가는 얼마인가? [기출문제]

(1) 결산조정 전 장부상 매출원가 : 1,000,000원
(2) 결산시점 평가손실 및 감모손실
　가. 재고자산평가손실 : 300,000원
　나. 정상적인(원가성 있는) 재고자산감모손실 : 100,000원
　다. 비정상적인(원가성 없는) 재고자산감모손실 : 100,000원

① 1,200,000원　② 1,300,000원
③ 1,400,000원　④ 1,500,000원

내비게이션

• 재고자산평가손실 회계처리
　(차) 평가손실 300,000 (대) 상품 300,000
　　(매출원가)
• 재고자산감모손실 회계처리
　(차) 감모손실 100,000 (대) 상품 200,000
　　(매출원가)
　감모손실 100,000
　　(영업외비용)

→ 결산조정후 매출원가 : 1,000,000+300,000+100,000=1,400,000

백점이론 제22강 재고자산감모손실·평가손실 회계처리

일반사례

사례 평가손실환입등 회계처리

❂ 20x1년 결산일 현재 재고자산(상품)에 대한 자료는 다음과 같으며, 재고자산 감모수량 중 60개는 원가성이 있는 정상적인 것이다. 20x2년말 재고자산의 시가가 ₩200,000으로 회복되었다.

구 분	수 량	단 가
장 부	1,000개	@200
실 제	900개	@180

풀이

- 정상감모=[(1,000개 − 900개) × @200] × 60개/100개 = 12,000
- 평가손실=(@200 − @180) × 900개 = 18,000
- 환입액=Min[200,000, 180,000] − 162,000 = 18,000
  - ① (차) 매출원가(정상감모)　12,000　　(대) 상　품　20,000
  - 　　　감모손실(비정상감모)　8,000
  - ② (차) 매출원가　18,000　　(대) 재고자산평가충당금　18,000
  - ③ (차) 재고자산평가충당금　18,000　　(대) 매출원가　18,000

종합사례

사례 타계정대체등 회계처리

❂ 감모손실 중 30%는 원가성이 있으며, 접대비로 사용한 재고자산원가는 150,000이며 아무런 회계처리하지 않음.

수정전 시산표		상품	장부재고	실지재고	단위당원가	판매단가	추정판매비
상품500,000 (기초)		A	1,000개	900개	₩100	₩150	₩40
		B	400개	350개	200	240	60
매입4,000,000	매출4,850,000	C	500개	500개	250	300	80

풀이

1. **매출원가대체분개** ➡ 감모손실=(1,000 − 900) × 100 + (400 − 350) × 200 = 20,000
   - ① (차) 매출원가　500,000　　(대) 상품(기초)　500,000
   - ② (차) 매출원가　4,000,000　　(대) 매　입　4,000,000
   - ③ (차) 상　품(기말장부)　305,000　　(대) 매출원가　305,000
   - ④ (차) 매출원가(정상감모)　6,000　　(대) 상　품　20,000
   - 　　　감모손실(비정상)　14,000

2. **평가손실 및 타계정대체분개** ➡ 평가손실=(200 − 180) × 350 + (250 − 220) × 500 = 22,000
   - ① (차) 매출원가　22,000　　(대) 재고자산평가충당금　22,000
   - ② (차) 접대비　150,000　　(대) 매출원가　150,000

약식 F/P		
1. 유동자산		
상품	285,000	
재고자산평가충당금	(22,000)	263,000

약식 I/S		
1. 매출액		4,850,000
2. 매출원가		
기초상품재고액	500,000	
당기상품매입액	4,000,000	
기말상품재고액	(285,000)	
매출이외의 상품감소액	(164,000)	
재고자산평가손실	22,000	4,073,000
3. 접대비(판관비)		150,000
4. 재고자산감모손실(영업외비용)		14,000

FINAL 객관식뽀개기 — 빈출적중문제

1. (주)삼일은 기말 실지재고조사법을 통해 매출원가를 인식하고 있다. 20x1년 기말 재고실사결과 기말재고 실사액은 9,000,000원으로 장부상의 금액과 1,000,000원의 차이(비정상적 감모손실임)가 발생하였다. 또한 20x1년 결산시 보유중인 재고자산에 대해 재고자산평가손실 3,000,000원을 반영하기로 하였다. 재고자산 평가 전 회사의 결산자료는 다음과 같다. (주)삼일이 상기 상황을 반영하여 수정분개를 작성할 경우 재무제표에 적절하게 표시한 것은? [기출문제]

ㄱ. 기초재고액	4,000,000원
ㄴ. 당기매입액	42,000,000원
ㄷ. 장부상 기말재고액	10,000,000원

	재무상태표		손익계산서	
①	재고자산	10,000,000	매출원가	39,000,000
			영업외비용	1,000,000
②	재고자산	9,000,000	매출원가	39,000,000
	평가충당금	(3,000,000)	영업외비용	1,000,000
③	재고자산	10,000,000	매출원가	41,000,000
④	재고자산	9,000,000	매출원가	37,000,000
	평가충당금	(3,000,000)		

 낵비게이션

• 매출원가 산정분개

(차) 매출원가	4,000,000	(대) 상품(기초)	4,000,000
(차) 매출원가	42,000,000	(대) 매입	42,000,000
(차) 상품(기말장부)	10,000,000	(대) 매출원가	10,000,000

• 재고자산감모손실과 평가손실 분개

(차) 감모손실	1,000,000	(대) 상품	1,000,000
(영업외비용)			
(차) 평가손실	3,000,000	(대) 평가충당금	3,000,000
(매출원가)		(재고차감)	

→ 상품(재고자산) : 10,000,000-1,000,000=9,000,000
재고자산평가충당금(재고차감) : 3,000,000
매출원가 : (4,000,000+42,000,000-10,000,000)+3,000,000
=39,000,000
재고자산감모손실(영업외비용) : 1,000,000

2. 다음 중 재고자산을 저가법으로 평가하는 경우와 관련된 내용으로 알맞지 않은 것은? [기출문제]

① 재고자산 중 원재료와 재공품은 현행대체원가를 시가로 한다.
② 재고자산 중 상품과 제품은 순실현가능가치를 시가로 한다.
③ 재고자산에 저가평가를 적용함으로써 발생한 평가손실은 매출원가에 가산하고 재고자산 차감계정으로 표시한다.
④ 재고자산 평가를 위해 저가법을 적용할 때 원칙적으로 항목별기준을 적용하여야 한다.

 낵비게이션

• 원재료만 현행대체원가를 시가로 한다.

3. 재고자산의 평가방법 중 저가법에 대한 설명으로 틀린 것은? [적중예상]

① 재고항목들이 서로 유사하거나 관련되어 있는 경우 저가법을 조별(항목별)로 적용할 수 있다.
② 생산과정에 투입될 원재료의 시가는 순실현가능가치를 말한다.
③ 원재료를 투입하여 완성할 제품의 시가가 원가보다 높을 때는 원재료에 대하여 저가법을 적용하지 아니한다.
④ 재고자산의 평가에 있어서 저가법은 총액기준으로 적용할 수 없다.

 낵비게이션

• 순실현가능가치(X) → 현행대체원가(O)

4. 다음은 (주)파이널의 20x1년 보유한 재고자산의 현황이다. 20x1년 12월 31일 인식할 재고자산평가손실은 얼마인가? [적중예상]

종류	취득원가	현행대체원가	순실현가능가치
원재료	10,000원	12,500원	8,500원
재공품	13,000원	11,000원	14,500원
제품	120,000원	125,000원	115,000원

① 5,000원   ② 6,500원
③ 8,000원   ④ 9,500원

 낵비게이션

• 제품만이 저가법 평가손실에 해당된다.(120,000-115,000=5,000)

백점이론 제23강 ▷ 유가증권 일반사항

	단기매매증권	만기보유증권	매도가능증권
분류기준	단기매매차익목적과 적극적 매수·매도	만기확정 &만기보유할 적극적 의도·능력	그 외의 경우
해당증권	지분증권, 채무증권	채무증권	지분증권, 채무증권
평가방법	공정가치법	원가법(상각후) 〈by유효이자율법〉	공정가치법(상각후) *시장성없는 지분증권은 원가법
평가손익	당기손익	-	기타포괄손익누계액
거래원가	당기비용	취득원가	취득원가
손상차손	인식 X	인식 O	인식 O

유가증권 개요

보론 공정가치 : 보고기간말 현재의 종가로 하되, 없으면 직전 거래일의 종가로 할 수 있음.

분류기준 특수사항

만기전 매도
- 당 회계연도와 직전 2개 회계연도 중에, 만기보유증권을 매도, 중도상환권 행사사실이 있는 경우, 또는 분류를 매도가능증권으로 변경한 사실이 있다면, 보유 중이거나 신규로 취득하는 모든 채무증권은 원칙적으로 만기보유증권으로 분류할 수 없음.

손상차손

❖다음의 경우는 손상차손이 발생했다는 객관적인 증거가 될 수 있음.

① 금융기관으로부터 당좌거래 정지처분을 받은 경우, 청산 중에 있거나 1년 이상 휴업 중인 경우 또는 완전자본잠식 상태에 있는 경우와 같이 유가증권발행자의 재무상태가 심각하게 악화된 경우

주의 그냥 '자본잠식'이 아니라 '완전자본잠식'임.

예	20x1년(자본잠식 : 자본총계<자본금)		20x1년(완전자본잠식 : 자본총계<0)	
	자본금	100	자본금	100
	자본이잉여금	20	자본이잉여금	20
	이익잉여금	△50(결손)	이익잉여금	△130결손누적)
	자본총계	70	자본총계	△10

② 이자지급과 원금상환의 지연과 같은 계약의 실질적인 위반이나 채무불이행이 있는 경우
③ 회사정리절차나 화의절차개시의 신청·진행중인 경우와 같이 유가증권발행자의 재무적 곤경과 관련한 경제적 또는 법률적인 이유 때문에 당초의 차입조건의 완화가 불가피한 경우
④ 재무상태 악화로 시장성상실, 높은 파산가능성, 과거손상인식사유가 계속존재
⑤ 표시이자율 또는 유효이자율이 일반적인 시장이자율보다 비정상적으로 높거나 낮은 채무증권을 법규나 채무재조정협약 등에 의해 취득한 경우
⑥ 기업구조조정촉진법에 의한 관리절차를 신청하였거나 진행 중인 경우

주의 상장폐지되어 시장성을 잃더라도 그것이 반드시 손상차손의 증거가 되는 것은 아님.

재분류

① 단기매매차익 목적이 아닌 단기매매증권은 매도가능증권이나 만기보유증권으로 분류가능함.
② 시장성을 상실한 단기매매증권은 매도가능증권으로 분류해야 함.
③ 매도가능증권(채무증권)은 만기보유증권으로, 만기보유증권은 매도가능증권으로 재분류할 수 있음.
④ 유의적영향력 취득, 상실에 따라 매도가능증권을 지분법적용투자주식으로, 지분법적용투자주식을 매도가능증권으로 분류변경하며, 계상되어 있는 매도가능증권평가손익은 당기손익 처리함.

주의 유가증권과목의 분류를 변경할 때에는 재분류일 현재의 공정가치로 평가(당기손익)한 후 변경함.

FINAL 객관식뽀개기 — 빈출적중문제

1. 다음 중 유가증권에 관한 설명으로 가장 올바르지 않은 것은?
[기출문제]

① 유가증권이란 재산권 또는 재산적 가치를 나타내는 증권을 의미한다.
② 지분증권이란 회사 등의 순자산에 대한 소유지분에 관련된 권리를 나타내는 유가증권을 의미한다.
③ 채무증권이란 발행자에 대하여 금전을 청구할 수 있는 권리를 표시하는 유가증권을 의미한다.
④ 유가증권은 예외없이 유동자산으로 분류한다.

 낵빆꿰의섭

• 유동자산 : 단기매매증권
• 비유동자산 : 만기보유증권, 매도가능증권, 지분법적용투자주식

2. 다음 중 지분증권 취득시 회계처리에 대한 설명으로 올바르지 않은 것은?
[기출문제]

① 지분증권 취득시 단기매매증권, 매도가능증권, 지분법적용투자주식 중 하나로 분류한다.
② 지분증권 취득시 피투자기업에 대해 유의적인 영향력을 행사할 수 있는 경우에는 지분법적용투자주식으로 분류해야 한다.
③ 매도가능증권 취득시 발생한 취득부대비용은 취득원가에서 차감한다.
④ 지분증권의 취득원가는 일반적으로 거래가격(제공하거나 수취한 대가의 공정가치)이다.

낵빆꿰의섭

• 취득원가에서 차감한다.(X) → 취득원가에 가산한다.(O)

3. 다음 중 유가증권에 대한 설명으로 가장 올바르지 않은 것은?
[기출문제]

① 단기매매증권의 경우 시장성을 상실한 경우에도 다른 유가증권과목으로 분류변경할 수 없다.
② 단기매매증권의 공정가치 변동액을 당기손익에 포함하는 이유는 그 경제적 효과를 반영함으로써 회계정보의 목적적합성을 높이기 위함이다.
③ 매도가능증권의 경우 공정가치 평가로 인한 평가손익은 당기손익에 반영하지 않는다.
④ 채무증권을 장기간 보유하는 경우 매도가능증권이나 만기보유증권으로 분류하여야 한다.

낵빆꿰의섭

• 시장성을 상실란 단기매매증권은 매도가능증권으로 분류해야 한다.

4. 다음 중 유가증권의 분류에 대한 설명으로 가장 옳지 않은 것은?
[기출문제]

① 채무증권을 만기까지 보유할 목적으로 취득하였으며 실제 만기까지 보유할 능력이 있는 경우에는 만기보유증권으로 분류한다.
② 지분증권을 취득하여 피투자기업에 대해 유의적인 영향력을 행사할 수 있게 된 경우에는 지분법적용투자주식으로 분류해야 한다.
③ 매도가능증권으로 분류된 지분증권을 1년이내에 처분할 것이 거의 확실한 경우에는 단기매매증권으로 분류변경해야 한다.
④ 단기매매증권으로 분류된 지분증권은 공정가치법으로 평가하며 관련된 평가손익은 당기손익에 반영하여야 한다.

낵빆꿰의섭

• 매도가능증권으로 분류된 지분증권을 1년이내에 처분할 것이 거의 확실한 경우에는 유동자산으로 분류하나, 단기매매증권으로의 재분류는 불가하다.

5. 다음 중 유가증권의 분류변경에 관한 설명으로 가장 옳은 것은?
[기출문제]

① 만기보유증권은 매도가능증권으로 분류변경 할 수 있다.
② 단기매매증권을 매도가능증권으로 분류변경하는 경우에는 분류변경일 현재의 공정가치(최종시장가격)를 새로운 취득원가로 보며 분류변경일까지의 미실현보유손익은 기타포괄손익누계액으로 계상한다.
③ 매도가능증권으로 분류된 지분증권을 1년 이내에 처분할 것이 거의 확실한 경우에는 만기보유증권으로 분류변경해야 한다.
④ 매도가능증권이나 만기보유증권은 단기매매증권으로 분류할 수 있다.

낵빆꿰의섭

• ② 기타포괄손익누계액(X) → 당기손익(O)
③ 매도가능증권으로 분류된 채무증권만 만기보유증권으로 분류변경할수 있으며, 매도가능증권으로 분류된 지분증권을 1년 이내에 처분할 것이 거의 확실한 경우에는 유동자산으로 분류한다.
④ 매도가능증권 · 만기보유증권을 단기매매증권으로 분류변경하는 것은 불가하다.

Answer 1. ④ 2. ③ 3. ① 4. ③ 5. ①

백점이론 제24강 ○ 단기매매증권

취득	단가산정	• 개별법, 총평균법, 이동평균법, 기타합리적방법 사용 ➡ 매도가능·만기보유증권 동일!
	주식배당 무상증자	• 현금배당만 배당수익을 인식함. ➡ ∴주식수 증가, 평균단가만 하락
	이자지급일 사이 취득한 채권	• 경과이자는 취득원가에서 제외하여 미수이자로 계상하며, 보유기간 해당분만 이자수익으로 인식함. ➡ ∴취득원가=구입가−경과이자
	거래원가	• 증권거래수수료 등의 거래원가는 비용처리함. •주의 만기보유증권, 매도가능증권 등의 거래원가는 자산에 가산함.
	종목구분	• 유가증권인 보통주와 우선주는 별개의 종목으로 보고 회계처리함.
평가	평가손익	• 공정가치법 적용하여 장부가액과 차액은 단기매매증권평가손익(당기손익) 처리 ➡장부가액 : 전기말공정가치, 당기취득의 경우는 취득원가
	회계처리	• 평가손익은 단기매매증권에서 직접 가감함 ➡(차) 단기매매증권 ××× (대) 단기매매증권평가이익 ×××
처분	처분손익	• 단기매매증권처분손익=장부가액 − 처분가액(=매각대금−매각수수료) (차) 현금(매각대금−매각수료) 1,000 (대) 단기매매증권(장부가) 800 단기매매증권처분이익 200

이자지급일 사이 취득한 채권 표:

구입시	(차) 단기매매증권 100,000 미수이자 6,000	(대) 현 금 106,000
이자수령시	(차) 현 금 12,000	(대) 이자수익 6,000 미수이자 6,000

•주의 채권을 이자지급일 사이에 처분시 경과이자분은 처분손익에 포함치 않음.
➡ 즉, 경과이자는 이자수익으로 우선 인식함.

사례 단기매매증권 회계처리

❂ (주)여자라서햄볶아요의 단기매매증권 거래내역이 다음과 같을 때 회계처리를 하라.

(1) 20x1.7.1 액면 ₩500,000인 사채를 ₩540,000(경과이자 포함)에 구입함. 액면이자율은 연 10%(매년말 지급)임. 구입관련 수수료로 ₩10,000을 지출함. 20x1년말 공정가치는 ₩530,000임.
(2) 20x2.7.1에 동 사채를 ₩550,000(경과이자 포함)에 전부 처분함.

풀이

20x1.7.1	(차) 단기매매증권 515,000 미수이자 25,000[1] (차) 지급수수료 10,000	(대) 현금 540,000 (대) 현금 10,000	[1] $500,000 \times 10\% \times \dfrac{6}{12} = 25,000$
20x1년말	(차) 현금 50,000[2] (차) 단기매매증권 15,000	(대) 미수이자 25,000 이자수익 25,000 (대) 평가이익 15,000[3]	[2] $500,000 \times 10\% = 50,000$ [3] $530,000 - 515,000 = 15,000$
20x2.7.1	(차) 현금 550,000 처분손실 5,000	(대) 단기매매증권 530,000 이자수익 25,000[4]	[4] $500,000 \times 10\% \times \dfrac{6}{12} = 25,000$

FINAL 객관식뿌개기 **빈출적중문제**

제1편 백점이론특강

제2편 기출문제특강

SET1
SET2
SET3
SET4
SET5
SET6
SET7
SET8
SET9
SET10

신유형

기출문제요답노트

실전기출모의고사

1. (주)삼일은 20x1년 12월 1일에 X주식과 Y사채를 구입하였다. 취득원가와 거래원가는 다음과 같다. X주식은 단기매매증권으로 Y사채는 매도가능증권으로 인식하였다. 취득원가는 각각 얼마인가? [기출문제]

	X주식	Y사채
취득원가	100,000원	300,000원
거래원가	10,000원	20,000원

	단기매매증권	매도가능증권
①	100,000원	300,000원
②	100,000원	320,000원
③	110,000원	300,000원
④	110,000원	320,000원

• 단기매매증권(X주식) : 거래원가는 당기비용 처리한다.
 (차) 단기매매증권 100,000 (대) 현금 110,000
  수수료비용 10,000
• 매도가능증권(Y사채) : 거래원가는 취득원가에 가산한다.
 (차) 매도가능증권 320,000 (대) 현금 320,000

2. 20x1년 12월 31일 현재 (주)삼일이 당기중 취득하여 보유하고 있는 ABC사 주식과 DEF사 주식의 시가가 다음과 같은 경우 결산시 동 유가증권에 대한 평가가 (주)삼일의 당기 손익에 미치는 영향은 얼마인가(단, 시가를 공정가치로 보며, 모든 주식은 단기매매증권으로 분류된다고 가정한다)? [기출문제]

종목	취득원가	시가
ABC사 주식	2,000,000원	2,500,000원
DEF사 주식	1,500,000원	1,400,000원

① 이익 400,000원   ② 이익 500,000원
③ 이익 600,000원   ④ 영향없음

• 당기손익 계산
 ABC사 주식 : 평가이익 500,000
 DEF사 주식 : 평가손실 (100,000)
 당기이익 400,000

3. (주)삼일의 결산일은 12월 31일이며 단기매매증권으로 분류된 A주식과 관련된 자료가 다음과 같을 때 20x2년 A주식 처분에 따라 (주)삼일이 인식해야 할 단기매매증권처분손익은 얼마인가? [기출문제]

> ㄱ. 20x1년 12월 3일 A주식 50주를 30,000원에 구입함.
> ㄴ. 20x1년 12월 31일 A주식의 공정가치는 주당 500원임.
> ㄷ. 20x2년 1월 15일 A주식 25주를 주당 650원에 처분함.

① 1,250원 이익   ② 3,750원 이익
③ 1,250원 손실   ④ 3,750원 손실

• 25주×650-25주×500=3,750(이익)

4. (주)삼일은 20x1년 12월 1일 투자목적으로 (주)용산의 주식 100주를 주당 1,000원에 매입하여 단기매매증권으로 분류하였다. (주)삼일은 20x2년 4월 20일에 50주를 주당 1,500원에 처분하였다. (주)용산 주식의 공정가액에 관한 정보가 다음과 같은 경우 (주)삼일의 20x2년 손익계산서에 인식할 손익금액은 얼마인가? [기출문제]

20x1년말 : 1,100원/주
20x2년말 : 1,300원/주

① 15,000원   ② 20,000원
③ 30,000원   ④ 45,000원

• 처분주식 50주에 대한 처분손익
 (50주×1,500)-(50주×1,100)=20,000(처분이익)
• 보유주식 50주에 대한 평가손익
 (50주×1,300)-(50주×1,100)=10,000(평가이익)
 →∴20,000+10,000=30,000(이익)

백점이론 제25강 ◁ **만기보유증권**

평가·처분	평 가	• 원가법 적용 ➡ 유효이자율법에 의한 상각후원가로 평가 **비교** 매도가능증권(채무증권) ① 상각후원가와 공정가치의 차액을 평가손익(기타포괄손익누계액) 처리함. ② 평가손익은 처분이나 손상시 당기손익에 반영함.
	처 분	• 만기보유증권처분이익 = 처분가 − 상각후원가

손상·환입 (당기손익)	손상차손 (회수가능액하락)	• 손상차손 = 상각후원가 − 회수가능액 ➡ 회수가능액 = 기대현금흐름을 취득당시 유효이자율로 할인한 현재가치 **비교** 매도가능증권(채무증권) 손상차손 = 상각후장부금액 − 회수가능액 ➡ 회수가능액 = 기대현금흐름을 손상당시 현행시장이자율로 할인한 현재가치 • 손상차손인식후 이자수익 = 회수가능액 × 취득당시 유효이자율 **비교** 매도가능증권(채무증권) 손상차손인식후 이자수익 = 회수가능액 × 손상당시 현행시장이자율
	손상차손환입 (회수가능액회복)	• 손상차손환입 = Min[회수가능액, 손상되지 않았을 경우의 상각후원가] − 장부금액 ➡ 즉, 손상되지 않았을 경우의 상각후원가를 한도로 환입함. **비교** 매도가능증권(채무증권) 손상차손환입 = Min[회수가능액 − 장부금액, 이전에 인식한 손상차손] ➡ 이전에 인식한 손상차손을 한도로 환입하며, 한도초과분은 매도가능증권평가이익(기타포괄손익누계액) 인식함. • 환입조건 : 회복이 손상차손인식후 발생한 사건과 객관적으로 관련시만 환입함.

▼*사례* **만기보유증권 회계처리** ◁

❂ 20x1년초 액면 100,000, 3년 만기 사채를 ₩90,050에 취득. 취득시 유효이자율은 10%, 표시이자율 6%, 20x1년말에 수령할 표시이자 ₩6,000은 전액수령함. 20x2년말 수령 예측한 표시이자 ₩3,000은 전액 수령했으며, 20x2년도 회수가능액 회복은 손상차손 인식 후 발생사건과 관련된 것이다.
20x1년말 현재 기대현금흐름과 20x2년말 현재 기대현금흐름은 다음과 같다.

20x1년말 현재 기대현금흐름		
	20x2년말	20x3년말
액면가액	−	60,000
표시이자	3,000	3,000

20x2년말 현재 기대현금흐름	
	20x3년말
액면가액	80,000
표시이자	4,000

▶*풀이*

x1초	(차) 만기보유증권 90,050 (대) 현 금 90,050	−
x1말	(차) 현 금 6,000 (대) 이자수익 9,005 　　　만기보유증권 3,005 (차) 손상차손 38,264 (대) 만기보유증권 38,264	·이자수익 = 90,050×10% = 9,005 ·상각액 = 9,005 − 100,000×6% = 3,005 ·상각후원가 = 90,050 + 3,005 = 93,055 ·회수가능액 = 60,000×(10%, 2년현가) + 3,000×(10%, 2년연금현가) 　　　　 = 54,791 ·손상차손 = 93,055 − 54,791 = 38,264
x2말	(차) 현 금 3,000 (대) 이자수익 5,479 　　　만기보유증권 2,479 (차) 만기보유증권 19,094 (대) 손상차손환입 19,094	·이자수익 = 54,791×10% = 5,479 ·상각액 = 5,479 − 3,000 = 2,479 ·상각후원가 = 54,791 + 2,479 = 57,270 ·회수가능액 = 80,000×(10%, 1년현가) + 4,000×(10%, 1년현가) 　　　　 = 76,364 ·환입액 = Min[76,364, 96,360[*)]] − 57,270 = 19,094 　*)93,055 + (93,055×10% − 100,000×6%) = 96,360

FINAL 객관식뽀개기 ── 빈출적중문제

1. 유가증권은 증권의 종류에 따라 지분증권과 채무증권으로 분류할 수 있다. 다음 중 지분증권의 분류항목으로 가장 올바르지 않은 것은? [기출문제]

① 단기매매증권   ② 매도가능증권
③ 만기보유증권   ④ 지분법적용투자주식

 낵비게이션

• 만기보유증권은 채무증권(채권)만 분류 가능하다.
  – 단기매매증권 : 지분증권(주식), 채무증권(채권)
  – 매도가능증권 : 지분증권(주식), 채무증권(채권)
  – 만기보유증권 : 채무증권(채권)
  – 지분법적용투자주식 : 지분증권(주식)

2. 유가증권 중 지분증권과 채무증권으로 분류되는 항목이 올바르게 연결되지 않은 것은? [기출문제]

	지분증권	채무증권
①	단기매매증권	매도가능증권
②	매도가능증권	만기보유증권
③	만기보유증권	지분법적용투자주식
④	지분법적용투자주식	단기매매증권

 낵비게이션

• 만기보유증권 : 지분증권 분류 불가(∵만기가 없음)
• 지분법적용투자주식 : 채무증권 분류 불가(∵유의적 영향력과 무관)

3. ㈜삼일은 20x1년 1월 1일에 발행된 다음과 같은 조건의 채무증권을 최초 발행금액인 9,519,634원에 취득하였으며 해당 채무증권을 만기까지 보유할 의도와 능력을 보유하고 있다. 이 채무증권에 대하여 ㈜삼일이 만기까지 인식할 총 이자수익은 얼마인가? [기출문제]

ㄱ. 액면금액	:	10,000,000원
ㄴ. 만기일	:	20x3년 12월 31일
ㄷ. 이자지급조건	:	매년말 후급
ㄹ. 표시이자율	:	연 10%
ㅁ. 유효이자율	:	연 12%

① 480,366원   ② 2,519,634원
③ 3,000,000원   ④ 3,480,366원

 낵비게이션

• **고속철** 만기보유증권 총이자수익 계산
  총이자수익=총액면이자+총상각액
  →(10,000,000×10%×3년)+(10,000,000−9,519,634)
  =3,480,366

4. 20x1년초 (주)파이널은 다음과 같은 조건의 사채를 취득하였으며 회사가 이 사채를 만기까지 보유할 의도와 능력이 있는 경우 20x1년 12월 31일 만기보유증권의 장부금액은((주)파이널의 결산일은 매년 12월 31일이다)? [적중예상]

ㄱ. 액면금액	1,000,000원
ㄴ. 사채발행일	20x1.1.1
ㄷ. 표시이자율	연 5%
ㄹ. 이자지급	매년말 후급
ㅁ. 만기	20x1.12.31
ㅂ. 취득원가	922,687원
ㅅ. 유효이자율	연 8%
ㅇ. 20x1년말 현재 공정가치	950,000원

① 946,502원   ② 950,000원
③ 972,222원   ④ 996,780원

 낵비게이션

• 922,687+(922,687×8%−1,000,000×5%)=946,502

5. 다음은 20x1년 12월 31일 현재 (주)파이널이 20x1년초에 취득하여 만기보유증권으로 계상하고 있는 사채의 내역이다.

ㄱ. 액면금액	400,000원
ㄴ. 취득원가	350,000원
ㄷ. 20x1년 12월 31일 회수가능액	280,000원
ㄹ. 표시이자율	8%

위의 사채취득시 유효이자율은 10%이었으며, 20x1년 말에 회수가능액 하락분을 손상차손으로 인식하였다. 20x1년 12월 31일 위 사채의 손상평가와 관련하여 (주)삼일의 당기손익에 미치는 영향은 얼마인가? [적중예상]

① 73,000원   ② 70,000원
③ 83,000원   ④ 80,000원

 낵비게이션

• 상각후원가 : 350,000+(350,000×10%−400,000×8%)=353,000
• 손상차손(당기손익) : 353,000−280,000=73,000

Answer   1. ③   2. ③   3. ④   4. ①   5. ①

제1편 백점이론특강 / 제2편 기출문제특강 / SET1 / SET2 / SET3 / SET4 / SET5 / SET6 / SET7 / SET8 / SET9 / SET10 / 신유형 / 기출문제와답노트 / 실전기출모의고사

백점이론 제26강 ◁ 매도가능증권(지분증권)

평가 · 처분	평 가	• 신뢰성있는 공정가치를 알 수 있는 경우는 공정가액법 적용 • 매도가능증권평가손익 : 기타포괄손익누계액처리 　**-주의** 당기손익이 아니며, 평가이익과 평가손실은 발생시 상계표시함. • 매도가능증권평가손익은 처분 또는 손상시 당기손익에 반영
	처 분	• 매도가능증권처분이익＝처분가 − 장부금액 　➡ 매도가능증권평가손익을 처분손익에 반영
손상 · 환입 (당기손익)	손상차손 (회수가능액하락)	• 손상차손＝장부금액 − 회수가능액 　➡ 회수가능액＝공정가치 　➡ 매도가능증권평가손익을 반영하여 손상차손 인식함.
	손상차손환입 (회수가능액회복)	• 손상차손환입＝Min [회수가능액 − 장부금액, 이전 인식한 손상차손] 　➡ 이전에 인식한 손상차손을 한도로 환입액 인식하며, 한도초과분은 매도가능 　　증권평가이익 인식함.

보론 신뢰성있는 공정가치를 알 수 없는 경우의 매도가능증권

평 가	• 원가법(취득원가)
처 분	• 처분이익＝처분가 − 취득원가
손 상	• 손상차손＝취득원가 − 회수가능액 　➡ 회수가능액＝피투자회사순자산공정가치 × 지분율
회 복	• 환입액＝Min[회수가능액, 취득원가] − 장부금액 　➡ 즉, 환입 후 장부금액이 최초 취득가 초과불가

사례 매도가능증권(지분증권) 회계처리

❖ 20x1. 5.1 주식(매도가능증권)을 ￦40,000에 취득. 결산일의 공정가치는 ￦42,000. 20x2년 말 손상대상에 해당하게 되었으며 20x2년말과 20x3년말의 공정가치는 각각 ￦5,000과 ￦60,000임. 20x3년도의 공정가치 회복은 손상차손 인식 후에 발생한 사건과 관련된 것임. 20x4년초에 ￦70,000에 처분함.

풀이

• 20x1년말 평가손익 : 42,000 − 40,000 ＝ 2,000
• 20x2년말 손상차손 : 42,000 − 5,000 − 2,000 ＝ 35,000
• 20x3년말 환 입 액 : min[60,000 − 5,000, 35,000] ＝ 35,000

20x1. 5. 1	(차) 매도가능증권	40,000	(대) 현　금	40,000
20x1.12.31	(차) 매도가능증권	2,000	(대) 매도가능증권평가이익	2,000
20x2.12.31	(차) 매도가능증권평가이익 　　매도가능증권손상차손	2,000 35,000	(대) 매도가능증권	37,000
20x3.12.31	(차) 매도가능증권	55,000	(대) 손상차손환입 　　매도가능증권평가이익	35,000 20,000
20x4년초	(차) 현금 　　매도가능증권평가이익	70,000 20,000	(대) 매도가능증권 　　매도가능증권처분이익	60,000 30,000

FINAL 객관식뽀개기 — 빈출적중문제

1. (주)삼일은 (주)용산의 주식을 다음과 같이 취득하였다. (주)삼일은 ㈜용산의 주식(매도가능증권으로 분류)을 장기간 보유할 예정이며 각 보고기간 말의 공정가치는 아래와 같을 때, (주)삼일의 20x3년도말 재무상태표에 매도가능증권평가이익으로 계상할 금액은 얼마인가(단, 취득 외에 매도가능증권과 관련한 처분 등의 다른 거래는 없고, 이연법인세효과는 고려하지 않는다.)? [기출문제]

〈취득내역〉		
일자	매입수량	주당매입금액
20x1.10.15	100주	8,000원
20x2.12.10	200주	8,500원
합계	300주	
〈공정가치내역〉			

구분	20x1년말	20x2년말	20x3년말
주당공정가치	10,500원	9,500원	11,000원

① 150,000원 ② 450,000원
③ 800,000원 ④ 900,000원

 내비게이션

• 매도가능증권평가이익 계산

100주 : 250,000-100,000+150,000 =300,000
200주 : 200,000+300,000 =500,000
    800,000

2. 20x1년 1월 1일 ㈜삼일은 ㈜용산의 주식(매도가능증권)을 8,700,000원에 취득하였고 20x1년 12월 31일 현재의 공정가치는 7,500,000원이었다. 그러나 20x2년 중에 ㈜용산이 우리은행으로부터 당좌거래 정지처분을 당하여 당해 주식으로부터의 회수가능액이 3,500,000원으로 하락하였다. 이 경우 ㈜삼일이 ㈜용산의 주식에 대하여 20x2년에 인식할 매도가능증권손상차손은 얼마인가? [기출문제]

① 4,000,000원 ② 5,200,000원
③ 6,200,000원 ④ 8,700,000원

내비게이션

• 20x1년말
(차) 평가손실 1,200,000 (대) 매도가능증권 1,200,000
• 20x2년중
(차) 손상차손 5,200,000 (대) 평가손실 1,200,000
            매도가능증권 4,000,000

3. ㈜삼일은 20x1년 1월 1일 장기투자목적으로 ㈜용산의 주식 200주(지분율 : 10%)를 800,000원에 취득하여 매도가능증권으로 분류하였다. 20x1년 12월 31일 ㈜용산 주식의 공정가치는 주당 3,300원이었고, 20x2년 8월 5일에 보유 주식 중 120주를 430,000원에 처분하였다. ㈜삼일이 20x2년에 인식할 매도가능증권처분손익은 얼마인가? [기출문제]

① 처분이익 34,000원 ② 처분이익 84,000원
③ 처분손실 34,000원 ④ 처분손실 50,000원

내비게이션

• 20x1년 1월 1일
(차) 매도가능증권 800,000 (대) 현금 800,000
• 20x1년 12월 31일
(차) 평가손실 140,000[1)] (대) 매도가능증권 140,000
• 20x2년 8월 5일
(차) 현금 430,000 (대) 매도가능증권 396,000[2)]
    처분손실 50,000   평가손실 84,000[3)]

[1)]800,000-200주×@3,300=140,000
[2)]660,000×120주/200주=396,000
[3)]140,000×120주/200주=84,000

+고속철 손상이 없는 경우 처분손익 계산
'처분손익=처분가-취득가'
→ 430,000-800,000×120주/200주=△50,000

4. ㈜A는 20x1년초 장기투자목적으로 ㈜B의 주식 100주를 500,000원에 취득하고 이를 매도가능증권으로 분류하였다. ㈜A는 20x2년 6월 1일에 이중 50주를 320,000원에 처분하였다. ㈜B 주식의 공정가치에 관한 정보가 다음과 같은 경우 20x2년말 계상될 매도가능증권평가이익은 얼마인가? [적중예상]

20x1년말 : 5,500원/주, 20x2년말 : 7,000/주

① 50,000원 ② 70,000원
③ 75,000원 ④ 100,000원

내비게이션

• 20x1년말
(차) 매도가능증권 50,000 (대) 평가이익 50,000
• 20x1년 6월 1일
(차) 현금 320,000 (대) 매도가능증권 275,000[1)]
    평가이익 25,000[2)]   처분이익 70,000
• 20x2년말
(차) 매도가능증권 75,000[3)] (대) 평가이익 75,000
[1)]550,000x50% [2)]50,000x50% [3)]50주x7,000-275,000
∴50,000-25,000+75,000=100,000

제1편 백점이론특강
제2편 기출문제특강
SET1
SET2
SET3
SET4
SET5
SET6
SET7
SET8
SET9
SET10
신유형
기출문제오답노트
실전기출모의고사

백점이론 제27강 ━ 매도가능증권(채무증권)

평가·처분	평 가	• 유효이자율법을 적용하여 상각후공정가치로 평가 • 상각후원가와 공정가치의 차액을 평가손익(기타포괄손익누계액) 처리함. ▸주의 당기손익이 아니며, 평가이익과 평가손실은 발생시 상계표시함. • 평가손익은 처분이나 손상시 당기손익에 반영함.
	처 분	• 매도가능증권처분이익 = 처분가 – 장부금액 ➡ 매도가능증권평가손익을 처분손익에 반영
손상·환입 (당기손익)	손상차손 (회수가능액하락)	• 손상차손 = 상각후장부금액 – 회수가능액 ➡ 회수가능액 = 기대현금흐름을 손상당시 현행시장이자율로 할인한 현재가치 ➡ 매도가능증권평가손익을 반영하여 손상차손 인식함. • 손상차손인식후 이자수익 = 회수가능액×손상당시 현행시장이자율
	손상차손환입 (회수가능액회복)	• 손상차손환입 = Min[회수가능액 – 장부금액, 이전에 인식한 손상차손] ➡ 이전에 인식한 손상차손을 한도로 환입하며, 한도초과분은 매도가능증권평가이익(기타포괄손익누계액) 인식함. • 환입조건 : 회복이 손상차손인식후 발생한 사건과 객관적으로 관련시만 환입함.

사례 매도가능증권(채무증권) 회계처리

❂ 20x1년초 액면 ₩100,000, 4년만기 사채를 ₩87,318에 취득. 유효이자율 10%, 표시이자율 6%(연말후급), 20x1년말 공정가치 ₩95,000, 단, 20x2말에 수령할 표시이자 ₩6,000은 전액 수령하였으며 20x2년말 현행시장이자율은 12%이다. 단, 20x3말에 수령할 표시이자 ₩3,000은 전액 수령하였으며 20x3말 현행시장이자율은 14%이다. 20x3년도 공정가치회복은 손상차손 인식 후 발생사건과 관련된 것이다.

	20x2년말 기대현금흐름			20x3년말 기대현금흐름	
	20x3년말	20x4년말			20x4년말
액면금액	–	₩60,000	액면금액		₩80,000
표시이자	₩3,000	₩3,000	표시이자		₩4,000

1. 20x1년말 : 평가이익 = 95,000 – 90,050 = 4,950
   • 상각후원가 : 87,318 + $\underline{87,318×10\% – 100,000×6\%}$ = 90,050
   ↳ 2,732
2. 20x2년말 : 손상차손 = (93,055 + 4,950) – 52,902 – 4,950 = 40,153
   • 상각후원가 : 90,050 + 90,050×10% – 100,000×6% = 93,055
   • 회수가능액 : 60,000×(12%, 2년현가) + 3,000×(12%, 2년연금연가) = 52,902
3. 20x3년말 : 환입액 = min[73,685 – 56,250, 40,153] = 17,435
   • 상각후원가 : 52,902 + 52,902×12% – 3,000 = 56,250
   • 회수가능액 : 80,000×(14%,1년현가) + 4,000×(14%,1년현가) = 73,685

20x1년초	(차) 매도가능증권	87,318	(대) 현금	87,318
20x1년말	(차) 현금 　　매도가능증권	6,000 2,732	(대) 이자수익	8,732
	(차) 매도가능증권	4,950	(대) 매도가능증권평가이익	4,950
20x2년말	(차) 현금 　　매도가능증권	6,000 3,005	(대) 이자수익	9,005
	(차) 매도가능증권평가이익 　　매도가능증권손상차손	4,950 40,153	(대) 매도가능증권	45,103
20x3년말	(차) 현금 　　매도가능증권	3,000 3,348	(대) 이자수익	6,348
	(차) 매도가능증권	17,435	(대) 매도가능증권손상차손환입	17,435

If, 20x3년도 회복이 관련이 없는 경우
➡ (차) 매도가능증권　　17,435　　　(대) 매도가능증권평가이익　　17,435

FINAL 객관식뽀개기 빈출적중문제

1. 컴퓨터 판매 사업을 영위하는 ㈜삼일이 보유한 단기매매증권과 매도가능증권의 기말 공정가치법에 따른 평가손익은 재무제표에 각각 어떠한 항목으로 공시해야 하는가?

[기출문제]

	단기매매증권평가손익	매도가능증권평가손익
①	기타포괄손익누계액	영업외손익
②	기타포괄손익누계액	기타포괄손익누계액
③	영업외손익	기타포괄손익누계액
④	영업외손익	영업외손익

 낵빅게이션

• 단기매매증권평가손익 : 당기손익
• 매도가능증권평가손익 : 자본(기타포괄손익누계액)

2. ㈜삼일은 20x1년 1월 1일 갑주식 1%을 500,000원에 취득하였으며, 취득한 유가증권은 매도가능증권으로 분류하고 20x4년 12월 31일 현재 보유하고 있다. 동 유가증권의 공정가치는 다음과 같다. 20x3년 12월 31일의 공정가치하락은 손상사유에 해당되며, 20x4년 12월 31일의 공정가치상승은 손상차손회복에 해당된다. 20x4년 12월 31일에 인식할 손상차손환입은 얼마인가?

[기출문제]

20x1년 12월 31일	550,000원
20x2년 12월 31일	700,000원
20x3년 12월 31일	200,000원
20x4년 12월 31일	600,000원

① 0원
② 300,000원
③ 350,000원
④ 400,000원

 낵빅게이션

• 손상차손 : (700,000−200,000)−200,000(평가이익)=300,000
• 손상차손환입 : Min[① 600,000−200,000=400,000 ② 300,000]
  =300,000
• 회계처리

손상 : (차) 평가이익	200,000	(대) 매도가능증권	500,000
손상차손	300,000		
회복 : (차) 매도가능증권	400,000	(대) 손상차손환입	300,000
		평가이익	100,000

3. 다음 중 유가증권의 평가에 관한 설명으로 옳지 않은 것은?

[적중예상]

① 매도가능증권으로 분류된 채무증권은 원칙적으로 공정가치법으로 평가해야 하지만 예외적으로 원가법을 허용하고 있다.
② 단기매매증권으로 분류된 지분증권은 공정가치법으로 평가하며 관련된 평가손익은 당기손익에 반영해야 한다.
③ 만기보유증권으로 분류된 채무증권은 유효이자율법을 적용하여 상각후취득가로 계상한다.
④ 매도가능증권으로 분류된 지분증권은 원칙적으로 공정가치법으로 평가해야 하지만 예외적으로 원가법을 허용하고 있다.

 낵빅게이션

• 매도가능증권은 시장성이 없는 지분증권에 한하여 원가법을 적용한다.

4. 다음 중 유가증권의 손상차손에 대한 설명으로 옳은 것은?

[적중예상]

① 매도가능증권으로 분류된 채무증권의 회수가능액은 미래의 기대현금흐름을 취득당시 유효이자율로 할인한 현재가치로 측정한다.
② 지분증권의 상장이 폐지된 경우에는 시장성을 상실하므로 손상차손이 발생하였다는 객관적인 증거가 된다.
③ 매도가능증권으로 분류된 지분증권에 대해 최초로 손상사유가 발생한 경우 손상차손으로 계상되는 금액은 당해 지분증권의 취득원가와 회수가능액의 차액이다.
④ 만기보유증권으로 분류된 채무증권에 대해 최초로 손상사유가 발생한 경우 손상차손으로 계상되는 금액은 당해 채무증권의 취득원가와 회수가능액의 차액이다.

낵빅게이션

• ① 취득당시 유효이자율(X) → 손상당시 현행시장이자율(O)
② 상장이 폐지되어 시장성을 잃더라도 그것이 반드시 손상차손의 증거가 되는 것은 아니다.
④ 취득원가(X) → 상각후원가(O)

제1편 백점이론특강 / 제2편 기출문제특강 / SET1 / SET2 / SET3 / SET4 / SET5 / SET6 / SET7 / SET8 / SET9 / SET10 / 신유형 / 기출문제답노트 / 실전기출모의고사

백점이론 제28강 ─ 지분법회계 일반사항

지분법	의의	• 투자기업이 피투자기업에 대해 유의적인 영향력을 행사할 수 있는 경우에 적용함.
	적용범위	• 피투자기업의 형태가 합명회사·합자회사·유한회사 등인 경우에도 당해 피투자기업에 대하여 유의적인 영향력을 행사할 수 있는 경우에는 지분법을 적용하여 지분증권을 평가함. ▸주의 피투자기업의 형태가 반드시 주식회사이어야만 하는 것은 아님.

유의적인 영향력	원칙	• 직·간접으로 의결권의 20%이상 소유시 명백한 반증이 있는 경우를 제외하고는 유의적인 영향력이 있는 것으로 보아 지분법을 적용함. ▸주의 강제사항이므로 '적용할 수 있다'는 틀린 설명임.
	예외	❖**20% 미만이더라도 유의적인 영향력이 있는 경우** ① 투자기업이 피투자기업의 이사회 또는 이에 준하는 의사결정기구에서 의결권을 행사할 수 있는 경우 ② 투자기업이 피투자기업의 재무정책·영업정책에 관한 의사결정과정에 참여할 수 있는 경우, 참여할 수 있는 임원선임에 상당한 영향력을 행사할 수 있는 경우 ③ 피투자기업의 유의적인 거래가 주로 투자기업과 이루어지는 경우 ④ 피투자기업에게 필수적인 기술정보를 투자기업이 제공하는 경우 ▸주의 일반적 기술정보제공이 아님. ❖**유의적인 영향력이 있어도 지분법적용을 배제하는 경우** • 12개월 이내에 매각할 목적으로 투자주식을 취득하여 적극적으로 매수자를 찾고 있는 일시보유목적의 투자주식 ➡단기매매증권으로 분류함. 보론 당해 투자주식을 매수 이후 12개월 이내에 매각하지 못한 경우에는 매수 시점에 소급하여 지분법을 적용하고 재무제표를 재작성함. →다만, 매수자가 있으나 법규 등에 의해 불가피하게 매수 이후 12개월 이내에 매각을 완료하지 못한 경우에는 보고기간종료일로부터 가까운 시일 내에 매각이 완료될 가능성이 매우 높다면 당해 투자주식에 대하여 지분법을 적용하지 않음.

재무제표	적용 재무제표	• 지분법은 투자기업의 보고기간종료일을 기준으로 작성된 지분법피투자기업의 신뢰성 있는 재무제표를 사용하여 적용함. ➡그러나, 회계기간 종료일이 다르고 그 차이가 3개월 이내인 경우에는 피투자기업의 재무제표가 사용이 가능하며, 이 경우 피투자기업의 보고기간종료일과 투자기업의 보고기간종료일 사이에 발생한 유의적인 거래나 사건은 적절히 반영하여 회계처리함. ➡투자기업의 보고기간종료일과 다른 보고기간종료일을 기준으로 작성된 피투자기업의 재무제표를 사용한 경우에는 당해 기간차이를 줄이기 위하여 지분법피투자기업이 보고기간종료일을 변경하지 않는 한 그 후의 회계기간에도 계속성을 유지함.
	회계정책	• 유사한 상황에서 발생한 동일한 거래나 사건에 대하여는 지분법피투자기업의 회계정책을 투자기업의 회계정책으로 일치하도록 적절히 수정하여 지분법을 적용함. ➡다만, 투자기업이나 지분법피투자기업이 중소기업 회계처리특례를 적용하거나, 지분법피투자기업이 K-IFRS를 적용하여 재무제표를 작성함에 따라 회계정책이 일치하지 않는 경우에는 적용하지 않을 수 있음.

표시	별도표시	• 지분법적용투자주식은 투자자산 중 별도의 과목으로 재무상태표에 표시함.
	총액표시	• 투자기업이 소유하고 있는 지분법적용투자주식이 2종목 이상인 경우 지분법적용에 의한 지분법손익, 지분법자본변동 또는 지분법이익잉여금변동은 각각 총액으로 표시함.

FINAL 객관식뽀개기 — 빈출적중문제

제1편 백점이론특강
제2편 기출문제특강
SET1
SET2
SET3
SET4
SET5
SET6
SET7
SET8
SET9
SET10
신우회
기출문제오답노트
실전기출모의고사

1. 다음 중 지분법회계에 대한 설명으로 올바르지 않은 것은? [기출문제]

① 투자기업이 직접 또는 지배종속회사를 통해 간접적으로 피투자기업의 의결권있는 주식의 20% 이상을 보유하고 있다면 일반적인 경우 유의적인 영향력이 있는 것으로 본다.
② 피투자기업의 유의적인 거래가 주로 투자기업과 이루어지는 경우 유의적인 영향력이 있는 경우에 해당한다.
③ 지분법을 적용함에 있어 피투자기업은 반드시 주식회사이어야만 한다.
④ 계약이나 법규 등에 의하여 투자기업이 의결권을 행사할 수 없는 경우 유의적인 영향력이 없는 것으로 본다.

🎙️ **낵비계의샵**
• 피투자기업의 형태가 합명회사·합자회사·유한회사 등인 경우에도 당해 피투자기업에 대하여 유의적인 영향력을 행사할 수 있는 경우에는 지분법을 적용하여 지분증권을 평가한다. 즉, 피투자기업의 형태가 반드시 주식회사이어야만 하는 것은 아니다.

2. 다음 중 투자주식에 대한 지분법적용여부를 판단함에 있어 투자기업이 피투자기업에 대하여 유의적인 영향력을 행사할 수 있는 경우가 아닌 것은? [기출문제]

① 투자기업이 피투자기업의 이사회 또는 이에 준하는 의사결정기구에서 의결권을 행사할 수 있는 경우
② 피투자기업의 유의적 거래가 주로 투자기업과 이루어지는 경우
③ 투자기업이 피투자기업의 재무정책과 영업정책에 관한 의사결정과정에 참여할 수 있는 경우
④ 투자기업이 피투자기업에게 일반적인 기술 정보를 제공하는 경우

🎙️ **낵비계의샵**
• 일반적인 기술 정보를 제공(×) → 필수적인 기술 정보를 제공(O)

3. 지분증권의 손상차손에 대한 설명으로 가장 올바르지 않은 것은? [기출문제]

① 지분증권으로부터 회수할 수 있을 것으로 추정되는 금액이 지분증권의 취득원가보다 적은 경우에는 손상차손을 인식할 것을 검토해야 한다.
② 지분증권의 손상징후에 대한 검토는 매 보고기간종료일마다 이루어져야 한다.
③ 지분증권의 손상평가액은 당기손익에 반영해야 한다.
④ 지분법적용투자주식은 손상차손을 인식하지 않는다.

🎙️ **낵비계의샵**
• 지분법적용투자주식도 손상징후가 있는 경우 손상차손을 인식한다.

4. 다음 중 유가증권에 관한 설명으로 가장 올바르지 않은 것은? [기출문제]

① 재무제표에서 지분법적용투자주식은 투자부동산으로 분류한다.
② 단기매매증권이나 지분법적용투자주식으로 분류하지 아니하는 지분증권은 모두 매도가능증권으로 분류한다.
③ 단기매매증권은 투자자가 주로 단기적인 가격변동으로부터 이익을 획득할 목적으로 취득하는 지분증권이다.
④ 지분증권 분류의 적정성은 보고기간종료일마다 재검토해야 한다.

🎙️ **낵비계의샵**
• 지분법적용투자주식과 투자부동산은 투자자산을 구성하는 계정으로 별도로 표시되며, 투자자산의 항목은 다음과 같다.

투자부동산	투자의 목적·비영업용으로 소유하는 토지·건물 및 기타의 부동산
장기투자증권	유가증권 중 매도가능증권과 만기보유증권
지분법적용투자주식	지분법 적용대상이 되는 유가증권
장기대여금	만기가 1년 이후에 도래하는 대여금
기타	장기금융상품 등

5. 다음 중 재무상태표상 비유동자산으로 분류되는 항목으로 가장 옳은 것은? [기출문제]

① 보고기간 종료일로부터 1년이내에 처분할 것이 거의 확실한 매도가능증권
② 투자기업이 피투자기업에 대해 유의적인 영향력을 행사하고 있는 지분법적용투자주식
③ 만기가 보고기간종료일로부터 1년이내인 3년만기 정기예금
④ 대금 회수시점이 보고기간종료일로부터 1년을 초과하지만 정상적인 영업주기내에 회수되리라 예상되는 매출채권

🎙️ **낵비계의샵**
• 지분법적용투자주식은 비유동자산으로 분류된다.

Answer 1. ③ 2. ④ 3. ④ 4. ① 5. ②

백점이론 제29강 ━ 지분법

개요

의의	• 피투자자의 순자산증감에 따라 투자주식의 장부금액을 증감시키는 회계처리방법임. • '지분법적용투자주식(원가)=피투자회사 순자산장부금액×투자자 지분율' 이 되어야 함. 　➡ ∴양자가 불일치하는 경우 이를 조정하게 됨.
차이시점	① 취득시점(고가취득)　② 피투자회사의 순자산변동시점

　보론　지분법적용투자주식도 손상징후가 있는 경우 손상차손을 인식함.

취득시점

$$\underbrace{\text{취득원가}-\text{순자산장부가}\times\text{지분율}}_{\text{'더 지불한 금액'}} = \underbrace{(\text{순자산공정가}-\text{순자산장부가})\times\text{지분율}}_{\substack{\text{'내가 과대평가한 금액'}\\\Downarrow\\\text{평가차액}}} + \underbrace{\text{영업권}}_{\substack{\text{'추가 지불액'}\\\Downarrow\\\text{투자차액}}}$$

　·주의　순자산공정가와 순자산장부가가 일치하는 경우는 차이 전액이 영업권이 됨.

평가차액	• 순자산이 실현될 때 지분법이익에서 차감함. 　저자주　평가차액의 조정은 본서의 수준을 넘으므로 설명을 생략한다.
투자차액	**영업권 = 취득원가 - 순자산공정가 × 지분율** • 정액법으로 상각함.(내용연수는 20년 초과불가) 　- (차) 지분법이익(지분법손실)　xxx　(대) 지분법적용투자주식　xxx

취득일이후

당기순이익 보고시	• '피투자회사의 순이익×지분율' 만큼 지분법이익(당기손익)을 인식함. 　➡(차) 지분법적용투자주식　xxx　(대) 지분법이익　xxx
배당	배당결의시　• (차) 미수배당금　xxx　(대) 지분법적용투자주식　xxx 배당수령시　• (차) 현금　xxx　(대) 미수배당금　xxx 　·주의　배당금수익을 인식하는 것이 아님.
이익잉여금 증감시	① 투자기업 F/S에 중대한 영향없는 회계오류 ➡당기손익 처리 　- (차) 지분법적용투자주식　xxx　(대) 지분법이익　xxx ② 투자기업 F/S에 중대한 영향있는 회계오류와 회계변경 ➡이익잉여금에 반영 　- (차) 지분법적용투자주식　xxx　(대) 지분법이익잉여금변동　xxx
자본증감	• 기타포괄손익누계액 처리 ➡(차) 지분법적용투자주식 xxx　(대) 지분법자본변동 xxx

▶ 사례　**지분법적용투자주식의 장부금액 계산**

❂ (주)투자는 20x1년초에 (주)피투자의 발행주식의 30%를 ₩1,600,000에 취득하여 지분법으로 평가하고 있다. 취득 당시 (주)피투자의 순자산가액은 ₩4,000,000이었는데 이는 공정가치와 일치한다. (주)피투자의 취득일 이후 증감한 순자산가액의 내역은 다음과 같다. (주)투자가 20x2년말 현재 보유하고 있는 (주)피투자의 지분법적용투자주식 장부금액은 얼마인가?(단, 영업권은 5년간 상각하기로 하였다.)

항　　목	20x1년	20x2년
당기순이익 / 현금배당금	₩200,000 / ₩40,000	₩180,000 / ₩60,000

• 영업권 : 1,600,000-4,000,000×30%=400,000 →매년 상각액=400,000÷5년=80,000
• 장부금액 : 1,600,000+(200,000-40,000)×30%+(180,000-60,000)×30%-80,000×2=1,524,000

FINAL 객관식뽀개기 빈출적중문제

1. 다음 중 지분법에 관한 설명으로 가장 올바르지 않은 것은? [기출문제]

① 유의적인 영향력을 행사할 수 있는 경우 당해 지분증권은 지분법을 적용하여 평가한다.

② 지분법 적용시 피투자기업의 재무제표는 원칙적으로 투자기업의 재무제표와 동일한 결산기에 동일한 회계처리방법을 적용한 것을 이용해야 한다.

③ 투자기업이 직접 피투자기업의 의결권 있는 주식의 20% 이상을 보유하고 있다면 명백한 반증이 있는 경우를 제외하고는 유의적인 영향력이 있는 것으로 본다.

④ 지분법 적용시 피투자기업이 배당금 지급을 결의한 시점에 투자기업이 수취하게 될 배당금 금액을 당기손익으로 처리한다.

내비게이션

• 당기손익(배당금수익)이 아니라 투자주식의 장부금액에서 감액하는 회계처리를 한다.

| 배당결의시 | •(차) 미수배당금 | xxx | (대) 투자주식 | xxx |
| 배당수령시 | •(차) 현금 | xxx | (대) 미수배당금 | xxx |

2. ㈜삼일은 20x1년 1월 1일에 ㈜용산의 보통주 20%를 10,000,000원에 취득하였고, 그 결과 ㈜용산의 의사결정에 유의적 영향력을 행사할 수 있게 되었다. ㈜삼일의 20x1년말 현재 지분법적용투자주식의 장부금액은 얼마인가?(단, ㈜삼일은 비상장기업으로 K-IFRS를 채택하지 않기로 하였다.) [기출문제]

ㄱ. 20x1년 ㈜용산의 재무정보

구분	금액
순자산장부금액(20x1.1.1)	30,000,000원
당기순이익(20x1.1.1~12.31)	15,000,000원

ㄴ. ㈜용산의 20x1년 1월 1일 순자산장부금액과 순자산공정가치는 일치한다.

ㄷ. 기타 관련정보
 - ㈜삼일은 투자주식 취득시 발생한 영업권에 대해 10년 동안 상각한다.

① 6,000,000원   ② 9,000,000원
③ 12,600,000원   ④ 13,000,000원

내비게이션

• 영 업 권 : 10,000,000-30,000,000x20%=4,000,000
• 장부금액 : 10,000,000+(15,000,000x20%)-(4,000,000÷10년)
 =12,600,000

3. 20x2년 1월 2일 시점에 ㈜삼일은 ㈜용산의 주식 40%를 800,000원에 취득하였다. 주식 취득시점에 ㈜용산의 순자산장부금액은 2,000,000원이었으며 자산·부채의 장부금액은 공정가치와 동일하였다. ㈜용산의 20x2년 당기순이익은 240,000원이고 당기 중 ㈜용산은 40,000원을 배당으로 지급하였다. ㈜삼일이 ㈜용산의 주식을 지분법으로 평가하는 경우 ㈜삼일은 20x2년 12월 31일 현재 ㈜용산의 주식을 재무상태표에 얼마로 표시하여야 하는가? [기출문제]

① 842,000원   ② 868,000원
③ 876,000원   ④ 880,000원

내비게이션

•800,000+240,000×40%-40,000×40%=880,000

4. 다음은 (주)삼일의 20x2년 중 발생한 주식에 대한 거래내역이다.

ㄱ. (주)삼일은 20x2년 1월 1일 (주)용산의 주식 25%를 500,000원에 취득하였다.

ㄴ. 주식 취득시 (주)용산의 순자산의 장부금액은 2,000,000원이다.

ㄷ. (주)용산의 순자산의 장부금액은 순자산의 공정가치와 일치한다.

ㄹ. 20x2년 중 (주)삼일과 (주)용산 간의 내부거래는 없다.

다음 중 상기 주식의 회계처리와 관련된 설명으로 가장 올바른 것은? [기출문제]

① (주)용산이 당기순이익을 보고한 경우에는 (주)삼일의 당기순이익은 감소한다.

② (주)용산이 배당금 지급을 결의함과 동시에 지급할 경우 (주)삼일이 보유하고 있는 (주)용산에 대한 지분법적용투자주식의 장부금액은 감소한다.

③ (주)용산이 당기순손실을 보고한 경우 (주)삼일이 보유하고 있는 (주)용산에 대한 지분법적용투자주식의 장부금액은 증가한다.

④ (주)삼일은 (주)용산에 대해 유의적인 영향력을 행사할 수 없으므로 공정가치법을 적용하여 투자주식을 평가해야 한다.

내비게이션

•① 지분법이익을 인식하므로 당기순이익이 증가한다.
③ 지분법적용투자주식의 장부금액은 감소한다.
④ 20%이상이므로 유의적인 영향력이 있다.(지분법 평가)

제1편 백점이론특강 제2편 기출문제특강 SET1 SET2 SET3 SET4 SET5 SET6 SET7 SET8 SET9 SET10 신유형 기출문제오답노트 실전기출모의고사

백점이론 제30강 ━ 유형자산 취득원가

의의	**유형자산 정의**	• 재화생산, 용역제공, 임대, 자체사용할 목적으로 보유하는 물리적 형체가 있는 자산으로서, 1년을 초과하여 사용할 것이 예상되는 자산을 말함. ▶**주의** 투자부동산의 회계처리에도 유형자산을 적용하되, 감가상각대상은 아님.
	유형자산 특징	**사용목적보유** ① 투기(임대수익·시세차익)목적보유 : 투자자산(투자부동산)으로 분류함. ② 재판매목적보유 : 재고자산으로 분류함. ③ 매매목적보유 : 재고자산으로 분류함. ➡️예 분양목적 신축상가와 아파트 ④ 사용하지 않고 유휴상태인 자산 : 투자자산으로 분류함.
		물리적형태 • 특허권과 같은 무형자산과 구별됨.
		감가상각 • 수익·비용대응에 따라 그 소모된 경제적효익을 감가상각비로 인식함. ▶**주의** 토지와 건설중인 자산 : 감가상각 대상이 아님. ▶**주의** 감가상각은 결산분개이며, 처분은 기중분개임.
		내구자산 • 1년 이내에 사용이 완료되는 소모품비(비용)와 구별됨.

취득원가	**범위**	• 유형자산은 최초에는 취득원가로 측정하며, 취득원가는 구입원가 또는 제작원가 및 경영진이 의도하는 방식으로 자산을 가동하는데 필요한 장소와 상태에 이르게 하는데 직접 관련된 원가(이하) 등으로 구성됨. ▶**주의** 매입할인 등이 있는 경우에는 이를 차감하여 취득원가를 산출함. • 장기후불조건 구입, 대금지급기간이 일반적 신용기간보다 긴 경우 원가는 취득시점의 현금구입가격(=현재가치)으로 함. ➡️실제 총지급액과의 차액은 이자로 인식

취득시	(차) 유형자산(현재가치)	xxx	(대) 미지급금	xxx
	현재가치할인차금	xxx		
상각시	(차) 이자비용	xxx	(대) 현재가치할인차금	xxx

직접관련원가	① 설치장소준비를 위한 지출, 외부운송 및 취급비, 설치비, 설계관련 전문가수수료 ② 강제매입국공채의 현재가치 차액, 자본화대상인 차입원가(건설자금이자) ③ 유형자산이 정상적으로 작동되는지 여부를 시험하는 과정에서 발생하는 원가 ➡️단, 시험과정에서 생산된 재화(시제품)의 순매각금액은 당해원가에서 차감 ④ 취득세, 등록세, 중개수수료 등 취득과 직접 관련된 제세공과금 ⑤ 경제적사용 종료후 원상회복을 위한 소요추정원가가 충당부채의 인식요건을 충족하는 경우 그 지출의 현재가치(복구원가) ▶**주의 취득원가가 아닌 사항(비용처리 항목)** 　– 자산보유중의 보험료·자동차세·재산세, 광고·판촉원가, 교육훈련비, 관리비 　– 자가건설에 따른 내부이익과 자가건설시 낭비로 인한 비정상적인 원가

일괄구입	❖각각의 금액구분이 불분명시는 각 자산의 공정가치를 기준으로 안분하여 취득원가를 계산함. ➡️일부 유형자산의 공정가치를 알 수 없는 경우에는 공정가치를 알 수 있는 자산에 해당 자산의 공정가치를 우선 배분하고 잔액은 나머지 자산에 배분함. [예시] 토지(공정가치 400)와 건물(공정가치 100)을 일괄하여 200에 구입함. 　→토지 : 200×400/500=160, 건물 : 200×100/500=40

FINAL 객관식뽀개기 ──── 빈출적중문제

1. 다음 중 유형자산에 관한 내용으로 가장 올바르지 않은 것은? [기출문제]

① 유형자산은 판매를 목적으로 보유하는 자산이다.
② 유형자산은 물리적인 실체나 형태를 가지고 있다.
③ 유형자산의 최초 인식시점 이후의 측정방법으로 원가모형과 재평가모형 중 하나를 회계정책으로 채택하여 유형자산 분류별로 동일하게 적용할 수 있다.
④ 유형자산은 소모, 파손, 노후 등의 물리적 원인이나 경제적 여건 변동 등의 기능적 원인에 의하여 그 효용이 점차 감소하는데 이를 감가라 한다.

📺 **낵비게이션**

• 유형자산은 사업에 사용목적으로 보유하는 자산이며, 보유목적에 따라 자산은 다음과 같이 분류된다.

유형자산	재화생산, 용역제공, 임대, 자체사용 목적으로 보유하는 자산
재고자산	판매(매매) 목적으로 보유하는 자산
투자부동산	투기(임대수익·시세차익) 목적으로 보유하는 자산

2. (주)삼일은 20x1년 210,000,000원의 일괄구입가격으로 토지, 건물, 기계장치를 취득하였으며 기말 현재 해당 자산을 사용하고 있다. 여러 가지 자료를 통하여 검토한 결과 취득당시 위 자산의 공정가치는 다음과 같다. 건물의 취득원가는 얼마인가? [기출문제]

ㄱ. 토지	:	100,000,000원
ㄴ. 건물	:	100,000,000원
ㄷ. 기계장치	:	100,000,000원

① 70,000,000원 ② 140,000,000원
③ 210,000,000원 ④ 90,000,000원

📺 **낵비게이션**

• $210,000,000 \times \dfrac{100,000,000}{300,000,000} = 70,000,000$

3. 다음 중 유형자산이 아닌 것은? [적중예상]

① 사업용 기계장치
② 현재 건설중인 본사건축물과 토지
③ 사업용 신축건물을 위한 매입 토지
④ 부동산 매매업자가 판매목적을 위하여 매입한 토지

📺 **낵비게이션**

• 판매목적이면 재고자산이다.

4. 유형자산의 취득원가에 대한 설명으로 옳은 것은? [적중예상]

① 자가건설 유형자산의 취득원가에서 자가건설에 따른 내부이익과 비정상적인 자원낭비 등으로 인한 원가는 포함되지 않는다.
② 건물을 신축하기위하여 토지와 건물을 구입하고 기존 건물을 철거하는 경우 철거비용은 전액 신규건물의 취득원가에 포함한다.
③ 유형자산을 장기후불조건으로 구입하거나, 대금지급 기간이 일반적인 신용기간보다 긴 경우 취득원가는 구입 총액을 기준으로 한다.
④ 자산의 취득, 건설, 개발에 따른 복구원가에 대한 충당 부채는 유형자산을 취득하는 시점에서 해당 유형자산 의 취득원가에 반영하지 아니한다.

📺 **낵비게이션**

• ② 철거비용은 신규건물이 아닌 토지의 취득원가에 포함한다.
③ 장기후불조건 구입, 대금지급기간이 일반적 신용기간보다 긴 경우 원가는 취득시점의 현금가격상당액으로 하며, 실제 총지 급액과의 차액은 이자로 인식한다.
④ 복구원가에 대한 충당부채는 유형자산을 취득하는 시점에서 해 당유형자산의 취득원가에 반영한다.

5. 다음 자료에 의하여 기계장치의 취득원가를 구하면 얼마인가? [적중예상]

ㄱ. 기계장치의 구입원가	1,000,000원
ㄴ. 기계장치 설치비	20,000원
ㄷ. 기계장치 구입에 따른 제세공과금	50,000원
ㄹ. 기계장치의 경제적 사용이 종료된 후 해체비용 (충당부채 인식요건 충족)의 현재가치	30,000원

① 1,020,000원 ② 1,050,000원
③ 1,070,000원 ④ 1,100,000원

📺 **낵비게이션**

• 모두 취득원가에 포함된다.
→ 1,000,000+20,000+50,000+30,000=1,100,000

백점이론 제31강 ⊂ 유형자산 원가구성

건설중인 자산	원가발생시	• 건설중인자산(유형자산)으로 집계하나, 감가상각은 본계정(건물)으로 대체시부터 수행함. ➡ (차) 건설중인자산 ××× (대) 현금등 ×××
	완공시	• 본계정으로 대체 ➡ (차) 건 물 ××× (대) 건설중인자산 ×××

토지·건물	기존건물철거	• 기존건물이 있는 토지를 매입하여 업무에 사용하고 감가상각도 하던 중 기존건물이 당초사용목적에 적합지 않아 이를 철거하고 새로운 건물을 신축하는 경우 ➡ 기존장부금액은 처분손실, 철거비용은 당기비용처리 (차) 처분손실 ××× (대) 건물(장부금액) ××× (차) 철거비용 ××× (대) 현금 ×××
	신축목적철거	• 새 건물을 신축할 목적으로 기존 건물 있는 토지 구입하여 기존건물 철거하고 새 건물 신축하는 경우 ➡ 건물철거비용(잔존폐물수익차감)은 토지취득원가로 처리 ·주의 이 경우는 일괄구입이 아니므로 '기존건물 취득원가=0'이며, 만약 기존건물을 계속 사용시는 일괄구입임. →∴토지취득원가=총구입가+건물철거비용

자본적지출 수익적지출	자본적지출 (자산에 가산)	• 생산능력증대, 내용연수연장, 상당한 원가절감, 품질향상을 가져오는 지출. 예 개조, 증축, 건물의 엘리베이터 설치, 냉난방시설 설치 등 • 자본적지출을 수익적지출로 처리시 당기이익에의 영향 ➡ 자산장부가과소 → 비용과대 → 순이익과소 → 이익잉여금과소 → 자본과소 ·주의 자본금, 매출총이익, 부채는 불변임!
	수익적지출 (비용처리)	• 자산의 원상회복이나 능률유지를 위한 지출은 당기비용 처리함. 예 건물외벽의 도장, 유리교체, 부품교체, 자동차타이어 교체 등 • 수익적지출을 자본적지출로 처리시 당기이익에의 영향 ➡ 자산장부가과대 → 비용과소 → 순이익과대 → 이익잉여금과대 → 자본과대

기타	무상취득(증여)	• 공정가치를 취득원가로 함. (차) 토지(공정가치) ××× (대) 자산수증이익 ×××
	현물출자	• 주식발행대가로 현금 이외의 자산취득시는 그 공정가치를 취득원가로 함. (차) 토지(공정가치) ××× (대) 자본금 ××× 주식발행초과금 ×××
	강제매입국공채	• 유형자산의 취득과 관련하여 국공채를 불가피하게 매입하는 경우 당해 채권의 매입가액과 현재가치와의 차액을 당해 유형자산의 취득원가에 포함함. (차) 건물(구입가) 500 (대) 현금 500 (차) 유가증권(현재가치) 90 (대) 현금 100 건물(차액) 10 ➡ ∴취득원가=510
	건설자금이자	• 유형자산 취득·제작에 소요된 차입금이자는 자산화 또는 비용처리 선택가능 ➡ 자산화 선택시 일시예금이자수익은 이자비용과 상계함.

기준 유형자산 공정가치 : 〈1순위〉시장가격 → 〈2순위〉추정실현가능액이나 감정평가액

FINAL 객관식뽀개기 빈출적중문제

1. ㈜삼일은 20x1년 중 본사건물을 신축하기 위하여 기존의 본사건물을 철거하기로 하였다. 기존건물의 감가상각누계액을 차감한 장부금액은 50,000,000원이고 20x1년 7월 1일에 완공된 신축 본사건물(내용연수 20년, 잔존가치 0원, 정액법)의 취득원가는 100,000,000원이라고 할 때 ㈜삼일이 신축한 본사건물의 20x1년의 감가상각비는 얼마인가? [기출문제]

① 2,500,000원   ② 5,000,000원
③ 7,500,000원   ④ 10,000,000원

낵빅개의션

•회계처리

| (차) 처분손실 | 50,000,000 | (대) 건물(장부가) | 50,000,000 |
| (차) Dep | 2,500,000 *) | (대) Dep누계액 | 2,500,000 |

$$^{*)}(100,000,000 \div 20년) \times \frac{6}{12} = 2,500,000$$

→기존건물이 당초사용목적에 적합하지 않아 이를 철거하고 새로운 건물을 신축하는 경우, 기존건물 장부금액은 처분손실로 처리한다.

2. (주)삼일은 건물을 신축할 목적으로 30,000,000원에 토지와 건물을 일괄구입하였다. (주)삼일이 토지의 취득원가로 인식하여야 할 금액은 얼마인가(단, 기존 건물 철거 관련 비용에서 폐기된 건물의 부산물 판매수입은 없다)? [기출문제]

ㄱ. 토지와 건물의 공정가치 : 토지	24,000,000원
	건물	8,000,000원
ㄴ. 기존건물의 철거비용 :	1,500,000원

① 24,000,000원   ② 30,000,000원
③ 31,500,000원   ④ 32,000,000원

낵빅개의션

•총구입가(30,000,000)+기존건물 철거비용(1,500,000)=31,500,000

3. 다음 중 건물의 취득원가를 증가시키는 지출로 가장 옳은 것은? [기출문제]

① 외벽의 도장   ② 소모된 부속품 교체
③ 관리비의 지급   ④ 냉·난방장치의 설치

4. 다음 중 건물의 취득원가를 증가시키지 않는 지출로 가장 옳은 것은? [기출문제]

① 냉난방장치의 설치   ② 화재보험료의 지급
③ 건물의 증설   ④ 엘리베이터의 설치

5. 다음 중 유형자산의 자본적지출 범위에 해당하지 않는 것은? [기출문제]

① 유형자산의 원가를 구성하는 지출
② 미래에 수익성과 생산성을 증대시키는 지출
③ 내용연수를 연장시키는 지출
④ 그 지출효과가 당해연도에 그치고 미래에 미치지 않는 경우

낵빅개의션

•지출효과가 당해연도에 그치고 미래에 미치지 않는 경우는 수익적 지출로서 당기비용으로 처리한다.

6. 수익적 지출로 처리하여야 할 것을 자본적 지출로 잘못 회계 처리한 경우 재무제표에 미치는 영향이 아닌 것은? [기출문제]

① 이익잉여금이 과소계상된다.
② 당기순이익이 과대 계상된다.
③ 자본이 과대 계상된다.
④ 자산이 과대 계상된다.

낵빅개의션

•비용을 자산으로 계상하게 되면 자산과 당기순이익(이익잉여금)이 과대 계상되고 자본이 과대계상된다.

7. 다음 중 (주)삼일이 수행한 회계처리 내역으로 가장 올바르지 않은 것은? [기출문제]

① 당기 중 사용하던 기계장치에 대하여 원상회복이 아닌 성능개선을 위한 지출을 하고 해당 지출액을 자본적 지출로 처리하였다.
② 차량운반구의 취득과 관련하여 매입한 국공채 등의 매입금액과 현재가치의 차액을 차량운반구의 취득원가에 산입하였다.
③ 유형자산은 최초에는 취득원가로 측정하며, 현물출자, 증여 등으로 취득한 경우에는 공정가치를 취득원가로 하였다.
④ 대주주로부터 무상으로 취득한 유형자산을 장부에 계상하지 아니하였다.

낵빅개의션

•공정가치로 유형자산을 인식하고 자산수증이익을 계상하여야 한다.

백점이론 제32강 ○ 유형자산 교환과 취득후지출

	이종자산간 교환	동종자산간 교환
취득원가	• 제공한 자산의 공정가치 **·주의** 제공한 자산의 공정가치가 불확실시는 취득한 자산 공정가치로 함.	• 제공한 자산의 장부금액 **·주의** 제공자산에 손상이 있는 경우는 손상차손을 먼저 인식한 후의 장부금액을 취득자산의 원가로 함.
교환손익인식	O	×
현금수수	• 원래대로 처분손익인식하고 별도로 현금지급·수령액을 취득원가에 가감 **·주의** 단, 취득한 자산 공정가치로 측정시는 취득원가에 가감치 않음.	• 원래대로 회계처리하고 별도로 현금지급·수령액을 취득원가에 가감 • 현금금액이 유의적인 경우는 동종자산교환으로 보지 않음.(∵이종자산교환)

▼사례 교환의 회계처리

❖ A는 장부금액 ₩400(취득원가 ₩800, 감가상각누계액 ₩400)인 자산(X)을 B의 자산(Y)과 교환하고, 현금 ₩100을 지급함. 자산(Y)의 공정가치는 ₩100, 자산(X)의 공정가치는 ₩300임.

풀이

교환

1. 일반적인 경우

이 종	(차) 자산(Y) 감가상각누계액(X) 처분손실 (차) 자산(Y)	300 400 100 100	(대) 자산(X) (대) 현금	800 100	∴취득원가 ‖ 400
동 종	(차) 자산(Y) 감가상각누계액(X) (차) 자산(Y)	400 400 100	(대) 자산(X) (대) 현금	800 100	∴취득원가 ‖ 500

2. 동종자산간 교환이며, 현금이 유의적인 경우
⇒ '이종자산 교환'으로 처리

현금이 유의적	(차) 자산(Y) 감가상각누계액(X) 처분손실 (차) 자산(Y)	300 400 100 100	(대) 자산(X) (대) 현금	800 100	∴취득원가 ‖ 400

3. 이종자산간 교환이며, 제공한 자산의 공정가치가 불확실한 경우
⇒취득한 자산 공정가치로 측정하며, 현금은 취득원가에 가감치 않음

특수사례	(차) 자산(Y) 감가상각누계액(X) 처분손실	100 400 400	(대) 자산(X) 현금	800 100	∴취득원가 ‖ 100

취득후지출

정기교체	• 주요부품·구성요소(예용광로내화벽돌, 항공기좌석)의 내용연수가 관련 유형자산의 내용연수와 상이한 경우에는 별도의 자산으로 처리함.
종합검사	• 유형자산 사용기간 중 정기적 종합검사·분해수리와 관련된 지출로서 감가상각대상으로 인식할 수 있고 유형자산 인식조건을 충족하는 경우에는 자본적지출로 처리함.

FINAL 객관식뽀개기　　빈출적중문제

제1편 백점이론특강

제2편 기출문제특강

SET1
SET2
SET3
SET4
SET5
SET6
SET7
SET8
SET9
SET10

신유형

기출문제오답노트

실전기출모의고사

1. (주)서울은 사용 중이던 건물을 (주)마산의 기계장치와 교환하였다. 이 교환거래와 관련하여 (주)서울은 공정가치의 차액 500,000원을 현금으로 지급하였다. (주)서울이 인식할 유형자산처분손실은 얼마인가? [기출문제]

	건물	기계장치
취득원가	3,000,000원	5,000,000원
감가상각누계액	500,000원	4,200,000원
공정가치	1,500,000원	2,000,000원

① 0원　　　　　　② 500,000원
③ 1,000,000원　　④ 2,000,000원

📺 내비게이션

• 이종자산 교환시의 기계장치의 취득원가는 제공한 자산(건물)의 공정가치로 하며, 현금수수가 있는 경우에는 원래대로 처분손익을 인식한후 별도로 현금 수수액을 취득가가에 가감한다.

〈회계처리〉
　(차) 기계장치　　1,500,000　(대) 건물　　3,000,000
　　　Dep누계액　　500,000
　　　처분손실　　1,000,000
　(차) 기계장치　　500,000　(대) 현금　　500,000

2. (주)삼일은 사용중이던 건물을 (주)용산의 기계장치와 교환하였다. 이 교환거래와 관련하여 (주)삼일은 공정가치의 차액 100,000원을 현금으로 지급하였다. 이 교환거래에서 (주)삼일이 취득하는 기계장치의 취득원가는 얼마인가? [기출문제]

	건물	기계장치
취득원가	2,000,000원	4,000,000원
감가상각누계액	(800,000원)	(3,120,000원)
공정가치	1,000,000원	1,100,000원

① 900,000원　　　② 1,000,000원
③ 1,100,000원　　④ 1,200,000원

📺 내비게이션

• 회계처리
　(차) 기계장치　　1,000,000　(대) 건물　　2,000,000
　　　Dep누계액　　800,000
　　　처분손실　　200,000
　(차) 기계장치　　100,000　(대) 현금　　100,000
→∴기계장치의 취득원가 : 1,000,000+100,000=1,100,000

3. (주)삼일은 사용중이던 기계장치A를 (주)용산이 사용하던 기계장치B와 교환하였다. (주)삼일의 기계장치 A에 대한 취득원가는 7,000,000원이고 감가상각누계액은 3,000,000원이며, 공정가치는 3,500,000원이다. 기계장치B의 공정가치는 3,600,000원이며 (주)삼일은 공정가치의 차이 100,000원을 현금으로 지급하기로 하였다. (주)삼일이 새롭게 취득하는 기계장치B의 취득원가는 얼마로 기록하여야 하는가(단, 두 기업이 사용하던 기계장치는 동종자산이고 교환에 포함된 현금수수액은 중요하지 않음)? [적중예상]

① 3,500,000원　　② 4,100,000원
③ 7,000,000원　　④ 7,100,000원

📺 내비게이션

• 동종자산 교환시의 기계장치의 취득가는 제공한 자산(기계장치A) 의장부금액으로 하며, 현금수수가 있는 경우에는 별도로 현금 수수액을 취득가가에 가감한다.

〈회계처리〉
　(차) 기계장치B　　4,000,000　(대) 기계장치A　　7,000,000
　　　Dep누계액　　3,000,000
　(차) 기계장치B　　100,000　(대) 현금　　100,000
→∴기계장치B의 취득원가 : 4,000,000+100,000=4,100,000

4. 다음은 일반기업회계기준상 유형자산의 교환에 대한 내용이다. 틀린 것은? [적중예상]

① 이종자산간 교환하는 경우에는 교환으로 취득한 유형자산의 취득가액은 취득자산의 공정가치로 측정한다.
② 자산의 교환에 있어 현금수수액이 있는 경우에는 그 현금수수액을 반영하여 취득원가를 결정한다.
③ 동종자산의 교환인 경우에는 제공한 자산의 장부가액을 취득한 자산의 취득가액으로 할 수 있다.
④ 동종자산과의 교환시에 교환에 포함된 현금 등의 금액이 유의적이라면 동종자산의 교환으로 보지 않는다.

📺 내비게이션

• 원칙적으로 제공한 자산의 공정가치로 측정한다.

Answer　1. ③　2. ③　3. ②　4. ①

백점이론 제33강 ◯ 정부보조금

| 정부보조금
인식 | ❖정부보조금은 다음 모두에 대한 합리적인 확신이 있을 때까지 인식하지 아니함.
① 정부보조금에 부수되는 조건을 준수할 것이다.　② 보조금을 수취할 것이다. |

공통사례 전년도에 정부보조금 ₩1,000수령함. 당기초에 기계장치를 ₩13,000(잔존가치 ₩1,000)에 취득했으며, 당기 감가상각비로 ₩1,200을 계상함. 기계장치는 차기초에 ₩20,000에 처분함.

자산관련 보조금

수령시
- 정부보조금을 현금차감계정으로 계상함.

| (차) 현금 | 1,000 | (대) 정부보조금(현금차감계정) | 1,000 |

➡비화폐성자산으로 수령시는 공정가치로 계상함.

| (차) 토지(공정가치) | xxx | (대) 정부보조금(토지차감계정) | xxx |

자산취득시
- 정부보조금을 관련자산의 차감계정으로 계상함.

| (차) 기계장치 | 13,000 | (대) 현금 | 13,000 |
| (차) 정부보조금(현금차감계정) | 1,000 | (대) 정부보조금(기계장치차감계정) | 1,000 |

결산시
- 회사상각률만큼 감가상각비와 상계함.

| (차) 감가상각비 | 1,200 | (대) 감각상각누계액 | 1,200 |
| (차) 정부보조금 | 100[*] | (대) 감가상각비 | 100 |

$$^{*)}1,000 \times 회사상각률 \left[= \frac{감가상각비(1,200)}{취득가(13,000) - 잔존가치(1,000)} \right] = 100$$

·주의 장부가＝취득가(13,000)－감가상각누계액(1,200)－정부보조금잔액(900)＝10,900

처분시
- 정부보조금잔액은 처분손익에 반영함.

(차) 현금	20,000	(대) 기계장치	13,000
감가상각누계액	1,200	처분이익	9,100
정부보조금	900		

상환의무 발생시
- 상환의무가 발생하게 된 정부보조금은 회계추정변경으로 회계처리함.
- 자산관련보조금을 상환하는 경우는 상환금액만큼 자산의 장부금액을 증가시킴.

수익관련 보조금

수령시

일반적인 경우
- 당기손익에 반영함.

| (차) 현금 xxx | (대) 보조금수익(매출이나 영업외수익) xxx |

·주의 보조금사용을 위해 특정조건이 충족되어야 하는 경우로 조건충족 전에 받은 것은 선수수익 처리함.

특정비용보전목적인 경우
- 당기손익에 반영하지 않고 특정비용과 상계처리함.

| (차) 현금 | xxx | (대) 특정비용 | xxx |

상환의무 발생시
- 상환의무가 발생하게 된 정부보조금은 회계추정의 변경으로 회계처리함.
- 상환금액을 즉시 당기손익으로 인식함. ➡선수수익계상분은 선수수익에 먼저 적용함.

예시 ① 매출가격이 매출원가에 미달하게 제공하게 할 목적으로 지급되는 보조금 : 매출액(영업수익)
② 벤처회사 등을 지원하기 위해 지급되는 보조금 : 영업외수익
③ 저가수입가능 원재료를 국내구입토록 강제시에 지급되는 보조금 : 제조원가에서 차감

FINAL 객관식뽀개기　　　　**빈출적중문제**

1. ㈜삼일은 정부로부터 자산의 취득과 관련하여 보조금을 받아 기계장치를 취득하였다. 해당 기계장치에 대한 자료가 아래와 같은 경우, 20x1년 이 기계장치와 관련하여 인식할 감가상각비는 얼마인가?　　[기출문제]

> ㄱ. 취득원가 : 15,000,000원
> ㄴ. 정부보조금 : 10,000,000원
> ㄷ. 취득일 : 20x1년 7월 1일
> ㄹ. 기계장치의 내용연수는 10년, 잔존가치는 없으며 정액법으로 상각하는 것으로 가정한다.

① 250,000원　　　　② 500,000원
③ 750,000원　　　　④ 1,000,000원

 낵비게이션

• 회계처리

(차) Dep　　　750,000[1]　　(대) Dep누계액　750,000
(차) 정부보조금　500,000[2]　　　　Dep　　　500,000

[1]15,000,000x1/10x6/12=750,000
[2]10,000,000x750,000/15,000,000=250,000
→∴750,000-500,000=250,000

고속철 정부보조금 존재시 감가상각비 계산
'감가상각비=보조금차감기준 감가상각비'
→ (15,000,000-10,000,000)x1/10x6/12=250,000

2. ㈜삼일은 20x1년 1월 1일 설비자금의 일부를 국고에서 지원받았다. 설비의 취득원가는 300,000원이며 정부보조금은 100,000원으로 설비취득일에 전액 수령하였다. 이 설비의 내용연수는 5년, 잔존가치는 0원으로 정액법으로 감가상각한다. ㈜삼일이 이 설비를 20x2년 1월 1일 200,000원에 처분하였을 때 유형자산처분이익은 얼마인가(단, 위의 정부보조금은 상환 의무가 없는 것이며 회사는 정부보조금을 자산의 차감계정으로 처리한다)?　　[기출문제]

① 0원　　　　② 20,000원
③ 40,000원　　　　④ 100,000원

낵비게이션

• 회계처리

(차) 현금　　　200,000　　(대) 설비자산　300,000
　　Dep누계액　 60,000[1]　　　 처분이익　 40,000
　　정부보조금　 80,000[2]

[1]300,000x1/5=60,000　[2]100,000-100,000x1/5=80,000

고속철 정부보조금 존재시 처분손익 계산
'처분손익=처분가-보조금차감기준장부가'
→200,000-(200,000-200,000x1/5)=40,000(이익)

3. ㈜삼일은 유·무선통신 통합프로젝트를 수행하기 위해서 20x1년 1월 1일에 정보통신부로부터 정부보조금 10억원(상환의무 없음)을 지원 받았으며, 정부보조금을 수령한 즉시 이 프로젝트수행에 필요한 기계장치를 15억원에 취득하였다. 당해 기계장치의 경제적 내용연수는 5년, 잔존가치는 없으며 회사는 정액법을 적용하여 감가상각비를 인식하고 있다. 다음 중 ㈜삼일의 20x1년 말 재무상태표상 기계장치 및 정부보조금을 가장 바르게 기재한 것은?　　[기출문제]

(단위 : 백만원)

	①	②	③	④
[자산]				
기계장치	1,500	1,500	1,500	700
감가상각누계액	(300)	(100)	(300)	(300)
정부보조금	–	(900)	(800)	–
계	1,200	500	400	400
[자본]				
정부보조금	800	–	–	–

낵비게이션

• 20x1년초(단위 : 백만원)

(차) 기계장치　1,500　　(대) 현금　　　1,500
(차) 현금　　　1,000　　(대) 정부보조금　1,000
　　　　　　　　　　　　　 (기계차감)

• 20x1년말(단위 : 백만원)

(차) Dep　　　 300[1]　　(대) Dep누계액　300
(차) 정부보조금　200[2]　　(대) Dep　　　 200

[1]1,500÷5년=300
[2]$1,000 \times \frac{300}{1,500} = 200$

제1편 백점이론특강
제2편 기출문제특강
SET1
SET2
SET3
SET4
SET5
SET6
SET7
SET8
SET9
SET10
신유형
기출문제오답노트
실전기출모의고사

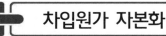

백점이론 제34강 ━ 차입원가 자본화

인식	원칙	• 차입원가(이자비용)는 기간비용으로 처리함을 원칙으로 함.
	예외	• 유형·무형자산, 1년 이상의 장기재고자산 취득을 위한 차입원가는 자산화 가능함.

> •주의 ∴판매가능상태에 있거나, 이미 사용 중 또는 사용가능한 자산은 적격자산(자본화대상)이 아님.
> 참고 자본화의 이론적 근거 : 수익·비용대응의 원칙 →∵취득 후 수익발생시에 비용을 대응시킴.

자본화대상 차입원가	① 차입금·사채이자, 사채발행차금상각액, 현재가치할인차금상각액, 차입과 직접관련 수수료 ② 리스이용자의 금융리스관련 원가, 외환차이 중 차입원가의 조정으로 볼 수 있는 부분

> •주의 제외대상 : 매출채권처분손실(할인료), 차입금의 연체이자

자본화기간 개시시점

❖다음 조건이 모두 충족되는 시점으로 함.

① 적격자산에 대한 지출이 있었다.
② 차입원가가 발생하였다.
③ 적격자산을 의도된 용도로 사용하거나 판매하기 위한 취득활동이 진행 중이다.

> •주의 적격자산의 물리적 완성은 개시시점의 조건이 아니라, 자본화종료시점임.

자본화금액

특정차입금 자본화금액	일반차입금 자본화금액
$\dfrac{\text{특정차입금 차입원가 - 일시투자수익}}{\text{자본화기간동안}}$	$(\text{연평균지출액} - \text{연평균특정차입금}^{1)}) \times \dfrac{\text{일반차입금차입원가}}{\text{연평균일반차입금}}$ $\underbrace{\qquad}_{\text{자본화기간동안}}$ $\underbrace{\qquad}_{\text{회계기간동안}}$ [한도] 일반차입금 차입원가

$^{1)}$일시예치금 차감액

사례 ◢ 자본화금액 계산

❂ 공장건물증설관련 20x2년 중 지출금액과 차입금현황은 다음과 같음. 기말 현재 미완성. A는 특정차입금이며, 이 중 1,500,000을 20x2.4.1~9.30까지 연10% 이자율로 정기예금에 예치시킴. B, C는 일반차입금에 해당됨.

지출금액		차입금현황					
		차입금	차입일	차입금액	상환일	연이자율	이자지급조건
20x2. 4. 1	₩3,000,000	A	20x2.4.1	2,000,000	20x5.3.31	12%	매년 3월말
20x2. 9. 1	4,000,000	B	20x2.3.1	4,000,000	20x5.2.28	10%	매년 2월말
계	7,000,000	C	20x1.7.1	3,000,000	20x5.6.30	15%	매년 6월말

1. 연평균지출액 : $3,000,000 \times 9/12 + 4,000,000 \times 4/12 = 3,583,333$

2. 자본화이자율 : $\dfrac{4,000,000 \times 10\% \times 10/12 + 3,000,000 \times 15\% \times 12/12}{4,000,000 \times 10/12 + 3,000,000 \times 12/12} = 12.37\%$

3. 자본화차입원가
   ① 특정 : $2,000,000 \times 12\% \times 9/12 - 1,500,000 \times 10\% \times 6/12 = 105,000$
   ② 일반 : $[3,583,333 - (2,000,000 \times 9/12 - 1,500,000 \times 6/12)] \times 12.37\% = 350,483$
   　　　[한도] 783,333(=자본화이자율 계산시 분자금액)
   ∴$105,000 + 350,483 = 455,483$

FINAL 객관식뽀개기　　　**빈출적중문제**

1. 다음 중 유형자산 회계처리에 관한 설명으로 가장 올바르지 않은 것은?　　　　[기출문제]

① 유형자산의 제조와 관련된 차입원가는 자본화하는 것이 원칙이다.
② 유형자산을 현물출자, 증여 등으로 취득한 경우에는 공정가액을 취득원가로 한다.
③ 유형자산의 취득과 관련하여 공채를 불가피하게 매입한 경우 당해 공채의 현재가치와 취득가액의 차액은 유형자산의 취득원가에 가산한다.
④ 유형자산의 취득후 지출한 비용이 당해 유형자산의 내용연수를 증가시키는 경우 지출액을 자산가액에 포함한다.

•차입원가는 기간비용으로 처리함을 원칙으로 하며, 예외적으로 자본화 가능하다.

2. 재고자산(제조 등이 장기간 소요되는 경우), 유형자산 등의 제조·매입·건설 및 개발기간 중에 발생한 차입원가는 기간비용으로 처리함을 원칙으로 하되, 자본화요건을 충족하는 경우에 이를 해당 자산의 취득원가에 산입할 수 있다. 다음 중 자산의 취득원가에 산입할 수 있는 항목으로 가장 적절하지 않은 것은?　　　[기출문제]

① 사채발행차금상각액
② 차입금에 대한 연체이자
③ 외환차이 중 차입원가의 조정으로 볼 수 있는 부분
④ 차입금과 직접 관련하여 발생한 수수료

•차입금에 대한 연체이자와 매출채권처분손실(할인료)은 자본화대상 차입원가에서 제외한다.

3. 다음 중 자산의 취득원가에 산입할 수 있는 자본화대상 차입원가에 해당하지 않는 것은?　　　[기출문제]

① 사채할인발행차금상각액
② 장·단기차입금과 사채에 대한 이자비용
③ 차입과 직접 관련하여 발생한 수수료
④ 리스이용자의 운용리스비용

•리스이용자의 운용리스비용(×) → 리스이용자의 금융리스비용(O)

4. (주)삼일(결산일 12월 31일)은 공장신축과 관련하여 20x1년 7월 1일 100,000,000원을 차입(차입기간 1년, 차입이자율 : 연 8%)하였으며, 동 차입금의 일시예입으로 인해 결산일 현재 1,000,000원의 이자수익이 발생하였다. (주)삼일은 차입원가를 자본화하는 회계정책을 선택하는데 공장신축기간이 20x1년 7월 1일부터 20x2년 12월 31일 일 경우 20x1년도에 자본화할 차입원가는 얼마인가(단, 이자비용은 월할 계산한다.)?　[기출문제]

① 0원
② 3,000,000원
③ 4,000,000원
④ 8,000,000원

•$100,000,000 \times 8\% \times \dfrac{6}{12} - 1,000,000 = 3,000,000$

5. 차입원가는 기간비용으로 처리함을 원칙으로 한다. 다만, 유형자산, 무형자산 및 투자부동산과 제조, 매입, 건설, 또는 개발이 개시된 날로부터 의도된 용도로 사용하거나 판매할 수 있는 상태가 될 때까지 1년 이상의 기간이 소요되는 재고자산 취득을 위한 자금에 차입금이 포함된다면 이러한 차입금에 대한 차입원가는 적격자산의 취득에 소요되는 원가로 회계처리 할 수 있다. 이러한 처리의 근거가 되는 것은 무엇인가?　[적중예상]

① 보수주의
② 수익·비용대응의 원칙
③ 중요성원칙
④ 발생주의

•건설기간 중에 사용한 자금에 대한 이자를 당기비용으로 처리하는 경우에는 당해지출로 인한 수익이 발생하지 않음에도 불구하고 비용으로 인식하게 됨에 따라 대응원칙에 위배되기 때문이다. 따라서 당해자산의 자본화종료시점까지 이들 비용을 자본화하였다가 매출원가, 감가상각비 등의 형태로 비용화 시켜야 수익·비용대응원칙에 부합한다.

Answer　1. ①　2. ②　3. ④　4. ②　5. ②

백점이론 제35강 ◁ 감가상각 일반사항

감가상각	감가상각의 본질	• 감가상각은 자산의 평가과정(=가치감소분을 비용인식)이 아니라, 자산 사용으로 창출된 수익에 비용을 대응시키는 원가의 배분과정임. ➡즉, 감가상각의 주목적은 원가의 배분이며, 자산의 재평가가 아님.
	감가상각3요소	• 취득원가, 잔존가치, 내용연수
	장부금액	• 장부금액 = 취득원가 - 감가상각누계액 - 손상차손누계액 **부분재무상태표** 건물(취득원가) 500 감가상각누계액 (100) 손상차손누계액 (200)
	감가상각대상금액	• 감가상각대상액 = 취득원가 - 잔존가치 ➡잔존가치가 유의적인 경우 매 보고기간말에 재검토하여, 재검토 결과 새로운 추정치가 종전추정치와 다르다면 그 차이는 회계추정변경으로 회계처리함.
	감가상각비	• 감가상각비는 제조와 관련시는 제조원가(제품원가), 그 외는 판관비 처리함.
	감가상각 개시시점	• 유형자산의 감가상각은 자산이 사용가능한 때부터 시작함. ➡즉, 경영진이 의도하는 방식으로 자산을 가동하는 데 필요한 장소와 상태에 이른 때부터 시작함.
	사용중단자산	**처분, 폐기예정** ・감가상각 × | 투자자산으로 분류하고, 주석공시가능 손상여부를 매 보고기간말에 검토 **장래사용재개예정** ・감가상각 ○ | 감가상각액을 영업외비용 처리
	잔존가치	• 내용연수(=자산의 예상 사용시간) 경과 후 '추정처분가 - 처분관련비용'을 말함. • 물가변동이 있는 경우에도 잔존가치는 수정하지 아니함. • 상각종료자산은 제거될 때까지 잔존가치 또는 비망가액으로 기재
	신규취득자산	• 동종의 기존유형자산 감가상각방법과 동일해야 함. ➡단, 신사업부문창설로 당해 업종특성 반영불가시는 예외로 함. (이 경우는 회계변경으로 보지 아니함)
내용연수	내용연수결정	• 유형자산의 내용연수는 자산으로부터 기대되는 효용에 따라 결정됨.
	내용연수결정시 고려사항	① 예상사용수준, 자산의 물리적 마모와 손상 ② 시장수요변화로 인한 기술적 진부화, 자산사용의 법적 또는 계약상의 제한
	내용연수 변경	• 자산에 내재된 미래경제적효익의 예상되는 소비형태에 유의적인 변동 등으로 인하여 내용연수에 대한 추정이 변경되는 경우 회계추정의 변경으로 보아 회계처리함.
	토지와 건물	• 토지·건물을 동시취득시에도 이들은 분리된 자산이므로 별개자산으로 취급함. **토지** ・감가상각대상자산 × | ∵내용연수가 무한하므로 **건물** ・감가상각대상자산 ○ | ∵내용연수가 유한하므로 •주의 건물이 위치한 토지의 가치가 증가하더라도 건물의 내용연수에는 영향을 미치지 않음.

FINAL 객관식뽀개기 ◯ **빈출적중문제**

1. 다음 중 유형자산에 대한 설명으로 가장 올바르지 않은 것은? [기출문제]

① 내용연수 도중 사용을 중단하였으나 장래 사용을 재개할 예정인 유형자산에 대하여는 감가상각을 하지 않는다.
② 유형자산은 영업활동에 사용할 목적으로 취득한 자산이다.
③ 기업이 유형자산에 대해 법적인 권리를 보유하고 있지 않더라도 재무제표상 자산으로 계상할 수 있다.
④ 유형자산은 구체적인 형태를 가지고 있는 자산이다.

 낙비게이션

• 사용중단자산의 회계처리

처분, 폐기예정	• 감가상각 X	감가상각액을 영업외비용 처리
장래사용재개예정	• 감가상각 O	투자자산으로 분류하고, 손상여부를 매 보고기간말에 검토

2. 유형자산의 감가상각에 대한 설명으로 가장 올바르지 않은 것은? [기출문제]

① 정률법과 연수합계법은 가속상각의 한 방법이다.
② 법인세법에서는 건축물의 감가상각방법으로 정액법만 인정하고 그 외의 유형자산의 감가상각방법으로 정액법, 정률법만을 인정하고 있다.
③ 유형자산을 취득한 초기에 정액법에 따라 감가상각하였을 경우 정률법에 비하여 이익이 크고 유형자산의 장부금액도 크게 표시된다.
④ 원칙적으로 유형자산의 감가상각의 내용연수와 잔존가치는 세법의 규정에 의하여 정한다.

 낙비게이션

• 회계상의 내용연수와 잔존가치는 세법규정과는 무관하게 합리적인 추정에 의하여 적용한다.

3. (주)삼일은 20x1년 1월 1일 시설장치를 취득하였다. 취득원가는 20,000,000원이고, 내용연수는 10년, 감가상각방법은 정액법, 잔존가치는 없다. 20x2년 말에 동 자산의 진부화로 손상차손 4,000,000원을 인식하였다. (주)삼일이 20x3년에 인식할 감가상각비는 얼마인가? [기출문제]

① 1,000,000원
② 1,500,000원
③ 3,000,000원
④ 4,000,000원

낙비게이션

• 20x2년 12월 31일 장부금액

취득원가	:	20,000,000
감가상각누계액	: (20,000,000÷10년)x2=	(4,000,000)
손상차손누계액	:	(4,000,000)
장부금액		12,000,000

• 20x3년 감가상각비 : 12,000,000÷8년=1,500,000

4. 유형자산에 대한 감가상각을 하는 가장 중요한 목적은 무엇인가? [적중예상]

① 유형자산의 정확한 가치평가 목적
② 사용가능한 연수를 매년마다 확인하기 위해서
③ 현재 판매할 경우 예상되는 현금흐름을 측정할 목적으로
④ 취득원가를 체계적 방법으로 기간배분하기 위해서

낙비게이션

• 감가상각은 원가의 배분과정이다.

5. 다음 보기 중 일반기업회계기준에서 인정하는 유형자산 감가상각 방법을 옳게 모두 나열한 것은? [적중예상]

ㄱ. 정률법	ㄴ. 정액법
ㄷ. 생산량비례법	ㄹ. 이동평균법
ㅁ. 총평균법	

① ㄱ, ㄴ
② ㄱ, ㄴ, ㄷ
③ ㄱ, ㄴ, ㄷ, ㄹ
④ ㄴ, ㄷ, ㄹ, ㅁ

낙비게이션

• 평균법은 감가상각방법과는 무관하다.

백점이론 제36강 ◯ 감가상각방법

정액법	• 감가상각대상액 $\times \dfrac{1}{\text{내용연수}}$	정률법	• 미상각잔액 $\times$ 상각률
이중체감법	• 미상각잔액 $\times \dfrac{2}{\text{내용연수}}$	연수합계법	• 감가상각대상액 $\times \dfrac{\text{연수의 역순}}{\text{내용연수의 합계}}$

보충 생산량(작업시간)비례법 : 총예정생산량(작업시간) 대비 당기생산량(작업시간)에 비례하여 상각
→ ∴수익·비용대응의 원칙에 가장 부합함.

▼사례 감가상각방법별 감가상각비계산

❖ (주)마약팔이소녀는 20x1년 1월 1일에 내용연수 5년, 잔존가치 100,000원의 기계장치를 1,000,000원에 취득하였다. 20x1년과 20x2년의 감가상각비를 계산하라. 단, 정률법 상각률은 0.369이다.

풀이

상각방법

정액법	• 20x1년 : (차) 감가상각비 180,000[1)] (대) 감가상각누계액 180,000 • 20x2년 : (차) 감가상각비 180,000[1)] (대) 감가상각누계액 180,000 1) $(1,000,000 - 100,000) \times 1/5 = 180,000$
정률법	• 20x1년 : (차) 감가상각비 369,000[1)] (대) 감가상각누계액 369,000 • 20x2년 : (차) 감가상각비 232,839[2)] (대) 감가상각누계액 232,839 1) $1,000,000 \times 0.369 = 369,000$ 2) $(1,000,000 - 369,000) \times 0.369 = 232,839$
연수합계법	• 20x1년 : (차) 감가상각비 300,000[1)] (대) 감가상각누계액 300,000 • 20x2년 : (차) 감가상각비 240,000[2)] (대) 감가상각누계액 240,000 1) $(1,000,000 - 100,000) \times \dfrac{5}{1+2+3+4+5} = 300,000$ 2) $(1,000,000 - 100,000) \times \dfrac{4}{1+2+3+4+5} = 240,000$
이중체감법	• 20x1년 : (차) 감가상각비 400,000[1)] (대) 감가상각누계액 400,000 • 20x2년 : (차) 감가상각비 240,000[2)] (대) 감가상각누계액 240,000 1) $1,000,000 \times 2/5 = 400,000$ 2) $(1,000,000 - 400,000) \times 2/5 = 240,000$

세부고찰

상각방법	• 정액법, 정률법, 이중체감법, 연수합계법, 생산량비례법 등 어떤 방법 사용해도 무방 ➡단, 자산의 경제적효익이 소멸되는 형태에 따라 선택하고, 소멸형태가 변하지 않는 한 원칙적으로 매기 계속 적용함.
상각방법변경	• 자산에 내재된 미래경제적효익의 예상 소비형태에 유의적 변동이 있는 경우, 이를 반영하기 위하여 감가상각방법을 변경하여야 하며 회계추정의 변경으로 회계처리함. **주의** 감가상각방법변경 : 회계정책변경이 아니라 회계추정변경임.
상대적크기	• 내용연수초기(감가상각초기)에는 정액법의 감가상각비가 정률법보다 작게 계상됨.
기중취득	• 월할계산하여 감가상각비를 계상함. **예시** 20x1년 7.1에 기계를 6,000에 취득.(정액법, 내용연수 5년, 잔존가치 없음) →20x1년말 감가상각비 : $(6,000 \div 5년) \times \dfrac{6개월}{12개월} = 600$

FINAL 객관식뽀개기 — 빈출적중문제

1. ㈜삼일은 20x1년 7월 1일에 취득원가 5,000,000원, 잔존가치 500,000원, 내용연수 5년인 유형 자산을 취득하고 정액법으로 감가상각하고 있다. ㈜삼일이 20x1년 손익계산서상 계상할 감가상각비는 얼마인가?

[기출문제]

① 275,000원　　　　② 300,000원
③ 450,000원　　　　④ 900,000원

 내비게이션

- 월할상각한다. →$(5,000,000-500,000) \div 5년 \times \frac{6}{12} = 450,000$

2. (주)삼일의 다음과 같은 차량운반구 취득에 관한 자료에 보고 감가상각방법이 정액법인 경우와 정률법인 경우 각각에 대하여 20x2년말에 감가상각비로 인식할 금액을 구하면 얼마인가(단, 정률법 상각률은 0.4로 가정한다)?

[기출문제]

> ㄱ. 취득일 : 20x1.1.1　　ㄷ. 취득원가 : 5,000,000원
> ㄷ. 잔존가치 : 500,000원　ㄹ. 내용연수 : 5년

	정액법	정률법		정액법	정률법
①	900,000	1,200,000	②	900,000	2,000,000
③	1,000,000	1,200,000	③	1,000,000	2,000,000

내비게이션

- 정액법 : $(5,000,000-500,000) \times 1/5 = 900,000$
- 정률법 : $(5,000,000-5,000,000 \times 0.4) \times 0.4 = 1,200,000$

3. ㈜삼일은 20x1년 1월 1일 토지와 건물을 일괄구입가격으로 300,000,000원에 취득하였다. 토지와 건물을 사용할 목적으로 취득한 경우 ㈜삼일이 20x1년 인식할 감가상각비는 얼마인가?

[기출문제]

토지·건물의 공정가치 정보	건물의 감가상각 정보
토지 : 300,000,000원 건물 : 100,000,000원	상각방법 : 정액법 내용연수 : 10년 잔존가치 : 없음

① 5,000,000원　　　　② 7,500,000원
③ 15,000,000원　　　④ 20,000,000원

내비게이션

- 건물의 취득원가 : $300,000,000 \times 100,000,000/400,000,000$
  $= 75,000,000$
- 20x1년 상각자산(건물)의 감가상각비 : $(75,000,000-0) \div 10년$
  $= 7,500,000$

4. (주)삼일은 20x2년 1월 1일에 기계장치를 취득하여 4년 동안 정률법으로 감가상각하고자 한다. 정률법을 적용하는 경우 정액법을 사용할 경우와 비교하여 20x2년 ㈜삼일의 당기순이익 및 기계장치의 기말 순장부금액에 미치는 영향으로 가장 옳은 것은?

[기출문제]

	당기순이익	기말장부금액
①	과소계상	과대계상
②	과소계상	과소계상
③	과대계상	과대계상
④	과대계상	과소계상

 내비게이션

- 초기 감가상각비는 정률법이 더 크다.
  ∴당기순이익 과소계상, 기말장부금액 과소계상(∵감가상각누계액 과대계상)

5. 20x1년 1월 1일 취득한 기계를 생산량비례법에 의해 상각한 결과 20x2년의 상각비는 225,000원이었다. 기계의 취득원가가 2,050,000원이고 총생산추정량이 200,000단위, 잔존가치가 50,000원으로 추정되는 경우 20x2년의 생산량은 얼마인가?

[적중예상]

① 22,000단위　　　　② 22,500단위
③ 23,000단위　　　　④ 24,000단위

 내비게이션

- $(2,050,000-50,000) \times \dfrac{x}{200,000단위} = 225,000$
  → $x = 22,500$단위

6. 내용연수 7년의 건물을 정액법에 의하여 감가상각한 결과 제3차 연도의 감가상각비는 12,000원이었다. 잔존가치가 6,000원이라고 할 때 건물의 취득원가는 얼마인가?

[적중예상]

① 100,000원　　　　② 80,000원
③ 90,000원　　　　　④ 84,000원

내비게이션

- $(x-6,000) \div 7년 = 12,000$
  → $x = 90,000$

백점이론 제37강 — 유형자산 처분·손상·제거

처분	일반적처분	• 처분일까지 감가상각비를 우선 계상해야 함. • 장부금액과 처분가액(순매각액)의 차액을 유형자산처분손익(영업외비용)으로 처리	
	비자발적처분	❖손상, 소실 또는 포기된 유형자산에 대해 제3자로부터 받는 보상금은 수취할 권리가 발생하는 시점에 당기손익으로 반영함. 저자주 즉, 손상차손과 보험금수익을 상계하여 순액인 보험차익으로 표시하는 것이 아니라, 손상차손과 보험금수익을 각각 총액으로 표시함.	
		화재발생시	• (차) 감가상각비 1,000 (대) 감가상각누계액 1,000 ➡ 화재발생시까지의 감가상각비를 먼저 계상 • (차) 감가상각누계액 2,000 (대) 건 물 5,000 손상차손(재해손실) 3,000
		보험금확정시	• (차) 미수금 4,000 (대) 보험금수익 4,000 ➡수취권리발생시점에 보험금수익을 인식함.
		보험금수령시	• (차) 현 금 4,000 (대) 미수금 4,000

손상	손상차손	• 손상차손액=장부금액 – 회수가능액 ➡회수가능액 : 사용·처분으로 기대되는 할인되지 않은 미래현금흐름총액의 추정액 (=Max[순공정가치, 사용가치])	
	손상차손환입	• 손상차손환입액=Min[회수가능액, 손상되지 않았을 경우의 장부금액] – 장부금액	
	회계처리	손상차손	(차) 유형자산손상차손 ××× (대) 손상차손누계액 ××× ➡ 손상차손누계액은 유형자산에 차감형식으로 표시함.
		손상차손환입	(차) 손상차손누계액 ××× (대) 유형자산손상차손환입 ×××

사례 유형자산손상 회계처리

♻ 20x1초, 내용연수10년, 잔존가치 없는 기계를 ₩10,000,000에 구입, 20x3초 진부화로 회수가능액이 ₩2,000,000으로 급격히 하락함. 정액법으로 상각함.

[요구사항] 1. 20x3초 회계처리?
2. 20x5초 회수가능액이 각각 (1) ₩4,000,000과 (2) ₩8,000,000으로 증가시 회계처리?

풀이

1. (차) 유형자산손상차손 6,000,000 (대) 손상차손누계액 6,000,000[1]
   [1] $(10,000,000 - 10,000,000 \div 10년 \times 2) - 2,000,000 = 6,000,000$

2. (1) (차) 손상차손누계액 2,500,000 (대) 유형자산손상차손환입 2,500,000[2]
   (2) (차) 손상차손누계액 4,500,000 (대) 유형자산손상차손환입 4,500,000[3]
   * 손상되지 않았을 경우 장부가 = $(10,000,000 - 10,000,000 \div 10년 \times 4) = 6,000,000$
   * 장부가 = $(2,000,000 - 2,000,000 \times 2/8) = 1,500,000$
   [2] $Min[4,000,000, \ 6,000,000] - 1,500,000 = 2,500,000$
   [3] $Min[8,000,000, \ 6,000,000] - 1,500,000 = 4,500,000$

제거	제거조건	• 처분이나 영구적폐기로 미래경제적효익을 기대할 수 없게 될 때 재무상태표에서 제거
	처분시점결정	• 재화의 판매에 관한 수익인식기준을 적용함.

주의 사용중지로 처분예정 유형자산은 주석공시할 수 있으나, 유형자산 제거는 주석기재사항이 아님.

FINAL 객관식뽀개기 — 빈출적중문제

1. ㈜삼일은 20x1년 5월 20일에 취득원가 100,000,000원, 전기말 감가상각누계액 40,000,000원인 건물과 장부금액 100,000,000원인 부속토지를 ㈜용산에 건물 66,000,000원, 토지 120,000,000원에 매각하고 건물분에 대한 부가가치세 6,600,000원을 포함하여 192,600,000원을 현금으로 전액 수령하였다. 건물에 대한 20x1년 1월 1일부터 5월 20일까지의 감가상각비는 10,000,000원이었다. ㈜삼일이 인식하여야 할 20x1년 유형자산처분이익은 얼마인가?　　　[기출문제]

① 16,000,000원　　② 20,000,000원
③ 32,000,000원　　④ 36,000,000원

 낸비게이션

• 회계처리

(차) 현금	192,600,000	(대) 건물	100,000,000
Dep누계액	50,000,000	토지	100,000,000
		VAT예수금	6,600,000
		처분이익	36,000,000

2. ㈜삼일은 20x1년 1월 1일 보험에 가입되어 있는 기계장치가 화재로 소실되었다. 해당 기계장치와 관련된 사항이 아래와 같을 때 20x1년 회사가 계상할 보험차손익은 얼마인가?　　　[기출문제]

ㄱ. 취득금액	250,000,000원
ㄴ. 감가상각누계액	70,000,000원
ㄷ. 보험금	200,000,000원

① 보험차익 20,000,000원
② 보험차익 200,000,000원
③ 보험차손 50,000,000원
④ 보험차손 180,000,000원

 낸비게이션

• (차) Dep누계액	70,000,000	(대) 기계장치	250,000,000
손상차손	180,000,000		
(차) 현금	200,000,000	(대) 보험금수익	200,000,000

▸저자주 현행 회계기준에서는 손상차손 180,000,000과 보험금수익 200,000,000을 각각 총액으로 표시한다. 그러나 문제의 의도상 양자를 상계한 보험차익을 묻고 있으므로 순액인 20,000,000을 답으로 할 수밖에 없다.

3. ㈜삼일은 자동차부품을 제조하여 판매하고 있다. 부품 생산에 사용하고 있는 기계장치의 장부금액은 9,000,000원이다. 그러나 자동차모형의 변경으로 부품에 대한 수요가 급감하여 생산규모의 대폭적인 감소가 예상된다. 수요감소로 인하여 기계장치의 순공정가치는 4,000,000원, 사용가치는 4,500,000원으로 감소하였다. 일반기업회계기준에 따라 ㈜삼일이 기계장치에 대한 손상차손으로 계상할 금액은 얼마인가?　　　[기출문제]

① 4,500,000원　　② 5,000,000원
③ 5,500,000원　　④ 6,000,000원

 낸비게이션

• 회수가능액 : Max[4,000,000, 4,500,000]=4,500,000
• 손상차손 : 9,000,000(장부금액)−4,500,000(회수가능액)=4,500,000

4. (주)삼일은 20x1년 1월 1일에 기계장치를 2,000,000원에 취득하여 정액법으로 감가상각하고 있다. 기계장치를 사용하던 도중 20x2년 말에 기계장치가 자산의 손상요건에 해당하여 20x2년말에 재무상태표의 기계장치는 다음과 같이 표시되었다.

기계장치	2,000,000원
감가상각누계액	(800,000원)
손상차손누계액	(540,000원)
	660,000원

(주)삼일은 해당 기계장치와 관련하여 20x4년 말에 회수가능액이 300,000원으로 손상차손에 대한 환입을 인식하고자 한다. (주)삼일이 20x4년에 인식할 손상차손환입 금액은 얼마인가(단, 기계장치의 내용연수는 5년, 잔존가치는 없는 것으로 추정하였다)?　　　[기출문제]

① 80,000원　　② 180,000원
③ 300,000원　　④ 540,000원

 낸비게이션

• 회수가능액 : 300,000
• 손상되지 않았을 경우 장부가 : $2,000,000-2,000,000\times\frac{4}{5}=400,000$
• 손상후 장부가 : $660,000-660,000\times\frac{2}{3}=220,000$
• 환입액 : Min[300,000, 400,000]−220,000=80,000

백점이론 제38강 ─ 유형자산 재평가모형

적용	선택적용	• 원가모형이나 재평가모형 중 하나를 선택하여, 유형자산분류별로 동일하게 적용함. ▸주의 유형자산 전체에 동일하게 적용하는 것이 아님.
	장부금액	• 재평가모형 장부금액 = 공정가치 - 감가상각누계액 - 손상차손누계액 ➡재평가는 보고기간말에 차이가 나지 않도록 주기적으로 수행함.
	재평가빈도	• 재평가의 빈도는 재평가되는 유형자산의 공정가치 변동에 따라 달라짐. ➡공정가치가 장부금액과 중요하게 차이가 나는 경우에는, 추가적 재평가가 필요함.
	분류별재평가	• 특정유형자산을 재평가할 때, 해당자산이 포함되는 유형자산분류 전체를 재평가함. ▸주의 유형자산별로 선택적 재평가를 하는 것이 아님.

재평가손익	최초재평가	재평가증가액	• '장부금액 < 공정가치' → 재평가잉여금(기타포괄손익누계액) 처리
		재평가감소액	• '장부금액 > 공정가치' → 재평가손실(당기손익) 처리

• 기존 감가상각누계액을 제거하여 순장부금액이 재평가금액이 되도록 수정함.
예시 건물 취득가 500(감가상각누계액 250), 재평가액 750
→(차) 감가상각누계액 250   (대) 재평가잉여금 500
       건물 250

재평가이후 재평가	재평가잉여금인식후 재평가손실이 발생	◉ 전기재평가잉여금	• 재평가잉여금과 상계
		◉ 나머지 금액	• 재평가손실
	재평가손실인식후 재평가이익이 발생	◉ 전기재평가손실	• 재평가이익(당기손익) 처리
		◉ 나머지 금액	• 재평가잉여금

▸주의 재평가잉여금은 처분시 처분손익에 반영함.

사례 재평가모형 회계처리

✪ 20x1년 초에 건물을 ₩4,000,000에 취득함.(내용연수 5년, 잔존가치 ₩0, 정액법), 재평가모형을 적용함.

풀이

1. 20x1년말과 20x2년말 공정가치가 각각 ₩4,800,000, ₩1,600,000인 경우

20x1말	(차) 감가상각비	800,000	(대) 감가상각누계액	800,000	1) 4,800,000-(4,000,000 -800,000) =1,600,000
	(차) 감가상각누계액 건물	800,000 800,000	(대) 재평가잉여금	1,600,000[1]	
20x2말	(차) 감가상각비	1,200,000[2]	(대) 감가상각누계액	1,200,000	2) 4,800,000÷4년 =1,200,000
	(차) 감가상각누계액 재평가잉여금 재평가손실	1,200,000 1,600,000 400,000[3]	(대) 건물	3,200,000	3) 2,000,000-1,600,000 =400,000

2. 20x1년말과 20x2년말 공정가치가 각각 ₩2,000,000, ₩3,200,000인 경우

20x1말	(차) 감가상각비	800,000	(대) 감가상각누계액	800,000	1)(4,000,000-800,000) -2,000,000 =1,200,000
	(차) 감가상각누계액 재평가손실	800,000 1,200,000[1]	(대) 건물	2,000,000	
20x2말	(차) 감가상각비	500,000[2]	(대) 감가상각누계액	500,000	2) 2,000,000÷4년 =500,000
	(차) 감가상각누계액 건물	500,000 1,200,000	(대) 재평가이익 재평가잉여금	1,200,000 500,000[3]	3) 1,700,000-1,200,000 =500,000

FINAL 객관식뽀개기 — 빈출적중문제

1. 다음은 경제신문의 기사내용의 일부이다.

대박건설, 토지 재평가차액 2,647억원 발생

대박건설은 본사와 서산간척지 등 토지에 대한 재평가를 실시한 결과, 토지 재평가금액이 4,646억원에 달한다고 20일 공시했다. 이는 기존 장부금액 1,999억원에 비해 2,647억원 늘어난 것이다.　　　 － 후략 －

위 경제신문 기사를 읽고 나눈 대화 중 가장 올바르지 않은 내용을 언급한 사람은 누구인가? 　[기출문제]

① 변부장 : 대박건설은 토지의 재평가와 관련하여 인식한 기타포괄손익의 잔액이 있다면, 그 토지를 폐기하거나 처분할 때 당기손익으로 인식해야겠군요.

② 이차장 : 재평가 결과 발생한 이익과 손실은 모두 당기손익으로 처리해야겠군요.

③ 양과장 : 토지와 같은 유형자산은 원가모형과 재평가모형 중 하나를 회계정책으로 채택하여 유형자산 분류별로 동일하게 적용해야 할 겁니다.

④ 최사원 : 대박건설은 앞으로 토지의 공정가치 변동이 중요하지 않다면 매년 재평가를 실시하지 않아도 될 겁니다.

📻 **낸비게이션**

• 재평가잉여금 : 기타포괄손익누계액
• 재평가손실 　: 당기손익

2. ㈜삼일은 20x1년 중 토지를 1,000,000원에 취득하고 20x1년 12월 31일에 재평가를 실시하여 토지의 장부금액을 200,000원 만큼 증가시켰다. 해당 토지를 20x2년 중 공정가치 1,100,000원에 매각하였다면 토지처분과 관련하여 처분손익으로 인식할 금액은 얼마인가? 　[기출문제]

① 처분손실 200,000원　　② 처분손실 100,000원
③ 처분이익 100,000원　　④ 처분이익 200,000원

📻 **낸비게이션**

• 회계처리
　(차) 현금　　　　　 1,100,000　 (대) 토지　　　　 1,200,000
　(차) 재평가잉여금　 200,000　 (대) 처분이익　　 100,000

*K-IFRS와 달리 일반기업회계기준에서는 재평가잉여금을 처분시 처분손익에 반영한다.

3. ㈜삼일은 20x2년 1월 1일부터 K-IFRS를 조기도입하기로 결정하고 20x2년 12월 31일 K-IFRS에 따라 작성한 재무제표를 공시하고 있다. 당 회사는 20x1년말 현재 토지, 건물 금액의 일부가 K-IFRS를 적용하면서 투자부동산으로 대체되었다.

(단위 : 원)

구분	20x1년 감사보고서상 20x1.12.31 잔액	20x2년 감사보고서상 20x1.12.31 잔액
토지	500	100
건물	300	60
투자부동산	0	640
합계	800	800

다음 중 K-IFRS 기준에 따라 가장 올바르지 않은 의견을 제시한 사람은 누구인가? 　[기출문제]

① 소라 : 부동산 중 ㈜삼일이 직접 사용하는 부분은 유형자산의 토지 또는 건물로 계상되었을 거야.

② 정현 : 부동산 중 직접 사용하지 않고 임대하고 있는 부분은 투자부동산으로 계정 재분류 하였을 거야.

③ 재범 : 유형자산은 원가모형과 재평가모형 중 하나를 선택하여 측정하지만, 투자부동산은 공정가치모형으로만 평가하므로 투자부동산은 향후 공정가치를 장부금액으로 할 거야.

④ 범수 : 임대목적으로 사용하던 부동산을 ㈜삼일이 직접 사용하게 되는 경우 직접 사용하는 부동산에 해당하는 금액을 투자부동산에서 유형자산으로 계정 재분류해야 할 거야.

📻 **낸비게이션**

• 유형자산 : 원가모형과 재평가모형 중 하나를 선택하여 측정한다.
• 투자부동산 : 원가모형과 공정가치모형 중 하나를 선택하여 측정한다.
▶저자주 K-IFRS 투자부동산에 관한 구체적 내용은 시험수준을 초과하므로 위에 제시된 내용 정도만 가볍게 숙지하기 바란다.

백점이론 제39강 ◁ 무형자산 인식

정의와 요건	정 의	• 물리적 실체는 없으나 식별가능하고, 기업이 통제하고 있으며, 미래경제적 효익(매출, 용역수익, 원가절감, 기타효익)이 있는 비화폐성자산을 말함. ➡이하 인식요건 불충족시는 지출액을 비용처리함.
	인식요건	① 자산으로부터 발생하는 미래경제적효익의 기업유입가능성이 매우 높다. ② 자산의 취득원가를 신뢰성 있게 측정가능하다. ➡내부적으로 창출된 브랜드, 고객목록등은 무형자산으로 인식치 아니함. • 주의 내부적으로 창출된 영업권('자가창설영업권') : 자산으로 인식하지 않음. →유상취득영업권만 무형자산으로 인식함.
무형자산 종류	산업재산권 (특허권등)	• 특허권, 실용신안권, 상표권, 의장권 ① 산업재산권침해방지를 위한 지출 : 자본적지출 처리 ② 개발비상각하던 중 특허권 등 취득시 : 미상각개발비를 특허권으로 대체치 아니함. ➡ 즉, 각각 상각함
	소프트웨어	• 내부개발소프트웨어 : 자산인식요건 충족시 '개발비'로 무형자산처리 • 외부구입소프트웨어 : 자산인식요건 충족시 '컴퓨터소프트웨어'로 무형자산처리
	기 타	• 개발비, 영업권, 라이선스와 프랜차이즈, 저작권, 임차권리금, 광업권 등
내부적창출 무형자산		• 무형자산이 인식기준에 부합하는지를 평가키 위해 무형자산창출과정을 연구단계와 개발단계로 구분 • 주의 구분 불가시는 모두 연구단계로 봄. ❖[연구단계]
	연구단계활동	• 새로운 지식을 얻고자하는 활동 • 대체안을 탐색·제안·설계·평가하는 활동
	회계처리	• '연구비'의 과목으로 발생한 기간의 비용('판관비')처리
		❖[개발단계]
	개발단계활동	• 생산전 또는 사용전의 시작품과 모형을 설계, 제작, 시험하는 활동 • 새로운 기술과 관련된 공구, 금형, 주형 등을 설계하는 활동 • 상업적 생산목적이 아닌 소규모의 시험공장을 설계 등을 하는 활동 • 재료, 공정 등에 대해 최종선정된 안을 설계, 제작, 시험하는 활동
	자산계상요건 (모두충족요)	• 기술적 실현가능성을 제시가능, 사용·판매하려는 기업의 의도 존재 • 사용·판매할 수 있는 기업능력 제시가능, 미래효익창출을 보여줄 수 있음 • 기술적·금전적 자원확보 사실을 제시가능, 관련지출을 신뢰성있게 측정가능
	내부적창출 무형자산원가	• 인식기준을 최초로 충족한 이후에 발생한 지출금액으로 함. • 그 자산의 창출, 제조, 사용준비에 직접 관련된 지출과 합리적이고 일관성있게 배분된 간접지출을 모두 포함하며, 원가에 포함되는 항목은 다음과 같음. ① 무형자산 창출에 직접 종사자에 대한 급여 등 인건비와 자본화대상 차입원가 ② 무형자산의 창출에 사용된 재료비, 용역비, 유·무형자산의 감가상각비 ③ 무형자산의 창출에 필요하며 합리적이고 일관된 방법으로 배분할 수 있는 간접비 (보험료, 임차료, 연구소장 등 관리직원의 인건비 등)와 법적 권리를 등록하기 위한 수수료 등 무형자산을 창출하는데 직접적으로 관련이 있는 지출
	회계처리	• 자산요건충족시 : '개발비'의 과목으로 무형자산처리 • 그 외의 경우 : '경상개발비'의 과목으로 발생한 기간의 비용('판관비')처리

FINAL 객관식뽀개기 — 빈출적중문제

1. ㈜삼일의 20x1년 12월 31일의 총계정원장에는 다음과 같은 계정잔액이 표시되어 있다. [기출문제]

ㄱ. 연구비	48,000원
ㄴ. 내부창출 영업권	50,000원
ㄷ. 경상개발비	62,000원
ㄹ. 유상취득 영업권	72,000원
ㅁ. 특허권	15,000원

위의 금액 중 20x1년 12월 31일 현재 ㈜삼일의 재무상태표상 무형자산으로 보고될 금액은 얼마인가?

① 87,000원 ② 98,000원
③ 113,000원 ④ 132,000원

 낵비게이션

• 연구비와 경상개발비 : 비용처리
• 내부창출 영업권 : 자가창설영업권은 자산으로 인식하지 않는다.
• 무형자산 : 72,000(유상취득 영업권)+15,000(특허권)=87,000

2. ㈜삼일의 20x1년도 연구 및 개발활동 내역이다. ㈜삼일이 20x1년 연구비로 인식할 항목은 무엇인가? [기출문제]

> ㄱ. 새로운 지식을 얻고자 하는 활동
> ㄴ. 생산이나 사용 전의 시작품과 모형을 제작하는 활동
> ㄷ. 상업적 생산목적이 아닌 소규모의 시험공장을 건설하는 활동
> ㄹ. 시스템에 대한 여러 가지 대체안을 탐색하는 활동

① ㄱ ② ㄱ, ㄴ
③ ㄴ, ㄷ ④ ㄱ, ㄹ

 낵비게이션

• 연구단계활동 : ㄱ, ㄹ
• 개발단계활동 : ㄴ, ㄷ

3. 다음 중 개발비를 무형자산으로 계상하기 위하여 반드시 필요한 조건으로 보기 어려운 것은? [기출문제]

① 무형자산을 사용 또는 판매하기 위해 그 자산을 완성시킬수 있는 기술의 실현가능성을 제시할 수 있어야 한다.
② 무형자산이 어떻게 미래경제적효익을 창출할 것인가를 보여줄 수 있어야 한다.

③ 무형자산을 사용하여 개발된 시제품의 판매로 인한 매출이 발생하고 있어야 한다.
④ 개발단계에서 발생한 무형자산 관련 지출을 신뢰성있게 구분하여 측정할 수 있어야 한다.

낵비게이션

• ③은 일반기업회계기준에서 규정하고 있는 무형자산의 자산계상요건과 무관하다.

4. 신제품의 개발을 위하여 기계장치를 취득한 경우 취득원가에 대한 회계처리로 가장 옳은 것은(단, 동 기계장치는 개발활동에만 사용되며, 해당 개발활동은 개발비의 자산인식 요건을 충족시킨다고 가정한다)? [기출문제]

① 기계장치로 계상한 후 기계장치의 내용연수에 걸쳐 감가상각하고, 동 감가상각비는 비용으로 인식한다.
② 기계장치의 취득원가 전액을 개발비로 자산화한다.
③ 기계장치로 계상한 후 기계장치의 내용연수에 걸쳐 감가상각하고, 개발기간 동안 동 감가상각비는 개발비(무형자산)으로 인식한다.
④ 기계장치의 취득원가 전액을 경상개발비로 비용화한다.

낵비게이션

• 무형자산의 창출에 사용된 재료비, 용역비, 유형자산의 감가상각비는 무형자산 원가에 포함한다.

5. 다음 중 올바른 회계처리방법을 설명한 것은? [적중예상]

① 기계장치를 구입하는 과정에서 발생된 보험료는 판매비와관리비에 포함된다.
② 연구비와 개발비는 전액 비용으로 처리한다.
③ 자가 창설(내부창출)된 영업권(goodwill)은 무형자산으로 계상할 수 없다.
④ 무형자산은 손상차손을 인식할 수 없다.

낵비게이션

• ① 기계장치 구입시 발생된 보험료는 취득원가에 포함된다.
• ② 개발비는 무형자산으로 처리할 수 있다.
• ④ 무형자산도 손상차손을 인식할 수 있다.

제1편 백점이론특강 / 제2편 기출문제특강 / SET1 / SET2 / SET3 / SET4 / SET5 / SET6 / SET7 / SET8 / SET9 / SET10 / 신유형 / 기출문제오답노트 / 실전기출모의고사

백점이론 제40강 무형자산 원가 · 상각 · 손상

취득유형별 취득원가	**개별취득**	일반구입	• 구입가격 • 의도목적에 사용할 수 있도록 준비하는데 직접 관련되는 원가
		할부구입	• 무형자산에 대한 대금지급기간이 일반적인 신용기간보다 긴 경우 무형자산의 원가는 현금가격상당액이 됨. ➡ 실제총지급액과의 차액은 신용기간에 걸쳐 이자비용으로 인식함.
	일괄취득		• 무형자산과 기타의 자산을 일괄취득한 경우에는 총취득원가를 공정가치에 비례하여 배분한 금액을 각각 무형자산과 기타의 자산의 취득원가로 함.
	정부보조		• 정부보조 등에 의해 무형자산을 무상 또는 공정가치보다 낮은 대가로 취득한 경우에는 취득일의 공정가치로 함.
	자산교환		• '유형자산교환' 회계처리와 동일하게 무형자산의 원가를 결정함.

> **보론** 취득 후 지출
> – 다음요건을 모두 충족시는 자본적지출로 처리하고, 그 외는 발생한 기간의 비용으로 인식함.
>   ① 미래경제적효익을 실질적으로 증가시킬 가능성이 매우 높다.
>   ② 관련된 지출을 신뢰성있게 측정할 수 있으며, 무형자산과 직접 관련된다.

상각	**상각기간**	원칙	• 자산의 추정내용연수 동안 체계적인 방법에 의하여 비용으로 배분함.
		기간제한	• 독점적권리 부여하고 있는 관계법령이나 계약에 정해진 경우를 제외하고는 상각기간은 20년을 초과할 수 없음.
		상각시점	• 상각은 자산이 사용가능한 때부터 시작함. 주의 법률적 취득시점이나 계상한 시점이 아님.
	상각방법	개요	• 자산의 경제적 효익이 소비되는 형태를 반영한 합리적 방법으로 상각함. 주의 단, 합리적방법을 정할 수 없는 경우는 정액법사용
		상각비	• 무형자산상각비는 제조와 관련시는 제조원가, 기타의 경우는 판관비 처리. 주의 '개발비상각액은 판관비로 처리한다'는 틀린 설명임. (차) 무형자산상각비 xxx (대) 무형자산 xxx
	잔존가치	원칙	• 무형자산잔존가치는 없는 것으로 함
		예외	• 다음의 경우에는 잔존가치 인식가능함. ① 경제적 내용연수보다 짧은 상각기간을 정한 경우에 상각기간이 종료될 때 제3자가 자산을 구입하는 약정이 있는 경우 ② 그 자산에 대한 활성시장(=거래시장)이 존재하여 상각기간 종료시점에 자산의 잔존가치가 활성시장에서 결정될 가능성이 매우 높은 경우

> **보론** 상각기간, 상각방법, 잔존가치는 변경가능하며, 모두 회계추정변경으로 회계처리함.

손상	**손상차손**	• 손상차손액 : 장부금액 - 회수가능액
	환입	• 환입액 : Min [회수가능액, 손상되지 않았을 경우의 장부가액] – 장부금액 주의 **영업권** 영업권에 대해 인식한 손상차손은 후속기간에 환입할 수 없음. → 즉, 영업권은 손상차손 인식대상이지만, 손상차손환입은 적용하지 않음.

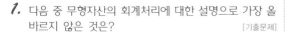

빈출적중문제

1. 다음 중 무형자산의 회계처리에 대한 설명으로 가장 올바르지 않은 것은? [기출문제]

① 무형자산의 상각기간은 특정의 배타적인 권리를 부여하고 있는 관계법령이나 계약에 정해져 있는 경우를 제외하고는 20년을 초과할 수 없다.

② 무형자산의 상각방법은 자산의 경제적 효익의 소비형태를 반영한 합리적인 방법이어야 한다.

③ 내부적으로 창출한 영업권은 무형자산으로 인식할 수 없다.

④ 연구단계에서의 지출은 자산인식요건을 충족하는 경우에 한하여 재무제표에 자산으로 인식할 수 있다.

내비게이션

•연구단계에서의 지출은 자산으로 인식할 수 없다.

2. 다음 중 무형자산의 회계처리에 대한 설명으로 가장 올바르지 않은 것은? [기출문제]

① 내부적으로 창출된 브랜드, 고객목록도 회사의 수익창출에 기여하므로 무형자산으로 인식한다.

② 정부보조 등에 의해 무형자산을 무상 또는 공정가치보다 낮은 대가로 취득한 경우 무형자산의 취득원가는 취득일의 공정가치로 인식한다.

③ 무형자산과 기타자산을 일괄 취득한 경우에는 총 취득원가를 각 자산의 공정가치에 비례하여 배분한 금액을 각각 개별 무형자산과 기타자산의 취득원가로 인식한다.

④ 기업이 발행한 지분증권과 교환하여 취득한 무형자산의 취득원가는 그 지분증권의 공정가치로 인식한다.

내비게이션

•내부적으로 창출된 브랜드, 고객목록은 무형자산으로 인식치 아니한다.

3. 20x2년 중 (주)삼일항공은 연구개발과 관련하여 총 100억원을 지출하였다. 이 중 항공기관련 연구단계에서 지출된 금액이 50억원이며, 잔액 50억원은 항공기 부품개발단계에서 지출하였는데 동 개발단계에서 지출된 비용 중 20억원은 자산인식요건을 충족시키지 못하였다. 개발단계에서 지출된 비용 중 나머지 30억원은 새로운 엔진을 개발하기 위한 것으로 자산인식요건을 충족시키며 20x4년부터 사용가능할 것으로 예측되었다. (주)삼일항공이 연구개발과 관련하여 20x2년 중 비용으로 인식할 금액은? [기출문제]

① 20억원 ② 30억원 ③ 50억원 ④ 70억원

내비게이션

•연구단계 : 연구비(당기비용) 50억원
•개발단계 : 경상개발비(당기비용) 20억원/개발비(무형자산) 30억원
→∴비용으로 인식할 금액 : 50억원+20억원=70억원

4. 다음은 ㈜삼일이 20x2년에 지출한 R & D 비용의 내역이다. ㈜삼일이 20x2년에 경상·연구개발비(비용)와 개발비(무형자산)로 처리할 금액은 각각 얼마인가? [기출문제]

ㄱ. 연구단계 지출액 : 300억원
ㄴ. 개발단계 지출액 : 70억원
ㄷ. 개발단계 지출액 중 개별적으로 식별가능하고 미래의 경제적 효익을 확실하게 기대할 수 있는 것으로 판단되는 금액은 20억원임.

	경상·연구개발비	개발비
①	300억원	70억원
②	350억원	20억원
③	370억원	0억원
④	0억원	70억원

내비게이션

•비용(연구비＋경상개발비) : 300억+(70억−20억)=350억
•자산(개발비) : 20억

5. 다음 중 무형자산의 손상에 대한 설명으로 가장 올바르지 않은 것은? [기출문제]

① 자산의 진부화 및 시장가치의 급격한 하락 등으로 인하여 무형자산의 회수가능액이 장부가액에 중요하게 미달되는 경우에는 그 차액을 손상차손으로 처리한다.

② 아직 사용하지 않는 무형자산은 최소한 매 보고기간말에 회수가능액을 반드시 추정하여 손상여부를 판단하여야 한다.

③ 차기 이후에 손상된 자산의 회수가능액이 장부금액을 초과하게 되는 경우에는 그 초과액 전부를 손상차손환입으로 처리한다.

④ 영업권은 20년 이내의 기간에 정액법으로 상각하며, 손상차손은 인식하되 손상차손환입은 인식하지 않는다.

내비게이션

•그 초과액 전부를 손상차손환입으로 처리한다.(X)
→ 손상되지 않았을 경우의 장부금액을 한도로 환입한다.(O)

Answer 1. ④ 2. ① 3. ④ 4. ② 5. ③

백점이론 제41강 ● 채권·채무의 공정가치(현재가치) 평가

개요	의의	• 장기연불조건의 매매거래, 장기금전대차거래 또는 이와 유사한 거래에서 발생 채권·채무로서 명목금액과 공정가치(현재가치)의 차이가 유의적인 경우에는 공정가치로 평가함.
	공정가치 (현재가치)	• 현재가치는 당해 채권·채무로 인하여 미래에 수취하거나 지급할 총금액을 적정한 이자율(r)로 할인한 금액임. ➡ 현재가치 $= \dfrac{C1}{(1+r)} + \dfrac{C2}{(1+r)^2} + \dfrac{C3}{(1+r)^3}$

적정이자율	〈1순위〉	• 유효이자율	'공정가액(발행가액)=현재가치'가 되게 하는 이자율로, 일반적으로 시장이자율을 말함.
	〈2순위〉	• 동종시장이자율	유효이자율을 구할 수 없거나, 유효이자율과 동종시장이자율의 차이가 유의적인 경우 적용함.
	〈3순위〉	• 가중평균이자율	동종시장이자율을 산정할 수 없는 경우 적용함.

적용제외	• 다음의 경우에는 공정가치(현재가치)로 평가하지 아니함. **장기선급금·선수금, 이연법인세자산·부채, 전세권, 임차보증금, 회원권**

 사례 장기연불거래 공정가치[현재가치] 평가

❂ 20x1년초 장부가 ₩200,000인 상품을 ₩300,000에 처분하였으며, 대금은 매년말 ₩100,000씩 3년간 분할 회수하기로 함. 유효이자율은 10%이며, 10%·3년 연금현재가치계수는 2.4868임.

풀이

• 현재가치 = 100,000×2.4868(10%, 3년연금현가) = 248,680
• 현재가치할인차금 = 300,000−248,680 = 51,320
→당해 채권·채무에서 차감형식으로 표시하며, 유효이자율법으로 매년 상각되어 이자로 인식됨!

일자	유효이자(10%)	액면이자(0%)	상각액	장부금액
20x1년초				248,680
20x1년말	24,868[1]	0	24,868	173,548[2]
20x2년말	17,355[3]	0	17,355	90,903[4]
20x3년말	9,097[5]	0	9,097	0[6]

[1] 248,680×10%=24,868
[2] 248,680+24,868−100,000=173,548
[3] 173,548×10%=17,355
[4] 173,548+17,355−100,000=90,903
[5] 단수차이조정
[6] 90,903+9,097−100,000=0

일자	회계처리			
20x1년초	(차) 매출채권	300,000	(대) 매출	248,680
			현재가치할인차금	51,320
	(차) 매출원가	200,000	(대) 상품	200,000
20x1년말	(차) 현금	100,000	(대) 매출채권	100,000
	현재가치할인차금	24,868	이자수익	24,868
20x2년말	(차) 현금	100,000	(대) 매출채권	100,000
	현재가치할인차금	17,355	이자수익	17,355
20x3년말	(차) 현금	100,000	(대) 매출채권	100,000
	현재가치할인차금	9,097	이자수익	9,097

회계처리

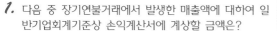

FINAL 객관식뽀개기 ──── 빈출적중문제

1. 다음 중 장기연불거래에서 발생한 매출액에 대하여 일반기업회계기준상 손익계산서에 계상할 금액은?
[기출문제]

① 미래에 수취할 명목금액의 단순합계
② 미래에 수취할 명목금액을 현재가치로 할인한 금액
③ 최초 현금으로 수취한 금액
④ 판매한 상품의 취득원가

내비게이션

• 장기연불거래에 대하여는 현재가치평가를 하여 매출액을 인식한다.

2. 장기연불조건의 매매거래, 장기금전대차거래 또는 이와 유사한 거래에서 발생하는 채권, 채무로서 명목금액과 공정가치(현재가치)의 차이가 유의적인 경우에는 이를 공정가치(현재가치)로 평가한다. 이와 관련된 다음 설명 중 가장 올바르지 않은 것은?
[기출문제]

① 채권, 채무의 명목상의 금액과 공정가치(현재가치)의 차액은 현재가치할인차금의 과목으로 하며 당해 채권, 채무의 명목상의 금액에서 차감하는 형식으로 표시한다.
② 명목금액과 공정가치(현재가치)의 차이는 시간의 경과에 따라 이자비용 또는 이자수익으로 인식한다.
③ 장기성 채권, 채무의 공정가치(현재가치)에 이용하는 이자율은 원칙적으로 당해 거래의 유효이자율로 한다.
④ 전세권, 회원권, 임차보증금, 장기선수금 등도 공정가치(현재가치) 평가대상이다.

내비게이션

• 현가평가 제외대상 : 장기선급금 · 선수금, 이연법인세자산 · 부채, 전세권, 임차보증금, 회원권

3. 다음 중 기타비유동자산에 관한 설명으로 가장 올바르지 않은 것은?
[기출문제]

① 기타비유동자산이란 비유동자산 중 투자자산 및 유형자산, 무형자산에 속하지 않는 자산을 의미한다.
② 이연법인세자산은 미래 법인세 절감효과가 실현될 수 있는 것으로 기대되는 경우에만 자산으로 인식한다.
③ 장기매출채권은 주된 영업활동에서 발생하였으나, 1년 이내 또는 정상적인 영업주기 이내에 회수가 어려운 채권을 의미한다.
④ 임차보증금, 장기선급금, 이연법인세자산 등은 현재가치 평가의 대상이 된다.

내비게이션

• ④는 현재가치평가 제외대상이다.

4. 다음 중 유동부채에 관한 설명으로 가장 올바르지 않은 것은?
[기출문제]

① 유동부채는 만기금액과 현재가치의 차이가 중요하기 때문에 반드시 현재가치로 평가하여야 한다.
② 미착상품의 경우 아직 운송 중에 있다 하더라도 계약조건에 따라 입고 이전시점에 매입채무를 인식할 수 있다.
③ 유동성장기부채란 비유동부채 중 보고기간종료일로부터 1년 내에 상환될 금액을 의미한다.
④ 장기차입금 중 보고기간종료일로부터 1년 내에 상환될 예정인 부분은 기말결산시 유동부채로 분류하여야 한다.

내비게이션

• 대부분의 유동부채는 단기간내에 만기가 도래하여 미래에 지불할 만기금액과 만기금액의 현재가치와의 차이가 중요하지 않기 때문에 일반적으로 미래에 지불할 만기금액으로 유동부채를 평가한다.

5. 12월 말 결산법인인 (주)삼일은 20x1년 1월 1일에 장부금액 200,000,000원의 보유토지를 400,000,000원에 매각하였다. 단, 매각과 동시에 매각대금으로 300,000,000원을 받았으며 (주)삼일은 20x1년 12월 31일과 20x2년 12월 31일에 50,000,000원씩을 분할 수령하기로 하였다. 토지매각일 현재 시장이자율은 13%이다. (주)삼일이 20x1년에 인식할 유형자산처분이익은 얼마인가(단, 중소기업회계처리특례는 고려하지 않는다)
[기출문제]

기간	13% 연금의 현가계수
1	0.8029
2	1.600

① 50,000,000원
② 14,500,000원
③ 69,200,000원
④ 180,000,000원

내비게이션

• 현재가치할인차금 : 100,000,000-50,000,000x1.6=20,000,000
• 회계처리

(차) 현금	300,000,000	(대) 토지	200,000,000
미수금	100,000,000		현할차 20,000,000
			처분이익 180,000,000

고속철 장기연불조건 처분손익 계산
'처분손익=처분가(현재가치)-장부가'
⇒(300,000,000+50,000,000x1.6)-200,000,000
=180,000,000(이익)

백점이론 제42강 ⊂⊃ 사채발행의 기본회계처리

액면발행	• '사채액면이자율=시장이자율(유효이자율)' 인 경우에는 액면발행됨. • 이자지급일에 액면이자만 이자비용처리하면 됨.

할인발행

• '사채액면이자율 〈 시장이자율(유효이자율)' 인 경우에는 할인발행됨.
• 사채할인발행차금(=액면가액－발행가액)은 사채액면가액에 차감형식으로 기재하고, 상각액은 사채이자에 가산 ➡ 상각액＝이자비용(유효이자)－액면이자

▶ 사례 **할인발행 회계처리**

❂ 20x1년 1월 1일 사채발행. 액면 ₩1,000,000, 액면이자율 10%, 유효이자율 12%, 만기는 3년, 이자는 매년말 지급, 발행가액(=현재가치)은 ₩951,963이다.

유효이자율법에 의한 상각표

일 자	유효이자(12%)	액면이자(10%)	상각액	장부가액	
20x1. 1. 1				951,963	1) 951,963 × 12%
20x1.12.31	114,236[1]	100,000	14,236[2]	966,199[3]	2) 114,236 − 100,000
20x2.12.31	115,944	100,000	15,944	982,143	3) 951,963 + 14,236
20x3.12.31	117,857	100,000	17,857	1,000,000	

20x1. 1. 1	(차) 현 금 사채할인발행차금	951,963 48,037	(대) 사 채	1,000,000
20x1.12.31	(차) 이자비용	114,236	(대) 현 금 사채할인발행차금	100,000 14,236
상환시	(차) 이자비용	117,857	(대) 현 금 사채할인발행차금	100,000 17,857
	(차) 사 채	1,000,000	(대) 현 금	1,000,000

▸주의 사채할인발행차금은 마치 선급이자의 성격으로 볼 수 있음.

할증발행

• '사채액면이자율 〉 시장이자율(유효이자율)' 인 경우에는 할증발행됨.
• 사채할증발행차금(=발행가액－액면가액)은 사채액면가액에 가산형식으로 기재하고, 상각액은 사채이자에서 차감. ➡ 상각액＝액면이자－이자비용(유효이자)

▶ 사례 **할증발행 회계처리**

❂ 20x1년 1월 1일 사채발행. 액면 ₩1,000,000, 액면이자율 12%, 유효이자율 10%, 만기는 3년, 이자는 매년말 지급, 발행금액(=현재가치)은 ₩1,049,737이다.

유효이자율법에 의한 상각표

일 자	액면이자(12%)	유효이자(10%)	상각액	장부가액	
20x1. 1. 1				1,049,737	1) 1,049,737 × 10%
20x1.12.31	120,000	104,974[1]	15,026[2]	1,034,711[3]	2) 120,000 − 104,974
20x2.12.31	120,000	103,471	16,529	1,018,182	3) 1,049,737 − 15,026
20x3.12.31	120,000	101,818	18,182	1,000,000	

20x1. 1. 1	(차) 현 금	1,049,737	(대) 사 채 사채할증발행차금	1,000,000 49,737
20x1.12.31	(차) 이자비용 사채할증발행차금	104,974 15,026	(대) 현 금	120,000
상환시	(차) 이자비용 사채할증발행차금	101,818 18,182	(대) 현 금	120,000
	(차) 사 채	1,000,000	(대) 현 금	1,000,000

▸주의 ① 유효이자 : 할인발행시는 매년증가, 할증발행시는 매년감소 ② 상각액 : 모두 매년증가

상각방법	• 사채발행차금 상각방법으로 유효이자율법만 인정함. ▸비교 사채발행연도(1차연도)의 상각액의 크기는 유효이자율법보다 정액법하의 상각액이 더 큼.
사채발행비	• 사채발행비는 사채발행가액에서 차감함. ➡∴만기 동안의 기간에 걸쳐 상각되어 비용화됨.

빈출적중문제

1. 다음 중 사채의 발행가액을 결정하기 위한 요소가 아닌 것은?　[기출문제]

① 만기에 상환하여야 할 원금
② 기업에 적용되는 시장이자율
③ 사채 계약상 액면이자율
④ 경쟁사의 사채발행가격

 내비게이션

• 사채의 발행가액은 현금흐름(액면이자와 원금)을 시장이자율(유효이자율)로 할인하여 결정하므로 경쟁사의 사채발행가격은 사채의 발행가액을 결정하기 위한 요소가 무관하다.

2. 다음 중 사채에 관한 설명으로 가장 올바르지 않은 것은?　[기출문제]

① 액면이자율 〈 시장이자율 : 할인발행
② 액면이자율 〉 시장이자율 : 할증발행
③ 유효이자율법하에서 사채할인발행차금 상각액은 매년 일정하다.
④ 사채할인발행차금은 액면금액에서 차감하는 형식으로 표시한다.

내비게이션

• 할인발행, 할증발행 모두 상각액은 매년 증가한다.

3. ㈜삼일이 사채를 발행일 현재의 공정가치로 발행했다면 20x1년초 사채의 발행가액은 얼마인가?　[기출문제]

> ㄱ. 사채발행일 : 20x1년 1월 1일
> ㄴ. 액면금액 : 1,500,000원
> ㄷ. 표시이자율 : 연 12%(매년 말 지급)
> ㄹ. 만기 : 20x3년 12월 31일(3년 만기)
> ㅁ. 시장이자율(20x1년 1월 1일) : 14%
> ㅂ. 시장이자율 14%에 대한 3년 현가계수는 0.6749 이고, 연금현가계수는 2.3216이다.
> *모든 금액은 소수 첫째자리에서 반올림 한다.

① 1,536,666원　　② 1,430,238원
③ 1,499,874원　　④ 1,444,674원

내비게이션

• 1,500,000x0.6749+(1,500,000x12%)x2.3216=1,430,238

4. ㈜삼일은 20x1년 1월 1일에 다음과 같은 조건의 사채를 발행하였다.

> ㄱ. 액면금액 : 1,000,000원
> ㄴ. 액면이자율 : 8%
> ㄷ. 이자지급조건 : 연 1회, 매년 12월 31일 지급
> ㄹ. 만기일 : 20x3년 12월 31일
> ㅁ. 20x1년 1월 1일의 시장이자율 : 10%
> ㅂ. 20x1년 1월 1일의 사채발행금액 : 950,263원

유효이자율법을 적용하여 사채할인발행차금을 상각한 경우 ㈜삼일의 20x1년말 사채의 장부금액은 얼마인가?　[기출문제]

① 950,263원　　② 965,289원
③ 975,842원　　④ 1,000,000원

내비게이션

• 950,263+(950,263×10%-1,000,000×8%)=965,289

5. ㈜삼일은 20x1년 1월 1일에 다음과 같은 조건의 사채를 발행하였다.

> ㄱ. 액면금액 : 1,000,000원
> ㄴ. 액면이자율 : 10%
> ㄷ. 이자지급조건 : 매년말후급
> ㄹ. 만기일 : 20x3년 12월 31일
> ㅁ. 20x1년 1월 1일의 시장이자율 : 11%
> ㅂ. 20x1년 1월 1일의 사채발행금액 : 975,562원

㈜삼일이 사채발행과 관련하여 20x3년 12월 31일 까지 인식할 총 이자비용은 얼마인가?　[기출문제]

① 24,438원　　② 124,438원
③ 300,000원　　④ 324,438원

내비게이션

• **고속철** 사채할인발행시 총이자비용 계산

'총이자비용=총액면이자+총사채할인발행차금'
⇒(1,000,000x10%x3년)+(1,000,000-975,562)=324,438

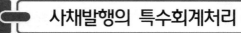

백점이론 제43강 ─ 사채발행의 특수회계처리

 사례 이자지급일과 결산일이 다른 경우 회계처리

이자지급과 결산불일치

❂ 20x1. 4.1에 액면 100,000, 액면이자율 8%, 만기 20x3. 3.31, 이자는 20x2. 3.31과 20x3. 3.31에 지급하는 사채발행. 유효이자율 10%, 회계기간은 1.1 ~ 12.31

• 발행가액 = $100,000 \times$ (2년, 10% 현가) + $100,000 \times 8\% \times$ (2년, 10% 연금현가) = 96,529

일자	유효이자(10%)	액면이자(8%)	상각액	장부가액
20x1. 4. 1				96,529
20x2. 3.31	9,653	8,000	1,653	98,182
20x3. 3.31	9,818	8,000	1,818	100,000

20x1. 4. 1	(차) 현 금 사발차	96,529 3,471	(대) 사 채	100,000	
20x1.12.31	(차) 이자비용	7,240	(대) 미지급이자 사발차	6,000[1] 1,240[2]	1) $8,000 \times 9/12 = 6,000$ 2) $1,653 \times 9/12 = 1,240$
20x2. 3.31	(차) 이자비용 미지급이자	2,413 6,000	(대) 현 금 사발차	8,000 413[3]	3) $1,653 - 1,240 = 413$
20x2.12.31	(차) 이자비용	7,364	(대) 미지급이자 사발차	6,000 1,364[4]	4) $1,818 \times 9/12 = 1,364$
20x3. 3.31	(차) 이자비용 미지급이자 (차) 사 채	2,454 6,000 100,000	(대) 현 금 사발차 (대) 현 금	8,000 454[5] 100,000	5) $(3,471 - 1,240 - 413 - 1,364)$ $= 454$

• 3개월, 6개월마다 지급된다면 1년을 기준으로 하지 않고 3개월 또는 6개월을 기준으로 발행가액과 상각표를 작성하여 회계처리함.

Point 액면이자율, 유효이자율, 할인기간이 모두 조정됨.

사례 연2회 이자지급하는 경우 회계처리

연2회 이상 이자지급

❂ 20x1년 1월 1일에 액면가액 100,000원의 사채를 발행함. 액면이자율은 연 10%, 만기는 5년, 유효이자율은 연 12%, 사채이자는 연2회(6월 30일과 12월 31일) 지급함.

• 발행가액 = $100,000 \times$ (10년, 6% 현가) + $100,000 \times 5\% \times$ (10년, 6% 연금현가) = 92,639

일자	유효이자(6%)	액면이자(5%)	상각액	장부가액
20x1. 1. 1				92,639
20x1. 6.30	5,558	5,000	558	93,197
20x1.12.31	5,592	5,000	592	93,789

20x1. 1. 1	(차) 현 금 사발차	92,639 7,361	(대) 사 채	100,000
20x1. 6.30	(차) 이자비용	5,558	(대) 현 금 사발차	5,000 558
20x1.12.31	(차) 이자비용	5,592	(대) 현 금 사발차	5,000 592

FINAL 객관식뽀개기 ◯ **빈출적중문제**

1. 20x1년 7월 1일에 (주)삼일은 액면금액 100,000원, 이자율 5%, 3년 만기의 사채를 92,259원에 발행하였다. 이자지급일은 매년 6월 30일이며 유효이자율은 8%이다. 사채할인발행차금을 유효이자율법으로 상각하는 경우 12월 31일로 종료하는 20x1년 회계연도의 사채이자비용으로 인식할 금액을 구하면 얼마인가(단, 이자비용은 월할계산하며, 단수는 소수 첫재자리에서 반올림한다.)? [기출문제]

① 2,307원　　　　② 2,999원
③ 3,690원　　　　④ 4,000원

 낵비게이션

• 92,259×8%×6/12≒3,690

2. 다음 중 사채에 관한 설명으로 가장 올바르지 않은 것은? [기출문제]

① 유효이자율이 8%인 자금시장에서 액면금액 10,000원, 표시이자율 10%인 사채가 10,000원에 발행된다면 투자자들은 이 사채를 구입하지 않고 다른 투자안을 찾을 것이다.
② 시장이자율과 표시이자율이 동일한 경우에는 발행시점에 관계없이 액면금액으로 발행된다.
③ 사채할인발행차금은 사채의 액면금액을 현재가치로 만들어 주기 위한 부채의 차감계정이다.
④ 사채의 발행시점에서 재무상태표에 계상되는 관련 부채의 금액은 현금수령액과 일치한다.

 낵비게이션

• 정상적인 자금시장에서 '표시이자율(10%)〉유효이자율(8%)'인 경우에는 액면금액보다 큰 금액으로 할증발행된다.
　→ 따라서, 할증금액이 아닌 액면금액으로 실제 발행이 된다면 투자자는 더 저렴한 구입가격을 지불할 수 있으므로 동 사채를 구입하게 되는 유인으로 작용하게 된다.

3. 이론적인 측면에서 볼 때 사채의 발행으로 기업이 받아야 하는 대가는 다음 중 어느 것인가? [기출문제]

① 사채의 액면금액
② 사채의 상환일에 지급하게 되는 원금과 사채의 존속기간 동안 지급하게 되는 이자를 발행 당시의 시장이자율로 할인한 현재가치의 합계금액
③ 액면금액에 사채의 존속기간 동안 지급하게 될 이자의 금액을 발행당시의 시장이자율로 할인한 금액을 가산한 금액
④ 액면금액에 사채 존속기간 동안의 이자지급액을 가산한 금액

 낵비게이션

• 발행금액은 '상환원금과 이자' 모두의 현재가치금액이다.

4. 다음 자료에 의하여 20x2년 12월 31일 이자지급일에 대변에 인식해야 할 사채할인발행차금은 얼마인가(단, 이전까지의 회계처리는 정상적으로 이루어진 것으로 가정하며, 원단위 미만은 반올림하는 것으로 전제한다.)? [기출문제]

ㄱ. 사채발행일	: 20x1년 1월 1일
ㄴ. 만기	: 5년
ㄷ. 표시이자율	: 연 10%(매년말 후급)
ㄹ. 액면금액	: 10,000,000원
ㅁ. 발행시 사채 현재가치	: 9,279,100원
ㅂ. 유효이자율	: 12%

① 92,791원　　　　② 100,000원
③ 113,492원　　　　④ 127,111원

 낵비게이션

• 상각표

일자	유효이자	액면이자	상각액	장부금액
20x1년초				9,279,100
20x1년말	1,113,492	1,000,000	113,492	9,392,592
20x2년말	1,127,111	1,000,000	127,111	9,519,703

• **고속철** 상각액 계산
　'다음연도 상각액=당기상각액x(1+유효이자율)'
　→20x1년말 상각액 : 9,279,100x12%−1,000,000 =113,492
　→20x2년말 상각액 : 113,492x1.12=127,111
　→20x3년말 상각액 : 127,111x1.12=142,364
　→20x4년말 상각액 : 142,364x1.12=159,448
　→20x5년말 상각액 : 159,448x1.12=178,485(단수조정)

Answer　1. ③　2. ①　3. ②　4. ④

백점이론 제44강 ⊂ 사채발행비와 사채상환

사채발행비	회계처리	• 발행자의 경우 사채발행가액에서 차감함. • 액면·할인발행시는 사채할인발행차금을 증액, 할증발행시는 사채할증발행차금을 감액
	유효이자율	• 발행가액이 변하므로 유효이자율을 재계산함. ➡ 항상 '유효이자율 〉 시장이자율'가 됨. ➡ (발행가−사채발행비) $= \dfrac{이자}{(1+r)} + \cdots\cdots + \dfrac{이자+원금}{(1+r)^n}$

[Point] 이자비용을 먼저 계상한 후 조정된 장부가와 상환가의 차액을 사채상환손익으로 인식함.

 사채상환 회계처리

❖ 20x1.1.1 3년 만기, 액면이자율 10%, 액면가 10,000인 사채를 9,520에 발행함. 사채발행비로 228 지출. 시장이자율 12%. 20x21.7.1에 5,121(발생이자 포함)에 액면 5,000(50%) 상환함.

풀이

• 유효이자율재계산 : $(9,520 - 228) = \dfrac{1,000}{(1+r)} + \dfrac{1,000}{(1+r)^2} + \dfrac{11,000}{(1+r)^3}$ ∴r = 13%

일 자	유효이자(13%)	액면이자(10%)	상각액	장부가
20x1초				9,292
20x1말	1,208	1,000	208	9,500
20x2말	1,235	1,000	235	9,735
20x3말	1,265	1,000	265	10,000

20x1초	(차) 현 금 9,292 사발차 708	(대) 사 채 10,000	−
20x1말	(차) 이자비용 1,208	(대) 사발차 208 현 금 1,000	−
20x2.7.1	(차) 이자비용 309	(대) 미지급이자 250[1)] 사발차 59[2)]	1) 10,000×10%×6/12×50% = 250 2) 235×6/12×50% = 59
	(차) 사 채 5,000 미지급이자 250 사채상환손실 62	(대) 현 금 5,121 사발차 191[3)]	3) (708−208−235×6/12)×50% = 191 ⇓ (708−208)×50%−59 = 191

[Trick] 사채상환손익=사채장부가 − 미지급이자제외한 지급액

보론 **사채상환손익이 발생하는 이유**
사채상환시점의 시장이자율이 변동되어 현재가치(사채의 실질가치)가 변동되기 때문임.
→ 즉, 시장이자율이 상승시 현재가치하락으로 싼 가격에 상환하므로 상환이익이 발생함.

자기사채	취득시	• 사채상환과 동일 : 소각목적이든, 재발행목적이든 액면가·사발차를 직접 차감함. **주의** 사채의 차감계정으로 처리하는 것이 아님.
	취득후	① 소 각 시 : 회계처리없음 ② 재발행시 : 사채발행 회계처리 그대로 행함.

FINAL 객관식뽀개기 ⟨━━ **빈출적중문제**

1. 다음 자료를 이용하여 (주)삼일의 20x1년 손익계산서에 계상될 사채상환손익을 계산하면 얼마인가(단, 소수 첫째 자리에서 반올림 한다)? [기출문제]

> ㄱ. 액면금액 : 1,000,000원
> ㄴ. 발행금액 : 950,244원(20x1년 1월 1일 발행)
> ㄷ. 만기 : 20x3년 12월 31일
> ㄹ. 액면이자율 : 연 8% (매년 말 지급)
> ㅁ. 유효이자율 : 연 10%
> ㅂ. 사채발행자인 (주)삼일은 동 사채를 20x1년 12월 31일에 액면이자 지급후 1,000,000원에 상환하였다. (주)삼일은 사채의 액면금액과 발행금액의 차이를 유효이자율법으로 상각하고 있다.

① 상환손실 34,732원   ② 상환손실 29,756원
③ 상환이익 29,756원   ④ 상환이익 34,732원

- ·고속철· 사채상환손익 계산
  '사채상환손익=상환시점 장부가－현금상환액'
  →상환시점의 장부가 :
    950,244+(950,244x10%－1,000,000x8%)=965,268
  →상환손익 : 65,268－1,000,000=△34,732(손실)

2. (주)삼일은 20x1년 1월 1일 액면금액 100,000원의 사채를 발행하고 다음과 같이 회계처리하였다. 20x1년 12월 31일 동 사채의 40%를 37,000원에 상환하였다면 사채상환손익은 얼마인가? [기출문제]

> [20x1년 1월 1일]
> (차) 보통예금   96,000   (대) 사채   100,000
>   사채할인발행차금   4,000
> [20x1년 12월 31일]
> (차) 이자비용   9,750   (대) 보통예금   8,400
>   사채할인발행차금   1,350

① 상환이익 1,060원   ② 상환이익 1,940원
③ 상환손실 1,060원   ④ 상환손실 1,940원

- ·20x1년 12월 31일 40% 사채상환시
  (차) 사채 40,000 (대) 보통예금   37,000
                      사발차(4,000－1,350)x40%=1,060
                      사채상환이익   1,940
- ·고속철· 사채상환손익 계산
  '사채상환손익=상환시점 장부가－현금상환액'
  →상환시점의 장부가 : (96,000+1,350)x40%=38,940
  →상환손익 : 38,940－37,000=1,940(이익)

3. (주)삼일은 20x1년 1월 1일 시장이자율이 연 9%일 때 액면금액이 10,000원이고, 만기가 3년인 회사채를 9,241원에 할인발행하였다. 이 회사채는 매년말 이자를 지급한다. 이 회사채의 20x1년 12월 31일 장부금액이 9,473원이라면, 이 회사채의 표시이자율은 얼마인가(단, 문제 풀이과정에서 계산되는 모든 화폐금액은 소수점 이하에서 반올림하시오.)? [기출문제]

① 5.8%   ② 6%
③ 6.2%   ④ 6.5%

- ·발행시 회계처리
  (차) 현금   9,241   (대) 사채   10,000
      사발차   759
- ·20x1년말 회계처리
  (차) 이자비용   832[1]   (대) 현금   600[3]
                              사발차   232[2]

[1]9,241x9%=832
[2]9,473－9,241=232
[3]대차차액
 →∴10,000x표시이자율=600에서, 표시이자율=6%

백점이론 제45강 충당부채

의의	정의	❖과거사건에 의해서 발생한 현재의무(법적의무 또는 의제의무)로 지출의 시기·금액이 불확실한 부채 **주의** 충당부채는 현재의무이나 우발부채는 잠재적의무임. **보론** 의제의무는 환불정책과 같은 약속에 따른 의무를 말함.
	인식요건	① 과거사건이나 거래의 결과로 현재의무(법적의무 또는 의제의무)가 존재해야 함. ② 당해 의무를 이행하기 위하여 자원유출가능성이 매우 높아야 함. ➡발생확률 80% 이상 ③ 그 의무의 이행에 소요되는 금액을 신뢰성 있게 추정가능해야 함. **예시** 제품보증이나 환불정책은 충당부채를 인식하나, 화재 등의 손실위험과 미래예상영업손실은 충당부채를 인식치 않음.
	인식근거	•수익·비용대응의 원칙

충당부채 측정	최선의 추정치		•현재의무이행 소요지출에 대한 보고기간말 현재의 최선의 추정치이어야 함.
	불확실성		•불확실성이 고려되어야 하며, 현금유출이 발생가능한 경우가 여러 가지일 때 충당부채는 각 경우의 현금유출추정액에 각각의 발생확률을 곱한 금액의 합계금액으로 인식.
	현재가치	의의	•명목금액과 현재가치의 차이가 중요한 경우에는 의무를 이행하기 위하여 예상되는 지출액의 현재가치로 평가함.
		할인율	•부채의 특유위험과 화폐의 시간가치에 대한 현행시장의 평가를 반영한 세전이율을 사용함. **주의** 세후이율이 아님. ➡할인율에 반영되는 위험에는 위험이 이중으로 조정되는 것을 방지하기 위해 미래 현금흐름을 추정할 때 고려된 위험은 반영하지 않음.
		충당부채 변동	•보고기간말마다 잔액을 검토하고, 최선의 추정치를 반영하여 증감조정함. •현재가치 평가의 할인율은 당초사용한 할인율이나 보고기간말 할인율 중 선택하여, 계속 적용함. **주의** 당초사용한 할인율만을 사용하는 것이 아님.
	예상처분차익		•충당부채를 발생시킨 사건과 밀접하게 관련된 자산의 처분이익이 예상되는 경우, 당해 처분이익은 충당부채 금액을 추정하는데 고려하지 아니함. **주의** 충당부채금액 산정시 차감하는 것이 아니라 총액으로 계상함. **예시** 구조조정비용 100,000, 구조조정에 보유중인 토지매각이익 1,000이 예상됨. (차) 비 용 100,000 (대) 충당부채 100,000

충당부채 변제	재무상태표	총액인식		•의무금액 총액을 부채로 인식 •제3자가 변제할 것이 확실한 금액만 자산으로 인식 ➡단, 자산인식금액은 충당부채금액 초과불가함. **주의** ∴충당부채와 제3자 변제관련자산을 상계치 않음.	
	손익계산서	순액인식 가능	•수익은 충당부채의 인식과 관련된 비용과 상계가능함.		
			방법 ①		방법 ②
			(차) 비용 900 (대) 충당부채 900 미수금 100 수익 100		(차) 비용 800 (대) 충당부채 900 미수금 100

구조조정	❖구조조정 관련 직접발생한 필수적지출로 계속적 활동과 무관한 지출의 경우 구조조정충당부채를 인식 ❖다음의 지출은 영업활동과 관련된 것이므로 구조조정충당부채로 인식할 수 없음. •계속 근무하는 종업원 교육훈련과 재배치 / 마케팅 / 새로운 제도·물류체계 구축에 대한 투자

FINAL 객관식뽀개기 ─ 빈출적중문제

1. 충당부채는 일정한 요건을 모두 갖췄을 때 재무제표의 부채로 인식한다. 다음 중 충당부채로 인식되기 위한 요건을 올바르게 짝지은 것은? [기출문제]

> ㄱ. 과거 사건이나 거래의 결과로 현재의무가 존재해야 한다.
> ㄴ. 당해 의무로 인하여 기업에 발생할 손실금액이 확정되어야 한다.
> ㄷ. 당해 의무를 이행하기 위하여 자원이 유출될 가능성이 매우 높아야 한다.
> ㄹ. 그 의무의 이행에 소요되는 금액을 신뢰성있게 추정할 수 있어야 한다.

① ㄱ, ㄴ
② ㄷ, ㄹ
③ ㄱ, ㄷ, ㄹ
④ ㄴ, ㄷ, ㄹ

낵빅게의섭

• 충당부채는 지출의 시기와 금액이 불확실한 부채이다.

2. 다음 중 ㈜삼일의 충당부채에 대한 회계처리로 가장 옳지 않은 것은? [기출문제]

① ㈜삼일은 현재의무의 이행에 소요되는 지출에 대한 보고기간종료일 현재 최선의 추정치를 산출하여 충당부채로 계상하였다.
② ㈜삼일은 판매시점으로부터 2년간 품질을 보증하는 조건으로 제품을 판매하고 있고, 예상되는 미래 보증수리비용 추정액의 현재가치로 충당부채를 계상하였다.
③ ㈜삼일은 충당부채의 명목금액과 현재가치의 차이가 중요하여 예상 지출액의 현재가치로 충당부채를 평가하였다.
④ ㈜삼일은 미래의 예상 영업손실에 대하여 그 금액을 추정하여 충당부채를 계상하였다.

낵빅게의섭

• 미래의 예상 영업손실은 충당부채로 인식하지 않는다.

3. 다음 중 충당부채 및 우발부채에 관한 설명으로 가장 올바르지 않은 것은? [기출문제]

① 충당부채로 인식하는 금액은 현재의무의 이행에 소요되는 지출에 대한 보고기간종료일 현재의 최선의 추정치이어야 한다.
② 충당부채의 명목금액과 현재가치의 차이가 중요한 경우에는 현재가치로 평가한다.
③ 미래의 예상 영업손실은 충당부채로 인식하지 아니한다.
④ 충당부채를 발생시킨 사건과 관련된 자산의 처분이익이 예상되는 경우 처분이익을 고려하여 충당부채 금액을 계산한다.

낵빅게의섭

• 충당부채를 발생시킨 사건과 관련된 자산의 처분이익이 예상되는 경우 당해 처분이익은 충당부채 금액을 추정하는데 고려하지 아니한다. 즉, 충당부채 금액을 계산시 차감하는 것이 아니라 총액으로 계상한다.

4. 다음은 항공운송업을 영위하고 있는 ㈜삼일사의 구조조정 계획과 관련된 자료들이다. 구조조정충당부채로 인식할 금액은 얼마인가? [기출문제]

> 삼일항공사는 국내선 항공사업부를 폐쇄하기로 하고, 구조조정의 영향을 받을 당사자가 구조조정을 이행할 것이라는 정당한 기대를 가질 정도로 구조조정계획의 주요 내용을 구체적으로 공표하였다. 구조조정과 관련하여 예상되는 지출이나 손실은 다음과 같다.
> ㄱ. 해고대상직원들의 퇴직위로금 : 5,000,000원
> ㄴ. 계속 근무하는 직원에 대한 교육훈련 비용 : 2,000,000원
> ㄷ. 새로운 제도 구축에 대한 투자 : 1,000,000원

① 0원
② 5,000,000원
③ 7,000,000원
④ 8,000,000원

낵빅게의섭

• 해고대상직원들의 퇴직위로금만이 구조조정충당부채로 인식할 금액이다.
• 구조조정과 관련하여 직접 발생 필수적 지출로 계속적 활동과 무관한 지출의 경우 구조조정충당부채를 인식하며, 다음의 지출은 영업활동과 관련된 것이므로 구조조정충당부채로 인식할 수 없다.

> ㉠ 계속 근무하는 종업원 교육훈련과 재배치
> ㉡ 마케팅
> ㉢ 새로운 제도·물류체계 구축에 대한 투자

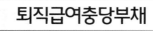

백점이론 제46강 ━━ 퇴직급여충당부채

퇴직급여 충당부채	**퇴직금지급시**	(차) 퇴직급여충당부채 ×××　　　　(차) 현 금 ××× 　　　퇴직급여 ××× ➡ 지급액과 퇴직급여충당부채를 상계하고도 부족시는 퇴직급여로 처리
	결산시(설정)	(차) 퇴직급여 ×××　　　(대) 퇴직급여충당부채 ××× ➡ 당기말퇴직금추계액 − (전기말추계액 − 당기지급액) 　　　　　　　　　　　└'퇴충의 수정전 장부가'

사례　퇴직급여충당부채 회계처리

✿ 20x1년 1월 1일 퇴직급여충당부채는 ₩500,000, 보고기간말 현재 전종업원이 일시퇴직시 지급해야 할 퇴직금상당액(='퇴직금추계액')은 ₩350,000임.

풀이

1. 당기 종업원 퇴직금 지급액이 ₩200,000인 경우

퇴직금지급시	(차) 퇴직급여충당부채	200,000	(대) 현금	200,000
결산시	(차) 퇴직급여	50,000	(대) 퇴직급여충당부채	50,000

→결산시 설정액 : 350,000 − (500,000 − 200,000) = 50,000

2. 당기 종업원 퇴직금 지급액이 ₩600,000인 경우

퇴직금지급시	(차) 퇴직급여충당부채 퇴직급여	500,000 100,000	(대) 현금	600,000
결산시	(차) 퇴직급여	350,000	(대) 퇴직급여충당부채	350,000

→결산시 설정액 : 350,000 − (500,000 − 500,000) = 350,000

퇴직연금	**확정기여형**	**개요**	• 회사부담금이 미리확정 → 종업원이 적립금 운용수익자임. 　➡ 회사는 부담금납부로 모든 의무종결되며, 납부액만 비용처리하면 됨. 　　　∴퇴직급여충당부채를 인식하지 않음.
		회계처리	**납부시**　(차) 퇴직급여 xxx　　(대) 현금 xxx
	확정급여형	**개요**	• 종업원연금이 미리확정 ➡회사가 적립금 운용수익자임.
		회계처리	**납부시**　(차) 퇴직연금운용자산[1] xxx　(대) 현금 xxx **퇴직시**　❖종업원이 일시금수령 선택시 　(차) 퇴직급여충당부채 xxx　(대) 퇴직연금운용자산 xxx 　❖종업원이 연금수령 선택시 　(차) 퇴직급여충당부채 xxx　(대) 퇴직연금미지급금[2] xxx 　　　퇴직급여 xxx **결산시**　(차) 퇴직급여 xxx　(대) 퇴직급여충당부채[3] xxx **운용수익**　(차) 퇴직연금운용자산 xxx　(대) 퇴직연금운용수익 xxx

[1] 퇴직급여충당부채에 차감형식으로 표시하며, 퇴직급여충당부채와 퇴직연금미지급금의 합계액을 초과하는 금액은 투자자산으로 표시한다.

[2] 지급할 연금의 현재가치로서, 퇴직급여충당부채에 가산형식으로 표시

[3] 종업원이 일시금수령 선택한다고 가정하고 계상

FINAL 객관식뽀개기 ⊂ **빈출적중문제**

1. 다음은 ㈜삼일의 퇴직급여충당부채에 대한 자료이다. ㈜삼일의 당기 중 퇴직금 지급액은 얼마인가? [기출문제]

> ㄱ. 기초 퇴직급여충당부채 잔액 : 30,000,000원
> ㄴ. 기말 퇴직급여충당부채 잔액 : 24,000,000원
> ㄷ. 당기 말 회사가 행한 회계처리는 다음과 같다.
>   (차) 퇴직급여   8,000,000
>   (대) 퇴직급여충당부채   8,000,000

① 6,000,000원 ② 8,000,000원
③ 12,000,000원 ④ 14,000,000원

• 퇴직급여충당부채 계정

당기지급	?	기초퇴충	30,000,000
기말퇴충	24,000,000	퇴직급여(설정)	8,000,000

→ ∴당기지급=14,000,000

2. 다음은 ㈜삼일의 퇴직급여와 관련된 회계정보이다. 20x2년에 ㈜삼일이 손익계산서에 계상한 퇴직급여는 얼마인가? [기출문제]

	20x1년	20x2년
12.31 퇴직급여충당부채 잔액	30,000원	60,000원
퇴직금 지급액	2,000원	5,000원

① 25,000원 ② 35,000원
③ 60,000원 ④ 85,000원

• 퇴직급여충당부채 계정

당기지급	5,000	기초퇴충	30,000
기말퇴충	60,000	퇴직급여(설정)	?

→ ∴퇴직급여=35,000

3. 다음은 ㈜삼일의 퇴직급여충당부채의 자료이다. ㈜삼일이 20x1년 비용으로 인식할 퇴직급여는 얼마인가?
[기출문제]

> ㄱ. ㈜삼일은 매년말 퇴직금추계액만큼 퇴직급여충당부채를 설정하고 있으며, 퇴직금추계액 자료는 다음과 같다.
>
> | 20x1년 1월 1일 | 20x2년 12월 31일 |
> |---|---|
> | 172,500,000원 | 153,000,000원 |
>
> ㄴ. ㈜삼일은 20x1년 중 퇴직금으로 30,000,000원을 지급하였다.

① 3,000,000원 ② 7,500,000원
③ 10,500,000원 ④ 14,000,000원

• 퇴직급여충당부채 계정

당기지급	30,000,000	기초퇴충	172,500,000
기말퇴충	153,000,000	퇴직급여(설정)	?

→ ∴퇴직급여=10,500,000

4. 다음은 (주)삼일의 퇴직급여충당부채 관련 내용이다. 20x2년 중 퇴직급여로 지급한 금액은 얼마인가(단, 당기 매출원가에는 생산부서에 근무하는 종업원에 대한 퇴직급여 40,000원이 포함되어 있으며, 기타 변동은 없는 것으로 가정한다)? [기출문제]

> 가. 요약재무상태표
>
> | | 20x2년말 (제10기) | 20x1년말 (제9기) |
> |---|---|---|
> | 퇴직급여충당부채 | 190,000원 | 140,000원 |
>
> 나. 요약손익계산서
>
> | 20x2.1.1 ~ 20x2.12.31(제10기) | |
> |---|---|
> | 1. 매출액 | 300,000원 |
> | 2. 매출원가 | 150,000원 |
> | 3. 매출총이익 | 150,000원 |
> | 4. 판매관리비 | 100,000원 |
> | 5. 퇴직급여 | 60,000원 |

① 20,000원 ② 30,000원
③ 40,000원 ④ 50,000원

• 퇴직급여충당부채상계액(140,000+60,000−190,000)+매출원가 계상액(40,000)=50,000

제1편 백점이론특강 | 제2편 기출문제특강 | SET1 | SET2 | SET3 | SET4 | SET5 | SET6 | SET7 | SET8 | SET9 | SET10 | 신유형 | 기출문제오답노트 | 실전기출모의고사

백점이론 제47강 ◁ 기타충당부채

| 20x1매출과
보증비발생 | (차) 현 금 | 10,000 | (대) 매 출 | 10,000 |
| | (차) 제품보증비 | 100 | (대) 현 금 | 100 |

| 20x1결산시 | (차) 제품보증비 | 200 | (대) 제품보증충당부채 | 200 |

➡ 추정보증비가 300인 경우로 이미 인식분 100을 차감하여 계상

| 20x2실제발생시 | (차) 제품보증충당부채 | 200 | (대) 현 금 | 200 |

➡ 유효기간경과시는 제품보증충당부채잔액을 환입

사례 제품보증충당부채 회계처리

❂ (주)아침마담은 판매일로부터 1년간 제품보증정책을 사용하고 있다. 보증비는 매출액의 3%로 예측함.
각 회계연도의 매출액과 실제제품보증비용발생액이 다음과 같을 때, 회계처리를 하라.

		20x1년	20x2년
매출액		₩1,000,000	₩1,500,000
제품보증비발생액	20x1년도분	₩15,000	₩12,000
	20x2년도분	–	₩22,000

풀이

20x1년	매출시	(차) 현금	1,000,000	(대) 매출	1,000,000	
	보증시	(차) 제품보증비	15,000	(대) 현금	15,000	
	결산시	(차) 제품보증비	15,000	(대) 제품보증충당부채	15,000[1]	
20x2년	매출시	(차) 현금	1,500,000	(대) 매출	1,500,000	
	보증시	(차) 제품보증충당부채	12,000	(대) 현금	34,000	
		제품보증비	22,000			
	결산시	(차) 제품보증충당부채	3,000	(대) 제품보증충당부채환입	3,000[2]	
		(차) 제품보증비	23,000	(대) 제품보증충당부채	23,000[3]	

[1] $1,000,000 \times 3\% - 15,000 = 15,000$ [2] $15,000 - 12,000 = 3,000$ [3] $1,500,000 \times 3\% - 22,000 = 23,000$

저자주 환입 3,000을 인식하지 않는 회계처리를 하는 경우
보증시에 충당부채를 15,000감소시키고, 제품보증비로 19,000을 계상해도 무방함.

제품보증충당부채

반품가능판매 수익인식요건
① 판매가격이 확정되었고, 구매자의 지급의무가 재판매여부에 영향을 받지 않음.
② 판매자가 재판매에 대한 사실상의 책임을 지지 않으며, 반품금액을 추정가능함.

환불충당부채

회계처리

예시 반품가능판매액 8,000(원가율 70%), 예상반품율 10%인 경우

수익인식	(차) 매출채권	8,000	(대) 매출(판매예상분)	7,200
			환불충당부채(반품예상분)	800
원가인식	(차) 매출원가(판매예상분)	5,040	(대) 재고자산	5,600
	반품제품회수권(반품예상분)	560		

하자보수충당부채

설정시

| (차) 하자보수비 | 100 | (대) 하보충(추정액) | 100 |

실제 발생시

[Case I]					[Case II]				
(차) 하보충	70	(대) 현금	70		(차) 하보충	100	(대) 현금	120
하보충	30	하보충환입	30		하자보수비	20		

FINAL 객관식뽀개기 ── 빈출적중문제

1. 20x2년초 사업을 개시한 (주)삼일은 판매후 1년간 판매한 상품에서 발생하는 결함을 무상으로 수리해주고 있으며, 보증비용은 매출액의 8%로 추정된다. 20x2년말 재무상태표에 제품보증충당부채로 계상되어야 할 금액은 얼마인가?　[기출문제]

> ㄱ. 20x2년 매출액 : 100억원
> ㄴ. 20x2년 중 당기 매출액에 대해 3억원의 제품보증비가 발생함.

① 3억원　　　　　② 5억원
③ 8억원　　　　　④ 10억원

 낵비게이션

• 100억×8%-3억=5억

2. (주)삼일은 제품의 판매일로부터 1년간은 제품하자로 인한 품질보증을 실시하고 있다. 과거 경험으로 매출액의 5%가 품질보증비용으로 발생하고 있다. 당년도에 연간 3,000,000원을 매출하고 실제로 발생한 품질보증비용 100,000원은 제품보증비로 회계처리하였다. 이전연도에 제품보증충당부채를 설정하지 않은 상황에서, 결산시의 분개로 적합한 것은?　[적중예상]

① (차) 제품보증비 50,000 (대) 현금　　　　　　50,000
② (차) 제품보증비 50,000 (대) 제품보증충당부채 50,000
③ (차) 제품보증비 100,000 (대) 현금　　　　　100,000
④ (차) 제품보증비 100,000 (대) 제품보증충당부채 100,000

낵비게이션

• 매출액 에 대한 제품보증충당부채의 계상액
　3,000,000×5%=150,000
• 결산시 제품보증충당부채의 설정액 :
　제품보증충당부채계상액 150,000-기발생제품보증비 100,000=50,000
　(차) 제품보증비　50,000　(대) 제품보증충당부채　50,000

3. ㈜삼일은 20x1년말 5,000,000원의 외상매출을 하였다. 3개월 내에 반품을 인정하는 조건으로 이 중 2%가 반품될 것으로 예상된다면 ㈜삼일이 20x1년도에 동 외상매출시 인식할 다음의 금액은 각각 얼마인가?　[기출문제]

	매출액	매출채권
①	4,900,000원	4,900,000원
②	4,900,000원	5,000,000원
③	5,000,000원	4,900,000원
④	5,000,000원	5,000,000원

 **낵비게이션**

• 회계처리
　(차)매출채권　　5,000,000　(대)매출　　　　　4,900,000
　　　　　　　　　　　　　　　　환불충당부채　　　100,000
　(차)매출원가　　　　xxx　(대)재고자산　　　　　xxx
　　　반품제품회수권　　xxx
→ ∴매출액 : 4,900,000, 매출채권 : 5,000,000

4. 다음 중 반품가능판매의 경우 수익을 인식하기 위하여 충족되어야 하는 조건에 해당하는 것을 모두 고르면 몇 개인가?　[적중예상]

> ㄱ. 판매가격이 사실상 확정됨.
> ㄴ. 구매자의 지급의무가 재판매여부에 영향을 받지 않음.
> ㄷ. 판매자가 재판매에 대한 사실상의 책임을지지 않음.
> ㄹ. 미래의 반품금액을 신뢰성있게 추정할 수 있음.

① 1개　　　　　② 2개
③ 3개　　　　　④ 4개

낵비게이션

• 모두 수익인식요건에 해당한다.

백점이론 제48강 우발부채 · 우발자산

정의	우발부채	• 다음에 해당하는 잠재적인 부채를 말함. ① 과거사건은 발생했으나 통제불가한 불확실 미래사건의 발생여부에 의해서만 그 존재여부가 확인되는 잠재적인 의무 ② 과거사건이나 거래의 결과로 발생한 현재의무이지만 그 의무를 이행하기 위하여 자원이 유출될 가능성이 매우 높지가 않거나, 또는 그 가능성은 매우 높으나 당해 의무를 이행하여야 할 금액을 신뢰성 있게 추정할 수 없는 경우
	우발자산	• 과거사건이나 거래의 결과 발생할 가능성 있으며, 통제할 수 없는 하나 또는 그 이상의 불확실한 미래사건의 발생여부에 의해서만 그 존재여부가 확인되는 잠재적 자산을 말함. • 우발자산은 미래에 확정되기까지 자산인식 불가함. ➡즉, 자산유입이 확정된 경우에 관련자산과 이익을 인식함.

인식	우발부채	• 우발부채는 다음의 이유로 인하여 부채로 인식하지 아니함. ① 자원의 유출을 초래할 현재의무가 있는지의 여부가 아직 확인되지 않는다. ② 현재의무가 존재하지만, 그 의무를 이행하는데 자원의 유출가능성이 매우 높지가 않거나 또는 그 가능성은 매우 높으나 그 금액을 신뢰성있게 추정할 수 없다. • 우발부채는 의무를 이행하기 위하여 자원이 유출될 가능성이 아주 낮지 않는 한 우발부채를 주석으로 기재함. ➡그러나 다음의 경우에는 자원의 유출가능성이 거의 없더라도 반드시 그 내용을 주석으로 공시함. 　▸ 타인에게 제공한 지급보증 또는 이와 유사한 보증 　▸ 중요한 계류중인 소송사건

〈정리〉

자원유출가능성 ＼ 금액추정가능성	신뢰성있게 추정가능	추정불가능
가능성이 매우 높음	**충당부채로 인식**	우발부채로 주석공시
가능성이 어느 정도 있음	**우발부채로 주석공시**	
가능성이 아주 낮음(거의 없음)	공시하지 않음	공시하지 않음

우발자산

〈정리〉

자원유입가능성 ＼ 금액추정가능성	신뢰성있게 추정가능	추정불가능
가능성이 매우 높음	**우발자산으로 주석공시**	**우발자산으로 주석공시**
가능성이 어느 정도 있음	공시하지 않음	공시하지 않음

FINAL 객관식뽀개기 빈출적중문제

1. 회계관리 1급 자격시험을 준비하는 4명의 스터디원들이 이번 주의 스터디 주제인 충당부채에 관한 논의를 시작하였다. 충당부채에 대해 가장 잘못 이해하고 있는 사람은 누구인가? [기출문제]

① 철수 : ㈜삼일은 판매시점으로부터 3년간 품질을 보증하는 조건으로 제품을 판매하는데, 20x1년 중에 판매한 제품에 대해 추정한 보증수리비용 10,000,000원을 충당부채로 인식해야 한다.

② 영희 : 가방 도소매점을 운영하는 ㈜용산은 법적의무가 없음에도 불구하고 제품에 대해 만족하지 못하는 고객에게 환불해 주는 정책을 펴고 있으며, 이러한 사실은 고객에게 널리 알려져 있다. ㈜용산은 환불을 받기 위해 반품된 금액 중 일정 비율 만큼 자원의 유출가능성이 매우 높다면 환불비용에 관한 최선의 추정치로 충당부채를 인식해야 한다.

③ 순이 : ㈜강남은 화재 손실에 대비한 보험에 가입하고 있지 않다. 20x1년말 ㈜강남이 소유하고 있는 건물의 취득원가는 300,000,000원인데 이 금액을 충당부채로 인식해야 한다.

④ 영철 : ㈜강북은 자회사의 차입금 200,000,000원에 관한 지급보증을 하였다. 자회사의 경영상태로 보아 실제 손실이 발생할 가능성은 없는 상태이므로 충당부채로 인식하지 않고, 그 내용을 주석으로 기재해야 한다.

 내비게이션

• 제품보증이나 환불정책은 충당부채를 인식하나, 화재등의 손실위험과 미래영업손실은 충당부채를 인식치 않으며, 타인에게 제공한 지급보증 또는 이와 유사한 보증은 자원의 유출가능성이 거의 없더라도 반드시 그 내용을 우발부채로 하여 주석으로 공시한다.

2. 충당부채란 지출의 시기 또는 금액이 불확실한 부채를 말한다. 충당부채를 인식하는데 필요한 요건이 아닌 것은? [적중예상]

① 불확실한 미래사건의 발생여부에 의해서만 그 존재여부가 확인되는 잠재적인 의무이다.

② 과거사건이나 거래의 결과로 현재의무가 존재하여야 한다.

③ 당해 의무를 이행하기 위하여 자원이 유출될 가능성이 매우 높아야 한다.

④ 그 의무의 이행에 소요되는 금액을 신뢰성 있게 추정할 수 있어야 한다.

 내비게이션

• 우발부채와 관련이 있음.

3. 일반기업회계기준의 충당부채와 우발자산·부채에 대한 설명이다. 틀린 것은? [적중예상]

① 충당부채는 현재의무이고 이를 이행하기 위하여 자원이 유출될 가능성이 매우 높고 그 금액을 신뢰성 있게 추정할 수 있으므로 부채로 인식한다.

② 자원의 유출을 초래할 현재의무가 불확실하거나, 현재의무가 존재하지만, 그 금액을 신뢰성 있게 추정할 수 없는 우발부채는 부채로 인식되지 않는다.

③ 우발자산은 원칙적으로 자산으로 인식하지 아니하고 자원의 유입가능성이 매우 높은 경우에만 자산으로 인식한다.

④ 충당부채는 보고기간말마다 그 잔액을 검토하고, 보고기간말 현재 최선의 추정치를 반영하여 증감 조정한다.

 내비게이션

• 우발자산은 자산으로 인식하지 아니하고 자원의 유입가능성이 매우 높은 경우에만 주석에 기재한다.

4. 다음은 우발부채를 재무제표에 인식하기 위한 인식기준을 나타낸 것이다. ㉠, ㉡에 들어갈 알맞은 것은? [적중예상]

금액추정 자원유출	신뢰성있게 추정가능	추정불가능
가능성이 매우 높음	㉠	㉡
가능성이 어느 정도 있음	주석공시	주석공시
가능성이 거의 없음	공시하지 않음	공시하지 않음

	㉠	㉡
①	주석공시	주석공시
②	공시하지 않음	주석공시
③	재무제표에 반영	주석공시
④	재무제표에 반영	공시하지 않음

 내비게이션

• 자원유출가능성이 매우높고 금액을 신뢰성있게 추정할수 있는 경우
→충당부채를 인식함
• 자원유출가능성이 매우높고 금액을 신뢰성있게 추정할수 없는 경우
→우발부채로 주석공시

백점이론 제49강 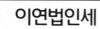 이연법인세

계산구조	의 의	• 법인세부담액을 손익계산서상 법인세비용으로 계상하게 되면 회계이익과 무관한 금액이 계상되므로, 수익·비용의 올바른 대응을 위해 법인세부담액을 배분함. • 이연법인세자산(=차감할일시적차이) : 회계이익 〈 과세소득 ➡유보(익금산입)존재 → 반대조정으로 미래에 세금 덜 냄. → ∴자산성 있음. ➡보고기간종료일마다 실현가능성을 재검토함. • 이연법인세부채(=가산할일시적차이) : 회계이익 〉 과세소득 ➡유보(손금산입)존재 → 반대조정으로 미래에 세금 더 냄. → ∴부채성 있음. ➡실현가능성을 검토하지 않고 바로 부채로 계상함.
	대 상	① 일시적차이(유보) ② 이월결손금의 세금효과 ③ 세액공제의 세금효과
	공시방법	• 유동자산(부채) 또는 기타비유동자산(부채)로 공시함. • 이연법인세자산(부채)는 각각 상계하여 표시하며, 현재가치 평가대상에서 제외함.
	계산절차	[1단계] 당기법인세부채(미지급법인세) = 과세소득 × 당기세율 =(세전순이익 ± 영구적차이 ± 일시적차이) × 당기세율 [2단계] 이연법인세자산(부채) = 유보(△유보) × 미래예상세율 [3단계] 법인세비용=대차차액에 의해 계산 •주의 이연법인세자산(부채)은 당기세율이 아니라 소멸시점의 미래예상세율을 적용함.

계산방법	자산부채법	• 이연법인세자산(부채)을 먼저 계산 후 법인세비용계상 ➡∴자산·부채 적정계상유리

▼사례   이연법인세자산 · 부채계산

❂ 20x1년 설립. 20x1년 법인세계산서식 발췌 자료는 다음과 같다.
• 유보 1 : ₩500,000 − 20x2~20x5 매년 ₩125,000씩 소멸로 추정
• 유보 2 : ₩100,000 − 20x2 전액소멸로 추정
• △유보3 : (₩800,000) − 20x2, 20x3, ₩150,000씩, 20x4, 20x5 ₩250,000씩 소멸로 추정
[요구사항]
1. 세율이 30%로 일정시 20x1년 회계처리?
2. 20x2년 △유보4 ₩400,000이 발생했으며(20x3, 20x4에 ₩200,000씩 소멸), 세율이 20x3부터 25%로 변동시 20x2년 회계처리?

 풀이

20x1년	20x2년

이연법인세자산 유보1 : 500,000×30%
         유보2 : 100,000×30%
이연법인세부채 △유보3 : <u>800,000×30%</u>
이연법인세부채   60,000
	이연법인세자산 유보1 :(500,000 − 125,000)×25%
	         유보2 : −
	이연법인세부채 △유보3 : (800,000 − 150,000)×25%
	         △유보4 : <u> 400,000×25%</u>
	이연법인세부채 168,750

(차) 법인세비용 ××× (대) 미지급법인세   ×××
              이연법인세부채 60,000
	(차) 법인세비용 ××× (대) 미지급법인세 ×××
	                이연법인세부채 108,750

•주의 if, 위 20x2년 계산결과가 이연법인세부채 168,750이 아니라, 이연법인세자산 70,000일 때
→(차) 법인세비용   ×××   (대) 미지급법인세   ×××
        이연법인세부채   60,000
        이연법인세자산   70,000

FINAL 객관식뽀개기 — 빈출적중문제

1. 다음 중 이연법인세회계에 관한 설명으로 가장 옳은 것은? [기출문제]

① 일시적차이란 자산·부채의 회계상 장부금액과 세법상 장부금액의 차이가 존재하기 때문에 발생한다.

② 이연법인세자산·부채는 일시적차이와 영구적차이의 구별없이 모두 인식한다.

③ 이월결손금은 미래 법인세부담을 감소시키게 되므로 이연법인세부채로 계상한다.

④ 이연법인세회계는 발생하는 시기에 자산·부채로 인식하는 것이므로 발생시기의 법인세율을 적용한다.

 낵빅캐의션

• ② 이연법인세자산·부채는 일시적차이에 대해 인식한다.

③ 이월결손금은 미래 법인세부담을 감소시키게 되므로 이연법인세자산으로 계상한다.

④ 이연법인세회계는 일시적차이 소멸시점의 미래예상 법인세율을 적용한다.

2. 다음 중 일반기업회계기준상 이연법인세자산, 부채와 관련한 회계처리를 가장 올바르게 수행한 회계담당자는? [기출문제]

① 박대리 : 난 어제 이연법인세자산,부채를 계산하면서 비유동자산, 부채로만 계상했어.

② 오대리 : 이연법인세자산은 향후 과세소득의 발생이 거의 확실하여 미래의 법인세 절감효과가 실현될 수 있을 것으로 기대되는 경우에 인식해.

③ 이대리 : 이연법인세자산, 부채는 보고기간 종료일로부터 1년 초과시점에 실현되는 경우 현재가치로 평가해.

④ 김대리 : 이연법인세자산, 부채를 계산할 때 미수이자와 같은 일시적차이는 제외하고 영구적 차이만 고려했어.

낵빅캐의션

• ① 유동자산(부채) 또는 비유동자산(부채)로 공시한다.

③ 이연법인세자산(부채)는 현재가치 평가대상에서 제외한다.

④ 영구적차이가 아니라 일시적차이를 고려한다.

3. 20x1년 사업을 개시한 ㈜삼일의 미수이자에 대한 정보는 다음과 같다. 20x1년말 재무상태표에 계상될 이연법인세자산 또는 이연법인세부채는 얼마인가? [기출문제]

> ㄱ. 20x1년 12월 31일 : 미수이자 150,000원 인식
> ㄴ. 평균세율 : 30%
> ㄷ. 세법상 미수이자에 대한 귀속시기는 현금주의다.

① 이연법인세자산   22,500원
② 이연법인세부채   22,500원
③ 이연법인세자산   45,000원
④ 이연법인세부채   45,000원

낵빅캐의션

• 세무조정 : 익금불산입 미수이자 150,000(△유보)
• 이연법인세부채(△유보) : 150,000x30%=45,000

4. 손익계산서에 계상될 (주)삼일의 법인세비용은 얼마인가? [기출문제]

> ㄱ. 20x2년 당기법인세(법인세법상 당기에 납부할 법인세) 2,000,000원
> ㄴ. 20x1년말 이연법인세 자산 잔액 300,000원
> ㄷ. 20x2년말 이연법인세 부채 잔액 500,000원

① 1,200,000원
② 2,000,000원
③ 2,500,000원
④ 2,800,000원

낵빅캐의션

• (차) 법인세비용(대차차액) 2,800,000 (대) 미지급법인세 2,000,000
　　　　　　　　　　　　　　　　　　　　　　　이연법인세자산 300,000
　　　　　　　　　　　　　　　　　　　　　　　이연법인세부채 500,000

5. ㈜삼일은 20x1년에 영업을 개시하였다. 20x1년 과세소득과 관련된 다음 자료를 이용하여 20x1년의 법인세비용을 구하면 얼마인가? [기출문제]

> ㄱ. 법인세차감전순이익 : 6,000,000원
> ㄴ. 가산조정 : 감가상각비한도초과액 200,000원
> ㄷ. 과세표준 : 6,200,000원
> ㄹ. 세율(가정) : 20%
> [추가자료]
> – 법인세율의 변동은 발생하지 않을 것으로 예상되며, 20x1년부터 ㈜영일의 연도별 법인세 차감전순이익은 6,000,000원으로 동일하게 발생할 것으로 예상된다.

① 700,000원
② 1,040,000원
③ 1,200,000원
④ 1,240,000원

낵빅캐의션

• (차) 법인세비용(대차차액) 1,200,000 (대) 미지급법인세 1,240,000[1]
　　　이연법인세자산　　　　40,000[2]
[1]6,200,000x20%=1,240,000　[2]200,000x20%=40,000

백점이론 제50강 ⊃ 자본과 주식

자본의 의의	등식	• 자산총액-부채총액=자본(소유주지분, 주주지분, 자기자본, 순자산, 잔여지분)
	특징	• 자산·부채의 평가결과에 따라 종속적으로 산출되는 잔여지분임.(별도로 측정불가) • 자본은 평가의 대상이 아님. ➡∴자본총액≠주식의 시가총액, 자기주식 시가평가배제

자본의 분류	납입자본	자본금[*)	• 보통주자본금, 우선주자본금	불입자본 (자본거래)
		자본잉여금	• 주식발행초과금, 감자차익, 자기주식처분이익	
		자본조정	• 주식할인발행차금, 감자차손, 미교부주식배당금 • 자기주식처분손실, 자기주식, 신주청약증거금	
	이익잉여금		• 법정적립금 : 이익준비금 등 • 임의적립금 • 차기이월미처분이익잉여금	유보이익 (손익거래)
	기타포괄손익 누계액		• 매도가능증권평가손익, 해외사업환산손익 • 현금흐름위험회피파생상품평가손익, 재평가잉여금, 지분법자본변동	

[*) 자본금 = 발행주식수 × 주당액면금액

주식의 종류	보통주		• 주식을 발행할 때 기준이 되는 주식을 말함. ➡〈특징〉 의결권 / 배당청구권 / 신주인수권 / 미확정적 지위
	우선주		• 특정 사항에 관해서 보통주에 비하여 우선적인 권리가 부여된 주식을 말함. ➡〈특징〉 이익배당이나 잔여재산분배 등에 우선권 / 무의결권
	이익배당 우선주	누적적우선주	• 미배당금액을 누적하여 지급
		비누적적우선주	• 누적되지 않는 우선주
		참가적우선주	• 동일 배당률로 지급 후 잔여분은 재지급(완전참가/부분참가)
		비참가적우선주	• 위 잔여분에 참가불가 즉, 잔여분은 전부 보통주에 귀속

▼사례 **보통주와 우선주 배당액 계산**

❀ 당기 20x2년 현재 자본금 : 보통주(액면5,000, 1,200주 총 ₩6,000,000), 우선주(6%)(액면5,000, 600주 총 ₩3,000,000), 이월이익잉여금 3,000,000, 1,500,000 배당지급결의. 20x1년 설립된 후 배당된 것은 없음

구 분	우선주배당액	보통주배당액
비누적적, 비참가적	3,000,000×6% = 180,000	1,500,000 − 180,000 = 1,320,000
비누적적, 완전참가적	3,000,000×6% = 180,000 〈당기분〉 960,000×3/9 = 320,000 〈잔여분〉	6,000,000×6% = 360,000 960,000×6/9 = 640,000
누적적, 비참가적	3,000,000×6% = 180,000 〈1년누적〉 3,000,000×6% = 180,000 〈당기분〉	− 1,500,000 − 360,000 = 1,140,000
누적적, 완전참가적	3,000,000×6% = 180,000 〈1년누적〉 3,000,000×6% = 180,000 〈당기분〉 780,000×3/9 = 260,000 〈잔여분〉	− 6,000,000×6% = 360,000 780,000×6/9 = 520,000
비누적적, 10% 부분참가적	3,000,000×6% = 180,000 〈당기분〉 3,000,000×4% = 120,000 〈잔여분〉[*)	6,000,000×6% = 360,000 1,500,000 − 660,000 = 840,000
누적적, 10% 부분참가적	3,000,000×6% = 180,000 〈1년누적〉 3,000,000×6% = 180,000 〈당기분〉 3,000,000×4% = 120,000 〈잔여분〉[*)	− 6,000,000×6% = 360,000 1,500,000 − 840,000 = 660,000

[*) 한도 : 완전참가 가정시 배당금

FINAL 객관식뽀개기 — 빈출적중문제

1. 자본조정이란 자본거래에 해당하나 최종 납입은 자본으로 볼 수 없거나 자본의 가감 성격으로 자본금이나 자본잉여금으로 분류할 수 없는 항목을 의미한다. 다음 중 자본조정으로 가장 올바르지 않은 것은? [기출문제]

① 유형자산 재평가이익(재평가잉여금)
② 신주청약증거금
③ 주식할인발행차금
④ 미교부주식배당금

 내비게이션

•유형자산 재평가이익(재평가잉여금) : 기타포괄손익누계액

2. ㈜삼일의 20x2년도 재무상태표 중 자본의 구성항목이 다음과 같을 때, 자본잉여금, 자본조정 및 기타포괄손익누계액으로 표시되어야 하는 금액은 각각 얼마인가? [기출문제]

ㄱ. 매도가능증권평가이익	500,000원
ㄴ. 자기주식	(350,000원)
ㄷ. 자기주식처분이익	400,000원
ㄹ. 주식할인발행차금	(200,000원)
ㅁ. 감자차익	500,000원

	자본잉여금	자본조정	기타포괄손익누계액
①	500,000원	(350,000원)	700,000원
②	500,000원	(550,000원)	900,000원
③	900,000원	(350,000원)	300,000원
④	900,000원	(550,000원)	500,000원

 내비게이션

•자본잉여금 : 400,000(자기주식처분이익)+500,000(감자차익)
　=900,000
•자본조정 : -350,000(자기주식)-200,000(주식할인발행차금)
　=-550,000
•기타포괄손익누계액 : 500,000(매도가능증권평가이익)

3. 다음 중 재무상태표상 기타포괄손익누계액에 영향을 미치는 항목들로 옳게 짝지은 것은? [기출문제]

| ㄱ. 매도가능증권평가손익 |
| ㄴ. 매도가능증권처분손익 |
| ㄷ. 유형자산 감가상각비 |
| ㄹ. 유형자산 재평가잉여금 |
| ㅁ. (부의)지분법자본변동 |
| ㅂ. 지분법손익 |

① ㄱ, ㄴ, ㄷ
② ㄱ, ㄹ, ㅁ
③ ㄴ, ㄷ, ㅂ
④ ㄹ, ㅁ, ㅂ

 내비게이션

•기타포괄손익누계액
　- 매도가능증권평가손익, 유형자산 재평가잉여금, 지분법자본변동
•당기손익
　- 매도가능증권처분손익, 유형자산 감가상각비, 지분법손익

4. ㈜삼일의 자본금은 다음과 같이 구성되어 있다.

(1) 보통주 : 10,000주 발행, 주당 액면금액 11,000원
(2) 우선주 : 3,000주 발행, 주당 액면금액 10,000원
　(비누적적, 비참가적, 우선주 배당률 5%)

㈜삼일의 주주총회에서 배당금 지급을 결의한 금액이 4,000,000원인 경우 보통주와 우선주에 대한 배당금은 각각 얼마인가? [기출문제]

	보통주배당금	우선주배당금
①	4,000,000원	0원
②	2,500,000원	1,500,000원
③	0원	4,000,000원
④	1,500,000원	2,500,000원

 내비게이션

•우선주배당금 : (3,000주×10,000)×5%=1,500,000
•보통주배당금 : 4,000,000-1,500,000=2,500,000

제1편 백점이론특강

제2편 기출문제특강

SET1
SET2
SET3
SET4
SET5
SET6
SET7
SET8
SET9
SET10

신유형

기출문제완답노트

실전기출모의고사

백점이론 제51강 ○ 자본금

주식발행 유형	**할증발행**	(차) 현 금	700	(대) 자본금(액면) 주식발행초과금	500 200	• 주식할인발행차금(자본조정)과 주식발행초과금(자본잉여금)은 발생순서에 관계없이 우선서로 상계	
	할인발행	(차) 현 금 주식할인발행차금	300 200	(대) 자본금(액면)	500		
	주식발행비 (신주발행비)	• 주식발행가액에서 차감 예 액면 ₩5,000, 발행가 ₩6,000, 주식발행비 ₩50 (차) 현 금 5,950 (대) 자본금 5,000 주식발행초과금 950				• 액면·할인발행시 : 주식할인발행차금 증액 • 할증발행시 : 주식발행초과금 감액	

자본금

• 법정자본금이라고 하며, 발행주식수에 1주당 액면금액을 곱한 금액으로 함.

• 자본금은 보통주자본금과 우선주자본금으로 구성됨.

> **자본금 = 발행주식수 × 1주당 액면금액**

• 재무상태표에 자본금은 납입액이 아니라 항상 액면금액임.

> 참고 **상법규정**
> 정관에 회사가 발행할 주식의 총수, 1주의 금액(100원 이상 균일), 회사 설립시 발행하는 주식의 총수 등을 기재하고 설립시 발행하는 주식총수는 회사가 발행할 주식총수(=수권주식수)의 1/4 이상이어야 함.

비교사항

구 분	주식배당	무상증자	주식분할	주식병합
발 행 주 식 수	증가	증가	증가	감소
주 당 액 면 가 액	불변	불변	감소	증가
총 자 본	불변	불변	불변	불변
자 본 금	증가	증가	불변	불변
자 본 잉 여 금	불변	감소가능	불변	불변
이 익 잉 여 금	감소	감소가능	불변	불변

> 주의 **주주의 회계처리**
> 실질적 주주의 이익이 아니므로 회계처리를 하지 않음.
> 비교 주식배당 : 이익잉여금을 자본에 전입하고 주식교부하는 것
> 무상증자 : 이익잉여금이나 자본잉여금을 자본에 전입하고 주식교부하는 것
> 주식분할 : 예 100,000원의 주식 1주를 50,000원 주식 2주로 쪼개는 것
> 주식병합 : 예 50,000원의 주식 2주를 100,000원 주식 1주로 합치는 것

FINAL 객관식뽀개기 ── 빈출적중문제

1. 다음은 (주)삼일의 유상증자와 관련된 자료이다.

ㄱ. 1주당 액면금액	:	5,000원
ㄴ. 1주당 발행금액	:	6,500원
ㄷ. 발행주식수	:	100,000주
ㄹ. 신주발행비	:	20,000,000원

상기 유상증자시 재무상태표에 계상할 주식발행초과금은 얼마인가? [기출문제]

① 130,000,000원　　② 150,000,000원
③ 480,000,000원　　④ 600,000,000원

백비게의션

• 할증발행시 신주발행비는 주식발행초과금에서 차감한다.
 →주식발행초과금=100,000주×1,500−20,000,000=130,000,000
 (차) 현금　630,000,000　(대) 자본금　　　　500,000,000
 　　　　　　　　　　　　 주식발행초과금　130,000,000

2. 다음 중 현금배당, 주식배당과 무상증자가 자본총액에 미치는 영향으로 가장 옳은 것은? [기출문제]

	현금배당	주식배당	무상증자
①	영향없음	영향없음	증가
②	영향없음	감소	감소
③	감소	감소	영향없음
④	감소	영향없음	영향없음

백비게의션

• 현금배당 : (차) 이익잉여금 xxx (대) 현금 xxx
 →자본총액 감소
• 주식배당 : (차) 이익잉여금 xxx (대) 자본금 xxx
 →자본총액 불변
• 무상증자 : (차) 이익잉여금(or자본잉여금) xxx (대) 자본금 xxx
 →자본총액 불변

3. 자본에 대한 설명으로서 틀린 것은? [적중예상]

① 자본금은 발행주식수에 발행가액을 곱하여 계산하며 재무상태표에 주식종류별로 구분하여 표시한다.
② 재무상태표상의 자본잉여금은 주식발행초과금, 감자차익, 자기주식처분이익, 기타자본잉여금으로 구성된다.
③ 재무상태표상의 자본은 자본금, 자본잉여금, 이익잉여금, 자본조정, 기타포괄손익누계액으로 구성된다.
④ 주식할인발행차금은 자본조정항목이다.

백비게의션

• 자본금은 발행주식수에 액면금액을 곱하여 계산한다.

4. 다음 중 배당금에 대한 설명으로 가장 적절하지 않은 것은? [기출문제]

① 배당금을 지급하는 경우 상법의 규정에 의하여 현금배당액의 10분의 1 이상의 금액을 자본금의 2분의 1에 달할 때까지 이익준비금으로 적립해야 한다.
② 주식배당의 경우 회사의 자본에 변동이 없으므로 아무런 회계처리를 하지 않아도 된다.
③ 연 1회 결산기를 정한 회사는 영업연도 중 1회에 한하여 이사회 결의로 금전배당을 할 수 있으며 이를 중간배당이라고 한다.
④ 배당금은 보고기간종료일 후에 이사회에서 이익잉여금을 배당으로 승인하는 날에 '(차) 이익잉여금 / (대) 미지급배당금'으로 회계처리 한다(단, 이사회의 승인내용이 주주총회에서 수정, 승인된 경우가 아니다).

백비게의션

• 회사는 주식배당에 대해 다음과 같은 회계처리를 하여야 한다.
 →(차) 이익잉여금 xxx (대) 자본금 xxx

5. 다음의 거래 중 자본총액의 증가를 가져오는 것은? [적중예상]

① 주식배당　　　　　② 현금배당
③ 주식을 할인발행　④ 이익준비금을 계상

백비게의션

• 할인발행하든 할증발행하든 자본이 증가한다. 현금배당은 자본감소, , 주식배당과 이익준비금을 계상하는 경우는 자본불변이다.

6. (주)파이널은 주당 액면금액 5,000원인 신주 10주를 주당 4,500원에 발행하면서 신주발행비용이 총 1,000원 발생하였다. 신주발행 전 재무상태표에는 주식발행초과금과 주식할인발행차금이 없다. 다음 중 옳지 않은 것은? [적중예상]

① 재무상태표 자본금 증가는 50,000원이다.
② 자본의 순증가는 45,000원이다.
③ 주식할인발행차금은 6,000원으로 표시된다.
④ 신주발행비용은 주식할인발행차금에 가산한다.

백비게의션

• (차) 현 금　　　　　　44,000　(대) 자본금　　　　50,000
 　　 주식할인발행차금　6,000
• 자본의 순증가 : 50,000−6,000=44,000

제1편 백점이론특강　제2편 기출문제특강　SET1　SET2　SET3　SET4　SET5　SET6　SET7　SET8　SET9　SET10　신유형　기출문제오답노트　실전기출모의고사

백점이론 제52강 ○ 자본잉여금과 이익잉여금

❖자본잉여금 : 영업활동과 직접 관계가 없는 자본거래에서 생긴 잉여금

자본잉여금	주식발행초과금	•발생순서에 관계없이 주식할인발행차금이 발생하는 경우 동금액과 상계

	감자차익	•발생순서에 관계없이 감자차손(자본조정)이 발생하는 경우 동금액과 상계

유상감자 (실질적감자)	•액면금액과 환급금액 비교하여 감자차손익처리. 　(차) 자본금(액면)　　500　　(대) 현　금　　450 　　　　　　　　　　　　　　　　감자차익　　 50
무상감자 (형식적감자)	•사유 : 누적된 결손금을 보전키 위해 자본금을 감소 　(차) 자본금(액면)　　500　　(대) 이월결손금　450 　　　　　　　　　　　　　　　　감자차익　　 50 　-주의 무상감자시는 감자차손은 발생불가함.

자기주식처분이익	•발생순서에 관계없이 자기주식처분손실(자본조정)이 발생시 동금액과 상계

자기주식거래

취득시	(차) 자기주식(취득원가) 　　　×××　　　(대) 현　금 　　　　　　　×××

재발행시	_재발행가 > 취득원가_ (차) 현 금　×××　(대) 자기주식 ××× 　　　　　　　　　　자기주식처분이익×××	_재발행가 < 취득원가_ (차) 현 금　×××　(대) 자기주식 ××× 　　자기주식처분손실 ×××

소각시	_액면금액 > 취득원가_ (차) 자본금(액면) ×××　(대) 자기주식 ××× 　　　　　　　　　　감자차익 ×××	_액면금액 < 취득원가_ (차) 자본금(액면) ×××　(대) 자기주식 ××× 　　감자차손 ×××

수증시	_취득시_ - 회계처리 없음 -	_처분시_ (차) 현 금　×××　(대) 자기주식처분이익 ×××

참고 자기주식 소각시 이익소각인 경우에는 이익잉여금 감소로 회계처리함.

❖이익잉여금 : 영업활동 결과로 발생한 순이익을 원천으로 하는 잉여금

이익잉여금	법정적립금	이익준비금　•현금배당의 10% 이상을 자본금의 50%까지 적립 　-주의 ∴이익준비금 최소적립액＝현금배당×10%
		기타법정적립금　•선물거래책임준비금 등
	임의적립금	•배당평균적립금, 사업확장적립금, 감채기금적립금 등
	차기이월미처분이익잉여금	•이익처분후의 잔여 미처분이익잉여금

-주의 **법정적립금의 사용제한**
　　법정적립금은 자본전입과 결손보전 이외의 용도로는 사용할 수 없음.

보론 **최대현금배당가능액 계산**
　　전기이월미처분이익잉여금＋당기순이익＝현금배당(x)＋현금배당(x)×10%

참고 '현금배당으로 10%(배당률)배당'이라 함은 자본금의 10%만큼을 현금으로 배당한다는 의미임.

FINAL 객관식뽀개기 빈출적중문제

1. ㈜삼일의 다음 일련의 거래에서 감자차손은 얼마인가?

[기출문제]

> ㄱ. 1월 3일 액면금액 1,000,000원인 주식을 현금 800,000원에 매입소각하다.
> ㄴ. 2월 9일 액면금액 1,000,000원인 주식을 현금 1,500,000원에 매입소각하다.
> ㄷ. 위 거래 이전에 계상되어 있는 감자차손익은 없다.

① 100,000원   ② 200,000원
③ 300,000원   ④ 500,000원

 낵비게이션

• 1월 3일
(차) 자본금　1,000,000　(대) 현금　800,000
　　　　　　　　　　　(대) 감자차익　200,000
• 2월 9일
(차) 자본금　1,000,000　(대) 현금　1,500,000
　　감자차익　200,000
　　감자차손　300,000

2. 다음 중 자기주식의 회계처리에 관한 설명으로 가장 올바르지 않은 것은?

[기출문제]

① 자기주식 취득시 자본잉여금 총액의 변동이 발생하지 않는다.
② 자기주식 처분거래를 기록하는 시점에서 이익잉여금 총액의 증감은 발생하지 않는다.
③ 자기주식을 소각할 경우 자기주식의 취득원가와 최초 발행금액의 차이를 감자차손(영업외비용) 또는 감자차익(영업외수익)으로 분류한다.
④ 자기주식 취득시 취득금액을 자본조정 항목으로 회계처리한다.

 낵비게이션

• 자기주식의 취득원가와 최초 발행금액의 차이(X)
　→ 자기주식의 취득원가와 액면금액의 차이(O)

3. 자본금 30,000,000원인 회사가 현금배당과 주식배당을 각각 10% 실시하는 경우, 이 회사가 적립하여야 할 이익준비금의 최소 한도액은 얼마인가?

[적중예상]

① 150,000원   ② 700,000원
③ 400,000원   ④ 300,000원

 낵비게이션

• 현금배당액(30,000,000x10%=3,000,000)의 10%인 300,000임.

4. ㈜삼일의 11기 자본항목과 관련된 주요사항이 다음과 같을 때 20x3년말 결산시 ㈜삼일의 자본에 관한 보고금액으로 올바르게 짝지어진 것은(단, 아래 자료 이외의 자본에 영향을 미치는 사건의 발생은 없다고 가정하고 이연법인세효과는 고려하지 않는다.)?

[기출문제]

> ㄱ. ㈜삼일은 20x1년초에 토지를 1,000백만원에 취득하였다. 이 토지는 20x2년말에 1,020백만원으로 재평가되었고 20x3년말에는 1,050백만원으로 재평가되었다.
> ㄴ. 20x3년 11월 11일 이사회 결의를 통하여 ㈜삼일의 자기주식 3,000주를 1주당 10,000원에 취득하였다.

자본변동표
제11기 20x3.1.1부터 12.31까지

㈜삼일 (단위 : 백만원)

구분	자본금	주식발행초과금	자기주식	재평가잉여금
20x2년말	500	750	(100)	20
20x3년말	(ㄱ)	(ㄴ)	(ㄷ)	(ㄹ)

	(ㄱ)	(ㄴ)	(ㄷ)	(ㄹ)
①	500	750	(100)	20
②	500	750	(130)	50
③	470	705	(130)	20
④	470	750	(100)	50

 낵비게이션

• 재평가잉여금 증가 : 1,050백만원−1,020백만원=30백만원
　→20×3년말 : 20백만원+30백만원=50백만원
• 자기주식 증가 : 3,000주×10,000=30백만원
　→20×3년말 : (100백만원)+(30백만원)=(130백만원)

5. ㈜파이널은 20x1년초에 액면금액 1,000원, 공정가치 1,500원인 자기주식 100주를 무상으로 수증받았다. 20x1년 중에 이 중 70주를 주당 2,000원에 처분시 자기주식처분이익은 얼마인가?

[적중예상]

① 140,000원   ② 110,000원
③ 80,000원   ④ 50,000원

 낵비게이션

• 자기주식처분이익 : 70주×2,000=140,000

Answer　1. ③　2. ③　3. ④　4. ②　5 ①

백점이론 제53강 ⟩ 자본조정과 기타포괄손익누계액

자본조정	자기주식	• 소각하거나 추후 재발행 목적으로 보유하고 있는 경우
	주식할인발행차금	• 주식발행초과금과 우선 상계하며, 주식발행연도(증자연도)부터 3년이내 기간에 매기 균등액을 이익잉여금처분으로 상각함. ・주의 정액법상각이 아님! • 처분할 이익잉여금이 없는 경우 차기이후의 기간에 이월하여 상각함.
	미교부주식배당금	• 주식배당예정액을 계상 ➡ (차) 이익잉여금 xxx (대) 미교부주식배당금 xxx ・주의 대변잔액이므로 자본에 가산항목임.
	자기주식처분손실 · 감자차손	• 자가주식처분이익, 감자차익과 우선상계하고 • 결손금처리순서에 준해 처리 후 잔액이 있는 경우 처분가능이익잉여금이 생길 때까지 자본조정으로 이연처리 보론 결손금처리순서 ① 임의적립금 → ② 기타법정적립금 → ③ 이익준비금 → ④ 자본잉여금

보론 우선주의 종류 ....

이익배당 우선주	누적적우선주	• 배당을 받지 못한 분이 누적
	비누적적우선주	• 누적되지 않는 우선주
	참가적우선주	• 사전에 정해진 배당률로 우선적으로 수령한 후 보통주가 우선주 배당률과 동일한 금액을 배당받은 후에도 잔여이익이 있는 경우, 이익배당에 참여할 권리를 보통주와 동일하게 향유할 수 있는 우선주. ⇨ 참가적우선주는 다시 완전참가적우선주와 부분참가적우선주로 구분됨.
	비참가적우선주	• 위 잔여이익에 참가불가 즉, 잔여이익은 전부 보통주에 귀속
전환우선주		• 우선주 주주의 의사에 따라 보통주로 전환할 수 있는 권리를 부여받은 우선주
상환우선주		• 기업이 미래에 일정한 금액으로 상환해야 하거나, 우선주 보유자가 상환을 청구할 수 있는 권리를 보유하고 있는 우선주

기타포괄 손익누계액	해외사업환산손익	• 차기 이후 발생분과 상계표시하며 지점 등 폐쇄시 전액을 손익처리함 ・주의 ∴추후 당기순이익에 영향을 미칠 수 있음.
	매도가능증권평가손익	• 매도가능증권을 공정가치법으로 평가시 발생
	파생상품평가손익	• 현금흐름위험회피 파생상품평가손익 중 위험회피에 효과적인 부분 보론 ① 위 평가손익 중 위험회피에 효과적이지 못한 부분 : 당기손익 ② 공정가치위험회피 파생상품평가손익 : 당기손익

FINAL 객관식뽀개기 **빈출적중문제**

제1편 백점이론특강

제2편 기출문제특강

SET1
SET2
SET3
SET4
SET5
SET6
SET7
SET8
SET9
SET10

신유형

기출문제오답노트

실전기출모의고사

1. 다음 중 자본항목에 대한 설명으로 가장 올바르지 않은 것은? [기출문제]

① 주식배당은 주식배당을 받는 주주들에게 주식을 교부해야 하는 것이므로 배당 기준일에 미지급배당금의 과목으로 하여 부채로 계상한다.
② 자기주식처분이익은 자본잉여금으로 분류하며, 자기주식처분손실은 자본조정으로 분류한다.
③ 중간배당은 회계연도 중 1회에 한하여 이사회의 결의로 일정한 날을 정하여 금전으로 지급하는 배당을 의미한다.
④ 유상증자로 보통주식을 발행하는 경우 직접 발생한 주식발행비용은 별도의 계정으로 인식하지 않고 주식의 발행금액에서 차감한다.

 내비게이션

• 미교부주식배당금의 과목으로 하여 자본조정으로 계상한다.

2. 다음은 자본관련 항목들을 나열한 것이다. 이들 중 이익잉여금의 처분으로 상각되는 것은 어느 것인가? [기출문제]

> ㄱ. 주식할인발행차금
> ㄴ. 지분법자본변동
> ㄷ. 자기주식처분손실
> ㄹ. 매도가능증권평가손실

① ㄱ, ㄴ ② ㄱ, ㄷ
③ ㄱ, ㄴ, ㄷ ④ ㄴ, ㄷ, ㄹ

 내비게이션

• 지분법자본변동과 매도가능증권평가손실 : 기타포괄손익누계액

3. 당기 장부마감전 발견된 다음 오류사항 중 당기순이익에 영향을 미치는 것은? [기출문제]

① 전기 주식할인발행차금 미상각
② 매도가능증권에 대한 평가손실 미계상
③ 당기 재고자산에 대한 평가손실 미계상
④ 당기 재해손실을 판매비와관리비로 계상

 내비게이션

• ① 전기 주식할인발행차금 미상각
　→자본조정에 영향
② 매도가능증권에 대한 평가손실 미계상
　→기타포괄손익누계액에 영향
③ 당기 재고자산에 대한 평가손실 미계상
　→매출원가에 영향(따라서, 당기손익에 영향)
④ 당기 재해손실을 일반관리비로 계상
　→손익에는 영향이 없다.

4. 20x1년초 ㈜삼일의 자본총액은 580,000원이었고 20x1년 중 자본의 변동사항은 다음 거래가 있었다.

> ㄱ. 당기순이익 : 40,000원
> ㄴ. 유상증자 : 12,000원(액면금액 10,000원, 주식발행초과금 2,000원)
> ㄷ. 자기주식의 취득 : 20,000원(취득금액 주당 1,000원, 20주)
> ㄹ. 중간배당 : 5,000원

20x1년말 ㈜삼일의 자본총액은 얼마인가(단, 이익준비금적립은 고려하지 않는다고 가정한다)? [기출문제]

① 548,000원 ② 600,000원
③ 607,000원 ④ 630,000원

 내비게이션

• 당기순이익 : 이익잉여금 40,000 증가 → 자본총액 40,000 증가
• 유상증자 : 납입 현금 12,000만큼 자본총액 증가
• 자기주식 취득 : 자본총액 20,000 감소
• 중간배당 : 이익잉여금 5,000 감소 → 자본총액 5,000 감소
∴580,000+40,000+12,000-20,000-5,000=607,000

5. 20x1년초 (주)삼일의 자본총액은 550,000원이었고 20x1년 중 자본과 관련하여 발생한 거래는 다음과 같다. 20x1년말 (주)삼일의 자본총액은 얼마인가? [기출문제]

> ㄱ. 20x1년 2월 25일 주주총회에서 현금배당 50,000원을 지급하다.
> ㄴ. 20x1년 8월 10일 액면금액 1,000원인 보통주 200주를 주당 1,500원에 발행하다.
> ㄷ. 20x1년 8월 10일 발행주식 중 액면금액 1,000원인 보통주 10주를 주당 2,000원에 취득하다.

① 780,000원 ② 820,000원
③ 850,000원 ④ 880,000원

 내비게이션

• 20x1년 2월 25일 : 자본감소 50,000
• 20x1년 8월 10일 : 자본증가 200주x1,500=300,000
• 20x1년 10월 15일 : 자본감소 10주x2,000=20,000
∴20x1년말 자본총액 : 550,000-50,000+300,000-20,000=780,000

Answer 1.① 2.② 3.③ 4.③ 5.①

백점이론 제54강 ⊂ 이익잉여금 처분등

배당							
	* 배당유형 : 현금배당과 주식배당을 구분기재 ➡️ 주의 중간배당은 현금으로만 가능함.						
	현금배당	주총결의일	(차) 이월이익잉여금	×××	(대) 미지급배당금(유동부채)	×××
		현금지급일	(차) 미지급배당금	×××	(대) 현 금	×××
	주식배당	주총결의일	(차) 이월이익잉여금	×××	(대) 미교부주식배당금(자본조정)	×××
		주식교부일	(차) 미교부주식배당금	×××	(대) 자본금(액면)	×××

이익잉여금 처분계산서

이익잉여금 처분계산서

20x1년1월1일부터 12월31일까지

×××회사   처분확정일 : 20x2.2.22

Ⅰ. 미처분이익잉여금		×××
전기이월미처분이익잉여금	×××	
회계정책변경누적효과/전기오류수정손익	×××	
중간배당액	(×××)	
당기순이익	×××	
Ⅱ. 임의적립금등의이입액		×××
합 계		×××
Ⅲ. 이익잉여금처분액		(×××)
〈1순위〉 이익준비금	×××	
〈2순위〉 기타법정적립금	×××	
〈3순위〉 이익잉여금처분에의한상각액	×××	
〈4순위〉 배당금(현금배당과 주식배당 구분기재)	×××	
〈5순위〉 임의적립금	×××	
Ⅳ. 차기이월미처분이익잉여금		×××

임의적립금 이입액	* 다시 처분가능한 미처분이익잉여금에 포함시키는 것.				
	처분시	(차) 이익잉여금	xxx	(대) 사업확장적립금(임의적립금)	xxx
	이입시	(차) 사업확장적립금(임의적립금)	xxx	(대) 이익잉여금	xxx
	주의 처분시나 이입시 모두 이익잉여금 총액은 변동이 없음.				

계산서 명칭	* 이익잉여금처분계산서와 결손금처리계산서의 명칭은 이익잉여금처분여부로 결정. ➡️ ∵미처리결손금이라 할지라도 임의적립금을 이입하여 이익잉여금 처분가능 * 전기와 당기를 비교식으로 작성시는 당기 기준으로 명칭을 결정함. ➡️ ∴당기는 이익잉여금처분계산서, 전기는 결손금처리계산서 → 이익잉여금처분계산서

미처리결손금 처리순서	〈1순위〉 임의적립금 〈2순위〉 기타법정적립금 〈3순위〉 이익준비금 〈4순위〉 자본잉여금

표시	* 처분내용들은 보고기간 후에 발생한 사건으로 주주총회일에 회계처리해야 함. ➡️ ∴보고기간말 재무상태표에는 이익잉여금처분계산서상의 미처분이익잉여금을 표시

상환우선주						
	발행시	(차) 현금	xxx	(대) 자본금	xxx
	상환시(상환우선주 취득시)	(차) 자기주식	xxx	(대) 현금	xxx
	상환절차 완료시	(차) 이익잉여금	xxx	(대) 자기주식	xxx

자본변동표	개요	* 자본변동내용에 대한 포괄적정보를 제공하는 재무제표로, 자본금, 자본잉여금, 이익잉여금, 자본조정, 기타포괄손익누계액의 각 항목별로 기초잔액, 변동사항, 기말잔액을 표시함. 주의 자본 각 항목별로 기초잔액과 기말잔액뿐만 아니라 변동내역도 표시됨에 주의!
	유용성	* 재무상태표상 미실현손익(기타포괄손익누계액)의 변동내용을 나타냄으로써 손익계산서로는 전부 나타낼 수 없는 포괄적인 경영성과에 대한 정보를 직·간접적으로 제공함.

FINAL 객관식뽀개기 ● 빈출적중문제

1. 다음 중 이익잉여금의 증감을 가져오는 거래에 해당하지 않는 것은?
[기출문제]

① 처분전이익잉여금 중의 일부를 사업확장적립금으로 처분했다.
② 결산의 결과 당기순손실이 발생하여 이를 이익잉여금 계정에 대체했다.
③ 처분전이익잉여금을 재원으로 하여 주식배당을 선언했다.
④ 이사회 결의로 현금배당을 선언하였다.

📺 **내비게이션**

• ① (차) 이익잉여금 xxx (대) 사업확장적립금(임의적립금) xxx
→ 사업확장적립금은 이익잉여금 항목(임의적립금)이므로 이익잉여금의 증감을 가져오는 않는다.
② (차) 이익잉여금 xxx (대) 집합손익 xxx
→ 이익잉여금이 감소한다.
③ (차) 이익잉여금 xxx (대) 자본금 xxx
→ 이익잉여금이 감소한다.
④ (차) 이익잉여금 xxx (대) 현금 xxx
→ 이익잉여금이 감소한다.

2. ㈜삼일의 당기순이익은 2,500,000원이며, 매년 임의적립금인 사업확장적립금 200,000원을 적립 하고 있다. 20x1년 중에 발생한 ㈜삼일의 이익잉여금 관련 기타자료가 다음과 같다면 20x1년도 이익잉여금처분계산서상 차기이월미처분이익잉여금은 얼마인가?(단, 회사는 현금배당에 대하여 법정 최소한의 이익준비금을 적립한다.)
[기출문제]

ㄱ. 전기이월미처분이익잉여금	8,000,000원
ㄴ. 전기오류수정손실	300,000원
ㄷ. 현금배당	1,000,000원
ㄹ. 주식배당	500,000원

① 8,400,000원
② 8,500,000원
③ 9,900,000원
④ 10,500,000원

📺 **내비게이션**

• 미처분이익잉여금 : 8,000,000(전기이월미처분이익잉여금)-300,000(전기오류수정손실)+2,500,000(당기순이익)=10,200,000
• 이익잉여금처분액 : 1,000,000(현금배당)+1,000,000x10%(이익준비금)+500,000(주식배당)+200,000(임의적립금)=1,800,000
• 차기이월미처분이익잉여금 : 10,200,000-1,800,000=8,400,000

3. 다음 중 자본에 관한 설명으로 가장 올바르지 않은 것은?
[기출문제]

① 결손금은 자본잉여금, 이익준비금, 임의적립금, 기타법적정립금 순으로 보전해야 한다.
② 주식을 액면금액 이하로 발행한 경우 액면금액에 미달하는 금액은 주식할인발행차금으로 회계처리한다.
③ 무상증자를 할 경우 자본금은 증가하지만, 자본총계는 변동하지 않는다.
④ 자본잉여금은 이익잉여금과는 달리 자본거래에서 발생하므로 손익계산서 계정을 거치지 않고 자본계정에 직접 가감된다.

📺 **내비게이션**

• 결손금 처리순서
임의적립금 → 기타법정적립금 → 이익준비금 → 자본잉여금

4. 다음 중 자본항목에 대한 설명으로 가장 옳은 것은?
[기출문제]

① 자본변동표는 자본 중 이익잉여금의 변동내용만을 나타내기 때문에 다른 자본항목에 대한 변동내역을 파악하기 위해서는 다른 재무제표 및 부속명세서를 참고해야 한다.
② 자본잉여금의 변동은 유상증자(감자), 무상증자(감자), 결손금처리 등에 의하여 발생하며, 주식발행초과금과 기타자본잉여금으로 구분하여 표시한다.
③ 자본변동표상 수정 후 이익잉여금은 기초이익잉여금에 감자차손, 연차배당 등을 고려하여 산출한다.
④ 기타포괄손익누계액에는 매도가능증권평가손실, 미교부주식배당금이 포함되어 있다.

📺 **내비게이션**

• ① 자본변동표는 자본변동내용에 대한 포괄적정보를 제공하는 재무제표로, 자본금, 자본잉여금, 이익잉여금, 자본조정, 기타포괄손익누계액의 각 항목별로 기초잔액, 변동사항, 기말잔액이 표시된다.
③ 감자차손은 자본조정 항목이다.
④ 미교부주식배당금은 자본조정 항목이다.

백점이론 제55강 ⊃ 손익계산서 기초이론

개요	역할	• 경영성과·미래현금흐름·수익창출능력의 예측정보를 제공하며, 과세소득의 기초자료 • 경영계획·배당정책수립의 자료이며, 노동조합의 임금협상의 정보를 제공
	수익·비용 인식기준	① 수익 : 실현주의 ② 비용 : 발생주의와 수익·비용대응의 원칙
	총액표시	• 수익·비용은 총액 보고를 원칙으로 하며, 미실현손익은 원칙적으로 계상불가함.
	구분표시	• 매출총손익·영업손익·법인세비용차전계속사업손익·중단사업손익, 당기순손익으로 구분하여 손익계산을 표시해야 함.
	이익결정방법	① 당기업적주의 : 비경상적·비반복적 항목은 손익계산서에 포함시키지 않음. 　주의 현행 회계기준은 특별손익을 불포함하므로 당기업적주의를 채택하고 있음. ② 포괄주의 : 비경상적·비반복적 항목도 손익계산서에 포함시킴. 　보론 순이익＝기말자산－(기초자본＋증자－감자－배당)
	보고양식	• 현행 회계기준은 손익계산서를 보고식만을 사용하도록 규정하고 있음. ➡ ∴표준식 or 요약식 + 보고식 → 2가지 인정 　비교 재무상태표는 보고식과 계정식 모두 인정 ➡ ∴표준식 or 요약식 + 보고식 or 계정식 → 4가지 인정 　참고 포괄손익계산서(당기순손익에 기타포괄손익을 가감)는 주석으로 기재함.

기본구조

중단사업이 있는 경우 손익계산서		
과 목	당기	전기
매출액	×××	×××
매출원가	×××	×××
매출총손익	×××	×××
판매비와관리비	×××	×××
영업손익	×××	×××
영업외수익·비용	×××	×××
법인세비용차전계속사업손익	×××	×××
계속사업손익법인세비용	×××	×××
계속사업손익	×××	×××
중단사업손익(법인세효과 차감후)	×××	×××
(법인세효과 : ××× 원)		
당기순손익	×××	×××

포괄손익계산서		
과 목	당기	전기
당기순손익	×××	×××
회계정책변경누적효과	×××	×××
전기오류수정	×××	×××
기타포괄손익	×××	×××
매도가능증권평가손익		
해외사업환산손익		
현금흐름위험회피파생상품평가손익		
재평가잉여금		
포괄손익	×××	×××

　주의 보고양식의 규정상 "경상손익"과 "계속사업영업손익"이라는 용어는 없음.
　주의 구분표시생략 : 제조·판매·건설업 외의 업종은 매출총손익의 구분표시를 생략할 수 있음.

항목구분	영업손익 (판관비)	• 급여, 퇴직급여, 복리후생비, 임차료, 접대비, 감가상각비, 무형자산상각비 • 세금과공과, 광고선전비, 연구비, 경상개발비, 대손상각비(매출채권), 잡비 • 명예퇴직금
	영업외손익	• 이자수익(비용), 배당금수익, 임대료, 단기매매증권평가손익, 손상차손(환입) • 재고자산감모손실(비정상감모), 외환차손익, 외화환산손익, 사채상환손익 • 기타의대손상각비(비매출채권), 기부금, 지분법손익, 자산처분손익 • 자산수증이익, 채무면제이익, 보험금수익, 전기오류수정손익, 잡손실(잡이익)

　주의 일반기업회계기준
　① 명예퇴직금은 퇴충과 상계하는 것이 아니라 판관비 처리하도록 규정.
　② 대손충당금환입, 퇴직급여충당부채환입, 제품보증충당부채환입 등 : 판관비의 부(-)로 표시.
　③ 손상차손과 보험금수익을 각각 총액으로 표시 → 상계순액인 보험차익이 아님!

FINAL 객관식뽀개기 ─ 빈출적중문제

1. 다음 중 손익계산서에 관한 설명으로 가장 올바르지 않은 것은? [기출문제]

① 손익계산서상의 당기순이익은 법인세 계산을 위한 과세소득과 항상 동일하다.
② 손익계산서는 노동조합의 임금협상에 필요한 정보, 정부의 조세 및 경제항목의 기초자료로 제공되기도 한다.
③ 손익계산서는 기업내부의 경영계획이나 배당정책을 수립하는데 중요한 자료로 이용될 수 있다.
④ 손익계산서는 경영활동에 대한 성과를 측정·평가하는데 유용한 정보를 제공한다.

• 회계상 당기순이익과 세법상 과세소득은 일반적으로 일치하지 않는다. 따라서, 세무상의 세무조정을 거치게 된다.

2. 손익계산서는 손익을 매출총손익, 영업손익, 법인세비용차감전순손익 및 당기순손익으로 표시한다. 이러한 손익계산서 작성원칙과 영업손익에 포함되는 항목이 아닌 것은 무엇인가? [기출문제]

① 수익·비용대응의 원칙 – 임차료
② 총액주의 – 복리후생비
③ 구분계산의 원칙 – 자산수증이익
④ 발생주의 – 연구비

• 자산수증이익은 영업외손익에 해당한다.

3. 다음 중 재무제표에 대한 설명으로 가장 올바르지 않은 것은? [기출문제]

① 현금흐름표의 현금흐름은 영업활동으로 인한 현금흐름, 투자활동으로 인한 현금흐름, 재무활동으로 인한 현금흐름으로 구성된다.
② 중단사업손익이 있을 경우 손익계산서에 계속사업손익과 중단사업손익을 구분기재하여 표시한다.
③ 재무제표에 대한 주석은 질적 정보를 파악하기 위한 중요한 정보이나 재무제표에는 포함되지 않는다.
④ 자본변동표는 자본을 구성하고 있는 자본금, 자본잉여금, 자본조정, 기타포괄손익누계액, 이익잉여금의 변동에 대한 포괄적인 정보를 제공해 준다.

• 주석도 재무제표에 포함된다.

4. 다음은 (주)삼일의 재무제표 정보 중 일부이다. 20x1년 12월 31일의 자산총계는 얼마인가(단, 다음 사항을 제외한 다른 자본변동사항은 없다고 가정한다.)? [기출문제]

	20x1년 12월 31일	20x0년 12월 31일
자산총계	?	60,000원
부채총계	76,000원	40,000원
20x1년 중 자본변동내역		당기순이익 30,000원
		현물출자 6,000원
		현금배당 4,000원

① 128,000원   ② 215,000원
③ 310,000원   ④ 415,000원

• '기말자본=기초자본+증자−감자+순이익−배당'
→기말자본 : (60,000−40,000)+6,000−0+30,000−4,000=52,000
• 기말자산 : 76,000(기말부채)+52,000(기말자본)=128,000

5. ㈜삼일은 20x1년말 장부마감 후 다음과 같은 주요 재무상태 변동이 20x1년에 발생하였음을 알게 되었다. ㈜삼일의 자본은 자본금과 이익잉여금으로만 구성되어 있으며, 20x1년 중 신주를 5,000,000원에 액면으로 발행하였다면 20x1년도 당기순이익은 얼마인가(단, 신주발행비는 없다고 가정한다)? [기출문제]

ㄱ. 자산 : 6,000,000원 증가
ㄴ. 부채 : 3,500,000원 감소

① 1,000,000원   ② 2,500,000원
③ 4,500,000원   ④ 5,500,000원

• 자본증가액(6,000,000+3,500,000)=신주발행(5,000,000)+당기순이익
→∴당기순이익=4,500,000

백점이론 제56강 ⟩ 손익계산서 계정과목 ❶

매출액	개 요	• 매출자는 매출할인·에누리·환입을 차감하여 손익계산서에 순매출액을 계상함.

		-주의 매출운임은 운반비로서 판관비 처리함.

		매출할인	• 대금의 조기결제시 할인해 주는 것
			➡예 'n/30, 2/10'의 의미 : 총결제기간 30일, 10일내 결제시 2% 할인
		매출에누리	• 매출된 상품의 결함으로 인해 깎아주는 것
		매출환입	• 매출된 상품의 반품

매출액	사 례	• 상품을 ₩1,000에 외상매출함(n/30,2/10)	(차) 외상매출금 1,000 (대) 매출 1,000
		• 5일후 대금이 40% 회수됨. 나머지는 20일 후 회수됨	(차) 현금 392 (대) 외상매출금 400 매출할인 8 (차) 현금 600 (대) 외상매출금 600

매출원가	개 요	• 매입자는 매입할인·에누리·환입을 차감하여 손익계산서에 순매입액을 계상함.
		-주의 매입운임은 취득원가 처리함.

	매출원가 계산	상기업	• 상품매출원가 = 기초상품 + 당기매입상품 – 기말상품
		제조업	• 제품매출원가 = 기초제품 + 당기제품제조원가 – 기말제품

보론 비용인식방법

직접대응	❖직접대응가능 비용은 수익실현시점에 바로 대응하여 인식함. ➡예 매출원가
합리적·체계적 방법으로 배분	❖인과관계가 없는 비용은 수익활동에 기여한 것으로 판단되는 해당기간 내에 합리적으로 배분함. ➡예 감가상각비
당기 즉시인식	❖미래경제적효익이 불확실한 경우 발생 즉시 비용으로 인식함. ➡예 판매비와 관리비

급여	급 여	• 실무상 관리직(영업부) 종업원에 지급한 급료
	임 금	• 실무상 생산직(공장) 종업원에 지급한 급료
	잡 급	• 실무상 일용직(아르바이트) 종업원에 지급한 급료

복리후생비	개 요	• 종업원에 대한 건강보험료(사용자부담분), 장례비, 경조사비, 위로금, 회식비 등.
	사 례	• 직원 회식비를 지출함. (차) 복리후생비 100 (대) 현금 100

참고 4대보험
① 대상 : 국민연금, 국민건강보험, 고용보험, 산재보험
② 부담 : 종업원에 대한 4대보험료를 회사가 일부부담함.
③ 처리 : 회사부담분에 대해 회사는 다음의 계정과목을 사용하여 비용처리함.
→ 국민연금 : 세금과공과, 건강보험 : 복리후생비, 고용보험·산재보험 : 보험료

접대비	개 요	• 업무와 관련하여 거래처에 지급한 경조금, 선물, 축의금, 주류대 등을 말하며, 영업비용(판매비와 관리비)으로 처리됨.
		비교 기부금 업무와 관련없는 지출로 영업외비용으로 처리됨.
	사 례	• 곤드레만드레주점에서 거래처를 접대 (차) 접대비 100 (대) 현금 100

FINAL 객관식뽀개기 ─── **빈출적중문제**

1. 다음 중 손익계산서에서 확인할 수 있는 항목이 아닌 것은? [기출문제]

① 매출총이익 ② 미교부주식배당금
③ 영업이익 ④ 법인세비용

 내비게이션

• 미교부주식배당금은 자본조정 항목이므로 재무상태표에서 확인할 수 있다.

2. 다음은 ㈜삼일의 20x1년도 매출 및 매출채권과 관련된 자료이다. 20x1년 손익계산서에 계상된 매출액은 얼마인가(단, 모든 거래는 외상으로 이루어진다)? [기출문제]

ㄱ. 20x1년 1월 1일 매출채권 잔액	35,000,000원
ㄴ. 20x1년 중 현금회수액	75,000,000원
ㄷ. 20x1년 12월 31일 매출채권 잔액	15,000,000원

① 15,000,000원 ② 35,000,000원
③ 55,000,000원 ④ 75,000,000원

 내비게이션

• 매출채권 계정

| 기초매출채권 | 35,000,000 | 현금회수 | 75,000,000 |
| 총매출액 | ? | 기말매출채권 | 15,000,000 |

→총매출액(=순매출액) : 55,000,000

3. 다음은 ㈜삼일의 매출채권 원장이다. 당기 손익계산서에 인식할 매출액은 얼마인가(단, 모든 거래는 외상으로 이루어진다)? [기출문제]

매출채권

1월 1일	15,000,000	현금회수액	37,500,000
		매출할인	1,500,000
×××	×××	12월 31일	18,000,000

① 15,000,000원 ② 18,000,000원
③ 35,000,000원 ④ 40,500,000원

 내비게이션

• 매출채권 계정

기초매출채권	15,000,000	현금회수액	37,500,000
		매출할인	1,500,000
총매출액	?	기말매출채권	18,000,000

→총매출액=42,000,000
• 손익계산서 매출액(=순매출액) : 42,000,000-1,500,000=40,500,000

4. 다음 중 비용에 대한 설명으로 가장 올바르지 않은 것은? [기출문제]

① 광고선전비는 불특정다수인을 대상으로 지출하는 비용인 반면 접대비는 특정인을 대상으로 지출하는 비용이다.
② 복리후생비는 급여, 상여, 퇴직금과는 달리 종업원에게 직접 지급되지 아니하고 근로의욕의 향상 등을 위하여 지출하는 노무비적인 성격의 비용이다.
③ 재고자산감모손실은 원가성 여부와 관계없이 비정상적으로 발생한 것도 매출원가 또는 제조원가에 부담시키는 비용이다.
④ 임차료란 토지, 건물 등 부동산이나 기계장치, 운반구 등 동산을 타인으로부터 임차하고 그 소유자에게 지급하는 비용이다.

 내비게이션

• 원가성이 있는 정상감모손실만 매출원가에 포함한다.

5. 다음은 유통업을 영위하는 ㈜삼일의 손익계산서에 대한 자료들이다. 이 자료들을 기초로 영업이익을 계산하면 얼마인가? [기출문제]

기초상품	5,000,000원
기말상품	7,000,000원
당기매출액	88,000,000원
당기매입액	60,000,000원
급여	10,000,000원
매출채권 대손상각비	200,000원
감가상각비	800,000원
유형자산처분이익	1,000,000원
접대비	1,200,000원
이자비용	900,000원
단기매매증권처분이익	500,000원
장기대여금 대손상각비	300,000원

① 15,100,000원 ② 16,500,000원
③ 17,800,000원 ④ 18,000,000원

 내비게이션

• 매출원가
5,000,000+60,000,000-7,000,000=58,000,000
• 판관비
10,000,000(급여)+200,000(매출채권대손상각비)+800,000(감가상각비)+1,200,000(접대비)=12,200,000
• 영업이익
88,000,000(매출액)-58,000,000(매출원가)-12,200,000(판관비)=17,800,000

제1편 백점이론특강
제2편 기출문제특강
SET1
SET2
SET3
SET4
SET5
SET6
SET7
SET8
SET9
SET10
신유형
기출문제오답노트
실전기출모의고사

백점이론 제57강 ─ 손익계산서 계정과목 ❷

세금과공과	개 요	• 각종 세금, 국민연금회사부담분, 회비(대한적십자사등), 벌금, 과태료, 과징금 등. •주의 취득세와 등록세 : 취득자산의 취득원가로 처리함.				
	사 례	• 자동차세를 구청에 납부함.	(차) 세금과공과	100	(대) 현금	100

광고선전비	개 요	• 불특정다수에 대한 광고선전을 목적으로 지출하는 판촉활동비. 비교 특정고객을 상대로 한다면 접대비로 처리함.				
	사 례	• 신상품홍보 현수막설치비를 지급함.	(차) 광고선전비	100	(대) 현금	100

수도광열비	개 요	• 수도료, 전기료, 유류비, 가스비, 연탄비 등. 비교 ① 가스수도료 : 공장 등 제조업의 수도료, 유류비, 가스비, 연탄비를 말함. ② 전력비 : 공장 등 제조업의 전력 및 전기료를 말함.				
	사 례	• 겨울 난방용 등유를 구입함.	(차) 수도광열비	100	(대) 현금	100

외환환산손익	개 요	• 결산일에 외화자산(부채)을 환산하는 경우 환율변동으로 발생하는 손익 ➡환율이 오르면 외화자산은 환산이익, 외화부채는 환산손실이 계상됨.				
	사 례	• 차입금 $10(차입환율은 달러당 ₩10)의 결산일 환율은 달러당 ₩12임.	① 차입시 (차) 현금 ② 결산시 (차) 외화환산손실	 100 20	 (대) 외화차입금 (대) 외화차입금	 100 20

보론 외화환산

❖화폐성·비화폐성만 외화환산을 인정함. ➡화폐성은 일정화폐액으로 고정된 것을 말함.

외화환산	화폐성	• 현행환율로 환산(=보고기간말 현재의 적절한 환율 적용)
	비화폐성	• 역사적환율로 환산(=취득 당시의 적절한 환율 적용)
화폐성 비화폐성	화폐성항목	• 현금과예금, 매입채무, 차입금, 매출채권, 대여금, 사채, 미수금 • 미지급비용, 미수수익, 투자사채, 신주인수권부사채, 미지급금
	비화폐성항목	• 재고자산, 유형자산, 무형자산, 선급비용, 선수수익, 투자주식, 전환사채 • 선급금, 선수금

외환차손익	개 요	• 외화자산(부채)을 회수(상환)하는 경우 환율변동으로 발생하는 손익. ➡환율이 오르면 외화자산은 외환차익, 외화부채는 외환차손이 계상됨.				
	사 례	• 차입금 $10(전기말 장부가 ₩100)의 상 환시 환율은 달러당 ₩12임.	(차) 외화차입금 외환차손	100 20	(대) 현금	120

자산수증이익	개 요	• 무상으로 자산을 증여받은 경우 발생하는 이익을 말하며, 공정가치를 취득원가로 함.				
	사 례	• 건물(공정가 ₩100)을 무상 증여받음.	(차) 건물	100	(대) 자산수증이익	100

채무면제이익	개 요	• 채무를 면제받았을 경우 발생하는 이익을 말함.				
	사 례	• 장기차입금을 전액 면제받음.	(차) 장기차입금	100	(대) 채무면제이익	100

연지급수입이자	개 요	• Usance bill, D/A bill과 같이 연불조건으로 원자재를 수입시 발생하는 이자 ➡모두 차입원가(이자비용)로 처리함.

FINAL 객관식뽀개기 — 빈출적중문제

1. 화폐성 외화자산, 부채는 기말 현재의 마감환율로 환산하여 외화환산손익을 인식한다. 다음 중 기말 결산시 외화환산손익을 인식하는 계정과목으로 가장 옳은 것은?
[기출문제]

① 재공품
② 선급금
③ 매출채권
④ 선수금

백백캐의션

• 재공품(재고자산), 선급금, 선수금은 비화폐성항목이다.

2. 다음은 (주)삼일의 제1기(20x2년 1월 30일~20x2년 12월 31일) 손익계산서의 일부이다. 다음 중 올바르지 않은 내용은 모두 몇 개 인가? 단, 금액적 오류는 무시하기로 한다.
[기출문제]

손익계산서
제1기 20x2년 12월 31일 현재

(주)삼일 (단위 : 천원)

과목		제1기
매출액		100,000,000
매출원가		50,000,000
매출총이익		50,000,000
판매비와관리비		30,000,000
(중략)		
기부금	500,000	
수선유지비	1,320,000	
대손상각비	1,000,000	
영업이익		20,000,000
영업외수익		200,000
유형자산처분이익	200,000	
영업외비용		1,000,000
접대비	1,000,000	
법인세비용차감전순이익		19,200,000

① 없음
② 1개
③ 2개
④ 3개

백백캐의션

• 20×2년 12월 31일 현재(X)
  →20×2년 1월 1일부터 20×2년 12월 31일까지(O)
• 기부금은 영업외비용이다.
• 접대비는 판매비와관리비(영업비용)이다.

3. (주)삼일은 20x1년 2월 1일 New York Inc.에 상품을 $2,000에 외상으로 판매하였고, 20x1년 2월 10일에 대금을 수취하였다. 관련 환율이 다음과 같을 때 20x1년 2월 10일의 회계처리로 가장 옳은 것은? [기출문제]

> ㄱ. 20x1년 2월 1일 : ₩1,100/$
> ㄴ. 20x1년 2월 10일 : ₩1,200/$

① (차) 현금 2,400,000 (대) 매출채권 2,400,000
② (차) 현금 2,400,000 (대) 매출채권 2,200,000
                              외환차익   200,000
③ (차) 현금 2,400,000 (대) 매출채권 2,200,000
                              외화환산이익 200,000
④ (차) 현금 2,400,000 (대) 매출채권 2,400,000

백백캐의션

• 외환차익 : 회수액($2,000x1,200)−장부가($2,000x1,100)=200,000

4. (주)삼일은 전자완구를 제조판매하는 회사로 20x1년 중 수출거래와 관련하여 발생한 각 일자별 거래 및 환율정보가 다음과 같다고 할 때, (주)삼일이 20x1년도에 인식할 외화환산손익은 얼마인가?
[기출문제]

> ㄱ. 11월 20일 300달러에 전자완구를 수출하는 계약 (선적지 인도조건)을 체결하였다.
> ㄴ. 12월 15일 해당 거래와 관련한 전자완구의 선적을 완료하였다.
> ㄷ. 12월 27일 수출대금 중 200달러를 회수하였다.
> ㄹ. 12월 31일 결산일 현재 수출대금 중 100달러는 미회수된 상태에 있다.
> ㅁ. 각 일자별 환율정보
>
> | 일자 | 환율 | 일자 | 환율 |
> |---|---|---|---|
> | 11.20 | ₩1,250/$ | 12.15 | ₩1,150/$ |
> | 12.27 | ₩1,100/$ | 12.31 | ₩1,200/$ |

① 외화환산이익 5,000원
② 외화환산손실 5,000원
③ 외화환산손실 30,000원, 외화환산이익 5,000원
④ 외화환산손실 30,000원

백백캐의션

• 재화의 판매는 인도시점(수출의 경우는 선적일)인 12월 15에 수익(매출)을 인식한다.
• 외화환산이익 : $100x(1,200−1,150)=5,000

제1편 백점이론특강 / 제2편 기출문제특강 / SET1 / SET2 / SET3 / SET4 / SET5 / SET6 / SET7 / SET8 / SET9 / SET10 / 신유형 / 기출문제오답노트 / 실전기출모의고사

백점이론 제58강 ⊂ 수익의 인식

의의	정의	❖수익은 자본참여자의 출자관련 증가분을 제외한 자본의 증가를 수반하는 것으로서 회계기간의 정상적인 활동에서 발생하는 경제적 효익의 총유입임.
	제외대상	❖다음은 수익에서 제외함. • 판매세, 특정재화·용역 관련 세금, 부가가치세와 같이 제3자를 대신하여 받는 금액 • 대리관계에서 본인을 대신하여 대리인인 기업이 받는 금액

수익측정	일반적인경우	• 수익은 재화의 판매, 용역의 제공이나 자산의 사용에 대하여 받았거나 또는 받을 대가('판매대가')의 공정가치로 측정함. ➡매출에누리·할인·환입은 수익에서 차감함.
	현재가치평가	• 판매대가가 장기간에 걸쳐 유입시 공정가치(현재가치)가 명목금액보다 작을 수 있으며, 이때 공정가치와 명목금액의 차이는 회수기간에 걸쳐 이자수익 인식함.
	교환거래	<table><tr><td>**성격이나 가치가 유사한 경우**</td><td>• 수익발생거래로 보지 않음.</td></tr><tr><td>**성격이나 가치가 상이한 경우**</td><td>• 수익발생거래로 봄.</td></tr></table>

거래식별	각각 적용	• 거래별로 적용하나, 하나의 거래를 2개 이상의 부분으로 구분하여 적용가능함. 예시 제품판매가격에 제품판매 후 제공용역대가가 포함되어 있고 그 대가를 식별가능시는 그 금액을 분리하여 용역수행기간에 걸쳐 수익으로 인식함. ➡즉, 재화판매는 인도기준, 용역제공은 진행기준 적용
	하나로 적용	• 둘 이상의 거래가 서로 연계되어 그 경제적 효과가 일련의 거래전체를 통해서만 파악되는 경우는 그 거래전체에 대하여 하나의 수익인식기준을 적용함. 예시 재구매조건부판매는 실질상 재고자산을 담보로 한 차입거래이므로, 매출·매입거래는 인식하지 않고 차입거래만 인식함.
	주목적 식별	• 한 거래에서 재화와 용역을 함께 제공시는 거래의 주목적을 식별하여 처리함. 예시 ① 재화(용역)의 제공여부가 총거래가격에 영향을 미치지 않고 용역제공(재화판매)에 부수적으로 수반되는 경우는 용역제공거래(재화판매거래)로 분류. ➡총거래가격에 영향을 미치면 재화판매와 용역제공으로 구분하여 처리 ② 품질보증조건으로 재화를 판매하는 거래는 재화판매거래로 분류

수익인식	재화판매	❖다음 조건이 모두 충족될 때 인도시점(수출재화는 선적시점)에 인식함. ① 재화의 소유에 따른 유의적인 위험과 효익이 구매자에게 이전된다. ② 판매자는 소유권보유시 통상적으로 행사하는 정도의 관리나 통제를 할 수 없다. ③ 수익금액을 신뢰성있게 측정할 수 있으며, 경제적효익의 유입가능성이 매우 높다. ④ 거래와 관련하여 발생했거나 발생할 원가를 신뢰성있게 측정할 수 있다. 주의 물리적이전이나 법적소유권이전과 무관하게 위험·효익의 이전여부로 수익인식함.
	용역제공	❖용역제공거래의 성과를 신뢰성있게 추정할 수 있을 때 진행기준에 따라 인식함. 다음 조건이 모두 충족시는 성과를 신뢰성있게 추정할 수 있다고 봄. ① 수익금액을 신뢰성있게 측정할 수 있으며, 경제적효익의 유입가능성이 매우 높다. ② 진행률(다양한 방법으로 결정)을 신뢰성 있게 측정할 수 있다. ③ 이미 발생원가 및 거래완료를 위해 투입해야할 원가를 신뢰성있게 측정할 수 있다. ❖용역제공거래의 성과를 신뢰성 있게 추정할 수 없는 경우 수익인식 <table><tr><td>**발생원가의 회수가능성O**</td><td>• 수익 : 발생비용범위내의 회수가능액</td><td rowspan="2">• 비용 : 발생원가</td></tr><tr><td>**발생원가의 회수가능성X**</td><td>• 수익 : 인식하지 않음.</td></tr></table>

FINAL 객관식뽀개기

빈출적중문제

1. 다음은 ㈜삼일이 20x1년 중 인식한 수익에 관한 내용들이다. 20x1년에 대한 회계감사 중 지적 사항이 될 만한 내용은 어느 것인가?   [기출문제]

① ㈜삼일은 성격과 가치가 유사한 재화의 교환을 수익을 발생시키는 거래로 보아 회계처리 하였다.
② ㈜삼일은 배당금수익을 배당금을 받을 권리와 금액이 확정되는 시점에 인식하였다.
③ ㈜삼일은 제품공급자로부터 받은 노트북을 회사가 운영하는 전자쇼핑몰에서 중개판매하여 발생한 관련 수수료만을 수익으로 인식하였다.
④ ㈜삼일은 상품권 판매시점에 선수금계정으로 처리하였다가, 상품의 판매시점에 수익을 인식하였다.

 내비게이션

• 성격과 가치가 유사한 경우 : 수익발생거래로 보지 않는다.
• 성격과 가치가 상이한 경우 : 수익발생거래로 본다.

2. 다음 중 일반기업회계기준상 용역제공에 따른 수익을 진행기준으로 인식하기 위한 요건으로 옳지 않은 것은?   [적중예상]

① 소유에 따른 유의적인 위험과 보상이 구매자에게 이전될 것
② 경제적 효익의 유입 가능성이 매우 높을 것
③ 진행률을 신뢰성 있게 측정할 수 있을 것
④ 이미 발생한 원가 및 거래의 완료를 위하여 투입하여야 할 원가를 신뢰성 있게 측정할 수 있을 것

 내비게이션

• ①은 재화판매의 수익인식요건임.

제1편 백점이론특강

제2편 기출문제특강

SET1
SET2
SET3
SET4
SET5
SET6
SET7
SET8
SET9
SET10

신유형

기출문제오답노트

실전기출모의고사

백점이론 제59강 ━ 수익인식시점

일반사례	유의적위험	❖거래 후에도 판매자가 소유에 따른 유의적인 위험을 부담하는 경우에는 위험과 효익이 이전되었다고 볼 수 없으므로 그 거래를 아직 판매로 보지 아니하며, 따라서 수익을 인식하지 않음. 이러한 예는 다음과 같음. • 인도된 재화의 결함에 대하여 정상적인 품질보증범위를 초과하여 책임지는 경우 • 판매대금의 회수가 구매자의 재판매에 의해 결정되는 경우 • 설치조건부판매에서 계약의 유의적부분을 차지하는 설치가 미완료된 경우 • 구매자가 판매계약에 따라 구매를 취소할 권리가 있고, 심지어 해당 재화의 반품가능성을 예측하기 어려운 반품가능판매(반품조건부판매)의 경우
	유입가능성	• 수익은 거래와 관련된 경제적효익의 유입가능성이 매우 높은 경우에만 인식하므로, ① 판매대가를 받을 불확실성이 해소되는 시점까지 수익을 인식하지 않음. ② 이미 수익인식액에 대해서는 추후에 회수가능성이 불확실해지는 경우에도 수익금액을 조정치 않고 회수불가능 추정액을 비용으로 인식.(예) 대손상각비)
	비용대응	• 수익과 비용은 대응인식함. 따라서, 비용을 신뢰성있게 측정할수 없다면 수익을 인식할 수 없으며, 이 경우에 재화판매대가로 이미 받은 금액은 부채(예) 선수금)로 인식함.
특수사례	자산사용	이자수익 • 원칙적으로 유효이자율을 적용하여 발생기준적용 배당금수익 • 배당금을 받을 권리와 금액 확정시점에 인식 로열티수익 • 경제적 실질을 반영하여 발생기준에 따라 인식
	시용판매	• 구입자가 매입의사를 표시한날 수익인식
	반품조건부판매	① 반품가능성 불확실로 추정이 어려운 경우 재화인수를 공식 수락한 시점 또는 반품기간이 종료된 시점 ② 반품예상액을 추정가능한 경우 인도시점에 수익인식하고, 반품추정액은 수익에서 차감
	설치 및 검사 조건부판매	• 설치와 검사가 완료된 때 수익인식 ➡설치과정이 성격상 단순한 경우등의 경우 : 구매자 인수시점 (예) TV수상기 설치 ➡결정계약금액을 최종확인목적으로 검사시 : 구매자 인수시점 (예) 무연탄이나 곡물 등을 인도
	설치용역수수료	① 일반적인 경우 : 설치의 진행률에 따라 용역제공 수익을 인식 ② 재화판매에 부수하는 경우 : 전체를 재화판매로 보아 수익인식
	부동산판매	• 법적소유권이전, 위험이전, 행위완료시에 수익인식
	대행업 · 전자쇼핑몰 · 임대업	• 수수료(임대료)만을 수익으로 인식
	광고수수료	① 광고매체(방송사)수수료 : 대중에게 전달하는 시점에 수익인식 ② 광고제작수수료 : 광고제작의 진행률에 따라 수익인식
	공연입장료	• 행사가 개최되는 시점에 수익인식 ➡ 주의 입장권발매시점이 아님.
	수강료	• 강의기간에 걸쳐 발생기준으로 수익인식
	주문개발소프트웨어	• 개발수수료를 진행률에 따라 수익인식
	입회비, 연회비	• 회수에 유의적 불확실성이 없는 시점 등 용역성격에 따라 인식

1. 다음 중 수익인식기준에 대한 설명으로 가장 옳지 않은 것은?
[기출문제]

① 배당금수익은 배당금을 받을 권리와 금액이 확정되는 시점에 인식한다.

② 장기할부판매의 수익은 판매시점에 인식하는데, 이는 할부판매라 하더라도 수익창출의 결정적 사건이 인도시점에 발생했기 때문이다.

③ 성격과 가치가 유사한 재화나 용역간의 교환은 수익을 인식시키는 거래로 보지 않는다.

④ 반품조건부판매는 반품예상액을 합리적으로 추정할 수 있는 경우 제품의 인도시점에 판매금액 전액을 수익으로 인식한다.

•반품추정액은 수익에서 차감한다.

2. 다음 중 수익인식에 관한 설명으로 가장 올바르지 않은 것은?
[기출문제]

① 제품공급자로부터 받은 제품을 인터넷 상에서 중개판매하거나 경매하고 수수료만을 수취하는 전자쇼핑몰을 운영하는 ㈜서울은 제품의 거래가액 전체를 수익으로 인식한다.

② 소프트웨어 개발회사인 ㈜부산는 ㈜대구로부터 급여처리시스템에 관한 소프트웨어 개발을 주문받았다. ㈜부산 소프트웨어 개발대가로 수취하는 수수료를 진행기준에 따라 수익으로 인식한다.

③ 구두를 제조하는 ㈜광주는 매출향상을 위하여 현금을 수령하고 상품권을 판매하지만 수익은 고객이 상품권으로 구두를 구입하는 시점에 인식한다.

④ ㈜제주는 의류회사인 ㈜울산과 지면광고계약을 맺고 광고수수료를 받았다. ㈜제주는 동 광고수수료를 신문에 광고가 게재되어 독자에게 전달될 때 수익으로 인식한다.

•수수료만을 수익으로 인식하여야 한다.

3. ㈜삼일방송사는 TV광고물을 인기 드라마의 방송 전후에 걸쳐 10회 방송하는 계약을 체결하였다. TV광고물은 20x1년 중에 4회, 20x2년 중에 6회가 방송되었으며, 광고 방송에 대한 대가는 총 2,000,000원으로 모든 광고가 종료되는 시점에 회수된다. ㈜삼일방송사의 20x1년도 보고기간(20x1년 1월 1일 ~ 20x1년 12월 31일)에 수익으로 인식할 금액은?
[기출문제]

① 0원
② 800,000원
③ 1,200,000원
④ 2,000,000원

•광고매체(방송사) 수수료의 수익인식시점 : 대중에게 전달하는 시점
•회당 방송대가 : 2,000,000÷10회=200,000
•20x1년 수익 : 대중에게 전달된 4회에 해당하는 수익을 인식한다.
→200,000×4회=800,000

4. 수익의 인식 및 처분손익 인식에 관한 다음 설명 중 가장 올바르지 않은 것은?
[기출문제]

① 광고목적 용역수익은 용역이 완료된 시점에 수익으로 인식한다.

② 상품매출액은 당해 상품을 판매하여 인도하는 시점에 실현되는 것으로 보고 수익으로 인식한다.

③ 원금이나 이자의 회수가 불확실한 채권의 기간경과분에 대한 이자는 현금수취시점에 수익을 인식한다.

④ 총예정원가의 합리적 추정이 불가능하거나 대금회수의 불확실성이 존재하는 예약매출은 발생원가 범위내에서 회수가능한 금액을 매기의 수익으로 인식한다.

•광고제작의 진행률에 따라 수익을 인식한다.

5. 다음 ㈜삼일의 회계처리 중 올바르지 않은 것은 무엇인가?
[기출문제]

① ㈜삼일은 반품조건부로 상품을 판매하였으나 반품에 대한 추정이 어렵다고 판단하여 인도시점에 수익을 인식하지 않고 반품기간이 경과한 이후에 수익을 인식하였다.

② ㈜삼일은 로열티수익을 경제적 실질을 반영하여 발생주의로 회계처리하였다.

③ ㈜삼일은 단기용역매출은 완성기준, 장기용역매출은 진행기준을 적용하여 수익을 인식하였다.

④ ㈜삼일은 상품권을 판매한 시점에는 선수금으로 처리하였다가 재화나 용역이 판매되어 상품권이 회수되는 시점에 수익을 인식하였다.

•용역매출(예 도급공사)은 장·단기 모두 진행기준을 적용한다.

백점이론 제60강 ◯─ 판매기준 수익인식

❖상품권을 회수하는 때(상품권과 교환하여 상품인도시) 수익인식 ➡ 주의 상품권판매시가 아님.

📋 사례 **상품권 회계처리**

☺ 100원권 상품권 20매를 ₩90에 발행. 유효기간은 6개월. 유효기간 내 사용된 상품권은 18매이며 환불한 현금은 ₩40. 나머지 2매는 유효기간 경과(60% 환급 약정)

풀이

상품권 판매	상품권 발행시	• 액면전액을 선수금으로 계상 　주의 액면에서 할인액차감액이 선수금이 아님. • 할인액은 '상품권할인액'으로 하여 선수금에서 차감기재	(차) 현금 1,800 (대) 선수금 2,000 　　할인액 200
	상품권 회수시	• 선수금을 매출 및 환불금액과 상계 • 상품권할인액은 매출수익인식시 매출에누리로 대체	(차) 선수금 1,800 (대) 매출 1,760 　　　　　　　　　　현금 40 (차) 에누리 180 (대) 할인액 180
	미회수 상품권	• 유효기간경과 : 명시된 비율에 따라 영업외수익인식 　주의 매출로 인식하는 게 아님.	(차) 선수금 200×40%=80 (대) 할인액 20 　　　　　　　　　　　　잡이익 60
		• 소멸시효완성 : 잔액 전부를 영업외수익인식	(차) 선수금 200×60%=120 (대) 잡이익 120

❖장·단기불문 판매시점에 인식하며, 장기할부판매는 유효이자율법에 따라 현재가치평가함.

📋 사례 **장기할부판매 회계처리**

☺ 20x1초 원가 ₩192,146의 상품을 20x1말부터 ₩100,000씩 3회 회수 할부판매, 유효이자율은 12%

풀이

• 현재가치 = 100,000×(3년, 12% 연금현가계수) = 240,183

20x1초	20x1말
(차) 장기매출채권 300,000 (대) 매출 240,183 　　　　　　　　　　　현할차 59,817 (차) 매출원가 192,146 (대) 재고자산 192,146	(차) 현금 100,000 (대) 장기매출채권 100,000 (차) 현할차 28,822 (대) 이자수익 28,822* * 240,183×12% = 28,822

주의 이익에 미치는 영향을 물으면?
　　매출총이익(240,183 - 192,146) + 이자수익(28,822) = 76,859

❖수탁자가 고객에게 판매시 인식 ➡ 주의 위탁자가 수탁자에게 적송시가 아님.

📋 사례 **위탁판매 회계처리**

☺ 상품 10개(원가@100,000)를 적송했으며 발송시운임은 ₩30,0000이었다. 판매액 ₩780,000(6개×@130,000) 중 판매수수료 ₩30,000과 판매운송비 ₩5,000을 공제한 ₩745,000을 송금해 옴.

풀이

적송시	(차) 적 송 품	1,030,000	(대) 재고자산	1,000,000
			현 금	30,000
판매시	(차) 현 금	745,000	(대) 매 출	780,000
	지급수수료	30,000		
	매출운임	5,000		
	(차) 매출원가	618,000	(대) 적 송 품	618,000

[위탁매매이익] = 매출780,000 - 매출원가618,000 - 지급수수료 30,000 - 매출운임 5,000 = 127,000

FINAL 객관식뽀개기 　　　　　　　　　**빈출적중문제**

1. ㈜삼일은 20x1년 4월 1일 액면금액 100,000원의 상품권 10매를 고객에게 액면금액의 20%에 해당하는 금액을 할인하여 1매당 80,000원에 발행하였다. 20x1년 중에 사용된 상품권은 8매이며 판매한 상품과의 차액으로 환불한 금액은 10,000원이다. ㈜삼일이 20x1년에 상품권 판매로 인식할 순매출액은 얼마인가?　[기출문제]

① 630,000원　　　　　② 640,000원
③ 790,000원　　　　　④ 800,000원

 내비게이션

• 발행시
　(차)현금 　　　　800,000[1)]　(대)선수금 　　1,000,000[2)]
　　　상품권할인액　200,000
• 회수시
　(차)선수금 　　　　800,000[3)]　(대)매출 　　　　790,000
　　　　　　　　　　　　　　　　　현금 　　　　　10,000
　(차)매출에누리　　160,000[4)]　(대)상품권할인액　160,000
　[1)]80,000x10매=800,000　[2)]100,000x10매=1,000,000
　[3)]100,000x8매=800,000　[4)]200,000x80매/10매=160,000
→∴순매출액 : 790,000-160,000=630,000

2. ㈜삼일은 20x1년 초에 ㈜용산에 상품을 할부판매하였다. 매출액과 매출총이익은?　[기출문제]

> ㄱ. 상품의 원가 : 500,000원
> ㄴ. 할부금 회수방법 : 매년 말에 300,000원씩 3년 간 분할회수
> ㄷ. 판매시의 시장이자율 : 연 5% [연금현가계수(3년, 5%)=2.72]

	매출액	매출총이익
①	816,000원	316,000원
②	816,000원	516,000원
③	900,000원	400,000원
④	900,000원	600,000원

 내비게이션

• 매출액(현재가치) : 300,000x2.72=816,000
• 매출총이익 : 816,000-500,000=316,000

3. (주)삼일은 (주)용산에 상품을 위탁하여 판매하고 있다. 20x2년 (주)삼일이 인식해야 할 위탁판매에 대한 매출액은 얼마인가?　[기출문제]

> ㄱ. 20x2년 2월 5일 위탁판매를 위해 (주)삼일은 (주)용산에 단위당 2,000원인 상품 100개를 적송하였고 운임 등 제비용으로 150,000원이 발생하였다.
> ㄴ. 20x2년 4월 6일 (주)용산이 모든 위탁품을 400,000원에 판매하였다.
> ㄷ. 20x2년 5월 1일 판매한 위탁품에 대한 대금에서 판매수수료를 차감한 금액을 송금하였고, 판매수수료는 판매가액의 10%가 발생하였다.

① 40,000원　　　　　② 200,000원
③ 350,000원　　　　　④ 400,000원

 내비게이션

• (차) 현금 　　　　360,000　(대) 매출 　　400,000
　　　지급수수료　　40,000[*)]
　[*)]400,000x10%=40,000

4. 다음의 ㈜삼일(중소기업 아님)의 회계처리로 옳지 않은 것은?　[기출문제]

① ㈜삼일의 20x1년말 예상 반품액은 1,200원이다. 반품비용은 없으며 회사의 매출총이익률은 30%이다.
　(차) 매출 　　　1,200　(대) 매출원가 　　　840
　　　　　　　　　　　　　반품충당부채 　　360

② ㈜삼일은 20x1년초 원가 18,000원의 상품을 매년 6,000원씩 4년 회수방식으로 할부판매하였다.
　(차) 매출채권 　24,000　(대) 매출 　　　24,000
　　　매출원가 　18,000　　　상품 　　　18,000

③ ㈜삼일은 제품인 OS프로그램을 12,000원에 현금판매하였으며 2년간 무상 업그레이드해주기로 하였다. 판매대금 중 업그레이드의 판매가치는 2,400원으로 추정된다.
　(차) 현금 　　　12,000　(대) 매출 　　　　9,600
　　　　　　　　　　　　　선수용역수익 　2,400

④ ㈜삼일은 상품권 10매를 액면금액의 10%를 할인하여 판매하였다. 액면금액은 2,400원이다.
　(차) 현금 　　　21,600　(대) 선수금 　　24,000
　　　상품권할인액　2,400

 내비게이션

• 장기할부판매시 매출액은 현재가치로 계상하여야 한다.

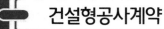

백점이론 제61강 ── 건설형공사계약

진행기준	• 진행기준이란 공사진행 정도에 따라 총계약금액(도급금액)을 수익으로 인식하는 방법을 말함 • 장·단기 도급공사 등 모두 진행기준을 적용함. • 진행률은 원가기준법을 원칙으로 하되 특별한 경우에 한하여 완성단위법(작업시간등) 인정

공사원가발생	(차) 미성공사	×××	(대) 현금	×××
공사대금회수	(차) 현 금	×××	(대) 공사선수금	×××
공사수익인식	(차) 공사선수금 공사미수금	××× ×××	(대) 공사수익	×××
공사원가인식	(차) 공사원가	×××	(대) 미성공사	×××
공사 완료시	(차) 공사선수금 공사미수금 (차) 공사원가	××× ××× ×××	(대) 공사수익 (대) 미성공사	××× ×××

 사례 장기도급공사 회계처리

	20x1년	20x2년	20x3년	
발생원가(누적액)	320,000	510,000	900,000	총공사계약금액은 1,000,000이었으나 20x2년 자재가격상승으로 1,100,000으로 조정하였다.
완성시까지 추가소요원가	480,000	340,000	–	
총공사원가 추정액	800,000	850,000	900,000	
공사원가청구액	250,000	400,000	450,000	
공사대금회수액	200,000	350,000	550,000	

회계처리

풀이

구 분	20x1	20x2	20x3
공사진행률	320,000÷800,000=40%	510,000÷850,000=60%	900,000÷900,000=100%
공사수익	1,000,000×40%=400,000	1,100,000×60%-400,000=260,000	1,100,000-660,000=440,000
공사원가	320,000	190,000	390,000
공사이익	80,000	70,000	50,000

	(차) 미성공사	320,000	(대) 현 금	320,000	
	(차) 현 금	200,000	(대) 공사선수금	200,000	
20x1	(차) 공사선수금 공사미수금	200,000 200,000	(대) 공사수익	400,000	
	(차) 공사원가	320,000	(대) 미성공사	320,000	
	(차) 미성공사	190,000	(대) 현 금	190,000	
	(차) 현 금	350,000	(대) 공사미수금 공사선수금	200,000 150,000	
20x2	(차) 공사선수금 공사미수금	150,000 110,000	(대) 공사수익	260,000	
	(차) 공사원가	190,000	(대) 미성공사	190,000	

FINAL 객관식뽀개기 — 빈출적중문제

1. (주)삼일은 20x1년 중 교육센터관련 건설공사를 8,000,000원에 수주했다. 공사와 관련된 자료가 다음과 같다고 할 경우 당해 건설공사로 인한 20x1년의 건설공사이익은 얼마인가? [기출문제]

구분	20x1년	20x2년	20x3년
누적발생원가	1,200,000원	5,000,000원	5,700,000원
완성시까지의 추가예정원가	4,800,000원	1,000,000원	–

① 300,000원　　② 400,000원
③ 1,000,000원　　④ 1,500,000원

[백발계의신]

• $8,000,000 \times \dfrac{1,200,000}{1,200,000+4,800,000} - 1,200,000 = 400,000$

2. (주)삼일의 장기도급공사의 내역이 다음과 같고 총공사계약금액이 30,000,000원일 때, (주)삼일이 20x2년도에 인식해야 할 공사수익은 얼마인가? [기출문제]

구분	20x1년	20x2년	20x3년
총공사 예정원가	24,000,000원	27,000,000원	27,000,000원
당기발생 공사원가	6,000,000원	10,200,000원	10,800,000원
공사대금 청구액	7,000,000원	15,000,000원	8,000,000원
공사대금 회수액	6,500,000원	13,000,000원	10,500,000원

① 10,500,000원　　② 12,500,000원
③ 13,000,000원　　④ 23,500,000원

[백발계의신]

• $30,000,000 \times \dfrac{6,000,000+10,200,000}{27,000,000} - 30,000,000 \times \dfrac{6,000,000}{24,000,000}$
=10,500,000

3. (주)삼일은 20x2년 1월 1일에 (주)용산과 3년간의 공장건설계약을 맺었다. 건설공사에 대한 다음의 자료를 바탕으로 (주)삼일이 20x2년에 인식한 공사원가는 얼마인가? [기출문제]

ㄱ. 총도급액　　　　　　　　　　12,000,000원
ㄴ. 20x2년 공사이익　　　　　　　800,000원
ㄷ. 20x2년말 현재 공사진행률[*]　　40%
[*]공사진행률은 총공사예정원가에 대한 실제공사원가 발생액의 비율로 산정

① 4,000,000원　　② 4,800,000원
③ 5,000,000원　　④ 6,000,000원

[백발계의신]

• 20x2년 공사원가 계산
공사수익 : 12,000,000×40% = 4,800,000
공사원가 : 　　　　　　　　　(x)
공사이익 : 　　　　　　　　　800,000
→ $x = 4,000,000$

4. (주)삼보건설은 20x2년 중 문화센터와 관련한 건설공사를 수주하였다. 해당 공사와 관련된 내용이 다음과 같을 때 (주)삼보건설의 20x2년 공사수익 계산시 적용한 진행률은 얼마인가? [기출문제]

ㄱ. 건설기간 20x2년 1월 1일 ~ 20x4년 12월 31일
ㄴ. 총도급금액　　　　　　　50,000,000원
ㄷ. 20x2년 공사원가　　　　　5,000,000원
ㄹ. 20x2년 공사이익　　　　　2,500,000원

① 10%　　② 15%
③ 20%　　④ 25%

[백발계의신]

• 50,000,000×진행률−5,000,000=2,500,000 에서, 진행률=15%

5. (주)삼일은 20x1년초 공사기간 3년인 공장을 건설하는 계약을 5,000,000원에 수주하였다. 관련자료가 다음과 같을 때 20x1년말의 총공사예정원가를 추정하면 얼마인가? [적중예상]

구분	20x1년	20x2년	20x3년
누적발생원가	2,000,000	4,400,000	?
총공사예정원가	?	5,600,000	?
공사손익	이익400,000	?	이익100,000

① 4,166,667원　　② 4,263,667원
③ 4,850,667원　　④ 4,901,000원

[백발계의신]

• 공사수익 : $x - 2,000,000$(공사원가)$=400,000$, $x=2,400,000$
• 공사진행률 : 5,000,000(도급금액)$\times y = 2,400,000$, $y=48\%$
∴총공사예정원가
$\dfrac{2,000,000(누적발생원가)}{Z}=48\%$(공사진행률), $Z=4,166,667$

백점이론 제62강 ━ 총공사손실

회계처리	공사손실충당부채전입액	• 공사와 관련하여 총공사손실의 발생이 예상되는 경우 ➡동 예상손실을 공사손실충당부채(유동부채)계정에 계상하고 공사손실충당부채전입액은 공사원가에 가산함.
	공사손실충당부채환입액	• 공사손실충당부채는 잔여기간동안 공사손실이 발생할 경우 ➡동손실에 상당하는 금액을 환입하고 동환입액은 해당사업연도의 공사원가에서 차감하는 형식으로 기재함.

주의 특정연도에만 손실이 나는 경우
위와 같은 회계처리 없이 원래대로 회계처리함.

 사례 총공사손실예상시 회계처리

✿ 총공사계약금액은 ₩2,000,000이다. 관련자료는 다음과 같다.

	20x1년	20x2년	20x3년
발생원가(누적액)	600,000	1,680,000	2,150,000
완성시까지 추가소요원가	1,000,000	420,000	–
총공사원가 추정액	1,600,000	2,100,000	2,150,000
공사원가청구액	700,000	1,100,000	200,000
공사대금회수액	600,000	900,000	500,000

풀이

	20x1	20x2	20x3
공사진행률	37.5%	80%	100%
공사수익	750,000	850,000	400,000
공사원가	600,000	1,080,000	470,000
공사이익	150,000	(230,000)	(70,000)
전입액	–	(20,000)	–
환입액	–	–	20,000
계상이익	150,000	(250,000)	(50,000)

20x1 결산시	(차) 공사선수금 600,000 (대) 공사수익 750,000 　　　공사미수금 150,000 (차) 공사원가 600,000 (대) 미성공사 600,000
20x2 결산시	(차) 공사선수금 750,000 (대) 공사수익 850,000 　　　공사미수금 100,000 (차) 공사원가 1,080,000 (대) 미성공사 1,080,000 (차) 공손충전입액 20,000 (대) 공 손 충 20,000
20x3 결산시	(차) 공사선수금 400,000 (대) 공사수익 400,000 (차) 공사원가 470,000 (대) 미성공사 470,000 (차) 공 손 충 20,000 (대) 공손충환입액 20,000

• 20x2년 총손실 100,000(2,100,000 – 2,000,000)이 예상됨.
• 20x1년 이익 150,000, 20x2년 손실 △230,000 합치면 손실 △80,000
　↳∴손실 △20,000 더 인식하여 (전입)손실 △100,000이 되게 함 → '보수주의'
• 20x3년 손실△70,000 중 △20,000은 이미 전기에 인식했으므로 당기는 손실△50,000이 되도록 20,000 환입함.
• 매년손익은 각각 150,000, △250,000, △50,000이 인식됨.

전입액계산 Trick	✦ 전입액 = 예상수익 – 예상원가 = 총공사손실 – 당기까지 누적공사손실 　　　　 = 도급액 × (1 – 현재진행률) – 추가소요원가 　　　　 = 2,000,000 × (1 – 80%) – 420,000 = – 20,000

FINAL 객관식뽀개기 ━ 빈출적중문제

1. (주)삼일은 20x1년 1월 1일 서울시청 청사건립공사를 수주하여 계약을 체결하였다. 총공사계약액은 30,000,000원이며 예정완공일은 20x3년 말이다. 다음의 자료를 참고하여 20x1년 손익계산서에 반영될 손익은 얼마인가?

[기출문제]

구분	20x1년
당기발생공사원가	8,000,000원
총공사원가추정액	32,000,000원

① 공사손실 500,000원
② 공사이익 1,000,000원
③ 공사이익 1,500,000원
④ 공사손실 2,000,000원

 낵밲게의섭

• 진행률 : 8,000,000 ÷ 32,000,000 = 25%
• 공사수익 : 30,000,000 x 25% = 7,500,000
• 공사원가 : 8,000,000(당기발생공사원가)
• 전입액 : 30,000,000 x (1−25%) −(32,000,000−8,000,000)=1,500,000
• 공사손익 : 7,500,000 − 8,000,000 − 1,500,000 = △2,000,000

◆고속철◆ 전입액 계산
'전입액=도급액x(1−현재진행률)−추가소요원가'
→전입액=30,000,000x(1−25%)−24,000,000=1,500,000

백점이론 제63강 ⊃ 주당이익

개요		
	의의	• 주당이익(EPS : Earnings Per Share)은 보통주 1주당 이익이 얼마인가를 나타내는 지표 **기본주당이익** ┃ • 보통주당기순이익 ÷ 가중평균유통보통주식수 **참고** 주가수익비율(PER) = 주가 ÷ EPS → 즉, 주가가 EPS의 몇 배인지를 나타내는 지표 • 자기주식 취득시는 가중평균유통보통주식수가 감소하므로 기본주당이익은 증가함.
	유용성	• 기업간 주당이익을 비교하면 기업간 당기순이익을 단순비교하는 것보다 합리적인 의사결정에 도달할 수 있음. **예시** A사(순이익 1000억, 보통주 1,000주), B사(순이익 100억, 보통주 10주)인 경우 →순이익은 A사가 더 크나, 주당이익은 B사가 더 크므로, B사의 투자금액 대비 투자수익률이 더 크다는 것을 의미하기 때문에 B사의 경영성과가 더 우월함.
	공시	• 주당이익을 손익계산서 본문에 표시함. **주의** 주당이익이 부의 금액(즉, 손실)인 경우에도 손익계산서 본문에 표시함.

주당이익 계산	보통주당기순이익		• 보통주당기순이익 = 당기순이익(세후순이익) − 우선주배당금
	가중평균유통 보통주식수	우선주	• 총발행주식수에서 차감함.
		자기주식	• 보유기간(취득~매각)동안 유통보통주식수에서 제외 **예시** 기초 10,000주, 4.1 자기주식취득 800주, 7.1 자기주식매각 500주 ➡10,000주×12/12−800주×9/12+500주×6/12=9,650주
		유상증자	• 납입일을 기준으로 가중평균함. **예시** 기초주식수 200주, 당기 7.1에 유상증자로 보통주 100주 발행시 ➡200주×12/12+100주×6/12=250주
		무상증자 주식배당	① 원칙 : 기초에 실시된 것으로 간주함. **예시** 기초주식수 200주, 당기 7.1에 무상증자(10%)로 보통주 20주 발행시 ➡200주×12/12+20주×12/12=220주 ② 예외 : 유상증자분은 그 납입일 기준으로 가중평균함. **예시** 기초주식수 200주, 당기 7.1에 유상증자로 보통주 100주 발행, 9.1에 무상증자(10%)로 보통주 30주 발행시 ➡220주×12/12+110주x6/12=275주

▶사례 **기본주당이익계산**

❂ 당기 보통주식수 변동내역 : 기초 9,500주, 4월1일 유상증자 1,000주, 10월1일 무상증자(10%) 1,050주, 당기순이익은 ₩1,000,000, 당기 우선주배당금은 ₩200,000임. 단, 유상증자는 공정가치미만의 유상증자에 해당하지 아니하며, 월수로 계산한다고 가정함. 기본주당이익을 구하시오.

• 기본주당이익 : $\dfrac{1,000,000 - 200,000}{10,450 \times 12/12 + 1,100 \times 9/12} = 70.95$

FINAL 객관식뽀개기 ──◗ 빈출적중문제

1. 다음 중 주당이익에 관한 설명으로 가장 올바르지 않은 것은? [기출문제]

① 주당이익은 주식 1주당 이익이 얼마인가를 나타내는 수치로서 특정기업의 경영성과를 기간별로 비교하는 데 유용하다.

② 특정기업의 주당이익을 주당배당금 지급액과 비교해 봄으로써 당기순이익 중 사외에 유출하는 부분과 사내에 유보되는 부분의 상대적 비율에 관한 정보를 용이하게 얻을 수 있다.

③ 주당이익 산출시 당기 중에 유상증자가 실시된 경우에는 가중평균유통보통주식수를 납입일을 기준으로 기간경과에 따라 가중평균하여 조정한다.

④ 우선주의 배당금은 정해진 배당률과 관계없이 배당이 실현되지 않으면 지급할 의무가 없으므로 보통주 당기순이익의 계산에서 차감하지 않는다.

• 우선주의 배당금은 보통주당기순이익의 계산에서 차감한다.

2. 다음 중 주당이익에 관한 설명으로 가장 옳은 것은? [기출문제]

① 당기순이익은 보통주 뿐만 아니라 우선주에 대한 몫도 포함되어 있으므로 보통주 당기순이익 산정시 당기순이익에서 우선주배당금을 차감하여 계산한다.

② 가중평균유통보통주식수 산정시 우선주가 있을 경우 발행된 총주식수에서 이를 공제하지 아니한다.

③ 자기주식은 취득시점 이후부터 매각시점까지의 기간 동안 가중평균유통보통주식수에 포함하여야 한다.

④ 당기 중에 무상증자, 주식배당, 주식분할 및 주식병합이 실시된 경우에는 기말에 실시된 것으로 간주한다.

• ② 총주식수에서 이를 공제하지 아니한다.(X)
  → 총주식수에서 차감한다.(O)
③ 가중평균유통보통주식수에 포함하여야 한다.(X)
  → 가중평균유통보통주식수에서 제외한다.(O)
④ 기말에 실시된 것으로 간주한다.(X)
  → 기초에 실시된 것으로 간주한다.(O)

3. 다음 중 주당이익에 관한 설명으로 가장 올바르지 않은 것은? [기출문제]

① 주식 1주당 발생한 이익을 의미한다.
② 주가수익률(PER) 산출의 기초자료가 된다.
③ 유통보통주식수가 증가하면 주당이익이 증가한다.
④ 당기순이익이 증가하면 주당이익이 증가한다.

• 유통보통주식수(분모)가 증가하면 주당이익이 감소한다.

4. 다음은 ㈜삼일의 유통보통주식수 변동내역에 대한 자료이다. 다음 자료를 바탕으로 가중평균유통보통주식수를 계산하면 얼마인가(단, 주식수 산정시 월할계산을 한다)? [기출문제]

ㄱ. 기초 : 30,000주
ㄴ. 기중
– 4월 1일 : 유상증자(시가발행임) 6,000주
– 7월 1일 : 자기주식의 취득 (8,000주)
– 10월 1일 : 자기주식의 처분 5,000주
ㄷ. 기말 : 33,000주

① 30,500주   ② 31,750주
③ 32,500주   ④ 33,000주

```
•├────────┼────────┼────────┼────────┤
 1/1      4/1      7/1      10/1     12/31
 30,000주  6,000주  (8,000주) 5,000주
```

$$\rightarrow 30{,}000주 \times \frac{12}{12} + 6{,}000주 \times \frac{9}{12} - 8{,}000주 \times \frac{6}{12} + 5{,}000주 \times \frac{3}{12} = 31{,}750주$$

5. 다음 자료를 참고하여 (주)영일의 기본주당순이익을 계산하면 얼마인가? [기출문제]

ㄱ. 당기순이익	:	450,000,000원
ㄴ. 우선주배당금	:	10,000,000원
ㄷ. 가중평균유통보통주식수	:	100,000주

① 4,400원   ② 4,500원
③ 4,800원   ④ 5,000원

$$\bullet \frac{450{,}000{,}000 - 10{,}000{,}000}{100{,}000주} = 4{,}400$$

백점이론 제64강 ━ 현금흐름표

의의	정의	• 영업·투자·재무활동에 의해 발생하는 현금의 흐름에 관한 전반적인 정보를 제공하는 동태적 재무제표
	필요성	• 손익계산서의 수익·비용은 발생주의로 인식되므로 당기순이익과 현금유입액은 서로 일치하지 않으며, 재무상태표는 특정시점 재무상태만 표시하므로 변동흐름을 표시하지 못함.

유용성·한계점	유용성	• 순자산변화, 재무구조(유동성과 지급능력), 현금창출능력, 이익의 질 등의 평가에 유용 • 영업활동현금흐름과 당기순이익의 차이에 관한 정보를 제공 • 투자·재무활동, 미래현금흐름, 부채상환능력, 배당금지급능력에 관한 정보를 제공 • 재무상태표나 손익계산서가 제공하지 못하는 정보를 제공하는 보완적 기능을 갖음.
	한계점	• 현금주의에 따른 것이므로 발생주의를 기반으로 하는 현행회계와 상이함. • 미래현금흐름에 대한 장기전망을 평가하는데 불완전함. ➡ ∵과거기간 중에 발생된 거래의 현금효과만을 표시하기 때문

구성요소	경 영 활 동	유 입	유 출
	영업활동 {투자, 재무활동이 아닌 모든 거래 포함}	• 제품판매 • 이자수익, 배당금수입 • 기타영업활동으로부터 유입	• 종업원에 대한 지출액(급여＋퇴직금) • 이자비용, 법인세지급액 • 매입처에 지급한 현금
	투자활동 {영업활동과 관련없는 자산의 증감거래}	• 단기매매증권의 처분 • 금융상품의 처분(장·단기) • 대여금회수, 미수금회수 • 투자자산처분, 유형자산처분	• 단기매매증권취득, 금융상품의취득(장·단기) • 개발비지출, 대여금지급 • 투자자산취득, 무형자산 취득 • 유형자산취득, 건설중인자산 증가
	재무활동 {영업활동과 관련없는 부채, 자본의 증감거래}	• 장·단기차입금의 차입 • 사채의 발행 • 주식의 발행(유상증자) • 자기주식의 매각	• 장·단기 차입금의 상환 • 사채발행비, 사채의 상환, 배당금의 지급 • 미지급금지급, 유상감자, 자기주식의 취득 • 자산의 취득에 따른 부채의 지급

영업활동 현금흐름의 작성방법	직접법	• 영업활동 관련한 개별항목별 현금유입과 유출을 표시하는 방법. ➡장점 : 전문회계지식이 없더라도 내용을 쉽게 파악할 수 있음. ➡단점 : 추가적 정보수집절차가 필요하며, 개별유형별로 표시하는 절차가 복잡함.
	간접법	• 당기순이익에서 소정항목을 가감하여 영업활동현금흐름을 표시하는 방법 ➡장점 : 당기순이익과 영업활동현금흐름의 차이를 명확하게 보여주며, 작성이 간편함. ➡단점 : 영업활동현금흐름의 세부내역을 파악할수 없으며, 전문회계지식이 필요함.

▸주의 직접법, 간접법은 영업활동의 작성방법이므로 투자·재무활동은 동일하게 작성됨.

❖현금의 유입·유출이 없는 다음의 거래는 주석으로 공시함.

주석공시	현물출자	(차) 유형자산	xxx	(대) 자본금/주식발행초과금	xxx
	건설중인자산 본계정대체	(차) 유형자산	xxx	(대) 건설중인자산	xxx
	유형자산 연불구입	(차) 유형자산/현재가치할인차금	xxx	(대) 장기미지급금	xxx
	매도가능증권평가손익	(차) 매도가능증권	xxx	(대) 매도가능증권평가이익	xxx
	무상증자, 주식배당	(차) 이익잉여금	xxx	(대) 자본금	xxx
	유동성대체	(차) 장기차입금	xxx	(대) 유동성장기부채	xxx
	전환사채 전환	(차) 전환사채	xxx	(대) 자본금/주식발행초과금	xxx

FINAL 객관식뽀개기 · 빈출적중문제

1. (주)삼일은 20x1년 손익계산서에 이자비용 180,000원을 보고하였으나, 만일 (주)삼일이 현금주의를 채택하였다면 이자비용이 40,000원 만큼 감소하게 된다. 20x1년말 미지급이자가 40,000원이라면 (주)삼일의 20x1년초 재무상태표에 기재되어 있는 미지급이자는 얼마인가? [기출문제]

① 0원　　　　　② 10,000원
③ 20,000원　　　④ 40,000원

내비게이션

• 미지급이자 계정

현금지급	140,000	기초미지급이자	?
기말미지급이자	40,000	이자비용	180,000
	180,000		180,000

→ ∴ 기초미지급이자=0

고속철 발생주의 · 현금주의 분석(이자비용)

발생주의 이자비용	(180,000)
기말미지급이자－기초미지급이자	x
현금주의 이자비용	(140,000)

→ x=40,000 이므로 40,000－기초미지급이자=40,000, 기초미지급이자=0

2. 다음 중 재무활동 현금흐름으로 분류되는 항목의 예로 가장 올바르지 않은 것은? [기출문제]

① 사채의 상환과 관련한 만기 연장
② 재무활동으로 분류되는 이자 및 배당금 관련 현금유출
③ 금융리스부채의 상환에 따른 현금유출
④ 주식 발행에 따른 현금유입

내비게이션

• 만기연장은 현금유입 및 유출과 무관하다.

3. 다음 중 현금의 유입과 유출이 없는 거래가 아닌 것은? [기출문제]

① 유형자산 취득　　② 유형자산의 현물출자
③ 전환사채의 전환　　④ 주식배당

내비게이션

• ①	(차) 유형자산	xxx	(대) 현금	xxx
②	(차) 유형자산	xxx	(대) 자본금	xxx
③	(차) 전환사채	xxx	(대) 자본금	xxx
④	(차) 이익잉여금	xxx	(대) 자본금	xxx

4. 다음 중 현금흐름표에 관한 설명으로 가장 올바르지 않은 것은? [기출문제]

① 기업실체의 현금흐름을 영업, 투자, 재무활동으로 구분하여 보고하는 재무제표이다.
② 유 · 무형자산의 취득 · 처분과 관련된 현금흐름은 재무활동으로 인한 현금흐름으로 분류한다.
③ 재무활동으로 인한 현금흐름에는 신주발행과 배당금의 지급 등이 포함된다.
④ 제품의 생산 및 판매와 관련된 현금흐름은 영업활동으로 인한 현금흐름으로 분류한다.

내비게이션

• 유 · 무형자산의 취득 및 처분
재무활동 현금흐름(X) → 투자활동 현금흐름(O)

5. 현금흐름표의 작성방법에는 직접법과 간접법이 있다. 이에 대한 다음 설명 중 틀린 것은? [적중예상]

① 직접법은 현금흐름을 개별 항목별로 파악할 수 있기때문에 전문 회계지식이 없더라도 그 내용을 쉽게 파악할 수 있다.
② 간접법은 당기순이익과 영업활동 현금흐름과의 차이를 명확하게 보여준다.
③ 간접법은 현금의 유입액 및 유출액을 매출거래나 매입거래 등과 같은 영업활동의 세부거래를 중심으로 파악할 수 없다는 한계점이 있다.
④ 직접법과 간접법은 영업활동뿐만 아니라 투자활동 및 재무활동도 현금흐름표상의 표시방법이 다르다.

내비게이션

• 직접법, 간접법은 영업활동의 작성방법이므로 투자 · 재무활동은 동일하게 작성된다.

제1편 백점이론특강 / 제2편 기출문제특강 / SET1 / SET2 / SET3 / SET4 / SET5 / SET6 / SET7 / SET8 / SET9 / SET10 / 신유형 / 기출문제오답노트 / 실전기출모의고사

3P

3D FINAL

POTENTIALITY
PASSION
PROFESSION

3P는 여러분의 무한한 잠재적 능력과 반드시 성취하겠다는 열정을 토대로 전문가의 길로 나아가는 세무라이선스 파이널시리즈의 학습 정신입니다.

수험생 여러분의 합격을 응원합니다.

제1편. 백점이론특강

2020-2021
FINAL

회계관리1급 한권으로끝장

Cam Exam intermediate level

제2장

[백점이론] 세무회계

사전학습.

▶ **백점이론 세무회계**

개정세법을 반영한 세무회계 전반의 내용을
46논제로 정리하였으며, 이론 학습후 최근
출제 경향을 분석한 빈출적중 문제를 통해
이론의 실전 적용 모습을 바로 확인하여 이
해할 수 있게 하였습니다.

SEMOOLICENCE

백점이론 제65강 ⊂ 조세총론 ❶

조세	정의	• 국가 또는 지방자치단체가 경비충당을 위한 재정수입을 조달할 목적으로 법률에 규정된 과세요건을 충족한 모든 자에게 직접적 반대급부없이 부과하는 금전급부 ➡금전납부가 원칙이나 물납(상속세)을 허용함. •주의 ∴공과금, 벌금, 과태료는 조세가 아니며, 조세는 반대급부(개별보상)가 없음. 보론 조세법률주의 : 법률에 의하지 않고서는 조세를 부과·징수할 수 없음.		
	용어정의	과세요건	• 과세요건 충족시 납세의무가 성립 ① 납세의무자 ② 과세물건 ③ 과세표준 ④ 세율	
		과세대상(세원)	• 부과징수하는 세금의 대상이 되는 소득·재산 등	
		과세표준	• 세액산출의 기초가 되는 과세물건의 수량 또는 가액 •주의 금액만이 과세표준인 것은 아님.	
		과세기간	• 과세표준계산의 기초가 되는 시간적 단위	
		세율	• 과세표준에 세율을 곱하여 세액을 산출(산출세액=과세표준×세율)	

분류	국세/지방세	• 국 세 : 국가가 부과하는 조세 ➡예 법인세, 소득세, 부가가치세, 상속·증여세, 종합부동산세, 개별소비세, 주세, 인지세, 증권거래세, 관세 • 지방세 : 지방자치단체가 부과하는 조세 ➡예 취득세, 등록면허세, 재산세 등
	직접세/간접세	• 직접세 : 납세의무자와 실제 담세자가 동일한 조세 ➡예 법인세, 소득세 • 간접세 : 납세의무자와 실제 담세자가 상이한 조세 ➡예 부가가치세, 개별소비세
	보통세/목적세	• 보통세 : 세수의 용도가 특정되지 아니한 조세 • 목적세 : 세수의 용도가 특정되어 있는 조세 ➡예 교육세, 농어촌특별세
	부가세/독립세	• 부가세 : 다른 조세(=본세)에 부가되는 조세 ➡예 교육세, 농어촌특별세 • 독립세 : 부가세외의 조세
	종가세/종량세	• 종가세 : 과세표준이 금액으로 표시되는 조세 • 종량세 : 과세표준이 수량으로 표시되는 조세 ➡예 인지세
	인세/물세	• 인 세 : 인적측면에 주안점을 두어 부과되는 조세 ➡예 법인세, 소득세, 상증세 • 물 세 : 물적측면에 주안점을 두어 부과되는 조세 ➡예 부가가치세, 재산세

납세의무 확정방법	구 분	정부부과과세제도	신고납세제도
	확정권자	• 과세관청의 부과처분에 의해 세액이 확정되는 과세방식으로 과세관청에게만 납세의무 확정권을 부여 ➡납세자의 신고는 조력의무에 불과함.	• 1차적으로 납세의무자에게 납세의무 확정권을 부여하고 무신고·신고내용에 오류·탈루가 있는 경우 2차적으로 과세관청에게 납세의무 확정권을 부여
	해당세목	• 상속세 • 증여세	• 법인세 • 소득세 • 부가가치세

보론 결정과 경정
  i) 결정 : 최초의 확정 →∴신고납세세목은 신고로 확정되므로 무신고시는 '결정'사유가 됨.
  ii) 경정 : 최초확정의 변경 →∴신고는 했으나 오류, 탈루로 다시 결정시는 '경정'사유가 됨.
보론 신고와 신청
  i) 신청 : 원칙적으로 승인 및 통지 절차가 필요함.
  ii) 신고 : 승인 및 통지 절차가 없음.

FINAL 객관식뽀개기 빈출적중문제

1. 다음은 여러 가지 기준에 따른 조세의 분류 중 일부를 예시한 것이다.

기준	조세
조세를 부과하는 주체에 따른 분류	국세, 지방세
조세를 부담하는 자와 납부하는 자가 동일한지 여부에 따른 분류	직접세, 간접세
납세의무자의 인적사항이 고려되는지 여부에 따른 분류	인세, 물세

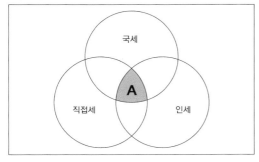

위 그림의 A에 공통으로 해당하는 조세만으로 묶인 것으로 가장 타당한 것은?
[기출문제]

ㄱ. 법인세	ㄴ. 부가가치세	ㄷ. 소득세
ㄹ. 취득세	ㅁ. 재산세	ㅂ. 지방소비세

① ㄱ, ㄴ, ㄷ ② ㄱ, ㄷ
③ ㄱ, ㄷ, ㅂ ④ ㄱ, ㄷ, ㄹ, ㅁ, ㅂ

 내비게이션

• 국세/직접세/인세에 모두 해당하는 세목은 법인세와 소득세이다.

2. 다음 중 부과과세제도를 채택하고 있는 조세를 모두 고르면?
[기출문제]

ㄱ. 법인세	ㄴ. 소득세	ㄷ. 부가가치세
ㄹ. 상속세	ㅁ. 증여세	

① ㄱ, ㄴ ② ㄱ, ㄴ, ㄷ
③ ㄷ, ㄹ ④ ㄹ, ㅁ

내비게이션

• 신고납세제도 : 법인세, 소득세, 부가가치세
• 부과과세제도 : 상속세, 증여세

3. 다음 중 조세에 대한 설명으로 가장 올바르지 않은 것은?
[기출문제]

① 간접세란 조세를 부담하는 자와 조세를 납부하는 자가 동일하지 아니한 조세를 말하며 이에는 부가가치세, 개별소비세 등이 포함된다.
② 조세는 국가가 규정하는 법의 내용을 근거로 국민에게 징수하는 것으로 법에서 정하는 요건에 해당하는 국민은 자신의 의사와 관계없이 조세를 납부하여야 한다.
③ 조세를 부과, 징수하는 주체인 국가라도 법의 규정에 근거하지 아니하고 법규에 따라 국민으로부터 세금을 부과, 징수할 수는 없다.
④ 국가 또는 지방자치단체는 국민이 납부하는 조세에 대하여 국민에게 직접 대응되는 대가를 지급해 준다.

내비게이션

• 조세는 반대급부(개별보상)가 없다.

4. 다음 중 조세에 대한 설명으로 가장 올바른 것은?
[기출문제]

① 조세를 부과·징수하는 주체인 국가라도 법의 규정에 근거하지 않고 필요에 따라 국민으로부터 세금을 부과·징수할 수는 없다.
② 물세란 납세의무자의 인적사항을 고려하지 않고 수익 혹은 재산 그 자체에 대하여 부과하는 조세를 말하며, 법인세 및 소득세가 이에 포함된다.
③ 지방세란 국가가 국민에게 부과하는 조세를 말한다.
④ 부과과세제도란 국가 또는 지방자치단체의 결정에 따라 과세표준과 세액이 확정되는 제도를 말하며, 법인세·소득세 등이 이에 해당한다.

내비게이션

• ② 법인세 및 소득세는 인세에 포함된다. 물세의 예로는 부가가치세와 재산세를 들 수 있다.
③ 지방세란 지방자치단체가 국민에게 부과하는 조세를 말한다.
④ 법인세·소득세는 신고납세제도를 취하고 있으며, 부과과세제도를 취하고 있는 세목으로는 상속세와 증여세가 있다.

제1편 백점이론특강
제2편 기출문제특강
SET1
SET2
SET3
SET4
SET5
SET6
SET7
SET8
SET9
SET10
신유형
기출문제오답노트
실전기출모의고사

백점이론 제66강 ◁ **조세총론 ❷**

<table>
<tr>
<td rowspan="9">국세부과원칙</td>
<td rowspan="3">실질과세원칙</td>
<td colspan="2">❖형식이나 외관에 불구하고 실질에 따라 세법을 해석해야 한다는 원칙</td>
</tr>
<tr>
<td>귀속에관한 실질과세</td>
<td>• 납세의무자의 판정시 실질에 따름.
➡ 귀속이 명의일 뿐이고 사실상 귀속되는 자가 따로 있는 때에 사실상 귀속자를 납세의무자로 하여 적용</td>
</tr>
<tr>
<td>거래내용에관한 실질과세</td>
<td>• 과세물건의 판정시 실질에 따름.</td>
</tr>
<tr>
<td rowspan="3">신의성실원칙</td>
<td colspan="2">❖납세자와 국가(세무공무원) 모두에 요구되는 원칙임.</td>
</tr>
<tr>
<td>적용요건</td>
<td>① 과세관청의 공적견해 표시가 있어야 함.
➡ 예 양도가 비과세라고 세무서 회신 받음.
② 납세자가 귀책사유 없이 어떤 행위를 해야 함
➡ 예 양도
③ 과세관청의 당초 견해표시와 다른 적법한 행정처분과 납세자의 불이익
➡ 예 과세</td>
</tr>
<tr>
<td>적용효과</td>
<td>• 적법한 처분일지라도 신의칙위반으로 취소</td>
</tr>
<tr>
<td rowspan="2">근거과세원칙</td>
<td>실지조사결정</td>
<td>• 조사와 결정은 장부, 증거자료에 의하여야 함.</td>
</tr>
<tr>
<td>결정근거부기</td>
<td>• 장부기록내용이 사실과 다르거나 누락시는 '그 부분에 대해서만' 조사한 사실에 따라 결정할 수 있으며, 이 경우 그 조사한 사실과 결정의 근거를 결정서에 적어야 함.</td>
</tr>
<tr>
<td rowspan="2">조세감면사후관리</td>
<td>운용범위지정</td>
<td>• 국세를 감면한 경우 감면세액에 상당하는 자금 또는 자산의 운용범위를 정할 수 있음.</td>
</tr>
</table>

<table>
<tr>
<td></td>
<td>감면취소·징수</td>
<td>• 운용범위를 벗어난 자산에 상당하는 감면세액은 세법에서 정하는 바에 따라 감면을 취소하고 징수할 수 있음.</td>
</tr>
</table>

<table>
<tr>
<td rowspan="7">가산세</td>
<td colspan="3">❖신고불성실가산세</td>
</tr>
<tr>
<td rowspan="4">가산세액</td>
<td>구 분</td>
<td>세액기준</td>
</tr>
<tr>
<td>무신고</td>
<td>일반 : 20% / 부정 : 40%</td>
</tr>
<tr>
<td>과소·초과환급신고</td>
<td>일반 : 10% / 부정 : 10%+40%</td>
</tr>
<tr>
<td>원천징수불성실, 대리납부불성실, 납세조합불납</td>
<td>3% ~ 10%</td>
</tr>
<tr>
<td>부정행위유형</td>
<td colspan="2">① 이중장부, 거짓증명작성
② 재산의 은닉이나 소득·수익·행위·거래의 조작 또는 은폐
③ 기타 국세를 포탈·환급·공제받기위한 사기 그 밖의 부정한 행위</td>
</tr>
<tr>
<td colspan="3">❖납부(환급)불성실가산세</td>
</tr>
</table>

• 납부·환급불성실가산세 = 미납세액(초과환급세액) × 경과일수 × 이자율

➡ 경과일수 : 납부기한의 다음날부터 자진납부일(납세고지일)까지

보론 소득세미납액을 6.30에 납부시 : 미납세액×30일(6.1~6.30)×이자율

FINAL 객관식뽀개기 — 빈출적중문제

1. 국세부과의 원칙에 관한 설명 중 가장 옳은 것은?

[기출문제]

① 국가는 국민에게 세금을 부과, 징수하는 경우 거래의 실질보다 거래의 형식에 따라야 한다.
② 국민은 국가의 원활한 운영을 위하여 자신의 소득에 대한 세금을 성실하게 납부할 의무가 있다. 다만, 성실한 자세는 국가에게는 요구하지 않는다.
③ 국세 과세표준의 조사 · 결정은 그 장부와 이에 관계되는 증거자료에 의하지 않을 수 있다.
④ 정부가 국세를 감면한 경우에는 그 감면적 취지를 성취하거나 국가정책을 수행하기 위하여 필요하다고 인정되면 세법이 정하는 바에 따라 감면세액에 상당하는 자금 또는 자산의 운영범위를 정할 수 있다.

• ① 거래의 형식보다 거래의 실질에 따라야 한다.
• ② 성실한 자세는 국가에게도 요구된다.
• ③ 장부와 이에 관계되는 증거자료에 의하여야 한다.

2. (주)삼일의 김삼일부장은 신문을 읽던 중 다음과 같은 기사를 읽게 되었다.

앞으로는 경제자유구역에 입주하는 국내기업도 일정 요건을 갖춘 경우 외국인 투자기업과 같이 조세감면을 받게 될 것으로 보인다.

(중략)

정부가 경제자유구역에 입주하는 기업의 세제 및 자금지원 대상을 '외국인투자기업및 대통령령으로 정하는 기업'으로 확대한 것이다.
이에 따라 경제자유구역에 진출하는 국내기업에 대해서도 조세를 감면하는 법적근거가 마련되었으며 외투기업과 연관성이 높은 국내기업의 입주를 촉진해 구역별 산업특화 클러스터 조성이 기대되고 있다.

김삼일 부장은 기사 중 밑줄친 부분을 읽고 다음과 같은 생각을 하였다. "일정요건을 갖추어 조세를 감면한 경우 세액을 감면 받은 후 관련 규정을 따르지 않으면 감면을 취소하고 추징할 수도 있겠지." 이러한 생각과 관련이 깊은 국세부과의 원칙으로 가장 알맞은 것은? [기출문제]

① 실질과세의 원칙   ② 근거과세의 원칙
③ 신의성실의 원칙   ④ 조세감면의 사후관리

• 국세부과원칙 중 조세감면의 사후관리와 관련된 내용이다.

3. 다음 신문기사를 읽고 물음에 답하시오.

타인의 명의로 사업을 해도 이른바 '바지사장' 대신에 실제 경영자가 납세의무를 진다는 판결이 나왔다. 대법원 3부는 21일 사기혐의 등으로 기소된 오모씨에 대해 2심이 선고한판결을 깨고 사건을 울산중앙지법으로 돌려보냈다고 밝혔다. 재판부는 오씨가 고의로 세금을 떠넘기려 했다면서 적용된 사기죄에 대하여 명의를 빌려준 김씨가 아닌 실제 사업체를 운영한 오씨에게 사업으로 발생한 소득을 기준으로 세금을 부과하도록 하였다.
~(후략)

다음 중 대법원이 이와 같은 판결을 내린 근거가 되는 국세부과의 원칙으로 올바른 것은? [기출문제]

① 실질과세의 원칙   ② 신의성실의 원칙
③ 조세감면 후 사후관리   ④ 근거과세의 원칙

• 귀속이 명의일 뿐이고 사실상 귀속되는 자가 따로 있는 때에는 사실상 귀속자를 납세의무자로 하여 적용한다는 실질과세원칙에 대한 내용이다.

4. 다음은 국세청 인터넷 상담사례 내용이다.

Q : 김삼일이라는 사람이 실제 사업을 하면서, 처남인 박삼이의 명의로 사업자등록을 한 경우, 해당 사업에서 발생한 소득은 누구의 것인가요?
A : 김삼일이라는 사람이 실제 사업을 하면서, 처남인 박삼이의 명의로 사업자등록을 한 경우, 해당 사업에서 발생한 소득은 김삼일의 소득으로 간주하고 김삼일에게 세금을 부과 · 징수하도록 규정하고 있습니다. 감사합니다.

다음 국세부과의 원칙 중 위의 인터넷 상담사례 내용과 가장 관계 깊은 것은 무엇인가? [기출문제]

① 실질과세의 원칙   ② 신의성실의 원칙
③ 근거과세의 원칙   ④ 조세감면 후 사후관리

5. 납세의무자가 법정신고기한까지 세법에 따른 국세의 과세표준신고를 하지 않아 부과하는 가산세는 무엇인가?

[기출문제]

① 과소신고가산세   ② 무신고가산세
③ 납부불성실가산세   ④ 환급불성실가산세

• 신고 자체를 하지 않은 경우 무신고가산세가 부과된다.

백점이론 제67강 ○ 법인세법 총설

기본사항	소득개념	• 순자산증가설(포괄주의) ➡ 순자산을 증가시키는 모든 사항을 과세 비교 소득세법 : 소득원천설(열거주의) → 열거된 것만 과세		
	법인의 유형	**내국법인 외국법인** ① 내국법인 : 국내에 본점·주사무소(또는 사업의 실질적 관리장소)를 둔 법인 ② 외국법인 : 외국에 본점·주사무소를 둔 법인(국내에 사업의 실질적 관리장소가 소재하지 않는 경우에 한함) •주의 '외국법인은 외국법에 근거하여 설립된 법인이다'는 틀린 설명임. **영리법인 비영리법인** ① 영리법인 : 영리추구를 목적으로 하는 법인 ② 비영리법인 : 학술·종교 등 영리 아닌 사업을 목적으로 하는 법인		
		보론 i) 법인으로 보는 법인격없는 단체 ➡비영리내국법인으로 봄. ii) 외국정부·지자체 ➡비영리외국법인으로 봄. iii) 국가·지자체 ➡비과세법인(∵일체의 납세의무 없음.)		

납세의무			각사업연도소득	청산소득	토지 등 양도소득
	내국법인	영리	국내외 모든소득	과세 (합병·분할시 해산 제외)	과 세
		비영리	국내외 수익사업소득	비과세	과 세
	외국법인	영리	국내원천소득	비과세	과 세
		비영리	국내원천 수익사업소득	비과세	과 세

사업연도	<1순위>	• 법령·정관에서 정하는 1회계기간으로 하되 1년 초과 불가 ➡예 회계기간이 1년 6개월이면 1년과 6월을 각각의 사업연도로 봄. •주의 ∴사업연도로 임의기간을 선택 가능 비교 소득세법 : 선택불가(1.1~12.31)
	<2순위>	• 규정이 없는 경우는 법인설립신고 또는 사업자등록과 함께 사업연도를 신고
	<3순위>	• 신고도 없는 경우는 1월 1일부터 12월 31일을 사업연도로 함. •주의 단, 신설법인의 최초사업연도는 설립등기일부터 12월 31일

납세지	의의	• 국가입장 : 법인세를 부과·징수하는 기준이 되는 장소 • 법인입장 : 법인세를 신고·납부하는 기준이 되는 장소(관할세무서)
	납세지	• 법인등기부상의 본점(주사무소) 소재지 ➡본점(주사무소)이 존재치 않는 경우는 사업의 실질적 관리장소

참고 본점(지점)과 주사무소(분사무소)
i) 본점(지점) : 영리법인인 경우
ii) 주사무소(분사무소) : 비영리법인이나 개인인 경우

FINAL 객관식뽀개기 ── 빈출적중문제

1. 다음 중 법인세 납세의무자에 대한 설명으로 가장 옳지 않은 것은? [기출문제]

① 비영리내국법인은 일정수익사업에 대해서만 법인세 납세의무를 진다.
② 영리내국법인은 국외원천소득은 국외에서 이미 과세되었으므로 추가적인 법인세 납세의무가 없다.
③ 국내에서 사업을 영위할 지라도 외국에 본점이나 주사무소 또는 사업의 실질적인 지배관리장소를 둔 법인은 외국법인으로 분류된다.
④ 영리외국법인의 경우에는 국내원천소득에 한하여 법인세 납세의무를 진다.

• 내국영리법인은 국내, 국외 모든 소득에 대해 납세의무를 진다.

2. 다음 설명 중 가장 옳지 않은 것은? [기출문제]

① 비영리법인은 수익사업에서 소득이 발생하더라도 법인세법상 법인세 납세의무를 지지 않는다.
② 법인세 과세권자인 국가의 입장에서 납세지란 법인세를 부과·징수하는 기준이 되는 장소를 의미한다.
③ 법인의 사업연도는 1년을 초과하지 못한다.
④ 외국법인은 일정한 국내원천소득에 한하여 법인세 납세의무를 진다.

• 비영리법인은 수익사업에서 발생한 소득에 대해 납세의무를 진다.

3. 다음 법인세 신고납부에 대한 문답내용 중 가장 옳지 않은 것은? [기출문제]

ㄱ. Q : 법인세 납세의무자는 누구인가?
　　A : 법인세 납세의무자는 법인의 대표이다.
ㄴ. Q : 법인세법상 납세지란 무엇인가?
　　A : 납세의무자의 입장에서 신고납부하는 기준 장소를 의미하고, 국가의 입장에서는 법인세를 부과징수하는 기준 장소를 의미한다.
ㄷ. Q : 납부해야할 법인세액이 많으면 분납도 가능한가?
　　A : 납부할 법인세액이 1천만원을 초과하는 때에는 납부기한이 경과한 날로부터 1개월(중소기업은 2개월)내에 분납할 수 있다.
ㄹ. Q : 세법상 기납부세액이란 무엇인가?
　　A : 사업연도 중에 납부한 법인세금액으로 중간예납, 원천징수, 수시부과세액 등이 해당된다.

① ㄱ　　　　　　　　　② ㄴ
③ ㄷ　　　　　　　　　④ ㄹ

• 법인세의 납세의무자는 법인 자신이다.

4. 역외탈세와 관련된 다음 신문기사와 가장 관계가 깊은 법인세법의 내용은? [기출문제]

> 첨단 걷는 `역외탈세` 추징액만 4,100억..실제 매출 규모는 조 단위!
> 이번 역외탈세 조사결과에서 가장 눈에 띄는 업체는 A사다. 외국법인으로 위장해 국제 선박임대와 국제 해운, 선박 리베이트 등을 통해 벌어들인 소득을 모두 탈루했기 때문이다. 추징액 규모만 4,100억원이 넘는다. 추징액이 4,000억원대면 매출규모는 조 단위가 넘는다는 게 국세청의 설명이다. (후략)

① 비영리법인은 법인세법이 규정하는 수익사업에서 발생하는 소득에 대하여만 법인세 납세의무를 진다.
② 외국법인은 국내원천소득에 한하여 법인세 납세의무를 진다.
③ 영리법인은 청산소득에 대한 납세의무가 있다.
④ 토지 등을 양도함으로써 발생하는 소득에 대해서는 법인세를 과세하지 않는다.

• 외국법인은 국내원천소득에 대하여만 과세하므로 이를 악용한 탈세 사례에 해당한다.

백점이론 제68강 ○ 세무조정

❖결산서상 당기순이익과 법인세법상 과세소득의 차이를 조정하는 과정을 말함.

세무조정		
	익금산입	• 수익이 아니나, 법인세법상 익금인 금액을 순이익에 가산
	익금불산입	• 수익이나, 법인세법상 익금이 아닌 금액을 순이익에서 차감
	손금산입	• 비용이 아니나, 법인세법상 손금인 금액을 순이익에서 차감
	손금불산입	• 비용이나, 법인세법상 손금이 아닌 금액을 순이익에 가산

결산조정

특 징
① 비용을 과소계상시 손금산입할 수 없는 것으로 과대계상시만 손금불산입함.
② 임의계상 ➡ 법인이 손금으로 계상하고자 하는 연도에 손비로 계상할 수 있음.

결산조정사항
• 유형·무형고정자산 감가상각비 ➡ K-IFRS도입 기업은 신고조정가능
• 대손충당금, 퇴직급여충당금, 법인세법상 준비금 ➡ 퇴직연금충당금은 신고조정사항임.
• 재고자산
 ① 저가법평가로 인한 평가손
 ② 파손·부패로 인한 평가손
• 유가증권
 ① 부도발생·회생계획인가결정·부실징후기업이 된 다음의 경우 평가손실
  - 주권상장법인이 발행한 주식
  - 특수관계없는 비상장법인이 발행한 주식
  - 중소기업창투회사 등 보유 창업자 등 발행주식
 ② 주식 발행법인이 파산한 경우 유가증권 평가손실
• 천재·지변·폐광·법령수용·화재로 인한 고정자산평가손실

신고조정

특 징
① 수익·비용을 과소계상시 반드시 익금산입·손금산입해야 하는 것으로 과대계상시 역시 익금불산입·손금불산입함.
② 강제계상 ➡ 당해 손금산입하지 않으면 차기이후연도에 손금산입불가함.

신고조정사항
• 결산조정사항이외의 단순신고조정사항
• 조세특례제한법상 준비금(잉여금처분신고조정사항)

세무조정계산서

❖소득금액조정합계표

• 모든 세무조정과 소득처분을 기재하는 표
 주의 기부금한도초과액과 기부금이월손금산입액
 소득금액조정합계표에 기재하지 않고 이하 법인세과세표준 및 세액조정계산서에 직접 기입함.

❖법인세과세표준 및 세액조정계산서

• 법인세 계산과정과 내용을 기재하는 표

❖자본금과적립금조정명세서(을)

• 유보를 관리하는 표 ➡ 유보는 반드시 반대세무조정으로 추인됨.

보론 전기재고평가감 50,000(유보)가 있는 상태에서 당기재고평가증 40,000(△유보)가 발생시

과 목	기초잔액	감 소	증 가	기말잔액
기말재고	50,000	50,000 • 유보의 소멸(추인)분 기입	△40,000 • 유보의 새로운 발생분 기입	△40,000

주의 기입상 유의사항
위의 "감소"는 유보의 소멸(추인)분을 기입하는 것으로서 '△50,000'로 기입하는 것이 아니며, 따라서, 기초잔액이 △유보라면 감소에 '△50,000'으로 기입함.

FINAL 객관식뽀개기 — 빈출적중문제

1. 법인세법상 세무조정사항은 결산조정사항과 신고조정 사항으로 구분할 수 있다. 결산조정사항과 신고조정사 항의 차이점을 비교한 다음 표의 내용 중 가장 올바르지 않은 것은? [기출문제]

구분	결산조정사항	신고조정사항
ㄱ. 대상	법에서 정하는 일정항목	결산조정사항 이외의 항목
ㄴ. 손금귀속시기	손금귀속시기 선택가능	손금귀속시기 선택불가
ㄷ. 결산서상 누락한 경우	세무조정(손금산입)할 수 없음	세무조정 수행하여야 함
ㄹ. 예시	조세특례제한법상 준비금	감가상각비

① ㄱ
② ㄴ
③ ㄷ
④ ㄹ

• 조세특례제한법상 준비금은 신고조정사항이며, 감가상각비는 대표적인 결산조정사항이다.

2. 세무조정에 대한 설명 중 틀린 것은? [기출문제]

① 세무조정 사항은 결산조정사항과 신고조정사항으로 구분할 수 있다.
② 결산조정사항은 결산서에 비용으로 계상하지 않은 경우에 손금산입을 할 수 없는 항목을 말한다.
③ 신고조정사항은 결산서에 수익 및 비용으로 계상하지 않은 경우 세무조정을 하여야 법인세법상 익금·손금으로 인정되는 항목을 말한다.
④ 퇴직급여충당금은 신고조정사항이다.

• 퇴직급여충당금은 결산조정사항이다.

3. 다음 중 결산상 비용으로 계상하는 경우에만 법인세법상 손금으로 인정되는 항목으로 가장 올바르지 않은 것은(단, K-IFRS도입에 따른 영향은 고려하지 않는다)? [기출문제]

① 퇴직급여충당금
② 퇴직연금충당금
③ 유·무형자산상각비
④ 고정자산의 평가차손

• 퇴직연금충당금은 신고조정사항이다.

4. 다음 중 자본금과적립금조정명세서(을)에 기입하는 항목으로 올바른 것은? [기출문제]

① 임대보증금에 대한 간주임대료
② 감가상각비한도초과액
③ 기부금한도초과액
④ 접대비한도초과액

• 자본금과적립금조정명세서(을)에 기입하는 항목은 '유보'이다.
→②는 유보, ①,③,④는 기타사외유출이다.

5. 다음은 (주)삼일의 세무조정 대상 세부항목이다. 이를 이용하여 소득금액조정합계표를 작성할 때 (가)와 (나)에 해당하는 금액을 맞게 짝지은 것은? [기출문제]

ㄱ.	부가가치세법상 세금계산서 미발급 가산세	9,000,000원
ㄴ.	자산수증이익 중 이월결손금의 보전에 충당된 금액	3,000,000원
ㄷ.	감가상각비 한도 초과액	15,000,000원
ㄹ.	간주임대료	5,000,000원
ㅁ.	채권자불분명 사채이자	8,000,000원

익금산입 및 손금불산입				손금산입 및 익금불산입			
과목	금액	소득처분		과목	금액	소득처분	
		처분	코드			처분	코드
합계	(가)			합계	(나)		

	(가)	(나)
①	35,000,000원	5,000,000원
②	36,000,000원	4,000,000원
③	37,000,000원	3,000,000원
④	40,000,000원	0원

• 익금산입 및 손금불산입 : 9,000,000+15,000,000+5,000,000+8,000,000
• 손금산입 및 익금불산입 : 3,000,000

백점이론 제69강 ━ 소득처분

소득처분
유형
	익금산입
	손금불산입
		• 자산과소·부채과대계상(O)
		➡ 세무상 순자산 > 회계상 순자산
		예 퇴직급여충당금 한도초과 100의 경우
		  → 손금불산입 100(유보)
		  회사 : (차) 비 용 300 (대) 퇴·충 300
		  세법 : (차) 비 용 200 (대) 퇴·충 200
		예 단기매매증권평가손실 100을 계상한 경우
		  → 손금불산입 100(유보)
		  회사 : (차) 평가손실 100 (대) 유가증권 100
		  세법 : 분개없음
		보론 다음기에 위 증권의 40%가 처분된 경우는
		  '유보×처분비율'만큼 유보가 추인됨.
		  → 손금산입 100×40%=40(△유보)
			유보	사후관리필요(O)
				(∵추인)

		• 자산과소·부채과대계상(×)
		• 유출(O)
		• 외부귀속자존재(O)
		예 임원상여금 한도초과 100의 경우
		  → 손금불산입 100(상여)
		  회사 : (차) 상여금 300 (대) 현 금 300
		  세법 : (차) 상여금 200 (대) 현 금 300
		       손금불산입 100
			배당	사후관리필요(O)
				(∵과세)

			상여	
			기타소득	
			기타사외유출	사후관리필요(×) (∵과세 ×)

		• 자산과소·부채과대계상(×)
		• 유출(×)
		• 외부귀속자존재(×)
		예 채무면제이익 100을 잉여금처리한 경우
		  → 익금산입 100(기타)
		  회사 : (차) 차입금 100 (대) 기타자본잉여금 100
		  세법 : (차) 차입금 100 (대) 익 금 100
		예 자기주식처분이익 100을 잉여금처리한 경우
		  → 익금산입 100(기타)
			기타
			(잉여금)
				사후관리필요(×)

	손금산입
	익금불산입
		• 자산과대·부채과소계상(O)
		➡세무상순자산 < 회계상순자산
		예 기말상품을 100만큼 임의평가증한 경우
		  → 익금불산입 100(△유보)
		  회사 : (차) 상 품 100 (대) 평가차익 100
		  세법 : 분개없음
		보론 다음기에 위 상품의 40%가 처분된 경우는
		  '△유보×처분비율'만큼 유보가 추인됨.
		  → 익금산입 100×40%=40(유보)
			△유보	사후관리필요(O)
				(∵추인)

		• 자산과대·부채과소계상(×)
		예 환급가산금 100을 수익계상한 경우
		  → 익금불산입 100(기타)
		  회사 : (차) 현 금 100 (대) 수 익 100
		  세법 : (차) 현 금 100 (대) 익금불산입 100
			기타
			(△잉여금)
				사후관리필요(×)

FINAL 객관식뽀개기 ─── 빈출적중문제

1. 다음 중 소득처분에 관한 설명으로 가장 올바르지 않은 것은? [기출문제]

① 소득처분이란 세무조정사항에 대한 처분 유형을 확인하여 이의 귀속을 확인하는 절차를 말한다.
② 결산서상 당기순이익에서 세무조정사항(소득처분)을 반영하여 각 사업연도소득금액을 산출한다.
③ 유보의 소득처분은 사후관리가 필요없는 소득처분이다.
④ 소득처분의 내용은 법인의 세무조정계산서 중 '소득금액조정합계표'의 처분란에 표시한다.

 내비게이션

• 유보는 추후 반대의 세무조정으로 추인되므로 '자본금과적립금조정명세서(을)'에 의해 사후관리한다.

2. 다음 중 법인세법상 세무조정시 소득처분의 종류가 다른 것은? [기출문제]

① 접대비 한도초과액
② 퇴직급여충당금 한도초과액
③ 감가상각비 한도초과액
④ 대손충당금 한도초과액

 내비게이션

• 접대비 한도초과액은 기타사외유출로 소득처분하며, 나머지는 유보로 처분하는 대표적인 사례들이다.

3. 다음은 법인세법상 주요 신고서식의 명칭과 그 설명에 관련된 내용이다. 다음 중 각각의 연결이 올바르게 이루어진 것은? [기출문제]

> ㄱ. 법인세과세표준및세액조정계산서
> ㄴ. 소득금액조정합계표
> ㄷ. 자본금과적립금조정명세서(을)표

〈서식의 내용〉

> 가. 소득처분 중 유보(또는 △유보)사항을 사후적으로 관리하는 표
> 나. 세무조정사항을 요약하는 표
> 다. 결산서상 당기순손익에서 출발하여 과세표준, 산출세액 및 차감납부할세액을 계산하는 과정을 요약하는 표

	ㄱ	ㄴ	ㄷ
①	가	나	다
②	나	다	가
③	다	가	나
④	다	나	가

4. ㈜삼일의 당기(20x1.1.1~20x1.12.31) '자본금과 적립금 조정명세서(을)'상의 기초잔액 내역 및 당기 세무조정사항은 다음과 같다. 세무조정이 모두 적정하게 이루어졌다고 가정할 때 유보사항의 기말잔액 합계액인 (가)에 기록될 금액은 얼마인가? [기출문제]

〈자본금과적립금조정명세서(을)〉

		세무조정유보소득 계산(단위 : 천원)			
①과목	②기초	당기중증감		⑤기말	비고
		③감소	④증가		
대손충당금 한도초과	800				
감가상각비 한도초과	3,400				
미수이자	△1,500				
합계	2,700			(가)	

〈당기 세무조정사항〉

1. 익금산입 및 손금불산입
   1) 전기미수이자(당기실현)   1,500,000원
   2) 법인세비용   600,000원
   3) 감가상각비한도초과   900,000원
   4) 대손충당금한도초과   700,000원
2. 손금산입 및 익금불산입
   1) 전기대손충당금한도초과   800,000원
   2) 당기미수이자   1,000,000원

① 2,600,000원 ② 3,100,000원
③ 4,000,000원 ④ 4,800,000원

 내비게이션

		세무조정유보소득 계산(단위 : 천원)			
①과목	②기초	당기중증감		⑤기말	비고
		③감소	④증가		
대손충당금 한도초과	800	800	700	700	
감가상각비 한도초과	3,400		900	4,300	
미수이자	△1,500	△1,500	△1,000	△1,000	
합계	2,700			4,000	

백점이론 제70강 ⊂ 사외유출과 소득처분특례

사외유출

구 분	귀속자	소득세	원천징수	사 례
배 당	• 출자자 ➡임원·사용인 제외	배당소득(인정배당)	○	예 출자자에 대한 가지급 금인정이자
상 여	• 사용인·임원 ➡출자자 포함	근로소득(인정상여)	○	예 임원상여한도초과액
기타사외유출	• 국가, 지자체 • 법인(법인주주) • 개인사업자	×	×	예 법인세
기 타 소 득	• 위 외의 자	기타소득(인정기타소득)	○	예 주주부친 인정이자

▸주의 • 귀속자가 법인(개인사업자)인 경우
  내국법인(거주자)의 각사업연도소득(사업소득)을 구성하는 경우에 한하여 기타사외유출임.
• 귀속자와 소득처분
  ① 법인주주 : 기타사외유출   ② 출자임원·사용인 : 상여

소득처분 특례

귀속불분명특례	• 사외유출되었으나 귀속자가 불분명시는 대표자상여 처분함.
기타사외유출특례	• 다음의 경우는 무조건 기타사외유출로 소득처분함. ① 임대보증금 간주익금(간주임대료) ② 기부금한도초과액 ③ 접대비한도초과액, 1만원초과 적격증빙미수취 접대비 ④ 채권자불분명사채이자, 비실명이자 손금불산입액 중 원천징수세액 ⑤ 업무무관자산 등 지급이자손금불산입액

Point	현금매출누락	• 대표자상여처분
	외상매출누락	• 유보처분

매출누락 세무조정

▸사례 매출누락

✿ 재고자산 ₩5,000은 ₩8,800(VAT 포함)에 매출한 것이나 이를 누락함.

1. 현금매출 누락인 경우

회 사		세 법			
– 회계처리 누락 –	(차) 현 금	8,000	(대) 매 출	8,000
	현 금	800	VAT예수	800
	매출원가	5,000	재고자산	5,000

∴익금산입 매출 8,000(대표자상여), 손금산입 매출원가 5,000(△유보)
 손금산입 부채증액 800(△유보), 익금산입 상쇄 800(대표자상여)*
 * 이렇게 세무조정하는 이유는 '후술' 함.

2. 외상매출 누락인 경우

회 사		세 법			
– 회계처리 누락 –	(차) 매출채권	8,000	(대) 매 출	8,000
	매출채권	800	VAT예수	800
	매출원가	5,000	재고자산	5,000

∴익금산입 매출 8,000(유보), 손금산입 매출원가 5,000(△유보)
 손금산입 부채증액 800(△유보), 익금산입 상쇄 800(유보)

FINAL 객관식뽀개기

빈출적중문제

1. 다음 법인세 세무조정사항 중 유보항목을 모두 고르면?

[기출문제]

ㄱ. 대손충당금한도초과액
ㄴ. 법인세비용
ㄷ. 임대보증금에 대한 간주임대료
ㄹ. 접대비한도초과액

① ㄱ   ② ㄱ, ㄴ
③ ㄱ, ㄹ   ④ ㄴ, ㄹ

• ㄱ은 유보로 소득처분하며, 나머지는 기타사외유출로 소득처분한다.

2. 다음 중 익금산입·손금불산입 세무조정사항으로 출자자인 임원에 대한 소득처분으로 가장 옳은 것은?

[기출문제]

① 상여   ② 기타사외유출
③ 배당   ④ 기타

• 귀속자 : 임원·사용인(출자자 포함) →상여

3. 다음은 ㈜삼일의 제15기(20x1년 1월 1일 ~ 20x1년 12월 31일) 자료이다. 이에 따라 상여 또는 배당으로 소득처분할 금액은 각각 얼마인가?

[기출문제]

ㄱ. 사용인 또는 임원이 아닌 개인 2,000,000원 대주주에 대한 가지급금인정이자
ㄴ. ㈜삼일의 상여금지급규정을 초과 5,000,000원 하여 임원에게 지급된 상여금
ㄷ. ㈜삼일이 특수관계인에 해당하는 5,000,000원 법인에게 일반적인 판매가격보다 낮은 가격에 판매한 금액

	상여	배당
①	2,000,000원	10,000,000원
②	10,000,000원	2,000,000원
③	5,000,000원	2,000,000원
④	5,000,000원	7,000,000원

• ㄱ : 익금산입 가지급금 인정이자 2,000,000(배당)
• ㄴ : 손금불산입 임원상여한도초과 5,000,000(상여)
• ㄷ : 귀속이 법인이므로 기타사외유출로 소득처분(부당행위계산부인)

4. 법인세법상 소득처분 중에서 법인에게 원천징수의 무가 없는 소득처분은?

[적중예상]

① 배당   ② 상여
③ 기타소득   ④ 기타사외유출

• 배당 : 배당소득(인정배당) 원천징수
• 상여 : 근로소득(인정상여) 원천징수
• 기타소득 : 기타소득(인정기타소득) 원천징수

5. 법인세법상 소득처분에 대한 설명으로 옳은 것은?

[적중예상]

① 소액주주가 아닌 출자임원에게 귀속된 익금산입액은 배당으로 처분한다.
② 사외유출된 소득의 귀속자가 불분명한 경우에는 기타사외유출로 처분한다.
③ 사외유출된 소득의 귀속자가 임원 또는 사용인인 경우에는 상여로 처분하고 귀속자에 대하여는 추가적인 과세를 하지 않는다.
④ 최초 세무조정시 유보로 소득처분된 경우에는 차기 이후에 반드시 반대의 세무조정(△유보)을 통하여 정리된다.

• ① 배당(X) → 상여(O)
② 기타사외유출(X) → 대표자상여(O)
③ 인정상여로 추가적인 과세를 한다.

6. 사외유출의 유형과 귀속자에 대한 과세여부에 대한 설명으로 옳지 않은 것은?

[적중예상]

① 기타소득 : 기타소득으로 과세된다.
② 배당 : 배당소득으로 과세된다.
③ 기타사외유출 : 근로소득으로 과세된다.
④ 상여 : 근로소득으로 과세된다.

• 기타사외유출은 추가적인 과세가 없다.

백점이론 제71강 ━ 손익의 귀속

원칙		❖익금과 손금의 귀속시기는 그 익금과 손금이 확정된 날로 함.(='권리의무확정주의')	
자산판매 용역제공	재고자산판매 단기할부판매	• 인도한 날 ➡재고자산인 부동산은 제외함.	
	부동산판매	• 대금청산일(원칙), 소유권이전등기일, 인도일, 사용수익일 중 빠른 날	
	위탁판매	• 수탁자가 매매한날	
	장기할부판매	① 명목가치에 의한 인도기준	[장기할부] ➡ 2회 이상 분할 ➡ 1년 이상(인도일 다음날~최종할부금 지급일)
		② 현재가치에 의한 인도기준	
		③ 회수기일도래기준	
	용역제공	원칙	• 진행기준(장·단기 불문)
		특례	•중소기업의 계약기간 1년 미만 용역매출은 인도기준 가능 •회계기준에 따라 인도기준으로 손익을 계상한 경우(예 분양공사 등의 예약매출)에는 인도기준 가능.

보론 중소기업은 장기할부에 대해 인도기준을 적용시에도 회수기일도래기준으로 신고조정 가능함.

사례 진행기준 공사수익 계산

❖ 총공사계약금액은 ₩1,000,000이었으나, 20x2년 자재가격 상승으로 금액을 ₩1,100,000으로 조정.

구 분	20x1년	20x2년	20x3년
발생원가누적액	₩320,000	₩510,000	₩900,000
추가소요원가	₩480,000	₩340,000	–
총예정원가	₩800,000	₩850,000	₩900,000

풀이

구 분	20x1년	20x2년	20x3년
공사진행률	320,000÷800,000=40%	510,000÷850,000=60%	900,000÷900,000=100%
공사수익	1,000,000×40%=400,000	1,100,000×60%-400,000=260,000	1,100,000-660,000=440,000
공사원가	(320,000)	(190,000)	(390,000)
공사손익	80,000	70,000	50,000

기타	이자수익	• 소득세법상 수입시기 준용(지급·약정일) ➡단, 금융보험업은 현금주의로 하되 선수이자는 제외함.	• 미수이자 계상시 ➡익금불산입(△유보) *단, 원천징수 안 된 이자(예 국외이자)는 익금인정
	이자비용	• 소득세법상 수입시기 준용(지급·약정일)	• 미지급이자 계상시 ➡손금인정
	임대료수익	• 지급약정일 ➡지급일이 정해지지 않은 경우는 지급을 받은 날	① 임대료지급기간*이 1년 이하시 ➡회계기준에 따라 미수임대료 계상시 익금인정함. ② 임대료지급기간*이 1년 초과시 ➡회사의 계상여부에 관계없이 미수임대료를 무조건 익금산입함. * 2년분을 2년 후 일시지급 → 임대료 지급기간은 2년

FINAL 객관식뽀개기 빈출적중문제

1. 다음 중 법인세법상 손익의 귀속시기에 대한 설명으로 가장 올바르지 않은 것은? [기출문제]

① 금융기관 이외의 법인이 수입하는 이자수익의 귀속시기 : 실제 받은 날 또는 약정에 의하여 받기로 한 날
② 이자비용의 귀속시기 : 실제로 지급한 날 또는 지급하기로 한 날
③ 상품 등 판매손익의 귀속시기 : 상품 등을 판매하기로 계약서에 서명한 날
④ 계약 등에 의해 임대료 지급일이 정하여진 경우의 손익귀속시기 : 지급약정일

•재고자산판매의 손익귀속시기는 인도한 날이다.

2. 다음 중 법인세법상 손익의 귀속시기 일반원칙에 관한 설명으로 가장 옳지 않은 것은? [기출문제]

① 용역제공기간이 1년이상인 장기용역손익의 귀속시기 : 착수일로부터 목적물의 인도일까지 건설 등을 완료한 정도(작업진행률)에 따라 결정
② 제품 인도일 다음날로부터 최종 할부금 지급일까지의 기간이 1년 미만인 단기할부판매에의 귀속시기 : 대금을 회수하였거나 회수를 약정한 날
③ 계약 등에 의하여 임대료 지급일이 정하여진 경우 임대손익의 귀속시기 : 계약에 의한 지급약정일
④ 상품, 제품 이외의 자산 판매손익의 귀속시기 : 해당 자산의 대금청산일, 소유권이전등기일(또는 등록일), 인도일 또는 사용수익일 중 가장 빠른 날

•단기할부판매는 인도일이 귀속시기이다.

3. 법인세법상 원칙적인 손익의 귀속시기에 대한 설명으로 가장 옳지 않은 것은? [기출문제]

① 상품판매손익의 귀속시기 : 상품의 인도일
② 장기용역손익의 귀속시기 : 용역제공 완료일
③ 장기할부판매의 귀속시기 : 판매물의 인도일
④ 계약 등에 의하여 임대료 지급일이 정하여진 경우 임대손익의 귀속시기 : 계약에 의한 지급약정일

•용역제공은 장·단기 불문하고 진행기준이 원칙이다.

4. ㈜삼일이 제10기(20x1.1.1 ~ 20x1.12.31) 결산 시에 기업회계기준에 따라 은행예금에 대한 미수이자 2백만원을 계상한 경우 제10기에 필요한 세무조정은? [기출문제]

① 세무조정 없음
② (익금산입) 미수이자 2,000,000(유보)
③ (익금불산입) 미수이자 2,000,000(기타)
④ (익금불산입) 미수이자 2,000,000(△유보)

•미수이자는 익금으로 인정되지 않으며 △유보로 소득처분된다.

5. ㈜삼일이 제12기(20x2.1.1~20x2.12.31)결산시 은행차입금에 대한 미지급이자 5,000,000원을 계상한 경우 제12기에 필요한 세무조정은? [기출문제]

① (손금불산입) 미지급이자(△유보)
② (익금불산입) 미지급이자(유보)
③ (손금불산입) 미지급이자(유보)
④ 세무조정 없음

•미지급이자는 손금으로 인정되므로 세무조정은 없다.

6. 다음 중 제조업을 영위하는 ㈜파이널의 법인세 신고시 세무조정이 필요 없는 것은? [적중예상]

① 보유중인 단기매매금융자산을 결산일 현재의 공정가치로 평가하여 단기매매금융자산평가이익을 계상하였다.
② 원천징수 되는 정기예금의 이자를 발생주의에 따라 미수수익을 인식하고 영업외수익으로 계상하였다.
③ 장기할부판매시 발생한 채권에 대하여 기업회계기준에서 정하는 바에 따라 현재가치로 평가하여 현재가치할인차금을 계상하였다.
④ 장기 도급공사에 대하여 완성기준으로 수익을 인식하였다.

•① 단기매매금융자산평가이익은 인정되지 않는다.
② 원천징수 되는 미수이자는 익금으로 인정되지 않는다.
④ 진행기준으로 수익을 인식하여야 한다.

백점이론 제72강 ○── 익금과 익금불산입항목

익금항목	비 고
사업수입금액	• 매출에누리와 환입, 매출할인을 제외한 금액
자산양도금액	• 양도금액을 익금, 장부가액을 손금처리 **주의** ∴익금금액을 물으면 처분이익이 아닌 양도금액 전액이 익금임! ➡ 즉, 양도가 10, 장부가 8일 때 – 익금 처분이익 2(X) / 익금 양도가 10, 손금 장부가 8(O)
자산수증이익 채무면제이익	• 회사가 영업외수익으로 처리한 경우 : 세무조정 없음. **주의** 이월결손금의 보전에 충당한 금액은 익금불산입항목임.➡소득처분 : 기타
손금산입된 것 중 환입된 금액	**손금산입 되었던 경우**(예 재산세) | • 환입시 익금산입 **손금불산입 되었던 경우**(예 법인세) | • 환입시 익금불산입
자산임대료	• 임대업을 영위하지 않는 법인이 일시적으로 자산을 임대하고 받는 수입 ➡부동산임대가 주업인 법인은 위 '사업수입금액'에 해당함. / 반대로 임차료는 손금항목임.
임대보증금 간주임대료	• 부동산을 임대하고 임대보증금이나 전세금을 받는 경우 소정 산식에 의한 금액을 임대료로 간주하여 익금으로 함. ➡무조건 '기타사외유출'로 소득처분함.

익금불산입항목	비 고
주식발행초과금	• 자본·출자의 납입이므로 익금불산입항목임. ➡반대로 주식할인발행차금은 손금불산입항목임. **주의** 회계상은 자본잉여금이므로 회계기준에 따라 처리했다면 세무조정은 없음.
감자차익	• 감자차익은 자본·출자의 납입이므로 익금불산입항목임. ➡반대로 감자차손은 손금불산입항목임. **주의** 회계상은 자본잉여금이므로 회계기준에 따라 처리했다면 세무조정은 없음.
이월익금	**예시** 1기의 익금으로 과세했으나 회사는 2기의 수익으로 계상시 2기에 익금불산입처리시 발생
VAT매출세액	• VAT매출세액은 익금불산입항목, VAT매입세액도 손금불산입항목
법인세환급액	• 법인세는 손금불산입항목이므로 환급시는 반대로 익금불산입항목 처리함.
환급가산금	• 국세·지방세 과오납시의 환급금에 대한 이자로서, 당초환급금의 익금산입여부 불문하고 무조건 익금불산입항목임.

고정자산
임의평가증
(평가차익)
	사례 임의평가증 세무조정
	
	❂ 장부가액 ₩300,000의 토지를 이사회결의로 ₩390,000로 평가증하고 기타자본잉여금으로 계상함.
	
	풀이
	[회사의 회계처리] (차) 토 지 90,000 (대) 기타자본잉여금 90,000
	[세법상 회계처리] – 회계처리 없음 –
	∴〈익금불산입〉 90,000(△유보) – 자산(토지)감액위한 세무조정
	〈손금불산입〉 90,000(기타) – 위를 상쇄시키는 세무조정
	
	보론 손익차이가 없을 때의 세무조정
	• 회사의 자산증액 및 부채감액 세무조정 : 익금산입(유보)
	  회사의 자산감액 및 부채증액 세무조정 : 손금산입(△유보)
	  → 회사, 세법상 회계처리에 손익차이가 없는 경우는 위의 세무조정으로 회사의 자산(부채)을 조정하고, 과세소득에 미치는 영향을 없애기 위해 이를 상쇄시키는 반대 세무조정을 함.

FINAL 객관식뽀개기

빈출적중문제

1. 다음 중 익금불산입항목에 관한 설명으로 가장 올바르지 않은 것은? [기출문제]

① 익금불산입항목은 법인의 순자산을 증가시키는 항목이지만 법인세법에서 특별히 익금에 산입하지 않도록 규정하고 있는 항목이다.
② 자본충실화 목적에 따라 주식발행초과액은 익금에 산입하지 않는다.
③ 국세나 지방세의 과오납금의 환급금이자는 익금불산입항목이다.
④ 채무면제이익은 이월결손금의 보전에 충당하지 않더라도 익금불산입항목이다.

 내비게이션

• 채무면제이익
– 이월결손금의 보전에 충당 X : 익금항목
– 이월결손금의 보전에 충당 O : 익금불산입항목

2. 다음 중 법인세법상 익금항목이 아닌 것을 모두 고르면? [기출문제]

ㄱ. 사업수입금액	ㄴ. 주식발행초과금
ㄷ. 이월익금	ㄹ. 자산의 양도금액

① ㄱ, ㄴ
② ㄱ, ㄹ
③ ㄴ, ㄷ
④ ㄷ, ㄹ

 내비게이션

• 주식발행초과금과 이월익금은 익금불산입항목이다.

3. ㈜삼일은 경영부진으로 이월된 결손금을 보전하기 위해 대주주인 김삼일씨로부터 시가 4억원의 건물을 증여받아 이 중 8천만원을 결손금 보전에 충당하였다. ㈜삼일의 회계팀장인 박팀장이 4억원을 자산수증이익으로 처리하였을 경우 세액을 줄이기 위하여 필요한 세무조정은? [기출문제]

① 〈익금불산입〉 자산수증이익 80,000,000(기타)
② 〈익금불산입〉 자산수증이익 180,000,000(△유보)
③ 〈익금산입〉 자산수증이익 320,000,000(기타)
④ 〈익금산입〉 자산수증이익 400,000,000(유보)

 내비게이션

• 이월결손금 보전에 충당한 자산수증이익은 익금불산입하고 기타로 소득처분한다.

4. 법인세법상 익금항목을 모두 고르면? [기출문제]

ㄱ. 손금에 산입한 금액 중 환입된 금액
ㄴ. 감자차익
ㄷ. 주식의 평가차익
ㄹ. 간주임대료
ㅁ. 자산의 양도금액
ㅂ. 법인세환급액
ㅅ. 이월결손금 보전에 사용된 채무면제이익
ㅇ. 국세 과오납금의 환급금에 대한 이자

① ㄱ, ㄴ, ㅅ
② ㄱ, ㄹ, ㅁ
③ ㄴ, ㄷ, ㄹ
④ ㄷ, ㄹ, ㅇ

 내비게이션

• ㄴ, ㄷ, ㅂ, ㅅ, ㅇ : 익금불산입항목

5. ㈜삼일은 자본금을 감자하면서 액면가액 5,000원인 주식에 대하여 주주에게 3,000원만 지급하고, 다음과 같이 회계처리한 경우 세무조정은? [기출문제]

(차) 자본금	5,000원	(대) 현금	3,000원
		감자차익	2,000원

① 〈익금산입〉 감자차익 2,000(기타)
② 〈익금산입〉 감자차익 2,000(유보)
③ 〈익금불산입〉 감자차익 2,000(기타)
④ 세무조정 없음

 내비게이션

• 감자차익(자본잉여금)은 익금불산입항목이므로 세무조정은 없다.

6. ㈜파이널의 제10기(20x1.1.1~12.31) 세무조정 내용이다. 가장 올바르지 않은 것은? [적중예상]

① 자본잉여금으로 계상한 당기분 감자차익을 익금산입 처리하였다.
② 세무상 이월결손금의 보전에 충당한 채무면제이익을 익금불산입 처리하였다.
③ 부가가치세 매출세액 중 손익계산서상 수익으로 계상한 금액을 익금불산입 처리하였다.
④ 손익계산서상 수익으로 계상한 재산세 과다납부에 대한 환부이자를 익금불산입 처리하였다.

내비게이션

• 감자차익은 세무상으로도 익금이 아니므로 세무조정이 없다.

제1편 백점이론특강 / 제2편 기출문제특강 / SET1 / SET2 / SET3 / SET4 / SET5 / SET6 / SET7 / SET8 / SET9 / SET10 / 신유형 / 기출문제오답노트 / 실전기출모의고사

백점이론 제73강 ▷ 손금과 손금불산입항목

구분	손금항목	손금불산입항목
급여	• 원칙적으로 모두 손금으로 인정함.	• 비상근임원에게 지급 중 부당행위계산부인해당분 ➡ 인정범위초과 과다지급액임.
상여금	• 사용인(종업원)에 대한 상여금 • 급여지급기준내의 임원상여금	• 급여지급기준초과 임원상여금 ➡ 급여지급기준 : 정관, 주총·이사회결의 ➡ 세무조정 : 손금불산입 xxx(상여) •주의 급여지급규정이 없는 경우 → 전액 손금불산입함.
퇴직금	• 현실적 퇴직시 사용인(종업원)의 퇴직금 • 현실적 퇴직시 한도내의 임원퇴직금 **임원퇴직금 한도액** ① 정관·퇴직급여규정 있는 때 : 그 정해진 금액 ② 그 외의 경우 : 퇴직직전 1년 총급여 × 10% × 근속연수 ➡ 주주총회·이사회결의에 의한 규정 : 규정이 없는 것으로 봄. ➡ 총급여 : 손금불산입되는 인건비, 비과세근로소득 제외 ➡ 근속연수 : 1월 미만 절사	• 비현실적 퇴직에 의한 퇴직금 ➡ 업무무관가지급금으로 봄. • 현실적 퇴직시 임원퇴직금한도초과액
업무무관비용	• 법인의 사업과 관련하여 지출한 일반적인 경비는 손금항목임.	• 업무무관자산 취득차입비용, 유지비, 수선비, 감가상각비 등
조세공과금	• 종합부동산세, 재산세	• 법인세, 가산세, 가산금, 벌금, 과태료 ➡ 세무조정 : 손금불산입 xxx(기타사외유출)
복리후생비	• 직장문화비(직장회식비)·직장체육비 • 직장보육시설운영비	-

	손금불산입순서	내 용	소득처분
지급이자	**<1순위>** 채권자불분명사채이자	• 사채(私債)권자가 불분명한 이자	① 원천징수분 **기타사외유출** ② 그 외분 **대표자상여**
	<2순위> 비실명채권등이자	• 지급받는 자가 불분명한 채권·증권의 이자와 할인액	
	<3순위> 건설자금이자	• 자산 취득 등을 위한 특정차입금의 이자	유보
	<4순위> 업무무관자산지급이자	• 업무무관자산을 보유하거나 특수관계인에게 업무무관가지급금 등을 지급한 경우 이에 상당하는 지급이자	기타사외유출

| 기타 | • 임차료
• 고정자산수선비
• 판매품의 매출원가(재료비), 부대비용(판매비) | • 주식할인발행차금(신주발행비 포함), 감자차손
• 재고자산 등 결산조정 평가손실 이외의 평가손실
• 각종한도초과액
• 당해법인이 공여한 뇌물(금전, 자산, 경제적이익) |

FINAL 객관식뽀개기 — 빈출적중문제

1. 다음 중 법인세법상 인건비에 대한 설명으로 가장 올바르지 않은 것은?　[기출문제]

① 법인이 임원과 종업원을 위하여 사용자로서 부담한 국민건강보험료, 고용보험료 등은 손금으로 인정된다.
② 임원이 아닌 종업원에게 지급하는 상여금은 일정한도 금액까지만 손금으로 인정된다.
③ 임원이 아닌 종업원에게 지급하는 퇴직금은 전액 손금으로 인정된다.
④ 비상근임원에게 지급하는 보수 중 일반적으로 인정되는 범위를 초과하여 과다하게 지급하는 금액은 손금으로 인정되지 않을 수 있다.

 내비게이션

• 임원이 아닌 종업원에게 지급하는 상여금은 전액 손금으로 인정된다.

2. ㈜삼일이 임원 및 종업원에게 지급한 인건비의 내용은 다음과 같다. 다음 중 손금불산입 세무조정이 필요한 금액의 합계로 가장 옳은 것은?　[기출문제]

ㄱ. 임원 급여지급액	150,000,000원
ㄴ. 종업원 급여지급액	300,000,000원
ㄷ. 임원 상여금지급액	50,000,000원
(임원 상여지급기준상 한도액 : 30,000,000원)	
ㄹ. 종업원 상여금지급액	50,000,000원
(종업원 상여지급기준상 한도액 : 40,000,000원)	

① 20,000,000원　③ 30,000,000원
③ 50,000,000원　④ 170,000,000원

 내비게이션

• 손금불산입 임원상여한도초과 20,000,000(상여)
→ 그 외는 모두 손금으로 인정된다.

3. 다음 중 지급이자 손금불산입 세무조정을 해야 하는 항목을 모두 고르면?　[기출문제]

ㄱ. 채권자불분명 사채이자
ㄴ. 비실명채권·증권이자
ㄷ. 업무무관자산 등 관련이자

①　ㄱ　　　　　　　② ㄱ, ㄴ
③ ㄴ, ㄷ　　　　　④ ㄱ, ㄴ, ㄷ

내비게이션

• 모두 '지급이자 손금불산입' 규정의 적용대상이다.

4. 다음은 ㈜삼일의 법인세 신고를 위한 자료이다. 올바른 세무조정을 수행할 경우 각사업연도소득금액은 얼마인가?　[기출문제]

ㄱ. 법인세비용차감전순이익 : 240,000,000원
ㄴ. ㈜삼일은 당기에 단기매매증권평가이익 3,600,000원을 영업외수익으로 인식하였다.
ㄷ. ㈜삼일은 업무무관자산을 구입하고 동 자산에 대한 관리비 4,500,000원을 비용으로 처리하였다.

① 231,900,000원　② 237,400,000원
③ 240,900,000원　④ 248,100,000원

 내비게이션

• 세무조정 : 익금불산입 3,600,000 / 손금불산입 4,500,000
• 각사업연도소득금액 : 240,000,000-3,600,000+4,500,000=240,900,000

5. 다음 자료는 ㈜연아가 회계상 비용으로 계상한 항목들이다. ㈜연아의 법인세법상 손금불산입되는 금액을 계산하면 얼마인가?　[기출문제]

ㄱ. 법인세비용	10,000,000원
ㄴ. 건물을 임차하고 지급하는 임차료	20,000,000원
ㄷ. 벌금, 과태료 및 가산금	5,000,000원
ㄹ. 시가하락으로 인한 토지(유형자산)의 평가손실	20,000,000원

① 5,000,000원　② 15,000,000원
③ 35,000,000원　④ 55,000,000원

 내비게이션

• 임차료만 손금항목이다.
→ 고정자산평가손실은 천재·지변·법령수용·화재로 인한 경우만 인정된다.

6. 법인세법에서는 조세정책적인 목적 등으로 일정한 한도까지만 손금으로 인정하고 이를 초과하는 금액은 손금으로 인정하지 않는 항목들을 규정하고 있다. 다음 중 이에 해당하지 않는것은?　[기출문제]

① 접대비　　　　② 감가상각비
③ 기부금　　　　④ 복리후생비

내비게이션

• 복리후생비는 한도없이 전액 손금으로 인정된다.

Answer　1. ②　2. ①　3. ④　4. ③　5. ③　6. ④

백점이론 제74강 ◁ **손금의 증빙요건과 인건비세무조정**

손금의 증빙요건

❖ 접대비

건당 1만원 초과 영수증 등 수취분	손금불산입	**주의** 1만원초과분만 손금불산입이 아님.
건당 1만원 이하 영수증 등 수취분	손금인정	**주의** 접대비시부인으로 한도내 손금인정.

❖ 기타지출

건당 3만원 초과 영수증 등 수취분	손금인정	**주의** 증빙불비가산세는 적용함.[*]
건당 3만원 이하 영수증 등 수취분	손금인정	–

[*] ① 법인명의가 아닌 종업원명의의 영수증수취분도 증빙불비가산세 적용함.
② 법인명의든 종업원명의든 상관없이 신용카드사용시는 증빙불비가산세는 적용치 않음.

인건비 세무조정

영업부인건비	• 지출확정연도의 손금
공장인건비	• 자산(제품)계상 후 판매시 손금화
건설본부인건비	• 자산(건설중인자산)계상 후 상각·처분시 손금화

사례 건설본부인건비

❖ 공장신축관련 임원상여금 ₩300(임원상여금 한도초과액 ₩100 포함)을 지급함.

풀이

〈Case1〉 전액 판관비처리시

회 사				세 법			
(차) 판관비	300	(대) 현 금	300	(차) 자 산	200	(대) 현 금	300
				손 불	100		

∴손금불산입 200(유보), 손금불산입 100(상여)

〈Case2〉 전액 자산처리시

회 사				세 법			
(차) 자 산	300	(대) 현 금	300	(차) 자 산	200	(대) 현 금	300
				손 불	100		

∴손금산입 100(△유보), 손금불산입 100(상여) → 자산감액 후 상쇄 세무조정

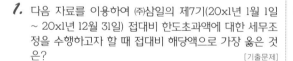

FINAL 객관식뽀개기 ─ **빈출적중문제**

1. 다음 자료를 이용하여 ㈜삼일의 제7기(20x1년 1월 1일 ~ 20x1년 12월 31일) 접대비 한도초과액에 대한 세무조정을 수행하고자 할 때 접대비 해당액으로 가장 옳은 것은?   [기출문제]

ㄱ. 증빙서류를 수취하지 않은 접대비	20,000,000원
ㄴ. 건당 1만원을 초과하는 영수증 수취 접대비	5,000,000원
ㄷ. 건당 1만원 이하인 영수증 수취 접대비	2,000,000원

① 2,000,000원   ② 7,000,000원
③ 27,000,000원   ④ 25,000,000원

 낵비게이션

• 건당 1만원 이하인 영수증 수취분 접대비만 손금인정된다.

2. 다음 중 법인세법상 손금으로 인정되지 않는 항목을 모두 고르면?   [기출문제]

| ㄱ. 임직원을 위한 직장보육시설의 운영금 |
| ㄴ. 법인세 |
| ㄷ. 주식할인발행차금 |
| ㄹ. 속도위반 벌과금 |
| ㅁ. 판매한 상품·제품에 대한 재료비와 부대비용 |

① ㄱ, ㄴ   ② ㄱ, ㄴ, ㄷ
③ ㄴ, ㄷ, ㄹ   ④ ㄷ, ㄹ, ㅁ

 낵비게이션

• 법인세, 주식할인발행차금, 벌과금 : 손금불산입항목

3. ㈜삼일은 당기에 건물 공사를 위한 자금을 차입하고, 해당 차입금에서 발생한 이자 10,000,000원을 다음과 같이 회계처리하였다. 이 경우 당기에 필요한 세무조정으로 가장 옳은 것은(단, 당기 말 현재 해당 건물은 건설 중이다)?   [기출문제]

| (차) 이자비용 10,000,000원 (대) 현금 10,000,000원 |

① 〈손금산입〉 이자비용 10,000,000원(기타)
② 〈손금불산입〉 이자비용 10,000,000원(상여)
③ 〈손금불산입〉 이자비용 10,000,000원(유보)
④ 세무조정 없음

 낵비게이션

• 건설자금이자 : 손금불산입하고 유보로 소득처분한다.

4. 다음 중 법인세법상 지급이자 손금불산입 규정과 관련된 설명으로 가장 올바르지 않은 것은?   [기출문제]

① 법인의 차입금에 대한 이자비용은 일반적으로 전액 손금으로 인정되나, 일정한 요건을 충족하는 이자비용은 손금불산입된다.
② 건설중인 고정자산에 대한 건설자금이자는 취득부대비용이므로 법인이 장부상 비용으로 계상한 경우 손금불산입된다.
③ 채권자불분명 사채이자에 대해서는 지급이자 손금불산입 규정이 적용되며, 이자지급액에 대해 대표자상여로 소득처분한다.
④ 업무무관자산을 취득, 보유하고 있는 법인의 경우 업무무관자산에 관련된 이자비용은 손금불산입하고 대표자상여로 소득처분한다.

 낵비게이션

• 업무무관자산에 관련된 지급이자손금불산입액
→기타사외유출로 소득처분

5. 다음 중 법인세법상 세무조정이 불필요한 경우는?   [기출문제]

① (주)대전은 대표이사에게 회사 정관에 기재된 상여금 지급기준보다 3,000,000원을 초과하여 지급하였다.
② (주)청주는 채권자가 불분명한 사채이자 2,000,000원을 비용으로 계상하였다.
③ (주)부산은 감자를 수행하면서 액면가액 5,000원인 주식에 대하여 2,000원을 지급하고 차액 3,000원을 감자차익으로 처리하였다.
④ 자동차 부품 제조회사인 (주)서초는 발생한 미수이자(원천징수해당분) 500,000원을 계상하고 동 금액을 이자수익으로 인식하였다.

 낵비게이션

• ① 손금불산입 임원상여한도초과 3,000,000(상여)
• ② 손금불산입 채권자불분명 사채이자 2,000,000(기타사외유출)
• ③ 감자차익은 익금불산입항목이며, 회계상으로도 자본잉여금이므로 세무조정은 없다.
• ④ 익금불산입 미수이자 500,000(△유보)

 Answer   1. ①   2. ③   3. ③   4. ④   5. ③

백점이론 제75강 ○━ 재고자산과 유가증권

평가방법	재고자산	• 영업장별, 재고자산종류별(㉠ 제품·상품 ㉡ 반제품·재공품 ㉢ 원재료 ㉣ 저장품)로 각각 다른 방법으로 평가가능 • 원가법(개별법, FIFO, LIFO, 총평균법, 이동평균법, 매가환원법)과 저가법 중 선택 **·주의** ∴저가법평가손실을 계상했어도 원가법으로 신고시 손금으로 인정되지 않음.
	유가증권	• 원가법(㉠ 채권 : 개별법, 총평균·이동평균법 ㉡ 주식 : 총평균·이동평균법)만을 인정 **·주의** ∴평가손익과 손상차손(환입)등 일체가 인정되지 않음.

평가방법 신고	신고기한	• 설립일(수익사업개시일)이 속하는 사업연도의 과세표준 신고기한 내 ➡예 20x1.1.1에 설립시 20x2.3.31까지 신고
	변경신고	• 적용하고자 하는 사업연도의 종료일 이전 3월이 되는 날까지 ⇨ 승인불요, 요건불요 ➡예 20x1년에 적용하고자 할 때 20x1.9.30까지 신고

평가손익

• 결산조정을 전제로 다음의 평가손실만 인정(평가이익은 불인정)

구 분	평 가 손 실
재고자산	• 저가법신고시 저가법에 의한 재고자산평가손실
	• 파손·부패로 인한 재고자산평가손실(신고방법불문)
유가증권	❖부도발생·회생계획인가결정·부실징후기업이 된 다음의 경우 평가손실 • 주권상장법인이나 특수관계없는 비상장법인이 발행한 주식 • 중소기업창투회사 등 보유 창업자 등 발행주식
	❖주식 발행법인이 파산한 경우 유가증권 평가손실

세무조정

▶사례 **재고자산 세무조정**

❂ 제품의 회사 계상액은 ₩2,000,000, 세법상 평가액은 ₩3,000,000

제 1 기

```
회사계상액    2,000,000
세법계상액    3,000,000
─────────────────
1,000,000 기말재고과소계상
          ↓
       매출원가과대
∴손불 재고자산평가감 1,000,000(유보)
```

제 2 기

```
기초재고 과소계상 1,000,000
          ↓
       매출원가과소
∴손금 전기재고자산평가감 1,000,000(△유보)
       → '자동추인'
```

▶사례 **유가증권 세무조정**

❂ 회사는 기업회계기준에 따라 보유중인 단기매매증권의 공정가치가 상승하여 단기매매증권평가이익 ₩1,000,000을 계상하였다. 세무조정은?

회사의 처리			
(차) 단기매매증권	1,000,000	(대) 단기매매증권평가이익	1,000,000

→익금불산입 1,000,000(△유보)

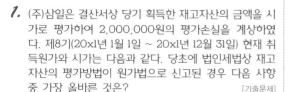

빈출적중문제

1. (주)삼일은 결산서상 당기 획득한 재고자산의 금액을 시가로 평가하여 2,000,000원의 평가손실을 계상하였다. 제8기(20x1년 1월 1일 ~ 20x1년 12월 31일) 현재 취득원가와 시가는 다음과 같다. 당초에 법인세법상 재고자산의 평가방법이 원가법으로 신고된 경우 다음 사항 중 가장 올바른 것은? [기출문제]

구분	취득원가	시가
원재료	10,000,000원	8,000,000원

① 세무상 재고자산은 종류에 따라 평가방법을 달리 할 수 없다.
② 재고자산평가방법은 법인세법상 원가법만 인정된다.
③ 재고자산 평가손실을 익금산입(유보)로 세무조정을 실시하여야 한다.
④ 회계처리가 적정하므로 세무조정이 발생하지 않는다.

백빈계의샘
• ① 세무상 재고자산은 영업장별, 재고자산종류별로 다른 평가방법으로 평가할 수 있다.
② 재고자산평가방법은 법인세법상 원가법과 저가법 중 선택하여 적용된다.
④ 원가법으로 신고하고 평가손실을 계상했으므로 손금불산입(익금산입)하고 유보로 소득처분한다.

2. ㈜삼일이 단기매매증권을 3,000,000원에 취득하고 결산시 일반기업회계기준에 따라 3,300,000원으로 평가하여 다음과 같이 회계처리하였다. 다음 중 이에 대해 필요한 세무조정으로 옳은 것은? [기출문제]

> (차) 단기매매증권 300,000 (대) 평가이익 300,000

① 〈익금산입〉 단기매매증권 300,000원(유보)
② 〈익금불산입〉 단기매매증권 300,000원(△유보)
③ 〈익금산입〉 단기매매증권 3,000,000원(유보)
④ 〈익금불산입〉 단기매매증권 3,000,000원(△유보)

3. 다음 중 법인세법상 손금으로 인정되는 평가손실로 보기 어려운 것은? [기출문제]
① ㈜삼종은 단기간 내의 매매차익을 목적으로 취득한 단기매매증권에 대하여 결산일에 시가 하락에 따른 평가손실을 계상하였다.
② ㈜한진은 보유중인 주식을 발행한 법인이 파산하여 동 주식에 대한 평가손실을 계상하였다.
③ ㈜삼삼은 보유중인 주식을 발행한 주권상장법인이 부도가 발생하여 동 주식에 대한 평가손실을 계상하였다.
④ ㈜안영은 홍수로 침수된 공장설비에 대하여 평가손실을 계상하였다.

백빈계의샘
• ① 단기매매증권평가손실은 손금으로 인정되지 않으므로 손금불산입 세무조정을 한다.
② 주식발행법인이 파산한 경우 평가손실은 결산조정을 전제로 손금으로 인정된다.
③ 주권상장법인이나 특수관계없는 비상장법인이 부도발생시 평가손실은 결산조정을 전제로 손금으로 인정된다.
④ 천재·지변, 폐광, 법령수용, 화재로 인한 고정자산평가손실은 결산조정을 전제로 손금으로 인정된다.

4. 다음은 법인세법상 재고자산의 평가에 대하여 (주)삼일의 회계팀 담당자들이 나눈 대화의 일부이다. 이에 대한 설명으로 가장 옳은 것은? [기출문제]

> 박이사 : 김과장, 이번 창고 화재피해는 집계가 끝났나요? 손실은 어느 정도죠?
> 김과장 : 다행히 담당자가 초기 대응을 잘해서 큰 피해는 없었습니다. 건물이나 화재관리시설의 피해는 미미합니다. 다만 소화액을 살포하는 과정에서 보유하고 있던 원단재고의 상당부분이 손상되어 이에 대한 평가손실이 3억원 정도 발생할 것 같습니다.
> 박이사 : 피해가 크지않다니 다행이지만 재고 평가손실이라면 작년 세무조사때 문제가 되었던 부분 아닌가요?
> 김과장 : 네, 일정한 요건을 만족하지 않으면 평가손실을 인정할 수 없다고 해서 추가로 세금을 납부했습니다.
> 박이사 : 그럼, 이번에도 그런 문제가 생기지 않도록 요건을 확인해보고 관련 절차를 빨리 진행하도록 하세요.

① 평가손실은 세법 상 손금불산입 항목이므로 손금불산입하고 기타사외유출로 소득처분하여야 한다.
② (주)삼일이 재고자산 평가방법을 저가법으로 신고한 경우에만 평가손실을 손금으로 인정받을 수 있다.
③ 사업연도가 종료되지 않은 경우 평가방법을 변경할 수 있으므로 ㈜삼일이 평가손실을 손금으로 인정받기 위해서는 재고자산평가방법 변경신고가 필요하다.
④ 파손, 부패 등의 사유로 계상하는 평가손실이므로 신고한 평가방법과 관계없이 손금으로 인정받을 수 있다.

백빈계의샘
• 일반적인 평가손실은 세법상 인정되지 않으므로 손금불산입하고 유보로 처분한다. 다만, 저가법으로 신고하고 계상한 평가손실과 신고방법에 관계없이 파손, 부패로 인한 평가손실은 인정된다.

Answer 1. ③ 2. ② 3. ① 4. ④

백점이론 제76강 ○ 감가상각

감가상각 대상자산	대상 O	• 법인소유의 유형자산과 무형자산(개발비, 사용수익기부자산 등)
	대상 X	• 비업무용부동산, 건설중인자산, 토지 등

시부인 계산원리

세무조정

구 분	명 칭	세무조정
회사계상액 > 상각범위액	상각부인액	① 상각부인액을 손금불산입(유보)하여 차기이월 ② 차기이후 시인부족액 발생시, 시인부족액 범위 내에서 손금산입(△유보)처리
회사계상액 < 상각범위액	시인부족액	① 별도 세무조정 없음.(소멸) ② 이월된 상각부인액이 있는 경우, 시인부족액 범위 내에서 손금산입(△유보) 처리

<u>주의</u> ∴상각부인액이 있고 다음연도에 감가상각을 하지 않더라도 손금산입함. 왜냐하면, 감가상각을 하지 않으면 상각범위액만큼 시인부족액이 발생하기 때문

시부인단위
• 개별자산별 시부인계산
➡ ∴자산간에 상각부인액과 시인부족액을 상계불가!

특징
• 결산조정사항
• 임의상각제도 : 상각범위액 범위 내에서 손금산입여부와 금액을 자유결정가능

지출액구분

수익적지출	자본적지출
• 건물·벽의 도장 • 파손된 유리, 소모된 부속품·벨트, 자동차타이어 튜브 대체 • 재해자산 외장복구·도장 및 유리삽입 • 기타 조업가능한 상태의 유지 등	• 본래 용도 변경을 위한 개조 • 엘리베이터·냉난방장치 설치, 빌딩 내 피난시설 설치 • 재해로 본래 용도로 이용할 가치없는 건축물·기계·설비 등의 복구 • 기타 개량·확장·증설 등

내용연수

선택신고
• 기준내용연수 상하 25% 범위 내('=내용연수범위')에서 선택하여 세무서장에 신고
➡ 예 기준내용연수 8년일 때 : 6년~10년 사이에서 선택하여 신고
<u>주의</u> 무신고시는 기준내용연수적용

잔존가액

원 칙
• 잔존가액은 '0' 으로 함

감가상각 방법신고

선택신고

구 분	상각방법	무신고시
무형자산, 건축물	정액법	정액법
일반유형자산	정액법, 정률법 中 선택	정률법
광업권	정액법, 생산량비례법 中 선택	생산량비례법
광업용 유형자산	정액법, 정률법, 생산량비례법 中 선택	생산량비례법

<u>주의</u> ∴건물은 어떤 경우에도 정률법 적용 불가!

계속적용
• 신고한 감가상각방법은 이후 사업연도에도 계속 적용함.

상각범위액

정액법	• 세무상취득가액×상각률 = (기초F/P 취득가 + 즉시상각의제누계액)×상각률
정률법	• 세무상미상각잔액×상각률 = (기초F/P취득가 − 기초F/P감가상각누계 + 기초부인액누계)×상각률

FINAL 객관식뽀개기 ── 빈출적중문제

1. ㈜삼일은 건물을 20x1년 1월 1일에 취득하여 당기말 현재 보유중이다. 다음 자료에 의할 경우 법인세법상 당해 사업연도(20x3년 1월 1일 ~ 20x3년 12월 31일)의 법인세법상 건물의 감가상각범위액은 얼마인가? [기출문제]

> ㄱ. 건물 취득가액 : 100,000,000원
> ㄴ. 신고내용연수 20년
> (정액법상각률 : 0.050, 정률법상각률 : 0.140)
> ㄷ. 전기말 결산서상 감가상각누계액 : 10,000,000원

① 4,000,000원 ② 5,000,000원
③ 10,000,000원 ④ 14,000,000원

 낵비게의션

• 100,000,000x0.05=5,000,000
→건물의 세법상 감가상각방법은 정액법만 인정된다.

2. ㈜삼일은 제3기(20x1.1.1~12.31) 사업연도 개시일에 4,000,000원에 취득한 기계장치를 법인세법상 4년간 정액법으로 상각한다. 법인이 결산서 상 다음과 같이 감가상각비를 계상한 경우 제4기(20x2.1.1~12.31)에 필요한 세무조정은? [기출문제]

구분	결산서상 감가상각비 계상액
제3기	1,600,000원
제4기	800,000원
제5기	800,000원
제6기	800,000원

① 세무조정 없음
② 〈손금산입〉 전기상각부인액 200,000(△유보)
③ 〈손금산입〉 전기상각부인액 600,000(△유보)
④ 〈손금불산입〉 상각부인액 200,000(유보)

 낵비게의션

• 상각범위액 : 4,000,000÷4년=1,000,000
• 제3기 : 손금불산입 600,000(유보)
• 제4기 : 손금산입 200,000(△유보)

3. 다음 중 법인세법상 고정자산의 감가상각에 관한 설명으로 가장 올바르지 않은 것은? [기출문제]

① 법인이 계상한 감가상각비가 상각범위액에 미달한 경우 손금산입할 수 없는 것이 원칙이다.
② 법인세법 규정과 회사의 회계처리가 차이가 있다면 세무조정을 해야 한다.

③ 감가상각비는 원칙적으로 장부상 비용으로 계상한 경우에만 상각범위액 내의 금액을 손금으로 인정한다.
④ 상각범위액을 초과하는 감가상각비에 대해서는 손금으로 인정받지 못하기 때문에 추후에 상각범위액이 감가상각비 계상액을 초과하여 시인부족액이 발생하더라도 손금에 산입할 수 없다.

 낵비게의션

• 이월된 상각부인액이 있는 경우 시인부족액 범위 내에서 손금산입한다.

4. 다음 중 법인이 고정자산에 대하여 지출하는 수선비에 관한 설명으로 가장 올바르지 않은 것은? [기출문제]

① 고정자산의 내용연수를 증가시키거나 가치를 실질적으로 증가시키는 수선비를 자본적 지출이라고 한다.
② 고정자산의 원상회복·능률유지를 위하여 지출하는 수선비를 수익적 지출이라고 한다.
③ 자본적 지출에 해당하는 수선비는 자산의 취득원가에 더해져 감가상각과정을 통해 법인의 손금에 산입한다.
④ 본래의 용도를 변경하기 위한 개조나 엘리베이터 또는 냉난방장치의 설치 등은 수익적 지출에 해당한다.

 낵비게의션

• 수익적지출(X) → 자본적지출(O)

5. 다음 중 법인세법상 고정자산의 감가상각에 관한 설명으로 가장 올바르지 않은 것은? [기출문제]

① 감가상각비는 원칙적으로 장부에 비용으로 계상하지 않더라도 상각범위액 금액을 손금으로 산입할 수 있다.
② 기준내용연수의 25%를 가감한 범위 내에서 법인이 선택하여 신고할 수 있으며 이를 신고내용연수라고 한다.
③ 한국채택국제회계기준이 도입된 법인의 경우 일정 한도 내에서 추가로 손금산입할 수 있도록 허용하고 있다.
④ 건축물에 대한 감가상각방법을 선택하지 않을 경우에는 정액법을 적용하여 상각범위액을 계산한다.

 낵비게의션

• 감가상각비는 원칙적으로 결산조정사항이므로 장부에 비용으로 계상하여야 상각범위액 내에서 손금에 산입할 수 있다.

Answer 1. ② 2. ② 3. ④ 4. ④ 5. ①

백점이론 제77강 ▷ 접대비

접대비범위	원칙	• 접대, 교제비, 사례금 기타 어떠한 명목이든 상관없이 이와 유사한 성질의 비용으로서 법인의 업무에 관련하여 지출한 금액
	간주접대비	• 사용인이 조직한 조합 또는 단체(법인에 한함)에 지출한 복리시설비 　-주의- 법인이 아니면 접대비가 아님. • 약정에 의하여 매출채권을 포기한 금액 • 접대비 관련 VAT매입세액 불공제액과 접대한 자산에 대한 VAT매출세액 부담액 • 연간 3만원을 초과하여 특정인에게 기증한 광고선전물품 　➡단, 1만원 이하의 물품 제공시에는 3만원 한도를 적용하지 않음. 　-주의- 3만원을 초과하지 않으면 광고선전비로 전액 손금인정하며, 3만원을 초과하면 전액을 접대비로 봄.(3만원 초과분만 접대비가 아님)

접대비 시부인구조	<1순위>	• 증빙불비접대비/업무무관접대비	[세무조정] 손금불산입(대표자상여등)
	<2순위>	• 건당 1만원(경조금은 20만원) 초과 접대비로 신용카드 등 미사용액	[세무조정] 손금불산입(기타사외유출)
	<3순위>	• 접대비해당액 – 한도	[세무조정] 손금불산입(기타사외유출)

접대비한도	한도	$$\Box\ 12,000,000^{*)} + \frac{\text{사업연도월수}}{12} + \text{수입금액} \times \text{적용률}$$ $^{*)}$중소기업 : 36,000,000
	수입금액	• 기업회계상 매출액 　➡∴간주공급·간주임대료 제외, 부산물매각대 포함.
	적용률	<table><tr><td>수입금액 100억원 이하</td><td>30/10,000</td></tr><tr><td>수입금액 100억원 초과 500억원 이하</td><td>20/10,000</td></tr><tr><td>수입금액 500억원 초과</td><td>3/10,000</td></tr></table>
	특정수입금액 (수입금액×적용률×10%)	① 대상 : 특수관계인과 거래 수입금액 ② 적용 : 일반수입금액부터 순차로 적용률 적용 　-예시- 일반수입금액 95억원, 특정수입금액이 10억원인 경우 　$\rightarrow 1,200$만원$+95$억$\times\frac{30}{10,000} +5$억$\times\frac{30}{10,000} \times 10\% +5$억$\times\frac{20}{10,000} \times 10\%$

귀속시기	❖접대행위가 이루어진 사업연도(발생주의) 　➡∴행위는 이루어졌으나 미지급한 미지급접대비도 접대비로 인정함. -비교- 기부금 : 현금주의

현물접대비	접대비해당액에의 영향	• 현물접대(사업상증여)관련 VAT매출세액도 접대비로 봄.
	수입금액에의 영향	• 회사가 매출로 계상시는 한도계산시 수입금액에서 제외시킴.
	현물접대비평가	• Max[장부가, 시가]
		-예시- 제품 장부가(원가)₩300, 시가는 ₩400, 회사는 이하와 같이 처리함. <table><tr><td colspan="3">회사</td><td colspan="3">세법</td></tr><tr><td>(차) 접대비 340</td><td>(대) 매출</td><td>300</td><td>(차) 접대비 440</td><td>(대) 제품</td><td>300</td></tr><tr><td></td><td>VAT예수금</td><td>40</td><td></td><td>VAT예수금</td><td>40</td></tr><tr><td>(차) 매출원가 300</td><td>(대) 제품</td><td>300</td><td></td><td>처분이익</td><td>100</td></tr></table>→손금산입 접대비 100, 익금불산입 매출 300, 손금불산입 매출원가 300, 익금산입 처분이익 100 →∴접대비해당액에 100 가산 / 한도계산시 수입금액에서 300 제외

FINAL 객관식뽀개기 ━ 빈출적중문제

1. 다음 중 법인세법상 접대비에 관한 설명으로 가장 올바르지 않은 것은? [기출문제]

① 접대비란 법인의 업무와 관련하여 법인의 거래처에 식사를 제공하는 등 접대에 지출하는 비용을 말한다.

② 손금산입 한도를 계산할 때 기본금액과 수입금액에 일정률을 곱한 금액을 합산하여 적용한다.

③ 법인세법에서는 증빙이 없는 접대비라 할지라도 업무관련성이 있으면 이를 비용으로 인정해 준다.

④ 접대비 한도액 계산시 수입금액은 회계상 매출액을 말한다.

📻 내비게이션

• 세무조정시 증빙불비 접대비는 최우선적으로 손금불산입하여 대표자상여 등으로 소득처분한다.

2. 다음은 ㈜삼일의 제5기(20x1년 1월 1일 ~ 20x1년 12월 31일) 접대비 보조원장을 요약 정리한 것이다. 다음 중 법인세법상 접대비한도액이 18,000,000원일 경우의 세무조정으로 가장 옳은 것은? [기출문제]

접대비 보조원장		
20x1년 1월 1일 ~ 20x1년 12월 31일		
적요	금액	비고
거래처접대비(1건)	500,000원	증빙이 없는 접대비
거래처접대비(1건)	5,000원	영수증 수취분
거래처접대비(25건)	22,300,000원	신용카드 매출전표 수취분
합계	22,805,000원	

① 〈손금불산입〉 증빙없는 접대비 505,000원(상여)

② 〈손금불산입〉 접대비한도초과액 4,750,000원(기타사외유출)

③ 〈손금불산입〉 증빙없는 접대비 505,000원(상여)
  〈손금불산입〉 접대비한도초과액 4,300,000원(기타사외유출)

④ 〈손금불산입〉 증빙없는 접대비 500,000원(상여)
  〈손금불산입〉 접대비한도초과액 4,305,000원(기타사외유출)

📻 내비게이션

• 손금불산입 증빙불비 접대비 500,000(상여)
• 접대비 해당액 : 22,805,000-500,000=22,305,000
• 손금불산입 접대비한도초과 22,305,000-18,000,000=4,305,000(기·유)
→영수증수취분은 1만원을 초과하지 않으므로 세무조정 없이 접대비해당액에 포함하여 시부인한다.

3. 다음 자료를 이용하여 (주)삼일의 제7기(20x3.1.1 ~ 20x3.12.31) 접대비에 대한 세무조정을 수행하고자 할 때 접대비 손금산입한도액은 얼마인가? [기출문제]

> ㄱ. 매출액 : 90억원(특수관계인에 대한 매출은 없다)
> ㄴ. 문화접대비 지출액은 없다
> ㄷ. (주)삼일은 제조업을 영위하고 중소기업이 아니며 세법상 손금한도를 계산하기 위한 수입액 기준 적용률은 다음과 같다.
>
> | 수입금액 | 적용률 |
> |---|---|
> | 100억원 이하 | 0.3% |

① 12,000,000원 ② 18,000,000원
③ 30,000,000원 ④ 39,000,000원

📻 내비게이션

• $12,000,000 \times \frac{12}{12} + 90억원 \times 0.3\% = 39,000,000$

4. 다음 자료를 이용하여 (주)파이널의 제7기(20x3.1.1 ~12.31) 접대비에 대한 세무조정을 수행하고자 할때 손금불산입되는 금액은 얼마인가? [적중예상]

> • 접대비 : 5천만원[접대비 중 신용카드 등을 사용하지 않고 영수증을 수령한 금액 1천만원(1건)이 포함되었으며, 나머지 접대비는 법정 증빙을 갖추었음]
> • 매출액 : 600억원(특수관계인 매출 없음)
> • 회사는 제조업을 영위하며, 중소기업이 아니고 세법상 손금한도를 계산하기 위한 수입금액기준 적용률은 다음과 같다.
>
> | 수입금액 | 적용률 |
> |---|---|
> | 100억원 이하 | 0.3% |
> | 100억원 초과 500억원 이하 | 3천만원+100억원 초과분x0.2% |
> | 500억원 초과 | 1억1천만원+500억원 초과분x0.03% |

① 8,000,000원 ② 10,000,000원
③ 20,000,000원 ④ 30,000,000원

📻 내비게이션

• 접대비해당액 : 50,000,000-10,000,000=40,000,000
• 한도 : 12,000,000+100억x0.3%+400억x0.2%+100억x0.03%
  =125,000,000→한도미달
• 세무조정 : 손금불산입 신용카드등 미사용액 10,000,000(기타사외유출)

제1편 백점이론특강 · 제2편 기출문제특강 · SET1 · SET2 · SET3 · SET4 · SET5 · SET6 · SET7 · SET8 · SET9 · SET10 · 신유형 · 기출문제오답노트 · 실전기출모의고사

백점이론 제78강 ⊂ 기부금

기본사항	과목 분류	업무관련성이 있는 경우	특정고객	**접대비**	한도내 손금산입
			불특정다수	**광고선전비**	전액 손금인정
			임원·사용인	**복리후생비**	전액 손금인정
		업무관련성이 없는 경우	특정단체 등	**기부금**	한도내 손금산입
	기부금 구분	법정기부금/지정기부금	•한도초과액을 손금불산입 ➡기타사외유출로 처분		
		비지정기부금	•전액 손금불산입 ➡귀속에 따라 배당·상여·기타사외유출로 처분		

기부금한도

한도	☐ 법정기부금 한도 : (기준소득금액 - 이월결손금)×50% ☐ 지정기부금 한도 : (기준소득금액 - 이월결손금 - 법정손금용인액)×10% ➡기준소득금액 : 차가감소득금액 + 법정·지정기부금 ➡이월결손금 : 과세표준 계산상 공제가능한 이월결손금 ➡법정손금용인액 : 이하 한도초과이월액의 손금산입액을 포함한 금액임.
법정·지정 한도초과액	•10년간 이월하여 먼저 발생한 이월액부터 한도액 범위내에서 우선 손금산입(기타)함. •한도초과(한도미달) = 기부금지출액 - (한도 - 이월액 손금산입액)

> **예시** 전기 법정기부금 한도초과 이월액 ₩1,000, 당기 법정기부금 ₩2,500, 당기 지정기부금 ₩1,200
> 차가감소득금액 ₩9,000, 공제가능 이월결손금 ₩700
> →기준소득금액 : 9,000+2,500+1,200=12,700, 법정기부금 한도 : (12,700-700)×50%=6,000
> →〈1순위〉 한도초과 이월액 손금산입 : Min[1,000, 6,000]=1,000(기타)
> 〈2순위〉 법정기부금 한도초과(미달) : 2,500-(6,000-1,000)=△2,500(한도미달)[세무조정없음]
> →지정기부금 한도 : [12,700-700-(2,500+1,000)]×10%=850
> →〈3순위〉 지정기부금 한도초과(미달) : 손금불산입 1,200-850=350(기타사외유출)

귀속시기

❖실제로 지출한 사업연도(현금주의) ➡ ∴미지급금 계상액은 제외하며, 가지급금 계상액은 포함함.

미지급기부금	• 당기 : (차) 기 부 금 xxx (대) 미지급금 xxx	세무조정 : 손금불산입(유보)
	• 차기 : (차) 미지급금 xxx (대) 현 금 xxx	세무조정 : 손금산입(△유보)
가지급기부금	• 당기 : (차) 가지급금 xxx (대) 현 금 xxx	세무조정 : 손금산입(△유보)
	• 차기 : (차) 기 부 금 xxx (대) 가지급금 xxx	세무조정 : 손금불산입(유보)

> •주의 ① 어음으로 지급시 : 실제로 결제된 날 ② 수표로 지급시 : 교부한 날(결제시기와 무관!)

현물기부금

법정기부금, 일반지정기부금	• 장부가액
특수관계인지정기부금, 비지정기부금	• Max [장부가액, 시가]

> **예시** 수재민구호품(제품) 기부(장부가 ₩100, 시가 ₩230)하고 회사가 기부금으로 ₩230을 계상시
>
> | 회 사 | 세 법 |
> |---|---|
> | (차) 기부금 230 (대) 제품 100 | (차) 기부금 100 (대) 제품 100 |
> | 처분이익 130 | |
>
> →[세무조정] 손금불산입 기부금 130, 익금불산입 처분이익 130 〈법정기부금 100으로 시부인함.〉

기부금의제

❖특수관계없는 자에게 자산을 정상가액보다 낮은 가액으로 양도하거나, 정상가액보다 높은 가액으로 매입함으로써 그 차액 중 실질적으로 증여한 것으로 인정되는 금액은 이를 기부금으로 간주함.

특수관계○ (부당행위계산부인)	① 고가매입 : (매입가 - 시가) ② 저가양도 : (시가 - 양도가)	• 시가와 비교
특수관계 × (기부금의제)	① 고가매입 : (매입가 - 정상가) ➡정상가=시가×130% ② 저가양도 : (정상가 - 양도가) ➡정상가=시가×70%	• 정상가와 비교

> **예시** 특수관계 없는자로부터 시가 ₩400인 건물을 ₩550에 매입함.
>
> | 회 사 | 세 법 |
> |---|---|
> | (차) 건물 550 (대) 현금 550 | (차) 건물(정상가) 400×130%=520 (대) 현금 550 |
> | | 기부금 30 |
>
> →[세무조정] 손금산입 30(△유보) 〈if, 비지정기부금이면 추가로 '손금불산입 30'〉

FINAL 객관식뽀개기 ⊂ 빈출적중문제

1. 다음은 접대비와 기부금의 특성을 보여주는 표이다. 다음 중 들어갈 표현으로 올바르지 않은 것은? [기출문제]

구분	손금한도여부	손금귀속시기
접대비	① 한도있음	② 발생주의
기부금	③ 한도있음	④ 발생주의

 내비게이션

• 기부금 손익귀속시기 : 현금주의

2. 법인세법상 기부금에 대한 설명으로 가장 옳지 않은 것은? [기출문제]

① 법인이 국가 또는 지방자치단체에 요건을 갖추어 무상으로 기증하는 금품은 법정기부금에 해당된다.
② 비지정기부금은 한도금액 내에서만 손금으로 인정되고 한도초과액은 손금불산입되어 기타사외유출로 소득처분된다.
③ 법정기부금 한도초과액은 차후 10년 이내에 종료하는 과세연도에 이월하여 한도액의 범위 내에서 손금에 산입한다.
④ 접대비가 법인의 사업과 관련하여 지출되는 비용인 반면 기부금은 법인의 사업과 관련없이 지출되는 비용이다.

 내비게이션

• 비지정기부금은 한도없이 전액 손금불산입된다.

3. 다음은 ㈜삼일의 제12기(20x1.1.1~12.31) 기부금관련 자료이다. 기부금 지출액 중 손금으로 인정되지 않는 금액을 계산하면 얼마인가? [기출문제]

ㄱ. 기부금 지출액
– 법정기부금 : 20,000,000원
– 지정기부금 : 30,000,000원
– 비지정기부금 : 5,000,000원
ㄴ. 기부금 한도액
– 법정기부금 : 55,000,000원
– 지정기부금 : 9,000,000원

① 5,000,000원
② 20,000,000원
③ 26,000,000원
④ 손금불산입 되는 금액 없음

 내비게이션

• 5,000,000(비지정기부금)+21,000,000(지정기부금 한도초과)=26,000,000

4. 다음 중 법인세법상 기부금과 접대비의 처리에 대한 설명으로 가장 올바르지 않은 것은? [기출문제]

① 모두 일정한 한도 내에서만 손금으로 인정하고 이를 초과하는 금액은 손금으로 인정하지 않는다.
② 접대비의 귀속시기는 발생주의를 기준으로 하나, 기부금의 귀속시기는 현금주의를 기준으로 한다.
③ 현물로 제공한 접대비는 시가(시가가 장부가액보다 낮은 경우는 장부가액)로 평가한다.
④ 접대비 한도초과액은 기타사외유출로 처분하고 기부금의 한도초과액은 대표자상여로 처리한다.

 내비게이션

• 모두 특례에 의해 무조건 기타사외유출로 소득처분한다.

5. 접대비와 기부금에 관한 다음의 설명 중 옳지 않은 것은? [적중예상]

① 접대비 한도금액은 수입금액을 반영하여 결정되나 기부금 한도금액은 소득금액을 기준으로 결정된다.
② 접대비는 업무와 관련있는 지출이지만 기부금은 업무와 관련이 없는 지출이다.
③ 접대비는 발생주의, 기부금은 현금주의에 의하여 손금처리한다.
④ 국방현금이나 천재지변으로 생긴 이재민을 위한 구호금품에 지출하는 기부금은 지정기부금이다.

 내비게이션

• 지정기부금(X) → 법정기부금(O)

보론	기부금 범위	
법정	• 국가·지자체에 무상기증하는 금품 • 국방헌금과 국군장병 위문금품 • 천재·지변 이재민 구호금품 • 특정교육기관(병원제외) 시설비·교육비·연구비·장학금 • 특정병원 시설비·교육비·연구비 • 사회복지공동모금회 등 전문모금기관에 지출	
지정	• 사회복지법인, 교육법상 학교, 기능대학, 원격대학, 종교법인, 의료법인 등에 고유목적사업비로 지출 • 학교 등의 장이 추천하는 개인에게 교육비·연구비 등 • 공익신탁으로 신탁하는 기부금 • 사회복지·문화·예술·교육·종교·자선·학술 등 공익목적으로 지출 • 불우이웃돕기	
비지정	• 동창회·종친회·향우회에 지출 • 정당에 지출하는 정치자금, 새마을금고 등에 지출	

백점이론 제79강 ◁ 퇴직급여충당금

의의	일정한도내 손금인정	• 한도초과액은 손금불산입하고 유보로 처분

	한도초과액(손금불산입액)	• 퇴직급여충당금설정액 – 한도 **비교** 대손충당금은 기말잔액과 한도를 비교함.

퇴직급여충당금 계정흐름

감소(퇴직)	×××	기초	×××
기말	×××	설정	×××

	결산조정사항이며, 총액으로 관리	• 한도미달액은 손금산입하지 않음.

참고 계정흐름
① 20x1년말 최초 설정시(퇴직금추계액 1,000으로 가정)
　(차) 퇴직급여　　　　1,000　　(대) 퇴직급여충당금　1,000
② 20x2년 실제 퇴직시
　(차) 퇴직급여충당금　600　　(대) 현금　　　　　　600
③ 20x2년말 설정(전입)시(퇴직금추계액 1,500으로 가정)
　(차) 퇴직급여　　　　1,100　　(대) 퇴직급여충당금　1,100

퇴직급여충당금(F/P)

감소(퇴직)	600	기초	1,000
기말	1,500	설정(전입)	1,100

한도

한도액	• Min { ① 총급여액×5% ② 퇴직금추계액×0% - 세무상이월퇴충잔액 + 퇴직금전환금잔액

➡ 퇴직금추계액=Max[ⅰ)일시퇴직기준　ⅱ)보험수리기준]
➡ '②'가 음수(△)인 경우는 0으로 계산

퇴직금추계액 (=일시퇴직기준의 경우)	• 사업연도 종료일 현재 재직 임직원이 전부 퇴직시 퇴직금추계액
세무상이월퇴충잔액	• 기초F/P퇴충 – 당기F/P상감소액 – 부인액누계(유보금액)
퇴직금전환금	• 국민연금관리공단에 납부하고 F/P에 자산계상한 것으로 기말잔액임.

유보추인 (초과상계)

• 지급액을 퇴충과 상계시 세무상퇴충을 초과하여 상계하는 경우 그 초과액을 우선 손금산입함.
• 손금산입액 : 회사퇴충상계액 – 세무상퇴충(=회계상퇴충 – 부인액)

		기초F/P퇴충 25,000, 부인액 5,000, 지급액 22,000	기초F/P퇴충 25,000, 부인액 5,000, 지급액 27,000
	〈회사〉	(차) 퇴 충 22,000 (대) 현 금 22,000	(차) 퇴 충 25,000 (대) 현 금 27,000 　　　　　　　　　　퇴직금 2,000
	〈세법〉	(차) 퇴 충 20,000 (대) 현 금 22,000 　　 퇴직금 2,000	(차) 퇴 충 20,000 (대) 현 금 27,000 　　 퇴직금 7,000
	세무조정	∴손금산입 2,000(△유보) → 회사퇴충상계액(22,000) – 세무상퇴충(20,000)=2,000	∴손금산입 5,000(△유보) → 회사퇴충상계액(25,000) – 세무상퇴충(20,000)=5,000

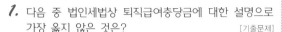

FINAL 객관식뽀개기 ── 빈출적중문제

1. 다음 중 법인세법상 퇴직급여충당금에 대한 설명으로 가장 옳지 않은 것은? [기출문제]

① 퇴직급여 지급대상이 되는 임직원에게 지급한 급여액이 증가할수록 총급여액 기준 퇴직급여충당금 손금산입 한도액이 증가한다.
② 총급여액을 기준으로 계산한 금액과 퇴직금추계액을 기준으로 계산한 금액 중 작은 금액을 퇴직급여충당금의 손금산입 한도액으로 한다.
③ 퇴직급여충당금은 신고조정사항이다.
④ 당기 퇴직급여충당금의 설정액이 한도액보다 더 크다면 한도초과액을 손금불산입(유보)으로 조정한다.

내비게이션
• 퇴직급여충당금은 대표적인 결산조정사항이다.

2. 법인세법상 퇴직금 및 퇴직급여충당금에 대한 설명으로 가장 옳은 것은? [기출문제]

① 종업원에게 지급하는 퇴직금은 일정한도액까지만 손금으로 인정된다.
② 법인세법상 퇴직급여충당금의 설정대상자는 해당 사업연도말 현재 법인에서 1년 이상 근무한 직원만 해당한다.
③ 법인세법상 한도를 초과하여 설정된 퇴직급여충당금은 손금불산입되고 기타사외유출로 소득처분된다.
④ 총급여액을 기준으로 계산한 금액과 퇴직금추계액을 기준으로 계산한 금액 중 작은 금액을 퇴직급여충당금의 손금산입 한도액으로 한다.

내비게이션
• ① 임원에게 지급하는 퇴직금에 대하여만 일정한도액까지만 손금으로 인정된다.
  ② 직원(X) → 임직원(O)
  ③ 기타사외유출(X) → 유보(O)

3. 다음의 자료를 이용하여 법인세법상 퇴직급여충당금에 대한 세무조정을 하면? [기출문제]

> ㄱ. 퇴직급여지급대상이 되는 총급여 : 400,000,000원
> ㄴ. 퇴직급여충당금 내역
> - 기초금액 : 30,000,000원
> - 기중 퇴직금 지급 : 10,000,000원
> - 당기 퇴직급여전입액 : 50,000,000원
> - 전기말 부인누계액 : 5,000,000원
> ㄷ. 퇴직금추계액 : 280,000,000원
> ㄹ. 퇴직금전환금 : 3,000,000원

① 〈손금불산입〉 한도초과액 20,000,000(유보)
② 〈손금불산입〉 한도초과액 35,000,000(유보)
③ 〈손금불산입〉 한도초과액 50,000,000(유보)
④ 세무조정없음

내비게이션
• 한도 : Min[ⅰ), ⅱ)]=0
  ⅰ) 400,000,000x5%=20,000,000
  ⅱ) 280,000,000x0%+3,000,000-(30,000,000-10,000,000-5,000,000)=0
  →손금불산입 50,000,000(유보)

4. 다음의 세무조정 자료에 대한 법인세법상 설명으로서 가장 틀린 것은? [적중예상]

> 〈손금불산입〉 퇴직급여충당금 2,000,000원

① 손익계산서상 퇴직급여 비용계상액 보다 세법상의 한도액이 작은 경우 주로 발생한다.
② 차기이후 각사업연도소득에 반드시 영향을 미친다.
③ 퇴직급여충당금은 결산조정사항이다.
④ 소득의 귀속자에 대하여 원천징수를 하여야 한다.

내비게이션
• 소득처분은 유보이며 이는 원천징수대상처분이 아님.

Answer 1.③ 2.④ 3.③ 4.④

백점이론 제80강 ◁ 대손충당금

대손사유 (대손요건)	신고조정 대손사유	• 상법 등에 의해 소멸시효 완성된 외상매출금·미수금·어음·수표 등 • 채무자재산경매가 취소된 압류채권
	결산조정 대손사유	• 부도발생 6월 경과한 수표·어음상 채권 • 채무자의 파산, 강제집행에 의한 채권 등

참고 **계정흐름**

① 20x1년말 최초 설정시(대손추정액 1,000으로 가정)
  (차) 대손상각비　　　　1,000　　(대) 대손충당금　　　　1,000
② 20x2년 실제 대손시
  (차) 대손충당금　　　　600　　(대) 매출채권　　　　600
③ 20x2년말 설정시(대손추정액 1,500으로 가정)
  (차) 대손상각비　　　　1,100　　(대) 대손충당금　　　　1,100

대손충당금(F/P)

감소(대손)	600	기초	1,000
기말	1,500	설정	1,100

대손시 세무조정

회계처리	세무상처리	
대손상각비로 계상시 (대손상각비 ××× / 채권 ×××)	모두 비용계상으로 간주함. 〔대충과 상계시에도 대충감소로 기말설정 대손비가 증가하므로〕	• 대손요건충족 O 　➡ 세무조정없음 • 대손요건충족 × 　➡ 손금불산입(유보)
대손충당금과 상계시 (대손충당금 ××× / 채권 ×××)		

한도

❖**대손충당금한도**

• 설정대상채권의 세무상 장부가액 × Max $\begin{cases} 1\% \\ \text{대손실적률} = \dfrac{\text{당기 세무상 대손금}}{\text{직전 세무상 채권잔액}} \end{cases}$

주의 당기 세무상대손금이 없다면 설정률은 1%가 됨.

❖**대손충당금한도초과액**

• F/P상 대손충당금 기말잔액 - 한도액　⇒ 손금불산입(유보)
➡ 다음기 자동추인됨 : 손금산입(△유보)

참고 **자동추인이유와 설정액이 아닌 기말잔액과 한도를 비교하는 이유**

• 세법은 기준의 보충법을 회사가 총액법(대충잔액을 전액환입 후 총액을 설정)으로 처리했다고
　간주함.

당기상계	3,000,000	전기이월 (전기한도초과 1,000,000 포함)	10,000,000
차기이월	12,000,000	당기설정	5,000,000

① 회사환입액 : 10,000,000 - 3,000,000　　　　=7,000,000
　세법환입액 : (10,000,000 - 1,000,000) - 3,000,000 = 6,000,000 → 익금불산입 1,000,000(△유보)
② 회사설정액 : 당기설정 12,000,000 → ∴기말잔액과 일치

FINAL 객관식뽀개기 ⊂ **빈출적중문제**

1. 다음의 채권 중 법인세법상 결산조정사항으로 가장 올바르게 분류한 것은? [기출문제]

> ㄱ. 상법에 따른 소멸시효가 완성된 외상매출금 및 미수금
> ㄴ. 민사집행법에 따른 채무자의 재산에 대한 경매가 취소된 압류채권
> ㄷ. 민법에 따른 소멸시효가 완성된 대손금 및 선급금
> ㄹ. 채무자의 파산으로 인하여 회수할 수 없는 채권
> ㅁ. 부도발생일로부터 6개월 이상 경과한 어음상의 채권

① ㄴ, ㄷ, ㄹ
② ㄴ, ㄷ, ㅁ
③ ㄱ, ㄹ
④ ㄹ, ㅁ

• ㄱ, ㄴ, ㄷ : 신고조정대손사유

2. 법인세법상 대손의 요건으로 가장 옳지 않은 것은? [기출문제]

① 채무자 파산 등의 사유로 회수할 수 없는 경우
② 회수기일로부터 1년 이상 경과한 수표 또는 어음상의 채권
③ 상법 등에 따른 채권의 소멸시효가 완성된 경우
④ 부도발생일로부터 6개월 이상 경과한 수표 또는 어음상의 채권

• 참고 회수기일이 6개월이상 경과한 채권 중 채권가액이 30만원 이하인 채권이 대손요건(대손사유)으로 규정되어 있다.

3. 다음은 제조업을 영위하는 ㈜삼일의 대손충당금 관련 자료이다. 이를 기초로 ㈜삼일의 대손충당금 한도초과액을 계산하면 얼마인가?(단, 전기 대손충당금 부인액과 당기 중 발생한 대손액에 대한 부인액은 없다)? [기출문제]

> ㄱ. 대손충당금설정대상 채권금액 : 1,000,000,000원
> ㄴ. 대손실적률 : 2%
> ㄷ. 대손충당금
>   – 기초잔액 : 25,000,000원
>   – 당기추가설정액 : 50,000,000원
>   – 기말잔액 : 31,000,000원

① 한도초과액 없음
② 11,000,000원
③ 25,000,000원
④ 31,000,000원

•31,000,000-1,000,000,000xMax[1%, 2%]=11,000,000

4. 다음은 제조업을 영위하는 ㈜삼일의 제6기(20x1.1.1~12.31)세무조정과 관련된 자료이다. 이 자료를 이용하여 제6기 세무조정사항으로 가장 옳은 것은? [기출문제]

> ㄱ. 상법에 의하여 20x1년 7월 1일자로 소멸시효가 완성된 외상매출금 10,000,000원이 있으나, 이를 제6기에 대손처리하지 않고 장부상 채권으로 남겨두었다.
> ㄴ. 20x1년 2월 1일자로 부도가 발생한 어음상의 채권 20,000,000원이 있으나, 이를 제5기에 대손처리하지 않고 제6기에 대손처리 하였다(소멸시효가 완성되지 아니함).

	ㄱ	ㄴ
①	손금산입 10,000,000	세무조정 없음
②	손금산입 10,000,000	손금불산입 20,000,000
③	세무조정 없음	손금불산입 20,000,000
④	세무조정 없음	세무조정 없음

• ㄱ : 소멸시효완성은 신고조정 대손사유에 해당하므로 대손처리하지 않은 경우에도 손금산입 세무조정을 한다.
• ㄴ : 부도발생 6월 경과 어음상 채권은 결산조정 대손사유에 해당하며 이를 대손처리하였으므로 세무조정은 없다.

5. 대손충당금에 대한 설명으로 틀린 것은? [적중예상]

① 법인세법상 대손충당금 설정률은 '1%'와 「법인의 대손실적률」 중 작은 비율을 적용한다.
② 채권이 회수불가능하게 될 가능성에 대비하여 설정하는 충당금이다.
③ 대손충당금 한도초과액은 손금불산입되고, 유보로 소득처분된다.
④ 법인세법상 대손충당금 손금산입한도액은 대손충당금 설정대상 채권의 장부가액에 대손충당금 설정률을 곱하여 계산한다.

• 작은 비율(X) → 큰 비율(O)

Answer   1. ④   2. ②   3. ②   4. ①   5. ①

제1편 백점이론특강   제2편 기출문제특강   SET1 SET2 SET3 SET4 SET5 SET6 SET7 SET8 SET9 SET10   신유형   기출문제오답노트   실전기출모의고사

백점이론 제81강 부당행위계산부인

적용요건	특수관계	• 특수관계인과의 거래이어야 함. •주의 소액주주(1% 미만)는 특수관계인에서 제외함.
	조세부당감소	• 조세부담을 부당히 감소시킨 것으로 인정될 것 •주의 법률적 하자는 불문 → 거래자체는 유효 → 세금만 재계산

❖ [고가매입] ➡ 시가보다 높은 가액으로 매입시 차액은 익금산입하고 귀속자에 소득처분함.

 사례 부당행위계산부인 고가매입 세무조정

◎ (주)A는 대표이사로부터 20x1년 초 시가 5억원 기계를 10억에 매입하고 감가상각비로 1억을 계상함. 내용연수 20년, 정액법을 적용한다고 가정함.

풀이

1. 취득시

취득시	〈회사〉(차) 기 계	10억	(대) 현 금	10억
	〈세법〉(차) 기 계	5억	(대) 현 금	10억
	부당행위계산부인	5억		

∴손금산입 5억(△유보) → 자산감액 세무조정
익금산입 부당행위계산부인 5억(상여) →∴위를 상쇄시키는 세무조정
•주의 ∴저가양도와는 달리 고가매입시는 소득금액에 영향이 없음.

2. 감가상각시

감가상각시	〈회사〉(차) 기 계	1억	(대) 감가상각누계액	1억

→회사의 감가상각비 1억 중 50%($=\dfrac{5억}{10억}$)는 세법상 인정되는 감가상각비 자체가 아님.
∴손금불산입 1억×50%=0.5억(유보)

3. 감가상각시부인
– 회사감가상각비 : 1억-0.5억=0.5억 / 상각범위액 : 5억÷20년=0.25억 ∴손금불산입 0.25억(유보)

❖ [저가양도] ➡ 시가보다 낮은 가액으로 양도시 차액은 익금산입하고 귀속자에 소득처분함.

사례 부당행위계산부인 저가양도 세무조정

◎ 대표이사에게 장부가 ₩180,000인 유가증권(시가 ₩300,000)을 처분하여 처분이익 ₩20,000을 계상함.

풀이

• 〈회사〉(차) 현 금   200,000   (대) 유가증권   180,000
                                     유가증권처분이익   20,000
• 〈세법〉(차) 현 금   200,000   (대) 유가증권   180,000
          부당행위계산부인   100,000   유가증권처분이익   120,000
∴익금산입 100,000(상여)

가지급금 인정이자	의의	• 특수관계인에게 업무무관가지급금을 무상·저리대여시, 법인세법상 인정이자와 회사이자 계상액과의 차액을 익금산입하고 귀속자에 따라 상여 등으로 처분함.
	인정이자	• 가지급금적수×이자율×1/365 ➡ 익금산입액=인정이자-실제이자수익
	이자율	• 원칙 : 가중평균차입이자율 ➡ 특수관계인 차입금은 제외 • 예외 : 당좌대출이자율 ➡ 위 이자율 적용이 불가능시와 당좌대출이자율을 선택신고시

FINAL 객관식뽀개기 — 빈출적중문제

1. ㈜삼일은 특수관계인인 대표이사 김성희씨로부터 시가 8억원인 건물을 20억원에 매입하였다. ㈜삼일은 20년 동안 동 건물을 감가상각하기로 하였고 당기 감가상각비로 1억원을 계상하였다. 이와 관련한 세무상 설명으로 가장 올바르지 않은 것은(단, 감가상각비 한도는 고려하지 않는다)?   [기출문제]

① 김성희씨는 이 거래로 인하여 소득세를 추가로 부담하여야 한다.
② 특수관계인과의 거래를 통해 과다하게 지급한 12억원을 세무상 건물의 자산가액으로 인정할 수 없으므로 12억원을 익금불산입(△유보)으로 처분한다.
③ ㈜삼일이 시가보다 낮은 가격으로 건물을 매입한 경우에도 ㈜삼일에게 부당행위계산부인 규정이 적용되어 세무조정 사항이 발생한다.
④ 당기에 계상한 감가상각비 1억원 중 60%인 6천만원은 손금으로 인정할 수 없으므로 손금불산입(유보)으로 처분한다.

낵비게이션

• 저가매입(시가보다 낮은 가격으로 건물을 매입한 경우)에 대하여는 법 소정 유가증권을 제외하고는 세무조정이 없다.
• [세무조정]
 - 손금산입 12억(△유보) : 자산감액 세무조정
 - 익금산입 부당행위계산부인 12억(상여) : 위를 상쇄시키는 세무조정
 - 회사의 감가상각비 1억 중 60%(=$\frac{12억}{20억}$)는 세법상 인정되는 감가상각비 자체가 아님. → 손금불산입 1억x60%=0.6억(유보)

2. ㈜은별은 일반거래처에 8,000,000원에 판매하는 제품을 특수관계인인 ㈜승희에게 5,000,000원에 현금 판매하였다. ㈜은별의 세무조정을 옳게 수행한 것은(단, 증여세는 고려하지 않는다)?   [기출문제]

① 세무조정 없음
② 〈익금산입〉 부당행위계산부인3,000,000(유보)
③ 〈익금산입〉 부당행위계산부인3,000,000(기타사외유출)
④ 〈손금산입〉 부당행위계산부인3,000,000(△유보)

낵비게이션

• '시가-저가양도금액'을 익금산입하고 법인이 귀속이므로 기타사외유출로 소득처분한다.

3. ㈜삼일은 특수관계법인인 ㈜용산에게 연초에 자금을 대여하고 연말에 500,000원의 이자를 수령하고 손익계산서상 수익으로 인식하였다. 이와 관련된 추가자료가 다음과 같은 경우 ㈜삼일이 수행해야 할 세무조정은?   [기출문제]

> ㄱ. 가지급금적수 : 3,650,000,000원
> ㄴ. 부당행위계산부인에 해당될 경우 적용이자율 : 8.5%

① 〈익금산입〉 가지급금인정이자 350,000원(기타사외유출)
② 〈손금산입〉 가지급금인정이자 400,000원(기타)
③ 〈익금산입〉 가지급금인정이자 800,000원(기타사외유출)
④ 세무조정 없음

낵비게이션

• 익금산입 $3,650,000,000 \times 8.5\% \times \frac{1}{365} - 500,000 = 350,000$(기타사외유출)
* 귀속이 법인이므로 기타사외유출로 소득처분한다.

4. 법인세법상 부당행위계산부인과 관련된 설명 중 가장 올바르지 않은 것은?   [기출문제]

① 부당행위계산부인이란 법인이 특수관계인과의 거래를 통하여 법인세를 부당하게 감소시키는 경우 세무상 특수관계인과의 거래를 부인하고 소득금액을 다시 계산하도록 하는 제도를 말한다.
② 부당행위계산부인규정의 적용대상이 되는 경우 시가나 적정한 임차료 등 법인세법에서 규정하고 있는 금액과 실제 금액과의 차액을 세무조정한다.
③ 부당행위계산부인규정을 적용하여 귀속자에 따라 배당, 상여, 기타소득으로 소득처분된 경우 귀속자에게는 추가적으로 소득세가 과세된다.
④ 법인이 특수관계인에게 무상 또는 낮은 이자율로 금전을 빌려주는 경우 법인세법상 인정되는 적정이자율로 계산한 이자금액과 실제 수입이자의 차액을 익금산입하고 유보로 처분한다.

낵비게이션

• 가지급금인정이자 익금산입액에 대한 소득처분은 귀속자에 따라 상여등으로 처분한다.

결 산 서 상 당 기 순 이 익
(+) 익　금　산　입
(-) 손　금　산　입
차 가 감 소 득 금 액
(+) 기 부 금 한 도 초 과 액
(-) 전 기 기 부 금 손 금 산 입
각 사 업 연 도 소 득 금 액

* 이하 차감순서에 주의

(-) 세 무 상　이 월 결 손 금
(-) 비　과　세　소　득
(-) 소　　득　　공　　제
과　　세　　표　　준
(×) 세　　　　　　율
산　　출　　세　　액
(-) 세 액 감 면 · 세 액 공 제
(+) 가　　산　　세
총　부　담　세　액
(-) 기　납　부　세　액
(+) 토 지 등 양 도 소 득 에 대 한 법 인 세
차 강 납 부 할 세 액

➡ • 다른 세무조정사항처럼 '소득금액조정합계표'에 나타내는 것이 아니라 별도로 계산하여 '법인세과세표준 및 세액조정계산서'(별지제2호서식)에 직접 표시한다.

➡ • 이월결손금 : 각사업연도 개시일로부터 10년*이내 개시한 사업연도 발생분만 공제
* 2008년 이전 발생분(=2008년까지 발생분)은 5년
　참고 일반기업(비중소기업)의 이월결손금공제한도 : 각사업연도소득×60%
• 과거에 이미공제분과 자산수증이익·채무면제이익으로 상계된 것은 공제불가
• 먼저 발생분부터 순차공제하며 임의로 선택하여 공제불가
　참고 공제배제 : 과세표준 추계결정·경정시에는 공제하지 않음.
　　　　→단, 불가항력에 의한 장부멸실로 추계결정시는 공제

➡ • 비과세소득 : 법인세법상 공익신탁의 신탁재산소득, 조특법상 비과세소득
• 익금에 포함하여 각사업연도소득금액 계산후 과세표준 계산시 공제
• 비과세소득 > (각사업연도소득금액 - 이월결손금)이면 '0'으로 봄.

➡

법인세	**참고** 유동화전문회사, 투자회사(Mutual Fund), 기업구조조정투자회사, 선박투자회사 등이 배당가능이익의 90% 이상 배당시 그 금액을 당해사업연도 소득공제로 처리

·주의 비과세와 소득공제는 이월공제가 없음.

사업연도가 1년인 경우	일반법인	과세표준 2억이하 : 10% 과세표준 2억초과 200억이하 : 20% 과세표준 200억초과 3,000억이하 : 22% 과세표준 3,000억초과 : 25%
사업연도가 1년 미만인 경우 **참고**	• 1년 기준으로 과세표준을 환산한 후 세액을 원래대로 안분 $\left\{ 과세표준 \times \dfrac{12}{사업연도월수} \right\} \times 세율 \times \dfrac{사업연도월수}{12}$	

·주의 중소기업도 차등없이 동일한 법인세율이 적용됨.

예시 사업연도가 1.1~6.30인 경우 / 과세표준 2억원 가정
　➪(2억×12/6)×세율 ⇒2억×10%+2억×20%=60,000,000
　➪세액=60,000,000×6/12=30,000,000

➡ 중간예납세액, 원천징수세액, 수시부과세액

FINAL 객관식뽀개기 ─── 빈출적중문제

1. 다음은 이월결손금이 법인세 과세표준 계산시 각사업연도소득금액에서 지급되기 위한 조건이다. 다음의 빈칸에 들어갈 (ㄱ)과 (ㄴ)의 합계는 얼마인가? [기출문제]

> ㄱ. 법인세 과세표준 계산시 해당 사업연도로부터 (ㄱ)년, 단, 2008년 12월 31일 이전 발생분은 (ㄴ)년 이내의 사업연도에서 발생한 결손금이어야 한다.
> ㄴ. 당기 이전까지 과세표준 계산시 차감되지 않은 이월결손금이어야 한다.
> ㄷ. 공제한도 이내의 금액이어야 한다.

① 10   ② 15
③ 20   ④ 25

 낵비게이션

• 이월결손금 이월공제기한
 – 2008년까지 발생분 : 5년
 – 2009년이후 발생분 : 10년

2. 다음 중 법인세 과세표준 계산에 관한 설명으로 가장 올바르지 않은 것은? [기출문제]

① 법인세 과세표준은 각사업연도소득에서 이월결손금(법규정내 금액), 비과세소득, 소득공제를 차감하여 계산한다.
② 법인세법상 결손금은 손익계산서의 당기순손실 금액과 항상 일치한다.
③ 결손금이란 사업연도의 손금총액이 익금총액보다 큰 경우 동 차액을 말한다.
④ 비과세소득이란 법인의 소득 중 법인세를 과세하지 아니하는 소득으로 법인세법상으로는 공익신탁의 신탁재산에서 생기는 소득 등이 있다.

 낵비게이션

• 익금과 수익, 손금과 비용의 범위가 각각 상이하므로 결손금과 당기순손실은 일반적으로 일치하지 않는다.

3. 다음 자료를 기초로 ㈜삼일의 제20기 (2020.1.1~12.31) 법인세산출세액을 계산하면 얼마인가? [기출문제]

> ㄱ. 각사업연도소득금액 : 140,000,000원
> ㄴ. 법인세 과세표준 계산시 한번도 공제되지 않은 이월결손금의 발생 사업연도와 금액은 다음과 같다.
> – 제 7기 : 10,000,000원
> – 제15기 : 5,000,000원
> – 제18기 : 3,000,000원
> ㄷ. 법인세율 : 과세표준 2억원 이하는 10%, 2억원 초과 200억원 이하분은 20%
> ㄹ. 상기에 언급한 사항을 제외하고는 법인세 산출세액의 계산에 영향을 미치는 요소는 없다.

① 9,610,000원   ② 13,200,000원
③ 14,250,000원   ④ 18,000,000원

 낵비게이션

• 과세표준 : 140,000,000-(5,000,000+3,000,000)=132,000,000
• 산출세액 : 132,000,000x10%=13,200,000

4. 차감납부할세액의 계산에 영향을 미치는 요소가 다음의 자료를 제외하고는 없다고 가정할 경우, 법인세법상 차감납부할세액은 얼마인가? [기출문제]

ㄱ. 산출세액	:	9,000,000원
ㄴ. 외국납부세액공제	:	3,000,000원
ㄷ. 가산세 합계	:	500,000원
ㄹ. 중간예납세액	:	4,000,000원

〈차감납부할세액 계산구조〉

	산출세액
(−)	세액공제, 세액감면
(+)	가산세, 감면부추가납부세액
	총부담세액
(−)	기납부세액
	차감납부할세액

① 1,500,000원   ② 2,000,000원
③ 2,500,000원   ④ 8,500,000원

 낵비게이션

• 9,000,000−3,000,000+500,000−4,000,000=2,500,000

제1편 백점이론특강 / 제2편 기출문제특강 / SET1 / SET2 / SET3 / SET4 / SET5 / SET6 / SET7 / SET8 / SET9 / SET10 / 신유형 / 기출문제오답노트 / 실전기출모의고사

백점이론 제83강 ── 법인세 납세절차

세액공제	**외국납부세액공제**	취지	• 국제적 이중과세 조정
		선택적용	• 세액공제 또는 외국납부세액의 손금산입방법 중 선택 적용
		세액공제 한도	• 법인세산출세액 × $\dfrac{\text{과세표준에산입된금액}}{\text{과세표준}}$ **비고** 소득세법 : 과세표준(분모)이 종합소득금액임.
	재해손실세액공제	요건	• 사업용자산가액의 20% 이상 상실한 경우
		세액공제 한도	• 상실된 자산가액

최저한세	❖과다 조세감면을 배제함으로써 최소한 일정수준(='최저한세') 이상의 조세를 부담시키기 위한 제도

기납부세액	**중간예납세액**	적용	• 중간예납한 경우 1년분 세액을 계산 후 중간예납액을 기납부세액으로 차감 • 사업연도가 6월을 초과하는 법인이 대상 ➡사업연도개시일부터 6월간을 중간예납기간으로 함.
		신고납부	• 중간예납기간 경과 후 2월 이내에 신고·납부
	원천징수세액	❖지급받는 자가 법인이며 국내에서 지급하는 소득에 한하여 적용	
		대상과 세율	이자소득 : • 일반적 이자소득 : 14% • 비영업대금이익 : 25% 투자신탁이익 : • 14% **주의** 일반적배당소득은 원천징수대상이 아님!
		납부	• 징수일 다음달 10일까지 납부
	수시부과세액	• 신고하지 않고 본점 등을 이전하거나 사업부진 등으로 휴업·폐업상태에 있는 경우 또는 기타 조세포탈 우려가 있다고 인정되는 경우에 조세채권을 조기에 확보하기 위해 수시부과함.	

신고납부	**신고납부기한**	• 각사업연도종료일이 속하는 달의 말일부터 3월 이내 신고납부 **주의** 각사업연도소득금액이 없거나 결손법인도 신고해야 함. • 외부감사대상 법인이 감사 미종결에 의한 결산 미확정을 사유로 법인세 신고기한 연장을 신청시 1개월까지 연장을 허용함. ➡단, 이자를 부과함.

분납	❖납부할 세액이 1천만원을 초과하는 경우에는 분납이 가능함.	
	구 분	**분납기한**
	① 일반법인	• 납부기한이 경과한 날로부터 1월 이내에 분납가능
	② 중소기업	• 납부기한이 경과한 날로부터 2월 이내에 분납가능

기타 법인세	**청산소득법인세**	• 잔여재산가액에서 자기자본총액을 차감한 청산소득금액을 과세표준으로 함. • 법인세 일반세율(초과누진세율)을 동일하게 적용함.
	비영리법인	• 수익사업과 비수익사업을 구분경리함.

FINAL 객관식뽀개기 〔── 빈출적중문제

1. 다음 중 ㈜삼일의 법인세 신고 및 납부에 대한 설명으로 가장 올바르지 않은 것은? [기출문제]

> 오과장 : 이대리, 법인세 신고서류 제출 준비는 끝났나?
> 이대리 : 네. 지금 누락된 서류는 없는지 최종 확인하고 있습니다.
> 오과장 : 그래. 신고기한을 잘 확인하고, 법인세 납부품의서를 빨리 작성해서 출금에 문제 없도록 하게.
> 이대리 : 알겠습니다. 그런데, 자금팀 김대리에게 들으니 회사 자금 사정이 좋지 않다고 하던데, 법인세 납부에는 문제가 없을까요?
> 오과장 : 큰일이군. 기한을 넘기게 되면 가산세를 납부해야 하니 손해가 클텐데...우선 자금팀에 필요자금을 통보해 주고, 회계사에게 연락해서 방법이 없는지 확인해 보게.

① ㈜삼일이 당기순손실을 기록했다면 법인세를 신고하지 않아도 세무상 불이익이 없다.
② ㈜삼일은 3월 31일까지 법인세를 신고납부하여야 한다.
③ ㈜삼일이 신고기한내 법인세를 납부하지 못할 경우 납부불성실가산세를 부담하게 된다.
④ 납부할 법인세액이 1천만원을 초과할 때에는 법인세를 분납할 수도 있다.

• 법인세법상 각사업연도소득금액이 없거나 결손금이 있는 법인도 신고하도록 규정되어 있으며, 결손법인이 무신고시에는 이월결손금을 공제받지 못하는 등의 불이익이 있다.

2. 다음 중 법인세법에 대한 설명으로 가장 옳지 않은 것은? [기출문제]

① 내국법인은 각사업연도소득에 대한 법인세를 사업연도 종료일이 속하는 달의 말일로부터 3개월 이내에 신고하여야 한다.
② 각사업연도소득금액이 없거나 결손금이 있는 경우에도 신고는 하여야 한다.
③ 법인세는 법인세 신고기한이 경과한 후 2개월 이내에 납부하여야 한다.
④ 사업연도의 기간이 6개월을 초과하는 법인은 사업연도 개시일로부터 6개월간의 기간을 중간예납기간으로 하여 그 기간에 대한 법인세를 신고·납부해야 한다.

• 신고와 동시에 납부하여야 한다.

3. 다음 중 세법상 가산세를 부과하지 않는 경우는? [기출문제]

① 장부의 비치·기장의무를 이행하지 아니한 경우
② 원천징수의무자인 법인이 원천징수한 세액을 납부기한이 경과한 후에 납부하는 경우
③ 거래처 임직원의 경조사비로 1,000,000원을 지출한 경우
④ 법정신고기한까지 과세표준 신고를 하지 않은 경우

• 접대비로서 20만원을 초과하는 경조금은 손금불산입 세무조정을 하며, 별도의 가산세는 부과하지 않는다.

4. 다음 중 법인세의 계산과 관련하여 가장 올바르지 않은 것은? [기출문제]

① 비과세소득 : 법인세를 과세하지 아니하는 소득으로서 다음연도로 이월하여 공제받을 수 있다.
② 소득공제 : 요건에 해당하는 경우 법인의 소득금액에서 일정액을 공제하여 주는 제도를 말한다.
③ 세액공제 : 법인세 총부담세액 계산시 일정금액을 공제하도록 규정한 제도로서 대표적인 세액공제로는 외국납부세액공제, 재해손실세액공제 등이 있다.
④ 기납부세액 : 법인이 사업연도 중에 미리 납부한 법인세액으로 중간예납세액, 원천징수세액 및 수시부과세액이 이에 해당된다.

• 비과세와 소득공제는 이월공제가 없다.

5. 다음 중 청산소득에 대한 법인세에 관한 규정으로 올바르지 않은 것은? [기출문제]

① 청산소득이란 법인이 해산에 의하여 모든 법률관계를 종료시키고 그 재산관계를 정리하여 이를 분배하는 청산과정에서 발생하는 소득이다.
② 비영리법인은 청산소득의 납세의무가 없다.
③ 해산시 잔여재산가액의 총액이 청산소득의 과세표준이 된다.
④ 청산소득에 대한 법인세 계산시에 적용되는 세율은 각 사업연도소득에 대한 법인세의 세율과 동일하다.

• 과세표준=잔여재산가액-자기자본총액

백점이론 제84강 ○── **소득세 특징**

소득구분	종합소득	• 금융소득　　　　　: 이자소득, 배당소득 • 사업성 있는 소득 : 사업소득 ➡ 부동산임대소득은 사업소득으로 통합됨. • 그 외 종합소득　 : 근로소득, 연금소득, 기타소득
	분류과세소득	• 퇴직소득 • 양도소득

소득세특징	과세범위	• 소득원천설을 근간 　➡ 고정자산처분이익 등 일시적·우발적 소득 제외 　➡ 단, 복식부기의무자의 사업용 유형고정자산(부동산 제외) 처분이익은 과세 • 순자산증가설 일부채택 　➡ 기타소득, 양도소득 등과 같은 일시적·우발적 소득 포함
	과세방식	• 열거주의 　- 열거되지 아니한 다음의 소득은 과세치 않음. 　　① 상장주식양도차익 : 단, 특정상장주식은 양도소득세 과세함. 　　② 기계장치처분이익 : 사업소득으로 과세치 아니함. 　　③ 채권양도차익 : 단, 환매조건부채권의 매매차익은 과세함. 　　④ 손해배상금 : 단, 계약의 위약·해약관련 손해배상금은 과세함. • 유형별포괄주의 일부채택 　① 이자소득 : 금전의 사용대가성격이 있는 것도 과세 　② 배당소득 : 수익분배성격이 있는 것도 과세
	과세단위	• 원칙 개인단위과세 • 예외 일정요건하의 공동사업합산과세
	과세방법	• 원칙 종합과세 • 예외 ① 분리과세('완납적원천징수') : 원천징수로 과세종결 　　　 ② 분류과세 : 퇴직·양도소득은 종합소득과는 별도로 개별과세함. 　　　 ③ 비과세 : 과세제외 • 주의 분리과세소득을 제외한 원천징수된 소득은 일단 종합소득에 포함한 후 원천징 　수세액을 기납부세액으로 공제함.('예납적원천징수')
	기 타	• 직접세 　소득세는 납세의무자와 담세자가 일치하는 직접세임. • 신고납세제도 　종합·퇴직·양도소득 　➡ 과세기간의 다음연도 5.1~5.31까지 과세표준의 확정신고로 납세의무가 확정됨. • 누진세율 　① 종합·퇴직소득 : 초과누진세율 　② 양도소득 : 자산종류·보유기간에 따라 누진세율 및 비례세율 • 인적공제제도 　부양가족수에 따라 조세부담 상이한 인세 • 응능과세 　세금낼 능력이 있는 사람에게 그 능력만큼 부과 　참고 응익과세 : 국가에서 이익을 받는 만큼만 세금을 부담

FINAL 객관식뽀개기 ○ 빈출적중문제

1. 우리나라 소득세의 특징에 대한 다음 설명 중 가장 옳지 않은 것은?　[기출문제]

① 원칙적으로 개인별로 과세하는 조세이다.
② 원칙적으로 열거된 소득에 대해서 과세하는 열거주의 과세(이자, 배당소득은 유형별 포괄주의)방식이다.
③ 과세방법은 크게 종합과세, 분류과세, 분리과세로 구분된다.
④ 공평과세를 위해 개인의 인적 사항을 고려하지 않는다.

낵비게이션

• 소득세는 개인의 인적 사항을 고려하는 인세에 해당한다.

2. 다음 중 소득세법에 대한 설명으로 가장 올바르지 않은 것은?　[기출문제]

① 소득세는 원칙적으로 열거주의 과세방식을 취하고 있다.
② 소득세는 개인의 부담능력에 따라 과세되는 조세이다.
③ 퇴직소득, 양도소득도 개인별로 종합과세하고 있다.
④ 우리나라는 개인의 소득에 대해 초과누진세율을 적용한다.

낵비게이션

• 퇴직소득, 양도소득은 분류과세하고 있다.

3. 다음 중 종합과세, 분류과세 및 분리과세에 관한 설명으로 가장 올바르지 않은 것은?　[기출문제]

① 종합과세는 1년 동안 개인이 벌어들인 모든 소득을 합산하여 과세하는 방법이다.
② 분류과세는 각각의 소득을 합산하지 않고, 원천에 따른 소득의 종류별로 별도의 세율로 과세하는 방법이다.
③ 퇴직소득과 양도소득은 장기간에 걸쳐 형성된 소득이 일정 시점에 실현되는 것으로 분류과세를 적용한다.
④ 300만원 이하의 기타소득은 무조건 분리과세한다.

낵비게이션

• 기타소득금액이 300만원 이하인 경우 선택적 분리과세가 적용된다.

4. 다음 중 소득세법상 과세대상 소득에 관한 설명으로 가장 올바르지 않은 것은?　[기출문제]

① 우리나라 소득세법은 소득원천설을 채택하고 있다.
② 화폐가치로 측정이 불가능하거나 정책상 과세하기에 적합하지 않은 소득은 과세대상에서 제외하고 있다.
③ 소득세법에서 열거하고 있지 않더라도 원칙적으로 개인의 소득으로 볼 수 있으면 포괄주의로 과세한다.
④ 이자, 배당, 사업, 근로, 연금, 기타소득은 합산하여 종합과세하고, 퇴직소득과 양도소득은 각각 별도로 분류과세한다.

낵비게이션

• 원칙적으로 열거주의에 의하고 있으며, 이자·배당소득에 한하여 유형별 포괄주의를 채택하고 있다.
• 화폐가치로 측정이 불가능하거나 정책상 과세하기에 적합하지 아니한 소득은 과세대상에서 제외하는 비과세규정을 두고 있다.

5. 예납적 원천징수와 완납적 원천징수를 비교한 다음 표에서 잘못된 것은 무엇인가?　[기출문제]

	구분	예납적원천징수	완납적원천징수
①	대상소득	분리과세 소득	분리과세 이외의 소득
②	납세의무종결	원천징수로 종결 안됨	원천징수로 종결됨
③	확정신고의무	확정신고의무 있음	확정신고의무 없음
④	조세부담	확정신고시 세액을 산출하고 원천징수세액을 공제함	원천징수세액

낵비게이션

• 분리과세소득은 완납적원천징수에 해당한다.

백점이론 제85강 ◯ 소득세 납세의무자 등

거주자 · 비거주자	거주자의 납세의무		• 국내외 모든 원천소득(=무제한납세의무)
	비거주자의 납세의무		• 국내원천소득(=제한납세의무)
	거주자	정의	• 국내에 주소를 두거나 183일 이상 거소를 둔 개인 **주의** 국적과 관계없이 외국인도 거주자에 해당가능하며, 외국근무공무원과 해외파견임직원은 무조건 거주자로 봄.
		거소	• 주소지 외의 장소 중 상당기간에 걸쳐 거주하는 장소로서 주소와 같이 밀접한 일반적 생활관계가 형성되지 않는 장소 **보론** 거소를 둔 기간 : 입국한 날의 다음날~출국한 날
	법인격없는 단체 **참고**	의의	• 법인격없는 단체란 설립등기를 하지 않아 법인격을 취득하지 못한 사단, 재단, 그 밖의 단체로서 일정한 경우 법인이나 거주자로 보아 각각 법인세법이나 소득세법을 적용함.
		적용	❖국세기본법상 법인으로 보는 단체 이외의 법인 아닌 단체는 다음과 같이 적용함.

1거주자	• 대표자 또는 관리인이 선임되어 있고, 이익의 분배방법 및 비율이 정해져있지 않은 경우로 그 단체자신이 독립된 실체로서 소득세납세의무를 짐.
공동사업	• 1거주자로 보는 경우 이외의 경우는 공동사업으로 보아 그 구성원들이 손익분배비율에 의해 분배되었거나 분배될 소득금액에 따라 각자 거주자별 소득세납세의무를 짐.

과세기간	원 칙	• 1.1 ~ 12.31 **주의** 임의로 과세기간을 정할 수 없음.
	예 외	• 사망시 : 1.1 ~ 사망한 날까지 • 국외이전시 : 1.1 ~ 출국한 날까지 **주의** 폐업을 하든 신규사업개시를 하든 위 예외(2가지) 제외하고 1.1~12.31임. ➡**예** 폐업시 : 1.1~폐업한날(×), 신규사업자 : 사업개시일~12.31(×)

납세지	거주자	• 주소지 ➡주소지가 없는 경우 거소지 **주의** 개인사업자 ① 원칙 : 주소지(사업장소재지가 아님.) ② 예외 : 직권지정 또는 사업장소재지를 납세지로 신청시 사업장소재지를 납세지로 지정받을 수 있음
	비거주자	• 국내사업장소재지 ➡사업장이 없으면 국내원천소득발생장소 ➡사업장이 둘 이상인 경우는 주된국내사업장소재지
	원천징수하는 자가 거주자인 경우	• 원천징수의무자의 사업장소재지 ➡**예** 종업원의 원천징수소득세는 사장의 사업장소재지
	원천징수하는 자가 법인인 경우	• 원천징수의무자의 본점 또는 주사무소 소재지

FINAL 객관식뽀개기 ◯ 빈출적중문제

1. 소득세법에 대한 설명으로 가장 옳지 않은 것은?

[기출문제]

① 원칙적으로 열거주의 과세방식을 취하고 있다.
② 개인이 벌어들인 소득에 대해 부과되는 세금이다.
③ 비거주자도 국내외 모든 소득에 대하여 소득세를 납부하게 된다.
④ 퇴직소득, 양도소득은 소득별로 분류과세하고 있다.

내비게이션

• 비거주자는 국내원천소득에 대하여만 소득세 납부의무가 있다.

2. 다음 중 소득세법에 관한 설명으로 가장 올바르지 않은 것은?

[기출문제]

① 거주자와 비거주자의 과세범위에 차이를 두고 있다.
② 거주자와 비거주자의 구분은 국적으로 판단한다.
③ 거주자란 국내에 주소를 두거나 183일 이상의 거소를 둔 개인을 말한다.
④ 과세소득은 원칙적으로 열거주의를 채택하고 있다.

내비게이션

• 거주자란 국내에 주소를 두거나 183일 이상의 거소를 둔 개인을 말하므로, 국적과 관계없이 외국인도 거주자에 해당 가능하다.

3. 다음 중 소득세법에 대한 설명으로 가장 옳은 것은?

[기출문제]

① 소득세법에 따라 개인사업자는 1년을 초과하지 않는 범위 내에서 선택에 의해 사업연도를 임의로 정할 수 있다.
② 소득세는 개인의 소득에 대해 과세되는 조세이므로 개인의 인적사항에 관계없이 소득이 동일하다면 동일한 세액을 부담하도록 하고 있다.
③ 거주자의 경우 납세지는 원칙적으로 주소지로 하며, 주소가 없는 때에는 거소지를 납세지로 한다.
④ 종합소득세율은 단일 비례세율 구조로 되어 있으며 소득재분배의 효과가 있다.

내비게이션

• ① 법인사업자에 대한 설명이다. 소득세법상 과세기간은 임의로 선택이 불가하며 사망과 국외이전을 제외하고는 1.1~12.31이다.
② 소득세는 개인의 인적사항이 고려되므로 소득이 동일하더라도 상이한 세액을 부담한다.
④ 초과 누진세율 구조로 되어 있어 소득재분배의 효과가 있다.

4. 소득세법에 대한 다음 설명 중 가장 옳은 것은?

[기출문제]

① 거주자의 경우 납세지는 원칙적으로 국내원천소득이 발생하는 장소이다.
② 근로소득과 사업소득이 발생할 경우 각각의 소득을 합산하여 과세하지 않고 독립적으로 과세한다.
③ 거주자란 국내에 주소를 두거나 183일 이상의 거소를 둔 개인을 말한다.
④ 소득세법에 따라 개인 사업자는 1년을 초과하지 않는 범위내에서 선택에 의해 과세기간를 임의로 정할 수 있다.

내비게이션

• ① 국내원천소득이 발생하는 장소(X) → 주소지(O)
② 합산하여 과세한다.
④ 과세기간은 임의 선택이 불가하다.

5. 다음 중 소득세법상 과세기간에 관한 설명으로 가장 올바르지 않은 것은?

[기출문제]

① 소득세법상 과세기간은 매년 1월 1일부터 12월 31일까지 1년이다.
② 납세의무자가 폐업하는 경우 1월 1일부터 폐업일까지를 1과세기간으로 한다.
③ 납세의무자의 출국으로 인하여 비거주자로 되는 경우에는 1월 1일부터 출국일까지의 기간을 1과세기간으로 한다.
④ 납세의무자가 사망한 경우 1월 1일부터 사망일까지의 기간을 1과세기간으로 한다.

내비게이션

• 과세기간은 예외 2가지(사망, 출국)를 제외하고는 모두 1월 1일부터 12월 31일이다. 따라서, 납세의무자가 폐업하는 경우에도 1월 1일부터 12월 31일까지를 1과세기간으로 한다.

Answer   1. ③   2. ②   3. ③   4. ③   5. ②

제1편 백점이론특강 | 제2편 기출문제특강 | SET1 | SET2 | SET3 | SET4 | SET5 | SET6 | SET7 | SET8 | SET9 | SET10 | 신유형 | 기출문제오답노트 | 실전기출모의고사

백점이론 제86강 ◯ 소득세 종합소득세 계산구조

```
                         종 합 소 득
```

이자소득	배당소득	사업소득	근로소득	연금소득	기타소득
(−)비 과 세	(−)비 과 세	(−)비 과 세	(−)비 과 세	(−)비 과 세	(−)비 과 세
(−)분리과세	(−)분리과세	−	(−)분리과세	(−)분리과세	(−)분리과세
총수입금액	총수입금액	총수입금액	총수입금액	총수입금액	총수입금액
−	(+)귀속법인세	(−)필요경비	(−)근로소득공제	(−)연금소득공제	(−)필요경비
이자소득금액	배당소득금액	사업소득금액	근로소득금액	연금소득금액	기타소득금액

❖분리과세소득이 없는 소득
 ➡사업소득, 양도소득
❖필요경비가 있는 소득
 ➡사업소득, 기타소득, 양도소득
❖원천징수가 없는 소득
 ➡부동산임대소득, 양도소득

종 합 소 득 금 액 ── 이월결손금차감후 소득금액임

(−) **종 합 소 득 공 제** ── 인적공제, 연금보험료공제, 특별소득공제

(−) **조특법상 소득공제** ── 신용카드소득공제(근로소득자만 가능, 국외사용액 제외)

과 세 표 준

(×) **세   율**

(단위 : 만원)

1,200이하	6%
1,200초과 4,600이하	72+초과액의 15%
4,600초과 8,800이하	582+초과액의 24%
8,800초과 15,000이하	1,590+초과액의 35%
15,000초과 30,000이하	3,760+초과액의 38%
30,000초과 50,000이하	9,460+초과액의 40%
50,000초과	17,460+초과액의 42%

산 출 세 액 ↳종합·퇴직소득 동일

(−) **세 액 감 면**

(−) **세 액 공 제** ──
① 소득세법
  자녀세액공제, 연금계좌세액공제, 특별세액공제, 외국납부세액공제, 배당세액공제, 근로소득세액공제, 기장세액공제, 재해손실세액공제
② 조특법
  정치자금기부금세액공제, 성실사업자 의료비·교육비세액공제

결 정 세 액

(+) **가 산 세** ── 신고불성실·무기장·납부불성실·지급명세서제출불성실·증빙불비·영수증수취명세서미제출·원천징수납부불성실·납세조합불납·계산서관련가산세

(+) **추 가 납 부 세 액**

총 결 정 세 액
(= 총 부 담 세 액)

(−) **기 납 부 세 액** ── 중간예납세액, 원천납부세액, 예정신고납부세액, 수시부과세액, 납세조합징수세액

차 감 납 부 할 세 액

FINAL 객관식뽀개기 ○── 빈출적중문제

1. 다음 중 제조업을 영위하는 법인인 ㈜삼일이 원천징수를 하지 않아도 되는 경우는? [기출문제]

① 사무직 직원 김성봉씨에게 급여를 지급할 때
② 도매업을 영위하는 개인 김경화씨에게 이자를 지급할 때
③ 개인 손문의씨로부터 건물을 매입하고 대금을 지급할 때
④ 개인주주 강민석씨에게 배당금을 지급할 때

 내비게이션

• 소득세법상 양도소득에 대해서는 원천징수가 없다.

2. 다음 중 소득세에 관한 설명으로 가장 올바르지 않은 것은? [기출문제]

① 소득세법은 원칙적으로 열거주의에 의해 과세대상소득을 규정하고 있으며 예외적으로 이자 및 배당소득에 한하여 유형별 포괄주의를 채택하고 있다.
② 소득세법은 부부인 경우에 한하여 소득을 합산하여 소득세를 신고·납부하는 것을 허용하고 있다.
③ 소득세법은 신고납세제도를 채택하고 있으므로 납세의무자의 확정신고로 과세표준과 세액이 확정된다.
④ 소득세법은 소득이 증가에 따라 세율이 증가하는 누진과세를 채택하고 있다.

 내비게이션

• 소득세법은 원칙적으로 개인단위 과세를 채택하고 있으며, 부부합산과세는 과거 헌법재판소의 헌법불합치 판결에 의해 현재는 폐지된 제도이다.

3. 다음 중 필요경비가 인정되지 않는 소득을 고르면 어느 것인가? [기출문제]

ㄱ. 기타소득	ㄴ. 사업소득
ㄷ. 이자소득	ㄹ. 배당소득

① ㄱ, ㄴ
② ㄱ, ㄷ
③ ㄴ, ㄷ
④ ㄷ, ㄹ

 내비게이션

• 필요경비가 인정되는 소득 : 사업소득, 기타소득, 양도소득
→∴이자소득, 배당소득은 필요경비가 인정되지 않는다.

4. 소득세의 세율이 아래와 같은 경우 과세대상소득이 1,000만원인 김삼일씨와 과세대상소득이 2,000만원인 김사일씨의 소득세는 각각 얼마인가? [기출문제]

〈세율〉
과세대상소득 1,200만원 이하 : 6%
과세대상소득 1,200만원 초과 4,600만원 이하 : 15%

	김삼일	김사일
①	600,000원	1,320,000원
②	600,000원	1,920,000원
③	900,000원	1,320,000원
④	900,000원	1,920,000원

 내비게이션

• 김삼일 : 10,000,000x6%=600,000
• 김사일 : 12,000,000x6%+(20,000,000-12,000,000)x15% =1,920,000

5. 일반적으로 소득이 발생하면 소득의 지급자가 원천징수를 하게 된다. 다음 소득 중 원천징수를 하지 않는 소득으로 가장 타당한 것은? [기출문제]

① 은행으로부터 지급받은 이자소득
② 개인이 상장회사 주식을 보유함에 따른 배당소득
③ 건물 임대에 따른 사업소득
④ 회사 근무에 따른 근로소득

 내비게이션

• 소득세법상 부동산임대소득에 대해서는 원천징수가 없다.

6. 다음의 소득공제 항목 중 근로소득이 없는 경우 공제받을 수 없는 항목은? [기출문제]

① 경로우대공제
② 신용카드 소득공제
③ 부녀자공제
④ 장애인공제

 내비게이션

• 신용카드소득공제는 근로자에게만 적용된다.

백점이론 제87강 ─ 금융소득

이자소득	이자소득의 범위	수입시기
	• 국공채·회사채의 이자(발행주체 불문)	– 기명 : 약정에 의한 지급일 – 무기명 : 실제지급일
	• 국내·국외에서 받는 예금의 이자	• 보통예금·정기예금·정기적금·부금의 이자 – 원칙 : 실제지급일 – 예외 : 원본전입일·해약일·연장일

	• 저축성보험 보험차익(10년 미만)	– 원칙 : 지급일
		– 예외 : 환급금지급일, 중도해지일
		보론 보장성보험(자동차보험, 생명보험)
		 • 사망·질병·부상·상해
		  – 소득세과세 제외
		 • 자산의 멸실·손괴
		  – 사업용고정자산일 때 : 소득세과세
		  – 기타(가사용 등) : 소득세과세제외

	• 비영업대금의 이익 비교 대외표방한 대금업(영업대금)의 이익은 사업소득임.	– 원칙 : 약정에 의한 지급일 – 예외 : 약정없거나 약정일전 지급시는 지급일
	• 직장공제회초과반환금 (근로자의 퇴직·탈퇴시 반환금 – 납입공제료)	– 약정에 의한 지급일

배당소득	배당소득의 범위	수입시기
	• 국내·국외에서 받는 이익배당 (현금·현물·주식배당)	– 기명주식 : 잉여금처분결의일 – 무기명주식 : 실제지급일
	• 집합투자기구로부터의 이익	– 실제지급일 또는 특약에 의한 원본전입일

금융소득 종합과세	구 분	범 위	원천징수세율
	무조건 분리과세	•직장공제회 초과반환금	기본세율
		•비실명이자소득	42%
		•비실명배당소득	
	무조건 종합과세	• 국외에서 받은 이자·배당소득	–
	조건부 종합과세	• 일반적이자소득, 일반적배당소득	14%
		• 비영업대금의 이익	25%

구 분	분리과세 금융소득	종합과세되는 금융소득		세율적용
판정대상액 〉 2천만원	–	조건부종합과세대상 · 무조건종합과세대상	2천만원 초과분	기본세율
			2천만원	14%세율
판정대상액 ≤ 2천만원	조건부종합과세대상	무조건종합과세대상		14%세율

* 판정대상액＝무조건종합과세대상＋조건부종합과세대상

FINAL 객관식뽀개기 ── 빈출적중문제

---

1. 소득세법상 이자소득에 대한 설명으로 가장 옳은 것은?
[기출문제]

① 친구에게 돈을 빌려주고 받은 이자는 소득세법상 이자소득에 해당하지 않는다.
② 이자소득에 대해서는 필요경비가 인정되지 않는다.
③ 저축성보험의 보험차익은 기간에 관계없이 이자소득에 해당하지 않는다.
④ 국·공채에서 발생하는 이자는 전액 비과세된다.

• ① 비영업대금이익으로 이자소득에 해당한다.
③ 10년 미만 저축성보험의 보험차익은 이자소득에 해당한다.
④ 국·공채에서 발생하는 이자는 전액 과세된다.

2. 다음 중 소득세법상 이자소득·배당소득의 수입시기에 관한 설명으로 가장 올바르지 않은 것은?
[기출문제]

① 기명채권 등의 이자와 할인액 : 채권 만기일
② 보통예금의 이자 : 실제 이자 지급일
③ 저축성보험 보험차익 : 보험금 또는 환급금 지급일
④ 기명주식의 배당금 : 잉여금 처분 결의일

• 기명채권 등의 이자와 할인액 : 약정에 의한 지급일

3. 다음 중 소득세법상 이자 및 배당소득에 대한 설명으로 가장 옳은 것은?
[기출문제]

① 국가나 공공기관에서 발행한 채권에서 발생하는 이자는 소득세법상 이자소득에 포함되지 않는다.
② 외국회사로부터 받는 이익의 배당은 배당소득에 해당하지 않는다.
③ 현물배당, 주식배당은 배당소득으로 보지 않는다.
④ Gross-up제도는 금융소득에 대한 이중과세를 방지하기 위함이다.

• ① 발행주체를 불문하고 국·공채, 회사채등 채권에서 발생하는 이자는 소득세법상 이자소득으로 열거되어 있다.
② 국내·국외에서 받는 이익배당은 배당소득에 해당한다.
③ 현물배당, 주식배당 모두 세법상 배당소득으로 본다. (의제배당)
◆저자주▶ 이중과세 조정을 위한 Gross-up제도는 회계관리1급의 수준을 초과하는 논제이므로 참고만 하기 바란다.

---

4. 다음은 20x2년 한해동안 각 거주자가 얻은 소득에 대해 나눈 대화 내용이다. 소득세법상 소득의 종류가 나머지와 다른 사람은 누구인가?
[기출문제]

고대권 : 2년전에 가입했던 저축성 보험의 만기가 도래하여 보험금을 수령했는데, 납부했던 보험료보다 2,000,000원이나 더 받았어.
이신호 : 어 그래? 나는 작년에 친구에게 20,000,000원을 대여해 주었는데 올해 초에 친구가 22,000,000원을 갚았어. 부동산임대업을 그만 두고 자금대여업으로 전업할까봐.
박준용 : 그렇군 나는 올해초 (주)상아에서 발행한 채권을 구입하고 액면이자 6%에 해당하는 이자 600,000원을 수령했어.
배홍철 : 나는 작년에 구입한 (주)심일 주식에 대해서 현금배당 300,000원을 올해 초에 받았어.

① 고대용 ② 이신호
③ 박준용 ④ 배홍철

• 고대권 : 이자소득(10년 미만 저축성보험 보험차익)
이신호 : 이자소득(비영업대금의 이익)
박준용 : 이자소득(채권이자)
배홍철 : 배당소득(현금배당)

5. 다음 중 소득세법상 이자 및 배당소득에 대한 설명으로 가장 옳은 것은?
[기출문제]

① 국가나 공공기관에서 발행한 채권에서 발생하는 이자는 모두 비과세소득이다.
② 영업적으로 자금을 대여하고 이자를 받는 금액은 이자소득에 해당한다.
③ 자동차보험 가입 후 사고발생시 수령하는 보험금은 이자소득에 해당한다.
④ 배당소득과 이자소득에 대해서는 모두 필요경비를 인정하지 않고 있다.

• ① 발행주체를 불문하고 국·공채, 회사채등 채권에서 발생하는 이자는 소득세법상 이자소득으로 열거되어 있다.
② 대금업(영업대금)의 이익(이자)은 사업소득에 해당한다.
③ 보장성보험(자동차보험등)의 보험차익은 원칙적으로 소득세를 과세하지 않는다. 다만, 사업용고정자산의 멸실·손괴와 관련된 경우에는 소득세를 과세한다.

제1편 백점이론특강 / 제2편 기출문제특강 / SET1 / SET2 / SET3 / SET4 / SET5 / SET6 / SET7 / SET8 / SET9 / SET10 / 신유형 / 기출문제오답노트 / 실전기출모의고사

백점이론 제88강 ◯ 사업소득

사업소득 범위	사업	• 타인에게 고용되지 않고 독립적으로 자기의 계산(이익의 귀속이 본인)과 위험을 부담하면서 계속적·반복적으로 행하는 영리추구활동을 말함.
	분류	• 세법에 규정하는 것을 제외하고는 통계청장고시 한국표준산업분류표를 기준으로 분류
	주의사항	① 주택신축판매업은 건설업으로 보나, 상가신축판매업은 부동산매매업으로 봄. ② 교육서비스업에서 유아교육법·초·중등·고등교육법상학교(노인학교포함)는 제외함.

원천징수	대상	① 부가가치세가 면세되는 의료보건용역과 인적용역 ② 유흥업소등의 봉사료
	원천징수세율	①의 경우 : 수입금액 × 3% ②의 경우 : 수입금액 × 5%

▶주의 모든 사업소득이 원천징수대상은 아님.

구 분	법 인 세 법	소 득 세 법
과세소득범위	• 순자산증가설(포괄주의)	• 소득원천설(열거주의)
이자 · 배당수익	• 각사업연도소득에 포함.	• 사업소득에서 제외
고정자산처분손익	• 익금(손금)	• 원칙 : 총수입금액불산입(필요경비불산입)
유가증권처분손익	• 익금(손금)	• 총수입금액불산입(필요경비불산입)
자산수증이익 채무면제이익	• 익금산입	• 사업관련 : 총수입금액산입 • 사업무관 : 총수입금액불산입(증여세과세)
인건비	• 대표자 : 손금산입 • 사업종사 대표자 가족 : 손금산입	• 대표자 : 필요경비불산입 • 사업종사 대표자 가족 : 필요경비산입
퇴직급여충당금	• 대표자도 퇴충설정대상	• 대표자는 퇴충설정 불가

개인 · 법인 차이점 (위 표 왼쪽 레이블)

부동산 임대소득	의의	소득범위	• 부동산의 대여 • 부동산상의 권리의 대여 • 광업권자등의 채굴에 관한 권리의 대여
		비과세	• 논·밭을 작물생산에 이용하게 함으로써 발생하는 소득
		수입시기	① 지급일이 정해진 경우 : 그 정해진 날 ② 지급일이 정해지지 않은 경우 : 실제 지급받은 날
	임대료		• 선세금이 있는 경우 : 당해수입금액 = 선세금×(당해임대월수/계약월수)
	간주임대료		① 적용배제 주택(고가주택 포함)과 그 부수토지 ➡단, 이하 일정 3주택이상 소유자는 적용 ② 3주택이상자 특례 3주택이상을 소유하고 보증금합계 3억원 초과시는 간주임대료 과세함.
	필요경비		• 일반적 사업소득의 필요경비 규정을 준용함.

FINAL 객관식뽀개기 ⟶ 빈출적중문제

1. 김삼일씨는 사업의 시작을 앞두고 개인사업체 운영과 법인설립 중 어느 편이 세금면에서 유리한지 고민중이다. 김삼일씨가 예상하고 있는 손익이 다음과 같을 때, 법인세법상 각사업연도소득금액과 소득세법상 사업소득금액의 차이는 얼마인가? [기출문제]

> ㄱ. 손익계산서상 당기순이익　　　　10,000,000원
> ㄴ. 손익계산서에 반영되어 있는 금액
> 　　－ 대표자급여　　　　　　　　5,000,000원
> 　　－ 토지처분손실　　　　　　　2,000,000원
> 　　－ 사업자금을 일시 예치하여 발생한　3,000,000원
> 　　　이자수익

① 1,000,000원　　　　　② 2,000,000원
③ 3,000,000원　　　　　④ 4,000,000원

 내비게이션

• 소득금액차이 계산
소득세법 : 10,000,000+5,000,000+2,000,000-3,000,000=14,000,000
법인세법 : _____ (10,000,000)
　　　　　　　　　　　　　　　　　　　　　4,000,000

2. 다음 중 소득세법의 사업소득금액과 법인세법상 각사업연도소득금액의 차이에 관한 설명으로 가장 올바르지 않은 것은? [기출문제]

① 법인세법에 따르면 소득의 종류를 구분하지 않고 모든 소득을 각사업연도소득에 포함하여 종합과세하므로 분리과세나 분류과세가 없다.
② 개인사업의 대표자에게 지급하는 급여는 필요경비에 산입하지 않지만, 법인의 대표자에게 지급하는 급여는 법인의 손금에 산입한다.
③ 개인사업의 대표자는 퇴직급여충당금의 설정대상에 해당하지만, 법인의 대표자는 퇴직급여충당금 설정대상에 해당하지 않는다.
④ 소득세법상 사업과 무관한 유형자산의 처분손익은 원칙적으로 사업소득의 총수입금액과 필요경비에산입하지 않는다.

 내비게이션

• 개인사업의 대표자는 퇴직급여충당금의 설정대상에 해당하지 않지만, 법인의 대표자는 퇴직급여충당금 설정대상에 해당한다.

3. 다음은 연예인 세금 파문에 대한 신문기사의 일부이다. 소득세법상 연예인 소득의 과세방법에 대한 설명으로 가장 올바르지 않은 것은? [기출문제]

> 연예인들이 세금을 누락시키는 경로는 크게 '수입누락'과 '비용 과다계상' 두 가지로 분류된다. 수입을 적게 장부에 기장해 과세대상 수입을 줄이고 연예활동을 위한 비용을 부풀려 세금을 줄이게 된다.
> 최근 연예계 세금 파문에 대해 전문가들은 "연예인들의 경우 매니저나 스타일리스트 등 필요경비를 얼마나 인정할지 논란이 많은 게 현실이다. 보다 뚜렷한 기준을 마련하지 않는 한 논란이 쉽게 해소될 가능성이 없다"고 설명했다…(후략)

① 연예인이 연예활동을 통해 벌어들인 소득은 일반적으로 소득세법상 사업소득으로 과세된다.
② 연예인의 사업소득금액은 사업소득 총수입금액에서 일정 필요경비를 공제하여 계산한다.
③ 연예인 사업자는 소득금액의 계산 근거가 되는 증빙서류 등을 비치하고 기장해야 할 의무가 면제된다.
④ 연예인이 보유하고 있는 금융자산에 대한 이자소득이나 배당소득은 필요경비가 공제되지 않는다.

 내비게이션

•연예인 사업자도 소득금액의 계산근거가 되는 증빙 서류 등을 비치하고 기장해야할 의무가 있다.

4. 다음은 거주자 오동배씨의 부동산 임대 관련 사업소득의 내용이다. 오동배씨의 사업소득금액은 얼마인가? [기출문제]

> ㄱ. 오동배씨는 상가 A를 1월 1일부터 5년간 임대하고, 임대료는 매월 초에 100,000원씩 받기로 하였다.
> ㄴ. 상가 A와 관련하여 회계상 감가상각비로 비용처리한 금액은 250,000원이며, 세법상 상각범위액도 250,000원이다.
> ㄷ. 상가 A의 관리비로 100,000원을 지출하였다.

① 350,000원　　　　　② 850,000원
③ 950,000원　　　　　④ 1,100,000원

 내비게이션

•100,000×12-250,000-100,000=850,000

제1편 백점이론특강　제2편 기출문제특강　SET1　SET2　SET3　SET4　SET5　SET6　SET7　SET8　SET9　SET10　신유형　기출문제오답노트　실전기출모의고사

백점이론 제89강 ◁ 근로소득 과세방법

근로소득 범위	일반적인 근로소득	• 근로의 제공으로 인하여 받는 봉급·급료·보수·임금·상여·수당 • 법인의 주주총회·이사회 등 의결기관의 결의에 의하여 받는 상여 • 법인세법에 의하여 상여로 소득처분된 금액(인정상여)
	사택제공이익	• 출자임원(소액주주인 임원제외)에 대한 제공분 비교 비출자임원·소액주주임원·종업원에 대한 제공분 : 근로소득이 아님.
	사용자부담금	• 종업원이 계약자이거나 종업원·그 가족을 수익자로 하는 보험에 대해 사용자가 부담하는 보험료 비교 다만, 사용자가 부담하는 다음의 것은 과세치 않음. 　① 국민건강보험법·고용보험법·국민연금법 등에 의한 사용자부담금 　② 단체 순수보장성보험과 단체환급부보장성보험의 보험료 중 연 70만원 이하의 금액
	퇴 직	• 퇴직소득에 속하지 아니하는 소득(임원퇴직금 한도초과액)
	각종수당	• 통근수당, 해외근무수당, 피복수당, 연월차수당 등
	기 타	• 업무무관기밀비, 교제비, 월정액여비, 휴가비, 자녀교육비보조금, 인정상여 등

상용근로자	근로소득 범위	• 근로소득금액 = 총급여액(비과세 제외, 인정상여 포함) - 근로소득공제 • 근로소득공제

총급여액	공제액 [한도] 2,000만원
500만원 이하	그 금액 × 780%
500만원 초과 ~ 1,500만원 이하	350만원 + 초과액 × 40%
1,500만원초과 ~ 4,500만원 이하	750만원 + 초과액 × 15%
4,500만원초과 ~ 1억원 이하	1,200만원 + 초과액 × 5%
1억원초과	1,475만원 + 초과액 × 2%

➡ 공제액 〉총급여일 때, 이월공제 없음.(소멸계산함)
➡ 근로기간이 1년 미만시도 월할계산치 않고 1년분을 적용함.

상용근로자	연말정산	• 근로소득만 있다고 가정시 소득세 결정세액에서 매월(1월~12월) 간이세액표 원천징수세액을 차감하여 추가납부(다음달 10일까지)나 환급(다음연도 2월분 지급시 정산함.) ➡중도퇴직시는 퇴직한 달 급여지급시 정산후 다음 달 10일까지 납부 비교 연말정산시기 　① 연말정산대상사업소득 : 다음연도 2월말 →근로소득도 동일 　② 공적연금소득 : 다음연도 1월말
	확정신고	• 다른 소득이 없을 때 : 연말정산으로 종결　→ ∴ 확정신고불요 • 다른 소득이 있을 때 : 종합과세　→ ∴ 확정신고필요

일용근로자	과세방법	• 분리과세(원천징수)로 과세종결함
	원천징수세액	□산출세액[(일급여 - 근로소득공제[*]) × 6%] - 근로소득세액공제[산출세액 × 55%] [*]근로소득공제 $\begin{cases} 2018년이전 : 1일 100,000원 \\ 2019년이후 : 1일 150,000원 \end{cases}$

수입시기	급 여	• 근로를 제공한 날
	잉여금처분상여	• 잉여금처분 결의일
	인정상여	• 근로를 제공한 날 ➡ 비교 인정배당 : 결산확정일

FINAL 객관식뽀개기 ──◯ **빈출적중문제**

---

1. 다음은 ㈜삼일에 근무하고 있는 종업원이 회사로부터 받은 소득에 대해 나눈 대화이다. 다음 중 소득세법상 근로소득으로 보지 않는 소득을 받은 자는 누구인가?

[기출문제]

> 태현 : 난 이번에 주주총회 결의에 의하여 상여금 500만원을 받았어.
> 윤주 : 난 직무수당과 연·월차수당을 받았어.
> 효정 : 이번 휴가철에 휴가비를 받았어.
> 유진 : 난 숙직료로 실비변상 정도의 금액을 지급받았어.

① 태현 ② 윤주
③ 효정 ④ 유진

• 실비변상 정도의 지급액은 비과세한다.

2. 근로소득과 관련한 다음 대화를 읽고 마지막 이대리의 질문에 대한 김대리의 답변으로 가장 옳지 않은 것은?

[기출문제]

> 김대리 : 아. 피곤해. 어제 밤엔 급여 중에서 식대, 차량 유지비, 양육비 등을 확인하고 나눠서 입력하느라 한숨도 못잤어.
> 이대리 : 그래 고생이 많구나! 우리 회사는 각종 수당을 전부 합산해서 신고하니까 편한데.
> 김대리 : 뭐? 그럼 안되지! 비과세 항목들을 구분해서 신고하지 않으면 세금을 더 많이 내게 되잖아.
> 이대리 : 정말? 그럼 비과세항목에는 어떤 것들이 있는 거야

① 장기근속의 대가로 지급하는 특별공로금은 과세하지 않아.
② 경조금 중 사회통념상 타당한 정도의 금액은 근로소득으로 보지 않지.
③ 일직, 숙직료 등 중 실비변상정도의 지급액은 비과세에 속해.
④ 식사를 제공받지 않는 근로자가 받는 식사대는 월10만원까지 비과세지.

• 각종 수당과 특별공로금은 소득세법상 근로소득으로 예시되어 있다.

3. 다음 중 연말정산에 관한 설명으로 가장 올바르지 않은 것은?

[기출문제]

① 중도퇴직한 경우에는 퇴직한 달의 다음 달 말일까지 연말정산한다.
② 일반적인 경우 다음 해 2월분 급여를 지급할 때 연말정산한다.
③ 의사 등의 처방에 따라 의료기기를 직접 구입한 경우 해당 지출액은 의료비액공제를 받을 수 있다.
④ 맞벌이 부부의 자녀 교육비는 자녀에 대한 기본공제를 받은 자가 공제받을 수 있다.

• 중도퇴직자에 대하여는 퇴직한 달 급여 지급시 연말정산한다.

4. ㈜삼일의 경리팀에 근무하는 신입사원 이대길씨가 20x1년 연말정산과 관련하여 행한 다음 행동 중 가장 적절하지 못한 것은?

[기출문제]

① 과세대상근로소득 계산시 근로자의 급여총액에서 실비변상적인 성질의 급여와 같은 비과세는 차감하였다.
② 근로자별로 연말정산하여 징수한 세액에서 환급할 세액을 차감하여 연말정산한 달의 다음 달 말일까지 납부할 예정이다.
③ 20x1년 1월부터 12월까지 급여지급시 간이세액표에 의하여 원천징수한 금액을 더하여 기납부세액을 계산하였다.
④ 20x1년 근로소득세를 연말정산하고 근로소득원천징수영수증을 20x2년 2월 말에 발급하였다.

• 다음 달 말일까지 납부(X) → 다음 달 10일까지 납부(O)

5. 다음 중 소득세법상 비과세소득으로 가장 올바르지 않은 것은?

[기출문제]

① 법인의 의결기관의 결의에 의하여 받는 급여
② 일직, 숙직료로서 실비변상정도의 지급액
③ 월 20만원 이내의 자가운전보조금
④ 생산직 근로자가 받는 야간근로수당(연간 240만원 한도)

• ①은 일반적인 과세 근로소득이다.

근로소득 비과세

금액기준 비과세	•월 20만원 이내의 자가운전보조금	•종업원소유차량으로 사용자업무수행하고 지급기준에 의해 지급받는 것. ➡출장비 별도지급시 보조금은 과세 주의 부인소유차량이면 전액 과세
	•월 20만원 이내의 선원법상 선원의 승선수당	–
	•월 20만원 이내의 소정 교원·연구원의 연구보조비	–
	•월 20만원 이내의 기자의 취재수당	–
	•월 20만원 이내의 소정 벽지수당	•시행령이 정하는 일정 벽지
	•회사제공식사와 월 10만원 이하 식대	예 식사제공 받고 수령한 식대는 과세
	•법소정액(500만원)이내의 직무발명보상금	•근무기간중 수령액 : 근로소득 ➡500만원한도 비과세 •퇴직후 수령액 : 기타소득 ➡500만원한도 비과세
	•근로자·배우자의 출산이나 6세 이하 자녀보육비로 월 10만원 이내 금액	•자녀가 만 6세가 되는 날이 속하는 연도의 말까지 지급받는 분 ➡즉, 6세는 해당과세기간 개시일을 기준으로 판단함.
	•국외 근로제공보수 중 월 100만원 이내 금액 (단, 원양어업·외항선박, 국외건설현장근로자 : 300만원 이내)	–
	•월정액급여 소정액2)이하로서, 직전과세기간 총급여액이 일정액1) 이하인 근로자가 받는 다음의 금액 ➡1)소정액 : 210만원 2)일정액 : 3,000만원	참고 월정액급여계산 월급여총액에서 다음을 제외한 금액 ① 부정기적급여 : 상여 등 ② 실비변상급여 : 자가운전보조금 등 ③ 초과근로수당

해당근로자	비과세대상	비과세한도
광산근로자 일용근로자	초과근로수당 (연장·야간·휴일수당)	전액비과세
생산직근로자	초과근로수당 (연장·야간·휴일수당)	연 240만원

기타 비과세	•천재·지변 기타 재해로 인해 받는 급여	–
	•일직료·숙직료 등 실비변상정도의 지급액	–
	•국민건강보험 등 사용자부담분 보험료	–
	•국외공무원 수당 중 국내 근무시 금액을 초과하는 금액	•국내 근무시 수당은 과세
	•일정 요건하 근로자 본인에 대한 교육비 보조금 (학교·직업훈련시설의 입학금과 수업료 등)	비교 자녀교육비 보조금 : 과세
	•대학생의 근로장학금	•대학에 재학하는 대학생에 한정함.
	•고용보험법상 실업급여·육아휴직급여·출산전후휴가급여	•육아기 근로시간 단축급여도 비과세
	•사회통념상 타당한 범위내의 경조금	•근로소득으로 보지 않음.

FINAL 객관식뽀개기 ── 빈출적중문제

1. 김삼일씨의 급여내역이 다음과 같을 때 소득세법상 총 급여액을 계산하면 얼마인가? [기출문제]

ㄱ. 급여	: 매월 3,000,000원
ㄴ. 식사대	: 매월 100,000원(식사를 제공받음)
ㄷ. 상여	: 연간 5,000,000원
ㄹ. 연월차수당	: 연간 1,000,000원

*김삼일씨는 연중 계속 근무하였으며 위 사항 이외의 근로소득은 없다.

① 36,000,000원　　　② 37,200,000원
③ 42,200,000원　　　④ 43,200,000원

 낵빅궤이션

•3,000,000x12개월+100,000x12개월+5,000,000+1,000,000=43,200,000
*식사제공이 있는 경우는 식대를 전액 과세한다.

2. 다음 자료를 토대로 과세되는 총급여액을 계산하면 얼마인가? 단, 직전연도 총급여는 1,800만원이었다. [기출문제]

ㄱ. 기본급(800,000원x12개월)	:	9,600,000원
ㄴ. 상여금	:	1,400,000원
ㄷ. 식대보조금(140,000원x12개월)	:	1,680,000원
ㄹ. 연장근로수당	:	2,800,000원
ㅁ. 연월차수당	:	1,120,000원

*근로기간은 20x1년 1월 1일~20x1년 12월 31일이며 제조업체의 생산직 사원임.

① 15,400,000원　　　② 13,000,000원
③ 14,200,000원　　　④ 12,600,000원

 낵빅궤이션

•9,600,000+1,400,000+40,000x12+(2,800,000-2,400,000)+ 1,120,000=13,000,000

3. 과세대상 근로소득에 해당하지 않는 것은? [적중예상]

① 퇴직시 받는 금액 중 퇴직소득에 속하지 않는 소득
② 시간외 근무수당
③ 월 20만원씩 받는 기자의 취재수당
④ 업무를 위해 사용한 것이 불분명한 판공비

낵빅궤이션

•③은 비과세항목에 해당한다.

4. 다음은 김삼일씨의 20x1년도 근로소득에 관한 자료이다. 김삼일씨가 세법에서 허용하는 비과세소득의 적용을 모두 받았다고 가정할 경우 김삼일씨의 총급여액은 얼마인가? [적중예상]

ㄱ. 급여액	: 월 2,000,000원
ㄴ. 연간 상여금	: 5,000,000원
ㄷ. 자가운전보조금	: 월 250,000원
ㄹ. 식사대(식사제공 없음)	: 월 150,000원
ㅁ. 자녀출산관련보육수당	: 월 100,000원

① 20,100,000원　　　② 29,190,000원
③ 30,200,000원　　　④ 31,390,000원

 낵빅궤이션

•2,000,000x12+5,000,000+50,000x12+50,000x12=30,200,000

5. 다음 자료에 의하여 김연아씨의 20x1년도 근로소득금액을 계산하면? [기출문제]

ㄱ. 총급여내역
　– 매월 급여　　 : 1,000,000원
　– 연간 상여　　 : 5,000,000원(실제로 지급받은 상여금)
　– 연월차수당　 : 800,000원(연간 지급받은 금액)
　– 매월 식사대　 : 150,000원(식사를 제공받지 아니함)
ㄴ. 김연아씨는 20x1년 3월 1일에 신규로 입사하였으며, 상기사항 이외의 근로소득은 없다.
ㄷ. 근로소득공제

총급여액	근로소득공제액
500만원초과 1,500만원이하	350만원+500만원초과액x40%
1,500만원초과 4,500만원이하	750만원+1,500만원초과액x15%
4,500만원초과 1억원이하	1,200만원+4,500만원초과액x5%

① 8,605,000원　　　② 8,990,000원
③ 8,890,000원　　　④ 9,655,000원

낵빅궤이션

•총급여 : 1,000,000x10개월+5,000,000+800,000+50,000x10개월 =16,300,000
•근로소득공제 : 7,500,000+(16,300,000-15,000,000)x15% =7,695,000
•근로소득금액 : 16,300,000-7,695,000=8,605,000

백점이론 제91강 ─ 연금소득과 기타소득

연금소득	연금소득범위	공적연금	• 국민연금·공무원연금·군인연금·사립학교교직원연금·별정우체국법 등에 따라 받는 연금
		사적연금	• 퇴직소득 중 연금계좌에 입금하여 과세되지 않은 소득(이연퇴직소득) • 연금계좌 불입액(납입액) 중 세액공제를 받은 금액 • 연금계좌의 운용실적에 따라 증가된 금액(운용수익)
	비과세		• 공적연금의 장애·유족·상이연금, 산업재해보상보험법의 각종연금, 국군포로연금
	연금소득금액		• 총연금액(비과세, 분리과세제외) − 연금소득공제(한도 : 900만원)

기타소득	기타소득범위	권리의 대여	• 광업권, 영업권, 점포임차권 등 각종 권리의 대여 및 양도
		일시적 인적용역	• 고용관계 없이 받는 강연료
		불로소득	• 상금·현상금·포상금 등, 복권·경품권당첨금품, 승마·경륜환급금, 슬롯머신당첨금품
		기 타	• 사례금, 계약의 위약·해약에 의한 손해배상금
			• 문예창작소득(원고료·인세), 인정기타소득, 노조전임자급여 **▪주의** 계속·반복적 문예창작소득 : 사업소득
			• 작고한 작가의 6천만원 이상의 서화나 골동품(100년 이상)의 양도로 발생하는 소득
	비과세		• 국가유공자예우 등 법률에 따라 받는 보상금 • 발명진흥법에 의한 직무발명에 대하여 퇴직후 사용자로부터 받는 일정금액이하 보상금 • 국가지정문화재인 서화·골동품의 양도나 서화·골동품을 박물관 등에 양도
	필요경비	원칙	• 실제로 지출된 비용
		예외	*Max* [확인경비, 총수입금액×60%] : • 일시적 인적용역대가 • 문예창작소득 • 광업권 등 권리대여 및 양도소득
			Max [확인경비, 총수입금액×80%] : • 주택입주지체상금
			Max [확인경비, 총수입금액×90%] : • 양도가 1억 이하의 서화, 골동품의 양도
	과세방법	원천징수세액	• 기타소득금액 × 20% ➡ 단, 복권 등의 경우는 3억원 초과분은 30% 적용
		무조건분리과세	• 복권·슬롯머신 당첨금품, 승마·경륜·경정 등의 환급금 • 서화·골동품의 양도소득
		선택적분리과세	• 기타소득금액이 연 300만원 이하인 경우 적용 **▪주의** 기타소득금액이므로 필요경비 차감 후 금액임.

FINAL 객관식뽀개기 〔 **빈출적중문제**

1. 다음 중 소득세법상 연금소득에 대한 설명으로 가장 옳지 않은 것은? 〔기출문제〕

① 국민연금 등 공적연금의 연금기여금 납입액에 대해서는 전액 소득공제를 인정하고 있다.
② 연금소득은 기여금 납입 시에 과세하고, 수령 시에는 과세하지 않는 것이 원칙이다.
③ 연금소득금액은 연금소득 총수입금액에서 연금소득공제를 차감한 금액이다.
④ 연금소득공제의 한도는 연 900만원이다.

 냅비게이션

•연금소득은 수령시에 과세한다.

2. 다음 중 소득세법상 소득의 구분이 가장 옳지 않은 것은? 〔기출문제〕

① 연금계좌에 입금하여 과세되지 않은 이연퇴직소득 : 퇴직소득
② 경마에 투표하여 얻은 이익 : 기타소득
③ 비상장주식을 매각하여 얻은 차익에 대한 소득 : 양도소득
④ 일시적으로 방송에 출연하여 강연을 하고 수령한 강의료 : 기타소득

 냅비게이션

•퇴직소득(X) → 연금소득(O)

3. 다음 대화에서 소득세법상 과세되는 소득의 종류가 잘못 분류된 것은? 〔기출문제〕

> 김식현 : 나는 이번에 퇴직하면서 퇴직보험의 보험금을 연금형태로 받았어.
> 권상오 : 나는 저번 주에 경마에 참가해서 5천만원의 이익을 얻었어.
> 강보경 : 부럽다. 나도 가지고 있던 골프회원권을 팔아서 2백만원 정도 차익을 봤어.
> 김덕영 : 나는 ㈜삼일이 발행한 채권에 투자해서 채권이자를 받았어.

① 김식현 - 근로소득   ② 권상오 - 기타소득
③ 강보경 - 양도소득   ④ 김덕영 - 이자소득

 냅비게이션

•연금소득으로 분류된다.

4. 다음 중 소득세법상 기타소득에 대한 설명으로 가장 올바르지 않은 것은? 〔기출문제〕

① 기타소득은 이자소득, 배당소득, 사업소득, 근로소득, 연금소득, 퇴직소득 및 양도소득의 7가지 소득에 해당하지 않는 소득을 말한다.
② 복권당첨소득은 무조건 종합과세를 적용하여야 하므로 당첨금을 수령한 다음 연도 5월에는 반드시 과세표준 확정신고를 해야 한다.
③ 광업권, 어업권의 양도로 인한 소득은 기타소득에 속한다.
④ 일부항목에 대해서는 기타소득 발생시 필요경비가 확인되지 않는 경우 총수입금액의 일정률만큼을 필요경비로 인정하고 있다.

냅비게이션

•복권당첨소득은 무조건 분리과세를 적용하므로 과세표준 확정신고 의무가 없다.

5. 다음 중 소득세법상 기타소득에 대한 설명으로 가장 옳지 않은 것은? 〔기출문제〕

① 광업권의 양도로 인한 소득은 기타소득에 속한다.
② 일시적인 문예창작소득은 기타소득에 속하며, 계속·반복적인 문예창작소득은 사업소득에 속한다.
③ 기타소득 중 복권당첨소득에 대해서는 무조건 분리과세를 적용한다.
④ 기타소득 이외에 다른 소득이 있는 경우 반드시 종합소득신고를 해야한다.

냅비게이션

•기타소득금액이 연 300만원 이하인 경우에는 선택적 분리과세가 적용되므로 기타소득에 대해 반드시 종합소득신고를 해야 하는 것은 아니다.

6. 소득세법상 기타소득에 대한 다음 설명 중 가장 옳지 않은 것은? 〔기출문제〕

① 광업권, 어업권의 대여로 인한 소득은 기타소득에 속한다.
② 일시적인 강의소득은 기타소득에 속한다.
③ 상금, 복권당첨소득은 기타소득에 속한다.
④ 기타소득은 무조건 분리과세한다.

냅비게이션

•복권당첨소득등 소정 항목에 대하여만 무조건분리과세가 적용된다.

제1편 백점이론특강 / 제2편 기출문제특강 / SET1 / SET2 / SET3 / SET4 / SET5 / SET6 / SET7 / SET8 / SET9 / SET10 / 신유형 / 기출문제오답노트 / 실전기출모의고사

백점이론 제92강 ── 종합소득공제 ❶-인적공제

			기본공제액 = 기본공제대상인원수 × 150만원	
기본공제 (인원수로계산)	기본공제대상		요 건	
	본인		해당거주자 본인으로 요건없음(무조건 공제대상)	
	배우자	소득요건	• 소득금액 100만원 이하(단, 근로소득만 있는 경우 : 총급여 500만원 이하) ➡ 소득금액 : 종합(비과세·분리과세제외)·퇴직·양도소득금액의 합계액 •주의 일반금융소득이 2천만원이하이면 분리과세되므로 소득금액은 0임.	
		연령요건	요건 없음	
	생계부양가족	소득요건	• 소득금액 100만원 이하(단, 근로소득만 있는 경우 : 총급여 500만원 이하)	
		연령요건	• 나와 배우자의 직계존속 •주의 직계존속 재혼시 배우자(계부·계모) 포함	• 60세이상
			• 나와 배우자의 직계비속·입양자 •주의 재혼시 배우자의 직계비속(의붓자녀) 포함	• 20세이하
			• 나와 배우자의 형제자매	• 20세이하, 60세이상
			• 위의 자가 장애인인 경우 •주의 직계비속(입양자)과 배우자가 모두 장애인인 경우는 그 배우자도 포함 •주의 장애인도 소득요건은 있음.	• 요건없음
			•위탁아동(6개월이상 양육), 기초생활보장법 수급자	• 요건없음
	생계부양가족		• 다음에 해당하는 자는 동거하든 별거하든 생계를 같이 하는 것으로 봄. ① 배우자, 직계비속, 입양자, 주거형편상 별거하는 직계존속 ② 취학, 질병요양, 근무상 형편으로 주소를 일시퇴거한 경우	
	공제대상여부 판정시기	원칙	• 당해연도 과세기간 종료일 현재의 상황에 의함.	
		예외	• 사망자와 장애치유자는 사망일전일, 치유일전일 상황에 의함. • 연령계산시 공제대상 연령에 해당하는 날이 하루라도 있으면 공제대상으로 함.	

❖기본전제 : 기본공제대상자이어야 함.

추가공제 (사유수로계산)	장애인공제	• 장애인 ➡ 직계비속과 그 배우자가 모두 장애인인 경우 배우자도 추가공제 대상에 포함함.	1인당 200만원
	경로우대자공제	• 70세 이상	1인당 100만원
	부녀자공제	• 본인(종합소득금액 3천만원 이하)이 다음에 해당하는 경우 ① 남편이 있는 여성이거나 ② 남편은 없지만 기본공제대상 부양가족이 있는 세대주일 것	50만원
	한부모공제	• 배우자없는 자로 기본공제대상 직계비속·입양자가 있는 자 •주의 부녀자공제와 중복적용 배제하며, 중복시 한부모공제 적용	100만원
	공제대상자 판정기준	• 다른자의 부양가족에도 해당시는 소득공제신고서에 기재된 바에 따라 그 중 1인의 공제대상 가족으로하며, 기본공제를 받은 거주자가 그 사람에 대한 추가공제도 적용	
	중복기재시 판정기준	① 배우자공제와 다른자의 부양가족공제에 해당시 : 거주자의 배우자공제 적용 ② 부양가족공제에 동시 해당시 : 〈1순위〉 직전 공제자 〈2순위〉 종합소득금액이 큰 자	
	사망·출국시	• 피상속인(출국자)의 공제대상가족으로함. • 이 경우 소득금액을 초과하는 인적공제액은 상속인(다른 자)이 공제가능함.	

FINAL 객관식뽀개기 ─ 빈출적중문제

1. 다음은 사업소득이 있는 김영일씨의 부양가족이다. 배우자 강나연씨는 연간 80만원의 이자 소득이 있지만, 다른 가족은 소득이 없다. 김영일씨의 종합소득공제 계산시 기본공제대상은 몇 명인가(단, 장애인은 없다)?

[기출문제]

> ㄱ. 김영일(본인, 48세) ㄴ. 강나연(배우자, 47세)
> ㄷ. 김재선(부친, 68세) ㄹ. 김민아(딸, 22세)
> ㅁ. 김영희(딸, 17세)

① 2명   ② 3명
③ 4명   ④ 5명

 낵비게이션

• 본인 : 본인은 무조건 기본공제대상에 해당한다.
• 배우자 : 소득금액요건(100만원이하)을 충족하므로 기본공제대상에 해당한다.
• 부친 : 연령요건(60세이상)을 충족하므로 기본공제대상에 해당한다.
• 딸(김민아) : 연령요건(20세이하)을 충족하지 않으므로 기본공제대상에 해당하지 않는다.
• 딸(김영희) : 연령요건(20세이하)을 충족하므로 기본공제대상에 해당한다.

2. 다음의 대화에서 소득세법상 기본공제를 적용할 수 없는 사람은 누구인가?

[기출문제]

> 이경식 : 저는 소득이 전혀 없는 22살의 장애인 딸이 있습니다.
> 천지호 : 저와 함께 살고 계시는 부친은 67세이며, 배당소득금액만 60만원 있습니다.
> 황철웅 : 저와 함께 살고 계시는 장인은 58세이며, 소득이 전혀 없습니다.
> 송태하 : 저의 아내는 30살이며, 은행예금이자만 90만원 있습니다.

① 이경식의 딸   ② 천지호의 부친
③ 황철웅의 장인   ④ 송태하의 아내

 낵비게이션

• 이경식의 딸 : 장애인은 연령제한이 없으므로 기본공제대상에 해당한다.
• 천지호의 부친 : 60세이상이고 소득금액요건을 충족하므로 기본공제대상에 해당한다.
• 황철웅의 장인 : 60세이상이 아니므로 기본공제대상에 해당하지 않는다.
• 송태하의 아내 : 소득금액요건을 충족하므로 기본공제대상에 해당한다.

3. 근로자 신종수씨와 함께 살고 있는 다음 부양가족 중 소득세법상 기본공제 대상이 아닌 사람은 누구인가?

[기출문제]

① 소득금액이 전혀 없는 61세의 장모님
② 소득금액이 전혀 없는 57세의 장애인인 아버님
③ 이자소득금액이 60만원 있는 7세의 아들
④ 근로소득금액이 150만원 있는 33세의 아내

낵비게이션

• 배우자도 소득금액이 100만원 이하이어야 한다.

4. 다음 자료에 의하여 근로소득이 있는 거주자 김삼일씨의 종합소득공제 중 공제 가능한 기본공제 금액을 구하면 얼마인가(단, 장남·차남 기본공제는 김삼일씨가 받는다고 가정한다.)?

[기출문제]

〈부양가족 현황〉

관계	나이	연간소득금액	비고
본인	52세	50,000,000원	남성임
배우자	47세	25,000,000원	전액 근로소득임
장남	15세	600,000원	전액 이자소득임
차남	12세	–	–

① 3,000,000원   ② 4,500,000원
③ 6,000,000원   ④ 7,000,000원

낵비게이션

• 3명(본인,장남,차남)x150만원=4,500,000
* 배우자는 소득금액 100만원 이하가 아니므로 기본공제대상이 아니다.

5. 다음 기본공제대상자 중 추가공제의 대상이 아닌 것은?

[적중예상]

① 경제능력 없는 만 76세의 부모를 봉양하는 경우
② 소득없는 만 22세의 장애인 아들을 둔 경우
③ 배우자가 없는 여성으로서 부양가족이 있는 세대주
④ 만 8세의 자녀를 둔 배우자가 있는 남성근로자

낵비게이션

• ④는 추가공제 해당사항이 없다.

백점이론 제93강 ○── **종합소득공제 ❷-기타공제**

특별 소득공제	**의의**	공제대상	• 근로소득자 ➡특별소득공제와 특별세액공제를 미신청시는 표준세액공제(12만원) 적용
		공제한도	• 특별소득공제액은 근로소득금액을 한도로 공제함.
	보험료공제	대상	• 근로자부담 국민건강보험, 고용보험, 노인장기요양보험 ➡ 사용자가 대신 부담한 근로자부담분 보험료 포함.
		한도	• 한도없음.
	주택자금공제 참고사항	대상	① 주택청약저축납입액 : 연 납입액 240만원 한도 ② 주택임차자금원리금상환액 ③ 장기주택저당차입금이자상환액
		공제액	• 공제액 : ㉠+㉡ [한도] 연 500만원 ㉠ Min $\begin{cases} 위 ①× 40\%+②× 40\% \\ 300만원 \end{cases}$ ㉡ 위 ③

연금보험료 공제	대상	• 종합소득이 있는 거주자가 공적연금관련법에 따른 보험료(기여금등)를 납입한 경우
	공제액	• 납입한 연금보험료를 전액공제함. ➡단, 종합소득금액 초과액은 없는 것으로 함.

비교 • 인적공제(기본공제, 추가공제)/연금보험료공제 : 근로자, 사업자, 기타종합소득자 모두 공제대상
• 특별소득공제(보험료공제, 주택자금공제)/신용카드사용소득공제 : 근로자만 공제대상

▶사례 **소득세법상 종합소득공제**

✪ 다음 자료를 이용하여 거주자 강씨와 그의 아내의 종합소득공제액을 구하면 얼마인가? 다만, 아내를 제외한 가족에 대한 인적공제는 강씨가 받으며, 제시된 자료 이외의 특별소득공제는 없다.

부양가족	연령	소득사항	기타사항
강씨	53세	총급여액 ₩40,000,000	−
아내	55세	사업소득금액 ₩15,000,000	장애인
딸	25세	총급여액 ₩5,000,000	−
아들	20세	−	−
부친	75세	−	해당연도 6월 사망

− 강씨는 국민건강보험료로 연간 ₩1,500,000을 지출하였으며, 국민연금 납입액 ₩2,000,000이 있고, 그 이외에 소득공제를 받을 금액은 없다.

풀이

• 강씨 : 4,500,000(기본공제)+1,000,000(경로우대)+1,500,000(보험료)+2,000,000(연금)=9,000,000
• 아내 : 1,500,000(기본공제)+2,000,000(장애인)+500,000(부녀자)=4,000,000

기타사항	서류미제출	• 확정신고를 하여야 할 자가 소득공제증명서류를 미제출시 ✪ 거주자 본인에 대한 기본공제와 표준세액공제만 적용함. • 단, 확정신고 여부와 관계없이 그 서류를 나중에 제출한 경우에는 그러하지 아니함.
	수시부과결정	• 기본공제 중 거주자 본인에 대한 기본공제만을 공제함.
	비거주자	• 본인에 대한 기본공제와 추가공제만 적용함.

FINAL 객관식뽀개기 빈출적중문제

1. 근로소득자인 박현우씨는 연초부터 매월 국민건강보험료 5만원, 고용보험료 3만원을 납부하였으며 연간 자동차보험료로 120만원을 납부하였다. 박현우씨가 연말정산시 종합소득공제로 공제받을수 있는 보험료는 얼마인가?

[기출문제]

① 960,000원　　　　② 1,800,000원
③ 1,960,000원　　　　④ 2,000,000원

 냅비게이션

• 5만원×12+3만원×12=96만원 [한도없음]

2. 다음 자료에 의하여 근로소득이 있는 거주자 김삼일씨의 종합소득공제 중 공제가능한 보험료소득공제 금액을 구하면 얼마인가?

[기출문제]

> ㄱ. 국민건강보험료 : 400,000원
> ㄴ. 자동차보험료 : 200,000원
> ㄷ. 장기저축성보험료 : 600,000원
> ㄹ. 장애인전용보장성보험료 : 500,000원[*]
> [*]기본공제대상자인 아들(장애인, 소득없음)을 위하여 지출

① 400,000원　　　　② 1,600,000원
③ 2,200,000원　　　　④ 2,700,000원

 냅비게이션

• 소득공제를 묻고 있으므로 국민건강보험료만 공제금액이다.

3. 다음은 거주자 김삼일씨(남성)의 20x1년도 부양가족 현황이다. 김영일씨가 적용받을 수 있는 인적공제의 합계는 얼마인가(단, 배우자를 제외한 가족에 대한 인적공제는 모두 김영일씨가 받는 것으로 한다.)?

[적중예상]

가족	연령	소득현황	비고
본인	40세	총급여 40,000,000원	–
배우자	38세	사업소득금액 2,000,000원	–
모친	76세	예금이자 800,000원	–
장남	10세	–	장애인
차남	8세	–	–
삼남	6세	–	–

① 8,500,000원　　　　② 9,000,000원
③ 10,500,000원　　　　④ 14,500,000원

 냅비게이션

• 기본공제 : 5명(본인, 모친, 장남, 차남, 삼남)x150만원=7,500,000
• 추가공제 : 경로우대자(100만원)+장애인(200만원)=3,000,000
∴ 인적공제 : 7,500,000+3,000,000=10,500,000

백점이론 제94강 ── 일반세액공제

자녀세액공제	다자녀관련	대상	•종합소득있는 거주자로 7세이상의 기본공제대상 자녀(입양자)가 있는 경우
		공제액	① 1명 : 15만원 ② 2명 : 30만원 ③ 3명이상 : 30만원 + (자녀수 - 2명) × 30만원
	출산관련	대상	•종합소득이 있는 거주자로 기본공제대상 출생·입양자가 있는 경우
		공제액	① 첫째 : 30만원 ② 둘째 : 50만원 ③ 셋째이상 : 70만원

> **예시** 기본공제대상 7세이상 자녀가 1명 있는 근로소득자가 추가로 1명을 출산한 경우
> →① 다자녀관련 자녀세액공제 : 15만원 ② 출산관련 자녀세액공제 : 50만원

근로소득세액공제

대상	•근로소득이 있는 거주자
	주의 일용근로자도 근로소득세액공제(산출세액×55%)가 적용됨.

공제액	기준금액 $\left[\text{산출세액} \times \dfrac{\text{근로소득금액}}{\text{종합소득금액}} \right]$	공제액	한도
	130만원 이하인 경우	기준금액 × 55%	•총급여 3,300만원 이하 : 74만원
	130만원 초과하는 경우	715,000 + 초과액 × 30%	→구간별로 50~74만원 적용

기장세액공제

대상	•간편장부대상자가 복식장부에 의해 기장한 경우
공제액	**공제액** •기준금액(=산출세액 × $\dfrac{\text{기장된 사업소득금액}}{\text{종합소득금액}}$) × 20% ➡ **한도** 100만원

> **보론** 간편장부대상자
> □ 직전수입금액이 다음 금액 미만자(간편장부대상자 아닌자는 복식부기의무자)
>   - 도소매업 등 : 3억원, 제조업·음식점업 등 : 1억 5천만원, 서비스업 등 : 7천 5백만원
>
> **보론** 무기장가산세
> □ 무기장산출세액의 20%를 가산세로 부과함.
>   →단, 당해 신규사업자나 직전사업수입금액 4,800만원 미달자는 적용배제함.

배당세액공제

대상	•배당소득이 있는 자
공제액	•Gross-up된 금액 ➡ **한도** 일반산출세액 - 비교산출세액

연금계좌세액공제

대상	•종합소득자로 연금계좌납입액(이연퇴직소득 제외)이 있는 경우 ➡ 법소정 금액을 공제하며, 연금계좌는 연금저축과 퇴직연금을 말함.

외국납부세액공제

적용대상	•종합소득, 퇴직소득
적용방법	•세액공제와 필요경비 산입 중 선택가능 ➡단, 사업소득 외의 종합소득에 대한 외국납부세액은 세액공제만 가능함.
공제액	**공제액** •외국납부세액 ➡ **한도** 산출세액 × $\dfrac{\text{국외원천소득금액}}{\text{종합소득금액}}$
이월공제	•한도초과액은 5년간 이월하여 공제함.

재해손실세액공제

대상	•자산총액(토지 제외)에 대한 재해상실비율이 20% 이상인 경우 적용 ➡ 사업소득 있는 자에게만 적용함.
공제액	**공제액** •미납소득세와 당해소득세×재해상실비율 ➡ **한도** 상실된 자산가액

> **주의** 개인과 법인 모두에 공통으로 적용되는 세액공제 : 외국납부세액공제, 재해손실세액공제

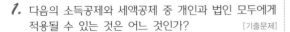

빈출적중문제

1. 다음의 소득공제와 세액공제 중 개인과 법인 모두에게 적용될 수 있는 것은 어느 것인가? [기출문제]

① 외국납부세액공제　　② 배당세액공제
③ 신용카드소득공제　　④ 기장세액공제

내비게이션

• 개인, 법인 공통 적용 : 외국납부세액공제, 재해손실세액공제

2. 다음 중 소득세법상 자녀세액공제에 관한 설명으로 가장 올바르지 않은 것은? [적중예상]

① 거주자의 기본공제대상자에 해당하는 자녀(7세이상)가 3명 이상인 경우 2명을 초과하는 인원부터 1명당 30만원씩 공제된다.
② 자녀세액공제는 입양자에게는 적용되지 않는다.
③ 종합소득이 있는 거주자로 기본공제대상 자녀가 있는 경우 적용한다.
④ 해당 과세기간에 첫째를 출산한 경우 연 30만원 공제된다.

내비게이션

• 입양자 · 위탁아동을 포함하여 적용한다.

3. 다음의 소득세법상 세액공제 중 사업소득만 있는 자에게는 적용되지 않는 것은 어느 것인가? [적중예상]

① 자녀세액공제
② 연금계좌세액공제
③ 외국납부세액공제
④ 배당세액공제

 내비게이션

• 배당세액공제는 배당소득자에게 적용된다.

4. 다음 중 거주자에게는 적용되지만 법인에게는 적용되지 않는 세액공제만 모은 것은? [적중예상]

① 외국납부세액공제, 기장세액공제
② 기장세액공제, 배당세액공제
③ 재해손실세액공제, 기장세액공제
④ 근로소득세액공제, 외국납부세액공제

내비게이션

• 기장세액공제와 배당세액공제, 근로소득세액공제는 개인만 적용되며 법인에게는 적용되지 않는다.

Answer 1.① 2.② 3.④ 4.②

백점이론 제95강 ○⊃ 특별세액공제 ❶

❖ 특별세액공제 적용방법

근로소득 O		• '특별소득공제 · 월세세액공제 · 항목별세액공제' 와 표준세액공제(13만원)' 중 선택
근로소득 X	일반적인 경우	• 표준세액공제(7만원) + 기부금세액공제 • 주의 사업소득만 있는자는 표준세액공제(7만원)만 적용하며 기부금은 필요경비 산입함.
	조특법상 성실사업자	• 표준세액공제(12만원)와 의료비 · 교육비 · 월세세액공제 중 선택 + 기부금세액공제 • 주의 따라서, 의료비 · 교육비 · 월세세액공제를 신청한 성실사업자는 위 표준세액공제(12만원)를 적용배제함.
	기타 성실사업자	• 표준세액공제(12만원) + 기부금세액공제

❖ 근로자의 특별세액공제 공제한도

보험료 · 의료비 · 교육비 · 월세세액공제 합계액	• 근로소득에 대한 종합소득산출세액을 초과시 초과분은 0으로 함.

보험료 세액공제	대상	• 기본공제대상자가 피보험자인 일반보장성보험료 ⇨ 만기환급금 ≤ 납입보험료인 생명보험.자동차보험 등
	공제액	▢ Min[일반보장성보험료, 100만원]×12%
	대상	• 기본공제대상자중 장애인이 피보험자인 장애인전용보장성보험료
	공제액	▢ Min[장애인전용보장성보험료, 100만원]×15%
의료비 세액공제 (연령,소득제한없는) 기본공제대상자	의료비의 범위	• 진찰 · 진료 · 질병예방비 • 의약품(한약 포함)구입비 • 장애인보장구(의수족, 휠체어등) • 의료기기 구입 · 임차비용 • 보청기 구입비용 • 시력보정용 안경, 콘텍트렌즈로 1인당 연 50만원 이내 금액 • 노인장기요양보험법에 따라 실제 지출한 본인 일부부담금 • 소정요건 충족하는 산후조리원 비용
	제외대상의료비	• 국외 의료비 • 미용 · 성형수술비 • 건강증진의약품 구입비(보약)
	일반의료비	• 이하 특정의료비 이외의 일반적인 의료비
	공제액	▢ Min[(일반의료비 − 총급여×3%), 700만원]×15% ⇓ '(−)이면 0으로 계산'
	특정의료비	• 본인 · 경로우대자(65세이상) · 장애인의료비
	공제액	▢ [특정의료비 −(총급여×3% − 일반의료비)]×15% ⇓ '(−)이면 0으로 계산'

FINAL 객관식뽀개기 ⊂ **빈출적중문제**

1. 다음 자료에 의하여 근로소득이 있는 거주자 김삼일씨의 의료비세액공제 금액을 구하면 얼마인가? [기출문제]

ㄱ. 총급여액	: 20,000,000원
ㄴ. 본인 의료비	: 1,200,000원
ㄷ. 부양가족 아버지(67세) 의료비	: 2,400,000원

① 450,000원   ② 1,200,000원
③ 1,700,000원   ④ 3,000,000원

• 의료비세액공제액 : ⅰ) + ⅱ)=450,000
ⅰ) 일반의료비 : Min[㉠ 0−20,000,000x3% ㉡ 7,000,000]=0
ⅱ) 특정의료비 : [3,600,000−(20,000,000x3%−0)]x15%=450,000

2. 다음은 거주자 김삼일씨가 지출한 의료비 내역이다. 종합소득 산출세액에서 공제할 수 있는 의료비세액공제의 합계는 얼마인가(김삼일씨는 근로소득자로서 총급여는 5,000만원이며, 의료비 지출대상은 모두 기본공제대상자에 해당하고 표준세액공제를 선택하지 않았다)?
[기출문제]

지출대상	지출액
김삼일(본인, 50세)	100만원
강사랑(배우자, 46세)	150만원
김용산(자녀, 15세, 장애인)	100만원
이순례(모, 72세)	200만원

① 420,000원   ② 600,000원
③ 1,500,000원   ④ 3,000,000원

• 의료비세액공제액 : ⅰ) + ⅱ)=600,000
ⅰ) 일반의료비 : Min[㉠ 1,500,000−50,000,000x3% ㉡ 7,000,000]=0
ⅱ) 특정의료비 : [4,000,000−(50,000,000x3%−1,500,000)]x15%
=600,000

3. 소득세법상 종합소득공제와 세액공제에 대한 설명이다. 가장 옳은 것은? [적중예상]

① 연금계좌세액공제는 근로소득자만이 적용받을 수 있다.
② 보험료세액공제는 장애인 전용 보장성보험료와 일반 보장성보험료로 구분하여 각각 100만원을 한도로 하여 그 보험료의 10%에 해당하는 금액으로 계산한다.
③ 국민건강보험료 근로자 부담분은 전액 소득공제 가능하다.
④ 사업소득만 있는 거주자가 지출한 보험료도 세액공제 가능하다.

• ① 연금계좌세액공제는 종합소득자 모두 적용된다.
② 보험료의 12% 또는 15%에 해당하는 금액으로 계산한다.
④ 보험료세액공제는 근로소득자에게 적용된다.

4. 다음은 총급여가 50,000,000원인 거주자 강씨와 생계를 같이하는 부양가족의 의료비 지출내역이다. 모두 의료비세액공제를 적용받을 수 있다고 할 때 소득세법상 의료비세액공제액을 구하면 얼마인가? [적중예상]

구분	나이	의료비	비고
본 인	54세	500,000원	–
배우자	50세	1,000,000원	양도소득금액 3,000,000원 있음
장 남	23세	2,000,000원	–
차 남	18세	4,000,000원	장애인임
부 친	75세	2,500,000원	해당연도 9월 10일 사망함

① 500,000원   ② 1,020,000원
③ 1,275,000원   ④ 2,455,000원

• 일반의료비 : 1,000,000(배우자)+2,000,000(장남)=3,000,000
• 특정의료비 : 500,000(본인)+4,000,000(차남)+2,500,000(부친)
=7,000,000
• 공제액
① Min[(3,000,000−50,000,000×3%), 700만원]×15%=225,000
② [7,000,000−(50,000,000×3%−3,000,000)]×15%=1,050,000
⇓
(−)이므로 0
∴225,000+1,050,000=1,275,000

백점이론 제96강 **특별세액공제 ❷**

❖ [일반교육비 세액공제]

교육비 세액공제 (연령제한 없는 기본공제대상자)	교육기관 범위	학생	• 초·중등·고등학교, 원격(사이버)대학, 학위취득과정, 대학(원)등 • 소정 국외교육기관
		취학전 아동	• 어린이집, 유치원, 최소 주1회 월단위 교습과정 학원과 체육시설 •주의 초·중·고 학원수강료는 공제대상 교육비가 아님.
	본인 공제범위	본인	• 근로소득자 본인
		공제대상	• 시간제등록 대학학점 취득비도 포함 •주의 대학원생 포함
		한도	• 한도없음
	부양가족 공제범위	부양가족	• 배우자, 직계비속(입양자·위탁아동), 형제자매 •주의 직계존속, 직계비속(입양자)과 배우자가 모두 장애인인 경우 배우자, 기초생활보장법 수급자는 제외
		공제대상	• 급식비 포함 : 어린이집, 유치원, 초·중·고등 • 학교에서 구입한 교과서대금 포함 : 초·중·고등 • 방과후수업료(교재비 등) 포함 : 어린이집, 유치원, 초·중·고등 • 1인당 50만원 한도의 교복구입비용 포함 : 중·고 •주의 대학원생 제외
		한도	• 대학생(기타의 자) : 1인당 9백만원(1인당 3백만원)
	공제액		❑ 본　　인 : (교육비-비과세장학금등)×15% ❑ 부양가족 : Min[(교육비-비과세장학금등), 공제대상별한도]×15%

❖ [직업능력개발훈련비 세액공제]

대상	• 본인을 위해 직업능력개발훈련시설에 지급한 수강료
공제액	❑ (수강료 – 고용보험 근로자수강지원금)×15%

❖ [장애인특수교육비 세액공제] ➡ 연령·소득제한없는 기본공제대상자

대상	• 사회복지시설, 재활교육비영리법인, 유사외국시설에 지급비용
공제액	❑ (장애인특수교육비 – 국가등의 지원금)×15%

기부금 세액공제 참고사항	대상	• 종합소득이 있는 거주자(사업소득만 있는자 제외)가 지급한 기부금 •주의 기본공제대상자(다른 거주자가 기본공제를 받은자 제외)가 지출한 기부금도 대상

보론 성실신고확인서제출제도

	개요	• 수입금액이 일정규모(도소매 15억, 제조 7.5억, 서비스 5억) 이상인 사업자에 대해서 세무사 등에게 장부기장내용의 정확성여부를 확인받아 확정신고하는 제도		
	혜택	확정신고기한 연장	• 6월 30일까지 가능	
		의료비등 세액공제	• 표준세액공제(12만원) + 의료비·교육비세액공제	
		세액공제	• Min[① 성실신고확인비용x60% ② 한도 120만원]	
	제재	가산세	• 산출세액의 5% 상당액의 확인서미제출가산세 부과	
		수시선정세무조사	• 정기선정 조사 외에 수시선정 세무조사 가능	

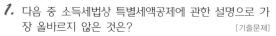

FINAL 객관식뽀개기 **빈출적중문제**

1. 다음 중 소득세법상 특별세액공제에 관한 설명으로 가장 올바르지 않은 것은? [기출문제]

① 근로소득이 있는 거주자가 특별소득공제와 특별세액공제, 월세액공제를 신청하지 않은 경우 표준세액공제로서 15만원을 공제한다.

② 근로소득이 없는 거주자가 이외의 종합소득이 있는 경우 기부금세액공제와 더불어 7만원의 표준세액공제를 받을 수 있다(성실사업자가 아닌 것으로 가정한다).

③ 특별세액공제에는 의료비세액공제, 보험료세액공제, 기부금세액공제, 교육비세액공제가 있다.

④ 근로소득이 있는 거주자는 공제대상 교육비의 15%를 종합소득 산출세액에서 공제할 수 있다.

• 15만원(X) → 13만원(O)

2. 다음은 소득공제 및 세액공제에 대한 설명이다. 이 중 공제에 대해 가장 잘못 이해하고 있는 사람은 누구인가? [기출문제]

김철수 : 제 큰 아들은 올해 9살이고 둘째 아들은 8살이며 아들들의 소득은 없습니다. 세액공제 30만원을 받을 수 있어서 다행입니다.
김영수 : 이번 연말정산때 일이 바빠서 특별소득공제(항목별 세액공제)와 관련된 서류를 제출하지 못했는데 최소한 표준세액공제만큼은 공제받을 수 있다니 다행입니다.
김영희 : 생계를 같이 하고 있는 제 동생의 나이는 27세이지만 연 소득금액이 2,000,000원이므로 대학학비에 대해 교육비세액공제를 받을 수 있겠네요.
김순희 : 제가 외국병원에서 치료를 받았는데 외국병원 의료비는 세액공제대상에 포함되지 않아서 아쉽네요.

① 김철수 ② 김영수
③ 김영희 ④ 김순희

• 교육비세액공제 대상 : 연령제한 없는 기본공제대상자
→즉, 소득요건(소득금액 100만원 이하)은 있다.

3. 다음은 회계관리 1급 자격시험을 준비하는 수험생들(모두 근로소득자임)이 나눈 대화의 일부이다. 이 중 가장 잘못 이해하고 있는 사람은 누구인가? [기출문제]

김호은 : 제 아들은 올해 9살이고 아들의 소득은 없습니다. 자녀세액공제를 받을 수 있어 다행입니다.
이윤미 : 자녀가 많으면 공제액도 커진다고 하니 참고하세요.
오정수 : 제가 모시고 있는 장인어른은 연세는 57세이시지만, 소득이 없으시기 때문에 노인대학학비에 대해 교육비 세액공제를 받을 수 있겠네요.
박동하 : 제가 중병치료를 위해 비행기를 타고 외국의 유명 대학병원을 찾아갔는데, 외국병원에서 쓴 의료비는 세액공제 대상에 포함되지 않아서 아쉽네요.

① 김호은 ② 이윤미
③ 오정수 ④ 박동하

• 직계존속은 교육비 세액공제를 적용받을 수 없다.

4. 거주자 김씨의 다음 자료를 이용하여 당해연도 교육비세액공제가 가능한 교육비 지출액을 계산하면 얼마인가? [적중예상]

ㄱ. 자녀의 연령 및 소득
장남 : 30세(대학원생), 소득금액 없음
차남 : 20세(대학생), 사업소득금액 2,000,000원
장녀 : 19세(고등학생), 정기예금이자 500,000원
차녀 : 15세(중학생), 소득금액 없음
ㄴ. 자녀의 교육비 지출액
장남의 대학원 학비 : 10,000,000원
차남의 대학교 학비 : 5,000,000원
장녀의 고등학교 학비 : 4,000,000원
차녀의 외국어학원비 : 1,000,000원

① 2,000,000원 ② 3,000,000원
③ 8,000,000원 ④ 14,000,000원

• 대학원생을 제외하므로 장남은 제외되며, 교육비세액공제는 소득제한이 있으므로 차남도 제외된다.
• 학원비는 취학전아동만 대상이므로 차녀도 제외된다.
∴ 장녀 : 4,000,000원 [한도] 3,000,000원

제1편 백점이론특강

제2편 기출문제특강

SET1
SET2
SET3
SET4
SET5
SET6
SET7
SET8
SET9
SET10

신유형

기출문제오답노트

실전기출모의고사

백점이론 제97강 ◁ 양도소득

양도개념	양도의 개념	• 등기·등록과 무관하게 유상으로 사실상 소유권이 이전되는 것		
	양도가 아닌 사항	• 환지처분으로 지번이 변경 • 양도담보 ➡ 채무불이행으로 변제에 충당한 때 양도로 봄.		

과세대상	부동산등	토지·건물	• 등기불문		
		부동산에 관한권리	지상권·전세권	• 등기불문	
			부동산임차권	• 등기된 것	
			부동산을 취득할 수 있는 권리	• 아파트당첨권·토지상환채권 등	
		기타자산	영업권	• 사업용고정자산*과 함께 양도하는 경우 *토지, 건물, 부동산에 관한 권리 [비교] 그 외 영업권 양도소득 : 기타소득	
			특정시설물이용권	• 골프회원권, 헬스클럽이용권, 시설이용권부주식 등	
			특정주식	A	• 부동산비율≧50%, 소유비율〉50%인 모든 업종회사로서, 양도비율≧50% [부동산비율] $$\frac{\text{사업용고정자산(=토지, 건물, 부동산에 관한 권리)}}{\text{자산총액}}$$
				B	• 부동산비율≧80%인 특수업종회사(골프·스키장 등)로서, 1주만 양도해도 과세
	주식	비상장주식	• 대주주·소액주주 불문하고 모두 과세		
		상장주식	• ① 장내 대주주양도분 ② 증권시장밖에서 양도분(=장외양도분)만 과세 ➡ ∴장내 대주주 이외의 자 양도분은 과세 ×		

[참고] 대주주
① 코스피상장 1%(코스닥상장 : 2%)이상 또는 15억(코스닥상장 : 15억)이상
② 코넥스상장 4%(비상장 : 4%)이상 또는 10억(비상장 : 15억)이상

비과세	① 파산선고에 의한 처분, 농지의 교환·분합으로 인하여 발생하는 소득 ② 2년 이상 보유한 1세대 1주택의 양도로 인하여 발생하는 소득 •주의 1주택자라도 고가주택(실거래가 9억원초과)은 과세하며, 입주권은 주택수에 포함함.

양도차익	양도·취득가액	• 원칙적으로 실거래가에 의함.
	필요경비	• 취득가액·설비비와 개량비·자본적 지출액·양도비용 등

취득시기 (양도시기)	일반매매	① 원 칙	• 대금청산일
		② 대금청산일이 불분명한 경우	• 등기접수일(명의개서일)
		③ 대금청산전에 소유권이전등기 등을 한 경우	• 등기접수일
	장기할부매매	• 등기접수일·인도일·사용수익일 중 빠른 날	
	자가건설건축물	① 원칙	• 사용검사필증교부일
		② 사용검사 전에 사실상 사용하거나 가사용 승인	• 사용일 또는 가사용 승인일
	상속(증여)	• 상속이 개시된 날(=사망일) / 증여를 받은 날(=등기접수일)	

FINAL 객관식뽀개기 **빈출적중문제**

1. 소득세법상 양도소득에 대한 다음 설명 중 가장 옳지 않은 것은? [기출문제]

① 양도소득이란 개인이 부동산 등을 양도하여 얻는 소득을 말한다. 따라서 개인이 사업적으로 부동산을 판매하여 발생한 소득도 양도소득이다.
② 양도소득세의 과세대상이 되는 양도란 매도, 교환 등으로 인하여 그 자산이 유상으로 사실상 이전되는 것을 말한다.
③ 1세대 1주택이더라도 고가주택에 해당하면 양도시에 양도소득세를 과세한다.
④ 양도시기는 원칙적으로 해당 자산의 대금을 청산한 날로 한다.

• 사업적으로 부동산을 판매하여 발생한 소득은 부동산매매업으로서 사업소득에 해당한다.

2. 다음 중 양도소득세 과세대상으로 가장 올바르지 않은 것은? [기출문제]

① 골프회원권의 양도
② 소액주주의 주권상장법인 주식의 장내양도
③ 토지 및 건물의 양도
④ 비상장주식의 양도

• 상장주식은 대주주 양도분이 과세대상이다.

3. 다음 중 양도소득세 과세대상으로 가장 올바르지 않은 것은? [기출문제]

① 토지의 무상이전
② 토지와 건물을 교환한 경우
③ 사업용 고정자산과 함께 양도하는 영업권
④ 비상장주식의 양도

• 자산의 무상이전은 양도소득세가 아니라 증여세가 과세된다.

4. 다음 거주자 박양도씨의 20x2년 거래내역 중 양도소득세 과세대상을 모두 고르면? [기출문제]

> ㄱ. 보유중인 상장주식 1,000주(지분율 0.01%) 전부를 유가증권 시장에서 100,000,000원에 매도하였다.
> ㄴ. 서울 지역에 1년 동안 거주하던 아파트를 3억원에 양도하였다.
> ㄷ. 보유 자동차를 중고자동차 매매상에 처분하고 8,000,000원을 수령하였다.
> ㄹ. 보유하고 있던 골프회원권을 양도하고 5,000,000원을 수령하였다.

① ㄱ, ㄹ
② ㄱ, ㄴ, ㄷ
③ ㄴ, ㄹ
④ ㄴ, ㄷ, ㄹ

• ㄱ. 소액주주가 양도한 상장주식은 과세대상이 아니다.
  ㄴ. 2년 이상 보유하지 않았으므로 과세대상이다.
  ㄷ. 자동차는 양도소득세 과세대상이 아니다.
  ㄹ. 특정시설물이용권이므로 과세대상이다.

5. 다음은 김치국씨의 20x2년 소득을 열거한 것이다. 다음 중 소득세법상 과세되지 않는 소득금액의 합계액은 얼마인가(단, 관련 소득공제는 고려하지 아니함)? [기출문제]

> ㄱ. 20x2년 3월~12월 : 퇴직소득 중 연금계좌에 입금하여 과세되지 않은 소득을 연금형태로 매월 200만원씩 수령함.
> ㄴ. 20x2년 7월 : 비상장주식의 매도로 처분이익이 5천만원 발생함.
> ㄷ. 20x2년 10월 : 고가주택이 아닌 1세대 1주택(보유기간 5년)을 양도함에 따라 4억원의 시세차익을 얻음.
> ㄹ. 20x2년 12월 : 아파트당첨권을 양도함에 따라 3천만원의 시세차익을 얻음.

① 0원
② 4억원
③ 4억 3천만원
④ 4억 5천만원

• 요건을 갖춘 1세대 1주택은 과세하지 않는다.

백점이론 제98강 소득세 납세절차

기납부세액	중간예납	중간예납의무자	• 종합소득이 있는 거주자 •주의 퇴직·양도소득은 중간예납대상이 아예 아니며, 신규사업개시자와 종합소득이 있어도 사업소득이 없는 자는 중간예납의무 없음.		
		납세절차	〈원칙〉 고지납부	납부	• 중간예납세액 : 직전 납부세액 × 50%
				절차	① 11.1~11.15까지 관할세무서장이 고지서로 통지 ② 11.30까지 납부
			〈예외〉 신고납부	납부	• 1.1~6.30까지 가결산에 의해 신고납부
				요건	• 직전 납부세액이 없는 경우 등
			•주의 고지납부와 신고납부 중 선택할 수 있는 것이 아님.		
	원천징수		• 원천징수된 소득을 종합소득에 합산 후 원천징수세액을 차감		
	수시부과		• 조세포탈 우려 등이 있는 경우 수시부과 가능		
사업장 현황신고	신고대상		• 개인사업자 중 부가가치세 면세사업자		
	신고기한		• 해당 과세기간종료일의 다음연도 2월 10일 ➡ 휴·폐업신고시는 그 신고와 함께 병행신고해야 함. •주의 사업장현황신고로 확정신고가 면제되는 것은 아님.		
	신고면제		• 부가가치세법상 사업자가 예정신고 또는 확정신고한 때 ➡ ∴면세사업자만 대상!		
확정신고	신고납부		• 다음 연도 5.1~5.31까지 신고납부 •주의 과세표준이 없거나 결손시도 신고해야 함.		
	신고의무면제		① 근로소득만 있는 자(∵연말정산) ② 공적연금소득만 있는 자(∵연말정산) ③ 연말정산 사업소득만 있는 자 ④ 퇴직소득만 있는 자(∵원천징수로 종결) ⑤ 분리과세소득만 있는 자(∵원천징수로 종결) •주의 위 소득 외에 사업소득이 있다면 합산하여 확정신고해야 함.		
	분납		• 납부할 세액이 1천만원을 초과시는 분납가능('법인세법'과 동일)		
	수정신고	신고자적격	• 법정신고기한내 과표신고서를 제출한 자 또는 기한후신고한 자		
		수정신고사유	• 신고해야 할 금액에 미달신고 또는 초과환급		
		수정신고기한	• 결정 또는 경정하여 통지하기 전까지		
		가산세감면	• 신고기한경과 후 2년내 수정신고 ➡ 신고불성실가산세 일정율(90%, 75%, 50%, 30%, 20%, 10%) 감면		
결정·경정	결정사유		• 무신고시 관할세무서장(지방국세청장)은 세액 등을 결정함.		
	경정사유		• 신고는 했으나 신고내용에 탈루 또는 오류가 있는 때에는 정부가 경정함.		
가산세	무기장		• 장부를 비치, 기장하지 않은 경우		
	증빙불비		• 3만원을 초과하는 재화·용역을 공급받고 적격증명서류를 수취하지 않은 경우		
	사업용계좌미사용		• 복식부기의무자가 사업용계좌 미사용, 미신고한 경우		

•주의 위 가산세는 소규모사업자(4,800만원 미만)에게는 적용하지 않음.

FINAL 객관식뽀개기 **빈출적중문제**

1. 소득세의 신고납부에 대한 설명으로 가장 옳지 않은 것은? [기출문제]
① 당해연도의 종합소득과세표준이 없거나 결손금이 발생하였다면 종합소득 과세표준 확정신고를 하지 않아도 된다.
② 사업소득의 중간예납기간은 매년 1월 1일부터 6월 30일까지이다.
③ 사업소득의 중간예납세액은 직전 과세기간 납부세액의 1/2로 결정하는 것을 원칙으로 한다.
④ 근로소득만 있는 자는 연말정산으로 납세의무가 종결되므로 확정신고를 하지 않아도 된다.

📺 냅비게이션
•종합소득과세표준이 없거나 결손금이 발생하였더라도 확정신고를 하여야 한다.

2. 종합소득금액 등이 있는 거주자는 각 소득의 과세표준을 다음 연도 5월 1일부터 5월 31일까지 신고해야 하는데, 다음 중 이러한 과세표준확정신고를 반드시 해야 하는 거주자는 누구인가(단, 거주자는 제시된 소득 이외의 다른 소득은 없다)? [기출문제]
① 소유중인 상가에서 임대소득이 발생한 이철수씨
② 해당 과세기간 중 퇴사한 뒤 퇴직소득이 발생한 김철희씨
③ 근로소득에 대하여 연말정산을 실시한 회사원인 김영수씨
④ 분리과세대상 이자소득을 수령한 정영희씨

📺 냅비게이션
• ① 사업소득이 있는 경우는 확정신고를 하여야 한다.
• ② 퇴직소득은 원천징수로 과세종결된다.
• ③ 근로소득은 연말정산으로 과세종결된다.
• ④ 분리과세소득은 원천징수로 과세종결된다.

3. 종합소득금액 등이 있는 거주자는 각 소득의 과세표준을 다음 연도 5월 1일부터 5월 31일까지 신고해야 하는데, 다음 중 이러한 과세표준확정신고를 하지 않아도 되는 거주자는 누구인가(단, 거주자는 제시된 소득 이외의 다른 소득은 없다)? [기출문제]
① 복권에 당첨되어 세금을 공제하고 12억원을 수령한 박명규씨
② 해당 과세기간 중 퇴사한 뒤 음식점을 개업하여 소득이 발생한 이황씨
③ 소유중인 상가에서 임대소득이 발생한 이형주씨
④ 개인사업을 영위하여 사업소득이 발생한 한재욱씨

📺 냅비게이션
•복권 당첨소득은 무조건 분리과세한다.

4. 당해연도의 종합소득금액이 있는 거주자는 각 소득의 과세표준을 해당 과세기간의 다음연도 5월 1일부터 5월 31일까지 신고해야 한다. 다음 중 가장 옳지 않은 설명을 하고 있는 사람은 누구인가? [기출문제]

홍영균 : 저는 근로소득만 있으며 연말정산으로 납세의무가 종결될 것 같습니다.
박재식 : 저의 근로소득은 연말정산으로 납세의무가 종결되고 사업소득은 중간예납하였으므로 확정신고를 할 필요는 없습니다.
권대규 : 저는 이자소득만 2,000만원으로 분리과세 되었기 때문에 확정신고를 할 필요 없습니다.
김영일 : 저는 올해 퇴직했기 때문에 근로소득은 연말정산으로 퇴직소득은 원천징수로써 납세의무가 종결되었습니다.

① 홍영균   ② 박재식
③ 권대규   ④ 김영일

📺 냅비게이션
•근로소득과 사업소득을 합산하여 종합소득 확정신고를 하여야 한다.

5. 다음 중 소득세법상 수정신고에 관한 설명으로 가장 올바르지 않은 것은? [기출문제]
① 거주자가 과세표준을 기한 내에 확정신고한 경우에 관할세무서장이 과세표준과 세액을 결정 또는 경정하여 알리기 전까지 수정신고 할 수 있다.
② 법정 신고기한 경과 후 5개월이 경과한 경우 수정신고를 통하여 50%의 신고불성실가산세를 감면 받는다.
③ 법정 신고기한 경과 후 7개월이 경과한 경우 수정신고를 통하여 30%의 신고불성실가산세를 감면 받는다.
④ 법정 신고기한 경과 후 1년 3개월이 경과한 경우 수정신고를 통하여 5%의 신고불성실가산세를 감면 받는다.

📺 냅비게이션
•5%(X) → 20%(O)
[보론] 감면율 : 1개월이내 90%, 1개월~3개월 75%, 3개월~6개월 50%, 6개월~1년 30%, 1년~1년 6개월 20%, 1년 6개월~2년 10%

백점이론 제99강 ⟜ 원천징수실무

개요	의의	• 소득의 지급자(원천징수의무자)가 소득을 지급받는자(납세의무자)에게 원천징수대상 소득을 지급시 원천징수하고 원천징수영수증을 발급하며 그 지급명세서를 제출함. ➡ 가산세 : 원천징수납부불성실가산세, 지급명세서제출불성실가산세 •주의 매월 근로소득원천징수세액 : 간이세액표상 근로소득세 + 지방소득세(10%)
	납부	• 원칙 다음달 10일까지 • 예외 반기의 다음달 10일까지 ➡ 직전 상시고용인원 20인 이하 사업장

제출·발급 서류	원천징수영수증	❖원천징수의무자가 원천징수시 납세의무자에게 발급 •주의 원천징수의무자와 소득자와의 관계는 기재사항이 아님. ❖발급시기

이자·배당·사업·기타소득	• 지급할 때
근로소득	• 다음연도 2월말
퇴직소득	• 지급일이 속하는 달의 다음달 말일까지

	원천징수이행상황신고서	❖원천징수의무자가 원천징수납부시 세무서에 제출
	지급명세서	❖원천징수의무자는 원천징수시 세법 규정에 의한 지급명세서를 제출 ❖지급명세서 제출시기

일용근로소득	• 매분기 마지막달 다음달 말일
이자·배당·기타소득	• 다음연도 2월말
상용근로소득, 퇴직소득 원천징수 사업소득	• 다음연도 3월 10일

상여금 원천징수	① 월평균급여 총간이세액	• (지급대상기간의 총급여÷지급대상기간월수)의 월 간이세액을 계산함. ➡ 월평균급여 총간이세액 = 월 간이세액×지급대상기간월수 예시 월급여 ₩2,000,000(간이세액 ₩5,430), 2월에 상여 100% 지급. 월급여 ₩3,000,000에 대한 간이세액은 ₩30,970으로 가정 →월 평균급여 : (2,000,000+2,000,000×2개월)÷2개월=3,000,000 월평균급여 총간이세액 : 30,970×2개월=61,940
	② 상여금 원천징수세액	• 월평균급여 총간이세액-기원천징수세액 예시 상여금 원천징수세액 : 61,940-5,430×2개월=51,080
	③ 급여·상여 원천징수세액	• 상여금 원천징수세액+상여지급월 급여원천징수세액 예시 급여·상여 원천징수세액 : 51,080+5,430=56,510
	④ 총원천징수세액	• 급여·상여 원천징수세액+지방소득세(5,651로 가정) 예시 총원천징수세액 : 56,510+5,651=62,161

보론 일정기간마다 정기적으로 지급되지 않는 경우

상여금을 지급받은 연도의 1월 1일부터 지급일이 속하는 달까지를 위와 같이 적용하고, 그 연도에 2회 이상의 상여금을 받은 때에는 직전에 상여금을 받은 날이 속하는 달의 다음 달부터 그 후에 상여금을 받은 날이 속하는 달까지를 지급대상기간으로 하여 세액을 계산함.

FINAL 객관식뽀개기 — 빈출적중문제

1. 소득세법상 이자소득은 분리과세 되거나 종합과세된다. 이자소득이 다음과 같을 때, 김씨의 종합소득에 가산되는 이자소득금액과 회계은행이 이자소득으로부터 원천징수하는 소득세액을 제시하면 얼마인가(단, 지방소득세는 고려하지 않는다)? [기출문제]

> ㄱ. 20x1년 1월 1일에 15,000,000원을 회계은행에 예금함.
> ㄴ. 당해 예금의 연 이율은 4.5%임.
> ㄷ. 20x1년 12월 31일에 회계은행은 1년 예금에 대한 이자를 지급함.
> ㄹ. 예금에서 발생하는 이자 이외에 이정일씨는 다른 금융소득이 없음.

	종합소득에 가산되는 이자	원천징수금액
①	0원	0원
②	0원	94,500원
③	585,000원	94,500원
④	675,000원	94,500원

📻 낱비게이션
• 2천만원 초과치 않으므로 분리과세하며 종합소득에 가산되지 않는다.
→원천징수세액 : 15,000,000x4.5%x14%=94,500

2. 다음 중 소득세법상 원천징수에 대한 설명으로 가장 올바르지 않은 것은? [기출문제]
① 일반적인 이자소득과 배당소득의 원천징수세율은 14%이다.
② 기타소득은 필요경비를 뺀 기타소득금액에 20%(3억원 초과의 복권당첨소득의 경우 30%)를 원천징수한다.
③ 소득세법에서 열거하는 사업소득에 대해서는 3%(유흥업소의 봉사료는 5%)의 세율로 원천징수한다.
④ 원천징수의무자는 원천징수한 세액을 그 징수일이 속하는 달의 다음달 15일까지 납부하여야 한다.

📻 낱비게이션
• 15일(X) → 10일(O)

3. 다음 중 소득세법상 원천징수에 관한 설명으로 가장 올바르지 않은 것은? [기출문제]
① 원천징수에 있어서 세금을 실제로 부담하는 납세의무자와 이를 신고납부하는 원천징수의무자는 서로 다르다
② 원천징수의무자는 납세의무자에게 원천징수세액을 차감한 금액을 지급하게 된다.

③ 원천징수의무자는 정부를 대신하여 원천징수를 하게 되므로 원천징수와 관련하여서는 가산세가 존재하지 않는다.
④ 정부는 원천징수를 통해 세원의 탈루를 최소화할 수 있다.

📻 낱비게이션
• 납부기한까지 납부하지 아니하거나 과소납부한 경우에는 원천징수납부불성실가산세가 부과된다.

4. 소득세법상 원천징수에 대한 다음 설명 중 가장 옳지 않은 것은? [기출문제]
① 납세의무자는 국외에서 지급받는 소득에 대해 국외에서 원천징수된 금액을 국내 과세관청에 납부하여야 한다.
② 원천징수로 납세의무가 종결되는지 여부에 따라 완납적 원천징수와 예납적 원천징수로 나뉜다.
③ 원천징수란 소득을 지급하는 사람이 소득을 지급할 때 지급을 받는 사람이 내야 할 세금을 미리 징수하여 납부하는 제도이다.
④ 실지명의가 확인되는 거주자의 이자소득에 대한 소득세 원천징수세율은 지급액의 14%로 하되, 비영업대금이자는 25%로 한다.

📻 낱비게이션
• 원천징수는 국내에서 거주자나 비거주자에게 소득을 지급하는 자가 그 소득세를 납부하는 것으로, 국외소득은 원천징수대상이 아니다.

5. 다음 중 소득세법상 원천징수에 관한 설명으로 가장 올바르지 않은 것은? [기출문제]
① 원천징수는 세원의 원천에서 세금을 일괄징수하여 세원의 탈루를 최소화한다.
② 원천징수는 조세수입의 조기확보와 정부 재원조달의 평준화를 기한다.
③ 원천징수는 징세비용 절약과 징수사무의 간소화를 기한다.
④ 원천징수는 납세의무자의 입장에서 세금부담을 집중시킨다.

📻 낱비게이션
• 분할 납부의 효과가 있으므로 세금이 일시에 집중되는 8문제점을 해소할 수 있어 세금부담을 분산시키는 장점을 갖는다.

Answer   1. ②   2. ④   3. ③   4. ①   5. ④

백점이론 제100강 ⊂ **부가가치세 총설**

부가가치세 특징	소비형부가가치세	• 소비지출해당 부가가치만을 과세대상으로 함.
	전단계세액공제법	• 납부세액 = 매출세액(매출액×세율) − 매입세액(매입액×세율) **주의** 전단계거래액공제법<납부세액=(매출액−매입액)×세율>이 아님.
	일반소비세	• 원칙적으로 모든 재화·용역 소비행위사실에 대해 과세 ➡특정 재화·용역의 소비행위에 과세되는 개별소비세와 구별됨.
	간접세	• 세부담의 전가를 예상하는 간접세 ➡ ∴납세의무자 ≠ 담세자 ➡ 최종소비자는 담세자이며, 납세의무자가 아님.
	단일세율	• 10%의 동일한 세율을 적용 ➡ 단, 영세율과 면세는 제외
	다단계거래세	• 제조, 도매, 소매 등의 거래의 모든 단계마다 과세
	소비지국과세원칙	• 생산국은 영세율을 적용하고 소비국에서 과세권을 행사

보론 과세표준
공급가액(=VAT제외금액)이 과세표준임.(공급대가는 VAT포함금액임.)

납세의무자	**납세의무**	과세사업자	• 일반과세자, 간이과세자, 영세율사업자, 겸영사업자로 납세의무있음. ➡간이과세자는 직전연도 공급대가 4,800만원미만 개인사업자를 말함. **주의** 겸영사업자는 '과세+면세'사업자임. '과세+영세율'이 아님. **주의** 과세사업자라도 면세대상을 공급시는 부가가치세를 부담하지 않음.
		면세사업자	• 납세의무없음. **주의** 면세사업자는 매출세액이 없고 매입세액을 공제받지 못하며, 부가가치세법상 사업자등록, 세금계산서 발급, 과세표준신고 등의 제반의무가 없음. 다만, 매입세금계산서를 수취할 수는 있음. • 매출시 부가가치세가 제외된 계산서를 발행함.
	사업자		① 계속·반복적으로 재화·용역을 공급해야 함. **주의** ∴한두 번의 일시적 공급은 납세의무 없음. ② 재화 또는 용역의 공급을 사업상 독립적으로 해야 함. **주의** ∴고용관계에서 종업원이 공급하는 것은 납세의무 없음. ③ 사업성 판단에 영리목적 여부는 불문함. **주의** ∴국가, 비영리법인등도 납세의무자임.

납세지	**사업장별 과세원칙**	• 사업장별로 다음사항이 이루어짐. ① 사업자등록, 세금계산서수취·발급, 과세표준과 세액계산 ② 신고, 납부(환급), 결정·경정·징수 **예외** ① **주사업장총괄납부** 신청하는 경우 주된사업장에서 다른 사업장의 부가가치세를 총괄하여 납부가능 **주의** 납부에 국한하므로 신고, 세금계산서발급 등은 각 사업장별로 행함. **주의** 신청임에도 불구하고 승인절차 없이 신청만으로 적용함. ② **사업자단위과세제도** 사업자단위로 등록시 본점(주사무소)에서 총괄하여 신고·납부가능
	납세지	• 사업장소재지 ➡사업장은 사업자·그 사용인이 상주하여 거래의 전부·일부를 행하는 장소를 말함.

FINAL 객관식뽀개기 빈출적중문제

1. 공장에서 1,000원에 출고된 우산은 부가가치세 포함 1,500원에 우산 도매상에게 팔렸고, 우산 도매상은 이윤을 붙여 부가가치세 포함 3,000원에 편의점에 판매하였다. 편의점에서 우산을 부가가치세 포함 5,500원에 소비자에게 판매하였다면, 상기 거래에서 최종소비자가 부담한 부가가치세 금액은 얼마인가? [기출문제]

① 300원   ② 400원
③ 500원   ④ 600원

 낵비게이션

• $5,500 \times \dfrac{10}{110} = 500$

2. 다음 중 부가가치세법에 관한 설명으로 가장 올바르지 않은 것은? [기출문제]

① 소비지국과세원칙에 의하여 수입하는 모든 재화에 대하여는 부가가치세를 과세하지 않는다.
② 부가가치세법상 사업자란 '사업상 독립적으로 재화나 용역을 공급하는 자'를 말한다.
③ 부가가치세는 납세의무자의 신고에 의하여 납세의무가 확정되는 신고납세제도를 채택하고 있다.
④ 부가가치세법은 전단계세액공제법을 채택하고 있다.

낵비게이션

• 소비지국과세원칙에 의하여 수출하는 재화에 대하여는 부가가치세를 과세하지 않고 영세율을 적용한다.

3. 부가가치세법에 대한 설명으로 가장 옳지 않은 것은? [기출문제]

① 부가가치세법에서는 세금계산서 등에 의해 확인 되는 매입세액만을 매출세액에서 공제하는 전단계세액공제법을 채택하고 있다.
② 부가가치세는 납세의무자의 신고에 의하여 납세의무가 확정되는 신고납세제도를 채택하고 있다.
③ 비영리법인은 어떠한 경우에도 부가가치세법상 납세의무자가 될 수 없다.
④ 부가가치세는 납세의무자의 인적 사항을 고려하지 않는 물세이다.

낵비게이션

• 영리목적 여부를 불문하고 과세한다.

4. 다음 중 부가가치세법상 사업자에 관한 설명으로 가장 올바르지 않은 것은? [기출문제]

① 과세품목을 공급하느냐, 면세품목을 공급하느냐에 따라 과세사업자와 면세사업자로 나눌 수 있다.
② 과세사업자는 면세대상 재화 또는 용역의 공급에 대해서도 부가가치세를 납부하여야 한다.
③ 면세사업자의 경우 면세품목에 대해 부가가치세가 면제되므로 납세의무를 지지 않는다.
④ 과세사업자는 공급대가의 규모에 다라 일반과세자와 간이과세자로 구분한다.

 낵비게이션

• 과세사업자라도 면세대상 재화 또는 용역의 공급에 대해서는 부가가치세가 면세된다.

5. 다음 중 부가가치세법상의 사업자에 관한 설명으로 가장 올바르지 않은 것은? [기출문제]

① 부가가치세법상 사업자는 과세사업자와 면세사업자, 면세사업과 과세사업을 함께 영위하는 겸영사업자로 나눌 수 있다.
② 겸영사업자는 면세사업자로 분류된다.
③ 과세사업자는 매출액의 규모와 업종에 따라 일반과세자와 간이과세자로 구분할 수 있다.
④ 면세사업자는 부가가치세가 면세되는 재화 또는 용역을 공급하는 사업자를 말한다.

낵비게이션

• 겸영사업자는 과세사업자로 분류된다.

6. 다음 중 부가가치세법상 사업장에 대한 설명으로 올바르지 않은 것은? [기출문제]

① 부가가치세는 과세대상 재화와 용역의 공급장소인 사업장이 아닌 사업자별로 과세함이 원칙이다.
② 사업자는 사업장마다 사업자등록을 하여야 하며 사업장별로 구분하여 부가가치세를 신고·납부하여야 한다.
③ 사업자가 신청하는 경우 주된 사업장에서 다른 사업장의 부가가치세를 총괄하여 납부할 수 있다.
④ 주사업장총괄납부제도를 적용하더라도 부가가치세의 신고는 사업장별로 이루어져야 한다.

 낵비게이션

• 사업장별 과세원칙에 의한다.

제1편 백점이론특강

제2편 기출문제특강

SET1
SET2
SET3
SET4
SET5
SET6
SET7
SET8
SET9
SET10

신유형

기출문제오답노트

실전기출모의고사

백점이론 제101강 ━ 과세기간과 사업자등록

구 분	제1기 과세기간		제2기 과세기간	
	예 정	확 정	예 정	확 정
과세기간	1.1~3.31	4.1~6.30	7.1~9.30	10.1~12.31
신고기한	4.25	7.25	10.25	다음연도 1.25

과세기간

➡ 예정신고분은 확정신고시 제외하며, 예정신고누락분은 확정시 포함하되 확정시 누락분은 경정청구나 수정신고에 의함.

➡ 폐업하는 경우에는 폐업일이 속하는 달의 말일부터 25일내 신고납부함.

•주의 법인은 개인과는 달리 무조건 예정신고의무가 있으며, 간이과세자의 과세기간은 1년(1.1~12.31)임.

사업자등록

신청

등록
• 사업장마다 사업개시일로부터 20일내에 등록해야 함.
  보충 사업개시일
  ① 제조업 : 제조장별로 재화의 제조를 개시하는 날
    •주의 재화의 판매를 개시하는 날이 아님.
  ② 광업 : 사업장별로 광물의 채취·채광을 개시하는 날
  ③ 기타의 사업 : 재화 또는 용역의 공급을 개시하는 날
• 사업개시일 전 등록도 가능
• 공동사업의 경우는 공동사업자중 1인을 대표자로 하여 대표자명의로 신청
  •주의 각자의 명의로 신청하는 것이 아님.

신청장소
• 전국 모든 세무서
  •주의 관할세무서에서만 가능한 것이 아님

신청방법
• 서면신청 또는 온라인신청
  •주의 서면신청만 가능한 것이 아님

첨부서류
① 허가사업의 경우 : 사업허가증 사본
② 사업장을 임차시 : 임대차계약서 사본
③ 공동사업의 경우 : 동업계약서

등록의무자
• 과세사업자(영세율사업자 포함), 겸영사업자, 면세포기자
  ➡ 부가가치세법상 사업자등록시 소득세·법인세법상 등록한 것으로 봄
  •주의 면세사업자는 부가가치세법상 사업자등록의무는 없으나, 소득세·법인세 법상 사업자등록은 해야 함.

사후관리

등록정정 사유
• 상호변경, 사업종류변경, 사업장이전, 임대차계약 내용의 변경
  •주의 사업자의 주소변경은 정정사유가 아님.
• 통신판매업자가 사이버몰의 명칭 또는 인터넷 도메인명을 변경하는 때
• 법인의 대표자 변경 및 상속으로 인한 사업자 명의 변경발생
  •주의 일반적 개인사업자의 대표자 변경 : 정정사유(×), 폐업사유(○)
    증여로 인한 사업자 명의 변경 : 정정사유(×), 폐업사유(○)
• 1거주자로 보는 법인격 없는 단체의 대표자 변경, 공동사업자의 구성원변경과 출자지분의 변경, 사업자단위과세사업자가 총괄사업장을 이전·변경

미등록시 제재
• 등록 신청 전 거래에 대한 매입세액불공제
  •주의 다만, 공급과세기간 후 20일내 신청시는 그 과세기간에 대한 매입세액을 공제함
    즉, 등록신청일부터 공급시기가 속하는 과세기간 기산일(1/1 또는 7/1)까지 역산한 기 간내의 것은 공제함.
    ➡예 사업개시 7/1, 등록신청 다음해 1/20 →7/1~1/20까지분 매입세액공제
• 미등록가산세(사업개시일부터 등록신청일 전일까지 공급가액의 1%)
• 조세범처벌법상 질서범으로 벌금 또는 과태료 부과(50만원 이하)

FINAL 객관식뽀개기 빈출적중문제

1. 사업자 등록에 대한 설명 중 가장 옳지 않은 것은?
[기출문제]

① 사업자등록은 사업개시일로부터 20일 이내에 해야 하며, 기한 내에 사업자등록을 신청하지 않은 경우 미등록 가산세가 적용된다.
② 신규로 사업을 개시한 경우 사업개시일 전에는 사업자등록을 할 수 없다.
③ 제조업은 제조장별로 재화의 제조를 개시하는 날이 사업개시일이다.
④ 부가가치세 과세사업을 개시하고 부가가치세법에 의한 사업자등록을 한 경우 소득세법이나 법인세법에 의한 사업자 등록은 별도로 하지 않아도 된다.

 내비게이션

• 사업개시 전 등록도 가능하다.

2. 다음 중 사업자등록에 관한 설명으로 가장 올바른 것은?
[적중예상]

① 공동으로 사업을 하는 경우에는 공동사업자 각자의 명의로 사업자등록신청을 하여야 한다.
② 신규로 사업을 개시하는 사람은 원칙적으로 사업장마다 사업개시일로부터 20일 이내에 사업자등록을 하여야 한다.
③ 겸영사업자는 소득세법이나 법인세법에 의한 사업자등록을 하여야 한다.
④ 제조업의 경우 사업개시일은 재화의 판매를 개시하는 날이다.

내비게이션

• ① 각자의 명의(X) → 대표자 명의(O)
③ 겸영사업자는 과세사업자이므로 부가가치세법에 의한 사업자등록을 하여야 한다.
④ 재화의 판매를 개시하는 날(X) → 재화의 제조를 개시하는 날(O)

3. 사업자등록의 정정사유가 아닌 것은?
[적중예상]

① 상호를 변경하는 때
② 사업의 종류에 변경이 있는 때
③ 사업장을 이전할 때
④ 증여로 인하여 사업자의 명의가 변경되는 때

내비게이션

• 증여로 인하여 사업자의 명의가 변경되는 경우 : 폐업사유

4. 다음 중 부가가치세법에 대한 설명으로 가장 올바르지 않은 것은?
[적중예상]

① 부가가치세 확정신고시에는 예정신고분을 포함한 과세기간 전체에 대한 모든 거래를 신고하여야 한다.
② 우리나라의 부가가치세율은 원칙적으로 10%를 적용하며 수출 재화 등에는 0%의 세율을 적용한다.
③ 부가가치세는 원칙적으로 모든 재화 또는 용역을 과세대상으로 하는 일반소비세에 해당한다.
④ 부가가치세법상 사업자란 영리목적의 유무에 불구하고 사업상 계속적으로 재화 또는 용역을 공급하는 자를 말한다.

내비게이션

• 확정신고시에는 예정신고분은 제외한다.

5. 다음은 부가가치세 세율 인상과 관련된 최근 신문기사 내용이다. 다음 중 부가가치세 세율 인상의 효과로 가장 올바르지 않은 것은?
[기출문제]

> 증세 해법 뭐가 있나.. 부가세 인상론 솔솔.
> (중략) 간접세인 부가가치세 등을 올리자는 주장도 있다. 부가가치세율(현재 10%)을 1%포인트 더 올리면 연간 5조∼7조원가량을 추가로 확보할 수 있다. 한국재정학회가 주최한 조세관련학회 연합학술대회에서는 "부가가치세율을 중장기적으로 15%로 올려야 한다"라는 주장도 제기되었다. 현행 10%에 복지재정 몫으로 2%포인트, 통일재원 마련을 위해 3%포인트를 인상해야 한다는 것이다. (후략)

① 최종소비자가 부담하는 재화의 가격이 인상될 것이다.
② 최종소비자가 부담하는 수입재화의 가격이 인상될 것이다.
③ 외국의 소비자가 부담하는 수출재화의 가격에는 큰 영향을 주지 않을 것이다.
④ 부가가치세의 역진성이 완화될 것이다.

내비게이션

• 저소득층의 세부담률이 증가하므로 오히려 역진성이 심화되는 결과를 초래하게 된다.

제1편 백점이론특강
제2편 기출문제특강
SET1
SET2
SET3
SET4
SET5
SET6
SET7
SET8
SET9
SET10
신유형
기출문제오답노트
실전기출모의고사

백점이론 제102강 ○─ 과세대상거래

재화공급	의의	• 재화의 공급이란 계약상·법률상의 모든 원인에 의해 재화를 인도·양도하는 것		
	재화범위	• 재화란 재산적 가치 있는 유체물과 무체물로 이를 대가관계로 공급시 과세대상임.		
		유체물	상품·기계·건물 등	─ 다음은 재화가 아님. • 화폐대용증권(어음·수표) • 유가증권(주식·사채·상품권)
		무체물	동력·열·자연력·권리 등	• 권리의 양도 : 재화의 공급 • 권리의 대여 : 용역의 공급
	유형	**매매계약**	• 현금·외상·할부·위탁판매 등	
		가공계약 (자재전부·일부부담 가공인도)	• 자재부담 없이 가공만하여 인도 : 용역의 공급 • 자재부담 불문, 건설업은 무조건 용역의 공급	
		교환계약	─	
	제외대상	• 담보제공이나 사업의 포괄양도는 재화의 공급으로 보지 않음.		
	무상공급	• 재화의 무상공급 : 과세 O ➡단, 광고목적 견본품의 무상공급 : 과세 X • 용역의 무상공급 : 과세 X ➡단, 특수관계인간 부동산 무상임대용역 : 과세 O		
용역공급	의의	• 용역의 공급은 계약상·법률상의 모든 원인에 의해 역무를 제공하거나 재화·시설물·권리를 사용하게 하는 것 • 용역은 일정사업(14가지)에 해당하는 모든 역무 및 그 밖의 행위로 함.		
	과세O	• 특허권 등 권리를 사용하게 하는 권리의 대여는 용역의 공급으로 봄. • 음식점업은 규정상 용역의 공급으로 봄. • 부동산업 중 부동산임대업은 용역의 공급으로 봄. 　▪주의 부동산업 중 부동산매매업 : 재화의 공급 • 특수관계인에 대한 사업용 부동산의 임대용역은 용역의 공급으로 보아 시가로 과세함.		
	과세X	• 고용관계에 의한 근로의 제공은 용역의 공급으로 보지 않음. • 가해자로부터 받는 손해배상금 ⇨∵대가관계 없음 • 반환 의무 있는 골프장 입회금 ⇨∵대가관계 없음 • 대가없이 받는 협회비·입회비		
재화수입	의의	• 수입자가 사업자인지 여부를 불문하고 과세대상으로 함. 외국공급자 ◀──거래징수 ×── 수입자〈사업자여부불문〉 ◀──거래징수 O── 세관장		
	재화수입	• 외국으로부터 우리나라에 도착한 물품을 인취 • 외국 선박에 의해 공해에서 채포된 수산물을 우리나라에 인취 • 수출면허 받고 선적된 것을 국내에 다시 반입 ➡∵수출의 공급시기는 선적일이므로 　▪주의 용역의 수입은 과세거래가 아님.		
부수 재화·용역		❖주된재화·용역이 과세이면 부수재화·용역도 과세함.(주된재화·용역이 면세이면 부수재화·용역도 면세) ➡예 학원이 교육용역과 함께 실습도구 제공시 학원이 면세이므로 실습도구도 면세		

FINAL 객관식뽀개기

빈출적중문제

1. 다음 중 부가가치세가 과세되는 경우로 가장 올바르지 않은 것은? [기출문제]

① 가공계약에 있어서 주요 자재의 일부를 부담한 경우
② 부동산임대회사가 상가건물을 임대하는 경우
③ 은행대출을 받기 위해 건물을 담보로 제공한 경우
④ 상가건물을 공장과 교환한 경우

낵뷔게의셥

•담보제공은 재화의 공급으로 보지 않는다.

2. 부가가치세 과세대상에 대한 설명 중 가장 옳지 않은 것은? [기출문제]

① 부가가치세법상 과세대상은 재화 또는 용역의 공급과 재화의 수입이다.
② 수입하는 재화에 대하여는 수입자가 사업자인지 여부에 관계없이 부가가치세가 과세된다.
③ 재화란 재산적 가치가 있는 유체물과 무체물을 의미하며, 특허권, 건설업 면허, 전기 등은 재산적 가치가 있는 무체물이므로 과세대상이다.
④ 사업장 전체를 포괄양도하는 것은 과세대상이다.

낵뷔게의셥

•사업의 포괄양도는 재화의 공급으로 보지 아니한다.

3. 다음 표의 (ㄱ)~(ㄷ)에 해당하는 내용으로 가장 올바른 것은? [기출문제]

부가가치세 과세대상		
재화의 공급 (ㄱ)	용역의 공급 (ㄴ)	재화의 수입 (ㄷ)

① (ㄱ) : 거래처에 어음을 발행한다.
② (ㄱ) : 은행에서 자금을 차입하면서 건물을 담보로 제공하였다.
③ (ㄴ) : 고용계약에 따라 회사에 근로를 제공하였다.
④ (ㄷ) : 사업자가 아닌 개인이 해외 쇼핑몰에서 가방를 구입하여 국내에 들여왔다.

낵뷔게의셥

•어음은 재화로 보지 않으며, 담보제공은 재화의 공급으로 보지 않는다. 또한 고용계약에 따른 근로제공은 용역의 공급으로 보지 않는다. 재화의 수입은 수입자가 사업자인지 여부를 불문한다.

4. 다음 표의 (ㄱ) ~ (ㄹ)에 해당하는 거래 중 원칙적으로 부가가치세의 과세대상이 아닌 것은 무엇인가? [기출문제]

구분	유상공급	무상공급
재화	(ㄱ)	(ㄴ)
용역	(ㄷ)	(ㄹ)

① ㄱ
② ㄴ
③ ㄷ
④ ㄹ

낵뷔게의셥

•용역의 무상공급은 원칙적으로 과세대상이 아니다.

5. 부가가치세 과세대상이 아닌 경우는? [기출문제]

① 매매계약에 따른 재화의 인도
② 부품을 부담하는 가공계약
③ 자동차 점검서비스를 무상으로 제공한 경우
④ 재화의 인수 대가로 다른 재화를 인도한 교환거래

낵뷔게의셥

•용역의 무상공급은 원칙적으로 과세대상이 아니다.

6. 부가가치세 과세대상이 아닌 경우는? [기출문제]

① 부동산 임대업자가 유상으로 상가를 임대하는 경우
② 과세대상 재화를 외상 판매한 경우
③ 근로자가 고용계약에 따른 근로를 제공한 경우
④ 과세재화를 교환 계약한 경우

낵뷔게의셥

•고용관계에 의한 근로제공은 과세대상 용역의 공급으로 보지 않는다.

7. 부가가치세 과세대상에 관한 설명으로 가장 올바르지 않은 것은? [기출문제]

① 부가가치세의 과세대상에는 재화의 공급, 용역의 공급, 재화의 수입이 있다.
② 재화의 수입에 있어서 공급자는 해외에 있으므로 수입자가 공급자를 대신하여 세금계산서를 발행한다.
③ 재화의 수입에 있어서 해당 수입자가 사업자인지 여부에 관계없이 부가가치세가 과세된다.
④ 부가가치세법상 납세의무자는 사업자이다.

낵뷔게의셥

•세관장이 거래징수하여 수입세금계산서를 발급한다.

Answer 1. ③ 2. ④ 3. ④ 4. ④ 5. ③ 6. ③ 7. ②

백점이론 제103강 ⊂ 공급시기

재화	원칙	• 재화의 이동이 필요한 경우	재화가 인도되는 때
		• 재화의 이동이 필요하지 아니한 경우	재화가 사용(이용)가능한 때
		• 위 기준을 적용할 수 없는 경우	재화의 공급이 확정되는 때
		• 현금판매, 외상판매, 단기할부판매, 내국신용장에 의한 공급 ➡단기할부판매 : 2회 이상 대가분할, 3월 이상 1년 미만	인도되는 때 **주의** 현금수령시가 아님.
		• 장기할부판매, 완성도기준지급, 중간지급조건부, 전력 등 공급 단위 구획불가 재화를 계속적 공급시 ➡장기할부 : 2회 이상 대가분할, 1년 이상 ➡중간 지급 조건부 : 재화 인도전에 계약금 외의 대가를 분할 지급하고, 계약금·인도일사이 기간이 6월 이상	대가의 각 부분을 받기로 한 때 **주의** 조건이 성취되는 때가 아님.
		• 위탁판매	수탁자의 공급일
		• 수출하는 재화	선적일 **주의** 수출신고수리일이 아님.
		• 위 모든 공급시기 도래전에 대가받고 세금계산서·영수증 발급시 **주의** 무대가로 발급 제외	발급한 때 **주의** 인도하는 때가 아님.

보론 공급시기특례
- 다음의 경우에도 공급시기 이전 세금계산서 발급한 때를 공급시기로 함.
  ① 발급일부터 7일내 대가 수령
  ② 다음요건 모두 충족하는 발급일부터 7일 경과 대가 수령분
    ㉠ 계약서 등에 대금청구시기와 지급시기가 별도 기재될 것
    ㉡ 대금청구시기와 지급시기 사이의 기간이 30일 이내일 것

보론 공급시기 후 발급의 경우
- 공급시기 후 세금계산서 발급은 인정되지 않으며 다음과 같은 불이익이 있음.
  ① 공급시기 후 확정신고기한 내 발급시
    ㉠ 공급자 : 세금계산서불성실가산세 부과
    ㉡ 공급받는자 : 매입세액공제는 인정하되, 가산세부과
  ② 공급시기 후 확정신고기한 이후에 발급시
    ㉠ 공급자 : 세금계산서불성실가산세 부과
    ㉡ 공급받는자 : 매입세액공제는 불인정하되, 가산세배제

용역	• 통상적인 용역의 공급	역무의 제공완료일
	• 장기할부, 완성도기준지급, 중간지급, 기타조건부, 계속적 공급	대가의 각 부분을 받기로 한 때
	• 부동산 임대용역의 간주임대료 • 선불, 후불로 받는 경우 월수에 따라 안분 계산된 임대료	과세기간(예정신고기간)종료일 **주의** 대가를 받는 때가 아님.
	• 위 모든 공급시기 도래전에 대가받고 세금계산서·영수증 발급시 **주의** 무대가로 발급 제외	발급한 때

FINAL 객관식뽀개기 — **빈출적중문제**

1. 다음은 (주)삼일의 기계장치 판매와 관련한 내용이다. 20x2년도 제1기 예정신고 기간(20x2.1.1~3.31)의 부가가치세 과세표준은 얼마인가? [기출문제]

> 기계장치는 1월 15일에 할부로 판매하였으며, 총 할부대금 60,000,000원은 1월 15일부터 다음과 같이 회수하기로 하였다.
> - 20x2년 1월 15일 : 10,000,000원
> - 20x2년 2월 15일 : 10,000,000원
> - 20x2년 3월 15일 : 10,000,000원
> - 20x2년 4월 15일 : 10,000,000원
> - 20x2년 5월 15일 : 10,000,000원
> - 20x2년 6월 15일 : 10,000,000원

① 0원 ② 10,000,000원
③ 30,000,000원 ④ 60,000,000원

 낵비게이션

· (단기)할부판매의 공급시기는 인도일이다.

2. (주)삼일은 할부판매를 실시하고 있으며, 20x1년 7월 10일 상품을 할부로 판매하였다. 동 매출의 회수약정금액(부가가치세 제외)과 실제회수액(부가가치세 제외)이 다음과 같을 때 20x1년 제2기 예정신고기간(20x1년 7월 1일 ~ 20x1년 9월 30일)의 과세표준금액은 얼마인가? [기출문제]

일자	회수약정액	실제회수액
20x1년 7월 10일	10,000원	5,000원
20x1년 9월 10일	20,000원	10,000원
20x2년 3월 10일	10,000원	없음
20x2년 8월 10일	20,000원	10,000원
총 약정(회수)합계	60,000원	25,000원

① 5,000원 ② 15,000원
③ 30,000원 ④ 60,000원

 낵비게이션

· 장기할부판매(1년이상)이므로 공급시기는 대가의 각 부분을 받기로 한 때이다.
→ ∴실제회수액과 관계없이 20x1년 7월 10일 회수약정액 10,000원과 20x1년 9월 10일 회수약정액 20,000원이 제2기 예정신고기간(20x1년 7월 1일 ~ 20x1년 9월 30일)의 과세표준금액이다.

3. 부가가치세 과세사업을 영위하는 (주)삼일은 사용하던 기계장치를 20x3년에 매각하였다. 계약조건이 다음과 같을 경우 기계장치 매각과 관련한 20x3년 제1기 예정신고기간(20x3.1.1~3.31)의 부가가치세 과세표준은 얼마인가? [기출문제]

> 대음의 회수는 다음과 같이 이루어졌으며 잔금을 수령한 직후 기계장치를 인도하였다.
> - 20x3년 1월 15일 : 계약금 20,000,000원
> - 20x3년 4월 15일 : 중도금 30,000,000원
> - 20x3년 7월 30일 : 잔 금 10,000,000원

① 0원 ② 20,000,000원
③ 50,000,000원 ④ 60,000,000원

 낵비게이션

· 중간지급조건부 공급시기는 대가의 각 부분을 받기로 한 때이다.
→ ∴1월 15일 20,000,000원이 제1기 예정신고기간 과세표준이다.

4. 다음 중 부가가치세법상 공급시기에 관한 설명으로 가장 올바르지 않은 것은? [기출문제]

① 사업자는 재화 또는 용역의 공급시기에 세금계산서를 발급해야 한다.
② 일반적인 상품 및 제품은 재화가 인도되는 때가 공급시기이다.
③ 장기할부판매의 경우에는 대가의 각 부분을 받기로 한 때가 공급시기이다.
④ 수출재화의 경우 수출재화가 수입지에 도착하는 날짜가 공급시기이다.

 낵비게이션

· 수출재화의 공급시기 : 수출재화의 선적일

5. 다음은 부가가치세법상 공급시기에 대한 설명이다. 가장 옳지 않은 것은? [기출문제]

① 외상판매의 경우 현금이 실제로 수취되는 때가 공급시기이다.
② 장기할부판매의 경우 대가의 각 부분을 받기로 한 때가 공급시기이다.
③ 공급시기가 도래하기 전에 재화·용역에 대한 대가를 받고 세금계산서를 발급하는 경우 그 발급시기가 재화·용역의 공급시기이다.
④ 수출재화의 경우 수출재화의 선적일이 공급시기이다.

 낵비게이션

· 외상판매는 인도되는 때가 공급시기이다.

백점이론 제104강 ○ 영세율과 면세

영세율	의의	• 매출세액은 '0'이 되고 매입세액은 환급받음. ➡ 따라서 부가가치세 부담이 완전히 제거되므로 완전면세에 해당됨. •주의 과세표준도 '0'이 되는 것이 아니며 공급가액은 그대로 과세표준으로 집계됨. • 과세사업자이므로 부가가치세법상 모든 의무를 짐.
	취지	• 수출촉진과 소비지국과세원칙(국제적 이중과세방지)의 구현 •주의 면세사업자 : 면세포기를 해야만 영세율을 적용받을 수 있음.
	적용대상	• 수출하는 재화(내국신용장에 의한 공급 등), 국외에서 제공하는 용역 • 선박·항공기의 외국항행 용역, 기타 외화획득사업
	세금계산서 발급	• 내국신용장·구매확인서에 의한 수출은 영세율세금계산서 발급의무가 있음. ➡그 외 직수출 등은 세금계산서발급의무가 면제됨.

면세	의의	• 매출세액은 없지만 매입세액은 환급되지 않음. ➡따라서 부분면세에 해당함. • 부가가치세법상 사업자가 아니므로 원칙적으로 부가가치세법상 납세의무 없음. •주의 매입처별세금계산서합계표 제출의무는 있음. ➡단, 미제출시 가산세 없음. • 세금계산서 발급이 불가함.(계산서를 발급함)	
	취지	• 부가가치세의 역진성완화 •주의 면세는 사업자가 아닌 최종소비자의 세부담 경감을 위한 제도임.	
	면세대상	① 미가공식료품	• 쌀, 밀가루, 과일 : 면세 • 복숭아통조림, 맛김 : 과세
		② 수돗물, 연탄	• 생수, 전기, 유연탄 : 과세
		③ 여객운송용역(시내버스·시외버스·지하철)	• 항공기·고속(우등)·전세버스· 택시·고속철도 : 과세
		④ 주택임대용역(부수토지포함)	• 상가와 부수토지 임대 : 과세
		⑤ 여성용 생리처리위생용품, 영유아용 분유와 기저귀	—
		⑥ 의료보건용역과 혈액 (조산사, 간호사, 안마사, 장의사, 수의사 포함)	• 미용목적 성형수술 : 과세 • 수의사의 애완동물진료용역 : 과세
		⑦ 인가·허가 등을 받은 교육용역(학원 등)	• 무도학원, 자동차운전학원 : 과세
		⑧ 도서 및 도서대여 용역, 신문·잡지·관보·뉴스통신	• 광고 : 과세
		⑨ 토지의 공급(판매)	• 토지임대, 주택공급 : 과세
		⑩ 국민주택공급과 국민주택건설용역	• 국민주택 규모초과 : 과세
	면세포기	포기대상 : • 영세율이 적용되는 재화·용역	
		포기절차 : • 관할세무서장에게 면세포기 신고하고, 지체 없이 사업자등록해야 함.	
		부분 면세포기 : • 면세되는 둘 이상의 사업 영위자는 면세포기를 하고자하는 재화·용역의 공급만을 구분하여 면세포기 가능 ➡면세포기시에도 국내에 공급하는 재화에 대하여는 면세포기효력이 없음(즉, 그대로 면세가 적용됨.)	

FINAL 객관식뽀개기

빈출적중문제

1. 다음은 영세율과 면세제도를 비교한 내용이다. 다음 중 옳지 않은 것들을 모두 고른 것은? [기출문제]

구분	영세율	면세
ㄱ. 기본취지	소비지국 과세원칙의 구현	부가가치세의 역진성 완화
ㄴ. 적용대상	수출하는 재화 등 특정 거래	기초생활 필수재화 등 특정 재화용역
ㄷ. 면세정도	부분면세제도	완전면세제도
ㄹ. 과세표준 및 매출세액	공급가액이 과세표준에 포함되지 아니하며 매출세액도 없음	공급가액이 과세표준에는 포함되나 매출세액은 없음
ㅁ. 매입세액	매입세액이 전액 환급되어 최종소비자에게 전가되지 않음	매입세액이 공제되지 아니하므로 최종소비자에게 전가됨

① ㄱ, ㄴ　　　　　　② ㄱ, ㅁ
③ ㄷ, ㄹ　　　　　　④ ㄷ, ㅁ

 내비게이션

• 영세율 : 완전면세제도
　→면세 : 부분면세제도(불완전면세제도)
• 영세율 : 공급가액이 과세표준에 포함된다.
　→면세 : 공급가액이 과세표준에 포함되지 않는다.

2. 다음의 부가가치세법상 영세율 대상 중 세금계산서 발급대상 거래는? [기출문제]

① 내국신용장 또는 구매확인서에 의한 수출재화
② 국외에서 제공하는 용역
③ 직수출하는 재화
④ 항공기의 외국항행 용역

 내비게이션

• ①은 국내거래이므로 세금계산서발급의무가 있다.

3. 다음 중 정당하게 매입세액을 부담하고 매입세액공제를 받을 수 있는 항목은? [기출문제]

① 토지 임차료
② 사업과 직접 관련이 없는 지출
③ 세금계산서를 미수취한 지출
④ 비영업용소형승용차의 구입 및 유지 관련 지출

 내비게이션

• 토지의 공급은 면세이나 토지의 임대는 과세거래이므로 매입세액공제가 가능하다.
　→②,③,④ : 매입세액불공제 항목

4. 부가가치세법상 영세율과 면세에 관한 다음 설명 중 가장 옳지 않은 것은? [기출문제]

① 내국물품을 외국으로 반출하는 수출에 대해서는 영세율이 적용된다.
② 면세사업자는 면세를 포기하지 않는 한 영세율을 적용받을 수 없다.
③ 영세율제도를 적용받는 사업자도 가산세를 부담할 수 있다.
④ 면세제도는 당해 거래단계에서 창출된 부가가치뿐만 아니라 그 이전 단계에서 창출된 부가가치에 대하여도 과세되지 않는 효과를 가져오므로 완전면세제도라고 한다.

 내비게이션

• 영세율 : 완전면세제도 →면세 : 부분면세제도(불완전면세제도)

5. 임대사업자 진주형씨는 오피스텔을 분양 받아 세입자에게 월세로 임대료를 수령하려고 한다. 가장 잘못된 조언을 하고 있는 사람은? [기출문제]

이숙명 : 주거용으로 임대한다면 면세사업에 해당되니 월 임대료 수령액에 대해서는 부가가치세를 내지 않아도 되잖아.
구성민 : 주거용으로 임대하면 오피스텔을 매입할 때 부담한 부가가치세에 대해서 매입세액공제를 못 받겠지.
이성용 : 사무용으로 임대해도 원칙적으로는 오피스텔을 매입할 때 부담한 매입세액을 공제받지 못하게 돼.
홍문희 : 사무용으로 임대하면 과세사업에 해당되어서 월 임대료 수령액에 대해서 부가가치세를 납부해야 돼.

① 이숙명　　　　　　② 구성민
③ 이성용　　　　　　④ 홍문희

 내비게이션

• 사무용(과세)으로 임대시는 매입세액이 공제되나, 주거용(면세)으로 임대시는 매입세액이 공제되지 않는다.

백점이론 제105강　납부세액 계산구조

과　세　표　준
(×) 세　율(10%)
대 손 세 액 공 제
(−) 대 손 처 분 된 세 액
(+) 변 제 대 손 세 액
매　출　세　액
(−)
매　입　세　액
(+) 의 제 매 입 세 액
(−) 매 입 세 액 불 공 제
(+) 재 고 매 입 세 액
(−) 공 통 매 입 세 액 면 세 분
납　부　세　액
(−) 공　제　세　액
(+) 가　산　세
차 감 납 부 세 액

•주의 영세율과 현금매출도 과세표준(=공급가액)에 포함됨!

구　분	과세표준(공급가액)
• 금전으로 대가를 받는 경우	• 그 대가 ➡ VAT포함여부 불분명시 : 포함된 것으로 봄. 　∴ 공급가액 = 그 대가×100/110
• 금전이외의 대가를 받는 경우	• 자기가 공급한 것의 시가 •주의 ① 공급받은 것의 시가가 아님. 　　　② 자기가 공급한 것의 원가가 아님.
• 수입재화	• 관세의 과세가격 + 관세 + 교육세·농특세 + 개소세· 주세·교통세·에너지세·환경세
• 부동산임대용역	① 임대료 : 월임대료 × 해당월수 　➡ 선불·후불로 받는 임대료의 경우 : 　　선불·후불로 받는 임대료 × $\dfrac{\text{해당월수}}{\text{계약기간월수}}$ 　　→초월산입, 말월불산입 ② 간주임대료 : 임대보증금적수×이자율× $\dfrac{1}{365}$
공급가액에 포함 ×	• 판매장려금수입액 ➡ ∵대가관계 없음 • 반환의무있는 보증금·입회금 　•주의 반환의무 없으면 포함함. • 위약금, 손해배상금 • 도달전(운송중) 파손·훼손·멸실 재화 • 연체이자
공급가액에서 차감 ○	• 매출에누리 • 매출환입 • 매출할인
신용카드등 발행세액공제	• 결제액×1.3%(일반과세자) [한도] 연 1,000만원 　•주의 법인과 직전연도 10억원 초과자 적용배제
예정신고미환급세액	• 확정신고시 납부세액에서 차감 • 확정신고시는 예정신고내용과 조기환급은 신고대 상에서 제외 　•주의 3월분만에 의해 계산 　　　(단, 예정신고시 누락분은 포함하여 신고)
예정고지세액	• 예정시 직전 1/2을 정부고지에 의해 납부함. 　•주의 확정시 6월분 전체 계산 후 예정고지금액 　　　을 납부세액에서 차감함.
전자신고세액공제 참고	• 확정신고시 1만원을 세액공제함. 　→예정시는 공제없음

보론 차감납부세액의 79%를 부가가치세로 하며, 21%는 지방소비세로 지자체에 납입됨.

FINAL 객관식뽀개기 ━ 빈출적중문제

1. 건설업을 영위하는 ㈜삼일은 건물을 건설하여 국가에 공급하고 대가로 토지를 공급 받았다. 해당 건물의 시가가 5억이고 토지의 시가가 7억이라고 한다면, 다음 중 해당 건물 공급에 대한 ㈜삼일의 부가가치세 과세표준으로 가장 옳은 것은? [기출문제]

① 0원 　　　　　② 2억원
③ 5억원 　　　　④ 7억원

낵빅게인섭

• 금전 이외의 대가를 받는 경우는 공급한 것의 시가(=건물의 시가인 5억원)를 과세표준으로 한다.
　✦참고 국가에 공급하는 경우는 국가에 무상공급한 경우에만 면세대상에 해당한다.

2. 다음 중 부가가치세 과세표준의 계산에 관한 설명으로 가장 올바르지 않은 것은? [기출문제]

① 부가가치세법상 과세표준은 부가가치세를 포함한 공급대가를 기준으로 한다.
② 금전 이외의 대가를 받은 경우 공급한 재화 또는 용역의 시가를 공급가액으로 한다.
③ 공급하고 대가로 받은 금액에 부가가치세액이 포함되었는지 여부가 불분명한 경우에는 포함된 것으로 간주하여 과세표준을 계산한다.
④ 부가가치세의 과세표준은 전단계세액공제법의 적용을 위한 매출세액과 매입세액 계산의 기준금액이 된다.

낵빅게인섭

• 부가가치세를 제외한 공급가액이 과세표준이다.

3. 다음 중 부가가치세법상 과세표준에 관한 설명으로 가장 올바르지 않은 것은? [기출문제]

① 계약의 위약으로 인한 위약금은 과세표준에 포함하지 않는다.
② 금전으로 대가를 받은 경우에는 그 대가를 과세표준으로 한다.
③ 수입재화의 경우 관세금액은 과세표준에 포함하지 않는다.
④ 매출환입 재화가액은 과세표준에 포함하지 않는다.

낵빅게인섭

• 수입재화 과세표준 : 관세의 과세가격＋관세＋교육세 · 농특세 · 개소세 · 주세 · 교통세 · 에너지세 · 환경세

4. 다음 자료는 20x1년 1월 1일에 사업을 개시(동일에 사업자등록)한 ㈜삼일의 20x1.1.1~ 20x1.3.31까지의 거래내역이다. 20x1년 제1기 예정신고기간에 대한 ㈜삼일의 부가가치세 과세표준은 얼마인가(단, 모든 금액에는 부가가치세가 포함되지 아니함)? [기출문제]

구분	금액
매출액 (매출에누리, 매출할인액 차감전 금액)	350,000,000원
매출에누리	30,000,000원
매출할인	15,000,000원
매출처로부터 받은 외상매출금 연체이자	800,000원

① 305,000,000원 　　② 320,000,000원
③ 325,000,000원 　　④ 350,800,000원

낵빅게인섭

• 350,000,000－30,000,000－15,000,000＝305,000,000
＊매출할인 · 에누리 · 환입은 공급가액에서 차감하며, 연체이자는 공급가액에 포함하지 않는다.

5. 부동산임대업을 영위하는 사업자인 ㈜삼일의 20x1년도 제2기 예정신고기간(20x1.7.1~9.30)의 매출관련 자료이다. 20x1년도 제2기 예정신고기간의 부가가치세 과세표준으로 가장 옳은 것은? [기출문제]

ㄱ. 임대기간 : 20x1.8.1~20x2.7.31
ㄴ. 월 임대료 : 연간 36,000,000원(계약시 선납)
ㄷ. 임대보증금 : 50,000,000원
ㄹ. 국세청장 고시 1년 만기 정기예금이자율은 4%로 가정

① 6,334,246원 　　② 9,260,274원
③ 12,260,274원 　　④ 12,835,616원

낵빅게인섭

• 임대료 : 3,000,000x2개월＝6,000,000
• 간주임대료 : 50,000,000x61일x4%x1/365＝334,246
∴과세표준 : 6,000,000＋334,246＝6,334,246

Answer　1. ③　2. ①　3. ③　4. ①　5. ①

백점이론 제106강 ○ 대손세액공제

개요	의의	① 공급자 공급 후 공급받은자의 파산 등으로 대손처리되는 경우 거래징수하지 못함에도 부가가치세를 납부하는 불합리한 결과를 방지하기 위한 제도임. ② 공급받은자 폐업전 대손확정시 공제받은 매입세액을 차감하여 불합리한 결과를 방지함.
	서류제출	• 대손세액공제를 받기 위하여는 부가가치세확정신고서에 대손세액공제신고서와 대손사실을 입증할 수 있는 서류를 첨부하여 관할세무서장에게 제출해야 함.

매 출 자 (매출세액납부)	외상매출 →	매 입 자 (매입세액공제)
⇓ 대손시 : 매출세액에서 차감 회수시 : 매출세액에 가산		⇓ 대손시 : 매입세액에서 차감 변제시 : 매입세액에 가산

회계처리 참고

공급자 • 대손시 매출세액에 차감, 회수시 가산

매 출	(차) 외상매출금 110 (대) 매 출 100 VAT예수금 10
대손 & 대손세액공제	(차) 대손충당금 100 (대) 외상매출금 110 VAT예수금 10 ➡ if, 대손세액공제를 선택치 않은 경우 (차) 대손충당금 110 (대) 외상매출금 110
대손채권회수	(차) 현 금 110 (대) 대손충당금 100 VAT예수금 10 ➡ if, 대손세액공제를 선택치 않은 경우 (차) 현 금 110 (대) 대손충당금 110

공급받은자 • 대손시 매입세액에 차감, 변제시 가산

매 입	(차) 상 품 100 (대) 외상매입금 110 VAT대급금 10
대 손	(차) 외상매입금 10 (대) VAT대급금 10
변 제	(차) 외상매입금 100 (대) 현 금 110 VAT대급금 10

대손사유	• 파산(강제화의), 강제집행, 사망·실종, 소멸시효 완성, 회생계획인가의 결정 　주의 사업부진은 대손사유가 아님. • 부도 후 6월 경과 어음·수표(저당권 설정분은 제외) 　주의 20x1. 1.20 부도발생시 1기가 아닌 2기에 대손세액공제 적용

대손세액	• 공급 후 5년(2020년 이후 : 10년)이 경과한 날이 속하는 과세기간에 대한 확정신고기한까지 확정된 것 • 확정신고에만 적용함. • 대손세액 = 대손금액(VAT포함)×10/110

FINAL 객관식뽀개기 ── 빈출적중문제

1. ㈜삼일은 20x1년 11월 12일 ㈜용산에게 책상을 공급하고 부가가치세를 포함한 매출대금 55,000,000원을 어음으로 교부받았다. 그런데 20x2년 4월 20일 ㈜용산의 부도로 인하여 ㈜삼일은 동 어음에 대하여 은행의 부도확인을 받았다. ㈜삼일이 대손세액공제를 받을 수 있는 공제시기 및 그 금액은 얼마인가? [기출문제]

	공제시기	금액
①	20x2년 1기 예정신고	5,000,000원
②	20x2년 1기 확정신고	55,000,000원
③	20x2년 2기 예정신고	55,000,000원
④	20x2년 2기 확정신고	5,000,000원

• 공제시기 : 대손세액공제는 확정신고시에만 적용하므로 부도후 6월 경과한 20x2년 제2기 확정신고시 공제한다.
• 공제금액 : $55,000,000 \times \frac{10}{110} = 5,000,000$

2. (주)삼일의 다음 채권은 20x2년 회수 불가능한 것으로 확인되었다. 대손관련 정보가 다음과 같은 경우 (주)삼일의 20x2년 제2기 확정신고시 공제가능한 대손세액공제액은 얼마인가? [기출문제]

> ㄱ. 20x1년 1월 23일 (주)용산에 33,000,000원(VAT포함)의 재화를 공급하였으나 (주)용산이 20x2년 10월 4일에 법원으로부터 파산선고를 받아서 동일 대손으로 처리하였다. 파산선고시 (주)삼일의 배당액은 없는 것으로 확인되었다.
> ㄴ. 20x1년 3월 13일 (주)용산에 3,500,000원(VAT포함)의 재화를 공급하고 수령한 수표가 20x2년 10월 5일로 부도처리되었다. (주)삼일은 부도를 사유로 해당채권을 20x2년 10월 14일에 대손 처리하였으며 (주)용산의 재산에 대해 저당권을 설정하고 있지 않다.

① 500,000원 ② 3,000,000원
③ 3,300,000원 ④ 3,500,000원

• 부도수표는 부도발생일로부터 6월이 경과하지 않았으므로 제2기 확정시 대손세액공제 대상이 아니다.
→대손세액공제액 : $33,000,000 \times \frac{10}{110} = 3,000,000$

3. 다음 중 부가가치세법상 대손세액공제를 적용하기 위한 대상 사유가 아닌 것은? [적중예상]

① 파산
② 사망
③ 상법상의 소멸시효 완성
④ 사업부진

• 사업부진은 대손사유로 규정되어 있지 않다.

4. 다음 중 부가가치세법상의 대손세액공제에 대한 설명으로 옳지 않은 것은? [적중예상]

① 대손세액을 공제받기 위하여는 수표 또는 어음의 부도발생일로부터 1년이 경과해야 한다.
② 대손세액공제를 받고자 하는 사업자는 부가가치 확정신고서에 대손세액공제신고서와 대손사실을 증명하는 서류를 첨부하여 소관세무서장에게 제출하여야 한다.
③ 대손세액은 대손금액(부가가치세를 포함한 금액)의 110분의 10으로 한다.
④ 대손세액은 대손이 확정된 날이 속하는 과세기간의 매출세액에서 차감한다.

• 1년(X) → 6개월(O)

5. 부가가치세법상 대손세액공제에 대한 설명으로 옳지 않은 것은? [적중예상]

① 대손세액은 대손금액에 110분의 10을 곱한 금액이다.
② 예정신고시에도 대손세액공제를 적용할 수 있다.
③ 사업자가 대손금액의 전부 또는 일부를 변제한 경우에는 변제한 대손금액에 관련된 대손세액을 변제한 날이 속하는 과세기간의 매입세액에 더한다.
④ 대손세액공제의 범위는 사업자가 부가가치세가 과세되는 재화 또는 용역을 공급한 후 그 공급일부터 10년이 경과된 날이 속하는 과세기간에 대한 확정신고기한까지 확정되는 대손세액으로 한다.

• 확정신고시만 적용한다.

백점이론 제107강 ── 매입세액계산

매입세액 공제요건	증빙요건	• 세금계산서(매입자발행세금계산서), 신용카드매출전표(현금영수증) -주의 현금매입(간이영수증 등) 수취분은 공제불가 -주의 현금매입 : 매입세액공제 불가 현금매출 : 매출세액 납부 • 신용카드매출전표 등을 발급받은 경우 신용카드매출전표 등 수령명세서를 제출
	공제액	• 사용된 것은 물론이고 사용될 예정인 것도 공제대상(매입시점에 전액공제) -주의 따라서 재고로 남아있어도 무관하며, 사용시점에 공제하는 것이 아님.
	예정신고누락분	• 예정신고시 누락분은 확정신고시 공제 가능
	확정신고누락분	• 확정신고시 누락분은 경정청구에 의함.

-주의 간이과세자로부터 발급받은 세금계산서, 신용카드매출전표 등은 매입세액공제 불가함.

매입세액 불공제	• 매입처별세금계산서합계표관련	• 미제출 예정신고 또는 확정신고와 함께 합계표를 제출치 않은 경우 • 부실기재 거래처별등록번호, 공급가액이 미기재·사실과 다르게 기재된 경우
	• 세금계산서관련	• 미수취 세금계산서를 발급받지 않은 경우 • 부실기재 필요적기재사항이 미기재·사실과 다르게 기재된 경우 보론 세금계산서 필요적 기재사항 ① 공급자의 등록번호와 성명(명칭) ② 공급받는자의 등록번호 ③ 공급가액과 세액 ④ 작성연월일 -주의 공급받는자의 성명(상호), 공급연월일, 주 소는 필요적 기재사항이 아님.
	• 사업무관매입세액	• 법인세·소득세법상 업무무관비용이 해당됨.
	• 비영업용소형승용차의 구입·임차·유지관련	• 일반적으로 운수용등이 아닌 배기량 1,000cc 초과하는 8인승 이하 자동차를 말함. -주의 ∴다음의 매입세액은 공제됨 – 운수사업용(영업용), 9인승 이상, 화물차
	• 접대비지출관련, 면세사업관련, 토지관련	–
	• 사업자등록 신청 전 매입세액	• 공급시기가 속하는 과세기간이 끝난 후 20일 이내에 등 록 신청한 경우 그 공급시기 내 매입세액은 공제

-주의 서식상에는 세금계산서수취분에 집계한 후 별도로 공제받지못할매입세액란에 기재함.

FINAL 객관식뽀개기 ─ 빈출적중문제

1. (주)삼일의 신입 사원인 홍강남씨는 경리부서에 처음 배치되었다. 경리부장은 홍강남씨에게 부가가치세 신고업무를 맡겼다. 홍강남씨는 부가가치세에 대한 공부를 하였으나 실제로 다음과 같은 원재료 매입이 일어나자 언제 매입세액공제를 받아야 할지 망설이고 있다. 다음 중 (주)삼일이 매입세액공제를 받아야 하는 시기는 언제인가? [기출문제]

매입	:	1월 11일
매입대금의 지급	:	4월 15일
매입물품의 매출	:	7월 23일
매출대금의 회수	:	10월 1일

① 제1기 예정신고기간 ② 제1기 확정신고기간
③ 제2기 예정신고기간 ④ 제2기 확정신고기간

 백비게이션

• 매입시점(1월 11일)이 속하는 제1기 예정신고기간에 전액 공제받는다.

2. 다음 중 공제받을 수 있는 매입세액으로 가장 옳은 것은? [기출문제]

① 사업과 직접 관련이 없는 지출에 대한 매입세액
② 면세사업 관련 매입세액
③ 신용카드 매출전표상의 매입세액
④ 접대비 및 이와 유사한 비용 관련 매입세액

백비게이션

• ①,②,④ : 매입세액불공제항목

3. 다음 자료는 (주)삼일의 20x1년도 제1기 예정신고기간(20x1.1.1~3.31) 동안의 거래내역이다. 20x1년도 제1기 예정신고기간의 부가가치세 납부세액은 얼마인가(단, 모든 금액에는 부가가치세가 포함되지 아니함)? [기출문제]

구분	금액
국내 제품 매출액	200,000,000원
제품 수출액	50,000,000원
원재료 매입(세금계산서 수취)	30,000,000원
소모품 매입(세금계산서 수취)	20,000,000원
토지관련 매입(세금계산서 수취)	70,000,000원

① 13,000,000원 ② 15,000,000원
③ 20,000,000원 ④ 22,000,000원

백비게이션

• 200,000,000x10%-(30,000,000+20,000,000)x10%=15,000,000
*제품수출액은 영세율이 적용되며, 토지관련 매입세액은 매입세액불공제 사항이다.

4. 다음은 (주)삼일의 20x1년 제1기 예정신고기간의 매입내역이다. 동 기간 (주)삼일의 매입세액공제액은 얼마인가(단, 아래 제시된 자료의 매입액에는 부가가치세가 포함되어 있지 않다)? [기출문제]

> ㄱ. 건축물 인테리어 공사비 : 10,000,000원
> ㄴ. 원재료 매입액 : 20,000,000원(원재료 매입시 현금을 지급하고 세금계산서 등 적격증빙을 미수취)
> ㄷ. 토지 매입비 : 50,000,000원
> ㄹ. 거래처 직원에 제공한 접대비 매입액 : 30,000,000원

① 1,000,000원 ② 3,000,000원
③ 5,000,000원 ④ 8,000,000원

백비게이션

• 10,000,000x10%=1,000,000
→ㄴ,ㄷ,ㄹ : 매입세액불공제 대상

5. (주)삼일의 20x1년 제1기 예정신고기간의 매입내역이 다음과 같을 때, 매입세액공제액은 얼마인가(단, (주)삼일은 20x1년 1월 27일에 사업자 등록 신청을 하였고, 특별한 언급이 없는 한 적격증빙을 구비하였으며 매입액에는 부가가치세가 포함되어 있지 않다.)? [기출문제]

> ㄱ. 과세대상 원재료 매입 : 20,000,000원
> ㄴ. 신용카드로 구입한 기계장치 : 40,000,000원
> ㄷ. 공장부지 매입 : 30,000,000원
> ㄹ. 영업부장이 법인카드로 지출한 접대비 : 400,000원
> ㅁ. 20x1년 1월 5일에 매입한 비품구입비 : 1,000,000원
> ㅂ. 비영업용 소형승용차 구입비 : 3,000,000원

① 6,100,000원 ② 9,000,000원
③ 9,400,000원 ④ 10,400,000원

백비게이션

• (20,000,000+40,000,000+1,000,000)x10%=6,100,000
→ㄷ,ㄹ,ㅂ : 매입세액불공제항목

제1편 백점이론특강

제2편 기출문제특강

SET1
SET2
SET3
SET4
SET5
SET6
SET7
SET8
SET9
SET10

신유형

기출문제오답노트

실전기출모의고사

백점이론 제108강 ⊃ 부가가치세 신고·납부

신고납부	기한	• 예정신고기간, 과세기간 종료 후 25일 이내에 신고납부함. ▸주의 외국법인도 동일하게 25일내 신고납부함. 보충 폐업시 신고납부기한 : 폐업일이 속하는 달의 다음달 25일 이내 신고납부
	확정신고	• 예정신고 등에 의해 이미 신고한 금액은 제외함. ▸주의 대손세액공제, 가산세, 전자신고세액공제는 확정시만 적용됨.
결정·경정	결정사유	• 무신고(확정신고를 하지 않은 경우)
	경정사유	• 확정신고는 했으나 신고의 내용에 오류 또는 탈루가 있는 등의 경우

환급

일반환급		• 각 과세기간별로 그 확정신고기한 경과 후 30일내 환급해야 함. ▸주의 예정신고기간에 대한 환급세액은 원칙적으로 환급치 않고, 확정시 정산함.
조기환급	대 상	• 재화·용역공급에 영세율이 적용되는 때 • 사업설비(감가상각자산에 한함)를 신설·취득·확장하는 때
	환급방법	• 조기환급기간은 예정신고기간 또는 과세기간 최종 3월중 매월 또는 매2월을 말함.

조기환급 / 환급방법 표:

조기환급기간	제1기 과세기간					
	예정신고기간			과세기간최종3월		
	1월	2월	3월	4월	5월	6월
'매월'	○	○		○	○	
'매2월'	○ (1,2월)			○ (4,5월)		

• 조기환급받고자 하는 자는 영세율 등 조기환급기간 종료일로부터 25일 이내에 신고하며, 조기환급신고기한 경과 후 15일내에 환급해야 함.

가산세

사업자등록	① 사업개시일로부터 20일내 사업자등록하지 않은 경우(1%) ② 타인명의로 사업자등록하고 실제사업영위로 확인되는 경우(1%)
현금매출명세서	• 전문직 등이 현금매출명세서를 제출하지 않거나 사실과 다르게 제출한 경우(1%)
세금계산서	① 세금계산서 미발급(2%) / 실질공급 없이 발급(3%) / 다른자 명의로 발급(2%) ② 필요적기재사항의 미기재나 사실과 다른 기재(1%)
매출처별 세금계산서합계표	① 합계표 미제출(0.5%) ② 합계표의 거래처별 등록번호나 공급가액의 미기재나 사실과 다른 기재(0.5%) ③ 예정시 제출분을 확정시 제출(0.3%)
매입처별 세금계산서합계표	① 합계표 미제출·부실기재로 경정시 T/I에 의해 매입세액공제 받는 경우(0.5%) ② 합계표의 공급가액을 사실과 다르게 과다 기재시(0.5%) ③ 재화·용역의 공급시기까지는 세금계산서를 발급받지 아니하였으나 공급시기 후 확정신고기한 내에 발급받아 매입세액을 공제받는 경우(0.5%)
비사업자(자료상)	• 사업자 아닌 자가 실질공급 없이 세금계산서 발급 또는 수취한 경우(3%)

FINAL 객관식뽀개기 ── **빈출적중문제**

1. 다음 중 부가가치세의 신고와 납부에 대한 설명으로 가장 올바르지 않은 것은? [기출문제]

① 원칙적으로 각 예정신고기간 또는 과세기간의 말일부터 25일 이내에 신고·납부하여야 한다.
② 사업자가 폐업하는 경우 별도의 부가가치세 신고절차는 불필요하다.
③ 예정신고누락분과 가산세가 있을 경우 확정신고시 추가하여 신고한다.
④ 예정신고시 대손세액공제는 적용하지 아니한다.

 내비게이션

•폐업일 속하는 달의 다음달 25일 이내에 신고납부하여야 한다.

2. 다음 중 부가가치세법상 가산세와 관련된 내용으로 가장 옳지 않은 것은? [기출문제]

① 매출처별세금계산서 합계표를 지연제출시 가산세가 부과된다.
② 매출처별세금계산서합계표를 미제출·부실기재시 제출불성실가산세가 적용된다.
③ 매입처별세금계산서 합계표를 지연제출시 가산세가 부과된다.
④ 예정신고시 제출하지 아니한 매출처별세금계산서합계표를 확정신고시 제출한 경우 매출처별 세금계산서합계표제출불성실가산세가 부과된다.

내비게이션

•매입처별세금계산서합계표에 대하여는 원칙적으로 미제출이나 지연제출(예정분을 확정시 제출) 가산세가 적용되지 않는다.

3. 다음 중 부가가치세법과 관련된 가산세가 적용되는 경우가 아닌 것은? [기출문제]

① 20x1년 1월 5일 사업을 개시한 후 5일 후인 1월 10일에 사업자 등록을 신청하였고, 다음날인 1월 11일에 10억원을 매출하였다.
② 재화를 공급하지 않고 세금계산서를 발급하였다.
③ 타인명의로 사업자 등록을 하여 사업을 하고 있는 것이 확인되었다.
④ 영세율 과세표준을 신고하지 않았다.

내비게이션

•사업개시일로부터 20일내 등록시 미등록가산세가 부과되지 않는다.

4. 다음 중 부가가치세 예정신고시 첨부할 서류가 아닌 것은? [기출문제]

① 매출처별세금계산서합계표
② 매입처별세금계산서합계표
③ 대손세액공제신고서
④ 신용카드매출전표수령명세서

내비게이션

•대손세액공제는 확정신고시에만 적용한다.

5. 다음은 기계 제조업을 영위하는 ㈜삼일의 제1기 확정신고(4.1~6.30)를 위한 매출관련 자료이다(단, 수출분은 적절한 증빙을 수령하였다). ㈜삼일의 제1기 부가가치세 확정신고서상 과세표준란의 (ㄱ), (ㄴ), (ㄷ), (ㄹ)에 들어갈 금액으로 올바르게 짝지어진 것은? [기출문제]

구분		금액	세율	세액
과세표준 및 매출세액	과세	세금계산서발급분 (ㄱ)	10/100	
		매입자발행 세금계산서	10/100	
		신용카드 현금영수증발행분 (ㄴ)	10/100	
		기타(정규영수증)	10/100	
	영세율	세금계산서발급분 (ㄷ)	0/100	
		기타 (ㄹ)	0/100	

구분	금액
세금계산서발행 국내매출액(VAT미포함)	40,000,000원
신용카드매출전표발행분(VAT포함)	33,000,000원
현금영수증발행((VAT포함)	2,200,000원
내국신용장에 의한 공급분(Local수출분)	30,000,000원
직수출분	60,000,000원

	(ㄱ)	(ㄴ)	(ㄷ)	(ㄹ)
①	40,000,000	32,000,000	30,000,000	60,000,000
②	40,000,000	32,000,000	60,000,000	30,000,000
③	70,000,000	2,000,000	30,000,000	60,000,000
④	70,000,000	2,000,000	60,000,000	30,000,000

내비게이션

•(ㄱ) : 40,000,000(세금계산서 발행 국내매출액)
•(ㄴ) : $33,000,000 \times \frac{100}{110} + 2,200,000 \times \frac{100}{110} = 32,000,000$
•(ㄷ) : 30,000,000(내국신용장에 의한 공급)
•(ㄹ) : 60,000,000(직수출)

백점이론 제109강 ── 세금계산서(T/I) 기본사항

의의	세금계산서 기능	• 청구서, 송장, 거래증빙, 세금영수증, 대금영수증, 기장의 기초자료 ▸주의 계약서기능을 하는 것은 아님. 보론 간이과세자는 수취증빙(T/I, 영수증) 보관시 기장의무를 이행한 것으로 봄
	필요적 기재사항 (T/I굵은선)	① 공급자의 등록번호와 성명(명칭) ② 공급받는자의 등록번호 ③ 공급가액과 세액 ④ 작성연월일 ▸주의 공급받는자의 성명(상호), 공급연월일, 주소 등은 임의적 기재사항임.
	보론 간이과세자와 면세사업자는 세금계산서 발급불가	

T/I작성	등록번호	• 공급받는 자가 면세사업자인 경우 : 소득·법인세법상 등록번호(고유번호)를 기재 • 공급받는 자가 일반소비자인 경우 : 주민등록번호를 기재
	업태·종목	• 2가지 이상인 경우 : 공급가액이 가장 큰 업태·종목을 기재하되 "××외"라고 기재
	작성연월일	• T/I실제작성일자를 기재 ▸주의 계약체결일자나 공급일자가 아님.
	공란수	• 공급가액(13자리)으로 기재한 금액 앞의 빈칸 수를 기재
	세액	• 12자리로서, 영세율인 경우는 '영세율'이라고 기재
	비고	• 위탁매매시 수탁자(대리인)의 등록번호를 기재
	영수/청구	• 현금판매, 외상판매에 따라 두 줄로 삭제하거나 동그라미 표시함.
	발급	• 2부를 발행 ➡ 1부는 공급자 보관용(적색), 1부는 공급받는자 보관용(청색)

일괄발급 특례	❖다음의 경우 공급일이 속하는 달의 다음달 10일까지 발급 가능 ① 거래처별로 1역월의 공급가액을 합계하여 말일자를 발행일자로 발급하는 경우 ② 거래처별로 1역월 이내에서 임의로 정한 기간의 공급가액을 합계하여 그 기간 종료일을 발행일자로 발급하는 경우 ③ 관계증빙에 의해 실제거래사실이 확인되는 경우로서 거래일자를 발행일자로 발급하는 경우

T/I발급장소	원칙	• 재화·용역을 공급하는 사업장	
	예외	공급사업장과 실제인도장소가 다른 경우	• 인도가 이루어지는 장소
		공급사업장과 거래성립사업장이 다른 경우	• 거래가 성립된 사업장

보론 영수증
① 공급받는자와 세액을 제외한 필요적 기재사항이 기재된 증빙으로 정규세금계산서가 아님.
② 공급대가(VAT 포함액)가 기재됨.
③ 금전등록기계산서와 신용카드매출전표 등은 영수증으로 봄.
　→금전등록기계산서를 발급하고 감사테이프 보관시는 영수증을 발급하고 기장을 이행한 것으로 보며, 현금수입기준으로 과세표준을 계산하여 부가가치세 부가 가능함.
④ 최종소비자를 대상으로 하는 모든 일반과세자가 신용카드기 등 기계적 장치에 의해 영수증을 발급시는 공급가액과 세액을 반드시 구분기재해야 함.

영수증발급대상	세금계산서발급을 요구하는 경우
• 목욕·이발·미용업, 간이과세자 • 여객운송업(전세버스 제외) • 입장권발행사업	• 발급불가 ➡단, 감가상각자산 공급에 대해서는 요구시 발급해야 함.
• 소매업 • 세무사 등 인적용역(사업자공급분 제외) • 주로 소비자대상 사업자	• 발급가능 ➡단, 신용카드매출전표 등을 발급한 경우는 발급불가

➡ 택시운송·노점·행상·무인판매기 : 세금계산서 발급의무면제

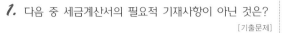

FINAL 객관식뽀개기 **빈출적중문제**

1. 다음 중 세금계산서의 필요적 기재사항이 아닌 것은?

[기출문제]

① 공급자의 사업자등록번호
② 작성연월일
③ 공급받는자의 사업장 주소
④ 공급가액과 부가가치세액

• 공급받는자의 사업장 주소는 임의적 기재사항이다.

2. 다음 중 세금계산서의 작성방법을 서술한 설명으로 가장 올바르지 않은 것은?

[기출문제]

① 공급받는 자가 부가가치세 면세사업자인 경우에 "공급받는 자의 등록번호"에 소득세법 또는 법인세법의 규정에 의한 등록번호 또는 고유번호를 기재한다.
② 작성연월일에는 대금결제일이 아닌 세금계산서를 실제로 작성하는 일자를 기재한다.
③ 제품을 판매하고 총 55,000원(부가가치세 포함)을 수령하였다면 공급가액에는 55,000원을 기재한다.
④ 제품을 판매하고 총 55,000원(부가가치세 포함)을 수령하였다면 세액에는 5,000원을 기재한다.

내비게이션

• 공급가액에 50,000원을 기재하고, 세액에 5,000원을 기재한다.

3. 세금계산서와 관련된 다음 설명 중 가장 옳지 않은 것은?

[기출문제]

① 면세사업자는 공급받는 자가 요구하는 경우에는 세금계산서를 발급하여야 한다.
② 세금계산서 발급시 필요적 기재사항을 기재하지 않으면 세금계산서불성실가산세가 적용된다.
③ 필요적 기재사항이 일부라도 기재되지 아니하거나 기재된 사항이 사실과 다를 때에는 정당한 세금계산서로 인정되지 않는다.
④ 부가가치세법상 납세의무자라 하더라도 사업자등록을 하지 않으면 세금계산서를 발급할 수 없다.

내비게이션

• 면세사업자는 어떠한 경우에도 세금계산서를 발급할수 없다.

4. 부가가치세법상 거래증빙에 관한 설명으로 가장 올바르지 않은 것은?

[기출문제]

① 사업자가 재화나 용역을 공급하는 경우 세금계산서를 발급하는 것이 원칙이지만 법에서 정한 소비자대상 업종의 경우 영수증을 발급할 수 있다.
② 과세사업자가 아닌 면세사업자는 다른 사업자와의 거래시에 세금계산서가 아닌 계산서를 발급하여야 한다.
③ 택시운송, 노점 등의 경우 세금계산서 발급의무가 면제된다.
④ 신용카드매출전표를 수취하는 경우 부가가치세액이 별도로 구분 가능하지 않아도 신용카드매출전표수령명세서만 제출하면 매입세액으로 공제 받을 수 있다.

내비게이션

• 세액이 구분 가능한 신용카드매출전표를 발급받은 경우에만 매입세액공제가 가능하다.

5. (주)삼일은 20x2년 6월 20일 (주)용산에 재화를 외상으로 공급하였다. 외상대금의 결제는 40일 뒤에 이루어졌고, 세금계산서는 결제시점인 20x2년 7월 30일을 작성일자로 하여 발급하였다. 다음 중 이와 관련한 설명으로 가장 옳지 않은 것은?

[기출문제]

① 사업자는 원칙적으로 재화의 공급시기에 세금계산서를 발급하여야 한다.
② (주)삼일은 가산세를 부담하여야 한다.
③ (주)용산은 매입세액을 공제받을 수 없다.
④ (주)용산은 가산세를 부담하여야 한다.

내비게이션

• 공급받는자의 경우 공급시기후 확정신고기한 내에 수취시 매입세액공제를 받을 수 있으며, 이 경우에는 가산세가 부과된다.
→따라서, (주)용산은 확정신고기한 이후에 수취했으므로 매입세액공제를 받을 수 없으며 가산세도 없다.

6. 다음 중 세금계산서의 작성과 관련하여 가장 올바르지 않은 것은?

[기출문제]

① 세금계산서상 공급가액과 부가가치세액을 기재하지 아니하여도 실제 거래가 확인되는 경우 정당한 세금계산서라고 볼 수 있다.
② 송장의 역할이나 외상거래의 청구서의 역할도 한다.
③ 기본적으로 세무서에 사업등록을 한 사업자는 개인이나 법인 모두 세금계산서 발급의무가 있다.
④ 사업자는 원칙적으로 제품, 상품을 판매할 때마다 세금계산서를 발급하여야 한다.

Answer 1. ③ 2. ③ 3. ① 4. ④ 5. ④ 6. ①

백점이론 제110강 ⊂ 세금계산서(T/I)의 종류

매입자발행 세금계산서	신청기한	• 세금계산서 공급시기가 속하는 과세기간 종료일부터 3개월(2019년이후 : 6개월) 이내
	신청가능금액	• 거래건당 공급대가 10만원 이상 금액
	신청절차	• 객관적 거래사실 입증서류(송금확인서 등)를 첨부 　➡ 신청인 관할세무서장에게 신청 • 신청인 관할세무서장은 제출된 날부터 7일내에 공급자 관할세무서장에 송부하여 　거래사실 여부를 확인하고 확인결과를 신청인에게 통지

수정 세금계산서	발급사유	발급절차
	당초 공급재화가 환입	• 환입일을 작성일자로 기재, 비고란에 당초 작성일자를 부기 • 적색 글씨(주서)로 쓰거나 부('-')의 표시를 하여 발급
	계약해제	• 작성일자는 계약해제일을 기재, 비고란에 당초 작성일자를 부기 • 적색 글씨로 쓰거나 부('-')의 표시를 하여 발급
	공급가액에 증감이 발생	• 증감사유가 발생한 날을 작성일자로 기재 • 증가금액은 흑색, 감소금액은 적색이나 부('-')의 표시
	기재사항의 착오기재	• 당초발급분 : 당초 내용대로 적색 글씨로 작성하여 발급 　수정발급분 : 흑색 글씨로 작성하여 발급

　　보론 **수정세금계산서 발급요건**
　　　　수정세금계산서는 당초에 세금계산서를 발급한 경우에만 발행가능함.
　　　　➡∴다음의 경우는 수정세금계산서를 발급할 수 없으며, 세금계산서 미발급에 해당함.
　　　　　① 당초 세금계산서를 발급하지 않은 경우
　　　　　② 과세거래를 면세거래로 보아 세금계산서가 아닌 계산서를 발급한 경우
　　주의 감액(취소) 수정세금계산서가 있다면 합계표에는 그 매수는 포함하고 금액은 차감하여 기재함.
　　　　예 매출세금계산서가 50매 ₩100,000,000이고, 취소수정세금계산서가 5매 ₩5,000,000인 경우에는
　　　　　매출처별세금계산서합계표에 매수는 55매, 금액은 ₩95,000,000으로 기재함.

전자 세금계산서	발급의무자	① 법인사업자 ② 직전연도 사업장별 공급가액 합계액이 3억원 이상인 개인사업자 　　주의 복식부기의무자라고 해서 발급의무자인 것은 아님.
	전송기한	• 발급명세를 발급일의 다음날까지 국세청장에게 전송
	인센티브	① 세금계산서합계로 제출의무 면제 ② 세금계산서 보관의무 면제
	가산세	① 전송기한 경과후 과세기간말의 다음달 11일(2019년이후 : 확정신고기한)까지 전송 ② 공급 과세기간말의 다음달 11일(2019년이후 : 확정신고기한)까지 미전송

　　보론 **장부보존**
　　　　장부와 세금계산서, 영수증 등은 그 거래사실이 속하는 과세기간에 대한 확정신고를 한 날부터 5년간
　　　　보존해야 함.(단, 전자세금계산서 전송분은 제외)

수입 세금계산서	• 세관장이 발행하는 세금계산서로 매입세금계산서와 동일하게 매입세액공제를 함. • 세관장은 과세사업자의 규정을 준용하여 매출처별세금계산서합계표를 관할세무서장에게 제출해야 함.

FINAL 객관식뽀개기 빈출적중문제

1. 다음 중 신문기사에서 소개하고 있는 사례의 경우와 관련있는 내용으로 가장 옳은 것은? [기출문제]

> **거래처에서 세금계산서를 발급해주지 않는다고요?**
> (XX일보 7월 22일자 기사 중)
> 의류소매업을 하고 있는 A씨는 최근에 거래를 하기 시작한 의류도매업자 때문에 난감한 상황에 직면하게 됐다. 가장 싸게 의류를 판매하고 있다는 이 의류도매업자가 세금계산서 발행을 거부했기 때문. A씨는 싼 김에 한꺼번에 많은 물건을 구입했지만, 세금계산서를 발급 받지 못했기 때문에 매입세액을 공제받지 못하겠다는 생각이 들었다. 그렇다고 세금계산서 발행을 거부했다고 신고할 수도 없는 일(중략) 이렇게 해서 A씨는 부가가치세 신고시 기재한 매입세액을 공제받을 수 있다.

① 매입자발행세금계산서　② 전자세금계산서
③ 수정세금계산서　　　　④ 금전등록기계산서

2. 다음 중 매입자발행세금계산서에 관한 설명으로 가장 올바르지 않은 것은? [기출문제]

① 세금계산서 발급의무가 있는 사업자가 세금계산서를 발행하지 않는 경우 관할세무서장의 확인을 받아 공급받는 자가 세금계산서를 발행할 수 있다.
② 매입자발행세금계산서는 공급시기가 속하는 과세기간 종료일부터 6개월 이내에 거래 사실을 객관적으로 확인할 수 있는 서류를 첨부하여 신청하여야 한다.
③ 신청인 관할세무서장은 신청서가 제출된 날부터 1년 이내에 공급자 관할세무서장에게 송부하여 거래 사실여부를 확인하고 결과를 신청인에게 통지하여야 한다.
④ 신청인은 거래사실 확인통지를 받은 경우 확인한 거래일자를 작성일자로 하여 매입자발행세금계산서를 발행하여 공급자에게 발급하여야 한다.

 **낵빅개의션**
•1년 이내(X) → 7일 이내(O)

3. 다음 중 수정세금계산서를 발급할 수 없는 경우는? [기출문제]

① 작성연월일을 착오로 잘못 기재한 경우
② 공급한 재화 또는 용역이 반품 또는 환입된 경우
③ 재화 공급 후에 계약금이 변경된 경우
④ 과세를 면세로 잘못 알고 계산서를 발급한 경우

낵빅개의션
•수정세금계산서는 당초에 세금계산서를 발급한 경우에만 발행가능하다.
　㉠ 면세를 과세로 잘못 알고 세금계산서를 발급한 경우
　　→수정세금계산서 발급이 가능하다.
　㉡ 과세를 면세로 잘못 알고 계산서를 발급한 경우
　　→당초 세금계산서를 발급한 것이 아니라 계산서를 발급한 것이므로 수정세금계산서 발급이 불가하며, 이 경우는 세금계산서 미발급으로서 가산세가 부과된다.

4. 다음 중 부가가치세법상의 수정세금계산서에 관한 설명으로 가장 올바르지 않은 것은? [기출문제]

① 사업자는 기존 발행한 세금계산서에 대해 정정사유가 발생한 경우 수정세금계산서를 발행하여야 한다.
② 과세를 면세로 잘못 알고 계산서를 발급한 경우 수정세금계산서를 발행할 수 있다.
③ 수정세금계산서는 세금계산서 명칭 앞에 "수정"이라고 표기하며, 기재사항의 변경이 있는 경우 당초 발급한 세금계산서는 붉은 글씨로, 수정하는 세금계산서는 검은 글씨로 각각 작성한다.
④ 수정세금계산서는 수정사유가 발생한 때에 발급하는 것이 원칙이나, 당초의 거래시기가 속하는 국세기본법상의 수정신고기한 이내에 수정하여 발급할 수 있다.

낵빅개의션
•당초 계산서를 발급한 것이므로 수정세금계산서 발급이 불가하다.

5. 다음 중 세금계산서와 관련된 성격으로 가장 올바르지 않은 것은? [기출문제]

① 특정의 경우에는 사업자의 편의를 위하여 일정기간의 거래액을 합계하여 세금계산서를 발급할 수 있다.
② 필요적 기재사항이 일부라도 기재되지 아니하거나 기재된 사항이 사실과 다를 때에는 정당한 세금계산서로 인정되지 않는다.
③ 세금계산서를 발행하여야 하는 거래에 대하여 세금계산서를 발행하지 않은 경우에는 수정세금계산서를 발행하여야 한다.
④ 택시운송, 노점, 행상, 무인판매기를 이용하여 재화를 공급하는 사업자는 세금계산서 발급의무가 면제된다.

낵빅개의션
•수정세금계산서는 당초에 세금계산서를 발급한 경우에만 발행이 가능하다.

 Answer　1. ①　2. ③　3. ④　4. ②　5. ③

3P FINAL

POTENTIALITY
PASSION
PROFESSION

3P는 여러분의 무한한 잠재적 능력과 반드시 성취하겠다는 열정을 토대로 전문가의 길로 나아가는 세무라이선스 파이널시리즈의 학습 정신입니다.

수험생 여러분의 합격을 응원합니다.

제2편. 기출문제특강

2020-2021
FINAL

회계관리1급 한권으로끝장

Cam Exam intermediate level

실전연습.
▶ 복원기출문제

현행 개정세법과 회계기준에 부합하도록 문제를 임의변경·보완하여 저자만의 노하우를 담아 완벽한 해설과 함께 제시된 복원기출문제를 통하여 실제 시험의 유형을 파악하고, 본인의 합격 여부를 가늠해 볼 수 있도록 하였습니다.

제1장
복원기출문제연습

SEMOOLICENCE

[실전연습]

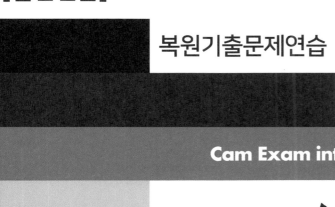

복원기출문제연습

SET ❶

Cam Exam intermediate level

▶ 복원기출문제는 현행 개정세법과 현행 회계기준에
부합하도록 저자가 문제를 임의변경·보완 및 추가한
문제가 포함되어 있습니다.

SEMOOLICENCE

01 재무회계

1 다음 중 K-IFRS 하에서 포괄손익계산서에 대한 설명으로 옳지 않은 것은?

① 전체 재무제표에 포괄손익계산서가 포함된다.
② 포괄손익계산서에 당기순손익과 기타포괄손익의 당기 변동액을 포함한다.
③ 포괄손익계산서의 양식으로 '단일 포괄손익계산서'와 '별개의 손익계산서와 포괄손익계산서'를 제시하고 있으며 이들 모두를 표시하여야 한다.
④ 포괄손익계산서를 성격별 분류법과 기능별 분류법 중 선택하여 작성할 수 있다.

해설

- 포괄손익계산서의 양식으로 '단일 포괄손익계산서' 또는 '별개의 손익계산서와 포괄손익계산서'를 제시하고 있으며 이 중 하나의 양식을 선택하여 표시할 수 있다.

저자주 본 문제는 한국채택국제회계기준 규정에 대한 문제이므로 참고만하기 바랍니다.

2 ㈜삼일은 20x1년 손익계산서에 이자비용 160,000원을 보고하였으나, 만일 ㈜삼일이 현금주의를 채택하였다면 이자비용이 30,000원만큼 감소하게 된다. 20x1년말 미지급이자가 40,000원이라면 ㈜삼일의 20x1년초 재무상태표에 기재되어 있는 미지급이자는 얼마인가?

① 10,000원
② 30,000원
③ 40,000원
④ 50,000원

해설

- 미지급이자 계정

현금지급	130,000	기초미지급이자	?
기말미지급이자	40,000	이자비용	160,000
	170,000		170,000

→ 기초미지급이자=10,000

3 다음은 중소기업 회계처리 특례에 관한 내용이다. 가장 옳지 않은 것은?

① 유형자산과 무형자산의 내용연수 및 잔존가액의 결정은 법인세법의 규정에 따를 수 있다.
② 정형화된 시장에서 거래되는 파생상품에 대해서도 계약시점 이후 평가에 관한 회계처리를 하지 않을 수 있다.
③ 시장성이 없는 지분증권은 취득원가로 평가할 수 있다.
④ 법인세비용은 법인세법 등의 법령에 의해 납부하여야 할 금액으로 할 수 있다.

해설

- 정형화된 시장에서 거래되는 파생상품(×)
  → 정형화된 시장에서 거래되지 않아 시가가 없는 파생상품(O)

4 일반기업회계기준에서는 자본거래에서 발생한 잉여금과 손익거래에서 발생한 잉여금을 구분하여 재무상태표에 표시하도록 규정하고 있다. 다음 중 잉여금의 성격이 다른 것은?

① 외환차익
② 자기주식처분이익
③ 채무면제이익
④ 유형자산처분이익

> **해설**
> • 자기주식처분이익은 자본조정이며, 나머지는 당기손익이다.

5 다음 중 재무상태표의 작성기준에 대한 올바른 설명으로 보기 어려운 것은?

① 재무상태표상 자산의 유동계정과 비유동계정은 일반적으로 1년 기준으로 구분한다.
② 재고자산·매출채권 및 매입채무 등 운전자본과 관련된 항목들에 대하여는 1년을 초과하더라도 정상적인 영업주기내에 실현 혹은 결제되리라 예상되는 부분에 대해서는 유동항목으로 분류한다.
③ 동일 거래처에 대한 채권과 채무가 동시에 존재하는 경우에는 이를 상계하여 표시한다.
④ 재무상태표상 부채도 유동성을 기준으로 구분하여 기재한다.

> **해설**
> • 자산과 부채는 원칙적으로 상계표시가 불가하다.

6 다음 중 20x1년 12월 31일 ㈜삼일의 재무상태표상 현금및현금성자산으로 분류되지 않는 항목은?

① 20x2년 5월 31일에 만기 도래 예정인 채권
② 20x1년 12월 2일에 취득하여 상환일이 20x2년 1월 30일인 상환우선주
③ 타인발행 당좌수표
④ 환매채(취득당시 3개월 이내의 환매조건)

> **해설**
> • 취득 당시 만기가 3개월 이내에 도래하는 채권이어야 한다.

7 ㈜삼일의 20x2년 대손충당금 기초잔액은 150,000원이며, 당기 중 매출채권 및 대손상각비와 관련되어 발생한 거래는 다음과 같다. ㈜삼일은 매출채권 기말잔액의 3%를 대손충당금으로 설정한다고 할 때, 당기 손익계산서에 계상될 대손상각비는 얼마인가?

> ㄱ. 3월 9일 : 매출채권 120,000원에 대해 회수불능으로 대손처리했다.
> ㄴ. 7월 5일 : 20x1년에 대손처리한 매출채권 중 80,000원이 회수되었다.
> ㄷ. 20x2년말 매출채권 잔액은 8,500,000원이다.

① 23,000원
② 85,000원
③ 95,000원
④ 145,000원

> **해설**
>
> 대손충당금
>
> | | | | |
> |---|---|---|---|
> | 대손발생액 | 120,000 | 기초대손충당금 | 150,000 |
> | | | 회수 | 80,000 |
> | 기말대손충당금 | 255,000[*] | 대손상각비 | ? |
>
> → 대손상각비 : 145,000
> [*] $8,500,000 \times 3\% = 255,000$

제1편 백점이론특강 제2편 기출문제특강 SET1 SET2 SET3 SET4 SET5 SET6 SET7 SET8 SET9 SET10 신유형 기출문제오답노트 실전기출모의고사

8 ㈜삼일은 커피음료를 제조하는 회사이다. 커피의 원재료를 매입하기 위하여 매입대금 중 일부인 2,000,000원을 20x1년 12월 23일에 미리 지급하였다. 실제 원재료 입고일은 20x2년 1월 11일이고, 총 매입대금은 3,000,000원일 경우, 20x1년 12월 23일에 필요한 ㈜삼일의 회계처리로 올바른 것은?

① (차) 선급비용   2,000,000원   (대) 현금   2,000,000원
② (차) 원재료   3,000,000원   (대) 현금   3,000,000원
③ (차) 매출원가   2,000,000원   (대) 현금   2,000,000원
④ (차) 선급금   2,000,000원   (대) 현금   2,000,000원

 해설
• 정상적인 영업활동과 관련하여 미리 지급한 금액(계약금)은 선급금 계정으로 처리한다.

계약금 지급	(차) 선급금	2,000,000	(대) 현금	2,000,000
잔금 지급	(차) 원재료	3,000,000	(대) 현금	1,000,000
			선급금	2,000,000

9 다음 중 기말재고자산에 포함될 항목으로 짝지어진 것은(단, 중소기업회계처리특례는 고려하지 않는다)?

> ㄱ. 시용판매를 위하여 고객에게 제공된 상품 중 매입의사가 표시되지 않은 부분
> ㄴ. 위탁판매목적으로 반출된 상품 중 수탁자가 현재 보관중인 부분
> ㄷ. 장기할부조건으로 판매한 상품
> ㄹ. 목적지인도조건으로 매입한 운송중인 상품
> ㅁ. 선적지인도조건으로 매입한 운송중인 상품

① ㄱ, ㄴ, ㄹ   ② ㄱ, ㄴ, ㅁ
③ ㄴ, ㄷ, ㄹ   ④ ㄷ, ㄹ, ㅁ

 해설
• 장기할부조건으로 판매한 상품은 인도시점이 수익인식시점이므로 기말재고에 포함되지 않는다.
• 목적지인도조건으로 매입한 운송중인 상품은 도착시에 소유권이 이전되므로 기말재고에 포함되지 않는다.

10 재고자산과 관련된 일반기업회계기준에 대한 설명 중 틀린 것은?

① 위탁판매의 경우 수탁자가 판매한 날에 위탁자의 재고자산을 감소시켜야 한다.
② 매입운임은 매입한 상품의 원가에 가산한다.
③ 제조기간이 장기인 재고자산의 취득에 사용된 차입금에 대하여 취득시까지 발생한 이자비용은 재고자산의 취득원가에 산입할 수 있다.
④ 제조업의 경우 재고자산도 유가증권과 마찬가지로 공정가치로 평가하여 평가이익을 계상할 수 있다.

 해설
• 재고자산은 저가법을 적용하여 평가손실만 계상할수 있다.

11 ㈜삼일의 20x1년 중 재고자산거래의 내역은 다음과 같다. 다음 자료를 바탕으로 선입선출법하의 매출원가를 구하면 얼마인가(단, 회사는 실지재고조사법에 의하여 수량을 기록한다)?

구 분	단위	단위원가	총원가
기초재고(1. 1)	1,000개	90원	90,000원
매 입(3.15)	200개	110원	22,000원
매 입(5.16)	1,200개	145원	174,000원
판매가능량	2,400개		286,000원
매 출(4.22)	800개		
매 출(9.18)	900개		
판매수량	1,700개		
기말재고(12.31)	700개		

① 184,500원
③ 206,500원
② 202,583원
④ 223,000원

해설
- 1,000개×90+200개×110+500개×145=184,500

12 다음 중 투자주식에 대한 지분법 적용여부를 판단함에 있어 투자회사가 피투자회사에 대하여 지분율과 관계없이 중대한 영향력을 행사할 수 있다고 보기 어려운 경우는?

① 금오그룹은 피투자회사인 ㈜대유건설의 이사회에 참가하여 그 의결권을 행사할 수 있다.
② ㈜처음소주의 신상품 히트로 인하여 시장점유율이 떨어진 ㈜이슬소주는 이판사판 마케팅전략을 수립하였으나, 투자회사인 ㈜하이토맥주에서 선임한 임원의 반대로 새로운 마케팅전략을 강구해야 하는 상황에 처해 있다.
③ 이동통신의 선두주자인 ㈜에이스케이 텔레콤의 20x1년 새로운 영업정책인 'D프로젝트'는 투자회사인 ㈜에이스에이의 의사결정에 의하여 개발된 것이다.
④ ㈜다옴커뮤니케이션은 피투자회사인 ㈜파도커뮤니케이션에게 다른 회사에도 제공하고 있는 일반적인 기술정보인 사내메신저 파일설치를 위한 기술을 제공하였다.

해설
- 일반적인 기술정보(×) → 필수적인 기술정보(O)

제1편 빽점이론특강 / 제2편 기출문제특강 / SET1 / SET2 / SET3 / SET4 / SET5 / SET6 / SET7 / SET8 / SET9 / SET10 / 신유형 / 기출문제오답노트 / 실전기출모의고사

13 20x1년 1월 1일 ㈜삼일은 ㈜하나의 주식(매도가능증권)을 8,700,000원에 취득하였고 20x1년 12월 31일 현재의 공정가치는 7,500,000원이었다. 그러나 20x2년 중에 ㈜하나가 우리은행으로부터 당좌거래 정지처분을 당하여 당해 주식으로부터의 회수가능액이 3,500,000원으로 하락하였다. 이 경우 ㈜삼일이 ㈜하나의 주식에 대하여 20x2년에 인식할 매도가능증권손상차손은 얼마인가?

① 4,000,000원   ② 5,200,000원
③ 6,200,000원   ④ 8,700,000원

해설

• 20×1년초
  (차) 매도가능증권   8,700,000   (대) 현금   8,700,000
• 20×1년말
  (차) 평가손실   1,200,000   (대) 매도가능증권   1,200,000
• 20×2년중
  (차) 손상차손   5,200,000   (대) 평가손실   1,200,000
                                        매도가능증권   4,000,000

14 20x1년 12월 31일 현재 ㈜삼일이 당기중 취득하여 보유하고 있는 ABC사 주식과 DEF사 주식의 시가가 다음과 같은 경우 결산시 동 유가증권에 대한 평가가 ㈜삼일의 당기 손익에 미치는 영향은 얼마인가(단, 시가를 공정가치로 보며, 모든 주식은 단기매매증권으로 분류된다고 가정한다)?

종목	취득원가	시가
ABC사 주식	2,000,000원	2,500,000원
DEF사 주식	1,500,000원	1,400,000원

① 이익 400,000원   ② 이익 500,000원
③ 이익 600,000원   ④ 영향 없음

해설

• ABC사 주식 : 평가이익   500,000
  DEF사 주식 : 평가손실   (100,000)
  당기이익   400,000

15 ㈜삼일은 20x1년 1월 1일 공장신축부지로 사용하기 위하여 건물이 있는 토지를 30,000,000원에 구입하였다. 취득한 토지와 건물의 공정가치는 각각 8,000,000원과 16,000,000원이며 건물은 취득과 동시에 철거하였다. 건물의 철거비용은 1,500,000원이 소요되었다. ㈜삼일이 인식해야하는 토지의 취득원가는 얼마인가?

① 16,000,000원   ② 24,000,000원
③ 30,000,000원   ④ 31,500,000원

해설

• 새 건물을 신축할 목적으로 기존 건물이 있는 토지를 구입하여 기존 건물을 철거하는 경우는 일괄구입이 아니며, 총구입가와 기존건물 철거비용의 합계액을 토지의 취득원가로 한다.
  → 따라서, 토지 취득원가 : 30,000,000+1,500,000=31,500,000

16 재고자산(제조 등이 장기간 소요되는 경우), 유형자산 등의 제조·매입·건설 및 개발기간 중에 발생한 차입원가는 기간비용으로 처리함을 원칙으로 하되, 자본화 요건을 충족하는 경우에 이를 해당 자산의 취득원가에 산입할 수 있다. 다음 중 자산의 취득원가에 산입할 수 있는 항목으로 가장 적절하지 않은 것은?

① 사채발행차금상각액
② 차입금에 대한 연체이자
③ 외환차이 중 차입원가의 조정으로 볼 수 있는 부분
④ 차입금과 직접 관련하여 발생한 수수료

해설
• 차입금에 대한 연체이자와 매출채권처분손실(할인료)은 자본화대상 차입원가에서 제외한다.

17 ㈜삼일은 20x1년 1월 1일에 취득원가 5,000,000원, 잔존가치 500,000원, 내용연수 5년인 차량운반구를 취득하고 정액법으로 감가상각하고 있다. ㈜삼일이 20x1년말에 감가상각비로 인식할 금액은 얼마인가?

① 700,000원　　　　　　　　　② 800,000원
③ 900,000원　　　　　　　　　④ 1,000,000원

해설
• $(5,000,000-500,000) \times \frac{1}{5} = 900,000$

18 ㈜삼일은 20x1년 1월 1일 정부로부터 자산의 취득과 관련하여 보조금 400,000원을 받아 기계장치를 1,200,000원에 취득하였다. 이 기계장치의 내용연수는 5년, 잔존가치는 없으며 정액법으로 상각한다. ㈜삼일이 20x3년 1월 1일 이 기계장치를 650,000원에 매각하였다면 관련된 처분손익은 얼마인가?

① 이익 170,000원　　　　　　　② 손실 170,000원
③ 이익 250,000원　　　　　　　④ 이익 550,000원

해설
• (차) 현금　　　　　　　　　　　650,000　　(대) 기계장치　　　　1,200,000
　　감가상각누계액　1,200,000×2/5=480,000　　　　처분이익　　　　170,000
　　정부보조금　400,000-400,000×2/5=240,000

고속철 정부보조금 존재시 처분손익계산
'처분손익=처분가-보조금차감기준장부가'
$\rightarrow 650,000-(800,000-800,000 \times \frac{2}{5})=170,000(이익)$

19 일반기업회계기준에 의할 경우 내부적으로 창출된 무형자산이 인식기준에 부합하는지를 평가하기 위하여 무형자산의 창출과정을 연구단계와 개발단계로 구분하고, 개발단계에서 발생한 지출은 일정 요건을 충족하는 경우에 한하여 무형자산으로 인식할 수 있으며, 그 외의 경우에는 당기비용으로 처리하도록 규정하고 있다. 다음 중 개발단계에서 발생한 지출을 무형자산으로 계상하기 위해 반드시 필요한 조건으로 보기 어려운 것은?

① 무형자산을 사용 또는 판매하기 위해 그 자산을 완성시킬 수 있는 기술적 실현가능성을 제시할 수 있어야 한다.
② 무형자산이 어떻게 미래 경제적 효익을 창출할 것인가를 보여줄 수 있어야 한다.
③ 개발단계에서 발생한 무형자산 관련 지출을 신뢰성 있게 구분하여 측정할 수 있어야 한다.
④ 무형자산을 사용하여 개발된 시제품의 판매로 인한 매출이 발생하고 있어야 한다.

해설
• 개발단계에서 발생한 지출은 다음의 조건을 모두 충족하는 경우에만 무형자산으로 인식한다. 시제품의 판매로 인한 매출이 발생하고 있어야 하는 것은 아니다.

> ㉠ 무형자산을 사용 또는 판매하기 위해 그 자산을 완성시킬 수 있는 기술적 실현가능성을 제시할 수 있다.
> ㉡ 무형자산을 완성해 그것을 사용하거나 판매하려는 기업의 의도가 있다.
> ㉢ 완성된 무형자산을 사용하거나 판매할 수 있는 기업의 능력을 제시할 수 있다.
> ㉣ 무형자산이 어떻게 미래 경제적 효익을 창출할 것인가를 보여줄 수 있다.
> ㉤ 무형자산의 개발을 완료하고 그것을 판매 또는 사용하는데 필요한 기술적, 금전적 자원을 충분히 확보하고 있다는 사실을 제시할 수 있다.
> ㉥ 개발단계에서 발생한 무형자산 관련 지출을 신뢰성 있게 구분하여 측정할 수 있다.

20 ㈜삼일은 20x1년 설립된 벤처회사로 20x1년에 지출한 금액은 다음과 같다. 다음 자료를 기초로 할 경우 20x1년의 손익계산서상 비용으로 인식해야 할 금액은 얼마인가?

> ㄱ. 연구단계에서 발생한 지출 : 200,000원
> ㄴ. 개발단계에서 발생한 지출 : 500,000원
> ㄷ. 개발단계에서 발생한 지출 중 300,000원은 무형자산 중 개발비 인식요건을 만족한다.
> ㄹ. 개발비의 사용가능시점은 20x1년 7월 1일, 내용연수는 5년, 잔존가치는 없다.

① 200,000원　　　　　　　　　② 250,000원
③ 430,000원　　　　　　　　　④ 700,000원

해설
• 연구단계에서 발생한 지출　　　　　　　　　　: 200,000
　개발단계에서 발생한 지출 중 경상개발비　　　: 200,000

　개발비상각비　　　　　: $300,000 \div 5년 \times \dfrac{6}{12} = 30,000$
　　　　　　　　　　　　　　　　　　　　　　　$\overline{430,000}$

21 다음 중 장기연불거래에서 발생한 매출액에 대하여 일반기업회계기준상 손익계산서에 계상할 금액은?

① 미래에 수취할 명목금액의 단순합계
② 미래에 수취할 명목금액을 현재가치로 할인한 금액
③ 최초 현금으로 수취한 금액
④ 판매한 상품의 취득원가

해설
• 장기연불거래에 대하여는 현재가치평가를 하여 매출액을 인식한다.

22 ㈜삼일의 매입과 관련된 다음 사항을 반영하기 전 20x1년 12월 31일의 매입채무 계정잔액은 750,000원이다. 다음 자료를 반영한 후 ㈜삼일의 매입채무 금액은 얼마인가?

> • 20x1.12.31 현재 대금을 지급하지 않고 운송 중인 매입상품
> ㄱ. 상품 A : 선 적 일 – 20x1년 12월 23일(FOB 선적지 인도기준)
> 　　　　　　도 착 일 – 20x2년 1월 5일
> 　　　　　　가　　격 – 250,000원
> ㄴ. 상품 B : 선 적 일 – 20x1년 12월 23일(FOB 도착지 인도기준)
> 　　　　　　도 착 일 – 20x2년 1월 5일
> 　　　　　　가　　격 – 75,000원

① 425,000원
② 500,000원
③ 1,000,000원
④ 1,075,000원

해설
• 750,000+250,000(선적지 인도기준)=1,000,000

23 미지급비용은 아직 지급 기일이 도래하지 않아 지급되지 않고 있는 비용을 말한다. 이렇게 지급 기일이 도래하지 않았음에도 불구하고 기간의 경과에 따라 비용을 인식하는 근거는 무엇인가?

① 총액주의
② 현금주의
③ 중요성
④ 발생주의

해설
• 발생주의는 기업실체의 경제적 거래나 사건에 대해 관련된 수익과 비용을 그 현금유출입이 있는 기간이 아니라 당해 거래나 사건이 발생한 기간에 인식하는 것을 말한다. 발생주의 회계는 현금거래 뿐 아니라, 신용거래, 재화 및 용역의 교환 또는 무상이전, 자산 및 부채의 가격변동 등과 같이 현금유출입을 동시에 수반하지 않는 거래나 사건을 인식함으로써 기업실체의 자산과 부채, 그리고 이들의 변동에 관한 정보를 제공하게 된다.

24 20x1년 7월 1일에 ㈜삼일은 액면 90,000원, 이자율 6%, 3년 만기의 사채를 86,250원에 발행하였다. 이자지급일은 매년 6월 30일이며 유효이자율은 8%이다. 유효이자율법으로 사채할인발행차금을 상각하는 ㈜삼일이 20x1년말 계상해야 할 사채이자비용은 얼마인가?

① 2,588원
② 2,700원
③ 3,450원
④ 3,600원

해설
• (차) 이자비용 $86,250 \times 8\% \times \dfrac{6}{12} = 3,450$　(대) 현금 $90,000 \times 6\% \times \dfrac{6}{12} = 2,700$
　　　　　　　　　　　　　　　　　　　　　　사채할인발행차금　　750

제1편 백점이론특강　제2편 기출문제특강　SET1　SET2　SET3　SET4　SET5　SET6　SET7　SET8　SET9　SET10　신유형　기출문제오답노트　실전기출모의고사

25 이론적인 측면에서 볼 때 사채의 발행으로 기업이 받아야 하는 대가는 다음 중 어느 것인가?

① 사채의 액면금액
② 사채의 상환일에 지급하게 되는 원금과 사채의 존속기간 동안 지급하게 되는 이자를 발행 당시의 시장이자율로 할인한 현재가치의 합계금액
③ 액면금액에 사채의 존속기간 동안 지급하게 될 이자의 금액을 발행당시의 시장이자율로 할인한 금액을 가산한 금액
④ 액면금액에 사채 존속기간 동안의 이자지급액을 가산한 금액

해설
• 발행금액은 '상환원금과 이자' 모두의 현재가치금액이다.

26 다음은 ㈜삼일의 퇴직급여와 관련된 회계정보이다. 20x2년에 ㈜삼일이 손익계산서에 계상한 퇴직급여는 얼마인가?

	20x1년	20x2년
12월 31일 퇴직급여충당부채 잔액	30,000원	60,000원
퇴직금 지급액	2,000원	5,000원

① 25,000원
② 35,000원
③ 60,000원
④ 85,000원

해설
• 60,000-(30,000-5,000)=35,000

27 20x1년 1월 1일 사업을 개시한 ㈜삼일은 20x1년 1월 1일에 건물을 임대하고 2년치 임대료 150,000원을 선불로 받았다. 세법상 임대소득의 귀속시기를 현금주의로 한다고 가정할 경우, K-IFRS 하에서 20x1년 12월 31일 재무상태표에 계상될 이연법인세자산 또는 이연법인세부채는 얼마인가(단, 차감할 일시적차이에 대응할 수 있는 미래 과세이익의 발생가능성은 높고 그 밖의 일시적차이는 없으며, 평균세율은 30%이다)?

① 이연법인세자산 22,500원
② 이연법인세부채 22,500원
③ 이연법인세자산 45,000원
④ 이연법인세부채 45,000원

해설

회사			
(차) 현금	150,000	(대) 임대수익	75,000
		선수임대료	75,000

세법			
(차) 현금	150,000	(대) 임대수익	150,000

→ 익금산입 75,000(유보)
따라서, 이연법인세자산(유보) 75,000×30%=22,500

28 주식배당과 무상증자가 자본총액에 미치는 영향을 바르게 표시한 것은?

	주식배당	무상증자
①	영향없음	감소
②	영향없음	영향없음
③	감소	영향없음
④	감소	감소

해설

- 주식배당 : (차) 이익잉여금 ××× (대) 자본금 ×××
- 무상증자 : (차) 이익잉여금(or 자본잉여금) ××× (대) 자본금 ×××
  → 따라서, 자본총액에는 모두 영향이 없다.

29 ㈜삼일은 20x1년말 결산결과 전기에 비하여 자산은 5,660,000원 증가하였고 부채는 2,840,000 원 감소하였음을 알게 되었다. ㈜삼일의 자본이 자본금과 이익잉여금만으로 구성되어 있으며, 20x1 년 중 5,000,000원의 신주를 액면으로 발행하였다면 20x1년도 당기순이익은 얼마인가(단, 신주발 행비는 없다고 가정한다)?

① 820,000원 ② 2,840,000원
③ 3,500,000원 ④ 4,200,000원

해설

- 자본증가액(5,660,000+2,840,000)=신주발행(5,000,000)+당기순이익
  → 따라서, 당기순이익은 3,500,000

30 다음은 자본관련 항목들을 나열한 것이다. 이들 중 이익잉여금의 처분으로 상각되는 것은 어느 것인가?

ㄱ. 주식할인발행차금	ㄴ. 지분법자본변동
ㄷ. 자기주식처분손실	ㄹ. 매도가능증권평가손실

① ㄱ, ㄴ ② ㄱ, ㄷ
③ ㄱ, ㄴ, ㄷ ④ ㄴ, ㄷ, ㄹ

해설

- 지분법자본변동과 매도가능증권평가손실은 기타포괄손익누계액으로 계상한다.

31 다음 중 손익계산서에 대한 설명으로 가장 옳지 않은 것은?

① 손익계산서는 경영활동에 대한 성과를 측정·평가하는데 유용한 정보를 제공한다.
② 손익계산서는 계속사업손익과 중단사업손익을 구분기재함으로써, 계속사업으로 인한 미래손익예 측에 유용한 정보를 제공한다.
③ 손익계산서상의 당기순이익은 법인세 계산을 위한 과세소득과 동일하다.
④ 손익계산서는 기업내부의 경영계획이나 배당정책을 수립하는데 중요한 자료로 이용될 수 있다.

해설

- 손익계산서상의 당기순이익과 법인세 계산을 위한 과세소득은 일반적으로 상이하므로 법인세법상의 세무조정 절 차가 필요한 것이다.

32 다음은 유통업을 영위하는 ㈜삼일의 20x1년 발생된 거래에 관한 자료이다. ㈜삼일의 20x1년 당기순이익은 얼마인가?

매출총이익	2,550,000원	유형자산처분손실	30,000원
주식할인발행차금상각	70,000원	법인세비용	80,000원
광고선전비	300,000원	외화환산이익	90,000원
접대비	450,000원	배당금지급액	500,000원

① 1,210,000원   ② 1,280,000원
③ 1,710,000원   ④ 1,780,000원

해설

• 매출총이익(2,550,000)-광고선전비(300,000)-접대비(450,000)-유형자산처분손실(30,000)+외화환산이익(90,000)-법인세비용-(80,000)=1,780,000

33 다음은 ㈜삼일이 20x1년 중 인식한 수익에 관한 내용들이다. 20x1년에 대한 회계감사 중 지적 사항이 될 만한 내용은 어느 것인가?

① ㈜삼일은 성격과 가치가 유사한 재화의 교환을 수익을 발생시키는 거래로 보아 회계처리 하였다.
② ㈜삼일은 배당금수익을 배당금을 받을 권리와 금액이 확정되는 시점에 인식하였다.
③ ㈜삼일은 제품공급자로부터 받은 노트북을 회사가 운영하는 전자쇼핑몰에서 중개판매하여 발생한 관련 수수료만을 수익으로 인식하였다.
④ ㈜삼일은 상품권 판매시점에 선수금계정으로 처리하였다가, 상품의 판매시점에 수익을 인식하였다.

해설

• 성격과 가치가 유사한 경우 : 수익발생거래로 보지 않는다.
• 성격과 가치가 상이한 경우 : 수익발생거래로 본다.

34 ㈜삼일은 20x1년 4월 1일 액면금액 100,000원의 상품권 10매를 고객에게 발행하였다. 상품권은 액면금액의 20%에 해당하는 금액을 할인하여 1매당 80,000원에 발행하였다. 상품권의 유효기간은 10개월이며 20x1년 중에 사용된 상품권은 8매이며 판매한 상품의 가액과 상품권의 액면금액은 동일하였다. ㈜삼일이 20x1년에 상품권 판매로 인식할 순매출액은 얼마인가?

① 640,000원   ② 800,000원
③ 1,000,000원   ④ 1,200,000원

해설

• 발행시
  (차) 현금   80,000×10매=800,000   (대) 선수금   100,000×10매=1,000,000
       상품권할인액   200,000
• 회수시
  (차) 선수금   100,000×8매=800,000   (대) 매출   800,000
  (차) 매출에누리   200,000×8매/10매=160,000   (대) 상품권할인액   160,000

35 다음 중 비용에 관한 설명으로 틀린 것은?

① 연구비는 연구단계에 속하는 각종 활동과 관련하여 발생한 비용으로 전액 당기비용으로 인식한다.
② 경상개발비는 개발단계에서 발생한 지출 중 자산 인식요건을 충족하지 못한 비용을 말한다.
③ 접대비는 판매와 관련하여 발생하므로 원가성 여부와 무관하게 판매비와 관리비로 분류해야 한다.
④ 광고선전비는 불특정다수인을 상대로 지출하는 비용인 반면 접대비는 특정인을 대상으로 지출하는 비용이다.

> **해설**
• 접대비, 감가상각비, 복리후생비등의 비용이 제조와 관련한 비용인 경우(원가성이 있는 경우)에는 제품원가로 처리한다.

36 ㈜삼일은 보험에 가입되어 있는 기계장치가 20x2년 1월 1일 화재로 소실되어 보험회사로부터 보험금 200,000,000원을 지급받았다. 기계장치의 취득가액은 250,000,000원이고, 20x1년 12월 31일의 감가상각누계액은 70,000,000원이라고 할 때 회사가 20x2년 1월 1일에 계상할 보험금수익은 얼마인가?

① 20,000,000원
② 50,000,000원
③ 180,000,000원
④ 200,000,000원

> **해설**
• (차) 감가상각누계액　　70,000,000　　(대) 기계장치　　250,000,000
　　손상차손(재해손실)　180,000,000
　(차) 현금　　　　　　200,000,000　　(대) 보험금수익　200,000,000

37 당기 장부마감전 발견된 다음 오류사항 중 당기순이익에 영향을 미치는 것은?

① 전기 주식할인발행차금 미상각
② 매도가능증권에 대한 평가손실 미계상
③ 당기 재고자산에 대한 평가손실 미계상
④ 당기 재해손실을 일반관리비로 계상

> **해설**
• ① 전기 주식할인발행차금 미상각
　　→ 자본조정에 영향
　② 매도가능증권에 대한 평가손실 미계상
　　→ 기타포괄손익누계액에 영향
　③ 당기 재고자산에 대한 평가손실 미계상
　　→ 매출원가에 영향(따라서, 당기손익에 영향)
　④ 당기 재해손실을 일반관리비로 계상
　　→ 손익에는 영향이 없다.

38 다음 주당이익에 대한 설명 중 틀린 것은?

① 우선주의 배당금은 정해진 배당률과 관계없이 배당이 선언되지 않으면 지급할의무가 없으므로 보통주당기순이익의 계산에서 차감하지 않는다.
② 특정기업의 경영성과를 기간별로 비교하는 데 유용하다.
③ 주가를 주당이익으로 나눈 수치인 주가수익률은 증권시장에서 중요한 투자지표의 하나인데, 주당이익은 이러한 주가수익률 계산에 기초자료가 된다.
④ 특정기업의 주당이익을 주당배당금 지급액과 비교해 봄으로써 당기순이익 중 사외에 유출되는 부분과 사내에 유보되는 부분의 상대적 비율에 대한 정보를 용이하게 얻을 수 있다.

해설
• 우선주의 배당금은 보통주당기순이익의 계산에서 차감한다.

39 다음 중 손익계산서에서 판매비와 관리비 항목으로 구분되어 표시되는 항목으로 보기 어려운 것은?

① 재고자산평가손실　　　　　　② 감가상각비
③ 급여　　　　　　　　　　　　④ 접대비

해설
• 재고자산평가손실은 매출원가로 처리한다.

40 자본변동표와 관련된 다음 설명 중 올바르지 않은 것은?

① 자본변동표는 자본을 구성하고 있는 항목의 변동사항에 대한 포괄적인 정보를 제공한다.
② 자본변동표는 손익계산서에서 나타내지 못하는 자본에 직접 가감되는 미실현손익에 대한 정보를 제공함으로써 포괄적인 기업경영성과에 대한 정보를 직·간접적으로 제공한다.
③ 자본변동표는 기본재무제표에 해당하지 않는다.
④ 자본변동표는 일정기간 동안에 발생한 기업실체와 주주간의 거래 내용을 이해하고, 주주에게 귀속될 수 있는 이익 및 배당가능이익을 파악하는데 유용하다.

해설
• 자본변동표는 기본재무제표에 해당한다.

02 세무회계

41 다음 중 조세의 분류기준과 그 내용으로 가장 잘못된 것은?

① 독립된 세원이 있는지 여부에 따른 분류 – 독립세, 부가세
② 조세사용용도가 특정하게 지정되었는지에 따른 분류 – 직접세, 간접세
③ 조세를 부과하는 주체에 따른 분류 – 국세, 지방세
④ 납세의무자의 인적사항이 고려되는지 여부에 따른 분류 – 인세, 물세

해설
• 조세의 사용용도가 특정하게 지정되었는지에 따른 분류 : 보통세와 목적세

42 법인세법에 대한 다음 설명 중 가장 옳은 항목만으로 묶인 것은?

> ㄱ. 비영리외국법인은 영리를 목적으로 하지 않으므로 국내에서 수익사업을 하는 경우에도 법인세를 납부할 의무가 없다.
> ㄴ. 청산소득의 납세의무자는 원칙적으로 해산으로 소멸하는 영리내국법인이다. 따라서 비영리법인은 청산소득의 납세의무가 없다.
> ㄷ. 내국영리법인의 국외원천소득은 국외에서 이미 과세가 되었으므로 국내에서는 추가적으로 과세되지 않는다.
> ㄹ. 익금산입 또는 손금불산입 세무조정으로 인한 소득처분시 소득귀속자가 불분명한 경우 법인의 대표자에 대한 상여로 소득처분한다.

① ㄱ, ㄴ   ② ㄴ, ㄷ
③ ㄱ, ㄷ   ④ ㄴ, ㄹ

해설
• ㄱ : 비영리외국법인은 국내에서 수익사업을 하는 경우 법인세를 납부할 의무가 있다.
　ㄷ : 내국영리법인은 국·내외 모든 소득에 대하여 법인세를 납부할 의무가 있다.

43 법인세법상 세무조정사항은 결산조정사항과 신고조정사항으로 구분할 수 있다. 결산조정사항이란 결산서에 비용으로 계상하지 않은 경우에 손금산입을 할 수 없는 항목이며, 신고조정사항이란 결산서에 수익 및 비용으로 계상하지 않은 경우에 반드시 세무조정을 하여야 하는 익금, 손금항목이다. 결산조정사항과 신고조정사항의 차이점을 비교한 다음 표의 내용 중 가장 옳지 않은 것은?

구분	결산조정사항	신고조정사항
대상	법에서 정하는 일정항목	결산조정사항 이외의 항목
결산서상 누락한 경우	세무조정(손금산입)할 수 없음	세무조정 실시하여야 함
손금 귀속시기	결산상 비용으로 회계처리하는 사업연도	법에서 정하는 귀속시기가 속하는 사업연도
예시	퇴직보험료	감가상각비, 대손상각비

① ㄱ   ② ㄴ
③ ㄷ   ④ ㄹ

해설
• 퇴직보험료   : 신고조정사항
  감가상각비, 대손상각비   : 결산조정사항

44 다음 자료는 ㈜연아가 회계상 비용으로 계상한 항목들이다. ㈜연아의 법인세법상 손금불산입되는 금액을 계산하면 얼마인가?

ㄱ. 법인세비용	10,000,000원
ㄴ. 건물을 임차하고 지급하는 임차료	20,000,000원
ㄷ. 벌금, 과태료 및 가산금	5,000,000원
ㄹ. 시가하락으로 인한 토지(유형자산)의 평가손실	20,000,000원

① 5,000,000원   ② 15,000,000원
③ 35,000,000원   ④ 55,000,000원

해설
• 임차료만 손금항목이다.
  →고정자산평가손실은 천재·지변·법령수용·화재로 인한 경우만 인정된다.

45 다음 자료를 이용하여 ㈜마오의 제7기(20x1.1.1~20x1.12.31) 접대비에 대한 세무조정을 수행하고자 할 때 손금불산입되는 금액은 얼마인가?

> ㄱ. 접대비 : 5천만원[접대비 중 신용카드 등을 사용하지 않고 영수증을 수취한 금액 1천만 원(1건)이 포함되어 있으며, 나머지 접대비는 적격증빙을 갖추었음]
> ㄴ. 매출액 : 600억원(특수관계인 매출 없음)
> ㄷ. 회사는 제조업을 영위하며, 중소기업이다.
> ㄹ. 세법상 손금한도를 계산하기 위한 수입금액 기준 적용률은 다음과 같음.

〈수입금액 기준 적용률〉

수입금액	적용률
100억원 이하	0.3%
100억원 초과 500억원 이하	3천만원+100억원 초과분X0.2%
500억원 초과	1억1천만원+500억원 초과분X0.03%

① 8,000,000원
② 10,000,000원
③ 20,000,000원
④ 30,000,000원

해설

- 손금불산입 신용카드등 미사용액 10,000,000(기타사외유출)
- 접대비한도 : $36,000,000 \times \dfrac{12}{12} + 110,000,000 + 100억 \times 0.03\% = 149,000,000$

  → 따라서, 한도미달

46 법인세법상 인건비에 대한 다음 설명 중 가장 옳지 않은 것은?

① 임원에게 지급된 상여금 중 손금불산입되는 금액은 기타사외유출로 소득처분된다.
② 임원이 아닌 종업원에게 지급되는 상여금은 원칙적으로 전액 법인의 손금으로 인정된다.
③ 법인이 임원과 종업원을 위하여 사용자로서 부담한 국민건강보험료, 고용보험료 등은 손금으로 인정된다.
④ 비상근임원에게 지급하는 보수 중 일반적으로 인정되는 범위를 초과하여 과다하게 지급하는 금액은 손금으로 인정되지 않을 수 있다.

해설

- 임원상여한도초과는 상여로 소득처분한다.

제1편 백점이론특강 / 제2편 기출문제특강 / SET1 / SET2 / SET3 / SET4 / SET5 / SET6 / SET7 / SET8 / SET9 / SET10 / 신유형 / 기출문제오답노트 / 실전기출모의고사

47 다음은 ㈜안도가 제7기(20x1.1.1~20x1.12.31)에 접대비와 기부금을 지출하고 회계처리한 내역이다. 이에 대하여 회사의 회계팀 담당자들은 아래와 같이 토론을 벌였다. 가장 옳지 않은 말을 하는 사람은(단, 접대비와 기부금의 한도초과액은 고려하지 않는다)?

> ㄱ. 접대비 : 20x1.12.29에 거래처와 식사를 하고 법인카드로 800,000원을 결제하였다(적격증빙을 수취함). 법인카드의 결제일자는 20x2.1.25이다. 회사는 다음과 같이 회계처리 하였다.
> - (차) 접대비   800,000   (대) 미지급금   800,000
> ㄴ. 기부금 : 20x1.12.29에 지정기부금 단체에 300,000원을 어음으로 지급하였다. 동 어음의 결제일은 20x2.1.25이다. 회사는 다음과 같이 회계처리 하였다.
> - (차) 기부금   300,000   (대) 미지급금   300,000

> 이대리 : 발생주의에 따라 회계처리 하였으니 기업회계기준상으로 올바른 회계처리입니다.
> 김과장 : 기부금의 경우 어음의 결제일이 속하는 사업연도에 손금 인정되므로 세무조정사항이 발생할 것입니다.
> 박과장 : 접대비의 손금인정시기도 결제가 이루어지는 시점이 속하는 사업연도이므로 세무조정사항이 발생할 것입니다.
> 최부장 : 상기 접대비의 경우 어떠한 증빙도 수취하지 않았다면 전액 손금불산입되고 대표자에 대한 상여로 소득처분합니다.

① 이대리
② 김과장
③ 박과장
④ 최부장

───

해설
• 접대비의 손금인정시기는 접대가 이루어진 사업연도인 20×1년이므로 세무조정은 없다.

48 다음 중 법인세법상 익금항목이 아닌 것을 모두 고르면?

> ㄱ. 손금에 산입한 금액 중 환입된 금액
> ㄴ. 법인세환급액
> ㄷ. 국세 과오납금의 환급금에 대한 이자
> ㄹ. 주식발행초과금
> ㅁ. 고정자산 양도금액

① ㄴ, ㄷ, ㄹ
② ㄴ, ㄷ, ㅁ
③ ㄱ, ㄹ
④ ㄷ, ㄹ, ㅁ

───

해설
• 당초 손금에 산입한 금액 중 환입된 금액은 반대로 익금항목이다.
• 고정자산의 양도금액은 익금항목이며, 장부금액은 손금항목이다.

49 ㈜승훈은 제3기(20x1.1.1~20x1.12.31) 사업연도 개시일에 4,000,000원에 취득한 기계장치를 법인세법상 4년간 정액법으로 상각한다. 법인이 결산서 상 다음과 같이 감가상각비를 계상한 경우 제4기(20x2.1.1~20x2.12.31)에 필요한 세무조정은?

구분	결산서상 감가상각비 계상액
제3기	1,600,000원
제4기	800,000원
제5기	800,000원
제6기	800,000원

① 세무조정 없음
② (손금산입) 전기상각부인액 200,000(△유보)
③ (손금산입) 전기상각부인액 600,000(△유보)
④ (손금불산입) 상각부인액 200,000(유보)

해설
- 상각범위액 : 4,000,000÷4년=1,000,000
- 제3기 : 손금불산입 600,000(유보)
- 제4기 : 손금산입 200,000(△유보)

50 다음은 법인세법상 재고자산의 평가에 대하여 ㈜가인의 회계팀 담당자들이 나눈 대화의 일부이다. 다음 중 가장 옳지 않은 설명을 하고 있는 사람은 누구인가?

> 김대리 : 법인세법상 재고자산의 평가방법에는 원가법과 저가법의 두 가지 방법이 있는데, 우리 회사가 재고자산의 평가손실을 손금으로 인정받기 위해서는 재고자산의 평가방법을 저가법으로 신고해야 합니다.
> 박대리 : 재고자산의 종류별 또는 영업장별로 다른 재고자산평가방법을 적용할 수 있으므로 제품 및 상품은 선입선출법으로, 원재료는 총평균법으로 평가하는 것도 가능합니다.
> 최과장 : 파손, 부패 등의 사유로 계상한 재고자산평가손실 역시 재고자산의 평가방법을 저가법으로 신고해야만 손금으로 인정받을 수 있습니다.
> 오차장 : 우리 회사가 재고자산평가방법을 변경하기 위해서는 변경할 방법을 적용하고자 하는 사업연도의 종료일 이전 3개월이 되는 날까지 변경신고를 해야 합니다.

① 김대리   ② 박대리
③ 최과장   ④ 오차장

해설
- 파손, 부패로 인한 재고자산평가손실은 신고방법 불문하고 결산조정을 전제로 손금으로 인정된다.

제1편 빽정이론특강

제2편 기출문제특강

SET1

SET2

SET3

SET4

SET5

SET6

SET7

SET8

SET9

SET10

신유형

기출문제오답노트

실전기출모의고사

51 ㈜정수가 제10기(20x1.1.1 ~ 20x1.12.31) 결산 시에 기업회계기준에 따라 은행예금에 대한 미수이자 2백만원을 계상한 경우 제10기에 필요한 세무조정은?

① 세무조정 없음
② (익금산입) 미수이자 2,000,000(유보)
③ (익금불산입) 미수이자 2,000,000(기타)
④ (익금불산입) 미수이자 2,000,000(△유보)

해설

• 미수이자는 익금으로 인정되지 않으며 △유보로 소득처분된다.

52 다음은 ㈜상화의 제20기(2020.1.1~12.31) 산출세액 계산과 관련된 사항이다. 법인세법의 규정에 맞게 산출세액을 재계산할 경우 산출세액은 얼마나 변동하는가?

> ㄱ. 회사가 계산한 산출세액
> – 각사업연도소득금액   100,000,000원
> – 이월결손금   18,000,000원
> – 과세표준   82,000,000원
> – 세율   × 10%
> – 산출세액   8,200,000원
>
> ㄴ. 회사가 산출세액 계산시 차감한 이월결손금 내역은 다음과 같다. 이는 과세표준 계산시 한번도 공제되지 아니하였다.
> – 제9기분   3,000,000원
> – 제16기분   5,000,000원
> – 제18기분   10,000,000원

① 변동없음
② 200,000원 증가
③ 300,000원 증가
④ 800,000원 증가

해설

• 재계산한 산출세액 : (82,000,000+3,000,000)×10%=8,500,000
→ 8,500,000-8,200,000=300,000(증가)
*9기분 이월결손금은 공제할 수 없다.

53 법인세법상 기부금에 대한 설명으로 가장 옳지 않은 것은?

① 법인이 국가 또는 지방자치단체에 요건을 갖추어 무상으로 기증하는 금품은 법정기부금에 해당된다.
② 비지정기부금은 한도금액 내에서만 손금으로 인정되고 한도초과액은 손금불산입되어 기타사외유출로 소득처분된다.
③ 법정기부금 한도초과액은 차후 10년 이내에 종료하는 과세연도에 이월하여 한도미달액의 범위 내에서 손금에 산입한다.
④ 접대비가 법인의 사업과 관련하여 지출되는 비용인 반면 기부금은 법인의 사업과 관련없이 지출되는 비용이다.

해설

• 비지정기부금은 한도없이 전액 손금불산입하며, 지급받은 자에 따라 배당, 상여, 기타사외유출로 소득처분한다.

54 ㈜은별은 일반거래처에 8,000,000원에 판매하는 제품을 특수관계인인 ㈜승희에게 5,000,000원에 현금 판매하였다. ㈜은별의 세무조정을 옳게 수행한 것은(단, 증여세는 고려하지 않는다)?

① 세무조정 없음
② (익금산입) 부당행위계산부인 3,000,000 (유보)
③ (익금산입) 부당행위계산부인 3,000,000 (기타사외유출)
④ (손금산입) 부당행위계산부인 3,000,000 (△유보)

해설
- '시가-저가양도금액'을 익금산입하고 법인이 귀속이므로 기타사외유출로 소득처분한다.
- 세무조정을 예시하면 다음과 같다.(제품의 장부금액은 4,000,000으로 가정)

회사

(차) 현금	5,000,000	(대) 제품	4,000,000
		처분이익	1,000,000

세법

(차) 현금	5,000,000	(대) 제품	4,000,000
부당행위	3,000,000	처분이익	4,000,000

→ 익금산입 3,000,000(기타사외유출)

55 ㈜윤기가 단기매매증권의 취득, 평가, 처분과 관련된 회계처리를 현행 일반기업회계기준에 따라 수행하였을 경우 다음의 자료를 이용하여 제5기에 필요한 세무조정을 고르면?

〈제4기 : 20x1.1.1 ~ 20x1.12.31〉
20x1.12. 1 단기매매증권 취득 - 취득원가 : 3,000,000원
20x1.12.31 단기매매증권 평가 - 공정가치 : 3,500,000원

〈제5기 : 20x2.1.1 ~ 20x2.12.31〉
20x2. 1.15 단기매매증권 처분 - 처분가액 : 4,500,000원

① (익금산입) 단기매매증권 500,000(유보)
② (익금불산입) 단기매매증권 500,000(△유보)
③ (익금산입) 단기매매증권 1,000,000(유보)
④ (익금불산입) 단기매매증권 1,000,000(△유보)

해설
- 제4기 : 익금불산입 평가이익 500,000(△유보)
- 제5기 : 익금산입 △유보추인 500,000(유보)
  *단기매매증권의 유보금액은 처분시 추인된다.

56 법인세법에서는 법인세를 감면 받는 법인도 최소한 법인세법이 규정한 일정 한도의 세액은 납부하도록 하는 제도를 마련하고 있다. 이러한 제도를 무엇이라고 하는가?

① 부당행위계산의 부인
② 최저한세
③ 소득공제
④ 지급이자 손금불산입

해설

• 법인세법에서는 특정법인에 대하여 과도하게 법인세를 감면해주게 될 경우 법인세를 감면받는 법인과 감면받지 못하는 법인 간에 과세형평의 문제가 발생할 수 있고 국가의 법인세 조세수입 또한 현격하게 감소할 수 있기 때문에, 법인세를 감면받는 법인도 최소한 법인세법이 규정한 일정한도의 세액은 납부하도록 하는 제도를 마련하고 있다. 이러한 제도에 의하여 규정된 일정한도의 법인세금액을 최저한세라고 한다.

57 법인세법에 대한 다음 설명 중 가장 옳지 않은 것은?

① 12월 31일이 사업연도 종료일인 내국법인은 원칙적으로 각사업연도소득에 대한 법인세를 다음 해 3월 31일 까지 신고하여야 한다.
② 사업연도의 기간이 6개월을 초과하는 법인은 사업연도 개시일로부터 6개월간의 기간을 중간예납 기간으로 하여 그 기간에 대한 법인세를 신고납부하여야 한다.
③ 각사업연도소득금액이 없거나 결손금이 있는 경우에도 신고의 의무가 있다.
④ 법인세는 법인세 신고기한이 경과한 후 1개월 이내에 납부하여야 한다.

해설

• 법인세는 신고기한까지 신고·납부한다.

58 차감납부할세액의 계산에 영향을 미치는 요소가 다음의 자료를 제외하고는 없다고 가정할 경우, 법인세법상 차감납부할세액은 얼마인가?

ㄱ. 산출세액	:	10,000,000원
ㄴ. 재해손실세액공제	:	2,000,000원
ㄷ. 가산세 합계	:	500,000원
ㄹ. 당기 이자소득에 대한 원천징수세액	:	1,400,000원

〈차감납부할세액 계산구조〉

	산출세액
(−)	세액공제, 세액감면
(+)	가산세, 감면분추가납부세액
	총부담세액
(−)	기납부세액
	차감납부할세액

① 7,100,000원
② 7,500,000원
③ 7,600,000원
④ 9,100,000원

해설

• 10,000,000-2,000,000+500,000-1,400,000=7,100,000

59 법인세법상 지급이자에 대한 다음 대화에서 가장 옳지 않은 주장을 하고 있는 사람은 누구인가?

> 한부장 : 법인이 차입금에 대하여 지급하는 이자비용은 원칙적으로 손금인정되지만 채권자불분명
> 사채이자와 비실명 채권·증권이자는 전액 손금부인되니 세무조정시 주의하시기 바랍
> 니다.
> 홍과장 : 채권자불분명 사채이자와 비실명 채권·증권이자에 대한 세무조정시원천징수액은 기타
> 사외유출로 소득처분되지만 나머지 금액에 대해서는 대표자상여로 소득처분되므로 더
> 욱 주의해야 겠어요.
> 김과장 : 건설중인 자산에 대한 건설자금이자는 손금불산입(유보)로 세무조정되는 반면 완성자
> 산에 대한 이자비용은 즉시 감가상각한 것으로 보아 감가상각시부인 대상에 포함된다
> 고 합니다.
> 사대리 : 업무무관자산 등 관련이자도 손금불산입 대상입니다. 이 때 손금불산입한 금액은 모두
> 유보로 소득처분되지요.

① 한부장   ② 홍과장
③ 김과장   ④ 사대리

해설
• 업무무관자산 등 관련이자의 손금불산입액은 기타사외유출로 소득처분한다.

60 법인의 영업활동에서 발생하는 매출채권, 미수금 등과 같은 채권 중 사실상 회수가 불가능한 채권을
대손금이라고 한다. 이러한 대손금은 손금에 해당 하지만 법인세법에서는 대손요건을 엄격하게 규정
하고 있는데, 다음 중 그 요건으로 옳지 않은 것은?

① 채무자 파산 등의 사유로 채권을 회수할 수 없는 경우
② 법인의 결산시 장부에 대손으로 비용 처리한 경우
③ 채권의 상법 등에 따른 소멸시효가 완성된 경우
④ 부도발생일로부터 6개월 이상 경과한 수표 또는 어음상의 채권

해설
• 결산시 장부에 대손으로 비용 처리한 경우라도 소정 대손요건에 해당되지 않으면 대손금으로 인정되지 않는다.

61 우리나라 소득세의 특징에 대한 다음 설명 중 가장 옳지 않은 것은?

① 원칙적으로 개인별로 과세하는 조세이다.
② 원칙적으로 열거된 소득에 대해서 과세하는 열거주의 과세(이자, 배당소득은 유형별 포괄주의)
방식이다.
③ 과세방법은 크게 종합과세, 분류과세, 분리과세로 구분된다.
④ 공평과세를 위해 개인의 인적 사항을 고려하지 않는다.

해설
• 소득세는 개인의 인적 사항을 고려하는 인세에 해당한다.

제1편 백점이론특강   제2편 기출문제특강   SET1   SET2   SET3   SET4   SET5   SET6   SET7   SET8   SET9   SET10   신유형   기출문제오답노트   실전기출모의고사

62 소득세법상 이자 및 배당소득에 대한 설명으로 가장 옳은 것은?

① 국가나 공공기관에서 발행한 채권에서 발생하는 이자는 모두 비과세소득이다.
② 영업적으로 자금을 대여하고 이자를 받는 금액은 이자소득에 해당한다.
③ 자동차보험 가입 후 사고발생시 수령하는 보험금은 이자소득에 해당한다.
④ 만기가 3년인 단기저축성보험의 보험차익은 이자소득에 해당한다.

> **해설**
> • ① 채권의 이자는 발행주체를 불문하고 과세소득에 해당한다.
>   ② 영업적으로 자금을 대여하고 이자를 받는 금액은 사업소득(대금업)에 해당한다.
>   ③ 보장성보험의 보험차익은 원칙적으로 과세소득에 해당하지 않는다.
>   ④ 10년 미만의 저축성보험의 보험차익은 이자소득에 해당한다.

63 소득세법상 사업소득금액과 법인세법상 각사업연도소득금액과의 차이에 관한 다음의 설명 중 가장 옳지 않은 것은?

① 개인사업의 대표자에게 지급하는 급여는 필요경비로 인정되지만, 법인의 대표자에게 지급하는 급여는 법인의 손금으로 인정되지 않는다.
② 개인의 과세소득은 원칙적으로 소득원천설에 입각하여 소득의 범위를 정하고 있는데 반하여, 법인의 과세소득은 순자산증가설에 의하여 과세소득의 범위를 정하고 있다.
③ 개인사업의 대표자는 퇴직급여충당금의 설정대상이 아닌데 반하여, 법인의 대표자는 퇴직급여충당금 설정대상이다.
④ 사업상의 운영자금을 일시 예금하여 발생한 이자는 소득세법상 사업소득금액에는 포함되지 않지만, 법인세법상 각사업연도소득금액에는 포함된다.

> **해설**
> • 개인사업의 대표자에게 지급하는 급여는 필요경비로 인정되지 않지만, 법인의 대표자에게 지급하는 급여는 법인의 손금으로 인정된다.

64 다음 자료에 의하여 김연아씨의 20x1년도 근로소득금액을 계산하면?

> ㄱ. 총급여내역
> - 매월 급여 : 1,000,000원
> - 연간 상여 : 5,000,000원 (실제로 지급받은 상여금)
> - 연월차수당 : 800,000원 (연간 지급받은 금액)
> - 매월 식사대 : 150,000원 (식사를 제공받지 아니함)
> ㄴ. 김연아씨는 20x1년 3월 1일에 신규로 입사하였으며, 상기사항 이외의 근로소득은 없다.
> ㄷ. 근로소득공제
>
> | 총급여액 | 근로소득공제액 |
> |---|---|
> | 500만원 초과 1,500만원 이하 | 350만원+500만원초과액×40% |
> | 1,500만원 초과 4,500만원 이하 | 750만원+1,500만원초과액×15% |
> | 4,500만원 초과 1억원 이하 | 1,200만원+4,500만원초과액×5% |

① 8,605,000원   ② 8,990,000원
③ 8,890,000원   ④ 9,655,000원

해설
- 총급여 : 1,000,000×10개월+5,000,000+800,000+50,000×10개월=16,300,000
- 근로소득공제 : 7,500,000+(16,300,000-15,000,000)×15%=7,695,000
- 근로소득금액 : 16,300,000-7,695,000=8,605,000

65 다음의 대화에서 소득세법상 기본공제를 적용할 수 없는 사람은 누구인가?

> 이경식 : 저는 소득이 전혀 없는 22살의 장애인 딸이 있습니다.
> 천지호 : 저와 함께 살고 계시는 부친은 67세이며, 배당소득금액만 60만원 있습니다.
> 황철웅 : 저와 함께 살고 계시는 장인은 58세이며, 소득이 전혀 없습니다.
> 송태하 : 저의 아내는 30살이며, 은행예금이자만 90만원 있습니다.

① 이경식의 딸   ② 천지호의 부친
③ 황철웅의 장인   ④ 송태하의 아내

해설
- 60세 이상 이어야 한다.

66 다음 중 소득세법상 양도소득세 과세대상이 아닌 것은?

① 골프회원권의 처분
② 토지와 상가를 교환한 경우
③ 사업용 고정자산과 함께 양도하는 영업권
④ 소액주주의 주권상장법인 주식의 장내양도

해설
- 주권상장법인 주식의 장내양도분은 대주주 양도분이 과세대상이다.

67 ㈜추노의 경리팀에 근무하는 신입사원 이대길씨가 20x1년 연말정산과 관련하여 행한 다음 행동 중 가장 적절하지 못한 것은?

① 과세대상근로소득 계산시 근로자의 급여총액에서 실비변상적인 성질의 급여와 같은 비과세 급여는 차감하였다.
② 근로자별로 연말정산하여 징수한 세액에서 환급할 세액을 차감하여 연말정산한 달의 다음 달 말일까지 납부할 예정이다.
③ 20x1년 1월부터 12월까지 급여지급시 간이세액표에 의하여 원천징수한 금액을 더하여 기납부세액을 계산하였다.
④ 20x1년 근로소득세를 연말정산하고 근로소득원천징수영수증을 20x2년 2월 말에 발급하였다.

해설
• 다음 달 말일까지 납부(×) → 다음 달 10일까지 납부(O)

68 종합소득금액 등이 있는 거주자는 각 소득의 과세표준을 다음 연도 5월 1일부터 5월 31일까지 신고해야 하는데, 다음 중 이러한 과세표준확정신고를 하지 않아도 되는 거주자는 누구인가(단, 거주자는 제시된 소득 이외의 다른 소득은 없다)?

① 복권에 당첨되어 세금을 공제하고 12억원을 수령한 박명규씨
② 해당 과세기간 중 퇴사한 뒤 음식점을 개업하여 소득이 발생한 이황씨
③ 소유중인 상가에서 임대소득이 발생한 이형주씨
④ 개인사업을 영위하여 사업소득이 발생한 한재욱씨

해설
• 복권 당첨소득은 무조건 분리과세한다.

69 다음 자료에 의하여 근로소득이 있는 거주자 정보석씨의 20x1년도 종합소득공제 중 공제 가능한 인적공제 금액을 구하면 얼마인가?

〈부양가족 현황〉

관계	나이	연간 소득금액	비고
본 인	48세	60,000,000원	남성임
배우자	45세	40,800,000원	전액 근로소득임
장 인	76세	80,000,000원	전액 사업소득임
장 남	18세	–	–
차 녀	6세	800,000원	전액 배당소득임

① 4,000,000원
② 4,500,000원
③ 6,500,000원
④ 7,500,000원

해설
• 기본공제 : (본인, 장남, 차녀)×150만원=4,500,000

70 소득세법상 원천징수에 대한 다음 설명 중 가장 옳지 않은 것은?

① 납세의무자는 국외에서 지급받는 소득에 대해 국외에서 원천징수된 금액을 국내 과세관청에 납부하여야 한다.
② 원천징수로 납세의무가 종결되는지 여부에 따라 완납적 원천징수와 예납적 원천징수로 나뉜다.
③ 원천징수란 소득을 지급하는 사람이 소득을 지급할 때 지급을 받는 사람이 내야 할 세금을 미리 징수하여 납부하는 제도이다.
④ 실지명의가 확인되는 거주자의 이자소득에 대한 소득세 원천징수세율은 지급액의 14%로 하되, 비영업대금이자는 25%로 한다.

해설
• 원천징수는 국내에서 거주자나 비거주자에게 소득을 지급하는 자가 그 거주자나 비거주자의 소득세를 납부하는 것으로, 국외소득은 원천징수대상이 아니다.

71 부가가치세법에 대한 다음 설명 중 가장 옳지 않은 것은?

① 부가가치세법에서는 과세방법으로 세금계산서 등에 의해 확인되는 매입세액만을 매출세액에서 공제하는 전단계세액공제법을 채택하고 있다.
② 부가가치세법상 사업자란 사업상 독립적으로 재화나 용역을 공급하는 자로서 항상 영리목적으로 사업을 영위해야 한다.
③ 부가가치세는 납세의무자의 신고에 의하여 납세의무가 확정되는 신고납세제도를 채택하고 있다.
④ 부가가치세는 납세의무자의 인적 사정을 고려하지 않는 물세이다.

해설
• 사업성 판단에 영리목적 여부는 불문한다.

72 다음 중 부가가치세법상 부가가치세 과세대상이 아닌 경우는?

① 자동차를 할부 판매한 경우
② 공장건물을 상가와 교환한 경우
③ 전기를 공급하는 경우
④ 사업장 전체를 포괄하여 양도하는 경우

해설
• 사업의 포괄양도는 재화의 공급으로 보지 아니한다.

73 다음은 ㈜삼일의 부가가치세 신고와 관련된 항목들이다. ㈜삼일에 부가가치세법상 가산세가 적용되지 않는 경우는?

① 제출한 매입처별세금계산서합계표의 기재사항 중 공급가액을 사실과 다르게 과다하게 기재하여 신고한 경우
② 매출처별세금계산서합계표를 제출하지 않거나 부실 기재한 경우
③ 예정신고시 제출하여야 할 매출처별세금계산서합계표를 확정신고시 제출한 경우
④ 예정신고시 제출하여야 할 매입처별세금계산서합계표를 확정신고시 제출한 경우

해설
• 예정신고시 제출하여야 할 매입처별세금계산서합계표를 확정신고시 제출한 경우에는 가산세가 부과되지 않는다.

74 부가가치세법상 재화와 용역의 공급시기에 대한 연결이 가장 잘못된 것은?

① 장기할부판매 : 대가의 각 부분을 받기로 한 때
② 간주임대료 : 예정신고기간 또는 과세기간의 종료일
③ 외상판매 : 대가를 현금으로 수령한 때
④ 수출재화 : 수출재화의 선적일

해설

• 외상판매의 공급시기는 인도되는 때이다.

75 부가가치세법상 영세율과 면세에 관한 다음의 설명 중 가장 잘못된 것은?

① 영세율 적용대상인 재화 또는 용역을 공급하는 면세사업자도 선택에 따라 면세를 포기할 수 있다.
② 면세사업자도 사업자이므로 세금계산서를 발급해야 한다.
③ 영세율 적용을 받더라도 사업자등록, 세금계산서 발급 등 납세의무자로서의 의무를 이행하지 않으면 가산세 등 불이익이 발생한다.
④ 면세사업자는 재화 매입시 부담한 매입세액을 환급받을 수 없다.

해설

• 면세사업자는 세금계산서를 발급할 수 없으며, 계산서를 발급한다.

76 부동산임대업을 영위하는 사업자인 ㈜대영의 20x1년도 제2기 예정신고기간(20x1.7.1~ 20x1.9.30)의 부가가치세 과세표준은?

```
ㄱ. 임대 기간 : 20x1.8.1 ~ 20x1.9.30
ㄴ. 월 임대료 : 월 4,000,000원
ㄷ. 임대보증금 : 100,000,000원
ㄹ. 국세청장 고시 1년 만기 정기예금이자율 : 5%로 가정
```

① 8,835,616원
② 9,260,274원
③ 12,260,274원
④ 12,835,616원

해설

• $4,000,000 \times 2개월 + 100,000,000 \times 61일 \times 5\% \times \dfrac{1}{365} = 8,835,616$

77 다음 중 부가가치세 예정신고시 첨부할 서류가 아닌 것은?

① 매출처별세금계산서합계표
② 매입처별세금계산서합계표
③ 대손세액공제신고서
④ 신용카드매출전표수령명세서

해설

• 대손세액공제는 확정신고시에만 적용한다.

78 다음 자료는 20x1년 7월 1일에 사업을 개시하고 같은 날 사업자등록을 완료한 ㈜초코실업(과세사업자)의 20x1년 7월 1일부터 20x1년 9월 30일 까지의 거래내역이다. ㈜초코실업의 20x1년도 제2기 예정신고기간(20x1.7.1~20x1.9.30)의 부가가치세 납부세액은 얼마인가(단, 모든 수입금액과 지출금액은 부가가치세가 포함되지 아니함)?

구분	금액
국내 제품 매출액	200,000,000원
제품 수출액	150,000,000원
원재료매입(세금계산서 수취)	90,000,000원
소모품매입(세금계산서 수취)	70,000,000원
접대비지출(세금계산서 수취)	10,000,000원

① 3,000,000원　　　　　　　　　② 4,000,000원
③ 18,000,000원　　　　　　　　　④ 19,000,000원

해설
• 200,000,000 × 10%-(90,000,000+70,000,000) × 10%=4,000,000
 * 제품수출액은 영세율이 적용되며, 접대비는 매입세액불공제 사항이다.

79 부가가치세 과세사업을 영위하는 ㈜신용산은 20x1년에 기계장치를 새로 구입하면서 그동안 사용하던 기계장치를 매각하였다. 계약조건이 다음과 같다면, 기계장치매각과 관련한 20x1년도 제1기 예정신고기간(20x1.1.1~20x1.3.31)의 부가가치세 과세표준은 얼마인가?

• 대금의 회수는 다음과 같이 이루어졌으며 잔금수령 후 기계장치를 인도하였다.
 - 20x1년 1월 15일 : 계약금 20,000,000원
 - 20x1년 4월 15일 : 중도금 30,000,000원
 - 20x1년 7월 30일 : 잔　금 10,000,000원

① 0원　　　　　　　　　　　② 20,000,000원
③ 50,000,000원　　　　　　　　　④ 60,000,000원

해설
• 중간지급조건부에 해당하므로 대가의 각 부분을 받기로 한때가 공급시기이다. 따라서, 계약금 20,000,000만 제1기 예정신고 과세표준에 해당한다.

80 다음 신문기사에서 소개하고 있는 사례의 경우와 관련 있는 내용으로 알맞은 것은?

> **거래처에서 세금계산서를 발급해주지 않는다구요?**
>
> (XX일보 7월 22일자 기사 중)
>
> 의류 소매업을 하고 있는 A씨는 최근에 거래를 하기 시작한 의류 도매업자 때문에 난감한 상황에 직면하게 됐다. 가장 싸게 의류를 판매하고 있다는 이 의류 도매업자가 세금계산서 발행을 거부했기 때문.
>
> A씨는 싼 김에 한꺼번에 많은 물건을 구입했지만, 세금계산서를 발급 받지 못했기 때문에 매입세액을 공제 받지 못하겠다는 생각이 들었다. 그렇다고 세금계산서 발행을 거부했다고 신고할 수도 없는 일.
>
> (중략) … 이렇게 해서 신청인은 부가가치세 신고시 기재한 매입세액을 공제 받을 수 있다.

① 매입자발행세금계산서　　　　② 전자세금계산서
③ 수정세금계산서　　　　　　　④ 금전등록기계산서

───

해설

- 부가가치세 납세의무자로 등록한 사업자로서 세금계산서 발급의무가 있는 사업자가 재화 또는 용역을 공급하고 거래시기에 세금계산서를 발급하지 않은 경우 그 재화 또는 용역을 공급받은 자는 관할 세무서장의 확인을 받아 세금계산서를 발행할 수 있는데 이것을 '매입자발행세금계산서'라 한다.

[정답] 복원기출문제 SET ①

▶ 재무회계

1	2	3	4	5	6	7	8	9	10
③	①	②	②	③	①	④	④	②	④
11	12	13	14	15	16	17	18	19	20
①	④	②	①	④	②	③	①	④	③
21	22	23	24	25	26	27	28	29	30
②	③	④	③	②	②	①	②	③	②
31	32	33	34	35	36	37	38	39	40
③	④	①	①	③	④	③	①	①	③

▶ 세무회계

41	42	43	44	45	46	47	48	49	50
②	④	④	③	②	①	③	①	②	③
51	52	53	54	55	56	57	58	59	60
④	③	②	③	①	②	④	①	④	②
61	62	63	64	65	66	67	68	69	70
④	④	①	①	③	④	②	①	②	①
71	72	73	74	75	76	77	78	79	80
②	④	④	③	②	①	③	②	②	①

3P
3P
3P

FINAL

POTENTIALITY
PASSION
PROFESSION

3P는 여러분의 무한한 잠재적 능력과 반드시 성취하겠는 열정을 토대로 전문가의 길로 나아가는 세무라이선스 파이널시리즈의 학습 정신입니다.

수험생 여러분의 합격을 응원합니다.

[실전연습]

복원기출문제연습

SET ❷

Cam Exam intermediate level

▶ 복원기출문제는 현행 개정세법과 현행 회계기준에 부합하도록 저자가 문제를 임의변경·보완 및 추가한 문제가 포함되어 있습니다.

01 재무회계

1 아래 준하와 형돈이의 대화내용을 읽고, 마지막 문장의 빈칸에 들어갈 회계정보의 질적특성으로 가장 올바른 것은?

> 준하 : 오늘 신문에 '영업이익 산출기준 제각각 K-IFRS 보고서 바로보기' 라는 기사가 있던데 혹시 알아?
> 형돈 : 응. 올 K-IFRS 1분기 사업보고서에 S전자는 예전처럼 외환 관련 손익을 영업이익에서 뺀 반면에, L전자는 '기타영업수익' 으로 분류해 포함시켰더군.
> 준하 : 산출기준의 차이를 모르는 정보이용자들에게는 혼란을 줄 가능성도 있겠는걸.
> 형돈 : 그렇다면 이러한 영업이익 산출기준의 차이는 정보의 기업실체간 (   )을 훼손하는 것 아닌가?

① 비교가능성　　　　　　　　　② 중요성
③ 중립성　　　　　　　　　　　④ 목적적합성

해설

• 비교가능성이란 유사한 거래나 사건의 재무적 영향을 측정·보고함에 있어서 영업 및 재무활동의 특성이 훼손되지 않는 범위 내에서 기간별로 일관된 회계처리방법을 사용하여야 하며 기업실체간에도 동일한 회계처리방법을 사용하는 것이 바람직하다는 것이다.

2 다음 중 재무제표에 대한 설명으로 가장 올바르지 않은 것은?

① 현금흐름표의 현금흐름은 영업활동으로 인한 현금흐름, 투자활동으로 인한 현금흐름, 재무활동으로 인한 현금흐름으로 구성된다.
② 중단사업손익이 있을 경우 손익계산서에 계속사업손익과 중단사업손익을 구분기재하여 표시한다.
③ 재무제표에 대한 주석은 질적 정보를 파악하기 위한 중요한 정보이나 재무제표에는 포함되지 않는다.
④ 자본변동표는 자본을 구성하고 있는 자본금, 자본잉여금, 자본조정, 기타포괄손익누계액, 이익잉여금의 변동에 대한 포괄적인 정보를 제공해 준다.

해설

• 주석도 재무제표에 포함된다.

3 다음은 제조업을 영위하는 ㈜용산의 당기 현금흐름과 관련된 내용이다. 각 항목은 ㈜용산의 현금흐름표 상에서 어떠한 현금흐름으로 나타나는가?

> ㄱ. 회사는 공장건설을 위한 토지를 매입하였고, 현금으로 대금을 지급하였다.
> ㄴ. 회사는 전기에 은행으로부터 차입한 차입금 일부를 상환하였다.
> ㄷ. 회사는 당기에 원재료를 구매하고 현금으로 대금을 지급하였다.

	ㄱ	ㄴ	ㄷ
①	투자활동	재무활동	영업활동
②	재무활동	투자활동	영업활동
③	영업활동	재무활동	투자활동
④	영업활동	투자활동	재무활동

해설

• 자산구입 : 투자활동
  차입금상환 : 재무활동
  원재료구입 : 영업활동

4 다음은 재무상태표상 자본항목을 나열한 것이다. 재무상태표에 표시될 자본항목으로 올바른 것은?

자본금	2,000,000원
주식발행초과금	400,000원
기타자본잉여금	600,000원
이익준비금	200,000원
미처분이익잉여금	400,000원
자기주식	250,000원
매도가능증권평가손실	50,000원

	①	②	③	④
Ⅰ. 자본금	2,000,000	2,000,000	2,000,000	2,000,000
Ⅱ. 자본잉여금	1,000,000	1,000,000	1,000,000	200,000
1. 주식발행초과금	400,000	400,000	400,000	(400,000)
2. 기타자본잉여금	600,000	600,000	600,000	600,000
Ⅲ. 자본조정	250,000	(250,000)	(250,000)	250,000
1. 자기주식	250,000	(250,000)	(250,000)	250,000
Ⅳ. 기타포괄손익누계액	50,000	(50,000)	50,000	(50,000)
1. 매도가능증권평가손실	50,000	(50,000)	50,000	(50,000)
Ⅴ. 이익잉여금	600,000	600,000	600,000	600,000
1. 법정적립금	200,000	200,000	200,000	200,000
2. 미처분이익잉여금	400,000	400,000	400,000	400,000
자본총계	3,900,000	3,300,000	3,400,000	3,000,000

해설

• 자기주식
  자본조정으로서 자본에 차감하는 형식으로 표시한다.
• 매도가능증권평가손실
  기타포괄손익누계액으로서 자본에 차감하는 형식으로 표시한다.

제1편 빈출이론특강 | 제2편 기출문제특강 | SET1 | SET2 | SET3 | SET4 | SET5 | SET6 | SET7 | SET8 | SET9 | SET10 | 신유형 | 기출문제요답노트 | 실전기출모의고사

5 다음 중 재무상태표에 당좌자산으로 계상될 금액은 얼마인가?

매출채권	300,000원	재공품	30,000원
단기금융상품	300,000원	제품	60,000원
보통예금	130,000원	차량운반구	400,000원

① 730,000원　　　　　　　　　　　② 790,000원
③ 820,000원　　　　　　　　　　　④ 1,220,000원

___해설___
• 당좌자산
  매출채권(300,000)+단기금융상품(300,000)+보통예금(130,000)=730,000
  *재공품과 제품은 재고자산, 차량운반구는 유형자산이다.

6 다음 중 매출채권 등의 양도 및 할인에 대한 설명으로 가장 옳지 않은 것은?

① 매출채권 등을 양도하는 경우 당해 채권에 대한 권리와 의무가 양도인과 분리되어 실질적으로 이전되는 경우에는 동 금액을 매출채권에서 직접 차감한다.
② 기업구매전용카드에 의해 물품대금이 결제된 때에는 양도에 대한 판단기준을 충족하는 것으로 보아 판매자가 지급대행은행에 매출채권을 매각한 것으로 회계처리한다.
③ 금융자산의 이전이 담보거래에 해당하는 경우 해당 금융자산이 담보로 제공되었음을 공시하여야 한다.
④ 어음상의 매출채권을 금융기관 등에 할인하는 경우에는 일반적으로 상환청구권이 존재하므로 차입거래로 처리한다.

___해설___
• 매출채권 양도와 동일하게 당해 채권에 대한 권리와 의무가 양도인과 분리되어 실질적으로 이전되는 경우에는 동 금액을 매출채권에서 직접 차감한다.

7 다음의 경제신문 기사를 읽고 나눈 대화 중 가장 올바르지 않은 내용을 언급한 사람은 누구인가?

〈대박건설, 토지 재평가차액 2,647억원 발생〉
대박건설은 본사와 서산간척지 등 토지에 대한 재평가를 실시한 결과, 토지 재평가금액이 4,646억원에 달한다고 20일 공시했다. 이는 기존 장부금액 1,999억원에 비해 2,647억원 늘어난 것이다.

① 장이사 : 대박건설은 토지의 재평가와 관련하여 인식한 기타포괄손익누계액의 잔액이 있다면, 그 토지를 폐기하거나 처분할 때 당기손익으로 인식해야겠군요.
② 김과장 : 재평가 결과 발생한 이익과 손실은 모두 당기손익으로 처리해야겠군요.
③ 최대리 : 토지와 같은 유형자산은 원가모형과 재평가모형 중 하나를 회계정책으로 채택하여 유형자산 분류별로 동일하게 적용해야 할 겁니다.
④ 고계장 : 대박건설은 앞으로 토지의 공정가치 변동이 중요하지 않다면 매년 재평가를 실시하지 않아도 될 겁니다.

___해설___
• 재평가잉여금 : 기타포괄손익누계액
  재평가손실　 : 당기손익

8 다음 중 대손충당금에 대한 설명으로 가장 옳지 않은 것은?

① 매출채권에 대한 대손이 확정되는 경우 당해 매출채권의 발생연도에 관계없이 대손충당금과 우선 상계하고 잔액이 부족한 경우 대손상각비로 처리한다.

② 대여금에 대한 대손상각비는 판매비와관리비로 분류하고, 대손충당금환입액은 영업외수익으로 분류한다.

③ 대손충당금의 설정시에는 수정 전 장부금액과 대손추산액과의 차액만을 회계처리하는 보충법에 따른다.

④ 대손 처리된 채권이 추후 회수되는 경우에는 동 회수 금액만큼 대손충당금의 장부금액을 회복시킨다.

> **해설**
> • 대여금에 대한 대손상각비는 영업외비용으로 분류한다.

9 다음은 ㈜삼일의 20x1년도 매출 및 매출채권과 관련된 자료이다. 20x1년 손익계산서에 계상된 매출액은 얼마인가(단, 모든 거래는 외상으로 이루어진다)?

ㄱ. 20x1년 1월 1일 매출채권 잔액	35,000,000원
ㄴ. 20x1년 중 현금회수액	75,000,000원
ㄷ. 20x1년 12월 31일 매출채권 잔액	15,000,000원

① 15,000,000원

② 35,000,000원

③ 55,000,000원

④ 75,000,000원

> **해설**
>
> 매출채권
>
> | 기초 | 35,000,000 | 회수 | 75,000,000 |
> |---|---|---|---|
> | 매출 | ? | 기말 | 15,000,000 |
>
> → 따라서, 매출은 55,000,000

10 다음 중 재고자산에 대한 설명으로 가장 옳지 않은 것은?

① 재고자산의 수량결정방법으로 실무상 계속기록법에 의하여 수량을 기록하고 회계연도 말에 실지 재고조사법에 의해 수량을 조사하여 차이수량에 대해 감모손실 등으로 회계처리하는 것이 일반적이다.

② 매입한 상품에 결함이 있어 가격을 할인받은 경우 이 금액은 재고자산의 취득금액에서 차감한다.

③ 재고자산은 항상 순실현가능가치를 재무상태표 금액으로 한다.

④ 재고자산의 구입과 관련된 운임, 보험료 등의 매입부대비용은 재고자산의 매입원가에 가산한다.

> **해설**
> • 장부금액보다 순실현가능가치가 하락한 경우에만 순실현가능가치로 평가한다.('저가법')

11 ㈜삼일은 최근 퇴사한 직원의 재고자산 횡령액을 조사하려고 한다. 회사의 당기 기초재고액은 700,000원이며, 당기중 매입액은 3,000,000원, 매출액은 3,400,000원이다. 당기말 실사한 재고자산은 150,000원이고 매출총이익률이 25% 라면 횡령한 재고자산의 원가는 얼마인가?

① 700,000원
② 780,000원
③ 800,000원
④ 1,000,000원

해설
- 매출원가 : 3,400,000×(1-25%)=2,550,000
- 기초재고(700,000)+당기매입(3,000,000)-기말재고=매출원가(2,550,000)에서, 기말재고는 1,150,000
  → 따라서, 횡령액은 1,150,000-150,000=1,000,000

12 당기 중에 물가가 계속 상승하고 기말재고수량이 기초재고수량 이상이라고 가정할 때, 재고자산 원가흐름에 대한 가정별로 해당 항목의 금액크기를 비교한 것으로서 가장 옳지 않은 것은?

① 기말재고자산 : 선입선출법 〈 평균법 〈 후입선출법
② 매출원가 : 선입선출법 〈 평균법 〈 후입선출법
③ 당기순이익 : 선입선출법 〉 평균법 〉 후입선출법
④ 법인세비용 : 선입선출법 〉 평균법 〉 후입선출법

해설
- 기말재고자산 : 선입선출법 〉 평균법 〉 후입선출법

13 다음 중 유가증권의 분류에 대한 설명으로 가장 옳지 않은 것은?

① 지분증권을 1년 이내에 처분할 목적으로 취득한 경우에는 단기매매증권으로 분류한다.
② 단기시세차익을 목적으로 매수와 매도가 적극적이고 빈번하게 이루어지는 유가증권은 단기매매증권으로 분류한다.
③ 단기매매증권이나 지분법적용투자주식으로 분류되지 않는 지분증권은 모두 매도가능증권으로 분류한다.
④ 단기매매증권이 시장성을 상실한 경우에는 매도가능증권으로 분류한다.

해설
- 1년 이내 처분목적은 단기매매증권으로의 분류기준이 아니다.

14 ㈜삼일은 20x1년 1월 1일 장기투자목적으로 ㈜서울의 주식 200주(지분율 : 10%)를 800,000원에 취득하여 매도가능증권으로 분류하였다. 20x1년 12월 31일 ㈜서울 주식의 공정가치는 주당 3,300 원이었고, 20x2년 8월 5일에 보유 주식 중 120주를 430,000원에 처분하였다. ㈜삼일이 20x2년에 인식할 매도가능증권처분손익은 얼마인가?

① 처분이익 34,000원
② 처분이익 84,000원
③ 처분손실 34,000원
④ 처분손실 50,000원

해설

- 20×1년 1월 1일
  (차) 매도가능증권　　　　　800,000　　　(대) 현금　　　　　　　　800,000
- 20×1년 12월 31일
  (차) 매도가능증권평가손실　140,000[1]　　(대) 매도가능증권　　　　140,000
- 20×2년 8월 5일
  (차) 현금　　　　　　　　　430,000　　　(대) 매도가능증권　　　　396,000[2]
  　　　매도가능증권처분손실　 50,000　　　　　 매도가능증권평가손실　 84,000[3]

  [1] 800,000-200주×@3,300=140,000
  [2] 660,000×120주/200주=396,000
  [3] 140,000×120주/200주=84,000

- **고속철** 손상이 없는 경우 처분손익 계산
  '처분손익=처분가-취득가'　→　430,000-800,000×120주/200주=△50,000

15 다음 중 투자주식에 대한 지분법적용여부를 판단함에 있어 투자기업이 피투자기업에 대하여 유의적인 영향력을 행사할 수 있는 경우가 아닌 것은?

① 투자기업이 피투자기업의 이사회 또는 이에 준하는 의사결정기구에서 의결권을 행사할 수 있는 경우
② 피투자기업의 유의적 거래가 주로 투자기업과 이루어지는 경우
③ 투자기업이 피투자기업의 재무정책과 영업정책에 관한 의사결정과정에 참여할 수 있는 경우
④ 투자기업이 피투자기업에게 일반적인 기술 정보를 제공하는 경우

해설

- 일반적인 기술 정보를 제공(×) → 필수적인 기술 정보를 제공(O)

16 ㈜삼일은 20x1년 1월 1일에 발행된 다음과 같은 조건의 채무증권을 최초 발행금액인 9,519,634원에 취득하였으며 해당 채무증권을 만기까지 보유할 의도와 능력을 보유하고 있다. 이 채무증권에 대하여 ㈜삼일이 만기까지 인식할 총 이자수익은 얼마인가?

ㄱ. 액면금액	: 10,000,000원
ㄴ. 만기일	: 20x3년 12월 31일
ㄷ. 이자지급조건	: 매년말 후급
ㄹ. 표시이자율	: 연 10%
ㅁ. 유효이자율	: 연 12%

① 480,366원
② 2,519,634원
③ 3,000,000원
④ 3,480,366원

해설

- '총이자수익=총액면이자+총상각액'
  → (10,000,000×10%×3년)+(10,000,000-9,519,634)=3,480,366

SET1 SET2 SET3 SET4 SET5 SET6 SET7 SET8 SET9 SET10

17 ㈜삼일은 공장 건물을 신축하기 위해 ㈜남산으로부터 장부금액이 각각 6,000,000원과 19,000,000원인 건물과 토지를 37,000,000원에 일괄 구입하였다. 회사는 매입 직후 3,000,000원을 들여 기존 건물을 철거하였고, 철거후 공장 신축공사를 시작하였다. ㈜삼일이 인식해야 하는 토지의 취득원가는 얼마인가?

① 40,000,000원
② 56,000,000원
③ 59,000,000원
④ 62,000,000원

해설

- 새 건물을 신축할 목적으로 기존 건물이 있는 토지를 구입하여 기존 건물을 철거하는 경우는 일괄구입이 아니며, 총구입가와 기존건물 철거비용의 합계액을 토지의 취득원가로 한다.
  → 따라서, 토지 취득원가 : 37,000,000+3,000,000=40,000,000

18 장기금전대차거래에서 발생한 장기채무는 어떤 금액으로 재무상태표에 공시해야 하는가?

① 미래 지급할 명목상의 금액
② 미래 지급할 명목상의 금액을 현재가치로 할인한 금액
③ 실제 현금으로 수취한 금액
④ 평가시점의 재평가액

해설

- 장기연불조건의 매매거래, 장기금전대차거래 또는 이와 유사한 거래에서 발생한 채권·채무로서 명목금액과 현재가치(공정가치)의 차이가 유의적인 경우에는 현재가치로 평가한다.

19 ㈜삼일은 자동차부품 제조업을 영위하고 있다. 최근 자동차모형의 변경으로 부품제조 기계장치의 효용이 현저하게 감소되어 유형자산 손상차손 인식사유에 해당되었다. ㈜삼일이 기계장치에 대한 다음 정보를 이용하여 손상차손으로 인식할 금액은 얼마인가?

| ㄱ. 장부금액(감가상각누계액 차감후 잔액) | 6,000,000원 |
| ㄴ. 회수가능액 | 2,800,000원 |

① 2,500,000원
② 3,200,000원
③ 3,800,000원
④ 6,000,000원

해설

- 6,000,000-2,800,000=3,200,000

20 ㈜삼일은 정부로부터 자산의 취득과 관련하여 보조금을 받아 기계장치를 취득하였다. 해당 기계장치에 대한 자료가 아래와 같은 경우, 20x1년 이 기계장치와 관련하여 인식할 감가상각비는 얼마인가?

> ㄱ. 취득원가 : 15,000,000원
> ㄴ. 정부보조금 : 10,000,000원
> ㄷ. 취득일 : 20x1년 7월 1일
> ㄹ. 기계장치의 내용연수는 10년, 잔존가치는 없으며 정액법으로 상각하는 것으로 가정한다.

① 250,000원
② 500,000원
③ 750,000원
④ 1,000,000원

해설

- (차) 감가상각비 $15,000,000 \times \dfrac{1}{10} \times \dfrac{6}{12} = 750,000$ (대) 감가상각누계액 750,000

  (차) 정부보조금 $10,000,000 \times \dfrac{750,000}{15,000,000} = 500,000$ (대) 감가상각비 500,000

→ 따라서, 750,000-500,000=250,000

고속철 정부보조금 존재시 감가상각비계산

'감가상각비=보조금차감기준 감가상각비'

→ $(15,000,000-10,000,000) \times \dfrac{1}{10} \times \dfrac{6}{12} = 250,000$

21 ㈜갑을은 20x2년 1월 1일부터 K-IFRS를 조기도입하기로 결정하고 20x2년 12월 31일 K-IFRS에 따라 작성한 재무제표를 공시하고 있다. 당 회사는 20x1년말 현재 토지, 건물 금액의 일부가 K-IFRS를 적용하면서 투자부동산으로 대체되었다.

(단위 : 원)

구분	20x1년 감사보고서상 20x1.12.31 잔액	20x2년 감사보고서상 20x1.12.31 잔액
토 지	500	100
건 물	300	60
투자부동산	0	640
합계	800	800

다음 중 K-IFRS 기준에 따라 가장 올바르지 않은 의견을 제시한 사람은 누구인가?

① 소라 : 부동산 중 ㈜갑을이 직접 사용하는 부분은 유형자산의 토지 또는 건물로 계상되었을 거야.
② 정현 : 부동산 중 직접 사용하지 않고 임대하고 있는 부분은 투자부동산으로 계정 재분류 하였을 거야.
③ 재범 : 유형자산은 원가모형과 재평가모형 중 하나를 선택하여 측정하지만, 투자부동산은 공정가치모형으로만 평가하므로 투자부동산은 향후 공정가치를 장부금액으로 할 거야.
④ 범수 : 임대목적으로 사용하던 부동산을 ㈜갑을이 직접 사용하게 되는 경우 직접 사용하는 부동산에 해당하는 금액을 투자부동산에서 유형자산으로 계정 재분류 해야 할 거야.

해설

- 투자부동산은 원가모형과 공정가치모형 중 하나를 선택하여 측정한다.
- **저자주** 본 문제는 한국채택국제회계기준 규정에 대한 문제이므로 참고만하기 바랍니다.

제1편 백점이론특강 / 제2편 기출문제특강 / SET1 / SET2 / SET3 / SET4 / SET5 / SET6 / SET7 / SET8 / SET9 / SET10 / 신유형 / 기출문제오답노트 / 실전기출모의고사

22 다음 중 무형자산의 개발비에 대한 토론내용으로 일반기업회계기준과 가장 부합하지 않는 의견을 제시한 사람은 누구인가?

① 인섭 : 연구단계에서 발생하는 지출은 연구비로 분류하고, 개발단계에서 발생하는 지출은 개발비와 경상개발비로 분류할 수 있어.

② 병철 : 개발단계에서 발생한 금액은 전액 무형자산으로 인식해야 해.

③ 소윤 : 내용연수는 독점적 · 배타적인 권리를 부여하고 있는 관계법령이나 계약에 정해진 경우를 제외하고는 20년을 초과 할 수 없어.

④ 문규 : 개발비의 상각방법은 정액법, 정률법, 생산량비례법등 다양한 방법 중에서 합리적인 방법을 선택하면 되지만, 합리적인 상각방법을 정할 수 없을 때는 정액법을 사용하도록 하고 있어.

해설

• 개발단계에서 발생한 금액은 소정 자산계상요건을 충족하는 경우에만 무형자산으로 계상한다.

23 ㈜삼일은 20x2년 중 기계장치를 구입하고 그 대가로 20x1년에 1주당 7,000원에 취득하여 보유하고 있던 자기주식 300주를 교부하였다. 교부한 자기주식의 액면금액은 5,000원이며 교부일 현재 공정가치는 주당 6,000원이었다. ㈜삼일이 구입한 기계장치의 취득원가는 얼마인가?

① 1,500,000원　　　　　　　　　② 1,800,000원
③ 2,000,000원　　　　　　　　　④ 2,100,000원

해설

• 현물출자에 의해서 자산을 취득할 때에는 취득한 자산의 금액은 공정가치를 취득원가로 한다. 공정가치란 취득한 자산의 공정가치를 의미하지만 취득원가주의에 따르면 발행한 주식의 시가를 취득원가로 한다. 하지만 시장에서는 현물출자로 발행한 주식의 시가가 곧 취득한 자산의 공정가치가 되므로 어느 금액이든지 관계없이 동일한 금액이 취득원가로 계상될 것이다.

• 회계처리
　(차) 기계장치 300주×@6,000=1,800,000　　(대) 자기주식　　　　2,100,000
　　　 자기주식처분손실　　　　 300,000

24 ㈜삼일의 매입과 관련된 다음 사항을 반영하기 전 20x1년 12월 31일 매입채무 계정 잔액은 200,000원이다. 다음 자료를 반영한 후 ㈜삼일의 매입채무 금액은 얼마인가?

> • 20x1년 12월 31일 현재 대금을 지급하지 않고 운송 중인 매입관련 상품
> 　ㄱ. 선 적 일 : 20x1년 12월 29일
> 　　 인도기준 : 선적지 인도기준
> 　　 도 착 일 : 20x2년 1월 4일
> 　　 가　　격 : 100,000원
> 　ㄴ. 선 적 일 : 20x1년 12월 23일
> 　　 인도기준 : 도착지 인도기준
> 　　 도 착 일 : 20x2년 1월 5일
> 　　 가　　격 : 50,000원

① 200,000원　　　　　　　　　② 250,000원
③ 300,000원　　　　　　　　　④ 350,000원

해설

• 200,000+100,000=300,000

25 다음 중 사채에 대한 설명으로 가장 옳지 않은 것은?

① 사채발행비는 사채발행으로 인해 조달된 현금을 감소시키는 효과가 있으므로 지급수수료로 처리한다.

② 일반기업회계기준에서는 자기사채의 취득시 취득목적에 관계없이 사채의 상환으로 처리하도록 규정하고 있다.

③ 사채발행비가 발생하지 않고 사채가 액면발행된 경우에는 액면이자 지급액이 발행회사가 매년 인식할 이자비용이 된다.

④ 일반기업회계기준에서는 사채발행시 인식한 사채할인발행차금이나 사채할증발행차금은 유효이자율법을 적용하여 상각 또는 환입하고 그 금액을 이자비용에 가감하도록 규정하고 있다.

해설
• 사채발행비는 사채의 발행가액에서 차감한다.

26 ㈜삼일은 20x1년 1월 1일에 다음과 같은 조건의 사채를 발행하였다.

> ㄱ. 액면금액 : 1,000,000원
> ㄴ. 액면이자율 : 8%
> ㄷ. 이자지급조건 : 연 1회, 매년 12월 31일 지급
> ㄹ. 만기일 : 20x3년 12월 31일
> ㅁ. 20x1년 1월 1일의 시장이자율 : 10%
> ㅂ. 20x1년 1월 1일의 사채발행금액 : 950,263원

유효이자율법을 적용하여 사채할인발행차금을 상각한 경우 ㈜삼일의 20x1년말 사채의 장부금액은 얼마인가?

① 950,263원
② 965,289원
③ 975,842원
④ 1,000,000원

해설
• 950,263+(950,263×10%-1,000,000×8%)=965,289

27 다음 중 ㈜삼일의 충당부채에 대한 회계처리로 가장 옳지 않은 것은?

① ㈜삼일은 현재의무의 이행에 소요되는 지출에 대한 보고기간종료일 현재 최선의 추정치를 산출하여 충당부채로 계상하였다.

② ㈜삼일은 판매시점으로부터 2년간 품질을 보증하는 조건으로 제품을 판매하고 있고, 예상되는 미래 보증수리비용 추정액의 현재가치로 충당부채를 계상하였다.

③ ㈜삼일은 충당부채의 명목금액과 현재가치의 차이가 중요하여 예상 지출액의 현재가치로 충당부채를 평가하였다.

④ ㈜삼일은 미래의 예상 영업손실에 대하여 그 금액을 추정하여 충당부채로 계상하였다.

해설
• 미래의 예상 영업손실은 충당부채로 인식하지 않는다.

28 다음은 ㈜삼일의 퇴직급여충당부채에 대한 자료이다.

> ㄱ. 기초 퇴직급여충당부채 잔액 : 30,000,000원
> ㄴ. 기말 퇴직급여충당부채 잔액 : 24,000,000원
> ㄷ. 당기 말 회사가 행한 회계처리는 다음과 같다.
>   (차) 퇴직급여   8,000,000   (대) 퇴직급여충당부채   8,000,000

㈜삼일의 당기 중 퇴직금 지급액은 얼마인가?

① 6,000,000원
② 8,000,000원
③ 12,000,000원
④ 14,000,000원

해설

- 30,000,000-당기지급액+8,000,000=24,000,000
  → 따라서, 당기지급액은 14,000,000

29 다음 중 법인세회계에 대한 설명으로 가장 옳은 것은?

① 차기 이후 차감할 일시적 차이는 실현가능성이 있어야 이연법인세자산으로 계상할 수 있다.
② 이월되는 세액공제는 법인세율을 곱하여 이연법인세자산으로 계상한다.
③ 이월결손금은 미래 법인세부담을 증가시키게 되므로 이연법인세부채로 계상하여야 한다.
④ 이연법인세자산(부채)은 현재가치평가의 대상이 된다.

해설

- ② 세액공제는 전액을 이연법인세자산으로 계상한다.
  ③ 이월결손금은 미래 법인세부담을 감소시키게 되므로 이연법인세자산으로 계상하여야 한다.
  ④ 이연법인세자산(부채)은 현재가치평가의 대상에서 제외한다.

30 ㈜삼일은 20x1년말 장부마감 후 다음과 같은 주요 재무상태 변동이 20x1년에 발생하였음을 알게 되었다. ㈜삼일의 자본은 자본금과 이익잉여금으로만 구성되어 있으며, 20x1년 중 신주를 5,000,000원에 액면으로 발행하였다면 20x1년도 당기순이익은 얼마인가(단, 신주발행비는 없다고 가정한다)?

> ㄱ. 자산 : 6,000,000원 증가   ㄴ. 부채 : 3,500,000원 감소

① 1,000,000원
② 2,500,000원
③ 4,500,000원
④ 5,500,000원

해설

- 자본증가액(6,000,000+3,500,000)=신주발행(5,000,000)+당기순이익
  → 따라서, 당기순이익은 4,500,000

31 ㈜삼일의 자본금은 다음과 같이 구성되어 있다. 당기에 배당 가능한 금액 5,000,000원을 모두 배당한다고 가정할 경우 보통주와 우선주에 대한 배당금은 각각 얼마인가?

> ㄱ. 보통주 : 5,000주 발행, 액면금액 5,000원, 발행금액 10,000원
> ㄴ. 우선주*⁾ : 4,000주 발행, 액면금액 5,000원
> *⁾비누적적, 비참가적이며, 1주당 액면금액의 10%를 배당함.

	보통주배당금	우선주배당금
①	0원	5,000,000원
②	2,777,778원	2,222,222원
③	3,000,000원	2,000,000원
④	5,000,000원	0원

해설
- 우선주배당금 : 4,000주 × @5,000 × 10%=2,000,000
  보통주배당금 : 5,000,000-2,000,000=3,000,000

32 다음 중 자본조정항목이 아닌 것은?
① 미교부주식배당금 ② 자기주식
③ 주식할인발행차금 ④ 매도가능증권평가이익

해설
- 매도가능증권평가이익 : 기타포괄손익누계액

33 다음 중 배당금에 대한 설명으로 가장 적절하지 않은 것은?
① 배당금을 지급하는 경우 상법의 규정에 의하여 현금배당액의 10분의 1 이상의 금액을 자본금의 2분의 1에 달할 때까지 이익준비금으로 적립해야 한다.
② 주식배당의 경우 회사의 자본에 변동이 없으므로 아무런 회계처리를 하지 않아도 된다.
③ 연 1회 결산기를 정한 회사는 영업연도 중 1회에 한하여 이사회 결의로 금전배당을 할 수 있으며 이를 중간배당이라고 한다.
④ 배당금은 보고기간종료일 후에 이사회에서 이익잉여금을 배당으로 승인하는 날에 '(차) 이익잉여금 / (대) 미지급배당금'으로 회계처리 한다(단, 이사회의 승인 내용이 주주총회에서 수정, 승인된 경우가 아니다).

해설
- 회사는 주식배당에 대해 다음과 같은 회계처리를 하여야 한다.
  (차) 이익잉여금 ××× (대) 자본금 ×××

34 다음 중 일반기업회계기준에 따른 수익·비용인식에 적용되는 원칙으로 올바르게 짝지은 것은?

ㄱ. 현금주의	ㄴ. 수익·비용대응
ㄷ. 순액주의	ㄹ. 발생주의

① ㄱ, ㄴ   ② ㄴ, ㄹ
③ ㄴ, ㄷ   ④ ㄷ, ㄹ

해설
• 발생주의와 수익 · 비용대응의 원칙에 따라 인식한다.

35 ㈜삼일은 20x1년 4월 1일 액면금액 100,000원의 상품권 10매를 고객에게 액면금액의 20%에 해당하는 금액을 할인하여 1매당 80,000원에 발행하였다. 20x1년 중에 사용된 상품권은 8매이며 판매한 상품과의 차액으로 환불한 금액은 10,000원이다. ㈜삼일이 20x1년에 상품권 판매로 인식할 순매출액은 얼마인가?

① 630,000원   ② 640,000원
③ 790,000원   ④ 800,000원

해설
• 발행시

(차) 현금	80,000×10매=800,000	(대) 선수금	100,000×10매=1,000,000
상품권할인액	200,000		

• 회수시

(차) 선수금	100,000×8매=800,000	(대) 매출	790,000
		현금	10,000
(차) 매출에누리	200,000×8매/10매=160,000	(대) 상품권할인액	160,000

→ 순매출액 : 790,000-160,000=630,000

36 다음 중 수익인식기준에 대한 설명으로 가장 옳지 않은 것은?

① 배당금수익은 배당금을 받을 권리와 금액이 확정되는 시점에 인식한다.
② 장기할부판매의 수익은 판매시점에 인식하는데, 이는 할부판매라 하더라도 수익창출의 결정적 사건이 인도시점에 발생했기 때문이다.
③ 성격과 가치가 유사한 재화나 용역간의 교환은 수익을 인식시키는 거래로 보지 않는다.
④ 반품조건부판매는 반품예상액을 합리적으로 추정할 수 있는 경우 제품의 인도시점에 판매금액 전액을 수익으로 인식한다.

해설
• 반품추정액은 수익에서 차감한다.

37 ㈜삼일의 장기도급공사의 내역은 다음과 같다.

	20x1년	20x2년	20x3년
총공사예정원가	24,000,000원	27,000,000원	27,000,000원
당기발생공사원가	6,000,000원	10,200,000원	10,800,000원
공사대금청구액	7,000,000원	15,000,000원	8,000,000원
공사대금회수액	6,500,000원	13,000,000원	10,500,000원

총공사계약금액이 30,000,000원일 때, ㈜삼일이 20x2년도에 인식해야 할 공사수익은 얼마인가?

① 10,500,000원
② 12,500,000원
③ 13,000,000원
④ 23,500,000원

해설

$$\cdot\ 30,000,000 \times \frac{6,000,000 + 10,200,000}{27,000,000} - 30,000,000 \times \frac{6,000,000}{24,000,000} = 10,500,000$$

38 ㈜삼일은 20x1년 2월 1일 미국에 있는 PwC에 상품을 $2,000에 외상으로 판매하였고, 20x1년 2월 10일에 대금을 수취하였다. 관련 환율이 다음과 같을 때 20x1년 2월 10일의 회계처리로 올바른 것은?

ㄱ. 20x1년 2월 1일 : ₩1,100/$	
ㄴ. 20x1년 2월 10일 : ₩1,200/$	

① (차) 현금　2,400,000원　(대) 매출채권　2,400,000원

② (차) 현금　2,400,000원　(대) 매출채권　2,200,000원
　　　　　　　　　　　　　　외환차익　200,000원

③ (차) 현금　2,400,000원　(대) 매출채권　2,200,000원
　　　　　　　　　　　　　　외화환산이익　200,000원

④ (차) 현금　2,200,000원　(대) 매출채권　2,200,000원

해설

· 20×1년 2월 1일
　(차) 매출채권　$2,000×1,100=2,200,000　(대) 매출　2,200,000
· 20×1년 2월 10일
　(차) 현금　$2,000×1,200=2,400,000　(대) 매출채권　2,200,000
　　　　　　　　　　　　　　　　　　　　　외환차익　200,000

39 다음 중 손익계산서상의 영업이익을 감소시키는 사건으로 올바르게 짝지은 것은?

> ㄱ. 환율이 하락하여 외화매출채권으로부터 외화환산손실이 발생하였다.
> ㄴ. 신제품개발을 위해 개발비를 지출하였다(개발비는 자산인식요건 충족하지 않음)
> ㄷ. 당기에 3년 만기 사채를 발행하여 이자비용이 발생하였다(사채발행 회사의 본업은 제조업임).
> ㄹ. 본사건물로 사용하고 있는 건물에 대한 임차료를 지급하였다.
> ㅁ. 회사가 보유한 토지의 처분으로 유형자산처분손실이 발생하였다.

① ㄱ, ㄴ
③ ㄴ, ㄹ
② ㄷ, ㄹ
④ ㄱ, ㄹ, ㅁ

해설
- 영업비용(판관비)을 찾는 문제이다.
  → 경상개발비(ㄴ)와 임차료(ㄹ)

40 다음 자료를 참고하여 ㈜삼일의 기본주당이익을 계산하면 얼마인가?

ㄱ. 법인세비용차감전순이익	: 80,000,000원
ㄴ. 법인세비용	: 20,000,000원
ㄷ. 우선주배당금	: 10,000,000원
ㄹ. 가중평균유통보통주식수	: 50,000주

① 700원
③ 900원
② 800원
④ 1,000원

해설
- 당기순이익 : 80,000,000-20,000,000=60,000,000
- 기본주당이익 : $\dfrac{60,000,000-10,000,000}{50,000주}$ =1,000

02 세무회계

41 조세에 대한 다음 설명 중 가장 옳은 것은?

① 조세를 부과·징수하는 주체인 국가라도 법의 규정에 근거하지 않고 필요에 따라 국민으로부터 세금을 부과·징수할 수는 없다.

② 물세란 납세의무자의 인적사항을 고려하지 않고 수익 혹은 재산 그 자체에 대하여 부과하는 조세를 말하며, 법인세 및 소득세가 이에 포함된다.

③ 실질과세의 원칙에 따르면 A라는 사람이 실제 사업을 하면서 처남인 B의 명의로 사업자등록을 한 경우 해당 사업에서 발생한 소득을 B의 소득으로 간주한다.

④ 부과과세제도란 국가 또는 지방자치단체의 결정에 따라 과세표준과 세액이 확정되는 제도를 말하며, 법인세·소득세 등이 이에 해당한다.

해설

- ② 소득세는 인적사항을 고려하는 인세이다.
  ③ 실제 사업자인 A의 소득으로 간주한다.
  ④ 법인세·소득세는 신고납세제도를 취하고 있다.

42 다음 설명 중 가장 옳지 않은 것은?

① 비영리법인은 수익사업에서 소득이 발생하더라도 법인세법상 법인세 납세의무를 지지 않는다.

② 법인세 과세권자인 국가의 입장에서 납세지란 법인세를 부과·징수하는 기준이 되는 장소를 의미한다.

③ 법인의 사업연도는 1년을 초과하지 못한다.

④ 외국법인은 일정한 국내원천소득에 한하여 법인세 납세의무를 진다.

해설

- 비영리법인은 수익사업에서 발생한 소득에 대해 법인세법상 법인세 납세의무를 진다.

제1편 백점이론특강

제2편 기출문제특강

SET1

SET2

SET3

SET4

SET5

SET6

SET7

SET8

SET9

SET10

신유형

기출문제오답노트

실전기출모의고사

43 ㈜삼일의 당기(20x1.1.1~20x1.12.31) '자본금과 적립금조정명세서(을)'상의 기초잔액 내역 및 당기 세무조정사항은 다음과 같다. 세무조정이 모두 적정하게 이루어졌다고 가정할 때 유보사항의 기말잔액 합계액인 (가)에 기록될 금액은 얼마인가?

〈자본금과 적립금조정명세서(을)〉

| ①과목 또는 사항 | ②기초잔액 | 당기중증감 | | ⑤기말잔액 | 비고 |
		③감소	④증가		
세무조정유보소득 계산					
대손충당금 한도초과	800,000				
감가상각비 한도초과	3,400,000				
미수이자	△1,500,000				
합계	2,700,000			(가)	

〈당기 세무조정 사항〉

```
1. 익금산입 및 손금불산입
   1) 전기미수이자(당기실현)          1,500,000원
   2) 법인세비용                     600,000원
   3) 감가상각비 한도초과            900,000원
   4) 대손충당금 한도초과            700,000원
2. 손금산입 및 익금불산입
   1) 전기대손충당금 한도초과        800,000원
   2) 당기미수이자                 1,000,000원
```

① 2,600,000원 ② 3,100,000원
③ 4,000,000원 ④ 4,800,000원

해설

| ①과목 또는 사항 | ②기초잔액 | 당기중증감 | | ⑤기말잔액 | 비고 |
		③감소	④증가		
세무조정유보소득 계산					
대손충당금 한도초과	800,000	800,000	700,000	700,000	
감가상각비 한도초과	3,400,000		900,000	4,300,000	
미수이자	△1,500,000	△1,500,000	△1,000,000	△1,000,000	
합계	2,700,000			4,000,000	

44 세무조정에 대한 다음 설명 중 가장 옳지 않은 것은?

① 세무조정 사항은 결산조정사항과 신고조정사항으로 구분할 수 있다.
② 결산조정사항은 결산서에 비용으로 계상하지 않은 경우에 손금산입을 할 수 없는 항목을 말한다.
③ 신고조정사항은 결산서에 수익 및 비용으로 계상하지 않은 경우 세무조정을 하여야 법인세법상 익금·손금으로 인정되는 항목을 말한다.
④ 퇴직급여충당금은 신고조정사항이다.

해설
• 퇴직급여충당금은 결산조정사항이다.

45 ㈜삼일이 제12기(20x1.1.1~20x1.12.31) 결산 시 은행예금에 대한 미수이자 5,000,000원을 계상한 경우 제12기에 필요한 세무조정은?

① (익금산입)　미수이자 5,000,000원(유보)
② (익금불산입) 미수이자 5,000,000원(기타사외유출)
③ (익금불산입) 미수이자 5,000,000원(기타)
④ (익금불산입) 미수이자 5,000,000원(△유보)

해설
• 미수이자는 익금으로 인정되지 않으며 △유보로 소득처분된다.

46 다음 중 법인세법상 익금항목이 아닌 것을 모두 고르면?

ㄱ. 손금에 산입한 금액 중 환입된 금액	ㄴ. 법인세환급액
ㄷ. 국세 과오납금의 환급금에 대한 이자	ㄹ. 간주임대료
ㅁ. 자산의 양도금액	

① ㄴ, ㄷ
② ㄴ, ㄷ, ㄹ
③ ㄱ, ㄹ
④ ㄷ, ㅁ

해설
• 법인세환급액, 국세 과오납금의 환급금에 대한 이자는 익금불산입 항목이다.

47 ㈜삼일이 임원 및 종업원에게 지급한 상여금은 다음과 같다. 손금불산입으로 세무조정해야 하는 금액의 합계는 얼마인가?

| ㄱ. 임원 상여금 지급액 : 70,000,000원 |
| 　　(임원 상여지급기준상 한도액 : 50,000,000원) |
| ㄴ. 종업원 상여금 지급액 : 50,000,000원 |
| 　　(종업원 상여지급기준상 한도액 : 20,000,000원) |

① 세무조정 금액 없음
② 20,000,000원
③ 50,000,000원
④ 70,000,000원

해설
• 손금불산입 임원상여한도초과 20,000,000(상여)

48 다음 중 법인세법상 손금으로 인정되는 평가손실로 보기 어려운 것은?

① ㈜경인은 보유중인 주식을 발행한 법인이 파산하여 동 주식에 대한 평가손실을 계상하였다.
② ㈜대영은 단기간 내의 매매차익을 목적으로 취득한 단기매매증권에 대하여 결산일에 시가 하락에 따른 평가손실을 계상하였다.
③ ㈜한영은 화재로 건물 일부가 소실되어 이에 대한 평가손실을 계상하였다.
④ ㈜동우는 보유중인 재고자산의 파손으로 인한 평가손실을 계상하였다.

해설
• 시가하락으로 인한 평가손익은 인정되지 아니한다.

제1편 빽점이론특강 / 제2편 기출문제특강 / SET1 / SET2 / SET3 / SET4 / SET5 / SET6 / SET7 / SET8 / SET9 / SET10 / 신유형 / 기출문제오답노트 / 실전기출모의고사

49 ㈜삼진은 건물을 20x1년 1월 10일에 취득하여 당기말 현재 보유중이다. 다음 자료에 의할 경우 법인세법상 당해 사업연도(20x2.1.1~20x2.12.31)의 건물에 대한 감가상각범위액은 얼마인가?

> ㄱ. 건물 취득가액 : 500,000,000원
> ㄴ. 신고내용연수 20년(정액법 상각률 : 0.050, 정률법 상각률 : 0.140)
> ㄷ. 전기말 결산서상 감가상각누계액 : 100,000,000원

① 20,000,000원 ② 21,000,000원
③ 23,000,000원 ④ 25,000,000원

해설

• 500,000,000×0.050=25,000,000
 *건물은 항상 정액법을 적용한다.

50 법인세법상 기부금에 대한 설명으로 가장 옳지 않은 것은?

① 법인이 국가 또는 지방자치단체에 요건을 갖추어 무상으로 기증하는 금품은 법정기부금에 해당된다.
② 비지정기부금은 한도금액 내에서만 손금으로 인정되고 한도초과액은 손금불산입되어 기타사외유출로 소득처분된다.
③ 기부금의 귀속시기는 현금주의에 의하므로 어음으로 지급하는 경우에는 어음의 결제일을 지출일로 한다.
④ 접대비가 법인의 사업과 관련하여 지출되는 비용인 반면 기부금은 법인의 사업과 관련없이 지출되는 비용이다.

해설

•비지정기부금은 한도없이 전액 손금불산입하며, 지급받은 자에 따라 배당, 상여, 기타사외유출로 소득처분한다.

51 다음은 접대비에 대한 법인세법의 규정을 도식화한 것이다. 괄호 안에 들어 갈 내용으로 가장 적절하지 않은 것은(단, 경조사비와 문화접대비는 고려하지 않는다)?

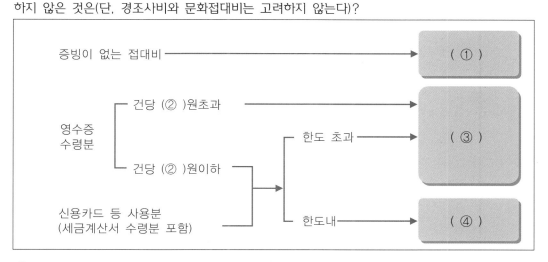

① 손금불산입(대표자상여)   ② 10,000
③ 손금불산입(기타사외유출)   ④ 손금불산입(기타)

해설
• 한도내 금액은 세무조정없이 손금으로 인정된다.

52 법인세법상 퇴직금 및 퇴직급여충당금에 대한 설명으로 가장 옳은 것은?

① 종업원에게 지급하는 퇴직금은 일정한도액까지만 손금으로 인정된다.
② 법인세법상 퇴직급여충당금의 설정대상자는 해당 사업연도말 현재 법인에서 1년 이상 근무한 직원만 해당한다.
③ 법인세법상 한도를 초과하여 설정된 퇴직급여충당금은 손금불산입되고 기타사외유출로 소득처분된다.
④ 총급여액을 기준으로 계산한 금액과 퇴직금추계액을 기준으로 계산한 금액 중 작은 금액을 퇴직급여충당금의 손금산입 한도액으로 한다.

해설
• ① 임원에게 지급하는 퇴직금에 대하여만 일정한도액까지만 손금으로 인정된다.
② 직원(×) → 임직원(O)
③ 기타사외유출(×) → 유보(O)

53 법인세법상 대손충당금에 대한 다음 설명 중 가장 옳지 않은 것은?

① 대손충당금은 법인이 보유하고 있는 채권의 회수가 불가능하게 될 가능성에 대비하여 설정하는 충당금이다.
② 법인세법상 대손충당금 설정률은 '1%'와 '법인의 대손실적률' 중 작은 비율을 적용한다.
③ 대손충당금 기말잔액과 한도액을 비교하여 한도초과액은 손금불산입(유보)으로 처리한다.
④ 대손충당금 기말잔액이 한도액에 미달하는 경우, 한도미달액에 대해서는 별도의 세무조정을 하지 않는다.

해설
• 작은 비율(×) → 큰 비율(O)

54 법인세법에서는 차입금에 대한 지급이자는 원칙적으로 전액 손금으로 인정되지만, 법에서 열거하는 특정 지급이자는 손금불산입된다. 다음 중 법인세법상 손금불산입되는 지급이자에 해당하지 않는 것은?

① 채권자불분명 사채이자 ② 비실명 채권·증권 이자
③ 업무무관자산 등 관련이자 ④ 차입금에 대한 연체이자

해설
• 차입금에 대한 연체이자는 지급이자 손금불산입의 대상이 아니다.

55 ㈜삼일은 특수관계법인인 ㈜사일에게 연초에 자금을 대여하고 연말에 500,000원의 이자를 수령하고 손익계산서상 수익으로 인식하였다. 이와 관련된 추가자료가 다음과 같은 경우 ㈜삼일이 수행해야 할 세무조정은?

ㄱ. 가지급금적수 : 3,650,000,000원
ㄴ. 부당행위계산부인에 해당될 경우 적용이자율 : 8.5%

① 〈익금산입〉 가지급금인정이자 350,000원(기타사외유출)
② 〈손금산입〉 가지급금인정이자 400,000원(기타)
③ 〈익금산입〉 가지급금인정이자 800,000원(기타사외유출)
④ 세무조정 없음

해설
• 익금산입 $3,650,000,000 \times 8.5\% \times \dfrac{1}{365} - 500,000 = 350,000$(기타사외유출)

＊ 귀속이 법인이므로 기타사외유출로 소득처분한다.

56 다음 중 법인세법상 부당행위계산부인에 관한 규정과 관계 없는 것은?

① 거래결과 해당 법인의 법인세부담을 부당하게 감소시켜야 한다.
② 법인의 거래가 법인세법에서 규정하고 있는 특수관계인과 이루어져야 한다.
③ 거래당사자간에 문서로 된 계약서 없이 이루어진 거래이어야 한다.
④ 특수관계인에게 무이자로 금전을 대여할 경우, 법인세법상 적정이자 금액을 익금산입하고 귀속자에 따라 소득처분한다.

해설
• 계약의 유무는 불문한다.

57 다음은 ㈜삼일의 제30기(20x1.1.1~20x1.12.31) 법인세 계산과 관련된 자료이다. 각사업연도소득금액, 과세표준, 산출세액은 각각 얼마인가?

결산서상 당기순이익	340,000,000원
익금산입	20,000,000원
익금불산입	10,000,000원
손금산입	15,000,000원
손금불산입	30,000,000원
비과세소득	3,000,000원
이월결손금(공제요건 만족)	2,000,000원
소득공제	1,000,000원
* 법인세율 : 과세표준 2억원 이하	－ 10%
과세표준 2억원 초과 200억원 이하	－ 20%

	각사업연도소득금액	과세표준	산출세액
①	362,000,000원	359,000,000원	35,900,000원
②	362,000,000원	360,000,000원	36,000,000원
③	365,000,000원	359,000,000원	51,800,000원
④	365,000,000원	360,000,000원	55,200,000원

___ 해설

- 각사업연도소득금액
  340,000,000+20,000,000-10,000,000-15,000,000+30,000,000=365,000,000
- 과세표준
  365,000,000-2,000,000-3,000,000-1,000,000=359,000,000
- 산출세액
  200,000,000×10%+159,000,000×20%=51,800,000

제1편 백점이론특강

제2편 기출문제특강

SET1
SET2
SET3
SET4
SET5
SET6
SET7
SET8
SET9
SET10

신유형

기출문제오답노트

실전기출모의고사

58 다음은 ㈜삼일의 제20기(2020.1.1~12.31) 산출세액 계산과 관련된 사항이다. 법인세법의 규정에 맞게 산출세액을 재계산할 경우 산출세액은 얼마나 변동하는가?

ㄱ. 회사가 계산한 산출세액	
– 각사업연도소득금액	100,000,000원
– 이월결손금	12,000,000원
– 과세표준	88,000,000원
– 세율	× 10%
– 산출세액	8,800,000원

ㄴ. 회사가 산출세액 계산시 차감한 이월결손금 내역은 다음과 같다. 이는 과세표준 계산시 한번도 공제되지 아니하였다.

– 제9기분	2,000,000원
– 제16기분	1,000,000원
– 제18기분	9,000,000원

① 변동없음
② 100,000원 증가
③ 200,000원 증가
④ 300,000원 증가

해설
• 재계산한 산출세액 : (88,000,000+2,000,000)×10%=9,000,000
 → 9,000,000-8,800,000=200,000(증가)
 *9기분 이월결손금은 공제할수 없다.

59 법인세법에 대한 다음 설명 중 옳은 항목만으로 묶인 것은?

ㄱ. 청산소득에 대한 법인세란 법인이 해산(합병 또는 분할에 의한 해산 제외)하는 경우에 발생하는 소득에 대하여 부과하는 법인세를 말한다.
ㄴ. 청산소득의 납세의무자는 원칙적으로 해산으로 소멸하는 영리내국법인이다. 따라서 비영리법인은 청산소득의 납세의무가 없다.
ㄷ. 내국영리법인의 국외원천소득은 국외에서 이미 과세가 되었으므로 국내에서는 추가적으로 과세되지 않는다.
ㄹ. 비영리외국법인은 영리를 목적으로 하지 않으므로 국내에서 수익사업을 하는 경우에도 법인세를 납부할 의무가 없다.

① ㄱ, ㄴ
② ㄴ, ㄷ
③ ㄱ, ㄷ
④ ㄴ, ㄹ

해설
• 내국영리법인은 국·내외 모든 소득에 과세한다.
• 비영리외국법인도 국내 수익사업소득에 대하여는 과세한다.

60 차감납부할세액의 계산에 영향을 미치는 요소가 다음의 자료를 제외하고는 없다고 가정할 경우, 법인세법상 차감납부할세액은 얼마인가?

ㄱ. 산출세액	9,000,000원
ㄴ. 외국납부세액공제	3,000,000원
ㄷ. 가산세 합계	500,000원
ㄹ. 중간예납세액	4,000,000원

〈차감납부할세액 계산구조〉

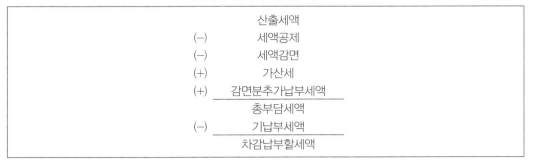

	산출세액
(−)	세액공제
(−)	세액감면
(+)	가산세
(+)	감면분추가납부세액
	총부담세액
(−)	기납부세액
	차감납부할세액

① 1,500,000원 　　　　　② 2,000,000원
③ 2,500,000원 　　　　　④ 8,500,000원

해설
· 9,000,000-3,000,000+500,000-4,000,000=2,500,000

61 다음 중 소득세법상 종합소득과세표준과 산출세액의 관계를 가장 바르게 나타낸 것은?

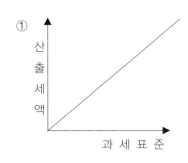
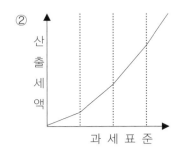
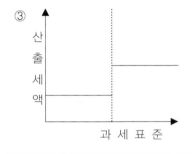
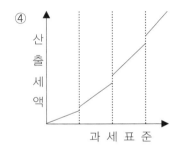

해설
· 초과누진세율구조이므로 구간별로 기울기가 증가한다.

62 소득세법상 이자소득에 대한 설명으로 가장 옳은 것은?

① 친구에게 돈을 빌려주고 받은 이자는 소득세법상 이자소득에 해당하지 않는다.
② 이자소득에 대해서는 필요경비가 인정되지 않는다.
③ 저축성보험의 보험차익은 기간에 관계없이 이자소득에 해당하지 않는다.
④ 국·공채에서 발생하는 이자는 전액 비과세된다.

해설
• ① 비영업대금이익으로 이자소득에 해당한다.
 ③ 10년 미만 저축성보험의 보험차익은 이자소득에 해당한다.
 ④ 국·공채에서 발생하는 이자는 전액 과세된다.

63 나창업씨는 사업의 시작을 앞두고 개인사업체 운영과 법인설립 중 어느 편이 세금면에서 유리한지 고민중이다. 나창업씨가 예상하고 있는 손익이 다음과 같을 때, 법인세법상 각사업연도소득금액과 소득세법상 사업소득금액의 차이는 얼마인가?

ㄱ. 손익계산서상 당기순이익	10,000,000원
ㄴ. 손익계산서에 반영되어 있는 금액	
– 대표자 급여	5,000,000원
– 사업용 고정자산(토지) 처분손실	2,000,000원
– 사업자금을 일시 예치하여 발생한 이자수익	3,000,000원

① 1,000,000원
② 2,000,000원
③ 3,000,000원
④ 4,000,000원

해설
• 소득세법 : 10,000,000+5,000,000+2,000,000-3,000,000=14,000,000
 법인세법 :   (10,000,000)
                                        4,000,000

64 다음은 ㈜삼송에 근무하고 있는 종업원이 회사로부터 받은 소득에 대해 나눈 대화이다. 다음 중 소득세법상 근로소득으로 보지 않는 소득을 받은 자는 누구인가?

태현 : 난 이번에 주주총회 결의에 의하여 상여금 500만원을 받았어.
윤주 : 난 직무수당과 연·월차수당을 받았어.
효정 : 이번 휴가철에 휴가비를 받았어.
유진 : 난 숙직료로 실비변상 정도의 금액을 지급받았어.

① 태현
② 윤주
③ 효정
④ 유진

해설
• 실비변상 정도의 지급액은 비과세한다.

65 다음 중 소득세법상 연금소득에 대한 설명으로 가장 옳지 않은 것은?

① 국민연금 등 공적연금의 연금기여금 납입액에 대해서는 전액 소득공제를 인정하고 있다.
② 연금소득은 기여금 납입 시에 과세하고, 수령 시에는 과세하지 않는 것이 원칙이다.
③ 연금소득금액은 연금소득 총수입금액에서 연금소득공제를 차감한 금액이다.
④ 연금소득공제의 한도는 연 900만원이다.

해설
• 연금소득은 수령시에 과세한다.

66 다음은 사업소득이 있는 구대성씨의 부양가족이다. 배우자 송강숙씨는 연간 99만원의 이자소득이 있지만, 다른 가족은 소득이 없다. 구대성씨의 종합소득공제 계산시 기본공제대상은 몇 명인가 (단, 장애인은 없다)?

ㄱ. 구대성 (본인, 50세)	ㄴ. 송강숙 (배우자, 50세)
ㄷ. 구봉서 (부친, 69세)	ㄹ. 구은조 (딸, 25세)
ㅁ. 구효선 (딸, 17세)	

① 2명 ② 3명
③ 4명 ④ 5명

해설
• 딸 '구은조'는 20세 이하가 아니므로 기본공제대상자가 아니다.

67 다음의 소득공제 항목 중 근로소득이 없는 경우 공제받을 수 없는 항목은?

① 경로우대공제 ② 신용카드 소득공제
③ 부녀자공제 ④ 장애인공제

해설
• 신용카드 소득공제는 근로자에게만 적용된다.

68 소득세법상 양도소득에 대한 다음 설명 중 가장 옳지 않은 것은?

① 양도소득이란 개인이 부동산 등을 양도하여 얻는 소득을 말한다. 따라서 개인이 사업적으로 부동산을 판매하여 발생한 소득도 양도소득이다.
② 양도소득세의 과세대상이 되는 양도란 매도, 교환 등으로 인하여 그 자산이 유상으로 사실상 이전되는 것을 말한다.
③ 1세대 1주택이더라도 고가주택에 해당하면 양도시에 양도소득세를 과세한다.
④ 양도시기는 원칙적으로 해당 자산의 대금을 청산한 날로 한다.

해설
• 사업적으로 부동산을 판매하여 발생한 소득은 부동산매매업으로서 사업소득에 해당한다.

69 종합소득금액 등이 있는 거주자는 각 소득의 과세표준을 다음 연도 5월 1일부터 5월 31일까지 신고 해야 하는데, 다음 중 이러한 과세표준확정신고를 반드시 해야 하는 거주자는 누구인가(단, 거주자 는 제시된 소득 이외의 다른 소득은 없다)?

① 복권에 당첨되어 세금을 공제하고 12억원을 수령한 박명규씨
② 해당 과세기간 중 퇴사한 뒤 음식점을 개업하여 소득이 발생한 이황씨
③ 근로소득에 대하여 연말정산을 실시한 회사원인 김은수씨
④ 분리과세대상 이자소득을 수령한 정연우씨

■ 해설
• 복권 당첨소득은 무조건분리과세대상이며, 근로소득은 연말정산으로 과세를 종결한다.

70 소득세법상 원천징수에 대한 다음 설명 중 가장 옳지 않은 것은?

① 원천징수란 소득을 지급하는 자가 소득을 지급할 때 지급을 받는 자가 내야 할 세금을 미리 징수 하여 납부하는 제도이다.
② 완납적 원천징수는 원천징수에 의해 납세의무가 종결되므로 원천징수 당한 소득에 대하여는 추후 에 별도로 신고할 필요가 없다.
③ 예납적 원천징수는 확정신고시 원천징수 당한 소득을 다른 소득과 함께 신고하고, 원천징수 당한 세액은 공제가 불가능하다.
④ 실지명의가 확인되는 거주자의 이자소득에 대한 소득세 원천징수세율은 지급액의 14% 로 하되, 비 영업대금이자는 25% 로 한다.

■ 해설
• 원천징수세액은 기납부세액으로 공제한다.

71 공장에서 1,000원에 출고된 우산은 부가가치세 포함 1,100원에 우산 도매상에게 팔렸고, 우산 도매 상은 이윤을 붙여 부가가치세 포함 3,300원에 편의점에 판매하였다. 편의점에서 우산을 부가가치 세 포함 5,500원에 소비자에게 판매하였다면, 상기 거래에서 최종소비자가 부담한 부가가치세 금액 은 얼마인가?

① 100원 ② 300원
③ 500원 ④ 900원

■ 해설
• 부가가치세 포함 5,500원 중 부가가치세 500원이 소비자가 부담한 금액이다.

72 다음 표의 (ㄱ) ~ (ㄹ)에 해당하는 거래 중 원칙적으로 부가가치세의 과세대상이 아닌 것은 무엇인가?

구 분	유상공급	무상공급
재 화	(ㄱ)	(ㄴ)
용 역	(ㄷ)	(ㄹ)

① ㄱ   ② ㄴ
③ ㄷ   ④ ㄹ

해설
• 용역의 무상공급은 원칙적으로 과세대상이 아니다.

73 다음은 부가가치세법상 공급시기에 대한 설명이다. 가장 옳지 않은 것은?

① 외상판매의 경우 현금이 실제로 수취되는 때가 공급시기이다.
② 장기할부판매의 경우 대가의 각 부분을 받기로 한 때가 공급시기이다.
③ 공급시기가 도래하기 전에 재화 · 용역에 대한 대가를 받고 세금계산서를 발급하는 경우 그 발급시기가 재화 · 용역의 공급시기이다.
④ 수출재화의 경우 수출재화의 선적일이 공급시기이다.

해설
• 외상판매는 인도되는 때가 공급시기이다.

74 다음은 영세율과 면세제도를 비교한 내용이다. 다음 중 옳지 않은 것들을 모두 고른 것은?

구분	영세율	면세
ㄱ. 기본취지	소비지국 과세원칙의 구현	부가가치세의 역진성 완화
ㄴ. 적용대상	수출하는 재화 등 특정 거래	기초생활 필수재화 등 특정 재화용역
ㄷ. 면세정도	부분면세제도	완전면세제도
ㄹ. 과세표준 및 매출세액	공급가액이 과세표준에 포함되지 아니하며 매출세액도 없음	공급가액이 과세표준에는 포함되나 매출세액은 없음
ㅁ. 매입세액	매입세액이 전액 환급되어 최종소비자에게 전가되지 않음	매입세액이 공제되지 아니하므로 최종소비자에게 전가됨

① ㄱ, ㄴ   ② ㄱ, ㅁ
③ ㄷ, ㄹ   ④ ㄷ, ㅁ

해설
• 영세율 : 완전면세제도
  면 세 : 부분면세제도
• 영세율 : 공급가액이 과세표준에 포함된다.
  면 세 : 공급가액이 과세표준에 포함되지 않는다.

제1편 백점이론특강 / 제2편 기출문제특강 / SET1 / SET2 / SET3 / SET4 / SET5 / SET6 / SET7 / SET8 / SET9 / SET10 / 신유형 / 기출문제오답노트 / 실전기출모의고사

75 다음 자료는 20x1년 1월 1일에 사업을 개시(동일에 사업자등록)한 ㈜서초의 20x1.1.1~ 20x1.3.31까지의 거래내역이다. 20x1년 제1기 예정신고기간에 대한 ㈜서초의 부가가치세 과세표준은 얼마인가(단, 모든 금액에는 부가가치세가 포함되지 아니함)?

구분	금액
매출액(매출에누리, 매출할인액 차감전 금액)	350,000,000원
매출에누리	30,000,000원
매출할인	15,000,000원
매출처로부터 받은 외상매출금 연체이자	800,000원

① 305,000,000원　　　　　　② 320,000,000원
③ 325,000,000원　　　　　　④ 350,800,000원

해설
- 350,000,000-30,000,000-15,000,000=305,000,000
- *매출할인·에누리·환입은 공급가액에서 차감하며, 연체이자는 공급가액에 포함하지 않는다.

76 다음 자료는 ㈜삼일의 거래내역이다. ㈜삼일의 부가가치세신고서상 (A)에 기록될 금액은 얼마인가?

〈신고내용〉

구분				금액	세율	세액
과세표준및매출세액	과세	세금계산서 발급분	(1)		10/100	
		매입자발행세금계산서	(2)		10/100	
		신용카드·현금영수증 발행분	(3)	(A)	10/100	
		기타(정규영수증외 매출분)	(4)			
	영세율	세금계산서 발급분	(5)		0/100	
		기타	(6)		0/100	
		예정신고누락분	(7)			
		대손세액가감	(8)			
		합계	(9)			

구분	금액
세금계산서 발행 국내매출액(부가가치세 미포함)	20,000,000원
신용카드매출전표 발행분(부가가치세 포함)	33,000,000원
현금영수증 발행(부가가치세 포함)	5,500,000원
내국신용장에 의한 공급분(Local 수출분)	10,000,000원
직수출분	40,000,000원

① 33,000,000원　　　　　　② 35,000,000원
③ 45,000,000원　　　　　　④ 55,000,000원

해설
- $(33,000,000+5,500,000) \times \dfrac{100}{110} = 35,000,000$

77 다음 중 부가가치세법상 매입세액공제를 받을 수 있는 경우는?

① 원재료, 장비 등을 1,500,000원에 구입하였다.
② 거래처에 접대할 목적으로 개업축하기념품을 500,000원에 구입하였다.
③ 사옥을 짓기 위해서 토지를 300,000,000원에 구입하였다.
④ 비영업용소형승용차를 2,000,000원에 구입하였다.

해설
• 접대비 · 토지 · 비영업용소형승용차 관련 매입세액은 불공제 대상이다.

78 다음은 국세기본법 및 부가가치세법상 가산세와 관련된 내용이다. 가장 옳지 않은 것은?

① 영세율이 적용되는 과세표준에 대하여 예정신고 또는 확정신고를 하지 아니한 경우 영세율 과세표준 신고불성실가산세가 적용된다.
② 매출처별세금계산서합계표를 제출하지 않거나 부실 기재한 경우 매출처별세금 계산서합계표 제출 불성실가산세가 적용된다.
③ 사업자등록을 하지 아니한 경우에는 가산세가 부과되지 않는다.
④ 예정신고시 제출하지 아니한 매출처별세금계산서합계표를 확정신고시 제출한 경우 가산세가 부과된다.

해설
• 사업개시일로부터 20일 내에 사업자등록을 하지 않은 경우 미등록가산세가 부과된다.

79 다음 중 수정세금계산서를 발급할 수 없는 경우는?

① 작성연월일을 착오로 잘못 기재한 경우
② 공급한 재화 또는 용역이 반품 또는 환입된 경우
③ 재화 공급 후에 계약금이 변경된 경우
④ 과세를 면세로 잘못 알고 계산서를 발급한 경우

해설
• 수정세금계산서는 당초에 세금계산서를 발급한 경우에만 발행가능하다.
 ㉠ 면세를 과세로 잘못 알고 세금계산서를 발급한 경우
  → 수정세금계산서 발급이 가능하다.
 ㉡ 과세를 면세로 잘못 알고 계산서를 발급한 경우
  → 당초 세금계산서를 발급한 것이 아니라 계산서를 발급한 것이므로 수정세금계산서 발급이 불가하며, 이 경우는 세금계산서 미발급으로서 가산세가 부과된다.

80 세금계산서와 관련된 다음 설명 중 가장 옳지 않은 것은?

① 면세사업자는 부가가치세의 납세의무가 없으나, 공급받는 자가 요구하는 경우에는 세금계산서를 발급하여야 한다.
② 세금계산서 발급시 필요적 기재사항을 기재하지 않으면 세금계산서불성실가산세가 적용된다.
③ 필요적 기재사항이 일부라도 기재되지 아니하거나 기재된 사항이 사실과 다를 때에는 정당한 세금계산서로 인정되지 않는다.
④ 부가가치세법상 납세의무자라 하더라도 사업자등록을 하지 않으면 세금계산서를 발급할 수 없다.

해설
• 면세사업자는 어떠한 경우에도 세금계산서를 발급할수 없다.

제1편 빽정이론특강
제2편 기출문제특강
SET1
SET2
SET3
SET4
SET5
SET6
SET7
SET8
SET9
SET10
신유형
기출문제오답노트
실전기출모의고사

[정답]   복원기출문제   SET ②

▶ 재무회계

1	2	3	4	5	6	7	8	9	10
①	③	①	②	①	④	②	②	③	③
11	12	13	14	15	16	17	18	19	20
④	①	①	④	④	④	①	②	②	①
21	22	23	24	25	26	27	28	29	30
③	②	②	③	①	②	④	④	①	③
31	32	33	34	35	36	37	38	39	40
③	④	②	②	①	④	①	②	③	④

▶ 세무회계

41	42	43	44	45	46	47	48	49	50
①	①	③	④	④	①	②	②	④	②
51	52	53	54	55	56	57	58	59	60
④	④	②	④	①	③	③	③	①	③
61	62	63	64	65	66	67	68	69	70
②	②	④	④	②	③	②	①	②	③
71	72	73	74	75	76	77	78	79	80
③	④	①	③	①	②	①	③	④	①

[실전연습]

복원기출문제연습

SET ③

Cam Exam intermediate level

▶ 복원기출문제는 현행 개정세법과 현행 회계기준에
부합하도록 저자가 문제를 임의변경·보완 및 추가한
문제가 포함되어 있습니다.

01 재무회계

1 다음 내용은 경제신문에 실린 기사의 일부분이다.

> B회계법인은 자금난으로 인하여 부도처리된 Y사의 자산, 부채를 실사한 결과 순자산 장부금 액 중 총 7조원이 과대계상되었다고 발표하였다.
> 이에 대하여 Y사의 회계감사를 담당하였던 C회계법인은 자산, 부채의 실사결과에 대하여 항 의하였다.
> B회계법인이 실사 시에 전제한 가정은 자신들이 회계감사 시에 전제한 가정과는 다른 것이므 로 이를 회계이론적인 입장에서 인정할 수 없다는 것이다.
> 예를 들어 무형자산으로 계상되어 있는 개발비의 장부금액 200억원에 대해서도 B회계법인은 자산, 부채의 실사 시에 이를 전혀 자산으로 인정하지 않았다는 것이다.

B회계법인과 C회계법인 사이에서 벌어지고 있는 논쟁은 재무제표의 기본가정과 관련되어 있다. 다음의 재무제표에 대한 기본가정 중 C회계법인이 회계감사시 설정한 기본가정과 자산의 측정 속성을 가장 올바르게 짝지은 것은 무엇인가?

① 청산기업가정, 현행원가   ② 계속기업가정, 역사적원가
③ 계속기업가정, 현행원가   ④ 청산기업가정, 역사적원가

해설
• 개발비는 미래경제적효익의 유무로 자산인식여부를 가리므로 계속기업이 보장되지 않는다면 자산으로 계상 불가 하며, 개발비는 취득원가(역사적원가)로 측정한다.

2 ㈜삼일에 입사한 신입사원을 대상으로 회계교육이 진행되는 중에 각자 학습한 내용을 발표하고 있 다. 다음 중 재무회계에 대해서 가장 잘못 이해하고 있는 사람은 누구인가?

> 강사 : 지금까지 재무회계에 대한 일반적인 내용에 대해서 공부하였습니다. 그럼 학습한 내용 에 대하여 복습하는 차원에서 서로 발표해 봅시다.
> 재석 : 재무회계의 주된 목적은 정보이용자의 경제적 의사결정에 유용한 정보를 제공하는 것 입니다.
> 명수 : 재무회계는 기업의 재무상태, 경영성과, 자본변동, 현금흐름에 관한 재무정보를 제공하 고 있습니다.
> 하하 : 재무회계의 보고기간은 1년 혹은 분반기를 기준으로 하고 있습니다.
> 홍철 : 재무제표는 재무상태표, 손익계산서, 현금흐름표와 자본변동표로 구성되며 주석은 포함 되지 않습니다.

① 재석   ② 명수
③ 하하   ④ 홍철

해설
• 재무제표는 주석을 포함한다.

3 다음 중 중소기업 회계처리 특례에 대한 설명으로 가장 올바르지 않은 것은?

① 장기연불조건의 매매거래 및 장기금전대차거래 등에서 발생하는 채권채무는 명목금액을 재무상태표 금액으로 할 수 있다.
② 정형화된 시장에서 거래되는 파생상품에 대해서도 계약시점 이후 평가에 관한 회계처리를 하지 않을 수 있다.
③ 유형자산과 무형자산의 내용연수 및 잔존가치의 결정은 법인세법의 규정에 따를 수 있다.
④ 법인세비용은 법인세법 등의 법령에 의하여 납부하여야 할 금액으로 할 수 있다.

■ 해설
• 정형화된 시장에서 거래되지 않아 시가가 없는 파생상품의 계약시점 후 평가에 관한 회계처리는 아니할 수 있다.

4 ㈜SMC는 외국계 자회사로서 12월 말 결산법인이다. 당 법인이 3분기 중간재무제표를 작성하려고 한다. 다음 중 중간재무제표에 대한 설명으로 가장 올바르지 않은 것은?

① 재무상태표는 당 회계연도 9월 30일 현재를 기준으로 작성하고 직전 회계연도 12월 31일 현재의 재무상태표와 비교표시한다.
② 손익계산서는 당 회계연도 7월 1일부터 9월 30일까지의 중간기간과 1월 1일부터 9월 30일까지의 누적중간기간을 대상으로 작성하고 직전 회계연도의 동일기간을 대상으로 작성한 손익계산서와 비교표시한다.
③ 현금흐름표는 당 회계연도 7월 1일부터 9월 30일까지의 중간기간과 1월 1일부터 9월 30일까지의 누적중간기간을 대상으로 작성하고 직전 회계연도의 동일기간을 대상으로 작성한 현금흐름표와 비교표시한다.
④ 자본변동표는 당 회계연도 1월 1일부터 9월 30일까지의 누적중간기간을 대상으로 작성하고 직전 회계연도의 동일기간을 대상으로 작성한 자본변동표와 비교표시한다.

■ 해설
• 현금흐름표는 당 회계연도 1월 1일부터 9월 30일까지의 누적중간기간을 대상으로 작성하고 직전 회계연도의 동일기간을 대상으로 작성한 현금흐름표와 비교표시한다.

5 다음 중 재무상태표의 구성요소인 자산과 부채에 대한 설명으로 가장 올바르지 않은 것은?

① 자산은 반드시 물리적 형태를 갖고 있어야 한다.
② 자산은 재화 및 용역의 생산에 이용되거나 다른 자산과의 교환 또는 부채의 상환에 사용되며 소유주에 대한 분배에 이용될 수 있다.
③ 부채는 기업실체가 현재 시점에서 부담하는 경제적 의무이다.
④ 미래의 일정 시점에서 자산을 취득한다는 결정이나 단순한 약정은 현재의 의무가 아니므로 부채가 아니다.

■ 해설
• 자산의 존재를 판단하기 위해 물리적 형태가 필수적인 것은 아니다.
   → 예 특허권

6 ㈜삼일의 20x2년 12월 31일 현재 당좌예금 장부상 잔액은 3,500,000원이고, 은행의 ㈜삼일에 대한 당좌원장상 잔액은 3,570,000원이다. 다음 자료를 이용하여 20x2년말 현재의 정확한 당좌예금 잔액을 구하면 얼마인가?

> ㄱ. 12월 31일 현재 기발행 미결제수표는 500,000원이다.
> ㄴ. 부도수표 100,000원은 아직 회사의 장부에 반영되지 않았다.
> ㄷ. 은행 측 미기입예금은 150,000원이다.
> ㄹ. 회사가 200,000원의 수표를 발행하면서 당좌예금 장부에는 20,000원으로 기장 처리했다.

① 3,070,000원   ② 3,220,000원
③ 3,320,000원   ④ 3,400,000원

해설

• 3,500,000-100,000(부도수표)-180,000(기장오류)=3,220,000

7 ㈜삼일의 20x2년 1월 1일 시점에 대손충당금 기초잔액은 200,000원 이며, 20x2년 중 매출채권 및 대손상각비와 관련하여 발생한 거래는 다음과 같다.

> ㄱ. 3월 9일 : 매출채권 120,000원이 회수가 불가능하여 대손처리하였다.
> ㄴ. 7월 5일 : 20x1년에 대손 처리한 매출채권 중 80,000원이 회수되었다.
> ㄷ. 20x2년 말 매출채권 잔액은 8,500,000원이다.

㈜삼일은 매출채권 기말잔액의 3%를 대손충당금으로 설정한다고 가정 할 때 상기의 대손처리, 상각채권 회수 및 대손충당금 설정과 관련된 회계처리가 20x2년 당기순이익에 미치는 영향은 얼마인가?

① 95,000원 감소   ② 145,000원 감소
③ 195,000원 감소   ④ 255,000원 감소

해설

고속철			
대손발생	120,000	기초대손충당금	200,000
		회수	80,000
기말대손충당금	8,500,000×3%=255,000	대손상각비	?

→ ∴대손상각비=95,000

8 제과업을 영위하는 ㈜삼일은 원재료인 밀가루의 안정적인 확보를 위해 총매입대금 2,000,000원 중 일부인 1,000,000원을 20x2년 12월 20일 ㈜삼이에 선지급하였다. 실제 원재료 입고일이 20x3년 1월 10일이라면 20x2년 12월 20일에 ㈜삼일이 수행해야 할 회계처리로 가장 올바른 것은?

① (차) 선급비용   1,000,000   (대) 현금   1,000,000
② (차) 선 급 금   1,000,000   (대) 현금   1,000,000
③ (차) 매출원가   1,000,000   (대) 현금   1,000,000
④ (차) 원 재 료   2,000,000   (대) 현금   2,000,000

해설

• 재고자산 구입관련 계약금 지급액은 선급금으로 처리한다.

9 ㈜삼일의 20x2년 중 재고자산의 거래내역은 다음과 같다. 다음 자료를 바탕으로 선입선출법하에서의 매출원가를 구하면 얼마인가(단, 회사는 실지재고조사법에 의하여 수량을 기록한다)?

구분	단위	단위원가	총원가
기초재고(1월 1일)	1,100개	80원	88,000원
당기매입(3월 15일)	200개	110원	22,000원
당기매입(5월 16일)	1,200개	100원	120,000원
당기판매가능한 수량	2,500개		230,000원
당기매출(8월 22일)	800개		
당기매출(9월 18일)	1,000개		
당기판매수량	1,800개		
기말재고(12월 31일)	700개		

① 147,000원 ② 150,000원
③ 157,000원 ④ 160,000원

해설
• 88,000+22,000+500개×100=160,000

10 ㈜삼일의 20x2년 1월 1일 시점에 기초재고자산은 200,000원이며 당기매입액은 3,000,000원, 당기 매출액은 2,920,000원이다. 20x2년 12월에 ㈜삼일의 재고창고에 화재가 발생하였다. ㈜삼일의 20X2년 매출총이익률은 30%로 일정하였으며, 20x2년말 실사에 의하여 확인된 소실되지 않은 기말재고자산 금액은 345,000원이다. 이 경우 화재로 인하여 소실된 재고자산의 추정액은 얼마인가?

① 345,000원 ② 811,000원
③ 876,000원 ④ 1,156,000원

해설
• 기말재고 : 200,000+3,000,000-2,920,000×(1-30%)=1,156,000
• 소실액 : 1,156,000-345,000=811,000

11 다음은 20x2년 삼일상사의 회계자료 중 일부이다. 삼일상사의 20x2년 당기 매출원가는 얼마인가?

	본점창고	적송된 위탁상품
기초재고	120,000원	25,000원
당기매입액	480,000원	70,000원
당기매입운임	20,000원	–
당기적송운임	–	5,000원
기말재고	125,000원	20,000원

① 516,000원 ② 536,000원
③ 575,000원 ④ 614,000원

해설
• (120,000+25,000)+(480,000+20,000+70,000+5,000)-(125,000+20,000)=575,000

12 ㈜삼일은 20x1년 1월 1일 장기투자목적으로 ㈜서울의 주식 100주(발행주식수의 10%)를 500,000 원에 취득하고 이를 매도가능증권으로 분류하였다. ㈜삼일은 20x2년 6월 1일에 주식 중 50주를 320,000원에 처분하였으며, 나머지는 20x2년 말까지보유중이다. ㈜서울 주식의 공정가치에 대한 정보가 다음과 같은 경우 20x2년 말 ㈜삼일의 재무상태표에 ㈜서울의 주식과 관련하여 계상될 매도 가능증권평가이익은 얼마인가(단, 법인세효과는 고려하지 않는다)?

> ㈜서울 주식의 공정가치 : 20x1년 말 4,500원/주
> 20x2년 말 6,000원/주

① 50,000원 　　　　　　　　　② 70,000원
③ 75,000원 　　　　　　　　　④ 100,000원

해설

- 20×1년말
  (차) 매도가능증권평가손실　50,000　　(대) 매도가능증권　50,000
- 20×2년 6월 1일
  (차) 현금　320,000　　(대) 매도가능증권　225,000[1]
  　　　　　　　　　　　　　매도가능증권평가손실　25,000[2]
  　　　　　　　　　　　　　매도가능증권처분이익　70,000

- 20×2년말
  (차) 매도가능증권　75,000[3]　　(대) 매도가능증권평가손실　25,000
  　　　　　　　　　　　　　　　　　매도가능증권평가이익　50,000

　[1] 450,000×50%=225,000
　[2] 50,000×50%=25,000
　[3] 50주×6,000-225,000=75,000

고속철 평가손익 잔액계산
　→ 50주×(6,000-5,000)=50,000(평가이익)

13 지분법은 투자기업이 피투자기업에 대해 유의적인 영향력을 행사할 수 있는 경우에 적용하는데, 다음 중 투자기업이 피투자기업에 대하여 유의적인 영향력을 행사할 수 있다고 볼 수 없는 경우는?

① ㈜금오건설은 ㈜대유건설의 지분을 30% 보유하고 이사회에서 의결권을 행사할 수 있게 되었다.
② ㈜지오는 자동차 공정에 사용되는 부품을 공급하는 회사로서 ㈜지오의 유의적인 거래는 주로 투자기업인 ㈜현지자동차와 이루어졌다.
③ 이동통신의 선두주자인 ㈜에이스케이텔레콤의 20x2년 새로운 영업정책인 'D프로젝트'는 투자기 업인 ㈜에이스에이의 의사결정에 의하여 개발된 것이다.
④ ㈜다음커뮤니케이션은 피투자기업인 ㈜파도커뮤니케이션에게 다른 기업에도 제공하고 있는 일반 적인 기술정보인 사내메신저 파일설치를 위한 기술을 제공하였다.

해설

- 피투자기업에게 일반적인 기술정보가 아니라 필수적인 기술정보를 투자기업이 제공하는 경우에 유의적 영향력이 있다.

14 컴퓨터 판매 사업을 영위하는 ㈜삼일이 보유한 단기매매증권과 매도가능증권의 기말 공정가치법에 따른 평가손익은 재무제표에 각각 어떠한 항목으로 공시해야 하는가?

	단기매매증권평가손익	매도가능증권평가손익
①	기타포괄손익누계액	영업외손익
②	기타포괄손익누계액	기타포괄손익누계액
③	영업외손익	기타포괄손익누계액
④	영업외손익	영업외손익

해설
- 단기매매증권평가손익 : 당기손익
- 매도가능증권평가손익 : 자본(기타포괄손익누계액)

15 20x2년 1월 2일 시점에 ㈜삼일은 ㈜하나의 주식 40%를 800,000원에 취득하였다. 주식 취득시점에 ㈜하나의 순자산장부금액은 1,800,000원이었으며 자산·부채의 장부금액은 공정가치와 동일하였다. ㈜하나의 20x2년 당기순이익은 240,000원이고 당기 중 ㈜하나는 40,000원을 배당으로 지급하였다. ㈜삼일이 ㈜하나의 주식을 지분법으로 평가하는 경우 ㈜삼일은 20x2년 12월 31일 현재 ㈜하나의 주식을 재무상태표에 얼마로 표시하여야 하는가?

① 842,000원　　②　868,000원
③ 876,000원　　④　880,000원

해설
- 800,000+240,000×40%-40,000×40%=880,000

16 ㈜삼일은 사용중이던 건물을 ㈜용산의 기계장치와 교환하였다. 이 교환거래와 관련하여 ㈜삼일은 공정가치의 차액 100,000원을 현금으로 지급하였다. 이 교환거래에서 ㈜삼일이 취득하는 기계장치의 취득원가는 얼마인가?

	건물	기계장치
취득원가	2,000,000원	4,000,000원
감가상각누계액	(800,000원)	(3,120,000원)
공정가치	1,000,000원	1,100,000원

① 900,000원　　②　1,000,000원
③ 1,100,000원　　④　1,200,000원

해설
- (차) 기계장치　　1,000,000　　(대) 건물　　2,000,000
　　감가상각누계액　　800,000
　　처분손실　　200,000
 (차) 기계장치　　100,000　　(대) 현금　　100,000
 → ∴기계장치의 취득원가 : 1,000,000+100,000=1,100,000

17 다음 중 자산의 취득원가에 산입할 수 있는 자본화대상 차입원가에 해당하지 않는 것은?

① 사채할인발행차금상각액
② 장·단기차입금과 사채에 대한 이자비용
③ 차입과 직접 관련하여 발생한 수수료
④ 리스이용자의 운용리스비용

해설

• 리스이용자의 운용리스비용(×) → 리스이용자의 금융리스비용(O)

18 ㈜삼일은 취득원가 15,000,000원, 내용연수 5년의 기계장치를 20x2년 1월 1일에 취득하여 설치를 완료하였으며, 동 기계장치의 취득과 관련하여 정부보조금 명목으로 9,000,000원을 수령하였다. 정액법에 따라 감가상각하며 잔존가치는 없다고 할 때, ㈜삼일이 20x2년 이 기계장치와 관련하여 인식할 감가상각비는 얼마인가?

① 1,000,000원
② 1,200,000원
③ 2,000,000원
④ 3,000,000원

해설

• 총감가상각비 : $15,000,000 \times \dfrac{1}{5}$ =3,000,000

상계액 : $9,000,000 \times \dfrac{3,000,000}{15,000,000}$ =(1,800,000)
감가상각비 $\dfrac{}{1,200,000}$

19 12월 말 결산법인인 ㈜삼일은 20x1년 1월 1일에 장부금액 200,000,000원의 보유토지를 ㈜삼이에 300,000,000원에 매각하였다.

▶ 각 이자율별 연금의 현가계수

기간	10%	11%	12%
1	0.9091	0.9009	0.8929
2	1.7355	1.7125	1.6901
3	2.4869	2.4437	2.4018

▶ 각 이자율별 현가계수

기간	10%	11%	12%
1	0.9091	0.9009	0.8929
2	0.8265	0.8116	0.7972
3	0.7513	0.7312	0.7117

모든 금액은 소수 첫째 자리에서 반올림한다.

▶ 시장이자율

20x2년 1월 1일 : 11%, 20x3년 1월 1일 : 12%

㈜삼일이 20x1년에 인식할 유형자산처분이익은 얼마인가(단, 매각과 동시에 매각대금 200,000,000원을 받았으며, 잔금은 20x1년 12월 31일과 20x2년 12월 31일에 50,000,000원씩 분할수령하기로 하였다. 또한 토지 매각일 현재 시장이자율은 10%이다)?

① 68,595,000원
② 95,455,000원
③ 86,775,000원
④ 100,000,000원

___해설___
• (차) 현금　　　　　 200,000,000　 (대) 토지　　　　　　　　 200,000,000
　　　미수금　　　　 100,000,000　　　 현재가치할인차금　　　 13,225,000[*]
　　　　　　　　　　　　　　　　　　　 처분이익　　　　　　　 86,775,000

[*] 100,000,000-50,000,000×1.7355=13,225,000

20 다음 중 무형자산의 회계처리에 대한 설명으로 가장 올바르지 않은 것은?

① 내부적으로 창출된 브랜드, 고객목록도 회사의 수익창출에 기여하므로 무형자산으로 인식한다.
② 정부보조 등에 의해 무형자산을 무상 또는 공정가치보다 낮은 대가로 취득한 경우 무형자산의 취득원가는 취득일의 공정가치로 인식한다.
③ 무형자산과 기타자산을 일괄 취득한 경우에는 총 취득원가를 각 자산의 공정가치에 비례하여 배분한 금액을 각각 개별 무형자산과 기타자산의 취득원가로 인식한다.
④ 기업이 발행한 지분증권과 교환하여 취득한 무형자산의 취득원가는 그 지분증권의 공정가치로 인식한다.

___해설___
• 내부적으로 창출된 브랜드, 고객목록은 무형자산으로 인식하지 아니한다.

21 다음은 ㈜삼일이 20x2년에 지출한 R & D 비용의 내역이다. ㈜삼일이 20x2년에 경상·연구개발비 (비용)와 개발비(무형자산)로 처리할 금액은 각각 얼마인가?

> ㄱ. 연구단계 지출액 : 300억원
> ㄴ. 개발단계 지출액 : 70억원
> ㄷ. 개발단계 지출액 중 개별적으로 식별가능하고 미래의 경제적 효익을 확실하게 기대할 수 있는 것으로 판단되는 금액은 20억원임.

	경상연구개발비	개발비
①	300억원	70억원
②	350억원	20억원
③	370억원	0억원
④	0억원	70억원

해설
- 비용(연구비＋경상개발비) : 300억+(70억-20억)=350억
  자산(개발비) : 20억

22 다음 중 기타비유동자산에 대한 설명으로 가장 올바르지 않은 것은?

① 기타비유동자산이란 비유동자산 중 투자자산, 유형자산 및 무형자산에 속하지 않는 자산이다.
② 장기선급비용은 계속적 용역공급계약을 체결하고 선지급한 지출액중 1년 이후에 비용으로 인식되는 자산이다.
③ 장기미수금은 주된 영업활동 이외에 자산의 처분 등에서 발생한 1년이내에 회수가 어려운 채권이다.
④ 전신전화가입권은 특정한 전신 또는 전화를 소유사용하는 권리로써 반환 받을 수 있는 금액만을 계상하므로 설치비 등도 포함된다.

해설
- 반환 받을 수 있는 금액만을 계상하므로 설치비 등은 포함되지 않는다.

23 다음 중 유동부채에 대한 설명으로 가장 올바르지 않은 것은?

① 유동부채는 만기금액과 현재가치의 차이가 중요하기 때문에 반드시 현재가치로 평가하여야 한다.
② 미지급금은 일반적인 상거래 이외의 거래나 계약관계 등에서 발생한 채무를 말한다.
③ 유동성장기부채란 비유동부채 중 보고기간종료일로부터 1년 이내에 상환될 금액을 의미한다.
④ 서로 다른 금융기관에 당좌예금과 당좌차월이 있는 경우에는 총액주의에 의하여 이들을 상계하지 아니하고 각각 자산과 부채로 계상한다.

해설
- 대부분의 유동부채는 단기간내에 만기가 도래하여 미래에 지불할 만기금액과 만기금액의 현재가치와의 차이가 중요하지 않기 때문에 일반적으로 미래에 지불할 만기금액으로 유동부채를 평가한다.

24 20x2년 1월 1일에 ㈜급전은 액면금액 100,000원, 액면이자율 10%, 3년 만기의 사채를 97,556원에 발행하였다. 이자지급일은 매년 12월 31일이며 시장이자율은 11%이다. 유효이자율법으로 사채할인발행차금을 상각할 경우, ㈜급전이 3년간 인식할 총 사채이자비용은 얼마인가?

① 30,000원　　　　　　　　　　② 32,193원
③ 32,444원　　　　　　　　　　④ 33,000원

해설
- 총사채이자비용=총액면이자+사채할인발행차금
  → 100,000×10%×3년+(100,000-97,556)=32,444

25 다음 자료를 이용하여 ㈜삼일의 20x2년 손익계산서에 계상될 사채상환손익을 계산하면 얼마인가 (단, 소수 첫째 자리에서 반올림 한다)?

> ㄱ. 액면금액 : 1,000,000원
> ㄴ. 발행금액 : 950,244원(20x2년 1월 1일 발행)
> ㄷ. 만기 : 20x4년 12월 31일
> ㄹ. 액면이자율 : 연 8% (매년 말 지급)
> ㅁ. 유효이자율 : 연 10%
> ㅂ. 사채발행자인 ㈜삼일은 동 사채를 20x2년 12월 31일에 액면이자 지급후 1,000,000원에 상환하였다. ㈜삼일은 사채의 액면금액과 발행금액의 차이를 유효이자율법으로 상각하고 있다.

① 상환손실 34,732원　　　　　　② 상환손실 29,756원
③ 상환이익 29,756원　　　　　　④ 상환이익 34,732원

해설
- 고속철 사채상환손익의 계산
  '사채상환손익=상환시점 장부가-현금상환액'
- 상환시점 장부가 : 950,244+(950,244×10%-1,000,000×8%)=965,268
- 상환손익 : 965,268-1,000,000=△34,732(손실)

26 다음 중 충당부채의 인식요건이 아닌 것은?

① 과거 사건이나 거래의 결과로 법적의무 또는 의제의무가 존재한다.
② 당해 의무의 이행에 소요되는 금액을 신뢰성 있게 추정할 수 있다.
③ 당해 의무를 이행하기 위하여 자원이 유출될 가능성이 매우 높다.
④ 기업이 전적으로 통제할 수 없는 하나 또는 그 이상의 불확실한 사건도 포함한다.

해설
- 과거사건은 발생하였으나 기업이 전적으로 통제할 수 없는 하나 또는 그 이상의 불확실한 미래사건의 발생 여부에 의하여서만 그 존재여부가 확인되는 잠재적인 의무는 우발부채이다.

27 다음 중 K-IFRS에 대한 설명으로 가장 올바르지 않은 것은?

① 재무상태표의 구체적인 형식 및 개별항목을 상세하게 예시하고 있지 않다.
② 재고자산의 원가흐름에 대한 가정으로 후입선출법을 인정하지 않는다.
③ 투자부동산에 대하여 공정가치모형을 선택한 경우 감가상각을 수행하고 공정가치로 평가한 평가손익을 당기손익으로 처리한다.
④ 이연법인세자산은 재무상태표에 비유동자산으로만 표시한다.

해설

• 공정가치모형에서는 감가상각비를 계상하지 않는다.
저자주 본 문제는 한국채택국제회계기준 규정에 대한 문제이므로 참고만하기 바랍니다.

28 다음은 이연법인세회계와 관련된 ㈜삼송 재경실무자들의 대화 내용이다. 이연법인세회계에 대해서 가장 잘못 이해하고 있는 사람은 누구인가?

① 민정 : 일시적차이란 자산부채가 회계상 장부금액과 세법상 장부금액과의 차이가 있기 때문에 발생하는 것입니다.
② 유신 : 그러나 자산부채의 장부금액과 세무기준액에 차이가 난다고 하여 모두 이연법인세 회계를 적용하는 것은 아닙니다.
③ 두현 : 차감할 일시적차이의 실현가능성은 보고기간종료일마다 재검토되어야 합니다.
④ 상진 : 이월결손금은 미래 법인세부담을 증가시키게 되므로 이연법인세부채로 계상하여야 합니다.

해설

• 이월결손금은 미래 법인세부담을 감소시키게 되므로 이연법인세자산으로 계상하여야 한다.

29 20x1년 사업을 개시한 ㈜삼일의 미수이자에 대한 정보는 다음과 같다.

> ㄱ. 20x1년 12월 31일 : 미수이자 150,000원 인식
> ㄴ. 평균세율 : 30%
> ㄷ. 세법상 미수이자에 대한 귀속시기는 현금주의다.

K-IFRS하에서 20x1년 12월 31일 재무상태표에 계상될 이연법인세자산 또는 이연법인세부채는 얼마인가(단, 차감할 일시적차이에 대응할 수 있는 미래 과세이익의 발생가능성은 높고 그 밖의 일시적차이는 없다)?

① 이연법인세자산 22,500원
② 이연법인세부채 22,500원
③ 이연법인세자산 45,000원
④ 이연법인세부채 45,000원

해설

• 세무조정 : 익금불산입 미수이자 150,000(△유보)
• 이연법인세부채(△유보) : 150,000×30%=45,000

30 다음 중 자본항목에 대한 설명으로 가장 올바르지 않은 것은?

① 주식배당은 주식배당을 받는 주주들에게 주식을 교부해야 하는 것이므로 배당 기준일에 미지급배당금의 과목으로 하여 부채로 계상한다.

② 자기주식처분이익은 자본잉여금으로 분류하며, 자기주식처분손실은 자본조정으로 분류한다.

③ 중간배당은 회계연도 중 1회에 한하여 이사회의 결의로 일정한 날을 정하여 금전으로 지급하는 배당을 의미한다.

④ 유상증자로 보통주식을 발행하는 경우 직접 발생한 주식발행비용은 별도의 계정으로 인식하지 않고 주식의 발행금액에서 차감한다.

해설
• 미교부주식배당금의 과목으로 하여 자본조정으로 계상한다.

31 다음 이익잉여금의 처분유형 중 실질적으로 이익잉여금과 자본총액을 모두 감소시키는 처분은 무엇인가?

① 결손보전적립금으로 처분
② 사업확장적립금으로 처분
③ 주식배당
④ 현금배당

해설
• ① 이익잉여금 ××× / 임의적립금 ×××
　　→ 이익잉여금불변, 자본총액불변
② 이익잉여금 ××× / 임의적립금 ×××
　　→ 이익잉여금불변, 자본총액불변
③ 이익잉여금 ××× / 자 본 금 ×××
　　→ 이익잉여금감소, 자본총액불변
④ 이익잉여금 ××× / 현　　금 ×××
　　→ 이익잉여금감소, 자본총액감소

32 다음은 20x1년과 20x2년 말을 기준으로 작성되고 익년도 주주총회에서 확정된 ㈜삼일의 자본총계와 당기순이익이다.

	20x1년	20x2년
ㄱ. 기말자본	4,320,000원	5,000,000원
ㄴ. 당기순이익	300,000원	600,000원

㈜삼일이 20x2년 중 유상증자 370,000원과 현금배당 이외의 자본변동 사항이 없는 경우, 20x2년 중 ㈜삼일이 지급할 현금배당액은 얼마인가?

① 120,000원
② 220,000원
③ 290,000원
④ 410,000원

해설
• '기초자본+증자-감자+순이익-배당=기말자본'
　→ 4,320,000+370,000-0+600,000-x=5,000,000 에서, x=290,000

33 다음은 유통업을 영위하는 ㈜삼일의 손익계산서에 대한 자료들이다. 이 자료들을 기초로 영업이익을 계산하면 얼마인가?

기초상품	5,000,000원	기말상품	7,000,000원
당기매출액	88,000,000원	당기매입액	60,000,000원
급여	10,000,000원	매출채권대손상각비	200,000원
감가상각비	800,000원	유형자산처분이익	1,000,000원
접대비	1,200,000원	이자비용	900,000원
단기매매증권처분이익	500,000원	장기대여금대손상각비	300,000원

① 15,100,000원
② 16,500,000원
③ 17,800,000원
④ 18,000,000원

해설
- 매출액   88,000,000
  매출원가 5,000,000+60,000,000-7,000,000   =(58,000,000)
  판관비(급여/매출채권대손상각비/감가상각비/접대비) (12,200,000)
                                                      17,800,000

34 손익계산서는 구분계산의 원칙에 의하여 손익을 매출총손익, 영업손익, 법인세차감전순손익 및 당기순손익으로 구분표시한다. 이러한 구분계산의 원칙에 의할 경우 영업손익의 계산과정에 포함되는 항목이 아닌 것은 무엇인가?

① 임차료
② 복리후생비
③ 자산수증이익
④ 연구비

해설
- 자산수증이익은 영업외손익이다.

35 ㈜삼일은 20x2년 1월 1일에 ㈜용산과 3년간의 공장건설계약을 맺었다. 건설공사에 대한 다음의 자료를 바탕으로 ㈜삼일이 20x2년에 인식한 공사원가는 얼마인가?

ㄱ. 총도급액	12,000,000원
ㄴ. 20x2년 공사이익	800,000원
ㄷ. 20x2년 말 현재 공사진행률*)	40%
*) 공사진행률은 총공사예정원가에 대한 실제공사원가 발생액의 비율로 산정	

① 4,000,000원
② 4,800,000원
③ 5,000,000원
④ 6,000,000원

해설
- 공사수익 : 12,000,000×40%=4,800,000
  공사원가 :   (x)
  공사이익   800,000
  → x=4,000,000

36 다음 중 수익인식에 대한 설명으로 가장 올바르지 않은 것은?

① 제품공급자로부터 받은 제품을 인터넷 상에서 중개판매하거나 경매하고 수수료만을 수취하는 전자쇼핑몰을 운영하는 ㈜홍철월드는 제품의 거래금액 전체를 수익으로 인식한다.

② 임대업을 영위하는 ㈜자임은 수취하는 임대료만을 임대수익으로 인식한다.

③ 구두를 제조하는 ㈜금성제화는 매출향상을 위하여 현금을 수령하고 상품권을 판매하지만 수익은 고객이 상품권으로 구두를 구입하는 시점에 인식한다.

④ ㈜일산은 ㈜용산에게 책을 위탁판매하였다. ㈜일산은 ㈜용산이 책을 판매하는 시점에 수익을 인식한다.

해설
• 수수료만을 수익으로 인식하여야 한다.

37 다음 중 비용에 대한 설명으로 가장 올바르지 않은 것은?

① 광고선전비는 불특정다수인을 대상으로 지출하는 비용인 반면 접대비는 특정인을 대상으로 지출하는 비용이다.

② 복리후생비는 급여, 상여, 퇴직금과는 달리 종업원에게 직접 지급되지 아니하고 근로의욕의 향상 등을 위하여 지출하는 노무비적인 성격의 비용이다.

③ 재고자산감모손실은 원가성 여부와 관계없이 비정상적으로 발생한 것도 매출원가 또는 제조원가에 부담시키는 비용이다.

④ 임차료란 토지, 건물 등 부동산이나 기계장치, 운반구 등 동산을 타인으로부터 임차하고 그 소유자에게 지급하는 비용이다.

해설
• 원가성이 있는 정상감모손실만 매출원가에 포함한다.

38 화폐성 외화자산 · 부채는 기말현재의 환율로 환산하여 외화환산손익을 인식하는데, 다음 중 기말 결산 시 외화환산손익을 인식하지 않는 계정과목은 무엇인가?

① 매출채권   ② 매입채무

③ 장기차입금   ④ 재고자산

해설
• 화폐성 : 현금, 매출채권, 미수금, 대여금, 매입채무, 미지급금, 차입금 등
• 비화폐성 : 재고자산, 유형자산, 무형자산 등

39 다음은 ㈜삼일의 유통보통주식수 변동내역에 대한 자료이다. 다음 자료를 바탕으로 가중평균유통 보통주식수를 계산하면 얼마인가(단, 주식수 산정시 월할계산을 한다)?

ㄱ. 기 초	30,000주
ㄴ. 기 중	
4월 1일 유상증자(시가발행임)	6,000주
7월 1일 자기주식의 취득	(8,000주)
10월 1일 자기주식의 처분	5,000주
ㄷ. 기 말	33,000주

① 30,500주   ② 31,750주
③ 32,500주   ④ 33,000주

해설

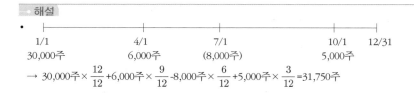

$$\rightarrow 30{,}000주 \times \frac{12}{12} + 6{,}000주 \times \frac{9}{12} - 8{,}000주 \times \frac{6}{12} + 5{,}000주 \times \frac{3}{12} = 31{,}750주$$

40 다음 괄호 안에 들어갈 외환차손익을 가장 올바르게 짝지은 것은?

외화자산 처분	발생당시환율 〉 회수당시환율	(ㄱ)
	발생당시환율 〈 회수당시환율	(ㄴ)
외화부채 결제	발생당시환율 〉 상환당시환율	(ㄷ)
	발생당시환율 〈 상환당시환율	(ㄹ)

	(ㄱ)	(ㄴ)	(ㄷ)	(ㄹ)
①	외환차손	외환차익	외환차손	외환차익
②	외환차익	외환차손	외환차익	외환차손
③	외환차손	외환차익	외환차익	외환차손
④	외환차익	외환차손	외환차손	외환차익

해설

• 외화자산 처분 : 환율이 오르면 이익
• 외화부채 결제 : 환율이 오르면 손실

02 세무회계

41 신고납세제도란 조세를 납부하여야 하는 자는 자진신고에 의하여 과세표준과 세액이 확정되는 제도를 말한다. 다음 중 신고납세제도에 해당하는 조세를 모두 고르면?

ㄱ. 법인세	ㄴ. 소득세	ㄷ. 부가가치세

① ㄱ

② ㄱ, ㄴ

③ ㄱ, ㄷ

④ ㄱ, ㄴ, ㄷ

해설

• 모두 신고납세 세목이다.

42 법인세법상 소득처분 중 소득의 귀속자에게 추가적으로 소득세를 과세하는 항목이 아닌 것은?

① 배당

② 기타사외유출

③ 기타소득

④ 상여

해설

• 기타사외유출 소득처분은 추가적 소득세 과세를 야기하지 않는다.

43 다음 법인세 신고납부에 대한 문답내용 중 가장 옳지 않은 것은?

> ㄱ. Q : 법인세 납세의무자는 누구인가?
>   A : 법인세 납세의무자는 법인의 대표이다.
> ㄴ. Q : 법인세법상 납세지란 무엇인가?
>   A : 법인세 납세의무자의 입장에서 법인세를 신고납부하는 기준이 되는 장소를 의미하고, 법인세 과세권자인 국가의 입장에서는 법인세를 부과징수하는 기준이 되는 장소를 의미한다.
> ㄷ. Q : 납부해야할 법인세액이 많으면 분납도 가능한가?
>   A : 납부할 법인세액이 1천만원을 초과하는 때에는 납부기한이 경과한 날로부터 1개월(중소기업은 2개월)내에 분납할 수 있다.
> ㄹ. Q : 세법상 기납부세액이란 무엇인가?
>   A : 사업연도 중에 납부한 법인세금액으로 중간예납, 원천징수, 수시부과세액 등이 해당된다.

① ㄱ

② ㄴ

③ ㄷ

④ ㄹ

해설

• 법인세의 납세의무자는 법인 자신이다.

44 다음 법인세 세무조정사항 중 유보항목을 모두 고르면?

| ㄱ. 대손충당금한도초과액 | ㄴ. 법인세비용 |
| ㄷ. 임대보증금에 대한 간주임대료 | ㄹ. 접대비한도초과액 |

① ㄱ   ② ㄱ, ㄴ
③ ㄱ, ㄹ   ④ ㄴ, ㄹ

해설
• ㄴ, ㄷ, ㄹ : 기타사외유출

45 법인세법상 원칙적인 손익의 귀속시기에 대한 설명으로 가장 옳지 않은 것은?

① 상품판매손익의 귀속시기 : 상품의 인도일
② 장기용역손익의 귀속시기 : 용역제공 완료일
③ 장기할부판매의 귀속시기 : 판매물의 인도일
④ 계약 등에 의하여 임대료 지급일이 정하여진 경우 임대손익의 귀속시기 : 계약에 의한 지급약정일

해설
• 장기용역손익의 귀속시기 : (원칙) 진행기준

46 (주)회계가 제12기(20x2.1.1~20x2.12.31)결산시 은행차입금에 대한 미지급이자 5,000,000원을 계상한 경우 제12기에 필요한 세무조정은?

① (손금불산입) 미지급이자(△유보)
② (익금불산입) 미지급이자(유보)
③ (손금불산입) 미지급이자(유보)
④ 세무조정 없음

해설
• 미지급이자는 손금으로 인정되므로 세무조정은 없다.

47 다음 중 법인세법상 세무조정이 불필요한 경우는?

① (주)우리는 업무무관자산을 구입하고 관리비 5,000,000원을 비용으로 계상하였다.
② (주)하나는 대표이사에게 회사 정관에 기재된 상여금 지급기준보다 3,000,000원이 많은 상여금을 지급하고 전액 비용처리하였다.
③ (주)신한은 액면금액이 500원인 주식을 주당 1,000원에 발행하고 액면금액은 자본금으로, 액면 초과금액은 주식발행초과금으로 계상하였다.
④ (주)국민은 원천징수대상인 이자소득의 기간경과분 이자 500,000원을 회계기준에 따라 미수이자로 계상하고 이자수익으로 인식하였다.

해설
• ① 업무무관자산의 유지비, 관리비 등은 손금불산입항목이다.
② 임원 상여금 한도초과액은 손금불산입한다.
③ 주식발행초과금(자본잉여금)은 법인세법상으로도 익금불산입항목이므로 세무조정이 불필요하다.
④ 미수이자는 익금불산입한다.

48 (주)삼사가 임원 및 종업원에게 지급한 상여금이 다음과 같을 경우 필요한 세무조정은?

> ㄱ. 임원 상여금 지급액 : 70,000,000원
>   (임원 상여금지급기준상 한도액 : 50,000,000원)
> ㄴ. 종업원 상여금 지급액 : 50,000,000원
>   (종업원 상여지급기준상 한도액 : 20,000,000원)

① (손금불산입) 상여금한도초과액 20,000,000원(상여)
② (손금불산입) 상여금한도초과액 30,000,000원(상여)
③ (손금불산입) 상여금한도초과액 50,000,000원(상여)
④ 세무조정없음

해설
• 임원 상여금 한도초과액만 손금불산입하고 상여로 소득처분한다.

49 다음 중 법인세법상 손금으로 인정되지 않는 항목을 모두 고르면?

> ㄱ. 임직원을 위한 직장보육시설의 운영금   ㄴ. 법인세
> ㄷ. 주식할인발행차금   ㄹ. 속도위반 벌과금
> ㅁ. 판매한 상품,제품에 대한 재료비와 부대비용

① ㄱ, ㄴ   ② ㄱ, ㄴ, ㄷ,
③ ㄴ, ㄷ, ㄹ   ④ ㄷ, ㄹ, ㅁ

해설
• 법인세, 주식할인발행차금, 벌과금 : 손금불산입항목

50 (주)회계는 취득원가 4,000000원, 결산일의 시가 3,000,000원인 재고자산에 대하여 다음과 같이 회계처리 하였다. (주)회계가 재고자산평가방법을 저가법으로 신고한 경우 필요한 세무조정은?

> (차) 재고자산평가손실 1,000,000   (대) 재고자산 1,000,000

① (손금불산입) 재고자산평가손실 1,000,000원(기타사외유출)
② (손금불산입) 재고자산평가손실 1,000,000(유보)
③ (손금산입) 재고자산평가손실 1,000,000(△유보)
④ 세무조정없음

해설
• 저가법으로 신고하고 결산조정으로 계상한 평가손실은 손금으로 인정되므로 세무조정은 없다.

51 다음 자료를 이용하여 (주)회계의 제10기(20x5.1.1~20x5.12.31) 건물에 대한 감가상각범위액은 얼마인가?

> ㄱ. 취득시기 : 20x1년 1월 1일
> ㄴ. 취득원가 : 80,000,000원
> ㄷ. 기초 감가상각누계액 : 24,000,000원(상각부인누계액 12,000,000원)
> ㄹ. 신고내용연수 : 20년
> ㅁ. 감가상각방법 : 정액법

① 800,000원　　　　　　　　　　② 2,800,000원
③ 3,400,000원　　　　　　　　　　④ 4,000,000원

해설
• 80,000,000÷20년=4,000,000

52 다음은 (주)회계의 제8기 손익계산서의 일부이다. (주)회계의 제8기 법인세 세무조정에 대한 설명 중 가장 옳지 않은 것은?

손익계산서
제8기 : 20x2년 1월 1일~20x2년 12월 31일

(주)회계	(단위 : 원)
Ⅰ. 매출액	100,000,000
Ⅱ. 매출원가(*)	68,000,000
Ⅲ. 매출총이익	32,000,000
:	:
Ⅳ. 영업외비용	6,400,000
1. 유형자산손상차손	3,500,000
2. 단기매매증권(금융자산)평가손실	900,000
3. 잡손실(**)	800,000
:	:

(*) 재고자산평가손실 5,000,000원이 포함된 금액
(**) 대표이사의 자택 일부가 파손되어 수리한 비용 600,000원이 포함된 금액

① 재고자산평가손실은 파손, 부패 등의 사유로 계상한 것으로 세무조정은 발생하지 않는다.
② 유형자산손상차손은 홍수로 파손된 공장설비에 대한 손상차손을 계상한 것으로 세무조정은 발생하지 않는다.
③ 단기매매증권(금융자산)평가손실은 기말에 유가증권 시세의 극격한 하락에 의한 것으로 세무조정은 발생하지 않는다.
④ 잡손실 중 600,000원은 업무무관경비이므로 손금불산입으로 세무조정된다.

해설
• ① 파손, 부패 등으로 인한 재고자산평가손실은 손금으로 인정된다.
　② 천재, 지변 등으로 인한 고정자산평가손실은 결산조정을 전제로 손금으로 인정된다.
　③ 단기매매증권(금융자산)평가손실은 손금불산입 세무조정이 필요하다.
　④ 업무무관경비는 손금불산입 세무조정을 한다.

53 법인세법상 접대비와 기부금에 대한 설명으로 가장 옳지 않은 것은?

① 접대비가 법인의 사업과 관련하여 지출되는 비용인 반면 기부금은 법인의 사업과 관련없이 지출되는 비용이다.
② 기부금의 귀속시기는 현금주의에 의해서 판단된다.
③ 법인이 국가 또는 지방자치단체에 무상으로 기증하는 금품은 지정기부금에 해당된다.
④ 법인의 생산품 등으로 제공한 경우 접대비 가액은 시가로 평가하되, 시가가 장부가보다 낮은 경우 장부가액으로 평가한다.

해설
• 지정기부금(×) → 법정기부금(○)

54 법인세법상 대손의 요건으로 가장 옳지 않은 것은?

① 채무자 파산 등의 사유로 채권을 회수 할 수 없는 경우
② 회수기일로부터 1년 이상 경과한 수표 또는 어음상의 채권
③ 상법 등에 따른 채권의 소멸시효가 완성된 경우
④ 부도발생일로부터 6개월 이상 경과한 수표 또는 어음상의 채권

해설
• ②는 법인세법상 대손요건으로 규정되어 있지 아니하다.

55 법인세법상 지급이자 손금불산입 규정과 관련한 설명 중 가장 옳지 않은 것은?

① 채권자 불분명 사채이자는 전액 손금불산입하고, 원천징수액과 이자지급액 모두 대표자상여로 소득처분된다.
② 법인의 차입금에 대한 이자비용은 원칙적으로 손금으로 인정되나, 법에서 규정한 이자비용의 경우 손금불산입된다.
③ 업무무관자산을 취득, 보유하고 있는 법인의 경우 업무무관자산에 관련된 이자비용은 손금불산입되며, 기타사외유출로 소득처분된다.
④ 결산일 현재 건설중인 건물의 취득과 직접 관련된 이자비용은 손금불산입하고 유보로 소득처분된다.

해설
• 원천징수분은 기타사외유출로 소득처분한다.

56 법인세법상 부당행위계산부인과 관련된 설명 중 가장 올바르지 않은 것은?

① 부당행위계산부인이란 법인이 특수관계인과의 거래를 통하여 법인세를 부당하게 감소시키는 경우 세무상 특수관계인과의 거래를 부인하고 소득금액을 다시 계산하도록 하는 제도를 말한다.
② 부당행위계산부인규정의 적용대상이 되는 경우 시가나 적정한 임차료 등 법인세법에서 규정하고 있는 금액과 실제 금액과의 차액을 세무조정 한다.
③ 부당행위계산부인규정을 적용하여 귀속자에 따라 배당, 상여, 기타소득으로 소득처분된 경우 귀속자에게는 추가적으로 소득세가 과세된다.
④ 법인이 특수관계인에게 무상 또는 낮은 이자율로 금전을 빌려주는 경우 법인세법상 인정되는 적정이자율로 계산한 이자금액과 실제 수입이자의 차액을 익금산입하고 유보로 처분한다.

해설
• 유보로 처분한다.(×) → 귀속자에 따라 상여 등으로 처분한다.(○)

57 다음 법인세 과세표준 계산을 위한 양식에서 (ㄱ)에 들어갈 항목으로 가장 옳지 않은 것은?

	결산서상 당기순이익
(+)	익금산입, 손금불산입
(−)	손금산입, 익금불산입
	각사업연도소득금액
(−)	(ㄱ)
	과세표준

① 이월결손금   ② 소득공제
③ 원천납부세액   ④ 비과세소득

해설

• 이월결손금 → 비과세소득 → 소득공제를 순차로 차감하여 과세표준을 계산한다.

58 다음 (주)회계의 자료를 기초로 법인세 산출세액에서 공제되는 외국납부세액공제액을 계산하면 얼마인가?

ㄱ.	외국에 납부한 법인세 금액	2,500,000원
ㄴ.	법인세 산출세액	20,000,000원
ㄷ.	과세표준에 포함된 국외원천소득	30,000,000원
ㄹ.	과세표준	200,000,000원

① 2,500,000원   ② 20,000,000원
③ 30,000,000원   ④ 50,000,000원

해설

• 공제액 : 2,500,000   [한도] $20,000,000 \times \dfrac{30,000,000}{200,000,000} = 3,000,000$

59 다음 중 결산상 비용으로 계상하는 경우에만 손금으로 인정되는 법인세 세무조정 항목은?

① 접대비   ② 대손충당금
③ 벌금. 과료, 과태료 및 가산금 등   ④ 업무무관자산 등에 대한 지급이자

해설

• 대손충당금은 대표적인 결산조정사항이다.

60 법인세법상 고정자산의 감가상각에 대한 설명으로 가장 옳지 않은 것은?

① 감가상각비는 원칙적으로 장부에 비용으로 계상한 경우에만 상각범위내의 금액을 손금으로 산입한다.
② 내용연수는 기준내용연수의 50%를 가감한 범위 내에서 법인이 선택하여 신고할 수 있으며 이를 신고내용연수라고 한다.
③ 한국채택국제회계기준을 도입한 법인의 경우 일정한도 내에서 추가로 손금산입할 수 있도록 허용하고 있다.
④ 건축물에 대한 감가상각방법을 신고하지 않았을 때는 정액법을 적용하여 상각범위액을 계산한다.

해설
• 50%(×) → 25%(O)

61 소득세법에 대한 설명으로 가장 옳지 않은 것은?

① 소득세는 원칙적으로 열거주의 과세방식을 취하고 있다.
② 소득세는 개인이 벌어들인 소득에 대해 부과되는 세금이다.
③ 비거주자도 국내외 모든 소득에 대하여 소득세를 납부하게 된다.
④ 퇴직소득, 양도소득은 소득별로 분류과세하고 있다.

해설
• 비거주자는 국내원천소득에 대하여만 소득세 납부의무가 있다.

62 다음은 20x2년 한해동안 각 거주자가 얻은 소득에 대해 나눈 대화 내용이다. 소득세법상 소득의 종류가 나머지와 다른 사람은 누구인가?

> 고대권 : 2년전에 가입했던 저축성 보험의 만기가 도래하여 보험금을 수령했는데, 납부했던 보험료보다 2,000,000원이나 더 받았어.
> 이신호 : 어 그래? 나는 작년에 친구에게 20,000,000원을 대여해 주었는데 올해 초에 친구가 22,000,000원을 갚았어. 부동산임대업을 그만 두고 자금대여업으로 전업할까봐.
> 박준용 : 그렇군 나는 올해초 (주)상아에서 발행한 채권을 구입하고 액면이자 6%에 해당하는 이자 600,000원을 수령했어.
> 배홍철 : 나는 작년에 구입한 (주)심일 주식에 대해서 현금배당 300,000원을 올해 초에 받았어.

① 고대용
② 이신호
③ 박준용
④ 배홍철

해설
• 고대권 : 이자소득(10년 미만 저축성보험 보험차익)
　이신호 : 이자소득(비영업대금의 이익)
　박준용 : 이자소득(채권이자)
　배홍철 : 배당소득(현금배당)

제1편 백점이론특강 · 제2편 기출문제특강 · SET1 · SET2 · SET3 · SET4 · SET5 · SET6 · SET7 · SET8 · SET9 · SET10 · 신유형 · 기출문제요답노트 · 실전기출모의고사

63 다음은 거주자 오동배씨의 부동산 임대 관련 사업소득의 내용이다. 오동배씨의 20x2년 사업소득금액은 얼마인가?

> ㄱ. 오동배씨는 상가 A를 20x2년 1월 1일부터 5년간 임대하고, 임대료는 매월 초에 100,000원씩 받기로 하였다.
> ㄴ. 상가 A와 관련하여 20x2년에 회계상 감가상각비로 비용처리한 금액은 250,000원이며, 세법상 상각범위액도 250,000원이다.
> ㄷ. 20x2년에 상가 A의 보험료 등 임대부동산의 관리비로 100,000원을 지출하였다.

① 350,000원
② 850,00원
③ 950,000원
④ 1,100,000원

해설
• 100,000×12-250,000-100,000=850,000

64 소득세법상 기타소득에 대한 설명 중 가장 옳지 않은 것은?

① 기타소득은 이자소득, 배당소득, 사업소득, 근로소득, 연금소득, 퇴직소득 및 양도소득의 7가지 소득에 해당하지 않는다.
② 광업권, 어업권의 양도로 인한 소득은 기타소득에 속한다.
③ 복권당첨소득은 무조건 종합과세를 적용하여야 하므로, 당첨금을 수령한 다음연도 5월에 반드시 과세표준 확정신고를 해야 한다.
④ 일부 항목에 대해서는 기타소득 발생시 필요경비가 확인되지 않은 경우 최소한 총수입금액의 60%를 필요경비로 인정하고 있다.

해설
• 복권당첨소득은 무조건 분리과세를 적용하므로, 과세표준 확정신고가 불필요하다.

65 근로자 신종수씨와 함께 살고 있는 다음 부양가족 중 소득세법상 기본공제 대상이 아닌 사람은 누구인가?

① 소득금액이 전혀 없는 61세의 장모님
② 소득금액이 전혀 없는 57세의 장애인인 아버님
③ 이자소득금액이 60만원 있는 7세의 아들
④ 근로소득금액이 150만원 있는 33세의 아내

해설
• 배우자도 소득금액이 100만원 이하이어야 한다.

66 다음 중 소득세법상 소득의 구분이 가장 옳지 않은 것은?

① 연금계좌에 입금하여 과세되지 않은 이연퇴직소득 : 퇴직소득
② 경마에 투표하여 얻은 이익 : 기타소득
③ 비상장주식을 매각하여 얻은 차익에 대한 소득 : 양도소득
④ 일시적으로 방송에 출연하여 강연을 하고 수령한 강의료 : 기타소득

해설
• 퇴직소득(×) → 연금소득(○)

67 다음은 사업소득이 있는 김영일씨의 부양가족이다. 배우자 강나연씨는 연간 80만원의 이자 소득이 있지만, 다른 가족은 소득이 없다. 김영일씨의 종합소득공제 계산시 기본공제대상은 몇 명인가?(단, 장애인은 없다.)

> ㄱ. 김영일(본인, 48세) ㄴ. 강나연(배우자, 47세) ㄷ. 김재선(부친, 68세)
> ㄹ. 김민아(딸, 22세) ㅁ. 김영희(딸, 17세)

① 2명   ② 3명
③ 4명   ④ 5명

해설
• 김민아(딸, 22세)는 20세 이하가 아니므로 제외된다.

68 다음 거주자 박양도씨의 20x2년 거래내역 중 양도소득세 과세대상을 모두 고르면?

> ㄱ. 보유중인 상장주식 1,000주(지분율 0.01%) 전부를 유가증권 시장에서 100,000,000원에 매도하였다.
> ㄴ. 서울 지역에 1년 동안 거주하던 아파트를 3억원에 양도하였다.
> ㄷ. 보유 자동차를 중고자동차 매매상에 처분하고 8,000,000원을 수령하였다.
> ㄹ. 보유하고 있던 골프회원권을 양도하고 5,000,000원을 수령하였다.

① ㄱ, ㄹ   ② ㄱ, ㄴ, ㄷ
③ ㄴ, ㄹ   ④ ㄴ, ㄷ, ㄹ

해설
• ㄱ. 소액주주가 양도한 상장주식은 과세대상이 아니다.
  ㄴ. 2년 이상 보유하지 않았으므로 과세대상이다.
  ㄷ. 자동차는 양도소득세 과세대상이 아니다.
  ㄹ. 특정시설물이용권이므로 과세대상이다.

69 소득세의 신고,납부에 대한 설명으로 가장 옳지 않은 것은?

① 당해연도의 종합소득과세표준이 없거나 결손금이 발생하였다면 종합소득 과세표준확정신고를 하지 않아도 된다.
② 사업소득의 중간예납기간은 매년 1월 1일부터 6월 30일 까지이다.
③ 사업소득의 중간예납세액은 직전 과세기간 납부세액의 1/2로 결정하는 것을 원칙으로 한다.
④ 근로소득만 있는 자는 연말정산으로 납세의무가 종결되므로 확정신고를 하지 않아도 된다.

해설
• 종합소득과세표준이 없거나 결손금이 발생하였더라도 신고하여야 한다.

제1편 백점이론특강 제2편 기출문제특강 SET1 SET2 SET3 SET4 SET5 SET6 SET7 SET8 SET9 SET10 신유형 기출문제오답노트 실전기출모의고사

70 다음은 서비스업을 영위하는 (주)회계가 20x2년 4월 중에 외부에 지급한 비용의 내역이다. (주)회계가 20x2년 5월 10일까지 납부하여야 할 소득세 원천징수세액은 얼마인가?

> 4월 15일 : 대금업을 영위하지 않는 개인인 설시은씨로부터 일시적으로 차입한 차입금의 이자 10,000,000원
> 4월 30일 : 개인병원 한해숙병원(대표자 한해숙)에서 전직원 건강검진을 실시한 데 따른 건강검진비 20,000,000원

① 1,000,000원
② 3,100,000원
③ 21,400,000원
④ 30,000,000원

해설
• 10,000,000×25%+20,000,000×3%=3,100,000

71 부가가치세법에 대한 설명으로 가장 옳지 않은 것은?

① 부가가치세법에서는 세금계산서 등에 의해 확인 되는 매입세액만을 매출세액에서 공제하는 전단계세액공제법을 채택하고 있다.
② 부가가치세는 납세의무자의 신고에 의하여 납세의무가 확정되는 신고납세제도를 채택하고 있다.
③ 비영리법인은 어떠한 경우에도 부가가치세법상 납세의무자가 될 수 없다.
④ 부가가치세는 납세의무자의 인적 사항을 고려하지 않는 물세이다.

해설
• 영리목적 여부를 불문하고 과세한다.

72 사업자 등록에 대한 설명 중 가장 옳지 않은 것은?

① 사업자등록은 사업개시일로부터 20일 이내에 해야 하며, 기한 내에 사업자등록을 신청하지 않은 경우 미등록 가산세가 적용된다.
② 신규로 사업을 개시한 경우 사업개시일 전에는 사업자등록을 할 수 없다.
③ 제조업은 제조장별로 재화의 제조를 개시하는 날이 사업개시일이다.
④ 부가가치세 과세사업을 개시하고 부가가치세법에 의한 사업자등록을 한 경우 소득세법이나 법인세법에 의한 사업자 등록은 별도로 하지 않아도 된다.

해설
• 사업개시 전 등록도 가능하다.

73 부가가치세 과세대상에 대한 설명 중 가장 옳지 않은 것은?

① 부가가치세법상 과세대상은 재화 또는 용역의 공급과 재화의 수입이다.
② 수입하는 재화에 대하여는 수입자가 사업자인지 여부에 관계없이 부가가치세가 과세된다.
③ 재화란 재산적 가치가 있는 유체물과 무체물을 의미하며, 특허권, 건설업 면허, 전기 등은 재산적 가치가 있는 무체물이므로 과세대상이다.
④ 사업장 전체를 포괄하여 양도하는 것은 과세대상이다.

해설
• 사업의 포괄양도는 재화의 공급으로 보지 아니한다.

74 상품판매업을 영위하는 (주)삼칠은 거래처인 (주)삼팔과 다음달인 20x2년 4월 말에 상품을 인도하기로 계약하였으나. 세금계산서는 상품 인도 전인 20x2년 3월에 미리 발행하여 줄 것을 요청 받았다. 다음은 세금계산서 발행과 관련한 직원들의 대화이다. 가장 옳지 않은 설명을 하고 있는 사람은 누구인가?

> 홍대리 : 상품인도 후에 발행된 세금계산서는 적법한 세금계산서가 아니지만, 인도 전에 발행하는 세금계산서는 별 다른 제약없이 적법한 세금계산서에 해당하니 큰 문제는 없을 것 같습니다.
> 김대리 : (주)삼팔로부터 판매대금을 3월 중 전액 수령한다면 3월 중에 세금계산서를 발행할 수 있습니다.
> 박대리 : (주)삼팔로부터 판매대금을 3월 중 일부만 수령하는 경우에도, 수령한 부분에 대해서는 3월 중에 세금계산서를 발행할 수 있습니다.
> 이대리 : 판매대금을 즉시 수령하지 않더라도 세금계산서를 발급하고 7일 이내에 대가를 지급받는 경우 적법한 세금계산서에 해당합니다.

① 홍대리 ② 김대리
③ 박대리 ④ 이대리

___해설___
• 인도 전(공급시기 전)에 발급하는 경우 대가를 수령한 경우에 한하여 인정된다.

75 다음 중 부가가치세법상 영세율과 면세에 관한 설명으로 가장 옳지 않은 것은?

① 영세율 적용대상인 재화 또는 용역을 공급하는 면세사업자는 선택에 따라 면세를 포기할 수 있다.
② 면세사업자도 사업자이므로 세금계산서를 발급해야 한다.
③ 영세율 적용을 받더라도 사업자등록, 세금계산서 발급 등 납세의무자로서의 의무를 이행하지 않으면 가산세 등 불이익이 발생한다.
④ 면세사업자는 재화 매입시 부담한 매입세액을 환급받을 수 없다.

___해설___
• 면세사업자는 세금계산서를 발급할 수 없으며, 계산서를 발급하여야 한다.

76 다음은 (주)신용산의 기계장치 판매와 관련한 내용이다. 20x2년도 제1기 예정신고 기간(20x2.1.1~20x2.3.31)의 부가가치세 과세표준은 얼마인가?

> 기계장치는 1월 15일에 할부로 판매하였으며, 총 할부대금 60,000,000원은 1월 15일부터 다음과 같이 회수하기로 하였다.
> – 20x2년 1월 15일 : 10,000,000원   – 20x2년 2월 15일 : 10,000,000원
> – 20x2년 3월 15일 : 10,000,000원   – 20x2년 4월 15일 : 10,000,000원
> – 20x2년 5월 15일 : 10,000,000원   – 20x2년 6월 15일 : 10,000,000원

① 0원 ② 10,000,000원
③ 30,000,000원 ④ 60,000,000원

___해설___
• (단기)할부판매의 공급시기는 인도일이다.

제1편 백점이론특강 제2편 기출문제특강 SET1 SET2 SET3 SET4 SET5 SET6 SET7 SET8 SET9 SET10 신유형 기출문제오답노트 실전기출모의고사

77 (주)황전자의 20x2년 제1기 예정신고기간의 매입과 관련된 내역이 다음과 같을 때, 부가가치세 매입세액공제액은 얼마인가(단, 적격증빙을 구비하였으며 매입액에는 부가가치세가 포함되어 있지 않다.)?

ㄱ. 과세대상 원재료 매입	20,000,000원
ㄴ. 신용카드로 구입한 기계장치	40,000,000원
ㄷ. 공장부지 매입	30,000,000원
ㄹ. 영업부장이 법인카드로 지출한 접대비	400,000원
ㅁ. 비품구입비	1,000,000원
ㅂ. 비영업용 소형승용차 구입비	3,000,000원

① 6,100,000원   ② 9,000,000원
③ 9,400,000원   ④ 10,400,000원

해설
• (20,000,000+40,000,000+1,000,000)×10%=6,100,000

78 팔기실업의 거래내역을 부가가치세 신고서에 기록 할 때 (A)에 기록되어야 할 금액은 얼마인가?

구분	금액
세금계산서 발행 국내매출액(VAT미포함)	10,000,000원
신용카드매출전표 발행분(VAT포함)	22,000,000원
현금영수증발행(VAT포함)	5,500,000원
구매확인서에 의한 공급분(Local수출분)	20,000,000원
직수출분	60,000,000원

구 분				금 액	세 율	세 액
과세표준 및 매출세액	과세	세 금 계 산 서 발 급 분	①		10/100	
		매 입 자 발 행 세 금 계 산 서	②		10/100	
		신 용 카 드·현 금 영 수 증 발 행 분	③		10/100	
		기 타(정규영수증의매출분)	④			
	영세율	세 금 계 산 서발급분	⑤		0/100	
		기 타	⑥	(A)	0/100	
	예 정 신 고 누 락 분		⑦			
	대 손 세 액 가 감		⑧			
	합 계		⑨			

① 5,000,000원   ② 20,000,000원
③ 60,000,000원   ④ 80,000,000원

해설
• 직수출분은 세금계산서 발급면제이다.

79 부가가치세법상 가산세에 대한 설명으로 가장 옳지 않은 것은?

① 제출한 매입처별세금계산서합계표의 기재사항 중 공급가액을 사실과 다르게 과다기재하여 신고한 경우 매입처별세금계산서합계표 제출불성실가산세가 부과된다.

② 예정신고시 제출하지 아니한 매출처별세금계산서합계표를 확정신고시 제출한 경우 매출처별 세금계산서합계표제출불성실가산세가 부과된다.

③ 발급한 세금계산서의 필요적 기재사항의 전부 또는 일부가 착오 또는 과실로 적혀있지 아니하거나 사실과 다른 때에는 세금계산서 불성실가산세가 부과된다.

④ 사업자가 재화 또는 용역을 공급하고 세금계산서를 발급하지 아니한 경우에는 공급가액의 1%가 세금계산서 불성실가산세로 부과된다.

<u>해설</u>
• 공급가액의 1%(×) → 공급가액의 2%(O)

80 다음 대화에서 부가가치세법상 가장 옳지 않은 설명을 하고 있는 사람은 누구인가?

> 전팀장 : 아시다시피 우리 회사도 전자세금계산서를 발행해오고 있는데 이에 대한 여러분의 의견을 듣고 싶습니다.
> 박하종 : 사실 아직까지도 전자세금계산서 발행으로 인한 시행착오를 겪는 중인데, 우리 회사가 법인이므로 전자세금계산서는 당연히 발급해야할 의무가 있습니다.
> 이회창 : 전자세금계산서에 대한 부가가치세법상 필요적 기재사항이 기존의 세금계산서와 달라서 다소 혼란스러웠던 것 같습니다.
> 김은호 : 전자세금계산서로 인해서 세금계산서 보관의무가 면제되고 세금계산서합계표 제출의무도 면제되어 납세협력비용이 절감되는 것 같습니다.
> 이상준 : 전자세금계산서 발급명세는 발급일의 다음날까지 국세청장에게 전송해야 합니다.

① 박하종   ② 이회창
③ 김은호   ④ 이상준

<u>해설</u>
• 전자세금계산서에 대한 부가가치세법성 필요적 기재사항은 기존의 세금계산서와 동일하다.

[정답] 복원기출문제 SET ③

▶ 재무회계

1	2	3	4	5	6	7	8	9	10
②	④	②	③	①	②	①	②	④	②
11	12	13	14	15	16	17	18	19	20
③	①	④	③	④	③	④	②	③	①
21	22	23	24	25	26	27	28	29	30
②	④	①	③	①	④	③	④	④	①
31	32	33	34	35	36	37	38	39	40
④	③	③	③	①	①	③	④	②	③

▶ 세무회계

41	42	43	44	45	46	47	48	49	50
④	②	①	①	②	④	③	①	③	④
51	52	53	54	55	56	57	58	59	60
④	③	③	②	①	④	③	①	②	②
61	62	63	64	65	66	67	68	69	70
③	④	②	③	④	①	③	③	①	②
71	72	73	74	75	76	77	78	79	80
③	②	④	①	②	④	①	③	④	②

[실전연습]

복원기출문제연습

SET ❹

Cam Exam intermediate level

▶ 복원기출문제는 현행 개정세법과 현행 회계기준에
부합하도록 저자가 문제를 임의변경·보완 및 추가한
문제가 포함되어 있습니다.

01 재무회계

1 평창이 20x6년 동계올림픽을 유치함에 따라 평창 소재 부동상의 가치가 급상승하여 이를 보유한 기업들의 주가 역시 크게 상승하고 있다. 하지만 특정 회사의 경우 20년 전에 취득한 토지의 금액이 그대로 20x2년 재무제표의 토지금액으로 기록되어 있고, 취득 후의 토지 가치 상승분은 재무제표에 반영되지 않고 있다. 이러한 회계처리방법이 강조하는 회계정보의 질적특성으로 가장 타당한 것은?

① 피드백가치   ② 목적적합성
③ 신뢰성   ④ 적시성

해설
• 역사적원가에 의한 자산평가는 시가보다 신뢰성을 제고시킨다.

2 다음 중 재무제표의 작성과 표시를 위한 개념체계에 관한 설명으로 올바르지 않은 것은?

① 비용은 과거의 거래나 사건의 결과로 현재 기업실체가 부담하고 있고 미래 자원의 유출 또는 사용이 예상되는 의무이다.
② 지출이 발생하였으나 당해 회계기간 후에는 관련된 경제적 효익이 기업에 유입될 가능성이 높지 않다고 판단되는 경우에는 재무상태표에 자산으로 인식하지 아니한다.
③ 자본은 기업실체의 자산에 대한 소유주의 잔여청구권이다.
④ 재무제표는 일반적으로 기업이 계속기업이며 예상가능한 기간 동안 영업을 계속할 것이라는 가정 하에 작성된다.

해설
• 비용(×) → 부채(O)

3 (주)SMC는 외국계 자회사로서 1월말 결산법인이다. 당 법인이 반기 중간재무제표를 작성하려고 한다. 중간재무제표에 관한 다음 내용 중 가장 올바르지 않은 것은?

① 중간재무제표는 재무상태표, 손익계산서, 현금흐름표, 자본변동표 및 주석을 포함하며 연차재무제표와 동일한 양식(대상기간과 비교형식은 제외)으로 작성함을 원칙으로 한다.
② 중간재무상태표는 당 회계연도 중간보고기간말과 직전 연차보고기간말을 비교하는 형식으로 작성한다.
③ 중간손익계산서는 당 회계연도의 중간기간과 누적중간기간을 직전 회계연도의 동일한 기간과 비교하는 형식으로 작성한다.
④ 중간재무제표는 연차 재무제표와 동일한 계정과목을 사용하여야 하고 어떠한 경우에도 계정과목을 요약 표시할 수 없다.

해설
• 연차재무제표와 동일한 양식으로 작성함을 원칙으로 하되, 정보이용자를 오도하지 않는 범위 내에서 계정과목을 요약 또는 일괄 표시할 수 있다.

4 다음 중 재무상태표와 손익계산서의 작성기준에 관한 설명으로 가장 올바르지 않은 것은?

① 재무상태표상 유동자산과 비유동자산은 보고기간 종료일로부터 1년 또는 정상영업주기 기준으로 구분한다.
② 재무상태표상 자산, 부채는 유동성 배열법에 따라 유동성이 높은 것부터 낮은 순서로 표시한다.
③ 손익계산서상 수익과 비용은 순액으로 기재함을 원칙으로 한다.
④ 손익계산서 작성기준 중 수익,비용대응의 원칙이란 수익을 창출하기 위하여 발생한 비용을 관련 수익이 인식되는 기간에 인식하는 것을 말한다.

해설
• 순액(×) → 총액(O)

5 회사가 기중에 회계처리의 편의상 임시계정을 사용하였다면 기말 결산시 적절한 계정으로 대체하는 수정분개를 수행하여 재무제표상에는 임시계정이 나타나지 않도록 해야 한다. 다음의 보기에서 임시계정을 모두 짝지은 것은?

| ㄱ. 가지급금 | ㄴ. 미지급금 | ㄷ. 전도금 | ㄹ. 선급금 |
| ㅁ. 미수금 | ㅂ. 가수금 | ㅅ. 선수금 | ㅇ. 현금과부족 |

① ㄱ, ㄷ, ㅂ, ㅇ
② ㄱ, ㄹ, ㅂ, ㅇ
③ ㄴ, ㄷ, ㅁ, ㅅ
④ ㄹ, ㅇ

해설
• 임시계정 : 가지급금, 전도금, 가수금, 현금과부족

6 다음 중 20x2년 12월 31일 (주)회계의 재무상태표상 현금및현금성자산으로 분류되지 않는 항목은?

① 환매채(취득 당시 3개월 이내의 환매 조건)
② 당좌예금
③ 우편환
④ 20x3년 5월 31일에 만기 도래 예정인 채권

해설
• 채권은 취득당시 만기가 3개월 이내에 도래해야 현금성자산이다.

제1편 백점이론특강 제2편 기출문제특강 SET1 SET2 SET3 SET4 SET5 SET6 SET7 SET8 SET9 SET10 신우행 기출문제오답노트 실전기출모의고사

7 다음은 (주)회계의 매출채권 및 대손충당금에 관한 자료이다.

ㄱ. 당기말 매출채권 잔액	10,000,000원
ㄴ. 전기말 대손충당금 잔액	220,000원
ㄷ. 당기말 대손충당금 잔액	170,000원

(주)회계는 당기 손익계산서에 300,000원의 대손상각비를 계상하고 있다. 당기 중 대손충당금 환입은 발생하지 않은 것으로 가정할 경우 (주)회계의 당기 매출채권에 대한 대손발생액은 얼마인가?

① 200,000원 ② 260,000원
③ 350,000원 ④ 400,000원

해설

• 고속철 대손발생액 계산

대손발생	x	기초대손충당금	220,000
환입	0	회수	0
기말대손충당금	170,000	대손상각비	300,000

→ x=350,000

8 (주)회계는 유형자산으로 분류하여 보유하던 기계장치를 3,000,000원에 외상으로 처분하였다. 기계장치의 취득원가는 4,000,000원이고, 처분일 현재 기계장치에 대한 감가상각누계액은 2,800,000원이다. 다음 중 기계장치의 처분과 관련하여 (주)회계가 해야 할 회계처리로 가장 올바른 것은?

① (차) 미수금	3,000,000	(대) 기계장치	4,000,000
	감가상각누계액	2,800,000		유형자산처분이익	1,800,000
② (차) 매출채권	3,000,000	(대) 기계장치	4,000,000
	감가상각누계액	2,600,000		유형자산처분이익	1,600,000
③ (차) 미수금	3,000,000	(대) 기계장치	1,200,000
				유형자산처분이익	1,800,000
④ (차) 매출채권	3,000,000	(대) 기계장치	1,200,000
				유형자산처분이익	1,800,000

해설

• 영업활동과 관련없는 외상처분액은 미수금으로 계상하며, 기계장치의 장부금액과의 차액에 대해 처분손익을 인식한다.

9 20x2년 말 재고실사를 수행한 결과 (주)회계의 재고자산 현황이 아래와 같은 경우 ㈜회계가 20x2년의 재고자산 감모손실로 인식할 금액은 얼마인가?

	장부수량	장부금액	실사수량	실사수량에 따른 기말재고자산금액
상 품	1,100개	3,300,000원	1,000개	3,000,000원
제 품	1,000개	2,000,000원	1,000개	2,000,000원
재공품	1,200개	4,800,000원	1,100개	4,400,000원

① 300,000원　　　　　　　　　　② 400,000원
③ 700,000원　　　　　　　　　　④ 900,000원

해설
- (3,300,000-3,000,000)+(4,800,000-4,400,000)=700,000

10 다음은 (주)회계의 재고수불부이다. (주)회계가 재고자산을 총평균법(회계기간 단위로 평균단가를 산출하는 방법)으로 평가하는 경우 기말재고자산 금액은 얼마인가?

	수량	단가	금액
전기이월	3,000개	2,000원	6,000,000원
1.20 구입	2,000개	2,500원	5,000,000원
6.15 판매	2,500개		
8.14 구입	2,000개	2,600원	5,600,000원
10.1 판매	3,500개		
12.4 구입	1,000개	3,000원	3,000,000원
기　　말	2,000개		

① 4,900,000원　　　　　　　　　　② 5,200,000원
③ 5,700,000원　　　　　　　　　　④ 6,000,000원

해설
- 평균단가 : $\dfrac{6,000,000+5,000,000+5,600,000+3,000,000}{3,000개+2,000개+2,000개+1,000개}=2,450$
- 기말재고 : 2,000개×2,450=4,900,000

11 다음 중 유가증권에 관한 설명으로 가장 올바르지 않은 것은?
① 유가증권은 증권의 종류에 따라 지분증권과 채무증권으로 분류 할 수 있다.
② 유가증권 분류의 적정성은 보고기간 종료일마다 재검토 해야 한다.
③ 지분증권과 채무증권은 단기매매증권, 매도가능증권, 만기보유증권 세가지 중 하나로만 분류 될 수 있다.
④ 단기매매증권이나 만기보유증권으로 분류되지 아니하는 채무증권은 모두 매도가능증권으로 분류한다.

해설
- 지분증권은 지분법적용투자주식으로도 분류될수 있다.

12 (주)회계는 (주)서울의 주식을 다음과 같이 취득하였다. (주)회계는 ㈜서울의 주식(매도가능증권으로 분류)을 장기간 보유할 예정이며 각 보고기간 말의 공정가치는 아래와 같을 때, (주)회계의 20x3년도말 재무상태표에 매도가능증권평가이익으로 계상할 금액은 얼마인가(단, 취득 외에 매도가능증권과 관련한 처분 등의 다른 거래는 없고, 이연법인세효과는 고려하지 않는다.)?

〈취득내역〉

일자	매입수량	주당매입금액
20x1.10.15	100주	8,000원
20x2.12.10	200주	8,500원
합계	300주	

〈공정가치내역〉

구분	20x1년말	20x2년말	20x3년말
주당공정가치	10,500원	9,500원	11,000원

① 150,000원
② 450,000원
③ 800,000원
④ 900,000원

해설
• 100주 : 250,000-100,000+150,000 =300,000
  200주 : 200,000+300,000　　　　=500,000
  　　　　　　　　　　　　　　800,000

13 (주)삼상의 결산일은 12월 31일이며 단기매매증권으로 분류된 A주식과 관련된 자료가 다음과 같을 때 20x2년 A주식 처분에 따라 (주)삼상이 인식해야 할 단기매매증권처분손익은 얼마인가?

ㄱ. 20x1년 12월 3일 A주식 50주를 30,000원에 구입함.
ㄴ. 20x1년 12월 31일 A주식의 공정가치는 주당 500원임.
ㄷ. 20x2년 1월 15일 A주식 25주를 주당 650원에 처분함.

① 1,250원 이익
② 3,750원 이익
③ 1,250원 손실
④ 3,750원 손실

해설
• 25주×650-25주×500=3,750(이익)

14 (주)회계는 건물을 신축할 목적으로 30,000,000원에 토지와 건물을 일괄구입하였다. 토지와 건물에 대한 정보가 다음과 같을 때 (주)회계가 토지의 취득원가로 인식하여야 할 금액은 얼마인가(단, 기존 건물 철거 관련 비용에서 폐기된 건물의 부산물 판매수입은 없다)?

> ㄱ. 토지와 건물의 공정가치 : 토지 24,000,000원,   건물 8,000,000원
> ㄴ. 기존건물의 철거비용 1,500,000원

① 24,000,000원　　　　　　　　　　② 30,000,000원
③ 31,500,000원　　　　　　　　　　④ 32,000,000원

해설
- 토지의 취득원가
  총구입가(30,000,000)+기존건물 철거비용(1,500,000)=31,500,000

15 (주)회계(결산일 12월 31일)는 공장신축과 관련하여 20x1년 7월 1일 100,000,000원을 차입(차입기간 1년, 차입이자율 : 연 8%)하였으며, 동 차입금의 일시예입으로 인해 결산일 현재 1,000,000원의 이자수익이 발생하였다. (주)회계는 차입원가를 자본화하는 회계정책을 선택하는데 공장신축기간이 20x1년 7월 1일부터 20x2년 12월 31일 일 경우 20x1년도에 자본화할 차입원가는 얼마인가(단, 이 자비용은 월할 계산한다.)?

① 0원　　　　　　　　　　　　② 3,000,000원
③ 4,000,000원　　　　　　　　　④ 8,000,000원

해설
- $100,000,000 \times 8\% \times \dfrac{6}{12} - 1,000,000 = 3,000,000$

제1편 백점이론특강　제2편 기출문제특강　SET1　SET2　SET3　SET4　SET5　SET6　SET7　SET8　SET9　SET10　신유형　기출문제오답노트　실전기출모의고사

16 (주)회계는 20x1년 1월 1일에 기계장치를 2,000,000원에 취득하여 정액법으로 감가상각하고 있다. 기계장치를 사용하던 도중 20x2년 말에 기계장치가 자산의 손상요건에 해당하여 20x2년말에 재무상태표의 기계장치는 다음과 같이 표시되었다.

기계장치	2,000,000원
감가상각누계액	(800,000원)
손상차손누계액	(540,000원)
	660,000원

(주)회계는 해당 기계장치와 관련하여 20x4년 말에 회수가능액이 300,000원으로 손상차손에 대한 환입을 인식하고자 한다. (주)회계가 20x4년에 인식할 손상차손환입 금액은 얼마인가 (단, 기계장치의 내용연수는 5년, 잔존가치는 없는 것으로 추정하였다)?

① 80,000원
② 180,000원
③ 300,000원
④ 540,000원

해설
- 환입액 : Min[회수가능액, 손상되지 않았을 경우 장부가]-손상후 장부가
  - 회수가능액 : 300,000
  - 손상되지 않았을 경우 장부가 : $2,000,000-2,000,000 \times \frac{4}{5}=400,000$
  - 손상후 장부가 : $660,000-660,000 \times \frac{2}{3}=220,000$
  - → Min[300,000, 400,000]-220,000=80,000

17 다음 중 (주)회계가 수행한 회계처리 내역으로 가장 올바르지 않은 것은?

① 당기 중 사용하던 기계장치에 대하여 원상회복이 아닌 성능개선을 위한 지출을 하고 해당 지출액을 자본적 지출로 처리하였다.
② 차량운반구의 취득과 관련하여 매입한 국공채 등의 매입금액과 현재가치의 차액을 차량운반구의 취득원가에 산입하였다.
③ 유형자산은 최초에는 취득원가로 측정하며, 현물출자, 증여 등으로 취득한 경우에는 공정가치를 취득원가로 하였다.
④ 대주주로부터 무상으로 취득한 유형자산을 장부에 계상하지 아니하였다.

해설
- 공정가치로 유형자산을 인식하고 자산수증이익을 계상하여야 한다.

18 (주)회계는 정부로부터 보조금을 받아 기계장치를 취득하였다. 해당 기계장치에 대한 자료가 아래와 같은 경우 20x2년말 이 기계장치와 관련하여 인식할 감가상각비는 얼마인가(단, (주)회계의 결산일은 12월말로 가정한다)?

> ㄱ. 취득원가 : 20,000,000원
> ㄴ. 정부보조금 : 10,000,000원
> ㄷ. 취득일 20x2년 7월 1일
> ㄹ. 기계장치의 내용연수는 10년, 잔존가치는 없으며 정액법으로 상각하는 것으로 가정한다.

① 250,000원   ② 500,000원
③ 750,000원   ④ 1,000,000원

해설

- 총감가상각비 : $20,000,000 \div 10년 \times \dfrac{6}{12} = 1,000,000$

  상계액 : $10,000,000 \times \dfrac{1,000,000}{20,000,000} = 500,000$

  → 인식할 감가상각비 : 1,000,000-500,000=500,000

19 다음 중 재무상태표상 비유동자산으로 분류되지 않는 것은?

① 채무증권 중 1년 이내에 만기가 도래하는 만기보유증권
② 주된 영업활동 이외의 자산 처분 등에서 발생한 채권으로 1년 이내에 회수가 어려운 장기미수금
③ 계속적으로 용역공급계약을 체결하고 선지급한 비용중 1년 이후에 비용으로 계상되는 장기선급비용
④ 지분증권 중 투자기업이 피투자기업에 대해 유의적인 영향력을 행사하고 있는 지분법적용투자주식(관계기업투자주식)

해설

- 다음의 유가증권은 유동자산으로 분류한다.
  - 지분증권(주식) 중 1년 이내에 처분할 것이 거의 확실한 매도가능증권
  - 채무증권(채권) 중 1년 이내에 만기가 도래하는 매도가능증권
  - 채무증권(채권) 중 1년 이내에 만기가 도래하는 만기보유증권

20 20x2년 중 (주)회계항공은 연구개발과 관련하여 총 100억원을 지출하였다. 이 중 항공기관련 연구단계에서 지출된 금액이 50억원이며, 잔액 50억원은 항공기 부품개발단계에서 지출하였는데 동 개발단계에서 지출된 비용 중 20억원은 자산인식요건을 충족시키지 못하였다. 개발단계에서 지출된 비용 중 나머지 30억원은 새로운 엔진을 개발하기 위한 것으로 자산인식요건을 충족시키며 20x4년부터 사용가능할 것으로 예측되었다. (주)회계항공이 연구개발과 관련하여 20x2년 중 비용으로 인식할 금액은?

① 20억원   ② 30억원
③ 50억원   ④ 70억원

해설

- 연구단계 : 연구비(당기비용) 50억원
- 개발단계 : 경상개발비(당기비용) 20억원 / 개발비(무형자산) 30억원

제1편 백점이론특강 / 제2편 기출문제특강 / SET1 / SET2 / SET3 / SET4 / SET5 / SET6 / SET7 / SET8 / SET9 / SET10 / 신유형 / 기출문제요약노트 / 실전기출모의고사

21 장기연불조건의 매매거래, 장기금전대차거래 또는 이와 유사한 거래에서 발생하는 채권, 채무로서 명목금액과 공정가치(현재가치)의 차이가 유의적인 경우에는 이를 공정가치(현재가치)로 평가한다. 이와 관련된 다음 설명 중 가장 올바르지 않은 것은?

① 채권, 채무의 명목상의 금액과 공정가치(현재가치)의 차액은 현재가치할인차금의 과목으로 하며 당해 채권, 채무의 명목상의 금액에서 차감하는 형식으로 표시한다.
② 명목금액과 공정가치(현재가치)의 차이는 시간의 경과에 따라 이자비용 또는 이자수익으로 인식한다.
③ 장기성 채권, 채무의 공정가치(현재가치)에 이용하는 이자율은 원칙적으로 당해 거래의 유효이자율로 한다.
④ 전세권, 회원권, 임차보증금, 장기선수금 등도 공정가치(현재가치) 평가대상이다.

> **해설**
> • 다음의 경우에는 공정가치(현재가치)로 평가하지 아니한다.
>   - 장기선급금·선수금, 이연법인세자산(부채), 전세권, 임차보증금, 회원권

22 사채발행시 인식한 사채발행차금은 유효이자율법에 따라 상각 또는 환입한다. 사채를 할인발행한 경우와 할증발행한 경우의 이자비용은 시간의 경과에 따라 각각 어떻게 변동하는가?

	할인발행한 경우	할증발행한 경우
①	증가	감소
②	증가	증가
③	감소	감소
④	감소	증가

> **해설**
> • 할인발행 : 장부금액 증가 → 유효이자(이자비용) 증가
> • 할증발행 : 장부금액 감소 → 유효이자(이자비용) 감소

23 20x2년 7월 1일에 (주)회계는 액면 100,000원, 이자율 5%, 3년 만기의 사채를 92,269원에 발행하였다. 이자지급일은 매년 6월 30일이며 시장이자율은 8%이다. ㈜회계가 사채할인발행차금을 유효이자율법으로 상각하는 경우 12월 31일로 종료하는 20x2년 회계연도의 사채이자비용은 얼마인가(단, 이자비용은 월할계산하며, 소수점 첫째 자리에서 반올림한다)?

① 2,307원 ② 2,999원
③ 3,691원 ④ 4,000원

> **해설**
> • $92,269 \times 8\% \times \dfrac{6}{12} = 3,691$

24 충당부채는 일정한 요건을 모두 갖췄을 때 재무제표의 부채로 인식한다. 다음 중 충당부채로 인식되기 위한 요건을 올바르게 짝지은 것은?

> ㄱ. 과거 사건이나 거래의 결과로 현재의무가 존재해야 한다.
> ㄴ. 당해 의무로 인하여 기업에 발생할 손실금액이 확정되어야 한다.
> ㄷ. 당해 의무를 이행하기 위하여 자원이 유출될 가능성이 매우 높아야 한다.
> ㄹ. 그 의무의 이행에 소요되는 금액을 신뢰성있게 추정할 수 있어야 한다.

① ㄱ, ㄴ   ② ㄷ, ㄹ
③ ㄱ, ㄷ, ㄹ   ④ ㄴ, ㄷ, ㄹ

해설
• 충당부채는 지출의 시기와 금액이 불확실한 부채이다.

25 20x2년초 사업을 개시한 (주)회계는 판매후 1년간 판매한 상품에서 발생하는 결함을 무상으로 수리해주고 있으며, 보증비용은 매출액의 8%로 추정된다. 20x2년말 재무상태표에 제품보증충당부채로 계상되어야 할 금액은 얼마인가?

> ㄱ. 20x2년 매출액 : 100억원
> ㄴ. 20x2년 중 당기 매출액에 대해 3억원의 제품보증비가 발생함.

① 3억원   ② 5억원
③ 8억원   ④ 10억원

해설
• 100억×8%-3억=5억

26 손익계산서에 계상될 (주)회계의 법인세비용은 얼마인가?

> ㄱ. 20x2년 당기법인세(법인세법상 당기에 납부할 법인세) 2,000,000원
> ㄴ. 20x1년말 이연법인세 자산 잔액 300,000원
> ㄷ. 20x2년말 이연법인세 부채 잔액 500,000원

① 1,200,000원   ② 2,000,000원
③ 2,500,000원   ④ 2,800,000원

해설
• (차) 법인세비용 x (대) 미지급법인세   2,000,000
                                         이연법인세자산   300,000
                                         이연법인세부채   500,000
→ x=2,800,000

제1편 백점이론특강 / 제2편 기출문제특강 / SET1 / SET2 / SET3 / SET4 / SET5 / SET6 / SET7 / SET8 / SET9 / SET10 / 신유형 / 기출문제오답노트 / 실전기출모의고사

27 다음 중 일반기업회계기준상 이연법인세자산, 부채와 관련한 회계처리를 가장 올바르게 수행한 회계 담당자는?

① 박대리 : 난 어제 이연법인세자산,부채를 계산하면서 비유동자산, 부채로만 계상했어.
② 오대리 : 이연법인세자산은 향후 과세소득의 발생이 거의 확실하여 미래의 법인세 절감효과가 실현될 수 있을 것으로 기대되는 경우에 인식해.
③ 이대리 : 이연법인세자산, 부채는 보고기간 종료일로부터 1년 초과시점에 실현되는 경우 현재가치로 평가해.
④ 김대리 : 이연법인세자산, 부채를 계산할 때 미수이자와 같은 일시적차이는 제외하고 영구적 차이만 고려했어.

해설
• ① 유동자산(부채) 또는 비유동자산(부채)로 공시한다.
  ③ 이연법인세자산(부채)는 현재가치 평가대상에서 제외한다.
  ④ 영구적차이가 아니라 일시적차이를 고려한다.

28 다음은 자본관련 항목들을 나열한 것이다. 다음 중 이익잉여금의 처분으로 상각되는 것을 올바르게 짝지은 것은?

ㄱ. 주식할인발행차금	ㄴ. 지분법자본변동
ㄷ. 자기주식처분손실	ㄹ. 매도가능증권평가손실

① ㄱ, ㄴ ② ㄱ, ㄷ
③ ㄱ, ㄴ, ㄷ ④ ㄴ, ㄷ, ㄹ

해설
• 지분법자본변동과 매도가능증권평가손실은 기타포괄손익누계액으로 처리하며, 이익잉여금 처분으로 상각하지 않는다.

29 다음 중 자본에 관한 설명으로 가장 올바르지 않은 것은?

① 결손금은 자본잉여금, 이익준비금, 임의적립금, 기타법적정립금 순으로 보전해야 한다.
② 주식을 액면금액 이하로 발행한 경우 액면금액에 미달하는 금액은 주식할인발행차금으로 회계처리한다.
③ 무상증자를 할 경우 자본금은 증가하지만, 자본총계는 변동하지 않는다.
④ 자본잉여금은 이익잉여금과는 달리 자본거래에서 발생하므로 손익계산서 계정을 거치지 않고 자본계정에 직접 가감된다.

해설
• 결손금 처리순서
  임의적립금 → 기타법정적립금 → 이익준비금 → 자본잉여금

30 자본조정이란 자본거래에 해당하나 최종 납입된 자본으로 볼수 없거나 자본의 가감 성격으로 자본금이나 자본잉여금으로 분류할 수 없는 항목을 의미한다. 다음 중 자본조정항목이 아닌 것은?

① 미교부주식배당금
② 신주청약증거금
③ 자기주식
④ 유형자산재평가이익

해설
• 유형자산재평가이익(잉여금) : 기타포괄손익누계액

31 (주)회계의 11기 자본항목과 관련된 주요사항이 다음과 같을 때 20x3년말 결산시 ㈜회계의 자본에 관한 보고금액으로 올바르게 짝지어진 것은(단, 아래 자료 이외의 자본에 영향을 미치는 사건의 발생은 없다고 가정하고 이연법인세효과는 고려하지 않는다.)?

> ㄱ. (주)회계는 20x1년초에 토지를 1,000백만원에 취득하였다. 이 토지는 20x2년말에 1,020백만원으로 재평가되었고 20x3년말에는 1,050백만원으로 재평가되었다.
> ㄴ. 20x3년 11월 11일 이사회 결의를 통하여 (주)회계의 자기주식 3,000주를 1주당 10,000원에 취득하였다.

자본변동표
제11기 20x3년 1월 1일부터 12월 31일까지

㈜회계 (단위 : 백만원)

구분	자본금	주식발행초과금	자기주식	재평가잉여금	이익잉여금	총액
20x2년말	500	750	(100)	20	xxx	xxx
20x3년말	(ㄱ)	(ㄴ)	(ㄷ)	(ㄹ)	xxx	xxx

	(ㄱ)	(ㄴ)	(ㄷ)	(ㄹ)
①	500	750	(100)	20
②	500	750	(130)	50
③	470	705	(130)	20
④	470	750	(100)	50

해설
• 재평가잉여금 증가 : 1,050백만원-1,020백만원=30백만원
  → 20×3년말 : 20백만원+30백만원=50백만원
• 자기주식 증가 : 3,000주×10,000=30백만원
  → 20×3년말 : (100백만원)+(30백만원)=(130백만원)

32 미지급비용은 아직 지급 기일이 도래하지 않아 지급되지 않고 있는 경우를 말하는 데 이렇게 지급 기일이 도래하지 않았음에도 불구하고 기간의 경과에 따라 비용을 인식하는 근거는 무엇인가?

① 총액주의
② 현금주의
③ 중요성
④ 발생주의

해설
• 발생주의는 현금주의와 상반된 개념으로, 현금의 수수와는 관계없이 수익은 실현되었을 때 인식되고, 비용은 발생되었을 때 인식되는 개념이다. 발생기준은 기업실체의 경제적 거래 또는 사건에 대해 관련된 수익과 비용을 그 현금유출·입이 있는 기간이 아니라 당해 거래 또는 사건이 발생한 기간에 인식하는 것을 말한다. 현행 회계는 모두 발생주의에 입각한 회계처리만을 인정하고 있다.

33 다음 중 손익계산서에 관한 설명으로 가장 올바르지 않은 것은?

① 손익계산서는 경영활동에 대한 성과를 측정, 평가하는데, 유용한 정보를 제공한다.
② 손익계산서는 노동조합의 임금협상에 필요한 정보, 정부의 조세 및 경제정책의 기초자료로 제공되기도 한다.
③ 손익계산서는 기업내부의 경영계획이나 배당정책을 수립하는데 중요한 자료로 이용될 수 있다.
④ 손익계산서의 당기순이익은 법인세 계산을 위한 과세소득과 동일하다.

해설
• 회계기준에 의해 도출된 당기순이익과 세법상의 과세소득은 일치하지 않으므로 세액계산시 세무조정의 절차를 거치게 된다.

34 수익의 인식 및 처분손익 인식에 관한 다음 설명 중 가장 올바르지 않은 것은?

① 광고목적 용역수익은 용역이 완료된 시점에 수익으로 인식한다.
② 상품매출액은 당해 상품을 판매하여 인도하는 시점에 실현되는 것으로 보고 수익으로 인식한다.
③ 원금이나 이자의 회수가 불확실한 채권의 기간경과분에 대한 이자는 현금수취시점에 수익을 인식한다.
④ 총예정원가의 합리적 추정이 불가능하거나 대금회수의 불확실성이 존재하는 예약매출은 발생원가 범위내에서 회수가능한 금액을 매기의 수익으로 인식한다.

해설
• 광고제작의 진행률에 따라 수익을 인식한다.

35 (주)삼보건설은 20x2년 중 문화센터와 관련한 건설공사를 수주하였다. 해당 공사와 관련된 내용이 다음과 같을 때 (주)삼보건설의 20x2년 공사수익 계산시 적용한 진행률은 얼마인가?

> ㄱ. 건설기간 20x2년 1월 1일 ~ 20x4년 12월 31일
> ㄴ. 총도급금액 50,000,000원
> ㄷ. 20x2년 공사원가 5,000,000원
> ㄹ. 20x2년 공사이익 2,500,000원

① 10%   ② 15%
③ 20%   ④ 25%

해설
• 50,000,000 × 진행률-5,000,000=2,500,000 에서, 진행률=15%

36 다음은 도매업을 영위하는(주)회계의 20x2년 회계연도의 매출 및 매출채권과 관련된 자료이다. 당기 손익계산서에 계상될 매출액은 얼마인가(단, 모든 거래는 외상으로 이루어진다.)?

> ㄱ. 20x2년 1월 1일 매출채권 잔액 : 45,000,000원
> ㄴ. 20x2년 중 현금회수액 : 75,000,000원
> ㄷ. 20x2년 12월 31일 매출채권 잔액 : 25,000,000원

① 25,000,000원
② 55,000,000원
③ 75,000,000원
④ 95,000,000원

해설

매출채권			
기초매출채권	45,000,000	회수	75,000,000
매출	x	기말매출채권	25,000,000

→ x=55,000,000

37 다음 중 손익계산서에서 판매비와 관리비의 항목으로 구분되어 표시되는 항목으로 보기 어려운 것은?

① 기부금
② 본사 건물 감가상각비
③ 본사 건물 임차료
④ 접대비

해설
• 기부금 : 영업외비용

38 다음은 20x2년 (주)회계의 결산 과정에서 오류사항이다. (주)회계가 다음의 오류사항을 수정하고자 할때 당기순이익에 영향을 미치는 것은(단, 20x2년 장부는 아직 마감전이다)?

① 당기 재고자산에 대한 평가손실 미계상
② 매도가능증권에 대한 평가손실 미계상
③ 1년 이내로 만기가 도래하는 매도가능증권의 유동성대체 누락
④ 당기 재해손실을 판매비와관리비로 분류

해설
• ① 재고자산평가손실은 당기손익이므로 순이익에 영향을 미친다.
  ② 매도가능증권평가손실은 기타포괄손익누계액(자본)이므로 순이익에 영향이 없다.
  ③ 계정대체 누락은 순이익에 영향이 없다.
  ④ 당기손익 항목간의 계정분류 오류이므로 순이익에 영향이 없다.

39 (주)회계는 보고기간 말로부터 6개월 후에 만기가 도래하는 한국은행으로부터의 차입금이 있다. (주)회계는 동 차입금을 새로 발행하는 3년 만기 차입금으로 차환할 계획을 세우고 아래의 두가지 방안 중 하나를 선택할 예정이다.

> 1안) 기존 차입금인 한국은행에서 새로운 차입금을 조달하여 기존 차입금을 차환
> 2안) 새로운 차입처인 우리은행에서 차입금을 조달하여 기존 차입금을 차환

(주)회계가 1안 또는 2안을 선택하였을 때 기존차입금의 유동성 분류를 올바르게 짝지은 것은?

	1안	2안
①	유동부채	유동부채
②	비유동부채	유동부채
③	유동부채	비유동부채
④	유동부채	유동부채

해설
• 1안 : 만기가 연장되는 것과 실질이 같으므로 비유동부채로 분류한다.
 2안 : 새로운 장기차입금이 발생하는 것이므로 차환 실행전까지 기존차입금은 6개월 만기의 유동부채이다.

40 다음은 (주)회계의 11기(20x2.1.1 ~ 20x2.12.31) 당기순이익과 자본금 변동상황에 대한 자료이다. (주)회계의 20x2년 가중평균유통보통주식수는 몇 주인가?

> ㄱ. 당기순이익 : 15,000,000원
> ㄴ. 자본금변동사항(액면금액 1,000원)

	보통주자본금		우선주자본금	
기초	5,000주	5,000,000원	2,000주	2,000,000원
5. 1 무상증자(20%)	1,000주	1,000,000원	400주	400,000원

① 4,900주   ② 5,200주
③ 5,500주   ④ 6,000주

해설
• 무상증자는 기초에 실시된 것으로 간주한다.
  → $(5,000주 + 1,000주) \times \dfrac{12}{12} = 6,000주$

02 세무회계

41 조세에 대한 다음 설명 중 가장 옳지 않은 것은?

① 간접세란 조세를 납부하는 자와 조세를 부담하는 자가 동일하지 아니한 조세를 말하며 이에는 부가가치세, 개별소비세 등이 포함된다.

② 조세는 국가가 규정하는 법의 내용을 근거로 국민에게 징수하는 것으로, 법에서 정하는 요건에 해당하는 국민은 자신의 의사와 관계없이 조세를 납부하여야한다.

③ 국가 또는 지방자치단체는 국민이 납부하는 조세에 대하여 국민에게 직접 대응되는 대가를 지급해 준다.

④ 조세를 부과, 징수하는 주체인 국가라도 법의 규정에 근거하지 아니하고 필요에 따라 국민으로부터 세금을 부과, 징수할 수 없다.

해설

• 조세는 반대급부가 없다.(개별보상이 없는 일반보상성의 성격을 갖는다.)

42 다음 중 법인세 납세의무자에 대한 설명으로 가장 옳지 않은 것은?

① 비영리내국법인은 일정수익사업에 대해서만 법인세 납세의무를 진다.

② 영리내국법인은 국외원천소득은 국외에서 이미 과세되었으므로 추가적인 법인세 납세의무가 없다.

③ 국내에서 사업을 영위할 지라도 외국에 본점이나 주사무소 또는 사업의 실질적인 지배관리 장소를 둔 법인은 외국법인으로 분류된다.

④ 영리외국법인의 경우에는 국내원천소득에 한하여 법인세 납세의무를 진다.

해설

• 내국영리법인은 국내, 국외 모든 소득에 대해 납세의무를 진다.

43 다음 중 법인세법상 세무조정 시 소득처분의 종류가 다른 것은?

① 접대비 한도초과액   ② 퇴직급여충당금 한도초과액

③ 감가상각비 한도초과액   ④ 대손충당금 한도초과액

해설

• 접대비 한도초과액은 기타사외유출로 소득처분하며, 나머지는 유보로 소득처분한다.

44 다음은 (주)회계의 세무조정 대상 세부항목이다. 이를 이용하여 소득금액조정합계표를 작성할 때 (가)와 (나)에 해당하는 금액을 맞게 짝지은 것은?

ㄱ. 부가가치세법상 세금계산서 미발급 가산세	9,000,000원
ㄴ. 자산수증이익 중 이월결손금의 보전에 충당된 금액	3,000,000원
ㄷ. 감가상각비 한도 초과액	15,000,000원
ㄹ. 간주임대료	5,000,000원
ㅁ. 채권자불분명 사채이자	8,000,000원

익금산입 및 손금불산입		소득처분		손금산입 및 익금불산입		소득처분	
과 목	금 액	처분	코드	과 목	금 액	처분	코드
합 계	(가)			합 계	(나)		

	(가)	(나)
①	35,000,000원	5,000,000원
②	36,000,000원	4,000,000원
③	37,000,000원	3,000,000원
④	40,000,000원	0원

해설
- 익금산입 및 손금불산입
  - 9,000,000+15,000,000+5,000,000+8,000,000=37,000,000
- 손금산입 및 익금불산입
  - 3,000,000

45 다음 중 법인세법상 손익의 귀속시기에 대한 설명으로 가장 옳지 않은 것은?

① 금융기관 이외의 법인이 수입하는 이자수익의 귀속시기 : 실제 받은 날 또는 외상에 의하여 받기로 한 날
② 계약 등에 의하여 임대료 지급일이 정하여진 경우 임대손익의 귀속시기 : 계약에 의한 지급일
③ 용역제공기간이 1년이상인 장기용역손익의 귀속시기 : 착수일로부터 목적물의 인도일까지 건설 등을 완료한 정도(작업진행률)에 따라 결정
④ 상품, 제품 판매손익의 귀속시기 : 대가를 실제로 받은 날

해설
- 상품, 제품 판매손익의 귀속시기 : 인도한 날

46 다음 중 법인세법상 익금항목을 모두 고르면?

> ㄱ. 이월결손금의 보전에 충당되지 아니한 자산수증이익
> ㄴ. 주식발행초과금
> ㄷ. 이월익금
> ㄹ. 손금에 산입한 금액 중 환입된 금액
> ㅁ. 국세, 지방세 과오납금의 환급금에 대한 이자

① ㄱ, ㅁ   ② ㄴ, ㄷ, ㄹ
③ ㄱ, ㄹ   ④ ㄷ, ㄹ, ㅁ

해설
• 주식발행초과금, 이월익금, 환급금에 대한 이자 : 익금불산입항목

47 세법에서 일정한 한도까지만 손금으로 인정하고 이를 초과하는 금액은 손금으로 인정하지 않는 항목들을 규정하고 있다. 다음 중 이에 해당하지 않은 것은?

① 접대비   ② 감가상각비
③ 복리후생비   ④ 기부금

해설
• 복리후생비는 지출대상을 불문하고 전액 손금으로 인정한다.

48 다음은 법인세법상 재고자산의 평가에 대하여 (주)회계의 회계팀 담당자들이 나눈 대화의 일부이다. 이에 대한 설명으로 가장 옳은 것은?

> 박이사 : 김과장, 이번 창고 화재피해는 집계가 끝났나요? 손실은 어느 정도죠?
> 김과장 : 다행히 담당자가 초기 대응을 잘해서 큰 피해는 없었습니다. 건물이나 화재관리시설의 피해는 미미합니다. 다만 소화액을 살포하는 과정에서 보유하고 있던 원단재고의 상당부분이 손상되어 이에 대한 평가손실이 3억원 정도 발생할 것 같습니다.
> 박이사 : 피해가 크지않다니 다행이지만 재고 평가손실이라면 작년 세무조사때 문제가 되었던 부분 아닌가요?
> 김과장 : 네, 일정한 요건을 만족하지 않으면 평가손실을 인정할 수 없다고 해서 추가로 세금을 납부했습니다.
> 박이사 : 그럼, 이번에도 그런 문제가 생기지 않도록 요건을 확인해보고 관련 절차를 빨리 진행하도록 하세요.

① 평가손실은 세법 상 손금불산입 항목이므로 손금불산입하고 기타사외유출로 소득처분하여야 한다.
② (주)회계가 재고자산 평가방법을 저가법으로 신고한 경우에만 평가손실을 손금으로 인정받을 수 있다.
③ 사업연도가 종료되지 않은 경우 평가방법을 변경할 수 있으므로 ㈜회계가 평가손실을 손금으로 인정받기 위해서는 재고자산평가방법 변경신고가 필요하다.
④ 파손, 부패 등의 사유로 계상하는 평가손실이므로 신고한 평가방법과 관계없이 손금으로 인정받을 수 있다.

해설
• 일반적인 평가손실은 세법상 인정되지 않으므로 손금불산입하고 유보로 처분한다. 다만, 저가법으로 신고하고 계상한 평가손실과 신고방법에 관계없이 파손, 부패로 인한 평가손실은 인정된다.

49 법인이 고정자산에 지출하는 수선비에 대한 설명으로 가장 옳지 않은 것은?

① 고정자산의 내용연수를 증가시키거나 가치를 실질적으로 증가시키는 수선비를 자본적지출이라고 한다.
② 고정자산의 원상을 회복하거나 능률유지를 위하여 지출하는 수선비를 수익적지출이라고 한다.
③ 수익적지출에 해당하는 수선비는 자산의 취득원가에 더해져 감가상각과정을 통해 법인의 손금에 산입한다.
④ 본래의 용도를 변경하기 위한 개조나 엘리베이터 또는 냉난방장치의 설치 등은 자본적지출에 해당한다.

해설

• 수익적지출(×) → 자본적지출(O)

50 다음은 (주)회계의 제12기(20x2.1.1~20x2.12.31) 기부금 관련 자료이다. 이를 기초로 기부금 지출액 중 손금불산입되는 금액을 구하면?

ㄱ. 기부금 지출액	
– 법정기부금 :	20,000,000원
– 지정기부금 :	30,000,000원
– 비지정기부금 :	5,000,000원
ㄴ. 기부금 한도액	
– 법정기부금 :	55,000,000원
– 지정기부금 :	9,000,000원

① 5,000,000원
② 20,000,000원
③ 26,000,000원
④ 손금불산입되는 금액은 없음

해설

• 손금불산입 비지정기부금 5,000,000(기타사외유출)
• 손금불산입 지정기부금한도초과 21,000,000(기타사외유출)

51 다음 중 접대비 한도액 계산시 고려하지 않아도 되는 것은?

① 중소기업 여부
② 수입금액
③ 당기순이익
④ 문화접대비 지출액

해설

• 접대비한도

$$12,000,000(중소기업 : 24,000,000) \times \frac{사업연도월수}{12} + 수입금액 \times 적용률$$

→ 당기순이익은 접대비한도 계산과 무관하다.

52 다음의 자료를 이용하여 법인세법상 퇴직급여충당금에 대한 세무조정을 하면?

ㄱ. 퇴직급여 지급대상이 되는 총급여	400,000,000원
ㄴ. 퇴직급여충당금 내역	
– 기초금액	30,000,000원
– 기중 퇴직금 지급액	10,000,000원
– 당기 퇴직급여전입액	50,000,000원
– 전기말 퇴직급여충당금부인누계액	5,000,000원
ㄷ. 퇴직금 추계액	280,000,000원
ㄹ. 퇴직금 전환금	3,000,000원

〈퇴직급여충당금 손금산입한도의 계산기준〉

퇴직급여충당금 손금산입한도 = Min(ㄱ,ㄴ)

  ㄱ. 총급여액 기준

    퇴직급여지급대상이 되는 임직원 총급여×5%

  ㄴ. 퇴직금 추계액 기준

    퇴직금 추계액×0%+퇴직금전환금−세무상 퇴직급여충당금 잔액

① (손금불산입) 퇴직급여충당금한도초과액 20,000,000(유보)
② (손금불산입) 퇴직급여충당금한도초과액 30,000,000(유보)
③ (손금불산입) 퇴직급여충당금한도초과액 50,000,000(유보)
④ 세무조정없음.

해설

• 한도 : Min[ⅰ), ⅱ)]=0
  ⅰ) 400,000,000×5%=20,000,000
  ⅱ) 280,000,000×0%+3,000,000-(30,000,000-10,000,000-5,000,000)=0
  → 손금불산입 50,000,000(유보)

53 법인세법의 대손충당금에 대한 다음 설명 중 가장 옳지 않은 것은?

① 대손충당금은 법인이 보유하고 있는 채권의 회수불가능성에 대비하여 설정하는 충당금이다.
② 법인세법상 대손충당금 설정대상 채권에는 매출채권, 대여금, 미수금 등이 해당된다.
③ 법인세법상 대손충당금 설정률은 '1%'와 '법인의 대손실적률' 중 큰 비율을 적용한다.
④ 당기 대손상각 한도액과 비교하여 한도초과액은 손금불산입(기타사외유출)로 처리한다.

해설

• 기타사외유출(×) → 유보(O)

54 다음은 (주)회계의 지급이자에 대한 세부항목이다. 다음 중 손금불산입으로 세무조정해야 하는 지급이자 금액은 얼마인가?

ㄱ. 회사채 이자	: 2,000,000원
ㄴ. 비실명 채권·증권이자	: 3,000,000원
ㄷ. 업무무관자산 등 관련이자	: 1,500,000원
ㄹ. 장기차입금에 대한 이자	: 2,000,000원

① 1,500,000원   ② 4,500,000원
③ 6,500,000원   ④ 8,500,000원

해설
• 3,000,000+1,500,000=4,500,000

55 다음은 법인세법 상 부당행위계산부인과 관련된 설명이다. 가장 옳지 않은 것은?

① 특수관계인과의 거래가 아니라도 부당행위계산부인 규정을 적용한다.
② 법인이 특수관계인에게 무상 또는 낮은 이자율로 금전을 빌려주는 경우 법인세법상 인정되는 이자율로 계산한 이자금액과 실제 수입이자의 차액을 가지급금인정이자라 하고 동 금액을 익금산입한다.
③ 법인세법상 특수관계인에는 해당 법인의 출자자(소액주주 제외), 임원 및 계열회사 등이 있다.
④ 부당행위계산부인 규정이 적용되는 경우 익금산입한 금액은 귀속자에 따라 배당, 상여, 기타소득, 기타사외유출로 소득처분된다.

해설
• 특수관계인과의 거래이어야 한다.

56 다음은 (주)회계의 제11기(20x2.1.1~20x2.12.31) 법인세 신고를 위한 손익계산서의 일부이다.

손익계산서

(주)회계　　　　　　　　　제11기 : 20x2.1.1 ~20x2.12.31　　　　　　　(단위:원)

과목	금액
1. 매출액	2,500,000,000
2. 매출원가	1,750,000,000
3. 매출총이익	750,000,000
4. 판매비와 관리비	570,000,000
5. 영업이익	180,000,000
6. 영업외수익	70,000,000
7. 영업외비용	90,000,000
8. 법인세비용차감전순이익	160,000,000

〈결산관련 추가 자료〉
ㄱ. 접대비는 30,0000,000원이나 세무상 한도액은 17,000,000원이다.
ㄴ. 세무상 당기에 귀속되는 이자비용 40,000,000원이 재무상태표상 선급비용으로 계상되어 있다.

위 자료에 의하여 올바른 세무조정을 수행한 경우에 각사업연도소득금액을 계산하면 얼마인가?

① 130,000,000원　　　　　　　　② 133,000,000원
③ 172,000,000원　　　　　　　　④ 200,000,000원

___ 해설

• 160,000,000+13,000,000-40,000,000=133,000,000

57 다음은 법인세의 계산구조이다. (가)~(라)와 관련된 보기의 설명 중 가장 옳지 않은 것은?

	각사업연도소득금액	
(−)	이월결손금	
(−)	비과세소득	····· (가)
(−)	소득공제	····· (나)
	과세표준	
(X)	세율	
	산출세액	
(−)	세액공제	····· (다)
(−)	세액감면	
(+)	가산세	
(+)	감면분추가납부세액	
	총부담세액	
(−)	기납부세액	····· (라)
	차감납부세액	

① (가) 법인의 소득 중 법인세를 과세하지 아니하는 소득으로서 다음연도로 이월하여 공제받을 수 있다.
② (나) 법인세법에서 규정한 요건에 해당하는 경우 법인의 소득금액에서 일정액을 공제하여 주는 제도를 말한다.
③ (다) 법인세 총부담세액 계산시 일정금액을 공제하도록 규정한 제도로서 대표적인 세액공제로는 외국납부세액공제, 재해손실세액공제 등이 있다.
④ (라) 법인이 사업연도 중에 미리 납부한 법인세액으로 중간예납, 원천징수, 수시부과세액 등이 이에 해당한다.

해설
• 비과세소득과 소득공제는 이월공제가 없다.

58 다음 중 세법상 가산세를 부과하는 경우가 아닌 것은?

① 5,000원의 접대비를 지출하고 영수증을 수령한 경우
② 원천징수의무자인 법인이 원천징수한 세액을 납부기간이 경과한 후에 납부하는 경우
③ 장부의 비치,기장의무를 이행하지 아니한 경우
④ 납세의무자가 법정 신고기간까지 과세표준신고를 하지 않은 경우

해설
• ① 접대비에 대하여는 가산세가 없다.
② 원천징수불납가산세
③ 무기장가산세
④ 무신고가산세

59 다음은 세제개편안에 대한 신문기사의 일부이다. 괄호 안에 공통으로 들어 갈 용어로 가장 알맞은 것은 무엇인가?

> "( )적극 활용하자." ○○경제
> (전략)
> ( )는 모회사와 자회사가 경제적으로 결합되어 있는 경우 경제적 실질에 따라 해당 모회사와 자회사를 하나의 과세단위로 보고 소득을 통산해 법인세를 과세하는 제도로 OECD회원국 가운데 미국, 영국 등 21개국이 시행중이다.
> 이에 따라 기업내 사업부나 별도 자회사나 세부담이 동일하게 되어 조세의 중립성이 보장된다. 또 각 법인의 소득과 결손금을 통산하고 해당 법인간 거래에서 발생한 이익을 과세이연함에 따라 세부담이 줄어든다.
> (후략)

① 연결납세제도 ② 성실납세제도
③ 개별납세제도 ④ 독립납세제도

해설
• 참고 연결납세제도

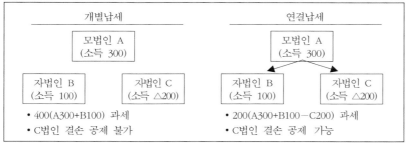

60 법인세법에 대한 다음 설명 중 옳은 것을 모두 고른 것은?

> ㄱ. 청산소득은 법인의 청산과정에서 발생하는 소득을 말한다.
> ㄴ. 청산소득의 세율은 각 사업연도소득에 대한 법인세율보다 높다.
> ㄷ. 외국법인은 대표자가 대한민국 국민이 아닌 법인을 말한다.
> ㄹ. 외국법인에 대한 법인세 과세시 우리나라와 외국간에 체결된 조세조약의 규정이 우선적으로 적용된다.

① ㄱ, ㄷ ② ㄴ, ㄷ
③ ㄷ, ㄹ ④ ㄱ, ㄹ

해설
• ㄴ. 청산소득의 세율은 각 사업연도소득에 대한 법인세율과 동일하다.
  ㄷ. 외국법인은 외국에 본점(주사무소)을 둔 법인을 말한다.

61 소득세법에 대한 다음 설명 중 가장 옳은 것은?

① 거주자의 경우 납세지는 원칙적으로 국내원천소득이 발생하는 장소이다.
② 근로소득과 사업소득이 발생할 경우 각각의 소득을 합산하여 과세하지 않고 독립적으로 과세한다.
③ 거주자란 국내에 주소를 두거나 183일 이상의 거소를 둔 개인을 말한다.
④ 소득세법에 따라 개인 사업자는 1년을 초과하지 않는 범위내에서 선택에 의해 과세기간을 임의로 정할 수 있다.

> **해설**
> • ① 국내원천소득이 발생하는 장소(×) → 주소지(O)
>   ② 합산하여 과세한다.
>   ④ 과세기간은 임의 선택이 불가하다.

62 종합과세, 분류과세 및 분리과세에 대한 다음 설명 중 가장 옳지 않은 것은?

① 종합과세는 1년 동안 개인이 벌어들인 모든 소득을 합산하여 과세하는 방법이다.
② 분류과세는 각각의 소득을 합산하지 않고, 원칙에 따른 소득의 종류별로 별도의 세율로 과세하는 방법이다.
③ 퇴직소득과 양도소득은 장기간에 걸쳐 형성된 소득이 일정시점에 실현되는 것으로 분류과세를 적용한다.
④ 이자소득, 배당소득, 사업소득, 근로소득, 연금소득은 종합과세하고 기타소득은 무조건 분리과세한다.

> **해설**
> • 기타소득도 무조건 분리과세하는 복권당첨소득 등을 제외하고는 종합과세대상 소득이다.

63 다음은 연예인 세금 파문에 대한 신문기사의 일부이다. 소득세법상 연예인 소득의 과세방법에 대한 설명으로 가장 옳지 않은 것은?

> 연예인들이 세금을 누락시키는 경로는 크게 '수입누락'과 '비용과다계상' 두 가지로 분류된다. 수입을 작게 장부에 기장해 과세대상 수입을 줄이고 연예활동을 위한 비용을 부풀려 세금을 줄이게 된다.
> 최근 연예계 세금 파문에 대해 전문가들은 "연예인들의 경우 매니저나 스타일리스트 등 필요경비를 얼마나 인정할지 논란이 많은 게 현실이다. 보다 뚜렷한 기준을 마련하지 않는 한 논란이 쉽게 해소될 가능성이 없다"고 설명했다. (후략)

① 연예인이 연예활동을 통해 벌어들인 소득은 일반적으로 소득세법상 사업소득으로 과세된다.
② 연예인의 사업소득금액은 사업소득 총수입금액에서 일정한 필요경비를 공제하여 계산한다.
③ 연예인 사업자는 소득금액의 계산근거가 되는 증빙 서류 등을 비치하고 기장해야 할 의무가 면제된다.
④ 연예인이 보유하고 있는 금융자산에 대한 이자소득이나 배당소득은 필요경비가 공제되지 않는다.

> **해설**
> • 연예인 사업자도 소득금액의 계산근거가 되는 증빙 서류 등을 비치하고 기장해야 할 의무가 있다.

64 근로소득과 관련한 다음 대화를 읽고 마지막 이대리의 질문에 대한 김대리의 답변으로 가장 옳지 않은 것은?

> 김대리 : 아. 피곤해. 어제 밤엔 급여 중에서 식대. 차량유지비. 양육비 등을 확인하고 나눠서 입력하
> 느라 한숨도 못잤어.
> 이대리 : 그래 고생이 많구나! 우리 회사는 각종 수당을 전부 합산해서 신고하니까 편한데.
> 김대리 : 뭐? 그럼 안되지! 비과세 항목들을 구분해서 신고하지 않으면 세금을 더 많이 내게 되잖아.
> 이대리 : 정말? 그럼 비과세항목에는 어떤 것들이 있는거야

① 장기근속의 대가로 지급하는 특별공로금은 과세하지 않아.
② 경조금 중 사회통념상 타당한 정도의 금액은 근로소득으로 보지 않지.
③ 일직, 숙직료 등 중 실비변상정도의 지급액은 비과세에 속해.
④ 식사를 제공받지 않는 근로자가 받는 식사대는 월10만원까지 비과세지.

___ **해설**
• 각종 수당과 특별공로금은 소득세법상 근로소득으로 예시되어 있다.

65 근로소득자인 박현우씨는 연초부터 매월 국민건강보험료 5만원, 고용보험료 3만원을 납부하였으며 연간 자동차보험료로 120만원을 납부하였다. 박현우씨가 연말정산시 종합소득공제로 공제받을수 있는 보험료는 얼마인가?

① 960,000원
② 1,800,000원
③ 1,960,000원
④ 2,000,000원

___ **해설**
• 5만원×12+3만원×12=96만원 [한도없음]

66 다음 자료를 토대로 과세되는 총급여액을 계산하면 얼마인가? 단, 직전연도 총급여는 1,800만원이었다.

> ㉠ 기본급(800,000원×12월)   : 9,600,000원
> ㉡ 상여금   : 1,400,000원
> ㉢ 식대보조금(140,000원×12월) : 1,680,000원
> ㉣ 연장근로수당   : 2,800,000원
> ㉤ 연월차수당   : 1,120,000원
> ㉥ 근로기간은 20x1년 1월 1일 ~ 20x1년 12월 31일이며 제조업체의 생산직 사원임.

① 15,400,000원
② 13,000,000원
③ 14,200,000원
④ 12,600,000원

___ **해설**
• 9,600,000+1,400,000+40,000 × 12+(2,800,000−2,400,000)+1,120,000 = 13,000,000

67 다음은 김치국씨의 20x2년 소득을 열거한 것이다. 다음 중 소득세법상 과세되지 않는 소득금액의 합계액은 얼마인가(단, 관련 소득공제는 고려하지 아니함)?

> ㄱ. 20x2년 3월~12월 : 퇴직소득 중 연금계좌에 입금하여 과세되지 않은 소득을 연금형태로 매월 200만원씩 수령함.
> ㄴ. 20x2년 7월   : 비상장주식의 매도로 처분이익이 5천만원 발생함.
> ㄷ. 20x2년 10월   : 고가주택이 아닌 1세대 1주택(보유기간 5년)을 양도함에 따라 4억원의 시세차익을 얻음
> ㄹ. 20x2년 12월   : 아파트당첨권을 양도함에 따라 3천만원의 시세차익을 얻음.

① 0원   ② 4억원
③ 4억 3천만원   ④ 4억 5천만원

해설
• 요건을 갖춘 1세대 1주택은 과세하지 않는다.

68 소득세법상 이자소득은 분리과세 되거나 종합과세된다. 이자소득이 다음과 같을 때, 이정일씨의 종합소득에 가산되는 이자소득금액과 회계은행이 이자소득으로부터 원천징수하는 소득세액을 제시하면 얼마인가?

> ㄱ. 20x2년 1월 1일에 15,000,000원을 회계은행에 예금함.
> ㄴ. 당해 예금의 연 이율은 4.5%임.
> ㄷ. 20x2년 12월 31일에 회계은행은 1년 예금에 대한 이자를 지급함.
> ㄹ. 예금에서 발생하는 이자 이외에 이정일씨는 다른 금융소득이 없음.

	종합소득에 가산되는 이자	원천징수금액
①	0원	0원
②	0원	94,500원
③	585,000원	94,500원
④	675,000원	94,500원

해설
• 2천만원을 초과하지 않으므로 분리과세하며 종합소득에 가산되지 않는다.
  → 원천징수세액 : 15,000,000×4.5%×14%=94,500

69 당해연도의 종합소득금액이 있는 거주자는 각 소득의 과세표준을 해당 과세기간의 다음연도 5월 1일부터 5월 31일까지 신고해야 한다. 다음 중 가장 옳지 않은 설명을 하고 있는 사람은 누구인가?

> 홍영균 : 저는 근로소득만 있으며 연말정산으로 납세의무가 종결될 것 같습니다.
> 박재식 : 저의 근로소득은 연말정산으로 납세의무가 종결되고 사업소득은 중간예납하였으므로 확정신고를 할 필요는 없습니다.
> 권대규 : 저는 이자소득만 2,000만원으로 분리과세 되었기 때문에 확정신고를 할 필요 없습니다.
> 김영일 : 저는 올해 퇴직했기 때문에 근로소득은 연말정산으로 퇴직소득은 원천징수로써 납세의무가 종결되었습니다.

① 홍영균
② 박재식
③ 권대규
④ 김영일

해설
• 근로소득과 사업소득을 합산하여 종합소득 확정신고를 하여야 한다.

70 예납적 원천징수와 완납적 원천징수를 비교한 다음 표에서 잘못된 것은 무엇인가?

	구분	예납적원천징수	완납적원천징수
①	대상소득	분리과세 소득	분리과세이외의 소득
②	납세의무종결	원천징수로 종결 안됨	원천징수로 종결됨
③	확정신고의무	확정신고의무 있음	확정신고의무 없음
④	조세부담	확정신고시 세액을 산출하고 원천징수세액을 공제함	원천징수세액

해설
• 분리과세소득은 완납적원천징수에 해당한다.

71 다음 중 부가가치세법상 사업자에 관한 설명으로 가장 옳지 않은 것은?

① 과세사업자는 면세대상 재화 또는 용역의 공급에 대해서도 부가가치세를 납부하여야 한다.
② 과세품목을 공급하느냐 면세품목을 공급하느냐에 따라 과세사업자와 면세사업자로 나눌 수 있다.
③ 면세사업자의 경우 면세공급에 대해 부가가치세가 면제되므로 납세의무를 지지 않는다.
④ 과세사업자는 공급대가의 규모에 따라 일반과세자와 간이과세자로 구분한다.

해설
• 과세사업자라도 면세대상을 공급시는 매출세액은 없다.

72 다음 표는 부가가치세의 과세대상을 구분한 것이다. 표의 (ㄱ)~(ㄷ)에 해당하는 내용으로 가장 올바른 것은?

부가가치세 과세대상		
재화의 공급 (ㄱ)	용역의 공급 (ㄴ)	재화의 수입 (ㄷ)

① (ㄱ) : 거래처에 어음을 발행하다.
② (ㄱ) : 은행에서 자금을 차입하면서 건물을 담보로 제공하였다.
③ (ㄴ) : 고용계약에 따라 회사에 근로를 제공하였다.
④ (ㄷ) : 사업자가 아닌 개인이 해외 쇼핑몰에서 가방을 구입하여 국내에 들여왔다.

해설
- 어음은 재화로 보지 않으며, 담보제공은 재화의 공급으로 보지 않는다. 또한 고용계약에 따른 근로제공은 용역의 공급으로 보지 않는다. 재화의 수입은 수입자가 사업자인지 여부를 불문한다.

73 부가가치세법상 영세율과 면세에 관한 다음 설명 중 가장 옳지 않은 것은?

① 영세율이 적용되는 경우 매입세액은 환급되지만 면세가 적용되는 경우에는 매입세액이 환급되지 않는다.
② 영세율 적용 대상자는 세액이 0(영)이더라도 신고해야 한다.
③ 영세율적용 대상자는 부가가치세법상 사업자등록 의무가 있으나 면세적용대상자는 그러하지 아니하다.
④ 면세제도는 최종소비자에게 부가가치세 부담을 경감시키는 제도이므로 어떤 경우에도 사업자의 면세포기는 허용되지 않는다.

해설
- 부가가치세법에서는 소정 사유에 해당시 면세포기를 허용하고 있다.

74 (주)미금의 신입사원인 홍길동씨는 경리부서에 배치되어 부가가치세 신고업무를 맡게 되었다. 홍길동씨는 부가가치세에 대한 공부를 하였으나 실제로 다음과 같은 매입이 일어나자 언제 매입세액공제를 받아야 할지 망설이고 있다. 다음 중 ㈜미금이 매입세액공제를 받을 수 있는 시기는 언제인가?

매입(세금계산서 수취)	: 3월 1일
매입대금 지급	: 4월 15일
매입물품의 매출(세금계산서 발행)	: 5월 15일
매출대금의 회수	: 5월 30일

① 제1기 예정신고기간
② 제1기 확정신고기간
③ 제2기 예정신고기간
④ 제2기 확정신고기간

해설
- 매입(구입)시점인 3월 1일 제1기 예정신고기간에 매입세액공제를 받는다.

75 부가가치세의 신고와 납부에 대한 다음 설명 중 가장 옳지 않은 것은?

① 사업자는 원칙적으로 각 예정신고기간 또는 과세기간의 말일로부터 25일 이내에 부가가치세를 신고하고 세액을 자진납부하여야 한다.
② 사업자가 매입한 경우 별도의 부가가치세 신고절차는 불필요하다.
③ 예정신고누락분과 가산세가 있을 경우 확정신고 시 추가하여 신고한다.
④ 예정신고시 대손세액공제는 적용하지 아니한다.

> **해설**
> • 사업자가 매입한 경우 별도의 부가가치세 신고절차가 필요하다.

76 부가가치세 과세사업을 영위하는 (주)을지는 20x2년에 기계장치를 새로 구입하면서 그 동안 사용하던 기계장치를 매각하였다. 계약조건이 다음과 같다면 기계장치매각과 관련한 20x2년도 제1기 예정신고기간(20x2.1.1~20x2.3.31)의 부가가치세 과세표준은 얼마인가?

> 대금의 회수는 다음과 같이 이루어졌으며 잔금을 수령한 이후 기계장치를 인도하였다.
>
> - 20x2년 1월 5일 : 계약금   6,000,000원
> - 20x2년 4월 5일 : 중도금 42,000,000원
> - 20x2년 7월 15일 : 잔 금 12,000,000원

① 6,000,000원
② 12,000,000원
③ 48,000,000원
④ 60,000,000원

> **해설**
> • 중간지급조건부 : 대가의 각 부분을 받기로 한 때가 공급시기이다.
>   → 따라서, 1월 5일 6,000,000만 제1기 예정신고대상이다.

77 (주)회계의 다음 채권은 20x2년 회수 불가능한 것으로 확인되었다. 대손관련 정보가 다음과 같은 경우 (주)회계의 20x2년 제2기 확정신고시 공제가능한 대손세액공제액은 얼마인가?

> ㄱ. 20x1년 1월 23일 (주)상아에 33,000,000원(VAT포함)의 재화를 공급하였으나 (주)상아가 20x2년 10월 4일에 법원으로부터 파산선고를 받아서 동일 대손으로 처리하였다. 파산선고 시 (주)회계의 배당액은 없는 것으로 확인되었다.
> ㄴ. 20x1년 3월 13일 (주)상아에 3,500,000원(VAT포함)의 재화를 공급하고 수령한 수표가 20x2년 10월 5일로 부도처리되었다. (주)회계는 부도를 사유로 해당 채권을 20x2년 10월 14일에 대손 처리하였으며 (주)상아의 재산에 대해 저당권을 설정하고 있지 않다.

① 500,000원
② 3,000,000원
③ 3,300,000원
④ 3,500,000원

> **해설**
> • 부도수표는 부도발생일로부터 6월이 경과하지 않았으므로 제2기 확정시 대손세액공제 대상이 아니다.
>   → 대손세액공제액 : $33,000,000 \times \frac{10}{110} = 3,000,000$

78 컴퓨터 제조업을 영위하는 (주)회계의 20x2년 제1기 예정신고기간(20x2.1.1~20x2.3.31)을 위한 매입관련 자료이다. (주)회계의 20x2 제1기 부가가치세 예정신고서상 금액란의 (ㄱ), (ㄴ), (ㄷ)에 들어갈 금액으로 올바르게 짝지어진 것은?

신고내역						
구분				금액	세율	세액
매입세액	세금계산서 수취분	일 반 매 입	(10)	(ㄱ)		
		고 정 자 산 매 입	(11)	(ㄴ)		
	예 정 신 고 누 락 분		(12)			
	매 입 자 발 행 세 금 계 산 서		(13)			
	기 타 공 제 매 입 세 액		(14)			
	합 계((10)+(11)+(12)+(13)+(14))		(15)			
	공 제 받 지 못 할 매 입 세 액		(16)	(ㄷ)		
	차 감 계((15)+(16))		(17)			

구분	내역	금액
원재료 매입	세금계산서수령분(VAT 미포함)	400,000,000원
	신용카드매출전표 발행분(VAT 미포함)	200,000,000원
접대비 지출	접대비 지출 세금계산서 수령분(VAT 미포함)	30,000,000원
기 계 구입	기계 구입 세금계산서 수령분(VAT 미포함)	600,000,000원

	(ㄱ)	(ㄴ)	(ㄷ)
①	400,000,000원	–	–
②	400,000,000원	600,000,000원	–
③	430,000,000원	–	30,000,000원
④	430,000,000원	600,000,000원	30,000,000원

───── 해설
- (ㄱ) 400,000,000+30,000,000=430,000,000
  (ㄴ) 600,000,000
  (ㄷ) 30,000,000
  *매입세액불공제 사항은 세금계산서수취분에 포함시킨후 별도로 '공제받지 못할 매입세액'에 기재하여 차감한다.

79 다음은 세금계산서에 대한 설명이다. 가장 옳지 않은 것은?

① 필요적 기재사항이 일부라도 기재되어 있지 아니하거나 기재된 사항이 사실과 다를 때에는 정당한 세금계산서로 인정되지 않는다.
② 임의적 기재사항을 기재하지 아니한 경우 가산세를 물거나 매입세액불공제를 받는 등의 불이익이 있다.
③ 세금계산서 발급시 필요적 기재사항을 기재하지 않으면 세금계산서불성실가산세가 적용된다.
④ 부가가치세법상 납세의무자라 하더라도 사업자등록을 하지 않으면 세금계산서를 발급할 수 없다.

───── 해설
- 임의적 기재사항에 대하여는 불이익이 없다.

80 (주)한빛은 20x2년 6월 20일 (주)영화에 재화를 외상으로 공급하였다. 외상대금의 결제는 40일 뒤에 이루어졌고, 세금계산서는 결제시점인 20x2년 7월 30일을 작성일자로 하여 발급하였다. 다음 중 이와 관련한 설명으로 가장 옳지 않은 것은?

① 사업자는 원칙적으로 재화의 공급시기에 세금계산서를 발급하여야 한다.
② (주)한빛은 가산세를 부담하여야 한다.
③ (주)영화는 해당 거래에 대해 매입세액을 공제받을 수 없다.
④ (주)영화는 가산세를 부담하여야 한다.

─ 해설

• 공급받는자의 경우 공급시기후 확정신고기한 내에 수취시 매입세액공제를 받을 수 있으며, 이 경우에는 가산세가 부과된다.

  → 따라서, ㈜영화는 확정신고기한 이후에 수취했으므로 매입세액공제를 받을 수 없으며 가산세도 없다.

제1편 백점이론특강

제2편 기출문제특강

SET1

SET2

SET3

SET4

SET5

SET6

SET7

SET8

SET9

SET10

신유형

기출문제오답노트

실전기출모의고사

[정답]　복원기출문제　SET ④

▶ 재무회계

1	2	3	4	5	6	7	8	9	10
③	①	④	③	①	④	③	①	③	①
11	12	13	14	15	16	17	18	19	20
③	③	②	③	②	①	④	②	①	④
21	22	23	24	25	26	27	28	29	30
④	①	③	③	②	④	②	②	①	④
31	32	33	34	35	36	37	38	39	40
②	④	④	①	②	②	①	①	②	④

▶ 세무회계

41	42	43	44	45	46	47	48	49	50
③	②	①	③	④	③	③	④	③	③
51	52	53	54	55	56	57	58	59	60
③	③	④	②	①	②	①	①	①	④
61	62	63	64	65	66	67	68	69	70
③	④	③	①	①	②	②	②	②	①
71	72	73	74	75	76	77	78	79	80
①	④	④	①	②	①	②	④	②	④

[실전연습]

복원기출문제연습

SET ⑤

Cam Exam intermediate level

▶ 복원기출문제는 현행 개정세법과 현행 회계기준에
부합하도록 저자가 문제를 임의변경·보완 및 추가한
문제가 포함되어 있습니다.

01 재무회계

1 다음 중 회계정보가 갖추어야 할 질적특성에 대한 설명으로 적절하지 못한 것은?

① 회계정보가 갖추어야 할 가장 중요한 질적특성은 비용과 효익 그리고 중요성이다.
② 회계정보가 목적적합성을 가지기 위해서는 예측가치와 피드백가치를 가져야 한다.
③ 회계정보는 기간별 비교가 가능해야 하고 기업실체간의 비교가능성이 있어야 한다.
④ 상충되는 질적특성간의 선택은 재무보고의 목적을 최대한 달성할 수 있는 방향으로 이루어져야 한다.

해설

• 회계정보의 가장 중요한 질적특성은 목적적합성과 신뢰성이다.

2 재무제표를 통해 제공되는 정보의 특성과 한계에 대한 설명으로 틀린 것은?

① 재무제표는 화폐단위로 측정된 정보를 주로 제공한다.
② 재무제표는 대부분 과거에 발생한 거래나 사건에 대한 정보를 나타낸다.
③ 재무제표는 사실에 근거한 자료만 나타내며, 추정에 의한 측정치는 포함하지 않는다.
④ 재무제표는 특정기업실체에 관한 정보를 제공하며, 산업 또는 경제 전반에 관한 정보를 제공하지는 않는다.

해설

• 재무제표는 내용연수, 대손추정률, 충당부채와 같이 추정에 의한 측정치를 포함하고 있다.

3 다음 중 중간재무제표의 작성과 관련한 설명으로 옳은 것은?

① 중간기간이라 함은 3개월 또는 6개월만을 말한다.
② 현금흐름표는 중간재무제표에 포함되나 주석은 포함되지 않는다.
③ 현금흐름표 및 자본변동표는 중간기간을 직전 회계연도의 동일기간과 비교하는 형식으로 작성한다.
④ 손익계산서는 중간기간과 누적중간기간을 직전 회계연도의 동일기간과 비교하는 형식으로 작성한다.

해설

• ① 3개월 또는 6개월만(×) → 1회계연도보다 짧은 회계기간(O)
  ② 주석 포함
  ③ 현금흐름표 및 자본변동표는 누적중간기간을 직전 회계연도의 동일기간과 비교하는 형식으로 작성한다.

4 아래 자료에서 현금및현금성자산의 합계액은 얼마인가?

자기앞수표	500,000원	우표	150,000원
선일자수표	200,000원	타인발행수표	700,000원
우편환	120,000원	만기가 된 채권의 이자표	180,000원
배당금지급통지표	300,000원	사용이 제한된 정기예적금	2,000,000원
전신환증서	100,000원		

① 1,680,000원
② 1,800,000원
③ 1,900,000원
④ 2,100,000원

해설
- 자기앞수표 500,000
  타인발행수표 700,000
  우편환 120,000
  만기가 된 채권이자표 180,000
  배당금지급통지표 300,000
  전신환증서 100,000
  　　　　　 1,900,000

5 다음 중 현행 일반기업회계기준상 재무상태표 구성요소를 잘못 구분한 것은?

① 유동자산은 당좌자산, 재고자산으로 구분한다.
② 비유동자산은 투자자산, 유형자산, 무형자산, 기타비유동자산으로 구분한다.
③ 부채는 유동부채와 고정부채로 구분한다.
④ 자본은 자본금, 자본잉여금, 자본조정, 기타포괄손익누계액 및 이익잉여금(또는 결손금)으로 구분한다.

해설
- 부채는 유동부채와 비유동부채로 구분한다.

6 외상매출금의 대손을 연령분석법으로 추정한다. 20X1년말 재무상태표상 대손충당금은?

기　간	금　액	대손추정율
60일이하	10,000,000원	5%
60일이상	5,000,000원	20%

① 300,000원
② 500,000원
③ 1,000,000원
④ 1,500,000원

해설
- $(10,000,000 \times 5\%) + (5,000,000 \times 20\%) = 1,500,000$

7 수익적 지출로 처리하여야 할 것을 자본적 지출로 잘못 회계 처리한 경우 재무제표에 미치는 영향이 아닌 것은?

① 이익잉여금이 과소계상된다.
② 당기순이익이 과대 계상된다.
③ 자본이 과대 계상된다.
④ 자산이 과대 계상된다.

해설
- 비용을 자산으로 계상하게 되면 자산과 당기순이익(이익잉여금)이 과대 계상되고 자본이 과대계상 된다.

8 (주)삼일의 회계담당자가 결산시 미수 임대료 4,000,000원을 다음과 같이 판매비와 관리비로 잘못 회계처리 하였다. 이러한 회계처리 오류가 손익계산서상 당기순이익에 미치는 영향에 대해 올바르게 나타내고 있는 것은?

(차) 임차료 4,000,000	(대) 미지급비용 4,000,000

① 4,000,000원 과소계상
② 4,000,000원 과대계상
③ 8,000,000원 과소계상
④ 8,000,000원 과대계상

해설
- 올바른 회계처리
  (차) 미수수익 4,000,000 (대) 임대수익 4,000,000
    → ∴ 임차료 4,000,000 비용 과대계상분과 임대수익 누락분 4,000,000을 포함하여 당기순이익이 8,000,000 과소계상

9 광고선전비나 급여와 같이 당기에 발생 즉시 비용으로 인식하는 것에 대한 이론적 근거가 될 수 없는 것은?

① 미래 효익의 존재에 대한 불확실성으로 자산성이 인정되기 어렵다.
② 원가지출로 인한 미래 기간별 효익의 크기를 구체적으로 식별하기 어렵다.
③ 수익기준 등에 의거하여 여러 기간에 걸친 원가배분이 정확하더라도 효익이 크지 않다.
④ 원가를 여러 기간에 배분시키는 것보다 즉시 비용으로 인식하는 것이 법인세 절감효과가 크다.

해설
- 법인세의 절감효과는 회계원칙과는 상관이 없다.

10 20x1년 10월 15일 (주)삼일에 화재가 발생하여 상품이 소실되었다. 상품 재고에 관한 자료는 아래와 같다. (주)삼일은 매입원가에 20%의 이익을 가산한 금액으로 상품을 판매한다면 화재로 인하여 입은 상품피해액은 얼마인가(단, 화재를 면한 상품의 처분가치는 10,000원이다.)?

매출액(20x1.1.1 ~ 20x1.10.15)	120,000원
기초상품재고액(20x1.1.1)	30,000원
매입액(20x1.1.1 ~ 20x1.10.15)	110,000원

① 20,000원
③ 40,000원
② 30,000원
④ 44,000원

해설
- 매출원가 : $\dfrac{120,000}{1+20\%} = 100,000$
- 기말재고 : 30,000+110,000-100,000 = 40,000
- 화재로 인하여 입은 상품피해액 : 40,000-10,000=30,000

11 다음 중 재고자산으로 분류되는 항목은?

① 사옥을 건설하기 위해 현물출자 받은 토지
② 부동산임대회사가 임대목적으로 보유하는 건물
③ 컴퓨터및주변기기 도매회사가 업무용으로 사용하는 컴퓨터
④ 부동산매매회사가 판매목적으로 보유하는 토지

해설
- "재고자산"은 정상적인 영업과정에서 판매를 위하여 보유하거나 생산과정에 있는 자산 및 생산 또는 서비스 제공과정에 투입될 원재료나 소모품의 형태로 존재하는 자산을 말한다.
  ① 사옥건설을 위한 토지이므로 유형자산이다.
  ② 부동산임대회사가 임대목적으로 보유하는 건물이므로 유형자산이다.
  ③ 영업용으로 사용하는 컴퓨터이므로 유형자산이다.

12 다음의 자료를 참고로 매출총이익을 구하면 얼마인가?

당기상품매출액	10,000,000원
기초상품재고액	600,000원
당기상품매입액	8,300,000원
기말상품재고액	900,000원
기말재고 중 감모손실(모두 정상감모)	500,000원
기말재고자산 중 평가손실액	300,000원

① 1,200,000원   ② 2,000,000원
③ 2,300,000원   ④ 2,800,000원

해설

약식 손익계산서

매출액		10,000,000
매출원가		(8,800,000)
기초상품재고액	600,000	
당기상품매입액	8,300,000	
기말상품재고액	900,000-500,000=(400,000)	
재고자산평가손실	300,000	
매출총이익		1,200,000

13 다음 중 재고자산과 관련된 설명으로 틀린 것은?

① 실지재고조사법은 장부정리가 간편하고 외부보고목적에 충실하다는 장점이 있다.

② 소매재고법은 판매가기준으로 평가한 기말재고에 구입원가, 판매가, 판매가변동액에 근거하여 산정한 원가율을 적용하여 기말재고원가를 결정하는 방법이다.

③ 재고자산의 시가가 취득원가보다 하락한 경우에는 저가법을 사용한다.

④ 물가가 지속적으로 상승하고, 기말재고수량이 기초재고수량보다 증가하며, 빈번하게 매입매출이 이루어지는 경우 당기순이익의 크기는 후입선출법〉가중평균 법〉선입선출법의 순서가 된다.

해설

• 선입선출법〉가중평균법〉후입선출법

14 (주)삼일은 20x1년 1월 1일 갑주식 1%을 500,000원에 취득하였으며, 취득한 유가증권은 매도가능증권으로 분류하고 20x4년 12월 31일 현재 보유하고 있다. 동 유가증권의 공정가치는 다음과 같다.

20x1년 12월 31일	550,000원
20x2년 12월 31일	700,000원
20x3년 12월 31일	200,000원
20x4년 12월 31일	600,000원

20x3년 12월 31일의 공정가치하락은 손상사유에 해당되며, 20x4년 12월 31일의 공정가치상승은 손상차손회복에 해당된다. 20x4년 12월 31일에 인식할 손상차손환입은 얼마인가?

① 0원
② 300,000원
③ 350,000원
④ 400,000원

해설
- 손상차손 : (700,000 − 200,000)-200,000(평가이익) = 300,000
  손상차손환입 : Min[① 600,000 − 200,000 = 400,000 ② 300,000] = 300,000
- 회계처리
  - 손상시 : (차) 평가이익   200,000   (대) 매도가능증권   500,000
             손상차손   300,000
  - 회복시 : (차) 매도가능증권   400,000   (대) 손상차손환입   300,000
                                              평가이익   100,000

15 다음 중 일반기업회계기준상 유가증권의 손상차손에 대한 설명으로 틀린 것은?

① 지분증권으로부터 회수할 수 있을 것으로 추정되는 금액이 취득원가보다 작다는 것에 대한 객관적인 증거가 있는 경우에는 이에 대한 손상차손을 인식한다.
② 유가증권 손상차손은 원칙적으로 개별 유가증권별로 측정하고 인식하는 것을 원칙으로 한다.
③ 유가증권에 대한 손상차손 또는 손상차손의 회복은 자본조정으로 처리하여야 한다.
④ 만기보유증권의 손상차손인식후 이자수익은 회수가능액을 측정할 때 할인율로 사용한 이자율인, 만기보유증권 취득당시 유효이자율을 적용한다.

해설
- 자본조정이 아닌 당기손익이다.

16 다음 부채에 관한 일반기업회계기준상 내용 중 잘못된 것은?

① 장기차입금은 1년 후에 상환되는 차입금으로 하며 차입처별 차입액, 차입용도, 이자율, 상환방법 등을 주석으로 기재한다.
② 장기성매입채무는 유동부채에 속하지 아니하는 일반적 상거래에서 발생한 장기의 외상매입금 및 지급어음으로 한다.
③ 장기부채성충당부채는 1년후에 사용되는 충당부채로서 그 사용목적을 표시하는 과목으로 기재한다.
④ 유동성장기부채는 비유동부채 중 1년후에 상환될 것 등으로 한다.

해설
- 유동성장기부채는 비유동부채 중 1년내에 상환될 것 등으로 한다.

17 다음의 유형자산 재평가모형에 대한 설명 중 옳은 것은?

① 기업은 원가모형이나 재평가모형 중 하나를 회계정책으로 선택하여 유형자산 전체에 동일하게 적용한다.
② 유형자산을 재평가할 때, 재평가 시점의 총장부금액에서 기존의 감가상각누계액을 제거하여 자산의 순장부금액이 재평가금액이 되도록 수정한다.
③ 특정 유형자산을 재평가할 때 유형자산별로 선택적 재평가를 할수 있다.
④ 유형자산의 장부금액이 재평가로 인하여 감소된 경우에 그 감소액은 기타포괄손익누계액으로 인식한다.

해설
• ① 유형자산 전체에(×) → 유형자산 분류별로(O)
  ③ 유형자산별로 선택적 재평가를 하거나 서로 다른 기준일의 평가금액이 혼재된 재무보고를 하는 것을 방지하기 위하여 동일한 과목분류 내의 유형자산은 동시에 재평가한다.
  ④ 유형자산의 장부금액이 재평가로 인하여 감소된 경우에 그 감소액은 당기손익으로 인식한다.

18 (주)삼일은 20x1년 1월 1일 시설장치를 취득하였다. 취득원가는 20,000,000원이고, 내용년수는 10년, 감가상각방법은 정액법, 잔존가치는 없다. 20x2년 말에 동 자산의 진부화로 손상차손 4,000,000원을 인식하였다. (주)삼일이 20x3년에 인식할 감가상각비는 얼마인가?

① 1,000,000원   ② 1,500,000원
③ 3,000,000원   ④ 4,000,000원

해설
• 20×1년 ~ 20×2년 감가상각비 : 20,000,000÷10년×2=4,000,000
• 20×2년 12월 31일 장부금액 : 20,000,000-(4,000,000+4,000,000)=12,000,000
• 20×3년 감가상각비 : 12,000,000÷8년=1,500,000

19 차입원가의 자본화에 있어서 자본화 기간의 개시시점에 필요한 조건이 아닌 것은?

① 차입원가의 발생
② 적격자산을 의도된 용도로 사용하거나 판매하기 위한 취득활동이 진행 중일 것
③ 적격자산에 대한 지출의 발생
④ 자본화 대상자산의 물리적 완성이 완료됨.

해설
• 적격자산의 물리적 완성은 개시시점의 조건이 아니라 자본화 종료시점이다.

20 (주)삼일은 20x1년초에 기계장치를 4,000,000원에 취득하였다.(내용연수 10년이며, 잔존가치 0 원, 정액법 적용). 회사는 회계연도 말에 재평가모형을 적용하여 재평가하는 회계처리를 적용한다. 20x1년말, 20x2년말, 20x3년말의 공정가치는 각각 4,320,000원, 2,880,000원, 2,772,000원 이라고 할때 20x3년말 손익계산서에 미치는 순효과(감가상각비 포함)는 얼마인가?

① −360,000원   ② −240,000원

③ −150,000원   ④ −120,000원

> **해설**
>
> • 20x1년초
>
> | (차) 기계장치 | 4,000,000 | (대) 현금 | 4,000,000 |
> |---|---|---|---|
>
> • 20x1년말
>
> | (차) 감가상각비 | 400,000 | (대) 감가상각누계액 | 400,000 |
> |---|---|---|---|
> | (차) 감가상각누계액 | 400,000 | (대) 재평가잉여금 | 720,000 |
> | 기계장치 | 320,000 | | |
>
> • 20x2년말
>
> | (차) 감가상각비 | 480,000 | (대) 감가상각누계액 | 480,000 |
> |---|---|---|---|
> | (차) 감가상각누계액 | 480,000 | (대) 기계장치 | 1,440,000 |
> | 재평가잉여금 | 720,000 | | |
> | 재평가손실 | 240,000 | | |
>
> • 20x3년말
>
> | (차) 감가상각비 | 360,000 | (대) 감가상각누계액 | 360,000 |
> |---|---|---|---|
> | (차) 감가상각누계액 | 360,000 | (대) 재평가이익 | 240,000 |
> | | | 재평가잉여금 | 12,000 |
> | | | 기계장치 | 108,000 |
>
> ∴순효과(손실) : 감가상각비(360,000)-재평가이익(240,000)=120,000

21 무형자산과 관련한 사항으로 옳은 것은?

① 무형자산의 상각은 취득시점이 아니라 사용가능한 시점부터 개시한다.

② 무형자산에 대한 합리적 감가상각방법을 정할 수 없는 경우 연수합계법을 사용한다.

③ 무형자산의 상각이 다른 자산의 제조와 관련이 있는 경우라 하더라도 판매비와 관리비로 계상하여 야 한다.

④ 무형자산의 경우 반드시 잔존가액을 '0'으로 처리하여야 한다.

> **해설**
>
> • ② 무형자산에 대한 합리적 감가상각방법을 정할 수 없는 경우 정액법을 사용한다.
>
> ③ 무형자산의 상각이 다른 자산의 제조와 관련이 있는 경우에는 제조원가로 처리한다.
>
> ④ 무형자산의 잔존가치는 없는 것을 원칙으로 한다. 다만, 경제적 내용연수보다 짧은 상각기간을 정한 경우에 상 각기간이 종료될 때 제3자가 자산을 구입하는 약정이 있거나, 그 자산에 대한 거래시장이 존재하여 상각기간 이 종료되는 시점에 자산의 잔존가치가 거래시장에서 결정될 가능성이 매우 높다면 잔존가치를 인식할 수 있다.

22 (주)삼일은 20x1년 1월 1일 시장이자율이 연 9%일 때 액면금액이 10,000원이고, 만기가 3년인 회사채를 9,241원에 할인발행하였다. 이 회사채는 매년말 이자를 지급한다. 이 회사채의 20x1년 12월 31일 장부금액이 9,473원이라면, 이 회사채의 표시이자율은 얼마인가(단, 문제풀이과정에서 계산되는 모든 화폐금액은 소수점 이하에서 반올림하시오.)?

① 5.8% ② 6%
③ 6.2% ④ 6.5%

해설

- 발행시 회계처리

(차) 현금	9,241	(대) 사채	10,000
사채할인발행차금	759		

- 20x1년말 회계처리

(차) 이자비용	832[1)]	(대) 현금	600[3)]
		사채할인발행차금	232[2)]

[1)] 9,241×9%=832
[2)] 9,473-9,241=232
[3)] 대차차액
→10,000×표시이자율=600에서, 표시이자율=6%

23 다음 자료에 의하여 20x2년 12월 31일 이자지급일에 대변에 인식해야 할 사채할인발행차금은 얼마인가(단, 이전까지의 회계처리는 정상적으로 이루어진 것으로 가정하며, 원단위 미만은 반올림하는 것으로 전제한다.)?

· 사채발행일 : 20x1년 1월 1일	· 만기 : 5년
· 이자지급일 : 매년 12월 31일	· 액면금액 : 10,000,000원
· 발행시 사채의 현재가치 : 9,279,100원	· 사채의 표시이자율 : 10%
· 사채의 유효이자율 : 12%	

① 92,791원 ② 100,000원
③ 113,492원 ④ 127,111원

해설

구분	유효이자	현금이자	상각액	장부금액
20×1. 1. 1				9,279,100
20×1.12.31	1,113,492	1,000,000	113,492	9,392,592
20×2.12.31	1,127,111	1,000,000	127,111	9,519,703

고속철 상각액 계산

'다음연도 상각액=당기상각액×(1+유효이자율)'
→ 20×1년말 상각액 : 9,279,100×12%-1,000,000=113,492
→ 20×2년말 상각액 : 113,492×1.12=127,111
→ 20×3년말 상각액 : 127,111×1.12=142,364
→ 20×4년말 상각액 : 142,364×1.12=159,448
→ 20×5년말 상각액 : 159,448×1.12=178,485(단수조정)

24 (주)삼일은 20x1년 1월 1일, 액면금액 100,000원의 사채를 발행하고 다음과 같이 회계처리하였다. 20x1년 12월 31일, 동 사채의 40%를 37,000원에 상환하였다면 사채상환손익은 얼마인가?

· 20x1. 1. 1					
(차) 보통예금	96,000		(대) 사 채	100,000	
사채할인발행차금	4,000				
· 20x1.12.31					
(차) 이자비용	9,750		(대) 보통예금	8,400	
			사채할인발행차금	1,350	

① 상환이익 1,060원
② 상환이익 1,940원
③ 상환손실 1,060원
④ 상환손실 1,940원

해설

· 20×1년 12월 31일 40% 사채상환시

(차) 사 채	40,000	(대) 보통예금	37,000
		사채할인발행차금	1,060[1]
		사채상환이익	1,940

[1] (4,000-1,350)×40%=1,060

고속철 사채상환손익의 계산

'사채상환손익=상환시점 장부가-현금상환액'
· 상환시점 장부가 : (96,000+1,350)×40%=38,940
· 상환손익   : 38,940-37,000=1,940(이익)

25 (주)삼일은 확정급여형 퇴직연금제도를 도입하고 있으며, 20x1초 계정잔액은 다음과 같다.

퇴직급여충당부채	퇴직연금운용자산
1,000,000원	1,000,000원

20x1년 중 퇴직한 종업원은 퇴직일시금을 선택하였으며, 그 금액은 200,000원이다. 20x1말 현재 종업원이 퇴직하는 경우 퇴직일시금으로 지급할 금액은 1,200,000원이며, 회사가 퇴직연금부담금으로 추가 출연한 금액은 440,000원이라고 할 때 20x1년말 퇴직연금운용자산을 재무상태표에 표시하는 방법으로 옳은 것은?

① 1,240,000원을 퇴직급여충당부채에서 차감하는 형식으로 표시한다.
② 1,240,000원을 퇴직급여충당부채에서 가산하는 형식으로 표시한다.
③ 1,200,000원은 퇴직급여충당부채에서 차감하는 형식으로 표시하고, 40,000원은 투자자산으로 표시한다.
④ 1,240,000원을 투자자산으로 표시한다.

해설

퇴직시	(차) 퇴직급여충당부채	200,000	(대) 퇴직연금운용자산	200,000
납부시	(차) 퇴직연금운용자산	440,000	(대) 현금	440,000
결산시	(차) 퇴직급여	400,000	(대) 퇴직급여충당부채	400,000

· 기말 퇴직급여충당부채 : (1,000,000-200,000)+400,000=1,200,000
  기말 퇴직연금운용자산 : (1,000,000-200,000)+440,000=1,240,000
  → 퇴직연금운용자산은 퇴직급여충당부채에서 차감하는 형식으로 표시하되 퇴직급여충당부채를 초과하는 금액 (1,240,000-1,200,000=40,000)은 투자자산으로 표시한다.

26 다음은 12월 말 결산법인인 (주)삼일의 20x1년도 법인세 계산관련 자료이다.

> (1) 세무회계상 손금한도를 초과한 접대비는 55,000원이다.
> (2) 취득원가 240,000원, 내용연수 4년, 잔존가액 0원인 기계장치를 20x1년 초에 취득하여 연수합계법으로 감가상각 하고 있으나, 세법상 정액법을 사용해야 한다.
> (3) 20x1년도 감가상각비 한도초과액은 20x3년과 20x4년에 전액 소멸한다.

한편, (주)삼일은 수년 전부터 과세소득을 실현하고 있으며, 법인세비용차감전순 이익은 20x1년도에 600,000원이고, 20x2년도 이후에는 매년 650,000원씩 실현될 것이 확실하다. 이연법인세자산(부채)의 실현가능성은 충분하다. (주)삼일의 연도별 과세소득에 적용될 법인세율은 20x1년 25%, 20x2년 28%이며, 20x3년도부터 그 이후는 계속 30%가 적용될 것으로 확정되었다. 20x1년도 초 현재 (주)삼일의 장부상 이연법인세자산(부채)는 없었다. 위 내용에 의할 경우 20x1년도 손익계산서에 인식될 법인세비용은 얼마인가?

① 150,000원   ② 160,550원
③ 161,950원   ④ 163,750원

해설

- 손금불산입 36,000[*] (유보)

$$^{*)}240,000 \times \frac{4}{1+2+3+4} - 240,000 \times \frac{1}{4} = 36,000$$

- 미지급법인세 : (600,000+55,000+36,000)×25%=172,750
- 이연법인세자산 : 36,000×30%=10,800
- (차) 법인세비용(대차차액)   161,950   (대) 미지급법인세   172,750
        이연법인세자산   10,800

27 다음 중 충당부채, 우발부채, 우발자산에 대한 설명으로 틀린 것은?

① 자원의 유출가능성이 거의 없으면 충당부채와 우발부채는 공시하지 않는다.
② 자원의 유출가능성이 어느 정도 있으나 미래에 발생될 금액의 추정이 불가능하면 우발부채로 주석에 기재한다.
③ 우발자산은 자원유입가능성이 매우 높지 않으면 미래에 발생될 금액의 추정가능여부에 관계없이 공시하지 않는다.
④ 자원의 유입가능성이 매우 높고 미래에 발생될 금액의 추정이 불가능하면 우발자산으로 공시하지 않는다.

해설

- 자원의 유입가능성이 매우 높고 미래 발생될 금액의 추정이 불가능하면 우발자산으로 주석에 기재한다.

28 20x3년말 현재 A사, B사의 자본금과 관련된 내용은 다음과 같다. 주주총회에서 A사, B사는 각각 1,350,000원씩의 배당금 지급을 결의하였다. 우선주에 대한 배당금을 지급할 경우 그 금액은 각각 얼마인가?

	A사	B사
보통주 (발행주식수) (액면금액)	10,000,000원 (2,000주) (5,000원)	10,000,000원 (2,000주) (5,000원)
우선주 (발행주식수) (액면금액)	5,000,000원 (1,000주) (5,000원)	5,000,000원 (1,000주) (5,000원)
우선주 배당률	5%	5%
우선주의 종류	완전참가적	누적적, 비참가적 (20x1년도분과 20x2년도 분의 배당금 연체)

	A사 우선주배당금	B사 우선주배당금
①	450,000원	750,000원
②	700,000원	550,000원
③	616,667원	750,000원
④	450,000원	550,000원

해설

구 분		우선주배당액	보통주배당액
A	비누적적 완전참가적	① $5,000,000 \times 5\% = 250,000$ ③ $(1,350,000-750,000) \times 5/15 = 200,000$	② $10,000,000 \times 5\% = 500,000$ ④ 400,000(잔여분)
B	누적적 비참가적	① $5,000,000 \times 5\% \times 2년 = 500,000$ ② $5,000,000 \times 5\% = 250,000$	③ 600,000(잔여분)

29 다음의 자본변동표에 관한 내용 중 잘못된 것은?

① 자본변동표는 자본의 변동내용에 대한 포괄적인 정보를 제공한다.
② 자본변동표는 자본의 각 항목별로 기초 잔액과 기말잔액을 비교표시만 하면 된다.
③ 자본변동표는 미실현손익의 변동내용을 나타냄으로써 손익계산서로는 전부 나타낼수 없는 포괄적인 경영성과에 대한 정보를 직·간접적으로 제공한다.
④ 자본변동표는 재무제표간의 연계성을 제고시키며 재무제표의 이해가능성을 높인다.

해설

• 기초잔액과 기말잔액뿐만 아니라 그 변동내역도 표시된다.

30 다음 일련의 거래에서 감자차손은 얼마인가?

> - 1월 3일 액면금액 1,000,000원인 주식을 현금 800,000원에 매입소각하다.
> - 2월 9일 액면금액 1,000,000원인 주식을 현금 1,500,000원에 매입소각하다.
> - 위 거래 이전에 계상되어 있는 감자차손익은 없다.

① 100,000원   ② 200,000원
③ 300,000원   ④ 500,000원

해설

- 1월 3일 : (차) 자본금   1,000,000   (대) 현금   800,000
                                              감자차익   200,000
- 2월 9일 : (차) 자본금   1,000,000   (대) 현금   1,500,000
                  감자차익   200,000
                  감자차손   300,000

31 다음 중 수익의 인식에 대한 설명으로 옳은 것은?

① 수익은 재화의 판매, 용역의 제공이나 자산의 사용에 대하여 제공하였거나 또는 제공할 대가의 명목가액으로 측정한다. 매출에누리와 할인 및 환입은 수익에서 차감한다.
② 반품가능성이 불확실하여 추정이 어려운 경우에는 반품기간이 종료된 시점이 아닌 재화가 인도된 시점에 수익을 인식한다.
③ 성격과 가치가 유사한 재화나 용역간의 교환에도 수익을 발생시키는 거래로 본다.
④ 재구매조건부판매는 실질상 재고자산을 담보로 한 차입거래이므로, 매출·매입거래는 인식하지 않고 차입거래만 인식한다.

해설

- ① 수익은 재화의 판매, 용역의 제공이나 자산의 사용에 대하여 받았거나 또는 받을 대가의 공정가치로 측정한다.
  ② 반품가능성이 불확실하여 추정이 어려운 경우에는 수익을 인식할 수 없고, 반품기간이 종료된 시점에 매출을 인식한다.
  ③ 성격과 가치가 유사한 재화나 용역의 교환이나 스왑거래는 수익이 발생하는 거래로 보지 않는다.

32 (주)삼일건설은 20x1년 1월 1일 서울시청 청사건립공사를 수주하여 계약을 체결하였다. 총공사계약액은 30,000,000원이며 예정완공일은 20x3년말 이다. 다음의 자료를 참고하여 20x1년 손익계산서에 반영될 손익은 얼마인가?

구 분	20x1년
당기발생공사원가	8,000,000원
총공사원가추정액	32,000,000원

① 공사손실 500,000원　　　　　　② 공사이익 1,000,000원
③ 공사이익 1,500,000원　　　　　　④ 공사손실 2,000,000원

해설
- 진행률 : 8,000,000 ÷ 32,000,000 = 25%
- 공사수익 : 30,000,000 × 25% = 7,500,000
- 공사원가 : 8,000,000(당기발생공사원가)
- 전입액 : 30,000,000 × (1−25%)−(32,000,000−8,000,000) = 1,500,000
- 공사손익 : 7,500,000−8,000,000−1,500,000 = △2,000,000

　고속철 전입액 계산
　　'전입액 = 도급액 × (1−현재진행률)−추가소요원가'
　　→ 전입액=30,000,000 × (1−25%)−24,000,000=1,500,000

33 다음 중 일반기업회계기준상 수익인식의 시기로 옳은 것은?

① 설치가 단순한 TV와 같은 경우 포장의 개봉과 설치가 완료되는 시점으로 본다.
② 무연탄이나 곡물 등 이미 결정된 계약금액을 최종 확인목적만으로 검사가 수행될 경우는 검사완료 시점이 아닌 구매자가 재화를 인수한 시점이 된다.
③ 반품가능성이 불확실하여 추정이 어려운 경우에는 반품기간 종료시점이 아닌 인도된 시점으로 본다.
④ 위탁판매는 수탁자가 재화를 받은 시점으로 본다.

해설
- ① 구매자 인수시점
　③ 재화인수를 공식 수락한 시점 또는 반품기간이 종료된 시점
　④ 수탁자가 재화를 판매한 시점

34 12월 결산법인인 (주)삼일은 12월초에 단위당 원가 1,000원인 상품 400개를 ㈜영일에 위탁판매를 위해 적송하였다. 적송운임 20,000원은 현금으로 지급하였다. 수탁자인 (주)영일은 12월 중 위탁상품 200개의 매출을 완료하고, 12월 28일에 다음과 같은 매출계산서와 함께 현금 244,000원을 (주)삼일에 보내왔다. (주)삼일은 재고자산을 기록하기 위한 회계시스템으로 계속기록법을 적용하고 있다. ㈜삼일이 매출계산서를 받았을 때 인식하여야 할 매출수익과 12월31일 결산일에 기록할 적송품 계정의 잔액은 얼마인가?

수탁품 매출계산서		
매출액	200개×@1,400	280,000원
판매수수료		(21,000원)
운임 및 보관료		(15,000원)
송금액		244,000원

	매출수익	적송품계정잔액
①	280,000원	200,000원
②	244,000원	210,000원
③	244,000원	200,000원
④	280,000원	210,000원

해설

- 매출 = 송금액(244,000)＋판매수수료(21,000)＋운임등(15,000) = 280,000
- 적송품잔액 = $(1,000 \times 400개 + 20,000) \times \dfrac{200}{400} = 210,000$
- 회계처리

	(차) 적송품	420,000	(대) 상품	400,000
			현금	20,000
	(차) 현금	244,000	(대) 매출	280,000
	수수료등	36,000		
	(차) 매출원가	210,000	(대) 적송품	210,000

35 수익의 인식에 대한 설명으로 옳은 것은?

① 이자수익은 원칙적으로 명목이자율을 적용하여 발생기준에 따라 인식한다.
② 배당금수익은 배당금을 수령한 시점에 인식한다.
③ 로열티수익은 관련 계약의 경제적 실질을 반영하여 현금기준에 따라 인식한다.
④ 수강료는 강의기간에 걸쳐 발생기준으로 인식한다.

해설

- ① 이자수익은 원칙적으로 유효이자율을 적용하여 발생기준에 따라 인식한다.
② 배당금수익은 배당금을 받을 권리와 금액이 확정되는 시점에 인식한다.
③ 로열티수익은 관련된 계약의 경제적 실질을 반영하여 발생기준에 따라 인식한다.

36 (주)삼일의 기본주당이익을 계산하기 위한 자료가 다음과 같을때 기본주당이익을 계산하면 얼마인가 (단, 유상신주의 발행금액은 공정가치보다 크며, 가중평균시 주식수는 월수에 따라 계산한다고 가정하며, 소수점 첫째자리에서 반올림한다.)?

> (1) 당기순이익으로 20,000,000원을 보고하였다.
> (2) 우선주배당금은 1,000,000원이다.
> (3) 보통주식수의 변동내역은 다음과 같다.
>   – 1/1 보통주 발행주식수　1,000주
>   – 3/1 유상증자(10%)　　　100주
>   – 5/1 무상증자(20%)　　　220주

① 10,214원　　　　　　② 12,555원
③ 14,105원　　　　　　④ 14,615원

해설

- 보통주당기순이익 : 20,000,000 − 1,000,000 = 19,000,000
- 가중평균유통보통주식수 : $1,200 \times \frac{12}{12} + 120 \times \frac{10}{12} = 1,300$주
- 기본주당이익 : $\frac{19,000,000}{1,300주} = 14,615$

37 부채는 크게 유동부채와 비유동부채로 분류할 수 있다. 그 기준이 되는 것은 무엇인가?

① 지출시기와 금액이 확정되어 있는지 여부
② 영업활동에서 발생한 부채였는지 그외 활동에서 발생한 부채였는지 여부
③ 보고기간말부터 3개월내에 지급의무가 도래하는지 여부
④ 보고기간말부터 1년이내에 지급의무가 도래하는지 여부

해설
- 보고기간말(결산일)로부터 1년 기준을 적용하여 부채를 유동부채와 비유동부채로 분류한다.

38 다음 중 일반기업회계기준상 공시되는 재무제표상에 표시될 수 없는 것은?

① 대손충당금　　　　　② 가지급금
③ 퇴직급여충당부채　　④ 선급금

해설
- 가지급금은 확정될 때까지 임시로 처리해두는 미결산 계정으로서 공시는 하지 않는다.

39 다음 중 한국채택국제회계기준의 현금흐름표와 관련하여 현금흐름의 분류를 설명한 것이다. 옳지 않은 것은 어느 것인가?

① 매출채권과 선수금은 영업활동현금흐름이다.
② 장기차입금과 금융부채는 재무활동현금흐름이다.
③ 대여금과 미수금은 투자활동현금흐름이다.
④ 배당금지급은 재무활동현금흐름이다.

해설
• 이자수익, 이자비용, 배당금수익, 배당금지급을 그 성격에 따라 영업활동, 투자활동, 재무활동 현금흐름으로 모두 분류가능하다.
  ▶저자주◀ 본 문제는 한국채택국제회계기준 규정에 대한 문제이므로 참고만하기 바랍니다.

40 다음 중 한국채택국제회계기준 하에서 타당하지 않은 설명은?

① 기업은 비용의 성격별 또는 기능별 분류방법 중에서 신뢰성 있고 더욱 목적적합한 정보를 제공할 수 있는 방법을 적용하여 당기손익으로 인식한 비용의 분석내용을 표시한다.
② 재평가시점의 감가상각누계액은 재평가후 자산의 장부금액이 재평가금액과 일치하도록 감가상각 누계액과 총장부금액을 비례적으로 수정하는 방법도 인정한다.
③ 건설계약의 총공사손실이 예상되는 경우 공사손실충당부채를 인식한다.
④ 종업원급여의 확정급여채무는 미래 종업원이 퇴직할 경우 지급할 예상급여를 산출하여 현재가치로 측정한다.

해설
• K-IFRS에서는 공사손실충당부채를 인식하지 않는다.
  ▶저자주◀ 본 문제는 한국채택국제회계기준 규정에 대한 문제이므로 참고만하기 바랍니다.

02 세무회계

41 다음은 여러 가지 기준에 따른 조세의 분류 중 일부를 예시한 것이다.

기준	조세
조세를 부과하는 주체에 따른 분류	국세, 지방세
조세를 부담하는 자와 납부하는 자가 동일한지 여부에 따른 분류	직접세, 간접세
납세의무자의 인적사항이 고려되는지 여부에 따른 분류	인세, 물세

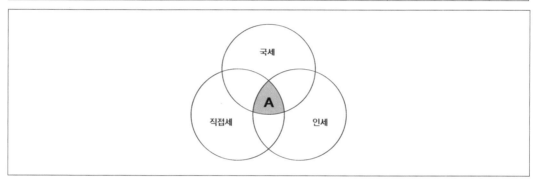

위 그림의 A에 공통으로 해당하는 조세만으로 묶인 것으로 가장 타당한 것은?

ㄱ. 법인세	ㄴ. 부가가치세	ㄷ. 소득세
ㄹ. 취득세	ㅁ. 재산세	ㅂ. 지방소비세

① ㄱ, ㄴ, ㄷ   ② ㄱ, ㄷ
③ ㄱ, ㄷ, ㅂ   ④ ㄱ, ㄷ, ㄹ, ㅁ, ㅂ

해설

• 국세/직접세/인세에 모두 해당하는 세목은 법인세와 소득세이다.

42 다음은 ㈜사랑의 제9기 손익계산서상 세무조정 대상 세부항목이다. 이를 이용하여 소득금액조정합계표를 작성할 때 (가)와 (나)에 해당하는 금액으로 올바르게 짝지어진 것은(단, ㈜사랑은 금융회사가 아니다)?

> ㄱ. 지방세 과오납금 환급금이자 4,000,000원
> ㄴ. 과소신고 가산세 9,000,000원
> ㄷ. 당기 미수이자(은행 정기예금 해당분) 1,000,000원
> ㄹ. 감가상각비한도초과액 6,000,000원
> ㅁ. 간주임대료 3,000,000원

익금산입 및 손금불산입		소득처분		손금산입 및 익금불산입		소득처분	
과 목	금 액	처분	코드	과 목	금 액	처분	코드
합 계	(가)			합 계	(나)		

	(가)	(나)
①	16,000,000원	7,000,000원
②	18,000,000원	5,000,000원
③	19,000,000원	4,000,000원
④	20,000,000원	3,000,000원

해설
- (가)
  - 과소신고 가산세 → 손금불산입 9,000,000원
  - 감가상각비한도초과액 → 손금불산입 6,000,000원
  - 간주임대료 → 익금산입 3,000,000원
- (나)
  - 지방세 과오납금 환급금이자 → 익금불산입 4,000,000원
  - 당기 미수이자(은행 정기예금 해당분) → 익금불산입 1,000,000원

43 다음 중 법인세법상 세무조정이 불필요한 것은?

① ㈜관악은 종업원을 위하여 직장체육비 5,000,000원을 지출하고 비용으로 계상하였다.
② ㈜마포는 채권자가 불분명한 사채이자 1,000,000원을 비용으로 계상하였다.
③ ㈜용산은 특별한 사유없이 대표이사에게 회사 정관에 기재된 상여금 지급기준보다 5,000,000원을 초과하여 지급하였다.
④ ㈜서초는 유상증자를 통해 액면금액 5,000원인 주식을 10,000원에 발행하고, 발생한 차액 5,000원을 수익으로 계상하였다.

해설
- ② 채권자 불분명 사채이자 : 손금불산입 세무조정
  ③ 임원상여한도초과 : 손금불산입 세무조정
  ④ 주식발행초과금 : 익금불산입 세무조정

44 다음 중 법인세법상 손금으로 인정되지 않는 항목을 모두 고르면?

> ㄱ. 임직원을 위한 직장보육시설의 운영비
> ㄴ. 법인세
> ㄷ. 주식할인발행차금
> ㄹ. 속도위반 과태료
> ㅁ. 판매한 상품·제품에 대한 재료비와 부대비용

① ㄱ, ㄴ   ② ㄱ, ㄴ, ㄷ
③ ㄴ, ㄷ, ㄹ   ④ ㄷ, ㄹ, ㅁ

해설
• 법인세, 주식할인발행차금, 과태료는 손금불산입 항목이다.

45 다음은 법인세법상 재고자산의 평가에 대하여 ㈜가인의 회계팀 담당자들이 나눈 대화의 일부이다. 가장 옳지 않은 설명을 하고 있는 사람은 누구인가?

> 김대리 : 법인세법상 재고자산의 평가방법에는 원가법과 저가법의 두 가지 방법이 있는데, 우리 회사가 재고자산의 평가손실을 손금으로 인정받기 위해서는 법인세법상 재고자산의 평가방법을 저가법으로 신고해야 합니다.
> 오차장 : 우리 회사가 재고자산평가방법을 변경하기 위해서는 변경할 방법을 적용하고자 하는 사업연도의 종료일 이전 3개월이 되는 날까지 변경신고를 해야 합니다.
> 박대리 : 재고자산의 종류별 또는 영업장별로 다른 재고자산 평가방법을 적용할 수 있으므로 제품 및 상품은 선입선출법으로, 원재료는 총평균법으로 평가하는 것도 가능합니다.
> 최과장 : 재고자산평가방법을 저가법으로 신고하지 않은 경우에는, 재고자산이 파손되더라도 해당 평가손실을 법인세법상 손금으로 인정받을 수 없습니다.

① 김대리   ② 오차장
③ 박대리   ④ 최과장

해설
• 파손·부패로 인한 재고자산평가손실은 신고방법 불문하고 결산조정을 전제로 손금으로 인정된다.

46 다음 중 법인세법상 손금으로 인정되는 평가손실로 보기 어려운 것은?

① ㈜삼종은 단기간 내의 매매차익을 목적으로 취득한 단기매매증권에 대하여 결산일에 시가 하락에 따른 평가손실을 계상하였다.
② ㈜한진은 보유중인 주식을 발행한 법인이 파산하여 동 주식에 대한 평가손실을 계상하였다.
③ ㈜삼삼은 보유중인 주식을 발행한 주권상장법인이 부도가 발생하여 동 주식에 대한 평가손실을 계상하였다.
④ ㈜안영은 홍수로 침수된 공장설비에 대하여 평가손실을 계상하였다.

해설
• ① 단기매매증권평가손실은 손금으로 인정되지 않으므로 손금불산입 세무조정을 한다.
② 주식발행법인이 파산한 경우 평가손실은 결산조정을 전제로 손금으로 인정된다.
③ 주권상장법인이나 특수관계없는 비상장법인이 부도발생시 평가손실은 결산조정을 전제로 손금으로 인정된다.
④ 천재·지변, 폐광, 법령수용, 화재로 인한 고정자산평가손실은 결산조정을 전제로 손금으로 인정된다.

제1편 백점이론특강 / 제2편 기출문제특강 / SET1 / SET2 / SET3 / SET4 / SET5 / SET6 / SET7 / SET8 / SET9 / SET10 / 신유형 / 기출문제오답노트 / 실전기출모의고사

47 ㈜삼일이 보유중인 건물에 대해 다음 자료를 이용하여 당해 사업연도(20x5.1.1~20x5.12.31) 건물의 법인세법상 감가상각범위액을 계산하면 얼마인가?

> ㄱ. 취득시기 : 20x1년 7월 1일
> ㄴ. 취득가액 : 80,000,000원
> ㄷ. 전기말 감가상각누계액 : 24,000,000원 (법인세법상 상각부인액 누계 : 12,000,000원)
> ㄹ. 신고내용연수 : 20년
> ㅁ. 감가상각방법 : 정액법

① 800,000원　　　　　　　　　　② 2,800,000원
③ 3,400,000원　　　　　　　　　　④ 4,000,000원

해설
• 80,000,000÷20년=4,000,000

48 다음 자료를 이용하여 ㈜연아에 대한 제7기 사업연도(20x2.1.1~20x2.12.31)의 접대비 세무조정을 할 때 손금불산입되는 금액은 얼마인가?

> ㄱ. 접대비 : 170,000,000원[접대비 중 신용카드 등을 사용하지 않고 영수증을 수취한 금액 30,000,000원(1 건)이 포함되어 있으며, 나머지 접대비는 적격증빙을 갖추었음.]
> ㄴ. 매출액 : 500억원(특수관계인에 대한 매출은 없음.)
> ㄷ. 회사는 제조업을 영위하며, 중소기업이 아님.
> ㄹ. 세법상 손금한도를 계산하기 위한 수입금액 기준 적용률은 다음과 같음.

수입금액	적용률
100억원 이하	0.3%
100억원 초과 500억원 이하	3천만원+100억원 초과분x0.2%
500억원 초과	1억1천만원+500억원 초과분x0.03%

① 30,000,000원　　　　　　　　　② 48,000,000원
③ 78,000,000원　　　　　　　　　④ 98,000,000원

해설
• 손금불산입 신용카드등 미사용액 30,000,000(기타사외유출)
　→접대비해당액 : 170,000,000-30,000,000=140,000,000
• 접대비한도 : $12,000,000 \times \frac{12}{12} + (30,000,000 + 400억 \times 0.2\%) = 122,000,000$
　→손금불산입 접대비한도초과 140,000,000-122,000,000=18,000,000(기타사외유출)
∴손금불산입액 : 30,000,000+18,000,000=48,000,000

49 다음은 정혜승 회계사의 블로그에 게재된 법인세법상 기부금 관련 상담사례이다. 사례에 대한 답변 중 가장 옳지 않은 것은?

> 질문 1 : 안녕하십니까. 저희 회사가 이번 사업연도에 기부를 많이 하여 기부금 한도를 초과했는데요, 이렇게 손금불산입된 금액을 이월하여 다음 사업연도에 손금산입할 수 있는 것인지요?
>
> 답변 1 : 예, 법정기부금 한도초과액과 지정기부금 한도초과액은 일정기간 내에 종료하는 과세연도에 이월하여 한도액의 범위 내에서 손금산입됩니다.
>
> 질문 2 : 대표이사의 동창회에 기부를 했는데, 이것도 기부금으로 손금인정 받을 수 있습니까?
>
> 답변 2 : 법정기부금 또는 지정기부금으로 규정하고 있지 아니한 기부금은 전액 비지정기부금으로 분류됩니다. 대표이사의 동창회에 기부금을 기부하는 경우는 비지정기부금에 해당되어 전액 손금불산입됩니다.
>
> 질문 3 : 수고 많으십니다. 저희 법인이 올해 12월에 어음으로 기부금을 지급했는데 어음 결제일은 내년 2월입니다. 이 경우 올해 손금으로 인정 가능한가요?
>
> 답변 3 : 기부금의 귀속시기는 현금주의에 의합니다. 어음으로 지급하는 경우 어음의 결제일을 지출일로 하여 기부금으로 인정되므로 상기 기부금의 경우 올해의 손금으로 인정되지 않습니다.
>
> 질문 4 : 저희 법인이 제조하는 냉장고를 기부하였습니다. 시가는 300만원이고 장부가액은 200만원인데요, 이 경우 기부금 가액은 얼마로 하는 것입니까?
>
> 답변 4 : 현물로 기부하는 경우, 법정기부금에 해당되면 시가로 평가하며 지정기부금 및 비지정기부금에 해당되면 장부가로 평가합니다.

① 답변 1
② 답변 2
③ 답변 3
④ 답변 4

___ 해설

• 현물기부금의 평가

법정기부금, 일반지정기부금	• 장부가액
특수관계인지정기부금, 비지정기부금	• Max[장부가액, 시가]

50 법인의 사업과 관련하여 발생하는 매출채권, 미수금 등과 같은 채권 중 사실상 회수가 불가능한 채권을 대손금이라고 한다. 이러한 대손금은 손금에 해당하지만 법인세법에서는 대손요건을 엄격하게 규정하고 있는데, 다음 중 그 요건으로 가장 옳지 않은 것은?

① 회수기일로부터 1년 이상 경과한 수표 또는 어음상의 채권
② 채무자 파산 등의 사유로 채권을 회수할 수 없는 경우
③ 채권의 상법 등에 따른 소멸시효가 완성된 경우
④ 부도발생일로부터 6개월 이상 경과한 수표 또는 어음상의 채권

___ 해설

• 회수기일로부터 1년 이상 경과한 수표 또는 어음상의 채권(×)
→ 회수기일로이 6개월 이상 경과한 채권 중 채권가액이 일정액 이하인 채권(O)

51 다음 중 법인세법상 퇴직금 및 퇴직급여충당금에 대한 설명으로 가장 옳지 않은 것은?

① 법인세법상 한도를 초과하여 설정된 퇴직급여충당금은 손금불산입되고 기타사외유출로 소득처분된다.

② 퇴직급여충당금의 손금산입은 결산조정사항이다.

③ 퇴직하는 종업원에게 지급하는 퇴직금은 전액 손금으로 인정된다.

④ 임원에게 지급하는 퇴직금은 일정 한도 내에서만 손금으로 인정된다.

해설

• 퇴직급여충당금한도초과 : 손금불산입하고 유보로 소득처분한다.

52 다음 자료를 보고 법인세법상 대손충당금 한도초과액을 계산하면 얼마인가?

> • 매출채권 : 50,000,000원
> • 미 수 금 : 10,000,000원
> • 건   물 : 30,000,000원
> • 기초 재무상태표 대손충당금 : 400,000원
> • 당기말 설정(보충법)한 대손상각비 : 400,000원
> • 당기 회사의 대손금은 없으며, 세무상의 대손금도 없다.

① 100,000원   ② 200,000원

③ 300,000원   ④ 400,000원

해설

• 대손충당금 한도액 : (50,000,000+10,000,000)×1% = 600,000
  * 당기 세무상 대손금이 없으므로 대손실적률은 "0"이다.

• 대손충당금 한도초과액

대손	0	기초	400,000
기말	800,000	설정	400,000

∴ 800,000−600,000 = 200,000

53 ㈜삼일은 당기에 건물 공사를 위한 자금을 차입하고, 해당 차입금에서 발생한 이자 10,000,000원을 다음과 같이 회계처리하였다. 이 경우 당기에 필요한 세무조정으로 가장 옳은 것은(단, 당기 말 현재 해당 건물은 건설 중이다)?

> (차) 이자비용   10,000,000원   (대) 현금   10,000,000원

① (손금산입) 이자비용 10,000,000원(기타)

② (손금불산입) 이자비용 10,000,000원(상여)

③ (손금불산입) 이자비용 10,000,000원(유보)

④ 세무조정 없음

해설

• 건설자금이자 : 손금불산입하고 유보로 소득처분한다.

54 다음 중 법인세법상 부당행위계산부인과 관련된 설명으로 가장 옳지 않은 것은?

① 부당행위계산부인이란 법인이 특수관계인과의 거래를 통하여 법인세를 부당하게 감소시키는 경우 이러한 특수관계인과의 거래를 부인하고 소득금액을 다시 계산하도록 하는 제도를 말한다.
② 부당행위계산부인규정의 적용대상이 되는 경우 시가나 적정한 임차료등 법인세법에서 규정하고 있는 금액과 실제 금액과의 차액을 세무조정 한다.
③ 부당행위계산부인규정을 적용하여 귀속자에 따라 배당, 상여, 기타소득으로 소득처분된 경우 귀속자에게는 추가적으로 소득세가 과세된다.
④ 법인이 특수관계인에게 시가보다 낮은 가격으로 제품을 판매한 경우에는 부당행위계산부인이 적용되지 않는다.

해설
• 고가매입과 저가양도는 부당행위계산부인의 적용대상이다.

55 ㈜삼일은 특수관계법인인 ㈜현승에게 연초에 자금을 대여하고 연말에 수령한 이자 900,000원을 손익계산서상 이자수익으로 인식하였다. 이와 관련된 추가자료가 다음과 같은 경우 ㈜삼일이 수행해야 할 세무조정으로 가장 옳은 것은?

> ㄱ. 가지급금적수 : 7,300,000,000원
> ㄴ. 부당행위계산부인에 해당될 경우 적용이자율 : 6.9%
> ㄷ. 1년은 365일로 가정한다.

① (익금산입) 가지급금인정이자 480,000원(기타사외유출)
② (손금산입) 가지급금인정이자 1,000,000원(기타)
③ (익금산입) 가지급금인정이자 1,380,000원(기타사외유출)
④ 세무조정 없음

해설
• 인정이자 : $7,300,000,000 \times 6.9\% \times \dfrac{1}{365} = 1,380,000$

• 익금산입 $1,380,000 - 900,000 = 480,000$(기타사외유출)
　*귀속이 법인이므로 기타사외유출로 소득처분한다.

56 다음 법인세 과세표준 계산을 위한 양식에서 (ㄱ)에 들어갈 항목으로 가장 옳지 않은 것은?

	결산서상 당기순이익
(+)	익금산입, 손금불산입
(−)	손금산입, 익금불산입
	각사업연도소득금액
(−)	(ㄱ)
	과세표준

① 이월결손금　　　　　　② 소득공제
③ 비과세소득　　　　　　④ 원천납부세액

해설
• 원천납부세액은 기납부세액으로서 총부담세액에서 차감한다.

57 다음 자료를 기초로 ㈜삼일의 제18기(2020.1.1~12.31) 법인세 산출세액을 계산하면 얼마인가?

> ㄱ. 각사업연도소득금액 : 120,000,000원
> ㄴ. 법인세 과세표준 계산시 한번도 공제되지 않은 이월결손금의 발생 사업연도와 금액은 다음과 같다.
>   – 제6기 : 10,000,000원
>   – 제7기 : 5,000,000원
>   – 제13기 : 3,000,000원
>   – 제14기 : 15,000,000원
> ㄷ. 법인세율
>   과세표준은 2억원 이하는 10%, 2억원 초과 200억원 이하분은 20%
> ㄹ. 상기에 언급한 사항을 제외하고는 법인세 산출세액의 계산에 영향을 미치는 요소는 없다.

① 9,610,000원   ② 10,200,000원
③ 14,250,000원   ④ 18,000,000원

해설
- 과세표준 : 120,000,000-(3,000,000+15,000,000)=102,000,000
- 산출세액 : 102,000,000×10%=10,200,000

58 중소기업인 ㈜삼칠의 차감납부할세액의 계산에 영향을 미치는 요소가 다음의 자료를 제외하고는 없다고 가정할 경우, 법인세법상 차감납부할세액은 얼마인가?

ㄱ. 산출세액	10,000,000원
ㄴ. 중소기업에 대한 특별세액감면	1,000,000원
ㄷ. 지출증빙 미수취 가산세	500,000원
ㄹ. 중간예납세액	7,000,000원

〈 차감납부할세액 계산구조 〉

	산출세액
(−)	세액공제
(−)	세액감면
(+)	가산세
(+)	감면분추가납부세액
	총부담세액
(−)	기납부세액
	차감납부할세액

① 1,500,000원   ② 2,000,000원
③ 2,500,000원   ④ 8,500,000원

해설
- 10,000,000-1,000,000+500,000-7,000,000=2,500,000

59 다음 중 법인세법에서 규정하고 있는 세액공제만으로 묶은 것은?

가. 대손세액공제	나. 외국납부세액공제
다. 근로소득세액공제	라. 재해손실세액공제

① 가, 라   ② 나, 다
③ 다, 라   ④ 나, 라

■ 해설
• 대손세액공제 : 부가가치세법
• 근로소득세액공제 : 소득세법
• 외국납부세액공제, 재해손실세액공제 : 법인세법

60 다음 중 법인세법에 대한 설명으로 가장 옳지 않은 것은?

① 내국법인은 각사업연도소득에 대한 법인세를 사업연도 종료일이 속하는 달의 말일로부터 3개월 이내에 신고하여야 한다.
② 각사업연도소득금액이 없거나 결손금이 있는 경우에도 신고는 하여야 한다.
③ 법인세는 법인세 신고기한이 경과한 후 2개월 이내에 납부하여야 한다.
④ 사업연도의 기간이 6개월을 초과하는 법인은 사업연도 개시일로부터 6개월간의 기간을 중간예납 기간으로 하여 그 기간에 대한 법인세를 신고·납부해야 한다.

■ 해설
• 신고와 동시에 납부하여야 한다.

61 다음은 역외탈세에 대한 신문기사 내용 중 일부이다. 보기 중 아래 신문기사의 내용과 가장 관련 있는 것은 무엇인가?

한국에 살면서 홍콩에 있는 기업체를 운영하는 사람에 대한 소득세는 한국과 홍콩 중 어느 국가에서 신고납부하여야 하는 걸까? 한국과 홍콩 두 곳에서 모두 소득세를 거둔다면 도저히 기업을 유지할 수 없을 것이다.
이 때문에 각국은 이러한 이중과세를 피하기 위해 조세조약을 맺고 이 중 누가 세금을 거둘지를 미리 정한다. 현재 세계적인 추세는 세금납부자의 거주지, 즉 위의 경우에는 한국에서 세금을 내야 한다는 쪽으로 가닥이 잡히고 있다.
그런데, 여기에는 허점이 있다. '거주지'에 대해 전 세계적으로 통용되는 기준이 없는 데다 모호하다는 점이다. 역외 탈세혐의자들은 이런 법 체계의 허점을 악용, 국내 체류일수를 조작하고 영주권 등을 동원해 한국에 살지 않는다고 주장할 가능성이 높다. 대신, 이들은 세율이 낮은 국가인 홍콩 등에 살고 있다고 항변할 것이다.

① 종합소득이 있는 거주자는 종합소득공제가 가능하다.
② 모든 거주자가 중간예납 대상자는 아니며, 사업소득이 있는 거주자만이 중간예납의무를 진다.
③ 거주자는 국내에서 벌어들인 소득뿐만 아니라 외국에서 벌어들인 소득에 대하여도 납세의무를 진다.
④ 해당 과세기간에 종합소득금액 및 퇴직소득금액이 있는 거주자는 원칙적으로 과세표준 확정 신고를 해야 한다.

■ 해설
• 거주자는 국내·외 소득에 대하여 무제한 납세의무를 지며, 외국납부세액은 세액공제를 적용한다.

제1편 백점이론특강

제2편 기출문제특강

SET1
SET2
SET3
SET4
SET5
SET6
SET7
SET8
SET9
SET10

신유형

기출문제요답노트

실전기출모의고사

62 다음 중 소득세법상 이자 및 배당소득에 대한 설명으로 가장 옳은 것은?

① 국가나 공공기관에서 발행한 채권에서 발생하는 이자는 소득세법상 이자소득에 포함되지 않는다.
② 외국회사로부터 받는 이익의 배당은 배당소득에 해당하지 않는다.
③ 현물배당이나 주식배당의 경우 배당소득으로 보지 않는다.
④ 단기저축성보험의 보험차익은 이자소득에 해당한다.

해설

• ① 채권이자는 발행주체를 불문하고 소득세법상 이자소득에 포함된다.
  ② 외국회사로부터 받는 이익의 배당도 배당소득에 해당한다.
  ③ 현물배당이나 주식배당의 경우도 배당소득으로 본다.
  ④ 10년미만의 단기저축성보험의 보험차익은 이자소득에 해당한다.

63 다음은 거주자 오동배씨의 부동산임대 관련 사업소득의 내용이다. 오동배씨의 20x2년 사업소득금액은 얼마인가?

> ㄱ. 오동배씨는 상가 A를 20x2년 1월 1일부터 5년간 임대하고, 임대료는 매월 초에 100,000원씩 받기로 하였다.
> ㄴ. 상가 A와 관련하여 20x2년에 회계상 감가상각비로 비용처리한 금액은 250,000원이며, 세법상 상각범위액도 250,000원이다.
> ㄷ. 20x2년에 상가 A의 보험료 등 임대부동산의 관리비로 200,000원을 지출하였다.

① 250,000원
② 750,000원
③ 850,000원
④ 1,000,000원

해설

• 총수입금액   : 100,000×12개월   =1,200,000
  필요경비   : 250,000(감가상각비)+200,000(보험료 등)=(450,000)
  사업소득금액 :   750,000

64 다음은 ㈜삼일에 근무하고 있는 종업원이 회사로부터 받은 소득이다. 소득세법상 근로소득으로 보지 않는 소득을 받은 자는 누구인가?

> 승현 : 난 이번에 회사 사내근로복지기금에서 장학금 200만원을 받았어.
> 정호 : 난 이번 여름에 휴가비로 100만원을 받았어.
> 기홍 : 난 이번에 연차수당으로 100만원을 받았어.
> 상길 : 난 직무수당으로 50만원을 받았어.

① 승현
② 정호
③ 기홍
④ 상길

해설

• 사내근로복지기금의 학자금은 비과세하며, 휴가비나 일반적인 수당은 모두 과세한다.

65 다음 중 소득세법상 기타소득에 대한 설명으로 가장 옳지 않은 것은?

① 광업권·어업권의 양도로 인한 소득은 기타소득에 속한다.
② 일시적인 문예창작소득은 기타소득에 속하며, 계속·반복적인 문예창작소득은 사업소득에 속한다.
③ 기타소득 중 복권당첨소득에 대해서는 무조건 분리과세를 적용한다.
④ 기타소득 이외에 다른 소득이 있는 경우 반드시 종합소득신고를 해야한다.

___해설___
• 기타소득금액이 연 300만원 이하인 경우에는 선택적 분리과세가 적용되므로 기타소득에 대해 반드시 종합소득신고를 해야 하는 것은 아니다.

66 다음은 근로소득이 있는 거주자 김종일씨와 함께 살고 있는 부양가족에 대한 내용이다. 김종일씨의 종합소득에서 공제가능한 소득세법상 인적공제 중 기본공제 금액은 얼마인가(단, 김종일씨를 제외한 가족은 소득이 없고, 김종일씨를 포함한 가족들 중에 장애인은 없음)?

ㄱ. 김종일 (본인, 46세)	ㄴ. 홍영희 (아내, 45세)
ㄷ. 김은영 (딸, 22세)	ㄹ. 김효영 (딸, 15세)

① 4,500,000원　　　　　　　② 6,000,000원
③ 7,500,000원　　　　　　　④ 9,000,000원

___해설___
• 3명(김종길, 홍영희, 김효영)×150만원=4,500,000
　*김은영은 20세이하가 아니므로 기본공제대상자가 아니다.

67 다음은 회계관리 1급 자격시험을 준비하는 수험생들(모두 근로소득자임)이 나눈 대화의 일부이다. 이 중 가장 잘못 이해하고 있는 사람은 누구인가?

> 김호은 : 제 아들은 올해 8살이고 아들의 소득은 없습니다. 자녀세액공제를 받을 수 있어 다행입니다.
> 이윤미 : 자녀가 많으면 공제액도 커진다고 하니 참고하세요.
> 오정수 : 제가 모시고 있는 장인어른은 연세는 57세이시지만, 소득이 없으시기 때문에 노인대학학비에 대해 교육비 세액공제를 받을 수 있겠네요.
> 박동하 : 제가 중병치료를 위해 비행기를 타고 외국의 유명 대학병원을 찾아갔는데, 외국병원에서 쓴 의료비는 세액공제 대상에 포함되지 않아서 아쉽네요.

① 김호은　　　　　　　　　② 이윤미
③ 오정수　　　　　　　　　④ 박동하

___해설___
• 직계존속은 교육비 세액공제를 적용받을 수 없다.

제1편 백점이론특강

제2편 기출문제특강

SET1

SET2

SET3

SET4

SET5

SET6

SET7

SET8

SET9

SET10

신유형

기출문제오답노트

실전기출모의고사

68 다음 대화에서 소득세법상 과세되는 소득의 종류가 잘못 분류된 것은?

> 김식현 : 나는 이번에 퇴직하면서 퇴직보험의 보험금을 연금형태로 받았어.
> 권상오 : 나는 저번 주에 경마에 참가해서 5천만원의 이익을 얻었어.
> 강보경 : 부럽다. 나도 가지고 있던 골프회원권을 팔아서 2백만원 정도 차익을 봤지.
> 김덕영 : 나는 ㈜삼일이 발행한 채권에 투자해서 채권이자를 받았어.

① 김식현 – 근로소득　　　　　　　② 권상오 – 기타소득
③ 강보경 – 양도소득　　　　　　　④ 김덕영 – 이자소득

해설
• 연금소득으로 분류된다.

69 다음은 소득세의 신고·납부에 대한 설명이다. 가장 옳지 않은 것은?

① 중간예납세액은 전년도의 과세실적을 기준으로 계산하는 방법과 해당 과세기간의 중간예납 세액을 추산하여 계산하는 방법이 있다.
② 정당한 사유없이 휴·폐업신고를 하지 않고 장기간 휴업 또는 폐업상태에 있는 등 조세포탈의 우려가 있다고 인정되는 경우에는 관할 세무서장이 수시로 소득세를 부과할 수 있다.
③ 6,000만원의 국내 배당소득이 있는 거주자는 배당소득 수령 시에 원천징수세액을 부담하고, 종합 소득확정신고 시 다른 소득과 합하여 종합소득신고를 하여야 한다.
④ 종합소득과세준 확정신고는 당해연도의 과세표준이 없거나 결손금이 있으면 하지 않아도 된다.

해설
• 당해연도의 과세표준이 없거나 결손금이 있어도 종합소득과세준 확정신고를 하여야 한다.

70 다음 중 제조업을 영위하는 법인인 ㈜삼일이 원천징수를 하지 않아도 되는 경우는?

① 사무직 직원 김정현씨에게 급여를 지급할 때
② 도매업을 영위하는 개인 김호중씨에게 이자를 지급할 때
③ 개인 박근정씨로부터 건물을 매입하고 대금을 지급할 때
④ 개인주주 박하종씨에게 배당금을 지급할 때

해설
• 양도소득은 원천징수가 없다.

71 다음 중 사업자등록에 대한 설명으로 가장 옳지 않은 것은?

① 사업자등록신청은 사업개시일로부터 20일 이내에 해야 하며, 기한 내에 사업자등록을 신청하지 않은 경우 미등록 가산세가 적용된다.
② 부가가치세 과세사업을 개시하고 부가가치세법에 의한 사업자등록을 한 경우 소득세법이나 법인세법에 의한 사업자등록은 별도로 하지 않아도 된다.
③ 제조업은 제조장별로 재화의 제조를 개시하는 날이 사업개시일이다.
④ 신규로 사업을 개시한 경우 사업개시일 전에는 사업자등록을 할 수 없다.

해설
• 사업개시 전이라도 사업자등록을 할 수 있다.

72 다음 중 부가가치세법에 대한 설명으로 가장 옳지 않은 것은?

① 부가가치세는 납세의무자와 담세자가 일치하지 않는 간접세이다.
② 부가가치세는 원칙적으로 사업장별로 과세하지 않고 사업자별로 종합과세한다.
③ 부가가치세법상 사업자란 '사업상 독립적으로 재화나 용역을 공급하는 자'를 말하며 영리목적 유무는 판단기준이 되지 않는다.
④ 10%의 비례세율로 과세되므로 납세의무자의 인적 사정을 고려하지 않는 물세이다.

해설
• 부가가치세는 원칙적으로 사업장별로 과세한다.('사업장별 과세원칙')

73 다음 중 부가가치세 과세대상이 아닌 경우는?

① 자동차 점검서비스를 무상으로 제공한 경우
② 부동산 임대회사가 유상으로 상가건물을 임대하는 경우
③ 상가건물을 공장과 교환한 경우
④ 컴퓨터를 현금으로 판매한 경우

해설
• 용역의 무상공급은 일반적으로 과세대상이 아니다.

74 다음 중 부가가치세법상 재화의 공급시기에 대한 연결이 가장 옳지 않은 것은?

① 수출재화 : 수출재화의 선적일
② 장기할부판매 : 대가의 각 부분을 받기로 한 때
③ 외상판매 : 재화가 인도되는 때
④ 중간지급조건부판매 : 재화가 인도되는 때

해설
• 중간지급조건부판매 : 대가의 각 부분을 받기로 한 때

75 임대사업자 진주형씨는 오피스텔을 분양 받아 세입자에게 월세로 임대료를 수령하려고 한다. 다음 중 이에 대해 가장 잘못된 조언을 하고 있는 사람은 누구인가?

이숙명 : 주거용으로 임대한다면 면세사업에 해당되니 월 임대료 수령액에 대해서는 부가가치 세를 내지 않아도 되잖아.
구성민 : 주거용으로 임대하면 오피스텔을 매입할 때 부담한 부가가치세에 대해서 매입세액공 제를 못 받겠지.
이성용 : 사무용으로 임대해도 원칙적으로는 오피스텔을 매입할 때 부담한 매입세액을 공제 받지 못하게 돼.
홍문희 : 사무용으로 임대하면 과세사업에 해당되어서 월 임대료 수령액에 대해서 부가가치 세를 납부해야 돼.

① 이숙명   ② 구성민
③ 이성용   ④ 홍문희

해설
• 사무용(과세)으로 임대시는 매입세액이 공제되나, 주거용(면세)으로 임대시는 매입세액이 공제되지 않는다.

76 다음 자료는 부가가치세법상 과세사업자인 ㈜삼일의 제2기 예정신고기간(7.1~9.30) 동안의 거래내역이다. 제2기 예정신고기간에 대한 ㈜삼일의 부가가치세 과세표준은 얼마인가(단, 모든 금액에는 부가가치세가 포함되지 아니함)?

구 분	금액
현금매출액(매출할인액 차감 전 금액)	150,000,000원
외상매출액	50,000,000원
매출할인	10,000,000원
계약의 위약으로 인해 받은 위약금	1,000,000원

① 150,000,000원   ② 190,000,000원
③ 210,000,000원   ④ 211,000,000원

해설

• (150,000,000-10,000,000)+50,000,000=190,000,000
*손해배상금은 대가관계가 없으므로 과세하지 않는다.

77 다음 자료는 ㈜삼일의 제1기 예정신고기간(1.1~3.31)동안의 거래내역이다. 제1기 예정신고기간의 부가가치세 납부세액은 얼마인가(단, 모든 금액에는 부가가치세가 포함 되지 아니함)?

구 분	금액
국내 제품 매출액	200,000,000원
제품 수출액	50,000,000원
원재료 매입(세금계산서 수취)	30,000,000원
소모품 매입(세금계산서 수취)	20,000,000원
토지관련 매입(세금계산서 수취)	70,000,000원

① 13,000,000원   ② 15,000,000원
③ 20,000,000원   ④ 22,000,000원

해설

• 매출세액 : 200,000,000×10% =20,000,000
  매입세액 : (30,000,000+20,000,000)×10% =5,000,000
  납부세액   15,000,000
*제품수출은 영세율, 토지관련 매입세액은 매입세액불공제

78 다음은 기계 제조업을 영위하는 ㈜삼일의 제1기 확정신고(4.1~6.30)를 위한 매출관련 자료이다(단, 수출분은 적절한 증빙을 수령하였다). ㈜삼일의 제1기 부가가치세 확정신고서상 과세표준란의 (ㄱ), (ㄴ), (ㄷ), (ㄹ)에 들어갈 금액으로 올바르게 짝지어진 것은?

구 분				금 액	세 율	세 액
과세표준 및 매출세액	과세	세 금 계 산 서 발 급 분	①	(ㄱ)	10/100	
		매 입 자 발 행 세 금 계 산 서	②		10/100	
		신 용 카 드 · 현 금 영 수 증 발 행 분	③	(ㄴ)	10/100	
		기 타 (정 규 영 수 증 의 매 출 분)	④			
	영세율	세 금 계 산 서 발 급 분	⑤	(ㄷ)	0/100	
		기 타	⑥	(ㄹ)	0/100	
	예 정 신 고 누 락 분		⑦			
	대 손 세 액 가 감		⑧			
	합 계		⑨			

구 분	금액
세금계산서 발행 국내매출액(VAT 미포함)	40,000,000원
신용카드매출전표 발행분(VAT 포함)	33,000,000원
현금영수증 발행(VAT 포함)	2,200,000원
내국신용장에 의한 공급분(Local 수출분)	30,000,000원
직수출분	60,000,000원

	(ㄱ)	(ㄴ)	(ㄷ)	(ㄹ)
①	40,000,000원	32,000,000원	30,000,000원	60,000,000원
②	40,000,000원	32,000,000원	60,000,000원	30,000,000원
③	70,000,000원	2,000,000원	30,000,000원	60,000,000원
④	70,000,000원	2,000,000원	60,000,000원	30,000,000원

──── 해설

- (ㄱ) : 40,000,000(세금계산서 발행 국내매출액)

  (ㄴ) : $33,000,000 \times \frac{100}{110}$ (신용카드매출)$+2,200,000 \times \frac{100}{110}$ (현금영수증)$=32,000,000$

  (ㄷ) : 30,000,000(내국신용장에 의한 공급)

  (ㄹ) : 60,000,000(직수출)

79 다음 대화에서 부가가치세법상 가장 옳지 않은 설명을 하고 있는 사람은 누구인가?

> 이사장 : 아시다시피 우리 회사는 법인사업자이므로 전자세금계산서 발급의무자로서 전자세금
> 계산서를 발행해오고 있는데, 이에 대한 여러분의 의견을 듣고 싶습니다.
> 박현승 : 전자세금계산서는 발급명세를 발급일의 다음 날까지 국세청장에게 전송하여야 합니다.
> 임훈태 : 전자세금계산서에 대한 부가가치세법상 필요적 기재사항이 기존의 세금계산서와 달라
> 서 다소 혼란스러웠던 것 같습니다.
> 김은화 : 전자세금계산서로 인해서 세금계산서 보관의무가 면제되고 세금계산서합계표 제출의
> 무도 면제되어 납세협력비용이 절감되는 것 같습니다.

① 박현승 　　　　　　　　② 임훈태
③ 김은화 　　　　　　　　④ 이사장

해설
• 필요적 기재사항은 동일하다.

80 다음 중 올바른 세금계산서의 작성방법에 대한 설명으로 가장 잘못된 것은?

① 작성연월일에는 원칙적으로 대금결제일이 아닌 재화를 판매한 일자를 기재한다.
② 재화를 판매하기 전에 대금이 전액 결제된 경우에는 작성연월일에 대금결제일을 기재할 수 있다.
③ 재화를 판매한 이후에 대금이 전액 결제된 경우에도 작성연월일에 대금결제일을 기재할 수 있다.
④ 제품을 판매하고 총 55,000원(부가가치세 포함)을 수령하였다면, 공급가액에는 50,000원을 기재
한다.

해설
• 재화를 판매한 이후에 대금이 전액 결제된 경우에는 작성연월일에 대금결제일을 기재할 수 없다.

[정답]　복원기출문제　SET ⑤

▶ 재무회계

1	2	3	4	5	6	7	8	9	10
①	③	④	③	③	④	①	③	④	②
11	12	13	14	15	16	17	18	19	20
④	①	④	②	③	④	②	②	④	④
21	22	23	24	25	26	27	28	29	30
①	②	④	②	③	③	④	①	②	③
31	32	33	34	35	36	37	38	39	40
④	④	②	④	④	④	④	②	④	③

▶ 세무회계

41	42	43	44	45	46	47	48	49	50
②	②	①	③	④	①	④	②	④	①
51	52	53	54	55	56	57	58	59	60
①	②	③	④	①	④	②	③	④	③
61	62	63	64	65	66	67	68	69	70
③	④	②	①	④	①	③	①	④	③
71	72	73	74	75	76	77	78	79	80
④	②	①	④	③	②	②	①	②	③

제1편 백점이론특강

제2편 기출문제특강

SET1
SET2
SET3
SET4
SET5
SET6
SET7
SET8
SET9
SET10

신우회

기출문제오답노트

실전기출모의고사

3P
3P
3D
P
3P
FINAL
POTENTIALITY
PASSION
PROFESSION

3P는 여러분의 무한한 잠재적 능력과 반드시 성취하겠다는 열정을 토대로 전문가의 길로 나아가는 세무라이선스 파이널시리즈의 학습 정신입니다.

수험생 여러분의 합격을 응원합니다.

[실전연습]

복원기출문제연습

SET ⑥

Cam Exam intermediate level

▶ 복원기출문제는 현행 개정세법과 현행 회계기준에 부합하도록 저자가 문제를 임의변경·보완 및 추가한 문제가 포함되어 있습니다.

SEMOOLICENCE

01 재무회계

1 인천이 아시안게임을 유치함에 따라 인천 소재 부동산의 가치가 급상승하여 이를 보유한 기업들의 주가 역시 크게 상승하고 있다. 하지만 특정회사의 경우 20년 전에 취득한 토지의 금액이 그대로 최근 공시된 재무제표의 토지금액으로 기록되어 있고 취득 후의 토지 가치 상승분은 재무제표에 반영되지 않고 있다. 이러한 회계처리방법이 강조하는 회계정보의 질적특성으로 가장 옳은 것은?

① 중요성   ② 목적적합성
③ 신뢰성   ④ 비교가능성

해설
• 역사적원가에 의한 자산평가는 시가보다 신뢰성을 제고시킨다.

2 다음 중 현금흐름표에 관한 설명 중 가장 올바르지 않은 것은?

① 현금흐름표는 기업실체의 현금흐름을 영업, 투자, 재무활동으로 구분하여 보고하는 재무제표이다.
② 무형자산의 취득 및 처분과 관련된 현금흐름은 재무활동으로 인한 현금흐름으로 분류한다.
③ 유형자산의 취득 및 처분과 관련된 현금흐름은 투자활동으로 인한 현금흐름으로 분류한다.
④ 제품의 생산 및 판매와 관련된 현금흐름은 영업활동으로 인한 현금흐름으로 분류한다.

해설
• 무형자산의 취득 및 처분과 관련된 현금흐름은 투자활동으로 인한 현금흐름으로 분류한다.

3 다음은 (주)영일의 제1기(20x2년 1월 30일~20x2년 12월 31일) 손익계산서의 일부이다. 다음 중 올바르지 않은 내용은 모두 몇 개 인가? 단, 금액적 오류는 무시하기로 한다.

손익계산서

제1기 20x2년 12월 31일 현재

㈜영일 (단위 : 천원)

과 목		제 1 기
매출액		100,000,000
매출원가		50,000,000
매출총이익		50,000,000
판매비와관리비		30,000,000
(중략)		
기부금	500,000	
수선유지비	1,320,000	
대손상각비	1,000,000	
영업이익		20,000,000
영업외수익		200,000
유형자산처분이익	200,000	
영업외비용		1,000,000
접대비	1,000,000	
법인세차감전순이익		19,200,000

① 없음　② 1개
③ 2개　④ 3개

해설
- 20×2년 12월 31일 현재(×) → 20×2년 1월 1일부터 20×2년 12월 31일까지(O)
- 기부금은 영업외비용이다.
- 접대비는 판매비와관리비(영업비용)이다.

4 다음 중 재무제표에 관한 설명으로 가장 올바르지 않은 것은?

① 손익계산서는 기업의 경영성과를 보고하기 위하여 일정기간 동안 발생한 수익과 비용을 나타내는 동태적 보고서이다.
② 재무상태표를 작성할 때 자산,부채는 유동성이 높은 것부터 먼저 표시하고 유동성이 낮은 것은 나중에 표시하는 것이 원칙이다.
③ 재무상태표는 기업의 재무상태를 명확히 보고하기 위하여 보고기간 종료일 현재의 모든 자산, 부채 및 자본을 나타내는 정태적 보고서이다.
④ 손익계산서상 수익과 비용은 순액으로 기재함을 원칙으로 한다.

해설
- 손익계산서상 수익과 비용은 총액으로 기재함을 원칙으로 한다.

5 다음 중 재무상태표상 비유동자산으로 분류되는 항목으로 가장 옳은 것은?

① 보고기간 종료일로부터 1년이내에 처분할 것이 거의 확실한 매도가능증권
② 투자기업이 피투자기업에 대해 유의적인 영향력을 행사하고 있는 지분법적용투자주식
③ 만기가 보고기간종료일로부터 1년이내인 3년만기 정기예금
④ 대금 회수시점이 보고기간종료일로부터 1년을 초과하지만 정상적인 영업주기내에 회수되리라 예상되는 매출채권

해설

• 유가증권의 유동 · 비유동 분류
  - 단기매매증권 : 유동자산
  - 만기보유증권, 매도가능증권, 지분법적용투자주식 : 비유동자산

6 다음은 (주)영일의 20x2년 회계연도(20x2.1.1~20x2.12.31)의 자료이다. 기말 재무상태표에 보고될 현금 및 현금성자산과 단기금융상품의 금액은 각각 얼마인가?

당좌예금	70,000원	타인발행수표	100,000원
보통예금	10,000원	환매채(60일 환매조건)	5,000원
자기앞수표	35,000원	만기도래국공채이자표	5,000원
정기예금(*)	50,000원		

(*) 계약일 : 20x2.7.1. 만기일 : 20x3.6.30.

	현금 및 현금성자산	단기금융상품
①	105,000원	70,000원
②	105,000원	160,000원
③	225,000원	50,000원
④	225,000원	75,000원

해설

• 현금 및 현금성자산
  70,000(당좌예금)+100,000(타인발행수표)+10,000(보통예금)+5,000(환매채)+35,000(자기앞수표)+5,000(만기도래국공채이자표)=225,000
• 단기금융상품 : 50,000(정기예금)

7 다음은 기말 매출채권잔액의 기대손실률만큼 대손충당금을 설정하는 (주)영일의 매출채권 및 대손
충당금과 관련된 자료이다.

a. 20x1년말 대손충당금 잔액	20,000,000원
b. 20x2년 중 대손확정액	7,000,000원
c. 20x2년 손익계산서상 대손상각비	15,000,000원
d. 20x2년말 매출채권 잔액	1,400,000,000원

20x2년말 회사가 매출채권 잔액에 적용한 기대손실률은 얼마인가?

① 0.5%   ② 1%
③ 1.5%   ④ 2%

___해설

• 20×2년 중 대손확정시
 (차) 대손충당금   7,000,000   (대) 매출채권   7,000,000
• 20×2년 결산시
 (차) 대손상각비   15,000,000   (대) 대손충당금   15,000,000
 → 대손충당금 기말잔액 : (20,000,000-7,000,000)+15,000,000=28,000,000
 ∴ 1,400,000,000×x=28,000,000 에서, x=2%

8 (주)영일은 20x2년 12월 1일에 A주식과 B사채를 구입하였다. 취득원가와 거래원가는 다음과 같다.

	A주식	B사채
취득원가	100,000원	300,000원
거래원가	10,000원	20,000원

A주식은 단기매매증권으로 B사채는 매도가능증권으로 인식하였다. 해당 유가증권의 취득원가는
각각 얼마인가?

	단기매매증권	매도가능증권
①	100,000원	300,000원
②	100,000원	320,000원
③	110,000원	300,000원
④	110,000원	320,000원

___해설

• 단기매매증권(A주식) : 거래원가는 당기비용 처리한다.
 (차) 단기매매증권   100,000   (대) 현금   110,000
   수수료비용   10,000
• 매도가능증권(B사채) : 거래원가는 취득원가에 가산한다.
 (차) 매도가능증권   320,000   (대) 현금   320,000

9 다음 중 (주)영일의 재고자산 회계처리와 관련된 설명으로 가장 올바르지 않은 것은?

> a. 재고자산의 단가는 회사의 회계정책에 따라 선입선출법을 적용하고 있습니다.
> b. 매입한 상품에 결함이 있어 가격을 할인 받는 경우가 있는데 이러한 경우 해당 금액을 재고자산의 취득금액에서 차감하고 있습니다.
> c. 또한 재고자산의 취득과정에서 정상적으로 발생한 매입운임, 보험료 등의 매입부대비용도 재고자산의 취득원가에 산입하고 있습니다.
> d. 만약 재고자산을 저가법으로 평가하는 경우 제품, 상품 및 재공품의 시가는 현행대체원가 (Current Cost)로 하고 있습니다.

① a   ② b
③ c   ④ d

해설
- 저가법으로 평가하는 경우 재고자산의 시가
 - 일반적인 경우 : 순실현가능가치
 - 생산에 투입될 원재료 : 현행대체원가

10 다음 자료에 의하여 결산조정 후 매출원가는 얼마인가?

> (1) 결산조정 전 장부상 매출원가   1,000,000원
> (2) 결산시점 평가손실 및 감모손실
>   가. 재고자산평가손실   300,000원
>   나. 정상적인(원가성이 있는) 재고자산감모손실   100,000원
>   다. 비정상적인(원가성이 없는) 재고자산감모손실   100,000원

① 1,200,000원   ② 1,300,000원
③ 1,400,000원   ④ 1,500,000원

해설
- 평가손실 회계처리
 (차) 재고자산평가손실(매출원가)   300,000   (대) 상품   300,000
- 감모손실 회계처리
 (차) 재고자산감모손실(매출원가)   100,000   (대) 상품   200,000
      재고자산감모손실(영업외비용)   100,000
 → 결산조정후 매출원가 : 1,000,000+300,000+100,000=1,400,000

11 (주)영일의 회계자료가 다음과 같은 경우 평균원가소매재고법에 따라 기말재고자산 금액을 구하면 얼마인가?

	원가	매가
기초재고자산금액	600,000원	800,000원
당기매입금액	2,000,000원	2,400,000원
합계	2,600,000원	3,200,000원
당기매출금액		2,600,000원
기말재고자산금액		600,000원

① 487,500원
③ 521,400원

② 521,400원
④ 600,800원

해설
- 기말재고(매가) : 800,000+2,400,000-2,600,000=600,000
- 원가율 : $\dfrac{600,000+2,000,000}{800,000+2,400,000}$=81.25%
  → 기말재고(원가) : 600,000×81.25%=487,500

12 (주)서울은 20x2년 1월 1일에 (주)강남의 주식 150주를 장기투자목적으로 6,000,000원에 취득하였으며 20x2년 12월 31일 이 주식의 공정가치는 6,500,000원이다. ㈜서울이 20x3년 6월 21일에 (주)강남의 주식 150주를 6,400,000원에 모두 처분하였다면 처분손익은 얼마인가?

① 처분손실 100,000원
③ 처분손실 500,000원

② 처분이익 400,000원
④ 처분이익 500,000원

해설
- 20×2년 1월 1일
  (차) 매도가능증권　　6,000,000　　(대) 현금　　6,000,000
- 20×2년 12월 31일
  (차) 매도가능증권　　500,000　　(대) 매도가능증권평가이익　　500,000
- 20×3년 6월 21일
  (차) 현금　　6,400,000　　(대) 매도가능증권　　6,500,000
  　　매도가능증권평가이익　　500,000　　(대) 매도가능증권처분이익　　400,000

고속철 손상이 없는 경우 처분손익 계산
'처분손익=처분가-취득가'　→ 6,400,000-6,000,000=400,000(처분이익)

13 다음은 (주)울산의 20x2년 중 발생한 주식에 대한 거래내역이다.

> a. (주)울산은 20x2년 1월 1일 (주)마산의 주식 25%를 500,000원에 취득하였다.
> b. 주식 취득시 (주)마산의 순자산의 장부금액은 2,000,000원이다.
> c. (주)마산의 순자산의 장부금액은 순자산의 공정가치와 일치한다.
> d. 20x2년 중 (주)울산과 (주)마산 간의 내부거래는 없다.

다음 중 상기 주식의 회계처리와 관련된 설명으로 가장 올바른 것은?

① (주)마산이 당기순이익을 보고한 경우에는 (주)울산의 당기순이익은 감소한다.
② (주)마산이 배당금 지급을 결의함과 동시에 지급할 경우 (주)울산이 보유하고 있는 (주)마산에 대한 지분법적용투자주식의 장부금액은 감소한다.
③ (주)마산이 당기순손실을 보고한 경우 (주)울산이 보유하고 있는 (주)마산에 대한 지분법적용투자주식의 장부금액은 증가한다.
④ (주)울산은 (주)마산에 대해 유의적인 영향력을 행사할 수 없으므로 공정가치법을 적용하여 투자주식을 평가해야 한다.

해설
- ① 당기순이익 보고시 : (차) 지분법적용투자주식 ××× (대) 지분법이익 ×××
  → 지분법이익을 인식하므로 당기순이익이 증가한다.
- ② 배당시 : (차) 현금 ××× (대) 지분법적용투자주식 ×××
  → 지분법적용투자주식의 장부금액은 감소한다.
- ③ 당기순손실 보고시 : (차) 지분법손실 ××× (대) 지분법적용투자주식 ×××
  → 지분법적용투자주식의 장부금액은 감소한다.
- ④ 유의적인 영향력을 행사(20%이상)할 수 있으므로 지분법을 적용하여 투자주식을 평가해야 한다.

14 20x2년초 (주)영일의 자본총액은 550,000원이었고 20x2년 중 자본과 관련하여 발생한 거래는 다음과 같다. 20x2년말 (주)영일의 자본총액은 얼마인가?

> a. 20x2년 2월 25일 주주총회에서 현금배당 50,000원을 지급하다.
> b. 20x2년 8월 10일 액면금액 1,000원인 보통주 200주를 주당 1,500원에 발행하다.
> c. 20x2년 10월 15일 발행주식 중 액면금액 1,000원인 보통주 10주를 주당 2,000원에 취득하다.

① 780,000원
② 820,000원
③ 850,000원
④ 880,000원

해설
- 20×2년 2월 25일
  (차) 이익잉여금   50,000   (대) 현금   50,000
  → 자본감소 50,000
- 20×2년 8월 10일
  (차) 현금   200주×@1,500=300,000   (대) 자본금   200주×@1,000=200,000
  　　　　　　　　　　　　　　　　　　　　　　　주식발행초과금   100,000
  → 자본증가 300,000
- 20×2년 10월 15일
  (차) 자기주식   10주×@2,000=20,000   (대) 현금   20,000
  → 자본감소   20,000
- ∴ 20×2년말 자본총액 : 550,000-50,000+300,000-20,000=780,000

15 (주)울산은 20x1년 1월 1일에 (주)마산의 주식을 30,000,000원에 취득하고 매도가능증권으로 계상하였다. 20x1년 말 해당주식의 공정가치는 45,000,000원이었다. 20x2년 중 (주)울산의 재경담당자는 다음과 같은 내용의 신문기사를 읽게 되었다.

> **울산 중견 건설업체 최종부도**
> 울산에 기반을 둔 중견 건설업체인 (주)마산이 기업구조조정촉진법에 의한 관리절차를 신청하였습니다. 금융업계에 따르면 (주)마산은 대한중앙회에 돌아온 4억원의 만기어음을 막지못해 최종부도처리 되었습니다.
> 지난해 시공능력평가에서 323위를 차지한 (주)마산은 (주)경주와 함께 울산지역의 대표적인 건설사입니다.

(주)울산은 (주)마산의 주식에 대해 회수가능액을 15,000,000원으로 평가하였다. ㈜울산이 (주)마산의 주식에 대하여 20x2년 손익계산서에 인식할 손상차손금액은 얼마인가?

① 15,000,000원　　　　　　　　　② 20,000,000원
③ 30,000,000원　　　　　　　　　④ 40,000,000원

해설
- 20×1년 1월 1일
  (차) 매도가능증권　　30,000,000　　　(대) 현금　　　　　　30,000,000
- 20×1년 12월 31일
  (차) 매도가능증권　　15,000,000　　　(대) 매도가능증권평가이익　15,000,000
- 20×2년 손상시
  (차) 매도가능증권평가이익　15,000,000　(대) 매도가능증권　　30,000,000
  　　매도가능증권손상차손　15,000,000

16 다음 중 건물의 취득원가를 증가시키는 지출로 가장 옳은 것은?

① 외벽의 도장　　　　　　　　　② 파손된 유리의 교체
③ 관리비의 지급　　　　　　　　④ 엘리베이터의 설치

해설
- 개조, 증축, 엘리베이터 설치, 냉난방시설 설치등은 자본적지출로서 취득원가에 가산한다.

17 다음 중 20x2년 (주)영일이 수행한 회계처리 내역으로 가장 올바르지 않은 것은?

① 당기 중 사용하던 기계장치에 대하여 원상회복을 위한 지출을 하고 해당 지출액을 수익적 지출로 처리하였다.
② 대주주로부터 외상으로 취득한 유형자산을 장부에 계상하지 아니하였다.
③ 유형자산은 최초에는 취득원가로 측정하되 현물출자로 취득한 경우에는 공정가치를 취득원가로 하였다.
④ 차량운반구의 취득과 관련하여 매입한 국공채 등의 매입금액과 현재가치의 차액을 차량운반구의 취득원가에 산입하였다.

해설
- 외상으로 취득한 유형자산 : (차) 유형자산 ×××　(대) 미지급금 ×××

18 (주)영일은 20x2년 1월 1일에 기계장치를 취득하여 4년동안 정률법으로 감가상각하고자 한다. 정률법을 적용하는 경우 정액법을 사용할 경우와 비교하여 20x2년 ㈜영일의 당기순이익 및 기계장치의 기말 순장부금액에 미치는 영향으로 가장 옳은 것은?

	당기순이익	기말장부금액
①	과소계상	과대계상
②	과소계상	과소계상
③	과대계상	과대계상
④	과대계상	과소계상

해설
- 초기 감가상각비는 정률법이 더 크다.
  ∴ 당기순이익 과소계상, 기말장부금액 과소계상(∵감가상각누계액 과대계상)

19 (주)울산은 사용 중이던 건물을 (주)마산의 기계장치와 교환하였다. 이 교환거래와 관련하여 (주)울산은 공정가치의 차액 500,000원을 현금으로 지급하였다. 이 교환거래에서 (주)울산이 인식해야 할 유형자산처분손실은 얼마인가?

	건물	기계장치
취득원가	3,000,000원	5,000,000원
감가상각누계액	500,000원	4,200,000원
공정가치	1,500,000원	2,000,000원

① 0원
③ 1,000,000원
② 500,000원
④ 2,000,000원

해설
- 이종자산 교환시의 기계장치의 취득원가는 제공한 자산(건물)의 공정가치로 한다. 한편, 현금수수가 있는 경우에는 원래대로 처분손익을 인식한후 별도로 현금 수수액을 취득원가에 가감한다.
- 회계처리

(차) 기계장치(건물의 공정가치) 1,500,000   (대) 건물   3,000,000
   감가상각누계액   500,000
   유형자산처분손실   1,000,000
(차) 기계장치   500,000   (대) 현금   500,000
→ ∴ 유형자산처분손실   : 1,000,000
   기계장치의 취득원가 : 2,000,000(1,500,000+500,000)

20 (주)울산은 (주)마산에 상품을 위탁하여 판매하고 있으며 20x2년 중 위탁판매와 관련된 거래는 다음과 같다. 20x2년 (주)울산이 인식해야 할 위탁판매에 대한 매출액은 얼마인가?

> a. 20x2년 2월 5일 위탁판매를 위해 (주)울산은 (주)마산에 단위당 2,000원인 상품 100개를 적송하였고 운임 등 제비용으로 150,000원이 발생하였다.
> b. 20x2년 4월 6일 (주)마산이 모든 위탁품을 400,000원에 판매하였다.
> c. 20x2년 5월 1일 (주)마산이 판매한 위탁품에 대한 대금에서 판매수수료를 차감한 금액을 (주)울산에게 송금하였고, 판매수수료는 판매가액의 10%가 발생하였다.

① 40,000원   ② 200,000원
③ 350,000원   ④ 400,000원

해설
- (차) 현금   360,000   (대) 매출   400,000
  지급수수료   400,000×10%=40,000

21 다음 중 개발비를 무형자산으로 계상하기 위하여 반드시 필요한 조건으로 보기 어려운 것은?

① 무형자산을 사용 또는 판매하기 위해 그 자산을 완성시킬수 있는 기술의 실현가능성을 제시할 수 있어야 한다.
② 무형자산이 어떻게 미래경제적효익을 창출할 것인가를 보여줄 수 있어야 한다.
③ 무형자산을 사용하여 개발된 시제품의 판매로 인한 매출이 발생하고 있어야 한다.
④ 개발단계에서 발생한 무형자산 관련 지출을 신뢰성있게 구분하여 측정할 수 있어야 한다.

해설
- ③은 일반기업회계기준에서 규정하고 있는 무형자산의 자산계상요건과 무관하다.

22 다음은 (주)영일의 무형자산 취득 및 상각 관련 내역이다. 각 자산에 대하여 20x2년 무형자산 상각액으로 인식될 금액을 가장 올바르게 짝지은 것은(단, ㈜영일은 한국채택국제회계기준을 적용하고 있다.)?

> 가. 무형자산 A의 취득시(20x2.1.1) 취득원가는 400,000원이다. 동 자산의 경제적내용연수는 비한정인 것으로 판단되고 (주)영일의 경영진인 윤이사도 동 자산이 내용연수의 제한 없이 사용될 것으로 예상하고 있으나, 내용연수를 보다 명확히 하기 위하여 (주)영일은 20년의 기간동안 정액법으로 상각하기로 하였다.
> 나. 무형자산 B는 취득시점(20x2.1.1)에 바로 사용 가능하나 (주)영일의 경영진인 윤이사는 20x3.1.1에 해당 자산의 사용을 시작하기로 결정하였다. 동 자산의 취득원가는 200,000원 이며, 20x6.12.31까지 사용가능 할 것으로 예상하고 있다. 무형자산 B의 미래경제적효익이 소비되는 형태는 신뢰성있게 결정불가하다.

	가	나
①	0원	40,000원
②	0원	50,000원
③	20,000원	40,000원
④	20,000원	50,000원

해설
- 가 : 내용연수가 비한정인 무형자산에 대하여는 상각하지 않되, 손상평가를 수행함.
- 나 : 사용가능한 시점인 20×2년부터 상각하며, 미래경제적효익이 소비되는 형태를 신뢰성있게 결정불가시는 정액법을 적용한다.
  → 무형자산상각비 : 200,000÷5년=40,000

23 20x2년 7월 1일에 (주)영일은 액면금액 100,000원, 이자율 5%, 3년 만기의 사채를 92,259원에 발행하였다. 이자지급일은 매년 6월 30일이며 유효이자율은 8%이다. ㈜영일의 사채할인발행차금을 유효이자율법으로 상각하는 경우 12월 31일로 종료하는 20x2년 회계연도의 사채이자비용으로 인식할 금액은 얼마인가(단, 이자비용은 월할계산하며, 단수는 소수 첫재자리에서 반올림한다.)?

① 2,307원 ② 2,999원
③ 3,690원 ④ 4,000원

해설
- $92,259 \times 8\% \times \dfrac{6}{12} = 3,690$

24 (주)영일은 20x2년 1월 1일에 액면금액 1,000,00원의 회사채를 발행하였다. 회사채의 표시이자율은 10%이며, 이자지급일은 매년 말일이고, 만기는 20x4년 12월 31일이다. 회사채 발행시 유효이자율이 12%라고 하면 (주)영일이 사채 발행시에 수령할 금액은 얼마인가?

현가계수	1년	2년	3년
이자율 10%	0.90909	0.82645	0.75131
이자율 12%	0.89286	0.79719	0.71178

① 951,963원 ② 959,159원
③ 1,000,000원 ④ 1,100,000원

해설
- $100,000 \times 0.89286 + 100,000 \times 0.79719 + 1,100,000 \times 0.71178 = 951,963$

25 미지급비용은 아직 지급 기일이 도래하지 않아 지급되지 않고 있는 채무를 말하는 데, 이렇게 지급 기일이 도래하지 않았음에도 불구하고 기간의 경과에 따라 비용을 인식하는 근거로 가장 옳은 것은?

① 총액주의
② 현금주의
③ 중요성
④ 발생주의

해설

• 발생주의는 현금주의와 상반된 개념으로 현금의 수수와는 관계없이 수익은 실현되었을 때 인식되고, 비용은 발생 되었을 때 인식되는 개념이다.

26 사채의 할증 발행시 발생한 사채할증발행차금을 유효이자율법에 따라 상각할 때 이자비용과 사채할 증발행차금 상각액은 각각 매년 어떻게 변동하는가?

	이자비용	사채할증발행차금 상각액
①	증가	증가
②	증가	감소
③	감소	감소
④	감소	증가

해설

• '액면이자-유효이자=상각액'
  → 장부금액은 상각액만큼 매년 감소
  → '유효이자(이자비용)=장부금액×유효이자율' 이므로 유효이자(이자비용)도 매년 감소
  → 유효이자가 매년 감소하므로 상각액은 매년 증가

27 충당부채는 일정한 요건을 모두 충족하였을 때 재무제표에 부채로 인식된다. 다음 중 충당부채로 인식되기 위한 요건을 올바르게 짝지은 것은?

> 가. 과거의 사건이나 거래의 결과로 현재의 의무가 존재해야 한다.
> 나. 당해 의무로 인하여 기업에 발생할 손실금액이 확정되어야 한다.
> 다. 당해 의무를 이행하기 위하여 자원이 유출될 가능성이 매우 높아야 한다.
> 라. 그 의무의 이행에 소요되는 금액을 신뢰성있게 추정할 수 있어야 한다.

① 가, 나
② 다, 라
③ 가, 다, 라
④ 나, 다, 라

해설

• 충당부채 인식요건
  - 과거의 사건이나 거래의 결과로 현재의 의무가 존재해야 한다.
  - 당해 의무를 이행하기 위하여 자원이 유출될 가능성이 매우 높아야 한다.
  - 그 의무의 이행에 소요되는 금액을 신뢰성있게 추정할 수 있어야 한다.

제1편 백점이론특강 · 제2편 기출문제특강 · SET1 · SET2 · SET3 · SET4 · SET5 · SET6 · SET7 · SET8 · SET9 · SET10 · 신유형 · 기출문제오답노트 · 실전기출모의고사

28 다음은 (주)영일의 퇴직급여충당부채 관련 내용이다. 20x2년 중 퇴직급여로 지급한 금액은 얼마인가(단, 당기 매출원가에는 생산부서에 근무하는 종업원에 대한 퇴직급여 40,000원이 포함되어 있으며, 기타 변동은 없는 것으로 가정한다)?

가. 요약재무상태표

	20x2년말(제10기)	20x1년말(제9기)
퇴직급여충당부채	190,000원	140,000원

가. 요약손익계산서

20x2.1.1 ~ 20x2.12.31(제10기)

1. 매출액	300,000원
2. 매출원가	150,000원
3. 매출총이익	150,000원
4. 판매관리비	100,000원
5. 퇴직급여	60,000원

① 20,000원 　　　　　　　　　② 30,000원
③ 40,000원 　　　　　　　　　④ 50,000원

해설

• 퇴직급여충당부채상계액(140,000+60,000-190,000)+매출원가계상액(40,000)=50,000

29 20x2년초 (주)영일의 법인세비용차감전순이익은 500,000원이다. 세무조정 결과 감가상각비한도초과로 인한 20x2년도 과세이익 증가분은 100,000원이었다. 당 회계연도 법인세율 및 미래의 예상법인세율이 30%일 경우 20x2년의 손익계산서에 계상될 법인세비용은 얼마인가(단, 상기 외의 세무조정사항은 없으며, 향후 과세소득은 당기 수준으로 유지될 것으로 가정한다.)?

① 120,000원 　　　　　　　　　② 140,000원
③ 150,000원 　　　　　　　　　④ 180,000원

해설

• 미지급법인세 : (500,000+100,000)×30%=180,000
• 이연법인세자산(유보) : 100,000×30%=30,000
　→ (차) 법인세비용　　　　　? 　　(대) 미지급법인세(당기법인세) 180,000
　　　　　이연법인세자산 30,000
∴ 법인세비용=150,000

30 다음 중 이연법인세자산,부채와 관련된 회계처리를 가장 올바르게 수행한 회계담당자는 누구인가 (단, 중소기업 회계처리 특례는 고려하지 않는다)?

① 박대리 : 난 어제 이연법인세자산, 부채를 인식하면서 비유동자산, 부채로만 계상했어.
② 오대리 : 이연법인세자산은 향후 과세소득의 발생가능성이 매우 높아 미래의 법인세 절감효과가 실현될 수 있을 것으로 기대되는 경우에 인식해.
③ 이대리 : 이연법인세자산, 부채는 보고기간종료일로부터 1년 초과시점에 실현되는 경우 현재 가치로 평가해.
④ 김대리 : 이연법인세자산, 부채를 계산할 때 미수이자와 같은 일시적 차이는제외하고 영구적 차이 만 고려했어.

해설
- ① 유동자산(부채) 또는 기타비유동자산(부채)으로 공시한다.
  ③ 현재가치 평가대상에서 제외한다.
  ④ 일시적 차이를 고려해야 한다.

31 다음은 (주)영일의 유상증자와 관련된 자료이다.

가. 1주당 액면금액 : 5,000원	나. 1주당 발행금액 : 6,500원
다. 발행주식수 : 100,000주	라. 신주발행비 : 20,000,000원

상기 유상증자 시 재무상태표에 계상할 주식발행초과금은 얼마인가?

① 130,000,000원   ② 150,000,000원
③ 480,000,000원   ④ 600,000,000원

해설
- 할증발행시 신주발행비는 주식발행초과금에서 차감한다.
  → 주식발행초과금=100,000주×1,500-20,000,000=130,000,000
  (차) 현금   630,000,000   (대) 자본금   500,000,000
                        주식발행초과금   130,000,000

32 다음 중 기타포괄손익누계액으로 분류되는 것은?

① 이익준비금   ② 자기주식
③ 매도가능증권평가이익   ④ 전기오류수정이익

해설
- 이익준비금은 이익잉여금, 자기주식은 자본조정, 전기오류수정이익은 영업외수익 또는 이익잉여금이다.

33 자본조정이란 자본거래에 해당하나 최종 납입은 자본으로 볼 수 없거나 자본의 가감 성격으로 자본 금이나 자본잉여금으로 분류할 수 없는 항목을 의미한다. 다음 중 자본조정으로 가장 올바르지 않은 것은?

① 유형자산 재평가이익(재평가잉여금)   ② 신주청약증거금
③ 주식할인발행차금   ④ 미교부주식배당금

해설
- 유형자산 재평가이익(재평가잉여금) : 기타포괄손익누계액

34 다음 중 손익계산서에 관한 설명으로 가장 올바르지 않은 것은?

① 손익계산서상의 당기순이익은 법인세 계산을 위한 과세소득과 항상 동일하다.
② 손익계산서는 노동조합의 임금협상에 필요한 정보, 정부의 조세 및 경제항목의 기초자료로 제공되기도 한다.
③ 손익계산서는 기업내부의 경영계획이나 배당정책을 수립하는데 중요한 자료로 이용될 수 있다.
④ 손익계산서는 경영활동에 대한 성과를 측정, 평가하는데 유용한 정보를 제공한다.

해설

• 회계상 당기순이익과 세법상 과세소득은 일반적으로 일치하지 않는다. 따라서, 세무상의 세무조정을 거치게 된다.

35 손익계산서를 작성할 때 준거해야 하는 작성기준 중에서 구분계산의 원칙이 있다. 다음 중 이러한 구분계산의 원칙에 의할 경우 영업손익의 계산과정에 포함되지 않는 항목은?

① 무형자산상각비
② 유형자산처분이익
③ 경상개발비
④ 광고선전비

해설

• 유형자산처분이익은 영업외손익 항목이며, 나머지는 영업손익 항목이다.

36 다음 중 수익인식기준에 대한 설명으로 가장 올바르지 않은 것은(단, 중소기업 회계처리 특례는 고려하지 않는다.)?

① 용역의 제공으로 인한 수익은 용역거래의 성과를 신뢰성있게 추정할 수 있을 때 완성기준에 따라 인식한다.
② 배당금수익은 배당금을 받을 권리와 금액이 확정되는 시점에 인식한다.
③ 로얄티수익은 관련된 계약의 경제적 실질을 반영하여 발생기준에 따라 인식한다.
④ 이자수익은 원칙적으로 유효이자율을 적용하여 발생기준에 따라 인식한다.

해설

• 용역의 제공으로 인한 수익은 용역거래의 성과를 신뢰성있게 추정할 수 있을 때 진행기준에 따라 인식한다.

37 다음은 도매업을 영위하고 있는 (주)영일의 20x2년 회계연도의 매출 및 매출채권과 관련된 자료이다. 당기 손익계산서에 계상될 매출액은 얼마인가(단, 모든 거래는 외상으로 이루어지고 매출에누리와 매출할인 및 매출환입은 없는 것으로 가정한다.)?

> 가. 20x2년 1월 1일 매출채권 잔액 45,000,000원
> 나. 20x2년 중 현금회수금액 75,000,000원
> 다. 20x2년 12월 31일 매출채권 잔액 25,000,000원

① 25,000,000원
② 55,000,000원
③ 75,000,000원
④ 85,000,000원

해설

매출채권			
기초매출채권	45,000,000	회수액	75,000,000
당기매출액	x	기말매출채권	25,000,000

→ $x = 55,000,000$

38 화폐성 외화자산, 부채는 기말 현재의 마감환율로 환산하여 외화환산손익을 인식한다. 다음 중 기말 결산시 외화환산손익을 인식하는 계정과목으로 가장 옳은 것은?

① 재공품
② 선급금
③ 미지급금
④ 선수금

해설
- 화폐성항목인 것을 찾는 문제이다.
  - 재공품(재고자산) : 비화폐성항목
  - 선급금/선수금 : 비화폐성항목
  - 미지급금 : 화폐성항목

39 (주)목동은 보유하고 있는 본사 건물의 일부를 (주)부산에게 임대하였고, 임대조건이 다음과 같은 경우 (주)목동이 20x2년에 인식할 임대료수익은 얼마인가?

> 가. 임대기간 : 20x2년 9월 1일 ～ 20x3년 8월 31일(1년)
> 나. 임대료   : 180,000,000원(월 임대료 15,000,000원)
> 다. 지급조건 : 임대기간 개시일(20x2년 9월 1일)에 1년분 임대료를 일시에 수취하는 조건

① 15,000,000원
② 60,000,000원
③ 90,000,000원
④ 180,000,000원

해설
- $180,000,000 \times \dfrac{4}{12} = 60,000,000$

40 다음 자료를 참고하여 (주)영일의 기본주당순이익을 계산하면 얼마인가?

> 가. 당기순이익   : 450,000,000원
> 나. 우선주배당금   : 10,000,000원
> 다. 가중평균유통보통주식수 : 100,000주

① 4,400원
② 4,500원
③ 4,800원
④ 5,000원

해설
- $\dfrac{450,000,000 - 10,000,000}{100,000주} = 4,400$

02 세무회계

41 다음 중 조세에 대한 설명으로 가장 올바르지 않은 것은?

① 간접세란 조세를 부담하는 자와 조세를 납부하는 자가 동일하지 아니한 조세를 말하며 이에는 부가가치세, 개별소비세 등이 포함된다.

② 조세는 국가가 규정하는 법의 내용을 근거로 국민에게 징수하는 것으로 법에서 정하는 요건에 해당하는 국민은 자신의 의사와 관계없이 조세를 납부하여야 한다.

③ 조세를 부과, 징수하는 주체인 국가라도 법의 규정에 근거하지 아니하고 법규에 따라 국민으로부터 세금을 부과, 징수할 수는 없다.

④ 국가 또는 지방자치단체는 국민이 납부하는 조세에 대하여 국민에게 직접 대응되는 대가를 지급해 준다.

해설
• 조세는 반대급부(개별보상)가 없다.

42 (주)영일의 김영일부장은 신문을 읽던 중 다음과 같은 기사를 읽게 되었다.

> 앞으로는 경제자유구역에 입주하는 국내기업도 일정요건을 갖춘 경우 외국인 투자기업과 같이 조세감면을 받게 될 것으로 보인다.
>
> (중략)
>
> 정부가 경제자유구역에 입주하는 기업의 세제 및 자금지원 대상을 '외국인투자기업및 대통령령으로 정하는 기업'으로 확대한 것이다.
>
> 이에 따라 경제자유구역에 진출하는 국내기업에 대해서도 조세를 감면하는 법적근거가 마련되었으며 외투기업과 연관성이 높은 국내기업의 입주를 촉진해 구역별 산업특화 클러스터 조성이 기대되고 있다.

김영일 부장은 기사 중 밑줄친 부분을 읽고 다음과 같은 생각을 하였다. "일정요건을 갖추어 조세를 감면한 경우 세액을 감면 받은 후 관련 규정을 따르지 않으면 감면을 취소하고 추징할 수도 있겠지." 이러한 생각과 관련이 깊은 국세부과의 원칙으로 가장 알맞은 것은?

① 실질과세의 원칙 ② 근거과세의 원칙
③ 신의성실의 원칙 ④ 조세감면의 사후관리

해설
• 조세감면의 사후관리
  - 정부가 국세를 감면한 경우에는 그 감면의 취지를 성취하거나 국가정책을 수행하기 위하여 필요하다고 인정하면 세법이 정하는 바에 따라 감면세액에 상당하는 자금 또는 자산의 운용범위를 정할 수 있으며, 세액을 감면 받은 후 이 규정을 따르지 아니하면 감면을 취소하고 추징할 수 있다.

43 다음 법인세 신고, 납부에 관한 문답내용 중 가장 올바르지 않은 것은?

> ㄱ. Q : 법인세 납세의무자는 누구인가?
> A : 법인세 납세의무자는 법인의 대표이다.
> ㄴ. Q : 법인세법상 납세지란 무엇인가?
> A : 법인세 납세의무자의 입장에서 법인세를 신고, 납부하는 기준이 되는 장소를 의미하고 법인세 과세권자인 국가의 입장에서는 법인세를 부과, 징수하는 기준이 되는 장소를 의미한다.
> ㄷ. Q : 납부해야 할 법인세액이 많으면 분납도 가능한가?
> A : 납부할 법인세액이 1천만원을 초과하는 때에는 납부기한이 경과한 날로부터 1개월(중소기업은 2개월)내에 법인세를 분납할 수 있다.
> ㄹ. Q : 법인세법상 기납부세액이란 무엇인가?
> A : 법인이 사업연도 중에 납부한 법인세금액으로 중간예납세액, 원천징수세액 및 수시부과세액이 해당된다.

① ㄱ
② ㄴ
③ ㄷ
④ ㄹ

___해설___
• 법인세를 납부할 의무를 가지는 자는 법인이다.

44 법인세법상 소득처분 중 소득의 귀속자에게 추가적으로 소득세를 과세하는 항목이 아닌 것은?

① 배당
② 기타사외유출
③ 기타소득
④ 상여

___해설___
• 기타사외유출은 추가적인 소득세 과세를 발생시키지 않는다.

제1편 빽점이론특강
제2편 기출문제특강
SET1
SET2
SET3
SET4
SET5
SET6
SET7
SET8
SET9
SET10
신유형
기출문제요답노트
실전기출모의고사

45 다음은 (주)영일의 세무조정 대상 항목이다. 이를 이용하여 소득금액조정합계표를 작성할 때 (가)와 (나)에 해당하는 금액을 맞게 짝지은 것은?

ㄱ. 부가가치세법상 세금계산서 미발급 가산세	:	9,000,000원
ㄴ. 자산수증이익 중 이월결손금의 보전에 충당된 금액	:	3,000,000원
ㄷ. 감가상각비 한도초과액	:	15,000,000원
ㄹ. 접대비 한도초과액	:	5,000,000원
ㅁ. 채권자불분명 사채이자	:	8,000,000원

익금산입 및 손금불산입					손금산입 및 익금불산입				
과 목	금 액	소득처분			과 목	금 액	소득처분		
		처분	코드				처분	코드	
합 계	(가)				합 계	(나)			

	(가)	(나)
①	31,000,000원	5,000,000원
②	34,000,000원	4,000,000원
③	37,000,000원	3,000,000원
④	40,000,000원	0원

해설

- 익금산입 및 손금불산입
  - 9,000,000+15,000,000+5,000,000+8,000,000=37,000,000
- 손금산입 및 익금불산입
  - 3,000,000

46 다음 중 법인세법상 손익의 귀속시기에 관한 설명으로 가장 옳지 않은 것은?

① 용역제공기간이 1년이상인 장기용역손익의 귀속시기 : 착수일로부터 목적물의 인도일까지 건설 등을 완료한 정도(작업진행률)에 따라 결정

② 제품 인도일 다음날로부터 최종 할부금 지급일까지의 기간이 1년 미만인 단기할부판매의 귀속시기 : 대금을 회수하였거나 회수를 약정한 날

③ 계약 등에 의하여 임대료 지급일이 정하여진 경우 임대손익의 귀속시기 : 계약에 의한 지급약정일

④ 상품, 제품 이외의 자산 판매손익의 귀속시기 : 해당 자산의 대금청산일, 소유권 이전등기일(또는 등록일), 인도일 또는 사용수익일 중 가장 빠른 날

해설

- 단기할부판매의 귀속시기 : 인도한 날

47 다음 중 법인세법상 세무조정이 불필요한 경우는?

① (주)울산은 업무무관자산을 구입하고 관리비 5,000,000원을 비용으로 계상하였다.

② (주)대전은 대표이사에게 회사 정관에 기재된 상여금 지급기준보다 3,000,000원이 많은 상여금을 지급하고 전액 비용처리 하였다.

③ (주)대구는 액면금액이 500원인 주식을 주당 1,000원에 발행하고 액면금액은 자본금으로, 액면초과금액은 회계처리기준에 따라 주식발행초과금으로 계상하였다.

④ 제조업을 영위하는 (주)마산은 원천징수대상인 이자소득의 기간경과분 이자 500,000원을 회계처리기준에 따라 미수이자로 계상하고 이자수익으로 인식하였다.

• ① 업무무관비용 : 손금불산입
  ② 임원상여한도초과 : 손금불산입
  ④ 미수이자 : 익금불산입

48 다음 중 법인세법상 인건비에 대한 설명으로 가장 올바르지 않은 것은?

① 법인이 임원과 종업원을 위하여 사용자로서 부담한 국민건강보험료, 고용보험료 등은 손금으로 인정된다.

② 임원이 아닌 종업원에게 지급하는 상여금은 일정한도 금액까지만 손금으로 인정된다.

③ 임원이 아닌 종업원에게 지급하는 퇴직금은 전액 손금으로 인정된다.

④ 비상근임원에게 지급하는 보수 중 일반적으로 인정되는 범위를 초과하여 과다하게 지급하는 금액은 손금으로 인정되지 않을 수 있다.

해설

• 임원이 아닌 종업원에게 지급하는 상여금은 전액 손금으로 인정된다.

49 법인세법에서는 조세정책적인 목적 등으로 일정한 한도까지만 손금으로 인정하고 이를 초과하는 금액은 손금으로 인정하지 않는 항목들을 규정하고 있다. 다음 중 이에 해당하지 않는 것은?

① 접대비   ② 감가상각비

③ 기부금   ④ 복리후생비

해설

• 복리후생비는 한도없이 전액 손금으로 인정된다.

50 (주)영일은 결산서상 당기 획득한 재고자산의 금액을 시가로 평가하였다. 제8기(20x3년 1월 1일 ~ 20x3년 12월 31일) 현재 취득원가와 시가는 다음과 같다. 당초에 법인세법상 재고자산의 평가방법이 원가법으로 신고된 경우 필요한 세무조정을 수행한다면 이러한 재고자산의 세무조정이 각사업연도소득금액에 미치는 영향은?

구분	취득원가	시가
원재료	15,000,000원	14,000,000원
제품	20,000,000원	19,000,000원

① 영향없음
② 1,000,000원 감소
③ 2,000,000원 증가
④ 2,000,000원 감소

해설
• 손금불산입 평가손실 2,000,000(유보)
  → 2,000,000원 증가

51 (주)영일은 제3기(20x2.1.1. ~ 20x2.12.31.) 사업연도 개시일에 8,000,000원에 취득한 기계장치를 법인세법상 4년간 정액법으로 상각한다. 법인이 결사서상 다음과 같이 감가상각비를 계상한 경우 제4기(20x3.1.1 ~ 20x3.12.31)에 필요한 세무조정은?

구분	결산서상 감가상각비 계상액
제3기	2,600,000원
제4기	1,600,000원

① 세무조정 없음
② (손금산입) 전기상각부인액 400,000원(△유보)
③ (손금산입) 전기상각부인액 600,000원(△유보)
④ (손금불산입) 상각부인액 200,000(유보)

해설
• 제3기 : 상각부인액 2,600,000-2,000,000=600,000
  → 손금불산입 600,000(유보)
• 제4기 : 시인부족액 1,600,000-2,000,000=△400,000
  → 손금산입 400,000(△유보)

52 다음 자료를 이용하여 (주)영일의 제7기(20x3.1.1 ~ 20x3.12.31) 접대비에 대한 세무조정을 수행하고자 할대 접대비 손금산입한도액은 얼마인가?

> a. 매출액 : 90억원(특수관계인에 대한 매출은 없다)
> b. 문화접대비 지출액은 없다
> c. (주)영일은 제조업을 영위하고 중소기업이 아니며 세법상 손금한도를 계산하기 위한 수입금액 기준 적용률은 다음과 같다.

수입금액	적용률
100억원 이하	0.3%
100억원 초과 500억원 이하	3천만원 + 100억원 초과분 X 0.2%
500억원 초과	1억1천만원 + 500억원 초과분 X 0.03%

① 12,000,000원　　② 18,000,000원
③ 39,000,000원　　④ 41,000,000원

해설

• $12,000,000 \times \dfrac{12}{12} + 90억원 \times 0.3\% = 39,000,000$

53 다음은 (주)영일의 제12기(20x3.1.1. ~ 20x3. 12.31) 기부금 관련 자료이다. 이를 기초로 기부금 지출액 중 손금으로 인정되지 않는 금액을 계산하면 얼마인가?

> a. 기부금 지출액
>   - 법정기부금　　: 20,000,000원
>   - 지정기부금　　: 30,000,000원
>   - 비지정기부금　: 5,000,000원
> b. 기부금 한도액
>   - 법정기부금　　: 55,000,000원
>   - 지정기부금　　: 9,000,000원

① 5,000,000원　　② 20,000,000원
③ 26,000,000원　　④ 손금불산입 되는 금액 없음

해설

• 손금불산입 비지정기부금　　5,000,000
　손금불산입 지정기부금 한도초과　21,000,000
　　　　　　　　　　　　　　26,000,000

54 다음 중 법인세법상 대손충당금에 관한 설명으로 가장 올바르지 않은 것은?

① 법인세법상 대손충당금 설정대상채권은 매출채권으로 한정된다.
② 법인세법상 대손충당금 설정률은 '1%'와 '법인의 대손실적률' 중 큰 비율을 적용한다.
③ 대손충당금 기말잔액과 한도액을 비교하여 한도초과액은 손금불산입(유보)으로 처리한다.
④ 대손충당금 기말잔액이 한도액에 미달하는 경우 한도미달액에 대해서는 별도의 세무조정을 하지 않는다.

해설

• 대손충당금 설정대상채권은 매출채권 뿐만 아니라 대여금, 미수금, 수표·어음상 채권 등 다양하다.

55 법인세법에서는 차입금에 대한 지급이자는 원칙적으로 전액 손금인정되지만 법에서 열거하는 특정 지급이자는 손금불산입된다. 다음 중 법인세법상 손금불산입되는 지급이자에 해당하지 않는 것은?

① 운영자금차입금이자　　　　　　　② 비실명채권,증권이자
③ 업무무관자산 등 관련이자　　　　　④ 건설자금이자

> **해설**
> • 일반적인 차입금이자는 '지급이자 손금불산입' 규정의 대상에 해당하지 않는다.

56 다음 중 법인세법상 부당행위계산부인 규정에 대한 설명으로 가장 옳지 않은 것은?

① 거래결과 해당법인의 법인세 부담을 부당하게 감소시켜야 한다.
② 법인의 거래가 법인세법에서 규정하고 있는 특수관계인과 이루어져야 한다.
③ 특수관계인에게 무이자로 금전을 대여할 경우 법인세법상 적정이자금액을 익금산입하고 귀속자에 따라 소득처분한다.
④ 거래당사자 간에 문서로 된 계약서가 존재해야 한다.

> **해설**
> • 계약서의 존재는 부당행위계산부인의 적용요건과는 무관하다.

57 (주)영일은 일반거래처에 10,000,000원에 판매하는 제품을 특수관계인인 ㈜용산에게 7,000,000원에 현금판매하였다. 다음 중 (주)영일의 세무조정으로 가장 옳은 것은?

① 세무조정없음
② (익금산입) 부당행위계산부인 3,000,000(유보)
③ (익금산입) 부당행위계산부인 3,000,000(기타사외유출)
④ (손금산입) 부당행위계산부인 3,000,000(기타)

> **해설**
> • 부당행위계산부인 저가양도 차액 3,000,000을 익금산입하고 귀속이 법인이므로 기타 사외유출로 소득처분한다.

58 다음은 법인세의 계산구조이다. 다음 중 (가)~ (라)에 관한 설명으로 가장 올바르지 않은 것은?

	각사업연도소득금액	
(−)	이월결손금	
(−)	비과세소득	·· (가)
(−)	소득공제	·· (나)
	과세표준	
(X)	세율	
	산출세액	
(−)	세액공제	·· (다)
(−)	세액감면	
(+)	가산세	
(+)	감면분추가납부세액	
	총부담세액	
(−)	기납부세액	·· (라)
	차감납부세액	

① (가) : 법인의 소득중 법인세를 과세하지 아니하는 소득으로서 다음연도로 이월하여 공제받을 수 있다.
② (나) : 법인세법 등에서 규정한 요건에 해당하는 경우 법인의 소득금액에서 일정액을 공제하여 주는 제도를 말한다.
③ (다) : 법인세 총부담세액 계산시 일정금액을 감액하도록 규정한 제도로서 대표적인 세액공제로는 외국납부세액공제, 재해손실세액공제 등이 있다.
④ (라) : 법인이 사업연도 중에 미리 납부한 법인세액으로 중간예납세액, 원천징수세액 및 수시부과세액이 이에 해당된다.

해설
• 비과세와 소득공제는 이월공제가 없다.

59 다음 중 세법상 가산세를 부과하지 않는 경우는?

① 5,000원의 접대비를 지출하고 영수증을 수취한 경우
② 원천징수의무자인 법인이 원천징수한 세액을 납부기한이 경과한 후에 납부하는 경우
③ 장부의 비치, 기장의무를 이행하지 아니한 경우
④ 납세의무자가 법정 신고기한까지 과세표준 신고를 하지 않은 경우

해설
• ② 원천징수의무자인 법인이 원천징수한 세액을 납부기한이 경과한 후에 납부하는 경우 : 원천징수납부등 불성실가산세
③ 장부의 비치, 기장의무를 이행하지 아니한 경우 : 무기장가산세
④ 납세의무자가 법정 신고기한까지 과세표준 신고를 하지 않은 경우 : 무신고가산세

구 분	대 상	영수증수령시 법인세법상 제재	
		손금인정여부	가산세 제재
접 대 비	건당 1만원 초과	손금불산입항목	가산세 없음
	건당 1만원 이하	손금항목	가산세 없음
기타 지출	건당 3만원 초과	손금항목	지출증빙 미수취 가산세
	건당 3만원 이하	손금항목	가산세 없음

60 다음의 (가)에 들어가는 용어로 가장 옳은 것은?

> a. (가)에 대한 법인세란 법인이 해산 또는 합병,분할 시에 법인의 재산을 구성원 등에게 분배하는 과정에서 발생하는 소득에 대하여 부과하는 법인세를 말한다.
> b. (가)의 납세의무자는 해산 또는 합병,분할로 소멸하는 영리내국법인이다. 따라서 비영리법인은 (가)의 납세의무가 없다.
> c. (가)에 대한 법인세의 과세표준은 해산의 경우 잔여재산가액에서 자기자본 총액을 차감한 금액, 합병, 분할의 경우 합병,분할대가에서 자기자본총액을 차감한 금액이다.

① 토지 등 양도소득   ② 비수익사업소득
③ 각사업연도소득   ④ 청산소득

해설
• 청산소득법인세에 대한 내용이다.

61 다음 중 소득세법에 대한 설명으로 가장 옳은 것은?

① 소득세법에 따라 개인 사업자는 1년을 초과하지 않는 범위 내에서 선택에 의해 사업연도를 임의로 정할 수 있다.
② 소득세는 개인의 소득에 대해 과세되는 조세이므로 개인의 인적사항에 관계없이 소득이 동일하다면 동일한 세액을 부담하도록 하고 있다.
③ 거주자의 경우 소득세의 납세지는 원칙적으로 주소지로 하며, 주소가 없는 때에는 거소지를 소득세의 납세지로 한다.
④ 종합소득세율은 단일 비례세율 구조로 되어 있으며 소득재분배의 효과가 있다.

해설
• ① 소득세법상 과세기간은 임의로 선택이 불가하며 사망과 국외이전을 제외하고는 1월 1일부터 12월 31일이다.
 ② 소득세는 개인의 인적사항이 고려되므로 소득이 동일하더라도 상이한 세액을 부담한다.
 ④ 종합소득세율은 초과 누진세율 구조로 되어 있어 소득재분배의 효과가 있다.

62 다음 중 소득세법상 이자 및 배당소득에 대한 설명으로 가장 옳은 것은?

① 국가나 공공기관에서 발행한 채권에서 발생하는 이자는 모두 비과세소득이다.
② 영업적으로 자금을 대여하고 이자를 받는 금액은 이자소득에 해당한다.
③ 자동차보험 가입 후 사고발생시 수령하는 보험금은 이자소득에 해당한다.
④ 배당소득과 이자소득에 대해서는 모두 필요경비를 인정하지 않고 있다.

해설
• ① 발행주체를 불문하고 채권에서 발생하는 이자는 모두 과세소득이다.
 ② 영업적으로 자금을 대여하고 이자를 받는 금액은 대금업으로서 사업소득에 해당한다.
 ③ 보장성보험(자동차보험 등)의 보험차익은 원칙적으로 소득세를 과세하지 않는다.

63 다음 중 소득세법상 사업소득금액과 법인세법상 각사업연도소득금액의 차이에 관한 설명으로 가장 올바르지 않은 것은?

① 법인세법에 따르면 소득의 종류를 구분하지 않고 모든 소득을 각사업연도소득에 포함하여 종합과세하므로 분리과세나 분류과세가 없다.

② 개인사업의 대표자에게 지급하는 급여는 필요경비에 산입하지 않지만, 법인의 대표자에게 지급하는 급여는 법인의 손금에 산입한다.

③ 개인사업의 대표자는 퇴직급여충당금의 설정대상에 해당하지만, 법인의 대표자는 퇴직급여충당금 설정대상에 해당하지 않는다.

④ 소득세법상 사업과 무관한 유형자산의 처분손익은 원칙적으로 사업소득의 총수입금액과 필요경비에 산입하지 않는다.

해설
• 법인의 대표자는 퇴직급여충당금의 설정대상에 해당하지만, 개인사업의 대표자는 퇴직급여충당금 설정대상에 해당하지 않는다.

64 다음 중 부동산임대와 관련된 사업소득에 관한 설명으로 가장 올바르지 않는 것은?

① 부동산의 임대소득뿐만 아니라 일정한 부동산상의 권리의 대여로 인하여 발생하는 소득도 사업소득에 포함된다.

② 부동산임대 관련 사업소득은 계약 또는 관습에 의해 그 지급일이 정해진 경우에는 그 정해진 날이 속하는 연도의 소득으로 보며, 그 지급일이 정해지지 않은 경우에는 실제 지급받는 날이 속하는 연도의 소득으로 본다.

③ 거주자가 상가를 임대하고 일정 기간별로 임대료를 받는 대신 보증금 등을 받는 경우에는 부동산 임대관련 수입금액은 발생하지 않는다.

④ 임대료를 선세금으로 미리 받은 경우에는 그 해의 임대기간에 해당하는 만큼의 금액을 총수입금액으로 본다.

해설
• 상가 보증금에 대한 간주임대료를 총수입금액으로 본다.

65 김영일씨의 20x3년 급여내역이 다음과 같을 때 소득세법상 총급여액을 계산하면 얼마인가?

> – 급여   : 매월 3,000,000원
> – 식사대 : 매월 100,000원(식사를 제공받음)
> – 상여   : 연간 5,000,000원
> – 연차수당 : 연간 1,000,000원
> 김영일씨는 연중 계속 근무하였으며 위 사항 이외의 근로소득은 없다.

① 36,000,000원 ② 37,200,000원
③ 42,200,000원 ④ 43,200,000원

해설
• 3,000,000×12개월+100,000×12+5,000,000+1,000,000=43,200,000
*식사를 제공받고 수령한 식대는 과세한다.

66 다음 중 소득세법상 기타소득에 대한 설명으로 가장 올바르지 않는 것은?

① 기타소득은 이자소득, 배당소득, 사업소득, 근로소득, 연금소득, 퇴직소득 및 양도소득의 7가지 소득에 해당하지 않는 소득을 말한다.
② 복권당첨소득은 무조건 종합과세를 적용하여야 하므로 당첨금을 수령한 다음 연도 5월에는 반드시 과세표준 확정신고를 해야 한다.
③ 광업권, 어업권의 양도로 인한 소득은 기타소득에 속한다.
④ 일부항목에 대해서는 기타소득 발생시 필요경비가 확인되지 않는 경우 최소한 총수입 금액의 60%를 필요경비로 인정하고 있다.

해설
• 복권당첨소득은 무조건 분리과세를 적용한다.

67 다음 대화에서 소득세법상 기본공제를 적용할 수 없는 사람은 누구인가?

> 김명수 : 저와 함께 살고 계시는 장인은 58세이며, 소득이 전혀 없습니다.
> 박철수 : 저와 함께 살고 계시는 부친은 67세이며 배당소득금액은 60만원이 있습니다.
> 이철희 : 저는 소득이 전혀 없는 22세의 장애인 딸이 있습니다.
> 최영호 : 저의 아내는 30세이며, 은행예금이자만 90만원 있습니다.

① 김명수의 장인   ② 박철수의 부친
③ 이철희의 딸   ④ 최영호의 아내

해설
• 김명수의 장인 : 60세 이상에 해당하지 않는다.

68 다음 자료에 의하여 근로소득이 있는 거주자 김영일씨의 20x3년도 종합소득공제로 공제가능한 보험료 금액을 구하면 얼마인가?

> 가. 국민건강보험료(김영일씨 부담분) : 400,000원
> 나. 자동차보험료 : 1,200,000원
> 다. 장기저축성보험료 : 600,000원

① 400,000원   ② 1,900,000원
③ 2,200,000원   ④ 2,700,000원

해설
• 국민건강보험료 : 400,000 [한도없음]

69 다음 중 양도소득세 과세대상으로 가장 올바르지 않은 것은?

① 토지의 무상이전
② 토지와 건물을 교환한 경우
③ 사업용 고정자산과 함께 양도하는 영업권
④ 비상장주식의 양도

해설
• 자산의 무상이전은 양도소득세가 아니라 증여세가 과세된다.

70 김영일씨의 이자소득이 다음과 같을 때, 김영일씨의 종합소득에 가산되는 이자소득금액과 용산은행이 이자소득으로부터 원천징수하는 소득세액을 계산하면 얼마인가?

> 가. 20x3년 1월 1일에 15,000,000원을 용산은행에 예금함.
> 나. 당해 예금의 연이율은 4.5%임.
> 다. 20x3년 12월 31일에 용산은행은 1년간 예금에 대한 이자를 지급함.
> 라. 예금에서 발생하는 이자 이외에 김영일씨는 다른 금융소득이 없음.

	종합소득에 가산되는 이자	원천징수금액
①	0원	0원
②	0원	94,500원
③	585,000원	94,500원
④	675,000원	94,500원

해설
- 이자소득 : 15,000,000×4.5%=675,000
  → 원천징수세액 : 675,000×14%=94,500
- 금융소득(이자소득)이 기준금액 이하이므로 분리과세하며, 종합소득에 가산되는 이자소득은 없다.

71 다음 중 예납적 원천징수와 완납적 원천징수에 관한 설명으로 가장 올바르지 않은 것은?

	구분	예납적 원천징수	완납적 원천징수
①	대상소득	분리과세소득	분리과세 이외의 소득
②	납세의무종결	원천징수로 종결안됨	원천징수로 종결됨
③	확정신고의무	확정신고 의무있음	확정신고 의무없음
④	조세부담	확정신고시 세액을 산출하고 원천징수세액을 공제함	원천징수세액

해설
- 완납적 원천징수의 대상소득은 분리과세소득이다.

72 다음 중 부가가치세법상 사업자에 관한 설명으로 가장 올바르지 않은 것은?

① 과세품목을 공급하느냐, 면세품목을 공급하느냐에 따라 과세사업자와 면세사업자로 나눌 수 있다.
② 과세사업자는 면세대상 재화 또는 용역의 공급에 대해서도 부가가치세를 납부하여야 한다.
③ 면세사업자의 경우 면세품목에 대해 부가가치세가 면제되므로 납세의무를 지지 않는다.
④ 과세사업자는 공급대가의 규모에 다라 일반과세자와 간이과세자로 구분한다.

해설
- 과세사업자라도 면세대상 재화 또는 용역의 공급에 대해서는 부가가치세가 면제된다.

제1편 백점이론특강
제2편 기출문제특강
SET1
SET2
SET3
SET4
SET5
SET6
SET7
SET8
SET9
SET10
신유형
기출문제완답노트
실전기출모의고사

73 다음 중 부가가치세 과세대상이 아닌 경우는?

① 부동산 임대업자가 유상으로 상가를 임대하는 경우
② 과세대상 재화를 무상으로 판매한 경우
③ 재화를 담보 목적으로 제공한 경우
④ 재화의 인도대가로서 다른 재화를 인도받는 교환계약의 경우

해설
• 재화를 담보 목적으로 제공한 경우는 재화의 공급으로 보지 않는다.

74 다음 중 부가가치세법상 재화와 용역의 원칙적인 공급시기에 대한 연결이 가장 올바르지 않은 것은?

① 수출재화 : 수출재화의 선적일
② 장기할부판매 : 재화의 인도시점
③ 간주임대료 : 예정신고기간 또는 과세기간의 종료일
④ 통상적인 용역공급 : 용역의 제공이 완료되는 때

해설
• 장기할부판매 : 대가의 각 부분을 받기로 한 때

75 다음 중 부가가치세법상 영세율과 면세에 관한 설명으로 가장 올바르지 않은 것은?

① 영세율이 적용되는 경우 매입세액은 환급되지만 면세가 적용되는 경우에는 매입세액이 환급되지 않는다.
② 영세율적용 대상자는 세액이 0(영)이라도 신고해야 한다.
③ 영세율적용 대상자는 부가가치세법상 사업자등록 의무가 있으나, 면세적용 대상자는 그러하지 아니하다.
④ 면세제도는 최종소비자에게 부가가치세 부담을 경감시키는 제도이므로 어떤 경우에도 사업자의 면세포기는 허용되지 않는다.

해설
• 영세율이 적용되는 경우 면세포기가 가능하다.

76 부가가치세 과세사업을 영위하는 (주)영일은 사용하던 기계장치를 20x3년에 매각하였다. 계약조건이 다음과 같을 경우 기계장치 매각과 관련한 20x3년 제1기 예정신고기간(20x3.1.1 ~ 20x3.3.31)의 부가가치세 과세표준은 얼마인가?

> 대금의 회수는 다음과 같이 이루어졌으며 잔금을 수령한 직후 기계장치를 인도하였다.
> - 20x3년 1월 15일 : 계약금 20,000,000원
> - 20x3년 4월 15일 : 중도금 30,000,000원
> - 20x3년 7월 30일 : 잔 금 10,000,000원

① 0원
② 20,000,000원
③ 50,000,000원
④ 60,000,000원

해설
- 중간지급조건부 공급이므로 공급시기는 대가의 각 부분을 받기로 한 때이다.
  → ∴1월 15일 20,000,000원이 제1기 예정신고기간의 과세표준이 된다.

77 (주)영일은 20x3년 5월 25일 (주)용산에게 책상을 공급하고 부가가치세를 포함한 매출대금 110,000,000원을 어음으로 교부받았다. 그런데 20x3년 8월 20일 ㈜용산의 부도로 인하여 (주)영일은 동 어음에 대하여 은행의 부도확인을 받았다. (주)영일이 대손세액공제를 받을 수 있는 공제시기 및 그 금액은 얼마인가?

	공제시기	금액
①	20x3년 2기 예정신고	10,000,000원
②	20x3년 2기 확정신고	110,000,000원
③	20x4년 1기 예정신고	110,000,000원
④	20x4년 1기 확정신고	10,000,000원

해설
- 공제시기 : 대손세액공제는 확정신고시에만 적용하므로 부도후 6월 경과한 20×4년 제1기 확정신고시 공제한다.
- 공제금액 : $110,000,000 \times \dfrac{10}{110} = 10,000,000$

78 다음 중 부가가치세의 신고와 납부에 대한 설명으로 가장 올바르지 않은 것은?

① 사업자는 원칙적으로 각 예정신고기간 또는 과세기간의 말일부터 25일 이내에 부가가치세를 신고하고 세액을 자진납부하여야 한다.
② 사업자가 폐업하는 경우 별도의 부가가치세 신고절차는 불필요하다.
③ 예정신고누락분과 가산세가 있을 경우 확정신고시 추가하여 신고한다.
④ 예정신고시 대손세액공제는 적용하지 아니한다.

해설
- 사업자가 폐업하는 경우에도 폐업일이 속하는 달의 다음달 25일 이내에 신고납부하여야 한다.

79 (주)영일의 거래내역을 부가가치세 신고서에 기록할 때 (A)에 기록되어야 할 금액은 얼마인가?

구분	금액
세금계산서 발행 국내매출액(VAT미포함)	10,000,000원
신용카드매출전표 발행분(VAT포함)	22,000,000원
현금영수증발행(VAT포함)	5,500,000원
구매확인서에 의한 공급분(Local수출분)	20,000,000원
직수출분	60,000,000원

구 분				금 액	세 율	세 액
과세표준 및 매출세액	과세	세 금 계 산 서 발 급 분	①		10/100	
		매 입 자 발 행 세 금 계 산 서	②		10/100	
		신 용 카 드 · 현 금 영 수 증 발 행 분	③		10/100	
		기 타 (정 규 영 수 증 의 매 출 분)	④			
	영세율	세 금 계 산 서발급분	⑤		0/100	
		기 타	⑥	(A)	0/100	
	예 정 신 고 누 락 분		⑦			
	대 손 세 액 가 감		⑧			
	합 계		⑨			

① 5,000,000원 ② 20,000,000원
③ 60,000,000원 ④ 80,000,000원

───── 해설
• 직수출분은 세금계산서 발급면제이다.

80 다음 중 신문기사에서 소개하고 있는 사례의 경우와 관련있는 내용으로 가장 옳은 것은?

> **거래처에서 세금계산서를 발급해주지 않는다고요?**
>
> (XX일보 7월 22일자 기사 중)
>
> 의류소매업을 하고 있는 A씨는 최근에 거래를 하기 시작한 의류도매업자 때문에 난감한 상황에 직면하게 됐다. 가장 싸게 의류를 판매하고 있다는 이 의류도매업자가세금계산서 발행을 거부했기 때문. A씨는 싼 김에 한꺼번에 많은 물건을 구입했지만, 세금계산서를 발급 받지 못했기 때문에 매입세액을 공제받지 못하겠다는 생각이 들었다. 그렇다고 세금계산서 발행을 거부했다고 신고할 수도 없는 일...
> (중략)
> 이렇게 해서 A씨는 부가가치세 신고시 기재한 매입세액을 공제받을 수 있다.

① 매입자발행세금계산서 ② 전자세금계산서
③ 수정세금계산서 ④ 금전등록기계산서

───── 해설
• 부가가치세 납세의무자로 등록한 사업자로서 세금계산서 발급의무가 있는 사업자가 재화 또는 용역을 공급하고 거래시기에 세금계산서를 발급하지 않은 경우 그 재화 또는 용역을 공급받은 자가 관할 세무서장의 확인을 받아 세금계산서를 발행할 수 있는데 이것을 '매입자발행세금계산서' 라 한다.

[정답]　복원기출문제　　SET ⑥

▶ 재무회계

1	2	3	4	5	6	7	8	9	10
③	②	④	④	②	③	④	②	④	③
11	12	13	14	15	16	17	18	19	20
①	②	②	①	①	④	②	②	③	④
21	22	23	24	25	26	27	28	29	30
③	①	③	①	④	④	③	④	③	②
31	32	33	34	35	36	37	38	39	40
①	③	①	①	②	①	②	③	②	①

▶ 세무회계

41	42	43	44	45	46	47	48	49	50
④	④	①	②	③	②	③	②	④	③
51	52	53	54	55	56	57	58	59	60
②	③	③	①	①	④	③	①	①	④
61	62	63	64	65	66	67	68	69	70
③	④	③	③	④	②	①	①	①	②
71	72	73	74	75	76	77	78	79	80
①	②	③	②	④	②	④	②	③	①

제1편 백점이론특강

제2편 기출문제특강

SET1
SET2
SET3
SET4
SET5
SET6
SET7
SET8
SET9
SET10

신유형

기출문제오답노트

실전기출모의고사

3P

3P

3P

3P

FINAL

POTENTIALITY
PASSION
PROFESSION

3P는 여러분의 무한한 잠재적 능력과
반드시 성취하겠다는 열정을 토대로 전
문가의 길로 나아가는 세무라이선스 파
이널시리즈의 학습 정신입니다.

수험생 여러분의 합격을 응원합니다.

[실전연습]

복원기출문제연습

SET ⑦

Cam Exam intermediate level

▶ 복원기출문제는 현행 개정세법과 현행 회계기준에 부합하도록 저자가 문제를 임의변경·보완 및 추가한 문제가 포함되어 있습니다.

01 재무회계

1 다음 중 재무제표에 대한 설명으로 가장 올바르지 않은 것은?

① 재무상태표는 일정시점에서 기업의 재무상태를 보여주는 보고서이다.
② 손익계산서는 일정기간 동안의 기업의 경영성과를 보여주는 보고서이다.
③ 자본변동표는 자본의 크기와 그 변동에 관련 정보를 제공하는 보고서이다.
④ 재무제표에 대한 주석은 재무제표의 일부를 구성하지 않는다.

해설
• 주석도 기본재무제표의 범위에 포함된다.

2 일반적으로 복사용지 등 사무용 소모품을 구입하는 경우 구입시점에서 사무용품비로 비용처리하는 이유는 무엇인가?

① 적시성   ② 중요성
③ 예측가치   ④ 목적적합성

해설
• 중요성은 특정정보에 대한 인식이나 보고의 출발점을 제시하므로 소액의 소모품 구입비는 중요성 관점에서 일반 적으로 비용처리한다.

3 (주)영일은 12월말 결산법인으로 당해 3분기 중간재무제표를 작성하려고 한다. 다음 중 중간 재무제 표에 관한 설명으로 가장 올바르지 않은 것은?

① 중간재무제표는 회계정보의 적시성를 높이기 위한 수단이다.
② 계절적, 주기적 또는 일시적으로 발생하는 수익은 다음 중간기간으로 연기하거나 이월할수 있다.
③ 손익계산서는 당해 회계연도 7월 1일부터 9월 30일까지의 중간기간과 1월 1일부터 9월 30일까지의 누적중간기간을 대상으로 작성하고 직전회계연도의 동일기간을 대상으로 작성한손익계산서와 비교표시한다.
④ 자본변동표는 당해 회계연도 1월 1일부터 9월 30일까지의 누적중간기간을 대상으로 작성하고 직전회계연도의 동일기간을 대상으로 작성한 자본변동표와 비교표시한다.

해설
• 계절적, 주기적, 일시적으로 발생하는 수익이라도 전액 발생한 중간기간에 인식한다.

4 다음의 유가증권 중 재무상태표상 유동자산으로 분류되는 것으로 가장 올바르지 않은 것은?

① 지분증권 중 투자기업이 피투자기업에 대해 유의적인 영향력을 행사하고 있는 지분법적용투자
주식
② 지분증권 중 1년 이내에 처분할 목적으로 취득한 단기매매증권
③ 채무증권 중 1년 이내에 만기가 도래하는 매도가능증권
④ 채무증권 중 1년 이내에 만기가 도래하는 만기보유증권

해설
• 지분법적용투자주식은 비유동자산으로 분류된다.

5 다음 중 재무상태표의 구성요소인 자산과 부채에 관한 설명으로 가장 올바르지 않은 것은?

① 자산은 항상 부채와 자본의 합과 일치한다.
② 부채는 기업실체가 현재 시점에서 부담하는 경제적 의무이다.
③ 자산은 반드시 물리적 형태를 갖고 있어야 한다.
④ 미래의 일정 시점에서 자산을 취득한다는 결정이나 단순한 약정은 부채가 아니다.

해설
• 특허권과 같은 무형자산의 경우와 같이 자산의 존재를 판단키 위해 물리적 형태가 필수적인 것은 아니다.

6 (주)서울은 (주)부산은행으로부터 당좌예금잔액증명서를 접수한 결과 20x1년말 현재 당좌예금 잔액
은 8,000,000원 이었으나 결산전 회사 장부상의 당좌예금잔액은 7,900,000원 이었다. 경리과장
은 회사와 은행의 회계처리에 다음과 같은 차이가 있음을 발견하였다.

> (1) 회사의 거래처에 20x1년 12월 30일에 발행하고 장부에 기록한 수표 300,000원이 당기말
> 현재 아직 인출되지 않았다.
> (2) 회사는 10,000원의 수표를 발행하면서 당좌예금 장부에는 110,000원으로 반영하였다.
> (3) 당좌계정명세서상의 거래내용 중 부도어음 300,0000원은 아직 회사의 장부에 반영되지
> 않았다.

이 경우 결산 후 20x1년말 현재의 정확한 당좌예금 잔액은 얼마인가?

① 7,500,000원   ② 7,700,000원
③ 8,400,000원   ④ 8,600,000원

해설
• (1) : 기발행미인출수표 →은행잔액에서 300,000원 차감
  (2) : 회사측 기장오류 →회사잔액에 100,000원 가산
  (3) : 부도어음 →회사잔액에서 300,000원 차감
• 정확한 당좌예금 잔액 : 7,900,000+100,000-300,000=7,700,000

제1편 백점이론특강 / 제2편 기출문제특강 / SET1 / SET2 / SET3 / SET4 / SET5 / SET6 / SET7 / SET8 / SET9 / SET10 / 신유형 / 기출문제오답노트 / 실전기출모의고사

7 다음은 (주)영일의 결산 조정전 가수금과 가지급금 계정 내역과 이에 대한 김대리와 박부장의 대화 내용이다 (ㄱ)과 (ㄴ)에 들어가야 할 계정과목으로 가장 옳은 것은?

가지급금		가수금	
5월 15일 출장비	300,000	12월 8일 김영일	20,000,000
12월 15일 ㈜용산	5,000,000		
12월 30일 가불금	1,000,000		

박부장 : 김대리 결산이 얼마남지 않았는데 가지급금과 가수금이 있군. 빨리 정리해야 하지 않겠나?

김대리 : 5월 출장에는 정이사님의 출장 관련 발생 내용인데 모두 교통비 였습니다.

박부장 : 그럼 그건 여비교통비로 판매비와관리비의 여비교통비로 처리하면 되겠군.
　　　　 다른 것들은 뭔가?

김대리 : 12월 8일 은행 입금건은 아마 서울백화점 외상매출대금이 회수된 것으로 보입니다. 거기 사장님 성함이 김영일씨로... 12월 15일 용산 가지급금은 이번 보안시스템의 계약금입니다. 12월 30일 가불금은 신대리가 급하게 돈이 필요하다고 해서 급여를 가불처리한 것입니다. 신대리의 1월 급여에서 공제할 예정입니다.

박부장 : 서울 백화점 담당자에게 전화해서 정확한 내용을 파악한 후 매출채권과 상계처리하고 보안 시스템 관련 계약금은 (ㄱ)으로 처리하는게 적절하겠군.
　　　　 가불금은 (ㄴ)으로 처리하게.

김대리 : 알겠습니다. 부장님

	(ㄱ)	(ㄴ)		(ㄱ)	(ㄴ)
①	선급금	미지급급여	②	보증금	단기대여금
③	선급금	단기대여금	④	유형자산	단기차입금

해설
- 선지급한 계약금은 선급금으로 처리하며, 종업원 가불금은 단기대여금으로 처리한다.

8 다음 중 매출채권 등의 양도 및 할인에 관한 설명으로 가장 올바르지 않은 것은?

① 외상매출금의 양도가 양도요건을 만족하지 못하여 차입거래에 해당하는 경우 차입액을 장기차입금으로 처리해야 하며 주석으로 그 내역을 기재하여야 한다.

② 외상매출금의 양도란 외상매출금을 회수기일 전에 금융기관 등에 매각하고 자금을 조달하는 것으로 그 경제적 실질에 따라 매각거래와 차입거래로 구분할 수 있다.

③ 매출채권을 담보로 제공하고 자금을 융통하는 경우 해당 매출채권이 담보로 제공되었음을 공시하여야 한다.

④ 매출채권 등을 양도하는 경우 당해 채권에 대한 권리와 의무가 양도인과 분리되어 실질적으로 이전되는 경우에는 동 금액을 매출채권에서 직접 차감한다.

해설
- 차입거래에 해당하는 경우 차입액을 단기차입금으로 처리한다.

→ (차) 현금	×××	(대) 단기차입금	×××
이자비용	×××		
(차) 양도외상매출금	×××	(대) 외상매출금	×××

9 운동화 도매업을 영위하는 (주)영일은 20x1년 3월에 제조회사로부터 운동화를 단위당 3,000(단위당 운송비 50원 포함)원에 100켤레를 매입하였으며 취득과정에서 환급불가능한 관세가 단위당 100원씩 발생하였다. 구입한 운동화는 (주)영일이 임차하여 사용하고 있는 창고로 바로 배송되었다. (주)영일은 창고 임차료로 월 150,000원을 지급하고 있으며 (주)영일의 구매팀에 대한 월 급여는 월 100,000원이다. 20x1년 3월에 구매한 운동화 100켤레에 대한 재고자산의 취득원가는 얼마인가?

① 200,000원
② 215,000원
③ 310,000원
④ 415,000원

> **해설**
> • 100켤레 × (3,000+100)=310,000
> *매입부대원가(매입시 운송비와 환급불가 관세)는 취득원가로 처리하며, 판매시까지 보관료와 급여는 판관비로 비용처리한다.

10 (주)영일의 20x1년 중 재고자산 거래의 내역은 다음과 같다. 다음 자료를 바탕으로 선입선출법을 적용하였을 경우 기말재고자산의 취득원가를 구하면 얼마인가(단, 회사는 실지재고조사법에 의하여 수량을 기록한다.)?

구분	단위	단위원가	총원가
기초재고(1월 1일)	1,000개	90원	90,000원
매 입(3월 15일)	200개	110원	22,000원
매 입(5월 16일)	1,200개	145원	174,000원
판매가능액	2,400개	?	286,000
매 출(9월 18일)	1,700개	?	?
기말재고(12월 31일)	700개	?	?

① 101,500원
② 201,500원
③ 200,500원
④ 223,000원

> **해설**
> • 700개 × @145=101,500

11 (주)영일은 20x1년 12월에 재고창고에 화재가 발생하였다. 재고와 관련된 매입, 매출 내용이 다음과 같을 경우 화재로 인하여 소실된 것으로 추정되는 재고자산 금액은 얼마인가?

ㄱ. 기초재고자산		100,000원
ㄴ. 당기매입액		2,000,000원
ㄷ. 매출액		2,300,000원
ㄹ. 매출총이익률		30%
ㅁ. 20x1년말 실사에 의해 확인된 재고자산		145,000원

① 345,000원
② 400,000원
③ 423,000원
④ 460,000원

> **해설**
> • 매출원가 : 2,300,000 × (1-30%)=1,610,000
> • 기말재고(장부) : 100,000+2,000,000-1,610,000=490,000
>   ∴ 화재소실액 : 490,000-145,000=345,000

12 20x1년 12월 31일 현재 (주)영일이 당기 중 취득하여 보유하고 있는 (주)서울 주식과 ㈜부산 주식의 시가가 다음과 같은 경우 결산시 동 유가증권에 대한 평가가 (주)영일의 당기손익에 영향을 미치는 금액은 얼마인가(단, 시가를 공정가치로 보며 모든 주식은 단기매매증권으로 분류한다고 가정한다.)

종목	취득원가	시가
(주)서울 주식	2,000,000원	3,000,000원
(주)부산 주식	1,500,000원	1,300,000원

① 이익 400,000원 ② 이익 500,000원
③ 이익 800,000원 ④ 영향없음

> **해설**
> • ㈜서울 주식 : 평가이익 1,000,000
>   ㈜부산 주식 : 평가손실 (200,000)
>   당기이익 800,000

13 지분법은 투자기업이 피투자기업에 대해 유의적인 영향력을 행사할 수 있는 경우에 적용하는데, 다음 중 투자기업이 피투자기업에 대하여 유의적인 영향력을 행사할 수 있다고 볼 수없는 경우는?

① (주)영일건설은 (주)용산건설의 지분을 30% 보유하고 이사회에서 의결권을 행사할 수 있게 되었다.
② (주)영일은 자동차 공장에 사용되는 부품을 공급하는 회사로서 (주)영일의 유의적인 거래는 (주)영일의 투자기업인 (주)용산자동차와 이루어 진다.
③ 이동통신의 선두주자인 (주)영일텔레콤의 20x1년 새로운 영업정책인 A프로젝트는 투자기업인 (주)용산의 의사결정에 의하여 개발된 것이다.
④ (주)영일커뮤니케이션은 피투자기업인 (주)용산커뮤니케이션에게 다른 기업에도 제공하는 일반적인 기술정보인 사내예산의 파일 설치를 위한 기술을 제공하였다.

> **해설**
> • 피투자기업에게 일반적인 기술정보가 아니라 필수적인 기술정보를 투자기업이 제공하는 경우에 유의적 영향력이 있다.

14 (주)서울은 20x1년 1월 1일에 (주)부산의 주식을 30,000,000원에 취득하고 매도가능증권으로 계상하였다. 20x1년 해당주식의 공정가치는 45,000,000원이었다. 20x2년중 (주)서울의 재경담당자는 다음과 같은 내용의 신문기사를 읽게되었다.

서울 중견 건설업의 최종 부도

서울에 기반을 둔 중견 건설업체인 (주)부산이 기업구조조정촉진법에 의한 관리절차를 신청하였습니다. 금융업체에 따르면 (주)부산은 대한중앙회에 돌아온 4억원의 만기어음을 막지못해 최종부도처리 되었습니다. 지난해 시공능력평가에서 323위를 차지한 (주)부산은 (주)광주와 함께 서울지역의 대표적인 건설사입니다.

(주)서울은 (주)부산의 주식에 대해 회수가능액을 15,000,000원으로 평가하였다. 동 주식에 대하여 20x2년 손익계산서에 인식할 손상차손 금액은 얼마인가?

① 15,000,000원   ② 20,000,000원
③ 23,000,000원   ④ 40,000,000원

해설
* 20×1년 1월 1일
  (차) 매도가능증권   30,000,000   (대) 현금   30,000,000
* 20×1년 12월 31일
  (차) 매도가능증권   15,000,000   (대) 매도가능증권평가이익   15,000,000
* 20×2년 손상시
  (차) 매도가능증권평가이익   15,000,000   (대) 매도가능증권   30,000,000
      매도가능증권손상차손   15,000,000

---

15 다음 중 유형자산의 자본적지출 범위에 해당하지 않는 것은?

① 유형자산의 원가를 구성하는 지출
② 미래에 수익성과 생산성을 증대시키는 지출
③ 내용연수를 연장시키는 지출
④ 그 지출효과가 당해연도에 그치고 미래에 미치지 않는 경우

해설
* 지출효과가 당해연도에 그치고 미래에 미치지 않는 경우는 수익적지출로서 당기비용으로 처리한다.

---

16 (주)영일은 공장 건물을 신축하기 위해 (주)마산으로부터 건물과 토지를 33,000,000원에 일괄 구입하였다. 회사는 매입 직후 3,000,000원을 들여 건물을 철거하였고 철거 후 공장 신축공사를 시작하였다. (주)영일이 인식해야 하는 토지의 취득원가는 얼마인가?

① 36,000,000원   ② 48,000,000원
③ 52,500,000원   ④ 61,000,000원

해설
* 새 건물을 신축할 목적으로 기존 건물이 있는 토지를 구입하여 기존 건물을 철거하는 경우는 일괄구입이 아니며, 총구입가와 기존건물 철거비용의 합계액을 토지의 취득원가로 한다.
  →∴토지 취득원가 : 33,000,000+3,000,000=36,000,000

17 다음 중 자산의 취득원가에 산입할 수 있는 자본화대상 원가에 해당하지 않는 것은?

① 사채할인발행차금상각액
② 장·단기차입금과 사채에 대한 이자비용
③ 차입과 직접 관련하여 발생한 수수료
④ 특정차입금으로부터 발생한 차입원가에서 동 기간동안 자금의 일시적 운용으로 인한 이자수익

해설
• 특정차입금으로부터 발생한 차입원가에서 동 기간동안 자금의 일시적 운용으로 인한 이자수익은 특정차입금 자본화액 계산시 차감한다.

18 (주)영일은 20x1년 1월 1일에 취득원가 5,000,000원, 잔존가치 500,000원 내용연수 5년인 유형자산을 취득하고 정액법으로 감가상각하고 있다. ㈜영일이 20x1년 손익계산서상 계상할 감가상각비는 얼마인가?

① 675,000원
③ 900,000원
② 700,000원
④ 1,000,000원

해설
• (5,000,000-500,000)÷5년=900,000

19 12월 말 결산법인인 (주)서울은 20x1년 1월 1일에 장부금액 200,000,000원의 보유토지를 400,000,000원에 매각하였다. 단 매각과 동시에 매각대금으로 300,000,000원을 받았으며 (주)서울은 20x1년 12월 31일과 20x2년 12월 31일에 50,000,000원씩을 분할 수령하기로 하였다. 토지매각일 현재 시장이자율은 13%이다. (주)서울이 20x1년에 인식할 유형자산처분이익은 얼마인가(단, 중소기업회계처리특례는 고려하지 않는다)

기간	13% 연금의 현가계수
1	0.8029
2	1.6000

① 50,000,000원
③ 69,200,000원
② 14,500,000원
④ 180,000,000원

해설

(차) 현금	300,000,000	(대) 토지	200,000,000
미수금	100,000,000	현재가치할인차금	100,000,000-50,000,000×1.6=20,000,000
		유형자산처분이익	180,000,000

고속철 장기연불조건 처분손익 계산
'처분손익=처분가(현재가치)-장부가'
⇒ (300,000,000+50,000,000×1.6)-200,000,000=180,000,000(이익)

20 다음은 (주)영일의 20x1년에 지출한 R&D 비용의 내역이다. (주)영일이 20x1년에 경상연구개발비와 개발비(무형자산)로 처리할 금액은 각각 얼마인가?

> (1) 연구단계 지출액 : 500억원, 개발단계 지출액 : 170억원
> (2) 개발단계 지출액 중 개별적으로 식별가능하고 미래의 경제적 효익을 확실하게 기대할 수 있는 것으로 판단되는 금액은 50억원 임.

	경상연구개발비	개발비
①	500억원	50억원
②	620억원	50억원
③	500억원	170억원
④	500억원	120억원

해설
- 개발단계 지출액 중 자산인식요건을 충족한 50억원은 개발비(무형자산)이며 나머지 R&D지출액 620억원(연구비 500억원+경상개발비 120억원)은 경상연구개발비용이다.

21 다음 중 장기연불거래에서 발생한 매출액은 어떤 금액으로 손익계산서상 공시해야 하는가?

① 미래의 수취할 명목금액의 단순 합계
② 판매한 상품의 취득원가
③ 미래에 수취할 명목금액을 현재가치로 할인한 금액
④ 당기에 현금으로 수취할 금액

해설
- 장기연불거래는 현재가치로 평가하여 매출액을 인식한다.
  → (차) 장기매출채권 　　×××　(대) 매출(현재가치)　　×××
  　　　　　　　　　　　　　　　　　현재가치할인차금　　×××

22 (주)영일은 20x1년 손익계산서에 이자비용 180,000원을 보고하였으나, 만일 (주)영일이 현금주의를 채택하였다면 이자비용이 40,000원 만큼 감소하게 된다. 20x1년말 미지급이자가 40,000원이라면 (주)영일의 20x1년초 재무상태표에 기재되어 있는 미지급이자는 얼마인가?

① 0원
② 10,000원
③ 20,000원
④ 40,000원

해설
- 미지급이자 계정

현금지급	140,000	기초미지급이자	?
기말미지급이자	40,000	이자비용	180,000
	180,000		180,000

→ 기초미지급이자=0

고속철 발생주의 · 현금주의 분석(이자비용)

발생주의 이자비용	(180,000)
기말미지급이자-기초미지급이자	x
현금주의 이자비용	(140,000)

→ x=40,000 이므로 40,000-기초미지급이자=40,000, 기초미지급이자=0

23 (주)영일은 20x1년 1월 1일에 다음과 같은 조건의 사채를 발행하였다. (주)영일이 사채발행과 관련하여 20x2년 12월 31일까지 인식할 총이자비용은 얼마인가?

> ㄱ. 액면금액 : 1,000,000원   ㄴ. 액면이자율 : 10%
> ㄷ. 이자지급조건 : 매년말 후급   ㄹ. 만기일 : 20X2년 12월 31일
> ㅁ. 20x1년 1월 1일의 시장이자율 : 14.32%   ㅂ. 사채발행금액 : 929,165원

① 100,000원   ② 300,000원
③ 270,835원   ④ 400,000원

해설

- **고속철** 사채할인발행시 총이자비용 계산
  '총이자비용=총액면이자+총사채할인발행차금'
  ⇒(1,000,000×10%×2년)+(1,000,000-929,165)=270,835

24 다음 중 사채에 관한 설명으로 가장 올바르지 않은 것은?

① 액면이자율 〈 시장이자율 : 할인발행
② 액면이자율 〉 시장이자율 : 할증발행
③ 유효이자율법하에서 사채할인발행차금 상각액은 매년 일정하다.
④ 사채할인발행차금은 액면금액에서 차감하는 형식으로 표시한다.

해설

- 할인발행, 할증발행 모두 상각액은 매년 증가한다.

25 다음 중 충당부채 및 우발부채에 관한 설명으로 가장 올바르지 않은 것은?

① 충당부채로 인식하는 금액은 현재의무의 이행에 소요되는 지출에 대한 보고기간종료일 현재의 최선의 추정치이어야 한다.
② 충당부채의 명목금액과 현재가치의 차이가 중요한 경우에는 현재가치로 평가한다.
③ 미래의 예상 영업손실은 충당부채로 인식하지 아니한다.
④ 중요한 계류중인 소송사건과 보증제공 사항은 반드시 주석으로 공시할 필요는 없다.

해설

- 다음의 경우에는 자원의 유출가능성이 거의 없더라도 반드시 그 내용을 주석으로 공시한다.

> ▶ 타인에게 제공한 지급보증 또는 이와 유사한 보증
> ▶ 중요한 계류중인 소송사건

26 20x1년초 사업을 개시한 (주)영일은 판매후 1년간 판매한 제품에서 발생하는 결함을 무상으로 수선하여 주고 있으며 보증비용은 매출액의 10%로 추정된다. 20x1년말 재무상태표에 제품보증충당부채로 인식하여야 할 금액은 얼마인가?

> ㄱ. 20x1년 매출액 : 100억원
> ㄴ. 20x1년 중 당기 매출분에 대해 5억원의 제품보증비가 발생함.

① 3억원 　　　　　　　　　　　② 5억원
③ 8억원 　　　　　　　　　　　④ 10억원

해설
• 100억원×10%-5억원=5억원

27 다음 중 이연법인세회계에 관한 설명으로 가장 옳은 것은?

① 일시적차이란 자산·부채의 회계상 장부금액과 세법상 장부금액의 차이가 존재하기 때문에 발생한다.
② 이연법인세자산·부채는 일시적차이와 영구적차이의 구별없이 모두 인식한다.
③ 이월결손금은 미래 법인세부담을 감소시키게 되므로 이연법인세부채로 계상한다.
④ 이연법인세회계는 발생하는 시기에 자산·부채로 인식하는 것이므로 발생시기의 법인세율을 적용한다.

해설
• ② 이연법인세자산·부채는 일시적차이에 대해 인식한다.
　③ 이월결손금은 미래 법인세부담을 감소시키게 되므로 이연법인세자산으로 계상한다.
　④ 이연법인세회계는 일시적차이 소멸시점의 미래예상 법인세율을 적용한다.

28 다음 중 보통주의 액면초과발행액은 재무상태표상 어떤 계정으로 표시되는가?

① 자본금 　　　　　　　　　　　② 이익잉여금
③ 자본잉여금 　　　　　　　　　④ 자본조정

해설
• 주식발행초과금은 자본잉여금으로 표시된다.

제1편 백점이론특강

제2편 기출문제특강

SET1
SET2
SET3
SET4
SET5
SET6
SET7
SET8
SET9
SET10

신유형

기출문제오답노트

실전기출모의고사

29 (주)영일의 자본금은 다음과 같이 구성되어 있다.

> 보통주 : 10,000주 발행, 주당 액면금액 11,000원
> 우선주 : 3,000주 발행, 주당 액면금액 10,000원(비누적적, 비참가적, 우선주 배당률 5%)

(주)영일의 주주총회에서 배당금 지급을 결의한 금액이 4,000,000원인 경우 보통주와 우선주에 대한 배당금은 각각 얼마인가?

	보통주배당금	우선주배당금
①	4,000,000원	0원
②	2,500,000원	1,500,000원
③	0원	4,000,000원
④	1,500,000원	2,500,000원

해설

• 우선주배당금 : (3,000주×10,000)×5%=1,500,000
　보통주배당금 : 4,000,000-1,500,000=2,500,000

30 다음은 20x1년과 20x2년말을 기준으로 작성되는 익년도 주주총회에서 확정된 (주)영일의 기말자본과 당기순이익이다.

	20x1년	20x2년
기말자본	4,000,000원	5,000,000원
당기순이익	300,000원	600,000원

(주)영일이 20x2년 유상증자 800,000원과 현금배당 이외에 자본변동 사항이 없는 경우 (주)영일이 지급한 현금배당액은 얼마인가?

① 400,000원　　　　　　　　② 300,000원
③ 200,000원　　　　　　　　④ 150,000원

해설

• '기초자본+증자-감자+순이익-배당=기말자본'
　→ 4,000,000+800,000-0+600,000-x=5,000,000 에서, x=400,000

31 다음 중 실질적으로 이익잉여금과 자본총액을 모두 감소시키는 이익잉여금 처분항목은 무엇인가?

① 결손보전적립금으로 처분　　　　② 사업확장적립금으로 처분
③ 현금배당　　　　　　　　　　　④ 무상증자

해설

• ① 이익잉여금 ××× / 임의적립금 ×××　　→ 자본총액불변
　② 이익잉여금 ××× / 임의적립금 ×××　　→ 자본총액불변
　③ 이익잉여금 ××× / 현　　금 ×××　　→ 자본총액감소
　④ 자본잉여금(또는 이익잉여금) ××× / 자본금 ×××　→ 자본총액불변

32 다음 중 손익계산서상 영업손익의 계산과정에 포함되는 항목이 아닌 것은 무엇인가?

① 임차료
② 복리후생비
③ 기부금
④ 접대비

해설
• 기부금은 영업외손익이다.

33 다음 중 손익계산서에 대한 설명으로 가장 올바르지 않은 것은?

① 손익계산서상의 당기순이익은 법인세 계산을 위한 과세소득과 항상 동일하다.
② 손익계산서는 노동조합의 임금협상에 필요한 정보, 정부의 조세 및 경제정책에 대한 기초자료로 활용되기도 한다.
③ 손익계산서는 기업내부의 경영계획이나 배당정책을 수립하는데 중요한 자료로 이용될 수 있다.
④ 손익계산서는 경영활동에 대한 성과를 측정, 평가하는데 유용한 정보를 제공한다.

해설
• 회계상 당기순이익과 세법상 과세소득은 일반적으로 일치하지 않으므로 세무조정이라는 과정을 거쳐 과세소득을 산출한다.

34 다음 중 수익인식기준에 관한 설명으로 가장 올바르지 않은 것은?

① 위탁매출은 수탁자가 제3자에게 해당 상품을 판매한 시점에 수익을 인식한다.
② 제품공급자로부터 받은 제품을 인터넷상에서 중개판매하거나 경매하고 수수료만을 수취하는 경우 전자쇼핑몰 운영회사는 관련 수수료만을 수익으로 인식한다.
③ 배당금수익은 배당금을 받을 권리와 금액이 확정되는 시점에 인식한다.
④ 반품조건부판매는 반품예상액을 합리적으로 추정할 수 있는 경우 제품의 인도시점에서 판매금액 전액을 수익으로 인식한다.

해설
• 반품예상액을 합리적으로 추정할수 있는 경우 제품의 인도시점에서 수익으로 인식하고, 반품추정액은 수익에서 차감한다.

35 (주)영일은 20x1년 중 교육센터관련 건설공사를 8,000,000원에 수주했다. 공사와 관련된 자료가 다음과 같다고 할 경우 당해 건설공사로 인한 20x1년의 건설공사이익은 얼마인가?

구분	20x1년	20x2년	20x3년
누적발생원가	1,200,000원	5,000,000원	5,700,000원
완성시까지의 추가예정원가	4,800,000원	1,000,000원	-

① 300,000원
② 400,000원
③ 1,000,000원
④ 1,500,000원

해설
• $8,000,000 \times \dfrac{1,200,000}{1,200,000+4,800,000} - 1,200,000 = 400,000$

36 다음은 도매업을 영위하는 (주)영일의 20x1년 회계연도의 매출 및 매출채권과 관련된 자료이다. 당기 손익계산서에 계상될 매출액은 얼마인가(단, 모든 거래는 외상으로 이루어 지고 매출에누리와 매출할인 및 매출환입은 없는 것으로 가정한다.)?

ㄱ. 20x1년 1월 1일 매출채권 잔액	: 45,000,000원
ㄴ. 20x1년 중 현금회수금액	: 75,000,000원
ㄷ. 20x1년 12월 31일 매출채권 잔액	: 25,000,000원

① 25,000,000원 ② 55,000,000원
③ 70,000,000원 ④ 76,000,000원

해설

매출채권

기초	45,000,000	회수	75,000,000
매출	?	기말	25,000,000

→ ∴매출은 55,000,000

37 다음은 20x1년 1월 1일부터 12월 31일까지 (주)서울의 재고자산과 관련된 자료를 요약한 것이다.

항목	금액(취득원가기준)	비고
기초재고자산	100,000원	–
당기매입액	500,000원	–
기말재고자산실사액	80,000원	창고보관분
장기할부판매	40,000원	할부금은 매년말 20,000원씩 2년간 회수
반품가능판매	30,000원	반품액의 합리적인 측정불가

(주)서울의 20x1년 손익계산서에 계상될 매출원가는 얼마인가?

① 200,000원 ② 480,000원
③ 490,000원 ④ 520,000원

해설

- 기말재고 : 80,000+30,000=110,000
- 매출원가 : 100,000+500,000-110,000=490,000
  *장기할부판매는 인도시점이 수익인식시점이므로 기말재고가 적정하게 계상되어 있으나, 반품가능판매로서 반품액의 합리적인 측정이 불가한 경우는 반품기간 종료시점등이 수익인식시점이므로 기말재고에 포함되어야 한다.

38 다음 중 기말 결산시 외화환산손익을 인식하지 않는 계정과목은 무엇인가?

① 매출채권 ② 매입채무
③ 장기차입금 ④ 재고자산

해설

- 화폐성 : 현금, 매출채권, 미수금, 대여금, 매입채무, 미지급금, 차입금 등
- 비화폐성 : 재고자산, 유형자산, 무형자산 등

39 다음 중 손익계산서상 비용 또는 손실 항목에 포함되지 않는 것은?

① 매도가능증권평가손실
② 감가상각비
③ 만기보유증권손상차손
④ 사채상환손실

해설
• 매도가능증권평가손익은 재무상태표 자본항목의 기타포괄손익누계액으로 계상된다.

40 다음 중 주당이익에 관한 설명으로 가장 올바르지 않은 것은?

① 주당이익은 주식 1주당 이익이 얼마인가를 나타내는 수치로서 특정기업의 경영성과를 기간별로 비교하는데 유용하다.
② 특정기업의 주당이익을 주당배당금 지급액과 비교해 봄으로써 당기순이익 중 사외에 유출하는 부분과 사내에 유보되는 부분의 상대적 비율에 관한 정보를 용이하게 얻을 수 있다.
③ 주당이익 산출시 당기 중에 유상증자가 실시된 경우에는 가중평균유통보통주식수를 납입일을 기준으로 기간경과에 따라 가중평균하여 조정한다.
④ 우선주의 배당금은 정해진 배당률과 관계없이 배당이 실현되지 않으면 지급할 의무가 없으므로 보통주 당기순이익의 계산에서 차감하지 않는다.

해설
• 우선주의 배당금은 보통주당기순이익의 계산에서 차감한다.

제1편 빅정이론특강

제2편 기출문제특강

SET1
SET2
SET3
SET4
SET5
SET6
SET7
SET8
SET9
SET10

신유형

기출문제오답노트

실전기출모의고사

02 세무회계

41 다음 중 조세에 대한 설명으로 가장 올바르지 않은 것은?

① 간접세란 조세를 부담하는 자와 조세를 납부하는 자가 동일하지 아니한 조세를 말하며 이에는 부가가치세, 개별소비세 등이 포함된다.

② 조세는 국가가 규정하는 법의 내용을 근거로 국민에게 징수하는 것으로 법에서 정하는 요건에 해당하는 국민은 자신의 의사와 관계없이 조세를 납부하여야 한다.

③ 조세를 부과·징수하는 주체인 국가라도 법의 규정에 근거하지 아니하고 법규에 따라 국민으로부터 세금을 부과·징수할 수는 없다.

④ 국가 또는 지방자치단체는 국민이 납부하는 조세에 대하여 국민에게 직접 대응되는 대가를 지급해 준다.

해설

• 조세는 직접적인 반대급부(개별보상)가 없다.

42 다음 중 법인세 납세의무자에 대한 설명으로 가장 옳지 않은 것은?

① 비영리내국법인은 일정수익사업에 대해서만 법인세 납세의무를 진다.

② 영리내국법인의 국외원천소득은 국외에서 이미 과세되었으므로 추가적인 법인세 납세의무가 없다.

③ 국내에서 사업을 영위할 지라도 외국에 본점이나 주사무소 또는 사업의 실질적인 지배관리장소를 둔 법인은 외국법인으로 분류된다.

④ 영리외국법인의 경우에는 국내원천소득에 한하여 법인세 납세의무를 진다.

해설

• 영리내국법인은 국·내외 모든 소득에 대하여 법인세를 납부할 의무가 있다.

43 법인세법상 소득처분 중 소득의 귀속자에게 추가적으로 소득세를 과세하는 항목이 아닌 것은?

① 배당
② 기타사외유출
③ 기타소득
④ 상여

해설

• 사외유출 소득처분 중 배당, 상여, 기타소득으로 처분되는 경우에만 추가적인 소득세 과세가 이루어진다.
 → 사외유출 소득처분 중 기타사외유출로 처분되는 경우에는 추가적인 소득세 과세가 없다.

44 법인세법상 세무조정사항은 결산조정사항과 신고조정사항으로 구분할 수 있다. 결산조정사항과 신고조정사항의 차이점을 비교한 다음 표의 내용 중 가장 올바르지 않은 것은?

구분	결산조정사항	신고조정사항
ㄱ. 대상	법에서 정하는 일정항목	결산조정사항 이외의 항목
ㄴ. 손금귀속시기	손금귀속시기 선택가능	손금귀속시기 선택불가
ㄷ. 결산서상 누락한 경우	세무조정(손금산입) 할수 없음	세무조정 수행하여야 함
ㄹ. 예시	조세특례제한법상 준비금	감가상각비

① ㄱ   ② ㄴ
③ ㄷ   ④ ㄹ

해설
• 조세특례제한법상 준비금은 신고조정사항이며, 감가상각비는 대표적인 결산조정사항이다.

45 다음 중 법인세법상 손익의 귀속시기에 대한 설명으로 가장 올바르지 않은 것은?

① 금융기관 이외의 법인이 수입하는 이자수익의 귀속시기 : 실제 받은 날 또는 약정에 의하여 받기로 한 날
② 이자비용의 귀속시기 : 실제로 지급한 날 또는 지급하기로 한 날
③ 상품 등 판매손익의 귀속시기 : 상품 등을 판매하기로 계약서에 서명한 날
④ 계약 등에 의해 임대료 지급일이 정하여진 경우의 손익귀속시기 : 지급약정일

해설
• 재고자산판매의 손익귀속시기는 인도한 날이다.

46 다음 중 법인세법상 익금항목을 모두 고르면?

ㄱ. 사업수입금액   ㄴ. 주식발행초과금   ㄷ. 이월익금   ㄹ. 자산의 양도금액

① ㄱ, ㄴ   ② ㄱ, ㄹ
③ ㄴ, ㄷ   ④ ㄷ, ㄹ

해설
• 주식발행초과금과 이월익금은 익금불산입항목이다.

47 다음 중 법인세법상 세무조정이 불필요한 경우는?

① (주)대전은 대표이사에게 회사 정관에 기재된 상여금 지급기준보다 3,000,000원을 초과하여 지급하였다.
② (주)청주는 채권자가 불분명한 사채이자 2,000,000원을 비용으로 계상하였다.
③ (주)부산은 감자를 수행하면서 액면가액 5,000원인 주식에 대하여 2,000원을 지급하고 차액 3,000원을 감자차익으로 처리하였다.
④ 자동차 부품 제조회사인 (주)서초는 발생한 미수이자(원천징수해당분) 500,000원을 계상하고 동 금액을 이자수익으로 인식하였다.

> **해설**
> • ① 손금불산입 임원상여한도초과 3,000,000(상여)
> ② 손금불산입 채권자불분명 사채이자 2,000,000(기타사외유출)
> ③ 감자차익은 익금불산입항목이며, 회계상으로도 자본잉여금이므로 세무조정은 없다.
> ④ 익금불산입 미수이자 500,000(△유보)

48 다음 중 법인세법상 인건비에 대한 설명으로 가장 올바르지 않은 것은?

① 법인이 임원과 종업원을 위하여 사용자로서 부담한 국민건강보험료, 고용보험료 등은 손금으로 인정된다.
② 임원이 아닌 종업원에게 지급하는 상여금은 일정한도 금액까지만 손금으로 인정된다.
③ 임원이 아닌 종업원에게 지급하는 퇴직금은 전액 손금으로 인정된다.
④ 비상근임원에게 지급하는 보수 중 일반적으로 인정되는 범위를 초과하여 과다하게 지급하는 금액은 손금으로 인정되지 않을 수 있다.

> **해설**
> • 임원이 아닌 종업원에게 지급하는 상여금은 전액 손금으로 인정된다.

49 법인세법에서는 조세정책적인 목적 등으로 일정한 한도까지만 손금으로 인정하고 이를 초과하는 금액은 손금으로 인정하지 않는 항목들을 규정하고 있다. 다음 중 이에 해당하지 않는것은?

① 접대비 ② 퇴직급여충당금
③ 자산의 임차료 ④ 감가상각비

> **해설**
> • 자산의 임차료는 한도없이 전액 손금으로 인정된다.

50 (주)영일은 결산서상 당기 획득한 재고자산의 금액을 시가로 평가하였다. 제8기(20x1년 1월 1일 ~ 20x1년 12월 31일) 현재 취득원가와 시가는 다음과 같다. 당초에 법인세법상 재고자산의 평가방법이 원가법으로 신고된 경우 필요한 세무조정을 수행한다면 이러한 재고자산의 세무조정이 각사업연도 소득금액에 미치는 영향은?

구분	취득원가	시가
원재료	15,000,000원	14,000,000원
제 품	20,000,000원	19,000,000원

① 영향없음
② 1,000,000원 감소
③ 2,000,000원 증가
④ 2,000,000원 감소

해설
- 손금불산입 평가손실 2,000,000(유보)
  → 2,000,000원 증가

51 ㈜영일이 단기매매증권을 3,000,000원에 취득하고 결산시 일반기업회계기준에 따라 3,300,000원으로 평가하여 다음과 같이 회계처리하였다. 다음 중 이에 대해 필요한 세무조정으로 옳은 것은?

(차) 단기매매증권 300,000원	(대) 단기매매증권평가이익 300,000원

① (익금산입) 단기매매증권 300,000원(유보)
② (익금불산입) 단기매매증권 300,000원(△유보)
③ (익금산입) 단기매매증권 3,000,000원(유보)
④ (익금불산입) 단기매매증권 3,000,000원(△유보)

해설
- 일반기업회계기준상 당기손익으로 처리되는 단기매매증권평가이익 300,000원은 법인세법상 인정되지 않으므로 익금불산입하고 △유보로 소득처분한다.

52 다음 자료를 이용하여 (주)회계의 제10기(20x3년 1월 1일 ~ 20x3년 12월 31일) 건물에 대한 감가상각범위액은 얼마인가?

> ㄱ. 취득시기 : 20x1년 1월 1일
> ㄴ. 취득원가 : 40,000,000원
> ㄷ. 기초 감가상각누계액 : 12,000,000원(상각부인누계액 : 6,000,000원)
> ㄹ. 신고내용연수 : 10년
> ㅁ. 감가상각방법 : 정액법

① 800,000원
② 1,400,000원
③ 3,400,000원
④ 4,000,000원

해설
- 40,000,000÷10년=4,000,000

53 다음은 ㈜영일의 제5기(20x1년 1월 1일 ~ 20x1년 12월 31일) 접대비 보조원장을 요약 정리한 것이다. 다음 중 법인세법상 접대비한도액이 18,000,000원일 경우의 세무조정으로 가장 옳은 것은?

접대비 보조원장
20x1년 1월1 일 ~ 20x1년 12월 31일

적요	금액	비고
거래처 접대비(1건)	500,000원	증빙이 없는 접대비
거래처 접대비(1건)	5,000원	영수증 수취분
거래처 접대비(25건)	22,300,000원	신용카드매출전표 수취분
합계	22,805,000원	

① (손금불산입) 증빙없는 접대비 505,000원(상여)
② (손금불산입) 접대비한도초과액 4,750,000원(기타사외유출)
③ (손금불산입) 증빙없는 접대비 505,000원(상여)
　　(손금불산입) 접대비한도초과액 4,300,000원(기타사외유출)
④ (손금불산입) 증빙없는 접대비 500,000원(상여)
　　(손금불산입) 접대비한도초과액 4,305,000원(기타사외유출)

해설
- 손금불산입 증빙불비 접대비 500,000(상여)
- 접대비 해당액 : 22,805,000-500,000=22,305,000
- 손금불산입 접대비한도초과 22,305,000-18,000,000=4,305,000(기타사외유출)
  * 증빙불비 접대비는 귀속불분명이므로 (대표자)상여로 소득처분하며, 영수증수취분은 1만원을 초과하지 않으므로 세무조정 없이 접대비해당액에 포함하여 시부인한다.

54 다음 중 법인세법상 기부금과 접대비의 처리에 대한 설명으로 가장 올바르지 않은 것은?

① 접대비와 기부금은 모두 일정한 한도 내에서만 손금으로 인정하고 이를 초과하는 금액은 손금으로 인정하지 않는다.
② 접대비의 귀속시기는 발생주의를 기준으로 하나, 기부금의 귀속시기는 현금주의를 기준으로 한다.
③ 접대비와 기부금 한도초과액은 해당 소득귀속자에게 추가적으로 소득세나 법인세를 과세하지 않는다.
④ 접대비나 기부금을 현물로 제공한 경우에는 시가로 평가한다.

해설
- 현물접대비 : Max[장부가, 시가]
- 현물기부금 : 장부가 또는 Max[장부가, 시가]

55 다음 중 법인세법의 대손충당금에 대한 다음 설명 중 가장 옳지 않은 것은?

① 법인세법상 대손충당금 설정대상 채권에는 매출채권으로 한정된다.
② 법인세법상 대손충당금 설정률은 '1%'와 '법인의 대손실적률' 중 큰 비율을 적용한다.
③ 당기 대손상각 한도액과 비교하여 한도초과액은 손금불산입(유보)로 처리한다.
④ 대손충당금 기말잔액이 한도액에 미달하는 경우 한도미달액에 대해서는 별도의 세무조정을 하지 않는다.

해설
- 대손충당금 설정대상 채권에는 매출채권, 대여금, 미수금등이 포함되며 매출채권에 한정되는 것은 아니다.

56 법인세법에서는 차입금에 대한 지급이자는 원칙적으로 전액 손금인정되지만 법에서 열거하는 특정 지급이자는 손금불산입된다. 다음 중 법인세법상 손금불산입되는 지급이자에 해당하지 않는 것은?

① 운영자금차입금이자
② 비실명채권·증권이자
③ 업무무관자산 등 관련이자
④ 건설자금이자

　해설
• 일반적인 차입금이자는 '지급이자 손금불산입' 규정의 대상에 해당하지 않는다.

57 법인세법상 부당행위계산부인과 관련된 설명 중 가장 올바르지 않은 것은?

① 부당행위계산부인이란 법인이 특수관계인과의 거래를 통하여 법인세를 부당하게 감소시키는 경우 세무상 특수관계인과의 거래를 부인하고 소득금액을 다시 계산하도록 하는 제도를 말한다.
② 부당행위계산부인규정의 적용대상이 되는 경우 시가나 적정한 임차료 등 법인세법에서 규정하고 있는 금액과 실제 금액과의 차액을 세무조정한다.
③ 부당행위계산부인규정을 적용하여 귀속자에 따라 배당, 상여, 기타소득으로 소득처분된 경우 귀속자에게는 추가적으로 소득세가 과세된다.
④ 법인이 특수관계인에게 무상 또는 낮은 이자율로 금전을 빌려주는 경우 법인세법상 인정되는 적정이자율로 계산한 이자금액과 실제 수입이자의 차액을 익금산입하고 유보로 처분한다.

　해설
• 가지급금인정이자 익금산입액에 대한 소득처분은 귀속자에 따라 상여등으로 처분한다.

58 다음 중 세법상 가산세를 부과하지 않는 경우는?

① 장부의 비치·기장의무를 이행하지 아니한 경우
② 원천징수의무자인 법인이 원천징수한 세액을 납부기한이 경과한 후에 납부하는 경우
③ 거래처 임직원의 경조사비로 1,000,000원을 지출한 경우
④ 납세의무자가 법정 신고기한까지 과세표준 신고를 하지 않은 경우

　해설
• 접대비로서 20만원을 초과하는 경조금은 손금불산입 세무조정을 하며, 별도의 가산세는 부과하지 않는다.

제1편 빽점이론특강　제2편 기출문제특강　SET1　SET2　SET3　SET4　SET5　SET6　SET7　SET8　SET9　SET10　신유형　기출문제오답노트　실전기출모의고사

59 다음은 12월말 결산법인인 ㈜영일의 두 직원이 나눈 대화이다. 다음 중 ㈜영일의 법인세 신고 및 납부에 대한 설명으로 가장 올바르지 않은 것은?

> 오과장 : 이대리, 법인세 신고서류 제출 준비는 끝났나?
> 이대리 : 네. 지금 누락된 서류는 없는지 최종 확인하고 있습니다.
> 오과장 : 그래. 신고기한을 잘 확인하고, 법인세 납부품의서를 빨리 작성해서 출금에 문제 없도록 하게.
> 이대리 : 알겠습니다. 그런데, 자금팀 김대리에게 들으니 회사 자금 사정이 좋지 않다고 하던데, 법인세 납부에는 문제가 없을까요?
> 오과장 : 큰일이군. 기한을 넘기게 되면 가산세를 납부해야하니 손해가 클텐데...우선 자금팀에 필요자금을 통보해 주고, 회계사에게 연락해서 방법이 없는지 확인해 보게.

① ㈜영일이 당기순손실을 기록했다면 법인세를 신고하지 않아도 세무상 불이익이 없다.
② ㈜영일은 3월 31일까지 법인세를 신고납부하여야 한다.
③ ㈜영일이 신고기한내 법인세를 납부하지 못할 경우 납부불성실가산세를 부담하게 된다.
④ 납부할 법인세액이 1천만원을 초과할 때에는 법인세를 분납할 수도 있다.

해설

• 법인세법상 각사업연도소득금액이 없거나 결손금이 있는 법인도 신고하도록 규정되어 있으며, 결손법인이 무신고시에는 이월결손금을 공제받지 못하는 등의 불이익이 있다.

60 조세정책적 목적에 의해 조세감면을 적용받는 경우라도 과다한 조세감면은 조세형평에 어긋나므로 일정한도의 세액은 납부하도록 하는 제도를 무엇이라고 하는가?

① 과세표준
② 차가감납부세액
③ 최저한세
④ 공제감면세액

해설

• 법인세법에서는 특정법인에 대하여 과도하게 법인세를 감면해주게 될 경우 법인세를 감면받는 법인과 감면받지 못하는 법인 간에 과세형평의 문제가 발생할 수 있고 국가의 법인세 조세수입 또한 현격하게 감소할 수 있기 때문에, 법인세를 감면받는 법인도 최소한 법인세법이 규정한 일정한도의 세액은 납부하도록 하는 제도를 마련하고 있다. 이러한 제도에 의하여 규정된 일정한도의 법인세금액을 최저한세라고 한다.

61 소득세법에 대한 다음 설명 중 가장 옳은 것은?

① 이자, 배당소득을 제외하고는 열거주의를 택하고 있다.
② 거주자의 경우 소득세의 납세지는 원칙적으로 원천소득이 발생하는 장소이다.
③ 거주자는 국내원천소득에 대해서만 소득세를 과세한다.
④ 소득세법에 따라 개인사업자는 1년을 초과하지 않는 범위 내에서 선택에 의해 사업연도를 임의로 정할 수 있다.

해설

• ② 거주자의 경우 소득세의 납세지는 원칙적으로 주소지이다.
  ③ 거주자는 국내외 모든 원천소득에 대해 소득세를 과세한다.
  ④ 소득세법상 과세기간은 1월 1일부터 12월 31일이며, 임의선택이 불가하다.

62 다음 중 종합과세, 분류과세 및 분리과세에 관한 설명으로 가장 올바르지 않은 것은?

① 종합과세는 1년 동안 개인이 벌어들인 모든 소득을 합산하여 과세하는 방법이다.
② 분류과세는 각각의 소득을 합산하지 않고, 원천에 따른 소득의 종류별로 별도의 세율로 과세하는 방법이다.
③ 종합소득 중 일정한 소득은 과세정책상 분리하여 과세한다.
④ 이자소득, 배당소득은 무조건 분리과세한다.

> **해설**
> • 금융소득은 무조건분리과세대상, 무조건종합과세대상, 조건부종합과세대상으로 나뉘어진다.

63 다음 중 소득세법상 이자소득에 대한 설명으로 가장 올바르지 않는 것은?

① 국내은행에서 받는 이자소득의 경우 14%의 원천징수세율이 적용된다.
② 기명채권의 이자는 약정에 의한 이자 지급일이 수입시기가 된다.
③ 저축성보험의 보험차익은 보험금 또는 환급금의 지급일이나 중도해지일이 수입시기가 된다.
④ 이자소득은 필요경비가 인정된다.

> **해설**
> • 종합소득 중 사업소득과 기타소득에 한하여 필요경비가 인정된다.

64 다음은 거주자 오동배씨의 부동산 임대 관련 사업소득의 내용이다. 오동배씨의 사업소득금액은 얼마인가?

> ㄱ. 오동배씨는 상가 A를 1월 1일부터 5년간 임대하고, 임대료는 매월 초에 100,000원씩 받기로 하였다.
> ㄴ. 상가 A와 관련하여 회계상 감가상각비로 비용처리한 금액은 250,000원이며, 세법상 상각범위액도 250,000원이다.
> ㄷ. 상가 A의 관리비로 100,000원을 지출하였다.

① 350,000원
② 850,000원
③ 950,000원
④ 1,100,000원

> **해설**
> • 100,000 × 12-250,000-100,000=850,000

65 김영일씨의 급여내역이 다음과 같을 때 소득세법상 총급여액을 계산하면 얼마인가?

> ㄱ. 급여   : 매월 3,000,000원
> ㄴ. 식사대   : 매월 100,000원(식사를 제공받음)
> ㄷ. 상여   : 연간 5,000,000원
> ㄹ. 연월차수당 : 연간 1,000,000원
> *김영일씨는 연중 계속 근무하였으며 위 사항 이외의 근로소득은 없다.

① 36,000,000원   ② 37,200,000원
③ 42,200,000원   ④ 43,200,000원

해설
• 3,000,000×12개월+100,000×12개월+5,000,000+1,000,000=43,200,000
  *식사제공이 있는 경우는 식대를 전액 과세한다.

66 소득세법상 기타소득에 대한 다음 설명 중 가장 옳지 않은 것은?

① 광업권, 어업권의 대여로 인한 소득은 기타소득에 속한다.
② 일시적인 강의소득은 기타소득에 속한다.
③ 상금, 복권당첨소득은 기타소득에 속한다.
④ 기타소득은 무조건 분리과세한다.

해설
• 기타소득 중 복권당첨소득등 소정 항목에 대하여만 무조건분리과세가 적용된다.

67 다음 자료에 의하여 근로소득이 있는 거주자 김영일씨의 종합소득공제 중 공제 가능한 기본공제 금액을 구하면 얼마인가(단, 장남·차남 기본공제는 김영일씨가 받는다고 가정한다.)?

〈부양가족 현황〉

관계	나이	연간소득금액	비고
본인	52세	50,000,000원	남성임
배우자	47세	25,000,000원	전액 근로소득임
장남	15세	600,000원	전액 이자소득임
차남	12세	–	–

① 3,000,000원   ② 4,500,000원
③ 6,000,000원   ④ 7,000,000원

해설
• 3명(본인,장남,차남)×150만원=4,500,000
  * 배우자는 소득금액 100만원 이하가 아니므로 기본공제대상이 아니다.

68 다음 자료에 의하여 근로소득이 있는 거주자 김영일씨의 의료비세액공제 금액을 구하면 얼마인가?

ㄱ. 총급여액	20,000,000원
ㄴ. 본인 의료비	1,200,000원
ㄷ. 부양가족인 아버지(67세) 의료비	2,400,000원

① 450,000원　　　　　　　　　　② 1,200,000원
③ 1,700,000원　　　　　　　　　　④ 3,000,000원

해설
· [3,600,000-(20,000,000×3%-0)]×15%=450,000

69 다음 중 양도소득세 과세대상으로 가장 올바르지 않은 것은?

① 골프회원권의 양도　　　　　　　② 소액주주의 주권상장법인 주식의 장내양도
③ 토지 및 건물의 양도　　　　　　④ 비상장주식의 양도

해설
· 상장주식은 대주주 양도분이 과세대상이다.

70 종합소득금액이 있는 거주자는 각 소득의 과세표준을 다음연도 5월 1일부터 5월 31일까지 신고해야 한다. 다음 중 가장 옳지 않은 설명을 하고 있는 사람은 누구인가?

> 김철수 : 저는 근로소득만 있어서 연말정산으로 납세의무가 종결될 것 같아요.
> 이영희 : 저의 근로소득은 연말정산으로 납세의무가 종결되고 이자소득 2,000만원이 분리과세가 되었으니 확정신고를 할 필요는 없습니다.
> 김명호 : 저는 사업소득과 기타소득이 있어 확정신고를 해야 합니다.
> 김명수 : 저는 올해 퇴직했기 때문에 근로소득은 연말정산으로 사업소득은 원천징수로써 납세의무가 종결되었습니다.

① 김철수　　　　　　　　　　　　② 이영희
③ 김명호　　　　　　　　　　　　④ 김명수

해설
· 사업소득이 있는 경우에는 근로소득과 합산하여 확정신고를 하여야 한다.

71 공장에서 1,000원에 출고된 우산은 부가가치세 포함 1,500원에 우산도매상에게 팔렸고, 우산 도매상은 이윤을 붙여 부가가치세 포함 3,000원에 편의점에 판매하였다. 편의점에서 우산을 부가가치세 포함 5,500원에 소비자에게 판매하였다면, 상기 거래에서 최종소비자가 부담한 부가가치세 금액은 얼마인가?

① 300원　　　　　　　　　　　　② 400원
③ 500원　　　　　　　　　　　　④ 600원

해설
· $5,500 \times \dfrac{10}{110} = 500$

제1편 백점이론특강　제2편 기출문제특강　SET1　SET2　SET3　SET4　SET5　SET6　SET7　SET8　SET9　SET10　신유형　기출문제오답노트　실전기출모의고사

72 다음 중 부가가치세 과세대상이 아닌 경우는?

① 부동산 임대업자가 유상으로 상가를 임대하는 경우
② 과세대상 재화를 무상으로 판매한 경우
③ 재화를 담보 목적으로 제공한 경우
④ 재화의 인도대가로서 다른 재화를 인도받는 교환계약의 경우

해설
• 담보제공은 재화의 공급으로 보지 않는다.

73 다음 중 부가가치세법상 재화의 공급시기에 대한 연결이 가장 옳지 않은 것은?

① 중간지급조건부판매 : 재화가 인도되는 때
② 장기할부판매 : 대가의 각 부분을 받기로 한 때
③ 단기할부판매 : 재화가 인도되는 때
④ 완성도기준지급 : 대가의 각 부분을 받기로 한 때

해설
• 중간지급조건부판매의 공급시기는 대가의 각 부분을 받기로 한 때이다.

74 다음 중 부가가치세법상 영세율과 면세에 관한 설명으로 가장 옳지 않은 것은?

① 면세사업자는 부가가치세법상 사업자가 아니므로 세금계산서 발급 등의 의무가 없다.
② 영세율 적용 사업자는 재화 매입시 부담한 매입세액을 환급받을 수 있다.
③ 영세율 적용을 받더라도 사업자등록, 세금계산서 발급 등 납세의무자로서의 의무를 이행하지 않으면 가산세 등 불이익이 발생한다.
④ 모든 면세사업자는 선택에 따라 면세를 포기할 수 있다.

해설
• 영세율이 적용되는 경우등의 경우에 한하여 면세포기가 가능하다.

75 부동산임대업을 영위하는 사업자인 ㈜영일의 20x1년도 제2기 예정신고기간(20x1.7.1~20x1.9.30)의 매출관련 자료이다. 다음 중 ㈜영일의 20x1년도 제2기 예정신고기간의 부가가치세 과세표준으로 가장 옳은 것은?

ㄱ. 임대기간	: 20x1.8.1~20x2.7.31
ㄴ. 월 임대료	: 연간 36,000,000원(계약시 선납)
ㄷ. 임대보증금	: 50,000,000원
ㄹ. 국세청장 고시 1년 만기 정기예금이자율	: 4%로 가정

① 6,334,246원
② 9,260,274원
③ 12,260,274원
④ 12,835,616원

해설
• 임대료　　 : 3,000,000×2개월=6,000,000
　간주임대료 : 50,000,000×61일×4%×1/365=334,246
　∴ 과세표준 : 6,000,000+334,246=6,334,246

76 다음 중 공제받을 수 있는 매입세액으로 가장 옳은 것은?

① 사업과 직접 관련이 없는 지출에 대한 매입세액
② 면세사업 관련 매입세액
③ 신용카드 매출전표상의 매입세액
④ 접대비 및 이와 유사한 비용 관련 매입세액

해설

• 사업무관 매입세액, 면세사업관련 매입세액, 접대비관련 매입세액 : 매입세액불공제

77 한혜수씨의 다음 거래 내용 중 매입세액공제를 받을 수 있는 경우는?

① 2월 11일 : 사업준비를 위해 원재료, 장비 등을 1,500,000원에 구입하였다.
② 2월 13일 : 비영업용 소형승용차를 20,000,000원에 구입하였다.
③ 2월 16일 : 거래처에 접대할 목적으로 개업축하 기념품을 500,000원에 구입하였다.
④ 2월 17일 : 사업확장을 위해 토지를 500,000,000원에 구입하였다.

해설

• 비영업용소형승용차 매입세액, 접대비관련 매입세액, 토지관련 매입세액 : 매입세액불공제

78 다음 자료는 ㈜영일의 거래내역이다. ㈜영일의 부가가치세신고서상 (A)에 기록될 금액은 얼마인가?

〈신고내용〉

		구분		금액	세율	세액
과세표준및매출세액	과세	세금계산서 발급분	(1)		10/100	
		매입자발행세금계산서	(2)		10/100	
		신용카드·현금영수증 발행분	(3)	(A)	10/100	
		기타(정규영수증외 매출분)	(4)			
	영세율	세금계산서 발급분	(5)		0/100	
		기타	(6)		0/100	
		예정신고누락분	(7)			
		대손세액가감	(8)			
		합계	(9)			

구분	금액
세금계산서 발행 국내매출액(부가가치세 미포함)	20,000,000원
신용카드매출전표 발행분(부가가치세 포함)	33,000,000원
현금영수증 발행(부가가치세 포함)	5,500,000원
내국신용장에 의한 공급분(Local 수출분)	10,000,000원
직수출분	40,000,000원

① 33,000,000원   ② 35,000,000원
③ 45,000,000원   ④ 55,000,000원

해설

• $(33,000,000 + 5,500,000) \times \dfrac{100}{110} = 35,000,000$

79 다음 중 부가가치세법과 관련된 가산세가 적용되는 경우가 아닌 것은?

① 20x1년 1월 5일 사업을 개시한 후 5일 후인 1월 10일에 사업자 등록을 신청하였고, 다음날인 1월 11일에 10억원을 매출하였다.
② 재화를 공급하지 않고 세금계산서를 발급하였다.
③ 타인명의로 사업자 등록을 하여 사업을 하고 있는 것이 확인되었다.
④ 영세율로 공급한 금액에 대하여 영세율 과세표준을 신고하지 않았다.

해설
• 사업개시일로부터 20일내 사업자등록을 신청한 경우에는 미등록가산세가 부과되지 않는다.

80 다음 중 신문기사에서 소개하고 있는 사례의 경우와 관련있는 내용으로 가장 옳은 것은?

> **거래처에서 세금계산서를 발급해주지 않는다고요?(XX일보 7월 22일자 기사 중)**
>
> 의류소매업을 하고 있는 A씨는 최근에 거래를 하기 시작한 의류도매업자 때문에 난감한 상황에 직면하게 됐다. 가장 싸게 의류를 판매하고 있다는 이 의류도매업자가 세금계산서 발행을 거부했기 때문. A씨는 싼 김에 한꺼번에 많은 물건을 구입했지만, 세금계산서를 발급 받지 못했기 때문에 매입세액을 공제받지 못하겠다는 생각이 들었다. 그렇다고 세금계산서 발행을 거부했다고 신고할 수도 없는 일(중략) 이렇게 해서 A씨는 부가가치세 신고시 기재한 매입세액을 공제받을 수 있다.

① 매입자발행세금계산서   ② 전자세금계산서
③ 수정세금계산서   ④ 금전등록기계산서

해설
• 부가가치세 납세의무자로 등록한 사업자로서 세금계산서 발급의무가 있는 사업자가 재화 또는 용역을 공급하고 거래시기에 세금계산서를 발급하지 않은 경우 그 재화 또는 용역을 공급받은 자는 관할 세무서장의 확인을 받아 세금계산서를 발행할 수 있는데 이것을 '매입자발행세금계산서' 라 한다.

[정답]　복원기출문제　SET ⑦

▶ 재무회계

1	2	3	4	5	6	7	8	9	10
④	②	②	①	③	②	③	①	③	①
11	12	13	14	15	16	17	18	19	20
①	③	④	①	④	①	④	③	④	②
21	22	23	24	25	26	27	28	29	30
③	①	③	③	④	②	①	③	②	①
31	32	33	34	35	36	37	38	39	40
③	③	①	④	②	②	③	④	①	④

▶ 세무회계

41	42	43	44	45	46	47	48	49	50
④	②	②	④	③	②	③	②	③	③
51	52	53	54	55	56	57	58	59	60
②	④	④	④	①	①	④	③	①	③
61	62	63	64	65	66	67	68	69	70
①	④	④	②	④	④	②	①	②	④
71	72	73	74	75	76	77	78	79	80
③	③	①	④	①	③	①	②	①	①

3P

FINAL

POTENTIALITY
PASSION
PROFESSION

3P는 여러분의 무한한 잠재적 능력과 반드시 성취하겠다는 열정을 토대로 전문가의 길로 나아가는 세무라이선스 파이널시리즈의 학습 정신입니다.

수험생 여러분의 합격을 응원합니다.

[실전연습]

복원기출문제연습

SET ⑧

Cam Exam intermediate level

▶ 복원기출문제는 현행 개정세법과 현행 회계기준에
부합하도록 저자가 문제를 임의변경·보완 및 추가한
문제가 포함되어 있습니다.

SEMOOLICENCE

01 재무회계

1 다음 중 재무제표에 대한 설명으로 가장 올바르지 않은 것은?

① 특정정보가 정보이용자의 의사결정에 영향을 미칠 수 없다면 그 정보는 중요한 정보가 아니다.

② 금액이 낮은 정보는 정보이용자의 의사결정에 유의적인 영향을 미치지 않으므로 중요하지 않은 정보이다.

③ 중요성은 일반적으로 당해 항목의 성격과 금액의 크기에 의해 결정된다.

④ 정보의 성격 자체만으로도 중요한 정보가 될수 있다.

> **해설**
> • 중요성은 금액의 크기뿐만 아니라 해당과목의 성격에 의해서도 결정된다. 즉, 어떤 경우에는 금액의 크기와는 관계없이 정보의 성격 자체만으로도 중요한 정보가 될수 있다.

2 다음 중 재무제표에 대한 설명으로 가장 올바르지 않은 것은?

① 현금흐름표의 현금흐름은 영업활동으로 인한 현금흐름, 투자활동으로 인한 현금흐름, 재무활동으로 인한 현금흐름으로 구성된다.

② 중단사업손익이 있을 경우 손익계산서에 계속사업손익과 중단사업손익을 구분기재하여 표시한다.

③ 재무제표에 대한 주석은 질적 정보를 파악하기 위한 중요한 정보이나 재무제표에는 포함되지 않는다.

④ 자본변동표는 자본을 구성하고 있는 자본금, 자본잉여금, 자본조정, 기타포괄손익누계액, 이익잉여금의 변동에 대한 포괄적인 정보를 제공해 준다.

> **해설**
> • 주석도 기본재무제표의 범위에 포함된다.

3 다음 중 자산에 관한 설명으로 가장 올바르지 않은 것은?

① 자산은 과거의 거래나 사건의 결과로서 현재 기업실체에 의해 지배되고 미래에 경제적효익을 창출할 것으로 기대되는 자원이다.

② 일반적으로 현금유출과 자산의 취득은 밀접하게 관련되어 있으나 양자가 반드시 일치하는 것은 아니다.

③ 자산은 1년을 기준으로 하여 유동자산 또는 비유동자산으로 구분하는 것을 원칙으로 하고 있다.

④ 보고기간 종료일로부터 1년을 초과하여 판매되거나 회수되는 재고자산과 매출채권은 비유동자산으로 계상하여야 한다.

> **해설**
> • 정상영업주기내에 판매 · 사용되는 재고자산과 회수되는 매출채권은 보고기간종료일로부터 1년 이내에 실현되지 않더라도 유동자산으로 분류한다.

4 다음의 유가증권 중 재무상태표상 유동자산으로 분류되는 것으로 가장 올바르지 않은 것은?

① 지분증권 중 투자기업이 피투자기업에 대해 유의적인 영향력을 행사하고 있는 지분법적용투자주식
② 보고기간 종료일로부터 만기가 1년을 초과하지만 정상적인 영업주기 이내인 매출채권
③ 채무증권 중 1년 이내에 만기가 도래하는 매도가능증권
④ 만기가 보고기간 종료일로부터 1년 이내인 3년 만기 정기예금

해설
• 지분법적용투자주식은 비유동자산으로 분류된다.

5 다음은 (주)영일의 재무제표 정보 중 일부이다. 20x1년 12월 31일의 자산총계는 얼마인가(단, 다음 사항을 제외한 다른 자본변동사항은 없다고 가정한다.)?

	20x1년 12월 31일	20x0년 12월 31일
자산총계	?	60,000원
부채총계	76,000원	40,000원
20x1년중 자본변동내역		당기순이익 30,000원
		현물출자 6,000원
		현금배당 4,000원

① 128,000원   ② 215,000원
③ 310,000원   ④ 415,000원

해설
• '기말자본=기초자본+증자-감자+순이익-배당'
 → 기말자본 : (60,000-40,000)+6,000-0+30,000-4,000=52,000
• 기말자산 : 76,000(기말부채)+52,000(기말자본)=128,000

6 다음은 유동자산에 속하는 계정들의 잔액이다. 재무상태표에 당좌자산으로 계상될 금액은 얼마인가?

ㄱ. 단기대여금 40,000원	ㄴ. 매출채권 400,000원	ㄷ. 선급비용 600,000원
ㄹ. 선급금 50,000원	ㅁ. 저장품 65,000원	

① 1,000,000원   ② 1,040,000원
③ 1,090,000원   ④ 1,155,000원

해설
• 40,000+400,000+600,000+50,000=1,090,000
 *저장품은 재고자산이다.

7 ㈜영일의 20x1년 대손충당금 기초잔액은 150,000원이며, 당기 중 매출채권 및 대손상각비와 관련되어 발생한 거래는 다음과 같다. ㈜영일은 매출채권 기말잔액의 3%를 대손충당금으로 설정한다고 할 때, 당기 손익계산서에 계상될 대손상각비는 얼마인가?

> ㄱ. 3월 9일 : 매출채권 120,000원에 대해 회수불능으로 대손처리했다.
> ㄴ. 20x1년말 매출채권 잔액은 8,500,000원이다.

① 223,000원   ② 235,000원
③ 225,000원   ④ 245,000원

해설

• **고속철** 대손충당금 관련항목의 계산

대손충당금

대손발생액	120,000	기초대손충당금	150,000
환입	0	회수	0
기말대손충당금	8,500,000×3%=255,000	대손상각비	?

→ 대손상각비 : 225,000

8 (주)회계는 유형자산으로 분류하여 보유하던 기계장치를 3,000,000원에 외상으로 처분하였다. 기계장치의 취득원가는 4,000,000원이고, 처분일 현재 기계장치에 대한 감가상각누계액은 2,800,000원이다. 다음 중 기계장치의 처분과 관련하여 (주)회계가 해야할 회계처리로 가장 올바른 것은?

① (차) 미수금	3,000,000	(대) 기계장치	4,000,000
	감가상각누계액	2,800,000		유형자산처분이익	1,800,000
② (차) 매출채권	3,000,000	(대) 기계장치	4,000,000
	감가상각누계액	2,600,000		유형자산처분이익	1,600,000
③ (차) 미수금	3,000,000	(대) 기계장치	1,200,000
				유형자산처분이익	1,800,000
④ (차) 매출채권	3,000,000	(대) 기계장치	1,200,000
				유형자산처분이익	1,800,000

해설

• 영업활동과 관련이 없는 채권은 매출채권이 아닌 미수금으로 회계처리하며, 채권금액과 장부금액의 차액을 처분손익으로 계상한다.

9 다음 중 재고자산에 관한 설명으로 가장 올바르지 않은 것은?

① 일반기업이 보유하고 있는 건물 등은 유형자산으로 분류되나, 건설회사에서 판매목적으로 보유하고 있는 미분양아파트는 재고자산에 포함된다.
② 재고자산에는 생산과정이나 서비스를 제공하는데 투입될 원재료와 부분품, 소모품, 비품 및 수선용 부분품 등의 저장품이 포함된다.
③ 선적지 인도기준으로 상품을 판매한 경우 선적한 시점이후에는 구매자의 재고자산에 포함된다.
④ 재고자산의 매입원가는 매입운임, 하역료 및 보험료 등 취득과정에서 정상적으로 발생한 부대원가를 고려하지 않는 재고자산의 순수한 구입가격만을 의미한다.

해설

• 재고자산의 매입원가(취득원가)에는 매입운임등의 매입부대원가가 포함된다.

10 운동화 도매업을 영위하는 (주)영일은 20x1년 3월에 제조회사로부터 운동화를 단위당 3,000(단위당 운송비 50원 포함)원에 100켤레를 매입하였으며 취득과정에서 환급불가능한 관세가 단위당 100원씩 발생하였다. 구입한 운동화는 (주)영일이 임차하여 사용하고 있는 창고로 바로 배송되었다. (주)영일은 창고 임차료로 월 150,000원을 지급하고 있으며 (주)영일의 구매팀에 대한 월 급여는 월 100,000원이다. 20x1년 3월에 구매한 운동화 100켤레에 대한 재고자산의 취득원가는 얼마인가?

① 200,000원 ② 215,000원
③ 310,000원 ④ 415,000원

해설

• 100켤레×(3,000+100)=310,000
*매입부대원가(매입시 운송비와 환급불가 관세)는 취득원가로 처리하며, 판매시까지 보관료와 급여는 판관비로 비용처리한다.

11 다음은 4종류의 상품을 판매하는 (주)영일의 20x1년말 현재의 재고자산과 관련된 자료이다. (주)영일이 종목별로 재고자산에 대하여 저가법을 적용할 경우 재고자산평가손실로 인식하여야할 금액은 얼마인가?

상품종류	취득원가	순실현가능가치
A	20,000원	25,000원
B	10,000원	8,000원
C	30,000원	26,000원
D	40,000원	42,000원
합계	100,000원	101,000원

① 4,000원 ② 5,000원
③ 6,000원 ④ 8,000원

해설

상품종류	취득원가	순실현가능가치	평가손실
A	20,000	25,000	-
B	10,000	8,000	2,000
C	30,000	26,000	4,000
D	40,000	42,000	-

12 다음 중 유가증권의 분류에 대한 설명으로 가장 옳지 않은 것은?

① 채무증권을 만기까지 보유할 목적으로 취득하였으며 실제 만기까지 보유할 능력이 있는 경우에는 만기보유증권으로 분류한다.

② 지분증권을 취득하여 피투자기업에 대해 유의적인 영향력을 행사할 수 있게 된 경우에는 지분법적용투자주식으로 분류해야 한다.

③ 매도가능증권으로 분류된 지분증권을 1년이내에 처분할 것이 거의 확실한 경우에는 단기매매증권으로 분류변경해야 한다.

④ 단기매매증권으로 분류된 지분증권은 공정가치법으로 평가하며 관련된 평가손익은 당기손익에 반영하여야 한다.

> **해설**
> • 매도가능증권으로 분류된 지분증권을 1년이내에 처분할 것이 거의 확실한 경우에는 유동자산으로 분류하나, 단기매매증권으로의 재분류는 불가하다.

13 지분법적용투자주식에 대한 설명으로 가장 올바르지 않은 것은?

① 지분법적용투자주식의 취득시점 이후 발생한 지분법 피투자기업의 순자산장부금액 변동액 중 투자기업의 지분율에 해당하는 금액을 당해 지분법적용투자주식에 가감한다.

② 지분법 적용시 지분법 피투자기업의 재무제표는 원칙적으로 투자기업 재무제표와 동일한 결산기에 동일한 회계처리방법을 적용한 것을 기준으로 적용해야 한다.

③ 투자기업이 직접 또는 종속회사를 통하여 간접으로 피투자기업의 의결권 있는 주식의 20% 이상을 보유하고 있다면 명백한 반증이 있는 경우를 제외하고는 유의적인 영향력이 있는 것으로 본다.

④ 지분법 피투자기업의 직전 사업연도말의 자산총액이 100억원 미만인 경우에는 지분법 적용범위에서 제외되어야 한다.

> **해설**
> • 지분법의 적용여부는 피투자기업의 자산규모와 무관하다.
> > **참고** 외감법에서 규정하는 직전 자산총액 120억원 미만인 주식회사는 지배·종속관계가 성립되더라도 연결대상이 되는 종속회사에서 제외함.

14 다음 중 유가증권의 분류변경에 관한 설명으로 가장 옳은 것은?

① 만기보유증권은 매도가능증권으로 분류변경 할 수 있다.

② 단기매매증권을 매도가능증권으로 분류변경하는 경우에는 분류변경일 현재의 공정가치(최종시장가격)를 새로운 취득원가로 보며 분류변경일까지의 미실현보유손익은 기타포괄손익누계액으로 계상한다.

③ 매도가능증권으로 분류된 지분증권을 1년 이내에 처분할 것이 거의 확실한 경우에는 만기보유증권으로 분류변경해야 한다.

④ 매도가능증권이나 만기보유증권은 단기매매증권으로 분류할 수 있다.

> **해설**
> • ② 기타포괄손익누계액(×) → 당기손익(○)
> ③ 매도가능증권으로 분류된 채무증권만 만기보유증권으로 분류변경할수 있으며, 매도가능증권으로 분류된 지분증권을 1년 이내에 처분할 것이 거의 확실한 경우에는 유동자산으로 분류한다.
> ④ 매도가능증권·만기보유증권을 단기매매증권으로 분류변경하는 것은 불가하다.

15 ㈜울산의 결산일은 12월 31일이며, 20x1년 1월 1일 장기투자목적으로 ㈜부산의 주식 100주를 500,000원에 취득하고 이를 매도가능증권으로 분류하였다. ㈜울산은 20x2년 6월 1일에 이 중 50주를 320,000원에 처분하였다. ㈜부산 주식의 공정가치에 관한 정보가 다음과 같은 경우 20x2년 말 ㈜울산의 재무상태표에 ㈜부산의 주식과 관련하여 계상될 매도가능증권평가이익은 얼마인가(단, 법인세효과는 고려하지 않는다)?

ㄱ. 20x1년초 : 5,000원/주
ㄴ. 20x1년말 : 5,500원/주
ㄷ. 20x2년말 : 7,000원/주

① 50,000원 ② 70,000원
③ 75,000원 ④ 100,000원

해설

• 20×1년말

(차) 매도가능증권	50,000	(대) 매도가능증권평가이익	50,000

• 20×2년 6월 1일

(차) 현금	320,000	(대) 매도가능증권	275,000[1]
매도가능증권평가이익	25,000[2]	매도가능증권처분이익	70,000

• 20×2년말

(차) 매도가능증권	75,000[3]	(대) 매도가능증권평가이익	75,000

[1] 550,000×50%=275,000
[2] 50,000×50%=25,000
[3] 50주×7,000-275,000=75,000

+고속철 평가손익 잔액계산
    50주×(7,000-5,000)=100,000(평가이익)

---

16 ㈜영일은 20x1년 210,000,000원의 일괄구입가격으로 토지, 건물, 기계장치를 취득하였으며 기말 현재 해당 자산을 사용하고 있다. 여러 가지 자료를 통하여 검토한 결과 취득당시 위 자산의 공정가치는 다음과 같다. 건물의 취득원가는 얼마인가?

ㄱ. 토지 100,000,000원   ㄴ. 건물 100,000,000원   ㄷ. 기계장치 100,000,000원

① 70,000,000원 ② 140,000,000원
③ 210,000,000원 ④ 90,000,000원

해설

• $210,000,000 \times \dfrac{100,000,000}{100,000,000+100,000,000+100,000,000} = 70,000,000$

제1편 백점이론특강 / 제2편 기출문제특강 / SET1 / SET2 / SET3 / SET4 / SET5 / SET6 / SET7 / SET8 / SET9 / SET10 / 신유형 / 기출문제오답노트 / 실전기출모의고사

17 ㈜울산은 20x1년 중 토지를 1,000,000원에 취득하고 20x1년 12월 31일에 재평가를 실시하여 토지의 장부금액을 200,000원 만큼 증가시켰다. 해당 토지를 20x2년 중 공정가치 1,100,000원에 매각하였다면 토지처분과 관련하여 처분손익으로 인식할 금액은 얼마인가?

① 처분손실 200,000원   ② 처분손실 100,000원

③ 처분이익 100,000원   ④ 처분이익 200,000원

해설

(차) 현금	1,100,000	(대) 토지	1,200,000
재평가잉여금	200,000	처분이익	100,000

*K-IFRS와 달리 일반기업회계기준에서는 재평가잉여금을 처분시 처분손익에 반영한다.

18 ㈜영일은 20x1년 1월 1일에 취득원가 5,000,000원, 잔존가치 500,000원 내용연수 5년인 유형자산을 취득하고 정액법으로 감가상각하고 있다. ㈜영일이 20x1년 손익계산서에 계상할 감가상각비는 얼마인가?

① 675,000원   ② 700,000원

③ 900,000원   ④ 1,000,000원

해설

• (5,000,000-500,000)÷5년=900,000

19 유형자산의 감가상각에 대한 설명으로 가장 올바르지 않은 것은?

① 정률법과 연수합계법은 가속상각의 한 방법이다.

② 법인세법에서는 건축물의 감가상각방법으로 정액법만 인정하고 그 외의 유형자산의 감가상각방법으로 정액법, 정률법만을 인정하고 있다.

③ 유형자산을 취득한 초기에 정액법에 따라 감가상각하였을 경우 정률법에 비하여 이익이 크고 유형자산의 장부금액도 크게 표시된다.

④ 원칙적으로 유형자산의 감가상각의 내용연수와 잔존가치는 세법의 규정에 의하여 정한다.

해설

• 회계상의 내용연수와 잔존가치는 세법규정과는 무관하게 합리적인 추정에 의하여 적용한다.

20 ㈜영일의 20x1년 12월 31일의 총계정원장에는 다음과 같은 계정잔액이 표시되어 있다.

ㄱ. 연구비	10,000원
ㄴ. 영업권(자산성이 인정됨)	20,000원
ㄷ. 영업권(합병으로 발생)	20,000원
ㄹ. 의장권	15,000원

위의 금액 중 20x1년 12월 31일 현재 ㈜영일의 재무상태표상 무형자산으로 보고될 금액은 얼마인가?

① 10,000원　　　　　　　　　② 20,000원
③ 55,000원　　　　　　　　　④ 65,000원

해설
- 자산성이 인정되는 영업권과 합병으로 발생한 영업권은 유상취득 영업권이므로 무형자산으로 계상하며, 의장권은 산업재산권이므로 역시 무형자산으로 계상한다. 그러나 연구비는 당기비용 처리한다.
  → ∴무형자산으로 보고될 금액 : 20,000+20,000+15,000=55,000

21 다음 중 기타비유동자산에 관한 설명으로 가장 올바르지 않은 것은?

① 기타비유동자산이란 비유동자산 중 투자자산 및 유형자산, 무형자산에 속하지 않는 자산을 의미한다.
② 이연법인세자산은 미래 법인세 절감효과가 실현될 수 있는 것으로 기대되는 경우에만 자산으로 인식한다.
③ 장기매출채권은 주된 영업활동에서 발생하였으나, 1년 이내 또는 정상적인 영업주기 이내에 회수가 어려운 채권을 의미한다.
④ 임차보증금, 장기선급금, 이연법인세자산 등은 현재가치 평가의 대상이 된다.

해설
- 현가평가 제외대상 : 장기선급금·선수금, 이연법인세자산·부채, 전세권, 임차보증금, 회원권

22 ㈜영일은 20x1년 7월 1일에 용산은행으로부터 10,000,000원을 차입하였다. 연 이자율 8%, 20x2년 6월 30일 원리금 일시상환조건인 경우 20x1년 12월 31일의 회계처리로 가장 옳은 것은?

① (차) 이자비용　800,000원　　(대) 현금　　　800,000원
② (차) 이자비용　400,000원　　(대) 미지급이자　400,000원
③ (차) 단기차입금　400,000원　　(대) 현금　　　400,000원
④ (차) 이자비용　400,000원　　(대) 단기차입금　400,000원

해설
- 기간경과분 이자비용(미지급이자) : 10,000,000×8%×6/12=400,000

23 20x1년 7월 1일에 (주)영일은 액면금액 100,000원, 이자율 5%, 3년 만기의 사채를 92,259원에 발행하였다. 이자지급일은 매년 6월 30일이며 유효이자율은 8%이다. 사채할인발행차금을 유효이자율법으로 상각하는 경우 12월 31일로 종료하는 20x1년 회계연도의 사채이자비용으로 인식할 금액을 구하면 얼마인가(단, 이자비용은 월할계산하며, 단수는 소수 첫재자리에서 반올림한다.)?

① 2,307원   ② 2,999원

③ 3,690원   ④ 4,000원

> **해설**
>
> • 92,259×8%×6/12≒3,690

24 사채발행시 인식한 사채발행차금은 유효이자율법에 따라 상각 또는 환입한다. 사채를 할인 발행한 경우와 할증발행한 경우의 이자비용은 시간의 경과에 따라 각각 어떻게 변동하는가?

	할인발행한 경우	할증발행한 경우
①	증가	감소
②	증가	증가
③	감소	감소
④	감소	증가

> **해설**
>
> • 할인발행 : 장부금액 증가 → 유효이자(이자비용) 증가
> • 할증발행 : 장부금액 감소 → 유효이자(이자비용) 감소

25 회계관리 1급 자격시험을 준비하는 4명의 스터디원들이 이번 주의 스터디 주제인 충당부채에 관한 논의를 시작하였다. 충당부채에 대해 가장 잘못 이해하고 있는 사람은 누구인가?

① 철수 : ㈜영일은 판매시점으로부터 3년간 품질을 보증하는 조건으로 제품을 판매하는데, 20x1년 중에 판매한 제품에 대해 추정한 보증수리비용 10,000,000원을 충당부채로 인식해야 한다.

② 영희 : 가방 도소매점을 운영하는 ㈜용산은 법적의무가 없음에도 불구하고 제품에 대해 만족하지 못하는 고객에게 환불해 주는 정책을 펴고 있으며, 이러한 사실은 고객에게 널리 알려져 있다. ㈜용산은 환불을 받기 위해 반품된 금액 중 일정 비율 만큼 자원의 유출가능성이 매우 높다면 환불비용에 관한 최선의 추정치로 충당부채를 인식해야 한다.

③ 순이 : ㈜강남은 화재 손실에 대비한 보험에 가입하고 있지 않다. 20x1년말 ㈜강남이 소유하고 있는 건물의 취득원가는 300,000,000원인데 이 금액을 충당부채로 인식해야 한다.

④ 영철 : ㈜강북은 자회사의 차입금 200,000,000원에 관한 지급보증을 하였다. 자회사의 경영상태로 보아 실제 손실이 발생할 가능성은 없는 상태이므로 충당부채로 인식하지 않고, 그 내용을 주석으로 기재해야 한다.

> **해설**
>
> • 제품보증이나 환불정책은 충당부채를 인식하나, 화재등의 손실위험과 미래영업손실은 충당부채를 인식치 않으며, 타인에게 제공한 지급보증 또는 이와 유사한 보증은 자원의 유출가능성이 거의 없더라도 반드시 그 내용을 우발부채로 하여 주석으로 공시한다.

26 다음 중 K-IFRS하의 종업원급여(퇴직급여)에 대한 설명으로 가장 올바르지 않은 것은?

① 확정급여제도란 보험수리적 위험과 투자위험을 종업원이 부담하는 퇴직급여제도를 의미한다.
② 확정급여채무는 보험수리적 방법으로 측정된다.
③ 확정기여제도란 기업이 기금에 출연하기로 약정한 금액을 납부하고, 기금의 책임하에 종업원에게 급여를 지급하는 퇴직급여제도이다.
④ 사외적립자산은 공정가치로 측정된다.

해설
• 위험부담자
  - 확정기여제도 : 종업원
  - 확정급여제도 : 기업(회사)
저자주 본 문제는 한국채택국제회계기준 규정에 대한 문제이므로 참고만하기 바랍니다.

27 다음 중 이연법인세회계에 관한 설명으로 가장 옳은 것은?

① 이연법인세부채는 실현가능성을 검토하여 부채로 계상된다.
② 이연법인세자산은 향후 과세소득의 발생가능성이 거의 확실하여 미래의 법인세 절감효과가 실현될 수 있을 것으로 기대되는 경우에 인식한다.
③ 이연법인세자산, 부채는 보고기간 종료일로부터 1년 초과시점에 실현되는 경우 현재가치로 평가한다.
④ 이연법인세자산, 부채를 계산할 때 미수이자와 같은 일시적 차이는 제외하고 영구적 차이만 고려한다.

해설
• ① 이연법인세부채는 이연법인세자산과 달리 실현가능성을 검토하지 않고 바로 부채로 계상된다.
  ③ 이연법인세자산 · 부채는 현재가치평가 적용제외 대상이다.
  ④ 영구적차이는 이연법인세회계의 대상이 아니다.

28 (주)울산과 (주)부산의 거래내역이다. (주)울산의 20x1년 1월 1일 매출액은 얼마인가?

ㄱ. 20x1년 1월 1일 : (주)울산은 (주)부산과 외제차 매도계약을 하면서 판매대금 50,000,000원 중 청약금으로 1,000,000원을 수령하였다.
ㄴ. 20x1년 2월 5일 : 당기순손실이 발생하여 이를 이익잉여금 계정에 대체하였다.
ㄷ. 20x1년 3월 6일 : 처분전이익잉여금을 재원으로 하여 주식배당을 선언했다.

① 0원   ② 1,000,000원
③ 49,000,000원   ④ 50,000,000원

해설
• 수익인식시점은 인도시점이므로 청약금은 선수금으로 처리하며, 나머지는 모두 현혹자료이다.
  → 매출로 인식할 금액은 없다.

29 다음 중 재무상태표상 자본조정항목에 해당하지 않는 것은?

① 주식할인발행차금   ② 감자차손
③ 자기주식   ④ 주식발행초과금

해설
• 주식발행초과금은 자본잉여금이다.

제1편 백점이론특강 / 제2편 기출문제특강 / SET1 / SET2 / SET3 / SET4 / SET5 / SET6 / SET7 / SET8 / SET9 / SET10 / 신유형 / 기출문제오답노트 / 실전기출모의고사

30 다음 중 이익잉여금의 증감을 가져오는 거래에 해당하지 않는 것은?

① 처분전이익잉여금 중의 일부를 사업확장적립금으로 처분했다.
② 결산의 결과 당기순손실이 발생하여 이를 이익잉여금계정에 대체했다.
③ 처분전이익잉여금을 재원으로 하여 주식배당을 선언했다.
④ 이사회 결의로 현금배당을 선언하였다.

> **해설**

- ① (차) 이익잉여금 ××× (대) 사업확장적립금(임의적립금) ×××
  →사업확장적립금은 이익잉여금 항목(임의적립금)이므로 이익잉여금의 증감을 가져오지는 않는다.
  ② (차) 이익잉여금 ××× (대) 집합손익 ×××
  →이익잉여금이 감소한다.
  ③ (차) 이익잉여금 ××× (대) 자본금 ×××
  →이익잉여금이 감소한다.
  ④ (차) 이익잉여금 ××× (대) 현금 ×××
  →이익잉여금이 감소한다.

31 ㈜영일의 20x1년도 기말 수정분개 전 법인세비용차감전순이익은 400,000원이다. 회사 담당자는 결산 수정분개시 발생주의에 의해 미수이자 6,000원, 미지급급여 75,000원, 미지급이자 16,000원을 추가로 계상하였다. ㈜영일의 20x1년도 결산 수정분개 반영 후의 법인세비용 차감전순이익은 얼마인가?

① 315,000원
② 335,000원
③ 453,000원
④ 497,000원

> **해설**

- 400,000+6,000-75,000-16,000=315,000

32 다음은 유통업을 영위하는 ㈜영일의 20x1년 손익계산서와 관련된 자료이다. 20x1년 ㈜영일의 영업이익은 얼마인가?

매출액	9,500,000원	매출원가	6,500,000원
관리사원 급여	900,000원	매출채권 대손상각비	50,000원
본사임원 퇴직급여	80,000원	유형자산처분이익	70,000원
본사건물 임차료	40,000원	이자비용	60,000원
잡손실	80,000원	단기매매증권처분이익	30,000원

① 1,850,000원
② 1,930,000원
③ 2,010,000원
④ 2,040,000원

> **해설**

- 9,500,000(매출액)-6,500,000(매출원가)-900,000(관리사원 급여)-50,000(매출채권 대손상각비)- 80,000(본사임원 퇴직급여)-40,000(본사건물 임차료)=1,930,000

33 (주)회계는 20x2년 1월 1일에 (주)용산과 3년간 공장건설계약을 맺었다. 건설공사에 대한 다음의 자료를 바탕으로 (주)회계가 20x2년에 인식할 공사원가는 얼마인가?

> ㄱ. 총도급액 12,000,000원
> ㄴ. 20x2년 공사이익 800,000원
> ㄷ. 20x2년말 현재 공사진행률(*) 40%
>   (*)공사진행률은 총공사예정원가에 대한 실제공사원가 발생액의 비율로 산정한다.

① 4,000,000원   ② 4,800,000원
③ 5,000,000원   ④ 6,000,000원

해설
- 12,000,000 × 40% - 공사원가 = 800,000 에서, 공사원가 = 4,000,000

34 다음은 20x1년초에 설립된 (주)영일의 20x1년도 매출에 관련한 자료이다. 원재료에 대해 선입선출법으로 평가하고 있다. (주)영일의 20x1년말 현재 원재료 재고액(재고자산)과 공사에 투입된 재료비(원재료투입액)는 얼마인가?

> ㄱ. 당기 매출 인식액 : 150,000원
> ㄴ. 당기 현금 회수액 : 30,000원
> ㄷ. 당기 투입원가자료
>   – 원재료
>   당기매입자료
>   10월 5일 : 150원x100개=15,000원
>   11월 10일 : 200원x200개=40,000원
>   기말원재료 실사 결과 50개의 기말 원재료 재고가 남아 있음.
>   (당기 중 재고자산에 대한 감모손실은 발생하지 아니함.)
>   – 노무비와 기타경비
>   당기 노무비와 기타경비는 합하여 50,000원이 발생함.

	원재료재고액	재료비
①	5,000원	50,000원
②	10,000원	45,000원
③	20,000원	35,000원
④	30,000원	25,000원

해설
- 원재료 재고액 : 50개 × 200 = 10,000
- 재료비   : (15,000+40,000)-10,000=45,000

35 ㈜영일은 20x1년 4월 1일 액면금액 100,000원의 상품권 10매를 고객에게 액면금액의 20%에 해당하는 금액을 할인하여 1매당 80,000원에 발행하였다. 20x1년 중에 사용된 상품권은 8매이며 판매한 상품의 가액과 상품권의 액면금액은 동일하였다. ㈜영일이 20x1년에 상품권 판매로 인식할 순매출액은 얼마인가?

① 640,000원   ② 800,000원
③ 1,000,000원   ④ 1,200,000원

해설

- 발행시

(차) 현금	80,000 × 10매=800,000	(대) 선수금	100,000 × 10매=1,000,000
상품권할인액	200,000		

- 회수시

(차) 선수금	100,000 × 8매=800,000	(대) 매출	800,000
(차) 매출에누리	200,000 × 8매/10매=160,000	(대) 상품권할인액	160,000

→ 순매출액 : 800,000-160,000=640,000

36 다음은 도매업을 영위하는 (주)영일의 20x1년 회계연도의 매출 및 매출채권과 관련된 자료이다. 당기 손익계산서에 계상될 매출액은 얼마인가(단, 모든 거래는 외상으로 이루어 지고 매출에누리와 매출할인 및 매출환입은 없는 것으로 가정한다.)?

> ㄱ. 20x1년 1월 1일 매출채권 잔액   : 45,000,000원
> ㄴ. 20x1년 중 현금회수금액   : 75,000,000원
> ㄷ. 20x1년 12월 31일 매출채권 잔액 : 25,000,000원

① 25,000,000원   ② 55,000,000원
③ 70,000,000원   ④ 76,000,000원

해설

매출채권

기초	45,000,000	회수	75,000,000
매출	?	기말	25,000,000

→ ∴매출은 55,000,000

37 다음 중 비용에 관한 설명으로 가장 올바르지 않은 것은?

① 복리후생비는 근로환경의 개선 및 근로의욕의 향상 등을 위하여 지출하는 노무비적인 성격을 갖는 비용이다.
② 원가성이 있는 재고자산감모손실은 매출원가로 인식한다.
③ 공과금은 그 발생원인에 따라 제조원가 또는 판매비와 관리비에 계상된다.
④ 일반적 상거래에서 발생한 매출채권에 대한 대손상각비는 영업외비용으로 처리한다.

해설

- 영업외비용(×) → 영업비용(판관비)(O)

38 화폐성 외화자산, 부채는 기말 현재의 마감환율로 환산하여 외화환산손익을 인식한다. 다음 중 기말 결산시 외화환산손익을 인식하는 계정과목으로 가장 옳은 것은?

① 재공품
② 선급금
③ 매출채권
④ 선수금

> **해설**
> • 재공품(재고자산)은 비화폐성항목이다.

39 당기 장부마감전 발견된 다음 오류사항 중 당기순이익에 영향을 미치는 것은?

① 전기 주식할인발행차금 미상각
② 매도가능증권에 대한 평가손실 미계상
③ 당기 재고자산에 대한 평가손실 미계상
④ 당기 재해손실을 판매비와관리비로 계상

> **해설**
> • ① 전기 주식할인발행차금 미상각 →자본조정에 영향
> ② 매도가능증권에 대한 평가손실 미계상 →기타포괄손익누계액에 영향
> ③ 당기 재고자산에 대한 평가손실 미계상 →매출원가에 영향(따라서, 당기손익에 영향)
> ④ 당기 재해손실을 일반관리비로 계상 →손익에는 영향이 없다.

40 다음 자료를 참고하여 (주)영일의 기본주당순이익을 계산하면 얼마인가?

가. 당기순이익	:	450,000,000원
나. 우선주배당금	:	10,000,000원
다. 가중평균유통보통주식수	:	100,000주

① 4,400원
② 4,500원
③ 4,800원
④ 5,000원

> **해설**
> • $\dfrac{450,000,000-10,000,000}{100,000주}=4,400$

02 세무회계

41 다음 중 조세에 대한 설명으로 가장 올바른 것은?

① 조세를 부과·징수하는 주체인 국가라도 법의 규정에 근거하지 않고 필요에 따라 국민으로부터 세금을 부과·징수할 수는 없다.

② 물세란 납세의무자의 인적사항을 고려하지 않고 수익 혹은 재산 그 자체에 대하여 부과하는 조세를 말하며, 법인세 및 소득세가 이에 포함된다.

③ 지방세란 국가가 국민에게 부과하는 조세를 말한다.

④ 부과과세제도란 국가 또는 지방자치단체의 결정에 따라 과세표준과 세액이 확정되는 제도를 말하며, 법인세·소득세 등이 이에 해당한다.

해설

• ② 법인세 및 소득세는 인세에 포함된다. 물세의 예로는 부가가치세와 재산세를 들수 있다.
  ③ 지방세란 지방자치단체가 국민에게 부과하는 조세를 말한다.
  ④ 법인세·소득세는 신고납세제도를 취하고 있으며, 부과과세제도를 취하고 있는 세목으로는 상속세와 증여세가 있다.

42 다음 신문기사를 읽고 물음에 답하시오.

> 타인의 명의로 사업을 해도 이른바 '바지사장' 대신에 실제 경영자가 납세의무를 진다는 판결이 나왔다. 대법원 3부는 21일 사기혐의 등으로 기소된 오모씨에 대해 2심이 선고한판결을 깨고 사건을 울산중앙지법으로 돌려보냈다고 밝혔다. 재판부는 오씨가 고의로 세금을 떠넘기려 했다면서 적용된 사기죄에 대하여 명의를 빌려준 김씨가 아닌 실제 사업체를 운영한 오씨에게 사업으로 발생한 소득을 기준으로 세금을 부과하도록 하였다.
> ~(후략)

다음 중 대법원이 이와 같은 판결을 내린 근거가 되는 국세부과의 원칙으로 올바른 것은?

① 실질과세의 원칙   ② 신의성실의 원칙
③ 조세감면후 사후관리   ④ 근거과세의 원칙

해설

• 귀속이 명의일 뿐이고 사실상 귀속되는 자가 따로 있는 때에는 사실상 귀속자를 납세의무자로 하여 적용한다는 실질과세원칙에 대한 내용이다.

43 다음 중 법인세법상 세무조정시 소득처분의 종류가 다른 것은?

① 접대비 한도초과액   ② 퇴직급여충당금 한도초과액
③ 감가상각비 한도초과액   ④ 대손충당금 한도초과액

해설

• 접대비 한도초과액은 기타사외유출로 소득처분하며, 나머지는 유보로 처분하는 대표적인 사례들이다.

44 다음 법인세 신고납부에 관한 문답 내용 중 가장 올바르지 않은 것은?

> ㄱ. Q : 법인세 납세의무자는 누구인가?
> A : 법인세 납세의무자는 법인의 대표이다.
> ㄴ. Q : 법인세법상 납세지란 무엇인가?
> A : 법인세 납세의무자의 입장에서 법인세를 신고 · 납부하는 기준이 되는 장소를 의미하고 법인세 과세권자인 국가의 입장에서는 법인세를 부과 · 징수하는 기준이 되는 장소를 의미한다.
> ㄷ. Q : 납부해야 할 법인세액이 많으면 분납도 가능한가?
> A : 납부할 법인세액이 1천만원을 초과하는 때에는 납부기한이 경과한 날로부터 1개월 (중소기업은 2개월)내에 법인세를 분납할 수 있다.
> ㄹ. Q : 법인세법상 기납부세액이란 무엇인가?
> A : 법인이 사업연도 중에 납부한 법인세 금액으로 중간예납세액, 원천징수세액 및 수시부과세액이 해당된다.

① ㄱ
② ㄴ
③ ㄷ
④ ㄹ

해설

• 법인세 납세의무자는 법인이다.

45 다음 법인세 세무조정사항 중 유보항목을 모두 고르면?

> ㄱ. 대손충당금한도초과액
> ㄴ. 법인세비용
> ㄷ. 임대보증금에 대한 간주임대료
> ㄹ. 접대비한도초과액

① ㄱ
② ㄱ, ㄴ
③ ㄱ, ㄹ
④ ㄴ, ㄹ

해설

• 대손충당금 한도초과액은 유보로 소득처분하며, 나머지는 기타사외유출로 소득처분한다.

46 법인세법상 원칙적인 손익의 귀속시기에 대한 설명으로 가장 옳지 않은 것은?

① 상품판매손익의 귀속시기 : 상품의 인도일
② 장기용역손익의 귀속시기 : 용역제공 완료일
③ 장기할부판매의 귀속시기 : 판매물의 인도일
④ 계약 등에 의하여 임대료 지급일이 정하여진 경우 임대손익의 귀속시기 : 계약에 의한 지급약정일

해설

• 용역제공은 장 · 단기 불문하고 진행기준이 원칙이다.

47 (주)영일이 임원 및 종업원에게 지급한 상여금이 다음과 같을 경우 필요한 세무조정은?

> ㄱ. 임원 상여금　 : 70,000,000원(임원 상여금지급기준상 한도액 : 50,000,000원)
> ㄴ. 종업원 상여금 : 50,000,000원(종업원 상여금지급기준상 한도액 : 20,000,000원)

① (손금불산입) 상여금한도초과액 20,000,000원(상여)
② (손금불산입) 상여금한도초과액 30,000,000원(상여)
③ (손금불산입) 상여금한도초과액 50,000,000원(상여)
④ 세무조정없음

━━ 해설
• 임원상여금 한도초과액 20,000,000원만 손금불산입하고 임원에 대한 상여로 소득처분한다.

48 다음 중 법인세법상 손금으로 인정되지 않는 항목을 모두 고르면?

> ㄱ. 임 · 직원을 위한 직장보육시설의 운영금
> ㄴ. 법인세
> ㄷ. 주식할인발행차금
> ㄹ. 속도위반 벌과금
> ㅁ. 판매한 상품 · 제품에 대한 재료비와 부대비용

① ㄱ, ㄴ　　　　　　　　　　　② ㄱ, ㄴ, ㄷ
③ ㄴ, ㄷ, ㄹ　　　　　　　　　　④ ㄷ, ㄹ, ㅁ

━━ 해설
• 법인세, 주식할인발행차금, 벌과금 : 손금불산입항목

49 다음은 법인세법상 재고자산의 평가에 대하여 ㈜가인의 회계팀 담당자들이 나눈 대화의 일부이다. 가장 옳지 않은 설명을 하고 있는 사람은 누구인가?

> 김대리 : 법인세법상 재고자산의 평가방법에는 원가법과 저가법의 두 가지 방법이 있는 데, 우리 회사가 재고자산의 평가손실을 손금으로 인정받기 위해서는 법인세법상 재고 자산의 평가방법을 저가법으로 신고해야 합니다.
> 오차장 : 우리 회사가 재고자산평가방법을 변경하기 위해서는 변경할 방법을 적용하고자하는 사업연도의 종료일 이전 3개월이 되는 날까지 변경신고를 해야 합니다.
> 박대리 : 재고자산의 종류별 또는 영업장별로 다른 평가방법을 적용할 수 있으므로 제품 및 상품은 선입선출법으로, 원재료는 총평균법으로 평가하는 것도 가능합니다.
> 최과장 : 재고자산평가방법을 저가법으로 신고하지 않은 경우에는, 재고자산이 파손되더라도 해당 평가손실을 법인세법상 손금으로 인정받을 수 없습니다.

① 김대리　　　　　　　　　　　② 오차장
③ 박대리　　　　　　　　　　　④ 최과장

━━ 해설
• 파손 · 부패로 인한 재고자산평가손실은 신고방법을 불문하고 결산조정을 전제로 손금으로 인정된다.

50 (주)영일은 결산서상 당기 획득한 재고자산의 금액을 시가로 평가하여 2,000,000원의 평가손실을 계상하였다. 제8기(20x1년 1월 1일 ~ 20x1년 12월 31일) 현재 취득원가와 시가는 다음과 같다. 당초에 법인세법상 재고자산의 평가방법이 원가법으로 신고된 경우 다음 사항 중 가장 올바른 것은?

구분	취득원가	시가
원재료	10,000,000원	8,000,000원

① 세무상 재고자산은 종류에 따라 평가방법을 달리 할 수 없다.
② 재고자산평가방법은 법인세법상 원가법만 인정된다.
③ 재고자산 평가손실을 익금산입(유보)로 세무조정을 실시하여야 한다.
④ 회계처리가 적정하므로 세무조정이 발생하지 않는다.

> **해설**
> • ① 세무상 재고자산은 영업장별, 재고자산종류별로 다른 평가방법으로 평가할 수 있다.
>   ② 재고자산평가방법은 법인세법상 원가법과 저가법 중 선택하여 적용된다.
>   ④ 원가법으로 신고하고 평가손실을 계상했으므로 손금불산입(익금산입)하고 유보로 소득처분한다.

51 ㈜영일이 단기매매증권과 관련하여 공정가치로 평가를 한 경우 제4기(20x1.1.1~20x1.12.31) 다음의 자료에 의한 필요한 세무조정을 고르면?

> 20x1년 12월 1일 단기매매증권 취득 - 취득원가 : 3,000,000원
> 20x1년 12월 31일 단기매매증권 평가 - 공정가치 : 3,500,000원

① (익금산입) 단기매매증권 500,000원(유보)
② (익금불산입) 단기매매증권 500,000원(△유보)
③ (익금산입) 단기매매증권 3,500,000원(유보)
④ (익금불산입) 단기매매증권 3,500,000원(△유보)

> **해설**
> • 단기매매증권평가이익 500,000원을 익금불산입하고 △유보로 소득처분한다.

52 다음 중 법인이 고정자산에 대하여 지출하는 수선비에 관한 설명으로 가장 올바르지 않은 것은?

① 고정자산의 내용연수를 증가시키거나 가치를 실질적으로 증가시키는 수선비를 자본적 지출이라고 한다.
② 고정자산의 원상회복·능률유지를 위하여 지출하는 수선비를 수익적 지출이라고 한다.
③ 자본적 지출에 해당하는 수선비는 자산의 취득원가에 더해져 감가상각과정을 통해 법인의 손금에 산입한다.
④ 본래의 용도를 변경하기 위한 개조나 엘리베이터 또는 냉난방장치의 설치 등은 수익적 지출에 해당한다.

> **해설**
> • 수익적지출(×) → 자본적지출(O)

제1편 빽점이론특강 / 제2편 기출문제특강 / SET1 / SET2 / SET3 / SET4 / SET5 / SET6 / SET7 / SET8 / SET9 / SET10 / 신유형 / 기출문제요약노트 / 실전기출모의고사

53 법인세법상 대손의 요건으로 가장 옳지 않은 것은?

① 채무자 파산 등의 사유로 채권을 회수 할 수 없는 경우
② 회수기일로부터 1년 이상 경과한 수표 또는 어음상의 채권
③ 상법 등에 따른 채권의 소멸시효가 완성된 경우
④ 부도발생일로부터 6개월 이상 경과한 수표 또는 어음상의 채권

해설
• 회수기일로부터 1년이상 경과한 수표 또는 어음상의 채권은 대손요건과 무관하다.
  참고 회수기일이 6개월이상 경과한 채권 중 채권가액이 일정액 이하인 채권은 대손요건으로 규정되어 있다.

54 다음 중 법인세법상 퇴직급여충당금에 대한 설명으로 가장 옳지 않은 것은?

① 퇴직급여 지급대상이 되는 임직원에게 지급한 급여액이 증가할수록 총급여액 기준 퇴직급여충당금 손금산입 한도액이 증가한다.
② 총급여액을 기준으로 계산한 금액과 퇴직금추계액을 기준으로 계산한 금액 중 작은 금액을 퇴직급여충당금의 손금산입 한도액으로 한다.
③ 퇴직급여충당금은 신고조정사항이다.
④ 당기 퇴직급여충당금의 설정액이 한도액보다 더 크다면 한도초과액을 손금불산입(유보)로 조정한다.

해설
• 퇴직급여충당금은 대표적인 결산조정사항이다.

55 다음 중 지급이자 손금불산입 세무조정을 해야 하는 항목을 모두 고르면?

| 가. 채권자 불분명사채이자 |
| 나. 비실명채권 증권이자 |
| 다. 업무무관자산 등 관련이자 |

① 가
② 가, 나
③ 나, 다
④ 가, 나, 다

해설
• 모두 '지급이자 손금불산입' 규정의 적용대상이다.

56 다음은 (주)영일의 제14기(2015년 1월 1일 ~ 2015년 12월 31일) 현재 법인세 과세표준 계산시 공제되지 않은 이월결손금의 발생사업연도와 금액에 관한 자료이다. 다음 중 이에 대한 설명으로 가장 올바르지 않은 것은?

> 제7기 사업연도(2008년 1월 1일 ~ 2008년 12월 31일) : 3,000,000원
> 제10기 사업연도(2011년 1월 1일 ~ 2011년 12월 31일) : 4,000,000원

① 제7기에 발생한 이월결손금은 제14기에 각사업연도소득에서 공제할 수 있다.
② 제7기에 발생한 이월결손금은 제14기의 각사업연도소득에서 공제할 수 없다.
③ 제10기에 발생한 이월결손금은 제14기의 각사업연도소득에서 공제할 수 있다.
④ 이월결손금은 각사업연도소득에서 공제하지 않더라도 자산수증익이나 채무면제익에서 공제할 수 있다.

해설
• 2008년까지 발생한 이월결손금은 5년간 이월하므로 공제시한 경과로 공제불가하다.
저자주 만약, 당기 제14기가 2019년이라면 실전에서 제7기는 제3기로 주어지며, 마찬가지로 당기 제14기가 2020년이라면 실전에서 제7기는 제2기로 주어집니다.

57 다음 중 부당행위계산부인에 대한 설명으로 가장 올바르지 않은 것은?

① 거래 결과 해당 법인의 법인세 부담을 부당하게 감소시켜야 한다.
② 법인의 거래가 법인세법에서 규정하고 있는 특수관계인과 이루어 져야 한다.
③ 거래당사자 간에 문서로 된 계약서가 존재해야 한다.
④ 특수관계인에게 무이자로 금전을 대여할 경우 법인세법상 적정이자 금액을 익금산입하고귀속자에 따라 소득처분한다.

해설
• 계약서의 존재는 부당행위계산부인의 적용요건과는 무관하다.

58 다음은 법인세의 계산구조이다. 다음 중 (가)~(라)에 관한 설명으로 가장 올바르지 않은 것은?

	각사업연도소득금액	
(−)	이월결손금	
(−)	비과세소득	·········· (가)
(−)	소득공제	·········· (나)
	과세표준	
(X)	세율	
	산출세액	
(−)	세액공제	·········· (다)
(−)	세액감면	
(+)	가산세	
(+)	감면분추가납부세액	
	총부담세액	
(−)	기납부세액	·········· (라)
	차감납부세액	

① (가) : 법인의 소득 중 법인세를 과세하지 아니하는 소득으로서 다음연도로 이월하여 공제받을 수 있다.

② (나) : 법인세법등에서 규정한 요건에 해당하는 경우 법인의 소득금액에서 일정액을 공제하여 주는 제도를 말한다.

③ (다) : 법인세 총부담세액 계산시 일정금액을 공제하도록 규정한 제도로서 대표적인 세액공제로는 외국납부세액공제, 재해손실세액공제 등이 있다.

④ (라) : 법인이 사업연도 중에 미리 납부한 법인세액으로 중간예납세액, 원천징수세액 및 수시부과세액이 이에 해당된다.

해설
• 비과세와 소득공제는 이월공제가 없다.

59 법인세법에서는 법인세를 감면 받는 법인도 최소한 법인세법이 규정한 일정한도의 세액은 납부하도록 하는 제도를 마련하고 있다. 이러한 제도를 무엇이라고 하는가?

① 부당행위계산의 부인
② 최저한세
③ 소득공제
④ 지급이자 손금불산입

해설
• 법인세법에서는 특정법인에 대하여 과도하게 법인세를 감면해주게 될 경우 법인세를 감면받는 법인과 감면받지 못하는 법인 간에 과세형평의 문제가 발생할 수 있고 국가의 법인세 조세수입 또한 현격하게 감소할 수 있기 때문에, 법인세를 감면받는 법인도 최소한 법인세법이 규정한 일정한도의 세액은 납부하도록 하는 제도를 마련하고 있다. 이러한 제도에 의하여 규정된 일정한도의 법인세금액을 최저한세라고 한다.

60 차감납부할세액의 계산에 영향을 미치는 요소가 다음의 자료를 제외하고는 없다고 가정할 경우, 법인세법상 차감납부할세액은 얼마인가?

ㄱ. 산출세액	:	9,000,000원
ㄴ. 외국납부세액공제	:	3,000,000원
ㄷ. 가산세 합계	:	500,000원
ㄹ. 중간예납세액	:	4,000,000원

〈차감납부할세액 계산구조〉

	산출세액	
(−)	세액공제, 세액감면	
(+)	가산세, 감면분추가납부세액	
	총부담세액	
(−)	기납부세액	
	차감납부할세액	

① 1,500,000원 ② 2,000,000원
③ 2,500,000원 ④ 8,500,000원

해설
• 9,000,000−3,000,000+500,000−4,000,000=2,500,000

61 다음 중 소득세법에 대한 설명으로 가장 올바르지 않은 것은?

① 소득세는 원칙적으로 열거주의 과세방식을 취하고 있다.
② 소득세는 개인의 부담능력에 따라 과세되는 조세이다.
③ 퇴직소득, 양도소득도 개인별로 종합과세하고 있다.
④ 우리나라는 개인의 소득에 대해 초과누진세율을 적용한다.

해설
• 퇴직소득, 양도소득은 분류과세하고 있다.

62 다음 중 종합과세, 분류과세 및 분리과세에 관한 설명으로 가장 올바르지 않은 것은?

① 종합과세는 1년 동안 개인이 벌어들인 모든 소득을 합산하여 과세하는 방법이다.
② 분류과세는 각각의 소득을 합산하지 않고, 원천에 따른 소득의 종류별로 별도의 세율로 과세하는 방법이다.
③ 종합소득 중 일정한 소득은 과세정책상 분리하여 과세한다.
④ 300만원 이하의 기타소득은 무조건 분리과세한다.

해설
• 기타소득금액이 300만원 이하인 경우 선택적 분리과세가 적용된다.

제1편 빽점이론특강
제2편 기출문제특강
SET1
SET2
SET3
SET4
SET5
SET6
SET7
SET8
SET9
SET10
신유형
기출분제오답노트
실전기출모의고사

63 다음 중 소득세법상 이자 및 배당소득에 대한 설명으로 가장 옳은 것은?

① 국가나 공공기관에서 발행한 채권에서 발생하는 이자는 소득세법상 이자소득에 포함되지 않는다.
② 외국회사로부터 받는 이익의 배당은 배당소득에 해당하지 않는다.
③ 현물배당이나 주식배당의 경우 배당소득으로 보지 않는다.
④ Gross-up제도는 금융소득에 대한 이중과세를 방지하기 위함이다.

◾ 해설

• ① 발행주체를 불문하고 국·공채, 회사채등 채권에서 발생하는 이자는 소득세법상 이자소득으로 열거되어 있다.
  ② 국내·국외에서 받는 이익배당은 배당소득에 해당한다.
  ③ 현물배당이나 주식배당 모두 세법상으로는 배당소득으로 본다.(의제배당)
  ◾저자주◾ 이중과세 조정을 위한 Gross-up제도는 회계관리1급의 수준을 초과하는 논제이므로 참고만 하기 바란다.

64 다음 중 소득세법의 사업소득금액과 법인세법상 각사업연도소득금액의 차이에 관한 설명으로 가장 올바르지 않은 것은?

① 법인세법에 따르면 소득의 종류를 구분하지 않고 모든 소득을 각사업연도소득에 포함하여 종합과세하므로 분리과세나 분류과세가 없다.
② 개인사업의 대표자에게 지급하는 급여는 필요경비에 산입하지 않지만, 법인의 대표자에게 지급하는 급여는 법인의 손금에 산입한다.
③ 개인사업의 대표자는 퇴직급여충당금의 설정대상에 해당하지만, 법인의 대표자는 퇴직급여충당금 설정대상에 해당하지 않는다.
④ 소득세법상 사업과 무관한 유형자산의 처분손익은 원칙적으로 사업소득의 총수입금액과 필요경비에 산입하지 않는다.

◾ 해설

• 개인사업의 대표자는 퇴직급여충당금의 설정대상에 해당하지 않지만, 법인의 대표자는 퇴직급여충당금 설정대상에 해당한다.

65 다음 자료에 의하여 김영일씨의 근로소득금액을 계산하면 얼마인가?

> ㄱ. 총급여내역
>   - 매월 급여 : 2,000,000원
>   - 연간 상여 : 6,000,000원(실제로 지급받은 상여금)
>   - 연월차수당 : 260,000원(연간 지급받은 금액)
>   - 매월 식사대 : 120,000원(식사를 제공받지 아니함)
> ㄴ. 김영일씨는 연중 계속 근무하였으며, 상기사항 이외의 근로소득은 없다.
> ㄷ. 근로소득공제
>
> | 총급여액 | 근로소득공제액 |
> |---|---|
> | 1,500만원초과 4,500만원 이하 | 750만원＋1,500만원초과액×15% |
> | 4,500만원초과 1억원 이하 | 1,200만원＋4,500만원초과액×5% |
> | 1억원초과 | 1,475만원＋1억원초과액×2% |

① 11,300,000원 ② 19,200,000원
③ 20,675,000원 ④ 23,000,000원

해설
- 총급여 : 2,000,000×12개월+6,000,000+260,000+(120,000-100,000)×12개월=30,500,000
- 근로소득금액 : 30,500,000-[7,500,000+(30,500,000-15,000,000)×15%]=20,675,000

66 다음 중 소득세법상 기타소득에 대한 설명으로 가장 올바르지 않는 것은?

① 기타소득은 이자소득, 배당소득, 사업소득, 근로소득, 연금소득, 퇴직소득 및 양도소득의 7가지 소득에 해당하지 않는 소득을 말한다.
② 복권당첨소득은 무조건 종합과세를 적용하여야 하므로 당첨금을 수령한 다음 연도 5월에는 반드시 과세표준 확정신고를 해야 한다.
③ 광업권, 어업권의 양도로 인한 소득은 기타소득에 속한다.
④ 일부항목에 대해서는 기타소득 발생시 필요경비가 확인되지 않는 경우 최소한 총수입금액의 60%를 필요경비로 인정하고 있다.

해설
- 복권당첨소득은 무조건 분리과세를 적용하므로 과세표준 확정신고의무가 없다.

제1편 빅점이론특강 제2편 기출문제특강 SET1 SET2 SET3 SET4 SET5 SET6 SET7 SET8 SET9 SET10 신유형 기출문제오답노트 실전기출모의고사

67 다음의 대화에서 소득세법상 기본공제를 적용할 수 없는 사람은 누구인가?

> 이경식 : 저는 소득이 전혀 없는 22살의 장애인 딸이 있습니다.
> 천지호 : 저와 함께 살고 계시는 부친은 67세이며, 배당소득금액만 60만원 있습니다.
> 황철웅 : 저와 함께 살고 계시는 장인은 58세이며, 소득이 전혀 없습니다.
> 송태하 : 저의 아내는 30살이며, 은행예금이자만 90만원 있습니다.

① 이경식의 딸
② 천지호의 부친
③ 황철웅의 장인
④ 송태하의 아내

해설

• 이경식의 딸 : 장애인은 연령제한이 없으므로 기본공제대상에 해당한다.
천지호의 부친 : 60세이상이고 소득금액요건을 충족하므로 기본공제대상에 해당한다.
황철웅의 장인 : 60세이상이 아니므로 기본공제대상에 해당하지 않는다.
송태하의 아내 : 소득금액요건을 충족하므로 기본공제대상에 해당한다.

68 ㈜추노의 경리팀에 근무하는 신입사원 이대길씨가 20x1년 연말정산과 관련하여 행한 다음 행동 중 가장 적절하지 못한 것은?

① 과세대상근로소득 계산시 근로자의 급여총액에서 실비변상적인 성질의 급여와 같은 비과세급여는 차감하였다.
② 근로자별로 연말정산하여 징수한 세액에서 환급할 세액을 차감하여 연말정산한 달의 다음 달 말일까지 납부할 예정이다.
③ 20x1년 1월부터 12월까지 급여지급시 간이세액표에 의하여 원천징수한 금액을 더하여 기납부세액을 계산하였다.
④ 20x1년 근로소득세를 연말정산하고 근로소득원천징수영수증을 20x2년 2월 말에 발급하였다.

해설

• 다음 달 말일까지 납부(×) → 다음 달 10일까지 납부(O)

69 다음 자료에 의하여 근로소득이 있는 거주자 김영일씨의 종합소득공제 중 공제가능한 보험료소득공제 금액을 구하면 얼마인가?

> ㄱ. 국민건강보험료 : 400,000원
> ㄴ. 자동차보험료 : 200,000원
> ㄷ. 장기저축성보험료 : 600,000원
> ㄹ. 장애인전용보장성보험료 : 500,000원[*]
> [*]기본공제대상자인 아들(장애인, 소득없음)을 위하여 지출

① 400,000원
② 1,600,000원
③ 2,200,000원
④ 2,700,000원

해설

• 소득공제를 묻고 있으므로 국민건강보험료만 공제금액이다.

70 소득세의 신고납부에 대한 설명으로 가장 옳지 않은 것은?

① 당해연도의 종합소득과세표준이 없거나 결손금이 발생하였다면 종합소득 과세표준 확정신고를 하지 않아도 된다.
② 사업소득의 중간예납기간은 매년 1월 1일부터 6월 30일 까지이다.
③ 사업소득의 중간예납세액은 직전 과세기간 납부세액의 1/2로 결정하는 것을 원칙으로 한다.
④ 근로소득만 있는 자는 연말정산으로 납세의무가 종결되므로 확정신고를 하지 않아도 된다.

> **해설**
> • 종합소득과세표준이 없거나 결손금이 발생하였더라도 확정신고를 하여야 한다.

71 다음 중 부가가치세법에 관한 설명으로 가장 올바르지 않은 것은?

① 소비지국과세원칙에 의하여 수입하는 모든 재화에 대하여는 부가가치세를 과세하지 않는다.
② 부가가치세법상 사업자란 '사업상 독립적으로 재화나 용역을 공급하는 자'를 말한다.
③ 부가가치세는 납세의무자의 신고에 의하여 납세의무가 확정되는 신고납세제도를 채택하고 있다.
④ 부가가치세법은 전단계세액공제법을 채택하고 있다.

> **해설**
> • 소비지국과세원칙에 의하여 수출하는 재화에 대하여는 부가가치세를 과세하지 않고 영세율을 적용한다.

72 다음 중 부가가치세 과세대상이 아닌 경우는?

① 광고목적으로 불특정 다수인에게 무상으로 견본품 공급
② 사업을 위해 대가를 받고 다른 사업자에게 인도한 견본품
③ 과세사업을 위해 취득한 재화를 면세전용(매입세액이 공제되지 않는 재화 제외)
④ 재화의 인수대가로서 다른 재화를 인도한 교환거래

> **해설**
> • 대가를 받지 않고 무상으로 공급하는 견본품은 부가가치세법상의 간주공급 중 사업상증여로 보지 않으므로 과세대상이 아니다.
> **저자주** 간주공급과 관련된 내용으로서 회계관리1급의 수준을 넘는 출제오류로 사료된다.

73 부가가치세법상 영세율과 면세에 관한 다음 설명 중 가장 옳지 않은 것은?

① 내국물품을 외국으로 반출하는 수출에 대해서는 영세율이 적용된다.
② 면세사업자는 면세를 포기하지 않는 한 영세율을 적용받을 수 없다.
③ 영세율제도를 적용받는 사업자도 가산세를 부담할 수 있다.
④ 면세제도는 당해 거래단계에서 창출된 부가가치뿐만 아니라 그 이전 단계에서 창출된 부가가치에 대하여도 과세되지 않는 효과를 가져오므로 완전면세제도라고 한다.

> **해설**
> • 영세율제도 : 완전면세
>   면세제도   : 부분면세(불완전면세)

74 다음 자료는 20x1년 1월 1일에 사업을 개시(동일에 사업자등록)한 ㈜서초의 20x1.1.1~20x1. 3.31까지의 거래내역이다. 20x1년 제1기 예정신고기간에 대한 ㈜서초의 부가가치세 과세표준은 얼마인가(단, 모든 금액에는 부가가치세가 포함되지 아니함)?

구분	금액
매출액(매출에누리, 매출할인액 차감전 금액)	350,000,000원
매출에누리	30,000,000원
매출할인	15,000,000원
매출처로부터 받은 외상매출금 연체이자	800,000원

① 305,000,000원　　　　　　　　　② 320,000,000원
③ 325,000,000원　　　　　　　　　④ 350,800,000원

■ 해설

• 350,000,000-30,000,000-15,000,000=305,000,000
*매출에누리 · 할인 · 환입은 공급가액에서 차감하며, 연체이자는 공급가액에 포함하지 않는다.

75 다음은 ㈜신용산의 기계장치 판매와 관련한 내용이다. 20x1년도 제1기 예정신고기간(20x1.1.1~20x1.3.31)의 부가가치세 과세표준은 얼마인가(단, 기계장치는 1월 15일에 할부로 판매하였으며, 총 할부대금 60,000,000원은 1월 15일부터 다음과 같이 회수하기로 하였다.)?

– 20x1년 1월 15일 : 10,000,000원	– 20x1년 2월 15일 : 10,000,000원
– 20x1년 3월 15일 : 10,000,000원	– 20x1년 4월 15일 : 10,000,000원
– 20x1년 5월 15일 : 10,000,000원	– 20x1년 6월 15일 : 10,000,000원

① 0원　　　　　　　　　　　　　② 10,000,000원
③ 30,000,000원　　　　　　　　　④ 60,000,000원

■ 해설

• 단기할부판매의 공급시기는 인도한 때이므로 전액이 공급가액이 된다.

76 (주)황전자의 20x1년 제1기 예정신고기간의 매입내역이 다음과 같을 때, 매입세액공제액은 얼마인 가(단, (주)황전자는 20x1년 1월 27일에 사업자 등록 신청을 하였고, 특별한 언급이 없는 한 적격증 빙을 구비하였으며 매입액에는 부가가치세가 포함되어 있지 않다.)?

ㄱ. 과세대상 원재료 매입	:	20,000,000원
ㄴ. 신용카드로 구입한 기계장치	:	40,000,000원
ㄷ. 공장부지 매입	:	30,000,000원
ㄹ. 영업부장이 법인카드로 지출한 접대비	:	400,000원
ㅁ. 20x1년 1월 5일에 매입한 비품구입비	:	1,000,000원
ㅂ. 비영업용 소형승용차 구입비	:	3,000,000원

① 6,100,000원
② 9,000,000원
③ 9,400,000원
④ 10,400,000원

___해설___
• (20,000,000+40,000,000+1,000,000)×10%=6,100,000
  *토지(공장부지)관련 매입세액, 접대비관련 매입세액, 비영업용소형승용차 매입세액 : 매입세액불공제

77 (주)신성의 신입 사원인 홍강남씨는 경리부서에 처음 배치되었다. 경리부장은 홍강남씨에게 부가가 치세 신고업무를 맡겼다. 홍강남씨는 부가가치세에 대한 공부를 하였으나 실제로 다음과 같은 원재료 매입이 일어나자 언제 매입세액공제를 받아야 할지 망설이고 있다. 다음 중 (주)신성이 매입세액 공제를 받아야 하는 시기는 언제인가?

매입	: 1월 11일	매입대금의 지급 :	4월 15일
매입물품의 매출	: 7월 23일	매출대금의 회수 :	10월 1일

① 제1기 예정신고기간
② 제1기 확정신고기간
③ 제2기 예정신고기간
④ 제2기 확정신고기간

___해설___
• 매입시점(1월 11일)이 속하는 제1기 예정신고기간에 전액 공제받는다.

78 다음 중 부가가치세의 신고와 납부에 대한 설명으로 가장 올바르지 않은 것은?

① 사업자는 원칙적으로 각 예정신고기간 또는 과세기간의 말일부터 25일 이내에 부가가치세를 신고 하고 세액을 자진납부하여야 한다.
② 사업자가 폐업하는 경우 별도의 부가가치세 신고절차는 불필요하다.
③ 예정신고누락분과 가산세가 있을 경우 확정신고시 추가하여 신고한다.
④ 예정신고시 대손세액공제는 적용하지 아니한다.

___해설___
• 폐업의 경우에는 폐업일 속하는 달의 다음달 25일 이내에 신고납부하여야 한다.

제1편 백정이론특강 / 제2편 기출문제특강 / SET1 / SET2 / SET3 / SET4 / SET5 / SET6 / SET7 / SET8 / SET9 / SET10 / 신유형 / 기출문제오답노트 / 실전기출모의고사

79 다음 중 부가가치세법상 가산세와 관련된 내용으로 가장 옳지 않은 것은?

① 매출처별세금계산서 합계표를 지연제출시 가산세가 부과된다.
② 매출처별세금계산서합계표를 제출하지 않거나 부실 기재한 경우 매출처별세금계산서합계표 제출 불성실가산세가 적용된다.
③ 매입처별세금계산서 합계표를 지연제출시 가산세가 부과된다.
④ 예정신고시 제출하지 아니한 매출처별세금계산서합계표를 확정신고시 제출한 경우 매출처별 세금 계산서합계표제출불성실가산세가 부과된다.

> **해설**

• 매출처별세금계산서합계표와는 달리 매입처별세금계산서합계표에 대하여는 원칙적으로 미제출이나 지연제출(예정 분을 확정시 제출) 가산세가 적용되지 않는다.

80 다음 중 세금계산서의 발급의무가 면제되는 경우가 아닌 것은?

① 택시운송을 하는 자가 용역을 공급하는 경우
② 재화를 직수출하는 경우
③ 목욕, 이발, 미용업을 영위하는 자가 용역을 공급하는 경우
④ 제품을 도·소매상에게 판매하는 경우

> **해설**

• 소비자대상 사업자가 아닌 일반적인 사업자에 대한 제품공급의 경우에는 세금계산서 발급의무가 있다.(면제되지 않음)

재무회계

1	2	3	4	5	6	7	8	9	10
②	③	④	①	①	③	③	①	④	③
11	12	13	14	15	16	17	18	19	20
③	③	④	①	④	①	③	③	④	③
21	22	23	24	25	26	27	28	29	30
④	②	③	①	③	①	②	①	④	①
31	32	33	34	35	36	37	38	39	40
①	②	①	②	①	②	④	③	③	①

세무회계

41	42	43	44	45	46	47	48	49	50
①	①	①	①	①	②	①	③	④	③
51	52	53	54	55	56	57	58	59	60
②	④	②	③	④	①	③	①	②	③
61	62	63	64	65	66	67	68	69	70
③	④	④	③	③	②	③	②	①	①
71	72	73	74	75	76	77	78	79	80
①	①	④	①	④	①	①	②	③	④

제1편 빽점이론특강
제2편 기출문제특강
SET1
SET2
SET3
SET4
SET5
SET6
SET7
SET8
SET9
SET10
신유형
기출문제오답노트
실전기출모의고사

3P

FINAL

POTENTIALITY
PASSION
PROFESSION

3P는 여러분의 무한한 잠재적 능력과
반드시 성취하겠다는 열정을 토대로 전
문가의 길로 나아가는 세무라이선스 파
이널시리즈의 학습 정신입니다.

수험생 여러분의 합격을 응원합니다.

[실전연습]

복원기출문제연습

SET ⑨

Cam Exam intermediate level

▶ 복원기출문제는 현행 개정세법과 현행 회계기준에
부합하도록 저자가 문제를 임의변경·보완 및 추가한
문제가 포함되어 있습니다.

01 재무회계

1 다음 중 재무제표에 대한 설명으로 가장 올바르지 않은 것은?

① 현금흐름표의 현금흐름은 영업활동현금흐름, 투자활동현금흐름, 재무활동현금흐름으로 구성된다.
② 중단사업손익이 있는 경우 손익계산서는 계속사업손익과 중단사업손익으로 구분기재한다.
③ 재무제표에 대한 주석은 질적정보를 파악하기 위한 중요한 정보이나 재무제표에는 포함되지 않는다.
④ 자본변동표는 자본을 구성하고 있는 자본금, 자본잉여금, 자본조정, 가타포괄손익누계액,이익잉여금의 변동에 대한 포괄적인 정보를 제공해 준다.

▸해설
• 주석도 기본재무제표의 범위에 포함된다.

2 다음은 제조업을 영위하고 있는 (주)용산의 당기 현금흐름과 관련된 내용이다. 맞게 짝지어진 것은?

> ㄱ. 회사는 공장건설을 위한 토지를 매입하였고, 대금을 현금으로 지급하였다.
> ㄴ. 회사는 주거래은행으로부터 차입한 차입금의 일부를 상환하였다.
> ㄷ. 회사는 당기에 원재료를 구매하고 대금을 현금으로 지급하였다.

	(ㄱ)	(ㄴ)	(ㄷ)
①	투자활동	재무활동	영업활동
②	영업활동	투자활동	재무활동
③	영업활동	투자활동	재무활동
④	재무활동	영업활동	투자활동

▸해설
• 자산구입과 처분 : 투자활동
  차입금 차입과 상환 : 재무활동
  상품·제품 구입과 판매 : 영업활동

3 소모품을 구입한 직후 바로 비용 처리하는 주된 이유는 무엇인가?

① 충실성   ② 중요성
③ 목적적합성   ④ 적시성

▸해설
• 중요성은 특정정보에 대한 인식이나 보고의 출발점을 제시하므로 소액의 소모품 구입비는 중요성 관점에서 일반적으로 비용처리한다.

4 다음 중 중간재무제표에 관한 설명으로 가장 올바르지 않은 것은?

① 중간재무제표는 연차재무제표와 동일한 계정과목을 사용하여야 하고, 어떠한 경우에도 계정 과목을 요약 표시할 수 없다.
② 중간손익계산서는 당 회계연도 중간기간과 누적중간기간을 직전 회계연도의 동일한 기간과 비교 하는 형식으로 작성한다.
③ 중간재무제표는 회계정보의 적시성 제고를 위한 수단이다.
④ 중간재무제표는 재무상태표, 손익계산서, 현금흐름표, 자본변동표 및 주석을 포함하며 연차재무제 표와 동일한 양식(대상기간과 비교형식은 제외)으로 작성함을 원칙으로 한다.

해설
• 중간재무제표는 연차재무제표와 동일한 양식으로 작성함을 원칙으로 하되, 정보이용자를 오도하지 않는 범위내에 서 일정 계정과목은 요약·일괄표시 할 수 있다.

5 다음 중 재무상태표와 손익계산서 작성의 일반원칙에 관한 설명으로 가장 올바르지 않은 것은?

① 재무상태표상 유동자산과 비유동자산은 보고기간종료일로부터 1년 또는 정상영업주기 기준으로 구분한다.
② 손익계산서상 수익과 비용은 순액으로 기재함을 원칙으로 한다.
③ 생산직 직원에 관한 급여는 제품원가로서 판매시 손익계산서상 매출원가로 분류한다.
④ 자본거래에서 발생한 자본잉여금과 손익거래에서 발생한 이익잉여금은 혼동하여 표시하 여서는 안된다.

해설
• 순액(×) → 총액(O)

6 (주)회계의 20x2년 12월 31일 현재 당좌예금 장부상 잔액은 3,500,00원이고, 은행의 ㈜회계에 대 한 당좌원장상 잔액은 3,570,000원이다. 다음 자료를 이용하여 20x2년 말 현재의 정확한 당좌예 금 잔액을 구하면 얼마인가?

ㄱ. 12월 31일 현재 기발행 미결제수표는 500,000원이다.
ㄴ. 부도수표 100,000원은 아직 회사의 장부에 반영되지 않았다.
ㄷ. 은행측 미기입예금은 150,000원이다.
ㄹ. 회사가 200,000원의 수표를 발행하면서 당좌예금 장부에는 20,000원으로 기장처리했다.

① 3,070,000원　　② 3,220,000원
③ 3,320,000원　　④ 3,400,000원

해설
• 3,500,000-100,000(부도수표)-180,000(기장오류)=3,220,000

7 ㈜영일의 20x1년 대손충당금 기초잔액은 150,000원이며, 당기 중 매출채권 및 대손상각비와 관련되어 발생한 거래는 다음과 같다. ㈜영일은 매출채권 기말잔액의 3%를 대손충당금으로설정한다고 할 때, 당기 손익계산서에 계상될 대손상각비는 얼마인가?

> ㄱ. 3월 9일 : 매출채권 120,000원에 대해 회수불능으로 대손처리했다.
> ㄴ. 20x1년말 : 매출채권 잔액은 8,500,000원이다.

① 223,000원   ② 235,000원
③ 225,000원   ④ 245,000원

해설
• **고속철** 대손충당금 관련항목의 계산

대손충당금

대손발생액	120,000	기초대손충당금	150,000
환입	0	회수	0
기말대손충당금	8,500,000×3%=255,000	대손상각비	?

→ 대손상각비 : 225,000

8 제조업을 영위하는 (주)회계는 원재료인 밀가루의 안정적인 확보를 위해 총매입대금 2,000,000원 중 일부인 1,000,000원을 20x2년 12월 20일 (주)삼이에 선지급하였다. 실제 원재료 입고일이 20x3년 1월 10일이라면 20x2년 12월 20일에 (주)회계가 수행해야 할 회계처리로 가장 올바른 것은?

① (차) 선급비용 1,000,000원   (대) 현금   1,000,000원
② (차) 선급금   1,000,000원   (대) 현금   1,000,000원
③ (차) 매출원가 1,000,000원   (대) 현금   1,000,000원
④ (차) 원재료   2,000,000원   (대) 현금   2,000,000원

해설
• 재고자산 구입관련 계약금 지급액은 선급금으로 처리한다.

9 다음 중 재고자산의 취득원가에 가산하여 처리하지 않는 항목은?
① 매입운임   ② 매입과 관련한 매입할인
③ 하역료   ④ 운송보험료

해설
• 매입할인은 취득원가에서 차감한다.

10 다음 중 재고자산에 대한 설명으로 가장 올바르지 않은 것은?
① 재고자산의 수량결정방법으로 실무상 계속기록법에 의하여 수량을 기록하고 회계연도 기말에 실지재고조사법에 의해 수량을 조사하여 차이수량에 대해 감모손실등으로 회계처리한다.
② 매입한 상품에 결함이 있어 가격을 할인한 경우 이 금액은 재고자산의 취득원가에서 차감한다.
③ 재고자산은 항상 순실현가능가치를 재무상태표 금액으로 한다.
④ 재고자산의 구입과 관련된 운임, 보험료 등의 매입부대비용은 재고자산의 매입원가에 가산한다.

해설
• 재고자산은 저가법평가에 의해 순실현가능가치가 장부금액보다 하락한 경우에 한하여 순실현가능가치로 계상하고 평가손실을 인식한다.

11 (주)영일은 기말 실지재고조사법을 통해 매출원가를 인식하고 있다. 20x1년 기말 재고실사결과 기말재고 실사액은 9,000,000원으로 장부상의 금액과 1,000,000원의 차이(비정상적 감모손실임)가 발생하였다. 또한 20x1년 결산시 보유중인 재고자산에 대해 재고자산평가손실 3,000,000원을 반영하기로 하였다. 재고자산평가 전 회사의 결산자료는 다음과 같다. ㈜영일이 상기 상황을 반영하여 수정분개를 작성할 경우 재무제표에 적절하게 표시한 것은?

ㄱ. 기초재고액	4,000,000원
ㄴ. 당기매입액	42,000,000원
ㄷ. 장부상 기말재고액	10,000,000원

	재무상태표		손익계산서	
①	재고자산	10,000,000	매출원가	39,000,000
			영업외비용	1,000,000
②	재고자산	9,000,000	매출원가	39,000,000
	재고자산평가손실충당금	(3,000,000)	영업외비용	1,000,000
③	재고자산	10,000,000	매출원가	41,000,000
④	재고자산	9,000,000	매출원가	37,000,000
	재고자산평가손실충당금	(3,000,000)		

해설

매출원가 산정분개	(차) 매출원가	4,000,000	(대) 상품(기초)	4,000,000
	(차) 매출원가	42,000,000	(대) 매입	42,000,000
	(차) 상품(기말장부)	10,000,000	(대) 매출원가	10,000,000
감모손실	(차) 재고자산감모손실(영업외비용)	1,000,000	(대) 상품	1,000,000
평가손실	(차) 재고자산평가손실(매출원가)	3,000,000	(대) 재고자산평가충당금(재고차감)	3,000,000

→ 상품(재고자산) : 10,000,000-1,000,000=9,000,000
　재고자산평가충당금(재고차감) : 3,000,000
　매출원가 : (4,000,000+42,000,000-10,000,000)+3,000,000=39,000,000
　재고자산감모손실(영업외비용) : 1,000,000

12 다음은 20x1년 ㈜영일의 회계자료 중 일부이다. ㈜영일의 20x1년 매출원가는 얼마인가?

	본점창고	적송품
기초재고	120,000원	25,000원
매입액	480,000원	70,000원
매입운임	20,000원	–
적송품운임	–	5,000원
기말재고(*1)	125,000원	20,000원

(*1)비정상적으로 발생한 감모손실은 없는 것으로 가정한다.

① 516,000원 ② 536,000원
③ 575,000원 ④ 614,000원

해설
• (120,000+25,000)+(480,000+20,000+70,000+5,000)-(125,000+20,000)=575,000

13 다음 중 유가증권에 대한 설명으로 가장 올바르지 않은 것은?

① 단기매매증권의 경우 시장성을 상실한 경우에도 다른 유가증권과목으로 분류변경할 수 없다.
② 단기매매증권의 공정가치 변동액을 당기손익에 포함하는 이유는 그 경제적 효과를 반영함으로써 회계정보의 목적적합성을 높이기 위함이다.
③ 매도가능증권의 경우 공정가치 평가로 인한 평가손익은 당기손익에 반영하지 않는다.
④ 채무증권을 장기간 보유하는 경우 매도가능증권이나 만기보유증권으로 분류하여야 한다.

해설
• 시장성을 상실란 단기매매증권은 매도가능증권으로 분류해야 한다.

14 ㈜울산의 결산일은 12월 31일이며, 20x1년 1월 1일 장기투자목적으로 ㈜부산의 주식 100주를 500,000원에 취득하고 이를 매도가능증권으로 분류하였다. ㈜울산은 20x2년 6월 1일에 이 중 50주를 320,000원에 처분하였다. ㈜부산 주식의 공정가치에 관한 정보가 다음과 같은경우 20x2년 말 ㈜울산의 재무상태표에 ㈜부산의 주식과 관련하여 계상될 매도가능증권평가 이익은 얼마인가(단, 법인세효과는 고려하지 않는다)?

ㄱ. 20x1년초 : 5,000원/주
ㄴ. 20x1년말 : 5,500원/주
ㄷ. 20x2년말 : 7,000원/주

① 50,000원   ② 70,000원

③ 75,000원   ④ 100,000원

> **해설**
> • 20×1년말
>
> | (차) 매도가능증권 | 50,000 | (대) 매도가능증권평가이익 | 50,000 |
> |---|---|---|---|
>
> • 20×2년 6월 1일
>
> | (차) 현금 | 320,000 | (대) 매도가능증권 | 275,000[1] |
> |---|---|---|---|
> | 매도가능증권평가이익 | 25,000[2] | 매도가능증권처분이익 | 70,000 |
>
> • 20×2년말
>
> | (차) 매도가능증권 | 75,000[3] | (대) 매도가능증권평가이익 | 75,000 |
> |---|---|---|---|
>
> [1] 550,000×50%=275,000   [2] 50,000×50%=25,000   [3] 50주×7,000-275,000=75,000
>
> **고속철** 평가손익 잔액계산
>   50주×(7,000-5,000)=100,000(평가이익)

15 (주)서울은 20x1년 1월 1일에 (주)강남의 주식 150주를 장기투자목적으로 6,000,000원에 취득하였고 20x1년 12월 31일에 주식의 공정가치는 6,600,000원이다. (주)서울이 20x2년 6월 21일에 (주)강남의 주식 150주를 6,400,000원에 모두 처분하였다면 관련 처분손익은 얼마인가?

① 처분손실 100,000원   ② 처분이익 400,000원

③ 처분손실 500,000원   ④ 처분이익 500,000원

> **해설**
> • 20×1년 1월 1일
>
> | (차) 매도가능증권 | 6,000,000 | (대) 현금 | 6,000,000 |
> |---|---|---|---|
>
> • 20×1년 12월 31일
>
> | (차) 매도가능증권 | 600,000 | (대) 매도가능증권평가이익 | 600,000 |
> |---|---|---|---|
>
> • 20×2년 6월 21일
>
> | (차) 현금 | 6,400,000 | (대) 매도가능증권 | 6,600,000 |
> |---|---|---|---|
> | 매도가능증권평가이익 | 600,000 | 매도가능증권처분이익 | 400,000 |
>
> **고속철** 손상이 없는 경우 처분손익 계산
>   '처분손익=처분가-취득가' ⇒6,400,000-6,000,000=400,000(이익)

제1편 빽점이론특강 | 제2편 기출문제특강 | SET1 | SET2 | SET3 | SET4 | SET5 | SET6 | SET7 | SET8 | SET9 | SET10 | 신유형 | 기출문제오답노트 | 실전기출모의고사

16 회계관리1급 자격시험을 준비하고 있는 김영일씨는 인터넷을 검색하던 중 다음과 같은 기사를 읽게 되었다.

> **〈S랜드, S생명 지분법 제외〉**
>
> S랜드가 금융지주회사 논란을 불러왔던 S생명 지분을 지분법 적용대상에서 제외키로 했다. 이에 따라 그룹의 지주회사격인 S랜드는 금융지주회사 편입 요건을 대폭 해소하게 됐다. S랜드는 16일 공시한 분기 사업보고서를 통해 당기부터 S생명 주식(지분율 신탁계정에 편입된 주식 6% 포함 19.34%)에 대해 지분법적용투자주식에서 매도가능증권으로 대체했다고 밝혔다.

이 기사에 따르면 S랜드는 S생명에 관한 지분율이 19.34%이지만 지분법으로 평가해오고 있었다. 김영일씨는 지분율이 20% 미만인 경우에도 지분법으로 평가하여야 하는 경우를 자신이 공부하던 책을 찾아 확인하였다. 다음 중 지분율이 20% 미만인 경우에도 지분법으로 평가하는 경우로 가장 올바르지 않은 것은?

① 피투자기업의 이사회 또는 이에 준하는 의사결정기구에서 의결권을 행사할 수 있는 경우
② 피투자기업에게 유의적이지 않은 일반정보를 투자기업이 당해 피투자기업에게 제공하는 경우
③ 피투자기업의 재무정책과 영업정책에 관한 의사결정에, 참여할 수 있는 경우
④ 피투자기업의 유의적인 거래가 주로 투자기업과 이루어지는 경우

해설
• 유의적이지 않은 일반정보(×) → 필수적인 기술정보(O)

17 (주)영일은 공장 건물을 신축하기 위해 (주)마산으로부터 건물과 토지를 33,000,000원에 일괄 구입하였다. 회사는 매입 직후 3,000,000원을 들여 건물을 철거하였고 철거 후 공장 신축공사를 시작하였다. (주)영일이 인식해야 하는 토지의 취득원가는 얼마인가?

① 36,000,000원 ② 48,000,000원
③ 52,500,000원 ④ 61,000,000원

해설
• 새 건물을 신축할 목적으로 기존 건물이 있는 토지를 구입하여 기존 건물을 철거하는 경우는 일괄구입이 아니며, 총구입가와 기존건물 철거비용의 합계액을 토지의 취득원가로 한다.
  →∴토지 취득원가 : 33,000,000+3,000,000=36,000,000

18 다음 중 유형자산의 자본적지출 범위에 해당하지 않는 것은?

① 유형자산의 원가를 구성하는 지출
② 미래에 수익력과 생산성을 증대시키는 지출
③ 내용연수를 연장시키는 지출
④ 그 지출의 효과가 당해연도에 그치고 미래에 미치지 않는 경우

해설
• 지출효과가 당해연도에 그치고 미래에 미치지 않는 경우는 수익적지출로서 당기비용으로 처리한다.

19 (주)영일은 20x1년 1월 1일에 취득원가 5,000,000원, 잔존가치 500,000원 내용연수 5년인 유형자산을 취득하고 정액법으로 감가상각하고 있다. ㈜영일이 20x1년 손익계산서상 계상할 감가상각비는 얼마인가?

① 675,000원
② 700,000원
③ 900,000원
④ 1,000,000원

해설
• (5,000,000-500,000) ÷ 5년=900,000

20 12월 말 결산법인인 (주)서울은 20x1년 1월 1일에 장부금액 200,000,000원의 보유토지를 400,000,000원에 매각하였다. 단 매각과 동시에 매각대금으로 300,000,000원을 받았으며 (주)서울은 20x1년 12월 31일과 20x2년 12월 31일에 50,000,000원씩을 분할 수령하기로 하였다. 토지매각일 현재 시장이자율은 13%이다. (주)서울이 20x1년에 인식할 유형자산처분이익은 얼마인가(단, 중소기업회계처리특례는 고려하지 않는다)

기간	13% 연금의 현가계수
1	0.8029
2	1.6000

① 50,000,000원
② 14,500,000원
③ 69,200,000원
④ 180,000,000원

해설

• (차) 현금	300,000,000	(대) 토지	200,000,000
미수금	100,000,000	현재가치할인차금	100,000,000-50,000,000×1.6=20,000,000
		유형자산처분이익	180,000,000

고속철 장기연불조건 처분손익 계산
'처분손익=처분가(현재가치)-장부가'
⇒(300,000,000+50,000,000×1.6)-200,000,000=180,000,000(이익)

21 다음 중 무형자산에 대한 토론 내용으로 가장 올바르지 않은 의견을 제시한 사람은 누구인가?

① 변부장 : 연구단계에서 발생한 지출은 무형자산으로 인식할 수 없고 발생한 기간에 비용으로 인식합니다.
② 이차장 : 내부적으로 창출된 무형자산의 취득원가에는 그 자산과 관련하여 간접적으로 지출된 비용은 포함할 수 없습니다.
③ 양과장 : 개발비의 상각기간은 독점적·배타적인 권리를 부여하고 있는 관계법령이나 계약에 정해진 경우를 제외하고는 20년을 초과할 수 없습니다.
④ 최사원 : 개발비의 상각방법은 정액법, 정률법, 생산량비례법 등 다양한 방법 중에서 합리적인 방법을 선택하면 되지만 합리적인 상각방법을 정할 수 없는 경우에는 정액법을 사용하도록 하고 있습니다.

해설
• 자산의 창출, 제조, 사용준비에 직접 관련된 지출과 합리적이고 일관성있게 배분된 간접지출을 모두 포함한다.

22 다음 중 장기연불거래에서 발생한 매출액은 어떤 금액으로 손익계산서상 공시해야 하는가?

① 미래의 수취할 명목금액의 단순 합계
② 판매한 상품의 취득원가
③ 미래에 수취할 명목금액을 현재가치로 할인한 금액
④ 당기에 현금으로 수취할 금액

해설
• 장기연불거래는 현재가치로 평가하여 매출액을 인식한다.
→ (차) 장기매출채권　　　　　　×××　　　　(대) 매출(현재가치)　　　　　　×××
　　　　　　　　　　　　　　　　　　　　　　　현재가치할인차금　　　　　×××

23 다음 중 유동부채에 관한 설명으로 가장 올바르지 않은 것은?

① 유동부채는 만기금액과 현재가치의 차이가 중요하기 때문에 반드시 현재가치로 평가하여야 한다.
② 미지급금은 일반적인 상거래 이외의 거래나 계약관계 등에서 발생한 채무를 말하며, 미지급비용은 발생한 비용으로 지급하지 아니한 비용을 말한다.
③ 유동성장기부채란 비유동부채 중 보고기간종료일로부터 1년 내에 상환될 금액을 의미한다.
④ 장기차입금 중 보고기간종료일로부터 1년 내에 상환될 예정인 부분은 기말결산시 유동부채로 분류하여야 한다.

해설
• 대부분의 유동부채는 단기간내에 만기가 도래하여 미래에 지불할 만기금액과 만기금액의 현재가치와의 차이가 중요하지 않기 때문에 일반적으로 미래에 지불할 만기금액으로 유동부채를 평가한다.

24 (주)영일은 20x1년 손익계산서에 이자비용 180,000원을 보고하였으나, 만일 (주)영일이 현금주의를 채택하였다면 이자비용이 40,000원 만큼 감소하게 된다. 20x1년말 미지급이자가 40,000원이라면 (주)영일의 20x1년초 재무상태표에 기재되어 있는 미지급이자는 얼마인가?

① 0원
② 10,000원
③ 20,000원
④ 40,000원

해설
• 미지급이자 계정

현금지급	140,000	기초미지급이자	?
기말미지급이자	40,000	이자비용	180,000
	180,000		180,000

→ 기초미지급이자=0

고속철 발생주의 · 현금주의 분석(이자비용)

　　발생주의 이자비용　　　　　　(180,000)
　　기말미지급이자-기초미지급이자　　　　 x
　　현금주의 이자비용　　　　　　(140,000)
　　→ x=40,000 이므로 40,000-기초미지급이자=40,000, 기초미지급이자=0

25 다음 중 사채에 관한 설명으로 가장 올바르지 않은 것은?

① 사채발행비는 사채발행으로 인해 조달된 현금을 감소시키는 효과가 있으므로 지급수수료로 처리한다.

② 일반기업회계기준에서는 자기사채의 취득시 취득목적에 관계없이 사채의 상환으로 처리하도록 규정하고 있다.

③ 사채발행비가 발생하지 않고 사채가 액면발행된 경우에는 액면이자 지급액이 발행회사가 매년 인식할 이자비용이 된다.

④ 일반기업회계기준에서는 사채발행시 인식한 사채할인발행차금이나 사채할증발행차금은 유효이자율법을 적용하여 상각 또는 환입하고 그 금액을 이자비용에서 가감하도록 규정하고 있다.

　　해설
• 사채발행비는 사채의 발행가액에서 차감한다.

26 (주)영일은 20x1년 1월 1일에 다음과 같은 조건의 사채를 발행하였다.

ㄱ. 액면금액 : 1,000,000원	ㄴ. 액면이자율 : 10%
ㄷ. 이자지급조건 : 매년말 후급	ㄹ. 만기일 : 20X2년 12월 31일
ㅁ. 20x1년 1월 1일의 시장이자율 : 14.32%	ㅂ. 사채발행금액 : 929,165원

(주)영일이 사채발행과 관련하여 20x2년 12월 31일까지 인식할 총이자비용은 얼마인가?

① 100,000원 　　　　　　　② 300,000원
③ 270,835원 　　　　　　　④ 400,000원

　　해설
• **고속철** 사채할인발행시 총이자비용 계산
　　'총이자비용=총액면이자+총사채할인발행차금'
　　⇒ (1,000,000×10%×2년)+(1,000,000-929,165)=270,835

27 다음 중 충당부채 및 우발부채에 관한 설명으로 가장 올바르지 않은 것은?

① 충당부채로 인식하는 금액은 현재의무의 이행에 소요되는 지출에 대한 보고기간종료일 현재의 최선의 추정치이어야 한다.

② 충당부채의 명목금액과 현재가치의 차이가 중요한 경우에는 현재가치로 평가한다.

③ 미래의 예상 영업손실은 충당부채로 인식하지 아니한다.

④ 중요한 계류중인 소송사건과 보증제공 사항은 반드시 주석으로 공시할 필요는 없다.

　　해설
• 다음의 경우에는 자원의 유출가능성이 거의 없더라도 반드시 그 내용을 주석으로 공시한다.

　　▶ 타인에게 제공한 지급보증 또는 이와 유사한 보증
　　▶ 중요한 계류중인 소송사건

28 20x1년초 사업을 개시한 (주)영일은 판매후 1년간 판매한 제품에서 발생하는 결함을 무상으로 수선하여 주고 있으며 보증비용은 매출액의 10%로 추정된다. 20x1년말 재무상태표에 제품보증충당부채로 인식하여야 할 금액은 얼마인가?

> ㄱ. 20x1년 매출액 : 100억원
> ㄴ. 20x1년 중 당기 매출분에 대해 5억원의 제품보증비가 발생함.

① 3억원   ② 5억원

③ 8억원   ④ 10억원

해설
• 100억원×10%-5억원=5억원

29 다음 중 이연법인세회계에 관한 설명으로 가장 옳은 것은?

① 일시적차이란 자산·부채의 회계상 장부금액과 세법상 장부금액의 차이가 존재하기 때문에 발생한다.
② 이연법인세자산·부채는 일시적차이와 영구적차이의 구별없이 모두 인식한다.
③ 이월결손금은 미래 법인세부담을 감소시키게 되므로 이연법인세부채로 계상한다.
④ 이연법인세회계는 발생하는 시기에 자산·부채로 인식하는 것이므로 발생시기의 법인세율을 적용한다.

해설
• ② 이연법인세자산·부채는 일시적차이에 대해 인식한다.
 ③ 이월결손금은 미래 법인세부담을 감소시키게 되므로 이연법인세자산으로 계상한다.
 ④ 이연법인세회계는 일시적차이 소멸시점의 미래예상 법인세율을 적용한다.

30 다음 중 보통주의 액면초과발행액은 재무상태표상 어떤 계정으로 표시되는가?

① 자본금   ② 이익잉여금

③ 자본잉여금   ④ 자본조정

해설
• 주식발행초과금은 자본잉여금으로 표시된다.

31 (주)영일의 자본금은 다음과 같이 구성되어 있다.

> 보통주 : 10,000주 발행, 주당 액면금액 11,000원
> 우선주 : 3,000주 발행, 주당 액면금액 10,000원(비누적적, 비참가적, 우선주 배당률 5%)

(주)영일의 주주총회에서 배당금 지급을 결의한 금액이 4,000,000원인 경우 보통주와 우선주에 대한 배당금은 각각 얼마인가?

	보통주배당금	우선주배당금
①	4,000,000원	0원
②	2,500,000원	1,500,000원
③	0원	4,000,000원
④	1,500,000원	2,500,000원

해설

- 우선주배당금 : (3,000주×10,000)×5%=1,500,000
  보통주배당금 : 4,000,000-1,500,000=2,500,000

32 다음 중 재무상태표상 자본조정항목에 해당하지 않는 것은?

① 주식할인발행차금 ② 자기주식처분손실
③ 자기주식 ④ 매도가능증권평가이익

해설

- 매도가능증권평가이익은 기타포괄손익누계액에 해당한다.

33 다음은 유통업을 영위하는 ㈜영일의 20x1년 손익계산서와 관련된 자료이다. 20x1년 ㈜영일의 영업이익은 얼마인가?

매출액	9,500,000원	매출원가	6,500,000원
관리사원 급여	900,000원	기타의 대손상각비	50,000원
감가상각비	80,000원	유형자산처분이익	70,000원
접대비	40,000원	이자비용	60,000원
기부금	80,000원	단기매매증권처분이익	30,000원

① 1,850,000원 ② 1,980,000원
③ 2,010,000원 ④ 2,040,000원

해설

- 9,500,000(매출액)-6,500,000(매출원가)-900,000(관리사원급여)-80,000(감가상각비)-40,000(접대비)=1,980,000

제1편 백점이론특강

제2편 기출문제특강

SET1

SET2

SET3

SET4

SET5

SET6

SET7

SET8

SET9

SET10

신유형

기출문제오답노트

실전기출모의고사

34 (주)영일의 결산수정전 당기순이익이 1,000,000원이었다. 결산정리사항이 다음과 같을 때 (주)영일의 정확한 당기순이익은 얼마인가?

ㄱ. 미지급급여 40,000원	ㄴ. 미수수수료 20,000원
ㄷ. 선급(미경과)보험료 100,000원	ㄹ. 선수이자 40,000원

① 850,000원
③ 980,000원
② 910,000원
④ 1,040,000원

> **해설**
> • (차) 급여   40,000   (대) 미지급급여   40,000 → 당기순이익에서 차감
>   (차) 미수수수료   20,000   (대) 수수료수익   20,000 → 당기순이익에 가산
>   (차) 선급보험료   100,000   (대) 보험료   100,000 → 당기순이익에 가산
>   (차) 이자수익   40,000   (대) 선수이자   40,000 → 당기순이익에서 차감
> • 정확한 당기순이익 : 1,000,000-40,000+20,000+100,000-40,000=1,040,000

35 (주)영일은 20x1년 중 교육센터관련 건설공사를 8,000,000원에 수주했다. 공사와 관련된 자료가 다음과 같다고 할 경우 당해 건설공사로 인한 20x1년의 건설공사이익은 얼마인가?

구분	20x1년	20x2년	20x3년
누적발생원가	1,200,000원	5,000,000원	5,700,000원
완성시까지의 추가예정원가	4,800,000원	1,000,000원	–

① 300,000원
③ 1,000,000원
② 400,000원
④ 1,500,000원

> **해설**
> • $8,000,000 \times \dfrac{1,200,000}{1,200,000+4,800,000} - 1,200,000 = 400,000$

36 (주)영일은 백화점 및 인터넷전자쇼핑몰을 운영하는 회사이다. ㈜영일의 20x1년도 거래내역은 다음과 같다.

> ㄱ. (주)영일은 백화점매장 매출액의 2%에 해당하는 임대료를 수령하는 조건으로 임대하고 있다. 20x1년 (주)영일이 소유한 백화점의 입점업체들의 총 매출액은 40,000,000원이다.
> ㄴ. (주)영일은 인터넷전자쇼핑몰을 운영하면서 고객으로부터 주문 받은 상품 등을 제조업체와 직접 연결하여 주고 있다. 거래수수료는 판매가격의 5%로 20x1년 인터넷에서 판매된 금액은 30,000,000원이다.

(주)영일의 20x1년에 수익으로 인식할 금액으로 가장 옳은 것은?

① 2,300,000원
③ 56,000,000원
② 33,000,000원
④ 76,000,000원

> **해설**
> • 40,000,000×2%+30,000,000×5%=2,300,000

37 다음 중 비용에 관한 설명으로 가장 올바르지 않은 것은?

① 복리후생비는 근로환경의 개선 및 근로의욕의 향상 등을 위하여 지출하는 노무비적인 성격을 갖는 비용이다.

② 판매비와 관리비는 상품과 용역의 판매활동 또는 기업의 관리와 유지에서 발생하는 비용으로 매출원가에 속하지 아니하는 모든 영업비용을 포함한다.

③ 감가상각비는 그 발생원인에 따라 제조원가 또는 판매비와 관리비에 계상된다.

④ 일반적 상거래에서 발생한 매출채권에 대한 대손상각비는 영업외비용으로 처리한다.

해설

• 영업외비용(×) → 영업비용(판관비)(O)

38 ㈜서울은 20x1년 2월 1일 New York Inc.에 상품을 $2,000에 외상으로 판매하였고, 20x1년 2월 10일에 대금을 수취하였다. 관련 환율이 다음과 같을 때 20x1년 2월 10일의 회계처리로 가장 옳은 것은?

ㄱ. 20x1년 2월 1일	: ₩1,100/$
ㄴ. 20x1년 2월 10일	: ₩1,200/$

① (차) 현금   2,400,000원   (대) 매출채권   2,400,000원

② (차) 현금   2,400,000원   (대) 매출채권   2,200,000원
                                          외환차익   200,000원

③ (차) 현금   2,400,000원   (대) 매출채권   2,200,000원
                                          외화환산이익   200,000원

④ (차) 현금   2,200,000원   (대) 매출채권   2,200,000원

해설

• 20×1년 2월 1일
  (차) 매출채권 $2,000×1,100=2,200,000   (대) 매출   2,200,000

• 20×1년 2월 10일
  (차) 현금 $2,000×1,200=2,400,000   (대) 매출채권   2,200,000
                                                       외환차익   200,000

39 제조업을 영위하는 (주)영일의 거래내역이다. (주)영일의 손익계산서상에서 영업외비용에 해당하는 금액으로 가장 옳은 것은?

> ㄱ. 취득가 5,000,000원, 장부가 4,000,000원의 기계장치를 3,500,000원에 처분하였다.
> ㄴ. 기말재고조사 결과 재고자산의 실제재고액이 장부상의 재고액보다 작은 것을 발견하였다. 재고자산의 장부가액은 30,000,000원(30,000원×1,000개)이며 실제재고액은 24,000,000원(30,000원×800개)이다. 재고자산부족액 중 절반은 원가성이 있다고 판단된다.
> ㄷ. 당기에 고아원에 3,000,000원의 기부금을 지출하였다.
> ㄹ. 사채의 조기상환으로 1,000,000원의 이익이 발생하였다.
> ㅁ. 당기 법인세비용은 500,000원이다.

① 5,000,000원   ② 5,500,000원
③ 6,500,000원   ④ 7,000,000원

해설

- 유형자산처분손실 : 4,000,000-3,500,000   = 500,000
  비정상감모손실   : (30,000,000-24,000,000)×50%=3,000,000
  기부금   :   3,000,000
  　　　　　　　　　　　　　　　　　　　　　 6,500,000

40 다음은 (주)회계의 유통보통주식수 변동내역에 대한 자료이다. 다음 자료를 바탕으로 가중평균유통보통주식수를 계산하면 얼마인가(단, 주식수 산정시 월할계산을 기준으로 한다)?

> ㄱ. 기초   30,000주
> ㄴ. 기중
> 　　4월 1일 유상증자(시가발행) 6,000주
> 　　7월 1일 자기주식의 취득   (8,000주)
> 　　10월 1일 자기주식의 처분   5,000주
> ㄷ. 기말   33,000주

① 30,500주   ② 31,750주
③ 32,500주   ④ 33,000주

해설

$$\rightarrow 30,000주 \times \frac{12}{12} + 6,000주 \times \frac{9}{12} - 8,000주 \times \frac{6}{12} + 5,000주 \times \frac{3}{12} = 31,750주$$

02 세무회계

41 다음 중 조세에 대한 설명으로 가장 올바르지 않은 것은?

① 간접세란 조세를 부담하는 자와 조세를 납부하는 자가 동일하지 아니한 조세를 말하며 이에는 부가가치세, 개별소비세 등이 포함된다.
② 조세는 국가가 규정하는 법의 내용을 근거로 국민에게 징수하는 것으로 법에서 정하는요건에 해당하는 국민은 자신의 의사와 관계없이 조세를 납부하여야 한다.
③ 조세를 부과·징수하는 주체인 국가라도 법의 규정에 근거하지 아니하고 법규에 따라 국민으로부터 세금을 부과·징수할 수는 없다.
④ 국가 또는 지방자치단체는 국민이 납부하는 조세에 대하여 국민에게 직접 대응되는 대가를 지급해 준다.

> **해설**
> • 조세는 직접적인 반대급부(개별보상)가 없다.

42 다음 신문기사를 읽고 물음에 답하시오.

> 타인의 명의로 사업을 해도 이른바 '바지사장' 대신에 실제 경영자가 납세의무를 진다는 판결이 나왔다. 대법원 3부는 21일 사기혐의 등으로 기소된 오모씨에 대해 2심이 선고한 판결을 깨고 사건을 울산중앙지법으로 돌려보냈다고 밝혔다. 재판부는 오씨가 고의로 세금을 떠넘기려 했다면서 적용된 사기죄에 대하여 명의를 빌려준 김씨가 아닌 실제 사업체를 운영한 오씨에게 사업으로 발생한 소득을 기준으로 세금을 부과하도록 하였다.
> ~(후략)

다음 중 대법원이 이와 같은 판결을 내린 근거가 되는 국세부과의 원칙으로 올바른 것은?

① 실질과세의 원칙   ② 신의성실의 원칙
③ 조세감면후 사후관리   ④ 근거과세의 원칙

> **해설**
> • 귀속이 명의일 뿐이고 사실상 귀속되는 자가 따로 있는 때에는 사실상 귀속자를 납세의무자로 하여 적용한다는 실질과세원칙에 대한 내용이다.

43 다음 중 법인세 납세의무자에 대한 설명으로 가장 옳지 않은 것은?

① 비영리내국법인은 일정수익사업에 대해서만 법인세 납세의무를 진다.
② 영리내국법인은 국외원천소득은 국외에서 이미 과세되었으므로 추가적인 법인세 납세의무가 없다.
③ 국내에서 사업을 영위할 지라도 외국에 본점이나 주사무소 또는 사업의 실질적인 지배관리장소를 둔 법인은 외국법인으로 분류된다.
④ 영리외국법인의 경우에는 국내원천소득에 한하여 법인세 납세의무를 진다.

> **해설**
> • 영리내국법인은 국·내외 모든 소득에 대하여 법인세를 납부할 의무가 있다.

44 다음 중 소득처분의 종류가 동일하지 않은 것은?

① 간주임대료
② 퇴직급여충당금 한도초과액
③ 감가상각비 한도초과액
④ 대손충당금 한도초과액

해설
• 간주임대료는 기타사외유출로 소득처분하며, 나머지는 유보로 처분하는 대표적인 사례들이다.

45 다음 중 결산상 비용으로 계상하는 경우에만 법인세법상 손금으로 인정되는 항목으로 가장 올바르지 않은 것은(단, K-IFRS도입에 따른 영향은 고려하지 않는다)?

① 퇴직급여충당금
② 퇴직연금충당금
③ 유·무형자산상각비
④ 고정자산의 평가차손

해설
• 퇴직급여충당금은 결산조정사항이나 퇴직연금충당금은 신고조정사항이다.

46 다음 중 법인세법상 손익의 귀속시기 일반원칙에 관한 설명으로 가장 옳지 않은 것은?

① 용역제공기간이 1년이상인 장기용역손익의 귀속시기 : 착수일로부터 목적물의 인도일까지 건설 등을 완료한 정도(작업진행률)에 따라 결정
② 제품 인도일 다음날로부터 최종 할부금 지급일까지의 기간이 1년 미만인 단기할부판매에의 귀속시기 : 대금을 회수하였거나 회수를 약정한 날
③ 계약 등에 의하여 임대료 지급일이 정하여진 경우 임대손익의 귀속시기 : 계약에 의한 지급약정일
④ 상품, 제품 이외의 자산 판매손익의 귀속시기 : 해당 자산의 대금청산일, 소유권이전등기일(또는 등록일), 인도일 또는 사용수익일 중 가장 빠른 날

해설
• 단기할부판매는 인도일이 귀속시기이다.

47 다음 중 법인세법상 익금항목을 모두 고르면?

| ㄱ. 사업수입금액 | ㄴ. 주식발행초과금 | ㄷ. 이월익금 | ㄹ. 자산의 양도금액 |

① ㄱ, ㄴ
② ㄱ, ㄹ
③ ㄴ, ㄷ
④ ㄷ, ㄹ

해설
• 주식발행초과금과 이월익금은 익금불산입항목이다.

48 법인세법에서는 조세정책적인 목적 등으로 일정한 한도까지만 손금으로 인정하고 이를 초과하는 금액은 손금으로 인정하지 않는 항목들을 규정하고 있다. 다음 중 이에 해당하지 않는것은?

① 접대비
② 감가상각비
③ 기부금
④ 복리후생비

해설
• 복리후생비는 한도없이 전액 손금으로 인정된다.

49 (주)회계는 취득원가 4,000,000원, 결산일의 시가 3,000,000원인 재고자산에 대하여 다음과 같이 회계처리 하였다. (주)회계가 재고자산평가방법을 저가법으로 신고한 경우 필요한 세무조정은?

(차) 재고자산평가손실	1,000,000	(대) 재고자산	1,000,000

① (손금불산입) 재고자산평가손실 1,000,000원(기타사외유출)
② (손금불산입) 재고자산평가손실 1,000,000(유보)
③ (손금산입) 재고자산평가손실 1,000,000(△유보)
④ 세무조정없음

해설
• 저가법으로 신고하고 결산상 인식한 평가손실은 손금으로 인정되므로 세무조정은 없다.

50 (주)영일은 건물을 20x1년 1월 1일에 취득하여 당기말 현재 보유중이다. 다음 자료에 의할 경우 법인세법상 당해 사업연도(20x1년 1월 1일 ~ 20x1년 12월 31일)의 법인세법상 건물의 감가상각범위액은 얼마인가?

> ㄱ. 건물 취득가액 : 100,000,000원
> ㄴ. 신고내용연수 : 20년(정액법 상각률: 0.050, 정률법 상각률: 0.140)
> ㄷ. 전기말 결산서상 감가상각누계액 : 10,000,000원

① 4,000,000원
② 5,000,000원
③ 10,000,000원
④ 14,000,000원

해설
• 100,000,000×0.05=5,000,000
  *건물의 세법상 감가상각방법은 정액법만 인정된다.

51 다음 중 법인세법상 고정자산의 감가상각에 관한 설명으로 가장 올바르지 않은 것은?

① 감가상각은 감가상각대상금액을 해당 재산의 내용연수에 걸쳐 비용으로 인식하는 과정이다.
② 감가상각비는 원칙적으로 장부에 비용으로 계상하지 않더라도 상각범위액 금액을 손금으로 산입할 수 있다.
③ 법인세법상 감가상각 대상자산은 건물, 기계장치 등과 같은 유형고정자산과 영업권, 특허권 등과 같은 무형고정자산이다.
④ 법인세법상 감가상각비 한도금액을 초과하여 계상한 감가상각비는 손금으로 인정되지 않는다.

해설
• 감가상각비는 결산조정사항이므로 결산상 장부에 비용으로 계상한 경우 상각범위액 내에서 손금으로 인정된다.

52 다음은 (주)영일의 제12기(20x1.1.1 ~ 20x1. 12.31) 기부금관련 자료이다. 이를 기초로 기부금 지출액 중 손금으로 인정되지 않는 금액을 계산하면 얼마인가?

> a. 기부금지출액
>   – 법정기부금 : 20,000,000원
>   – 지정기부금 : 30,000,000원
>   – 비지정기부금 : 5,000,000원
> b. 기부금한도액
>   – 법정기부금 : 55,000,000원
>   – 지정기부금 : 9,000,000원

① 5,000,000원
② 20,000,000원
③ 26,000,000원
④ 손금불산입 되는 금액 없음

해설
- 5,000,000(비지정기부금)+21,000,000(지정기부금 한도초과)=26,000,000

53 다음은 접대비에 대한 법인세법의 규정을 도식화한 것이다. 괄호 안에 들어 갈 내용으로 올바르지 않은 것은(단, 경조사비와 문화접대비는 고려하지 않는다)?

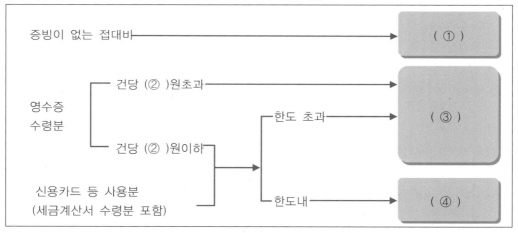

① 손금불산입(대표자상여)
② 10,000
③ 손금불산입(기타사외유출)
④ 손금불산입(기타)

해설
- 한도내 금액은 세무조정없이 손금으로 인정된다.

54 다음의 자료를 이용하여 법인세법상 퇴직급여충당금에 대한 세무조정을 하면?

ㄱ. 퇴직급여 지급대상이 되는 총급여	: 400,000,000원
ㄴ. 퇴직급여충당금 내역	
- 기초금액	: 30,000,000원
- 기중 퇴직금 지급액	: 10,000,000원
- 당기 퇴직급여전입액	: 50,000,000원
- 전기말 퇴직급여충당금부인누계액	: 5,000,000원
ㄷ. 퇴직금 추계액	: 280,000,000원
ㄹ. 퇴직금 전환금	: 3,000,000원

〈퇴직급여충당금 손금산입한도의 계산기준〉

퇴직급여충당금 손금산입한도 = min(ㄱ,ㄴ)

  ㄱ. 총급여액기준   : 퇴직급여지급대상이 되는 임직원 총급여 × 5%

  ㄴ. 퇴직금추계액기준 : 퇴직금 추계액×0%+퇴직금전환금-세무상퇴직급여충당금 잔액

① (손금불산입) 퇴직급여충당금한도초과액 20,000,000(유보)
② (손금불산입) 퇴직급여충당금한도초과액 35,000,000(유보)
③ (손금불산입) 퇴직급여충당금한도초과액 50,000,000(유보)
④ 세무조정없음

> **해설**
> • 한도 : Min[ⅰ), ⅱ)]=0
>   ⅰ) 400,000,000×5%=20,000,000
>   ⅱ) 280,000,000×0%+3,000,000-(30,000,000-10,000,000-5,000,000)=0
>   → 손금불산입 50,000,000(유보)

55 다음은 제조업을 영위하는 ㈜영일의 대손충당금 관련 자료이다. 이를 기초로 ㈜영일의 대손충당금 한도초과액을 계산하면 얼마인가(단, 전기 대손충당금 부인액과 당기 중 발생한 대손액에 대한 부인액은 없다)?

ㄱ. 대손충당금설정대상 채권금액	: 1,000,000,000원
ㄴ. 대손실적률 : 2%	
ㄷ. 대손충당금 : 기초잔액	25,000,000원
당기추가설정액	50,000,000원
기말잔액	31,000,000원

① 한도초과액 없음   ② 11,000,000원
③ 25,000,000원   ④ 31,000,000원

> **해설**
> • 31,000,000-1,000,000,000×Max[1%, 2%]=11,000,000

56 법인세법상 지급이자 손금불산입 규정과 관련한 설명 중 가장 옳지 않은 것은?

① 채권자 불분명 사채이자는 전액 손금불산입하고, 원천징수액과 이자지급액 모두 대표자 상여로 소득처분된다.

② 비실명채권·증권의 이자(원천징수분 제외)는 전액 손금불산입하여 대표자에 대한 상여로 소득처분된다.

③ 업무무관자산을 취득·보유하고 있는 법인의 경우 업무무관자산에 관련된 이자비용은 손금불산입되며, 기타사외유출로 소득처분된다.

④ 결산일 현재 건설중인 건물의 취득과 직접 관련된 이자비용은 손금불산입하고 유보로 소득처분된다.

___해설___
• 원천징수분은 기타사외유출로 소득처분한다.

57 다음 중 부당행위계산부인에 대한 설명으로 가장 올바르지 않은 것은?

① 국세기본법상 실질과세원칙을 구체화한 규정이다.

② 법인의 특수관계인과의 거래에 적용하는 규정이다.

③ 법인의 조세가 부당히 감소한 것으로 인정되는 경우에 적용하는 규정이다.

④ 문서화된 계약서가 없이 이루어진 거래에만 적용하는 규정이다.

___해설___
• 계약서의 존재는 부당행위계산부인의 적용요건과는 무관하다.

58 다음 자료를 기초로 ㈜영일의 제20기(2020.1.1~12.31) 법인세산출세액을 계산하면 얼마인가?

> ㄱ. 각사업연도소득금액 : 140,000,000원
> ㄴ. 법인세 과세표준 계산시 한번도 공제되지 않은 이월결손금의 발생 사업연도와 금액은 다음과 같다.
>   − 제 7기 : 10,000,000원
>   − 제15기 : 5,000,000원
>   − 제18기 : 3,000,000원
> ㄷ. 법인세율 : 과세표준 2억원 이하는 10%, 2억원 초과 200억원 이하분은 20%
> ㄹ. 상기에 언급한 사항을 제외하고는 법인세 산출세액의 계산에 영향을 미치는 요소는 없다.

① 9,610,000원   ② 13,200,000원
③ 14,250,000원   ④ 18,000,000원

___해설___
• 과세표준 : 140,000,000-(5,000,000+3,000,000)=132,000,000
• 산출세액 : 132,000,000×10%=13,200,000

59 다음 중 세법상 가산세를 부과하지 않는 경우는?

① 장부의 비치 · 기장의무를 이행하지 아니한 경우
② 원천징수의무자인 법인이 원천징수한 세액을 납부기한 경과후에도 납부하지 않는 경우
③ 거래처 직원 경조사비로 1,000,000원을 지출한 경우
④ 납세의무자가 법정 신고기한까지 과세표준신고를 하지 않는 경우

해설

- 접대비로서 20만원을 초과하는 경조금은 손금불산입 세무조정을 하며, 별도의 가산세는 부과하지 않는다.

60 다음의 (가)에 들어가는 용어로 가장 옳은 것은?

> ㄱ. (가)에 대한 법인세란 법인이 해산 또는 합병 · 분할시에 법인의 재산을 구성원등에게 분배하는 과정에서 발생하는 소득에 대하여 부과하는 법인세를 말한다.
> ㄴ. (가)의 납세의무자는 해산 또는 합병 · 분할로 소멸하는 영리내국법인이다. 따라서 비영리법인은 (가)의 납세의무가 없다.
> ㄷ. (가)에 대한 법인세의 과세표준은 해산의 경우 잔여재산가액에서 자기자본총액을 차감한 금액, 합병 · 분할의 경우 합병 · 분할대가에서 자기자본총액을 차감한 금액이다

① 토지 등 양도소득
② 비수익사업소득
③ 각사업연도소득
④ 청산소득

해설

- 청산소득법인세에 대한 내용이다.

61 다음 중 소득세법에 대한 설명으로 가장 옳은 것은?

① 소득세법에 따라 개인사업자는 1년을 초과하지 않는 범위 내에서 선택에 의해 사업연도를 임의로 정할 수 있다.
② 소득세는 개인의 소득에 대해 과세되는 조세이므로 개인의 인적사항에 관계없이 소득이 동일하다면 동일한 세액을 부담하도록 하고 있다.
③ 거주자의 경우 소득세의 납세지는 원칙적으로 주소지로 하며, 주소가 없는 때에는 거소지를 소득세의 납세지로 한다.
④ 종합소득세율은 단일 비례세율 구조로 되어 있으며 소득재분배의 효과가 있다.

해설

- ① 법인사업자에 대한 설명이다. 소득세법상 과세기간은 임의로 선택이 불가하며 사망과 국외이전을 제외하고는 1월 1일부터 12월 31일이다.
  ② 소득세는 개인의 인적사항이 고려되므로 소득이 동일하더라도 상이한 세액을 부담한다.
  ④ 종합소득세율은 초과 누진세율 구조로 되어 있어 소득재분배의 효과가 있다.

62 다음 중 종합과세, 분류과세 및 분리과세에 관한 설명으로 가장 올바르지 않은 것은?

① 종합과세는 1년 동안 개인이 벌어들인 모든 소득을 합산하여 과세하는 방법이다.
② 분류과세는 각각의 소득을 합산하지 않고, 원천에 따른 소득의 종류별로 별도의 세율로 과세하는 방법이다.
③ 퇴직소득과 양도소득은 장기간에 걸쳐 형성된 소득이 일정 시점에 실현되는 것으로 분류과세를 적용한다.
④ 300만원 이하의 기타소득은 무조건 분리과세한다.

해설
• 기타소득금액이 300만원 이하인 경우 선택적 분리과세가 적용된다.

63 다음 중 소득세법상 이자 및 배당소득에 대한 설명으로 가장 옳은 것은?

① 국가나 공공기관에서 발행한 채권에서 발생하는 이자는 모두 비과세소득이다.
② 영업적으로 자금을 대여하고 이자를 받는 금액은 이자소득에 해당한다.
③ 자동차보험 가입 후 사고발생시 수령하는 보험금은 이자소득에 해당한다.
④ 배당소득과 이자소득에 대해서는 모두 필요경비를 인정하지 않고 있다.

해설
• ① 발행주체를 불문하고 국·공채, 회사채등 채권에서 발생하는 이자는 소득세법상 이자소득으로 열거되어 있다.
  ② 대금업(영업대금)의 이익(이자)은 사업소득에 해당한다.
  ③ 보장성보험(자동차보험등)의 보험차익은 원칙적으로 소득세를 과세하지 않는다. 다만, 사업용고정자산의 멸실·손괴와 관련된 경우에는 소득세를 과세한다.

64 다음은 거주자 김영일씨의 부동산임대 관련 사업소득의 내용이다. 김영일씨의 사업소득금액은 얼마인가?

> ㄱ. 김영일씨는 상가 A를 1월 1일부터 5년간 임대하고, 임대료는 매월 초에 100,000원씩 받기로 하였다.
> ㄴ. 상가 A와 관련하여 회계상 감가상각비로 비용처리한 금액은 250,000원이며, 세법상 상각범위액도 250,000원이다.
> ㄷ. 상가 A의 관리비로 100,000원을 지출하였다.

① 350,000원
③ 950,000원
② 850,000원
④ 1,100,000원

해설
• 100,000×12-250,000-100,000=850,000

65 다음은 연예인 세금 파문에 대한 신문기사의 일부이다. 소득세법상 연예인 소득의 과세방법에 대한 설명으로 가장 올바르지 않은 것은?

> 연예인들이 세금을 누락시키는 경로는 크게 '수입누락'과 '비용 과다계상' 두 가지로 분류된다. 수입을 적게 장부에 기장해 과세대상 수입을 줄이고 연예활동을 위한 비용을 부풀려 세금을 줄이게 된다.
> 최근 연예계 세금 파문에 대해 전문가들은 "연예인들의 경우 매니저나 스타일리스트 등 필요경비를 얼마나 인정할지 논란이 많은 게 현실이다. 보다 뚜렷한 기준을 마련하지 않는 한 논란이 쉽게 해소될 가능성이 없다"고 설명했다…(후략)

① 연예인이 연예활동을 통해 벌어들인 소득은 일반적으로 소득세법상 사업소득으로 과세된다.
② 연예인의 사업소득금액은 사업소득 총수입금액에서 일정 필요경비를 공제하여 계산한다.
③ 연예인 사업자는 소득금액의 계산 근거가 되는 증빙서류 등을 비치하고 기장해야 할 의무가 면제된다.
④ 연예인이 보유하고 있는 금융자산에 대한 이자소득이나 배당소득은 필요경비가 공제되지 않는다.

해설
• 연예인 사업자도 소득금액의 계산근거가 되는 증빙 서류 등을 비치하고 기장해야할 의무가 있다.

66 김영일씨의 20x1년 급여내역이 다음과 같을 때 소득세법상 총급여액을 계산하면 얼마인가?

> ㄱ. 급여 : 매월 3,000,000원   ㄴ. 식사대   : 매월 100,000원(식사를 제공받음)
> ㄷ. 상여 : 연간 5,000,000원   ㄹ. 연월차수당 : 연간 1,000,000원
> ※ 김영일씨는 연중 계속 근무하였으며 위 사항 이외의 근로소득은 없다.

① 36,000,000원
② 37,200,000원
③ 42,200,000원
④ 43,200,000원

해설
• 3,000,000×12개월+100,000×12개월+5,000,000+1,000,000=43,200,000
  *식사제공이 있는 경우는 식대를 전액 과세한다.

67 다음 중 소득세법상 비과세소득으로 가장 올바르지 않은 것은?

① 법인의 의결기관의 결의에 의하여 받는 급여
② 일직, 숙직료로서 실비변상정도의 지급액
③ 월 20만원 이내의 자가운전보조금
④ 생산직 근로자가 받는 야간근로수당(연간 240만원 한도)

해설
• 법인의 주주총회·이사회 등 의결기관의 결의에 의하여 받는 금액은 일반적인 과세 근로소득이다.

68 다음 중 기타소득에 관한 설명으로 가장 올바르지 않은 것은?

① 기타소득은 총수입금액에서 필요경비를 뺀 기타소득금액의 30%를 원천징수하여야 한다.
② 국가보안법에 의하여 받는 상금은 원천징수대상이 아니다.
③ 기타소득은 일시적이고 우발적으로 발생하는 소득이다.
④ 기타소득금액이 300만원이하인 경우 종합과세와 분리과세 중 선택할 수 있다.

해설
• 기타소득의 원천징수세율은 원칙적으로 20%가 적용된다.

69 다음은 사업소득이 있는 김영일씨의 부양가족이다. 배우자 강나연씨는 연간 80만원의 이자소득이 있지만, 다른 가족은 소득이 없다. 김영일씨의 종합소득공제 계산시 기본공제대상은 몇 명인가(단, 장애인은 없다)?

ㄱ. 김영일(본인, 48세)	ㄴ. 강나연(배우자, 47세)	ㄷ. 김재선(부친, 68세)
ㄹ. 김민아(딸, 22세)	ㅁ. 김영희(딸, 17세)	

① 2명
③ 4명
② 3명
④ 5명

해설
• 본인 : 본인은 무조건 기본공제대상에 해당한다.
  배우자 : 소득금액요건(100만원이하)을 충족하므로 기본공제대상에 해당한다.
  부친 : 연령요건(60세이상)을 충족하므로 기본공제대상에 해당한다.
  딸(김민아) : 연령요건(20세이하)을 충족하지 않으므로 기본공제대상에 해당하지 않는다.
  딸(김영희) : 연령요건(20세이하)을 충족하므로 기본공제대상에 해당한다.

70 다음 중 양도소득세 과세대상으로 가장 올바르지 않은 것은?

① 골프회원권의 양도
③ 토지 및 건물의 양도
② 소액주주의 주권상장법인 주식의 장내양도
④ 비상장주식의 양도

해설
• 상장주식은 대주주 양도분이 과세대상이다.

71 다음 중 소득세법상 원천징수에 관한 설명으로 가장 올바르지 않은 것은?

① 원천징수에 있어서 세금을 실제로 부담하는 납세의무자와 이를 신고납부하는 원천징수의무자는 서로 다르다
② 원천징수의무자는 납세의무자에게 원천징수세액을 차감한 금액을 지급하게 된다.
③ 원천징수의무자는 정부를 대신하여 원천징수를 하게 되므로 원천징수와 관련하여서는 가산세가 존재하지 않는다.
④ 정부는 원천징수를 통해 세원의 탈루를 최소화할 수 있다.

해설
• 원천징수의무자가 징수하여야 할 세액을 세법에 따른 납부기한까지 납부하지 아니하거나 과소납부한 경우에는 원천징수납부불성실가산세가 부과된다.

72 공장에서 1,000원에 출고된 우산은 부가가치세 포함 1,500원에 우산 도매상에게 팔렸고, 우산 도매상은 이윤을 붙여 부가가치세 포함 3,000원에 편의점에 판매하였다. 편의점에서 우산을 부가가치세 포함 5,500원에 소비자에게 판매하였다면, 상기 거래에서 최종소비자가 부담한 부가가치세 금액은 얼마인가?

① 300원   ② 400원
③ 500원   ④ 600원

──── 해설
• 부가가치세 포함 5,500원 중 부가가치세 500원(5,500×10/110)이 소비자가 부담한 금액이다.

73 다음 중 부가가치세법상 사업자에 관한 설명으로 가장 올바르지 않은 것은?

① 과세품목을 공급하느냐, 면세품목을 공급하느냐에 따라 과세사업자와 면세사업자로 나눌 수 있다.
② 과세사업자는 면세대상 재화 또는 용역의 공급에 대해서도 부가가치세를 납부하여야 한다.
③ 면세사업자의 경우 면세품목에 대해 부가가치세가 면제되므로 납세의무를 지지 않는다.
④ 과세사업자는 공급대가의 규모에 따라 일반과세자와 간이과세자로 구분한다.

──── 해설
• 과세사업자라도 면세대상을 공급시는 매출세액은 없다.

74 다음은 부가가치세 세율 인상과 관련된 최근 신문기사 내용이다. 다음 중 부가가치세 세율 인상의 효과로 가장 올바르지 않은 것은?

증세 해법 뭐가 있나.. 부가세 인상론 솔솔

(중략) 간접세인 부가가치세 등을 올리자는 주장도 있다. 부가가치세율(현재 10%)을 1%포인트 더 올리면 연간 5조~7조원 가량을 추가로 확보할 수 있다. 한국재정학회가 주최한 조세 관련학회 연합학술대회에서는 "부가가치세율을 중장기적으로 15%로 올려야 한다"라는 주장도 제기되었다. 현행 10%에 복지재정 몫으로 2% 포인트, 통일재원 마련을 위해 3% 포인트를 인상해야 한다는 것이다. (후략)

---

① 최종소비자가 부담하는 재화의 가격이 인상될 것이다.
② 최종소비자가 부담하는 수입재화의 가격이 인상될 것이다.
③ 외국의 소비자가 부담하는 수출재화의 가격에는 큰 영향을 주지 않을 것이다.
④ 부가가치세의 역진성이 완화될 것이다.

──── 해설
• 저소득층의 세부담률이 증가하므로 오히려 역진성이 심화되는 결과를 초래하게 된다.

75 부동산임대업을 영위하는 사업자인 ㈜영일의 20x1년도 제2기 예정신고기간(20x1.7.1~20x1. 9.30)의 매출관련 자료이다. 다음 중 ㈜영일의 20x1년도 제2기 예정신고기간의 부가가치세 과세표준으로 가장 옳은 것은?

ㄱ. 임대기간	: 20x1.8.1~20x2.7.31
ㄴ. 월 임대료	: 연간 36,000,000원(계약시 선납)
ㄷ. 임대보증금	: 50,000,000원
ㄹ. 국세청장 고시 1년 만기 정기예금이자율	: 4%로 가정

① 6,334,246원　　　　　　　　② 9,260,274원
③ 12,260,274원　　　　　　　④ 12,835,616원

해설

• 임대료 　　　: 3,000,000×2개월=6,000,000
　간주임대료 : 50,000,000×61일×4%×1/365=334,246
　∴과세표준 : 6,000,000+334,246=6,334,246

76 다음 자료는 ㈜영일의 20x1년도 제1기 예정신고기간(20x1.1.1 ~ 20x1.3.31) 동안의 거래내역이다. 20x1년도 제1기 예정신고기간의 부가가치세 납부세액은 얼마인가(단, 모든 금액에는 부가가치세가 포함되지 아니함)?

구분	금액
국내 제품 매출액	200,000,000원
제품 수출액	50,000,000원
원재료 매입(세금계산서 수취)	30,000,000원
소모품 매입(세금계산서 수취)	20,000,000원
토지관련 매입(세금계산서 수취)	70,000,000원

① 13,000,000원　　　　　　　② 15,000,000원
③ 20,000,000원　　　　　　　④ 22,000,000원

해설

• 200,000,000×10%-(30,000,000+20,000,000)×10%=15,000,000
*제품수출액은 영세율이 적용되며, 토지관련 매입세액은 매입세액불공제 사항이다.

77 다음 중 공제받을 수 있는 매입세액으로 가장 옳은 것은?

① 사업과 직접 관련이 없는 지출에 대한 매입세액
② 면세사업 관련 매입세액
③ 신용카드 매출전표상의 매입세액
④ 접대비 및 이와 유사한 비용 관련 매입세액

해설

• 사업무관 매입세액, 면세사업관련 매입세액, 접대비관련 매입세액 : 매입세액불공제

78 다음 자료는 ㈜영일의 거래내역이다. ㈜영일의 부가가치세신고서상 (A)에 기록될 금액은 얼마인가?

〈신고내용〉

구분				금액	세율	세액
과세표준및매출세액	과세	세금계산서 발급분	(1)		10/100	
		매입자발행세금계산서	(2)		10/100	
		신용카드 · 현금영수증 발행분	(3)	(A)	10/100	
		기타(정규영수증외 매출분)	(4)			
	영세율	세금계산서 발급분	(5)		0/100	
		기타	(6)		0/100	
	예정신고누락분		(7)			
	대손세액가감		(8)			
	합계		(9)			

구분	금액
세금계산서 발행 국내매출액(부가가치세 미포함)	20,000,000원
신용카드매출전표 발행분(부가가치세 포함)	33,000,000원
현금영수증 발행(부가가치세 포함)	5,500,000원
내국신용장에 의한 공급분(Local 수출분)	10,000,000원
직수출분	40,000,000원

① 33,000,000원 ② 35,000,000원
③ 45,000,000원 ④ 55,000,000원

해설

- $(33,000,000+5,500,000) \times \dfrac{100}{110} = 35,000,000$

79 다음 중 세금계산서 작성에 관한 설명으로 가장 올바르지 않은 것은?

① 세금계산서상 공급가액과 부가가치세액을 기재하지 아니하여도 실제 거래가 확인되는 경우 정당한 세금계산서라고 볼 수 있다.
② 세금계산서는 일반거래에서 송장의 역할이나 외상거래 청구서의 역할도 한다.
③ 기본적으로 세무서에 사업자등록을 한 사업자는 개인이나 법인 모두 세금계산서 발급의무가 있다.
④ 사업자는 원칙적으로 제품 · 상품을 판매할 때마다 세금계산서를 발급하여야 한다.

해설

- 세금계산서상 공급가액과 부가가치세액은 필요적 기재사항이므로 미기재 또는 부실기재시는 부가가치세법상의 정당한 세금계산서로 인정되지 않는다.

80 다음은 세금계산서(공급자 보관용)의 양식이다. 다음 중 세금계산서의 작성방법을 서술한 설명으로 가장 올바르지 않은 것은?

세 금 계 산 서 (공급자 보관용)							책 번 호	권	호
							일련번호		

공급자	등록번호				공급받는자	등록번호		
	상 호 (법인명)		성명 (대표자)	(인)		상 호 (법인명)	성명 (대표자)	(인)
	사업장주소					사업장주소		
	업 태		종 목			업 태	종 목	

작 성			공 급 가 액	세 액	비 고
연	월	일	공란수 조천백십억천백십만천백십일	십천백억천백십만천백십일	

월 일	품 목	규 격	수 량	단 가	공 급 가 액	세액	비고

합계금액	현 금	수 표	어 음	외상미수금	이 금액을	영수 청구 함

① 공급받는 자가 부가가치세 면세사업자인 경우에 "공급받는 자의 등록번호"에 소득세법 또는 법인세법의 규정에 의한 등록번호 또는 고유번호를 기재한다.
② 작성연월일에는 대금결제일이 아닌 세금계산서를 실제로 작성하는 일자를 기재한다.
③ 제품을 판매하고 총 55,000원(부가가치세 포함)을 수령하였다면 공급가액에는 55,000원을 기재한다.
④ 제품을 판매하고 총 55,000원(부가가치세 포함)을 수령하였다면 세액에는 5,000원을 기재한다.

해설
• 공급가액에 50,000원을 기재하고, 세액에 5,000원을 기재한다.

[정답] 복원기출문제 SET ⑨

▶ 재무회계

1	2	3	4	5	6	7	8	9	10
③	①	②	①	②	②	③	②	②	③
11	12	13	14	15	16	17	18	19	20
②	③	①	④	②	②	①	④	③	④
21	22	23	24	25	26	27	28	29	30
②	③	①	①	①	③	④	②	①	③
31	32	33	34	35	36	37	38	39	40
②	④	②	④	②	①	④	②	③	②

▶ 세무회계

41	42	43	44	45	46	47	48	49	50
④	①	②	①	②	②	②	④	④	②
51	52	53	54	55	56	57	58	59	60
②	③	④	③	②	①	④	②	③	④
61	62	63	64	65	66	67	68	69	70
③	④	④	②	③	④	①	①	③	②
71	72	73	74	75	76	77	78	79	80
③	③	②	④	①	②	③	②	①	③

3P
3P
3P
FINAL
POTENTIALITY
PASSION
PROFESSION

3P는 여러분의 무한한 잠재적 능력과 반드시 성취하겠다는 열정을 토대로 전문가의 길로 나아가는 세무라이선스 파이널시리즈의 학습 정신입니다.

수험생 여러분의 합격을 응원합니다.

[실전연습]

복원기출문제연습

SET ⑩

Cam Exam intermediate level

▶ 복원기출문제는 현행 개정세법과 현행 회계기준에 부합하도록 저자가 문제를 임의변경·보완 및 추가한 문제가 포함되어 있습니다.

01 재무회계

1 변부장, 이차장, 양과장, 최사원은 회계교육 시간에 각자 학습한 내용을 발표하고 있다. 회계의 일반적 개념에 대해 가장 잘못 이해하고 있는 사람은 누구인가?

> 김강사 : 지금까지 회계에 관한 일반적인 내용에 대해서 공부하였습니다. 그럼 학습한 내용에 대하여 복습하는 차원에서 서로 발표해봅시다.
>
> 변부장 : 재무회계의 주된 목적은 외부정보이용자의 경제적 의사결정에 유용한 정보를 제공하는 것입니다.
>
> 이차장 : 관리회계의 주된 목적은 기업내부의 경영자가 관리적 의사결정을 하는데 유용한 정보를 제공하는 것입니다.
>
> 양과장 : 재무정보를 제공하기 위한 수단인 재무제표는 독립된 외부감사인에게 작성책임이 있습니다.
>
> 최사원 : 기업실체가 제공하는 재무정보의 이용자는 투자자, 채권자, 그리고 기타 정보이용자 등이 있습니다.

① 변부장　　　　　　　　　　　② 이차장
③ 양과장　　　　　　　　　　　④ 최사원

해설
- 재무제표의 작성책임은 경영자에게 있다.
  → ∴외부감사인이나 재무담당자, 대주주 등에게 작성책임이 있는 것이 아니다.

2 다음 중 재무상태표와 손익계산서 작성의 일반원칙에 관한 설명으로 가장 올바르지 않은 것은?

① 재무상태표상 유동자산과 비유동자산은 보고기간종료일로부터 1년 또는 정상영업주기 기준으로 구분한다.
② 손익계산서상 수익과 비용은 순액으로 기재함을 원칙으로 한다.
③ 영업부서 직원에 관한 급여는 손익계산서상 판매비와관리비로 분류한다.
④ 자본거래에서 발생한 자본잉여금과 손익거래에서 발생한 이익잉여금은 혼동하여 표시하여서는 안된다.

해설
- 순액(X) → 총액(O)

3 다음 중 중간재무제표에 관한 설명으로 가장 올바르지 않은 것은?

① 중간재무제표는 연차재무제표와 동일한 계정과목을 사용하여야 하고, 어떠한 경우에도 계정과목을 요약 표시할 수 없다.
② 중간재무상태표는 당 회계연도 중간기간말과 직전 회계연도말을 비교하는 형식으로 작성한다.
③ 중간재무제표는 회계정보의 적시성 제고를 위한 수단이다.
④ 중간재무제표는 재무상태표, 손익계산서, 현금흐름표, 자본변동표 및 주석을 포함하며 연차재무제표와 동일한 양식(대상기간과 비교형식은 제외)으로 작성함을 원칙으로 한다.

― 해설
• 중간재무제표는 연차재무제표와 동일한 양식으로 작성함을 원칙으로 하되, 정보이용자를 오도하지 않는 범위내에서 일정 계정과목은 요약·일괄표시 할 수 있다.

4 다음 중 중소기업 회계처리 특례에 대한 설명으로 가장 올바르지 않은 것은?

① 법인세비용은 법인세법 등의 법령에 의하여 납부하여야 할 금액으로 할 수 있다.
② 장기연불조건의 매매거래 및 장기금전대차거래 등에서 발생하는 채권·채무는 명목금액을 재무상태표 금액으로 할 수 있다.
③ 시장성이 없는 지분증권은 취득원가로 평가할 수 있다.
④ 정형화된 시장에서 거래되는 파생상품에 대해서도 계약시점 이후 평가에 관한 회계처리를 하지 않을 수 있다.

― 해설
• 정형화된 시장에서 거래되는 파생상품에(X) → 정형화된 시장에서 거래되지 않아 시가가 없는 파생상품(O)

5 다음 중 자산에 관한 설명으로 가장 올바르지 않은 것은?

① 자산은 과거의 거래나 사건의 결과로서 현재 기업실체에 의해 지배되고 미래에 경제적 효익을 창출할 것으로 기대되는 자원이다.
② 자산은 재화 및 용역의 생산에 이용되거나 다른 자산과의 교환 또는 부채의 상환에 사용되며 소유주에 관한 분배에 이용될 수 있다.
③ 일반적으로 물리적 형태를 가지고 있지만 물리적 형태가 자산의 본질적인 특성은 아니다.
④ 현금유출과 자산의 취득은 밀접하게 관련되어 있기 때문에 현금유출 금액과 자산취득 금액은 반드시 일치한다.

― 해설
• 일반적으로 현금유출과 자산의 취득은 밀접하게 관련되어 있으나 양자가 반드시 일치하는 것은 아니다.
 →즉, 관련 지출이 없어도 자산의 정의를 충족하는 경우에는 인식대상이 된다.(예 증여받은 재화)

6 ㈜서울은 ㈜부산은행으로부터 당좌예금잔액증명서를 징수한 결과 20x1년말 현재 당좌예금 잔액은 9,000,000원이었으나, 결산 전 회사 장부상의 당좌예금 잔액은 8,900,000원이었다. 경리과장은 회사와 은행의 회계처리에 다음과 같은 차이가 있음을 발견하였다.

> ㄱ. 회사가 거래처에 20x1년 12월 30일에 발행하고 장부에 기록한 수표 300,000원이 당기말 현재 아직 인출되지 않았다.
> ㄴ. 회사가 600,000원의 수표를 발행하면서 당좌예금장부에는 900,000원으로 반영하였다.
> ㄷ. 당좌거래명세서상의 거래내용 중 부도어음 500,000원은 아직 회사의 장부에 반영되지 않았다.

이 경우 결산후 20x1년말 현재의 정확한 당좌예금 잔액은 얼마인가?

① 8,500,000원
② 8,700,000원
③ 9,400,000원
④ 9,600,000원

해설
- ㄱ : 기발행미인출수표 →은행잔액에서 300,000원 차감
- ㄴ : 회사측 기장오류 →회사잔액에 300,000원 가산
- ㄷ : 부도어음 →회사잔액에서 500,000원 차감
- 정확한 당좌예금 잔액 : 8,900,000+300,000-500,000=8,700,000
- 분석내용

	회사측		은행측
수정전금액	8,900,000	수정전금액	9,000,000
기장오류	300,000	기발행미인출수표	(300,000)
부도어음	(500,000)		
수정후금액	8,700,000	수정후금액	8,700,000

7 다음 중 매출채권 등의 양도 및 할인에 대한 설명으로 가장 올바르지 않은 것은?

① 매출채권 등을 양도하는 경우 당해 채권에 대한 권리와 의무가 양도인과 분리되어 실질적으로 이전되는 경우에는 동 금액을 매출채권에서 직접 차감한다.
② 기업구매전용카드에 의해 물품대금이 결제된 때에는 양도에 대한 판단기준을 충족하는 것으로 보아 판매자가 지급대행은행에 매출채권을 매각한 것으로 회계처리한다.
③ 매출채권을 담보로 제공하고 자금을 융통하는 경우 해당 매출채권이 담보로 제공되었음을 공시하여야 한다.
④ 어음상의 매출채권을 금융기관 등에 할인하는 경우에는 일반적으로 상환청구권이 존재하므로 차입거래로 처리한다.

해설
- 매출채권 양도와 동일하게 당해 채권에 대한 권리와 의무가 양도인과 분리되어 실질적으로 이전되는 경우에는 동 금액을 매출채권에서 직접 차감한다.

8 ㈜삼일의 대손충당금 기초잔액은 250,000원이며, 당기 중 대손상각비와 관련되어 발생한 거래는 다음과 같다. 매출채권 기말잔액의 2%를 대손충당금으로 설정할 경우 손익계산서에 계상될 대손상각비는 얼마인가?

> ㄱ. 10월 31일에 매출채권 210,000원이 회수가 불가능하여 대손처리하였다.
> ㄴ. 기말 매출채권 잔액은 7,500,000원이다.

① 40,000원
② 75,000원
③ 110,000원
④ 140,000원

해설

- 대손충당금 계정 분석

대손충당금

대손발생액	210,000	기초대손충당금	250,000
기말대손충당금	150,000*)	대손상각비	?

→대손상각비 : 110,000
*)7,500,000×2%=150,000

---

9 다음은 유동자산에 속하는 계정들의 잔액이다. 재무상태표에 당좌자산으로 계상될 금액은 얼마인가?

> ㄱ. 단기대여금 40,000원 ㄴ. 매출채권 400,000원 ㄷ. 선급비용 600,000원
> ㄹ. 선급금 50,000원 ㅁ. 저장품 65,000원

① 1,000,000원
② 1,040,000원
③ 1,090,000원
④ 1,155,000원

해설

- 유동자산 : 당좌자산+재고자산
- 당좌자산 : 40,000+400,000+600,000+50,000=1,090,000
  →저장품은 재고자산이다.

---

10 다음 중 20x1년 12월 31일 ㈜삼일의 재무상태표상 현금및현금성자산으로 분류되지 않는 항목은?

① 20x2년 5월 31일에 만기 도래 예정인 채권
② 20x1년 12월 2일에 취득하여 상환일이 20x2년 1월 30일인 상환우선주
③ 타인발행 당좌수표
④ 환매채(취득당시 3개월 이내의 환매조건)

해설

- 취득 당시 만기가 3개월 이내에 도래하는 채권이어야 한다.

제1편 백점이론특강 | 제2편 기출문제특강 | SET1 | SET2 | SET3 | SET4 | SET5 | SET6 | SET7 | SET8 | SET9 | SET10 | 신유형 | 기출문제오답노트 | 실전기출모의고사

11 다음은 20x1년 ㈜삼일의 회계자료 중 일부이다. ㈜삼일의 20x1년 매출원가는 얼마인가?

	본점창고	적송품
기초재고	120,000원	25,000원
매입액	480,000원	70,000원
매입운임	20,000원	-
적송품운임	-	5,000원
기말재고(*1)	125,000원	20,000원
(*1)비정상적으로 발생한 감모손실은 없는 것으로 가정한다.		

① 516,000원
② 536,000원
③ 575,000원
④ 614,000원

해설
- (120,000+25,000)+(480,000+20,000+70,000+5,000)-(125,000+20,000)=575,000

12 ㈜삼일은 20x1년 12월에 재고창고에 화재가 발생하였다. 재고와 관련한 매출, 매입 내용이 다음과 같을 경우 화재로 인하여 소실된 것으로 추정되는 재고자산 금액은 얼마인가?

ㄱ. 기초재고자산	200,000원
ㄴ. 당기매입액	3,000,000원
ㄷ. 매출액	2,920,000원
ㄹ. 매출총이익률	30%
ㅁ. 20x1년말 실사에 의해 확인된 재고자산	345,000원

① 345,000원
② 550,000원
③ 811,000원
④ 876,000원

해설
- 매출원가 : 2,920,000x(1-30%)=2,044,000
- 기말재고(장부) : 200,000+3,000,000-2,044,000=1,156,000
  ∴화재소실액 : 1,156,000-345,000=811,000

13 ㈜서울의 결산일은 12월 31일이며, 20x1년 1월 1일 장기투자목적으로 ㈜부산의 주식 100주를 500,000원에 취득하고 이를 매도가능증권으로 분류하였다. ㈜서울은 20x2년 6월 1일에 이 중 50주를 320,000원에 처분하였다. ㈜부산 주식의 공정가액에 관한 정보가 다음과 같은 경우 20x2년 말 ㈜서울의 재무상태표에 ㈜부산의 주식과 관련하여 계상될 매도가능증권평가이익은 얼마인가(단, 법인세효과는 고려하지 않는다)?

ㄱ. 20x1년 초 : 5,000원/주
ㄴ. 20x1년 말 : 5,500원/주
ㄷ. 20x2년 말 : 7,000원/주

① 50,000원 　　　　　　　　　　② 70,000원
③ 75,000원 　　　　　　　　　　④ 100,000원

해설
- 20x1년말
  (차) 매도가능증권 　　　　　　50,000 　　(대) 매도가능증권평가이익 　100주x500=50,000
- 20x2년 6월 1일
  (차) 현금 　　　　　　　　　　320,000 　　(대) 매도가능증권 　　　550,000x50%=275,000
  　　매도가능증권평가이익 50,000x50%=25,000 　　　매도가능증권처분이익 　　　　70,000
- 20x2년말
  (차) 매도가능증권 　　　　　　75,000 　　(대) 매도가능증권평가이익 　　　　　75,000
  ∴20x2년말 매도가능증권평가이익 잔액 : 50,000-25,000+75,000=100,000
  ◆고속철◆ 평가손익 잔액계산
  → 50주x(7,000-5,000)=100,000(평가이익)

14 ㈜서울의 결산일은 12월 31일이며 단기매매증권으로 분류된 ㈜부산의 주식과 관련된 자료가 다음과 같을 때, 20x2년 ㈜부산 주식 처분에 따라 ㈜서울이 인식해야 할 단기매매증권처분손익은 얼마인가?

ㄱ. 20x1년 12월 03일 : 주식 50주를 30,000원에 구입함.
ㄴ. 20x1년 12월 31일 : 주식의 공정가치는 주당 500원으로 평가함.
ㄷ. 20x2년 01월 18일 : 주식 25주를 주당 650원에 처분함.

① 1,250원 이익 　　　　　　　　② 3,750원 이익
③ 1,250원 손실 　　　　　　　　④ 3,750원 손실

해설
- 25주x650-25주x500=3,750(이익)

15 다음 중 유가증권의 분류변경에 관한 설명으로 가장 옳은 것은?

① 단기매매증권으로 분류된 지분증권은 어떠한 경우에도 다른 유가증권 과목으로 분류변경할 수 없다.

② 단기매매증권을 매도가능증권이나 만기보유증권으로 분류변경하는 경우에는 분류변경일 현재의 공정가치(최종시장가격)를 새로운 취득원가로 본다.

③ 매도가능증권으로 분류된 지분증권을 1년 이내에 처분할 것이 거의 확실한 경우에는 만기보유증권으로 분류변경해야 한다.

④ 만기보유증권으로 분류된 채무증권의 만기가 1년 이내에 도래할 경우 단기매매증권으로 분류변경해야 한다.

<u>해설</u>

• ① 단기매매차익 목적이 아닌 단기매매증권은 매도가능증권이나 만기보유증권으로 분류가능하다. 또한, 시장성을 상실한 단기매매증권은 매도가능증권으로 분류해야 한다.
  ③ 매도가능증권으로 분류된 채무증권만 만기보유증권으로 분류변경할수 있으며, 매도가능증권으로 분류된 지분증권을 1년 이내에 처분할 것이 거의 확실한 경우에는 유동자산으로 분류한다.
  ④ 만기보유증권으로 분류된 채무증권의 만기가 1년 이내에 도래할 경우에는 유동자산으로 분류하나, 단기매매증권으로의 재분류는 불가하다.

16 ㈜삼일은 건물을 신축할 목적으로 30,000,000원에 토지와 건물을 일괄구입하였다. 토지와 건물에 대한 정보가 다음과 같을 때 ㈜삼일이 토지의 취득원가로 인식하여야 할 금액은 얼마인가(단, 기존 건물 철거와 관련하여 부산물 판매 수입은 없다고 가정한다)?

> ㄱ. 토지와 건물의 공정가치 : 토지 24,000,000원, 건물 8,000,000원
> ㄴ. 기존건물의 철거비용 : 1,500,000원

① 24,000,000원
② 30,000,000원
③ 31,500,000원
④ 32,000,000원

<u>해설</u>

• 새 건물을 신축할 목적으로 기존 건물이 있는 토지를 구입하여 기존 건물을 철거하는 경우는 일괄구입이 아니며, 총구입가와 기존건물 철거비용의 합계액을 토지의 취득원가로 한다.
  → 따라서, 토지 취득원가 : 30,000,000+1,500,000=31,500,000

17 회계관리 1급 자격시험을 준비하고 있는 김삼일씨는 인터넷을 검색하던 중 다음과 같은 기사를 읽게 되었다.

> **S랜드, S생명 지분법 제외**
>
> S랜드가 금융지주회사 논란을 불러왔던 S생명 지분을 지분법 적용대상에서 제외키로 했다. 이에 따라 그룹의 지주회사격인 S랜드는 금융지주회사 편입 요건을 대폭 해소하게 됐다. S랜드는 16일 공시한 분기 사업보고서를 통해 당기부터 S생명 주식(지분율 신탁계정에 편입된 주식 6% 포함 19.34%)에 대해 지분법적용투자주식에서 매도가능증권으로 대체했다." 고 밝혔다.

이 기사에 따르면 S랜드는 S생명에 관한 지분율이 19.34% 이지만 지분법으로 평가해오고 있었다. 김삼일씨는 지분율이 20% 미만인 경우에도 지분법으로 평가하여야 하는 경우를 자신이 공부하던 책을 찾아 확인하였다. 다음 중 지분율이 20% 미만인 경우에도 지분법으로 평가하는 경우로 가장 올바르지 않은 것은?

① 피투자기업의 이사회 또는 이에 준하는 의사결정기구에서 의결권을 행사할 수 있는 경우
② 피투자기업에게 유의적이지 않은 일반정보를 투자기업이 당해 피투자기업에게 제공하는 경우
③ 피투자기업의 재무정책과 영업정책에 관한 의사결정에 참여할 수 있는 경우
④ 피투자기업의 유의적인 거래가 주로 투자기업과 이루어지는 경우

해설
• 유의적이지 않은 일반정보(×) → 필수적인 기술정보(O)

18 ㈜서울은 20x1년 중 토지를 1,000,000원에 취득하고 20x1년 12월 31일에 재평가를 실시하여 토지의 장부금액을 200,000원 만큼 증가시켰다. 해당 토지를 20x2년 중 공정가치 1,100,000원에 매각하였다면 토지처분과 관련하여 처분손익으로 인식할 금액은 얼마인가?

① 처분손실 200,000원
② 처분손실 100,000원
③ 처분이익 100,000원
④ 처분이익 200,000원

해설
• (차) 현금　　1,100,000　　(대) 토지　　1,200,000
　　재평가잉여금　200,000　　　　처분이익　100,000
→K-IFRS와 달리 일반기업회계기준에서는 재평가잉여금을 처분시 처분손익에 반영한다.

19 다음은 경제신문의 기사내용의 일부이다.

> **대박건설, 토지 재평가차액 2,647억원 발생**
> 대박건설은 본사와 서산간척지 등 토지에 대한 재평가를 실시한 결과, 토지 재평가금액이
> 4,646억원에 달한다고 20일 공시했다. 이는 기존 장부금액 1,999억원에 비해 2,647억원 늘
> 어난 것이다. – 후략 –

위 경제신문 기사를 읽고 나눈 대화 중 가장 올바르지 않은 내용을 언급한 사람은 누구인가?

① 변부장 : 대박건설은 토지의 재평가와 관련하여 인식한 기타포괄손익의 잔액이 있다면, 그
토지를 폐기하거나 처분할 때 당기손익으로 인식해야겠군요.
② 이차장 : 재평가 결과 발생한 이익과 손실은 모두 당기손익으로 처리해야겠군요.
③ 양과장 : 토지와 같은 유형자산은 원가모형과 재평가모형 중 하나를 회계정책으로 채택하여 유형자
산 분류별로 동일하게 적용해야 할 겁니다.
④ 최사원 : 대박건설은 앞으로 토지의 공정가치 변동이 중요하지 않다면 매년 재평가를 실시하지 않
아도 될 겁니다.

해설
• 재평가잉여금 : 기타포괄손익누계액
• 재평가손실 　 : 당기손익

20 12월말 결산법인인 ㈜서울은 20x1년 1월 1일에 장부가액 300,000,000원의 보유토지를
400,000,000원에 매각하였다. 단, 매각과 동시에 매각대금으로 300,000,000원을 받았으며,
잔금은 20x1년 12월 31일과 20x2년 12월 31일에 50,000,000원씩 분할수령하기로 하였다. 토지
매각일 현재 시장이자율은 10%이다. ㈜서울이 20x1년에 인식할 유형자산 처분이익은 얼마인가
(단, 중소기업회계처리특례는 고려하지 않는다)?

기간	10% 연금의 현가계수
1	0.9091
2	1.7355

① 68,595,000원　　　　　　　　② 86,775,000원
③ 95,455,000원　　　　　　　　④ 100,000,000원

해설

(차) 현금	300,000,000	(대) 토지	300,000,000
미수금	100,000,000	현재가치할인차금	100,000,000-50,000,000x1.7355=13,225,000
		유형자산처분이익	86,775,000

고속철 장기연불조건 처분손익 계산
'처분손익=처분가(현재가치)-장부가'
⇒ (300,000,000+50,000,000x1.7355)-300,000,000=86,775,000(이익)

21 일반기업회계기준에 의할 경우 내부적으로 창출된 무형자산이 인식기준에 부합하는지를 평가하기 위하여 무형자산의 창출과정을 연구단계와 개발단계로 구분하고, 개발단계에서 발생한 지출은 일정 요건을 충족하는 경우에 한하여 무형자산으로 인식할 수 있으며, 그 외의 경우에는 당기비용으로 처리하도록 규정하고 있다. 다음 중 개발단계에서 발생한 지출을 무형자산으로 계상하기 위해 반드시 필요한 조건으로 보기 어려운 것은?

① 무형자산을 사용 또는 판매하기 위해 그 자산을 완성시킬 수 있는 기술적 실현가능성을 제시할 수 있어야 한다.
② 무형자산이 어떻게 미래 경제적 효익을 창출할 것인가를 보여줄 수 있어야 한다.
③ 개발단계에서 발생한 무형자산 관련 지출을 신뢰성 있게 구분하여 측정할 수 있어야 한다.
④ 무형자산을 사용하여 개발된 시제품의 판매로 인한 매출이 발생하고 있어야 한다.

해설

• 개발단계에서 발생한 지출은 다음의 조건을 모두 충족하는 경우에만 무형자산으로 인식한다. 시제품의 판매로 인한 매출이 발생하고 있어야 하는 것은 아니다.
  ㉠ 무형자산을 사용 또는 판매하기 위해 그 자산을 완성시킬 수 있는 기술적 실현가능성을 제시할 수 있다.
  ㉡ 무형자산을 완성해 그것을 사용하거나 판매하려는 기업의 의도가 있다.
  ㉢ 완성된 무형자산을 사용하거나 판매할 수 있는 기업의 능력을 제시할 수 있다.
  ㉣ 무형자산이 어떻게 미래 경제적 효익을 창출할 것인가를 보여줄 수 있다.
  ㉤ 무형자산의 개발을 완료하고 그것을 판매 또는 사용하는데 필요한 기술적, 금전적 자원을 충분히 확보하고 있다는 사실을 제시할 수 있다.
  ㉥ 개발단계에서 발생한 무형자산 관련 지출을 신뢰성 있게 구분하여 측정할 수 있다.

22 다음 중 무형자산에 대한 토론 내용으로 가장 올바르지 않은 의견을 제시한 사람은 누구인가?

① 변부장 : 개발단계에서 발생한 지출은 특정한 조건을 모두 충족하는 경우에만 무형자산으로 인식하도록 하고 있습니다.
② 이차장 : 내부적으로 창출된 무형자산의 취득원가에는 그 자산과 간접적으로 지출된 비용은 포함할 수 없습니다.
③ 양과장 : 개발비의 상각기간은 독점적·배타적인 권리를 부여하고 있는 관계법령이나 계약에 정해진 경우를 제외하고는 20년을 초과할 수 없습니다.
④ 최사원 : 개발비의 상각방법은 정액법, 정률법, 생산량비례법 등 다양한 방법 중에서 합리적인 방법을 선택하면 되지만 합리적인 상각방법을 정할 수 없는 경우에는 정액법을 사용하도록 하고 있습니다.

해설

• 자산의 창출, 제조, 사용준비에 직접 관련된 지출과 합리적이고 일관성있게 배분된 간접지출을 모두 포함한다.

23 다음 중 기타비유동자산에 관한 설명으로 가장 올바르지 않은 것은?

① 기타비유동자산이란 비유동자산 중 투자자산 및 유형자산, 무형자산에 속하지 않는 자산을 의미한다.

② 이연법인세자산은 미래 법인세 절감효과가 실현될 수 있는 것으로 기대되는 경우에만 자산으로 인식한다.

③ 장기매출채권은 주된 영업활동에서 발생하였으나, 1년 이내 또는 정상적인 영업주기 이내에 회수가 어려운 채권을 의미한다.

④ 임차보증금, 장기선급금, 이연법인세자산 등은 현재가치 평가의 대상이 된다.

해설

• 현재가치평가 제외대상 : 장기선급금 · 선수금, 이연법인세자산 · 부채, 전세권, 임차보증금, 회원권

24 ㈜삼일은 20x1년 7월 1일에 용산은행으로부터 10,000,000원을 차입하였다. 연 이자율 8%, 20x2년 6월 30일 원리금 일시상환조건인 경우, ㈜삼일이 20x1년 12월 31일의 회계처리 중 가장 옳은 것은?

① (차) 이자비용　　800,000원　(대) 현금　　　　800,000원
② (차) 이자비용　　400,000원　(대) 미지급이자 400,000원
③ (차) 단기차입금 400,000원　(대) 현금　　　　400,000원
④ (차) 이자비용　　400,000원　(대) 단기차입금 400,000원

해설

• 기간경과분 이자비용(미지급이자) : 10,000,000×8%×6/12=400,000

25 다음 중 유동부채에 관한 설명으로 가장 올바르지 않은 것은?

① 유동부채는 만기금액과 현재가치의 차이가 중요하기 때문에 반드시 현재가치로 평가하여야 한다.

② 미착상품의 경우 아직 운송 중에 있다 하더라도 계약조건에 따라 입고 이전시점에 매입채무를 인식할 수 있다.

③ 유동성장기부채란 비유동부채 중 보고기간종료일로부터 1년 내에 상환될 금액을 의미한다.

④ 장기차입금 중 보고기간종료일로부터 1년 내에 상환될 예정인 부분은 기말결산시 유동부채로 분류하여야 한다.

해설

• 대부분의 유동부채는 단기간내에 만기가 도래하여 미래에 지불할 만기금액과 만기금액의 현재가치와의 차이가 중요하지 않기 때문에 일반적으로 미래에 지불할 만기금액으로 유동부채를 평가한다.

26 ㈜삼일은 20x1년 1월 1일에 다음과 같은 조건의 사채를 발행하였다.

> ㄱ. 액면금액 : 1,000,000원
> ㄴ. 액면이자율 : 10%
> ㄷ. 이자지급조건 : 매년말후급
> ㄹ. 만기일 : 20x3년 12월 31일
> ㅁ. 20x1년 1월 1일의 시장이자율 : 11%
> ㅂ. 20x1년 1월 1일의 사채발행금액 : 975,562원

㈜삼일이 사채발행과 관련하여 20x3년 12월 31일 까지 인식할 총 이자비용은 얼마인가?

① 24,438원
② 124,438원
③ 300,000원
④ 324,438원

___해설___
- 고속철 사채할인발행시 총이자비용 계산
  '총이자비용=총액면이자+총사채할인발행차금'
  ⇒(1,000,000x10%x3년)+(1,000,000-975,562)=324,438

27 ㈜삼일은 20x1년 1월 1일 시장이자율이 연 9%일 때 액면금액이 100,000원이고, 만기가 3년인 사채를 92,406원에 할인발행하였다. ㈜삼일이 발행한 사채는 매년말 이자를 지급하며, 20x2년 1월 1일의 장부금액이 94,723원이라고 하면 사채의 표시이자율은 얼마인가(문제풀이 과정에서 계산되는 모든 화폐금액은 소수점 이하에서 반올림하시오)?

① 4%
② 6%
③ 9%
④ 10%

___해설___
- 발행시 회계처리
  (차) 현금   92,406   (대) 사채   100,000
       사채할인발행차금   7,594
- 20x1년말 회계처리
  (차) 이자비용 92,406x9%=8,317   (대) 현금(대차차액)   6,000
                                      사채할인발행차금   94,723-92,406=2,317
  → 100,000×표시이자율=6,000 에서, 표시이자율=6%

28 회계관리 1급 자격시험을 준비하는 4명의 스터디원들이 이번 주의 스터디 주제인 충당부채에 관한 논의를 시작하였다. 충당부채에 대해 가장 잘못 이해하고 있는 사람은 누구인가?

① 철수 : ㈜삼일은 판매시점으로부터 3년간 품질을 보증하는 조건으로 제품을 판매하는데, 20x1년 중에 판매한 제품에 대해 추정한 보증수리비용 10,000,000원을 충당부채로 인식해야 한다.

② 영희 : 가방도소매점을 운영하는 ㈜용산은 법적의무가 없음에도 불구하고 제품에 대해 만족하지 못하는 고객에게 환불해 주는 정책을 펴고 있으며, 이러한 사실은 고객에게 널리 알려져 있다. ㈜용산은 환불을 받기 위해 반품된 금액 중 일정 비율만큼 자원의 유출가능성이 매우 높다면 환불비용에 관한 최선의 추정치로 충당부채를 인식해야 한다.

③ 순이 : ㈜강남은 화재 손실에 대비한 보험에 가입하고 있지 않다. 20x1년말 ㈜강남이 소유하고 있는 건물의 취득원가는 300,000,000원인데 이 금액을 충당부채로 인식해야 한다.

④ 영철 : ㈜강북은 자회사의 차입금 200,000,000원에 관한 지급보증을 하였다. 자회사의 경영상태로 보아 실제 손실이 발생할 가능성은 없는 상태이므로 충당부채로 인식하지 않고, 그 내용을 주석으로 기재해야 한다.

> **해설**
> • 제품보증이나 환불정책은 충당부채를 인식하나, 화재등의 손실위험과 미래영업손실은 충당부채를 인식치 않으며, 타인에게 제공한 지급보증 또는 이와 유사한 보증은 자원의 유출가능성이 거의 없더라도 반드시 그 내용을 우발부채로 하여 주석으로 공시한다.

29 다음은 ㈜삼일의 퇴직급여와 관련된 회계정보이다. 20x2년에 ㈜삼일이 손익계산서에 계상한 퇴직급여는 얼마인가?

	20x1년	20x2년
12월 31일 퇴직급여충당부채 잔액	30,000원	60,000원
퇴직금 지급액	2,000원	5,000원

① 25,000원 ② 35,000원
③ 60,000원 ④ 85,000원

> **해설**
> • 60,000-(30,000-5,000)=35,000

30 ㈜삼일건설은 20x1년 1월 1일 다음과 같은 상환우선주를 발행하였다.

> ㄱ. 누적적 참가적 상환우선주
> ㄴ. 발행주식의 총수 : 10,000주
> ㄷ. 주식의 액면금액 : 5,000원/주
> ㄹ. 주식의 발행금액 : 8,000원/주
> ㅁ. 우선주상환예정일 : 20x3년 12월 31일
> ㅂ. 우선주배당율 : 액면금액의 12.3% (발행금액의 7.7%)
> ㅅ. 주주의 상환청구 기간 : 발행일로부터 1년 이후 상환청구 가능

다음 중 상기 상환우선주에 대한 설명으로 가장 올바르지 않은 것은?

① ㈜삼일건설의 상환우선주를 보유하고 있는 주주는 특정 회계연도에 배당을 받지 못했더라도 이후 회계연도에 우선적으로 배당을 지급받을 수 있다.
② ㈜삼일건설이 발행한 상환 우선주는 만기가 정해져 있고 배당도 누적적 참가적 우선주의 방식으로 지급되므로 사실상 차입금의 성격이 강하다고 할 수 있다.
③ 현재 ㈜삼일건설은 상장법인이 아니므로 한국채택국제회계기준을 적용하지 않고 있다. 따라서 상기 상환우선주는 자본으로 분류한다.
④ ㈜삼일건설이 한국채택국제회계기준을 적용한다 하더라도 상기 상환우선주는 금융부채로 분류되지 않는다.

해설

- ㈜삼일건설이 한국채택국제회계기준을 적용한다면 상기 상환우선주는 누적적우선주이므로 금융부채로 분류된다.
- 상환우선주의 처리

일반기업회계기준	한국채택국제회계기준
자본(지분상품)으로 분류하여 처리함	① 상환청구권을 보유자가 보유하면 금융부채로 분류하며, 이 경우 다음과 같이 구분하여 처리함 - 누적적우선주(의무배당) : 전부 부채로 처리 - 비누적적우선주(재량배당) : 복합금융상품(자본+부채) ② 그 외의 경우 : 자본(지분상품)으로 분류하여 처리함

◆저자주◆ 본 내용은 회계관리1급의 수준을 초과하는 출제오류로 사료된다. 참고만 하기 바란다.

31 다음 중 재무상태표상 자본조정항목에 해당하지 않는 것은?

① 주식할인발행차금 ② 감자차손
③ 자기주식 ④ 매도가능증권평가이익

해설

- 매도가능증권평가이익 : 기타포괄손익누계액

32 다음 중 이익잉여금의 증감을 가져오는 거래에 해당하지 않는 것은?

① 처분전이익잉여금 중의 일부를 사업확장적립금으로 처분했다.
② 결산의 결과 당기순손실이 발생하여 이를 이익잉여금계정에 대체했다.
③ 처분전이익잉여금을 재원으로 하여 주식배당을 선언했다.
④ 이사회 결의로 현금배당을 선언하였다.

해설

- ① (차) 이익잉여금 ××× (대) 사업확장적립금(임의적립금) ×××
  →사업확장적립금은 이익잉여금 항목(임의적립금)이므로 이익잉여금의 증감을 가져오지는 않는다.
  ② (차) 이익잉여금 ×××   (대) 집합손익 ×××
  →이익잉여금이 감소한다.
  ③ (차) 이익잉여금 ×××   (대) 자본금 ×××
  →이익잉여금이 감소한다.
  ④ (차) 이익잉여금 ×××   (대) 현금 ×××
  →이익잉여금이 감소한다.

33 ㈜삼일의 20x1년도 기말 수정분개 전 법인세비용차감전순이익은 400,000원이다. 회사 담당자는 결산 수정분개시 발생주의에 의해 미수이자 6,000원, 미지급급여 75,000원, 미지급이자 16,000원을 추가로 계상하였다. ㈜삼일의 20x1년도 결산 수정분개 반영 후의 법인세비용차감전순이익은 얼마인가?

① 315,000원   ② 335,000원
③ 453,000원   ④ 497,000원

해설

- 400,000+6,000-75,000-16,000=315,000

34 다음은 유통업을 영위하는 ㈜삼일의 20x1년 손익계산서와 관련된 자료이다. 20x1년 ㈜삼일의 영업이익은 얼마인가(단, 급여, 감가상각비, 접대비는 판매비와관리비임)?

매출액	9,500,000원	매출원가	6,500,000원
급여	900,000원	매출채권 대손상각비	50,000원
감가상각비	80,000원	유형자산처분이익	80,000원
접대비	40,000원	이자비용	60,000원
기부금	80,000원	단기매매증권처분이익	30,000원

① 1,850,000원   ② 1,930,000원
③ 2,010,000원   ④ 2,040,000원

해설

- 매출총이익
  9,500,000(매출액)-6,500,000(매출원가)=3,000,000
- 영업이익
  3,000,000(매출총이익)-900,000(급여)-50,000(매출채권 대손상각비)-80,000(감가상각비)-40,000(접대비)=1,930,000

35 다음 중 수익인식에 관한 설명으로 가장 올바르지 않은 것은?

① 제품공급자로부터 받은 제품을 인터넷 상에서 중개판매하거나 경매하고 수수료만을 수취하는 전자쇼핑몰을 운영하는 ㈜서울은 제품의 거래가액 전체를 수익으로 인식한다.

② 소프트웨어 개발회사인 ㈜부산은 ㈜대구로부터 급여처리시스템에 관한 소프트웨어 개발을 주문받았다. ㈜부산은 소프트웨어 개발대가로 수취하는 수수료를 진행기준에 따라 수익으로 인식한다.

③ 구두를 제조하는 ㈜광주는 매출향상을 위하여 현금을 수령하고 상품권을 판매하지만 수익은 고객이 상품권으로 구두를 구입하는 시점에 인식한다.

④ ㈜제주는 의류회사인 ㈜울산과 지면광고계약을 맺고 광고수수료를 받았다. ㈜제주는 동 광고수수료를 신문에 광고가 게재되어 독자에게 전달될 때 수익으로 인식한다.

해설
• 수수료만을 수익으로 인식하여야 한다.

36 ㈜삼일은 20x1년 중 교육센터관련 건설공사를 6,000,000원에 수주했다. 공사와 관련된 자료가 다음과 같다고 할 경우 당해 건설공사로 인하여 20x1년의 당기손익에 미친 영향은 얼마인가?

구분	20x1년	20x2년	20x3년
누적발생원가	1,500,000원	4,000,000원	5,700,000원
완성시까지의 추가예정원가	3,500,000원	1,500,000원	–

① 160,000원　　　② 200,000원
③ 280,000원　　　④ 300,000원

해설
• $6,000,000 \times \frac{1,500,000}{1,500,000+3,500,000} -1,500,000 = 300,000$ (공사이익)

37 다음 중 비용에 관한 설명으로 가장 올바르지 않은 것은?

① 복리후생비는 근로환경의 개선 및 근로의욕의 향상 등을 위하여 지출하는 노무비적인 성격을 갖는 비용이다.

② 원가성이 있는 재고자산감모손실은 매출원가로 인식한다.

③ 공과금은 그 발생원인에 따라 제조원가 또는 판매비와 관리비에 계상된다.

④ 일반적 상거래에서 발생한 매출채권에 대한 대손상각비는 영업외비용으로 처리한다.

해설
• 영업외비용(×) → 영업비용(판관비)(O)

38 당기 장부마감 전 발견된 다음 오류사항 중 당기순이익에 영향을 미치는 것은?

① 전기 주식할인발행차금 미상각
② 매도가능증권에 대한 평가손실 미계상
③ 당기 재고자산에 대한 평가손실 미계상
④ 당기 재해손실을 판매비와관리비로 계상

해설
- ① 전기 주식할인발행차금 미상각 →자본조정에 영향
  ② 매도가능증권에 대한 평가손실 미계상 →기타포괄손익누계액에 영향
  ③ 당기 재고자산에 대한 평가손실 미계상 →매출원가에 영향(따라서, 당기손익에 영향)
  ④ 당기 재해손실을 일반관리비로 계상 →손익에는 영향이 없다.

39 다음 중 주당이익에 관한 설명으로 가장 올바르지 않은 것은?

① 주당이익은 주식 1주당 이익이 얼마인가를 나타내는 수치로서 특정 기업의 경영성과를 기간별로 비교하는데 유용하다.
② 특정기업의 주당이익을 주당배당금 지급액과 비교해 봄으로써 당기순이익 중 사외에 유출되는 부분과 사내에 유보되는 부분의 상대적 비율에 관한 정보를 용이하게 얻을 수 있다.
③ 주가를 주당이익으로 나눈 수치인 주가수익률(PER)은 증권시장에서 중요한 투자지표의 하나로 활용되고 있다.
④ 주당이익 산출시 취득시점 이후부터 매각시점까지의 기간 동안의 자기주식은 가중평균유통보통주식수에 포함한다.

해설
- 취득시점 이후부터 매각시점까지의 기간 동안의 자기주식은 가중평균유통보통주식수에 포함하지 아니한다.

40 ㈜서울은 20x1년 2월 1일 New York Inc.에 상품을 \$2,000에 외상으로 판매하였고, 20x1년 2월 10일에 대금을 수취하였다. 관련 환율이 다음과 같을 때 20x1년 2월 10일의 회계처리로 가장 옳은 것은?

ㄱ. 20x1년 2월 01일 : ₩1,100/\$	
ㄴ. 20x1년 2월 10일 : ₩1,200/\$	

① (차) 현금 2,400,000원 (대) 매출채권 2,400,000원
② (차) 현금 2,400,000원 (대) 매출채권 2,200,000원
　　　　　　　　　　　　　　　　　　　외환차익 200,000원
③ (차) 현금 2,400,000원 (대) 매출채권 2,200,000원
　　　　　　　　　　　　　　　　　　　외화환산이익 200,000원
④ (차) 현금 2,200,000원 (대) 매출채권 2,200,000원

해설
- 20x1년 2월 01일
  (차) 매출채권 \$2,000x1,100=2,200,000 (대) 매출 2,200,000
- 20x1년 2월 10일
  (차) 현금 \$2,000x1,200=2,400,000 (대) 매출채권 2,200,000
  　　　　　　　　　　　　　　　　　　외환차익 200,000

02 세무회계

41 다음 중 조세의 분류기준과 그 내용으로 가장 올바르지 않은 것은?

① 조세의 사용용도가 특정하게 지정되었는지에 따른 분류 : 독립세, 부가세
② 조세를 부담하는 자와 납부하는 자가 동일한지 여부에 따른 분류 : 직접세, 간접세
③ 조세를 부과하는 주체에 따른 분류 : 국세, 지방세
④ 납세의무자의 인적사항이 고려되는지 여부에 따른 분류 : 인세, 물세

─ 해설
• 조세의 사용용도가 특정하게 지정되었는지에 따른 분류 : 보통세와 목적세

42 역외탈세와 관련된 다음 신문기사와 가장 관계가 깊은 법인세법의 내용은?

> **첨단 걷는 `역외탈세` 추징액만 4,100억..실제 매출규모는 조 단위!**
> 이번 역외탈세 조사결과에서 가장 눈에 띄는 업체는 A사다. 외국법인으로 위장해 국제 선박임대와 국제 해운, 선박 리베이트 등을 통해 벌어들인 소득을 모두 탈루했기 때문이다. 추징액 규모만 4,100억원이 넘는다. 추징액이 4,000억원대면 매출규모는 조 단위가 넘는다는게 국세청의 설명이다. (후략)

① 비영리법인은 법인세법이 규정하는 수익사업에서 발생하는 소득에 대하여만 법인세 납세의무를 진다.
② 외국법인은 국내원천소득에 한하여 법인세 납세의무를 진다.
③ 영리법인은 청산소득에 대한 납세의무가 있다.
④ 토지 등을 양도함으로써 발생하는 소득에 대해서는 한시적으로 토지 등 양도소득에 대한 법인세를 과세하지 않는다.

─ 해설
• 외국법인은 국내원천소득에 대하여만 과세하므로 이를 악용한 탈세 사례에 해당한다.

43 다음 중 법인세법상 세무조정시 소득처분의 종류가 다른 것은?

① 감가상각비 한도초과액　　　　② 접대비 한도초과액
③ 임대보증금에 대한 간주임대료　④ 비지정기부금 한도초과액

─ 해설
• 감가상각비 한도초과액은 유보, 나머지는 모두 기타사외유출로 소득처분한다.

44 법인세법상 세무조정사항은 결산조정사항과 신고조정사항으로 구분할 수 있다. 결산조정사항과 신고조정사항의 차이점을 비교한 다음 표의 내용 중 가장 올바르지 않은 것은?

구분	결산조정사항	신고조정사항
ㄱ. 대상	법에서 정하는 일정항목	결산조정사항 이외의 항목
ㄴ. 결산서상 누락한 경우	세무조정(손금산입) 할수 없음	세무조정 수행하여야 함
ㄷ. 손금귀속시기	손금귀속시기 선택가능	손금귀속시기 선택불가
ㄹ. 예시	조세특례제한법상 준비금	대손상각비

① ㄱ
② ㄴ
③ ㄷ
④ ㄹ

해설
- 조세특례제한법상 준비금 : 신고조정사항
- 대손상각비 : 결산조정사항

45 다음 중 법인세법상 손익의 귀속시기에 대한 설명으로 가장 올바르지 않은 것은?

① 금융기관 이외의 법인이 수입하는 이자수익의 귀속시기 : 실제 받은 날 또는 약정에 의하여 받기로 한 날
② 이자비용의 귀속시기 : 실제로 지급한 날 또는 지급하기로 한 날
③ 상품 등 판매손익의 귀속시기 : 상품 등을 판매하기로 계약서에 서명한 날
④ 계약 등에 인해 임대료 지급일이 정하여진 경우의 손익귀속시기 : 지급약정일

해설
- 상품 등 판매손익의 귀속시기 : 인도한 날

46 다음 중 법인세법상 익금항목이 아닌 것을 모두 고르면?

> ㄱ. 손금에 산입한 금액 중 환입된 금액
> ㄴ. 감자차익
> ㄷ. 주식의 평가차익
> ㄹ. 간주임대료
> ㅁ. 자산의 양도금액

① ㄴ, ㄷ
② ㄴ, ㄷ, ㄹ
③ ㄱ, ㄹ
④ ㄷ, ㅁ

해설
- 감자차익과 주식의 평가차익은 익금불산입항목이다.

47 다음 자료는 ㈜삼일이 회계상 비용으로 계상한 항목들이다. ㈜삼일의 법인세법상 손금에 해당하는 금액의 합계는 얼마인가?

ㄱ. 법인세비용	20,000,000원
ㄴ. 영업에 사용하는 건물에 대한 임차료	15,000,000원
ㄷ. 벌금, 과태료 및 가산금	7,000,000원
ㄹ. 시가하락으로 인한 토지(유형자산)의 평가손실	30,000,000원

① 7,000,000원
② 15,000,000원
③ 57,000,000원
④ 72,000,000원

해설
• 임차료만 손금항목이다.

48 ㈜삼일이 임원 및 종업원에게 지급한 상여금이 다음과 같을 경우 필요한 세무조정은?

> ㄱ. 임원 상여금 지급액 : 70,000,000원(임원 상여지급기준상 한도액 : 50,000,000원)
> ㄴ. 종업원 상여금 지급액 : 50,000,000원(종업원 상여지급기준상 한도액 : 20,000,000원)

① (손금불산입) 상여금한도초과액 20,000,000원(상여)
② (손금불산입) 상여금한도초과액 30,000,000원(상여)
③ (손금불산입) 상여금한도초과액 50,000,000원(상여)
④ 세무조정 없음

해설
• 상여금은 임원에 대하여만 한도초과액을 손금불산입하며, 귀속이 임원이므로 상여로 소득처분한다.

49 법인세법에서는 조세정책적인 목적 등으로 일정한 한도까지만 손금으로 인정하고 이를 초과하는 금액은 손금으로 인정하지 않는 항목들을 규정하고 있다. 다음 중 이에 해당하지 않는 것은?

① 접대비
② 퇴직급여충당금
③ 자산의 임차료
④ 대손충당금

해설
• 자산의 임차료는 한도없이 전액 손금으로 인정된다.

50 ㈜삼일은 결산서상 당기 취득한 재고자산의 금액을 시가로 평가하였으며, 제8기(20x1년 1월 1일 ~ 20x1년 12월 31일)말 현재 취득원가와 시가는 다음과 같다. 당초에 법인세법상 재고자산의 평가방법이 저가법으로 신고된 경우, 재고자산에 대해 필요한 세무조정을 수행한다면 각사업연도소득금액이 어떻게 변하는가?

구분	취득원가	시가
원재료	15,000,000원	14,000,000원
제 품	20,000,000원	20,000,000원

① 영향없음
② 1,000,000원 증가
③ 1,000,000원 감소
④ 2,000,000원 감소

해설

• 저가법으로 신고되었으므로 평가손실을 인정한다. 따라서, 세무조정은 없다.

51 ㈜삼일이 단기매매증권과 관련하여 공정가치로 평가를 한 경우 다음의 자료를 이용하여 제4기에 필요한 세무조정을 고르면?

〈제4기〉
20x1년 12월 01일 단기매매증권 취득 - 취득원가 : 3,000,000원
20x1년 12월 31일 단기매매증권 평가 - 공정가치 : 3,500,000원

① (익금산입) 단기매매증권 500,000원(유보)
② (익금불산입) 단기매매증권 500,000원(△유보)
③ (익금산입) 단기매매증권 3,500,000원(유보)
④ (익금불산입) 단기매매증권 3,500,000원(△유보)

해설

• 당기손익으로 처리되는 단기매매증권평가이익 500,000원은 법인세법상 인정되지 않으므로 익금불산입하고 △유보로 소득처분한다.

52 ㈜삼일은 건물을 20x1년 1월 1일에 취득하여 당기말 현재 보유중이다. 다음 자료에 의할 경우 법인세법상 당해 사업연도(20x3년 1월 1일 ~ 20x3년 12월 31일)의 법인세법상 건물의 감가상각범위액은 얼마인가?

ㄱ. 건물 취득가액 : 100,000,000원
ㄴ. 신고내용연수 20년 (정액법 상각률 : 0.050, 정률법 상각률 : 0.140)
ㄷ. 전기말 결산서상 감가상각누계액 : 10,000,000원

① 4,000,000원
② 5,000,000원
③ 10,000,000원
④ 14,000,000원

해설

• 100,000,000×0.05=5,000,000
→건물의 세법상 감가상각방법은 정액법만 인정된다.

53 다음 중 법인이 고정자산에 대하여 지출하는 수선비에 관한 설명으로 가장 올바르지 않은 것은?

① 고정자산의 내용연수를 증가시키거나 가치를 실질적으로 증가시키는 수선비를 자본적 지출이라고 한다.
② 고정자산의 원상을 회복하거나 능률유지를 위하여 지출하는 수선비를 수익적 지출이라고 한다.
③ 자본적 지출에 해당하는 수선비는 자산의 취득원가에 더해져 감가상각과정을 통해 법인의 손금에 산입한다.
④ 본래의 용도를 변경하기 위한 개조나 엘리베이터 또는 냉난방장치의 설치 등은 수익적 지출에 해당한다.

해설

• 수익적지출(X) → 자본적지출(O)

54 다음은 ㈜삼일의 제5기(20x1년 1월 1일 ~ 20x1년 12월 31일) 접대비 보조원장을 요약 정리한 것이다. 다음 중 법인세법상 접대비한도액이 18,000,000원일 경우의 세무조정으로 가장 옳은 것은?

접대비 보조원장
20x1년 1월 1일 ~ 20x1년 12월 31일

㈜삼일

적요	금액	비고
거래처 접대비(1건)	500,000원	증빙이 없는 접대비
거래처 접대비(1건)	5,000원	영수증 수취분
거래처 접대비(25건)	22,300,000원	신용카드매출전표 수취분
합계	22,805,000원	

① (손금불산입) 증빙없는 접대비 505,000원(상여)
② (손금불산입) 접대비한도초과액 4,750,000원(기타사외유출)
③ (손금불산입) 증빙없는 접대비 505,000원(상여)
　 (손금불산입) 접대비한도초과액 4,300,000원(기타사외유출)
④ (손금불산입) 증빙없는 접대비 500,000원(상여)
　 (손금불산입) 접대비한도초과액 4,305,000원(기타사외유출)

해설

• 손금불산입 증빙불비 접대비 500,000(상여)
• 접대비 해당액 : 22,805,000-500,000=22,305,000
• 손금불산입 접대비한도초과 22,305,000-18,000,000=4,305,000(기타사외유출)
　→ 증빙불비 접대비는 귀속불분명이므로 (대표자)상여로 소득처분하며, 영수증수취분은 1만원을 초과하지 않으므로 세무조정 없이 접대비해당액에 포함하여 시부인한다.

제1편 핵심이론특강 · 제2편 기출문제특강 · SET1 · SET2 · SET3 · SET4 · SET5 · SET6 · SET7 · SET8 · SET9 · SET10 · 신유형 · 기출문제오답노트 · 실전기출모의고사

55 다음 중 법인세법상 기부금과 접대비의 처리에 대한 설명으로 가장 올바르지 않은 것은?

① 접대비와 기부금은 모두 일정한 한도 내에서만 손금으로 인정하고 이를 초과하는 금액은 손금으로 인정하지 않는다.
② 접대비의 귀속시기는 발생주의를 기준으로 하나, 기부금의 귀속시기는 현금주의를 기준으로 한다.
③ 현물로 제공한 접대비는 시가(시가가 장부가액보다 낮은 경우는 장부가액)로 평가한다.
④ 손금으로 인정되지 않는 접대비 한도초과액은 기타사외유출로 처분하고 기부금의 한도초과액은 대표자상여로 처리한다.

> **해설**
> • 접대비 한도초과액, 기부금 한도초과액 모두 특례에 의해 무조건 기타사외유출로 소득처분한다.

56 다음은 제조업을 영위하는 ㈜삼일의 대손충당금 관련 자료이다. 이를 기초로 ㈜삼일의 대손충당금 한도초과액을 계산하면 얼마인가(단, 전기 대손충당금 부인액과 당기 중 발생한 대손액에 대한 부인액은 없다)?

ㄱ. 대손충당금설정대상 채권금액 :	1,000,000,000원	
ㄴ. 대손실적률 : 2%		
ㄷ. 대손충당금 : 기초잔액	25,000,000원	
당기추가설정액	50,000,000원	
기말잔액	31,000,000원	

① 한도초과액 없음   ② 11,000,000원
③ 25,000,000원   ④ 31,000,000원

> **해설**
> • 31,000,000-1,000,000,000×Max[1%, 2%]=11,000,000

57 다음 중 법인세법상 지급이자 손금불산입 규정과 관련된 설명으로 가장 올바르지 않은 것은?

① 법인의 차입금에 대한 이자비용은 일반적으로 전액 손금으로 인정되나, 일정한 요건을 충족하는 이자비용은 손금불산입된다.
② 건설중인 고정자산에 대한 건설자금이자는 취득부대비용이므로 법인이 장부상 비용으로 계상한 경우 손금불산입된다.
③ 채권자불분명 사채이자에 대해서는 지급이자 손금불산입 규정이 적용되며, 이자지급액에 대해 대표자상여로 소득처분한다.
④ 업무무관자산을 취득, 보유하고 있는 법인의 경우 업무무관자산에 관련된 이자비용은 손금불산입하고 대표자상여로 소득처분한다.

> **해설**
> • 업무무관자산에 관련된 지급이자손금불산입액 : 기타사외유출로 소득처분

58 다음 중 법인세법상 부당행위계산부인 규정에 대한 설명으로 가장 올바르지 않은 것은?

① 거래결과 해당 법인의 법인세부담을 부당하게 감소시켜야 한다.
② 법인의 거래가 법인세법에서 규정하고 있는 특수관계인과 이루어져야 한다.
③ 거래당사자 간에 문서로 된 계약서가 존재해야 한다.
④ 특수관계인에게 무이자로 금전을 대여할 경우, 법인세법상 적정이자 금액을 익금산입하고 귀속자에 따라 소득처분한다.

해설
• 계약서의 존재는 부당행위계산부인의 적용요건과는 무관하다.

59 다음은 12월말 결산법인인 ㈜삼일의 두 직원이 나눈 대화이다. 다음 중 ㈜삼일의 법인세 신고 및 납부에 대한 설명으로 가장 올바르지 않은 것은?

> 오과장 : 이대리, 법인세 신고서류 제출 준비는 끝났나?
> 이대리 : 네. 지금 누락된 서류는 없는지 최종 확인하고 있습니다.
> 오과장 : 그래. 신고기한을 잘 확인하고, 법인세 납부품의서를 빨리 작성해서 출금에 문제 없도록 하게.
> 이대리 : 알겠습니다. 그런데. 자금팀 김대리에게 들으니 회사 자금 사정이 좋지 않다고 하던데, 법인세 납부에는 문제가 없을까요?
> 오과장 : 큰일이군. 기한을 넘기게 되면 가산세를 납부해야하니 손해가 클텐데… 우선 자금팀에 필요자금을 통보해 주고, 회계사에게 연락해서 방법이 없는지 확인해 보게.

① ㈜삼일이 당기순손실을 기록했다면 법인세를 신고하지 않아도 세무상 불이익이 없다.
② ㈜삼일은 3월 31일까지 법인세를 신고·납부하여야 한다.
③ ㈜삼일이 신고기한내 법인세를 납부하지 못할 경우 납부불성실가산세를 부담하게 된다.
④ 납부할 법인세액이 1천만원을 초과할 때에는 법인세를 분납할 수도 있다.

해설
• 법인세법상 각사업연도소득금액이 없거나 결손금이 있는 법인도 신고하도록 규정되어 있으며, 결손법인이 무신고 시에는 이월결손금을 공제받지 못하는 등의 불이익이 있다.

60 다음은 ㈜삼일의 제20기(2020.1.1~12.31) 산출세액 계산과 관련된 사항이다. 법인세법의 규정에 맞게 산출세액을 재계산할 경우 산출세액은 얼마나 변동하는가?

ㄱ. 회사가 계산한 산출세액	
- 각사업연도소득금액	100,000,000원
- 이월결손금	15,000,000원
- 과세표준	85,000,000원
- 세율	× 10%
- 산출세액	8,500,000원

ㄴ. 회사가 산출세액 계산시 차감한 이월결손금 내역은 다음과 같다. 이는 전기까지 과세표준 계산시 한번도 공제되지 아니하였다.

- 제 9기분	5,000,000원
- 제15기분	1,000,000원
- 제18기분	9,000,000원

① 변동없음
② 100,000원 증가
③ 500,000원 증가
④ 900,000원 증가

해설
- 재계산한 산출세액 : (85,000,000+5,000,000)×10%=9,000,000
  → 9,000,000-8,500,000=500,000(증가)
  *9기분 이월결손금은 공제할 수 없다.

61 다음 중 소득세법에 대한 설명으로 가장 올바르지 않은 것은?

① 소득세는 원칙적으로 열거주의 과세방식을 취하고 있다.
② 소득세는 개인의 부담능력에 따라 과세되는 조세이다.
③ 퇴직소득·양도소득도 개인별로 종합과세하고 있다.
④ 우리나라는 개인의 소득에 대해 초과누진세율을 적용한다.

해설
- 퇴직소득·양도소득은 소득별로 분류과세하고 있다.

62 다음 중 종합과세, 분류과세 및 분리과세에 관한 설명으로 가장 올바르지 않은 것은?

① 종합과세는 1년 동안 개인이 벌어들인 모든 소득을 합산하여 과세하는 방법이다.
② 분류과세는 각각의 소득을 합산하지 않고, 원천에 따른 소득의 종류별로 별도의 세율로 과세하는 방법이다.
③ 종합소득 중 일정한 소득은 과세정책상 분리하여 과세한다.
④ 이자소득, 배당소득은 무조건 분리과세한다.

해설
- 금융소득은 무조건분리과세대상, 무조건종합과세대상, 조건부종합과세대상으로 나뉘어진다.

63 다음은 연예인 세금 파문에 대한 신문기사의 일부이다. 소득세법상 연예인 소득의 과세방법에 대한 설명으로 가장 올바르지 않은 것은?

> 연예인들이 세금을 누락시키는 경로는 크게 '수입누락'과 '비용 과다계상' 두 가지로 분류된다. 수입을 적게 장부에 기장해 과세대상 수입을줄이고 연예활동을 위한 비용을 부풀려 세금을 줄이게 된다.
> 최근 연예계 세금 파문에 대해 전문가들은 "연예인들의 경우 매니저나 스타일리스트 등 필요경비를 얼마나 인정할지 논란이 많은 게 현실이다. 보다 뚜렷한 기준을 마련하지 않는 한 논란이 쉽게 해소될 가능성이 없다"고 설명했다…(후략)

① 연예인이 연예활동을 통해 벌어들인 소득은 일반적으로 소득세법상 사업소득으로 과세된다.
② 연예인의 사업소득금액은 사업소득 총수입금액에서 일정 필요경비를 공제하여 계산한다.
③ 연예인 사업자는 소득금액의 계산 근거가 되는 증빙 서류 등을 비치하고 기장해야 할 의무가 면제된다.
④ 연예인이 보유하고 있는 금융자산에 대한 이자소득이나 배당소득은 필요경비가 공제되지 않는다.

해설
• 연예인 사업자도 소득금액의 계산근거가 되는 증빙 서류 등을 비치하고 기장해야할 의무가 있다.

64 다음 자료에 의하여 김삼일씨의 근로소득금액을 계산하면 얼마인가?

> ㄱ. 총급여내역
>   – 매월 급여   : 2,000,000원
>   – 연간 상여   : 6,000,000원 (실제로 지급받은 상여금)
>   – 연월차수당 :   260,000원 (연간 지급받은 금액)
>   – 매월 식사대 :   120,000원 (식사를 제공받지 아니함)
> ㄴ. 김삼일씨는 연중 계속 근무하였으며, 상기사항 이외의 근로소득은 없다.
> ㄷ. 근로소득공제
>
> | 총급여액 | 근로소득공제액 |
> |---|---|
> | 500만원 이하 | 총급여액×70% |
> | 500만원 초과 1,500만원 이하 | 350만원+500만원초과액×40% |
> | 1,500만원 초과 4,500만원 이하 | 750만원+1,500만원초과액×15% |
> | 4,500만원 초과 1억원 이하 | 1,200만원+4,500만원초과액×5% |
> | 1억원 초과 | 1,475만원+1억원초과액×2% |

① 11,300,000원
② 19,200,000원
③ 20,675,000원
④ 23,000,000원

해설
• 총급여 : 2,000,000x12개월+6,000,000+260,000+(120,000-100,000)x12개월=30,500,000
• 근로소득금액 : 30,500,000-[7,500,000+(30,500,000-15,000,000)x15%]=20,675,000

65 다음 중 소득세법상 기타소득에 관한 설명으로 가장 올바르지 않은 것은?

① 기타소득 중 복권당첨소득에 대해서는 무조건 분리과세를 적용한다.
② 어업권의 권리대여로 인하여 기타소득 발생시 필요경비가 확인되지 않으면 필요경비는 인정되지 않는다.
③ 경마에 투표하여 얻는 이익은 기타소득에 속한다.
④ 기타소득금액이 300만원 이하인 경우에는 거주자가 분리과세와 종합과세 중 과세방법을 선택할 수 있다.

> **해설**
> • 어업권 등 권리대여로 인한 기타소득은 필요경비가 확인되지 않는 경우 총수입금액의 60%를 필요경비로 인정한다.
> → 즉, 필요경비=Max[확인경비, 총수입금액x60%]

66 다음은 사업소득이 있는 김삼일씨의 부양가족이다. 배우자 강나연씨는 연간 80만원의 이자소득이 있지만, 다른 가족은 소득이 없다. 김삼일씨의 종합소득공제 계산시 기본공제대상은 몇 명인가(단, 장애인은 없다)?

| ㄱ. 김삼일(본인, 48세) | ㄴ. 강나연(배우자, 47세) | ㄷ. 김재선(부친, 68세) |
| ㄹ. 김민아(딸, 22세) | ㅁ. 김영희(딸, 17세) | |

① 2명   ② 3명
③ 4명   ④ 5명

> **해설**
> • 본인(김삼일) : 본인은 무조건 기본공제대상에 해당한다.
> • 배우자(강나연) : 소득금액요건(100만원이하)을 충족하므로 기본공제대상에 해당한다.
> • 부친(김재선) : 연령요건(60세이상)을 충족하므로 기본공제대상에 해당한다.
> • 딸(김민아) : 연령요건(20세이하)을 충족하지 않으므로 기본공제대상에 해당하지 않는다.
> • 딸(김영희) : 연령요건(20세이하)을 충족하므로 기본공제대상에 해당한다.

67 다음의 대화에서 소득세법상 기본공제를 적용할 수 없는 사람은 누구인가?

> 이경식 : 저는 소득이 전혀 없는 22살의 장애인 딸이 있습니다.
> 천지호 : 저와 함께 살고 계시는 부친은 67세이며, 배당소득금액만 60만원 있습니다.
> 황철웅 : 저와 함께 살고 계시는 장인은 58세이며, 소득이 전혀 없습니다.
> 송태하 : 저의 아내는 30살이며, 은행예금이자만 90만원 있습니다.

① 이경식의 딸   ② 천지호의 부친
③ 황철웅의 장인   ④ 송태하의 아내

> **해설**
> • 60세 이상 이어야 한다.

68 다음 중 소득세법상 양도소득의 범위에 포함되지 않는 것은?

① 상가건물의 무상이전
② 토지와 상가 건물을 교환한 경우
③ 골프회원권의 양도
④ 비상장주식의 양도

___ 해설
• 자산의 무상이전은 양도소득세가 아니라 증여세가 과세된다.

69 김삼일씨의 이자소득이 다음과 같을 때, 김삼일씨의 종합소득에 가산되는 이자소득금액과 삼일은행이 이자소득에 대해 원천징수하는 금액을 구하면 얼마인가(단, 지방소득세 소득분은 고려하지 않는다)?

> ㄱ. 20x1년 1월 1일에 20,000,000원을 삼일은행에 예금함.
> ㄴ. 당해 예금의 연 이율은 5%임.
> ㄷ. 20x1년 12월 31일에 삼일은행은 1년간 예금에 대한 이자를 지급함.
> ㄹ. 예금에서 발생하는 이자 이외에 김삼일씨는 다른 금융소득이 없음.

	종합소득에 가산되는 이자소득	원천징수금액
①	0원	140,000원
②	1,000,000원	140,000원
③	0원	168,000원
④	1,400,000원	1,000,000원

___ 해설
• 이자소득 : 20,000,000x5%=1,000,000
• 원천징수세액 : 1,000,000x14%=140,000
 →금융소득(이자소득)이 기준금액 이하이므로 분리과세하며, 종합소득에 가산되는 이자소득은 없다.

70 종합소득금액 등이 있는 거주자는 각 소득의 과세표준을 다음 연도 5월 1일부터 5월 31일까지 신고해야 하는데, 다음 중 이러한 과세표준확정신고를 반드시 해야 하는 거주자는 누구인가(단, 거주자는 제시된 소득 이외의 다른 소득은 없다)?

① 소유중인 상가에서 임대소득이 발생한 이철수씨
② 해당 과세기간 중 퇴사한 뒤 퇴직소득이 발생한 김철희씨
③ 근로소득에 대하여 연말정산을 실시한 회사원인 김영수씨
④ 분리과세대상 이자소득을 수령한 정영희씨

___ 해설
• ① 사업소득이 있는 경우는 확정신고를 하여야 한다.
 ② 퇴직소득은 원천징수로 과세종결된다.
 ③ 근로소득은 연말정산으로 과세종결된다.
 ④ 분리과세소득은 원천징수로 과세종결된다.

제1편 백점이론특강 / 제2편 기출문제특강 / SET1 / SET2 / SET3 / SET4 / SET5 / SET6 / SET7 / SET8 / SET9 / SET10 / 신유형 / 기출문제오답노트 / 실전기출모의고사

71 일반적으로 소득이 발생하면 소득의 지급자가 원천징수를 하게 된다. 다음 소득 중 원천징수를 하지 않는 소득으로 가장 타당한 것은?

① 은행으로부터 지급받은 이자소득
② 개인이 상장회사 주식을 보유함에 따른 배당소득
③ 건물 임대에 따른 사업소득
④ 회사 근무에 따른 근로소득

해설
• 원천징수를 하지 않는 소득 : 부동산임대소득, 양도소득

72 공장에서 1,000원에 출고된 우산은 부가가치세 포함 1,500원에 우산 도매상에게 팔렸고, 우산 도매상은 이윤을 붙여 부가가치세 포함 3,000원에 편의점에 판매하였다. 편의점에서 우산을 부가가치세 포함 5,500원에 소비자에게 판매하였다면, 상기 거래에서 최종소비자가 부담한 부가가치세 금액은 얼마인가?

① 300원　　　　　　　　　　　② 400원
③ 500원　　　　　　　　　　　④ 600원

해설
• $5,500 \times \dfrac{10}{110} = 500$

73 다음 중 부가가치세법상 공급시기에 관한 설명으로 가장 올바르지 않은 것은?

① 사업자는 재화 또는 용역의 공급시기에 세금계산서를 발급해야 한다.
② 일반적인 상품 및 제품은 재화가 인도되는 때가 공급시기이다.
③ 장기할부판매의 경우에는 대가의 각 부분을 받기로 한 때가 공급시기이다.
④ 수출재화의 경우 수출재화가 수입지에 도착하는 날짜가 공급시기이다.

해설
• 수출재화의 공급시기 : 수출재화의 선적일

74 다음은 부가가치세 세율 인상과 관련된 최근 신문기사 내용이다. 다음 중 부가가치세 세율 인상의 효과로 가장 올바르지 않은 것은?

증세 해법 뭐가 있나.. 부가세 인상론 솔솔.

(중략) 간접세인 부가가치세 등을 올리자는 주장도 있다. 부가가치세율(현재 10%)을 1%포인트 더 올리면 연간 5조~7조원가량을 추가로 확보할 수 있다. 한국재정학회가 주최한 조세관련학회 연합학술대회에서는 "부가가치세율을 중장기적으로 15%로 올려야 한다"라는 주장도 제기되었다. 현행 10%에 복지재정 몫으로 2%포인트, 통일재원 마련을 위해 3%포인트를 인상해야 한다는 것이다. (후략)

---

① 최종소비자가 부담하는 재화의 가격이 인상될 것이다.
② 최종소비자가 부담하는 수입재화의 가격이 인상될 것이다.
③ 외국의 소비자가 부담하는 수출재화의 가격에는 큰 영향을 주지 않을 것이다.
④ 부가가치세의 역진성이 완화될 것이다.

> **해설**
> • 저소득층의 세부담률이 증가하므로 오히려 역진성이 심화되는 결과를 초래하게 된다.

75 다음 중 부가가치세가 과세되는 경우로 가장 올바르지 않은 것은?

① 은행으로부터 대출을 받기 위해 건물을 담보로 제공한 경우
② 음식점에서 식사를 제공하는 경우
③ 사업용 차량을 기계장치와 교환한 경우
④ 사업자가 자동차를 할부판매한 경우

> **해설**
> • 담보제공은 재화의 공급으로 보지 않는다.

76 다음 중 부가가치세법상 영세율과 면세에 관한 설명으로 가장 올바르지 않은 것은?

① 영세율을 적용한 재화는 부가가치세 부담이 완전히 면제된다.
② 면세사업자는 면세를 포기하지 않는 한 영세율을 적용받을 수 없다.
③ 영세율제도를 적용받는 사업자도 가산세를 부담할 수 있다.
④ 면세제도는 소비지 과세원칙을 적용하고 수출경쟁력을 확보하기 위한 제도이다.

> **해설**
> • 영세율제도의 취지 : 소비지국과세원칙 구현과 수출경쟁력 확보
> • 면세제도의 취지 : 부가가치세 역진성 완화

제1편 빈출이론특강 · 제2편 기출문제특강 · SET1 · SET2 · SET3 · SET4 · SET5 · SET6 · SET7 · SET8 · SET9 · SET10 · 신유형 · 기출문제오답노트 · 실전기출모의고사

77 건설업을 영위하는 ㈜서울은 건물을 건설하여 국가에 공급하고 대가로 토지를 공급 받았다. 해당 건물의 시가가 5억이고 토지의 시가가 7억이라고 한다면, 다음 중 해당 건물 공급에 대한 ㈜서울의 부가가치세 과세표준으로 가장 옳은 것은?

① 0원   ② 2억원
③ 5억원   ④ 7억원

___해설___

• 금전 이외의 대가를 받는 경우는 공급한 것의 시가(=건물의 시가인 5억원)를 과세표준으로 한다.
  *[참고] 국가에 공급하는 경우는 국가에 무상공급한 경우에만 면세대상에 해당한다.

78 ㈜삼일은 20x1년 11월 12일 ㈜용산에게 책상을 공급하고 부가가치세를 포함한 매출대금 55,000,000원을 어음으로 교부받았다. 그런데 20x2년 4월 20일 ㈜용산의 부도로 인하여 ㈜삼일은 동 어음에 대하여 은행의 부도확인을 받았다. ㈜삼일이 대손세액공제를 받을 수 있는 공제시기 및 그 금액은 얼마인가?

	공제시기	금액
①	20x2년 1기 예정신고	5,000,000원
②	20x2년 1기 확정신고	55,000,000원
③	20x2년 2기 예정신고	55,000,000원
④	20x2년 2기 확정신고	5,000,000원

___해설___

• 공제시기 : 대손세액공제는 확정신고시에만 적용하므로 부도후 6월 경과한 20x2년 제2기 확정신고시 공제한다.
• 공제금액 : $55,000,000 \times \frac{10}{110} = 5,000,000$

79 다음 자료는 ㈜삼일의 거래내역이다. ㈜영일의 부가가치세신고서상 (A)에 기록될 금액은 얼마인가?

〈신고내용〉

구분				금액	세율	세액
과세표준및매출세액	과세	세금계산서 발급분	(1)		10/100	
		매입자발행세금계산서	(2)		10/100	
		신용카드 · 현금영수증 발행분	(3)	(A)	10/100	
		기타(정규영수증외 매출분)	(4)			
	영세율	세금계산서 발급분	(5)		0/100	
		기타	(6)		0/100	
		예정신고누락분	(7)			
		대손세액가감	(8)			
		합계	(9)			

구분	금액
세금계산서 발행 국내매출액(VAT 미포함)	10,000,000원
신용카드매출전표 발행분(VAT 포함)	22,000,000원
현금영수증 발행(VAT 포함)	5,500,000원
내국신용장에 의한 공급분(Local 수출분)	20,000,000원
직수출분	60,000,000원

① 5,500,000원   ② 25,000,000원

③ 25,500,000원   ④ 60,000,000원

해설

• $(22,000,000+5,500,000) \times \frac{100}{110} = 25,000,000$

80 다음 중 부가가치세법과 관련된 가산세가 적용되는 경우로 가장 올바르지 않은 것은?

① 예정신고시 제출하여야 할 매출처별세금계산서합계표를 확정신고시 제출하였다.

② 20x1년 1월 10일 사업을 개시한 후 10일 뒤인 1월 20일에 사업자등록을 신청하였다.

③ 재화를 공급하면서 타인의 명의를 빌려 세금계산서를 발행하였다.

④ 영세율로 공급한 금액에 대하여 영세율 과세표준을 신고하지 않았다.

해설

• 사업개시일로부터 20일내 사업자등록을 신청한 경우에는 미등록가산세가 부과되지 않는다.

[정답] 복원기출문제 | SET ⑩

재무회계

1	2	3	4	5	6	7	8	9	10
③	②	①	④	④	②	④	③	③	①
11	12	13	14	15	16	17	18	19	20
③	③	④	②	②	③	②	③	②	②
21	22	23	24	25	26	27	28	29	30
④	②	④	②	①	④	②	③	②	④
31	32	33	34	35	36	37	38	39	40
④	①	①	②	①	④	④	③	④	②

세무회계

41	42	43	44	45	46	47	48	49	50
①	②	①	④	③	①	②	①	③	①
51	52	53	54	55	56	57	58	59	60
②	②	④	④	④	②	④	③	①	③
61	62	63	64	65	66	67	68	69	70
③	④	③	③	②	③	③	①	①	①
71	72	73	74	75	76	77	78	79	80
③	③	④	④	①	④	③	④	②	②

제2편. 기출문제특강

2020-2021

FINAL

회계관리1급 한권으로끝장

Cam Exam intermediate level

실전연습.

▶ **신유형기출뽀개기**

현행 개정세법과 회계기준에 부합하도록 문제를 임의변경·보완하여 저자만의 노하우를 담아 완벽한 해설과 함께 제시된 신유형의 기출문제를 통하여 최근 새롭게 출제되는 유형에 완벽히 대응할 수 있도록 최신 유형들을 빠짐없이 분석하여 제시하였습니다.

제2장

신유형기출뽀개기

3P

3P

3P

FINAL

POTENTIALITY
PASSION
PROFESSION

3P는 여러분의 무한한 잠재적 능력과
반드시 성취하겠다는 열정을 토대로 전
문가의 길로 나아가는 세무라이선스 파
이널시리즈의 학습 정신입니다.

수험생 여러분의 합격을 응원합니다.

[실전연습]

신유형기출뽀개기

SECTION ❶

Cam Exam intermediate level

▶ 신유형기출뽀개기는 최근 주관처에서 새롭게 출제하고 있는 신유형의 문제들로 엄선하여 저자의 완벽한 해설과 함께 신유형의 문제를 파악해 볼 수 있게 하였습니다.

1 다음 중 회계의 개념체계에서 말하는 중요성에 관한 설명으로 가장 올바르지 않은 것은?

① 특정정보가 정보이용자의 의사결정에 영향을 미칠수 있다면 그 정보는 중요한 정보이다.
② 금액이 높은 정보는 정보이용자의 의사결정에 유의적인 영향을 미치므로 중요한 정보이다.
③ 신뢰성을 갖기 위해서는 회계정보의 선택이나 표시에 편의 없이 중립적이어야 한다.
④ 회계정보의 성격 자체만으로도 중요한 정보가 될 수 있다.

해설

● **정답 : ②**
• 중요성은 금액의 크기뿐만 아니라 해당 과목의 성격에 의해서도 결정된다. 따라서, 금액이 낮은 정보도 그 성격에 따라 중요한 정보가 된다.

2 다음 중 재무상태표에 관한 설명으로 가장 올바르지 않은 것은?

① 재무상태표는 기업의 보고기간종료일 현재 경제적 자원과 그 자원에 대한 채권자와 주주의청구권을 표시하는 정태적 보고서이다.
② 재무상태표는 기업의 유동성과 재무건전성을 파악하는데 유용한 정보를 제공한다.
③ 자산과 부채는 반드시 1년을 기준으로 구분하여 유동성배열법에 의해 기재한다.
④ 재무상태표는 화폐단위로 측정된 정보를 주로 제공한다.

해설

● **정답 : ③**
• 재무상태표상 유동과 비유동은 보고기간 종료일로부터 1년 또는 정상영업주기 기준으로 구분한다.

3 도매업을 영위하고 있는 ㈜영일이 보유중인 장기금융상품의 회계처리에 관한 설명으로 가장 올바르지 않은 것은?

① 만기가 1년 이내에 도래하는 경우 유동자산으로 계정대체하여야 한다.
② 기존에 장기금융상품으로 분류되었고 사용이 제한된 금융상품이라면 보고기간종료일 현재 만기가 1년 이내에 도래한다고 하더라도 유동자산으로 재분류하지 않는다.
③ 금융상품과 관련된 이자수익은 발생주의에 따라 인식한다.
④ 사용이 제한되어 있는 경우 그 내용을 주석에 공시한다.

해설

● **정답 : ②**
• 만기가 1년 이내에 도래하는 장기금융상품은 무조건 유동자산(단기금융상품)으로 분류한다.

4 다음 중 매출채권의 양도 및 할인시 매각거래로 볼수 있는 요건으로 가장 올바르지 않은 것은?

① 양도인은 양도후 당해 자산에 대한 권리를 행사할 수 없어야 한다.
② 양수인은 양수후 상환청구권을 행사할 수 없어야 한다.
③ 양수인은 양수한 자산을 처분할 자유로운 권리를 갖고 있어야 한다.
④ 양도인은 양도후 효율적인 통제권을 행사할 수 없어야 한다.

___해설___
○ **정답 : ②**
• ①,③,④의 요건을 모두 충족시는 매각거래로 본다.
  → 즉, 매각·차입거래의 구분기준은 권리와 의무의 실질적 이전여부이며, 상환청구권(환매위험) 유무는 불문한다.

5 다음 중 재고자산의 취득원가에 가산하여 처리하지 않는 항목은?

① 매입운임   ② 매입과 관련한 매입할인
③ 하역료   ④ 운송보험료

___해설___
○ **정답 : ②**
• 매입할인 : 매입원가에서 차감하는 항목

6 ㈜영일의 기말 재고자산은 10,000,000원이며, 이는 실지재고조사법을 적용하여 회계감사시 수량과 금액을 확인한 것이다. 회계감사 도중 감사인은 다음 사항을 추가로 알게 되었다.

> ㄱ. 20x1년 8월 3일에 단위당 원가 650,000원의 신제품을 고객 10명에게 전달하고 사용해 본 후 6개월 안에 구입여부를 통보해 줄 것을 요청하였다. 20x1년 말 현재 4명으로부터 구입하겠다는 의사를 전달받았고, 나머지 6명으로부터는 아무런 연락을 받지 못했다.
> ㄴ. 20x1년 12월 1일 미국의 A사에 1,000,000원의 원재료를 주문하였다. 주문한 상품은 동년 12월 30일에 선적되어 20x2년 1월 3일에 ㈜영일에 인도되었다. A사의 상품에 대한 주문 조건은 선적지인도조건이다.
> ㄷ. ㈜영일은 20x1년 12월 27일에 원가 1,500,000원의 상품을 판매하였다. 그러나 고객이 20x2년 2월 8일에 동 상품을 인도받기를 요청하여 창고 한쪽에 별도로 보관하고 있다. (동 상품의 원가는 위 실지 기말 재고자산 10,000,000원에 포함되지 않았다.)

위의 내용을 반영하면 ㈜영일이 20x1년 기말 재무상태표에 인식할 재고자산 금액은 얼마인가?

① 11,000,000원   ② 11,500,000원
③ 13,500,000원   ④ 14,900,000원

___해설___
○ **정답 : ④**
• 창고에 없더라도 시송품 중 구입의사표시가 없는 제품과 선적지인도조건의 원재료는 기말재고에 포함시키는 조정을 하여야 하며, 판매된 상품은 이미 실지 기말재고에 제외되어 적정하므로 조정할 필요가 없다.
  → ∴10,000,000+650,000x6명+1,000,000=14,900,000

7 ㈜영일은 20x1년 결산시 보유중인 재고자산 중 원재료에 대한 재고자산평가손실 4,000,000원 및 제품에 대한 재고자산평가손실 5,500,000원을 반영하기로 하였다. ㈜영일이 수행할 결산수정분개로 옳은 것은?

① (차) 재고자산평가손실(영업외비용) 4,000,000원   (대) 재고자산   4,000,000원
② (차) 재고자산평가손실(매출원가) 9,500,000원   (대) 재고자산평가손실충당금   9,500,000원
③ (차) 재고자산평가손실(매출원가) 5,500,000원   (대) 재고자산평가손실충당금   5,500,000원
④ (차) 재고자산평가손실(매출원가) 4,000,000원   (대) 재고자산   9,500,000원
       재고자산평가손실(영업외비용) 5,500,000원

해설
● **정답 : ②**
• 원재료와 제품에 대한 재고자산평가손실은 매출원가에 반영하며, 상대방 계정으로 재고자산의 차감항목인 재고자산평가손실충당금을 계상한다.

8 다음 중 지분법에 관한 설명으로 가장 올바르지 않은 것은?

① 투자기업이 피투자기업에 대한 유의적인 영향력을 행사할 수 있는 경우 당해 지분증권은 지분법을 적용하여 평가한다.
② 지분법 적용시 피투자기업의 재무제표는 원칙적으로 투자기업의 재무제표와 동일한 결산기에 동일한 회계처리방법을 적용한 것을 이용해야 한다.
③ 투자기업이 직접 피투자기업의 의결권 있는 주식의 20% 이상을 보유하고 있다면 명백한 반증이 있는 경우를 제외하고는 유의적인 영향력이 있는 것으로 본다.
④ 지분법 적용시 피투자기업이 배당금 지급을 결의한 시점에 투자기업이 수취하게 될 배당금 금액을 당기손익으로 처리한다.

해설
● **정답 : ④**
• 당기손익(배당금수익)이 아니라 투자주식의 장부금액에서 감액하는 회계처리를 한다.

| 배당결의시 | • (차) 미수배당금 | xxx | (대) 투자주식 | xxx |
| 배당수령시 | • (차) 현금 | xxx | (대) 미수배당금 | xxx |

9 다음 중 유가증권에 관한 설명으로 가장 올바르지 않은 것은?

① 재무제표에서 지분법적용투자주식은 투자부동산으로 분류한다.
② 단기매매증권이나 지분법적용투자주식으로 분류하지 아니하는 지분증권은 모두 매도가능증권으로 분류한다.
③ 단기매매증권은 투자자가 주로 단기적인 가격변동으로부터 이익을 획득할 목적으로 취득하는 지분증권이다.
④ 지분증권 분류의 적정성은 보고기간종료일마다 재검토해야 한다.

해설

○ 정답 : ①
• 지분법적용투자주식과 투자부동산은 투자자산을 구성하는 계정으로 별도로 표시되며, 투자자산의 항목은 다음과 같다.

투자부동산	투자의 목적·비영업용으로 소유하는 토지·건물 및 기타의 부동산
장기투자증권	유가증권 중 매도가능증권과 만기보유증권
지분법적용투자주식	지분법 적용대상이 되는 유가증권
장기대여금	만기가 1년 이후에 도래하는 대여금
기타	장기금융상품 등

10 ㈜서울은 20x1년 1월 1일에 ㈜강남의 보통주 20%를 10,000,000원에 취득하였고, 그 결과 ㈜강남의 의사결정에 유의적 영향력을 행사할 수 있게 되었다. ㈜서울과 ㈜강남의 재무정보 및 기타 관련정보가 다음과 같을 경우, ㈜서울의 20x1년 말 현재 지분법적용투자주식의 장부금액은 얼마인가? (단, ㈜서울은 비상장기업으로 한국채택국제회계기준을 채택하지 않기로 하였다.)

ㄱ. 20x1년 ㈜강남의 재무정보	
구분	금액
순자산장부금액(20x1년 1월 1일)	30,000,000원
당기순이익(20x1년 1월 1일 ~ 20x1년 12월 31일)	15,000,000원

ㄴ. ㈜강남의 20x1년 1월 1일 순자산장부금액과 순자산공정가치는 일치한다.

ㄷ. 기타 관련정보
　　 – ㈜서울은 투자주식 취득시 발생한 영업권에 대해 10년 동안 상각한다.

① 6,000,000원
② 9,000,000원
③ 12,600,000원
④ 13,000,000원

해설

○ 정답 : ③
• 영업권 : 10,000,000-30,000,000x20%=4,000,000
• 20x1년 회계처리

취득	(차) 지분법적용투자주식	10,000,000	(대) 현금	10,000,000
순이익보고	(차) 지분법적용투자주식	15,000,000x20%=3,000,000	(대) 지분법이익	3,000,000
영업권상각	(차) 지분법이익	400,000	(대) 지분법적용투자주식 4,000,000÷10년=400,000	

• 20x1년 말 현재 지분법적용투자주식의 장부금액 : 10,000,000+3,000,000-400,000=12,600,000

11 다음 중 건물의 취득원가를 증가시키는 지출로 가장 옳은 것은?

① 외벽의 도장
② 소모된 부속품 교체
③ 관리비의 지급
④ 냉 · 난방장치의 설치

해설

● 정답 : ④

• 자본적지출과 수익적지출

자본적지출 (자산에 가산)	생산능력증대, 내용연수연장, 상당한 원가절감, 품질향상을 가져오는 지출 → 예 개조, 증축, 건물의 엘리베이터 설치, 냉난방시설 설치 등
수익적지출 (비용처리)	자산의 원상회복이나 능률유지를 위한 지출은 당기비용 처리함. → 예 건물외벽의 도장, 유리교체, 부품교체, 자동차타이어 교체 등

12 다음 중 유형자산에 관한 내용으로 가장 올바르지 않은 것은?

① 유형자산은 판매를 목적으로 보유하는 자산이다.
② 유형자산은 물리적인 실체나 형태를 가지고 있다.
③ 유형자산의 최초 인식시점 이후의 측정방법으로 원가모형과 재평가모형 중 하나를 회계정책으로 채택하여 유형자산 분류별로 동일하게 적용할 수 있다.
④ 유형자산은 소모, 파손, 노후 등의 물리적 원인이나 경제적 여건 변동 등의 기능적 원인에 의하여 그 효용이 점차 감소하는데 이러한 효용의 감소현상을 감가라 한다.

해설

● 정답 : ①

• 유형자산은 사업에 사용목적으로 보유하는 자산이며, 보유목적에 따라 자산은 다음과 같이 분류된다.

유형자산	재화생산, 용역제공, 임대, 자체사용할 목적으로 보유하는 자산
재고자산	판매(매매) 목적으로 보유하는 자산
투자부동산	투기(임대수익 · 시세차익) 목적으로 보유하는 자산

13 ㈜영일은 유·무선통신 통합프로젝트를 수행하기 위해서 20x1년 1월 1일에 정보통신부로부터 정부보조금 10억원(상환의무 없음)을 지원 받았으며, 정부보조금을 수령한 즉시 이 프로젝트수행에 필요한 기계장치를 15억원에 취득하였다. 당해 기계장치의 경제적 내용연수는 5년, 잔존가치는 없으며 회사는 정액법을 적용하여 감가상각비를 인식하고 있다. 다음 중 ㈜영일의 20x1년 말 재무상태표상 기계장치 및 정부보조금을 가장 바르게 기재한 것은?

	①	②	③	④
[자산]				
기계장치	1,500,000,000	1,500,000,000	1,500,000,000	700,000,000
감가상각누계액	(300,000,000)	(100,000,000)	(300,000,000)	(300,000,000)
정부보조금	–	(900,000,000)	(800,000,000)	–
계	1,200,000,000	500,000,000	400,000,000	400,000,000
[자본]				
정부보조금	800,000,000	–	–	–

해설

○ 정답 : ③

• 회계처리

20x1년초	(차) 기계장치	1,500,000,000	(대) 현금	1,500,000,000
	(차) 현금	1,000,000,000	(대) 정부보조금(기계차감계정)	1,000,000,000
20x1년말	(차) Dep $\frac{1,500,000,000}{5년}$ =300,000,000		(대) Dep누계액	300,000,000
	(차) 정부보조금 1,000,000,000x$\frac{300,000,000}{1,500,000,000}$=200,000,000		(대) Dep 200,000,000	

14 ㈜영일은 20x1년 7월 1일에 취득원가 5,000,000원, 잔존가치 500,000원, 내용연수 5년인 유형자산을 취득하고 정액법으로 감가상각하고 있다. ㈜영일이 20x1년 손익계산서상 계상할 감가상각비는 얼마인가?

① 275,000원
② 300,000원
③ 450,000원
④ 900,000원

해설

○ 정답 : ③

• 월할상각한다. →감가상각비 : [(5,000,000-500,000)÷5년]x$\frac{6}{12}$=450,000

15 제조업을 영위하는 ㈜영일은 보유중인 기계장치를 20x1년 1월 1일에 4년 연불조건으로 판매하였다. 판매와 동시에 20,000원을 받고 매년 말 8,000원씩 4회를 받기로 하였다. 관련된 유효이자율은 10%이며 4년 10%의 연금현가계수는 3.1698이다. 20x1년 이자수익으로 인식할 금액은 얼마인가 (단, 소수점 이하 첫째 자리에서 반올림한다.)?

① 0원
② 874원
③ 1,268원
④ 2,536원

해설

● 정답 : ④

• 이자수익 : 현재가치(미래현금흐름)x유효이자율=(8,000x3.1698)x10%=2,536

　참고 부동산거래 현금흐름 세부고찰
　　-현재가치 : 20,000+8,000x3.1698=45,358
　　-현재가치할인차금 : (20,000+8,000x4)-45,358=6,642

일자	회수액	유효이자=이자수익(10%)	순채권회수액	장부금액
20x1년초	20,000	-	20,000	45,358-20,000=25,358
20x1년말	8,000	25,358x10%=2,536	8,000-2,536=5,464	25,358-5,464=19,894
20x2년말	8,000	19,894x10%=1,989	8,000-1,989=6,011	19,894-6,011=13,883
20x3년말	8,000	13,883x10%=1,388	8,000-1,388=6,612	13,883-6,612=7,271
20x4년말	8,000	7,271x10%=729(단수조정)	8,000-729=7,271	7,271-7,271=0

20x1년초 회계처리	(차) 미수금　32,000 　　　현금　20,000	(대) 기계장치(장부가)　xxx 　　　현재가치할인차금　6,642 　　　처분이익　xxx
20x1년말 회계처리	(차) 현재가치할인차금　2,536 (차) 현금　8,000	(대) 이자수익　2,536 (대) 미수금　8,000

16 ㈜영일의 20x1년 12월 31일의 총계정원장에는 다음과 같은 계정잔액이 표시되어 있다.

ㄱ. 연구비	48,000원	ㄴ. 내부창출 영업권	50,000원
ㄷ. 경상개발비	62,000원	ㄹ. 유상취득한 영업권	72,000원
ㅁ. 특허권	15,000원		

위의 금액 중 20x1년 12월 31일 현재 ㈜영일의 재무상태표상 무형자산으로 보고될 금액은 얼마인가?

① 87,000원
② 98,000원
③ 113,000원
④ 132,000원

해설

● 정답 : ①

• 연구비와 경상개발비 : 비용처리
　내부창출 영업권 : 자가창설영업권은 자산으로 인식하지 않는다.
• 무형자산 : 72,000(유상취득한 영업권)+15,000(특허권)=87,000

17 다음 중 사채에 관한 설명으로 가장 올바르지 않은 것은?

① 유효이자율이 8%인 자금시장에서 액면금액 10,000원, 표시이자율 10%인 사채가 10,000원에 발행된다면 투자자들은 이 사채를 구입하지 않고 다른 투자안을 찾을 것이다.

② 시장이자율과 표시이자율이 동일한 경우에는 발행시점에 관계없이 액면금액으로 발행된다.

③ 사채할인발행차금은 사채의 액면금액을 현재가치로 만들어 주기 위한 부채의 차감계정이다.

④ 사채의 발행시점에서 재무상태표에 계상되는 관련 부채의 금액은 현금수령액과 일치한다.

> **해설**
> ○ 정답 : ①
> • 정상적인 자금시장에서 '표시이자율(10%)〉유효이자율(8%)'인 경우에는 액면금액보다 큰 금액으로 할증발행된다.
>   → 따라서, 할증금액이 아닌 액면금액으로 실제 발행이 된다면 투자자는 더 저렴한 구입가격을 지불할 수 있으므로 동 사채를 구입하게 되는 유인으로 작용하게 된다.

18 다음 중 법인세회계에 관한 설명으로 가장 옳은 것은?

① 이연법인세자산의 실현가능성은 보고기간종료일마다 재검토되어야 한다.

② 차감할 일시적 차이는 미래 과세소득을 증가시켜 미래 법인세 부담을 증가시키므로 부채로 계상하여야 한다.

③ 회계상 자산·부채의 장부금액과 세무기준액에 차이가 있다면 항상 이연법인세 회계를 적용해야 한다.

④ 동일한 유동 및 비유동 구분내의 이연법인세자산과 이연법인세부채는 동일한 과세당국과 관련된 경우라도 상계하여 표시할 수 없다.

> **해설**
> ○ 정답 : ①
> • ② 유보(차감할 일시적차이)는 추후 △유보로 추인되어 미래 과세소득을 감소시켜 미래 법인세 부담을 감소시키므로 자산으로 계상하여야 한다.
>   ③ 일반기업회계기준에서는 자산·부채의 장부금액과 세무기준액의 차이인 일시적 차이에 대하여 원칙적으로 이연법인세를 인식하도록 규정하고 있다. 그러나 자산·부채의 장부금액과 세무기준액에 차이가 난다고 하여 모두 이연법인세 회계를 적용하는 것은 아니다. 즉, 일시적 차이로 인하여 미래 과세소득을 증가 또는 감소시켜 미래 기간의 법인세부담액을 가산 또는 차감시키는 경우에만 이연법인세회계를 적용하는 것이다.
>   ④ 동일한 유동 및 비유동 구분내의 이연법인세자산과 이연법인세부채는 동일한 과세당국과 관련된 경우 각각 상계하여 표시한다.

제1편 백점이론특강 | 제2편 기출문제특강 | SET1 | SET2 | SET3 | SET4 | SET5 | SET6 | SET7 | SET8 | SET9 | SET10 | 신유형 기출문제오답노트 | 실전기출모의고사

19 ㈜영일은 20x1년에 영업을 개시하였다. ㈜영일의 20x1년 과세소득과 관련된 다음 자료를 이용하여 20x1년의 법인세비용을 구하면 얼마인가(단, ㈜영일은 이연법인세를 적용한다.)?

ㄱ. 법인세차감전순이익	6,000,000원
ㄴ. 가산조정 : 감가상각비한도초과액	200,000원
ㄷ. 과세표준	6,200,000원
ㄹ. 세율(가정)	20%

[추가자료]
- 상기 자료 이외의 세무조정사항은 없는 것으로 가정한다.
- 법인세율의 변동은 발생하지 않을 것으로 예상되며, 20x1년부터 ㈜영일의 연도별 법인세 차감전순이익은 6,000,000원으로 동일하게 발생할 것으로 예상된다.

① 700,000원　　　　　　　② 1,040,000원
③ 1,200,000원　　　　　　④ 1,240,000원

해설

◉ 정답 : ③
- (차) 법인세비용(대차차액)　　1,200,000　　(대) 미지급법인세(당기법인세) 6,200,000x20%=1,240,000
　　　이연법인세자산 200,000x20%=40,000

20 다음 중 이연법인세회계와 관련된 설명으로 가장 올바른 것은?

① 일시적 차이의 법인세효과는 보고기간말 현재까지 확정된 세율에 기초하여 당해 자산이 회수되거나 부채가 상환될 기간에 적용될 것으로 예상되는 세율을 적용하여 측정한다.
② 이연법인세자산과 이연법인세부채는 일괄적으로 비유동항목으로 재무상태표에 보고한다.
③ 이연법인세자산이 보고기간종료일로부터 1년 초과시점에 실현되는 경우 현재가치로 계상한다.
④ 이연법인세자산과 이연법인세부채는 서로 상계할 수 없고 항상 총액으로 표시하여야 한다.

해설

◉ 정답 : ①
- ② 유동자산(부채) 또는 기타비유동자산(부채)로 공시한다. 예를 들어 재고자산에서 발생한 일시적 차이에 대한 법인세효과는 유동자산(부채)로 분류하며, 유형자산에서 발생한 일시적 차이에 대한 법인세효과는 기타비유동자산(부채)로 분류한다.
- ③ 현재가치평가를 하기 위해서는 일시적 차이가 소멸되는 회계연도를 예측해야 하는데 이는 현실적으로 불가능하다. 따라서 이연법인세자산(부채)은 보고기간종료일로부터 1년 초과시점에 실현되는 경우에도 현재가치로 평가하지 않는다.
- ④ 동일한 유동 및 비유동 구분내의 이연법인세자산과 이연법인세부채는 동일한 과세당국과 관련된 경우 각각 상계하여 표시한다.

21 다음은 재무상태표상 자본에 관한 내역이다. 다음 중 자본잉여금과 자본조정 금액은 각각 얼마인가?

자기주식처분이익	100,000원
이익준비금	50,000원
자기주식	(−)100,000원
주식발행초과금	200,000원

	자본잉여금	자본조정
①	200,000원	(+)100,000원
②	300,000원	(−)100,000원
③	350,000원	(−)100,000원
④	400,000원	(−)150,000원

해설

○ 정답 : ②
• 자본잉여금 : 100,000(자기주식처분이익)+200,000(주식발행초과금)=300,000
• 자본조정 : (-)100,000(자기주식)

22 다음 중 자본잉여금과 기타포괄손익누계액으로 표시되어야 하는 금액은 각각 얼마인가?

ㄱ. 매도가능증권평가이익	600,000원
ㄴ. 자기주식처분이익	300,000원
ㄷ. 감자차익	400,000원

	자본잉여금	기타포괄손익누계액
①	600,000원	700,000원
②	900,000원	700,000원
③	900,000원	400,000원
④	700,000원	600,000원

해설

○ 정답 : ④
• 자본잉여금 : 300,000(자기주식처분이익)+400,000(감자차익)=700,000
• 기타포괄손익누계액 : 600,000(매도가능증권평가이익)

23 다음 중 재무상태표상 기타포괄손익누계액에 영향을 미치는 항목들로 옳게 짝지은 것은?

ㄱ. 매도가능증권평가손익	ㄴ. 매도가능증권처분손익	ㄷ. 유형자산 감가상각비
ㄹ. 유형자산 재평가잉여금	ㅁ. (부의)지분법자본변동	ㅂ. 지분법손익

① ㄱ, ㄴ, ㄷ   ② ㄱ, ㄹ, ㅁ
③ ㄴ, ㄷ, ㅂ   ④ ㄹ, ㅁ, ㅂ

해설

◎ 정답 : ②
- 매도가능증권평가손익, 유형자산 재평가잉여금, 지분법자본변동 : 기타포괄손익누계액
- 매도가능증권처분손익, 유형자산 감가상각비, 지분법손익   : 당기손익

24 다음 중 현금배당, 주식배당과 무상증자가 자본총액에 미치는 영향으로 가장 옳은 것은?

	현금배당	주식배당	무상증자
①	영향없음	영향없음	증가
②	영향없음	감소	감소
③	감소	감소	영향없음
④	감소	영향없음	영향없음

해설

◎ 정답 : ④
- 현금배당 : (차) 이익잉여금   xxx   (대) 현금   xxx → 자본총액 감소
- 주식배당 : (차) 이익잉여금   xxx   (대) 자본금   xxx → 자본총액 불변
- 무상증자 : (차) 이익잉여금(or자본잉여금)   xxx   (대) 자본금   xxx → 자본총액 불변

25 ㈜영일의 당기순이익은 2,500,000원이며, 매년 임의적립금인 사업확장적립금 200,000원을 적립하고 있다. 20x1년 중에 발생한 ㈜영일의 이익잉여금 관련 기타자료가 다음과 같다면 20x1년도 이익잉여금처분계산서상 차기이월미처분이익잉여금은 얼마인가?(단, 회사는 현금배당에 대하여 법정 최소한의 이익준비금을 적립한다.)

ㄱ. 전기이월미처분이익잉여금	8,000,000원	ㄴ. 전기오류수정손실	300,000원
ㄷ. 현금배당	1,000,000원	ㄹ. 주식배당	500,000원

① 8,400,000원   ② 8,500,000원
③ 9,900,000원   ④ 10,500,000원

해설

◎ 정답 : ①
- 미처분이익잉여금 : 8,000,000(전기이월미처분이익잉여금)-300,000(전기오류수정손실)+2,500,000(당기순이익)=10,200,000
- 이익잉여금처분액 : 1,000,000(현금배당)+1,000,000x10%(이익준비금)+500,000(주식배당)+200,000(임의적립금)=1,800,000
- 차기이월미처분이익잉여금 : 10,200,000-1,800,000=8,400,000

26 ㈜영일은 20x1년 초에 ㈜용산에 상품을 할부판매하였다. 동 상품 관련 매출액은 얼마인가?

> ㄱ. 상품의 원가 : 500,000원
> ㄴ. 할부금 회수방법 : 매년 말에 300,000원씩 3년간 분할회수
> ㄷ. 판매시의 시장이자율 : 연 5% [연금현가계수(3년, 5%)=2.72]

① 816,000원
② 850,000원
③ 880,000원
④ 1,496,000원

해설

○ **정답 : ①**
• 매출액(현재가치) : 300,000x2.72=816,000

참고 회계처리

20x1년초	(차) 장기매출채권	900,000	(대) 매출		816,000
			현재가치할인차금		84,000
	(차) 매출원가	500,000	(대) 상품		500,000
20x1년말	(차) 현금	300,000	(대) 장기매출채권		300,000
	(차) 현재가치할인차금	40,800	(대) 이자수익	816,000x5%=40,800	

27 다음 중 주당이익에 관한 설명으로 가장 올바르지 않은 것은?

① 보통주 당기순이익은 당기순이익에서 우선주배당금을 가산하여 계산한다.
② 기중의 유상증자로 발행된 신주에 대한 무상증자는 당해 유상신주의 납입일에 실시된 것으로 간주하여 가중평균유통보통주식수를 조정한다.
③ 자기주식은 취득시점 이후부터 매각시점까지의 기간동안 가중평균유통보통주식수에서 제외한다.
④ 원칙적으로 당기 중 주식배당이 실시된 경우 기초에 실시된 것으로 간주하여 가중평균유통보통주식수를 조정한다.

해설

○ **정답 : ①**
• 보통주 당기순이익=당기순이익-우선주배당금 →즉, 당기순이익에서 우선주배당금을 차감하여 계산한다.

28 다음 중 현금흐름표에 관한 설명으로 가장 올바르지 않은 것은?

① 기업실체의 현금흐름을 영업, 투자, 재무활동으로 구분하여 보고하는 재무제표이다.
② 유·무형자산의 취득·처분과 관련된 현금흐름은 재무활동으로 인한 현금흐름으로 분류한다.
③ 재무활동으로 인한 현금흐름에는 신주발행과 배당금의 지급 등이 포함된다.
④ 제품의 생산 및 판매와 관련된 현금흐름은 영업활동으로 인한 현금흐름으로 분류한다.

해설

○ **정답 : ②**
• 유·무형자산의 취득 및 처분 : 재무활동 현금흐름(X) → 투자활동 현금흐름(O)

29 국세부과의 원칙에 관한 설명 중 가장 옳은 것은?

① 국가는 국민에게 세금을 부과, 징수하는 경우 거래의 실질보다 거래의 형식에 따라야 한다.
② 국민은 국가의 원활한 운영을 위하여 자신의 소득에 대한 세금을 성실하게 납부할 의무가 있다. 다만, 성실한 자세는 국가에게는 요구하지 않는다.
③ 국세 과세표준의 조사·결정은 그 장부와 이에 관계되는 증거자료에 의하지 않을 수 있다.
④ 정부가 국세를 감면한 경우에는 그 감면적 취지를 성취하거나 국가정책을 수행하기 위하여 필요하다고 인정되면 세법이 정하는 바에 따라 감면세액에 상당하는 자금 또는 자산의 운영범위를 정할 수 있다.

해설

● 정답 : ④
• 국세부과의 원칙

① 실질과세원칙	국가 또는 지방자치단체는 국민에게 세금을 부과·징수하는 경우 거래의 형식보다 거래의 실질에 따라야 한다는 것이다.
② 신의성실원칙	국민은 국가 또는 지방자치단체의 원활한 운영을 위하여 자신의 소득에 대한 세금을 성실하게 납부할 의무가 있다. 이와 마찬가지로 국가 또는 지방자치단체도 국민에 대하여 세금을 부과·징수할 때 성실한 자세로 직무에 임하여야 한다는 것이다.
③ 근거과세원칙	주식회사와 같은 법인은 법인의 활동내용을 장부로 작성하여 관리하고 있으므로, 동 장부가 세법에 따라 장부를 갖추어 기록하고 있는 경우에는 해당 국세과세표준의 조사와 결정은 그 장부와 이에 관계되는 증거자료에 의하여야 한다는 것이다.
④ 조세감면사후관리	정부가 국세를 감면한 경우에는, 그 감면의 취지를 성취하거나 국가정책을 수행하기 위하여 필요하다고 인정하면 세법이 정하는 바에 따라 감면세액에 상당하는 자금 또는 자산의 운용 범위를 정할 수 있다. 또한, 세액을 감면받은 후 이 규정을 따르지 아니하면 감면을 취소하고 추징할 수 있다.

30 다음 중 소득처분에 관한 설명으로 가장 올바르지 않은 것은?

① 소득처분이란 세무조정사항에 대한 처분 유형을 확인하여 이의 귀속을 확인하는 절차를 말한다.
② 결산서상 당기순이익에서 세무조정사항(소득처분)을 반영하여 각 사업연도소득금액을 산출한다.
③ 유보의 소득처분은 사후관리가 필요없는 소득처분이다.
④ 소득처분의 내용은 법인의 세무조정계산서 중 '소득금액조정합계표'의 처분란에 표시한다.

해설

● 정답 : ③
• 유보는 추후 반대의 세무조정으로 추인되므로 '자본금과적립금조정명세서(을)'에 의해 사후관리한다.

31 다음은 법인세법상 주요 신고서식의 명칭과 그 설명에 관련된 내용이다. 다음 중 각각의 연결이 올바르게 이루어진 것은?

> ㄱ. 법인세과세표준및세액조정계산서
> ㄴ. 소득금액조정합계표
> ㄷ. 자본금과적립금조정명세서(을)표

〈서식의 내용〉

> 가. 소득처분 중 유보(또는 △유보)사항을 사후적으로 관리하는 표
> 나. 세무조정사항을 요약하는 표
> 다. 결산서상 당기순손익에서 출발하여 과세표준, 산출세액 및 차감납부할세액을 계산하는 과정을 요약하는 표

	ㄱ	ㄴ	ㄷ
①	가	나	다
②	나	다	가
③	다	가	나
④	다	나	가

---해설

◦ **정답 : ④**
• 법인세과세표준및세액조정계산서 : 결산서상 당기순손익에서 출발하여 과세표준, 산출세액 및 차감납부할세액을 계산하는 과정을 요약하는 표(즉, 법인세 계산과정과 내용을 기재하는 표)
• 소득금액조정합계표 : 세무조정사항을 요약하는 표(즉, 세무조정과 소득처분을 기재하는 표)
• 자본금과적립금조정명세서(을)표 : 소득처분 중 유보(또는 △유보)사항을 사후적으로 관리하는 표

32 다음 중 익금불산입항목에 관한 설명으로 가장 올바르지 않은 것은?

① 익금불산입항목은 법인의 순자산을 증가시키는 항목이지만 법인세법에서 특별히 익금에 산입하지 않도록 규정하고 있는 항목이다.
② 자본충실화 목적에 따라 주식발행초과액은 익금에 산입하지 않는다.
③ 국세나 지방세의 과오납금의 환급금이자는 익금불산입항목이다.
④ 채무면제이익은 이월결손금의 보전에 충당하지 않더라도 익금불산입항목이다.

---해설

◦ **정답 : ④**
• 채무면제이익
  -이월결손금의 보전에 충당 X : 익금항목
  -이월결손금의 보전에 충당 O : 익금불산입항목

33 다음 중 법인세법상 고정자산의 감가상각에 관한 설명으로 가장 올바르지 않은 것은?

① 감가상각비는 원칙적으로 장부에 비용으로 계상하지 않더라도 상각범위액 금액을 손금으로 산입할 수 있다.

② 기준내용연수의 25%를 가감한 범위 내에서 법인이 선택하여 신고할 수 있으며 이를 신고내용연수 라고 한다.

③ 한국채택국제회계기준이 도입된 법인의 경우 일정 한도내에서 추가로 손금산입할 수 있도록 허용하고 있다.

④ 건축물에 대한 감가상각방법을 선택하지 않을 경우에는 정액법을 적용하여 상각범위액을 계산한다.

해설

● **정답 : ①**
• 감가상각비는 원칙적으로 결산조정사항이므로 장부에 비용으로 계상하여야 상각범위액 내에서 손금에 산입할 수 있다.

34 다음 중 법인세법상 접대비에 관한 설명으로 가장 올바르지 않은 것은?

① 접대비란 법인의 업무와 관련하여 법인의 거래처에 식사를 제공하는 등 접대에 지출하는 비용을 말한다.

② 손금산입 한도를 계산할 때 기본금액과 수입금액에 일정률을 곱한 금액을 합산하여 적용한다.

③ 법인세법에서는 증빙이 없는 접대비라 할지라도 업무관련성이 있으면 이를 비용으로 인정해 준다.

④ 접대비 한도액 계산시 수입금액은 회계상 매출액을 말한다.

해설

● **정답 : ③**
• 세무조정시 증빙불비 접대비는 최우선적으로 손금불산입하여 대표자상여 등으로 소득처분한다.

35 다음은 최근 신문기사의 일부이다. 다음 중 A에 공통으로 들어갈 용어로 알맞은 것은?

> *수입금액 상위 10대 기업 실효세율 12.3%에 불과*
> *현행 (A) 17%에도 못미쳐*
> *5년간 각종 공제액만 10조 8천억원*
>
> 지난해 국내 수입금액 상위 10대 기업의 법인세 실효세율이 법인세 최고세율에 한참이나 못미치는 12.3%에 불과한 것으로 드러났다. B의원은 지난 국세청 국정감사에서 국내 대기업 가운데서도 상위 10위에 랭크된 대기업의 법인세 실효세율이 지나치게 낮은 점을 지적하며 법인세 (A) 상향 필요성을 주장했다.
>
> – 이하 생략 –

① 세액감면   ② 특별징수
③ 최저한세   ④ 세액공제

── 해설

○ **정답 : ③**

- 법인세법에서는 특정법인에 대하여 과도하게 법인세를 감면해주게 될 경우 법인세를 감면받는 법인과 감면받지 못하는 법인간에 과세형평의 문제가 발생할 수 있고 국가의 법인세 조세수입 또한 현격하게 감소할 수 있기 때문에, 법인세를 감면받는 법인도 최소한 법인세법이 규정한 일정한도의 세액은 납부하도록 하는 제도를 마련하고 있다. 이러한 제도에 의하여 규정된 일정한도의 법인세금액을 최저한세라고 한다.

36 다음 중 사업소득에 관한 설명으로 가장 올바르지 않은 것은?

① 사업소득은 개인이 타인에게 고용되지 않고 독립적으로 일을 함으로써 얻게되는 소득을 말한다.
② 사업소득금액은 사업소득 총수입금액에서 필요경비를 차감하여 계산한다.
③ 소득세법상 사업소득금액은 일시적, 우발적으로 발생하는 소득도 과세소득으로 포함시킨다.
④ 소득세법상 사업소득금액은 종합과세 대상에 포함시킨다.

── 해설

○ **정답 : ③**

- 일시적, 우발적 소득인 고정자산처분이익 등은 원칙적으로 사업소득에서 제외한다.

37 다음 중 부가가치세가 과세되는 경우로 가장 올바르지 않은 것은?

① 가공계약에 있어서 주요 자재의 일부를 부담한 경우
② 부동산 임대회사가 유상으로 상가건물을 임대하는 경우
③ 은행으로부터 대출을 받기 위해 건물을 담보로 제공한 경우
④ 상가건물을 공장과 교환한 경우

── 해설

○ **정답 : ③**

- 담보제공은 재화의 공급으로 보지 않는다.

제1편 백점이론특강

제2편 기출문제특강

SET1

SET2

SET3

SET4

SET5

SET6

SET7

SET8

SET9

SET10

신유형

기출문제오답노트

실전기출모의고사

38 다음 중 세금계산서와 관련된 성격으로 가장 올바르지 않은 것은?

① 특정의 경우에는 사업자의 편의를 위하여 일정기간의 거래액을 합계하여 세금계산서를 발급할 수 있다.
② 필요적 기재사항이 일부라도 기재되지 아니하거나 기재된 사항이 사실과 다를 때에는 정당한 세금계산서로 인정되지 않는다.
③ 세금계산서를 발행하여야 하는 거래에 대하여 세금계산서를 발행하지 않은 경우에는 수정세금계산서를 발행하여야 한다.
④ 택시운송, 노점, 행상, 무인판매기를 이용하여 재화를 공급하는 사업자는 세금계산서 발급의무가 면제된다.

해설

● 정답 : ③
• 수정세금계산서는 당초에 세금계산서를 발급한 경우에만 발행이 가능하므로 다음의 경우는 수정세금계산서를 발급할 수 없으며 세금계산서 미발급에 해당한다.
　-당초 세금계산서를 발급하지 않은 경우
　-과세거래를 면세거래로 보아 세금계산서가 아닌 계산서를 발급한 경우

39 회계관리1급 자격시험을 준비하고 있는 김영일씨는 인터넷을 검색하던 중 다음과 같은 기사를 보게 되었다. 다음 중 부가가치세 가산세에 대한 설명으로 가장 올바르지 않은 것은?

> *부가가치세 알아야 덜 낸다.*
> (전략)...
> (ㄱ)제출한 매입처별세금계산서합계표의 기재사항 중 공급가액을 사실과 다르게 과다기재하여 신고한 경우 매입처별세금계산서합계표 제출불성실가산세가 적용된다.
> 그리고 (ㄴ)매출처별세금계산서합계표를 제출하지 아니하거나 부실기재한 경우에는 매출처별세금계산서합계표 제출불성실가산세가 적용된다.
> (중략)...
> (ㄷ)발급한 세금계산서의 필요적 기재사항의 전부 또는 일부가 착오 또는 과실로 기재되지 아니하거나 사실과 다를 때에는 세금계산서 불성실가산세가 적용된다.
> 또한 (ㄹ)매입처별세금계산서합계표를 지연제출하게 되면 지연제출가산세가 부과된다.
> (후략)...

① ㄱ　　　　　　　　　　　　② ㄴ
③ ㄷ　　　　　　　　　　　　④ ㄹ

해설

● 정답 : ④
• 매출처별세금계산서합계표와는 달리 매입처별세금계산서합계표이 지연제출에 대하여는 가산세가 부과되지 않는다.
• 세금계산서 관련 가산세를 요약하면 다음과 같다.

구분	가산세 부과사유
세금계산서	① 세금계산서 미발급(2%) / 실질공급 없이 발급(3%) / 다른자 명의로 발급(2%) ② 필요적기재사항의 미기재나 사실과 다른기재(1%)
매출처별세금계산서합계표	① 합계표 미제출(0.5%) ② 합계표의 거래처별 등록번호나 공급가액의 미기재나 사실과 다른기재(0.5%) ③ 지연제출 : 예정시 제출분을 확정시 제출(0.3%)
매입처별세금계산서합계표	① 합계표 미제출·부실기재로 경정시 T/I에 의해 매입세액공제 받는 경우(0.5%) ② 합계표의 공급가액을 사실과 다르게 과다 기재시(0.5%)

[실전연습]

신유형기출뽀개기

SECTION ❷

Cam Exam intermediate level

▶ 신유형기출뽀개기는 최근 주관처에서 새롭게 출제하고 있는 신유형의 문제들로 엄선하여 저자의 완벽한 해설과 함께 신유형의 문제를 파악해 볼 수 있게 하였습니다.

1 다음 중 재무상태표의 기본요소 중 자산에 대한 설명으로 가장 올바르지 않은 것은?

① 자산의 취득은 일반적으로 현금유출과 관련이 있으나 반드시 현금유출이 동반되는 것은 아니다.
② 자산에 대한 법적소유권이 있어야 자산성이 인정된다.
③ 자산은 미래에 경제적 효익을 창출할 수 있어야 한다.
④ 물리적 형태가 없더라도 자산이 될 수 있다.

해설

● **정답 : ②**
• 소유권(법률적 권리)이 자산의 존재를 판단하기 위해 필수적인 것은 아니다.(예) 금융리스자산)
  → ①의 예로는 수증자산(증여받은 자산), ④의 예로는 무형자산을 들수 있다.

2 다음 중 재무상태표상 비유동자산으로 분류되는 항목으로 가장 옳은 것은?

① 보고기간종료일로부터 1년 이내에 처분할 것이 거의 확실한 매도가능증권
② 보고기간종료일 현재 건설중인자산
③ 만기가 보고기간종료일로부터 1년 이내인 3년 만기 정기예금
④ 대금 회수시점이 보고기간종료일로부터 1년을 초과하지만 정상적인 영업주기내에 회수되리라 예상되는 매출채권

해설

● **정답 : ②**
• 건설중인자산은 유형자산으로서 비유동자산에 해당한다.

3 다음은 ㈜삼일의 재무제표 정보 중 일부이다. 20x1년 12월 31일의 부채총계는 얼마인가(단, 아래사항을 제외한 다른 자본변동사항은 없다고 가정한다)?

	20x1년 12월 31일	20x0년 12월 31일
자산총계	107,600원	60,000원
부채총계	?	46,000원
20x1년 중 자본변동 내역	당기순이익 20,000원	

① 21,600원   ② 41,600원
③ 70,600원   ④ 73,600원

해설

● **정답 : ④**
• '기말자본=기초자본+증자-감자+순이익-배당'
  → 기말자본 : (60,000-46,000)+0-0+20,000-0=34,000
• 기말부채 : 107,600(기말자산)-34,000(기말자본)=73,600

4 다음 중 매출채권 등의 양도 및 할인에 관한 설명으로 가장 올바르지 않은 것은?

① 매출채권 등을 양도하는 경우 당해 채권에 관한 권리와 의무가 양도인과 분리되어 실질적으로 양수인에게 이전되는 경우에는 매각거래로 본다.

② 매출채권의 양도 후 양도인이 부담해야 할 환매위험은 양도 여부의 판단기준에 영향을 미치지 않는다.

③ 어음상의 매출채권을 금융기관 등에 할인하는 경우에는 일반적으로 상환청구권이 존재하므로 항상 차입거래로 처리한다.

④ 매출채권을 담보로 제공하고 자금을 융통하는 경우에는 새로운 차입금을 계상하고 매출채권은 제거하지 않는다.

해설

○ 정답 : ③

• 매출채권 양도와 동일하게 당해 채권에 대한 권리와 의무가 양도인과 분리되어 실질적으로 이전되는 경우에는 동 금액을 매출채권에서 직접 차감한다.

5 ㈜삼일의 20x1년도 기말 수정분개 전 법인세차감전순이익은 500,000원이고, 결산시 반영할 사항은 다음과 같다.

ㄱ. 선급보험료	10,000원
ㄴ. 미지급급여	35,000원
ㄷ. 미수이자	5,000원

발생주의에 기초하여 결산수정분개를 반영한 ㈜삼일의 20x1년 법인세비용차감전순이익은 얼마인가?

① 480,000원   ② 490,000원

③ 500,000원   ④ 540,000원

해설

○ 정답 : ①

• (차) 선급보험료　10,000　(대) 보험료　　　10,000 → 당기순이익에 가산
　(차) 급여　　　 35,000　(대) 미지급급여　35,000 → 당기순이익에서 차감
　(차) 미수이자　　5,000　(대) 이자수익　　 5,000 → 당기순이익에 가산

• 수정후 법인세비용차감전순이익 : 500,000+10,000-35,000+5,000=480,000

6 다음 중 기말재고자산에 포함될 항목으로 가장 올바르지 않은 것은?

① 시용판매를 위하여 고객에게 제공된 상품 중 매입의사가 표시되지 않은 부분

② 위탁판매목적으로 반출된 상품 중 수탁자가 현재 보관중인 부분

③ 장기할부조건으로 판매한 상품

④ 선적지인도조건으로 매입한 운송중인 상품

해설

• 정답 : ③

• 장기할부조건으로 판매한 상품은 인도시점이 수익인식시점이므로 기말재고에 포함되지 않는다.

제1편 백점이론 특강

제2편 기출문제특강

SET1

SET2

SET3

SET4

SET5

SET6

SET7

SET8

SET9

SET10

신유형

기출문제오답노트

실전기출모의고사

7 당기 중에 물가가 계속 상승하고 기말재고수량이 기초재고수량 이상이라고 가정할 때, 재고자산 원가흐름에 대한 가정별로 기말 재고자산의 금액 크기를 비교한 것으로 가장 옳은 것은?

① 선입선출법 〈 평균법 〈 후입선출법
② 선입선출법 〈 후입선출법 〈 평균법
③ 선입선출법 〉 평균법 〉 후입선출법
④ 선입선출법 〉 후입선출법 〉 평균법

해설

● 정답 : ③
- 선입선출법 : 먼저 매입된 싼 가격의 재고가 먼저 판매되었다고 가정하므로 남아있는 기말재고는 가장 금액이 크다.
- 후입선출법 : 나중에 매입된 비싼 가격의 재고가 먼저 판매되었다고 가정하므로 남아있는 기말재고는 가장 금액이 작다.

8 다음 중 재고자산에 관한 설명으로 가장 옳은 것은?

① 건설회사에서 판매목적의 미분양아파트는 재고자산이다.
② 재고자산의 수량결정방법 중 계속기록법이 실지재고조사법보다 우월한 방법으로 널리 사용된다.
③ 후입선출법은 기말재고액을 가장 최근의 매입원가로 평가하는 방법이다.
④ 재고자산을 저가법으로 평가하는 경우 상품 및 재공품의 시가는 현행대체원가이다.

해설

● 정답 : ①
- ② 계속기록법[기초재고수량+당기매입수량-판매수량=기말재고수량]은 감모손실이 기말재고수량에 포함되어 이익이 과대계상될 소지가 있다는 단점이 있으며, 실지재고조사법[기초재고수량+당기매입수량-기말재고수량(실사)=판매수량]은 감모손실이 판매수량에 포함되어 재고부족의 원인을 판명할 수 없어 관리통제를 할 수 없다는 단점이 있다. 따라서, 양 방법을 병행하여 사용하는 것이 바람직하며 우월성 여부는 따질 수 없다.
  ③ 후입선출법은 나중에 매입된 것이 먼저 판매되었다고 가정하므로 기말재고는 오래된 재고액으로 평가된다.
  ④ 일반적인 재고자산의 시가는 순실현가능가치로 한다. 다만, 생산에 투입될 원재료의 시가는 현행대체원가로 한다.

9 다음 중 지분법회계에 대한 설명으로 올바르지 않은 것은?

① 투자기업이 직접 또는 지배종속회사를 통해 간접적으로 피투자기업의 의결권있는 주식의 20% 이상을 보유하고 있다면 일반적인 경우 유의적인 영향력이 있는 것으로 본다.
② 피투자기업의 유의적인 거래가 주로 투자기업과 이루어지는 경우 유의적인 영향력이 있는 경우에 해당한다.
③ 지분법을 적용함에 있어 피투자기업은 반드시 주식회사이어야만 한다.
④ 계약이나 법규 등에 의하여 투자기업이 의결권을 행사할 수 없는 경우 유의적인 영향력이 없는 것으로 본다.

해설

● 정답 : ③
- 피투자기업의 형태가 합명회사·합자회사·유한회사 등인 경우에도 당해 피투자기업에 대하여 유의적인 영향력을 행사할 수 있는 경우에는 지분법을 적용하여 지분증권을 평가한다. 즉, 피투자기업의 형태가 반드시 주식회사이어야만 하는 것은 아니다.

10 다음 중 건물의 취득원가를 증가시키지 않는 지출로 가장 옳은 것은?

① 냉난방장치의 설치
② 화재보험료의 지급
③ 건물의 증설
④ 엘리베이터의 설치

___해설___

○정답 : ②
• 화재보험료는 보험료 계정으로 하여 당기비용으로 처리한다.

11 다음 중 유형자산 회계처리에 관한 설명으로 가장 올바르지 않은 것은?

① 유형자산의 제조와 관련된 차입원가는 자본화하는 것이 원칙이다.
② 유형자산을 현물출자, 증여 등으로 취득한 경우에는 공정가액을 취득원가로 한다.
③ 유형자산의 취득과 관련하여 공채를 불가피하게 매입한 경우 당해 공채의 현재가치와 취득가액의 차액은 유형자산의 취득원가에 가산한다.
④ 유형자산의 취득후 지출한 비용이 당해 유형자산의 내용연수를 증가시키는 경우 지출액을 자산가액에 포함한다.

___해설___

○정답 : ①
• 차입원가는 기간비용으로 처리함을 원칙으로 하며, 예외적으로 자본화 가능하다.

12 ㈜삼일은 20x1년 1월 1일 보험에 가입되어 있는 기계장치가 화재로 소실되었다. 해당 기계장치와 관련된 사항이 아래와 같을 때 20x1년 회사가 계상할 보험차손익은 얼마인가?

ㄱ. 취득금액	250,000,000원
ㄴ. 감가상각누계액	70,000,000원
ㄷ. 보험금	200,000,000원

① 보험차익 20,000,000원
② 보험차익 200,000,000원
③ 보험차손 50,000,000원
④ 보험차손 180,000,000원

___해설___

○정답 : ①
• (차) 감가상각누계액 70,000,000 (대) 기계장치 250,000,000
    손상차손 180,000,000
  (차) 현금 200,000,000 (대) 보험금수익 200,000,000

>저자주◀ 현행 회계기준에서는 손상차손 180,000,000과 보험금수익 200,000,000을 각각 총액으로 표시한다. 그러나 문제의 의도상 양자를 상계한 보험차익을 묻고 있으므로 순액인 20,000,000을 답으로 할 수밖에 없다.

13 다음은 ㈜삼일의 20x1년에 지출한 연구개발활동에서 발생한 원가의 내역이다. ㈜삼일이 20x1년에 경상연구개발비(연구비와 경상개발비)로 처리할 금액은 얼마인가?

ㄱ. 연구단계에서 발생한 원가	300,000원
ㄴ. 개발단계에서 발생한 원가	
– 자산의 인식요건을 충족하는 원가	320,000원
– 자산의 인식요건을 미충족하는 원가	380,000원

① 300,000원 　　　　　　　　　② 320,000원
③ 680,000원 　　　　　　　　　④ 700,000원

해설

● 정답 : ③
• 300,000+380,000=680,000

14 신제품의 개발을 위하여 기계장치를 취득한 경우 취득원가에 대한 회계처리로 가장 옳은 것은(단, 동 기계장치는 개발활동에만 사용되며, 해당 개발활동은 개발비의 자산인식 요건을 충족시킨다고 가정한다)?

① 기계장치로 계상한 후 기계장치의 내용연수에 걸쳐 감가상각하고, 동 감가상각비는 비용으로 인식한다.
② 기계장치의 취득원가 전액을 개발비로 자산화한다.
③ 기계장치로 계상한 후 기계장치의 내용연수에 걸쳐 감가상각하고, 개발기간 동안 동 감가상각비는 개발비(무형자산)으로 인식한다.
④ 기계장치의 취득원가 전액을 경상개발비로 비용화한다.

해설

● 정답 : ③
• 무형자산의 창출에 사용된 재료비, 용역비, 유형자산의 감가상각비는 무형자산 원가에 포함한다.

15 장기연불조건의 매매거래, 장기금전대차거래 또는 이와 유사한 거래에서 발생하는 채권·채무로서 명목금액과 현재가치의 차이가 유의적인 경우에는 이를 현재가치로 평가한다. 이와 관련된 다음 설명 중 가장 올바르지 않은 것은?

① 채권·채무의 명목상의 금액과 공정가치의 차액은 현재가치할인차금의 과목으로 하여 당해 채권·채무의 명목상의 금액에서 차감하는 형식으로 표시한다.

② 명목금액과 현재가치의 차이는 시간의 경과에 따라 이자비용 또는 이자수익으로 인식한다.

③ 장기성 채권·채무의 현재가치에 적용하는 이자율은 원칙적으로 당해 거래의 유효이자율로 한다.

④ 일반적 상거래에서 발생하는 재고자산의 매매거래, 용역의 수수거래 등으로서 대금지급조건이 장기로 이루어지는 거래인 경우 공정가치평가의 대상이 되지 않는다.

해설

○ **정답 : ④**

• 장기연불조건의 재고자산의 매매거래, 용역의 수수거래도 명목금액과 현재가치의 차이가 유의적인 경우에는 이를 현재가치(공정가치)로 평가한다.

(차) 상품	xxx	(대) 장기매입채무	xxx
현재가치할인차금	xxx		

• 다음의 경우에만 현재가치(공정가치)로 평가하지 아니한다.

장기선급금, 장기선수금, 이연법인세자산(부채), 전세권, 임차보증금, 회원권

16 ㈜삼일은 20x1년 1월 1일에 회사채(액면금액 100,000,000원, 만기일 20x3년 12월 31일, 액면이자율 연 10%, 이자지급조건 연 1회 매년 12월 31일 지급)를 110,692,048원에 발행하였다. 사채발행시의 유효이자율이 연 6%였다고 한다면 20x2년 12월 31일 이자지급후 사채의 장부금액은 얼마인가 (단, 소수점 이하는 반올림한다)?

① 100,000,000원
② 103,773,585원
③ 107,333,571원
④ 110,692,048원

해설

○ **정답 : ②**

• 상각표(할증발행)

구분	액면이자(10%)	유효이자(6%)	상각액	장부금액
20×1. 1. 1				110,692,048
20×1.12.31	10,000,000	6,641,523	3,358,477	107,333,571
20×2.12.31	10,000,000	6,440,014	3,559,986	103,773,585

-고속철- 상각액 계산

'다음연도 상각액=당기상각액×(1+유효이자율)'

→ 20×1년말 상각액 : 10,000,000-110,692,048×6%=3,358,477

→ 20×2년말 상각액 : 3,358,477×1.06=3,559,986

17 다음 중 사채의 발행가액을 결정하기 위한 요소가 아닌 것은?

① 만기에 상환하여야 할 원금
② 기업에 적용되는 시장이자율
③ 사채 계약상 액면이자율
④ 경쟁사의 사채발행가격

해설

○ **정답 : ④**

• 사채의 발행가액은 현금흐름(액면이자와 원금)을 시장이자율(유효이자율)로 할인하여 결정하므로 경쟁사의 사채발행가격은 사채의 발행가액을 결정하기 위한 요소가 무관하다.

18 ㈜삼일은 20x1년말 5,000,000원의 외상매출을 하였다. 3개월 내에 반품을 인정하는 조건으로 이 중 2%가 반품될 것으로 예상된다면 ㈜삼일이 20x1년도에 동 외상매출시 인식할 다음의 금액은 각 각 얼마인가?

	매출액	매출채권
①	4,900,000원	4,900,000원
②	4,900,000원	5,000,000원
③	5,000,000원	4,900,000원
④	5,000,000원	5,000,000원

해설

◉ **정답 : ②**
• 회계처리

(차)매출채권	5,000,000	(대)매출	4,900,000
		환불충당부채	100,000

19 다음 중 이연법인세회계와 관련된 설명으로 가장 옳은 것은?

① 자산·부채의 회계상 장부금액과 세무기준액의 차이인 영구적차이에 대하여 원칙적으로 이연법인 세를 인식한다.
② 이연법인세자산과 이연법인세부채는 일괄적으로 재무상태표의 유동항목으로 보고된다.
③ 일시적 차이의 법인세효과는 보고기간종료일 현재까지 확정된 세율에 기초하여 당해 자산이 회수 되거나 부채가 상환될 기간에 적용될 것으로 예상되는 세율을 적용하여 계산된다.
④ 이연법인세자산과 이연법인세부채는 서로 상계할 수 없고 항상 총액으로 표시하여야 한다.

해설

◉ **정답 : ③**
• ① 일시적차이에 대하여 원칙적으로 이연법인세를 인식한다.
  ② 유동자산(부채) 또는 비유동자산(부채)로 공시한다.
  ④ 이연법인세자산과 이연법인세부채는 서로 상계하여 표시한다.

20 ㈜삼일의 20x2년도 재무상태표 중 자본의 구성항목이 다음과 같을 때, 자본잉여금, 자본조정 및 기타포괄손익누계액으로 표시되어야 하는 금액은 각각 얼마인가?

ㄱ. 매도가능증권평가이익	500,000원
ㄴ. 자기주식	(350,000원)
ㄷ. 자기주식처분이익	400,000원
ㄹ. 주식할인발행차금	(200,000원)
ㅁ. 감자차익	500,000원

	자본잉여금	자본조정	기타포괄손익누계액
①	500,000원	(350,000원)	700,000원
②	500,000원	(550,000원)	900,000원
③	900,000원	(350,000원)	300,000원
④	900,000원	(550,000원)	500,000원

해설

○ 정답 : ④
- 자본잉여금 : 400,000(자기주식처분이익)+500,000(감자차익)=900,000
- 자본조정 : -350,000(자기주식)-200,000(주식할인발행차금)=-550,000
- 기타포괄손익누계액 : 500,000(매도가능증권평가이익)

21 20x1년초 ㈜삼일의 자본총액은 2,000,000원이었고 20x1년 중 자본관련 거래내역은 아래와 같다. 20x1년말 ㈜삼일의 자본총액은 얼마인가(단, 이익준비금적립은 고려하지 않는다고 가정한다)?

ㄱ. 20x1년 03월 10일 : 유상증자(발행주식수 200주, 주당 발행가액 2,000원)
ㄴ. 20x1년 09월 25일 : 중간배당 200,000원
ㄷ. 20x1년 12월 31일 : 결산시 보고한 당기순이익 500,000원

① 950,000원   ② 1,120,000원
③ 1,630,000원   ④ 2,700,000원

해설

○ 정답 : ④
- 유상증자 : 할인발행이든 할증발행이든 납입 현금(200주x2,000=400,000)만큼 자본총액 증가
- 중간배당 : 이익잉여금 감소 → 자본총액 감소
- 당기순이익 : 이익잉여금 증가 → 자본총액 증가
  ∴2,000,000+400,000-200,000+500,000=2,700,000

제1편 빽점이론 특강

제2편 기출문제특강

SET1
SET2
SET3
SET4
SET5
SET6
SET7
SET8
SET9
SET10

신유형
기출문제오답노트 실전기출모의고사

22 다음 중 자본항목에 대한 설명으로 가장 옳은 것은?

① 자본변동표는 자본 중 이익잉여금의 변동내용만을 나타내기 때문에 다른 자본항목에 대한 변동내역을 파악하기 위해서는 다른 재무제표 및 부속명세서를 참고해야 한다.

② 자본잉여금의 변동은 유상증자(감자), 무상증자(감자), 결손금처리 등에 의하여 발생하며, 주식발행초과금과 기타자본잉여금으로 구분하여 표시한다.

③ 자본변동표상 수정 후 이익잉여금은 기초이익잉여금에 감자차손, 연차배당 등을 고려하여 산출한다.

④ 기타포괄손익누계액에는 매도가능증권평가손실, 미교부주식배당금이 포함되어 있다.

 해설

● 정답 : ②

• ① 자본변동표는 자본변동내용에 대한 포괄적정보를 제공하는 재무제표로, 자본금, 자본잉여금, 이익잉여금, 자본조정, 기타포괄손익누계액의 각 항목별로 기초잔액, 변동사항, 기말잔액이 표시된다.
  ③ 감자차손은 자본조정 항목이다.
  ④ 미교부주식배당금은 자본조정 항목이다.

23 ㈜삼일은 전자완구를 제조판매하는 회사로 20x1년 중 수출거래와 관련하여 발생한 각 일자별 거래 및 환율정보가 다음과 같다고 할 때, ㈜삼일이 20x1년도에 인식할 외화환산손익은 얼마인가?

> ㄱ. 11월 20일 300달러에 전자완구를 수출하는 계약(선적지 인도조건)을 체결하였다.
> ㄴ. 12월 15일 해당 거래와 관련한 전자완구의 선적을 완료하였다.
> ㄷ. 12월 27일 수출대금 중 200달러를 회수하였다.
> ㄹ. 12월 31일 결산일 현재 수출대금 중 100달러는 미회수된 상태에 있다.
> ㅁ. 각 일자별 환율정보
>
> | 일자 | 환율 | 일자 | 환율 |
> |------|------|------|------|
> | 11월 20일 | ₩1,250/$ | 12월 15일 | ₩1,150/$ |
> | 12월 27일 | ₩1,100/$ | 12월 31일 | ₩1,200/$ |

① 외화환산이익 5,000원

② 외환환산손실 5,000원

③ 외화환산손실 30,000원, 외환환산이익 5,000원

④ 외화환산손실 30,000원

해설

● 정답 : ①

• 재화의 판매는 인도시점(수출의 경우는 선적일)에 수익을 인식한다.

• 일자별 회계처리

11월 20일	- 회계처리 없음 -			
12월 15일	(차) 외화매출채권	$300x1,150=345,000	(대) 매출	345,000
12월 27일	(차) 현금 외환차손	$200x1,100=220,000 10,000	(대) 외화매출채권	$200x1,150=230,000
12월 31일	(차) 외화매출채권	$100x(1,200-1,150)=5,000	(대) 외화환산이익	5,000

24 다음 중 손익계산서상 판매비와관리비로 구분되어 표시되는 항목으로 보기 어려운 것은?

① 전기오류수정손실
② 본사 건물 감가상각비
③ 세금과공과 중 재산세
④ 광고선전비

해설

○ 정답 : ①
• 전기오류수정손익 : 영업외손익

25 ㈜삼일방송사는 TV광고물을 인기 드라마의 방송 전후에 걸쳐 10회 방송하는 계약을 체결하였다. TV광고물은 20x1년 중에 4회, 20x2년 중에 6회가 방송되었으며, 광고 방송에 대한 대가는 총 2,000,000원으로 모든 광고가 종료되는 시점에 회수된다. ㈜삼일방송사의 20x1년도 보고기간 (20x1년 1월 1일 ~ 20x1년 12월 31일)에 수익으로 인식할 금액은?

① 0원
② 800,000원
③ 1,200,000원
④ 2,000,000원

해설

○ 정답 : ②
• 광고매체(방송사) 수수료의 수익인식시점 : 대중에게 전달하는 시점
• 회당 방송대가 : 2,000,000÷10회=200,000
• 20x1년 수익 : 대중에게 전달된 4회에 해당하는 수익을 인식한다. →200,000x4회=800,000

26 다음은 20x1년 1월에 사업을 개시하여 위탁판매방식 및 시용판매방식으로 영업을 하는 ㈜삼일의 20x1년의 거래내역이다. 다음 중에서 ㈜삼일이 매출을 인식하여야 할 시점은 언제인가?

> 1월 1일 : ㈜삼일은 ㈜용산에 판매를 위탁하기 위하여 상품 10개를 적송하였다.
> 4월 1일 : ㈜용산은 상품 10개를 ㈜마포에 시용판매하였다.
> 7월 1일 : ㈜마포는 시용품 10개에 대하여 매입의사를 표시하였다.
> 9월 1일 : ㈜용산은 판매한 상품에 대한 대금에서 판매수수료를 차감한 금액을 송금하였다.

① 1월 1일
② 4월 1일
③ 7월 1일
④ 9월 1일

해설

○ 정답 : ③
• ㈜삼일의 위탁판매 수익인식시점은 ㈜용산의 판매시점이며, 시용판매방식에 의한 ㈜용산의 판매시점은 ㈜마포의 매입의사표시시점이므로, 결국 7월 1일이 ㈜삼일의 수익인식시점이 된다.

27 다음 ㈜삼일의 회계처리 중 올바르지 않은 것은 무엇인가?

① ㈜삼일은 반품조건부로 상품을 판매하였으나 반품에 대한 추정이 어렵다고 판단하여 인도시점에 수익을 인식하지 않고 반품기간이 경과한 이후에 수익을 인식하였다.
② ㈜삼일은 로열티수익을 경제적 실질을 반영하여 발생주의로 회계처리하였다.
③ ㈜삼일은 단기용역매출은 완성기준, 장기용역매출은 진행기준을 적용하여 수익을 인식하였다.
④ ㈜삼일은 상품권을 판매한 시점에는 선수금으로 처리하였다가 재화나 용역이 판매되어 상품권이 회수되는 시점에 수익을 인식하였다.

해설

◉ **정답 : ③**
• 용역매출(예 도급공사)은 장·단기 모두 진행기준을 적용한다.

28 ㈜삼일은 도급금액 60,000,000원인 건설공사를 수주하였다. 공사와 관련된 자료가 다음과 같다고 할 경우 당해 건설공사로 인하여 20x1년, 20x2년의 건설공사이익은 얼마인가(단, 원가기준의 진행률을 적용하여 수익을 인식한다)?

구분	20x1년	20x2년
당기 발생한 공사원가	15,000,000원	30,000,000원
추가예정공사원가	30,000,000원	–

	20x1년	20x2년
①	0원	15,000,000원
②	5,000,000원	10,000,000원
③	10,000,000원	5,000,000원
④	15,000,000원	0원

해설

◉ **정답 : ②**
• 연도별 공사이익

	20x1년	20x2년
공사수익	$60,000,000 \times \dfrac{15,000,000}{15,000,000+30,000,000} = 20,000,000$	$60,000,000 \times 100\% - 20,000,000 = 40,000,000$
공사원가	15,000,000	30,000,000
공사이익	5,000,000	10,000,000

29 다음 중 주당이익에 관한 설명으로 가장 옳은 것은?

① 당기순이익은 보통주 뿐만 아니라 우선주에 대한 몫도 포함되어 있으므로 보통주 당기순이익 산정 시 당기순이익에서 우선주배당금을 차감하여 계산한다.
② 가중평균유통보통주식수 산정시 우선주가 있을 경우 발행된 총주식수에서 이를 공제하지 아니한다.
③ 자기주식은 취득시점 이후부터 매각시점까지의 기간 동안 가중평균유통보통주식수에 포함하여야 한다.
④ 당기 중에 무상증자, 주식배당, 주식분할 및 주식병합이 실시된 경우에는 기말에 실시된 것으로 간주한다.

▶ 해설
○ 정답 : ①
• ② 총주식수에서 이를 공제하지 아니한다.(X) → 총주식수에서 차감한다.(O)
 ③ 가중평균유통보통주식수에 포함하여야 한다.(X) → 가중평균유통보통주식수에서 제외한다.(O)
 ④ 기말에 실시된 것으로 간주한다.(X) → 기초에 실시된 것으로 간주한다.(O)

30 다음 중 부과과세제도를 채택하고 있는 조세를 모두 고르면?

ㄱ. 법인세	ㄴ. 소득세	ㄷ. 부가가치세	ㄹ. 상속세	ㅁ. 증여세

① ㄱ, ㄴ　　　　　　　　　　　　② ㄱ, ㄴ, ㄷ
③ ㄷ, ㄹ　　　　　　　　　　　　④ ㄹ, ㅁ

▶ 해설
○ 정답 : ④
• 부과과세제도 : 과세관청의 부과처분에 의해 세액이 확정되는 과세방식으로 과세관청에게만 납세의무 확정권을 부여하는 제도이며 납세자의 신고는 조력의무에 불과하다.(예 상속세, 증여세)
• 신고납세제도 : 1차적으로 납세의무자에게 납세의무 확정권을 부여하고 무신고, 신고내용에 오류·탈루가 있는 경우 2차적으로 과세관청에게 납세의무 확정권을 부여하는 제도이다.(예 법인세, 소득세, 부가가치세)

31 다음은 국세청 인터넷 상담사례 내용이다.

Q : 김삼일이라는 사람이 실제 사업을 하면서, 처남인 박삼이의 명의로 사업자등록을 한 경우, 해당 사업에서 발생한 소득은 누구의 것인가요?
A : 김삼일이라는 사람이 실제 사업을 하면서, 처남인 박삼이의 명의로 사업자등록을 한 경우, 해당 사업에서 발생한 소득은 김삼일의 소득으로 간주하고 김삼일에게 세금을 부과·징수하도록 규정하고 있습니다. 감사합니다.

다음 국세부과의 원칙 중 위의 인터넷 상담사례 내용과 가장 관계 깊은 것은 무엇인가?

① 실질과세의 원칙　　　　　　　② 신의성실의 원칙
③ 근거과세의 원칙　　　　　　　④ 조세감면 후 사후관리

▶ 해설
○ 정답 : ①
• 귀속이 명의일 뿐이고 사실상 귀속되는 자가 따로 있는 때에는 사실상 귀속자를 납세의무자로 하여 적용한다.

32 다음 법인세 세무조정사항 중 유보로 소득처분되는 항목을 모두 고르면?

| ㄱ. 임대보증금에 대한 간주임대료 | ㄴ. 법인세비용 |
| ㄷ. 건설자금이자 | ㄹ. 접대비한도초과액 |

① ㄱ   ② ㄱ, ㄴ
③ ㄷ   ④ ㄴ, ㄹ

해설
◉ 정답 : ③
• ㄱ,ㄴ,ㄹ : 기타사외유출

33 다음은 ㈜삼일의 제15기(20x1년 1월 1일 ~ 20x1년 12월 31일) 자료이다. 이에 따라 상여 또는 배당으로 소득처분할 금액은 각각 얼마인가?

ㄱ. 사용인 또는 임원이 아닌 개인 대주주에 대한 가지급금 인정이자	2,000,000원
ㄴ. ㈜삼일의 상여금지급규정을 초과하여 임원에게 지급된 상여금	5,000,000원
ㄷ. ㈜삼일이 특수관계인에 해당하는 법인에게 일반적인 판매가격보다 낮은 가격에 판매한 금액	5,000,000원

	상여	배당
①	2,000,000원	10,000,000원
②	10,000,000원	2,000,000원
③	5,000,000원	2,000,000원
④	5,000,000원	7,000,000원

해설
◉ 정답 : ③
• ㄱ : 익금산입 가지급금 인정이자 2,000,000(배당)
• ㄴ : 손금불산입 임원상여한도초과 5,000,000(상여)
• ㄷ : '시가(?)-저가양도금액(5,000,000)'을 익금산입하고 귀속이 법인이므로 기타사외유출로 소득처분한다.

34 ㈜삼일은 경영부진으로 이월된 결손금을 보전하기 위해 대주주인 김삼일씨로부터 시가 4억원의 건물을 증여받아 이 중 8천만원을 결손금 보전에 충당하였다. ㈜삼일의 회계팀장인 박팀장이 4억원을 자산수증이익으로 처리하였을 경우 세액을 줄이기 위하여 필요한 세무조정은?

① 〈익금불산입〉 자산수증이익 80,000,000(기타)
② 〈익금불산입〉 자산수증이익 180,000,000(△유보)
③ 〈익금산입〉 자산수증이익 320,000,000(기타)
④ 〈익금산입〉 자산수증이익 400,000,000(유보)

해설
◉ 정답 : ①
• 이월결손금 보전에 충당한 자산수증이익은 익금불산입하고 기타로 소득처분한다.

35 다음 중 법인세법상 손금으로 인정되는 항목으로 가장 옳은 것은?

① 퇴직금지급규정을 초과하여 직원에게 지급한 퇴직금
② 폐수배출부담금
③ 부가가치세법에 따른 공제되는 매입세액
④ 업무와 관련하여 발생한 교통사고 벌과금

> 해설

○ **정답 : ①**
• 퇴직금은 임원에 대하여만 한도초과액을 손금으로 인정하지 않으며, 그 외는 모두 손금으로 인정된다.

36 ㈜삼일의 퇴직금지급기준에 의한 임원 퇴직금은 10,000,000원이나 퇴직임원에게 해당 사업연도에 실제로 15,000,000원을 퇴직금으로 지급하면서 다음과 같이 회계처리하였다. 이 경우 필요한 세무조정은?

(차) 퇴직급여	15,000,000원	(대) 현금	15,000,000원

① 〈손금불산입〉 임원퇴직금한도초과 5,000,000(기타)
② 〈손금불산입〉 임원퇴직금한도초과 5,000,000(유보)
③ 〈손금불산입〉 임원퇴직금한도초과 5,000,000(상여)
④ 세무조정 없음

> 해설

○ **정답 : ③**
• 임원퇴직금 한도초과액은 손금불산입하고 귀속이 임원이므로 상여로 소득처분한다.

37 다음 자료를 이용하여 ㈜삼일의 제7기(20x1년 1월 1일 ~ 20x1년 12월 31일) 접대비 한도초과액에 대한 세무조정을 수행하고자 할 때 접대비 해당액으로 가장 옳은 것은?

ㄱ. 증빙서류를 수취하지 않은 접대비	20,000,000원
ㄴ. 건당 1만원을 초과하는 영수증 수취 접대비	5,000,000원
ㄷ. 건당 1만원 이하인 영수증 수취 접대비	2,000,000원

① 2,000,000원
② 7,000,000원
③ 27,000,000원
④ 25,000,000원

> 해설

○ **정답 : ①**
• ㄱ : 손금불산입 증빙불비접대비 20,000,000(대표자상여)
• ㄴ : 손금불산입 1만원 초과 신용카드등 미사용액 5,000,000(기타사외유출)
• ㄷ : 1만원을 초과하지 않으므로 신용카드등 미사용액이더라도 접대비해당액으로 집계된다.

38 다음 중 법인세법상 대손충당금에 관한 설명으로 가장 올바르지 않은 것은?

① 대손충당금은 법인이 보유하고 있는 채권의 회수가 불가능하게 될 가능성에 대비하여 설정하는 충당금이다.
② 법인세법상 대손충당금 설정대상 채권에는 매출채권, 대여금, 미수금 등이 해당된다.
③ 대손충당금 기말잔액과 한도액을 비교하여 한도초과액을 계산한다.
④ 대손충당금 한도 미달액은 손금산입하고 △유보로 소득처분한다.

> **해설**

○ **정답 : ④**
• 대손충당금 기말잔액이 한도액에 미달하는 경우 한도미달액에 대해서는 별도의 세무조정을 하지 않는다.

39 다음은 세제개편안에 대한 신문기사의 일부이다. 괄호 안에 공통으로 들어갈 용어로 가장 알맞은 것은 무엇인가?

> **"대기업 (   ) 상향 조정"**
> … (전략) 대기업의 (   )은/는 각종 비과세·감면 혜택으로 대기업이 실제 내는 명목세금이 크게 줄어드는 것을 막기 위해 최소한의 세율을 정한 것이다. 이번 세법개정안에서 크게 상향조정됐다.
> 예를 들어 과세표준 5,000억원인 일반법인이 연구·개발(R&D) 투자 등으로 공제대상세액 500억원이 발생한 경우 (   )에 대한 개정안을 적용하면 세금 709억원을 납부해야 한다. 즉, 현행보다 40억원 납부세액이 증가하는 것이다.… (후략)

① 세액감면
② 특별징수
③ 최저한세
④ 세액공제

> **해설**

○ **정답 : ③**
• 법인세법에서는 법인세를 감면 받는 법인도 최소한 법인세법이 규정한 일정한도의 세액은 납부하도록 하는 제도를 마련하고 있다. 이러한 제도를 최저한세라고 한다.

40 다음 중 소득세법상 과세대상 소득에 관한 설명으로 가장 올바르지 않은 것은?

① 우리나라 소득세법은 소득원천설을 채택하고 있다.
② 화폐가치로 측정이 불가능하거나 정책상 과세하기에 적합하지 않은 소득은 과세대상에서 제외하고 있다.
③ 소득세법에서 열거하고 있지 않더라도 원칙적으로 개인의 소득으로 볼 수 있으면 포괄주의로 과세한다.
④ 이자, 배당, 사업, 근로, 연금, 기타소득은 합산하여 종합과세하고, 퇴직소득과 양도소득은 각각 별도로 분류과세한다.

> **해설**

• **정답 : ③**
• 원칙적으로 열거주의에 의하고 있으며, 이자·배당소득에 한하여 유형별포괄주의를 채택하고 있다.
* 화폐가치로 측정이 불가능하거나 정책상 과세하기에 적합하지 아니한 소득은 과세대상에서 제외하는 비과세규정을 두고 있다.

41 다음 중 소득세법상 과세기간에 관한 설명으로 가장 올바르지 않은 것은?

① 소득세법상 과세기간은 매년 1월 1일부터 12월 31일까지 1년이다.
② 납세의무자가 폐업하는 경우 1월 1일부터 폐업일까지를 1과세기간으로 한다.
③ 납세의무자의 출국으로 인하여 비거주자로 되는 경우에는 1월 1일부터 출국일까지의 기간을 1과세기간으로 한다.
④ 납세의무자가 사망한 경우 1월 1일부터 사망일까지의 기간을 1과세기간으로 한다.

해설

○ **정답 : ②**
• 과세기간은 예외 2가지(사망, 출국)를 제외하고는 모두 1월 1일부터 12월 31일이다. 따라서, 납세의무자가 폐업하는 경우에도 1월 1일부터 12월 31일까지를 1과세기간으로 한다.

42 소득세의 세율이 아래와 같은 경우 과세대상소득이 1,000만원인 김삼일씨와 과세대상소득이 2,000만원인 김사일씨의 소득세는 각각 얼마인가?

〈세율〉
 – 과세대상소득 1,200만원 이하 : 6%
 – 과세대상소득 1,200만원 초과 4,600만원 이하 : 15%

	김삼일	김사일
①	600,000원	1,320,000원
②	600,000원	1,920,000원
③	900,000원	1,320,000원
④	900,000원	1,920,000원

해설

○ **정답 : ②**
• 김삼일 : 10,000,000x6%=600,000
• 김사일 : 12,000,000x6%+(20,000,000-12,000,000)x15%=1,920,000

43 다음 중 소득세법상 사업소득금액과 법인세법상 각사업연도소득금액의 차이에 관한 설명으로 가장 올바르지 않은 것은?

① 법인세법에 따르면 소득의 종류를 구분하지 않고 모든 소득을 각사업연도소득에 포함하여 종합과세하므로 분리과세나 분류과세가 없다.
② 개인사업의 대표자에게 지급하는 급여는 필요경비에 산입되지 않지만, 법인의 대표자에게 지급하는 급여는 법인의 손금에 산입된다.
③ 개인사업의 대표자와 법인의 대표자 모두 출자금의 임의 인출이 불가능하다.
④ 소득세법상 사업과 무관한 유형자산의 처분손익은 원칙적으로 사업소득의 총수입금액과 필요경비에 산입하지 않는다.

해설

○ **정답 : ③**
• 법인세법에서는 출자자의 자금인출을 업무무관가지급금으로 간주하여 가지급금인정이자의 계산 등 불이익으로 제재한다. 반면, 소득세법에서는 출자금의 반환으로 간주하므로 인정이자의 계산 등이 없다. 즉, 소득세법은 대표자가 임의로 자금을 출자하고 인출할 수 있다.

44 다음은 소득공제 및 세액공제에 대한 설명이다. 이 중 공제에 대해 가장 잘못 이해하고 있는 사람은 누구인가?

> 김철수 : 제 큰 아들은 올해 8살이고 둘째 아들은 7살이며 아들들의 소득은 없습니다. 세액공제 30만원을 받을 수 있어서 다행입니다.
>
> 김영수 : 이번 연말정산때 일이 바빠서 특별소득공제(항목별 세액공제)와 관련된 서류를 제출하지 못했는데 최소한 표준세액공제만큼은 공제받을 수 있다니 다행입니다.
>
> 김영희 : 생계를 같이 하고 있는 제 동생의 나이는 27세이지만 연 소득금액이 2,000,000원이므로 대학학비에 대해 교육비세액공제를 받을 수 있겠네요.
>
> 김순희 : 제가 외국병원에서 치료를 받았는데 외국병원 의료비는 세액공제대상에 포함되지 않아서 아쉽네요.

① 김철수   ② 김영수
③ 김영희   ④ 김순희

해설

◎ 정답 : ③
- 교육비세액공제 대상 : 연령제한 없는 기본공제대상자 →즉, 소득요건(소득금액 100만원 이하)은 있다.

45 다음 중 소득세법상 수정신고에 관한 설명으로 가장 올바르지 않은 것은?

① 거주자가 과세표준을 기한 내에 확정신고한 경우에 관할세무서장이 과세표준과 세액을 결정 또는 경정하여 알리기 전까지 수정신고 할 수 있다.
② 법정 신고기한 경과 후 5개월이 경과한 경우 수정신고를 통하여 50%의 신고불성실가산세를 감면 받는다.
③ 법정 신고기한 경과 후 7개월이 경과한 경우 수정신고를 통하여 20%의 신고불성실가산세를 감면 받는다.
④ 법정 신고기한 경과 후 1년 3개월이 경과한 경우 수정신고를 통하여 5%의 신고불성실가산세를 감면 받는다.

해설

◎ 정답 : ④
- 5%(X) → 10%(O)
- 수정신고시 가산세 감면
  -신고기한 경과후 6월내 수정신고한 경우 : 신고불성실가산세의 50% 감면
  -신고기한 경과후 6월초과 1년내 수정신고한 경우 : 신고불성실가산세의 20% 감면
  -신고기한 경과후 1년초과 2년내 수정신고한 경우 : 신고불성실가산세의 10% 감면

46 다음 중 부가가치세 과세대상이 아닌 경우는?

① 매매계약에 따른 재화의 인도
② 부품을 부담하는 가공계약
③ 대가를 받지 않고 타인에게 제공하는 무상용역
④ 재화의 인수 대가로 다른 재화를 인도한 교환거래

해설

◎ 정답 : ③
- 용역의 무상공급은 원칙적으로 과세대상이 아니다.

47 ㈜삼일은 할부판매를 실시하고 있으며, 20x1년 7월 10일 상품을 할부로 판매하였다. 동 매출의 회수약정금액(부가가치세 제외)과 실제회수액(부가가치세 제외)이 다음과 같을 때 20x1년 제2기 예정신고기간(20x1년 7월 1일 ~ 20x1년 9월 30일)의 과세표준금액은 얼마인가?

일자	회수약정액	실제회수액
20x1년 7월 10일	10,000원	5,000원
20x1년 9월 10일	20,000원	10,000원
20x2년 3월 10일	10,000원	없음
20x2년 8월 10일	20,000원	10,000원
총 약정(회수)합계	60,000원	25,000원

① 5,000원 ② 15,000원
③ 30,000원 ④ 60,000원

해설

○ 정답 : ③
• 장기할부판매(1년이상)이므로 공급시기는 대가의 각 부분을 받기로 한때이다.
  → ∴실제회수액과 관계없이 20x1년 7월 10일 회수약정액 10,000원과 20x1년 9월 10일 회수약정액 20,000원이 제2기 예정신고기간(20x1년 7월 1일 ~ 20x1년 9월 30일)의 과세표준금액이다.

48 다음 중 부동산 임대용역의 부가가치세의 과세표준에 관한 설명으로 가장 올바르지 않은 것은?

① 부동산의 임대용역을 제공하고 전세금을 받는 경우 동 전세금의 이자수익 해당액을 간주임대료의 명목으로 과세표준에 포함한다.
② 부동산 임대용역의 간주임대료를 계산하기 위해 법에서 정한 정기예금이자율을 이용한다.
③ 2과세기간 이상에 걸쳐 부동산 임대용역을 제공하고 그 대가를 선불 또는 후불의 방법으로 일시에 받는 경우 용역을 제공한 기간의 월수에 따라 안분하여 과세표준을 인식한다.
④ 임대료의 선불 또는 후불로 법에서 정하는 방법에 따라 안분하는 경우 용역제공의 종료일이 속하는 달이 1월 미만이면 이를 1월로 보아 계산한다.

해설

○ 정답 : ④
• 말월불산입한다.

제1편 백점이론 특강

제2편 기출문제특강

SET1
SET2
SET3
SET4
SET5
SET6
SET7
SET8
SET9
SET10

신유형

기출문제요답노트

실전기출모의고사

49 다음은 ㈜삼일의 20x1년 제1기 예정신고기간의 매입내역이다. 동 기간 ㈜삼일의 매입세액공제액은 얼마인가(단, 아래 제시된 자료의 매입액에는 부가가치세가 포함되어 있지 않다)?

> ㄱ. 건축물 인테리어 공사비 : 10,000,000원
> ㄴ. 원재료 매입액 : 20,000,000원(원재료 매입시 현금을 지급하고 세금계산서 등 적격증빙을 미수취)
> ㄷ. 토지 매입비 : 50,000,000원
> ㄹ. 거래처 직원에 제공한 접대비 매입액 : 30,000,000원

① 1,000,000원
② 3,000,000원
③ 5,000,000원
④ 8,000,000원

해설

● 정답 : ①
• 10,000,000x10%=1,000,000
　→ㄴ,ㄷ,ㄹ : 매입세액불공제 대상

50 다음 중 세금계산서의 작성과 관련하여 가장 올바르지 않은 것은?

① 세금계산서상 공급가액과 부가가치세액을 기재하지 아니하여도 실제 거래가 확인되는 경우 정당한 세금계산서라고 볼 수 있다.
② 세금계산서는 일반거래에서 송장의 역할이나 외상거래의 청구서의 역할도 한다.
③ 기본적으로 세무서에 사업자등록을 한 사업자는 개인이나 법인 모두 세금계산서 발급의무가 있다.
④ 사업자는 원칙적으로 제품, 상품을 판매할 때마다 세금계산서를 발급하여야 한다.

해설

● 정답 : ①
• 필요적 기재사항이 일부라도 기재되어 있지 아니하거나 기재된 사항이 사실과 다를 때에는 정당한 세금계산서로 인정되지 않는다.

51 다음 자료는 ㈜삼일의 거래내역이다. ㈜삼일의 부가가치세신고서상 (ㄱ)에 기록될 금액은 얼마인가?

〈신고내용〉

구 분				금 액	세 율	세 액
과세표준 및 매출세액	과세	세금계산서발급분	(1)		10/100	
		매입자발행세금계산서	(2)		10/100	
		신용카드·현금영수증발행분	(3)		10/100	
		기타(정규영수증의매출분)	(4)			
	영세율	세금계산서발급분	(5)	(ㄱ)	0/100	
		기타	(6)		0/100	
		예정신고누락분	(7)			
		대손세액가감	(8)			
		합계	(9)			

구분	금액
세금계산서 발행 국내매출액(부가가치세 미포함)	50,000,000원
신용카드매출전표 발행분(부가가치세 포함)	33,000,000원
현금영수증 발행(부가가치세 포함)	7,700,000원
내국신용장에 의한 공급분(Local 수출분)	10,000,000원

① 없음
② 10,000,000원
③ 50,000,000원
④ 87,000,000원

해설

○ 정답 : ②
• (ㄱ) : 10,000,000(내국신용장에 의한 공급분)

3D
3P
3P
3P

FINAL

POTENTIALITY
PASSION
PROFESSION

3P는 여러분의 무한한 잠재적 능력과 반드시 성취하겠다는 열정을 토대로 전문가의 길로 나아가는 세무라이선스 파이널시리즈의 학습 정신입니다.

수험생 여러분의 합격을 응원합니다.

[실전연습]

신유형기출뽀개기

SECTION ❸

Cam Exam intermediate level

▶ 신유형기출뽀개기는 최근 주관처에서 새롭게 출제하고 있는 신유형의 문제들로 엄선하여 저자의 완벽한 해설과 함께 신유형의 문제를 파악해 볼 수 있게 하였습니다.

1 **다음 중 회계의 일반적 개념에 대한 설명으로 가장 올바르지 않은 것은?**

① 재무회계의 주된 목적은 외부정보이용자의 경제적 의사결정에 유용한 정보를 제공하는 것이다.
② 관리회계의 주된 목적은 기업 내부의 경영자가 관리적 의사결정을 하는데 유용한 정보를 제공하는 것이다.
③ 재무보고를 위한 핵심적인 수단은 재무제표이며, 재무제표의 범위에는 재무상태표, 손익계산서, 현금흐름표, 자본변동표 뿐만 아니라 주석이 포함된다.
④ 재무정보를 제공하기 위한 수단인 재무제표는 독립된 외부감사인에게 작성 책임이 있다.

해설

● **정답 : ④**
• 재무제표의 작성책임은 경영자에게 있다.
  →∴외부감사인이나 재무담당자, 대주주 등에게 작성책임이 있는 것이 아니다.

2 **다음 중 자산에 관한 설명으로 가장 올바르지 않은 것은 ?**

① 자산은 과거의 거래나 사건의 결과로서 현재 기업실체에 의해 지배되고 미래에 경제적 효익을 창출할 것으로 기대되는 자원이다.
② 일반적으로 물리적 형태를 가지고 있지만 물리적 형태가 자산의 본질적인 특성은 아니다.
③ 많은 자산이 소유권과 같은 법적 권리와 결부되어 있으므로 소유권 등의 법적 권리가 자산성 유무를 결정함에 있어 최종적 기준이다.
④ 현금유출과 자산의 취득은 밀접하게 관련되어 있으나 양자가 반드시 일치하는 것은 아니다.

해설

● **정답 : ③**
• 소유권(법률적 권리)이 자산의 존재를 판단하기 위해 필수적인 것은 아니다.(예 금융리스자산)
  →②의 예로는 무형자산, ④의 예로는 수증자산(증여받은 자산)을 들수 있다.

3 **중간재무제표에 관한 다음 내용 중 가장 올바르지 않은 것은?**

① 중간재무제표는 1회계연도보다 짧은 기간을 대상으로 작성하는 재무제표이다.
② 중간재무제표는 재무상태표, 손익계산서, 현금흐름표만을 포함한다.
③ 손익계산서는 중간기간과 누적중간기간을 직전 회계연도의 동일기간과 비교하는 형식으로 작성된다.
④ 재무상태표는 중간기간말과 직전 회계연도말을 비교하는 형식으로 작성한다.

해설

● **정답 : ②**
• 중간재무제표 : 재무상태표, 손익계산서, 현금흐름표, 자본변동표, 주석

4 **다음 중 유동부채로 분류하기 가장 어려운 것은?**

① 사채
② 미지급금
③ 유동성장기차입금
④ 부가세예수금

해설

● **정답 : ①**
• 비유동부채 : 사채, 장기차입금, 장기매입채무, 임대보증금, 퇴직급여충당부채 등

5 다음 중 재무상태표상 현금및현금성자산에 관한 설명으로 가장 올바르지 않은 것은?

① 현금및현금성자산은 통화 및 타인발행수표 등 통화대용증권과 당좌예금·보통예금 및 현금성자산을 말한다.

② 현금에는 지폐, 주화 이외에도 타인발행당좌수표, 자기앞수표, 우편환과 같이 일반 지급수단으로 쓰이는 대용증권이 포함된다.

③ 차용증서, 수입인지, 엽서, 우표, 부도수표, 부도어음 등은 현금및현금성자산으로 분류되지 않는다.

④ 현금성자산은 단기적 운용을 목적으로 한 유동성이 높은 유가증권으로서 보고기간종료일 현재 3개월 이내에 만기가 도래하는 것을 말한다.

--- 해설

○ **정답 : ④**
• 보고기간종료일 현재(X) → 취득일 현재(O)

6 전기에 회수불능으로 인하여 대손처리한 매출채권을 당기에 현금회수한 경우 회수일에 회계처리가 재무제표에 미치는 영향은?

	대손충당금	대손상각비
①	증가	감소
②	증가	변동없음
③	변동없음	감소
④	변동없음	증가

--- 해설

○ **정답 : ②**
• 회계처리 : (차) 현금 xxx   (대) 대손충당금 xxx
 →∴대손충당금은 증가하나, 대손상각비는 변동이 없다.

7 다음 중 재고자산의 취득원가에 대한 설명으로 가장 올바르지 않은 것은?

① ㈜삼일은 상품을 수입하면서 수입관세와 매입운임을 상품 취득원가에 가산하였다.

② ㈜삼일은 상품 취득시 받은 할인금액과 리베이트 금액을 상품 취득원가에 가산하였다.

③ ㈜삼일은 제품 제조시 발생한 공장 건물의 감가상각비를 합리적인 기준에 따라 제품 제조원가에 배부하였다.

④ ㈜삼일은 제조과정 중에 비정상적으로 낭비된 부분을 발생기간의 비용으로 인식하였다.

--- 해설

○ **정답 : ②**
• 매입할인과 리베이트항목은 매입원가(취득원가)에서 차감한다.

8 다음은 ㈜삼일의 20x1년도 재고상품 관련 자료이다. 매출은 원가의 30% 이익을 가산하여 인식할 경우 ㈜삼일의 20x1년도 매출총이익은 얼마인가?

기초상품재고액	5,000,000원
당기상품매입액	62,000,000원
기말상품실사액	7,000,000원

① 9,300,000원 ② 12,400,000원
③ 18,000,000원 ④ 18,600,000원

해설

● **정답 : ③**
• 매출원가 : 5,000,000+62,000,000-7,000,000=60,000,000
• 60,000,000=매출액÷(1+30%)에서, 매출액=78,000,000
∴78,000,000-60,000,000=18,000,000

9 ㈜삼일은 단일종류의 상품을 판매하고 있다. 기말상품의 장부상 수량은 500개이고 취득원가는 단위당 200원이다. 기말 재고실사시 실제 수량은 450개이고 재고자산의 시가는 180원이다. 저가법 평가를 할 경우 재고자산감모손실 금액은 얼마인가?

① 2,000원 ② 9,000원
③ 10,000원 ④ 12,000원

해설

● **정답 : ③**
• 감모손실과 평가손실 계산

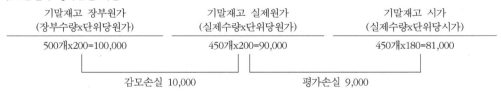

기말재고 장부원가 (장부수량x단위당원가)	기말재고 실제원가 (실제수량x단위당원가)	기말재고 시가 (실제수량x단위당시가)
500개x200=100,000	450개x200=90,000	450개x180=81,000

감모손실 10,000   평가손실 9,000

10 유가증권은 증권의 종류에 따라 지분증권과 채무증권으로 분류할 수 있다. 다음 중 지분증권의 분류 항목으로 가장 올바르지 않은 것은?

① 단기매매증권 ② 매도가능증권
③ 만기보유증권 ④ 지분법적용투자주식

해설

● **정답 : ③**
• 만기보유증권은 채무증권(채권)만 분류 가능하다.
 - 단기매매증권 : 지분증권(주식), 채무증권(채권)
 - 매도가능증권 : 지분증권(주식), 채무증권(채권)
 - 만기보유증권 : 채무증권(채권)
 - 지분법적용투자주식 : 지분증권(주식)

11 ㈜삼일은 20x1년 중 본사건물을 신축하기 위하여 기존의 본사건물을 철거하기로 하였다. 기존건물의 감가상각누계액을 차감한 장부금액은 50,000,000원이고 20x1년 7월 1일에 완공된 신축 본사건물(내용연수 20년, 잔존가치 0원, 정액법)의 취득원가는 100,000,000원이라고 할 때 ㈜삼일이 신축한 본사건물의 20x1년의 감가상각비는 얼마인가?

① 2,500,000원   ② 5,000,000원
③ 7,500,000원   ④ 10,000,000원

> **해설**
>
> • **정답 : ①**
> • 회계처리
>   (차) 처분손실   50,000,000   (대) 건물(장부금액)   50,000,000
>   (차) 감가상각비 (100,000000÷20년)x6/12=2,500,000   (대) 감가상각누계액   2,500,000
>   → 기존건물이 당초사용목적에 적합지 않아 이를 철거하고 새로운 건물을 신축하는 경우, 기존건물 장부금액은 처분손실로 처리한다.

12 ㈜삼일은 20x1년 1월 1일 설비자금의 일부를 국고에서 지원받았다. 설비의 취득원가는 300,000원이며 정부보조금은 100,000원으로 설비취득일에 전액 수령하였다. 이 설비의 내용연수는 5년, 잔존가치는 0원으로 정액법으로 감가상각한다. ㈜삼일이 이 설비를 20x2년 1월 1일 200,000원에 처분하였을 때 유형자산처분이익은 얼마인가(단, 위의 정부보조금은 상환 의무가 없는 것이며 회사는 정부보조금을 자산의 차감계정으로 처리한다)?

① 0원   ② 20,000원
③ 40,000원   ④ 100,000원

> **해설**
>
> ○ **정답 : ③**
> • (차) 현금   200,000   (대) 설비자산   300,000
>   감가상각누계액   300,000x1/5=60,000   처분이익   40,000
>   정부보조금   100,000-100,000x1/5=80,000
>   **고속철** 정부보조금 존재시 처분손익계산
>   '처분손익=처분가-보조금차감기준장부가'   → 200,000-(200,000-200,000x1/5)=40,000(이익)

13 다음 중 유형자산에 대한 설명으로 가장 올바르지 않은 것은?

① 내용연수 도중 사용을 중단하였으나 장래 사용을 재개할 예정인 유형자산에 대하여는 감가상각을 하지 않는다.
② 유형자산은 영업활동에 사용할 목적으로 취득한 자산이다.
③ 기업이 유형자산에 대해 법적인 권리를 보유하고 있지 않더라도 재무제표상 자산으로 계상할 수 있다.
④ 유형자산은 구체적인 형태를 가지고 있는 자산이다.

> **해설**
>
> ○ **정답 : ①**
> • 사용중단자산의 처리
>
> | 장래사용재개예정 | • 감가상각 O | 감가상각액을 영업외비용 처리 |
> | --- | --- | --- |
> | 처분, 폐기예정 | • 감가상각 X | 투자자산으로 분류하고, 주석공시가능 손상여부를 매 보고기간말에 검토 |
>
> • 소유권(법률적권리)이 자산의 존재를 판단하기 위해 필수적인 것은 아니다.

14 ㈜삼일은 자동차부품을 제조하여 판매하고 있다. 부품생산에 사용하고 있는 기계장치의 장부금액은 9,000,000원이다. 그러나 자동차모형의 변경으로 부품에 대한 수요가 급감하여 생산규모의 대폭적인 감소가 예상된다. 수요감소로 인하여 기계장치의 순공정가치는 4,000,000원, 사용가치는 4,500,000원으로 감소하였다. 일반기업회계기준에 따라 ㈜삼일이 기계장치에 대한 손상차손으로 계상할 금액은 얼마인가?

① 4,500,000원　　　　　　　　　　② 5,000,000원
③ 5,500,000원　　　　　　　　　　④ 6,000,000원

→ 해설
• **정답 : ①**
• 회수가능액 : Max[4,000,000, 4,500,000]=4,500,000
• 손상차손 : 9,000,000(장부금액)-4,500,000(회수가능액)=4,500,000

15 다음 중 무형자산의 회계처리에 대한 설명으로 가장 올바르지 않은 것은?

① 무형자산의 상각기간은 특정의 배타적인 권리를 부여하고 있는 관계법령이나 계약에 정해져 있는 경우를 제외하고는 20년을 초과할 수 없다.
② 무형자산의 상각방법은 자산의 경제적 효익의 소비형태를 반영한 합리적인 방법이어야 한다.
③ 내부적으로 창출한 영업권은 무형자산으로 인식할 수 없다.
④ 연구단계에서의 지출은 자산인식요건을 충족하는 경우에 한하여 재무제표에 자산으로 인식할 수 있다.

→ 해설
◦ **정답 : ④**
• 연구단계에서의 지출은 자산으로 인식할 수 없으며 '연구비'의 과목으로 발생한 기간의 비용(판관비)으로 처리한다.

16 다음 중 무형자산의 손상에 대한 설명으로 가장 올바르지 않은 것은?

① 자산의 진부화 및 시장가치의 급격한 하락 등으로 인하여 무형자산의 회수가능액이 장부가액에 중요하게 미달되는 경우에는 그 차액을 손상차손으로 처리한다.
② 아직 사용하지 않는 무형자산은 최소한 매 보고기간말에 회수가능액을 반드시 추정하여 손상여부를 판단하여야 한다.
③ 차기 이후에 손상된 자산의 회수가능액이 장부금액을 초과하게 되는 경우에는 그 초과액 전부를 손상차손환입으로 처리한다.
④ 영업권은 20년 이내의 기간에 정액법으로 상각하며, 손상차손은 인식하되 손상차손환입은 인식하지 않는다.

→ 해설
◦ **정답 : ③**
• 그 초과액 전부를 손상차손환입으로 처리한다.(X) → 손상되지 않았을 경우의 장부금액을 한도로 환입한다.(○)

17 다음 중 채권의 현재가치평가와 관련된 설명으로 가장 올바르지 않은 것은?

① 장기연불조건의 매매거래는 채권의 명목가치와 현재가치의 차이가 중요한 경우 현재가치로 평가한다.

② 현재가치평가에 사용되는 적정한 할인율은 당해 거래의 유효이자율이다.

③ 당해 거래의 유효이자율을 구할 수 없는 경우에는 동종시장이자율을 기초로 적정하게 산정된 이자율을 적용한다.

④ 명목금액과 현재가치의 차액은 현재가치할인차금이라는 계정으로 매 결산기마다 전액 당기손익에 반영한다.

─── 해설

○ 정답 : ④
• 전액 당기손익에 반영한다.(X) → 유효이자율법에 의한 상각액을 당기손익에 반영한다.(○)

18 ㈜삼일이 사채를 발행일 현재의 공정가치로 발행했다면 20x1년초 사채의 발행가액은 얼마인가?

> (1) 사채발행일 : 20x1년 1월 1일
> (2) 액면금액 : 1,500,000원
> (3) 표시이자율 : 연 12%(매년 말 지급)
> (4) 만기 : 20x3년 12월 31일(3년 만기)
> (5) 시장이자율(20x1년 1월 1일) : 14%
> (6) 시장이자율 14%에 대한 3년 현가계수는 0.6749이고, 연금현가계수는 2.3216이다.
> *모든 금액은 소수 첫째자리에서 반올림 한다.

① 1,536,666원 ② 1,430,238원
③ 1,499,874원 ④ 1,444,674원

─── 해설

○ 정답 : ②
• 1,500,000x0.6749+(1,500,000x12%)x2.3216=1,430,238

19 다음 중 충당부채 및 우발부채에 관한 설명으로 가장 올바르지 않은 것은?

① 충당부채로 인식하는 금액은 현재의무의 이행에 소요되는 지출에 대한 보고기간종료일 현재의 최선의 추정치이어야 한다.

② 충당부채의 명목금액과 현재가치의 차이가 중요한 경우에는 현재가치로 평가한다.

③ 미래의 예상 영업손실은 충당부채로 인식하지 아니한다.

④ 충당부채를 발생시킨 사건과 관련된 자산의 처분이익이 예상되는 경우 처분이익을 고려하여 충당부채 금액을 계산한다.

─── 해설

○ 정답 : ④
• 충당부채를 발생시킨 사건과 관련된 자산의 처분이익이 예상되는 경우 당해 처분이익은 충당부채 금액을 추정하는 데 고려하지 아니한다. 즉, 충당부채 금액을 계산시 차감하는 것이 아니라 총액으로 계상한다.

제1편 백점이론특강
제2편 기출문제특강
SET1
SET2
SET3
SET4
SET5
SET6
SET7
SET8
SET9
SET10
신유형
기출문제오답노트
실전기출모의고사

20 다음은 항공운송업을 영위하고 있는 ㈜삼일사의 구조조정 계획과 관련된 자료들이다. 구조조정충당부채로 인식할 금액은 얼마인가?

> 삼일항공사는 국내선 항공사업부를 폐쇄하기로 하고, 구조조정의 영향을 받을 당사자가 구조조정을 이행할 것이라는 정당한 기대를 가질 정도로 구조조정계획의 주요 내용을 구체적으로 공표하였다. 구조조정과 관련하여 예상되는 지출이나 손실은 다음과 같다.
> ㄱ. 해고대상직원들의 퇴직위로금 : 5,000,000원
> ㄴ. 계속 근무하는 직원에 대한 교육훈련 비용 : 2,000,000원
> ㄷ. 새로운 제도 구축에 대한 투자 : 1,000,000원

① 0원
② 5,000,000원
③ 7,000,000원
④ 8,000,000원

해설

● 정답 : ②
• 해고대상직원들의 퇴직위로금만이 구조조정충당부채로 인식할 금액이다.
• 구조조정과 관련하여 직접 발생 필수적 지출로 계속적 활동과 무관한 지출의 경우 구조조정충당부채를 인식하며, 다음의 지출은 영업활동과 관련된 것이므로 구조조정충당부채로 인식할 수 없다.

> ㉠ 계속 근무하는 종업원 교육훈련과 재배치
> ㉡ 마케팅
> ㉢ 새로운 제도·물류체계 구축에 대한 투자

21 다음 중 이연법인세회계와 관련된 설명으로 가장 옳은 것은?

① 일시적차이는 자산·부채의 장부금액과 세무기준액과의 차이이다.
② 모든 일시적차이는 항상 이연법인세로 인식된다.
③ 결손금이 발생하게 되면 차기 이후 회계연도의 이익발생시 법인세 부담액이 감소되는 효과가 나타나므로 이연법인세부채로 계상한다.
④ 이연법인세회계는 발생하는 시기에 자산, 부채로 인식하는 것이므로 발생시기의 법인세율을 적용한다.

해설

● 정답 : ①
• ② 차감할 일시적차이(유보)는 향후 과세소득의 발생이 거의 확실하여 미래의 법인세 절감효과의 실현가능성이 있어야 이연법인세자산으로 인식할 수 있다.
  ③ 이월결손금은 미래 법인세부담을 감소시키게 되므로 이연법인세자산으로 계상한다.
  ④ 이연법인세회계는 일시적차이 소멸시점의 미래예상 법인세율을 적용한다.

22 다음 중 자기주식의 회계처리에 관한 설명으로 가장 올바르지 않은 것은?

① 자기주식 취득시 자본잉여금 총액의 변동이 발생하지 않는다.
② 자기주식 처분거래를 기록하는 시점에서 이익잉여금 총액의 증감은 발생하지 않는다.
③ 자기주식을 소각할 경우 자기주식의 취득원가와 최초 발행금액의 차이를 감자차손(영업외비용) 또는 감자차익(영업외수익)으로 분류한다.
④ 자기주식 취득시 취득금액을 자본조정 항목으로 회계처리한다.

해설

● 정답 : ③
• 자기주식의 취득원가와 최초 발행금액의 차이(X) → 자기주식의 취득원가와 액면금액의 차이(O)

23 20x1년초 ㈜삼일의 자본총액은 580,000원이었고 20x1년 중 자본의 변동사항은 다음 거래가 있었다.

> ㄱ. 당기순이익 : 40,000원
> ㄴ. 유상증자 : 12,000원(액면금액 10,000원, 주식발행초과금 2,000원)
> ㄷ. 자기주식의 취득 : 20,000원(취득금액 주당 1,000원, 20주)
> ㄹ. 중간배당 : 5,000원

20x1년말 ㈜삼일의 자본총액은 얼마인가(단, 이익준비금적립은 고려하지 않는다고 가정한다)?

① 548,000원　　　　　　　　　　　② 600,000원
③ 607,000원　　　　　　　　　　　④ 630,000원

해설

○ **정답 : ③**
• 당기순이익 : 이익잉여금 40,000 증가 → 자본총액 40,000 증가
• 유상증자 : 납입 현금 12,000만큼 자본총액 증가
• 자기주식 취득 : 자본총액 20,000 감소
• 중간배당 : 이익잉여금 5,000 감소 → 자본총액 5,000 감소
∴580,000+40,000+12,000-20,000-5,000=607,000

24 손익계산서를 작성할 때 준거해야 하는 작성기준 중에서 구분계산의 원칙이 있다. 다음 중 이러한 구분계산의 원칙에 의할 경우 영업손익의 계산과정에 포함되지 않는 항목은?

① 감가상각비　　　　　　　　　　② 이자수익
③ 광고선전비　　　　　　　　　　④ 임차료

해설

○ **정답 : ②**
• 영업손익(판관비)와 영업외손익의 구분

영업손익 (판관비)	•급여, 퇴직급여, 복리후생비, 임차료, 접대비, 감가상각비, 무형자산상각비 •세금과공과, 광고선전비, 연구비, 경상개발비, 대손상각비(매출채권), 잡비 •명예퇴직금
영업외손익	•이자수익(비용), 배당금수익, 임대료, 단기매매증권평가손익, 손상차손(환입) •재고자산감모손실(비정상감모), 외환차손익, 외화환산손익, 사채상환손익 •기타의대손상각비(비매출채권), 기부금, 지분법손익, 자산처분손익 •자산수증이익, 채무면제이익, 보험금수익, 전기오류수정손익, 잡손실(잡이익)

25 다음은 ㈜삼일과 ㈜영일의 거래내역이다. ㈜삼일의 20x1년 1월 매출액은 얼마인가?

> 20x1년 01월 01일 : ㈜삼일은 ㈜영일과 외제차 매도계약을 하면서 판매대금 50,000,000원 중 청약금으로 1,000,000원을 수령하였다.
>
> 20x1년 01월 20일 : ㈜삼일은 ㈜영일에게 외제차를 양도하면서 현금 중 48,000,000원을 수령하였다.
>
> 20x1년 02월 06일 : ㈜삼일은 ㈜영일로부터 현금 1,000,000원을 수령하였다.

① 0원
② 1,000,000원
③ 49,000,000원
④ 50,000,000원

해설
● 정답 : ④
• 재화의 판매는 인도시점에 수익을 전액 인식한다. 따라서, 1월 20일에 50,000,000원 전액을 인식한다.

26 다음은 20x1년 1월에 사업을 개시하여 위탁판매방식 및 시용판매방식으로 영업을 하는 ㈜삼일의 20x1년의 거래내역이다. 다음 중에서 ㈜삼일이 시용판매에 대한 매출을 인식하여야 할 시점은 언제인가?

> 1월 1일 : 상품 10개를 위탁판매하기 위하여 ㈜용산에 적송하다.
> 4월 1일 : 상품 10개를 ㈜시티에 시용판매하다.
> 6월 1일 : ㈜시티가 시용품 10개에 대하여 매입의사를 표시하다.
> 9월 1일 : ㈜용산이 판매한 상품에 대한 대금에서 판매수수료를 차감한 금액을 송금하다.

① 1월 1일
② 4월 1일
③ 6월 1일
④ 9월 1일

해설
● 정답 : ③
• 시용판매 수익인식시점 : 매입의사 표시시점이므로 6월 1일이 된다.

27 다음은 20x1년 ㈜삼일의 결산 과정에서 오류사항이다. ㈜삼일이 다음의 오류사항을 수정하고자 할 때 당기순이익에 영향을 미치는 것은(단, 법인세비용은 고려하지 않는다)?

① 당기 무형자산에 대한 손상평가 미계상
② 매도가능금융자산에 대한 평가이익 미계상
③ 당기 기부금을 일반관리비로 계상
④ 전기 주식할인발행차금 미상각

해설
● 정답 : ①
• ① 당기 무형자산에 대한 손상평가 미계상 →당기비용(손상차손) 미계상으로 당기손익에 영향
② 매도가능증권에 대한 평가손실 미계상 →기타포괄손익누계액에 영향
③ 당기 기부금을 일반관리비로 계상 →비용분류상 오류이므로 손익에는 영향이 없다.
④ 전기 주식할인발행차금 미상각 →자본조정에 영향

28 다음 중 주당이익에 관한 설명으로 가장 올바르지 않은 것은?

① 주식 1주당 발생한 이익을 의미한다.
② 주가수익률(PER) 산출의 기초자료가 된다.
③ 유통보통주식수가 증가하면 주당이익이 증가한다.
④ 당기순이익이 증가하면 주당이익이 증가한다.

> **해설**

○ **정답 : ③**
• 유통보통주식수(분모)가 증가하면 주당이익이 감소한다.

29 다음 중 재무활동 현금흐름으로 분류되는 항목의 예로 가장 올바르지 않은 것은?

① 사채의 상환과 관련한 만기 연장
② 재무활동으로 분류되는 이자 및 배당금 관련 현금유출
③ 금융리스부채의 상환에 따른 현금유출
④ 주식 발행에 따른 현금유입

> **해설**

○ **정답 : ①**
• 만기연장은 현금유입 및 유출과 무관하다.

30 다음 중 조세에 관한 설명으로 가장 옳은 것은?

① 조세를 부과·징수하는 주체인 국가는 필요에 따라 법의 규정에 근거하지 않고 세금을 부과·징수할 수 있다.
② 물세란 납세의무자의 인적사항을 고려하지 않고 수익 혹은 재산 그 자체에 대하여 부과하는 조세를 말하며, 법인세 및 소득세가 이에 해당된다.
③ 국세란 국가가 국민에게 부과하는 조세를 말하며 법인세, 소득세, 부가가치세 등이 해당된다.
④ 신고과세제도란 국가 또는 지방자치단체의 결정에 따라 과세표준과 세액이 확정되는 것을 말한다.

> **해설**

○ **정답 : ③**
• ① 조세를 부과·징수하는 주체인 국가라도 법의 규정에 근거하지 않고 필요에 따라 국민으로부터 세금을 부과·징수할 수 없다.
② 법인세 및 소득세는 인세에 포함된다. 물세의 예로는 부가가치세와 재산세를 들수 있다.
④ 국가 또는 지방자치단체의 결정에 따라 과세표준과 세액이 확정되는 것은 부과과세제도이다.

31 다음과 관련이 있는 국세부과의 원칙은 무엇인가?

> 지난 2000년에 론스타펀드Ⅲ(미국)과 론스타펀드Ⅲ(버뮤다), 허드코파트너스코리아로 구성된 론스타펀드Ⅲ는 벨기에에 설립한 스타홀딩스를 통해 서울 역삼동 스타타워를 인수했다가 되팔아 2천 450억원의 차익을 남겼다. 스타홀딩스는 벨기에의 거주자로서 한국과 벨기에의 조세조약에 따라 주식양도로 인한 소득세 면제신청서를 제출하였다. 이에 역삼세무서는 스타홀딩스를 조세회피를 위한 회사로 보아 한-벨 조세조약을 적용하지 않고 자산의 지분 60%와 38%를 가진 론스타펀드Ⅲ(미국)과 론스타펀드Ⅲ(버뮤다)에 양도소득세 613억 6천여만원과 388억 4천여만원을 각각 부과하였다.

① 실질과세의 원칙　　　　　　　　② 신의성실의 원칙
③ 조세감면 후 사후관리　　　　　　④ 근거과세의 원칙

해설

◉ **정답 : ①**
- 형식이나 외관에 불구하고 거래의 실질에 따라 세법을 해석해야 한다는 실질과세원칙에 대한 내용이다.
  → 즉, 양도차익을 실제 갖는 주체가 론스타펀드Ⅲ인지, 론스타펀드Ⅲ가 벨기에에 세운 스타홀딩스인지의 쟁점에 대하여 벨기에 스타홀딩스는 거주지인 벨기에에서는 정상적인 사업활동이 없고 형식상 거래 당사자의 역할만 수행한 회사로서 론스타펀드Ⅲ가 국내에서 조세를 회피하기 위해 설립한 도관회사에 불과하므로 양도소득의 실질귀속자에 해당한다고 볼 수 없다는 실질과세원칙에 따른 부과 내용이다.

32 다음 중 소득처분의 종류가 다른 것은?

① 퇴직급여충당금한도초과액　　　　② 접대비한도초과액
③ 기부금한도초과액　　　　　　　　④ 임대보증금에 대한 간주임대료

해설

- **정답 : ①**
- 퇴직급여충당금한도초과액 : 유보
- 접대비한도초과액, 기부금한도초과액, 임대보증금에 대한 간주임대료 : 기타사외유출

33 다음 중 익금산입·손금불산입 세무조정사항으로 출자자인 임원에 대한 소득처분으로 가장 옳은 것은?

① 상여　　　　　　　　　　　　　　② 기타사외유출
③ 배당　　　　　　　　　　　　　　④ 기타

해설

- **정답 : ①**
- 귀속자 : 출자자(임원·사용인 제외) →배당
- 귀속자 : 임원·사용인(출자자 포함) →상여

34 ㈜삼일은 자본금을 감자하면서 액면가액 5,000원인 주식에 대하여 주주에게 3,000원만 지급하고, 다음과 같이 회계처리한 경우 세무조정은?

(차) 자본금	5,000원	(대) 현금	3,000원
		감자차익	2,000원

① 〈익금산입〉 감자차익 2,000(기타) ② 〈익금산입〉 감자차익 2,000(유보)
③ 〈익금불산입〉 감자차익 2,000(기타) ④ 세무조정 없음

해설

○ 정답 : ④
• 감자차익은 회계상 자본잉여금이며, 세법도 익금불산입항목이므로 세무조정은 없다.

35 다음은 ㈜삼일의 제11기(20x1년 1월 1일 ~ 20x1년 12월 31일) 법인세신고를 위한 자료이다.

> ㄱ. 법인세비용차감전순이익 : 300,000,000원
> ㄴ. ㈜삼일은 유상증자를 통해 액면가액 5,000,000원인 주식을 10,000,000원에 발행하고 발행한 차액 5,000,000원을 수익으로 계상하였다.
> ㄷ. ㈜삼일은 제11기 결산시에 회계기준에 따라 은행예금에 대한 미수이자 3,000,000원을 계상하였다.

위 자료에 의하여 올바른 세무조정을 수행한 경우에 각사업연도소득금액을 계산하면 얼마인가 (단, 위 자료 이외에 각사업연도소득금액 계산에 영향을 미치는 항목은 없다)?

① 292,000,000원 ② 295,000,000원
③ 297,000,000원 ④ 300,000,000원

해설

○ 정답 : ①
• 세무조정
 -익금불산입 주식발행초과금 5,000,000(기타)
 -익금불산입 미수이자 3,000,000(△유보)
• 각사업연도소득금액 : 300,000,000-5,000,000-3,000,000=292,000,000

36 ㈜삼일이 임원 및 종업원에게 지급한 인건비의 내용은 다음과 같다. 다음 중 손금불산입 세무조정이 필요한 금액의 합계로 가장 옳은 것은?

> ㄱ. 임원 급여 지급액 : 150,000,000원
> ㄴ. 종업원 급여 지급액 : 300,000,000원
> ㄷ. 임원 상여금 지급액 : 50,000,000원(임원 상여지급기준상 한도액 : 30,000,000원)
> ㄹ. 종업원 상여금 지급액 : 50,000,000원(종업원 상여지급기준상 한도액 : 40,000,000원)

① 20,000,000원 ② 30,000,000원
③ 50,000,000원 ④ 170,000,000원

해설

○ 정답 : ①
• 손금불산입 임원상여한도초과 20,000,000(상여)
 →그 외는 모두 손금으로 인정된다.

37 다음은 법인세법상 건축물 등의 기준내용연수표이다.

구분	대상자산	기준내용연수
1	차량 및 운반구(운수업, 기계장비 및 소비용품 임대업에 사용되는 것은 제외), 공구, 기구 및 비품	5년
2	선박 및 항공기(어업, 운수업, 기계장비 및 소비용품 임대업에 사용되는 것은 제외)	12년
3	철골·철근콘크리트조, 철근콘크리트조, 석조, 연와석조, 철골조의 모든 건물(부속설비를 포함한다)과 구축물	40년

㈜삼일은 세금을 줄이기 위한 관점에서 볼 때, 소유하고 있는 건물의 내용연수를 얼마로 신고해야 하는가?

① 5년   ② 12년
③ 30년   ④ 40년

해설

○ 정답 : ③
• 내용연수범위 : 기준내용연수(40년) 상하 25% 범위 ⇒ 30년 ~ 50년
• 상각범위액을 크게 하기 위해 내용연수범위의 하한내용연수 30년을 신고한다.

38 다음은 제조업을 영위하는 ㈜삼일의 제6기(20x1년 1월 1일 ~ 20x1년 12월 31일)세무조정과 관련된 자료이다. 이 자료를 이용하여 제6기 세무조정사항으로 가장 옳은 것은?

> ㄱ. 상법에 의하여 20x1년 7월 1일자로 소멸시효가 완성된 외상매출금 10,000,000원이 있으나, 이를 제6기에 대손처리하지 않고 장부상 채권으로 남겨두었다.
>
> ㄴ. 20x1년 2월 1일자로 부도가 발생한 어음상의 채권 20,000,000원이 있으나, 이를 제5기에 대손처리하지 않고 제6기에 대손처리 하였다(소멸시효가 완성되지 아니함).

	ㄱ	ㄴ
①	손금산입 10,000,000원	세무조정 없음
②	손금산입 10,000,000원	손금불산입 20,000,000원
③	세무조정 없음	손금불산입 20,000,000원
④	세무조정 없음	세무조정 없음

해설

○ 정답 : ①
• ㄱ : 소멸시효완성은 신고조정 대손사유에 해당하므로 대손처리하지 않은 경우에도 손금산입 세무조정을 한다.
• ㄴ : 부도발생 6월 경과 어음상 채권은 결산조정 대손사유에 해당하며 이를 대손처리하였으므로 세무조정은 없다.

39 ㈜삼일은 특수관계인인 대표이사 김성희씨로부터 시가 8억원인 건물을 20억원에 매입하였다. ㈜삼일은 20년 동안 동 건물을 감가상각하기로 하였고 당기 감가상각비로 1억원을 계상하였다. 이와 관련한 세무상 설명으로 가장 올바르지 않은 것은(단, 감가상각비 한도는 고려하지 않는다)?

① 김성희씨는 이 거래로 인하여 소득세를 추가로 부담하여야 한다.

② 특수관계인과의 거래를 통해 과다하게 지급한 12억원을 세무상 건물의 자산가액으로 인정할 수 없으므로 12억원을 익금불산입(△유보)으로 처분한다.

③ ㈜삼일이 시가보다 낮은 가격으로 건물을 매입한 경우에도 ㈜삼일에게 부당행위계산부인 규정이 적용되어 세무조정 사항이 발생한다.

④ 당기에 계상한 감가상각비 1억원 중 60%인 6천만원은 손금으로 인정할 수 없으므로 손금불산입(유보)으로 처분한다.

해설

○ **정답 : ③**

• 저가매입(시가보다 낮은 가격으로 건물을 매입한 경우)에 대하여는 법소정 유가증권을 제외하고는 세무조정이 없다.

• 고가매입 세무조정

　㉠ 취득시

회사				세법			
(차) 건물	20억	(대) 현금	20억	(차) 건물	8억	(대) 현금	20억
				부당행위	12억		

　　→ 손금산입 12억(△유보) : 자산감액 세무조정
　　　익금산입 부당행위계산부인 12억(상여) : 위를 상쇄시키는 세무조정

　㉡ 감가상각시

　　회사의 감가상각비 1억 중 60%(= $\frac{12억}{20억}$)는 세법상 인정되는 감가상각비 자체가 아님.

　　→ 손금불산입 1억×60%=0.6억(유보)

40 다음 중 청산소득에 대한 법인세에 관한 규정으로 올바르지 않은 것은?

① 청산소득이란 법인이 해산에 의하여 모든 법률관계를 종료시키고 그 재산관계를 정리하여 이를 분배하는 청산과정에서 발생하는 소득이다.

② 비영리법인은 청산소득의 납세의무가 없다.

③ 해산시 잔여재산가액의 총액이 청산소득의 과세표준이 된다.

④ 청산소득에 대한 법인세 계산시에 적용되는 세율은 각사업연도소득에 대한 법인세의 세율과 동일하다.

해설

○ **정답 : ③**

• 과세표준=잔여재산가액-자기자본총액

41 다음 중 소득세법에 관한 설명으로 가장 올바르지 않은 것은?

① 소득세는 거주자와 비거주자의 과세범위에 차이를 두고 있다.
② 거주자와 비거주자의 구분은 국적으로 판단한다.
③ 거주자란 국내에 주소를 두거나 183일 이상의 거소를 둔 개인을 말한다.
④ 소득세의 과세소득에 대해서는 원칙적으로 열거주의를 채택하고 있다.

해설

● **정답 : ②**
• 거주자란 국내에 주소를 두거나 183일 이상의 거소를 둔 개인을 말하므로, 국적과 관계없이 외국인도 거주자에 해당 가능하다.

42 다음 중 제조업을 영위하는 법인인 ㈜삼일이 원천징수를 하지 않아도 되는 경우는?

① 사무직 직원 김성봉씨에게 급여를 지급할 때
② 도매업을 영위하는 개인 김경화씨에게 이자를 지급할 때
③ 개인 손문의씨로부터 건물을 매입하고 대금을 지급할 때
④ 개인주주 강민석씨에게 배당금을 지급할 때

해설

● **정답 : ③**
• 소득세법상 양도소득에 대해서는 원천징수가 없다.

43 다음 중 소득세법상 이자소득·배당소득의 수입시기에 관한 설명으로 가장 올바르지 않은 것은?

① 기명채권 등의 이자와 할인액 : 채권 만기일
② 보통예금의 이자 : 실제 이자 지급일
③ 저축성보험의 보험차익 : 보험금 또는 환급금의 지급일
④ 기명주식의 배당금 : 잉여금 처분 결의일

해설

● **정답 : ①**
• 기명채권 등의 이자와 할인액 : 약정에 의한 지급일

44 김삼일씨의 급여내역이 다음과 같을 때 소득세법상 총급여액을 계산하면 얼마인가?

| ㄱ. 급여 : 매월 3,000,000원 | ㄴ. 식사대 : 매월 100,000원(식사를 제공받음) |
| ㄷ. 상여 : 연간 5,000,000원 | ㄹ. 자가운전보조금 : 매월 200,000원 |

*김삼일씨는 연중 계속 근무하였으며 위 사항 이외의 근로소득은 없다.

① 36,000,000원
② 37,200,000원
③ 42,200,000원
④ 43,200,000원

해설

● **정답 : ③**
• 3,000,000x12+100,000x12+5,000,000=42,200,000
→식사가 제공되는 경우는 식대 전액을 과세하며, 자가운전보조금은 월 20만원 이내 비과세이다.

45 다음 중 소득세법상 특별세액공제에 관한 설명으로 가장 올바르지 않은 것은?

① 근로소득이 있는 거주자가 특별소득공제와 특별세액공제, 월세세액공제를 신청하지 않은 경우 표준세액공제로서 15만원을 공제한다.
② 근로소득이 없는 거주자가 이외의 종합소득이 있는 경우 기부금세액공제와 더불어 7만원의 표준세액공제를 받을 수 있다(성실사업자가 아닌 것으로 가정한다).
③ 특별세액공제에는 의료비세액공제, 보험료세액공제, 기부금세액공제, 교육비세액공제가 있다.
④ 근로소득이 있는 거주자는 공제대상 교육비의 15%를 종합소득 산출세액에서 공제할 수 있다.

　해설
◎ **정답 : ①**
• 15만원(X) → 13만원(O)

46 다음 중 부가가치세법상의 사업자에 관한 설명으로 가장 올바르지 않은 것은?

① 부가가치세법상 사업자는 과세사업자와 면세사업자, 면세사업과 과세사업을 함께 영위하는 겸영사업자로 나눌 수 있다.
② 겸영사업자는 면세사업자로 분류된다.
③ 과세사업자는 매출액의 규모와 업종에 따라 일반과세자와 간이과세자로 구분할 수 있다.
④ 면세사업자는 부가가치세가 면세되는 재화 또는 용역을 공급하는 사업자를 말한다.

　해설
◎ **정답 : ②**
• 겸영사업자는 과세사업자로 분류된다.

47 다음 중 부가가치세 과세대상이 아닌 경우는?

① 부동산 임대업자가 유상으로 상가를 임대하는 경우
② 과세대상 재화를 외상 판매한 경우
③ 근로자가 고용계약에 따른 근로를 제공한 경우
④ 과세재화를 교환 계약한 경우

　해설
◎ **정답 : ③**
• 고용관계에 의한 근로제공은 과세대상 용역의 공급으로 보지 않는다.

48 다음의 부가가치세법상 영세율 대상 중 세금계산서 발급대상 거래는?

① 내국신용장 또는 구매확인서에 의한 수출재화
② 국외에서 제공하는 용역
③ 직수출하는 재화
④ 항공기의 외국항행 용역

　해설
◎ **정답 : ①**
• 내국신용장 또는 구매확인서에 의한 수출재화는 국내거래이므로 세금계산서발급의무가 있다.

제1편 빽점이론특강

제2편 기출문제특강

SET1

SET2

SET3

SET4

SET5

SET6

SET7

SET8

SET9

SET10

신유형

기출문제외답노트

실전기출모의고사

49 다음 중 부가가치세법상 과세표준에 관한 설명으로 가장 올바르지 않은 것은?

① 계약의 위약으로 인한 위약금은 과세표준에 포함하지 않는다.
② 금전으로 대가를 받은 경우에는 그 대가를 과세표준으로 한다.
③ 수입재화의 경우 관세금액은 과세표준에 포함하지 않는다.
④ 매출환입된 재화의 가액은 과세표준에 포함하지 않는다.

해설

● **정답 : ③**
• 수입재화 과세표준 : 관세의 과세가격+관세+교육세 · 농특세+개소세 · 주세 · 교통세 · 에너지세 · 환경세

50 다음 중 세금계산서의 필요적 기재사항이 아닌 것은?

① 공급자의 사업자등록번호
② 작성연월일
③ 공급받는자의 사업장 주소
④ 공급가액과 부가가치세액

해설

● **정답 : ③**
• 필요적 기재사항 : 공급자의 등록번호와 성명(명칭), 공급받는자의 등록번호, 공급가액과 세액, 작성연월일
  → 공급받는자의 사업장 주소는 임의적 기재사항이다.

51 다음 중 부가가치세법상의 수정세금계산서에 관한 설명으로 가장 올바르지 않은 것은?

① 사업자는 기존에 발행한 세금계산서 사항에 대해 정정사유가 발생한 경우 수정세금계산서를 발행
  하여야 한다.
② 과세를 면세로 잘못 알고 계산서를 발급한 경우 수정세금계산서를 발행할 수 있다.
③ 수정세금계산서는 세금계산서 명칭 앞에 "수정"이라고 표기하며, 기재사항의 변경이 있는 경우
  당초 발급한 세금계산서는 붉은 글씨로, 수정하는 세금계산서는 검은 글씨로 각각 작성한다.
④ 수정세금계산서는 수정사유가 발생한 때에 발급하는 것이 원칙이나, 당초의 거래시기가 속하는
  국세기본법상의 수정신고기한 이내에 수정하여 발급할 수 있다.

해설

● **정답 : ②**
• 수정세금계산서는 당초에 세금계산서를 발급한 경우에만 발행가능하다.
  ㉠ 면세를 과세로 잘못 알고 세금계산서를 발급한 경우
     → 수정세금계산서 발급이 가능하다.
  ㉡ 과세를 면세로 잘못 알고 계산서를 발급한 경우
     → 당초 세금계산서를 발급한 것이 아니라 계산서를 발급한 것이므로 수정세금계산서 발급이 불가하며, 이 경
       우는 세금계산서 미발급으로서 가산세가 부과된다.

[합본부록]

FINAL

Cam Exam intermediate level

▶ **기출문제오답노트 [전과목]**

합본부록으로 제시된 기출문제오답노트는 서술형 기출문제에서 자주 등장하는 오답 문구를 180제로 전과목에 걸쳐 빠짐없이 정리하여 혼동할 수 있는 문구를 다시 한번 쉽게 확인 및 점검할 수 있도록 오답노트로 작성하였습니다.

▶ **실전기출모의고사 [4개년도 4회분]**

실전기출모의고사는 4개년도 주관처 공개 기출문제로 현행 개정세법과 현행 회계기준에 부합하도록 저자가 이를 임의변경·보완하여 실전과 동일하게 문제를 풀어볼 수 있게 구성하였습니다.

[합본부록]

재무회계 · 세무회계

서술형CORRECTION연습

Cam Exam intermediate level

기출문제오답노트

SEMOOLICENCE

1 재무제표에 대한 주석은 질적 정보를 파악하기 위한 중요한 정보이나 재무제표에는 포함되지 않는다.

➡ (X) : 주석도 재무제표에 포함된다.

2 역사적원가는 회계정보의 질적특성 중 목적적합성을 제고시킨다.

➡ (X) : 목적적합성(X) → 신뢰성(O)

3 회계정보가 갖추어야 할 가장 중요한 질적특성은 비용과 효익 그리고 중요성이다.

➡ (X) : 회계정보의 가장 중요한 질적특성은 목적적합성과 신뢰성이다.

4 재무제표는 사실에 근거한 자료만 나타내며, 추정에 의한 측정치는 포함하지 않는다.

➡ (X) : 재무제표는 내용연수, 대손추정률, 충당부채와 같이 추정에 의한 측정치를 포함하고 있다.

5 자산은 반드시 물리적 형태를 갖고 있어야 한다.

➡ (X) : 물리적 형태가 필수적인 것은 아니다. →예 특허권

6 비용은 과거의 거래나 사건의 결과로 현재 기업실체가 부담하고 있고 미래 자원의 유출 또는 사용이 예상되는 의무이다.

➡ (X) : 비용(X) → 부채(O)

7 중간재무제표의 작성시 중간기간이라 함은 3개월 또는 6개월만을 말한다.

➡ (X) : 3개월 또는 6개월만(X) → 1회계연도보다 짧은 회계기간(O)

8 현금흐름표는 중간재무제표에 포함되나 주석은 포함되지 않는다.

➡ (X) : 주석도 포함된다.

9 현금흐름표 및 자본변동표는 중간기간을 직전 회계연도의 동일기간과 비교하는 형식으로 작성한다.

➡ (X) : 현금흐름표 및 자본변동표는 누적중간기간을 직전 회계연도의 동일기간과 비교하는 형식으로 작성한다.

10 중간재무제표는 연차 재무제표와 동일한 계정과목을 사용하여야 하고 어떠한 경우에도 계정과목을 요약 표시할 수 없다.

➡ (X) : 연차재무제표와 동일한 양식으로 작성함을 원칙으로 하되, 정보이용자를 오도하지 않는 범위 내에서 계정과목을 요약 또는 일괄 표시할 수 있다.

11 중소기업회계처리특례에 의할 때 정형화된 시장에서 거래되는 파생상품에 대해서도 계약시점 이후 평가에 관한 회계처리를 하지 않을 수 있다.

➡ (X) : 정형화된 시장에서 거래되는 파생상품(X)
→정형화된 시장에서 거래되지 않아 시가가 없는 파생상품(O)

12 현행 일반기업회계기준상 재무상태표 구성요소 중 부채는 유동부채와 고정부채로 구분한다.

➡ (X) : 고정부채(X) → 비유동부채(O)

13 동일 거래처에 대한 채권과 채무가 동시에 존재하는 경우에는 이를 상계하여 표시한다.

➡ (X) : 자산과 부채는 원칙적으로 상계표시가 불가하다.

14 어음상의 매출채권을 금융기관 등에 할인하는 경우에는 일반적으로 상환청구권이 존재하므로 차입거래로 처리한다.

➡ (X) : 매출채권 양도와 할인 모두 매각·차입거래의 구분기준은 상환청구권 유무가 아니라 권리와 의무의 실질적 이전 여부로 따진다.

15 대여금에 대한 대손상각비는 판매비와관리비로 분류하고, 대손충당금환입액은 영업외수익으로 분류한다.

➡ (X) : 영업외비용('기타의 대손상각비')으로 처리하며, 대손충당금환입액은 판관비의 부(−)로 표시한다.

16 부동산매매회사가 판매목적으로 보유하는 토지는 유형자산에 해당한다.

➡ (X) : 판매목적으로 보유하는 자산은 재고자산이다.

17 물가가 지속적으로 상승하고 기말재고수량이 기초재고수량보다 증가하며 빈번하게 매입매출이 있는 경우 당기순이익의 크기는 후입선출법>가중평균법>선입선출법의 순서가 된다.

➡ (X) : 선입선출법>가중평균법>후입선출법

18 재고자산감모손실은 원가성 여부와 관계없이 비정상적으로 발생한 것도 매출원가 또는 제조원가에 부담시키는 비용이다.

> (X) : 원가성이 있는 정상감모손실만 매출원가에 포함한다.

19 재고자산은 항상 순실현가능가치를 재무상태표 금액으로 한다.

> (X) : 장부금액보다 순실현가능가치가 하락한 경우에만 순실현가능가치로 평가한다.('저가법')

20 재고자산을 저가법으로 평가하는 경우 제품, 상품 및 재공품의 시가는 현행대체원가로 한다.

> (X) : 일반적인 경우는 순실현가능가치, 생산에 투입될 원재료는 현행대체원가로 한다.

21 제조업의 경우 재고자산도 유가증권과 마찬가지로 공정가치로 평가하여 평가이익을 계상할 수 있다.

> (X) : 재고자산은 저가법을 적용하여 평가손실만 계상할 수 있다.

22 지분증권과 채무증권은 단기매매증권, 매도가능증권, 만기보유증권 세가지 중 하나로만 분류될 수 있다.

> (X) : 지분증권은 지분법적용투자주식으로도 분류될수 있다.

23 채무증권 중 1년 이내에 만기가 도래하는 만기보유증권도 비유동자산으로 분류된다.

> (X) : 다음의 유가증권은 유동자산으로 분류한다.
> – 지분증권(주식) 중 1년 이내에 처분할 것이 거의 확실한 매도가능증권
> – 채무증권(채권) 중 1년 이내에 만기가 도래하는 매도가능증권

24 유가증권에 대한 손상차손 또는 손상차손의 회복은 자본조정으로 처리하여야 한다.

> (X) : 자본조정이 아닌 당기손익이다.

25 피투자기업에게 일반적인 기술정보를 투자기업이 제공하는 경우 유의적인 영향력이 있다고 본다.

> (X) : 일반적인 기술정보(X) → 필수적인 기술정보(O)

26 지분법 회계처리시 피투자기업이 당기순이익을 보고한 경우에는 투자기업의 당기순이익은 감소한다.

➡ (X) : 지분법이익을 인식하므로 당기순이익이 증가한다.

27 대주주로부터 무상으로 취득한 유형자산은 장부에 계상하지 아니한다.

➡ (X) : 공정가치로 유형자산을 인식하고 자산수증이익을 계상하여야 한다.

28 차입금에 대한 연체이자도 자산의 취득원가에 산입할 수 있는 차입원가 항목에 해당한다.

➡ (X) : 차입금에 대한 연체이자와 매출채권처분손실(할인료)은 자본화대상 차입원가에서 제외한다.

29 리스이용자의 운용리스비용도 자산의 취득원가에 산입할 수 있는 자본화대상 차입원가에 해당한다.

➡ (X) : 리스이용자의 운용리스비용(X) → 리스이용자의 금융리스비용(O)

30 자본화 대상자산의 물리적 완성이 완료된 경우도 자본화 기간의 개시시점에 필요한 조건이다.

➡ (X) : 적격자산의 물리적 완성은 개시시점의 조건이 아니라 자본화 종료시점이다.

31 기초에 취득한 기계장치를 정률법으로 상각하는 경우 정액법에 비하여 당기순이익은 과대계상되며 기계장치의 기말장부금액도 과대계상된다.

➡ (X) : 초기 감가상각비는 정률법이 더 크므로 당기순이익과 기말장부금액 모두 과소계상된다. (∵감가상각누계액 과대계상)

32 유형자산 재평가 결과 발생한 이익과 손실은 모두 당기손익으로 처리한다.

➡ (X) : 재평가잉여금은 기타포괄손익누계액, 재평가손실은 당기손익이다.

33 기업은 원가모형이나 재평가모형 중 하나를 회계정책으로 선택하여 유형자산 전체에 동일하게 적용한다.

➡ (X) : 유형자산 전체에(X) → 유형자산 분류별로(O)

34 특정 유형자산을 재평가할 때 유형자산별로 선택적 재평가를 할 수 있다.

➡ (X) : 유형자산별로 선택적 재평가를 하거나 서로 다른 기준일의 평가금액이 혼재된 재무보고를 하는 것을 방지하기 위하여 동일한 과목분류 내의 유형자산은 동시에 재평가한다.

35 유형자산의 장부금액이 재평가로 인하여 감소된 경우에 그 감소액은 기타포괄손익누계액으로 인식한다.

➡ (X) : 기타포괄손익누계액(X) → 당기손익(O)

36 내부적으로 창출된 브랜드, 고객목록도 수익창출에 기여하므로 무형자산으로 인식한다.

➡ (X) : 내부적으로 창출된 브랜드, 고객목록은 무형자산으로 인식하지 아니한다.

37 개발단계에서 발생한 금액은 전액 무형자산으로 인식한다.

➡ (X) : 소정 자산계상요건을 충족하는 경우에만 무형자산으로 계상한다.

38 무형자산에 대한 합리적 감가상각방법을 정할 수 없는 경우 연수합계법을 사용한다.

➡ (X) : 연수합계법(X) → 정액법(O)

39 무형자산의 상각이 다른 자산의 제조와 관련이 있는 경우라 하더라도 판매비와 관리비로 계상하여야 한다.

➡ (X) : 다른 자산의 제조와 관련이 있는 경우에는 제조원가로 처리한다.

40 무형자산의 경우 반드시 잔존가치를 '0'으로 처리하여야 한다.

➡ (X) : 무형자산의 잔존가치는 없는 것을 원칙으로 한다. 다만, 경제적 내용연수보다 짧은 상각기간을 정한 경우에 상각기간 종료시 제3자가 자산을 구입하는 약정이 있거나, 거래시장이 존재하여 상각기간 종료시에 자산의 잔존가치가 거래시장에서 결정될 가능성이 매우 높다면 잔존가치를 인식할 수 있다.

41 전신전화가입권은 특정한 전신 또는 전화를 소유사용하는 권리로써 반환 받을 수 있는 금액만을 계상하므로 설치비 등도 포함된다.

➡ (X) : 반환 받을 수 있는 금액만을 계상하므로 설치비 등은 포함되지 않는다.

42 유동부채는 만기금액과 현재가치의 차이가 중요하기 때문에 반드시 현재가치로 평가하여야 한다.

> (X) : 대부분의 유동부채는 단기간내에 만기가 도래하여 미래에 지불할 만기금액과 만기 금액의 현재가치와의 차이가 중요하지 않기 때문에 일반적으로 미래에 지불할 만기금액으로 유동부채를 평가한다.

43 유동성장기부채는 비유동부채 중 1년후에 상환될 것 등으로 한다.

> (X) : 유동성장기부채는 비유동부채 중 1년내에 상환될 것 등으로 한다.

44 전세권, 회원권, 임차보증금, 장기선수금 등도 공정가치(현재가치) 평가대상이다.

> (X) : 다음의 경우에는 공정가치(현재가치)로 평가하지 아니한다.
> – 장기선급금 · 선수금, 이연법인세자산(부채), 전세권, 임차보증금, 회원권

45 사채발행차금을 유효이자율법에 따라 상각하는 경우, 할인발행시는 이자비용이 시간의 경과에 따라 감소하나 할증발행시는 이자비용이 증가한다.

> (X) : 할인발행시는 장부금액이 증가하므로 유효이자(이자비용)가 증가하며, 할증발행시는 장부금액이 감소하므로 유효이자(이자비용)가 감소한다.

46 사채할증발행차금을 유효이자율법에 따라 상각하는 경우 매년 이자비용과 사채할증발행차금 상각액은 감소한다.

> (X) : 이자비용은 감소하나, 상각액은 증가한다.

47 사채발행비는 사채발행으로 인해 조달된 현금을 감소시키는 효과가 있으므로 지급수수료로 처리한다.

> (X) : 사채발행비는 사채의 발행가액에서 차감한다.

48 충당부채는 당해 의무로 인하여 기업에 발생할 손실금액이 확정되어야 한다.

> (X) : 충당부채는 지출의 시기와 금액이 불확실한 부채이다.

49 미래의 예상 영업손실에 대하여 그 금액을 추정하여 충당부채로 계상한다.

> (X) : 미래의 예상 영업손실은 충당부채로 인식하지 않는다.

제1편 백점이론특강
제2편 기출문제특강
SET1
SET2
SET3
SET4
SET5
SET6
SET7
SET8
SET9
SET10
신유형
기출문제오답노트
실전기출모의고사

50 우발자산은 자원유입가능성이 매우 높지 않아도 미래에 발생될 금액의 추정가능여부에 따라 공시할 수 있다.

➡ (X) : 자원유입가능성이 매우 높기만 하면 추정가능/추정불가능 불문하고 우발자산을 주석으로 공시한다. 즉, 자원유입가능성이 매우 높지 않으면(=자원유입가능성이 어느 정도 있음) 공시하지 않는다.

51 자원의 유입가능성이 매우 높고 미래에 발생될 금액의 추정이 불가능하면 우발자산으로 공시하지 않는다.

➡ (X) : 자원유입가능성이 매우 높기만 하면 추정가능/추정불가능 불문하고 우발자산을 주석으로 공시한다.

52 이연법인세자산, 부채를 계산할 때 미수이자와 같은 일시적 차이는 제외하고 영구적 차이만 고려한다.

➡ (X) : 영구적 차이가 아니라 일시적 차이를 고려한다.

53 일반기업회계기준에 의할 때 이연법인세자산, 부채는 비유동자산, 부채로만 계상한다.

➡ (X) : 유동자산(부채) 또는 비유동자산(부채)로 공시한다.

54 이연법인세자산(부채)은 현재가치평가의 대상이 된다.

➡ (X) : 이연법인세자산(부채)은 현재가치평가의 대상에서 제외한다.

55 이월결손금은 미래 법인세부담을 증가시키게 되므로 이연법인세부채로 계상하여야 한다.

➡ (X) : 이월결손금은 미래 법인세부담을 감소시키게 되므로 이연법인세자산으로 계상하여야 한다.

56 이월되는 세액공제는 법인세율을 곱하여 이연법인세자산으로 계상한다.

➡ (X) : 세액공제는 전액을 이연법인세자산으로 계상한다.

57 이익잉여금의 처분유형 중 현금배당은 실질적으로 이익잉여금을 감소시키나 자본총액은 변화시키지 않는다.

➡ (X) : 이익잉여금 xxx / 현금 xxx →이익잉여금감소, 자본총액감소

58 주식배당과 무상증자로 자본총액이 증가한다.

　➲ (X) : 자본총액은 불변이다.

59 주식배당의 경우 회사의 자본에 변동이 없으므로 아무런 회계처리를 하지 않아도 된다.

　➲ (X) : 회사는 주식배당에 대해 다음과 같은 회계처리를 하여야 한다.
　　　→ (차) 이익잉여금　　xxx　　(대) 자본금　　　xxx

60 주식배당은 주식배당을 받는 주주들에게 주식을 교부해야 하는 것이므로 배당기준일에 미지급배당금의 과목으로 하여 부채로 계상한다.

　➲ (X) : 미교부주식배당금의 과목으로 하여 자본조정으로 계상한다.

61 유형자산재평가이익과 신주청약증거금은 기타포괄손익누계액으로 분류한다.

　➲ (X) : 신주청약증거금은 자본조정으로 분류한다.

62 결손금은 자본잉여금, 이익준비금, 임의적립금, 기타법적정립금 순으로 보전해야 한다.

　➲ (X) : 임의적립금 → 기타법정적립금 →이익준비금 →자본잉여금

63 자본변동표는 자본의 각 항목별로 기초잔액과 기말잔액을 비교표시만 하면 된다.

　➲ (X) : 기초잔액과 기말잔액뿐만 아니라 그 변동내역도 표시된다.

64 손익계산서상의 당기순이익은 법인세 계산을 위한 과세소득과 동일하다.

　➲ (X) : 손익계산서상의 당기순이익과 법인세 계산을 위한 과세소득은 일반적으로 상이하므로 법인세법상의 세무조정 절차가 필요한 것이다.

65 손익계산서상 수익과 비용은 순액으로 기재함을 원칙으로 한다.

　➲ (X) : 순액(X) → 총액(O)

66 접대비는 판매와 관련하여 발생하므로 원가성 여부와 무관하게 판매비와 관리비로 분류해야 한다.

　➲ (X) : 접대비, 감가상각비, 복리후생비등의 비용이 제조와 관련한 비용인 경우(원가성이 있는 경우임)에는 제품원가로 처리한다.

제1편 백점이론특강　제2편 기출문제특강　SET1　SET2　SET3　SET4　SET5　SET6　SET7　SET8　SET9　SET10　신유형　기출문제오답노트　실전기출모의고사

67 수익은 재화의 판매, 용역의 제공이나 자산의 사용에 대하여 제공하였거나 또는 제공할 대가의 명목가액으로 측정한다.

➡ (X) : 수익은 재화의 판매, 용역의 제공이나 자산의 사용에 대하여 받았거나 또는 받을 대가의 공정가치로 측정한다.

68 용역의 제공으로 인한 수익은 용역거래의 성과를 신뢰성있게 추정할 수 있을 때 완성기준에 따라 인식한다.

➡ (X) : 완성기준(X) → 진행기준(O)

69 성격과 가치가 유사한 재화의 교환은 수익을 발생시키는 거래로 보아 회계처리 한다.

➡ (X) : 성격과 가치가 유사한 경우는 수익발생거래로 보지 않으며, 성격과 가치가 상이한 경우는 수익발생거래로 본다.

70 이자수익은 원칙적으로 명목이자율을 적용하여 발생기준에 따라 수익을 인식한다.

➡ (X) : 원칙적으로 유효이자율을 적용하여 발생기준에 따라 인식한다.

71 배당금수익은 배당금을 수령한 시점에 수익을 인식한다.

➡ (X) : 배당금을 받을 권리와 금액이 확정되는 시점에 인식한다.

72 로열티수익은 관련 계약의 경제적 실질을 반영하여 현금기준에 따라 수익을 인식한다.

➡ (X) : 관련된 계약의 경제적 실질을 반영하여 발생기준에 따라 인식한다.

73 반품가능성이 불확실하여 추정이 어려운 경우에는 반품기간이 종료된 시점이 아닌 재화가 인도된 시점에 수익을 인식한다.

➡ (X) : 반품가능성이 불확실하여 추정이 어려운 경우에는 수익을 인식할 수 없고, 반품기간이 종료된 시점에 매출을 인식한다.

74 반품조건부판매는 반품예상액을 합리적으로 추정할 수 있는 경우 제품의 인도시점에 판매금액 전액을 수익으로 인식한다.

➡ (X) : 반품추정액은 수익에서 차감한다.

75 설치가 단순한 TV와 같은 경우 포장의 개봉과 설치가 완료되는 시점에 수익을 인식한다.

⮕ (X) : 구매자 인수시점에 수익을 인식한다.

76 위탁판매는 수탁자가 재화를 받은 시점에 수익을 인식한다.

⮕ (X) : 수탁자가 재화를 판매한 시점에 수익을 인식한다.

77 제품공급자로부터 받은 제품을 인터넷 상에서 중개판매하거나 경매하고 수수료만을 수취하는 전자쇼핑몰은 제품의 거래금액 전체를 수익으로 인식한다.

⮕ (X) : 수수료만을 수익으로 인식하여야 한다.

78 광고목적 용역수익은 용역이 완료된 시점에 수익으로 인식한다.

⮕ (X) : 광고제작의 진행률에 따라 수익을 인식한다.

79 우선주의 배당금은 정해진 배당률과 관계없이 배당이 선언되지 않으면 지급할 의무가 없으므로 보통주당기순이익의 계산에서 차감하지 않는다.

⮕ (X) : 우선주의 배당금은 보통주당기순이익의 계산에서 차감한다.

80 자본변동표는 기본재무제표에 해당하지 않는다.

⮕ (X) : 자본변동표는 기본재무제표에 해당한다.

81 무형자산의 취득 및 처분과 관련된 현금흐름은 재무활동으로 인한 현금흐름으로 분류한다.

⮕ (X) : 재무활동(X) → 투자활동(O)

82 국가 또는 지방자치단체는 국민이 납부하는 조세에 대하여 국민에게 직접 대응되는 대가를 지급해 준다.

⮕ (X) : 조세는 반대급부가 없다.(개별보상이 없는 일반보상성의 성격을 갖는다.)

83 조세 사용용도가 특정하게 지정되었는지에 따라 직접세, 간접세로 분류한다.

⮕ (X) : 조세의 사용용도가 특정하게 지정되었는지에 따라 보통세와 목적세로 분류한다.

제1편 백점이론특강 / 제2편 기출문제특강 / SET1 / SET2 / SET3 / SET4 / SET5 / SET6 / SET7 / SET8 / SET9 / SET10 / 신유형 / 기출문제오답노트 / 실전기출모의고사

84 물세란 납세의무자의 인적사항을 고려하지 않고 수익 혹은 재산 그 자체에 대하여 부과하는 조세를 말하며, 법인세 및 소득세가 이에 포함된다.

➡ (X) : 소득세는 인적사항을 고려하는 인세이다.

85 실질과세의 원칙에 따르면 A라는 사람이 실제 사업을 하면서 처남인 B의 명의로 사업자등록을 한 경우 해당 사업에서 발생한 소득을 B의 소득으로 간주한다.

➡ (X) : 실제 사업자인 A의 소득으로 간주한다.

86 부과과세제도란 국가 또는 지방자치단체의 결정에 따라 과세표준과 세액이 확정되는 제도를 말하며, 법인세·소득세 등이 이에 해당한다.

➡ (X) : 법인세·소득세는 신고납세제도를 취하고 있다.

87 법인세 납세의무자는 법인의 대표이다.

➡ (X) : 법인세의 납세의무자는 법인 자신이다.

88 청산소득의 납세의무자는 원칙적으로 해산으로 소멸하는 영리내국법인이지만 비영리법인도예외적으로 청산소득의 납세의무가 있다.

➡ (X) : 청산소득 납세의무는 오직 영리내국법인만 부담한다.

89 내국영리법인의 국외원천소득은 국외에서 이미 과세가 되었으므로 국내에서는 추가적으로 과세되지 않는다.

➡ (X) : 내국영리법인은 국·내외 모든 소득에 대하여 법인세를 납부할 의무가 있다.

90 비영리외국법인은 영리를 목적으로 하지 않으므로 국내에서 수익사업을 하는 경우에도 법인세를 납부할 의무가 없다.

➡ (X) : 국내에서 수익사업을 하는 경우 법인세를 납부할 의무가 있다.

91 외국법인은 대표자가 대한민국 국민이 아닌 법인을 말한다.

➡ (X) : 외국법인은 외국에 본점(주사무소)을 둔 법인을 말한다.

92 퇴직급여충당금은 신고조정사항이다.

　➜ (X) : 퇴직급여충당금은 결산조정사항이다.

93 홍수로 침수된 공장설비에 대하여 계상한 평가손실은 인정되지 아니하므로 손금불산입 하는 세무조정을 한다.

　➜ (X) : 천재 · 지변, 폐광, 법령수용, 화재로 인한 고정자산평가손실은 결산조정을 전제로 손금으로 인정된다.

94 상품, 제품 판매손익의 귀속시기는 대가를 실제로 받은 날이다.

　➜ (X) : 인도한 날이다.

95 법인세법상 장기용역손익의 귀속시기는 용역제공 완료일이다.

　➜ (X) : 원칙적으로 진행기준이다.

96 임원에게 지급된 상여금 중 손금불산입되는 금액은 기타사외유출로 소득처분된다.

　➜ (X) : 임원상여한도초과는 상여로 소득처분한다.

97 종업원에게 지급하는 퇴직금은 일정한도액까지만 손금으로 인정된다.

　➜ (X) : 임원에게 지급하는 퇴직금에 대하여만 일정한도액까지만 손금으로 인정된다.

98 채권자 불분명 사채이자는 전액 손금불산입하고 원천징수액과 이자지급액 모두 대표자상여 로 소득처분된다.

　➜ (X) : 원천징수분은 기타사외유출로 소득처분한다.

99 업무무관자산 등 관련이자 손금불산입액은 유보로 소득처분한다.

　➜ (X) : 기타사외유출로 소득처분한다.

100 복리후생비도 일정한 한도까지만 손금으로 인정하고 이를 초과하는 금액은 손금으로 인정하지 않는다.

　➜ (X) : 복리후생비는 지출대상을 불문하고 전액 손금으로 인정한다.

제1편 백점이론특강

제2편 기출문제특강

SET1

SET2

SET3

SET4

SET5

SET6

SET7

SET8

SET9

SET10

신유형

기출문제오답노트

실전기출모의고사

101 파손, 부패 등의 사유로 계상한 재고자산평가손실은 재고자산의 평가방법을 저가법으로 신고해야만 손금으로 인정받을 수 있다.

➡ (X) : 파손, 부패로 인한 재고자산평가손실은 신고방법 불문하고 결산조정을 전제로 손금으로 인정된다.

102 일반적인 재고자산평가손실은 세법상 손금불산입 항목이므로 손금불산입하고 기타사외유출로 소득처분하여야 한다.

➡ (X) : 유보로 소득처분한다.

103 단기간 내의 매매차익을 목적으로 취득한 단기매매증권에 대하여 결산일에 시가 하락에 따라 계상한 평가손실은 손금으로 인정된다.

➡ (X) : 단기매매증권평가손익은 인정되지 않는다.

104 고정자산의 감가상각에 있어 내용연수는 기준내용연수의 50%를 가감한 범위 내에서 법인이 선택하여 신고할 수 있으며 이를 신고내용연수라고 한다.

➡ (X) : 50%(X) → 25%(O)

105 수익적지출에 해당하는 수선비는 자산의 취득원가에 더해져 감가상각과정을 통해 법인의 손금에 산입한다.

➡ (X) : 수익적지출(X) → 자본적지출(O)

106 접대비 한도액 계산 시에는 당기순이익을 고려하여 한도액을 계산한다.

➡ (X) : 당기순이익은 접대비한도 계산과 무관하며, 수입금액을 고려한다.

107 접대비의 손금인정 시기는 결제가 이루어지는 시점이 속하는 사업연도이다.

➡ (X) : 현금주의가 아니라 발생주의에 의한다.

108 법인이 국가 또는 지방자치단체에 무상으로 기증하는 금품은 지정기부금에 해당된다.

➡ (X) : 지정기부금(X) → 법정기부금(O)

109 비지정기부금은 한도금액 내에서만 손금으로 인정되고 한도초과액은 손금불산입되어 지급받는자에 따라 배당, 상여, 기타사외유출로 소득처분된다.

➡️ (X) : 비지정기부금은 한도 없이 전액 손금불산입된다.

110 현물로 기부하는 경우 법정기부금에 해당되면 시가로 평가하며 지정기부금 및 비지정기부금에 해당되면 장부가로 평가한다.

➡️ (X) : 법정기부금과 일반지정기부금은 '장부가'로 평가하고, 특수관계인지정기부금과 비지정기부금은 'Max[장부가액, 시가]'로 평가한다.

111 법인세법상 퇴직급여충당금의 설정대상자는 해당 사업연도말 현재 법인에서 1년 이상 근무한 직원만 해당한다.

➡️ (X) : 직원(X) → 임직원(O)

112 법인세법상 한도를 초과하여 설정된 퇴직급여충당금은 손금불산입되고 기타사외유출로 소득처분된다.

➡️ (X) : 기타사외유출(X) → 유보(O)

113 법인세법상 대손충당금 설정대상채권은 매출채권으로 한정된다.

➡️ (X) : 매출채권 뿐만 아니라 대여금, 미수금, 수표·어음상 채권등 다양하다.

114 법인세법상 대손충당금 설정률은 '1%'와 '법인의 대손실적률' 중 작은 비율을 적용한다.

➡️ (X) : 작은 비율(X) → 큰 비율(O)

115 대손충당금 한도초과액은 손금불산입하고 기타사외유출로 소득처분한다.

➡️ (X) : 기타사외유출(X) → 유보(O)

116 부당행위계산부인은 거래당사자간에 문서로 된 계약서 없이 이루어진 거래일 경우에 적용한다.

➡️ (X) : 계약의 유무는 불문한다.

제1편 백점이론특강

제2편 기출문제특강

SET1

SET2

SET3

SET4

SET5

SET6

SET7

SET8

SET9

SET10

신유형

기출문제오답노트

실전기출모의고사

117 특수관계인과의 거래가 아니라도 부당행위계산부인 규정을 적용한다.

   ⊙ (X) : 특수관계인과의 거래이어야 한다.

118 법인이 특수관계인에게 시가보다 낮은 가격으로 제품을 판매한 경우에는 부당행위계산부인이 적용되지 않는다.

   ⊙ (X) : 고가매입과 저가양도는 부당행위계산부인의 적용대상이다.

119 법인이 특수관계인에게 무상 또는 낮은 이자율로 금전을 빌려주는 경우 법인세법상 적정이자율로 계산한 이자금액과 실제 수입이자의 차액을 익금산입하고 유보로 처분한다.

   ⊙ (X) : 유보로 처분한다.(X) → 귀속자에 따라 상여 등으로 처분한다.(O)

120 법인세법상 법인의 소득 중 법인세를 과세하지 아니하는 비과세소득은 다음연도로 이월하여 공제받을 수 있다.

   ⊙ (X) : 비과세소득과 소득공제는 이월공제가 없다.

121 법인세법상 결손금은 손익계산서의 당기순손실 금액과 항상 일치한다.

   ⊙ (X) : 익금과 수익, 손금과 비용의 범위가 각각 상이하므로 결손금과 당기순손실은 일반적으로 일치하지 않는다.

122 법인세는 법인세 신고기한이 경과한 후 1개월 이내에 납부하여야 한다.

   ⊙ (X) : 법인세는 신고기한까지 신고 · 납부한다.

123 청산소득의 세율은 각 사업연도소득에 대한 법인세율보다 높다.

   ⊙ (X) : 청산소득의 세율은 각 사업연도소득에 대한 법인세율과 동일하다.

124 소득세는 공평과세를 위해 개인의 인적 사항을 고려하지 않는다.

   ⊙ (X) : 소득세는 개인의 인적 사항을 고려하는 인세에 해당한다.

125 소득세는 개인의 소득에 대해 과세되는 조세이므로 개인의 인적사항에 관계없이 소득이 동일하다면 동일한 세액을 부담하도록 하고 있다.

➡ (X) : 소득세는 개인의 인적사항이 고려되므로 소득이 동일하더라도 상이한 세액을 부담한다.

126 비거주자도 국내외 모든 소득에 대하여 소득세를 납부하여야 한다.

➡ (X) : 비거주자는 국내원천소득에 대하여만 소득세 납부의무가 있다.

127 거주자의 경우 납세지는 원칙적으로 국내원천소득이 발생하는 장소이다.

➡ (X) : 국내원천소득이 발생하는 장소(X) → 주소지(O)

128 소득세법에 따라 개인사업자는 1년을 초과하지 않는 범위내에서 선택에 의해 과세기간을 임의로 정할 수 있다.

➡ (X) : 과세기간은 임의 선택이 불가하다.

129 종합소득세율은 단일 비례세율 구조로 되어 있으며 소득재분배의 효과가 있다.

➡ (X) : 종합소득세율은 초과 누진세율 구조로 되어 있어 소득재분배의 효과가 있다.

130 국가나 공공기관에서 발행한 채권에서 발생하는 이자는 모두 비과세소득이다.

➡ (X) : 채권의 이자는 발행주체를 불문하고 과세소득에 해당한다.

131 친구에게 돈을 빌려주고 받은 이자는 소득세법상 이자소득에 해당하지 않는다.

➡ (X) : 비영업대금이익으로 이자소득에 해당한다.

132 저축성보험의 보험차익은 기간에 관계없이 이자소득에 해당하지 않는다.

➡ (X) : 10년 미만 저축성보험의 보험차익은 이자소득에 해당한다.

133 영업적으로 자금을 대여하고 이자를 받는 금액은 이자소득에 해당한다.

➡ (X) : 영업적으로 자금을 대여하고 이자를 받는 금액은 사업소득(대금업)에 해당한다.

134 자동차보험 가입 후 사고발생시 수령하는 보험금은 이자소득에 해당한다.

➡ (X) : 보장성보험의 보험차익은 원칙적으로 과세소득에 해당하지 않는다.

135 만기가 3년인 단기저축성보험의 보험차익은 이자소득에 해당하지 아니한다.

➡ (X) : 10년 미만의 저축성보험의 보험차익은 이자소득에 해당한다.

136 외국회사로부터 받는 이익의 배당은 배당소득에 해당하지 않는다.

➡ (X) : 외국회사로부터 받는 이익의 배당도 배당소득에 해당한다.

137 현물배당이나 주식배당의 경우 배당소득으로 보지 않는다.

➡ (X) : 현물배당이나 주식배당의 경우도 배당소득으로 본다.(의제배당)

138 개인사업의 대표자에게 지급하는 급여는 필요경비로 인정되지만 법인의 대표자에게 지급하는 급여는 법인의 손금으로 인정되지 않는다.

➡ (X) : 반대의 설명이다.

139 개인사업의 대표자는 퇴직급여충당금의 설정대상에 해당하지만 법인의 대표자는 퇴직급여충당금 설정대상에 해당하지 않는다.

➡ (X) : 반대의 설명이다.

140 거주자가 상가를 임대하고 일정 기간별로 임대료를 받는 대신 보증금 등을 받는 경우에는 부동산 임대관련 수입금액은 발생하지 않는다.

➡ (X) : 상가 보증금에 대한 간주임대료를 총수입금액으로 본다.

141 경조금 중 사회통념상 타당한 정도의 금액도 근로소득에 해당한다.

➡ (X) : 근로소득으로 보지 아니한다.

142 장기근속의 대가로 지급하는 특별공로금은 근로소득으로 과세하지 않는다.

➡ (X) : 각종 수당과 특별공로금은 소득세법상 근로소득으로 예시되어 있다.

143 연예인 사업자는 소득금액의 계산근거가 되는 증빙 서류 등을 비치하고 기장해야 할 의무가 면제된다.

> (X) : 연예인 사업자도 소득금액의 계산근거가 되는 증빙 서류 등을 비치하고 기장해야 할 의무가 있다.

144 연금소득은 기여금 납입시에 과세하고, 수령시에는 과세하지 않는 것이 원칙이다.

> (X) : 연금소득은 수령시에 과세한다.

145 이자소득, 배당소득, 사업소득, 근로소득, 연금소득은 종합과세하고 기타소득은 무조건 분리과세한다.

> (X) : 기타소득도 무조건 분리과세하는 복권당첨소득 등을 제외하고는 종합과세대상 소득이다.

146 복권당첨소득은 무조건 종합과세를 적용하여야 하므로 당첨금을 수령한 다음연도 5월에 반드시 과세표준 확정신고를 해야 한다.

> (X) : 복권당첨소득은 무조건 분리과세를 적용하므로, 확정신고가 불필요하다.

147 기타소득 이외에 다른 소득이 있는 경우 반드시 종합소득신고를 해야 한다.

> (X) : 기타소득금액이 연 300만원 이하인 경우에는 선택적 분리과세가 적용되므로 기타소득에 대해 반드시 종합소득신고를 해야 하는 것은 아니다.

148 신용카드소득공제는 근로소득이 없는 경우에도 공제받을 수 있는 항목이다.

> (X) : 신용카드소득공제는 근로자에게만 적용된다.

149 본인이 모시고 있는 장인어른(나이 57세, 소득 없음)을 위해 지출한 노인대학학비에 대해 교육비세액공제를 받을 수 있다.

> (X) : 직계존속은 교육비 세액공제를 적용받을 수 없다.

150 양도소득이란 개인이 부동산 등을 양도하여 얻는 소득을 말하므로 개인이 사업적으로 부동산을 판매하여 발생한 소득도 양도소득이다.

> (X) : 사업적으로 부동산을 판매하여 발생한 소득은 부동산매매업으로서 사업소득에 해당한다.

151 소액주주의 주권상장법인 주식의 장내양도분은 양도소득세 과세대상이다.

◎ (X) : 주권상장법인 주식의 장내양도분은 대주주 양도분이 과세대상이다.

152 보유 자동차를 중고자동차 매매상에 처분한 경우 양도소득세 과세대상에 해당한다.

◎ (X) : 자동차는 양도소득세 과세대상이 아니다.

153 제조업을 영위하는 법인인 (주)A가 개인인 강씨로부터 건물을 매입한 경우 그 대금을 지급할 때 원천징수를 하여야 한다.

◎ (X) : 양도소득은 원천징수가 없다.

154 당해 연도의 종합소득과세표준이 없거나 결손금이 발생하였다면 종합소득 과세표준 확정신고를 하지 않아도 된다.

◎ (X) : 종합소득과세표준이 없거나 결손금이 발생하였더라도 신고하여야 한다.

155 예납적 원천징수는 확정신고시 원천징수 당한 소득을 다른 소득과 함께 신고하고 원천징수 당한 세액은 공제가 불가능하다.

◎ (X) : 원천징수세액은 기납부세액으로 공제한다.

156 납세의무자는 국외에서 지급받는 소득에 대해 국외에서 원천징수된 금액을 국내 과세관청에 납부하여야 한다.

◎ (X) : 원천징수는 국내에서 거주자나 비거주자에게 소득을 지급하는 자가 그 거주자나 비거주자의 소득세를 납부하는 것으로, 국외소득은 원천징수대상이 아니다.

157 부가가치세법상 사업자란 사업상 독립적으로 재화나 용역을 공급하는 자로서 항상 영리목적으로 사업을 영위해야 한다.

◎ (X) : 사업성 판단에 영리목적 여부는 불문한다.

158 비영리법인은 어떠한 경우에도 부가가치세법상 납세의무자가 될 수 없다.

◎ (X) : 영리목적 여부를 불문하고 과세한다.

159 부가가치세는 원칙적으로 사업장별로 과세하지 않고 사업자별로 종합과세한다.

➡ (X) : 부가가치세는 원칙적으로 사업장별로 과세한다.('사업장별 과세원칙')

160 신규로 사업을 개시한 경우 사업개시일 전에는 사업자등록을 할 수 없다.

➡ (X) : 사업개시 전 등록도 가능하다.

161 사업장 전체를 포괄하여 양도하는 경우도 부가가치세 과세대상이다.

➡ (X) : 사업의 포괄양도는 재화의 공급으로 보지 아니한다.

162 과세사업자는 면세대상 재화 또는 용역의 공급에 대해서도 부가가치세를 납부하여야 한다.

➡ (X) : 과세사업자라도 면세대상을 공급시는 매출세액은 없다.

163 거래처에 어음을 발행한 경우도 재화의 공급에 해당한다.

➡ (X) : 어음은 재화로 보지 않는다.

164 자동차 점검서비스를 무상으로 제공한 경우도 부가가치세 과세대상에 해당한다.

➡ (X) : 용역의 무상공급은 일반적으로 과세대상이 아니다.

165 외상판매의 공급시기는 대가를 현금으로 수령한 때이다.

➡ (X) : 외상판매의 공급시기는 인도되는 때이다.

166 중간지급조건부판매의 공급시기는 재화가 인도되는 때이다.

➡ (X) : 대가의 각 부분을 받기로 한 때이다.

167 상품 인도 전에 발행하는 세금계산서는 별 다른 제약없이 적법한 세금계산서에 해당한다.

➡ (X) : 인도 전(공급시기 전)에 발급하는 경우 대가를 수령한 경우에 한하여 인정된다.

168 영세율은 부분면세제도라고 한다.

➡ (X) : 영세율은 완전면세제도, 면세는 부분면세제도이다.

제1편 백점이론특강 | 제2편 기출문제특강 | SET1 | SET2 | SET3 | SET4 | SET5 | SET6 | SET7 | SET8 | SET9 | SET10 | 신유형 | 기출문제오답노트 | 실전기출외고사

169 영세율은 공급가액이 과세표준에 포함되지 아니하며 매출세액도 없다.

➡ (X) : 영세율은 공급가액이 과세표준에 포함된다.

170 면세사업자도 사업자이므로 세금계산서를 발급해야 한다.

➡ (X) : 면세사업자는 세금계산서를 발급할 수 없으며, 계산서를 발급한다.

171 면세제도는 최종소비자에게 부가가치세 부담을 경감시키는 제도이므로 어떤 경우에도 사업자의 면세포기는 허용되지 않는다.

➡ (X) : 부가가치세법에서는 소정 사유에 해당시 면세포기를 허용하고 있다.

172 대손세액공제신고서도 부가가치세 예정신고시에 첨부할 서류에 해당한다.

➡ (X) : 대손세액공제는 확정신고시에만 적용한다.

173 사업자가 폐업하는 경우 별도의 부가가치세 신고절차는 불필요하다.

➡ (X) : 폐업일이 속하는 달의 다음달 25일 이내에 신고납부하여야 한다.

174 예정신고시 제출하여야 할 매입처별세금계산서합계표를 확정신고시 제출한 경우 가산세가 적용한다.

➡ (X) : 예정신고시 제출하여야 할 매입처별세금계산서합계표를 확정신고시 제출한 경우에는 가산세가 부과되지 않으나, 예정신고시 제출하여야 할 매출처별세금계산서 합계표를 확정신고시 제출한 경우에는 가산세가 부과된다.

175 사업자가 재화 또는 용역을 공급하고 세금계산서를 발급하지 아니한 경우에는 공급가액의 1%가 세금계산서 불성실가산세로 부과된다.

➡ (X) : 공급가액의 1%(X) → 공급가액의 2%(O)

176 면세사업자는 부가가치세의 납세의무가 없으나 공급받는 자가 요구하는 경우에는 세금계산서를 발급하여야 한다.

➡ (X) : 면세사업자는 어떠한 경우에도 세금계산서를 발급할 수 없다.

177 임의적 기재사항을 기재하지 아니한 경우 가산세를 물거나 매입세액불공제를 받는 등의 불이익이 있다.

⟳ (X) : 임의적 기재사항에 대하여는 불이익이 없다.

178 재화를 판매한 이후에 대금이 전액 결제된 경우에도 작성연월일에 대금결제일을 기재할 수 있다.

⟳ (X) : 공급시기후 세금계산서는 인정되지 않으므로 재화를 판매한 이후에 대금이 전액 결제된 경우에는 작성연월일에 대금결제일을 기재할 수 없다.

179 과세를 면세로 잘못 알고 계산서를 발급한 경우에도 수정세금계산서를 발급할 수 있다.

⟳ (X) : 수정세금계산서는 당초에 세금계산서를 발급한 경우에만 발행가능하다.
  ㉠ 면세를 과세로 잘못 알고 세금계산서를 발급한 경우
    → 수정세금계산서 발급이 가능하다.
  ㉡ 과세를 면세로 잘못 알고 계산서를 발급한 경우
    → 당초 세금계산서를 발급한 것이 아니라 계산서를 발급한 것이므로 수정세금계산서 발급이 불가하며, 이 경우는 세금계산서 미발급으로서 가산세가 부과된다.

180 전자세금계산서에 대한 부가가치세법상 필요적 기재사항은 기존의 세금계산서와 다르다.

⟳ (X) : 기존의 세금계산서와 동일하다.

제1편 백점이론특강

제2편 기출문제특강

SET1
SET2
SET3
SET4
SET5
SET6
SET7
SET8
SET9
SET10

신유형

기출문제오답노트

실전기출모의고사

3D 3P FINAL

3P

POTENTIALITY
PASSION
PROFESSION

3P는 여러분의 무한한 잠재적 능력과
반드시 성취하겠다는 열정을 토대로 전
문가의 길로 나아가는 세무라이선스 파
이널시리즈의 학습 정신입니다.

수험생 여러분의 합격을 응원합니다.

[합본부록]

재무회계 · 세무회계

주관처 2016년 공개

Cam Exam intermediate level

실전기출모의고사

SEMOOLICENCE

01 재무회계

1 다음 중 회계의 일반적 개념에 대한 설명으로 가장 올바르지 않은 것은?

① 재무회계의 주된 목적은 외부정보이용자의 경제적 의사결정에 유용한 정보를 제공하는 것이다.

② 관리회계의 주된 목적은 기업 내부의 경영자가 관리적 의사결정을 하는데 유용한 정보를 제공하는 것이다.

③ 재무보고를 위한 핵심적인 수단은 재무제표이며, 재무제표의 범위에는 재무상태표, 손익계산서, 현금흐름표, 자본변동표 뿐만 아니라 주석이 포함된다.

④ 재무정보를 제공하기 위한 수단인 재무제표는 독립된 외부감사인에게 작성 책임이 있다.

해설

• 재무제표의 작성책임은 경영자에게 있다.
  →∴외부감사인이나 재무담당자, 대주주 등에게 작성책임이 있는 것이 아니다.

2 ㈜삼일은 12월말 결산법인으로 당 3분기 중간재무제표를 작성하려고 한다. 다음 중 중간재무제표에 관한 설명으로 가장 올바르지 않은 것은?

① 재무상태표는 당 회계연도 9월 30일 현재를 기준으로 작성하고 직전 회계연도 12월 31일 현재의 재무상태표와 비교표시한다.

② 손익계산서는 당 회계연도 7월 1일부터 9월 30일까지의 중간기간과 1월 1일부터 9월 30일까지의 누적중간기간을 대상으로 작성하고 직전 회계연도의 동일기간을 대상으로 작성한 손익계산서와 비교표시한다.

③ 자본변동표는 당 회계연도 1월 1일부터 9월 30일까지의 누적중간기간을 대상으로 작성하고 직전 회계연도의 동일기간을 대상으로 작성한 자본변동표와 비교표시한다.

④ 계절적·주기적 또는 일시적으로 발생하는 수익은 다른 중간기간 중 미리 인식하거나 이연할 수 있다.

해설

• 계절적, 주기적, 일시적으로 발생하는 수익이라도 전액 발생한 중간기간에 인식한다.

3 다음 중 자산에 관한 설명으로 가장 올바르지 않은 것은?

① 자산은 과거의 거래나 사건의 결과로서 현재 기업실체에 의해 지배되고 미래에 경제적효익을 창출할 것으로 기대되는 자원이다.
② 일반적으로 물리적 형태를 가지고 있지만 물리적 형태가 자산의 본질적인 특성은 아니다.
③ 많은 자산이 소유권과 같은 법적 권리와 결부되어 있으므로 소유권 등의 법적 권리가 자산성 유무를 결정함에 있어 최종적 기준이다.
④ 현금유출과 자산의 취득은 밀접하게 관련되어 있으나 양자가 반드시 일치하는 것은 아니다.

> **해설**
> • 소유권(법률적 권리)이 자산의 존재를 판단하기 위해 필수적인 것은 아니다.(예 금융리스자산)
> →②의 예로는 무형자산, ④의 예로는 수증자산(증여받은 자산)을 들수 있다.

4 다음 중 재무상태표상 비유동자산으로 분류되는 항목으로 가장 옳은 것은?

① 보고기간종료일로부터 1년 이내에 처분할 것이 거의 확실한 매도가능증권
② 만기가 보고기간종료일로부터 1년 이내인 3년 만기 정기예금
③ 투자기업이 피투자기업에 대해 유의적인 영향력을 행사하고 있는 지분법적용투자주식
④ 대금 회수시점이 보고기간종료일로부터 1년을 초과하지만 정상적인 영업주기 내에 회수되리라 예상되는 매출채권

> **해설**
> • 유가증권의 유동·비유동 분류
> – 단기매매증권 : 유동자산
> – 만기보유증권, 매도가능증권, 지분법적용투자주식 : 비유동자산

5 다음은 ㈜삼일의 재무제표 정보 중 일부이다. 20x1년 12월 31일의 부채총계는 얼마인가(단, 아래사항을 제외한 다른 자본변동사항은 없다고 가정한다)?

	20x1년 12월 31일	20x0년 12월 31일
자산총계	107,600원	60,000원
부채총계	?	46,000원
20x1년 중 자본변동 내역	당기순이익 20,000원	

① 21,600원
② 41,600원
③ 70,600원
④ 73,600원

> **해설**
> • '기말자본=기초자본+증자−감자+순이익−배당'
> →기말자본 : (60,000−46,000)+0−0+20,000−0=34,000
> •기말부채 : 107,600(기말자산)−34,000(기말자본)=73,600

6 다음 중 재무상태표상 현금및현금성자산에 관한 설명으로 가장 올바르지 않은 것은?

① 현금및현금성자산은 통화 및 타인발행수표 등 통화대용증권과 당좌예금·보통예금 및 현금성자산을 말한다.
② 현금에는 지폐, 주화 이외에도 타인발행당좌수표, 자기앞수표, 우편환과 같이 일반 지급수단으로 쓰이는 대용증권이 포함된다.
③ 차용증서, 수입인지, 엽서, 우표, 부도수표, 부도어음 등은 현금및현금성자산으로 분류되지 않는다.
④ 현금성자산은 단기적 운용을 목적으로 한 유동성이 높은 유가증권으로서 보고기간종료일 현재 3개월 이내에 만기가 도래하는 것을 말한다.

해설

• 보고기간종료일 현재(X) → 취득일 현재(O)

7 다음 중 매출채권 등의 양도 및 할인에 관한 설명으로 가장 올바르지 않은 것은?

① 매출채권 등을 양도하는 경우 당해 채권에 관한 권리와 의무가 양도인과 분리되어 실질적으로 양수인에게 이전되는 경우에는 매각거래로 본다.
② 매출채권의 양도 후 양도인이 부담해야 할 환매위험은 양도 여부의 판단기준에 영향을 미치지 않는다.
③ 어음상의 매출채권을 금융기관 등에 할인하는 경우에는 일반적으로 상환청구권이 존재하므로 항상 차입거래로 처리한다.
④ 매출채권을 담보로 제공하고 자금을 융통하는 경우에는 새로운 차입금을 계상하고 매출채권은 제거하지 않는다.

해설

• 매출채권 양도와 동일하게 당해 채권에 대한 권리와 의무가 양도인과 분리되어 실질적으로 이전되는 경우에는 동 금액을 매출채권에서 직접 차감한다.

8 ㈜삼일의 20x2년 1월 1일 시점에 대손충당금 기초잔액은 150,000원 이며, 20x2년 중 매출채권 및 대손상각비와 관련하여 발생한 거래는 다음과 같다.

> ㄱ. 3월 9일 : 매출채권 120,000원이 회수가 불가능하여 대손처리하였다.
> ㄴ. 7월 5일 : 20x1년에 대손 처리한 매출채권 중 50,000원이 회수되었다.
> ㄷ. 20x2년 말 매출채권 잔액은 9,500,000원이다.

㈜삼일은 매출채권 기말잔액의 3%를 대손충당금으로 설정한다고 가정 할 때 상기의 대손처리, 상각채권 회수 및 대손충당금 설정과 관련된 회계처리가 20x2년 당기순이익에 미치는 영향은 얼마인가?

① 95,000원 감소　　　　　② 145,000원 감소
③ 195,000원 감소　　　　　④ 205,000원 감소

해설

【고속철】

대손발생	120,000	기초대손충당금	150,000
		회수	50,000
기말대손충당금 9,500,000x3%=285,000		대손상각비	?

→ ∴대손상각비=205,000

9 다음 중 재고자산에 대한 설명으로 가장 올바르지 않은 것은?

① 재고자산에는 생산과정이나 서비스를 제공하는 데 투입될 원재료와 부분품. 소모품. 비품 및 수선용 부분품 등의 저장품이 포함된다.
② 도착지 인도기준으로 상품을 판매한 경우 선적한 시점에는 판매자의 재고자산에 포함된다.
③ 제조업의 경우 재고자산을 공정가치로 평가하여 취득원가와 공정가치의 차이를 평가이익으로 인식할 수 있다.
④ 건설회사에서 판매목적으로 보유하고 있는 미분양아파트는 재고자산에 포함된다.

> **해설**
• 재고자산은 저가법을 적용하여 평가손실만 계상할수 있다.

10 다음 중 재고자산의 취득원가에 대한 설명으로 가장 올바르지 않은 것은?

① ㈜삼일은 상품을 수입하면서 수입관세와 매입운임을 상품 취득원가에 가산하였다.
② ㈜삼일은 상품 취득시 받은 할인금액과 리베이트 금액을 상품 취득원가에 가산하였다.
③ ㈜삼일은 제품 제조시 발생한 공장 건물의 감가상각비를 합리적인 기준에 따라 제품 제조원가에 배부하였다.
④ ㈜삼일은 제조과정 중에 비정상적으로 낭비된 부분을 발생기간의 비용으로 인식하였다.

> **해설**
• 매입할인과 리베이트항목은 매입원가(취득원가)에서 차감한다.

11 ㈜삼일이 손익계산서에 인식할 매출원가는 얼마인가?

(1) 결산조정 전 장부상 매출원가	: 1,000,000원
(2) 결산시점 평가손실 및 감모손실의 내역	
가. 재고자산평가손실	: 300,000원
나. 정상적인 재고감모손실	: 200,000원
다. 비정상적인 재고감모손실	: 100,000원

① 1,300,000원 ② 1,400,000원
③ 1,500,000원 ④ 1,600,000원

> **해설**
• 평가손실 회계처리
　(차) 재고자산평가손실(매출원가)　300,000　(대) 상품　300,000
• 감모손실 회계처리
　(차) 재고자산감모손실(매출원가)　200,000　(대) 상품　300,000
　　　재고자산감모손실(영업외비용)　100,000
→ 결산조정후 매출원가 : 1,000,000+300,000+200,000=1,500,000

12 ㈜삼일은 20x1년 1월 1일에 발행된 다음과 같은 조건의 채무증권을 최초 발행금액인 951,963원에 취득하였으며 해당 채무증권을 만기까지 보유할 의도와 능력을 보유하고 있다. 이 채무증권에 대하여 ㈜삼일이 만기까지 인식할 총 이자수익은 얼마인가?

ㄱ. 액면금액	:	1,000,000원
ㄴ. 만기일	:	20x3년 12월 31일
ㄷ. 이자지급조건	:	매년말 후급
ㄹ. 표시이자율	:	연 10%
ㅁ. 유효이자율	:	연 12%

① 48,037원   ② 233,801원
③ 251,963원   ④ 348,037원

▶ **해설**

- '총이자수익=총액면이자+총상각액'
  → $(1,000,000 \times 10\% \times 3년) + (1,000,000 - 951,963) = 348,037$

13 ㈜서울의 결산일은 12월 31일이며, 20x1년 1월 1일 장기투자목적으로 ㈜부산의 주식 100주를 500,000원에 취득하고 이를 매도가능증권으로 분류하였다. ㈜서울은 20x2년 6월 1일에 100주 중 50주를 320,000원에 처분하였다. ㈜부산 주식의 공정가액에 관한 정보가 다음과 같은 경우 20x2년말 ㈜서울의 재무상태표에 ㈜부산의 주식과 관련하여 계상될 매도가능증권평가이익은 얼마인가(단, 법인세효과는 고려하지 않는다)?

ㄱ. 20x1년 초	:	5,000원/주
ㄴ. 20x1년 말	:	6,500원/주
ㄷ. 20x2년 말	:	7,000원/주

① 50,000원   ② 70,000원
③ 75,000원   ④ 100,000원

▶ **해설**

- 20x1년말
(차) 매도가능증권	150,000	(대) 매도가능증권평가이익	100주x1,500=150,000
- 20x2년 6월 1일
(차) 현금	320,000	(대) 매도가능증권	650,000x50%=325,000
매도가능증권평가이익	150,000x50%=75,000	매도가능증권처분이익	70,000
- 20x2년말
(차) 매도가능증권	25,000	(대) 매도가능증권평가이익	25,000

∴20x2년말 매도가능증권평가이익 잔액 : 150,000-75,000+25,000=100,000

고속철 평가손익 잔액계산
  → 50주x(7,000-5,000)=100,000(평가이익)

14 ㈜용산은 20x0년 1월 1일에 ㈜마포의 주식을 30,000,000원에 취득하고 매도가능증권으로 계상하였다. 20x0년 말 해당 주식의 공정가치는 45,000,000원이었다. 20x1년 중 ㈜용산의 재경담당자는 ㈜마포의 최종부도 소식을 접하게 되었다. 이에 ㈜용산은 ㈜마포의 주식에 대해 회수가능액을 20,000,000원으로 평가하였다. ㈜용산이 ㈜마포의 주식에 대하여 20x1년 손익계산서에 인식할 손상차손 금액은 얼마인가?

① 10,000,000원
② 20,000,000원
③ 25,000,000원
④ 35,000,000원

> **해설**
>
> •20x0년 1월 1일
>   (차) 매도가능증권   30,000,000   (대) 현금   30,0000,000
> •20x0년 12월 31일
>   (차) 매도가능증권   15,000,000   (대) 매도가능증권평가이익   15,000,000
> •20x1년 손상시
>   (차) 매도가능증권평가이익   15,000,000   (대) 매도가능증권   25,000,000
>   매도가능증권손상차손   10,000,000

15 ㈜서울의 결산일은 12월 31일이며 단기매매증권으로 분류된 ㈜부산의 주식과 관련된 자료가 다음과 같을 때, 20x2년 ㈜부산의 주식 처분에 따라 ㈜서울이 인식해야 할 단기매매증권처분손익은 얼마인가?

> ㄱ. 20x1년 12월 3일 : 주식 100주를 30,000원에 구입함.
> ㄴ. 20x1년 12월 31일 : 주식의 공정가치를 주당 500원으로 평가함.
> ㄷ. 20x2년 1월 18일 : 주식 50주를 주당 650원에 처분함.

① 3,750원 이익
② 3,750원 손실
③ 7,500원 이익
④ 7,500원 손실

> **해설**
>
> • 50주x650−50주x500=7,500(이익)

16 다음 중 유형자산의 자본적 지출 범위에 해당하지 않는 것은?

① 유형자산의 원가를 구성하는 지출
② 미래에 수익력과 생산성을 증대시키는 지출
③ 지출금액이 상대적으로 중요한 지출
④ 그 지출효과가 당해 연도에 그치고 장래에 미치지 않는 경우

> **해설**
>
> • 지출효과가 당해연도에 그치고 미래에 미치지 않는 경우는 수익적지출로서 당기비용으로 처리한다.

17 다음은 ㈜삼일이 수행한 회계처리 내역이다. 가장 올바르지 않은 회계처리는 무엇인가?

① 대주주로부터 무상으로 취득한 유형자산을 장부에 계상하지 아니하였다.
② 유형자산은 최초에는 취득원가로 측정하며, 현물출자로 취득한 경우에는 교부한 주식의 공정가치를 취득원가로 하였다.
③ 당기 중 사용하던 기계장치의 소모된 부속품 교체를 위한 지출을 하고 해당 지출액을 수익적 지출로 처리하였다.
④ 차량운반구의 취득과 관련하여 매입한 국·공채 등의 매입금액과 현재가치의 차액을 차량운반구의 취득원가에 산입하였다.

해설

• 공정가치로 유형자산을 인식하고 자산수증이익을 계상하여야 한다.

18 ㈜삼일은 20x1년 7월 1일에 취득원가 7,000,000원, 잔존가치 500,000원, 내용연수 5년인 유형자산을 취득하고 정액법으로 감가상각하고 있다. ㈜삼일이 20x1년에 감가상각비로 계상할 금액은?

① 325,000원
② 650,000원
③ 1,300,000원
④ 1,400,000원

해설

• 월할상각한다. →감가상각비 : $[(7,000,000-500,000) \div 5년] \times \frac{6}{12} = 650,000$

19 ㈜서울은 사용 중이던 건물을 ㈜부산의 기계장치와 교환하였다. 이 교환거래와 관련하여 ㈜서울은 공정가치의 차액 500,000원을 현금으로 지급하였다. 이 교환거래에서 ㈜서울이 인식해야 할 유형자산처분손실은 얼마인가?

	건물	기계장치
취득원가	3,000,000원	2,000,000원
감가상각누계액	1,500,000원	500,000원
공정가치	500,000원	1,000,000원

① 0원
② 500,000원
③ 1,000,000원
④ 1,500,000원

해설

• 이종자산 교환시의 기계장치의 취득원가는 제공한 자산(건물)의 공정가치로 한다. 한편, 현금수수가 있는 경우에는 원래대로 처분손익을 인식한후 별도로 현금 수수액을 취득원가에 가감한다.
• 회계처리

(차) 기계장치(건물의 공정가치)	500,000	(대) 건물	3,000,000
감가상각누계액	1,500,000		
유형자산처분손실	1,000,000		
(차) 기계장치	500,000	(대) 현금	500,000

• 유형자산처분손실 : 1,000,000 →참고로, 기계장치의 취득원가는 1,000,000(500,000+500,000)

20 신제품의 개발을 위하여 기계장치를 취득한 경우 취득원가에 대한 회계처리로 가장 옳은 것은 (단, 동 기계장치는 개발활동에만 사용되며, 해당 개발활동은 개발비의 자산인식 요건을 충족시킨다고 가정한다)?

① 기계장치로 계상한 후 기계장치의 내용연수에 걸쳐 감가상각하고, 동 감가상각비는 비용으로 인식한다.

② 기계장치의 취득원가 전액을 개발비로 자산화한다.

③ 기계장치로 계상한 후 기계장치의 내용연수에 걸쳐 감가상각하고, 개발기간 동안 동 감가상각비는 개발비(무형자산)으로 인식한다.

④ 기계장치의 취득원가 전액을 경상개발비로 비용화한다.

> **해설**
> • 무형자산의 창출에 사용된 재료비, 용역비, 유형자산의 감가상각비는 무형자산 원가에 포함한다.

21 장기연불조건의 매매거래, 장기금전대차거래 또는 이와 유사한 거래에서 발생하는 채권·채무로서 명목금액과 현재가치의 차이가 유의적인 경우에는 이를 현재가치로 평가한다. 이와 관련된 다음 설명 중 가장 올바르지 않은 것은?

① 채권·채무의 명목상의 금액과 공정가치의 차액은 현재가치할인차금의 과목으로 하여 당해 채권·채무의 명목상의 금액에서 차감하는 형식으로 표시한다.

② 명목금액과 현재가치의 차이는 시간의 경과에 따라 이자비용 또는 이자수익으로 인식한다.

③ 장기성 채권·채무의 현재가치에 적용하는 이자율은 원칙적으로 당해 거래의 유효이자율로 한다.

④ 일반적 상거래에서 발생하는 재고자산의 매매거래, 용역의 수수거래 등으로서 대금지급조건이 장기로 이루어지는 거래인 경우 공정가치평가의 대상이 되지 않는다.

> **해설**
> • 장기연불조건의 재고자산의 매매거래, 용역의 수수거래도 명목금액과 현재가치의 차이가 유의적인 경우에는 이를 현재가치(공정가치)로 평가한다.
>
> | (차) 상품 | xxx | (대) 장기매입채무 | xxx |
> |---|---|---|---|
> | 현재가치할인차금 | xxx | | |
>
> • 다음의 경우에만 현재가치(공정가치)로 평가하지 아니한다.
>
> | 장기선급금, 장기선수금, 이연법인세자산(부채), 전세권, 임차보증금, 회원권 |
> |---|

22 ㈜삼일은 20x1년 7월 1일에 ㈜용산은행으로부터 40,000,000원을 차입하였다. 연 이자율 8%, 20x2년 6월 30일 원리금 일시상환조건인 경우, ㈜삼일이 20x1년 12월 31일 해야 할 회계처리로 가장 옳은 것은?

①	(차) 이자비용	1,600,000원	(대) 현금	1,600,000원
②	(차) 이자비용	1,600,000원	(대) 미지급이자	1,600,000원
③	(차) 단기차입금	3,200,000원	(대) 미지급이자	3,200,000원
④	(차) 이자비용	3,200,000원	(대) 미지급이자	3,200,000원

> **해설**
> • 기간경과분 이자비용(미지급이자) : 40,000,000 × 8% × 6/12 = 1,600,000

제1편 백점이론 특강 / 제2편 기출문제특강 / SET1 / SET2 / SET3 / SET4 / SET5 / SET6 / SET7 / SET8 / SET9 / SET10 / 신유형 / 기출문제오답노트 / 실전기출모의고사

23 다음 중 사채에 대한 설명으로 가장 올바르지 않은 것은?

① 기업회계기준에서는 자기사채의 취득시 취득목적에 관계없이 사채의 상환으로 처리하도록 규정하고 있다.
② 사채발행비는 사채발행으로 인해 조달된 현금을 감소시키는 효과가 있으므로 지급수수료로 처리한다.
③ 사채발행비가 발생하지 않고 사채가 액면 발행된 경우에는 액면이자 지급액이 발행회사가 매년 인식할 이자비용이 된다.
④ 사채를 발행한 회사가 만기에 지급하는 돈의 액수는 사채의 표면에 기재된 액면금액이다.

해설
• 사채발행비는 사채의 발행가액에서 차감한다.

24 사채발행시 인식한 사채발행차금은 유효이자율법에 따라 상각 또는 환입한다. 사채를 할인 발행한 경우와 할증발행한 경우의 이자비용은 시간의 경과에 따라 각각 어떻게 변동하는가?

	할증발행한 경우	할인발행한 경우
①	감소	증가
②	증가	감소
③	감소	감소
④	증가	증가

해설
• 할증발행 : 장부금액 감소 → 유효이자(이자비용) 감소
• 할인발행 : 장부금액 증가 → 유효이자(이자비용) 증가

25 다음은 항공운송업을 영위하고 있는 ㈜삼일사의 구조조정 계획과 관련된 자료들이다. 구조조정충당부채로 인식할 금액은 얼마인가?

> 삼일항공사는 국내선 항공사업부를 폐쇄하기로 하고, 구조조정의 영향을 받을 당사자가 구조조정을 이행할 것이라는 정당한 기대를 가질 정도로 구조조정계획의 주요 내용을 구체적으로 공표하였다. 구조조정과 관련하여 예상되는 지출이나 손실은 다음과 같다.
> ㄱ. 해고대상직원들의 퇴직위로금   : 5,000,000원
> ㄴ. 계속 근무하는 직원에 대한 교육훈련 비용 : 2,000,000원
> ㄷ. 새로운 제도 구축에 대한 투자   : 1,000,000원

① 0원
② 5,000,000원
③ 7,000,000원
④ 8,000,000원

해설
• 해고대상직원들의 퇴직위로금만이 구조조정충당부채로 인식할 금액이다.
• 구조조정과 관련하여 직접 발생 필수적 지출로 계속적 활동과 무관한 지출의 경우 구조조정충당부채를 인식하며, 다음의 지출은 영업활동과 관련된 것이므로 구조조정충당부채로 인식할 수 없다.
> ㉠ 계속 근무하는 종업원 교육훈련과 재배치
> ㉡ 마케팅
> ㉢ 새로운 제도·물류체계 구축에 대한 투자

26 다음은 유통업을 영위하는 ㈜삼일의 20x1년 퇴직급여와 관련된 회계정보이다. 20x1년에 ㈜삼일이 손익계산서에 인식할 퇴직급여는 얼마인가?

구분	20x0년	20x1년
12월말 퇴직급여충당부채 잔액	50,000원	80,000원
현금으로 지급된 퇴직금	15,000원	20,000원

① 50,000원
② 55,000원
③ 70,000원
④ 85,000원

> **해설**
> • 80,000-(50,000-20,000)=50,000
> • 회계처리(기초 퇴직급여충당부채=50,000)
>
> | 퇴직금 지급시 | (차) 퇴직급여충당부채 | 20,000 | (대) 현금 | 20,000 |
> |---|---|---|---|---|
> | 기말 설정시 | (차) 퇴직급여 | 50,000 | (대) 퇴직급여충당부채 | 50,000 |

27 다음 중 이연법인세회계와 관련된 설명으로 가장 옳은 것은?

① 일시적차이는 자산·부채의 일반기업회계상 장부금액과 세무회계상 자산·부채의 금액인 세무기 세무기 준액과의 차이이다.
② 일시적 차이에 대하여 모두 이연법인세회계를 적용한다.
③ 결손금이 발생하게 되면 차기 이후 회계 연도의 이익발생시 법인세 부담액이 감소되는 효과가 나타나므로 이연법인세부채로 계상한다.
④ 이연법인세회계는 발생하는 시기에 자산·부채로 인식하는 것이므로 발생시기의 법인세율을 적용한다.

> **해설**
> • ② 차감할 일시적차이(유보)는 향후 과세소득의 발생이 거의 확실하여 미래의 법인세 절감효과의 실현가능성이 있어야 이연법인세자산으로 인식할 수 있다.
> ③ 이월결손금은 미래 법인세부담을 감소시키게 되므로 이연법인세자산으로 계상한다.
> ④ 이연법인세회계는 일시적차이 소멸시점의 미래예상 법인세율을 적용한다.

28 20x2년 사업을 개시한 ㈜삼일의 미수이자에 대한 정보는 다음과 같다.

> ㄱ. 20x2년 12월 31일 : 미수이자 200,000원 인식
> ㄴ. 적용세율 : 20%
> ㄷ. 세법상 미수이자에 대한 귀속시기 : 현금을 수령한 때

㈜삼일이 한국채택국제회계기준을 적용하는 경우 미수이자와 관련하여 20x2년 12월 31일 재무상태표에 계상될 이연법인세자산 또는 이연법인세부채는 얼마인가?

① 이연법인세자산 40,000원
② 이연법인세부채 40,000원
③ 이연법인세자산 160,000원
④ 이연법인세부채 160,000원

> **해설**
> • 세무조정 : 익금불산입 미수이자 200,000(△유보)
> • 이연법인세부채(△유보) : 200,000×20%=40,000

제1편 백점이론 특강 / 제2편 기출문제특강 / SET1 / SET2 / SET3 / SET4 / SET5 / SET6 / SET7 / SET8 / SET9 / SET10 / 신유형 / 기출문제오답노트 / 실전기출모의고사

29 (주)삼일의 자본금은 다음과 같이 구성되어 있다.

> 보통주 : 6,000주 발행, 주당 액면금액 10,000원
> 우선주 : 2,000주 발행, 주당 액면금액 10,000원(비누적적, 비참가적, 우선주 배당률 5%)

(주)삼일의 주주총회에서 배당금 지급을 결의한 금액이 3,000,000원인 경우 보통주와 우선주에 대한 배당금은 각각 얼마인가?

	보통주배당금	우선주배당금
①	3,000,000원	0원
②	2,000,000원	1,000,000원
③	0원	3,000,000원
④	1,500,000원	1,500,000원

> **해설**
- 우선주배당금 : (2,000주x10,000)x5%=1,000,000
- 보통주배당금 : 3,000,000-1,000,000=2,000,000

30 다음은 ㈜삼일의 유상증자와 관련된 자료이다.

> ㄱ. 1주당 액면금액   : 1,000원
> ㄴ. 1주당 발행금액   : 1,500원
> ㄷ. 발행주식수   : 200,000주

상기 유상증자시 재무상태표에 계상될 주식발행초과금은 얼마인가?

① 80,000,000원   ② 100,000,000원
③ 280,000,000원   ④ 300,000,000원

> **해설**
- 200,000주x(1,500-1,000)=100,000,000
- 회계처리

(차) 현금	300,000,000	(대) 자본금	200,000,000
		주식발행초과금	100,000,000

31 자본조정이란 자본거래에 해당하나 최종 납입된 자본으로 볼 수 없거나 자본의 가감 성격으로 자본금이나 자본잉여금으로 분류할 수 없는 항목을 의미한다. 다음 중 자본조정으로 가장 올바르지 않은 것은?

① 매도가능증권평가이익   ② 미교부주식배당금
③ 신주청약증거금   ④ 감자차손

> **해설**
- 매도가능증권평가이익 : 기타포괄손익누계액

32 ㈜삼일의 20x1년도 기말 수정분개 전 법인세차감전순이익은 500,000원이고, 결산시 반영할 사항은 다음과 같다.

ㄱ. 선급보험료	10,000원
ㄴ. 미지급급여	35,000원
ㄷ. 미수이자	5,000원

발생주의에 기초하여 결산수정분개를 반영한 ㈜삼일의 20x1년 법인세비용차감전순이익은 얼마인가 ?

① 480,000원
③ 500,000원
② 490,000원
④ 540,000원

> **해설**
>
> (차) 선급보험료 10,000 (대) 보험료 10,000 →당기순이익에 가산
> (차) 급여 35,000 (대) 미지급급여 35,000 →당기순이익에서 차감
> (차) 미수이자 5,000 (대) 이자수익 5,000 →당기순이익에 가산
> • 수정후 법인세비용차감전순이익 : 500,000+10,000-35,000+5,000=480,000

33 손익계산서를 작성할 때 준거해야 하는 작성기준 중에서 구분계산의 원칙이 있다. 다음 중 이러한 구분계산의 원칙에 의할 경우 영업손익의 계산과정에 포함되지 않는 항목은?

① 감가상각비
③ 광고선전비
② 이자수익
④ 임차료

> **해설**
>
> • 영업손익(판관비)와 영업외손익의 구분
>
> | | |
> |---|---|
> | 영업손익 (판관비) | •급여, 퇴직급여, 복리후생비, 임차료, 접대비, 감가상각비, 무형자산상각비
•세금과공과, 광고선전비, 연구비, 경상개발비, 대손상각비(매출채권), 잡비
•명예퇴직금 |
> | 영업외손익 | •이자수익(비용), 배당금수익, 임대료, 단기매매증권평가손익, 손상차손(환입)
•재고자산감모손실(비정상감모), 외환차손익, 외화환산손익, 사채상환손익
•기타의대손상각비(비매출채권), 기부금, 지분법손익, 자산처분손익
•자산수증이익, 채무면제이익, 보험금수익, 전기오류수정손익, 잡손실(잡이익) |

34 다음은 유통업을 영위하는 ㈜삼일의 20x2년 손익계산서와 관련된 자료이다. 20x2년 ㈜삼일의 영업이익은 얼마인가?

ㄱ. 매출액	9,000,000원	ㅂ. 매출원가	6,000,000원
ㄴ. 관리직 사원 급여	850,000원	ㅅ. 매출채권 대손상각비	50,000원
ㄷ. 본사임원 퇴직급여	60,000원	ㅇ. 유형자산처분손실	80,000원
ㄹ. 본사건물 임차료	40,000원	ㅈ. 이자비용	60,000원
ㅁ. 외화환산이익	30,000원	ㅊ. 잡손실	50,000원

① 1,920,000원
② 2,000,000원
③ 2,030,000원
④ 2,040,000원

해설

• 9,000,000(매출액)-6,000,000(매출원가)-850,000(관리사원 급여)-50,000(매출채권 대손상각비)- 60,000(본사임원 퇴직급여)
 - 40,000(본사건물 임차료)=2,000,000

35 ㈜삼일 20x2년 1월 1일에 ㈜용산과 3년간의 공장건설계약을 맺었다. 건설공사에 대한 다음의 자료를 바탕으로 ㈜삼일이 20x2년에 인식한 공사이익은 얼마인가?

ㄱ. 총도급액	10,000,000원
ㄴ. 20x2년 공사원가	3,200,000원
ㄷ. 20x2년말 현재 공사진행률(*)	40%
(*)공사진행률은 총공사예정원가에 대한 실제공사원가 발생액의 비율로 산정한다.	

① 800,000원
② 1,000,000원
③ 2,720,000원
④ 6,800,000원

해설

• 10,000,000x40%-3,200,000=800,000

36 다음은 20x1년 1월에 사업을 개시하여 위탁판매방식 및 시용판매방식으로 영업을 하는 ㈜삼일의 20x1년의 거래내역이다. 다음 중에서 ㈜삼일이 매출을 인식하여야 할 시점은 언제인가?

1월 1일 : ㈜삼일은 ㈜용산에 판매를 위탁하기 위하여 상품 10개를 적송하였다.
4월 1일 : ㈜용산은 상품 10개를 ㈜마포에 시용판매하였다.
7월 1일 : ㈜마포는 시용품 10개에 대하여 매입의사를 표시하였다.
9월 1일 : ㈜용산은 판매한 상품에 대한 대금에서 판매수수료를 차감한 금액을 송금하였다.

① 1월 1일
② 4월 1일
③ 7월 1일
④ 9월 1일

해설

• ㈜삼일의 위탁판매 수익인식시점은 ㈜용산의 판매시점이며, 시용판매방식에 의한 ㈜용산의 판매시점은 ㈜마포의 매입의사 표시시점이므로, 결국 7월 1일이 ㈜삼일의 수익인식시점이 된다.

37 화폐성 외화자산·부채는 기말현재의 마감환율로 환산하여 외화환산손익을 인식한다. 다음 중 기말 결산시 외화환산손익을 인식하는 계정과목으로 가장 옳은 것은?

① 선수수익   ② 재공품
③ 매입채무   ④ 선수금

> **해설**
> • 매입채무는 화폐성항목이며, 나머지는 비화폐성항목이다.

화폐성항목	•현금과예금, 매입채무, 차입금, 매출채권, 대여금, 사채 •미수금, 미지급비용, 미수수익
비화폐성항목	•재고자산, 유형자산, 무형자산 •선수금, 선급금, 선급비용, 선수수익

38 ㈜삼일은 전자완구를 제조판매하는 회사로 20x1년 중 수출거래와 관련하여 발생한 각 일자별 거래 및 환율정보가 다음과 같다고 할 때, ㈜삼일이 20x1년도에 인식할 외화환산손익은 얼마인가?

> ㄱ. 11월 20일 300달러에 전자완구를 수출하는 계약(선적지 인도조건)을 체결하였다.
> ㄴ. 12월 15일 해당 거래와 관련한 전자완구의 선적을 완료하였다.
> ㄷ. 12월 27일 수출대금 중 200달러를 회수하였다.
> ㄹ. 12월 31일 결산일 현재 수출대금 중 100달러는 미회수된 상태에 있다.
> ㅁ. 각 일자별 환율정보
>
> | 일자 | 환율 | 일자 | 환율 |
> |---|---|---|---|
> | 11월 20일 | ₩1,250/$ | 12월 15일 | ₩1,150/$ |
> | 12월 27일 | ₩1,100/$ | 12월 31일 | ₩1,200/$ |

① 외화환산이익 5,000원
② 외환환산손실 5,000원
③ 외환환산손실 30,000원, 외화환산이익 5,000원
④ 외환환산손실 30,000원

> **해설**
> • 재화의 판매는 인도시점(수출의 경우는 선적일)에 수익을 인식한다.
> • 일자별 회계처리

11월 20일	– 회계처리 없음 –			
12월 15일	(차) 외화매출채권	$300x1,150=345,000	(대) 매출	345,000
12월 27일	(차) 현금 외환차손	$200x1,100=220,000 10,000	(대) 외화매출채권	$200x1,150=230,000
12월 31일	(차) 외화매출채권	$100x(1,200-1,150)=5,000	(대) 외화환산이익	5,000

제1편 백점이론 특강

제2편 기출문제특강

SET1

SET2

SET3

SET4

SET5

SET6

SET7

SET8

SET9

SET10

신유형

기출문제오답노트

실전기출모의고사

39 다음은 ㈜삼일의 유통보통주식수 변동내역에 대한 자료이다. 다음 자료를 바탕으로 가중평균유통보통주식수를 계산하면 얼마인가(단, 주식수 산정시 월할계산을 기준으로 한다)?

ㄱ. 기초		30,000주
ㄴ. 기중		
4월 1일 무상증자		6,000주
ㄷ. 기말		36,000주

① 30,000주　　　　　　　　　　② 33,000주
③ 34,500주　　　　　　　　　　④ 36,000주

　해설

- 무상증자는 기초에 실시된 것으로 간주한다.
  → $(3,000주 + 6,000주) \times \dfrac{12}{12} = 36,000주$

40 다음 중 주당이익에 관한 설명으로 가장 옳은 것은?

① 당기순이익은 보통주 뿐만 아니라 우선주에 대한 몫도 포함되어 있으므로 보통주 당기순이익 산정시 당기순이익에서 우선주배당금을 차감하여 계산한다.
② 가중평균유통보통주식수 산정시 우선주가 있을 경우 발행된 총주식수에서 이를 공제하지 아니한다.
③ 자기주식은 취득시점 이후부터 매각시점까지의 기간 동안 가중평균유통보통주식수에 포함하여야 한다.
④ 당기 중에 무상증자, 주식배당, 주식분할 및 주식병합이 실시된 경우에는 기말에 실시된 것으로 간주한다.

　해설

- ② 총주식수에서 이를 공제하지 아니한다.(X) → 총주식수에서 차감한다.(O)
  ③ 가중평균유통보통주식수에 포함하여야 한다.(X) → 가중평균유통보통주식수에서 제외한다.(O)
  ④ 기말에 실시된 것으로 간주한다.(X) → 기초에 실시된 것으로 간주한다.(O)

02 세무회계

41 다음 설명 중 가장 올바르지 않은 것은?

① 비영리법인은 수익사업에서 소득이 발생하더라도 법인세법상 법인세 납세의무를 지지 않는다.
② 납세지란 법인세를 부과·징수하는 기준이 되는 장소를 의미한다.
③ 법인의 사업연도는 1년을 초과하지 못한다.
④ 외국법인은 일정한 국내원천소득에 한하여 법인세 납세의무를 진다.

해설

• 비영리법인은 수익사업에서 발생한 소득에 대해 법인세법상 법인세 납세의무를 진다.

42 역외탈세와 관련된 다음 신문기사와 가장 관계가 깊은 법인세법의 내용은?

> **첨단 걷는 `역외탈세` 추징액만 4,100억.. 실제 매출규모는 조 단위!**
> 이번 역외탈세 조사결과에서 가장 눈에 띄는 업체는 A사다. 외국법인으로 위장해 국제 선박임
> 대와 국제 해운, 선박 리베이트 등을 통해 벌어들인 소득을 모두 탈루했기 때문이다. 추징액
> 규모만 4,100억원이 넘는다. 추징액이 4,000억원대면 매출규모는 조 단위가 넘는다는 게 국세
> 청의 설명이다.
> (후략)

① 외국법인과 내국법인은 본점이나 주사무소 또는 사업의 실질적 지배관리장소에 의해 구분된다.
② 외국법인은 국내원천소득에 한하여 법인세 납세의무를 진다.
③ 영리법인은 청산소득에 대한 납세의무가 있다.
④ 토지 등을 양도함으로써 발생하는 소득에 대해서는 한시적으로 토지 등 양도소득에 대한 법인세를 과세하
지 않는다.

해설

• 외국법인은 국내원천소득에 대하여만 과세하므로 이를 악용한 탈세 사례에 해당한다.

43 다음 중 소득처분의 종류가 동일하지 않은 것은?

① 퇴직급여충당금한도초과액   ② 감가상각비한도초과액
③ 접대비한도초과액   ④ 단기매매증권평가손실

해설

• 접대비 한도초과액은 기타사외유출로 소득처분하며, 나머지는 유보로 소득처분한다.

44 결산조정사항과 신고조정사항의 차이점을 비교한 다음 표의 내용 중 가장 올바르지 않은 것은?

구분	결산조정사항	신고조정사항
ㄱ. 대상	법에서 정하는 일정항목	결산조정사항 이외의 항목
ㄴ. 손금귀속시기	손금귀속시기 선택가능	손금귀속시기 선택불가
ㄷ. 결산서상 누락한 경우	세무조정(손금산입) 할 수 없음	세무조정 할 수 있음
ㄹ. 예시	조세특례제한법상 준비금	퇴직급여충당금

① ㄱ   ② ㄴ
③ ㄷ   ④ ㄹ

> **해설**

• 조세특례제한법상 준비금은 신고조정사항이며, 퇴직급여충당금은 대표적인 결산조정사항이다.

45 다음 중 법인세법상 손익의 귀속시기에 관한 설명으로 가장 올바르지 않은 것은?

① 금융기관 이외의 법인이 수입하는 이자수익의 귀속시기 : 실제 받은 날 또는 약정에 의하여 받 기로 한 날
② 계약 등에 의하여 임대료 지급일이 정하여진 경우 임대손익의 귀속시기 : 계약에 의한 지급일
③ 용역제공기간이 1년 이상인 장기용역손익의 귀속시기 : 착수일로부터 목적물의 인도일까지 건설 등을 완료한 정도(작업진행률)에 따라 결정
④ 상품·제품 판매손익의 귀속시기 : 대가를 실제로 받은 날

> **해설**

• 상품, 제품 판매손익의 귀속시기 : 인도한 날

46 다음 중 법인세법상 세무조정이 불필요한 것은?

① ㈜역삼은 특별한 사유없이 대표이사에게 회사 정관에 기재된 상여금 지급기준보다 3,000,000 원을 초과하여 지급하였다.
② ㈜성수는 채권자가 불분명한 사채이자 2,000,000원을 비용으로 계상하였다.
③ ㈜잠실은 감자를 수행하면서 액면가액 5,000원인 주식에 대하여 2,000원만 지급하고 차액 3,000원을 감자차익으로 처리하였다.
④ 자동차 부품 제조회사인 ㈜서초는 발생한 미수이자(원천징수해당분) 500,000원을 계상하고 동 금액을 이자수익으로 인식하였다.

> **해설**

• ① 손금불산입 임원상여한도초과 3,000,000(상여)
② 손금불산입 채권자불분명 사채이자 2,000,000(기타사외유출)
③ 감자차익은 익금불산입항목이며, 회계상으로도 자본잉여금이므로 세무조정은 없다.
④ 익금불산입 미수이자 500,000(△유보)

47 ㈜삼일이 임원 및 종업원에게 지급한 인건비의 내용은 다음과 같다. 다음 중 손금불산입 세무조정이 필요한 금액의 합계로 가장 옳은 것은?

> ㄱ. 임원 급여 지급액　　　 : 150,000,000원
> ㄴ. 종업원 급여 지급액　　 : 300,000,000원
> ㄷ. 임원 상여금 지급액　　 :　50,000,000원(임원 상여지급기준상 한도액 : 30,000,000원)
> ㄹ. 종업원 상여금 지급액 :　50,000,000원(종업원 상여지급기준상 한도액 : 40,000,000원)

① 20,000,000원
② 30,000,000원
③ 50,000,000원
④ 170,000,000원

> 해설

- 손금불산입 임원상여한도초과 20,000,000(상여)
  →그 외는 모두 손금으로 인정된다.

48 다음 중 익금산입 · 손금불산입 세무조정사항으로 출자자인 임원에 대한 소득처분으로 가장 옳은 것은?

① 상여
② 기타사외유출
③ 배당
④ 기타

> 해설

- 귀속자 : 출자자(임원 · 사용인 제외) →배당
- 귀속자 : 임원 · 사용인(출자자 포함) →상여

49 다음 중 법인세법상 고정자산의 감가상각에 관한 설명으로 가장 올바르지 않은 것은?

① 감가상각비는 원칙적으로 장부에 비용으로 계상한 경우에만 상각범위내의 금액을 손금에 산입한다.
② 내용연수는 기준내용연수의 50%를 가감한 범위 내에서 법인이 선택하여 신고할 수 있으며 이를 신고내용연수라고 한다.
③ 한국채택국제회계기준을 도입한 법인의 경우 일정 한도 내에서 추가로 손금산입할 수 있도록 허용하고 있다.
④ 건축물에 대한 감가상각방법 무신고시는 정액법을 적용하여 상각범위액을 계산한다.

> 해설

- 50%(X) → 25%(O)

50 다음 중 법인이 고정자산에 대하여 지출하는 수선비에 관한 설명으로 가장 올바르지 않은 것 은?

① 고정자산의 내용연수를 증가시키거나 가치를 실질적으로 증가시키는 수선비를 자본적 지출이라고 한다.

② 고정자산의 원상을 회복하거나 능률유지를 위하여 지출하는 수선비를 수익적 지출이라고 한다.

③ 자본적 지출에 해당하는 수선비는 자산의 취득원가에 더해져 감가상각과정을 통해 법인의 손금에 산입한다.

④ 본래의 용도를 변경하기 위한 개조나 엘리베이터 또는 냉난방장치의 설치 등은 수익적 지출에 해당한다.

해설

• 수익적지출(X) → 자본적지출(O)

51 다음 중 법인세법상 기부금과 접대비의 처리에 관한 설명으로 가장 올바르지 않은 것은?

① 접대비와 기부금은 모두 일정한 한도 내에서만 손금으로 인정하고 이를 초과하는 금액은 손금으로 인정하지 않는다.

② 접대비의 귀속시기는 발생주의를 기준으로 하나, 기부금의 귀속시기는 현금주의를 기준으로 한다.

③ 현물로 제공한 접대비는 시가(시가가 장부가액보다 낮은 경우는 장부가액)로 평가한다.

④ 손금으로 인정되지 않는 접대비 한도초과액은 기타사외유출로 처분하고 기부금의 한도초과액은 대표자상여로 처리한다.

해설

• 접대비 한도초과액, 기부금 한도초과액 모두 특례에 의해 무조건 기타사외유출로 소득처분한다.

52 다음은 ㈜삼일의 제12기(20x1년 1월 1일~20x1년 12월 31일) 기부금 관련 자료이다. 이를 기초로 기부금 지출액 중 손금으로 인정되지 않는 금액을 계산하면 얼마인가?

ㄱ. 기부금 지출액		
– 법정기부금	:	20,000,000원
– 지정기부금	:	30,000,000원
– 비지정기부금	:	5,000,000원
ㄴ. 기부금 한도액		
– 법정기부금	:	55,000,000원
– 지정기부금	:	9,000,000원

① 5,000,000원

② 20,000,000원

③ 26,000,000원

④ 손금불산입되는 금액 없음

해설

• 5,000,000(비지정기부금)+21,000,000(지정기부금 한도초과)=26,000,000

53 다음은 ㈜삼일의 제5기(20x1년 1월 1일 ~ 20x1년 12월 31일) 접대비 보조원장을 요약 정리한 것이다. 다음 중 법인세법상 접대비한도액이 18,000,000원일 경우의 세무조정으로 가장 옳은 것은?

접대비 보조원장
20x1년 1월 1일 ~ 20x1년 12월 31일

㈜삼일

적요	금액	비고
거래처 접대비(1건)	500,000원	증빙이 없는 접대비
거래처 접대비(1건)	5,000원	영수증 수취분
거래처 접대비(25건)	22,300,000원	신용카드매출전표 수취분
합계	22,805,000원	

① 〈손금불산입〉 증빙없는 접대비 505,000원(상여)
② 〈손금불산입〉 접대비한도초과액 4,750,000원(기타사외유출)
③ 〈손금불산입〉 증빙없는 접대비 505,000원(상여)
　〈손금불산입〉 접대비한도초과액 4,300,000원(기타사외유출)
④ 〈손금불산입〉 증빙없는 접대비 500,000원(상여)
　〈손금불산입〉 접대비한도초과액 4,305,000원(기타사외유출)

해설

- 손금불산입 증빙불비 접대비 500,000(상여)
- 접대비 해당액 : 22,805,000-500,000=22,305,000
- 손금불산입 접대비한도초과 22,305,000-18,000,000=4,305,000(기타사외유출)
  → 증빙불비 접대비는 귀속불분명이므로 (대표자)상여로 소득처분하며, 영수증수취분은 1만원을 초과하지 않으므로 세무조정 없이 접대비해당액에 포함하여 시부인한다.

54 다음은 제조업을 영위하는 ㈜삼일의 대손충당금 관련 자료이다. 이를 기초로 ㈜삼일의 대손충당금 한도초과액을 계산하면 얼마인가(단, 전기 대손충당금 부인액과 당기 중 발생한 대손액에 관한 부인액은 없다)?

ㄱ. 대손충당금설정대상 채권금액	:	1,000,000,000원
ㄴ. 대손실적률	:	2%
ㄷ. 대손충당금　－기초잔액	:	25,000,000원
당기추가설정액	:	50,000,000원
기말잔액	:	31,000,000원

① 한도초과액 없음　　　　　　　　② 11,000,000원
③ 25,000,000원　　　　　　　　　④ 31,000,000원

해설

- 31,000,000-1,000,000,000×Max[1%, 2%]=11,000,000

55 ㈜삼일은 특수관계인인 대표이사 김성희씨로부터 시가 8억원인 건물을 20억원에 매입하였다. ㈜삼일은 20년 동안 동 건물을 감가상각하기로 하였고 당기 감가상각비로 1억원을 계상하였다. 이와 관련한 세무상 설명으로 가장 올바르지 않은 것은(단, 감가상각비 한도는 고려하지 않는다)?

① 김성희씨는 이 거래로 인하여 소득세를 추가로 부담하여야 한다.
② 특수관계인과의 거래를 통해 과다하게 지급한 12억원을 세무상 건물의 자산가액으로 인정할 수 없으므로 12억원을 익금불산입(△유보)으로 처분한다.
③ ㈜삼일이 시가보다 낮은 가격으로 건물을 매입한 경우에도 ㈜삼일에게 부당행위계산부인 규정이 적용되어 세무조정 사항이 발생한다.
④ 당기에 계상한 감가상각비 1억원 중 60%인 6천만원은 손금으로 인정할 수 없으므로 손금불산입(유보)으로 처분한다.

> **해설**
> * 저가매입(시가보다 낮은 가격으로 건물을 매입한 경우)에 대하여는 법소정 유가증권을 제외하고는 세무조정이 없다.
> * 고가매입 세무조정
>   ㉠ 취득시

회사				세법			
(차) 건물	20억	(대) 현금	20억	(차) 건물	8억	(대) 현금	20억
				부당행위	12억		

> → 손금산입 12억(△유보) : 자산감액 세무조정
>   익금산입 부당행위계산부인 12억(상여) : 위를 상쇄시키는 세무조정
>   ㉡ 감가상각시
>   회사의 감가상각비 1억 중 60%($= \frac{12억}{20억}$)는 세법상 인정되는 감가상각비 자체가 아님.
>   → 손금불산입 1억x60%=0.6억(유보)

56 다음 중 법인세법상 대손의 요건에 관한 설명으로 가장 올바르지 않은 것은?

① 채무자 파산 등의 사유로 채권을 회수할 수 없는 경우
② 회수기일로부터 1년 이상 경과한 수표 또는 어음상의 채권
③ 상법 등에 따른 채권의 소멸시효가 완성된 경우
④ 부도발생일로부터 6개월 이상 경과한 수표 또는 어음상의 채권

> **해설**
> * 회수기일로부터 1년이상 경과한 수표 또는 어음상의 채권은 대손요건과 무관하다.
> **참고** 회수기일이 6개월이상 경과한 채권 중 채권가액이 일정액 이하인 채권은 대손요건으로 규정되어 있다.

57 다음은 법인세의 계산구조이다. 다음 중 (가) ~ (라)에 관한 설명으로 가장 올바르지 않은 것은?

	각사업연도소득금액	
(−)	이월결손금	
(−)	비과세소득	‥‥‥‥‥‥‥‥‥‥‥‥‥‥ (가)
(−)	소득공제	‥‥‥‥‥‥‥‥‥‥‥‥‥‥ (나)
	과세표준	
(X)	세율	
	산출세액	
(−)	세액공제	‥‥‥‥‥‥‥‥‥‥‥‥‥‥ (다)
(−)	세액감면	
(+)	가산세	
(+)	감면분추가납부세액	
	총부담세액	
(−)	기납부세액	‥‥‥‥‥‥‥‥‥‥‥‥‥‥ (라)
	차감납부세액	

① (가) 법인의 소득 중 법인세를 과세하지 아니하는 소득으로서 다음연도로 이월하여 공제받을 수 있다.
② (나) 법인세법에서 규정한 요건에 해당하는 경우 법인의 소득금액에서 일정액을 공제하여 주는 제도를 말한다.
③ (다) 법인세 총부담세액 계산시 일정금액을 공제하도록 규정한 제도로서 대표적인 세액공제로는 외국납부세액공제. 재해손실세액공제 등이 있다.
④ (라) 법인이 사업연도 중에 미리 납부한 법인세액으로 중간예납세액, 원천징수세액 및 수시부과세액이 이에 해당된다.

해설
• 비과세와 소득공제는 이월공제가 없다.

58 다음 자료를 기초로 ㈜삼일의 제18기(2020.1.1~12.31) 법인세산출세액을 계산하면 얼마인가?

ㄱ. 각사업연도소득금액	: 130,000,000원
ㄴ. 비과세소득	: 10,000,000원
ㄷ. 이월결손금	: 법인세 과세표준 계산시 한번도 공제되지 않은 이월결손금의 발생 사업연도와 금액은 다음과 같다.
	− 제 6기 : 10,000,000원
	− 제 7기 : 5,000,000원
	− 제13기 : 3,000,000원
	− 제14기 : 14,000,000원
ㄹ. 법인세율	: 과세표준 2억원 이하는 10%, 2억원 초과 200억원

① 9,710,000원
② 10,300,000원
③ 14,250,000원
④ 18,000,000원

해설
• 과세표준 : 130,000,000−10,000,000−(3,000,000+14,000,000)=103,000,000
• 산출세액 : 103,000,000x10%=10,300,000

59 다음은 12월말 결산법인인 ㈜삼일의 두 직원이 나눈 대화이다. 다음 중 ㈜삼일의 법인세 신고 및 납부에 대한 설명으로 가장 올바르지 않은 것은?

> 오과장 : 이대리, 법인세 신고서류 제출 준비는 끝났나?
>
> 이대리 : 네. 지금 누락된 서류는 없는지 최종 확인하고 있습니다.
>
> 오과장 : 그래. 신고기한을 잘 확인하고, 법인세 납부품의서를 빨리 작성해서 출금에 문제 없도록 하게.
>
> 이대리 : 알겠습니다. 그런데, 자금팀 김대리에게 들으니 회사 자금 사정이 좋지 않다고 하던데, 법인세 납부에는 문제가 없을까요?
>
> 오과장 : 큰일이군. 기한을 넘기게 되면 가산세를 납부해야하니 손해가 클텐데… 우선 자금팀에 필요자금을 통보해 주고, 회계사에게 연락해서 방법이 없는지 확인해 보게.

① ㈜삼일이 당기순손실을 기록했다면 법인세를 신고하지 않아도 세무상 불이익이 없다.
② ㈜삼일은 3월 31일까지 법인세를 신고·납부하여야 한다.
③ ㈜삼일이 신고기한내 법인세를 납부하지 못할 경우 납부불성실가산세를 부담하게 된다.
④ 납부할 법인세액이 1천만원을 초과할 때에는 법인세를 분납할 수도 있다.

> **해설**
>
> • 법인세법상 각사업연도소득금액이 없거나 결손금이 있는 법인도 신고하도록 규정되어 있으며, 결손법인이 무신고시에는 이월결손금을 공제받지 못하는 등의 불이익이 있다.

60 조세정책적 목적에 의해 조세감면을 적용받는 경우라도 과다한 조세감면은 조세형평에 어긋나므로 일정한도의 세액은 납부하도록 하는 제도를 무엇이라 하는가?

① 과세표준   ② 차감납부할세액
③ 최저한세   ④ 공제감면세액

> **해설**
>
> • 법인세법에서는 특정법인에 대하여 과도하게 법인세를 감면해주게 될 경우 법인세를 감면받는 법인과 감면받지 못하는 법인 간에 과세형평의 문제가 발생할 수 있고 국가의 법인세 조세수입 또한 현격하게 감소할 수 있기 때문에, 법인세를 감면받는 법인도 최소한 법인세법이 규정한 일정한도의 세액은 납부하도록 하는 제도를 마련하고 있다. 이러한 제도에 의하여 규정된 일정한도의 법인세금액을 최저한세라고 한다.

61 다음 중 소득세법에 관한 설명으로 가장 옳은 것은?

① 소득세법에 따라 개인사업자는 1년을 초과하지 않는 범위 내에서 선택에 의해 사업연도를 임의로 정할 수 있다.
② 소득세는 개인의 소득에 대해 과세되는 조세이므로 개인의 인적사항에 관계없이 소득이동일하다면 동일한 세액을 부담하도록 하고 있다.
③ 거주자의 경우 소득세의 납세지는 원칙적으로 주소지로 하며, 주소가 없을 때에는 거소지를 소득세의 납세지로 한다.
④ 종합소득세율은 단일 비례세율 구조로 되어 있으며 소득재분배의 효과가 있다.

> **해설**
>
> • ① 법인사업자에 대한 설명이다. 소득세법상 과세기간은 임의로 선택이 불가하며 사망과 국외이전을 제외하고는 1월 1일부터 12월 31일이다.
> ② 소득세는 개인의 인적사항이 고려되므로 소득이 동일하더라도 상이한 세액을 부담한다.
> ④ 종합소득세율은 초과 누진세율 구조로 되어 있어 소득재분배의 효과가 있다.

62 다음 중 종합과세, 분류과세 및 분리과세에 관한 설명으로 가장 올바르지 않은 것은?

① 종합과세는 1년 동안 개인이 벌어들인 모든 소득을 합산하여 과세하는 방법이다.
② 분류과세는 각각의 소득을 합산하지 않고, 원천에 따른 소득의 종류별로 과세하는 방법이다.
③ 종합소득 중 일정한 소득은 과세정책상 분리하여 과세한다.
④ 300만원 이하의 기타소득금액은 무조건 분리과세한다.

해설

- 기타소득금액이 300만원 이하인 경우 선택적 분리과세가 적용된다.

63 소득세법상 이자 및 배당소득에 관한 설명으로 가장 옳은 것은?

① 국가나 공공기관에서 발행한 채권에서 발생하는 이자는 소득세법상 이자소득에 포함되지 않는다.
② 외국회사로부터 받는 이익의 배당은 배당소득에 해당하지 않는다.
③ 현물배당이나 주식배당의 경우 배당소득으로 보지 않는다.
④ Gross-up제도는 동일소득에 대한 이중과세를 방지하기 위함이다.

해설

- ① 발행주체를 불문하고 국·공채, 회사채등 채권에서 발생하는 이자는 소득세법상 이자소득으로 열거되어 있다.
  ② 국내·국외에서 받는 이익배당은 배당소득에 해당한다.
  ③ 현물배당이나 주식배당 모두 세법상으로는 배당소득으로 본다. (의제배당)
- **저자주** 이중과세 조정을 위한 Gross-up제도는 회계관리1급의 수준을 초과하는 논제이므로 참고만 하기 바란다.

64 다음 중 소득세법상 사업소득금액과 법인세법상 각사업연도소득금액의 차이에 관한 설명으로 가장 올바르지 않은 것은?

① 법인세법에 따르면 소득의 종류를 구분하지 않고 모든 소득을 각사업연도소득에 포함하여 종합과세하므로 분리과세나 분류과세가 없다.
② 개인사업의 대표자에게 지급하는 급여는 필요경비에 산입되지 않지만, 법인의 대표자에게 지급하는 급여는 법인의 손금에 산입된다.
③ 개인사업의 대표자와 법인의 대표자 모두 출자금의 임의 인출이 불가능하다.
④ 소득세법상 사업과 무관한 유형자산의 처분손익은 원칙적으로 사업소득의 총수입금액과 필요경비에 산입하지 않는다.

해설

- 법인세법에서는 출자자의 자금인출을 업무무관가지급금으로 간주하여 가지급금인정이자의 계산 등 불이익으로 제재한다. 반면, 소득세법에서는 출자금의 반환으로 간주하므로 인정이자의 계산 등이 없다. 즉, 소득세법은 대표자가 임의로 자금을 출자하고 인출할 수 있다.

65 다음 중 사업소득에 관한 설명으로 가장 올바르지 않은 것은?

① 사업소득은 개인이 타인에게 고용되지 않고 독립적으로 일을 함으로써 얻게 되는 소득을 말한다.
② 사업소득금액은 사업소득 총수입금액에서 필요경비를 차감하여 계산한다.
③ 소득세법상 사업소득금액은 일시적, 우발적으로 발생하는 소득도 과세소득으로 포함시킨다.
④ 소득세법상 사업소득금액은 종합과세 대상에 포함시킨다.

해설

- 일시적, 우발적 소득인 고정자산처분이익 등은 원칙적으로 사업소득에서 제외한다.

66 김삼일씨의 급여내역이 다음과 같을 때 총급여액을 계산하면 얼마인가?

> - 급여   : 매월 2,500,000원
> - 식사대   : 매월 120,000원(구내식당에서 별도로 식사를 제공받음)
> - 상여   : 연간 1,000,000원
> - 연월차수당 : 연간 300,000원
> *김삼일씨는 연중 계속 근무하였으며, 위 사항 이외의 근로소득은 없다.

① 32,440,000원   ② 32,740,000원
③ 33,460,000원   ④ 34,900,000원

해설

• 2,500,000x12개월+120,000x12개월+1,000,000+300,000=32,740,000
  *식사제공이 있는 경우는 식대를 전액 과세한다.

67 다음 자료에 의하여 김삼일씨의 근로소득금액을 계산하면 얼마인가?

> ㄱ. 총급여내역
>   - 매월 급여   : 2,000,000원
>   - 연간상여   : 6,000,000원(실제로 지급받은 상여금)
>   - 연월차수당 : 260,000원(연간 지급받은 금액)
>   - 매월 식사대 : 120,000원(식사를 제공받지 아니함)
> ㄴ. 김삼일씨는 연중 계속 근무하였으며, 상기사항 이외의 근로소득은 없다.
> ㄷ. 근로소득공제
>
> | 총급여액 | 근로소득공제액 |
> |---|---|
> | 500만원 이하 | 총급여액×70% |
> | 500만원 초과 1,500만원 이하 | 350만원+500만원초과액×40% |
> | 1,500만원 초과 4,500만원 이하 | 750만원+1,500만원초과액×15% |
> | 4,500만원 초과 1억원 이하 | 1,200만원+4,500만원초과액×5% |
> | 1억원 초과 | 1,475만원+1억원초과액×2% |

① 16,800,000원   ② 20,675,000원
③ 21,695,000원   ④ 23,000,000원

해설

• 총급여 : 2,000,000x12개월+6,000,000+260,000+(120,000-100,000)x12개월=30,500,000
• 근로소득금액 : 30,500,000-[7,500,000+(30,500,000-15,000,000)x15%]=20,675,000

68 당해연도의 종합소득금액이 있는 거주자는 각 소득의 과세표준을 해당 과세기간의 다음연도 5월 1일부터 5월 31일까지 신고해야 한다. 다음 중 가장 옳지 않은 설명을 하고 있는 사람은 누구인가?

> 김철수 : 저는 근로소득만 있어서 연말정산으로 납세의무가 종결될 것 같아요.
> 이영희 : 저의 근로소득은 연말정산으로 납세의무가 종결되고 이자소득 2,000만원이 분리과세가 되었으니 확정신고를 할 필요는 없습니다.
> 김영호 : 저는 사업소득과 기타소득이 있어 확정신고를 해야 합니다.
> 김영수 : 저는 올해 퇴직했기 때문에 근로소득은 연말정산으로, 사업소득은 원천징수로써 납세의무가 종결되었습니다.

① 김철수
② 이영희
③ 김영호
④ 김영수

해설
• 사업소득이 있는 경우에는 근로소득과 합산하여 확정신고를 하여야 한다.

69 다음의 소득공제 항목 중 근로소득이 없는 경우 공제받을 수 없는 항목은?

① 신용카드소득공제
② 경로우대공제
③ 부녀자공제
④ 장애인공제

해설
• 신용카드 소득공제는 근로자에게만 적용된다.

70 다음 중 소득세법상 원천징수에 관한 설명으로 가장 올바르지 않은 것은?

① 원천징수에 있어서 세금을 실제로 부담하는 납세의무자와 이를 신고·납부하는 원천징수의무자는 서로 다르다.
② 원천징수의무자는 정부를 대신하여 원천징수를 하게 되므로 원천징수와 관련하여 가산세가 존재하지 않는다.
③ 원천징수의무자는 납세의무자에게 원천징수세액을 차감한 금액을 지급하게 된다.
④ 정부는 원천징수를 통해 세원의 탈루를 최소화할 수 있다.

해설
• 원천징수의무자가 징수하여야 할 세액을 세법에 따른 납부기한까지 납부하지 아니하거나 과소납부한 경우에는 원천징수납부불성실가산세가 부과된다.

71 다음 중 부가가치세에 관한 설명으로 가장 옳지 않은 것은?

① 부가가치세법에서는 세금계산서 등에 의해 확인되는 매입세액만을 매출세액에서 공제하는 전단계세액공제법을 채택하고 있다.
② 부가가치세는 납세의무자의 신고에 의하여 납세의무가 확정되는 신고납세제도를 채택하고 있다.
③ 비영리법인은 어떠한 경우에도 부가가치세법상 납세의무자가 될 수 없다.
④ 부가가치세는 납세의무자의 인적 사항을 고려하지 않는 물세이다.

해설
• 영리목적 여부를 불문하고 과세한다.

제1편 백점이론 특강 / 제2편 기출문제특강 / SET1 / SET2 / SET3 / SET4 / SET5 / SET6 / SET7 / SET8 / SET9 / SET10 / 신유형 / 기출문제완답노트 / 실전기출모의고사

72 다음 중 부가가치세법상 공급시기에 관한 설명으로 가장 올바르지 않은 것은?

① 사업자는 재화 또는 용역의 공급시기에 세금계산서를 발급해야 한다.
② 일반적인 상품 및 제품은 재화가 인도되는 때가 공급시기이다.
③ 장기할부판매의 경우 원칙적으로 대가의 각 부분을 받기로 한 때가 공급시기이다.
④ 수출재화의 경우 수출재화가 수입지에 도착하는 날짜가 공급시기이다.

> **해설**

• 수출재화의 공급시기 : 수출재화의 선적일

73 다음 중 부가가치세 과세대상이 아닌 경우는?

① 자동차 점검서비스를 무상으로 제공한 경우
② 부동산 임대회사가 유상으로 상가건물을 임대하는 경우
③ 상가건물을 공장과 교환한 경우
④ 컴퓨터를 현금으로 판매한 경우

> **해설**

• 용역의 무상공급은 일반적으로 과세대상이 아니다.

74 다음 중 공제받을 수 있는 매입세액으로 가장 옳은 것은?

① 사업과 직접 관련이 없는 지출에 대한 매입세액
② 면세사업 관련 매입세액
③ 접대비 및 이와 유사한 비용관련 매입세액
④ 신용카드매출전표상의 매입세액

> **해설**

• 사업무관 매입세액, 면세사업관련 매입세액, 접대비관련 매입세액 : 매입세액불공제

75 부가가치세 과세사업을 영위하는 ㈜삼일은 20x1년에 기계장치를 새로 구입하면서 그동안 사용하던 기계장치를 매각하였다. 계약조건이 다음과 같다면, 기계장치매각과 관련한 20x1년도 제1기 예정 신고기간(20x1.1.1~20x1.3.31)의 부가가치세 과세표준은 얼마인가?

> 대금의 회수는 다음과 같이 이루어졌으며 잔금을 수령한 이후 기계장치를 인도하였다.
> - 20x1년 1월 5일 : 계약금 6,000,000원
> - 20x1년 4월 5일 : 중도금 42,000,000원
> - 20x1년 7월 15일 : 잔 금 12,000,000원

① 6,000,000원   ② 12,000,000원
③ 48,000,000원   ④ 60,000,000원

> **해설**

• 중간지급조건부에 해당하므로 대가의 각 부분을 받기로 한때가 공급시기이다.
  → 따라서, 계약금 6,000,000원만 제1기 예정신고 과세표준에 해당한다.

76 ㈜삼일의 20x1년 제1기 예정신고기간의 매입과 관련된 내역이 다음과 같을 때, 부가가치세 매입세액 공제액은 얼마인가(특별한 언급이 없는 한 적격증빙을 구비하였으며 매입액에는 부가가치세가 포함되어 있지 않다)?

ㄱ. 과세대상 원재료 매입	:	20,000,000원
ㄴ. 신용카드로 구입한 기계장치	:	40,000,000원
ㄷ. 공장부지 매입	:	30,000,000원
ㄹ. 영업부장이 법인카드로 지출한 접대비	:	400,000원
ㅁ. 비영업용소형승용차 구입비	:	3,000,000원

① 6,000,000원　　　　　　　② 9,000,000원
③ 9,400,000원　　　　　　　④ 10,400,000원

해설
- (20,000,000+40,000,000)x10%=6,000,000
  *토지(공장부지)관련 매입세액, 접대비관련 매입세액, 비영업용소형승용차 매입세액 : 매입세액불공제

77 다음 중 수정세금계산서를 발급할 수 없는 경우는?

① 작성연월일을 착오로 잘못 기재한 경우
② 공급한 재화 또는 용역이 반품 또는 환입된 경우
③ 재화 공급 후에 계약금이 변경된 경우
④ 과세를 면세로 잘못 알고 계산서를 발급한 경우

해설
- 수정세금계산서는 당초에 세금계산서를 발급한 경우에만 발행가능하다.
  ㉠ 면세를 과세로 잘못 알고 세금계산서를 발급한 경우
    →수정세금계산서 발급이 가능하다.
  ㉡ 과세를 면세로 잘못 알고 계산서를 발급한 경우
    →당초 세금계산서를 발급한 것이 아니라 계산서를 발급한 것이므로 수정세금계산서 발급이 불가하며, 이 경우는 세금계산서 미발급으로서 가산세가 부과된다.

78 다음 중 세금계산서의 작성과 관련하여 가장 올바르지 않은 것은?

① 세금계산서상 공급가액과 부가가치세액을 기재하지 아니하여도 실제 거래가 확인되는 경우 정당한 세금계산서라고 볼 수 있다.
② 세금계산서는 일반거래에서 송장의 역할이나 외상거래의 청구서의 역할도 한다.
③ 기본적으로 세무서에 사업자등록을 한 사업자는 개인이나 법인 모두 세금계산서 발급의무가 있다.
④ 사업자는 원칙적으로 제품, 상품을 판매할 때마다 세금계산서를 발급하여야 한다.

해설
- 필요적 기재사항이 일부라도 기재되어 있지 아니하거나 기재된 사항이 사실과 다를 때에는 정당한 세금계산서로 인정되지 않는다.

79 다음 자료는 ㈜삼일의 거래내역이다. ㈜삼일의 부가가치세신고서상 (ㄱ)에 기록될 금액은 얼마인가?

〈신고내용〉

구 분				금 액	세 율	세 액
과세표준 및 매출세액	과세	세금계산서발급분	(1)		10/100	
		매입자발행세금계산서	(2)		10/100	
		신용카드·현금영수증발행분	(3)		10/100	
		기타(정규영수증외매출분)	(4)			
	영세율	세금계산서발급분	(5)	(ㄱ)	0/100	
		기타	(6)		0/100	
	예정신고누락분		(7)			
	대손세액가감		(8)			
	합계		(9)			

구분	금액
세금계산서 발행 국내매출액(부가가치세 미포함)	50,000,000원
신용카드매출전표 발행분(부가가치세 포함)	33,000,000원
현금영수증 발행(부가가치세 포함)	7,700,000원
내국신용장에 의한 공급분(Local 수출분)	10,000,000원

① 없음
② 10,000,000원
③ 50,000,000원
④ 87,000,000원

해설

• (ㄱ) : 10,000,000(내국신용장에 의한 공급분)

80 다음은 세금계산서(공급자 보관용)의 양식이다. 세금계산서의 작성방법을 서술한 다음의 설명 중 가장 올바르지 않은 것은?

세 금 계 산 서(공급자 보관용)			책 번 호	권	호
			일련번호		

공급자	등록번호		성 명 (대표자)	(인)	공급받는자	등록번호		성 명 (대표자)	(인)
	상 호 (법인명)					상 호 (법인명)			
	사업장주소					사업장주소			
	업 태		종 목			업 태		종 목	

작 성			공 급 가 액									세 액									비 고
연	월	일	공란수	조	천	백	십	억	천	백	십	만	천	백	십	일	십	천	백	억	천	백	십	만	천	백	십	일	

월 일	품 목	규 격	수 량	단 가	공 급 가 액	세액	비고

합계금액	현 금	수 표	어 음	외상미수금	이 금액을 영수 함 청구

① 법인과세사업자는 전자세금계산서를 발급하여야 한다.

② 공급받는 자가 부가가치세 면세사업자인 경우에 "공급받는 자의 등록번호"에 소득세법 또는 법인세법의 규정에 의한 등록번호 또는 고유번호를 기재한다.

③ 제품을 판매하고 총 11,000원(부가가치세 포함)을 수령하였다면, 공급가액에는 11,000원을 기재한다.

④ 제품을 판매하고 총 11,000원(부가가치세 포함)을 수령하였다면, 세액에는 1,000원을 기재한다.

해설

• 공급가액에 10,000원을 기재하고, 세액에 1,000원을 기재한다.

[정답] 실전기출모의고사 [2016년 공개]

▶ 재무회계

1	2	3	4	5	6	7	8	9	10
④	④	③	③	④	④	③	④	③	②
11	12	13	14	15	16	17	18	19	20
③	④	④	①	③	④	①	②	③	③
21	22	23	24	25	26	27	28	29	30
④	②	②	①	②	①	①	②	②	②
31	32	33	34	35	36	37	38	39	40
①	①	②	②	①	③	③	①	④	①

▶ 세무회계

41	42	43	44	45	46	47	48	49	50
①	②	③	④	④	③	①	①	②	④
51	52	53	54	55	56	57	58	59	60
④	③	④	②	③	②	①	②	①	③
61	62	63	64	65	66	67	68	69	70
③	④	④	③	③	②	②	④	①	②
71	72	73	74	75	76	77	78	79	80
③	④	①	④	①	①	④	①	②	③

[합본부록]

재무회계 · 세무회계

주관처 2017년 공개

Cam Exam intermediate level

실전기출모의고사

SEMOOLICENCE

01 재무회계

1 다음 중 재무제표에 관한 설명으로 가장 올바르지 않은 것은?

① 재무상태표는 일정시점에서 기업의 재무상태를 보여주는 보고서이다.
② 손익계산서는 일정기간 동안의 기업 경영성과를 보고하는 보고서이다.
③ 자본변동표는 자본의 크기와 그 변동에 관한 정보를 제공하는 보고서이다.
④ 재무제표에 대한 주석은 재무제표에 포함되지 않는다.

해설
• 주석도 기본재무제표의 범위에 포함된다.

2 다음 중 현금흐름표에 관한 설명 중 가장 올바르지 않은 것은?

① 현금흐름표는 기업실체의 현금흐름을 영업·투자·재무활동으로 구분하여 보고하는 재무제표이다.
② 무형자산의 취득 및 처분과 관련된 현금흐름은 재무활동으로 인한 현금흐름으로 분류한다.
③ 유형자산의 취득 및 처분과 관련된 현금흐름은 투자활동으로 인한 현금흐름으로 분류한다.
④ 제품의 생산 및 판매와 관련된 현금흐름은 영업활동으로 인한 현금흐름으로 분류한다.

해설
• 무형자산의 취득 및 처분과 관련된 현금흐름은 투자활동으로 인한 현금흐름으로 분류한다.

3 중간재무제표에 관한 다음 내용 중 가장 올바르지 않은 것은?

① 중간재무제표는 1 회계연도보다 짧은 기간을 대상으로 작성하는 재무제표이다.
② 중간재무제표는 재무상태표, 손익계산서, 현금흐름표만을 포함한다.
③ 손익계산서는 중간기간과 누적중간기간을 직전 회계연도의 동일기간과 비교하는 형식으로 작성된다.
④ 재무상태표는 중간기간말과 직전 회계연도말을 비교하는 형식으로 작성한다.

해설
• 중간재무제표 : 재무상태표, 손익계산서, 현금흐름표, 자본변동표, 주석

4 다음 중 재무제표 정보의 특성과 한계에 관한 설명으로 가장 올바르지 않은 것은?

① 재무제표는 화폐단위로 측정된 정보를 주로 제공한다.
② 재무제표는 대부분 과거에 발생한 정보를 나타낸다.
③ 재무제표는 추정이 엄격히 금지된다.
④ 재무제표는 특정 기업실체에 관한 정보를 제공한다.

> **해설**

• 재무제표는 내용연수, 대손추정률, 충당부채와 같이 추정에 의한 측정치를 포함하고 있다.

5 다음 중 재무상태표의 기본요소 중 자산에 대한 설명으로 가장 올바르지 않은 것은?

① 자산의 취득은 일반적으로 현금유출과 관련이 있으나 반드시 현금유출이 동반되는 것은 아니다.
② 자산에 대한 법적소유권이 있어야 자산성이 인정된다.
③ 자산은 미래에 경제적 효익을 창출할 수 있어야 한다.
④ 물리적 형태가 없더라도 자산이 될 수 있다.

> **해설**

• 소유권(법률적 권리)이 자산의 존재를 판단하기 위해 필수적인 것은 아니다.(예) 금융리스자산)
  →①의 예로는 수증자산(증여받은 자산), ④의 예로는 무형자산을 들수 있다.

6 다음의 유가증권 중 재무상태표상 유동자산으로 분류되는 것으로 가장 올바르지 않은 것은?

① 지분증권 중 투자기업이 피투자기업에 대해 유의적인 영향력을 행사하고 있는 지분법적용투자주식
② 지분증권 중 1년 이내에 처분할 목적으로 취득한 단기매매증권
③ 채무증권 중 1년 이내에 만기가 도래하는 매도가능증권
④ 채무증권 중 1년 이내에 만기가 도래하는 만기보유증권

> **해설**

• 지분법적용투자주식은 비유동자산으로 분류된다.

7 다음은 유동자산에 속하는 계정들의 잔액이다. 재무상태표에 당좌자산으로 계상될 금액은 얼마인가?

| ㄱ. 단기대여금 | 40,000원 | ㄴ. 매출채권 | 400,000원 | ㄷ. 선급비용 | 600,000원 |
| ㄹ. 선급금 | 50,000원 | ㅁ. 저장품 | 65,000원 | | |

① 1,000,000원
② 1,040,000원
③ 1,090,000원
④ 1,155,000원

> **해설**

• 유동자산 : 당좌자산+재고자산
• 당좌자산 : 40,000+400,000+600,000+50,000=1,090,000
  →저장품은 재고자산이다.

8 다음은 ㈜삼일의 매출채권 및 대손충당금에 관한 자료이다.

ㄱ. 당기말 매출채권 잔액	10,000,000원
ㄴ. 전기말 대손충당금 잔액	220,000원
ㄷ. 당기말 대손충당금 잔액	170,000원
㈜삼일은 당기 손익계산서에 310,000원의 대손상각비를 계상하고 있다.	

당기 중 대손충당금환입은 발생하지 않은 것으로 가정할 경우, ㈜삼일의 당기 매출채권에 대한 대손발생액은 얼마인가?

① 200,000원　　　　　　　　　② 260,000원
③ 360,000원　　　　　　　　　④ 400,000원

해설

• **고속철** 대손발생액 계산

대손충당금

대손발생액	x	기초대손충당금	220,000
환입	0	회수	0
기말대손충당금	170,000	대손상각비	310,000

→ $x = 360,000$

9 ㈜삼일은 20x1년 결산시 보유중인 재고자산 중 원재료에 대한 재고자산평가손실 3,000,000원 및 제품에 대한 재고자산평가손실 5,000,000원을 반영하기로 하였다. ㈜삼일이 수행할 결산수정분 개로 옳은 것은?

① (차) 재고자산평가손실(영업외비용) 3,000,000원　(대) 재고자산　　　　　　 3,000,000원
② (차) 재고자산평가손실(매출원가)　8,000,000원　(대) 재고자산평가손실충당금 8,000,000원
③ (차) 재고자산평가손실(매출원가)　5,000,000원　(대) 재고자산평가손실충당금 5,000,000원
④ (차) 재고자산평가손실(매출원가)　3,000,000원　(대) 재고자산　　　　　　 8,000,000원
　　　재고자산평가손실(영업외비용) 5,000,000원

해설

• 원재료와 제품에 대한 재고자산평가손실은 매출원가에 반영하며, 상대방 계정으로 재고자산의 차감항목인 재고자산평가손실충당금을 계상한다.

10 ㈜삼일은 20x1년 1월 1일에 발행된 다음과 같은 조건의 채무증권을 최초 발행금액인 951,963원에 취득하였으며 해당 채무증권을 만기까지 보유할 의도와 능력을 보유하고 있다. 이 채무증권에 대하여 ㈜삼일이 만기까지 인식할 총 이자수익은 얼마인가?

ㄱ. 액면금액	:	1,000,000원
ㄴ. 만기일	:	20x3년 12월 31일
ㄷ. 이자지급조건	:	매년말 후급
ㄹ. 표시이자율	:	연 10%
ㅁ. 유효이자율	:	연 12%

① 48,037원　　　　　　　② 233,801원
③ 251,963원　　　　　　　④ 348,037원

해설
* '총이자수익=총액면이자+총상각액'
  → (1,000,000x10%x3년)+(1,000,000-951,963)=348,037

11 다음 중 기말재고자산에 포함될 항목으로 가장 올바르지 않은 것은?

① 시용판매를 위하여 고객에게 제공된 상품 중 매입의사가 표시되지 않은 부분
② 위탁판매목적으로 반출된 상품 중 수탁자가 현재 보관중인 부분
③ 장기할부조건으로 판매한 상품
④ 선적지인도조건으로 매입한 운송중인 상품

해설
* 장기할부조건으로 판매한 상품은 인도시점이 수익인식시점이므로 기말재고에 포함되지 않는다.

12 다음 중 재무상태표상 비유동자산으로 분류되지 않는 것은?

① 채무증권 중 1년 이내에 만기가 도래하는 만기보유증권
② 주된 영업활동 이외의 자산 처분 등에서 발생한 채권으로 1년 이내에 회수가 어려운 장기미수금
③ 계속적 용역공급계약을 체결하고 선지급한 비용 중 1년 이후에 비용으로 계상되는 장기선급비용
④ 채무증권 중 1년 이후에 만기가 도래하는 만기보유증권

해설
* 다음의 유가증권은 유동자산으로 분류한다.
  - 지분증권(주식) 중 1년 이내에 처분할 것이 거의 확실한 매도가능증권
  - 채무증권(채권) 중 1년 이내에 만기가 도래하는 매도가능증권
  - 채무증권(채권) 중 1년 이내에 만기가 도래하는 만기보유증권

13 ㈜삼일은 단일종류의 상품을 판매하고 있다. 기말상품의 장부상 수량은 500개이고 취득원가는 단위당 200원이다. 기말 재고실사시 실제 수량은 450개이고 재고자산의 시가는 180원이다. 저가법 평가를 할 경우 재고자산 감모손실 금액은 얼마인가?

① 2,000원　　　　　　　　　　　　　② 9,000원
③ 10,000원　　　　　　　　　　　　 ④ 12,000원

>―● 해설

• 감모손실과 평가손실 계산

기말재고 장부원가 (장부수량x단위당원가)	기말재고 실제원가 (실제수량x단위당원가)	기말재고 시가 (실제수량x단위당시가)
500개x200=100,000	450개x200=90,000	450개x180=81,000

└――――――――┘　　　　　　└――――――――┘
　　감모손실 10,000　　　　　　　　　평가손실 9,000

14 ㈜서울은 20x1년 1월 1일 ㈜용산의 주식 200주를 2,000,000원에 취득하여 매도가능증권으로 분류하였다. 20x1년말 이 주식의 공정가치는 2,800,000원이다. ㈜서울이 20x2년 6월 31일 이 주식을 2,500,000원에 처분하였다면 20x2년 해당주식과 관련된 처분손익은 얼마인가?

① 처분이익 500,000원　　　　　　　 ② 처분이익 800,000원
③ 처분손실 300,000원　　　　　　　 ④ 처분손실 800,000원

>―● 해설

• 20x1년 1월 1일
　(차) 매도가능증권　　　2,000,000　　(대) 현금　　　　　　　　2,000,000
• 20x1년 12월 31일
　(차) 매도가능증권　　　　800,000　　(대) 매도가능증권평가이익　　800,000
• 20x2년 6월 31일
　(차) 현금　　　　　　　2,500,000　　(대) 매도가능증권　　　　　2,800,000
　　　매도가능증권평가이익　800,000　　　　매도가능증권처분이익　　500,000

-●고속철 손상이 없는 경우 처분손익 계산
　　　'처분손익=처분가－취득가' → 2,500,000－2,000,000=500,000(처분이익)

15 ㈜삼일의 20x1년 중 재고자산거래의 내역은 다음과 같다. 다음 자료를 바탕으로 선입선출법하의 매출원가를 구하면 얼마인가(단, 회사는 실지재고조사법에 의하여 수량을 기록한다)?

구분	단위	단위원가	총원가
기초재고(01월 01일)	1,000개	90원	90,000원
매　입(03월 15일)	200개	110원	22,000원
매　입(05월 16일)	1,200개	145원	174,000원
판매가능량	2,400개		286,000원
매　출(09월 18일)	1,700개		
기말재고(12월 31일)	700개		

① 184,500원　　　　　　　　　　　　② 202,583원
③ 206,500원　　　　　　　　　　　　④ 223,000원

>―● 해설

• 1,000개x90+200개x110+500개x145=184,500

16 유가증권은 증권의 종류에 따라 지분증권과 채무증권으로 분류할 수 있다. 다음 중 지분증권의 분류항목으로 가장 올바르지 않은 것은?

① 단기매매증권
② 매도가능증권
③ 만기보유증권
④ 지분법적용투자주식

해설

• 만기보유증권은 채무증권(채권)만 분류 가능하다.
  – 단기매매증권 : 지분증권(주식), 채무증권(채권)
  – 매도가능증권 : 지분증권(주식), 채무증권(채권)
  – 만기보유증권 : 채무증권(채권)
  – 지분법적용투자주식 : 지분증권(주식)

17 다음 중 채권의 현재가치평가와 관련된 설명으로 가장 올바르지 않은 것은?

① 장기연불조건의 매매거래는 채권의 명목가치와 현재가치의 차이가 중요한 경우 현재가치로 평가한다.
② 현재가치평가에 사용되는 적정한 할인율은 당해 거래의 유효이자율이다.
③ 당해 거래의 유효이자율을 구할 수 없는 경우에는 동종시장이자율을 기초로 적정하게 산정된 이자율을 적용한다.
④ 명목금액과 현재가치의 차액은 현재가치할인차금이라는 계정으로 매 결산기마다 전액 당기손익에 반영한다.

해설

• 전액 당기손익에 반영한다.(X) → 유효이자율법에 의한 상각액을 당기손익에 반영한다.(O)

18 미지급비용은 아직 지급 기일이 도래하지 않아 지급되고 있지 않는 채무를 말하는데, 이렇게 지급기일이 도래하지 않았음에도 불구하고 기간의 경과에 따라 비용을 인식하는 근거로 가장 옳은 것은?

① 총액주의
② 현금주의
③ 중요성
④ 발생주의

해설

• 발생주의는 현금주의와 상반된 개념으로 현금의 수수와는 관계없이 수익은 실현되었을 때 인식되고, 비용은 발생되었을 때 인식되는 개념이다.

제1편 빈출이론 특강 제2편 기출문제특강 SET1 SET2 SET3 SET4 SET5 SET6 SET7 SET8 SET9 SET10 신유형 기출문제오답노트 실전기출모의고사

19 ㈜삼일은 사용중이던 건물을 ㈜용산의 기계장치와 교환하였다. 이 교환거래와 관련하여 ㈜삼일은 공정가치의 차액 100,000원을 현금으로 지급하였다. 이 교환거래에서 ㈜삼일이 취득하는 기계장치의 취득원가는 얼마인가?

	건물	기계장치
취득원가	2,000,000원	4,000,000원
감가상각누계액	(800,000원)	(3,120,000원)
공정가치	1,000,000원	1,100,000원

① 900,000원 ② 1,000,000원
③ 1,100,000원 ④ 1,200,000원

해설

• 이종자산 교환시의 기계장치의 취득원가는 제공한 자산(건물)의 공정가치로 한다. 한편, 현금수수가 있는 경우에는 원래대로 처분손익을 인식한후 별도로 현금 수수액을 취득원가에 가감한다.
• 회계처리
  (차) 기계장치(건물의 공정가치) 1,000,000 (대) 건물 2,000,000
      감가상각누계액 800,000
      유형자산처분손실 200,000
  (차) 기계장치 100,000 (대) 현금 100,000
• 기계장치의 취득원가 : 1,000,000+100,000=1,100,000

20 ㈜삼일은 자동차부품을 제조하여 판매하고 있다. 부품생산에 사용하고 있는 기계장치의 장부금액은 9,000,000원이다. 그러나 자동차모형의 변경으로 부품에 대한 수요가 급감하여 생산규모의 대폭적인 감소가 예상된다. 수요감소로 인하여 기계장치의 순공정가치는 4,000,000원, 사용가치는 4,500,000원으로 감소하였다. 일반기업회계기준에 따라 ㈜삼일이 기계장치에 대한 손상차손으로 계상할 금액은 얼마인가?

① 4,500,000원 ② 5,000,000원
③ 5,500,000원 ④ 6,000,000원

해설

• 회수가능액 : Max[4,000,000, 4,500,000]=4,500,000
• 손상차손 : 9,000,000(장부금액)−4,500,000(회수가능액)=4,500,000

21 ㈜삼일은 20x1년 7월 1일에 (주)용산은행으로부터 40,000,000원을 차입하였다. 연 이자율 8%, 20x2년 6월 30일 원리금 일시상환조건인 경우, ㈜삼일이 20x1년 12월 31일 해야 할 회계처리 중 가장 옳은 것은?

①	(차)	이자비용	1,600,000원	(대)	현금	1,600,000원
②	(차)	이자비용	1,600,000원	(대)	미지급이자	1,600,000원
③	(차)	단기차입금	3,200,000원	(대)	현금	3,200,000원
④	(차)	이자비용	3,200,000원	(대)	단기차입금	3,200,000원

해설

• 기간경과분 이자비용(미지급이자) : 40,000,000x8%x6/12=1,600,000

22 다음 중 무형자산의 손상에 대한 설명으로 가장 올바르지 않은 것은?

① 자산의 진부화 및 시장가치의 급격한 하락 등으로 인하여 무형자산의 회수가능액이 장부가액에 중요하게 미달되는 경우에는 그 차액을 손상차손으로 처리한다.
② 아직 사용하지 않는 무형자산은 최소한 매 보고기간말에 회수가능액을 반드시 추정하여 손상여부를 판단하여야 한다.
③ 차기 이후에 손상된 자산의 회수가능액이 장부금액을 초과하게 되는 경우에는 그 초과액 전부를 손상차손환입으로 처리한다.
④ 영업권은 20년 이내의 기간에 정액법으로 상각하며, 손상차손은 인식하되 손상차손환입은 인식하지 않는다.

> **해설**
> • 그 초과액 전부를 손상차손환입으로 처리한다.(X) → 손상되지 않았을 경우의 장부금액을 한도로 환입한다.(O)

23 ㈜삼일이 사채를 발행일 현재의 공정가치로 발행했다면 20x1년초 사채의 발행가액은 얼마인가?

(1) 사채발행일	: 20x1년 1월 1일
(2) 액면금액	: 1,500,000원
(3) 표시이자율	: 연 12%(매년 말 지급)
(4) 만기	: 20x3년 12월 31일(3년 만기)
(5) 시장이자율(20x1년 1월 1일)	: 14%
(6) 시장이자율 14%에 대한 3년 현가계수는 0.6749이고, 연금현가계수는 2.3216이다.	
*모든 금액은 소수 첫째자리에서 반올림한다.	

① 1,536,666원
② 1,430,238원
③ 1,499,874원
④ 1,444,674원

> **해설**
> • 1,500,000x0.6749+(1,500,000x12%)x2.3216=1,430,238

24 다음 중 사채에 관한 설명으로 가장 올바르지 않은 것은?

① 액면이자율 〈 시장이자율 : 할인발행
② 액면이자율 〉 시장이자율 : 할증발행
③ 유효이자율법하에서 사채할인발행차금 상각액은 매년 일정하다.
④ 사채할인발행차금은 액면금액에서 차감하는 형식으로 표시한다.

> **해설**
> • 할인발행, 할증발행 모두 상각액은 매년 증가한다.

25 다음은 유통업을 영위하는 ㈜삼일의 20x1년 퇴직급여와 관련된 회계정보이다. 20x1년에 ㈜삼일이 손익계산서에 인식할 퇴직급여는 얼마인가?

구분	20x0년	20x1년
12월말 퇴직급여충당부채 잔액	50,000원	80,000원
현금으로 지급된 퇴직금	15,000원	20,000원

① 50,000원   ② 55,000원
③ 70,000원   ④ 85,000원

> **해설**

• 80,000-(50,000-20,000)=50,000
• 회계처리(기초 퇴직급여충당부채=50,000)

퇴직금 지급시	(차) 퇴직급여충당부채	20,000	(대) 현금	20,000
기말 설정시	(차) 퇴직급여	50,000	(대) 퇴직급여충당부채	50,000

26 다음 중 충당부채 및 우발부채에 관한 설명으로 가장 올바르지 않은 것은?

① 충당부채로 인식하는 금액은 현재의무의 이행에 소요되는 지출에 대한 보고기간종료일 현재의 최선의 추정치이어야 한다.
② 충당부채의 명목금액과 현재가치의 차이가 중요한 경우에는 현재가치로 평가한다.
③ 미래의 예상 영업손실은 충당부채로 인식하지 아니한다.
④ 중요한 계류중인 소송사건과 보증제공 사항을 반드시 주석으로 공시할 필요는 없다.

> **해설**

• 다음의 경우에는 자원의 유출가능성이 거의 없더라도 반드시 그 내용을 주석으로 공시한다.
> ▸ 타인에게 제공한 지급보증 또는 이와 유사한 보증
> ▸ 중요한 계류중인 소송사건

27 다음 중 자기주식의 회계처리에 관한 설명으로 가장 올바르지 않은 것은?

① 자기주식 취득시 자본잉여금 총액의 변동이 발생하지 않는다.
② 자기주식 처분거래를 기록하는 시점에서 이익잉여금 총액의 증감은 발생하지 않는다.
③ 자기주식을 소각할 경우 자기주식의 취득원가와 최초 발행금액의 차이를 감자차손(영업외비용) 또는 감자차익(영업외수익)으로 분류한다.
④ 자기주식 취득시 취득금액을 자본조정 항목으로 회계처리한다.

> **해설**

• 자기주식의 취득원가와 최초 발행금액의 차이(X) → 자기주식의 취득원가와 액면금액의 차이(O)

28 포괄손익은 일정 기간 동안 주주와의 자본거래를 제외한 모든 거래나 사건에서 인식한 자본의 변동이다. 이러한 포괄손익 중 손익계산서에 반영되지 않고 재무상태표에 직접 반영되는 부분을 기타포괄손익이라고 하며, 이는 미실현손익의 성격을 가지고 있다. 다음 중 기타포괄손익에 해당되는 항목은 무엇인가?

① 외화환산손익   ② 매도가능증권평가손익
③ 지분법손익   ④ 유형자산처분손익

> **해설**
>
> • ①,③,④ : 영업외손익

29 20x1년초 사업을 개시한 ㈜삼일은 판매후 1년간 판매한 제품에서 발생하는 결함을 무상으로 수리해주고 있으며, 보증비용은 매출액의 8% 로 추정된다. 20x1년말 재무상태표에 제품보증충당부채로 계상되어야 할 금액은 얼마인가?

> ㄱ. 20x1년 매출액 : 100억원
> ㄴ. 20x1년 중 당기 매출분에 대해 3억원의 제품보증비가 발생함.

① 3억원   ② 5억원
③ 8억원   ④ 10억원

> **해설**
>
> • 100억원x8%–3억원=5억원

30 다음 중 자본항목에 대한 설명으로 가장 옳은 것은?

① 자본변동표는 자본 중 이익잉여금의 변동내용만을 나타내기 때문에 다른 자본항목에 대한 변동내역을 파악하기 위해서는 다른 재무제표 및 부속명세서를 참고해야 한다.
② 자본잉여금의 변동은 유상증자(감자), 무상증자(감자), 결손금처리 등에 의하여 발생하며, 주식발행초과금과 기타자본잉여금으로 구분하여 표시한다.
③ 자본변동표상 수정 후 이익잉여금은 기초이익잉여금에 감자차손, 연차배당 등을 고려하여 산출한다.
④ 기타포괄손익누계액에는 매도가능증권평가손실, 미교부주식배당금이 포함되어 있다.

> **해설**
>
> • ① 자본변동표는 자본변동내용에 대한 포괄적정보를 제공하는 재무제표로, 자본금, 자본잉여금, 이익잉여금, 자본조정, 기타포 괄손익누계액의 각 항목별로 기초잔액, 변동사항, 기말잔액이 표시된다.
> ③ 감자차손은 자본조정 항목이다.
> ④ 미교부주식배당금은 자본조정 항목이다.

31 다음 중 이연법인세회계와 관련된 설명으로 가장 옳은 것은?

① 일시적차이는 자산·부채의 장부금액과 세무기준액과의 차이이다 .

② 모든 일시적차이는 항상 이연법인세로 인식된다.

③ 결손금이 발생하게 되면 차기 이후 회계연도의 이익발생시 법인세 부담액이 감소되는 효과가 나타나므로 이연법인세부채로 계상한다.

④ 이연법인세회계는 발생하는 시기에 자산 부채로 인식하는 것이므로 발생시기의 법인세율을 적용한다.

해설

- ② 차감할 일시적차이(유보)는 향후 과세소득의 발생이 거의 확실하여 미래의 법인세 절감효과의 실현가능성이 있어야 이연법인세자산으로 인식할 수 있다.
  ③ 이월결손금은 미래 법인세부담을 감소시키게 되므로 이연법인세자산으로 계상한다.
  ④ 이연법인세회계는 일시적차이 소멸시점의 미래예상 법인세율을 적용한다.

32 ㈜삼일의 자본금은 다음과 같이 구성되어 있다. 당기에 배당 가능한 금액 4,000,000원을 모두 배당한다고 할 경우 보통주와 우선주에 대한 배당금은 각각 얼마인가?

ㄱ. 보통주 : 5,000주 발행, 액면금액 5,000원
ㄴ. 우선주(*) : 2,000주 발행, 액면금액 10,000원
(*) 비누적적, 비참가적, 액면배당률은 10 %

	보통주배당금	우선주배당금
①	0원	4,000,000원
②	1,500,000원	2,500,000원
③	2,000,000원	2,000,000원
④	2,500,000원	1,500,000원

해설

- 우선주배당금 : (2,000주x10,000)x10%=2,000,000
- 보통주배당금 : 4,000,000-2,000,000=2,000,000

33 다음 중 기업회계기준에 따른 수익·비용인식에 적용되는 원칙으로 올바르게 짝지은 것은?

ㄱ. 현금주의   ㄴ. 수익·비용대응   ㄷ. 순액주의   ㄹ. 발생주의

① ㄱ, ㄴ   ② ㄴ, ㄹ
③ ㄴ, ㄷ   ④ ㄷ, ㄹ

해설

- 발생주의와 수익·비용대응의 원칙에 따라 인식한다.

34 당기 장부마감전 발견된 다음 오류사항 중 당기순이익에 영향을 미치는 것은?

① 전기 주식할인발행차금 미상각
② 매도가능증권에 대한 평가손실 미계상
③ 당기 재고자산에 대한 평가손실 미계상
④ 당기 재해손실을 일반관리비로 계상

해설

- ① 전기 주식할인발행차금 미상각 →자본조정에 영향
  ② 매도가능증권에 대한 평가손실 미계상 →기타포괄손익누계액에 영향
  ③ 당기 재고자산에 대한 평가손실 미계상 →매출원가에 영향(따라서, 당기손익에 영향)
  ④ 당기 재해손실을 일반관리비로 계상 →손익에는 영향이 없다.

35 다음은 ㈜삼일의 20x1년도 재고상품 관련 자료이다. 매출은 원가의 30% 이익을 가산하여 인식할 경우 ㈜삼일의 20x1년도 매출총이익은 얼마인가?

기초상품재고액	5,000,000원
당기상품매입액	62,000,000원
기말상품실사액	7,000,000원

① 9,300,000원
② 12,400,000원
③ 18,000,000원
④ 18,600,000원

해설

- 매출액=매출원가+매출원가x30% →매출액-매출원가=매출원가x30% →매출총이익=매출원가x30%
- 매출원가 : 5,000,000+62,000,000-7,000,000=60,000,000
- 매출총이익 : 60,000,000x30%=18,000,000

36 ㈜삼보건설은 20x1년 중 문화센터와 관련한 건설공사를 수주하였다. 해당 공사와 관련된 내용이 다음과 같을 때 ㈜삼보건설의 20x1년 공사수익 계산시 적용한 진행률은 얼마인가?

ㄱ. 건설기간	:	20x1년 1월 1일 ~ 20x3년 12월 31일
ㄴ. 총도급금액	:	50,000,000원
ㄷ. 20x1년 공사원가	:	5,000,000원
ㄹ. 20x1년 공사이익	:	2,500,000원

① 10%
② 15%
③ 20%
④ 25%

해설

- 50,000,000x진행률-5,000,000=2,500,000 에서, 진행률=15%

37 다음 중 주당이익에 관한 설명으로 가장 올바르지 않은 것은?

① 주식 1주당 발생한 이익을 의미한다.
② 주가수익률(PER) 산출의 기초자료가 된다.
③ 유통보통주식수가 증가하면 주당이익이 증가한다.
④ 당기순이익이 증가하면 주당이익이 증가한다.

> **해설**

- 유통보통주식수(분모)가 증가하면 주당이익이 감소한다.

38 다음 중 재무활동 현금흐름으로 분류되는 항목의 예로 가장 올바르지 않은 것은?

① 사채의 상환과 관련한 만기 연장
② 재무활동으로 분류되는 이자 및 배당금 관련 현금유출
③ 금융리스부채의 상환에 따른 현금유출
④ 주식 발행에 따른 현금유입

> **해설**

- 만기연장은 현금유입 및 유출과 무관하다.

39 ㈜삼일방송사는 TV광고물을 인기 드라마의 방송 전후에 걸쳐 10회 방송하는 계약을 체결하였다. TV광고물은 20x1년 중에 4회, 20x2년 중에 6회가 방송되었으며, 광고 방송에 대한 대가는 총 2,000,000원으로 모든 광고가 종료되는 시점에 회수된다. ㈜삼일방송사의 20x1년도 보고기간(20x1년 1월 1일 ~ 20x1년 12월 31일)에 수익으로 인식할 금액은?

① 0원
② 800,000원
③ 1,200,000원
④ 2,000,000원

> **해설**

- 광고매체(방송사) 수수료의 수익인식시점 : 대중에게 전달하는 시점
- 회당 방송대가 : 2,000,000÷10회=200,000
- 20x1년 수익 : 대중에게 전달된 4회에 해당하는 수익을 인식한다. →200,000x4회=800,000

40 화폐성 외화자산·부채는 기말현재의 마감환율로 환산하여 외화환산손익을 인식한다. 다음 중 기말 결산시 외화환산손익을 인식하는 계정과목으로 가장 옳은 것은?

① 재공품
② 선급금
③ 미지급금
④ 선수금

> **해설**

- 미지급금은 화폐성항목이며, 나머지는 비화폐성항목이다.

화폐성항목	•현금과예금, 매입채무, 차입금, 매출채권, 대여금, 사채 •미수금, 미지급비용, 미수수익
비화폐성항목	•재고자산, 유형자산, 무형자산 •선수금, 선급금, 선급비용, 선수수익

02 세무회계

41 다음 중 부과과세제도를 채택하고 있는 조세를 모두 고르면?

| ㄱ. 법인세 ㄴ. 소득세 ㄷ. 부가가치세 ㄹ. 상속세 ㅁ. 증여세 |

① ㄱ, ㄴ   ② ㄱ, ㄴ, ㄷ
③ ㄷ, ㄹ   ④ ㄹ, ㅁ

해설

• 부과과세제도 : 과세관청의 부과처분에 의해 세액이 확정되는 과세방식으로 과세관청에게만 납세의무 확정권을 부여하는 제도이며 납세자의 신고는 조력의무에 불과하다.(예 상속세, 증여세)
• 신고납세제도 : 1차적으로 납세의무자에게 납세의무 확정권을 부여하고 무신고, 신고내용에 오류·탈루가 있는 경우 2차적으로 과세관청에게 납세의무 확정권을 부여하는 제도이다.(예 법인세, 소득세, 부가가치세)

42 다음 중 조세에 관한 설명으로 가장 옳은 것은?

① 조세를 부과·징수하는 주체인 국가는 필요에 따라 법의 규정에 근거하지 않고 세금을 부과·징수할 수 있다.
② 물세란 납세의무자의 인적사항을 고려하지 않고 수익 혹은 재산 그 자체에 대하여 부과하는 조세를 말하며, 법인세 및 소득세가 이에 해당된다.
③ 국세란 국가가 국민에게 부과하는 조세를 말하며 법인세, 소득세, 부가가치세 등이 해당된다.
④ 신고과세제도란 국가 또는 지방자치단체의 결정에 따라 과세표준과 세액이 확정되는 것을 말한다.

해설

• ① 조세를 부과·징수하는 주체인 국가라도 법의 규정에 근거하지 않고 필요에 따라 국민으로부터 세금을 부과·징수할 수 없다.
② 법인세 및 소득세는 인세에 포함된다. 물세의 예로는 부가가치세와 재산세를 들수 있다.
④ 국가 또는 지방자치단체의 결정에 따라 과세표준과 세액이 확정되는 것은 부과과세제도이다.

43 다음은 국세청 인터넷 상담사례 내용이다.

> Q : 김삼일이라는 사람이 실제 사업을 하면서, 처남인 박삼이의 명의로 사업자등록을 한 경우, 해당 사업에서 발생한 소득은 누구의 것인가요?
>
> A : 김삼일이라는 사람이 실제 사업을 하면서, 처남인 박삼이의 명의로 사업자등록을 한 경우, 해당 사업에서 발생한 소득은 김삼일의 소득으로 간주하고 김삼일에게 세금을 부과·징수하도록 규정하고 있습니다. 감사합니다.

다음 국세부과의 원칙 중 위의 인터넷 상담사례 내용과 가장 관계 깊은 것은 무엇인가?

① 실질과세의 원칙　　　　　　　　② 신의성실의 원칙
③ 근거과세의 원칙　　　　　　　　④ 조세감면 후 사후관리

　해설

• 귀속이 명의일 뿐이고 사실상 귀속되는 자가 따로 있는 때에는 사실상 귀속자를 납세의무자로 하여 적용한다.

44 다음 중 소득처분의 종류가 다른 것은?

① 퇴직급여충당금한도초과액　　　　② 접대비한도초과액
③ 기부금한도초과액　　　　　　　　④ 임대보증금에 대한 간주임대료

　해설

• 퇴직급여충당금한도초과액 : 유보
• 접대비한도초과액, 기부금한도초과액, 임대보증금에 대한 간주임대료 : 기타사외유출

45 다음 중 결산조정사항과 신고조정사항의 차이점을 비교한 내용으로 가장 올바르지 않은 것은?

구분	결산조정사항	신고조정사항
① 대상	법에서 정하는 일정항목	결산조정사항 이외의 항목
② 손금귀속시기	손금귀속시기 선택가능	손금귀속시기 선택불가
③ 결산서상 누락한 경우	세무조정(손금산입) 할 수 없음	세무조정 할 수 있음
④ 예시	조세특례제한법상 준비금	감가상각비

① ㄱ　　　　　　　　　　　　　　② ㄴ
③ ㄷ　　　　　　　　　　　　　　④ ㄹ

　해설

• 조세특례제한법상 준비금 : 신고조정사항
• 감가상각비 : 결산조정사항

46 다음은 ㈜삼일의 제15기(20x1년 1월 1일 ~ 20x1년 12월 31일) 자료이다. 이에 따라 상여 또는 배당으로 소득처분할 금액은 각각 얼마인가?

ㄱ. 사용인 또는 임원이 아닌 개인 대주주에 대한 가지급금 인정이자	2,000,000원
ㄴ. ㈜삼일의 상여금지급규정을 초과하여 임원에게 지급된 상여금	5,000,000원
ㄷ. ㈜삼일이 특수관계인에 해당하는 법인에게 일반적인 판매가격보다 낮은 가격에 판매한 금액	5,000,000원

	상여	배당
①	2,000,000원	10,000,000원
②	10,000,000원	2,000,000원
③	5,000,000원	2,000,000원
④	5,000,000원	7,000,000원

▶ 해설

- ㄱ : 익금산입 가지급금 인정이자 2,000,000(배당)
- ㄴ : 손금불산입 임원상여한도초과 5,000,000(상여)
- ㄷ : '시가(?)-저가양도금액(5,000,000)'을 익금산입하고 귀속이 법인이므로 기타사외유출로 소득처분한다.

47 ㈜삼일은 자본금을 감자하면서 액면가액 5,000원인 주식에 대하여 주주에게 3,000원만 지급하고, 다음과 같이 회계처리한 경우 세무조정은?

(차) 자본금	5,000원	(대) 현금		3,000원
		감자차익		2,000원

① 〈익금산입〉 감자차익 2,000(기타) ② 〈익금산입〉 감자차익 2,000(유보)
③ 〈익금불산입〉 감자차익 2,000(기타) ④ 세무조정 없음

▶ 해설

- 감자차익은 회계상 자본잉여금이며, 세법도 익금불산입항목이므로 세무조정은 없다.

48 다음 중 법인세법상 손금으로 인정되는 항목으로 가장 옳은 것은?

① 퇴직금지급규정을 초과하여 직원에게 지급한 퇴직금
② 폐수배출부담금
③ 부가가치세법에 따른 공제되는 매입세액
④ 업무와 관련하여 발생한 교통사고 벌과금

▶ 해설

- 퇴직금은 임원에 대하여만 한도초과액을 손금으로 인정하지 않으며, 그 외는 모두 손금으로 인정된다.

49 ㈜삼일의 퇴직금지급기준에 의한 임원 퇴직금은 10,000,000원이나 퇴직임원에게 해당 사업연도에 실제로 15,000,000원을 퇴직금으로 지급하면서 다음과 같이 회계처리하였다. 이 경우 필요한 세무조정은?

(차) 퇴직급여	15,000,000원	(대) 현금	15,000,000원

① 〈손금불산입〉 임원퇴직금한도초과 5,000,000(기타)
② 〈손금불산입〉 임원퇴직금한도초과 5,000,000(유보)
③ 〈손금불산입〉 임원퇴직금한도초과 5,000,000(상여)
④ 세무조정 없음

> **해설**
- 임원퇴직금 한도초과액은 손금불산입하고 귀속이 임원이므로 상여로 소득처분한다.

50 다음은 법인세법상 건축물 등의 기준내용연수표이다.

구분	대상자산	기준내용연수
1	차량 및 운반구(운수업, 기계장비 및 소비용품 임대업에 사용되는 것은 제외), 공구, 기구 및 비품	5년
2	선박 및 항공기(어업, 운수업, 기계장비 및 소비용품 임대업에 사용되는 것은 제외)	12년
3	철골·철근콘크리트조, 철근콘크리트조, 석조, 연와석조, 철골조의 모든 건물(부속설비를 포함한다)과 구축물	40년

㈜삼일은 세금을 줄이기 위한 관점에서 볼 때, 소유하고 있는 건물의 내용연수를 얼마로 신고해야 하는가?

① 5년
② 12년
③ 30년
④ 40년

> **해설**
- 내용연수범위 : 기준내용연수(40년) 상하 25% 범위 ⇒ 30년 ~ 50년
- 상각범위액을 크게 하기 위해 내용연수범위의 하한내용연수 30년을 신고한다.

51 다음 자료를 이용하여 ㈜삼일의 제7기(20x1년 1월 1일 ~ 20x1년 12월 31일) 접대비 한도초과액에 대한 세무조정을 수행하고자 할 때 접대비 해당액으로 가장 옳은 것은?

ㄱ. 증빙서류를 수취하지 않은 접대비	20,000,000원
ㄴ. 건당 1만원을 초과하는 영수증 수취 접대비	5,000,000원
ㄷ. 건당 1만원 이하인 영수증 수취 접대비	2,000,000원

① 2,000,000원
② 7,000,000원
③ 27,000,000원
④ 25,000,000원

> **해설**
- ㄱ : 손금불산입 증빙불비접대비 20,000,000(대표자상여)
- ㄴ : 손금불산입 1만원 초과 신용카드등 미사용액 5,000,000(기타사외유출)
- ㄷ : 1만원을 초과하지 않으므로 신용카드등 미사용액이더라도 접대비해당액으로 집계된다.

52 다음은 제조업을 영위하는 ㈜삼일의 제6기(20x1년 1월 1일 ~ 20x1년 12월 31일)세무조정과 관련된 자료이다. 이 자료를 이용하여 제6기 세무조정사항으로 가장 옳은 것은?

> ㄱ. 상법에 의하여 20x1년 7월 1일자로 소멸시효가 완성된 외상매출금 10,000,000원이 있으나, 이를 제6기에 대손처리하지 않고 장부상 채권으로 남겨두었다.
>
> ㄴ. 20x1년 2월 1일자로 부도가 발생한 어음상의 채권 20,000,000원이 있으나, 이를 제5기에 대손처리하지 않고 제6기에 대손처리 하였다(소멸시효가 완성되지 아니함).

	ㄱ	ㄴ
①	손금산입 10,000,000원	세무조정 없음
②	손금산입 10,000,000원	손금불산입 20,000,000원
③	세무조정 없음	손금불산입 20,000,000원
④	세무조정 없음	세무조정 없음

해설
- ㄱ : 소멸시효완성은 신고조정 대손사유에 해당하므로 대손처리하지 않은 경우에도 손금산입 세무조정을 한다.
- ㄴ : 부도발생 6월 경과 어음상 채권은 결산조정 대손사유에 해당하며 이를 대손처리하였으므로 세무조정은 없다.

53 다음 중 법인세법상 대손충당금에 관한 설명으로 가장 올바르지 않은 것은?

① 대손충당금은 법인이 보유하고 있는 채권의 회수가 불가능하게 될 가능성에 대비하여 설정하는 충당금이다.
② 법인세법상 대손충당금 설정대상 채권에는 매출채권, 대여금, 미수금 등이 해당된다.
③ 대손충당금 기말잔액과 한도액을 비교하여 한도초과액을 계산한다.
④ 대손충당금 한도 미달액은 손금산입하고 △유보로 소득처분한다.

해설
- 대손충당금 기말잔액이 한도액에 미달하는 경우 한도미달액에 대해서는 별도의 세무조정을 하지 않는다.

54 다음 중 법인세법상 부당행위계산부인에 관한 설명으로 가장 올바르지 않은 것은?

① 특수관계인과의 거래가 아니라도 부당행위계산부인 규정을 적용한다.
② 법인이 특수관계인에게 무상 또는 낮은 이자율로 금전을 빌려주는 경우 법인세법상 인정되는 적정이자율로 계산한 이자금액과 실제 수입이자의 차액을 가지급금인정이자라 하고, 동 금액을 익금산입한다.
③ 법인세법상 특수관계인에는 해당 법인의 출자자(소액주주 제외), 임원 및 계열회사 등이 있다.
④ 부당행위계산부인 규정이 적용되는 경우 익금산입한 금액은 귀속자에 따라 배당, 상여, 기타소득, 기타사외유출 등으로 소득처분된다.

해설
- 특수관계인과의 거래 이어야 한다.

55 다음은 ㈜삼일의 제5기(20x1년 1월 1일 ~ 20x1년 12월 31일) 접대비 보조원장을 요약 정리한 것이다. 다음 중 법인세법상 접대비한도액이 18,000,000원일 경우의 세무조정으로 가장 옳은 것은?

접대비 보조원장
20x1년 1월 1일 ~ 20x1년 12월 31일

㈜삼일

적요	금액	비고
거래처 접대비(1건)	500,000원	증빙이 없는 접대비
거래처 접대비(1건)	5,000원	영수증 수취분
거래처 접대비(25건)	22,300,000원	신용카드매출전표 수취분
합계	22,805,000원	

① (손금불산입) 증빙없는 접대비 505,000원(상여)
② (손금불산입) 접대비한도초과액 4,750,000원(기타사외유출)
③ (손금불산입) 증빙없는 접대비 505,000원(상여)
　　(손금불산입) 접대비한도초과액 4,300,000원(기타사외유출)
④ (손금불산입) 증빙없는 접대비 500,000원(상여)
　　(손금불산입) 접대비한도초과액 4,305,000원(기타사외유출)

> **해설**
> - 손금불산입 증빙불비 접대비 500,000(상여)
> - 접대비 해당액 : 22,805,000-500,000=22,305,000
> - 손금불산입 접대비한도초과 22,305,000-18,000,000=4,305,000(기타사외유출)
>   →증빙불비 접대비는 귀속불분명이므로 (대표자)상여로 소득처분하며, 영수증수취분은 1만원을 초과하지 않으므로 세무조정 없이 접대비해당액에 포함하여 시부인한다.

56 다음은 ㈜삼일의 제11기(20x1년 1월 1일 ~ 20x1년 12월 31일) 법인세신고를 위한 자료이다.

ㄱ. 법인세비용차감전순이익 : 300,000,000원
ㄴ. ㈜삼일은 유상증자를 통해 액면가액 5,000,000원인 주식을 10,000,000원에 발행하고 발행한 차액 5,000,000원을 수익으로 계상하였다.
ㄷ. ㈜삼일은 제11기 결산시에 회계기준에 따라 은행예금에 대한 미수이자 3,000,000원을 계상하였다.

위 자료에 의하여 올바른 세무조정을 수행한 경우에 각사업연도소득금액을 계산하면 얼마인가(단, 위 자료 이외에 각사업연도소득금액 계산에 영향을 미치는 항목은 없다)?

① 292,000,000원
② 295,000,000원
③ 297,000,000원
④ 300,000,000원

> **해설**
> - 세무조정
>   - 익금불산입 주식발행초과금 5,000,000(기타)
>   - 익금불산입 미수이자 3,000,000(△유보)
> - 각사업연도소득금액 : 300,000,000-5,000,000-3,000,000=292,000,000

57 다음 중 세법상 가산세를 부과하지 않는 경우는?

① 영리내국법인이 장부의 비치 기장의무를 이행하지 아니한 경우
② 원천징수의무자인 법인이 원천징수한 세액을 납부기한이 경과한 후에 납부하는 경우
③ 거래처 임직원 경조사비로 1,000,000원을 지출한 경우
④ 납세의무자가 법정 신고기한까지 과세표준신고를 하지 않은 경우

해설
- 접대비로서 20만원을 초과하는 경조금은 손금불산입 세무조정을 하며, 별도의 가산세는 부과하지 않는다.

58 다음은 세제개편안에 대한 신문기사의 일부이다. 괄호 안에 공통으로 들어갈 용어로 가장 알맞은 것은 무엇인가?

> **"대기업 (   ) 상향 조정"**
>
> … (전략) 대기업의 (   )은/는 각종 비과세·감면 혜택으로 대기업이 실제 내는 명목세금이 크게 줄어드는 것을 막기 위해 최소한의 세율을 정한 것이다. 이번 세법개정안에서 크게 상향조정됐다.
> 예를 들어 과세표준 5,000억원인 일반법인이 연구·개발(R&D) 투자 등으로 공제대상세액 500억원이 발생한 경우 (   )에 대한 개정안을 적용하면 세금 709억원을 납부해야 한다. 즉, 현행보다 40억원 납부세액이 증가하는 것이다.… (후략)

① 세액감면
② 특별징수
③ 최저한세
④ 세액공제

해설
- 법인세법은 법인세를 감면 받는 법인도 최소한 일정한도의 세액은 납부하도록 하는 최저한세제도를 규정하고 있다.

59 다음은 12월말 결산법인인 ㈜삼일의 두 직원이 나눈 대화이다. 다음 중 ㈜삼일의 법인세 신고 및 납부에 관한 설명으로 가장 올바르지 않은 것은?

> 오과장 : 이대리, 법인세 신고서류 제출 준비는 끝났나?
> 이대리 : 네. 지금 누락된 서류는 없는지 최종 확인하고 있습니다.
> 오과장 : 그래. 신고기한을 잘 확인하고, 법인세 납부품의서를 빨리 작성해서 출금에 문제 없도록 하게.
> 이대리 : 알겠습니다. 그런데, 자금팀 김대리에게 들으니 회사 자금 사정이 좋지 않다고 하던데, 법인세 납부에는 문제가 없을까요?
> 오과장 : 큰일이군. 기한을 넘기게 되면 가산세를 납부해야하니 손해가 클텐데… 우선 자금팀에 필요자금을 통보해 주고, 회계사에게 연락해서 방법이 없는지 확인해 보게.

① ㈜삼일이 당기순손실을 기록했다면 법인세를 신고하지 않아도 세무상 불이익이 없다.
② ㈜삼일은 3월 31일까지 법인세를 신고·납부하여야 한다.
③ ㈜삼일이 신고기한내 법인세를 납부하지 못할 경우 납부불성실가산세를 부담하게 된다.
④ 납부할 법인세액이 1천만원을 초과할 때에는 법인세를 분납할 수도 있다.

해설
- 법인세법상 각사업연도소득금액이 없거나 결손금이 있는 법인도 신고하도록 규정되어 있으며, 결손법인이 무신고시에는 이월결손금을 공제받지 못하는 등의 불이익이 있다.

제1편 백점이론 특강
제2편 기출문제특강
SET1
SET2
SET3
SET4
SET5
SET6
SET7
SET8
SET9
SET10
신유형
기출문제오답노트
실전기출모의고사

60 다음 중 소득세법상 이자소득·배당소득의 수입시기에 관한 설명으로 가장 올바르지 않은 것은?

① 기명채권 등의 이자와 할인액 : 채권 만기일
② 보통예금의 이자 : 실제 이자 지급일
③ 저축성보험의 보험차익 : 보험금 또는 환급금의 지급일
④ 기명주식의 배당금 : 잉여금 처분 결의일

> **해설**

• 기명채권 등의 이자와 할인액 : 약정에 의한 지급일

61 다음의 (가)에 들어가는 용어로 가장 옳은 것은?

> ㄱ. (가)에 대한 법인세란 법인이 해산 또는 합병·분할시에 법인의 재산을 구성원 등에게 분배하는 과정에서 발생하는 소득에 대하여 부과하는 법인세를 말한다.
> ㄴ. (가)에 대한 법인세의 과세표준은 해산의 경우 잔여재산가액에서 자기자본총액을 차감한 금액, 합병·분할의 경우 합병·분할대가에서 자기자본총액을 차감한 금액이다.

① 토지 등 양도소득   ② 기업미환류소득
③ 각사업연도소득   ④ 청산소득

> **해설**

• 청산소득법인세에 대한 내용이다.

62 다음 중 소득세법에 관한 설명으로 가장 올바르지 않은 것은?

① 소득세는 거주자와 비거주자의 과세범위에 차이를 두고 있다.
② 거주자와 비거주자의 구분은 국적으로 판단한다.
③ 거주자란 국내에 주소를 두거나 183일 이상의 거소를 둔 개인을 말한다.
④ 소득세의 과세소득에 대해서는 원칙적으로 열거주의를 채택하고 있다.

> **해설**

• 거주자란 국내에 주소를 두거나 183일 이상의 거소를 둔 개인을 말하므로, 국적과 관계없이 외국인도 거주자에 해당 가능하다.

63 다음 중 소득세법상 과세대상 소득에 관한 설명으로 가장 올바르지 않은 것은?

① 우리나라 소득세법은 소득원천설을 채택하고 있다.
② 화폐가치로 측정이 불가능하거나 정책상 과세하기에 적합하지 않은 소득은 과세대상에서 제외하고 있다.
③ 소득세법에서 열거하고 있지 않더라도 원칙적으로 개인의 소득으로 볼 수 있으면 포괄주의로 과세한다.
④ 이자, 배당, 사업, 근로, 연금, 기타소득은 합산하여 종합과세하고, 퇴직소득과 양도소득은 각각 별도로 분류과세 한다.

> **해설**

• 원칙적으로 열거주의에 의하고 있으며, 이자·배당소득에 한하여 유형별포괄주의를 채택하고 있다.
　*화폐가치로 측정이 불가능하거나 정책상 과세하기에 적합하지 아니한 소득은 과세대상에서 제외하는 비과세규정을 두고 있다.

64 다음 중 소득세법상 과세기간에 관한 설명으로 가장 올바르지 않은 것은?

① 소득세법상 과세기간은 매년 1월 1일부터 12월 31일까지 1년이다.
② 납세의무자가 폐업하는 경우 1월 1일부터 폐업일까지를 1과세기간으로 한다.
③ 납세의무자의 출국으로 인하여 비거주자로 되는 경우에는 1월 1일부터 출국일까지의 기간을 1과세기간으로 한다.
④ 납세의무자가 사망한 경우 1월 1일부터 사망일까지의 기간을 1과세기간으로 한다.

--- 해설

- 과세기간은 예외 2가지(사망, 출국)를 제외하고는 모두 1월 1일부터 12월 31일이다. 따라서, 납세의무자가 폐업하는 경우에도 1월 1일부터 12월 31일까지를 1과세기간으로 한다.

65 다음 중 종합과세, 분류과세 및 분리과세에 관한 설명으로 가장 올바르지 않은 것은?

① 종합과세는 1년 동안 개인이 벌어들인 모든 소득을 합산하여 과세하는 방법이다.
② 분류과세는 각각의 소득을 합산하지 않고, 원천에 따른 소득의 종류별로 과세하는 방법이다.
③ 종합소득 중 일정한 소득은 과세정책상 분리하여 과세한다.
④ 300만원 이하의 기타소득은 무조건 분리과세한다.

--- 해설

- 기타소득금액이 300만원 이하인 경우 선택적 분리과세가 적용된다.

66 다음 중 부동산임대와 관련된 사업소득에 관한 설명으로 가장 올바르지 않은 것은?

① 부동산의 임대소득뿐만 아니라 일정한 부동산상의 권리의 대여로 인하여 발생하는 소득도 사업소득에 포함된다.
② 부동산임대 관련 사업소득은 계약 또는 관습에 의해 그 지급일이 정해진 경우에는 그 정해진 날이 속하는 연도의 소득으로 보며, 그 지급일이 정해지지 않은 경우에는 실제 지급받는 날이 속하는 연도의 소득으로 본다.
③ 거주자가 상가를 임대하고 일정 기간별로 임대료를 받는 대신 보증금 등을 받은 경우에는 부동산임대 관련 수입금액은 발생하지 아니한다.
④ 임대료를 선세금으로 미리 받은 경우에는 그 해의 임대기간에 해당하는 만큼의 금액을 총수입금액으로 본다.

--- 해설

- 상가 보증금에 대한 간주임대료를 총수입금액으로 본다.

67 다음 중 소득세법상 기타소득에 관한 설명으로 가장 올바르지 않은 것은?

① 광업권·어업권의 대여로 인한 소득은 기타소득에 속한다.
② 일시적인 강의소득은 기타소득에 속한다.
③ 상금, 복권당첨소득은 기타소득에 속한다.
④ 기타소득은 무조건 분리과세 한다.

--- 해설

- 기타소득 중 복권당첨소득등 소정 항목에 대하여만 무조건분리과세가 적용된다.

68 다음 중 소득세법상 특별세액공제에 관한 설명으로 가장 올바르지 않은 것은?

① 근로소득이 있는 거주자가 특별소득공제와 특별세액공제, 월세세액공제를 신청하지 않은 경우 표준세액공제로서 15만원을 공제한다.

② 근로소득이 없는 거주자가 이외의 종합소득이 있는 경우 기부금세액공제와 더불어 7만원의 표준세액공제를 받을 수 있다(성실사업자가 아닌 것으로 가정한다).

③ 특별세액공제에는 의료비세액공제, 보험료세액공제, 기부금세액공제, 교육비세액공제가 있다.

④ 근로소득이 있는 거주자는 공제대상 교육비의 15%를 종합소득 산출세액에서 공제할 수 있다.

해설

• 15만원(X) → 13만원(O)

69 다음 중 소득세법상 수정신고에 관한 설명으로 가장 올바르지 않은 것은?

① 거주자가 과세표준을 기한 내에 확정신고한 경우에 관할세무서장이 과세표준과 세액을 결정 또는 경정하여 알리기 전까지 수정신고 할 수 있다.

② 법정 신고기한 경과 후 5개월이 경과한 경우 수정신고를 통하여 50%의 신고불성실가산세를 감면 받는다.

③ 법정 신고기한 경과 후 7개월이 경과한 경우 수정신고를 통하여 20%의 신고불성실가산세를 감면 받는다.

④ 법정 신고기한 경과 후 1년 3개월이 경과한 경우 수정신고를 통하여 5%의 신고불성실가산세를 감면 받는다.

해설

• 5%(X) → 10%(O)
• 수정신고시 가산세 감면
  – 신고기한 경과후 6월내 수정신고한 경우 : 신고불성실가산세의 50% 감면
  – 신고기한 경과후 6월초과 1년내 수정신고한 경우 : 신고불성실가산세의 20% 감면
  – 신고기한 경과후 1년초과 2년내 수정신고한 경우 : 신고불성실가산세의 10% 감면

70 다음 중 부가가치세법상의 사업자에 관한 설명으로 가장 올바르지 않은 것은?

① 부가가치세법상 사업자는 과세사업자와 면세사업자, 면세사업과 과세사업을 함께 영위하는 겸영사업자로 나눌 수 있다.

② 겸영사업자는 면세사업자로 분류된다.

③ 과세사업자는 매출액의 규모와 업종에 따라 일반과세자와 간이과세자로 구분할 수 있다.

④ 면세사업자는 부가가치세가 면세되는 재화 또는 용역을 공급하는 사업자를 말한다.

해설

• 겸영사업자는 과세사업자로 분류된다.

71 다음 중 부가가치세에 관한 설명으로 가장 올바르지 않은 것은?

① 부가가치세법에서는 세금계산서 등에 의해 확인되는 매입세액만을 매출세액에서 공제하는 전단계세액공제법을 채택하고 있다.
② 부가가치세는 납세의무자의 신고에 의하여 납세의무가 확정되는 신고납세제도를 채택하고 있다.
③ 비영리법인은 어떠한 경우에도 부가가치세법상 납세의무자가 될 수 없다.
④ 부가가치세는 납세의무자의 인적 사정을 고려하지 않는 물세이다.

> **해설**
• 영리목적 여부를 불문하고 과세한다.

72 다음 중 부가가치세에 관한 설명으로 가장 올바르지 않은 것은?

① 부가가치세는 납세의무자와 담세자가 일치하지 않는 간접세이다.
② 부가가치세는 10%의 비례세율로 과세된다.
③ 부가가치세법상 사업자란 '사업상 독립적으로 재화나 용역을 공급하는 자'를 말하며 영리목적 유무는 판단기준이 되지 않는다.
④ 부가가치세는 원칙적으로 사업장별로 과세하지 않고 사업자별로 종합과세한다.

> **해설**
• 부가가치세는 원칙적으로 사업장별로 과세한다.('사업장별 과세원칙')

73 다음 중 부가가치세 과세대상이 아닌 경우는?

① 부동산 임대업자가 유상으로 상가를 임대하는 경우
② 과세대상 재화를 외상 판매한 경우
③ 근로자가 고용계약에 따른 근로를 제공한 경우
④ 과세재화를 교환 계약한 경우

> **해설**
• 고용관계에 의한 근로제공은 과세대상 용역의 공급으로 보지 않는다.

제1편 빈정이론 특강

제2편 기출문제특강

SET1

SET2

SET3

SET4

SET5

SET6

SET7

SET8

SET9

SET10

신유형

기출문제오답노트

실전기출모의고사

74 ㈜삼일은 할부판매를 실시하고 있으며, 20x1년 7월 10일 상품을 할부로 판매하였다. 동 매출의 회수약정금액(부가가치세 제외)과 실제회수액(부가가치세 제외)이 다음과 같을 때 20x1년 제2기 예정신고기간(20x1년 7월 1일 ~ 20x1년 9월 30일)의 과세표준금액은 얼마인가?

일자	회수약정액	실제회수액
20x1년 7월 10일	10,000원	5,000원
20x1년 9월 10일	20,000원	10,000원
20x2년 3월 10일	10,000원	없음
20x2년 8월 10일	20,000원	10,000원
총 약정(회수)합계	60,000원	25,000원

① 5,000원
② 15,000원
③ 30,000원
④ 60,000원

> **해설**
> • 장기할부판매(1년이상)이므로 공급시기는 대가의 각 부분을 받기로 한때이다.
> → ∴실제회수액과 관계없이 20x1년 7월 10일 회수약정액 10,000원과 20x1년 9월 10일 회수약정액 20,000원이 제2기 예정신고기간(20x1년 7월 1일 ~ 20x1년 9월 30일)의 과세표준금액이다.

75 부가가치세 과세사업을 영위하는 ㈜삼일은 20x1년에 기계장치를 새로 구입하면서 그동안 사용하던 기계장치를 매각하였다. 계약조건이 아래와 같다면, 기계장치 매각과 관련한 20x1년도 제1기 예정신고기간(20x1년 1월 1일~20x1년 3월 31일)의 부가가치세 과세표준은 얼마인가?

> 대금의 회수는 다음과 같이 이루어졌으며 잔금을 수령한 이후 기계장치를 인도하였다.
>
> (1) 20x1년 1월 5일 : 계약금 6,000,000원
> (2) 20x1년 4월 5일 : 중도금 42,000,000원
> (3) 20x1년 7월 15일 : 잔 금 12,000,000원

① 6,000,000원
② 12,000,000원
③ 48,000,000원
④ 60,000,000원

> **해설**
> • 중간지급조건부에 해당하므로 대가의 각 부분을 받기로 한때가 공급시기이다.
> → 따라서, 계약금 6,000,000원만 제1기 예정신고 과세표준에 해당한다.

76 다음 중 부동산 임대용역의 부가가치세의 과세표준에 관한 설명으로 가장 올바르지 않은 것은?

① 부동산의 임대용역을 제공하고 전세금을 받는 경우 동 전세금의 이자수익 해당액을 간주임대료의 명목으로 과세표준에 포함한다.
② 부동산 임대용역의 간주임대료를 계산하기 위해 법에서 정한 정기예금이자율을 이용한다.
③ 2과세기간 이상에 걸쳐 부동산 임대용역을 제공하고 그 대가를 선불 또는 후불의 방법으로 일시에 받는 경우 용역을 제공한 기간의 월수에 따라 안분하여 과세표준을 인식한다.
④ 임대료의 선불 또는 후불로 법에서 정하는 방법에 따라 안분하는 경우 용역제공의 종료일이 속하는 달이 1월 미만이면 이를 1월로 보아 계산한다.

> **해설**
> • 말월불산입한다.

77 다음 중 공제받을 수 있는 매입세액으로 가장 옳은 것은?

① 사업과 직접 관련이 없는 지출에 대한 매입세액
② 면세사업 관련 매입세액
③ 현금영수증상의 매입세액
④ 접대비 및 이와 유사한 비용 관련 매입세액

해설

• 사업무관 매입세액, 면세사업관련 매입세액, 접대비관련 매입세액 : 매입세액불공제

78 다음 자료는 ㈜삼일의 거래내역이다. ㈜삼일의 부가가치세신고서상 (A)에 기록될 금액은 얼마인가?

〈신고내용〉

구분				금액	세율	세액
과세표준및매출세액	과세	세금계산서 발급분	(1)		10/100	
		매입자발행세금계산서	(2)		10/100	
		신용카드 · 현금영수증 발행분	(3)		10/100	
		기타(정규영수증외 매출분)	(4)			
	영세율	세금계산서 발급분	(5)		0/100	
		기타	(6)	(A)	0/100	
	예정신고누락분		(7)			
	대손세액가감		(8)			
	합계		(9)			

구분	금액
세금계산서 발행 국내매출액(VAT 미포함)	10,000,000원
신용카드매출전표 발행분(VAT 포함)	22,000,000원
현금영수증 발행(VAT 포함)	5,500,000원
내국신용장에 의한 공급분(Local 수출분)	20,000,000원
직수출분	60,000,000원

① 5,500,000원
② 25,000,000원
③ 25,500,000원
④ 60,000,000원

해설

• 직수출분은 세금계산서 발급면제이다.

79 다음 중 부가가치세법상 가산세에 관한 설명으로 가장 올바르지 않은 것은?

① 사업자등록을 하지 않은 경우 미등록가산세가 부과된다.
② 예정신고시 제출하지 않은 매출처별세금계산서합계표를 확정신고시 제출한 경우 가산세가 부과된다.
③ 사업자등록을 하지 않아도 가산세 불이익은 없다.
④ 의사 등 대통령이 정하는 사업을 영위하는 자는 현금매출명세서를 제출하지 않은 경우 가산세가 부과된다.

해설

• 사업개시일로부터 20일 내에 사업자등록을 하지 않은 경우 미등록가산세가 부과된다.

80 다음 중 부가가치세법상의 수정세금계산서에 관한 설명으로 가장 올바르지 않은 것은?

① 사업자는 기존에 발행한 세금계산서 사항에 대해 정정사유가 발생한 경우 수정세금계산서를 발행하여야 한다.

② 과세를 면세로 잘못 알고 계산서를 발급한 경우 수정세금계산서를 발행할 수 있다.

③ 수정세금계산서는 세금계산서 명칭 앞에 "수정"이라고 표기하며, 기재사항의 변경이 있는 경우 당초 발급한 세금계산서는 붉은 글씨로, 수정하는 세금계산서는 검은 글씨로 각각 작성한다.

④ 수정세금계산서는 수정사유가 발생한 때에 발급하는 것이 원칙이나, 당초의 거래시기가 속하는 국세기본법상의 수정신고기한 이내에 수정하여 발급할 수 있다.

해설

• 수정세금계산서는 당초에 세금계산서를 발급한 경우에만 발행가능하다.
　㉠ 면세를 과세로 잘못 알고 세금계산서를 발급한 경우
　　→ 수정세금계산서 발급이 가능하다.
　㉡ 과세를 면세로 잘못 알고 계산서를 발급한 경우
　　→ 당초 세금계산서를 발급한 것이 아니라 계산서를 발급한 것이므로 수정세금계산서 발급이 불가하며, 이 경우는 세금계산서 미발급으로서 가산세가 부과된다.

[정답] 실전기출모의고사 [2017년 공개]

▶ 재무회계

1	2	3	4	5	6	7	8	9	10
④	②	②	③	②	①	③	③	②	④
11	12	13	14	15	16	17	18	19	20
③	①	③	①	①	③	④	④	③	①
21	22	23	24	25	26	27	28	29	30
②	③	②	③	①	④	③	②	②	②
31	32	33	34	35	36	37	38	39	40
①	③	②	③	③	②	③	①	②	③

▶ 세무회계

41	42	43	44	45	46	47	48	49	50
④	③	①	①	④	③	④	①	③	③
51	52	53	54	55	56	57	58	59	60
①	①	④	①	④	①	③	③	①	①
61	62	63	64	65	66	67	68	69	70
④	②	③	②	④	③	④	①	④	②
71	72	73	74	75	76	77	78	79	80
③	④	③	③	①	④	③	④	③	②

제1편 백점이론 특강
제2편 기출문제특강
SET1
SET2
SET3
SET4
SET5
SET6
SET7
SET8
SET9
SET10
신유형
기출문제오답노트
실전기출모의고사

3D
3P
3P
3P

FINAL
POTENTIALITY
PASSION
PROFESSION

3P는 여러분의 무한한 잠재적 능력과 반드시 성취하겠다는 열정을 토대로 전문가의 길로 나아가는 세무라이선스 파이널시리즈의 학습 정신입니다.

수험생 여러분의 합격을 응원합니다.

[합본부록]

재무회계 · 세무회계

주관처 2018년 공개

Cam Exam intermediate level

실전기출모의고사

SEMOOLICENCE

01 재무회계

1 재무제표 정보의 주요 질적 특성인 목적적합성과 신뢰성은 그 성격상 서로 상충관계(trade-off)를 가진다. 다음 중 목적적합성과 신뢰성의 관계에 관한 설명으로 가장 올바르지 않은 것은?

① 유형자산을 역사적원가로 평가하면 검증가능성이 높으므로 신뢰성은 제고될 수 있으나 목적적합성은 저하될 수 있다.

② 공사수익의 인식기준으로 진행기준을 채택할 경우 완성기준을 채택한 경우에 비해 신뢰성은 제고될 수 있으나 목적적합성은 저하될 수 있다.

③ 반기·분기재무제표는 목적적합성은 제고될 수 있으나 신뢰성은 저하될 수 있다.

④ 발생주의보다는 현금주의를 채택하는 것이 신뢰성은 제고될 수 있으나 목적적합성은 저하될 수 있다.

> **해설**
> • 공사수익의 인식기준으로 진행기준을 채택할 경우 완성기준을 채택한 경우에 비해 목적적합성은 제고될 수 있으나 신뢰성은 저하될 수 있다.

2 다음 중 재무제표에 관한 설명으로 가장 올바르지 않은 것은?

① 재무상태표는 일정시점에서 기업의 재무상태를 보여주는 보고서이다.

② 손익계산서는 일정기간 동안의 기업 경영성과를 보고하는 보고서이다.

③ 자본변동표는 자본의 크기와 그 변동에 관한 정보를 제공하는 보고서이다.

④ 재무제표에 대한 주석은 재무제표에 포함되지 않는다.

> **해설**
> • 주석도 재무제표에 포함된다.

3 다음 중 중간재무제표에 관한 설명으로 가장 올바르지 않은 것은?

① 중간재무제표는 1회계연도보다 짧은 기간을 대상으로 작성하는 재무제표이다.

② 중간재무제표는 재무상태표, 손익계산서만을 포함한다.

③ 손익계산서는 중간기간과 누적중간기간을 직전 회계연도의 동일기간과 비교하는 형식으로 작성된다.

④ 재무상태표는 중간기간말과 직전 회계연도말을 비교하는 형식으로 작성된다.

> **해설**
> • 중간재무제표 : 재무상태표, 손익계산서, 현금흐름표, 자본변동표, 주석

4 다음 중 현금흐름표에 관한 설명으로 가장 올바르지 않은 것은?

① 현금흐름표는 기업실체의 현금흐름을 나타내는 재무제표이다.
② 무형자산의 취득 및 처분과 관련된 현금흐름은 재무활동으로 인한 현금흐름으로 분류한다.
③ 유형자산의 취득 및 처분과 관련된 현금흐름은 투자활동으로 인한 현금흐름으로 분류한다.
④ 제품의 생산 및 판매와 관련된 현금흐름은 영업활동으로 인한 현금흐름으로 분류한다.

해설
• 무형자산의 취득 및 처분과 관련된 현금흐름은 투자활동으로 인한 현금흐름으로 분류한다.

5 다음 중 재무상태표와 손익계산서 작성의 일반원칙에 관한 설명으로 가장 올바르지 않은 것은?

① 재무상태표상 유동자산과 비유동자산은 보고기간종료일로부터 1년 또는 정상영업주기를 기준으로 구분한다.
② 손익계산서상 수익과 비용은 순액으로 기재함을 원칙으로 한다.
③ 영업부서 직원에 관한 급여는 손익계산서상 판매비와관리비로 분류한다.
④ 자본거래에서 발생한 자본잉여금과 손익거래에서 발생한 이익잉여금은 구분하여 표시해야 한다.

해설
• 손익계산서상 수익과 비용은 총액으로 기재함을 원칙으로 한다.

6 다음은 유동자산에 속하는 계정들의 잔액이다. 재무상태표에 당좌자산으로 계상될 금액은 얼마인가?

ㄱ. 단기대여금	40,000원	ㄴ. 매출채권	400,000원
ㄷ. 현금및현금성자산	600,000원	ㄹ. 선급금	50,000원
ㅁ. 재고자산	65,000원		

① 1,000,000원 ② 1,040,000원
③ 1,090,000원   ④ 1,155,000원

해설
• 유동자산 : 당좌자산+재고자산
• 당좌자산 : 40,000+400,000+600,000+50,000=1,090,000

7 ㈜삼일은 ㈜용산에 대한 외상매출금 5,000,000원을 담보로 제공하여 한국은행으로부터 4,000,000원을 차입하였다. 이 거래에 대해 ㈜삼일이 수행해야 할 회계처리로 가장 옳은 것은?

① (차) 외상매출금 5,000,000원 (대) 차입금 5,000,000원
② (차) 현금 4,000,000원 (대) 차입금 4,000,000원
③ (차) 현금 5,000,000원 (대) 외상매출금 5,000,000원
④ (차) 외상매출금 4,000,000원 (대) 현금 4,000,000원

해설
• (단기)차입금 처리하고 담보제공 사실을 주석으로 공시한다.

8 ㈜삼일의 대손충당금 기초잔액은 250,000원이며, 당기 중 대손상각비와 관련되어 발생한 거래는 다음과 같다. 매출채권 기말잔액의 2%를 대손충당금으로 설정할 경우 손익계산서에 계상될 대손상각비는 얼마인가?

> ㄱ. 10월 31일에 매출채권 210,000원이 회수가 불가능하여 대손처리하였다.
> ㄴ. 기말 매출채권 잔액은 7,500,000원이다.

① 40,000원   ② 75,000원
③ 110,000원   ④ 140,000원

해설

• 대손충당금 계정흐름

대손발생	210,000	기초대손충당금	250,000
기말대손충당금	7,500,000x2%=150,000	대손상각비	?
	360,000		360,000

→∴대손상각비 : 110,000

9 다음 중 재고자산에 관한 설명으로 가장 올바르지 않은 것은?

① 재고자산에는 생산과정이나 서비스를 제공하는데 투입될 원재료와 부분품, 소모품, 비품 및 수선용 부분품 등의 저장품이 포함된다.
② 도착지 인도기준의 상품을 판매한 경우 선적한 시점에는 판매자의 재고자산에 포함된다.
③ 재고자산의 공정가치가 상승한 경우 취득원가와 공정가치의 차이를 평가이익으로 인식한다.
④ 건설회사에서 판매목적으로 보유하고 있는 미분양아파트는 재고자산에 포함된다.

해설

• 재고자산은 공정가치법이 아니라 저가법에 의하여 평가한다.

10 다음 중 재고자산 취득원가에 관한 설명으로 가장 올바르지 않은 것은?

① 제품 생산 후 판매 전 창고 보관비용은 재고자산의 취득원가에 포함하지 않는다.
② 재료원가 중 비정상적으로 낭비된 부분은 재고자산의 취득원가에 포함하지 않는다.
③ 재고자산을 판매하는 과정에서 지급한 판매수수료는 재고자산의 취득원가에 포함하지 않는다.
④ 제품 제조를 위해 공장에서 사용한 기계장치의 감가상각비는 재고자산의 취득원가에 포함하지 않는다.

해설

• 기계장치의 감가상각비는 제조간접비로서 제품(재고자산)의 원가를 구성한다.

11 다음 중 기말재고자산에 포함될 항목으로만 짝지어진 것은(단, 중소기업회계처리특례는 고려하지 않는다)?

> ㄱ. 시용판매를 위하여 고객에게 제공된 상품 중 매입의사가 표시되지 않은 부분
> ㄴ. 위탁판매목적으로 반출된 상품 중 수탁자가 현재 보관중인 부분
> ㄷ. 장기할부조건으로 판매한 상품
> ㄹ. 목적지인도조건으로 매입한 운송중인 상품

① ㄱ, ㄹ   ② ㄱ, ㄴ
③ ㄴ, ㄷ   ④ ㄷ, ㄹ

해설
- ㄱ. 매입의사 표시시점이 수익인식시점이므로 매입의사가 표시되지 않은 상품은 기말재고에 포함한다.
  ㄴ. 수탁자의 판매시점이 수익인식시점이므로 수탁자가 보관중인 상품은 기말재고에 포함한다.
  ㄷ. 인도시점(판매시점)이 수익인식시점이므로 기말재고에 포함하지 않는다.
  ㄹ. 도착시점에 소유권이 이전되므로 운송중인 상품은 기말재고에 포함하지 않는다.

12 다음 중 재고자산을 저가법으로 평가하는 경우와 관련된 일반기업회계기준의 설명으로 가장 올바르지 않은 것은?

① 재고자산 중 상품과 제품은 순실현가능가치를 시가로 한다.
② 재고자산의 분실, 도난 등의 사유로 재고자산 수량이 감소한 것을 평가손실이라고 한다.
③ 재고자산 평가를 위해 저가법을 적용할 때 원칙적으로 종목별 기준을 적용하여야 한다.
④ 재고자산에 저가평가를 적용함으로써 발생한 평가손실은 매출원가에 가산하고 재고자산의 차감계정으로 표시한다.

해설
- 재고자산의 분실, 도난 등의 사유로 재고자산 수량이 감소한 것을 감모손실이라고 한다.

13 ㈜삼일은 20x1년 1월 1일 투자목적으로 ㈜사일의 주식 100주를 주당 10,000원에 취득하고 이를 매도가능증권으로 분류하였다. 20x1년 12월 31일에 손상에 대한 사유가 발생하였으며, 회수가능액은 주당 5,000원으로 예상된다. 20x2년 중 손상에 대한 사유가 해소되었으며, 회수가능액은 주당 12,000원으로 예상된다. ㈜삼일이 20x2년 손상차손 환입으로 당기이익에 반영할 금액은 얼마인가?

① 100,000원   ② 300,000원
③ 500,000원   ④ 600,000원

해설
- 20x1년말 손상차손 : (100주x10,000)-(100주x5,000)=500,000
- 20x3년말 환입액 : Min[① 100주x12,000-100주x5,000=700,000 ② 500,000]=500,000
- 회계처리

20x1년초	(차) 매도가능증권	1,000,000	(대) 현금	1,000,000
20x1년말	(차) 손상차손	500,000	(대) 매도가능증권	500,000
20x2년 회복시	(차) 매도가능증권	700,000	(대) 손상차손환입	700,000

14 삼일은 20x1년 12월 1일 투자목적으로 ㈜용산의 주식 100주를 주당 1,000원에 취득하고 이를 매도가능증권으로 분류하였다. ㈜삼일은 20x3년 7월 15일에 이중 50주를 주당 1,200원에 처분하였다. ㈜용산 주식의 공정가액에 관한 정보가 다음과 같은 경우 ㈜삼일이 20x3년 인식할 매도가능증권 처분손익 금액은 얼마인가?

> ㄱ. 20x1년말 : 1,100원/주
> ㄴ. 20x2년말 : 1,300원/주
> ㄷ. 20x3년말 : 1,200원/주

① 처분이익 10,000원   ② 처분손실 10,000원
③ 처분이익 20,000원   ④ 처분손실 20,000원

해설

•회계처리

20x1.12.1	(차) 매도가능증권	100,000[1]	(대) 현금	100,000
20x1년말	(차) 매도가능증권	10,000	(대) 매도가능증권평가이익	10,000[2]
20x2년말	(차) 매도가능증권	20,000	(대) 매도가능증권평가이익	20,000[3]
20x3.7.1	(차) 현금	60,000[4]	(대) 매도가능증권	65,000[5]
	매도가능증권평가이익	15,000[6]	매도가능증권처분이익	10,000

[1] 100주x1,000=100,000
[2] 100주x(1,100-1,000)=10,000
[3] 100주x(1,300-1,100)=20,000
[4] 50주x1,200=60,000
[5] (100,000+10,000+20,000)x50주/100주=65,000
[6] (10,000+20,000)x50주/100주=15,000

고속철 처분손익=처분가-취득원가 → (50주x1,200)-(50주x1,000)=10,000(이익)

15 다음 중 유가증권에 관한 설명으로 가장 올바르지 않은 것은?

① 만기보유증권은 보고기간말 현재 만기가 1년 이내에 도래하더라도 비유동자산으로 분류한다.
② 단기매매증권과 매도가능증권은 원칙적으로 보고기간말 현재의 공정가치로 평가한다.
③ 만기보유증권은 상각후원가로 평가하여 재무상태표에 표시한다.
④ 단기매매증권 평가손익은 당기손익으로 처리한다.

해설

• 보고기간말 현재 만기가 1년 이내에 도래하는 만기보유증권은 유동자산으로 분류한다.

16 20x1년 12월 31일 현재 ㈜삼일이 20x1년 중 취득하여 보유하고 있는 ㈜남산과 ㈜용산 주식의 공정가치가 다음과 같은 경우 동 유가증권에 대한 평가가 ㈜삼일의 20x1년 손익에 미치는 영향은 얼마인가?

종목	취득원가	시가
㈜남산 주식(매도가능증권)	2,000,000원	2,700,000원
㈜용산 주식(단기매매증권)	2,000,000원	1,800,000원

① 이익 500,000원
② 이익 700,000원
③ 손실 200,000원
④ 영향없음

해설

• ㈜남산 주식(매도가능증권) : 2,700,000－2,000,000＝700,000(기타포괄손익누계액)
• ㈜용산 주식(단기매매증권) : 1,800,000－2,000,000＝△200,000(당기손실)

17 다음 중 20x1년 ㈜삼일이 수행한 회계처리 내역으로 가장 올바르지 않은 것은?

① 당기 중 사용하던 기계장치에 대하여 원상회복을 위한 지출을 하고 해당 지출액을 수익적 지출로 처리하였다.
② 대주주로부터 무상으로 취득한 유형자산을 장부에 계상하지 아니하였다.
③ 유형자산은 최초에는 취득원가로 측정하며, 현물출자로 취득한 경우에는 공정가치를 취득원가로 하였다.
④ 차량운반구의 취득과 관련하여 매입한 국·공채 등의 매입금액과 현재가치의 차액을 차량운반구의 취득원가에 산입하였다.

해설

• 공정가치로 유형자산을 인식하고 자산수증이익을 계상하여야 한다.

18 다음 중 일반기업회계기준상 유형자산 계정과목에 관한 설명으로 가장 옳은 것은?

① 유형자산간의 교환은 일종의 매매거래이므로 이에 대한 유형자산처분손익을 항상 인식하여야 한다.
② 유형자산의 취득 후에 추가적인 지출이 발생한 경우 지출의 효과가 장기간에 걸쳐 나타나는 것으로서 유형자산의 내용연수가 증가하거나 가치가 증대되는 지출은 수익적 지출로 처리한다.
③ 유형자산 감가상각의 내용연수와 잔존가치는 세법의 규정에 따라 정해야 한다.
④ 감가상각방법에는 정액법, 정률법, 생산량비례법 등이 있다.

해설

• ① 이종자산간의 교환인 경우에만 처분손익(교환손익)을 인식한다.
  ② 자본적 지출로 처리한다.
  ③ 회계상의 내용연수와 잔존가치는 세법규정과는 무관하게 합리적인 추정에 의하여 적용한다.

19 ㈜삼일은 자동차부품 제조업을 영위하고 있다. 최근 자동차모형의 변경으로 부품제조 기계장치의 효용이 현저하게 감소되어 유형자산 손상차손 인식 사유에 해당되었다. ㈜삼일의 기계장치에 대한 다음 정보를 이용하여 손상차손으로 인식할 금액을 구하면 얼마인가?

ㄱ. 장부금액(감가상각누계액 차감후 잔액)	6,000,000원
ㄴ. 순공정가치	3,200,000원
ㄷ. 사용가치	2,600,000원

① 2,600,000원   ② 2,800,000원
③ 3,300,000원   ④ 6,000,000원

해설
- 회수가능액 : Max[3,200,000, 2,600,000]=3,200,000
- 손상차손 : 6,000,000-3,200,000=2,800,000

20 20x1년 중 ㈜삼일항공은 연구·개발과 관련하여 총 100억원을 지출하였다. 이 중 항공기 관련 연구 단계에서 지출된 금액이 50억원이며, 나머지 50억원은 항공기부품 개발단계에서 지출하였다. 개발단계에서 지출된 비용 중 20억원은 자산인식요건을 충족시키지 못하였으나 30억원은 새로운 엔진을 개발하기 위한 것으로 자산인식요건을 충족시키며 20x3년부터 사용 가능할 것으로 예측되었다. ㈜삼일항공이 연구•개발과 관련하여 20x1년 중 비용으로 인식할 금액은 얼마인가?

① 20억원   ② 30억원
③ 50억원   ④ 70억원

해설
- 연구단계 : 연구비(당기비용) 50억원
- 개발단계 : 경상개발비(당기비용) 20억원 / 개발비(무형자산) 30억원
  →∴비용으로 인식할 금액 : 50억원+20억원=70억원

21 ㈜삼일의 20x1년 12월 31일 총계정원장에는 다음과 같은 계정잔액이 표시되어 있다.

연구비	10,000원
경상개발비	23,000원
합병으로 인해 발생한 영업권	72,000원
산업재산권	16,000원

위의 금액 중 20x1년 12월 31일 ㈜삼일의 재무상태표상에 무형자산으로 보고될 금액은 얼마인가?

① 88,000원   ② 98,000원
③ 111,000원   ④ 121,000원

해설
- 무형자산 : 합병으로 인해 발생한 영업권(=유상취득영업권)과 산업재산권 →72,000+16,000=88,000
- 당기비용 : 연구비와 경상개발비

22 다음 중 유동부채에 관한 설명으로 가장 올바르지 않은 것은?

① 유동부채란 보고기간종료일로부터 1년 이내에 상환되어야 하는 단기차입금 등의 부채를 말한다.
② 매입채무는 일반적 상거래에서 발생한 외상매입금과 지급어음을 의미한다.
③ 선수금은 일반적 상거래에서 발생된 것으로 미래에 재화 또는 용역을 제공한다는 약속하에 미리 받은 금액이다.
④ 20x1년 1월 1일 차입시 만기가 3년인 장기차입금의 경우, 20x2년 12월 31일 기준으로 작성되는 재무상태표에 비유동부채로 분류한다.

> **해설**
> • 20x2년말 현재 만기가 1년내에 도래하므로 유동부채(유동성장기부채)로 분류한다.

23 다음 중 사채발행시 발생된 비용에 관한 설명으로 가장 올바르지 않은 것은?

① 사채발행비란 사채를 발행하기 위해 들어간 직접 발생한 비용을 말한다.
② 사채발행비는 사채 발행으로 인해 조달된 현금을 증가시킨다.
③ 사채할증발행시 사채발행비가 발생했을 경우 사채할증발행차금에서 우선 차감한다.
④ 사채발행비는 사채발행기간 동안 이자비용으로 비용화된다.

> **해설**
> • 사채발행비는 사채 발행으로 인해 조달된 현금을 감소시킨다.

24 다음 중 사채에 관한 설명으로 가장 올바르지 않은 것은?

① 시장이자율보다 액면이자율이 높으면 액면금액으로 발행된다.
② 자기사채를 취득하는 경우에는 사채의 상환으로 처리한다.
③ 사채할인발행차금은 유효이자율법으로 상각한다.
④ 시장이자율이 액면이자율보다 높으면 할인발행된다.

> **해설**
> • 시장이자율보다 액면이자율이 높으면 할증발행된다.

25 다음 중 ㈜삼일의 충당부채에 관한 회계처리로 가장 올바르지 않은 것은?

① ㈜삼일은 현재의무의 이행에 소요되는 지출에 대한 보고기간종료일 현재 최선의 추정치를 산출하여 충당부채로 계상하였다.
② ㈜삼일은 판매시점으로부터 2년간 품질을 보증하는 조건으로 제품을 판매하고 있고, 예상되는 미래 보증수리비용 추정액의 현재가치로 충당부채를 계상하였다.
③ ㈜삼일은 충당부채의 명목금액과 현재가치의 차이가 중요하여 예상 지출액의 현재가치로 충당부채를 평가하였다.
④ ㈜삼일은 미래의 예상 영업손실에 대하여 그 금액을 추정하여 충당부채로 계상하였다.

> **해설**
> • 미래의 예상 영업손실은 충당부채로 인식하지 않는다.

26 다음 중 K-IFRS 하의 종업원급여(퇴직급여)에 관한 설명으로 가장 올바르지 않은 것은?

① 퇴직연금은 확정기여제도(DC)와 확정급여제도(DB)로 나뉜다.
② 확정기여제도에서 기업은 금융기관에 정해진 금액을 입금하는 것으로 의무가 종료된다.
③ 확정급여부채는 예측단위적립방식으로 계산되어야 한다.
④ 확정급여제도란 보험수리적 위험과 투자위험을 종업원이 부담하는 퇴직급여제도를 의미한다.

해설

• 확정급여제도란 보험수리적 위험과 투자위험을 기업이 부담하는 퇴직급여제도를 의미한다.
저자주 본 문제는 한국채택국제회계기준 규정에 대한 문제이므로 참고만하기 바랍니다.

27 다음 중 이연법인세자산·부채와 관련한 회계처리를 가장 올바르게 수행한 회계담당자는 누구인가 (단, 중소기업회계처리특례는 고려하지 않는다)?

① 박대리 : 난 어제 이연법인세자산·부채를 인식하면서 유동자산·부채로만 계상했어.
② 오대리 : 이연법인세자산은 향후 과세소득의 발생가능성이 매우 높아 미래의 법인세 절감효과가 실현될 수 있을 것으로 기대되는 경우에 인식해.
③ 이대리 : 이연법인세자산·부채는 보고기간종료일로부터 1년 이후에 실현되는 경우 현재가치로 평가해.
④ 김대리 : 이연법인세자산·부채를 계산할 때 미수이자와 같은 일시적 차이는 제외하고 접대비와 같은 영구적 차이만 고려했어.

해설

• ① 유동자산(부채) 또는 비유동자산(부채)로 공시한다.
  ③ 이연법인세자산(부채)는 현재가치 평가대상에서 제외한다.
  ④ 영구적차이가 아니라 일시적차이를 고려한다.

28 20x1년초 ㈜삼일의 자본총액은 1,000,000원이었고, 20x1년 중 자본과 관련하여 발생한 거래는 다음과 같다.

> 20x1년 07월 10일 - 중간배당 : 50,000원
> 20x1년 09월 20일 - 유상증자(발행주식수 : 100주, 주당발행금액 : 800원)
> 20x1년 12월 31일 - 결산시 보고한 당기순이익 : 100,000원

20x1년 12월 31일 ㈜삼일의 자본총액은 얼마인가?

① 950,000원
② 1,100,000원
③ 1,130,000원
④ 1,230,000원

해설

• 기말자본 : 1,000,000(기초자본)-50,000(중간배당)+80,000(유상증자)+100,000(당기순이익)=1,130,000

29 ㈜삼일의 자본금은 다음과 같이 구성되어 있다. 당기에 배당 가능한 금액 4,000,000원을 모두 배당한다고 할 경우 보통주와 우선주에 대한 배당금은 각각 얼마인가?

> ㄱ. 보통주   : 5,000주 발행, 액면금액 5,000원
> ㄴ. 우선주(*) : 2,000주 발행, 액면금액 10,000원
> (*)액면배당률 10%, 비누적적, 비참가적 우선주임.

	보통주배당금	우선주배당금
①	0원	4,000,000원
②	1,500,000원	2,500,000원
③	2,000,000원	2,000,000원
④	2,500,000원	1,500,000원

해설
- 우선주배당금 : (2,000주x10,000)x 10%=2,000,000
- 보통주배당금 : 4,000,000-2,000,000=2,000,000

30 ㈜삼일의 20x1년도 재무상태표 중 자본의 구성항목이 다음과 같을 때, 자본잉여금, 자본조정 및 기타포괄손익누계액으로 표시되어야 하는 금액은 각각 얼마인가?

> ㄱ. 매도가능증권평가이익   500,000원
> ㄴ. 자기주식   (350,000원)
> ㄷ. 자기주식처분이익   400,000원
> ㄹ. 감자차익   500,000원

	자본잉여금	자본조정	기타포괄손익누계액
①	500,000원	(350,000원)	700,000원
②	500,000원	(150,000원)	400,000원
③	900,000원	(150,000원)	300,000원
④	900,000원	(350,000원)	500,000원

해설
- 자본잉여금 : 자기주식처분이익, 감자차익
- 자본조정 : 자기주식
- 기타포괄손익누계액 : 매도가능증권평가이익

31 다음 중 기타포괄손익에 관한 설명으로 가장 올바르지 않은 것은?

① 포괄손익은 일정 기간 동안 주주와의 자본거래를 제외한 모든 거래나 사건에서 인식한 자본의 변동을 말한다.
② 포괄이익 중 손익계산서에 반영되지 않고 재무상태표에 직접 포함되는 부분을 기타포괄이익이라고 한다.
③ 기타포괄손익에는 매도가능증권평가손실, 지분법자본변동 등이 있다.
④ 기타포괄손익누계액이 실현되면 당기순손익에 포함하지 않고 자본잉여금으로 직접 대체해야 한다.

해설
- 기타포괄손익누계액이 실현되면 당기순손익에 포함한다.
  → 예 매도가능증권평가손익은 처분시에 처분손익에 반영된다.

32 다음 중 배당금에 관한 설명으로 가장 올바르지 않은 것은?

① 배당금을 지급하는 경우 상법의 규정에 의하여 현금배당액의 10분의 1 이상의 금액을 자본금의 2분의 1에 달할 때까지 이익준비금으로 적립해야 한다.
② 주식배당의 경우 회사의 자본에 변동이 없으므로 아무런 회계처리를 하지 않아도 된다.
③ 회사가 이익배당을 할 때는 금전에 의한 배당뿐만 아니라 주식배당도 가능하다.
④ 회사는 결산전이라도 금전에 의한 중간배당이 가능하다.

> **해설**
> • 회사는 주식배당에 대해 다음과 같은 회계처리를 하여야 한다.
> →(차) 이익잉여금 xxx (대) 자본금 xxx

33 손익계산서를 작성할 때 준거해야 하는 작성기준 중에서 구분계산의 원칙이 있다. 다음 중 이러한 구분계산의 원칙에 의할 경우 영업이익의 계산과정에 포함되는 항목으로 가장 옳은 것은?

① 이자비용
② 유형자산처분이익
③ 기부금
④ 접대비

> **해설**
> • 이자비용, 유형자산처분이익, 기부금 : 영업외손익

34 다음 중 수익인식에 관한 설명으로 가장 올바르지 않은 것은?

① 제품공급자로부터 받은 제품을 인터넷 상에서 중개판매하고 수수료만을 수취하는 전자쇼핑몰을 운영하는 ㈜서울은 제품의 거래가액 전체를 수익으로 인식한다.
② 소프트웨어 개발회사인 ㈜부산은 ㈜대구로부터 급여처리시스템에 관한 소프트웨어 개발을 주문받았다. ㈜부산은 소프트웨어 개발대가로 수취하는 수수료를 진행기준에 따라 수익으로 인식한다.
③ 구두를 제조하는 ㈜광주는 현금을 수령하고 상품권을 판매하지만 수익은 고객이 상품권으로 구두를 구입하는 시점에 인식한다.
④ ㈜제주는 의류회사인 ㈜울산과 지면광고계약을 맺고 광고수수료를 받았다. ㈜제주는 동 광고수수료를 신문에 광고가 게재되어 독자에게 전달될 때 수익으로 인식한다.

> **해설**
> • 수수료만을 수익으로 인식하여야 한다.

35 ㈜삼일은 20x1년 중 문화센터와 관련한 건설공사를 수주하였다. 해당 공사와 관련된 내용이 다음과 같을 때 ㈜삼일의 20x1년 공사수익 계산시 적용한 진행률은 얼마인가?

ㄱ. 건설기간	:	20x1년 1월 1일 ～ 20x3년 12월 31일
ㄴ. 총도급금액	:	50,000,000원
ㄷ. 20x1년 공사수익	:	7,500,000원
ㄹ. 20x1년 공사원가	:	5,000,000원

① 10%
② 15%
③ 20%
④ 25%

> **해설**
> • 50,000,000x진행률=7,500,000에서, 진행률=15%

36 다음은 20x1년 1월에 사업을 개시하여 위탁판매방식 및 시용판매방식으로 영업을 하는 ㈜삼일의 20x1년의 거래내역이다. 다음 중에서 ㈜삼일이 시용판매에 대한 매출을 인식하여야 할 시점은 언제인가?

> 1월 1일 : 상품 10개를 위탁판매하기 위하여 ㈜용산에게 적송하다.
> 4월 1일 : 상품 10개를 ㈜시티에 시용판매하다.
> 6월 1일 : ㈜시티가 시용품 10개에 대하여 매입의사를 표시하다.
> 9월 1일 : ㈜용산이 판매한 상품에 대한 대금에서 판매수수료를 차감한 금액을 송금하다.

① 1월 1일　　　　　　　　　　② 4월 1일
③ 6월 1일　　　　　　　　　　④ 9월 1일

해설
• 매입의사를 표시한 6월 1일이 시용판매에 대한 매출을 인식하여야 할 시점이다.

37 다음은 도매업을 영위하는 ㈜삼일의 20x1 회계연도의 영업활동과 관련한 재무제표 자료이다. 다음 자료에 근거하여 물음에 답하시오(자료 이외의 고려할 사항은 없는 것으로 가정한다).

> ㄱ. 재무상태표
>
> | | 20x1년 1월 1일 | 20x1년 12월 31일 |
> |---|---|---|
> | 매출채권 | 0원 | 500,000원 |
>
> ㄴ. 현금흐름표(직접법)
> 　- 매출로 인한 현금유입액 : 5,000,000원

㈜삼일의 20x1년 매출액은 얼마인가(매출은 모두 외상매출로 이루어지며 당기 중 대손은 발생하지 않았다)?

① 5,500,000원　　　　　　　　② 6,000,000원
③ 6,500,000원　　　　　　　　④ 7,500,000원

해설
• 매출채권 계정흐름

기초매출채권	0	매출채권회수액	5,000,000
매출액	?	기말매출채권	500,000
	5,500,000		5,500,000

→ ∴ 매출액 : 5,500,000

38 다음 중 기말 결산시 외화환산손익을 인식하지 않는 계정과목은 무엇인가?

① 매출채권　　　　　　　　　　② 매입채무
③ 장기차입금　　　　　　　　　④ 재고자산

해설
• 재고자산은 대표적인 비화폐성항목으로, 역사적환율을 적용하므로 외화환산손익을 인식하지 않는다.

39 다음 중 주당이익에 관한 설명으로 가장 올바르지 않은 것은?

① 주식 1주당 발생한 이익을 의미한다.
② 주가수익률(PER) 산출의 기초자료가 된다.
③ 유통보통주식수가 증가하면 주당이익이 증가한다.
④ 당기순이익이 증가하면 주당이익이 증가한다.

해설
• 유통보통주식수(분모)가 증가하면 주당이익이 감소한다.

40 다음 중 현금흐름표에 관한 설명으로 가장 올바르지 않은 것은?

① 현금흐름표는 기업의 모든 활동을 영업활동, 투자활동, 재무활동, 재고관리활동, 생산활동의 5가지로 구분하고 각 활동별로 현금의 유출입을 표시한다.
② 영업활동현금흐름은 기업의 주요 수익창출활동에서 발생한 현금의 유출입을 표시한다.
③ 투자활동현금흐름은 유형자산이나 투자자산 등의 취득과 처분과 관련하여 발생된 현금의 유출입을 표시한다.
④ 재무활동현금흐름은 자금의 차입과 상환 등과 관련하여 발생된 현금의 유출입을 표시한다.

해설
• 현금흐름표는 기업의 모든 활동을 영업활동, 투자활동, 재무활동의 3가지로 구분한다.

02 세무회계

41 다음 중 조세에 관한 설명으로 가장 올바르지 않은 것은?

① 간접세란 조세를 부담하는 자와 조세를 납부하는 자가 동일한 조세이다.

② 조세는 국가가 규정하는 법의 내용을 근거로 국민에게 징수하는 것으로 법에서 정하는 요건에 해당하는 국민은 자신의 의사와 관계없이 조세를 납부하여야 한다.

③ 국가는 법의 규정에 근거하지 아니하고 필요에 따라 국민으로부터 세금을 자유롭게 부과 · 징수할 수 없다.

④ 조세는 부과 주체에 따라 국세와 지방세로 구분할 수 있다.

> **해설**
> • 간접세란 조세를 부담하는 자와 조세를 납부하는 자가 동일하지 아니한 조세이다.

42 국가 또는 지방자치단체가 세금을 부과 · 징수하는 경우 준수해야 할 원칙 중 다음 신문기사와 가장 관계 깊은 것은 무엇인가?

> **조세회피 목적 페이퍼컴퍼니 악용 관행에 '철퇴'**
>
> 법원이 조세회피 목적의 페이퍼컴퍼니(유령회사) 악용 관행에 철퇴를 가했다. 자회사를 통해 법인 지분을 분산 취득하더라도 지분율의 합계가 51% 이상이면 '모회사를 과점 주주로 보고 취득세를 과세한 것은 정당하다'는 법원의 확정 판결이 나온 것이다.
>
> 2006년 6월 싱가폴 소재 법인 R사는 자회사 2개사(R1, R2)를 설립해 ㈜X타워(X타워 빌딩 소유 법인)의 주식을 각각 50.01%, 49.99%씩 분산 취득했다. 당시 지방세법에 따르면 일반적인 주식 취득은 취득세 부과 대상이 아니지만, 법인이 주식을 51% 이상 취득해 과점주주가 되면 취득세 등을 부과하였으므로, R사는 이를 회피하기 위하여 2개의 자회사를 통해 51%가 되지 않도록 지분을 취득하였던 것이다. 이에 대해 서울시는 사실상 모회사인 R사가 2개의 자회사의 지분취득 합계인 100%를 취득한 것으로 간주하고 모회사에 취득세 등 169억을 부과했다.
>
> (중략)
>
> 서울시는 "사법부의 이번 판결은 외국자본이 수천억대의 도심 빌딩을 취득하면서 취득세 한푼도 납부하지 않고 조세회피만을 목적으로 페이퍼컴퍼니를 악용하는 관행에 철퇴를 가한 것"이라고 풀이했다.

① 신의성실의 원칙
② 근거과세의 원칙
③ 조세감면의 사후관리
④ 실질과세의 원칙

> **해설**
> • 형식이나 외관에 불구하고 실질에 따라 세법을 해석해야 한다는 실질과세원칙과 관련되어 있다.

43 다음 중 법인세법에 관한 설명으로 가장 올바르지 않은 것은?

① 비영리내국법인은 토지 등 양도소득에 대해서 법인세법상 법인세 납세의무를 부담하지 않는다.
② 납세지란 법인세를 부과·징수하는 기준이 되는 장소를 의미한다.
③ 법인의 사업연도는 1년을 초과하지 못한다.
④ 영리외국법인은 국내원천소득에 대하여 법인세 납세의무를 진다.

해설
• 토지 등 양도소득에 대해서는 영리법인, 비영리법인을 불문하고 모두 납세의무를 부담한다.

44 다음 중 결산조정사항과 신고조정사항의 차이점을 비교한 내용으로 가장 올바르지 않은 것은?

구분	결산조정사항	신고조정사항
① 대상	법에서 정하는 일정항목	모든 익금항목 및 결산조정사항 이외의 손금 항목
② 손금 귀속시기	손금귀속시기 선택가능	손금귀속시기 선택불가
③ 결산서상 누락한 경우	세무조정(손금산입) 할 수 없음	반드시 세무조정 실시해야함
④ 예시	조세특례제한법상 준비금	퇴직급여충당금

해설
• 조세특례제한법상 준비금은 신고조정사항이며, 퇴직급여충당금은 대표적인 결산조정사항이다.

45 다음 중 법인세법상 손익의 귀속시기에 관한 설명으로 가장 올바르지 않은 것은?

① 용역제공기간이 1년 이상인 장기용역손익의 귀속시기 : 착수일로부터 목적물의 인도일까지 건설 등을 완료한 정도(작업진행률)에 따라 결정
② 제품 인도일 다음날부터 최종 할부금 지급일까지의 기간이 1년 미만인 단기할부판매의 귀속시기 : 대금을 회수하였거나 회수를 약정한 날
③ 계약 등에 의하여 임대료 지급일이 정하여진 경우 임대손익의 귀속시기 : 계약에 의한 지급약정일
④ 상품 제품 이외의 자산 판매손익의 귀속시기 : 해당 자산의 대금청산일, 소유권이전등기일(또는 등록일), 인도일 또는 사용수익일 중 가장 빠른 날

해설
• 단기할부판매는 인도일이 귀속시기이다.

46 다음 자료를 기초로 법인세법상 익금금액을 계산하면 얼마인가?

ㄱ. 법인세환급액	5,000,000원
ㄴ. 감자차익	10,000,000원
ㄷ. 채무면제이익(단, 세무상 결손금은 없다)	3,000,000원
ㄹ. 간주임대료	20,000,000원
ㅁ. 임대료수익	50,000,000원

① 50,000,000원　　　　　　　　② 70,000,000원
③ 73,000,000원　　　　　　　　④ 83,000,000원

해설
• 법인세환급액, 감자차익 : 익금불산입항목

47 ㈜삼일이 임원 및 종업원에게 지급한 상여금은 다음과 같다. 손금불산입으로 세무조정해야 하는 금액의 합계는 얼마인가?

> ㄱ. 임원 상여금 지급액 : 70,000,000원(임원 상여지급기준상 한도액 : 50,000,000원)
> ㄴ. 종업원 상여금 지급액 : 50,000,000원(종업원 상여지급기준상 한도액 : 20,000,000원)

① 세무조정 금액 없음

② 20,000,000원

③ 50,000,000원

④ 70,000,000원

해설
- 손금불산입 임원상여한도초과 20,000,000(상여)
  →종업원 상여금은 전액 손금으로 인정된다.

48 ㈜삼일은 결산서상 당기 취득한 원재료의 금액을 시가로 평가하여 2,000,000원의 재고자산평가손실을 계상하였다. 제14기(20x1년 1월 1일 ~ 20x1년 12월 31일)말 현재 취득원가와 시가는 다음과 같다. 당초에 법인세법상 재고자산의 평가방법이 원가법으로 신고된 경우 다음 사항 중 가장 옳은 것은?

구분	취득원가	시가
원재료	10,000,000원	8,000,000원

① 재고자산평가방법은 법인세법상 원가법만이 인정된다.

② 파손·부패 등의 사유로 계상한 재고자산평가손실은 손금으로 인정되지 않는다.

③ 재고자산평가손실 2,000,000원을 손금불산입(유보)로 세무조정을 실시하여야 한다.

④ 회계처리가 적정하므로 세무조정은 발생하지 않는다.

해설
- ① 재고자산평가방법은 법인세법상 원가법과 저가법 중 선택하여 적용된다.
  ② 결산조정을 전제로 파손·부패 등의 사유로 계상한 재고자산평가손실은 신고방법에 불문하고 손금으로 인정된다.
  ④ 원가법으로 신고하고 평가손실을 계상했으므로 손금불산입(익금산입)하고 유보로 소득처분한다.

49 다음 중 법인세법상 고정자산의 감가상각에 관한 설명으로 가장 올바르지 않은 것은?

① 감가상각비는 원칙적으로 장부에 비용으로 계상한 경우에만 상각범위내의 금액을 손금에 산입한다.

② 내용연수는 기준내용연수의 50%를 가감한 범위 내에서 법인이 선택하여 신고할 수 있으며 이를 신고내용연수라고 한다.

③ 한국채택국제회계기준을 도입한 법인의 경우 일정 한도 내에서 추가로 손금산입할 수 있도록 허용하고 있다.

④ 건축물에 대한 감가상각방법을 신고하지 않았을 때는 정액법을 적용하여 상각범위액을 계산한다.

해설
- 50%(X) → 25%(O)

50 다음 중 법인이 고정자산에 대하여 지출하는 수선비에 관한 설명으로 가장 올바르지 않은 것은?

① 고정자산의 내용연수를 증가시키거나 가치를 실질적으로 증가시키는 수선비를 자본적 지출이라고 한다.
② 고정자산의 원상을 회복하거나 능률유지를 위하여 지출하는 수선비를 수익적 지출이라고 한다.
③ 자본적 지출에 해당하는 수선비는 자산의 취득원가에 더해져 감가상각과정을 통해 법인의 손금에 산입한다.
④ 본래의 용도를 변경하기 위한 개조나 엘리베이터 또는 냉·난방장치의 설치 등은 수익적 지출에 해당한다.

해설
• 수익적지출(X) → 자본적지출(O)

51 ㈜삼일은 건물을 20x3년 1월 1일에 취득하여 당기말 현재 보유중이다. 다음 자료에 의할 경우 법인세법상 당해 사업연도(20x9년 1월 1일 ~ 20x9년 12월 31일)에 필요한 세무조정은?

ㄱ. 건물취득가액	:	100,000,000원
ㄴ. 신고내용연수	:	40년(정액법상각률 : 0.025)
ㄷ. 전기말 결산서상 감가상각누계액	:	9,000,000원
ㄹ. 당기말 결산서상 감가상각누계액	:	12,000,000원

① (손금산입) 감가상각비 500,000원(△유보)
② (손금산입) 감가상각비 500,000원(기타)
③ (손금불산입) 감가상각비 500,000원(유보)
④ 세무조정 없음

해설
• 회사계상 감가상각비 : 12,000,000−9,000,000=3,000,000
• 상각범위액 : 100,000,000x0.025=2,500,000
• 세무조정 : 손금불산입 3,000,000−2,500,000=500,000(유보)

52 다음 자료를 이용하여 ㈜삼일의 제1기(20x1년 7월 1일 ~ 20x1년 12월 31일) 접대비에 대한 세무조정을 수행하고자 할 때 접대비 손금산입한도액은 얼마인가?

ㄱ. 매출액 : 300억원(특수관계인에 대한 매출은 100억원이다)
ㄴ. 문화접대비 지출액은 없다.
ㄷ. ㈜삼일은 제조업을 영위하고 중소기업이 아니며, 세법상 손금한도를 계산하기 위한 수입금액 기준적용률은 다음과 같다.

수입금액	적용률
100억원 이하	0.3%
100억원 초과 500억원 이하	3천만원+100억원 초과분×0.2%
500억원 초과	1억1천만원+500억원 초과분×0.03%

① 31,000,000원
② 58,000,000원
③ 59,000,000원
④ 60,000,000원

해설
• 사업연도가 6개월이며, 일반수입금액은 200억원 특정수입금액(특수관계인)은 100억원이고, 비중소기업임에 주의하여야 한다.
• $12,000,000 \times \frac{6}{12} + 100억원 \times \frac{30}{10,000} + 100억원 \times \frac{20}{10,000} + 100억원 \times \frac{20}{10,000} \times 10\% = 58,000,000$

53 다음 중 법인세법상 기부금과 접대비의 처리에 관한 설명으로 가장 올바르지 않은 것은?

① 접대비와 기부금은 모두 일정한 한도 내에서만 손금으로 인정하고 이를 초과하는 금액은 손금으로 인정하지 않는다.
② 접대비의 귀속시기는 발생주의를 기준으로 하나, 기부금의 귀속시기는 현금주의를 기준으로 한다.
③ 현물로 제공한 접대비는 시가(시가가 장부가액보다 낮은 경우는 장부가액)로 평가한다.
④ 손금으로 인정되지 않는 접대비 한도초과액은 기타사외유출로 처분하고 기부금의 한도초과액은 대표자 상여로 처리한다.

해설
• 모두 특례에 의해 무조건 기타사외유출로 소득처분한다.

54 다음에 열거한 채권 중에서 (가)신고조정에 해당하는 대손요건을 충족한 채권, (나)결산조정에 해당하는 대손요건을 충족한 채권을 가장 올바르게 구분한 것은?

> ㄱ. 부도발생일로부터 6개월 이상 경과한 어음상의 채권
> ㄴ. 부도발생일로부터 6개월 미만 경과한 어음상의 채권
> ㄷ. 채권의 상법에 따른 소멸시효가 완성된 채권
> ㄹ. 채무자의 파산으로 회수할 수 없는 채권

	(가)	(나)
①	ㄱ, ㄹ	ㄴ, ㄷ
②	ㄱ, ㄷ	ㄹ
③	ㄴ, ㄷ	ㄱ, ㄹ
④	ㄷ	ㄱ, ㄹ

해설
• 신고조정 : 상법에 따른 소멸시효가 완성된 채권
• 결산조정 : 부도발생일로부터 6개월 이상 경과한 어음상의 채권, 채무자의 파산으로 회수할 수 없는 채권

55 다음은 제조업을 영위하는 ㈜삼일의 대손충당금 관련 자료이다. 이를 기초로 ㈜삼일의 당해 사업연도(20x1년 1월 1일 ~ 20x1년 12월 31일) 손금불산입 금액을 계산하면 얼마인가(단, 전기 대손충당금 부인액은 없다)?

> ㄱ. 대손충당금설정대상 채권금액(한도산식 적용액으로 가정) : 1,000,000,000원
> ㄴ. 대손충당금 :
>   – 기초잔액 30,000,000원
>   – 대손액 40,000,000원
>   – 당기추가설정액 60,000,000원
>   – 기말잔액 50,000,000원
> ㄷ. 전기말 현재 대손충당금설정대상 채권금액 : 3,000,000,000원
> ㄹ. 당기 대손액 중 10,000,000원은 세법상 대손사유를 충족하지 못하였다.

① 0원   ② 10,000,000원
③ 50,000,000원   ④ 60,000,000원

해설
- 손금불산입 대손사유 미충족 10,000,000(유보)
- 대손충당금 한도 : $1,000,000,000 \times \text{Max} \begin{cases} 1\% \\ \dfrac{40,000,000-10,000,000}{3,000,000,000} = 1\% \end{cases} = 10,000,000$
- 대손충당금 한도초과액 : 손금불산입 50,000,000 − 10,000,000 = 40,000,000(유보)
  ∴ 10,000,000 + 40,000,000 = 50,000,000

56 ㈜삼일은 당기에 건물 공사를 위한 자금을 차입하고, 해당 차입금에서 발생한 이자 10,000,000원을 다음과 같이 회계처리 하였다. 이 경우 당기에 필요한 세무조정으로 가장 옳은 것은(단, 해당 차입금은 건물공사를 위한 특정차입금에 해당하고, 당기 말 현재 해당 건물은 건설 중이다)?

(차) 이자비용	10,000,000원	(대) 현금	10,000,000원

① (손금산입) 이자비용 10,000,000(기타)
② (손금불산입) 이자비용 10,000,000(상여)
③ (손금불산입) 이자비용 10,000,000(유보)
④ 세무조정 없음

해설
- 건설자금이자는 손금불산입하고 유보로 소득처분한다.

57 ㈜삼일은 제11기(20x1.1.1 ~ 20x1.12.31)초 대표이사로부터 비품(시가 35,000,000원)을 구입하면서 현금 지급액 50,000,000원을 장부에 자산으로 계상하였다. ㈜삼일이 제11기초 비품 취득시 수행할 세무조정으로 가장 옳은 것은(단, 소득처분은 생략하시오)?

	익금산입 · 손금불산입	익금불산입 · 손금산입
①	부당행위계산부인 15,000,000원	비품 15,000,000원
②	부당행위계산부인 15,000,000원	세무조정 없음
③	세무조정 없음	비품 15,000,000원
④	세무조정 없음	세무조정 없음

> **해설**
> • 손금산입 자산감액 15,000,000(△유보) & 익금산입 부당행위계산부인 15,000,000(상여)

58 다음 중 법인세 과세표준 계산에 관한 설명으로 가장 올바르지 않은 것은?

① 결손금이란 사업연도의 손금총액이 익금총액보다 큰 경우 동 차액을 말한다.
② 비과세소득이란 법인의 소득 중 법인세를 과세하지 아니하는 소득으로서 법인세법상으로는 공익신탁의 신탁재산에서 생기는 소득 등이 있다.
③ 법인세법상 결손금은 손익계산서의 당기순손실 금액과 항상 일치한다.
④ 법인세 과세표준은 각 사업연도소득에서 이월결손금(법 규정 내 금액), 비과세소득, 소득공제를 차감하여 계산한다.

> **해설**
> • 익금과 수익, 손금과 비용의 범위가 각각 상이하므로 결손금과 당기순손실은 일반적으로 일치하지 않는다.

59 다음은 ㈜삼일의 제14기(2020.1.1~12.31) 법인세신고를 위한 자료이다.

> ㄱ. 법인세비용차감전순이익 : 200,000,000원
> ㄴ. 감가상각비는 30,000,000원이나 세무상 한도액은 40,000,000원이다.
> ㄷ. ㈜삼일은 제14기에 사회복지법인(지정) 기부금으로 20,000,000원 지급을 결의하였고, 아래
>   와 같이 회계처리 하였다.
>
> | (차) 기부금 | 20,000,000 | (대) 미지급금 | 20,000,000 |
> |---|---|---|---|
>
> ㄹ. 비과세소득 : 5,000,000원
> ㅁ. 이월결손금 : 법인세과세표준 계산시 한번도 공제되지 않은 이월결손금의 발생사업연도와
>   금액은 다음과 같다.
>   - 제1기 : 10,000,000원
>   - 제10기 : 20,000,000원

위 자료에 의하여 올바른 세무조정을 수행한 경우에 과세표준을 계산하면 얼마인가(단, 위 자료
이외에 각사업연도소득금액 계산에 영향을 미치는 항목은 없다)?

① 195,000,000원   ② 215,000,000
③ 200,000,000원   ④ 220,000,000원

> **해설**
> • 감가상각비 세무조정 : 시인부족액이므로 세무조정 없음.
>   → 문제 단서에 '위 자료 이외에 각사업연도소득금액 계산에 영향을 미치는 항목은 없다' 라고 하였으므로 이
>   전 상각부인액은 없는 것으로 본다.
> • 기부금 세무조정 : 손금불산입 미지급기부금 20,000,000(유보)
> • 각사업연도소득금액 : 200,000,000+20,000,000=220,000,000
> • 과세표준 : 220,000,000-20,000,000(이월결손금)-5,000,000(비과세)=195,000,000

60 다음 중 법인세법에 관한 설명으로 옳은 것을 모두 고르면?

> ㄱ. 청산소득은 법인의 청산과정에서 발생하는 소득을 말한다.
> ㄴ. 청산소득의 세율은 각 사업연도소득에 대한 법인세율보다 높다.
> ㄷ. 외국법인은 대표자가 대한민국 국민이 아닌 법인을 말한다.
> ㄹ. 영리내국법인은 국내외 원천의 모든 소득에 대하여 납세의무를 진다.

① ㄱ, ㄷ   ② ㄴ, ㄷ
③ ㄷ, ㄹ   ④ ㄱ, ㄹ

> **해설**
> • ㄴ : 청산소득의 세율은 각 사업연도소득에 대한 법인세율과 동일하다.
> • ㄷ : 외국법인은 일반적으로 외국에 본점·주사무소를 둔 법인을 말한다.

61 다음 중 우리나라 소득세법의 특징이 아닌 것은?

① 개인별과세   ② 완전열거주의과세
③ 신고납세제도   ④ 누진세율적용

> **해설**
> • 열거주의에 의하되 유형별 포괄주의를 일부채택하고 있다.

62 다음 중 소득세법상 비거주자에 관한 설명으로 가장 올바르지 않은 것은?

① 국내에 주소를 둔 날에 소득세법상 비거주자는 거주자가 된다.

② 계속하여 183일 이상 국내에 거주할 것을 통상 필요로 하는 직업을 가지게 된 때 그 사유 발생일에 소득세법상 비거주자는 거주자가 된다.

③ 국내에 거소를 둔 기간이 183일이 되는 날에 소득세법상 비거주자는 거주자가 된다.

④ 비거주자는 거주자가 아닌 개인을 말하며, 국내외 모든 소득에 대해 과세한다.

해설
• 비거주자는 국내원천소득에 대해 과세한다.(제한납세의무)

63 다음 중 소득세법상 인적공제에 관한 설명으로 가장 올바르지 않은 것은?

① 부양가족이 장애인에 해당하는 경우에는 연령의 제한을 받지 않는다.

② 부양가족의 범위에는 계부 및 계모는 포함되나 의붓자녀는 포함되지 않는다.

③ 직계비속이 장애인이고 그 직계비속의 배우자가 장애인인 경우 당해 배우자도 기본공제 대상자에 포함된다.

④ 부양가족의 범위에는 아동복지법에 따라 6개월 이상 위탁 양육한 위탁아동도 포함된다.

해설
• 의붓자녀도 포함된다.

64 다음은 김삼일씨의 당해연도 사업소득에 포함된 부동산임대소득 관련 자료이다. 이를 바탕으로 김삼일씨의 소득금액을 구하면 얼마인가?

> ㄱ. 김삼일씨는 상가건물 A를 1월 1일에 임대하고 매월 초 50,000원을 받기로 하였다.
> ㄴ. 상가건물 A의 당해연도 감가상각비는 300,000원이며, 정액법으로 상각하고 있다.
> ㄷ. 상가건물 A의 당해연도 관리비로 100,000원을 지출하였다.

① 200,000원   ② 300,000원

③ 400,000원   ④ 600,000원

해설
• 50,000x12-300,000-100,000=200,000

65 다음 중 비과세 연금소득에 해당하는 것은?

① 국민연금법에 의하여 지급하는 유족연금

② 공무원연금

③ 군인연금

④ 개인연금저축으로부터 받게 되는 연금

해설
• 연금소득 비과세 : 공적연금의 장애 · 유족 · 상이연금, 산업재해보상보험법의 각종연금, 국군포로연금

제1편 빡정이론특강

제2편 기출문제특강

SET1

SET2

SET3

SET4

SET5

SET6

SET7

SET8

SET9

SET10

신유형

기출문제오답노트

실전기출모의고사

66 다음 중 소득세법상 소득구분으로 가장 올바르지 않은 것은?

① 퇴직소득에 속하지 않는 퇴직위로금 : 기타소득
② 계약의 위약 또는 해약으로 인하여 받는 위약금 : 기타소득
③ 복권당첨소득 : 기타소득
④ 연금저축에 가입하고 연금형태로 지급받는 소득 : 연금소득

> **해설**

• 기타소득(X) → 근로소득(O)

67 근로소득자인 김삼일씨는 연초부터 매월 국민건강보험료 5만원, 고용보험료 3만원을 납부하였으며 연간 자동차 보험료로 120만원을 납부하였다. 김삼일씨가 연말정산시 공제대상이 되는 보험료는 얼마인가?

① 1,200,000원
② 1,800,000원
③ 1,960,000원
④ 2,160,000원

> **해설**

• 보험료공제(특별소득공제)의 공제대상 : 5만원x12+3만원x12=96만원
• 보험료세액공제의 공제대상 : 120만원 [한도] 100만원
∴96만원+100만원=196만원

68 다음 거주자 박양도씨의 당해연도 거래내역 중 양도소득세 과세대상을 모두 고르면?

ㄱ. 보유 중인 상장주식 1,000주(지분율 0.01%) 전부를 유가증권시장에서 10,000,000원에 매도하였다.
ㄴ. 서울 지역에 1년 동안 보유하던 아파트를 3억원에 양도하였다.
ㄷ. 보유하고 있던 자동차를 중고자동차 매매상에 처분하고 8,000,000원을 수령하였다.
ㄹ. 보유하고 있던 골프회원권을 양도하고 5,000,000원을 수령하였다.

① ㄱ, ㄹ
② ㄱ, ㄴ, ㄷ
③ ㄴ, ㄹ
④ ㄴ, ㄷ, ㄹ

> **해설**

• 소액주주가 양도한 상장주식은 과세하지 않으며, 자동차는 과세대상이 아니다.

69 다음 중 소득세법상 연말정산에 관한 설명으로 가장 올바르지 않은 것은?

① 연말정산이란 근로소득을 지급하는 자가 다음 해 2월분 급여를 지급할 때에 직전 1년간의 총급여액에 대한 근로소득세액을 세법에 따라 정확하게 계산한 후, 원천징수 납부한 세액과 비교하여 정산하는 절차를 말한다.
② 근로소득을 지급하는 개인·법인·국가 등은 근로소득세를 연말정산할 의무가 있다.
③ 근로소득 외 다른 소득이 없는 자는 종합소득세를 신고·납부할 필요 없이 연말정산으로 납세의무를 종결할 수 있다.
④ 사업소득만 있는 개인은 연말정산으로 납세의무를 종결한다.

> **해설**

• 일반적으로 사업소득은 연말정산 대상이 아니며, 종합소득 확정신고 의무가 있다.

70 다음 중 완납적원천징수와 예납적원천징수를 나누는 기준으로 가장 옳은 것은?

① 원천징수의무자가 누가 되느냐의 여부
② 원천징수로 납세의무가 종결되는지 여부
③ 부담하는 세액의 크기
④ 관할세무서가 어디냐의 여부

> **해설**
> • 원천징수로 납세의무가 종결 O : 완납적원천징수
> • 원천징수로 납세의무가 종결 X : 예납적원천징수

71 다음 중 소득세법상 원천징수에 관한 설명으로 가장 올바르지 않은 것은?

① 원천징수에 있어서 세금을 실제로 부담하는 납세의무자와 이를 신고·납부하는 원천징수의무자는 서로 다르다.
② 원천징수의무자는 정부를 대신하여 원천징수를 하게 되므로 원천징수와 관련하여 가산세가 존재하지 않는다.
③ 원천징수의무자는 납세의무자에게 원천징수세액을 차감한 금액을 지급하게 된다.
④ 정부는 원천징수를 통해 세원의 탈루를 최소화 할 수 있다.

> **해설**
> • 원천징수납부불성실가산세가 적용된다.

72 다음 중 부가가치세의 납세의무자에 관한 설명으로 가장 올바르지 않은 것은?

① 부가가치세는 납세의무자와 담세자가 서로 다른 간접세에 해당한다.
② 부가가치세의 납세의무자는 사업자이며, 사업자가 아닌 자는 납세의무를 부담하지 않는다.
③ 부가가치세법상 사업자란 '사업상 독립적으로 재화나 용역을 공급하는 자'를 말하며, 영리목적의 사업을 영위하는 자만을 의미한다.
④ 사업자의 정의 중 '사업상'은 재화 또는 용역의 공급을 계속적·반복적으로 하는 것을 말한다.

> **해설**
> • 영리목적 유무는 불문한다.

73 다음은 ㈜삼일의 20x1년 제1기 예정신고기간의 공급내역이다. 20x1년 제1기 예정신고기간의 부가가치세 과세표준 및 매출세액 신고금액으로 가장 옳은 것은?

공급일자	공급가액(부가가치세 미포함)	내역
01-07	10,000,000원	세금계산서 발행 매출액
01-28	20,000,000원	신용카드매출전표 발행 매출액
02-15	30,000,000원	내국신용장에 의한 공급 매출액
03-29	20,000,000원	해외 직수출 매출액

과세표준	매출세액
(a)	(b)

	(a)	(b)
①	80,000,000원	8,000,000원
②	80,000,000원	3,000,000원
③	60,000,000원	6,000,000원
④	60,000,000원	3,000,000원

해설
• 영세율대상(내국신용장에 의한 공급과 해외 직수출)은 과세표준에는 집계되나, 매출세액은 없다.
• 과세표준 : 10,000,000+20,000,000+30,000,000+20,000,000=80,000,000
• 매출세액 : (10,000,000+20,000,000)x10%=3,000,000

74 다음 중 부가가치세 과세표준의 계산에 관한 설명으로 가장 올바르지 않은 것은?

① 과세표준에는 재화와 용역의 공급대가로서 거래상대방으로부터 받은 모든 금전적 가치가 있는 것을 포함한다.
② 재화와 용역의 공급과 관련하여 손해배상금을 수령한 경우에는 부가가치세 신고기간 내에 수령한 경우에 한하여 과세표준에 포함한다.
③ 단기할부판매의 경우에 공급한 재화의 총 가액을 과세표준으로 한다.
④ 장기할부판매의 경우에 계약에 따라 받기로 한 대가의 각 부분을 해당 기간의 과세표준으로 한다.

해설
• 손해배상금은 대가관계가 없으므로 과세대상이 아니다.

75 김삼일씨는 20x1년 중 사업을 개시하였다. 2월 24일에 사업자등록을 신청했을 때 다음 중 매입세액공제를 받을 수 있는 경우로 가장 옳은 것은?(단, 특별한 언급이 없는 한 세금계산서 등을 적법하게 수취한 것으로 가정한다)?

① 2월 13일 : 사업준비를 위해 원재료, 장비 등을 1,500,000원에 구입하였다.
② 3월 13일 : 비영업용 소형승용차를 10,000,000원에 구입하였다.
③ 3월 15일 : 거래처에 접대할 목적으로 개업 축하 기념품을 500,000원에 구입하였다.
④ 3월 17일 : 사업확장을 위해 토지를 5,000,000원에 구입하였다.

해설
• ②, ③, ④ : 매입세액불공제항목

76 다음 자료는 ㈜삼일의 거래내역이다. ㈜삼일의 부가가치세 신고서상 (A)에 기록될 금액은 얼마인가?

구 분				금액	세율	세액
과세표준 및 매출세액	과세	세금계산서발급분	(1)		10/100	
		매입자발행 세금계산서	(2)		10/100	
		신용카드 · 현금영수증발행분	(3)		10/100	
		기타(정규영수증외매출분)	(4)		10/100	
	영세율	세금계산서발급분	(5)		0/100	
		기타	(6)	(A)	0/100	
	예정신고누락분		(7)			
	대손세액가감		(8)			
	합계		(9)			

구 분	금액
세금계산서발행 국내매출액(VAT미포함)	10,000,000원
신용카드매출전표발행분(VAT포함)	22,000,000원
현금영수증발행((VAT포함)	5,500,000원
내국신용장에 의한 공급분(Local수출분)	20,000,000원
직수출분	60,000,000원

① 5,500,000원
② 25,000,000원
③ 25,500,000원
④ 60,000,000원

해설
• (A) : 세금계산서 발급면제 → 직수출 60,000,000

77 다음 중 세법상 가산세를 부과하지 않는 경우로 가장 옳은 것은?

① 법인이 주식 등 변동상황명세서를 제출하지 않은 경우
② 원천징수의무자인 법인이 원천징수한 세액을 납부기한이 경과한 후에 납부하는 경우
③ 거래처 임직원 경조사비로 100,000원을 지출한 경우
④ 납세의무자가 법정 신고기한까지 과세표준 신고를 하였으나 전액을 신고기한 이후에 납부한 경우

해설
• 경조사비 100,000원은 접대비로 손금인정되며, 가산세와 무관하다.

78 다음 중 세금계산서의 작성방법에 관한 설명으로 가장 올바르지 않은 것은?

① 공급받는자의 상호, 성명. 주소가 기재되지 않았거나 잘못 기재된 경우에도 세금계산서의 효력에는 영향이 없다.
② 공급받는 자가 부가가치세 면세사업자인 경우에 "공급받는 자의 등록번호"에 소득세법 또는 법인 세법의 규정에 의한 등록번호 또는 고유번호를 기재한다.
③ 제품을 판매하고 총 11,000원(부가가치세 포함)을 수령하였다면, 공급가액에는 11,000원을 기재한다.
④ 제품을 판매하고 총 11,000원(부가가치세 포함)을 수령하였다면, 세액에는 1,000원을 기재한다.

해설
• 공급가액에는 10,000원을 기재한다.

79 다음 중 세법상 영수증을 대신하는 증빙이 아닌 것은?

① 금전등록기계산서
② 거래성립계약서
③ 여객운송업자가 발급하는 승차권, 승선권, 항공권
④ 전기사업자 또는 가스사업자가 각 가정에 발급하는 전력 또는 가스요금의 영수증

해설
- ① 금전등록기계산서 : 세법상 영수증으로 간주한다.
  ② 거래성립계약서 : 계약서는 영수증을 대신하는 증빙과 무관하다.
  ③ 승차권, 승선권, 항공권 : 일반적인 영수증에 해당한다.
  ④ 전력 또는 가스요금의 영수증 : 일반적인 영수증에 해당한다.

80 다음 중 부가가치세법상의 거래 증빙에 관한 설명으로 가장 올바르지 않은 것은?

① 사업자가 재화나 용역을 공급하는 경우 세금계산서를 발급하는 것이 원칙이지만, 법에서 정한 소비자 대상 업종의 경우 영수증을 발급할 수 있다.
② 과세사업자가 아닌 면세사업자는 다른 사업자와의 거래시에 세금계산서가 아닌 계산서를 발급하여야 한다.
③ 면세사업자가 사업자가 아닌 최종소비자와 거래하는 경우 영수증을 발행하여야 한다.
④ 신용카드매출전표를 수취하는 경우 부가가치세액이 별도로 구분 가능하지 않아도 신용카드매출전표수령명세서만 제출하면 매입세액으로 공제받을 수 있다.

해설
- 일반과세자로부터 수취한 경우 : 반드시 부가가치세액이 구분표시된다.
  →매입세액으로 공제받을 수 있다.
- 간이과세자로부터 수취한 경우 : 부가가치세액이 구분표시되지 않고 공급대가로 표시된다.
  →매입세액으로 공제받을 수 없다.

[정답] 실전기출모의고사 [2018년 공개]

재무회계

1	2	3	4	5	6	7	8	9	10
②	④	②	②	②	③	②	③	③	④
11	12	13	14	15	16	17	18	19	20
②	②	③	①	①	③	②	④	②	④
21	22	23	24	25	26	27	28	29	30
①	④	②	①	④	④	②	③	③	④
31	32	33	34	35	36	37	38	39	40
④	②	④	①	②	③	①	④	③	①

세무회계

41	42	43	44	45	46	47	48	49	50
①	④	①	④	②	③	②	③	②	④
51	52	53	54	55	56	57	58	59	60
③	②	④	④	③	③	①	③	①	④
61	62	63	64	65	66	67	68	69	70
②	④	②	①	①	①	③	③	④	②
71	72	73	74	75	76	77	78	79	80
②	③	②	②	①	④	③	③	②	④

제1편 빽정이론특강

제2편 기출문제특강

SET1
SET2
SET3
SET4
SET5
SET6
SET7
SET8
SET9
SET10

신유형

기출문제오답노트

실전기출모의고사

3P
3P
3P
3D
FINAL

POTENTIALITY
PASSION
PROFESSION

3P는 여러분의 무한한 잠재적 능력과 반드시 성취하겠다는 열정을 토대로 전문가의 길로 나아가는 세무라이선스 파이널시리즈의 학습 정신입니다.

수험생 여러분의 합격을 응원합니다.

[합본부록]

재무회계 · 세무회계

주관처 2019년 공개

Cam Exam intermediate level

실전기출모의고사

SEMOOLICENCE

01 재무회계

1 다음 중 회계의 일반적 개념에 관한 설명으로 가장 올바르지 않은 것은?

① 재무회계의 주된 목적은 외부정보이용자의 경제적 의사결정에 유용한 정보를 제공하는 것이다.
② 재무보고를 위한 핵심적인 수단은 재무제표이며, 재무제표의 범위에는 재무상태표, 손익계산서, 현금흐름표, 자본변동표 뿐만 아니라 주석이 포함된다.
③ 관리회계의 주된 목적은 기업 외부공시용 재무제표를 작성하여 제공하는 것이다.
④ 기업실체의 경영자는 기업실체 외부의 이해관계자에게 재무제표를 작성하고 보고할 일차적인 책임을 진다.

해설

• 외부공시용 재무제표를 작성하여 제공하는 것은 재무회계의 주된 목적이다.
• 관리회계의 주된 목적은 기업 내부의 경영자가 관리적 의사결정을 하는데 유용한 정보를 제공하는 것이다.

2 다음 재무제표 중 당기순이익에 대한 정보가 나타나는 재무제표를 모두 짝지은 것은?

| ㄱ. 재무상태표 | ㄴ. 손익계산서 |
| ㄷ. 현금흐름표(간접법) | ㄹ. 자본변동표 |

① ㄴ
② ㄴ, ㄷ
③ ㄱ, ㄴ, ㄷ, ㄹ
④ ㄴ, ㄷ, ㄹ

해설

• 손익계산서 : 경영성과인 당기순이익이 산출된다.
• 현금흐름표(간접법) : 당기순이익에서 소정항목들을 가감하여 영업활동현금흐름을 산출한다.
• 자본변동표 : 이익잉여금의 변동내역에 당기순이익이 가산항목으로 기재된다.

3 다음 중 중간재무제표에 관한 설명으로 가장 올바르지 않은 것은?

① 중간재무제표는 1회계연도보다 짧은 기간을 대상으로 작성하는 재무제표이다.
② 중간재무제표는 재무상태표, 손익계산서, 현금흐름표만을 포함한다.
③ 손익계산서는 중간기간과 누적중간기간을 직전 회계연도의 동일기간과 비교하는 형식으로 작성된다.
④ 재무상태표는 중간기간말과 직전 회계연도말을 비교하는 형식으로 작성된다.

해설

• 중간재무제표 : 재무상태표, 손익계산서, 현금흐름표, 자본변동표, 주석

4 다음 중 중소기업 회계처리 특례에 관한 설명으로 가장 올바르지 않은 것은?

① 시가가 없는 파생상품의 계약시점 후 평가에 관한 회계처리를 아니할 수 있다.
② 유의적인 영향력을 행사할 수 있는 지분증권도 지분법을 적용하지 아니할 수 있다.
③ 시장성이 없는 지분증권은 취득원가로 평가할 수 있다.
④ 상장법인 및 금융회사의 경우에도 특례규정을 적용할 수 있다.

해설

• 상장법인과 금융회사는 적용 제외대상에 해당한다.

참고	일반기업회계기준 제31장 중소기업회계처리특례 적용범위 31.2

□ 중소기업회계처리특례는 주식회사 등의 외부감사에 관한 법률의 적용대상 기업 중 중소기업기본법에 의한 중소기업의 회계처리에 적용할 수 있다. 다만, 다음의 기업은 중소기업회계처리특례를 적용할 수 없다.
(1) 자본시장과 금융투자업에 관한 법률에 따른 다음의 기업
ㄱ 상장법인
ㄴ 증권신고서 제출법인
ㄷ 사업보고서 제출대상법인
(2) '재무제표의 작성과 표시 Ⅱ(금융업)'에서 정의하는 금융회사
(3) '연결재무제표'에서 정의하는 연결실체에 중소기업이 아닌 기업이 포함된 경우의 지배기업

5 다음 중 재무상태표상 비유동자산으로 분류되는 항목으로 가장 옳은 것은?

① 보고기간종료일로부터 1년 이내에 처분할 것이 거의 확실한 매도가능증권
② 만기가 보고기간종료일로부터 1년 이내인 3년 만기 정기예금
③ 투자기업이 피투자기업에 대해 유의적인 영향력을 행사하고 있는 지분법적용투자주식
④ 대금 회수시점이 보고기간종료일로부터 1년을 초과하지만 정상적인 영업주기 내에 회수되리라 예상되는 매출채권

해설

• 유가증권의 유동 · 비유동 분류
 − 단기매매증권 : 유동자산
 − 만기보유증권, 매도가능증권, 지분법적용투자주식 : 비유동자산

6 다음 자료에 의하여 자본총계를 구하면 얼마인가?

현금	47,000,000원	토지	14,000,000원
매출채권	10,000,000원	장기차입금	10,000,000원
선급보험료	1,000,000원	선수임대료	12,000,000원

① 37,000,000원
② 40,000,000원
③ 43,000,000원
④ 50,000,000원

해설

• 자산(47,000,000+14,000,000+10,000,000+1,000,000)−부채(10,000,000+12,000,000)=50,000,000

7 다음 중 재무상태표의 작성기준에 관한 설명으로 가장 올바르지 않은 것은?

① 재무상태표는 자산·부채 및 자본으로 구분한다.
② 재무상태표에 기재하는 자산과 부채는 유동성이 큰 항목부터 배열하는 것을 원칙으로 한다.
③ 자산과 부채는 원칙적으로 순액으로 표시한다.
④ 가지급금 또는 가수금 등의 미결산항목은 그 내용을 나타내는 적절한 항목으로 표시한다.

해설

• 자산과 부채는 원칙적으로 총액으로 표시한다.

8 다음은 재무상태표상 자본항목을 나열한 것이다. 재무상태표에 표시될 자본항목으로 올바른 것은?

자본금	2,000,000원
주식발행초과금	400,000원
기타자본잉여금	600,000원
이익준비금	200,000원
미처분이익잉여금	400,000원
자기주식	250,000원
매도가능증권평가손실	50,000원

	①	②	③	④
Ⅰ. 자본금	2,000,000	2,000,000	2,000,000	2,000,000
Ⅱ. 자본잉여금	1,000,000	1,000,000	1,000,000	200,000
1. 주식발행초과금	400,000	400,000	400,000	(400,000)
2. 기타자본잉여금	600,000	600,000	600,000	600,000
Ⅲ. 자본조정	250,000	(250,000)	(250,000)	250,000
1. 자기주식	250,000	(250,000)	(250,000)	250,000
Ⅳ. 기타포괄손익누계액	50,000	(50,000)	50,000	(50,000)
1. 매도가능증권평가손실	50,000	(50,000)	50,000	(50,000)
Ⅴ. 이익잉여금	600,000	600,000	600,000	600,000
1. 법정적립금	200,000	200,000	200,000	200,000
2. 미처분이익잉여금	400,000	400,000	400,000	400,000
자본총계	3,900,000	3,300,000	3,400,000	3,000,000

해설

• 자기주식 : 자본조정으로서 자본에 차감하는 형식으로 표시한다.
• 매도가능증권평가손실 : 기타포괄손익누계액으로서 자본에 차감하는 형식으로 표시한다.

9 다음 중 당좌예금에 관한 설명으로 가장 올바르지 않은 것은?

① 수표가 발행되면 당좌예금 금액이 증가한다.
② 당좌예금은 현금및현금성자산 범주에 포함된다.
③ 당좌예금은 어음 및 수표를 발행하기 위해 은행과 당좌거래계약을 체결하고 개설한 예금이다.
④ 당좌예금 잔액을 초과하여 지급된 금액을 당좌차월이라 한다.

해설
• 수표가 발행되면 당좌예금 인출이 발생하므로 당좌예금 금액이 감소한다.

10 20x1년도 B저축은행의 대출채권에 대한 자료는 다음과 같다. B저축은행은 대출채권 기말잔액의 5%를 대손충당금으로 설정한다고 할 때, 당기 대손처리 및 대손충당금 설정과 관련된 회계처리가 20x1년도 당기순이익에 미치는 영향은 얼마인가?

> ㄱ. 20x1년초 대손충당금 잔액 : 200,000원
> ㄴ. 3월 10일 : 대출채권 120,000원이 회수가 불가능하여 대손처리함.
> ㄷ. 20x1년말 대출채권 잔액은 9,500,000원

① 200,000원 감소
② 395,000원 감소
③ 425,000원 감소
④ 475,000원 감소

해설
• 대손충당금 계정흐름

대손충당금

| 대손발생액 | 120,000 | 기초대손충당금 | 200,000 |
| 기말대손충당금 | 9,500,000×5%=475,000 | 대손상각비 | ? |

→대손상각비=395,000(순이익 감소)

11 다음 중 재고자산에 관한 설명으로 가장 올바르지 않은 것은?

① 제품 생산에 투입될 원재료나 소모품도 재고자산에 해당된다.
② 영업과정에서 판매를 목적으로 보유하고 있는 기계장치는 재고자산이다.
③ 외부로부터 매입하여 재판매를 위해 보유하는 자산은 재고자산이 아니다.
④ 회사가 자체적으로 사용할 목적으로 보유하는 자산은 재고자산이 아니다.

해설
• 외부로부터 매입하여 재판매를 위해 보유하는 자산(예 상품)은 재고자산이다.

제1편 빽점이론특강

제2편 기출문제특강

SET1
SET2
SET3
SET4
SET5
SET6
SET7
SET8
SET9
SET10

신유형

기출문제오답노트

실전기출모의고사

12 ㈜삼일은 20x1년 12월 31일에 A상품을 실사한 결과 회사 창고에 1,500개가 남아 있는 것을 확인하였으며, 추가로 다음과 같은 사항을 파악하였다. 20x1년 12월말 현재 ㈜삼일이 인식하여야 하는 재고자산의 수량은 몇 개인가?

ㄱ. 위탁판매를 위해 반출된 상품 중 수탁자가 현재 보관중인 부분	120개
ㄴ. 장기할부조건으로 판매한 상품	100개
ㄷ. 선적지 인도조건으로 매입한 운송 중인 상품	20개
ㄹ. 목적지 인도조건으로 매입한 운송 중인 상품	50개

① 1,620개   ② 1,640개
③ 1,740개   ④ 1,790개

해설

- ㄱ : 미판매분 120개는 창고에 없더라도 위탁자인 ㈜삼일의 기말재고에 포함된다.
  ㄷ : 선적시 소유권이 이전되므로 창고에 없더라도 ㈜삼일의 기말재고에 포함된다.
  ∴1,500개(창고재고)+120개(수탁자 미판매분)+20개(선적지인도조건 미착상품)=1,640개

13 ㈜삼일의 20x1년 중 재고자산 거래의 내역은 다음과 같다. 다음 자료를 바탕으로 선입선출법하의 매출원가를 구하면 얼마인가(단, 회사는 실지재고조사법에 의하여 수량을 기록한다)?

구분	단위	단위원가	총원가
기초재고(1월 1일)	1,000개	90원	90,000원
매입(3월 15일)	200개	110원	22,000원
매입(5월 16일)	1,200개	145원	174,000원
판매가능량	2,400개		286,000원
매출(9월 18일)	1,700개		
기말재고(12월 31일)	700개		

① 184,500원   ② 202,583원
③ 206,500원   ④ 223,000원

해설

- 1,000개×90원+200개×110원+500개×145원=184,500

14 당기 중에 물가가 계속 상승하고 기말재고수량이 기초재고수량 이상이라고 가정할 때, 재고자산 원가흐름에 대한 가정별로 해당 항목의 금액크기를 비교한 것으로서 가장 올바르지 않은 것은?

① 기말재고자산 : 선입선출법 〈 평균법 〈 후입선출법
② 매출원가 : 선입선출법 〈 평균법 〈 후입선출법
③ 당기순이익 : 선입선출법 〉 평균법 〉 후입선출법
④ 법인세비용 : 선입선출법 〉 평균법 〉 후입선출법

해설

- 기말재고자산 : 선입선출법 〉 평균법 〉 후입선출법

15 ㈜삼일의 20x1년 매출액은 5,100,000원이며 연간 매출총이익률은 25%이다. 기말재고실사 결과 담당자는 재고자산에 대한 횡령이 발생하였음을 인지하였다. 매출총이익률법을 이용하여 추정한 재고자산 횡령액은 얼마인가?

· 기초재고	1,050,000원
· 당기매입	4,500,000원
· 기말재고(실사금액)	225,000원

① 1,050,000원   ② 1,170,000원

③ 1,500,000원   ④ 1,680,000원

해설

- 매출원가 : $5,100,000 \times (1-25\%) = 3,825,000$
- 기초재고$(1,050,000)$+당기매입$(4,500,000)$-기말재고$=3,825,000$
  →기말재고$=1,725,000$
- ∴횡령액 : $1,725,000-225,000=1,500,000$

16 다음은 ㈜서울의 20x1년 중 발생한 주식에 대한 거래내역이다. 다음 중 상기 주식의 회계처리와 관련된 설명으로 가장 옳은 것은?

> ㄱ. ㈜서울은 20x1년 1월 1일 ㈜부산의 주식 25%를 500,000원에 취득하여 유의적인 영향력을 획득하였다.
> ㄴ. 주식 취득시 ㈜부산의 순자산장부금액은 2,000,000원이다.
> ㄷ. ㈜부산의 순자산장부금액은 순자산공정가치와 일치한다.
> ㄹ. 20x1년 중 ㈜서울과 ㈜부산 간의 내부거래는 없다.

① ㈜부산이 당기순이익을 보고한 경우에는 ㈜서울의 당기순이익은 감소한다.

② ㈜부산이 배당금 지급을 결의함과 동시에 지급할 경우 ㈜서울이 보유하고 있는 ㈜부산에 대한 지분법적용 투자주식의 장부금액은 감소한다.

③ ㈜부산이 당기순손실을 보고한 경우 ㈜서울이 보유하고 있는 ㈜부산에 대한 지분법적용투자주식의 장부금액은 증가한다.

④ ㈜서울은 ㈜부산에 대해 유의적인 영향력을 행사할 수 있으므로 공정가치법을 적용하여 투자주식을 평가해야 한다.

해설

- ① 지분법이익을 인식하므로 당기순이익이 증가한다.
  ③ 지분법적용투자주식의 장부금액은 감소한다.
  ④ 20%이상이므로 유의적인 영향력이 있다.(지분법 평가)

17 ㈜삼일은 20x0년 1월 1일에 ㈜용산의 주식(매도가능증권)을 3,000,000원에 취득하였고, 20x0년말 해당 주식의 공정가치는 4,500,000원이었다. 20x1년 중 ㈜용산은 거래은행으로부터 계좌거래정지처분을 당하게 되어 당해 주식의 회수가능금액은 1,100,000원으로 평가되었다. ㈜삼일이 ㈜용산의 주식에 대하여 20x1년말 인식할 매도가능증권 손상차손 금액은 얼마인가?

① 1,500,000원 ② 1,900,000원
③ 2,100,000원 ④ 3,400,000원

> **해설**
> • 회계처리

20x0.1.1	(차) 매도가능증권	3,000,000	(대) 현금	3,000,000
20x0년말	(차) 매도가능증권	1,500,000	(대) 매도가능증권평가이익	1,500,000[1]
20x1년 손상	(차) 매도가능증권평가이익 매도가능증권손상차손	1,500,000 1,900,000	(대) 매도가능증권	3,400,000[2]

[1] 4,500,000−3,000000=1,500,000
[2] 1,100,000−4,500,000=△3,400,000

18 다음 중 유가증권에 관한 설명으로 가장 올바르지 않은 것은?

① 만기보유증권은 보고기간말 현재 만기가 1년 이내에 도래하더라도 비유동자산으로 분류한다.
② 단기매매증권과 매도가능증권은 원칙적으로 보고기간말 현재의 공정가치로 평가한다.
③ 만기보유증권은 상각후원가로 평가하여 재무상태표에 표시한다.
④ 단기매매증권 평가손익은 당기손익으로 처리한다.

> **해설**
> • 보고기간말 현재 만기가 1년 이내에 도래하는 만기보유증권은 유동자산으로 분류한다.

19 ㈜서울의 결산일은 12월 31일이며, 20x1년 1월 1일 장기투자목적으로 ㈜부산의 주식 1,000주를 500,000원에 취득하고 이를 매도가능증권으로 분류하였다. ㈜서울은 20x3년 6월 1일에 이중 500주를 290,000원에 처분하였다. ㈜부산 주식의 공정가치에 관한 정보가 다음과 같을 경우 20x3 년에 ㈜서울이 ㈜부산 주식의 처분으로 인식해야 하는 처분손익은 얼마인가?

ㄱ. 20x1년초 : 500원/주
ㄴ. 20x1년말 : 530원/주
ㄷ. 20x2년말 : 600원/주
ㄹ. 20x3년말 : 590원/주

① 25,000원 ② 35,000원
③ 40,000원 ④ 80,000원

> **해설**
> • 고속철 손상이 없는 경우 처분손익 계산
>
> $$처분손익=처분가-취득원가 \rightarrow 290,000-500,000 \times \frac{500주}{1,000주}=40,000$$

20 ㈜삼일은 20x1년 1월 1일에 다음과 같은 조건의 사채를 취득하였으며 회사는 이 사채를 만기까지 보유할 의도와 능력이 있다. ㈜삼일이 20x1년 12월 31일에 이 사채와 관련하여 현금으로 수령한 이자수익을 기록한 후에 결산수정분개를 통하여 추가로 인식해야 하는 이자수익은 얼마인가(단, 소수점 이하 첫째자리에서 반올림한다)?

· 발행일 : 20x1년 1월 1일	· 액면금액 : 1,000,000원
· 만기일 : 20x3년 12월 31일	· 표시이자율 : 5%
· 취득원가 : 922,687원(유효이자율 8%)	· 이자지급 : 매년 말 후급

① 23,815원 ② 46,134원
③ 50,000원 ④ 73,815원

해설

- 이자수익(922,687×8%)−액면이자(1,000,000×5%)=23,815

21 ㈜삼일은 20x1년 1월 1일 공장신축부지로 사용하기 위하여 경기도 이천의 건물이 있는 토지를 취득하였다. 취득시 ㈜삼일은 투자목적으로 보유하고 있던 단기매매증권을 토지 소유주에게 지급하면서 추가적으로 1억원을 지급하였다. ㈜삼일이 가지고 있던 단기매매증권은 취득원가가 2억원, 공정가치는 4억원이다. 만약 토지를 취득 후 건물은 바로 철거하며 철거비용이 5천만원 발생한다고 한다면 토지의 취득원가는 얼마인가?

① 350,000,000원 ② 450,000,000원
③ 500,000,000원 ④ 550,000,000원

해설

- 새 건물을 신축할 목적으로 기존 건물이 있는 토지를 구입하여 기존 건물을 철거하는 경우는 일괄구입이 아니며, 총구입가와 기존건물 철거비용의 합계액을 토지의 취득원가로 한다.
- 총구입가(이종자산 교환으로 취득한 자산 취득가)=제공자산의 공정가치(4억)+현금지급액(1억)=5억
  ∴토지의 취득원가 : 총구입가(5억)+철거비용(5천만원)=550,000,000

22 ㈜삼일은 20x1년 1월 1일에 취득원가 5,000,000원, 잔존가치 500,000원, 내용연수 5년인 유형자산을 취득하고 정액법으로 감가상각하고 있다. ㈜삼일이 20x1년 손익계산서상 계상할 감가상각비는 얼마인가?

① 675,000원 ② 700,000원
③ 900,000원 ④ 1,000,000원

해설

- (5,000,000−500,000)÷5년=900,000

23 신제품의 개발을 위하여 기계장치를 취득하였다. 동 기계장치는 개발활동에만 사용되며 해당 개발활동은 개발비의 자산인식요건을 충족시킨다고 가정할 때 기계장치의 취득원가에 대한 회계처리로 가장 옳은 것은?

① 기계장치로 계상하나 감가상각은 하지 않는다.
② 기계장치의 취득원가 전액을 개발비로 자산화한다.
③ 기계장치로 계상한 후 기계장치의 내용연수에 걸쳐 감가상각하고, 개발기간 동안 동 감가상각비는 개발비(무형자산)로 자산화한다.
④ 기계장치의 취득원가 전액을 경상개발비로 비용화한다.

> **해설**
> • 무형자산의 창출에 사용된 재료비, 용역비, 유형자산의 감가상각비는 무형자산 원가에 포함한다.

24 상품매매업을 영위하는 ㈜삼일은 보유중인 차량운반구를 20x1년 1월 1일에 3년 연불조건으로 판매하고 매년 말 4,000원씩 3회를 받기로 하였다. 위 거래와 관련한 유효이자율은 10%이며 3년 10%의 연금현가계수는 2.4868이다. 20x1년 이자수익으로 인식할 금액은 얼마인가(단, 소수점 이하 첫째 자리에서 반올림한다)?

① 0원   ② 364원
③ 694원   ④ 995원

> **해설**
> • 현재가치(매출액) : 4,000×2.4868=9,947
> • 20x1년 이자수익 : 9,947×10%=995

25 다음 중 유동부채에 관한 설명으로 가장 올바르지 않은 것은?

① 유동부채는 만기금액과 현재가치의 차이가 중요하기 때문에 반드시 현재가치로 평가하여야 한다.
② 미착상품의 경우 아직 운송 중에 있다 하더라도 계약조건에 따라 입고 이전시점에 매입채무를 인식할 수 있다.
③ 유동성장기부채란 기간이 경과함에 따라 비유동부채 중 보고기간종료일로부터 1년 내에 상환될 금액을 의미한다.
④ 장기차입금 중 보고기간종료일로부터 1년 내에 상환될 예정인 부분은 기말결산시 유동부채로 분류하여야 한다.

> **해설**
> • 대부분의 유동부채는 단기간내에 만기가 도래하여 미래에 지불할 만기금액과 만기금액의 현재가치와의 차이가 중요하지 않기 때문에 일반적으로 미래에 지불할 만기금액으로 유동부채를 평가한다.

26 ㈜삼일이 사채를 발행일 현재의 공정가치로 발행했다면 20x1년초 사채의 발행가액은 얼마인가?

> ㄱ. 사채발행일 : 20x1년 1월 1일
> ㄴ. 액면금액 : 1,500,000원
> ㄷ. 표시이자율 : 연 12%(매년 말 지급)
> ㄹ. 만기 : 20x3년 12월 31일(3년 만기)
> ㅁ. 시장이자율(20x1년 1월 1일) : 14%
> ㅂ. 시장이자율 14%에 대한 3년 현가계수는 0.6749이고, 연금현가계수는 2.3216이다. 모든 금액은 소수점 이하 첫째자리에서 반올림한다.

① 1,536,666원   ② 1,430,238원
③ 1,499,874원   ④ 1,444,674원

해설
• $1,500,000 \times 0.6749 + (1,500,000 \times 12\%) \times 2.3216 = 1,430,238$

27 ㈜삼일은 20x0년 1월 1일 유효이자율 연 9%, 액면금액 100,000원, 만기 3년인 사채를 92,406원에 할인발행하였다. 사채는 매년 말 이자를 지급하며, 20x1년 1월 1일의 장부금액이 94,723원이라면 사채의 액면이자율은 몇 %인가(단, 소수점 이하 첫째자리에서 반올림한다)?

① 4%   ② 6%
③ 9%   ④ 10%

해설
• $92,406 + (92,406 \times 9\% - 100,000 \times 액면이자율) = 94,723$
  →액면이자율=6%

28 다음 중 ㈜삼일의 충당부채에 관한 회계처리로 가장 올바르지 않은 것은?

① ㈜삼일은 현재의무의 이행에 소요되는 지출에 대한 보고기간종료일 현재 최선의 추정치를 산출하여 충당부채로 계상하였다.
② ㈜삼일은 판매시점으로부터 2년간 품질을 보증하는 조건으로 제품을 판매하고 있고, 예상되는 미래 보증수리비용 추정액의 현재가치로 충당부채를 계상하였다.
③ ㈜삼일은 충당부채의 명목금액과 현재가치의 차이가 중요하여 예상 지출액의 현재가치로 충당부채를 평가하였다.
④ ㈜삼일은 미래의 예상 영업손실에 대하여 그 금액을 추정하여 충당부채로 계상하였다.

해설
• 미래의 예상 영업손실은 충당부채로 인식하지 않는다.

제1편 빽점이론특강

제2편 기출문제특강

SET1
SET2
SET3
SET4
SET5
SET6
SET7
SET8
SET9
SET10

신유형

기출문제오답노트

실전기출모의고사

29 다음은 유통업을 영위하는 ㈜삼일의 20x1년 퇴직급여와 관련된 회계정보이다. 20x1년에 ㈜삼일이 손익계산서에 인식할 퇴직급여는 얼마인가?

구분	20x0년	20x1년
12월말 퇴직급여충당부채 잔액	50,000원	80,000원
현금으로 지급된 퇴직금	0원	20,000원

① 50,000원 　　　　　　　　　② 55,000원
③ 70,000원 　　　　　　　　　④ 85,000원

▶ 해설

• 퇴직급여충당부채 계정

퇴직급여충당부채

당기지급	20,000	기초퇴직급여충당부채	50,000
기말퇴직급여충당부채	80,000	퇴직급여(설정)	?

→퇴직급여=50,000

30 다음은 ㈜삼일의 법인세 관련 내역이다. 20x1년 손익계산서에 계상될 ㈜삼일의 법인세비용은 얼마인가(단, 중소기업회계처리특례는 고려하지 않는다)?

· 20x1년 당기법인세(법인세법상 당기에 납부할 법인세)　　2,000,000원
· 20x0년말 이연법인세자산 잔액　　　　　　　　　　　　　　0원
· 20x1년말 이연법인세자산 잔액　　　　　　　　　　　　200,000원

① 1,500,000원 　　　　　　　　② 1,700,000원
③ 1,800,000원 　　　　　　　　④ 2,000,000원

▶ 해설

• 회계처리
　(차) 법인세비용(대차차액)　1,800,000　(대) 미지급법인세　2,000,000
　　　이연법인세자산　　　　　 200,000

31 20x2년초 ㈜삼일의 자본총액은 550,000원이었고, 20x2년 중 자본과 관련하여 발생한 거래는 다음과 같다. 20x2년말 ㈜삼일의 자본총액은 얼마인가?

ㄱ. 20x2년 2월 25일 주주총회에서 현금배당 70,000원을 결의하였다.
ㄴ. 20x2년 8월 10일 액면금액 1,000원인 보통주 200주를 주당 1,500원에 발행하였다.

① 780,000원 　　　　　　　　　② 830,000원
③ 850,000원 　　　　　　　　　④ 880,000원

▶ 해설

• 20x2년 2월 25일 : 자본감소 70,000
• 20x2년 8월 10일 : 자본증가 200주×1,500=300,000
∴20x2년말 자본총액 : 550,000-70,000+300,000=780,000

32 다음은 20x1년과 20x2년 말을 기준으로 작성되고 주주총회에서 확정된 ㈜삼일의 자본총계와 당기순이익이다. ㈜삼일이 20x2년 중 유상증자 370,000원과 현금배당 이외의 자본변동 사항이 없는 경우, 20x2년 중 ㈜삼일이 지급할 현금배당액은 얼마인가?

	20x1년도	20x2년도
ㄱ. 기말자본	4,320,000원	5,000,000원
ㄴ. 당기순이익	300,000원	600,000원

① 120,000원 ② 220,000원
③ 290,000원 ④ 410,000원

──── 해설 ────
- '기초자본+증자−감자+순이익−배당=기말자본'
  → 4,320,000+370,000−0+600,000−x=5,000,000 에서, x=290,000

33 다음 중 재무상태표상 자본조정항목에 해당하지 않는 것은?

① 주식할인발행차금 ② 감자차손
③ 자기주식 ④ 매도가능증권평가이익

──── 해설 ────
- 매도가능증권평가이익 : 기타포괄손익누계액

34 다음 중 일반기업회계기준에 따른 수익 · 비용인식에 적용되는 원칙으로 올바르게 짝지은 것은?

ㄱ. 현금주의   ㄴ. 수익 · 비용대응   ㄷ. 순액주의   ㄹ. 발생주의

① ㄱ, ㄴ ② ㄴ, ㄹ
③ ㄴ, ㄷ ④ ㄷ, ㄹ

──── 해설 ────
- 발생주의와 수익 · 비용대응의 원칙에 따라 인식한다.

35 손익계산서를 작성할 때 준거해야 하는 작성기준 중에서 구분계산의 원칙이 있다. 다음 중 이러한 구분계산의 원칙에 의할 경우 영업이익의 계산과정에 포함되는 항목으로 가장 옳은 것은?

① 이자비용 ② 유형자산처분이익
③ 기부금 ④ 경상개발비

──── 해설 ────
- 경상개발비 : 영업손익(판매비와 관리비)
- 이자비용, 유형자산처분이익, 기부금 : 영업외손익

제1편 백점이론특강 / 제2편 기출문제특강 / SET1 / SET2 / SET3 / SET4 / SET5 / SET6 / SET7 / SET8 / SET9 / SET10 / 신유형 / 기출문제요답노트 / 실전기출모의고사

36 다음 중 수익인식에 관한 설명으로 가장 올바르지 않은 것은?

① 제품공급자로부터 받은 제품을 인터넷 상에서 중개판매하고 수수료만을 수취하는 전자쇼핑몰을 운영하는 ㈜서울은 제품의 거래가액 전체를 수익으로 인식한다.

② 소프트웨어 개발회사인 ㈜부산은 ㈜대구로부터 급여처리시스템에 관한 소프트웨어 개발을 주문받았다. ㈜부산은 소프트웨어 개발대가로 수취하는 수수료를 진행기준에 따라 수익으로 인식한다.

③ 구두를 제조하는 ㈜광주는 현금을 수령하고 상품권을 판매하지만 수익은 고객이 상품권으로 구두를 구입하는 시점에 인식한다.

④ ㈜제주는 의류회사인 ㈜울산과 지면광고계약을 맺고 광고수수료를 받았다. ㈜제주는 동 광고수수료를 신문에 광고가 게재되어 독자에게 전달될 때 수익으로 인식한다.

▶ 해설

- 수수료만을 수익으로 인식하여야 한다.

37 다음 중 일반기업회계기준상 수익인식기준에 관한 설명으로 가장 옳은 것은?

① 위탁매출은 수탁자에게 상품을 발송한 시점에서 수익을 인식한다.

② 상품권을 할인발행하는 경우 상품권의 액면금액을 선수금으로 계상하고, 수령한 현금과의 차액은 상품권할인액으로 선수금에서 차감계정으로 표시한다.

③ 자산수증이익은 회사의 주된 영업활동의 결과인 수익으로 볼 수 있다.

④ 반품가능판매의 경우 무조건 반품 기간이 종료된 후에 수익을 인식해야 한다.

▶ 해설

- ① 위탁매출은 수탁자가 고객에게 판매한 시점에 수익을 인식한다.
  ③ 자산수증이익은 영업외손익이다.
  ④ 반품가능성이 불확실하여 추정이 어려운 경우에는 재화의 인수를 공식 수락한 시점 또는 반품기간이 종료된 시점에 수익을 인식한다.

38 다음 중 비용에 관한 설명으로 가장 올바르지 않은 것은?

① 복리후생비는 근로환경의 개선 및 근로의욕의 향상 등을 위하여 지출하는 노무비적인 성격을 갖는 비용이다.

② 원가성이 있는 재고자산감모손실은 매출원가로 인식한다.

③ 공과금은 그 발생원인에 따라 제조원가 또는 판매비와 관리비에 계상된다.

④ 일반적 상거래에서 발생한 매출채권에 대한 대손상각비는 영업외비용으로 처리한다.

▶ 해설

- 일반적 상거래에서 발생한 매출채권에 대한 대손상각비는 판매비와 관리비(영업비용)로 처리한다.

39 다음 중 주당이익에 관한 설명으로 가장 옳은 것은?

① 당기순이익은 보통주뿐만 아니라 우선주에 대한 몫도 포함되어 있으므로 보통주 당기순이익 산정시 당기순이익에서 우선주배당금을 차감하여 계산한다.

② 당기 중 유상증자가 실시된 경우 기초에 실시된 것으로 가정하여 가중평균유통보통주식수를 산정한다.

③ 자기주식은 취득시점 이후부터 매각시점까지의 기간 동안 가중평균유통보통주식수에 포함하여야 한다.

④ 당기 중에 무상증자, 주식배당, 주식분할 및 주식병합이 실시된 경우에는 기말에 실시된 것으로 간주한다.

> **해설**
> • ② 기초에 실시된 것으로 가정하여(X) → 납입일을 기준으로(O)
> ③ 가중평균유통보통주식수에 포함하여야 한다.(X) → 가중평균유통보통주식수에서 제외한다.(O)
> ④ 기말에 실시된 것으로 간주한다.(X) → 기초에 실시된 것으로 간주한다.(O)

40 다음 중 영업활동 현금흐름 항목으로 가장 올바르지 않은 것은?

① 용역의 제공에 따른 현금유입

② 종업원과 관련하여 직·간접적으로 발생하는 현금유출

③ 법인세의 납부 또는 환급

④ 배당금의 지급에 따른 현금유출

> **해설**
> • 배당금의 지급 : 재무활동 현금흐름
> • 배당금의 수입 : 영업활동 현금흐름

제1편 백점이론특강

제2편 기출문제특강

SET1

SET2

SET3

SET4

SET5

SET6

SET7

SET8

SET9

SET10

신유형

기출문제오답노트

실전기출모의고사

02 세무회계

41 다음 중 신고납부제도를 채택하고 있는 조세를 모두 고르면?

> ㄱ. 법인세   ㄴ. 소득세   ㄷ. 부가가치세   ㄹ. 상속세   ㅁ. 증여세

① ㄱ, ㄴ, ㅁ   ② ㄱ, ㄴ, ㄷ
③ ㄷ, ㄹ   ④ ㄹ, ㅁ

해설

- 신고납세제도 : 법인세, 소득세, 부가가치세
- 부과과세제도 : 상속세, 증여세

42 다음 신문기사를 읽고 물음에 답하시오.

> 타인의 명의로 사업을 해도 이른바 '바지사장' 대신 실제 경영자가 세금을 내야 한다는 대법원의 판결이 나왔다.
> 대법원 3부(주심 김○○ 대법관)는 21일 사기 혐의 등으로 기소된 오모(43)씨의 상고심에서 징역 8월을 선고한 원심을 깨고 사건을 서울중앙지법으로 돌려보냈다고 밝혔다.
> 재판부는 오씨가 고의로 세금을 떠넘기려 했다며 적용된 사기죄에 대해서 "과세관청은 명의만 빌려준 김씨가 아닌 실제 사업체를 운영한 오씨에게 사업으로 발생한 소득을 부담시켜야 한다"고 밝혔다.…(후략)

다음 중 대법원 판결의 근거가 되는 국세부과의 원칙으로 가장 옳은 것은?

① 조세감면 후 사후관리   ② 신의성실의 원칙
③ 실질과세의 원칙   ④ 근거과세의 원칙

해설

- 귀속이 명의일 뿐이고 사실상 귀속되는 자가 따로 있는 때에는 사실상 귀속자를 납세의무자로 하여 적용한다는 실질과세원칙에 대한 내용이다.

43 다음 중 법인세 납세의무자에 관한 설명으로 가장 옳은 것은?

① 영리내국법인은 일정 수익사업에 대해서만 법인세 납세의무를 진다.
② 비영리내국법인은 국내·외 원천소득에 대해 법인세 납세의무가 없다.
③ 영리외국법인은 국외원천소득에 대해 법인세 납세의무를 진다.
④ 영리외국법인의 경우에는 국내원천소득에 한하여 법인세 납세의무를 진다.

해설

- ① 영리내국법인은 국내·외 모든 소득에 대하여 법인세 납세의무를 진다.
  ② 비영리내국법인은 국내·외 원천소득 중 수익사업 소득에 대해 법인세 납세의무가 있다.
  ③ 영리외국법인은 국내원천소득에 대해 법인세 납세의무를 진다.

44 다음 중 법인세법에 관한 설명으로 가장 옳은 것은?

① 비영리내국법인도 청산소득에 대해서 법인세법상 법인세 납세의무를 부담한다.
② 납세지란 법인세를 부과·징수하는 기준이 되는 장소를 의미한다.
③ 법인의 사업연도는 1년을 초과할 수 있다.
④ 국내에서 사업을 영위하는 모든 법인은 내국법인에 해당한다.

── 해설

• ① 청산소득은 영리내국법인만 납세의무를 부담한다.
  ③ 법인의 사업연도는 1년을 초과할 수 없다.
  ④ 국내에서 사업을 영위하더라도 외국에 본점(주사무소)을 둔 법인은 외국법인에 해당한다.

45 ㈜삼일의 당기(20x1년 1월 1일 – 20x1년 12월 31일) '자본금과 적립금조정명세서(을)' 상의 기초잔액 내역 및 당기 세무조정사항은 다음과 같다. 세무조정이 모두 적정하게 이루어졌다고 가정할 때 유보사항의 기말잔액 합계액인 (가)에 기록될 금액은 얼마인가?

<자본금과적립금조정명세서(을)>

① 과목 또는 사항	② 기초잔액	당기 중 증감		⑤ 기말잔액	비고
		③ 감소	④ 증가		
감가상각비 한도초과	3,000,000				
대손충당금 한도초과	1,000,000				
합계	4,000,000			(가)	

<당기 세무조정 사항>

1. 익금산입 및 손금불산입
1) 접대비 한도초과　　　　　　　　800,000원
2) 감가상각비 한도초과　　　　　1,200,000원
3) 대손충당금 한도초과　　　　　1,000,000원
2. 손금산입 및 익금불산입
1) 감가상각비 시인부족　　　　　1,000,000원
2) 전기 대손충당금 한도초과　　1,000,000원

① 3,200,000원
② 4,000,000원
③ 4,200,000원
④ 5,000,000원

── 해설

• 자본금과적립금조정명세서(을)

① 과목 또는 사항	② 기초잔액	당기 중 증감		⑤ 기말잔액	비고
		③ 감소	④ 증가		
감가상각비 한도초과	3,000,000	1,000,000	1,200,000	3,200,000	
대손충당금 한도초과	1,000,000	1,000,000	1,000,000	1,000,000	
합계	4,000,000			4,200,000	

46 ㈜삼일은 경영부진으로 이월된 결손금을 보전하기 위해 대주주 김용산으로부터 시가 4억원의 건물을 수증받아 이 중 7천만원을 결손금 보전에 충당하였다. ㈜삼일의 회계팀장이 4억원을 자산수증이익으로 처리하였을 경우 세부담을 줄이기 위해 필요한 세무조정은?

① (익금불산입) 자산수증이익 70,000,000원(기타)
② (익금불산입) 자산수증이익 330,000,000원(△유보)
③ (익금산입) 자산수증이익 330,000,000원(기타)
④ (익금산입) 자산수증이익 400,000,000원(유보)

> **해설**
> • 이월결손금 보전에 충당한 자산수증이익은 익금불산입하고 기타로 소득처분한다.

47 다음 중 법인세법상 손금불산입 항목에 해당하지 않는 것은?

① 주식할인발행차금
② 종업원에게 급여지급기준을 초과하여 지급된 상여금
③ 법령위반으로 인한 벌금 및 과태료
④ 출연자인 임원이 사용하고 있는 사택의 유지비

> **해설**
> • 임원이 아닌 종업원에게 지급하는 상여금은 전액 손금으로 인정된다.

48 다음 중 법인세법상 업무용승용차 관련비용에 관한 설명으로 가장 옳은 것은?

① 무인경비업 등에서 수익창출을 위해 직접적으로 사용하는 자동차도 업무용승용차에 포함된다.
② 내국법인의 업무용승용차 관련비용 중 업무사용금액에 해당하지 않는 금액은 손금불산입한다.
③ 업무용승용차의 감가상각비는 정률법을 상각방법으로 한다.
④ 개별소비세 과세대상이 되는 승용자동차는 업무용승용차에서 제외한다.

> **해설**
> • ① 운수업, 자동차판매업, 자동차임대업, 운전학원업, 무인경비업 등에서 사업상 수익을 얻기 위하여 직접 사용하는 승용자동차는 업무용승용차에 포함되지 아니한다.
> ③ 업무용승용차의 감가상각비는 정액법을 상각방법으로 한다.
> ④ 업무용승용차란 개별소비세 과세대상이 되는 승용자동차를 말한다.
> **저자주** 본 문제는 회계관리1급의 시험 수준을 초과하는 출제에 해당합니다. 가볍게 검토하시기 바랍니다.

49 ㈜삼일이 단기매매목적으로 취득한 금융자산의 취득, 처분 내역은 다음과 같다. ㈜삼일이 단기매매 증권에 대해 일반기업회계기준에 맞게 회계처리한 경우 필요한 세무조정으로 가장 옳은 것은?

> ㄱ. 20x1년 1월 7일 : 1주당 액면금액이 500원인 ㈜용산의 주식 10주를 주당 1,200원에 취득하였다.
> ㄴ. 20x1년 9월 10일 : ㈜용산 주식 중 3주를 총 3,900원에 처분하였다.
> ㄷ. 20x1년 12월 31일 : ㈜용산 주식의 시가는 주당 1,100원 이었다.

① (손금불산입) 단기매매증권평가손실 700원(유보)
② (손금불산입) 단기매매증권평가손실 700원(기타)
③ (손금산입) 단기매매증권평가이익 700원(△유보)
④ 세무조정 없음

해설
- 20x1년 12월 31일 단기매매증권평가손실 : 7주×(1,100-1,200)=△700
  →손금불산입 700(유보)

50 다음 중 법인이 고정자산에 대하여 지출하는 수선비에 관한 설명으로 가장 올바르지 않은 것은?

① 고정자산의 내용연수를 증가시키거나 가치를 실질적으로 증가시키는 수선비를 자본적 지출이라고 한다.
② 고정자산의 원상을 회복하거나 능률유지를 위하여 지출하는 수선비를 수익적 지출이라고 한다.
③ 자본적 지출에 해당하는 수선비는 자산의 취득원가에 더해져 감가상각과정을 통해 법인의 손금에 산입한다.
④ 본래의 용도를 변경하기 위한 개조나 엘리베이터 또는 냉·난방장치의 설치 등은 수익적 지출에 해당한다.

해설
- 수익적 지출(X) → 자본적 지출(O)

51 다음은 제조업을 영위하는 ㈜삼일의 제18기 사업연도(20x1년 1월 1일 - 20x1년 12월 31일)의 접대비에 관한 자료이다. 접대비 한도초과액은 얼마인가?

> ㄱ. 접대비 지출액 : 70,000,000원(전액 신용카드를 사용함)
> ㄴ. 매출액 : 8,000,000,000원
> ㄷ. ㈜삼일은 중소기업이고, 법인세법상 특정수입금액은 없다.

① 10,000,000원　　　　　　　　　　② 22,000,000원
③ 30,000,000원　　　　　　　　　　④ 42,000,000원

해설
- 접대비한도액 : $36,000,000×\dfrac{12}{12}+8,000,000,000×\dfrac{30}{10,000}=60,000,000$
- 접대비한도초과액 : 70,000,000-60,000,000=10,000,000

제1편 빈출이론특강

제2편 기출문제특강

SET1

SET2

SET3

SET4

SET5

SET6

SET7

SET8

SET9

SET10

신유형

기출문제오답노트

실전기출모의고사

52 다음은 ㈜삼일의 제10기(20x1년 1월 1일 - 20x1년 12월 31일) 접대비 보조원장을 요약 정리한 것이다. 다음 중 법인세법상 접대비 한도액이 30,000,000원일 경우의 세무조정으로 가장 옳은 것은?

접대비 보조원장

㈜삼일   20x1년 1월 1일 - 20x1년 12월 31일

적요	금액	비고
거래처 접대비(1건)	700,000원	증빙 미수취분(내역불분명)
거래처 접대비(1건)	50,000원	영수증 수취분
거래처 접대비(25건)	32,500,000원	신용카드매출전표 수취분
합계	33,250,000원	

① (손금불산입) 증빙없는 접대비 750,000(상여)
② (손금불산입) 접대비한도초과액 3,250,000(기타사외유출)
③ (손금불산입) 증빙없는 접대비 700,000(상여)
　　(손금불산입) 접대비한도초과액 2,500,000(기타사외유출)
④ (손금불산입) 증빙없는 접대비 700,000(상여)
　　(손금불산입) 신용카드 등 미사용분 50,000(기타사외유출)
　　(손금불산입) 접대비한도초과액 2,500,000(기타사외유출)

▶ 해설
- 손금불산입 증빙불비 접대비 700,000(상여)
- 손금불산입 신용카드 등 미사용분 50,000(기타사외유출)
- 접대비 해당액 : 32,500,000
- 손금불산입 접대비한도초과 32,500,000-30,000,000=2,500,000(기타사외유출)

53 다음 중 법인세법상 대손충당금에 관한 설명으로 가장 올바르지 않은 것은?

① 대손충당금 기말잔액과 한도액을 비교하여 한도초과액은 손금불산입(유보)로 처리한다.
② 법인세법상 대손충당금 설정률은 '1%'와 '법인의 대손실적률' 중 큰 비율을 적용한다.
③ 법인세법상 대손충당금 설정대상 채권은 매출채권으로 한정된다.
④ 대손충당금 기초 한도초과액은 (손금산입)전기 대손충당금 한도초과(△유보)로 세무조정한다.

▶ 해설
- 법인세법상 대손충당금 설정대상 채권에는 매출채권, 대여금, 미수금 등이 해당된다.

54 다음은 제조업을 영위하는 ㈜삼일의 대손충당금 관련 자료이다. 이를 기초로 ㈜삼일의 대손충당금 한도초과액을 계산하면 얼마인가(단, 전기 대손충당금 부인액과 당기 중 발생한 대손액에 대한 부인액은 없다)?

ㄱ. 대손충당금 설정대상 채권금액 : 1,000,000,000원
ㄴ. 대손실적률 : 0.5%
ㄷ. 대손충당금 기말잔액 : 20,000,000원

① 세무조정 없음　　　　　　　　　　② 8,000,000원
③ 10,000,000원　　　　　　　　　　④ 18,000,000원

▶ 해설
- 20,000,000-1,000,000,000×Max[1%, 0.5%]=10,000,000

55 다음 괄호 안에 공통으로 들어갈 용어로 가장 옳은 것은?

(   )은(는) 법인세법과 조세특례제한법에서 조세정책적인 목적에 따라 중소기업 등이 법인세의 납부를 일정기간동안 유예할 수 있도록 규정하고 있는 조세지원제도이다.
즉, (   )은(는) 법인이 (   )을(를) 손금에 산입하는 사업연도에는 법인세를 감소시켜주고 이후 법인이 (   )을(를) 환입하거나 상계하는 사업연도에 익금에 산입되어 법인세를 증가시키게 되는 제도이다.

① 환급금   ② 충당금
③ 유보금   ④ 준비금

해설

- 준비금의 성격에 대한 설명이다.
- **저자주** 본 문제는 회계관리1급의 시험 수준을 초과하는 출제에 해당합니다. 가볍게 검토하시기 바랍니다.

56 다음 중 법인세법상 지급이자 손금불산입규정에 관한 설명으로 가장 올바르지 않은 것은?

① 업무무관자산을 취득·보유하고 있는 법인의 경우 업무무관자산에 관련된 이자비용은 손금불산입되며, 기타사외유출로 소득처분된다.
② 법인의 차입금에 대한 이자비용은 원칙적으로 손금으로 인정되나, 법에서 규정한 이자비용의 경우 손금불산입된다.
③ 채권자불분명 사채이자는 전액 손금불산입하며, 원천징수액과 이자지급액이 모두 대표자상여로 소득처분된다.
④ 결산일 현재 건설중인 건물의 취득과 직접 관련된 이자비용은 손금불산입하고 유보로 소득처분된다.

해설

- 원천징수액은 기타사외유출로 소득처분된다.

57 ㈜삼일은 특수관계법인인 ㈜용산에게 연초에 자금을 대여하고 연말에 500,000원의 이자를 수령하고 손익계산서상 수익으로 인식하였다. 이와 관련된 추가자료가 다음과 같은 경우 ㈜삼일이 수행해야 할 세무조정은?

ㄱ. 가지급금적수 : 3,650,000,000원
ㄴ. 부당행위계산부인에 해당될 경우 적용이자율 : 8.5%

① (익금산입) 가지급금인정이자 350,000원(기타사외유출)
② (손금산입) 가지급금인정이자 400,000원(기타)
③ (익금산입) 가지급금인정이자 800,000원(기타사외유출)
④ 세무조정 없음

해설

- 익금산입액 : $3,650,000,000 \times 8.5\% \times \dfrac{1}{365} - 500,000 = 350,000$
  → 귀속이 법인이므로 기타사외유출로 소득처분한다.

58 다음 법인세 과세표준 계산을 위한 양식에서 (ㄱ)에 들어갈 항목으로 가장 옳지 않은 것은?

	결산서상당기순이익
(+)	익금산입 · 손금불산입
(−)	손금산입 · 익금불산입
	각사업연도소득금액
(−)	(ㄱ)
	과세표준

① 이월결손금　　　　　　　　　② 소득공제
③ 원천납부세액　　　　　　　　　④ 비과세소득

> **해설**
> • 기납부세액인 원천납부세액은 총부담세액에서 차감한다.

59 다음 중 차감납부할세액 계산시 공제되는 기납부세액으로 가장 올바르지 않은 것은?

① 원천징수세액　　　　　　　　　② 수시부과세액
③ 중간예납세액　　　　　　　　　④ 가산세액

> **해설**
> • 가산세액은 산출세액에 가산하는 항목이다.

60 다음 중 법인세법상 가산세를 부과하지 않는 경우로 가장 옳은 것은?

① 영리내국법인이 장부의 비치 · 기장의무를 이행하지 아니한 경우
② 원천징수의무자인 법인이 원천징수한 세액을 납부기한이 경과한 후에 납부하는 경우
③ 거래처 임직원 경조사비로 100,000원을 지출한 경우
④ 법인이 법정 신고기한까지 법인세의 과세표준신고를 하지 않은 경우

> **해설**
> • 거래처 임직원 경조사비로 100,000원을 지출한 경우는 접대비로 인정되며, 가산세와 무관하다.

61 다음 중 소득세의 납세의무자에 관한 설명으로 가장 올바르지 않은 것은?

① 우리나라 사람으로서 외국에 근무하는 공무원은 거주자로 본다.
② 거주자 여부를 판정할 때 국적이나 영주권의 취득 등은 고려요소가 아니다.
③ 국내에서 1과세기간내 283일 동안 거소를 둔 외국인의 경우는 거주자에 해당하지 않는다.
④ 거주자는 국내에서 벌어들인 소득 뿐 아니라 외국에서 벌어들인 소득에 대하여도 납세의무를 지게 된다.

> **해설**
> • 183일 이상 거소를 둔 경우는 거주자에 해당한다.

62 다음 중 소득세법상 과세대상 소득에 관한 설명으로 가장 올바르지 않은 것은?

① 우리나라 소득세법은 소득원천설을 채택하고 있다.
② 화폐가치로 측정이 불가능하거나 정책상 과세하기에 적합하지 않은 소득은 과세대상에서 제외하고 있다.
③ 소득세법에서 열거하고 있지 않더라도 원칙적으로 개인의 소득으로 볼 수 있으면 포괄주의로 과세한다.
④ 이자, 배당, 사업, 근로, 연금, 기타소득은 합산하여 종합과세하고, 퇴직소득과 양도소득은 각각 별도로 분류 과세 한다.

> **해설**
> • 화폐가치로 측정이 불가능하거나 정책상 과세하기에 적합하지 아니한 소득은 과세대상에서 제외하는 비과세규 정을 두고 있다.
> • 원칙적으로 열거주의에 의하고 있으며, 이자·배당소득에 한하여 유형별 포괄주의를 채택하고 있다.

63 다음 중 소득세법상 종합소득세의 과세기간에 관한 설명으로 가장 올바르지 않은 것은?

① 원칙적으로 소득세는 1월 1일부터 12월 31일까지를 과세기간으로 하여 소득세를 과세한다.
② 거주자가 사망한 경우에는 1월 1일부터 사망한 날까지를 과세기간으로 하여 소득세를 과세한다.
③ 거주자가 주소 또는 거소의 국외이전으로 인하여 비거주자가 되는 경우에는 1월 1일부터 출국한 날까지를 과세기간으로 하여 소득세를 과세한다.
④ 거주자가 폐업한 경우에는 1월 1일부터 폐업한 날까지를 과세기간으로 하여 소득세를 과세한다.

> **해설**
> • 과세기간은 예외 2가지(사망, 출국)를 제외하고는 모두 1월 1일부터 12월 31일이다. 따라서, 납세의무자가 폐업 하는 경우에도 1월 1일부터 12월 31일까지를 1과세기간으로 한다.

64 다음 중 필요경비가 인정되지 않는 소득을 모두 고른 것은?

| ㄱ. 기타소득 ㄴ. 사업소득 ㄷ. 이자소득 ㄹ. 배당소득 |

① ㄱ, ㄴ
② ㄱ, ㄷ
③ ㄴ, ㄷ
④ ㄷ, ㄹ

> **해설**
> • 필요경비가 인정되는 소득 : 사업소득, 기타소득, 양도소득
> →∴이자소득, 배당소득은 필요경비가 인정되지 않는다.

65 다음 중 소득세법상 사업소득의 필요경비에 관한 설명으로 가장 올바르지 않은 것은?

① 해당 사업에 직접 종사하고 있는 대표자의 급여는 필요경비에 산입하지 않는다.
② 사업과 무관한 고정자산의 처분손익(복식부기의무자의 유형고정자산처분손익 제외)은 원칙적으로 사업소득에 포함되지 않는다.
③ 대표자는 사업소득의 필요경비 계산상 퇴직급여충당금의 설정대상이 아니다.
④ 이자소득과 배당소득은 사업소득에 포함한다.

> **해설**
> • 사업소득에서 제외하며, 별도의 종합소득으로 과세한다.

66 다음은 김삼일씨의 20x1년 사업소득에 포함된 부동산임대소득 관련 자료이다. 이를 바탕으로 김삼일씨의 20x1년 사업소득금액을 구하면 얼마인가?

> ㄱ. 김삼일씨는 상가건물 A를 20x1년 1월 1일에 임대하고 매월 초 50,000원을 받기로 하였다.
> ㄴ. 상가건물 A의 20x1년도 감가상각비는 300,000원이며, 정액법으로 상각하고 있다.
> ㄷ. 상가건물 A의 20x1년도 관리비로 100,000원을 지출하였다.

① 200,000원
② 300,000원
③ 400,000원
④ 600,000원

해설

- 50,000×12-300,000-100,000=200,000
  →건물의 세법상 상각방법도 정액법이므로 회사 감가상각비 300,000 전액이 인정된다.

67 다음 중 소득세법의 종합소득공제에 관한 설명으로 가장 올바르지 않은 것은?

① 종합소득 과세표준은 종합소득금액에서 퇴직소득금액과 양도소득금액을 합하고 종합소득공제를 뺀 금액이다.
② 종합소득공제는 종합소득이 있는 거주자에 대하여 일정한 금액을 종합소득에서 빼는 것을 말한다.
③ 종합소득공제는 인적공제와 물적공제로 분류되며, 물적공제는 연금보험료공제 등이 포함된다.
④ 종합소득공제 중 인적공제는 기본공제와 추가공제로 구성된다.

해설

- 퇴직소득과 양도소득은 종합소득과 별도로 분류과세한다.

68 다음은 거주자 김삼일씨의 연금계좌 납입금액의 내역이다. 20x1년도 종합소득산출세액에서 공제할 수 있는 연금계좌세액공제의 합계는 얼마인가(김삼일씨의 20x1년도 종합소득금액은 4천만원 이하이다)?

종류	20x1년도 납입액
연금저축계좌	600만원
퇴직연금계좌	100만원

① 720,000원
② 750,000원
③ 900,000원
④ 1,000,000원

해설

- 연금계좌세액공제액 : Min[① Min(연금저축, 400만원)+퇴직연금 ② 700만원]×15%
  ∴Min[① Min(600만원, 400만원)+100만원=500만원 ② 700만원]×15%=75만원
- **저자주** 본 문제는 회계관리1급의 시험 수준을 초과하는 출제에 해당합니다. 가볍게 검토하시기 바랍니다.

69 다음 중 연말정산에 관한 설명으로 가장 올바르지 않은 것은?

① 연말정산은 다음해 1월분 급여를 지급하는 때에 하여야 한다.
② 근로소득을 지급하는 모든 개인, 법인 및 국가, 지방자치단체는 연말정산할 의무가 있다.
③ 중도에 퇴직한 자의 연말정산은 퇴직한 달의 급여를 지급하는 때에 한다.
④ 원천징수의무자는 연말정산한 다음 달의 10일까지 법정서류를 관할세무서장에게 제출하여야 한다.

해설
• 1월분 급여를 지급하는 때(X) → 2월분 급여를 지급하는 때(O)

70 다음 중 소득세의 신고납부에 관한 설명으로 가장 올바르지 않은 것은?

① 당해연도의 종합소득과세표준이 없거나 결손금이 발생하였다면 종합소득 과세표준 확정신고를 하지 않아도 된다.
② 사업소득의 중간예납기간은 매년 1월 1일부터 6월 30일까지이다.
③ 사업소득의 중간예납세액은 직전 과세기간 납부세액의 1/2로 결정하는 것을 원칙으로 한다.
④ 근로소득만 있는 자는 연말정산으로 납세의무가 종결되므로 확정신고를 하지 않아도 된다.

해설
• 종합소득과세표준이 없거나 결손금이 발생하였더라도 확정신고를 하여야 한다.

71 다음 중 예납적원천징수와 완납적원천징수에 관한 설명으로 가장 올바르지 않은 것은?

① 예납적원천징수와 완납적원천징수를 나누는 기준은 원천징수로 납세의무가 종결되는지 여부이다.
② 완납적원천징수의 세금부담은 원천징수세액이 된다.
③ 예납적원천징수는 완납적원천징수와 달리 확정신고 의무가 있다.
④ 예납적원천징수의 대표적인 예가 금융소득 종합과세 대상이 아닌 배당소득에 대한 원천징수이다.

해설
• 금융소득 종합과세 대상이 아닌 배당소득은, 원천징수로 납세의무가 종결되는 완납적원천징수(분리과세)에 의한다.

72 다음 중 소득세법상 근로소득 원천징수 제도에 관한 설명으로 가장 올바르지 않은 것은?

① 소득세법은 매월 지급되는 급여액에 대해 간이세액표를 통하여 원천징수할 금액을 결정하도록 하고 있다.
② 일용직근로자의 일급여액이 150,000원 이하인 경우 징수할 원천징수세액은 없다.
③ 상여를 지급하는 때에는 지급대상 기간이 있는 상여와 지급대상 기간이 없는 상여로 나누어 원천징수세액을 계산하도록 하고 있다.
④ 근로소득 원천징수는 원천징수로써 소득세 납세의무가 종결되는 완납적원천징수이다.

해설
• 근로소득은 예납적원천징수에 해당한다.

73 다음 중 부가가치세법상 사업장에 관한 설명으로 가장 올바르지 않은 것은?

① 부가가치세는 과세대상 재화와 용역의 공급장소인 사업장이 아닌 사업자별로 과세함이 원칙이다.
② 사업자는 사업장마다 사업자등록을 하여야 하며, 사업장별로 구분하여 부가가치세를 신고·납부하는 것이 원칙이다.
③ 사업자가 신청하는 경우 주된 사업장에서 다른 사업장의 부가가치세를 총괄하여 납부할 수 있다.
④ 주사업장 총괄납부제도를 적용하더라도 부가가치세의 신고는 사업장별로 이루어져야 한다.

> **해설**
- 부가가치세법은 사업장별 과세원칙에 의한다.

74 다음 중 부가가치세의 과세대상에 관한 설명으로 가장 올바르지 않은 것은?

① 부가가치세의 과세대상에는 재화의 공급, 용역의 공급, 재화의 수입이 있다.
② 재화의 수입에 있어서 공급자는 해외에 있으므로 수입자가 공급자를 대신하여 세금계산서를 발행한다.
③ 재화의 수입에 있어서 해당 수입자가 사업자인지 여부에 관계없이 부가가치세가 과세된다.
④ 부가가치세법상 납세의무자는 사업자이다.

> **해설**
- 세관장이 거래징수하여 세금계산서를 발행한다.

75 다음은 ㈜삼일의 20x1년 제1기 예정신고기간의 공급내역이다. 20x1년 제1기 예정신고기간의 부가가치세 과세표준 및 매출세액 신고금액으로 가장 옳은 것은?

공급일자	공급가액(부가가치세 미포함)	내역
01-07	10,000,000원	세금계산서 발행 매출액
01-28	20,000,000원	신용카드매출전표 발행 매출액
02-15	30,000,000원	내국신용장에 의한 공급 매출액
03-29	20,000,000원	해외 직수출 매출액

과세표준	매출세액
(a)	(b)

① (a) 80,000,000원, (b) 8,000,000원
② (a) 80,000,000원, (b) 3,000,000원
③ (a) 60,000,000원, (b) 6,000,000원
④ (a) 60,000,000원, (b) 3,000,000원

> **해설**
- 과세표준과 매출세액 집계

	과세표준	매출세액
세금계산서 발행 매출액	10,000,000	10,000,000×10%=1,000,000
신용카드매출전표 발행 매출액	20,000,000	20,000,000×10%=2,000,000
내국신용장에 의한 공급 매출액	30,000,000	30,000,000×0%=0
해외 직수출 매출액	20,000,000	20,000,000×0%=0
합계	80,000,000	3,000,000

76 부가가치세 과세사업을 영위하는 ㈜삼일은 사용하던 기계장치를 아래와 같이 매각하였다. 기계장치 매각과 관련한 20x1년도 제2기 예정신고기간(20x1년 7월 1일 - 20x1년 9월 30일)의 부가가치세 과세표준은 얼마인가?

> 대금의 회수는 다음과 같이 이루어지며, 잔금을 수령한 직후 기계장치를 인도하기로 하였다.
> · 20x1년 7월 5일 계약금 6,000,000원
> · 20x1년 10월 5일 중도금 42,000,000원
> · 20x2년 1월 15일 잔금 12,000,000원

① 6,000,000원
② 12,000,000원
③ 48,000,000원
④ 60,000,000원

해설
· 중간지급조건부 공급시기는 대가의 각 부분을 받기로 한 때이다.
  → ∴ 7월 5일 6,000,000원이 제1기 예정신고기간 과세표준이다.

77 다음 중 공제받을 수 있는 매입세액으로 가장 옳은 것은?

① 사업과 직접 관련이 없는 지출에 대한 매입세액
② 면세사업 관련 매입세액
③ 현금영수증상의 매입세액
④ 접대비 및 이와 유사한 비용 관련 매입세액

해설
· 적격증명서류에 해당하는 세금계산서, 신용카드, 현금영수증에 의한 매입세액은 공제된다.

78 다음 중 부가가치세의 신고와 납부에 관한 설명으로 가장 올바르지 않은 것은?

① 부가가치세의 과세기간은 원칙적으로 6개월이지만 각 과세기간을 3개월 단위로 구분하여 예정신고기간과 확정신고기간을 두고 있다.
② 사업자가 폐업한 경우 별도의 부가가치세 신고절차는 불필요하다.
③ 매입세액이 매출세액을 초과하는 경우 확정신고기간이 경과 후 30일 이내에 환급세액을 환급한다.
④ 부가가치세법에서는 수출과 설비투자를 지원할 목적으로 조기환급제도를 두고 있다.

해설
· 폐업일 속하는 달의 다음달 25일 이내에 신고납부하여야 한다.

79 다음 중 부가가치세법상 세금계산서에 관한 설명으로 가장 올바르지 않은 것은?

① 사업자등록을 하지 않은 과세사업자가 발급한 세금계산서는 사실과 다른 세금계산서이다.
② 면세사업자는 매입자가 요청하는 경우에 세금계산서를 발급할 수 있다.
③ 소매업종 등 법에서 정하는 최종 소비자 대상 업종을 영위하는 사업자는 영수증을 발행할 수 있다.
④ 법에서 정하는 일정 요건의 사업자는 전자적 방식으로 세금계산서를 발행하여야 한다.

해설
· 면세사업자는 어떠한 경우에도 세금계산서를 발급할수 없다.

제1편 백점이론특강

제2편 기출문제특강

SET1

SET2

SET3

SET4

SET5

SET6

SET7

SET8

SET9

SET10

신유형

기출문제오답노트

실전기출모의고사

80 다음 중 세법상 영수증을 대신하는 증빙이 아닌 것은?

① 금전등록기계산서
② 거래성립계약서
③ 여객운송업자가 발급하는 승차권, 승선권, 항공권
④ 전기사업자 또는 가스사업자가 각 가정에 발급하는 전력 또는 가스요금의 영수증

해설

- ① 금전등록기계산서 : 세법상 영수증으로 간주한다.
  ② 거래성립계약서 : 계약서는 영수증을 대신하는 증빙과 무관하다.
  ③ 승차권, 승선권, 항공권 : 일반적인 영수증에 해당한다.
  ④ 전력 또는 가스요금의 영수증 : 일반적인 영수증에 해당한다.

[정답] 실전기출모의고사 [2019년 공개]

▶ 재무회계

1	2	3	4	5	6	7	8	9	10
③	④	②	④	③	④	③	②	①	②
11	12	13	14	15	16	17	18	19	20
③	②	①	①	③	②	②	①	③	①
21	22	23	24	25	26	27	28	29	30
④	③	③	④	①	②	②	④	①	③
31	32	33	34	35	36	37	38	39	40
①	③	④	②	④	①	②	④	①	④

▶ 세무회계

41	42	43	44	45	46	47	48	49	50
②	③	④	②	③	①	②	②	①	④
51	52	53	54	55	56	57	58	59	60
①	④	③	③	④	③	①	③	④	③
61	62	63	64	65	66	67	68	69	70
③	③	④	④	④	①	①	②	①	①
71	72	73	74	75	76	77	78	79	80
④	④	①	②	②	①	③	②	②	②

제1편 백점이론특강 / 제2편 기출문제특강 SET1 SET2 SET3 SET4 SET5 SET6 SET7 SET8 SET9 SET10 신유형 기출문제오답노트 실전기출모의고사

3P FINAL

3P

POTENTIALITY
PASSION
PROFESSION

3P는 여러분의 무한한 잠재적 능력과 반드시 성취하겠다는 열정을 토대로 전문가의 길로 나아가는 세무라이선스 파이널시리즈의 학습 정신입니다.

수험생 여러분의 합격을 응원합니다.

국가공인 외제관리금 자격시험 답안지

필적감정용 기재란

합격의 기쁨

성			명		
( )교시 (차수)	1 ①	2 ②	3 ③	4 ④	5 ⑤
시험문제지 형별기재란		A	B	C	D
( )형		Ⓐ	Ⓑ	Ⓒ	Ⓓ

수 험 번 호						
	⓪	⓪	⓪	⓪	⓪	⓪
	①	①	①	①	①	①
	②	②	②	②	②	②
	③	③	③	③	③	③
	④	④	④	④	④	④
	⑤	⑤	⑤	⑤	⑤	⑤
	⑥	⑥	⑥	⑥	⑥	⑥
	⑦	⑦	⑦	⑦	⑦	⑦
	⑧	⑧	⑧	⑧	⑧	⑧
	⑨	⑨	⑨	⑨	⑨	⑨

감독위원 확인

㊞

1	① ② ③ ④	21	① ② ③ ④	41	① ② ③ ④	61	① ② ③ ④
2	① ② ③ ④	22	① ② ③ ④	42	① ② ③ ④	62	① ② ③ ④
3	① ② ③ ④	23	① ② ③ ④	43	① ② ③ ④	63	① ② ③ ④
4	① ② ③ ④	24	① ② ③ ④	44	① ② ③ ④	64	① ② ③ ④
5	① ② ③ ④	25	① ② ③ ④	45	① ② ③ ④	65	① ② ③ ④
6	① ② ③ ④	26	① ② ③ ④	46	① ② ③ ④	66	① ② ③ ④
7	① ② ③ ④	27	① ② ③ ④	47	① ② ③ ④	67	① ② ③ ④
8	① ② ③ ④	28	① ② ③ ④	48	① ② ③ ④	68	① ② ③ ④
9	① ② ③ ④	29	① ② ③ ④	49	① ② ③ ④	69	① ② ③ ④
10	① ② ③ ④	30	① ② ③ ④	50	① ② ③ ④	70	① ② ③ ④
11	① ② ③ ④	31	① ② ③ ④	51	① ② ③ ④	71	① ② ③ ④
12	① ② ③ ④	32	① ② ③ ④	52	① ② ③ ④	72	① ② ③ ④
13	① ② ③ ④	33	① ② ③ ④	53	① ② ③ ④	73	① ② ③ ④
14	① ② ③ ④	34	① ② ③ ④	54	① ② ③ ④	74	① ② ③ ④
15	① ② ③ ④	35	① ② ③ ④	55	① ② ③ ④	75	① ② ③ ④
16	① ② ③ ④	36	① ② ③ ④	56	① ② ③ ④	76	① ② ③ ④
17	① ② ③ ④	37	① ② ③ ④	57	① ② ③ ④	77	① ② ③ ④
18	① ② ③ ④	38	① ② ③ ④	58	① ② ③ ④	78	① ② ③ ④
19	① ② ③ ④	39	① ② ③ ④	59	① ② ③ ④	79	① ② ③ ④
20	① ② ③ ④	40	① ② ③ ④	60	① ② ③ ④	80	① ② ③ ④

절 취 선

국가공인 외제관리급 자격시험 답안지

성 명

필적감정용 기재란

상기와 기재

성					
	1	2	3	4	5
명	①	②	③	④	⑤
( )교시 (차수)	A	B	C	D
시험문제지 형별기재란	Ⓐ	Ⓑ	Ⓒ	Ⓓ
( )형				

수 험 번 호

⓪	⓪	⓪	⓪	⓪	⓪	⓪
①	①	①	①	①	①	①
②	②	②	②	②	②	②
③	③	③	③	③	③	③
④	④	④	④	④	④	④
⑤	⑤	⑤	⑤	⑤	⑤	⑤
⑥	⑥	⑥	⑥	⑥	⑥	⑥
⑦	⑦	⑦	⑦	⑦	⑦	⑦
⑧	⑧	⑧	⑧	⑧	⑧	⑧
⑨	⑨	⑨	⑨	⑨	⑨	⑨

감독위원 확인 (인)

1	① ② ③ ④	21	① ② ③ ④	41	① ② ③ ④	61	① ② ③ ④
2	① ② ③ ④	22	① ② ③ ④	42	① ② ③ ④	62	① ② ③ ④
3	① ② ③ ④	23	① ② ③ ④	43	① ② ③ ④	63	① ② ③ ④
4	① ② ③ ④	24	① ② ③ ④	44	① ② ③ ④	64	① ② ③ ④
5	① ② ③ ④	25	① ② ③ ④	45	① ② ③ ④	65	① ② ③ ④
6	① ② ③ ④	26	① ② ③ ④	46	① ② ③ ④	66	① ② ③ ④
7	① ② ③ ④	27	① ② ③ ④	47	① ② ③ ④	67	① ② ③ ④
8	① ② ③ ④	28	① ② ③ ④	48	① ② ③ ④	68	① ② ③ ④
9	① ② ③ ④	29	① ② ③ ④	49	① ② ③ ④	69	① ② ③ ④
10	① ② ③ ④	30	① ② ③ ④	50	① ② ③ ④	70	① ② ③ ④
11	① ② ③ ④	31	① ② ③ ④	51	① ② ③ ④	71	① ② ③ ④
12	① ② ③ ④	32	① ② ③ ④	52	① ② ③ ④	72	① ② ③ ④
13	① ② ③ ④	33	① ② ③ ④	53	① ② ③ ④	73	① ② ③ ④
14	① ② ③ ④	34	① ② ③ ④	54	① ② ③ ④	74	① ② ③ ④
15	① ② ③ ④	35	① ② ③ ④	55	① ② ③ ④	75	① ② ③ ④
16	① ② ③ ④	36	① ② ③ ④	56	① ② ③ ④	76	① ② ③ ④
17	① ② ③ ④	37	① ② ③ ④	57	① ② ③ ④	77	① ② ③ ④
18	① ② ③ ④	38	① ② ③ ④	58	① ② ③ ④	78	① ② ③ ④
19	① ② ③ ④	39	① ② ③ ④	59	① ② ③ ④	79	① ② ③ ④
20	① ② ③ ④	40	① ② ③ ④	60	① ② ③ ④	80	① ② ③ ④

절 취 선

국가공인 외제관리급 자격시험 답안지

필적감정용 기재란

한경의 가봄

성	명

( )교시 (차수)	1	2	3	4	5
	①	②	③	④	⑤

시험문제지 형별기재란	A	B	C	D
( )형	Ⓐ	Ⓑ	Ⓒ	Ⓓ

수 험 번 호

⓪	⓪	⓪	⓪	⓪	⓪	⓪
①	①	①	①	①	①	①
②	②	②	②	②	②	②
③	③	③	③	③	③	③
④	④	④	④	④	④	④
⑤	⑤	⑤	⑤	⑤	⑤	⑤
⑥	⑥	⑥	⑥	⑥	⑥	⑥
⑦	⑦	⑦	⑦	⑦	⑦	⑦
⑧	⑧	⑧	⑧	⑧	⑧	⑧
⑨	⑨	⑨	⑨	⑨	⑨	⑨

감독위원 확인 ⑩

번호	답	번호	답	번호	답
1	① ② ③ ④	21	① ② ③ ④	41	① ② ③ ④	61	① ② ③ ④
2	① ② ③ ④	22	① ② ③ ④	42	① ② ③ ④	62	① ② ③ ④
3	① ② ③ ④	23	① ② ③ ④	43	① ② ③ ④	63	① ② ③ ④
4	① ② ③ ④	24	① ② ③ ④	44	① ② ③ ④	64	① ② ③ ④
5	① ② ③ ④	25	① ② ③ ④	45	① ② ③ ④	65	① ② ③ ④
6	① ② ③ ④	26	① ② ③ ④	46	① ② ③ ④	66	① ② ③ ④
7	① ② ③ ④	27	① ② ③ ④	47	① ② ③ ④	67	① ② ③ ④
8	① ② ③ ④	28	① ② ③ ④	48	① ② ③ ④	68	① ② ③ ④
9	① ② ③ ④	29	① ② ③ ④	49	① ② ③ ④	69	① ② ③ ④
10	① ② ③ ④	30	① ② ③ ④	50	① ② ③ ④	70	① ② ③ ④
11	① ② ③ ④	31	① ② ③ ④	51	① ② ③ ④	71	① ② ③ ④
12	① ② ③ ④	32	① ② ③ ④	52	① ② ③ ④	72	① ② ③ ④
13	① ② ③ ④	33	① ② ③ ④	53	① ② ③ ④	73	① ② ③ ④
14	① ② ③ ④	34	① ② ③ ④	54	① ② ③ ④	74	① ② ③ ④
15	① ② ③ ④	35	① ② ③ ④	55	① ② ③ ④	75	① ② ③ ④
16	① ② ③ ④	36	① ② ③ ④	56	① ② ③ ④	76	① ② ③ ④
17	① ② ③ ④	37	① ② ③ ④	57	① ② ③ ④	77	① ② ③ ④
18	① ② ③ ④	38	① ② ③ ④	58	① ② ③ ④	78	① ② ③ ④
19	① ② ③ ④	39	① ② ③ ④	59	① ② ③ ④	79	① ② ③ ④
20	① ② ③ ④	40	① ② ③ ④	60	① ② ③ ④	80	① ② ③ ④

국가공인 외제관리1급 자격시험 답안지

필적감정용 기재란

합격의 기쁨

성 명

성	명

( )교시 (차수)	1	2	3	4	5
	①	②	③	④	⑤

시험문제지 형별기재란	A	B	C	D
( )형	Ⓐ	Ⓑ	Ⓒ	Ⓓ

수험번호

⓪	①	②	③	④	⑤	⑥	⑦	⑧	⑨
⓪	①	②	③	④	⑤	⑥	⑦	⑧	⑨
⓪	①	②	③	④	⑤	⑥	⑦	⑧	⑨
⓪	①	②	③	④	⑤	⑥	⑦	⑧	⑨
⓪	①	②	③	④	⑤	⑥	⑦	⑧	⑨
⓪	①	②	③	④	⑤	⑥	⑦	⑧	⑨
⓪	①	②	③	④	⑤	⑥	⑦	⑧	⑨

감독위원 확인

(인)

1	① ② ③ ④	21	① ② ③ ④	41	① ② ③ ④	61	① ② ③ ④
2	① ② ③ ④	22	① ② ③ ④	42	① ② ③ ④	62	① ② ③ ④
3	① ② ③ ④	23	① ② ③ ④	43	① ② ③ ④	63	① ② ③ ④
4	① ② ③ ④	24	① ② ③ ④	44	① ② ③ ④	64	① ② ③ ④
5	① ② ③ ④	25	① ② ③ ④	45	① ② ③ ④	65	① ② ③ ④
6	① ② ③ ④	26	① ② ③ ④	46	① ② ③ ④	66	① ② ③ ④
7	① ② ③ ④	27	① ② ③ ④	47	① ② ③ ④	67	① ② ③ ④
8	① ② ③ ④	28	① ② ③ ④	48	① ② ③ ④	68	① ② ③ ④
9	① ② ③ ④	29	① ② ③ ④	49	① ② ③ ④	69	① ② ③ ④
10	① ② ③ ④	30	① ② ③ ④	50	① ② ③ ④	70	① ② ③ ④
11	① ② ③ ④	31	① ② ③ ④	51	① ② ③ ④	71	① ② ③ ④
12	① ② ③ ④	32	① ② ③ ④	52	① ② ③ ④	72	① ② ③ ④
13	① ② ③ ④	33	① ② ③ ④	53	① ② ③ ④	73	① ② ③ ④
14	① ② ③ ④	34	① ② ③ ④	54	① ② ③ ④	74	① ② ③ ④
15	① ② ③ ④	35	① ② ③ ④	55	① ② ③ ④	75	① ② ③ ④
16	① ② ③ ④	36	① ② ③ ④	56	① ② ③ ④	76	① ② ③ ④
17	① ② ③ ④	37	① ② ③ ④	57	① ② ③ ④	77	① ② ③ ④
18	① ② ③ ④	38	① ② ③ ④	58	① ② ③ ④	78	① ② ③ ④
19	① ② ③ ④	39	① ② ③ ④	59	① ② ③ ④	79	① ② ③ ④
20	① ② ③ ④	40	① ② ③ ④	60	① ② ③ ④	80	① ② ③ ④

절취선

국가공인 외제관리급 자격시험 답안지

국가공인 외체관리1급 자격시험 답안지

	1	2	3	4	5				
성						명			

( )교시 (차수)	1	2	3	4	5
	①	②	③	④	⑤

시험문제지 형별기재란	A	B	C	D
( )형	Ⓐ	Ⓑ	Ⓒ	Ⓓ

수 험 번 호

⓪	⓪	⓪	⓪	⓪	⓪	⓪	⓪
①	①	①	①	①	①	①	①
②	②	②	②	②	②	②	②
③	③	③	③	③	③	③	③
④	④	④	④	④	④	④	④
⑤	⑤	⑤	⑤	⑤	⑤	⑤	⑤
⑥	⑥	⑥	⑥	⑥	⑥	⑥	⑥
⑦	⑦	⑦	⑦	⑦	⑦	⑦	⑦
⑧	⑧	⑧	⑧	⑧	⑧	⑧	⑧
⑨	⑨	⑨	⑨	⑨	⑨	⑨	⑨

감독위원 확인

(인)

1	① ② ③ ④	21	① ② ③ ④	41	① ② ③ ④	61	① ② ③ ④
2	① ② ③ ④	22	① ② ③ ④	42	① ② ③ ④	62	① ② ③ ④
3	① ② ③ ④	23	① ② ③ ④	43	① ② ③ ④	63	① ② ③ ④
4	① ② ③ ④	24	① ② ③ ④	44	① ② ③ ④	64	① ② ③ ④
5	① ② ③ ④	25	① ② ③ ④	45	① ② ③ ④	65	① ② ③ ④
6	① ② ③ ④	26	① ② ③ ④	46	① ② ③ ④	66	① ② ③ ④
7	① ② ③ ④	27	① ② ③ ④	47	① ② ③ ④	67	① ② ③ ④
8	① ② ③ ④	28	① ② ③ ④	48	① ② ③ ④	68	① ② ③ ④
9	① ② ③ ④	29	① ② ③ ④	49	① ② ③ ④	69	① ② ③ ④
10	① ② ③ ④	30	① ② ③ ④	50	① ② ③ ④	70	① ② ③ ④
11	① ② ③ ④	31	① ② ③ ④	51	① ② ③ ④	71	① ② ③ ④
12	① ② ③ ④	32	① ② ③ ④	52	① ② ③ ④	72	① ② ③ ④
13	① ② ③ ④	33	① ② ③ ④	53	① ② ③ ④	73	① ② ③ ④
14	① ② ③ ④	34	① ② ③ ④	54	① ② ③ ④	74	① ② ③ ④
15	① ② ③ ④	35	① ② ③ ④	55	① ② ③ ④	75	① ② ③ ④
16	① ② ③ ④	36	① ② ③ ④	56	① ② ③ ④	76	① ② ③ ④
17	① ② ③ ④	37	① ② ③ ④	57	① ② ③ ④	77	① ② ③ ④
18	① ② ③ ④	38	① ② ③ ④	58	① ② ③ ④	78	① ② ③ ④
19	① ② ③ ④	39	① ② ③ ④	59	① ② ③ ④	79	① ② ③ ④
20	① ② ③ ④	40	① ② ③ ④	60	① ② ③ ④	80	① ② ③ ④

필적감정용 기재란

합격의 기쁨

국가공인 회계관리1급 자격시험 답안지

절 취 선

성 명

필적감정용 기재란

합격의 꿈

( )교시
(차수)

시험문제지
형별기재란

( )형

수 험 번 호

감독위원 확인

(인)

국가공인 회계관리 급 자격시험 답안지

성						명			

( )교시 (차수)	1	2	3	4	5
	①	②	③	④	⑤
시험문제지 형별기재란	A	B	C	D	
( )형	Ⓐ	Ⓑ	Ⓒ	Ⓓ	

수 험 번 호

0	0	0	0	0	0	0
①	①	①	①	①	①	①
②	②	②	②	②	②	②
③	③	③	③	③	③	③
④	④	④	④	④	④	④
⑤	⑤	⑤	⑤	⑤	⑤	⑤
⑥	⑥	⑥	⑥	⑥	⑥	⑥
⑦	⑦	⑦	⑦	⑦	⑦	⑦
⑧	⑧	⑧	⑧	⑧	⑧	⑧
⑨	⑨	⑨	⑨	⑨	⑨	⑨

감독위원 확인 ㊞

1	① ② ③ ④	21	① ② ③ ④	41	① ② ③ ④	61	① ② ③ ④
2	① ② ③ ④	22	① ② ③ ④	42	① ② ③ ④	62	① ② ③ ④
3	① ② ③ ④	23	① ② ③ ④	43	① ② ③ ④	63	① ② ③ ④
4	① ② ③ ④	24	① ② ③ ④	44	① ② ③ ④	64	① ② ③ ④
5	① ② ③ ④	25	① ② ③ ④	45	① ② ③ ④	65	① ② ③ ④
6	① ② ③ ④	26	① ② ③ ④	46	① ② ③ ④	66	① ② ③ ④
7	① ② ③ ④	27	① ② ③ ④	47	① ② ③ ④	67	① ② ③ ④
8	① ② ③ ④	28	① ② ③ ④	48	① ② ③ ④	68	① ② ③ ④
9	① ② ③ ④	29	① ② ③ ④	49	① ② ③ ④	69	① ② ③ ④
10	① ② ③ ④	30	① ② ③ ④	50	① ② ③ ④	70	① ② ③ ④
11	① ② ③ ④	31	① ② ③ ④	51	① ② ③ ④	71	① ② ③ ④
12	① ② ③ ④	32	① ② ③ ④	52	① ② ③ ④	72	① ② ③ ④
13	① ② ③ ④	33	① ② ③ ④	53	① ② ③ ④	73	① ② ③ ④
14	① ② ③ ④	34	① ② ③ ④	54	① ② ③ ④	74	① ② ③ ④
15	① ② ③ ④	35	① ② ③ ④	55	① ② ③ ④	75	① ② ③ ④
16	① ② ③ ④	36	① ② ③ ④	56	① ② ③ ④	76	① ② ③ ④
17	① ② ③ ④	37	① ② ③ ④	57	① ② ③ ④	77	① ② ③ ④
18	① ② ③ ④	38	① ② ③ ④	58	① ② ③ ④	78	① ② ③ ④
19	① ② ③ ④	39	① ② ③ ④	59	① ② ③ ④	79	① ② ③ ④
20	① ② ③ ④	40	① ② ③ ④	60	① ② ③ ④	80	① ② ③ ④

필적감정용 기재란

성명 기재

절 취 선

필적감정용 기재란

합격의 기쁨

국가공인 회계관리급 자격시험 답안지

성명

( )교시	1	2	3	4	5
(차수)	①	②	③	④	⑤

시험문제지 형별기재란	A	B	C	D
( )형	Ⓐ	Ⓑ	Ⓒ	Ⓓ

수험번호

0	0	0	0	0	0
①	①	①	①	①	①
②	②	②	②	②	②
③	③	③	③	③	③
④	④	④	④	④	④
⑤	⑤	⑤	⑤	⑤	⑤
⑥	⑥	⑥	⑥	⑥	⑥
⑦	⑦	⑦	⑦	⑦	⑦
⑧	⑧	⑧	⑧	⑧	⑧
⑨	⑨	⑨	⑨	⑨	⑨

감독위원 확인

(인)

국가공인 회계관리1급 자격시험 답안지

성	명											

( )교시	1	2	3	4	5
(차수)	①	②	③	④	⑤

시험문제지 형별기재란	A	B	C	D
( )형	Ⓐ	Ⓑ	Ⓒ	Ⓓ

수험번호

⓪	⓪	⓪	⓪	⓪	⓪	⓪
①	①	①	①	①	①	①
②	②	②	②	②	②	②
③	③	③	③	③	③	③
④	④	④	④	④	④	④
⑤	⑤	⑤	⑤	⑤	⑤	⑤
⑥	⑥	⑥	⑥	⑥	⑥	⑥
⑦	⑦	⑦	⑦	⑦	⑦	⑦
⑧	⑧	⑧	⑧	⑧	⑧	⑧
⑨	⑨	⑨	⑨	⑨	⑨	⑨

감독위원 확인

㊞

필적감정용 기재란

성명

합격의 꿈

번호	답란	번호	답란	번호	답란	번호	답란
1	① ② ③ ④	21	① ② ③ ④	41	① ② ③ ④	61	① ② ③ ④
2	① ② ③ ④	22	① ② ③ ④	42	① ② ③ ④	62	① ② ③ ④
3	① ② ③ ④	23	① ② ③ ④	43	① ② ③ ④	63	① ② ③ ④
4	① ② ③ ④	24	① ② ③ ④	44	① ② ③ ④	64	① ② ③ ④
5	① ② ③ ④	25	① ② ③ ④	45	① ② ③ ④	65	① ② ③ ④
6	① ② ③ ④	26	① ② ③ ④	46	① ② ③ ④	66	① ② ③ ④
7	① ② ③ ④	27	① ② ③ ④	47	① ② ③ ④	67	① ② ③ ④
8	① ② ③ ④	28	① ② ③ ④	48	① ② ③ ④	68	① ② ③ ④
9	① ② ③ ④	29	① ② ③ ④	49	① ② ③ ④	69	① ② ③ ④
10	① ② ③ ④	30	① ② ③ ④	50	① ② ③ ④	70	① ② ③ ④
11	① ② ③ ④	31	① ② ③ ④	51	① ② ③ ④	71	① ② ③ ④
12	① ② ③ ④	32	① ② ③ ④	52	① ② ③ ④	72	① ② ③ ④
13	① ② ③ ④	33	① ② ③ ④	53	① ② ③ ④	73	① ② ③ ④
14	① ② ③ ④	34	① ② ③ ④	54	① ② ③ ④	74	① ② ③ ④
15	① ② ③ ④	35	① ② ③ ④	55	① ② ③ ④	75	① ② ③ ④
16	① ② ③ ④	36	① ② ③ ④	56	① ② ③ ④	76	① ② ③ ④
17	① ② ③ ④	37	① ② ③ ④	57	① ② ③ ④	77	① ② ③ ④
18	① ② ③ ④	38	① ② ③ ④	58	① ② ③ ④	78	① ② ③ ④
19	① ② ③ ④	39	① ② ③ ④	59	① ② ③ ④	79	① ② ③ ④
20	① ② ③ ④	40	① ② ③ ④	60	① ② ③ ④	80	① ② ③ ④

절 취 선

Customer Center

T.031.973.5660
F.031.973.5637

[토/일/공휴일:휴무]
경기도 고양시 일산서구 킨텍스로 240, GIFC오피스타워동 12층 1201호
Email. semoolicence@hanmail.net

▶ 도서출판 세무라이선스는
신속 정확한 지식과 정보를 독자제위께 제공하고자 최선의 노력을 다하고 있습니다
그럼에도 불구하고 모든 경우에 본서가 완벽성을 갖는 것은 아니므로 최대한의 주의를 기울이시고
필요한 경우 전문가와 사전논의를 거치시기 바랍니다. 또한, 본서의 수록내용은 특정사안에
대한 구체적인 의견제시가 될 수 없으므로 본서의 적용결과에 대하여 당사는 책임지지 아니합니다

SEMOOLICENCE

SINCE 2010

Profession

Passion

Potentiality